国家社科基金后期资助项目

清至民国婺源县村落契约文书辑录

Contracts and Other Documents in Wuyuan County:
Qing Dynasty and Beyond

拾壹

江湾镇(五)

中[钟]吕村(2)

黄志繁　邵　鸿　彭志军　编

商务印书馆
创于1897 The Commercial Press
2014年·北京

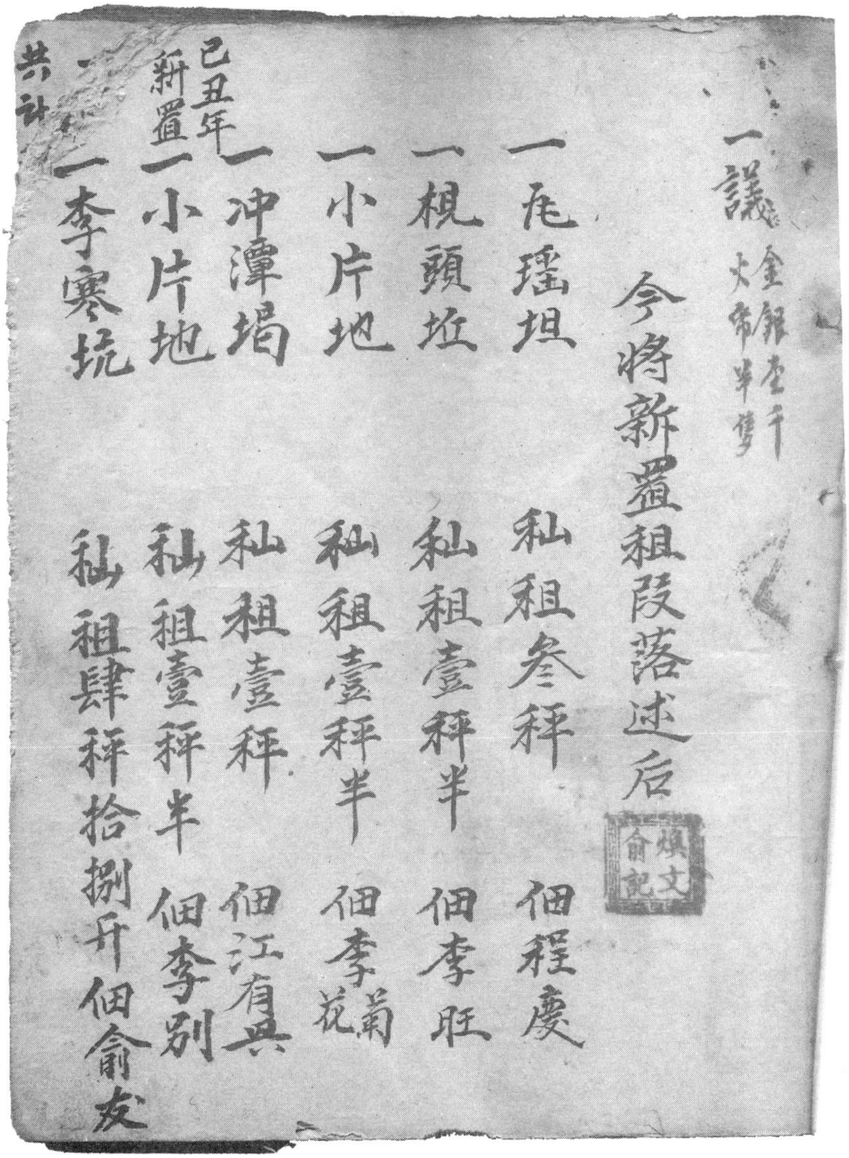
一議 金銀壹千 大帋半隻
今將新置祖段落述后 （印：俞煥文記）
一庵瑶坦　私租叁秤　佃程慶
一梘頭垃　私租壹秤半　佃李旺
一小片地　私租壹秤半　佃李菊花
一冲潭堨　私租壹秤　佃江有興
己丑年新置 一小片地　私租壹秤半　佃李別
一李寒坑　私租肆秤拾捌斤　佃俞友
共計

江湾镇中［钟］吕村 6-7 · 道光元年至同治十三年 ·
□公清明簿及收支簿 · 俞昌店等

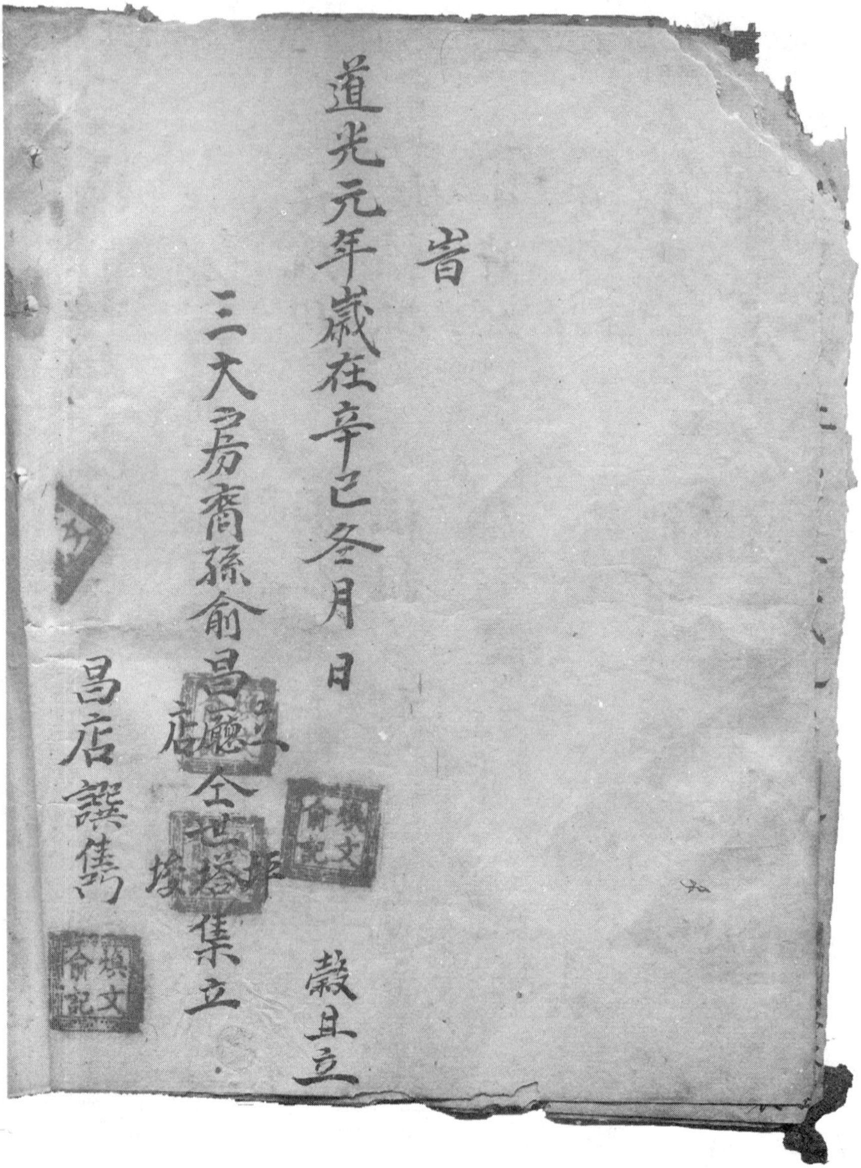

江湾镇中［钟］吕村 6-8 · 道光元年至同治十三年 ·
▢公清明簿及收支簿 · 俞昌店等

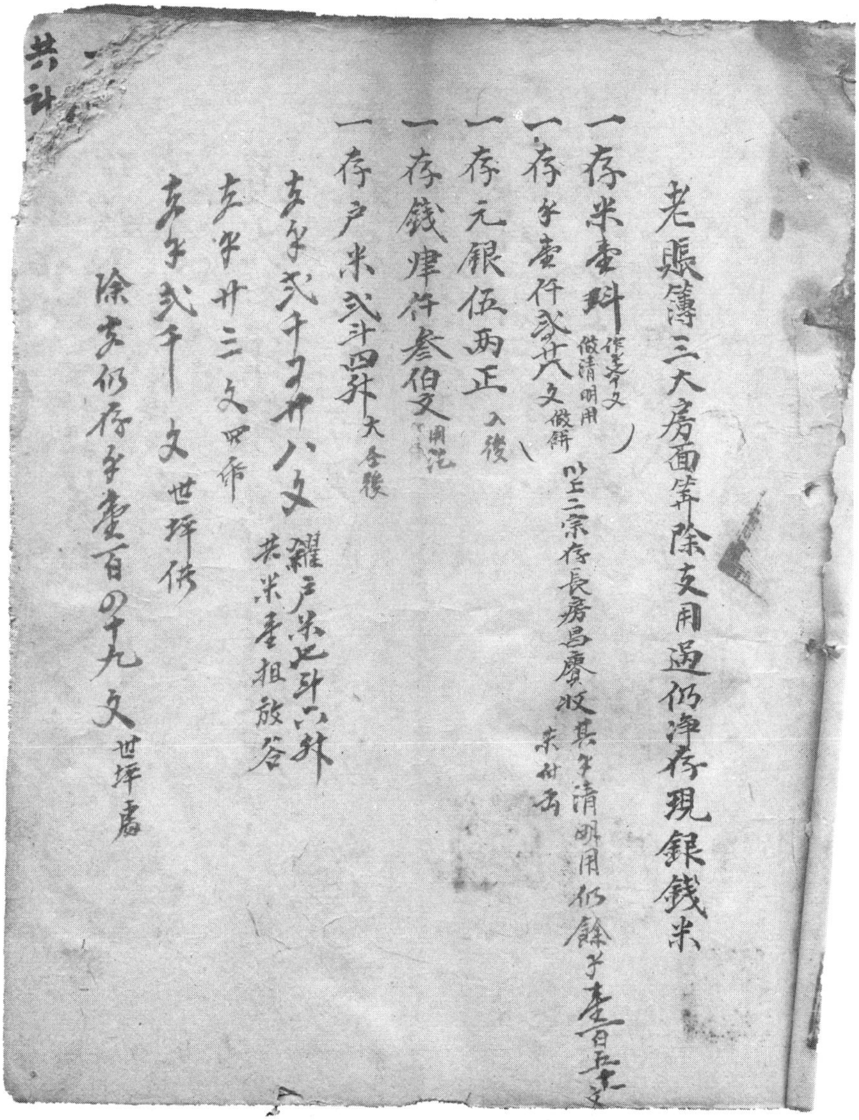

老賬簿三大房面算除支用過仍淨存現錄錢米
一存米壹斗 作錢?文 做清明用
一存錢壹仟貳百六文 做餅
以上二宗存長房昌慶收其年清明用仍餘錢壹百五十文 未付去
一存元銀伍兩正 入後
一存錢肆仟叁伯文 用洗
一存户米貳斗四升 大谷後
支錢貳千?廿八文 糴户米七斗六升 共米壹祖放谷
支錢廿三文 四佈
支錢貳千一文 世坪供
除支仍存錢壹百四十九文 世坪處
共計

江湾镇中［钟］吕村 6-9 · 道光元年至同治十三年 ·
〼公清明簿及收支簿 · 俞昌店等

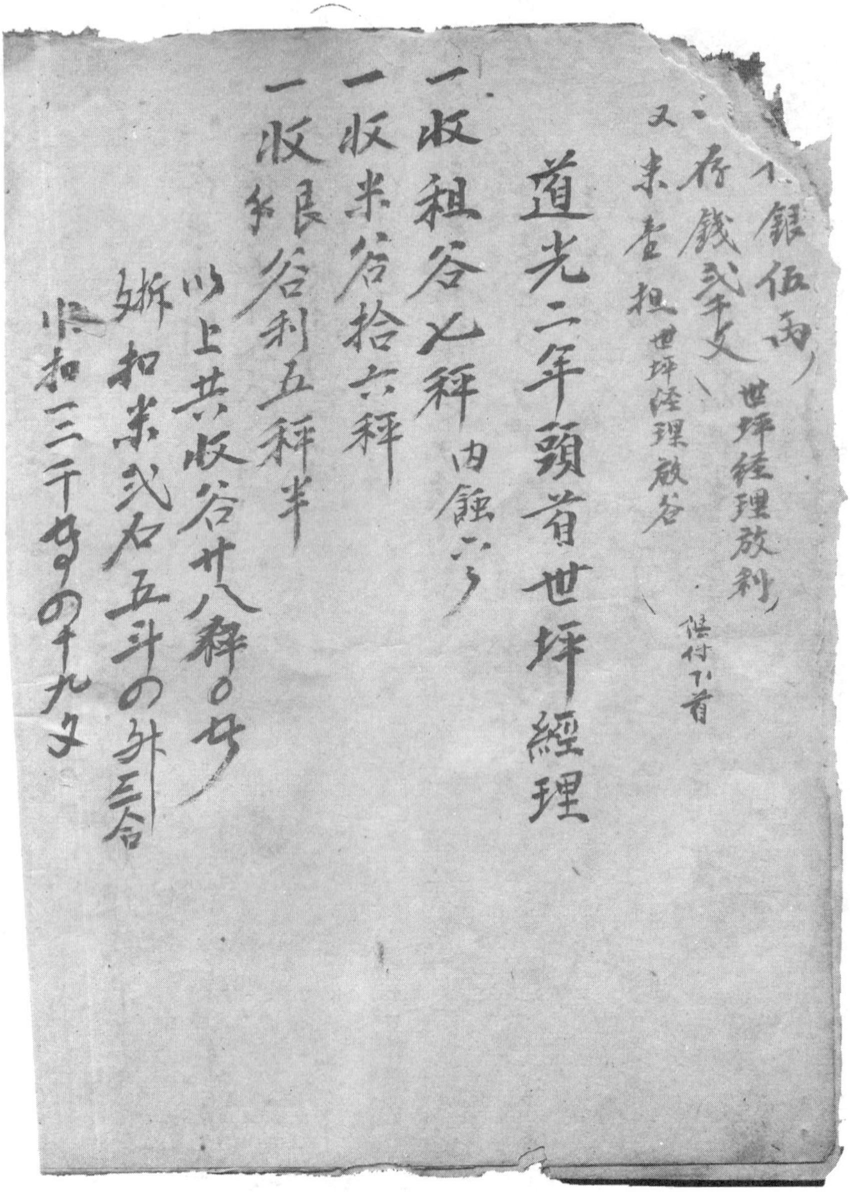

銀伍両
存錢弐千文 世坪經理放利
又来查租 世坪經理放谷
憑付下首
道光二年頭首世坪經理
一收租谷七秤 内蝕六斤
一收米谷拾六秤
一收銀谷利五秤半
以上共收谷廿八秤○廿
又折和米弐石五斗○外三合
又和一三千廿四十九文

江湾镇中［钟］吕村 6-10 · 道光元年至同治十三年 ·
☑公清明簿及收支簿 · 俞昌店等

一收上首来钱弍千二百一文

二共计钱五千八百〇十九文

支钱三千二百文 抄艮五两

支钱一百五十八文 交艮钱一九

併米二合

除支仍现存银拾两正 此项付下首收

钱乚千九百九十文

又米壹担 放此米付下首昌永收

支钱

共计

江湾镇中［钟］吕村 6-11 · 道光元年至同治十三年 · ▨公清明簿及收支簿 · 俞昌店等

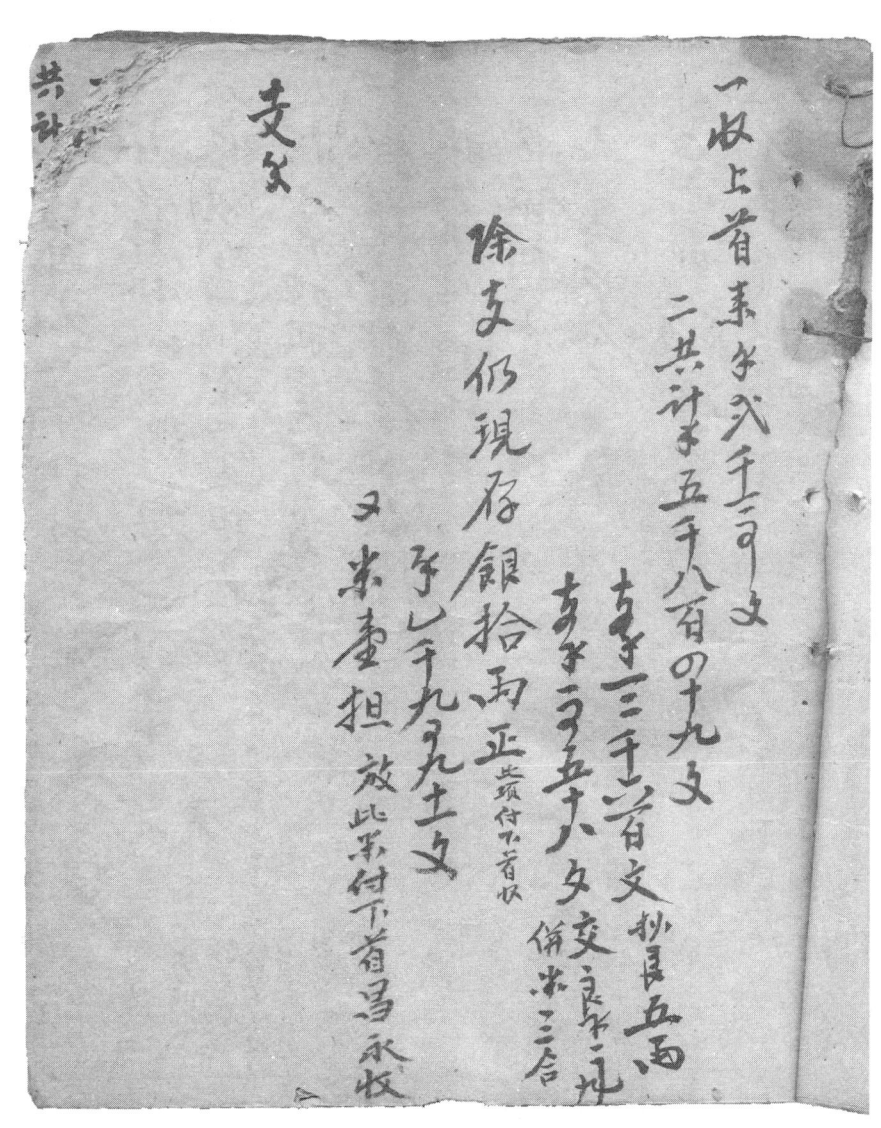

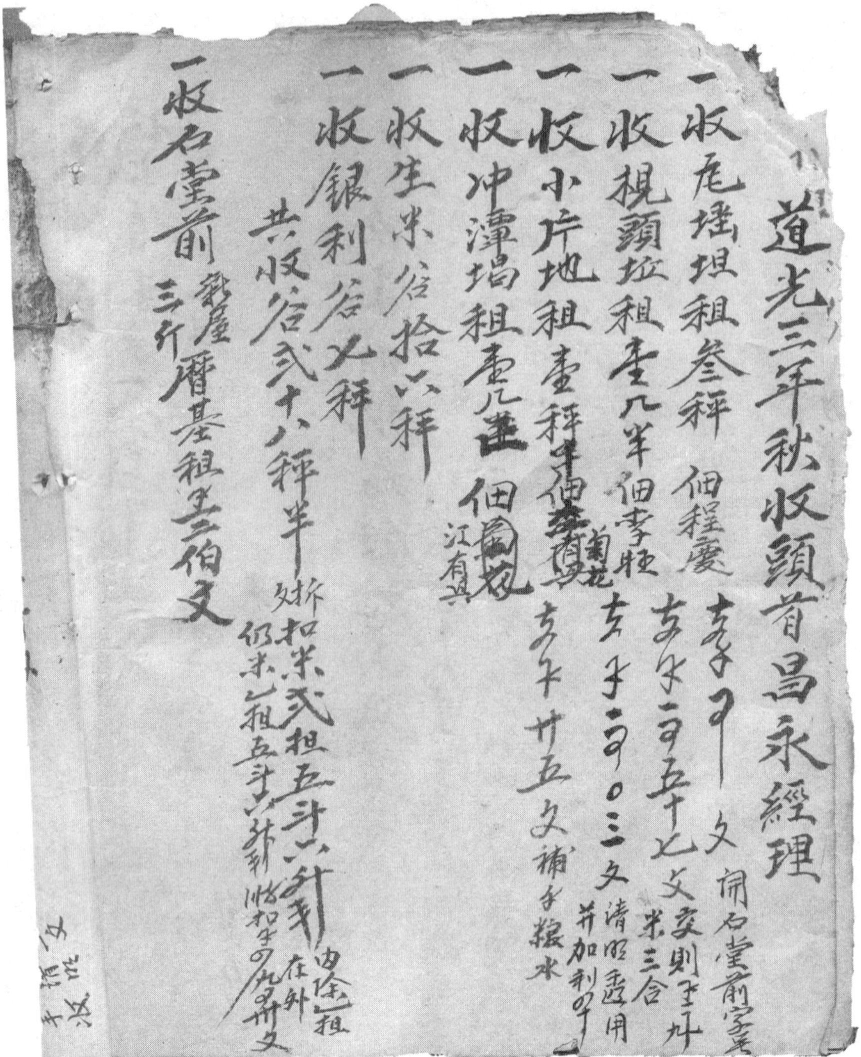
道光三年秋收頭首昌永經理

一收庵堨坦租叁秤 佃程慶 [illegible]文 開石堂前字[illegible]

一收視頭坵租壹几半 佃李旺 [illegible]文 交則[illegible] 米三合

一收小片地租壹秤半 佃[illegible] 菊花 [illegible]文 清明酒用 并加利[illegible]

一收冲潭堨租壹几半 佃[illegible] 江有興 [illegible]廿五文 補[illegible]糧水

一收生米谷拾六秤

一收銀利谷七秤

共收谷弍十八秤半 又折和米弍租五斗六升 [illegible]

一收石堂前 新屋三所 層基租三伯文

江湾镇中［钟］吕村 6-12 · 道光元年至同治十三年 ·
〼公清明簿及收支簿 · 俞昌店等

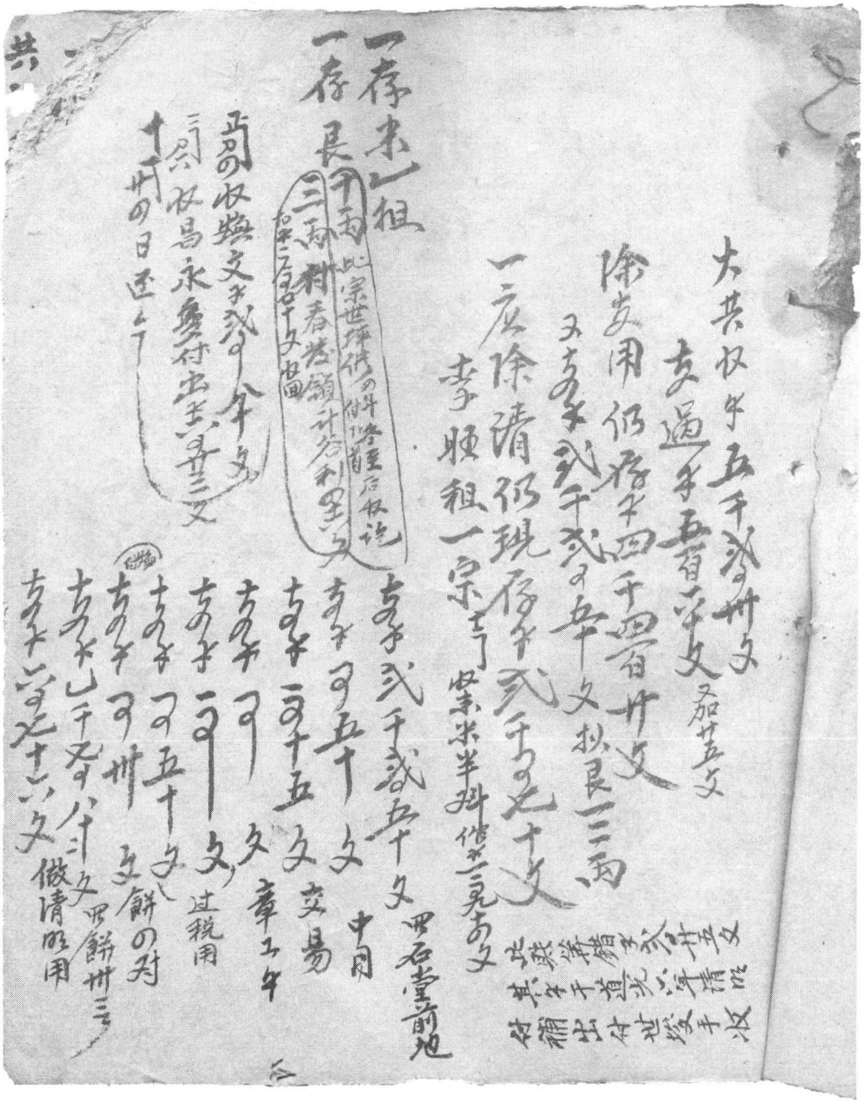

江湾镇中［钟］吕村 6-13 · 道光元年至同治十三年 ·
▨公清明簿及收支簿 · 俞昌店等

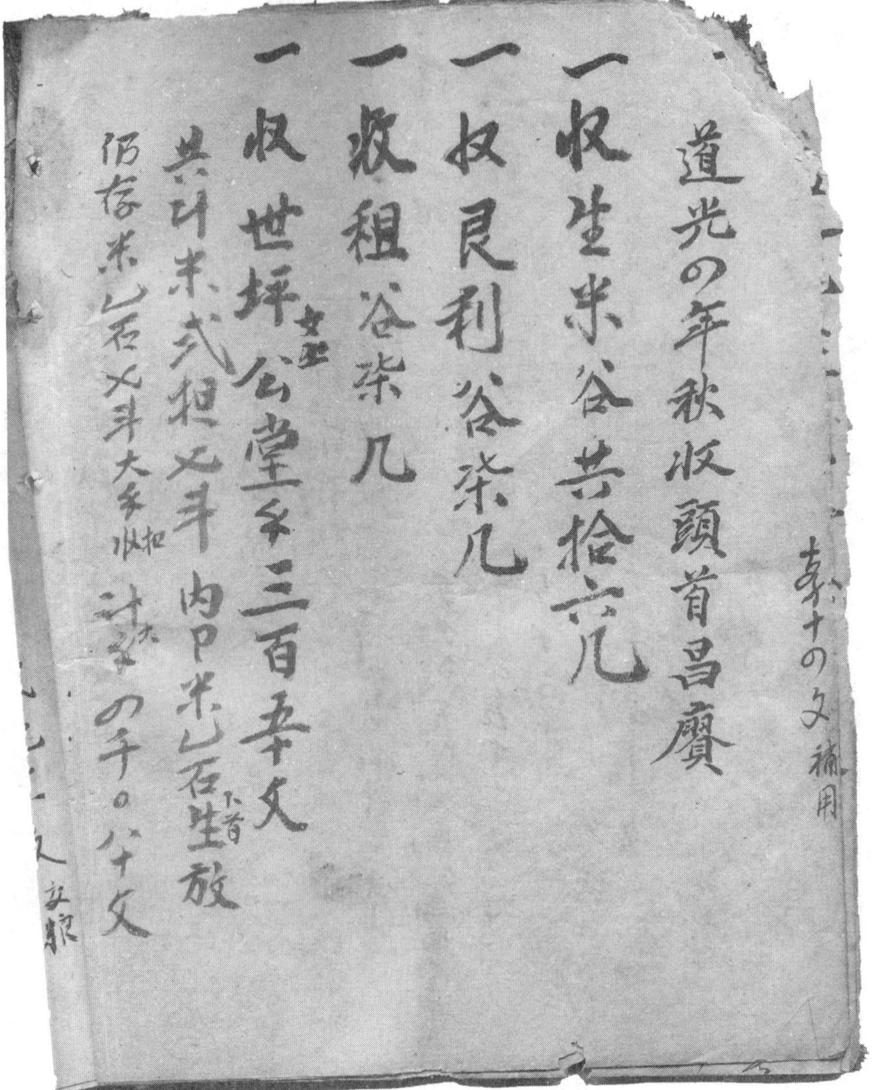

江湾镇中［钟］吕村 6–14 · 道光元年至同治十三年 ·
⊠公清明簿及收支簿 · 俞昌店等

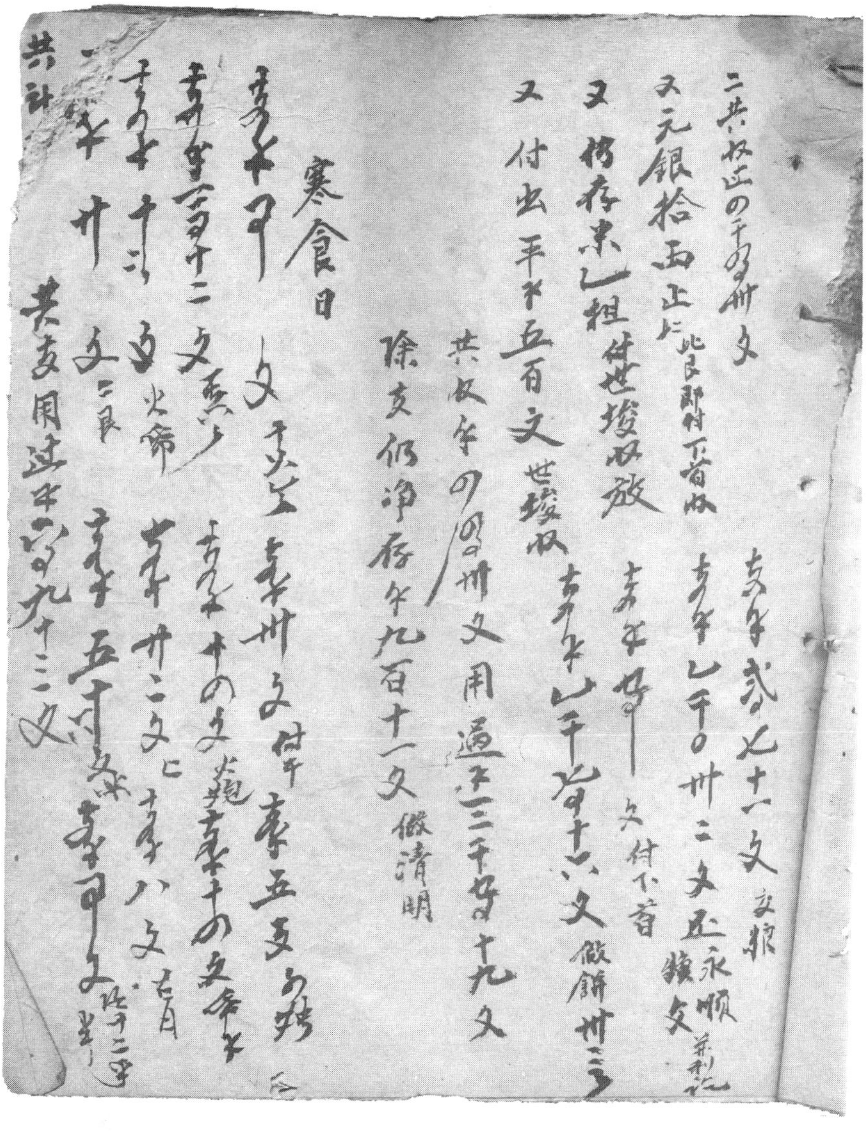
二共收过四千四百卅文
又元银拾两正，此艮即付下首收
又将存米乚担付世墢收放
又付出平钱五百文　世墢收
共收钱四四卅文　用过钱三千四十九文
除支仍净存钱九百十一文　做清明
寒食日
支钱一千文
支钱一四十二文　烹肉
支钱十三文　火爆
二钱廿文　二艮
共计　共支用过钱四九十二文
支钱贰四七十一文　交粮
支钱乚千〇卅二文　正永顺　钱文　菜礼
支钱四一文　付下首
支钱乚千八十六文　做饼廿二
支钱卅文
支钱五支
支钱十四文
支钱廿二文
支钱五十文
支钱八文
支钱一文

江湾镇中［钟］吕村 6-15·道光元年至同治十三年·
〼公清明簿及收支簿·俞昌店等

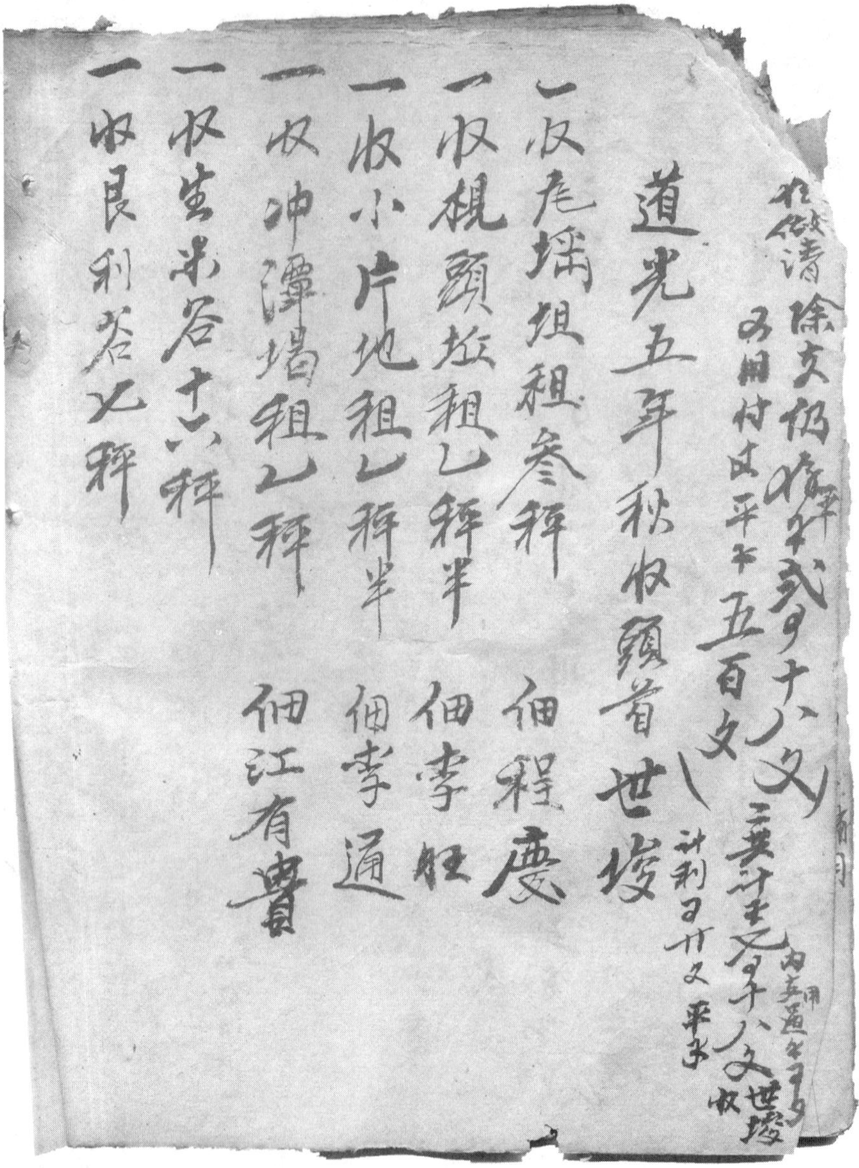

祀做清除支仍存洋贰[illegible]十八文
又用付支平本五百文
道光五年秋收顯首世堎
三英计[illegible]十八文
计利[illegible]廿文 平本
内英[illegible] 世堎收
一收庵塢坦租叁秤 佃程慶
一收槐頭垅租乚秤半 佃李旺
一收小片地租乚秤半 佃李通
一收冲潭塌租乚秤 佃江有貴
一收黄米岩十六秤
一收良利岩七秤

江湾镇中［钟］吕村 6-16 · 道光元年至同治十三年 ·
〼公清明簿及收支簿 · 俞昌店等

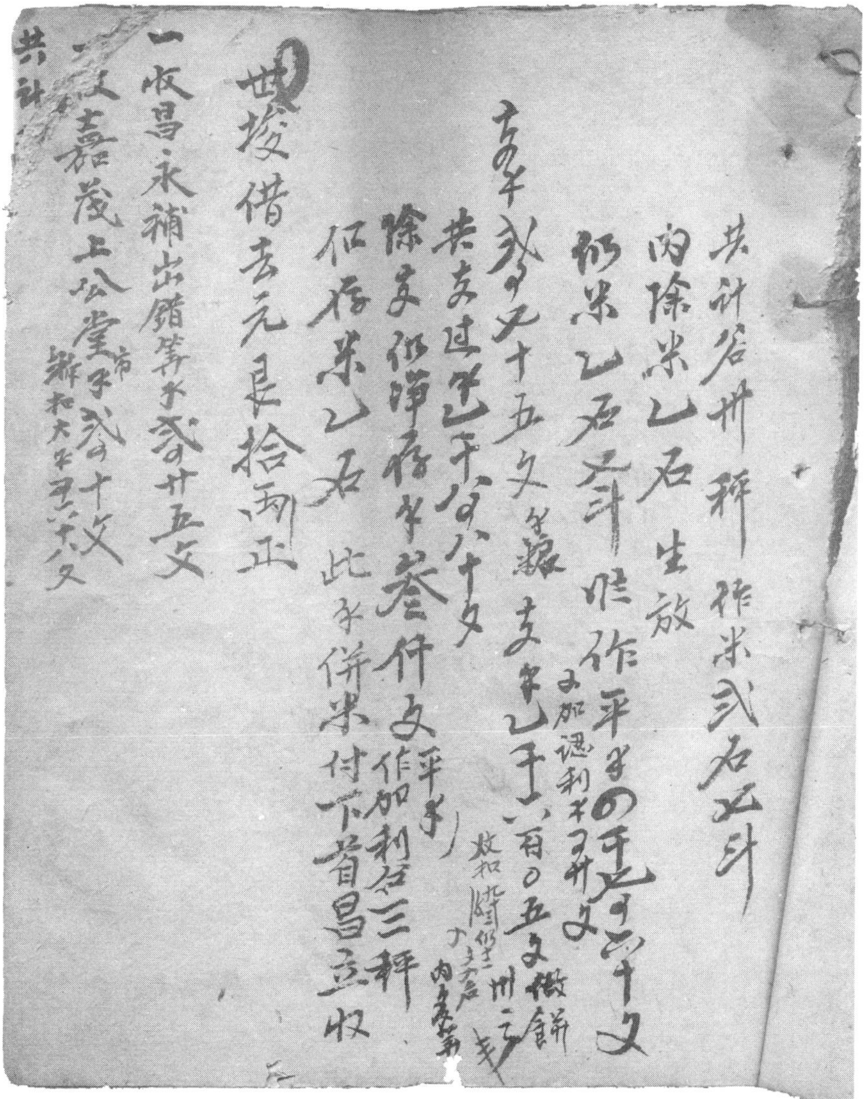
共計谷卅秤 作米弍石五斗
內除米乙石生放
仍米乙石五斗 唯作平斗四千乙百六十文
又加退利卅弍卅文
去年欠五十五文 付粮支米乙千乙百〇五文 徵餅
共支过钱乙千〇八十文
除支仍淨存钱叁仟文 平斗作加利谷三秤
仍存米乙石 此米併米付下首昌店收
收借去元艮拾两正
一收昌·永補出錯等钱叁廿五文
又嘉茂上公堂子钱弍拾十文
共計

江湾镇中［钟］吕村 6–17 · 道光元年至同治十三年 ·
☐公清明簿及收支簿 · 俞昌店等

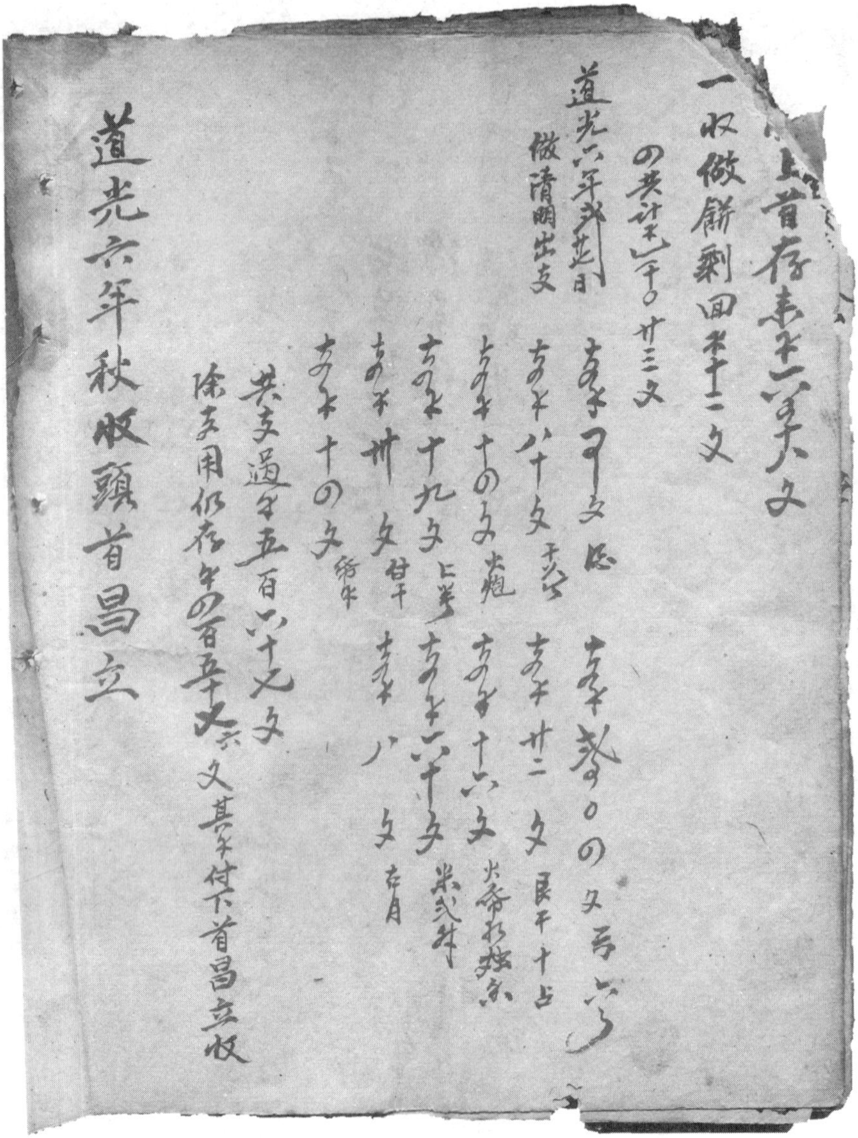

江湾镇中［钟］吕村 6-18 · 道光元年至同治十三年 ·
☐公清明簿及收支簿 · 俞昌店等

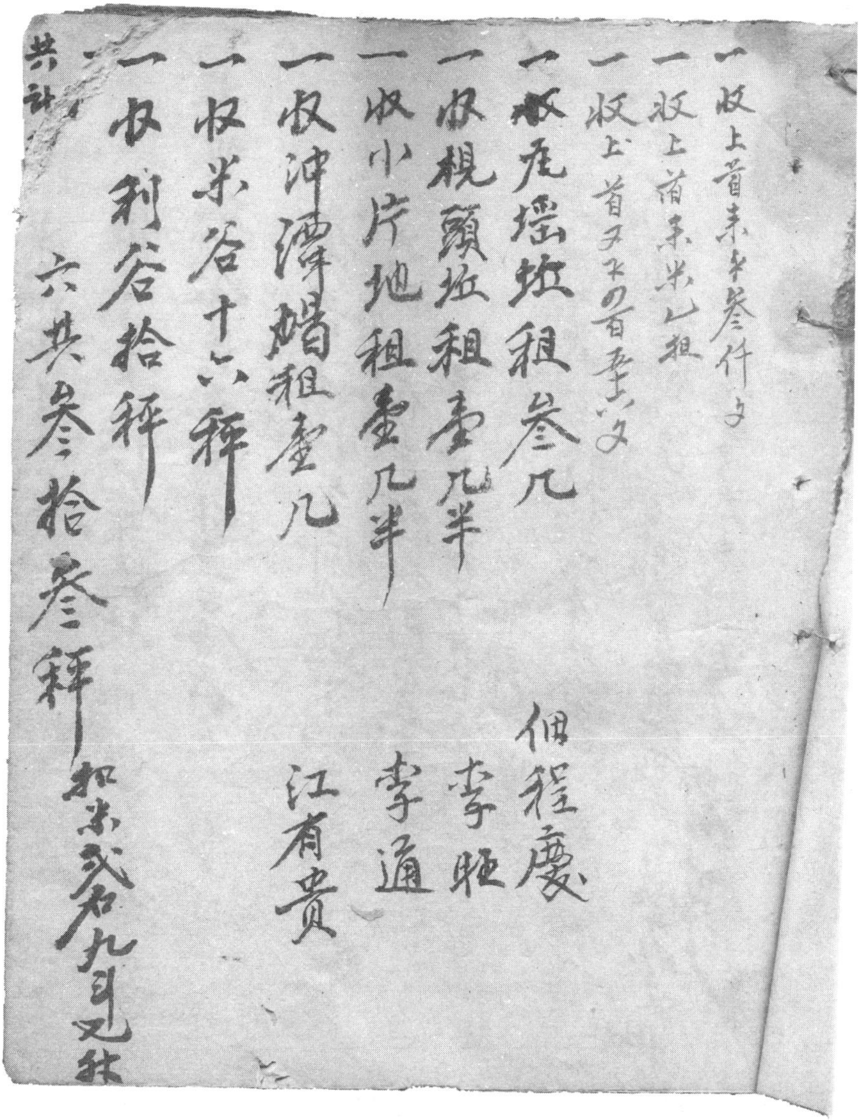

一收上首未车叁仟文
一收上首未米山租
一收上首及下田首叁[illegible]文
一收庄塆坵租叁几
一收枧頭坵租壹几半
一收小片地租壹几半
一收沖潭墙租壹几
一收米谷十六秤
一收利谷拾秤
共计
六共叁拾叁秤
佃程慶
李駝
李通
江有贵
扣米贰石九斗又秋

江湾镇中［钟］吕村 6-19 · 道光元年至同治十三年 ·
☑公清明簿及收支簿 · 俞昌店等

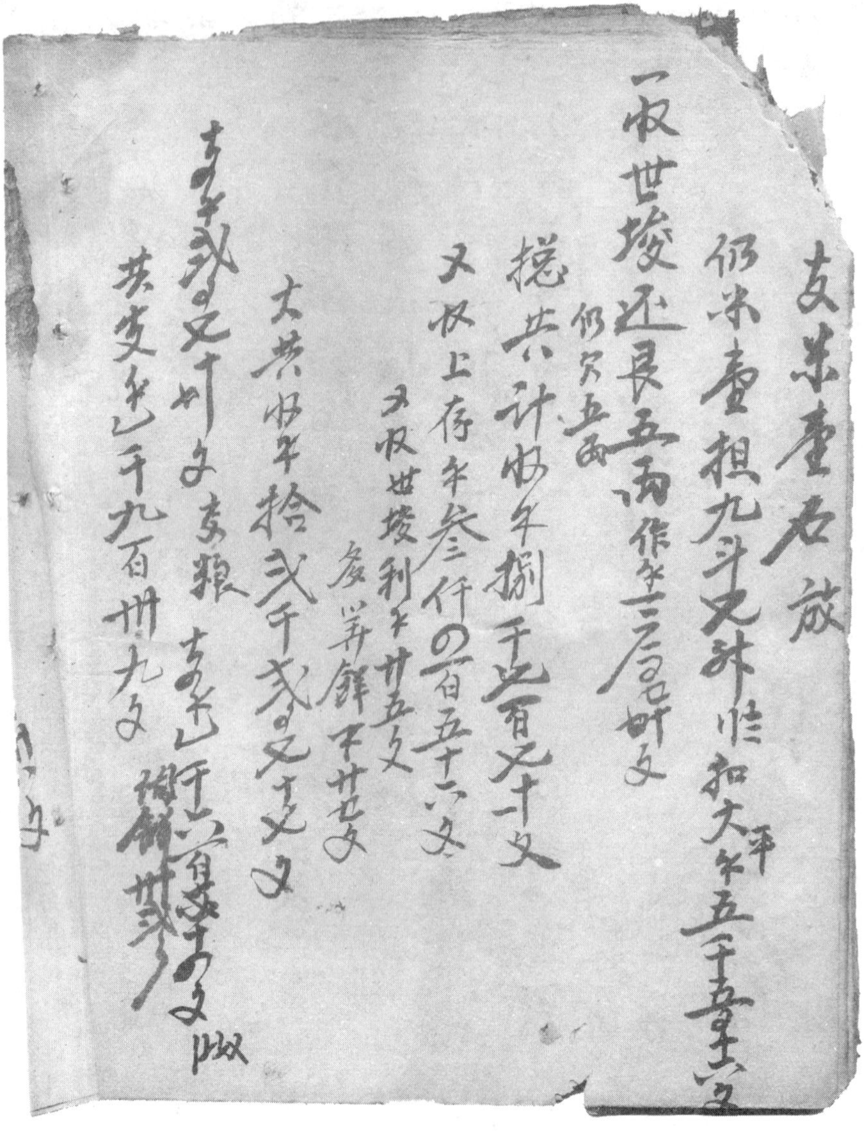

江湾镇中［钟］吕村 6-20 · 道光元年至同治十三年 ·
☑公清明簿及收支簿 · 俞昌店等

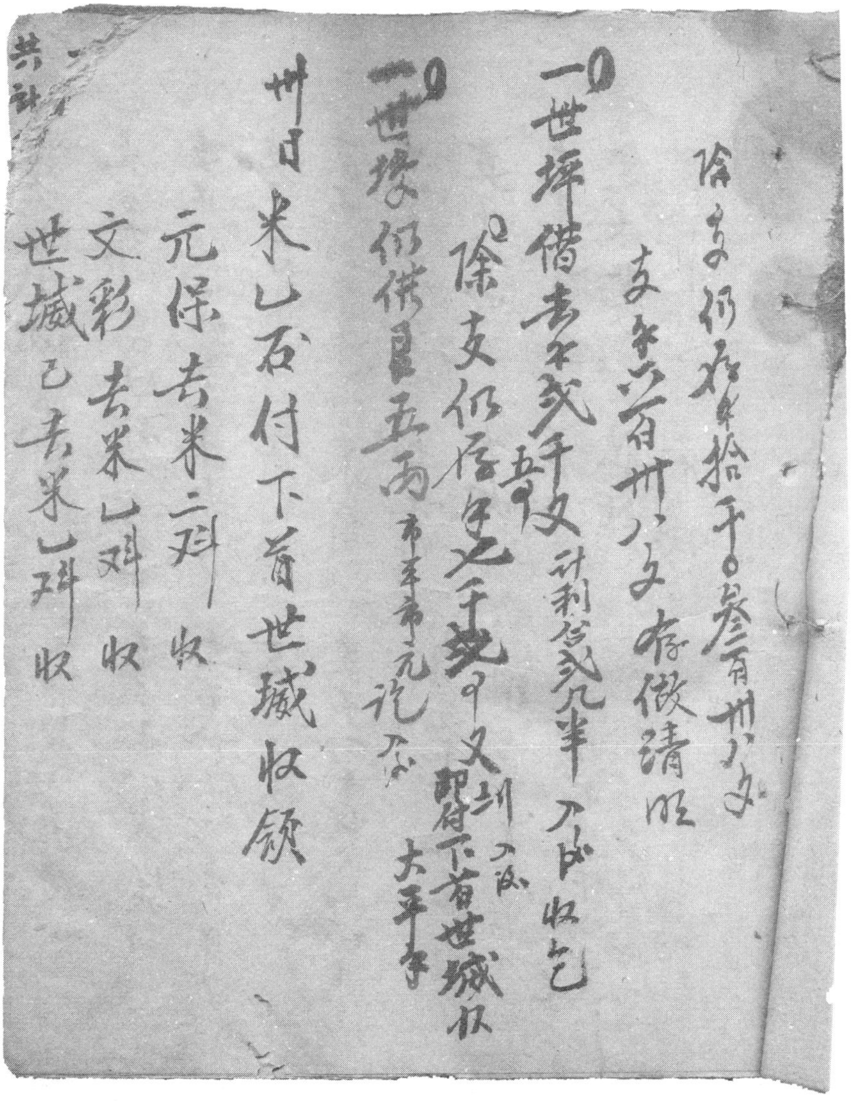

除支仍存钱拾千〇叁百卅八文
支钱叁百卅八文存做清明
一〇世坪借去本钱贰千五百文 计利谷贰石半 又收讫
〇除支仍存钱壹千〇中文圳 又收 即付下首世城收
一〇世璞仍借艮五两 本年本元讫 又收 大平字
卅日米叁石付下首世城收领
元保去米二斗 收
文彩去米叁斗 收
世城乙去米叁斗 收
共计

江湾镇中［钟］吕村 6-21 · 道光元年至同治十三年 ·
☐公清明簿及收支簿 · 俞昌店等

元荣年做清明出支三月初九日
支米贰斗○四又麺⼀⼚
支米⼗有又 千魚⽚ 支米⼗八又 塩生同
支米⼗才又 支米廿 古月
支米二⼗又 酒 支米三又
支米古又 米荠 支米四⼗又 伏干
支米古又 元長爺半把 共支米廿九⼗又
支米廿又 火炮 抄明上有⼗⼆⼀六又八
支米廿玉又 艮干 下支佛栈百⼗四⼗玉又
支米女又 帐烛
支米⼗女又 綵錢

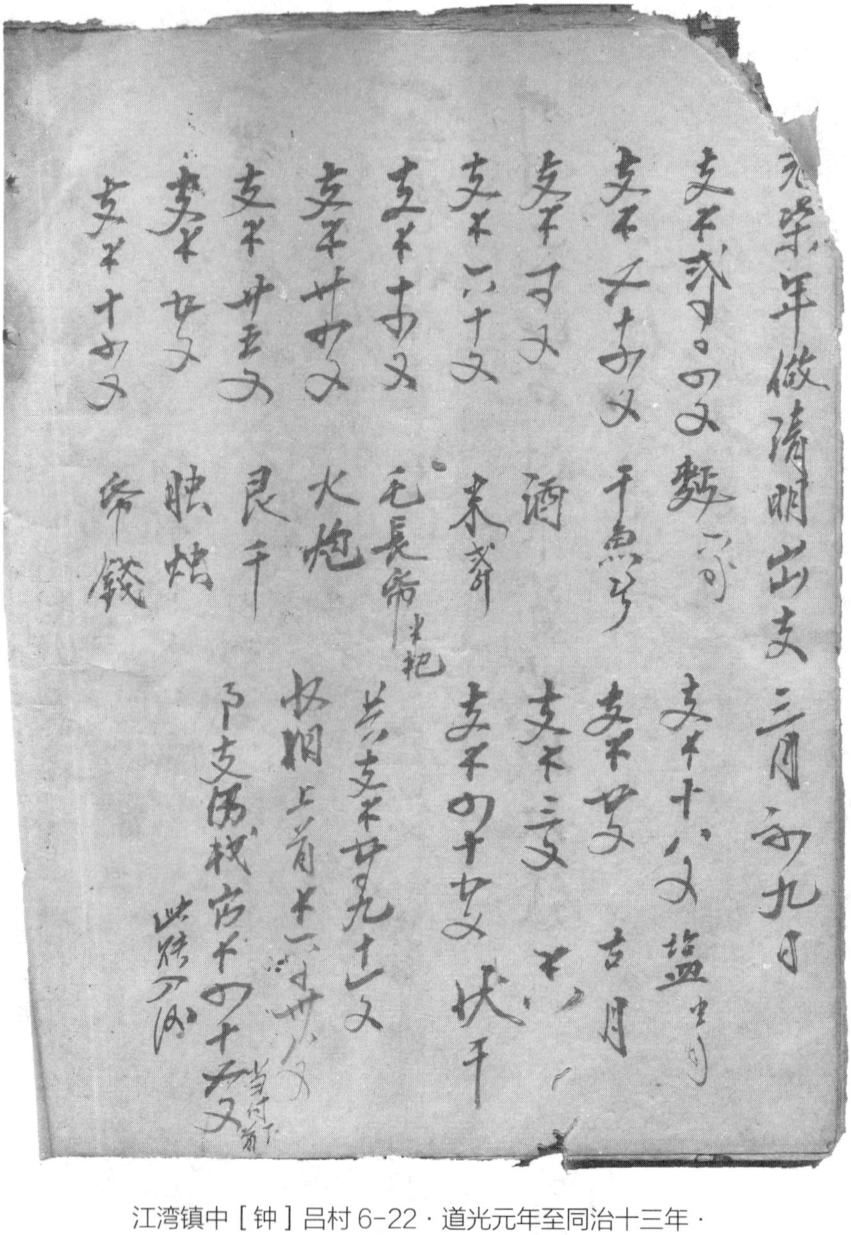

江湾镇中［钟］吕村 6-22 · 道光元年至同治十三年 · ☒公清明簿及收支簿 · 俞昌店等

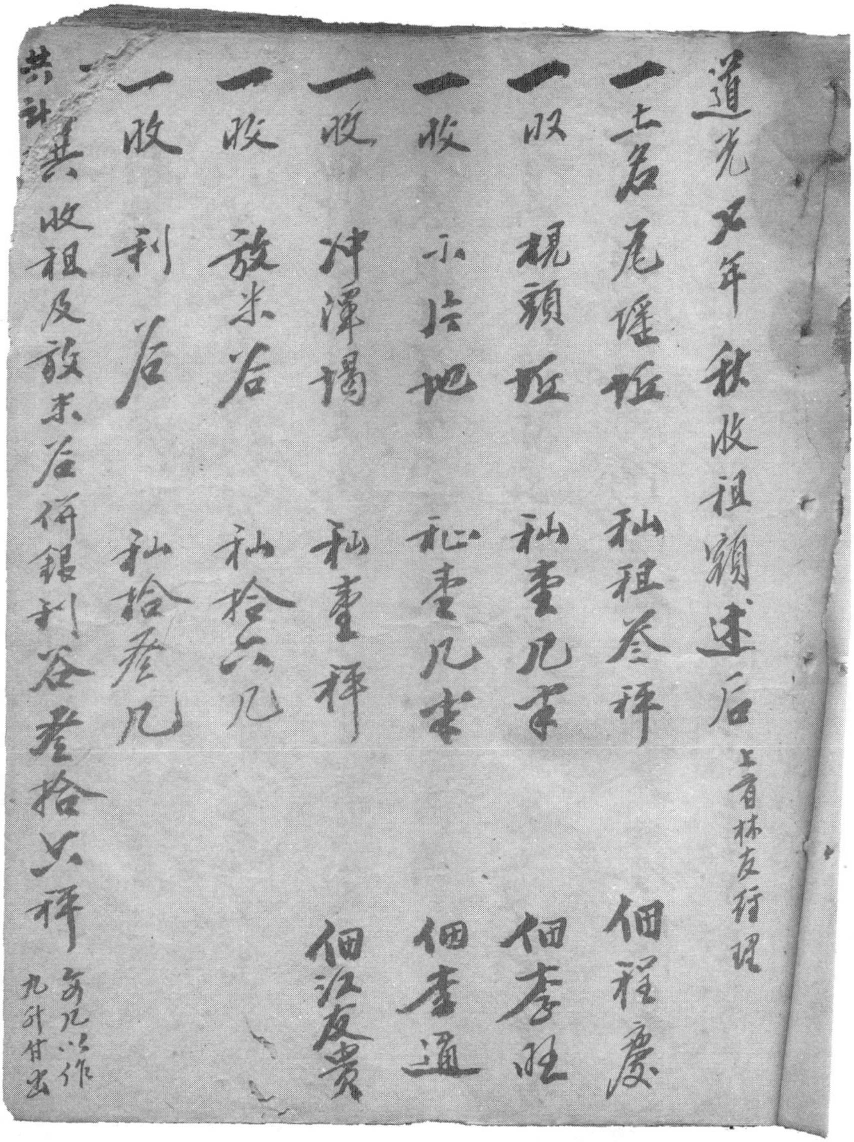

道光元年秋收租額述后　上首林友行理

一土名尾堘坵　秈租叁秤　佃程慶

一收梘頭坵　秈壹几斤　佃李旺

一收下片地　秈壹几斤　佃李道

一收坤潭塌　秈壹秤　佃江友貴

一收放米谷　秈拾六几

一收利谷　秈拾叁几

共計　共收租及放米谷併銀利谷叁拾六秤　每几以作九斤廿出

江湾镇中［钟］吕村 6-23 · 道光元年至同治十三年 ·

〼公清明簿及收支簿 · 俞昌店等

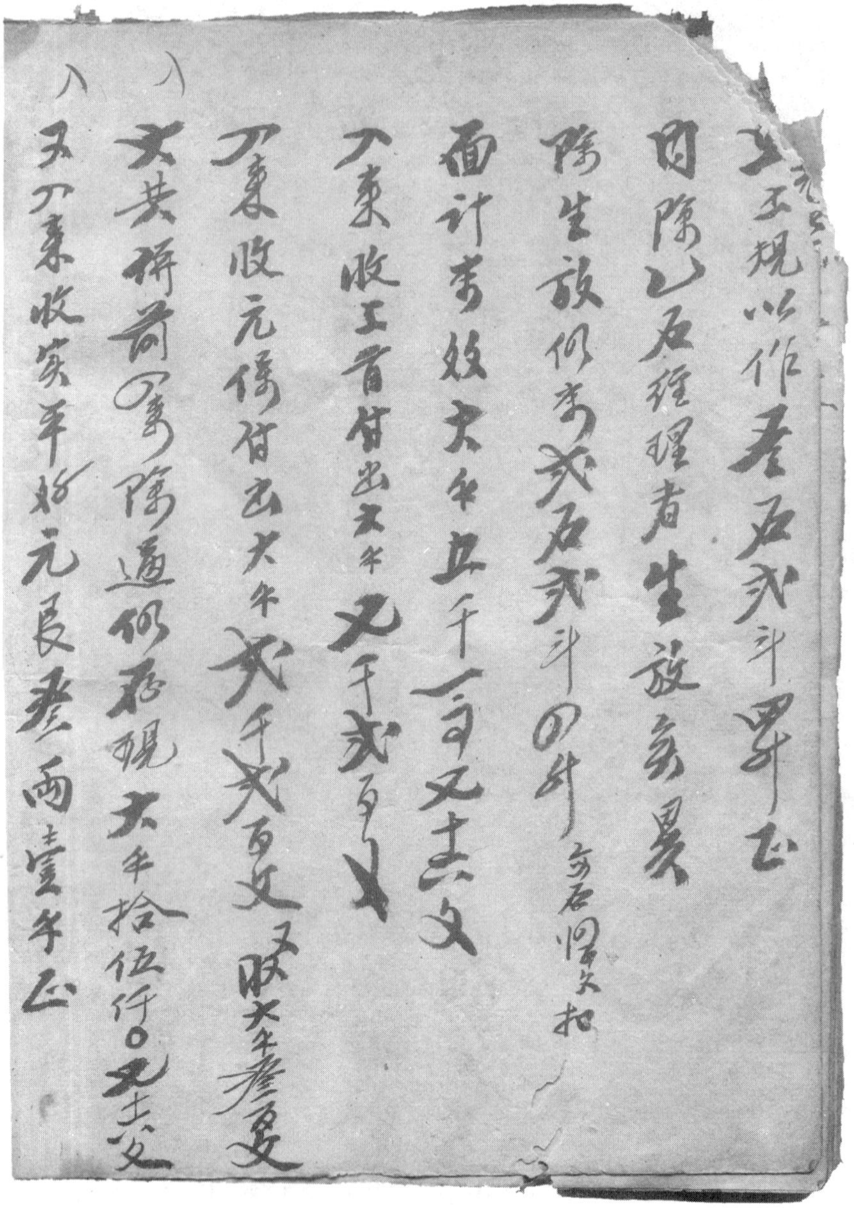

江湾镇中［钟］吕村 6-24 · 道光元年至同治十三年 ·
☐公清明簿及收支簿 · 俞昌店等

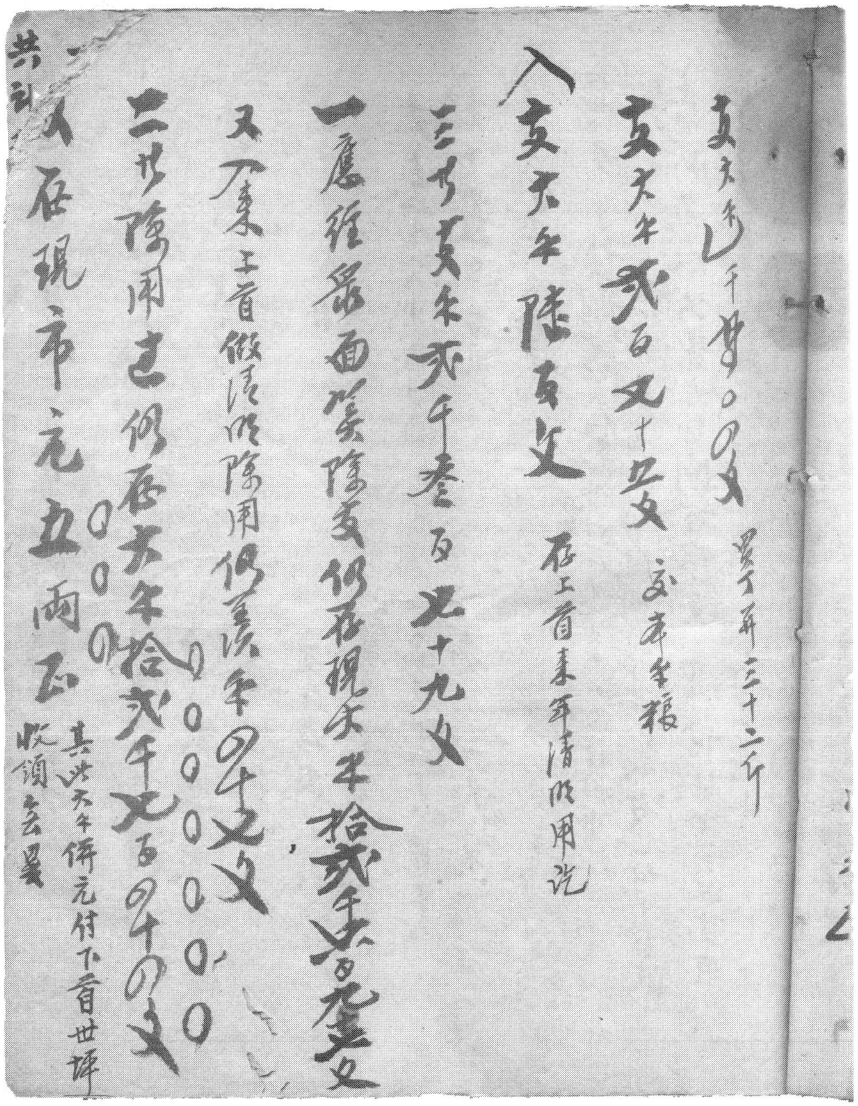

江湾镇中［钟］吕村 6-25 · 道光元年至同治十三年 ·
☐公清明簿及收支簿 · 俞昌店等

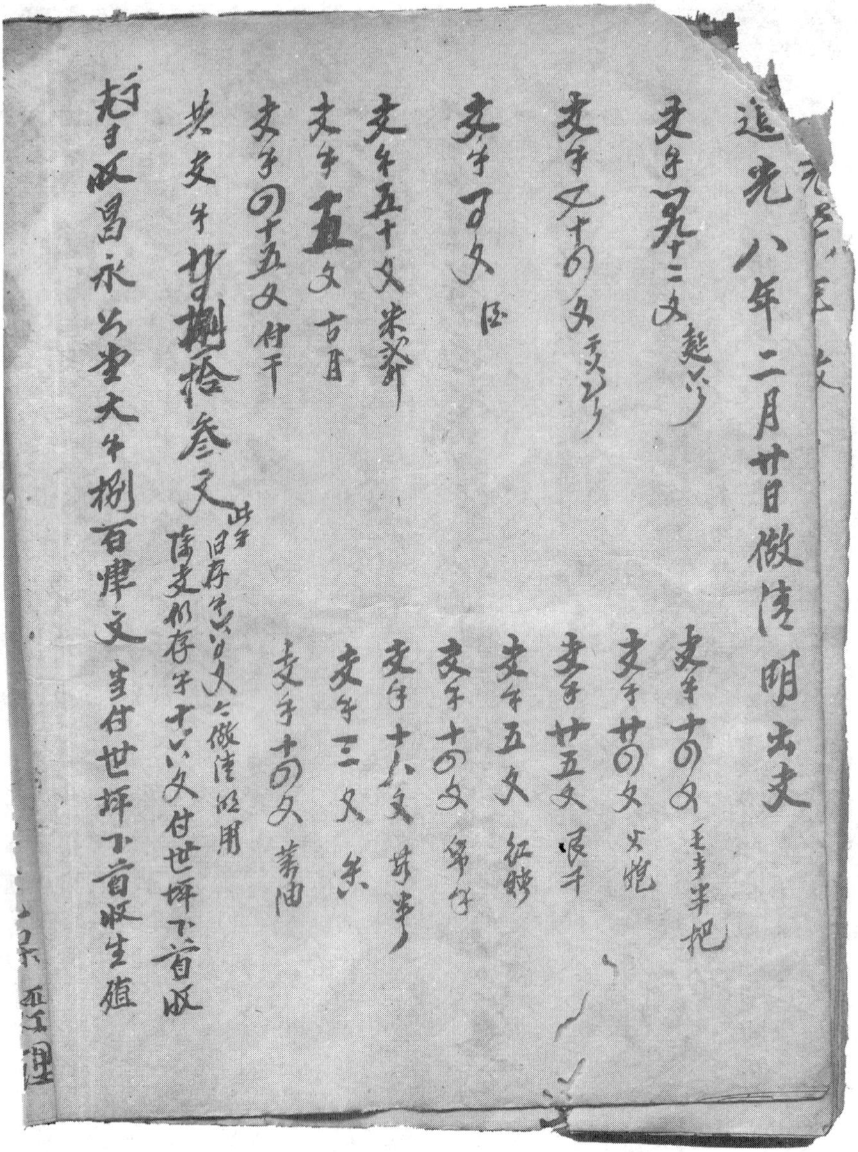

江湾镇中［钟］吕村 6-26 · 道光元年至同治十三年 ·
☐公清明簿及收支簿 · 俞昌店等

道光八年秋收租額述后 上首元保經理

一收尾塍坵 秈谷三秤 内讓三斤 佃人程慶

一收梘邊坵 秈乚几半 内讓二斤 佃人李旺

一收小坞坵 秈乚几半 内讓二斤 佃李通

一收冲潭碣 秈乚几 佃俞永

一收放米谷拾以几

一收艮利谷拾の秤

共計 一 大共收租併米谷艮利 共卅𠃋秤 [illegible] 每几口 [illegible]

江湾镇中［钟］吕村 6-27 · 道光元年至同治十三年 · ☐公清明簿及收支簿 · 俞昌店等

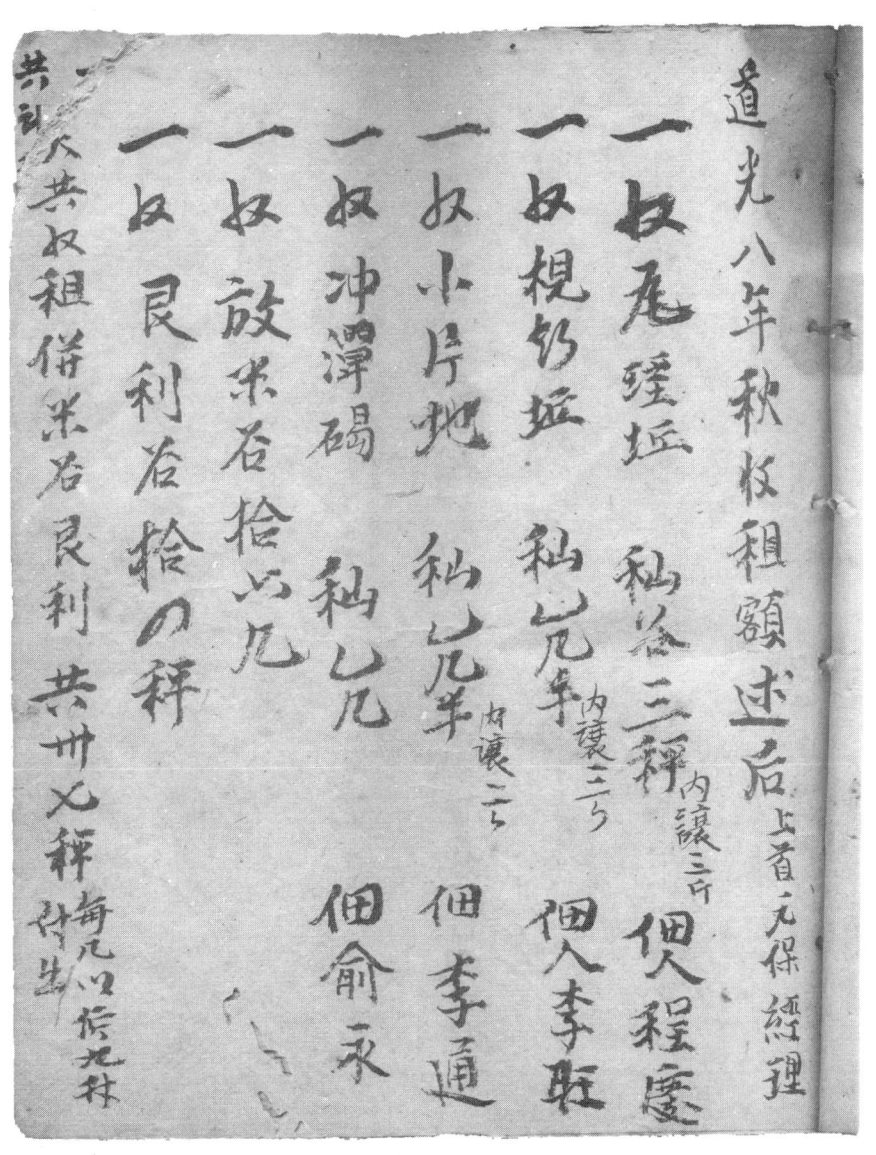

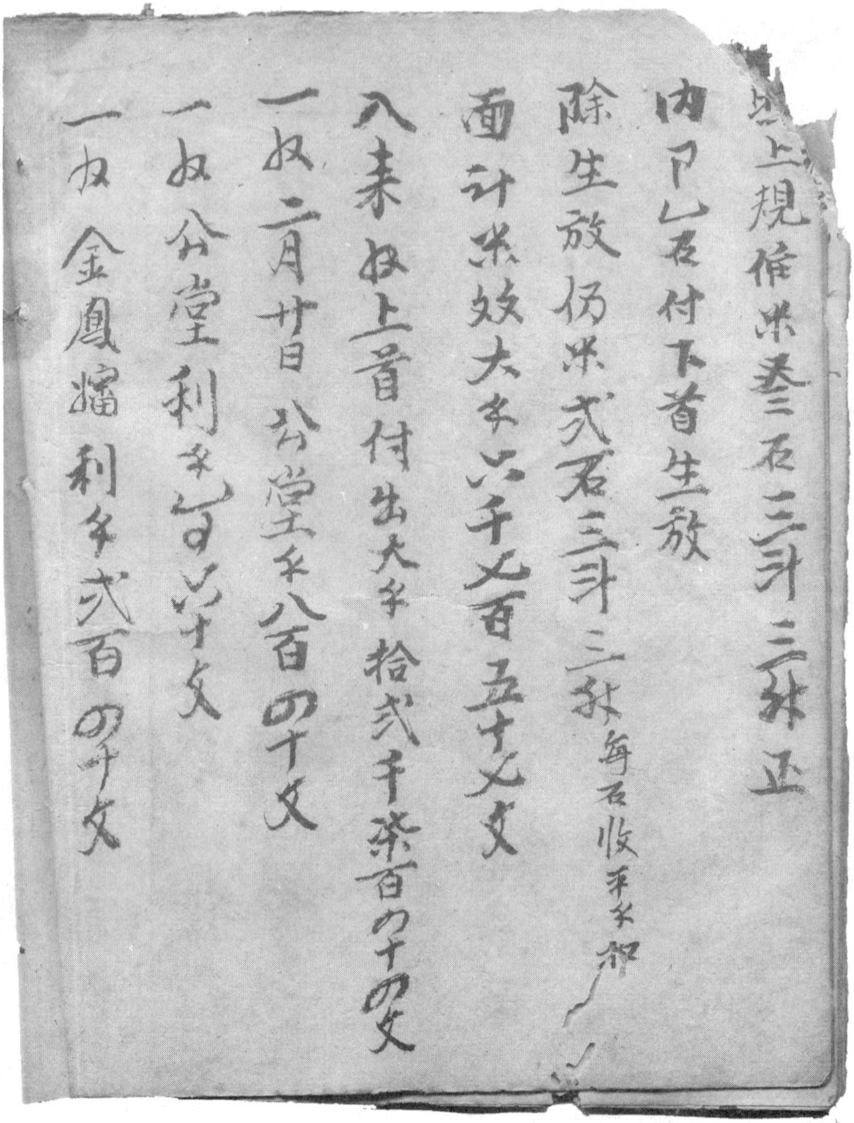

江湾镇中［钟］吕村 6-28 · 道光元年至同治十三年 ·
㘝公清明簿及收支簿 · 俞昌店等

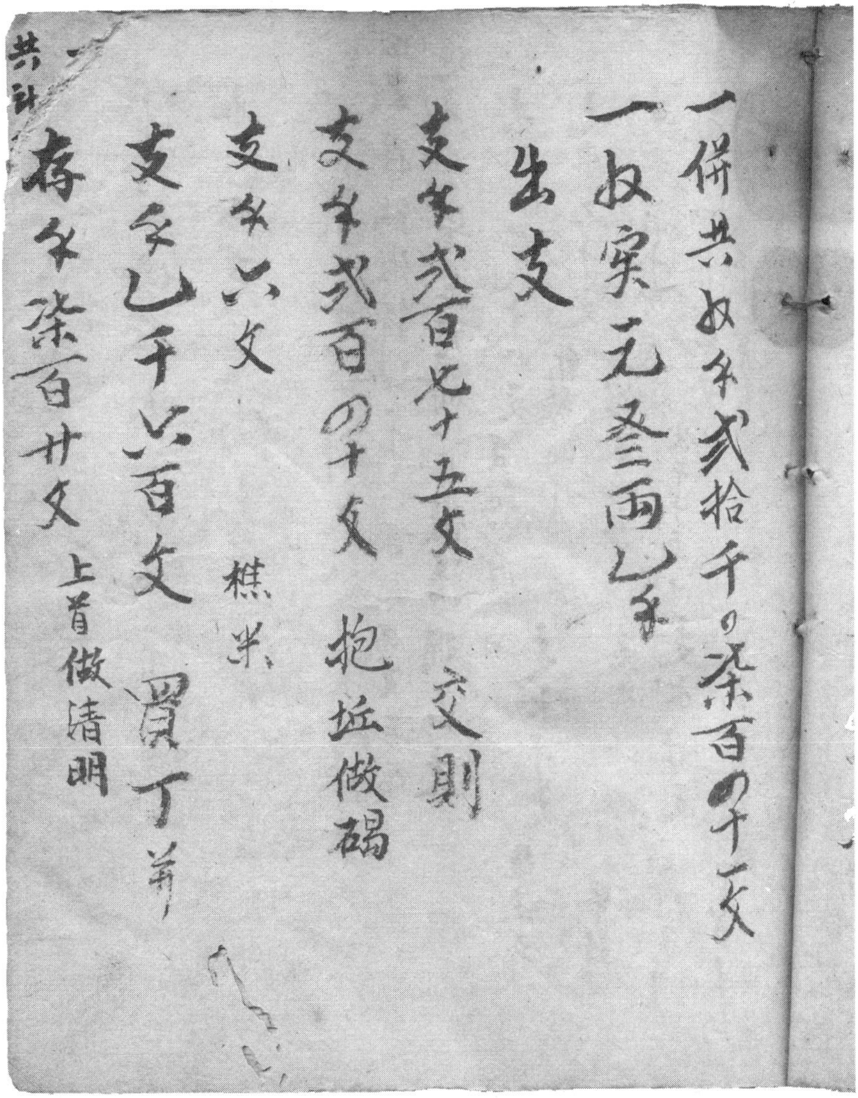
一併共收錢弍拾千〇柒百〇十一文
一收實元叁兩乙錢
出支
支錢弍百七十五文 交則
支錢弍百〇十文 抱坵做碣
支錢六文 糕米
支錢乙千六百文 買丁簿
共計
存錢柒百廿文 上首做清明

江湾镇中［钟］吕村 6-29 · 道光元年至同治十三年 ·
☐公清明簿及收支簿 · 俞昌店等

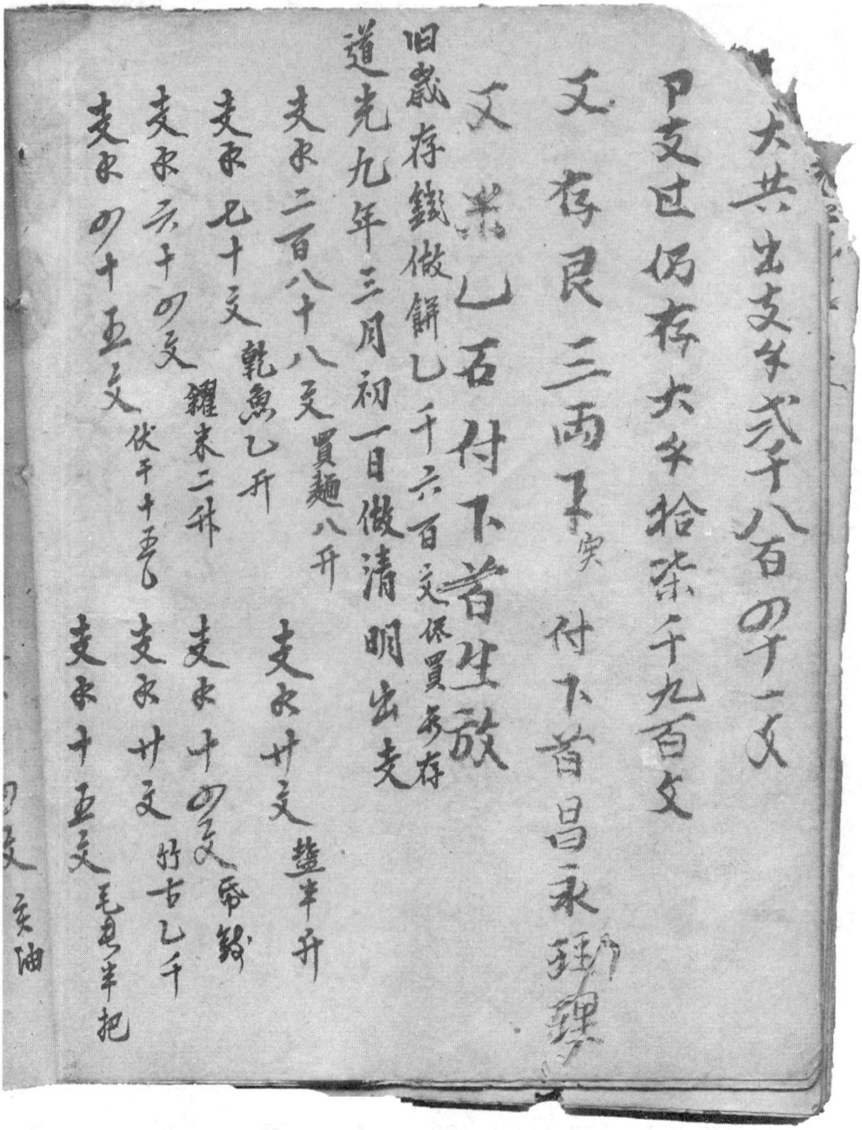
大共出支錢弍千八百四十一文
尸支过仍存大錢拾柒千九百文
又存艮三两𠄔 实 付下首昌永理
又 米乙石付下首生放
旧岁存錢做餅乙千六百文 係買米存
道光九年三月初一日做清明出支
支錢二百八十八文 買麵八升
支錢七十文 乾魚乙斤
支錢六十四文 鯉魚二斤
支錢四十五文 伏干十元
支錢廿文 鹽半升
支錢廿四文 帋錢
支錢廿文 好古乙斤
支錢十五文 毛烟半把

江湾镇中［钟］吕村 6-30 · 道光元年至同治十三年 ·
⊠公清明簿及收支簿 · 俞昌店等

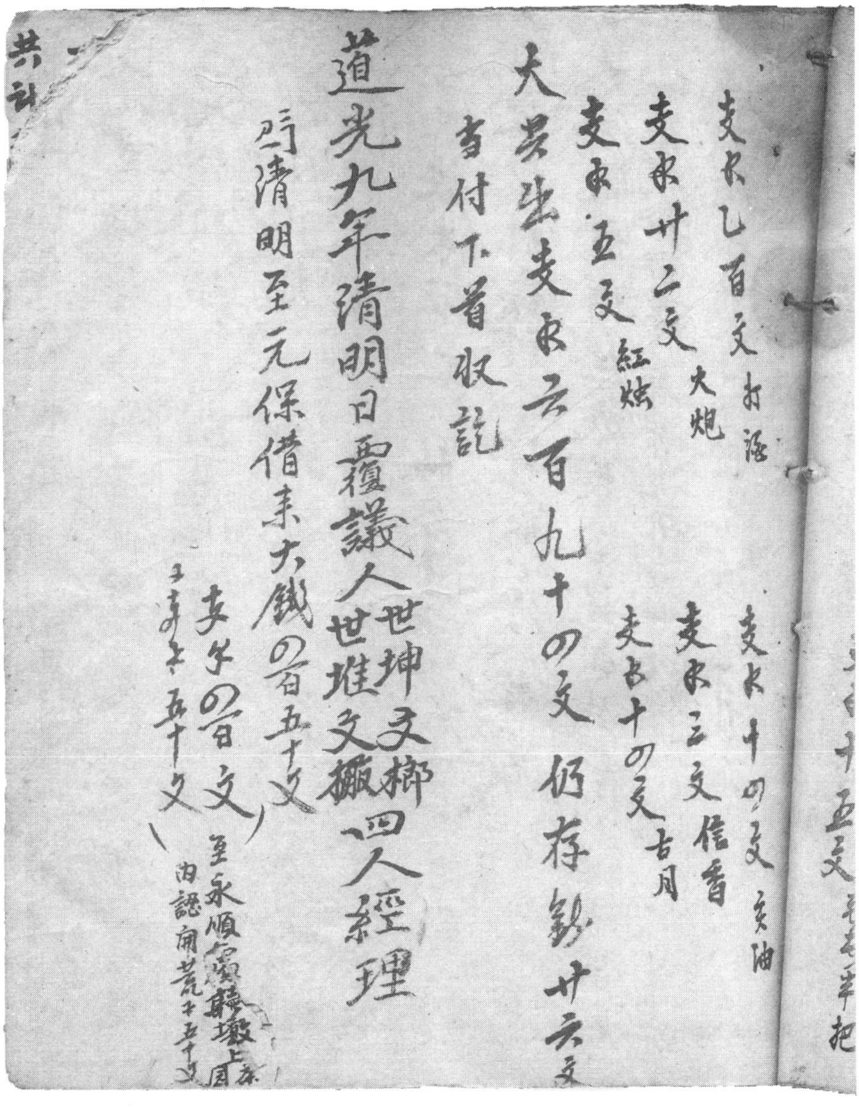
支艮乙百文打[illegible]
支艮廿二文大炮
支艮五文紅烛
大共出支艮六百九十四文仍存艮廿六文
当付下首收訖
道光九年清明日覆議人世坤文榔世堆文搬四人經理
所清明至元保借去大錢四百五十文
支出四百文至永順[illegible]轉墩上床
壬午年出五十文
付認開荒斗五十文
支艮十四文菜油
支艮三文信香
支艮十四文古月
……十五文……把

江湾镇中［钟］吕村 6–31 · 道光元年至同治十三年 ·
☐公清明簿及收支簿 · 俞昌店等

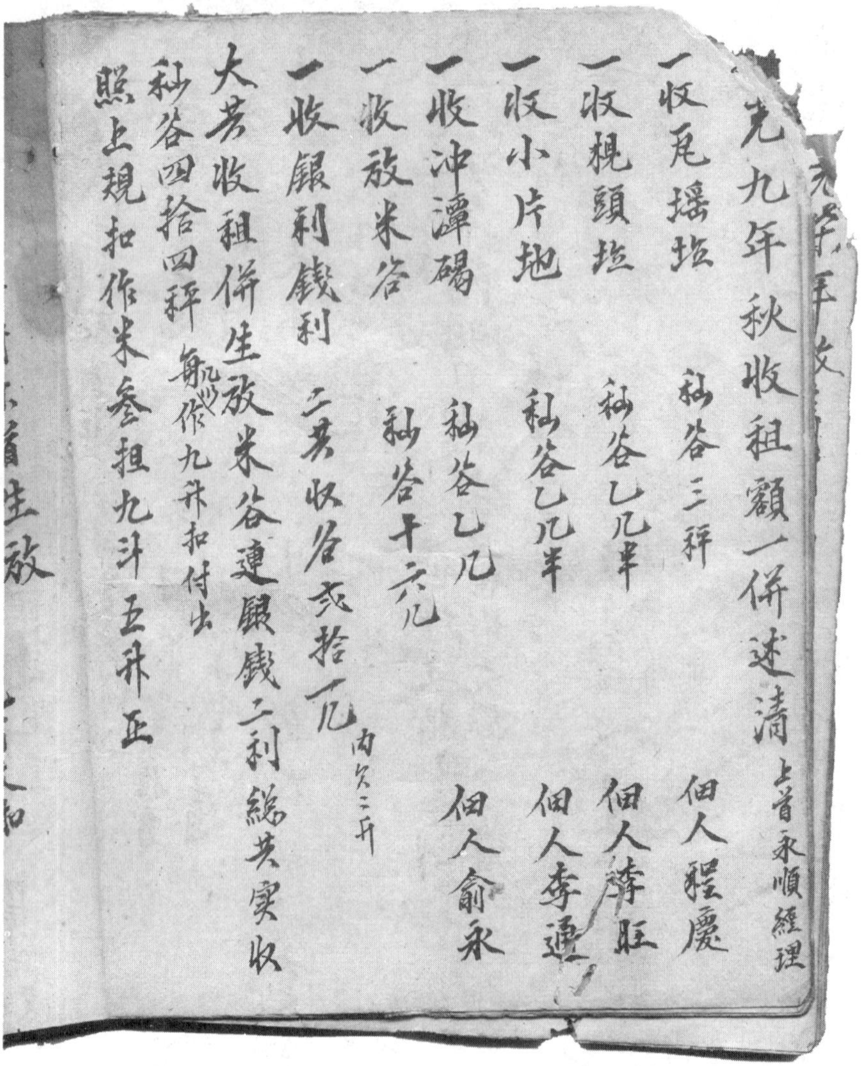
光九年秋收租額一併述清　上首永順經理
一收尾揺坵　秈谷三秤　佃人程慶
一收梘頭坵　秈谷乙几半　佃人詩旺
一收小片地　秈谷乙几半　佃人李運
一收冲潭碣　秈谷乙几　佃人俞永
一收放米谷　秈谷十六几
一收銀利錢利　二共收谷弍拾一几　内欠二斤
大共收租併生放米谷連銀錢二利總共實收
秈谷四拾四秤　每几以作九升和付出
照上規扣作米叁担九斗五升正

江湾镇中［钟］吕村 6-32 · 道光元年至同治十三年 ·
〼公清明簿及收支簿 · 俞昌店等

内除一石存付下首生放

仍有弍石九斗五升 每石二千五百文扣

乘伍面結扣算大錢柒千三百七十五文

領來上首大錢十柒千九百文

又实元良三兩一錢正 付下首 昌承經理

出支

支錢二百八十九文 交則 妠謁利錢卅文 入右

存錢二千五百文 買丁餅 又來年做清明

備有多 候清明日和算

二共併入來大錢弍拾伍千二百七十五文

共計实元良三兩一錢正

江湾镇中［钟］吕村 6-33 · 道光元年至同治十三年 ·
☐公清明簿及收支簿 · 俞昌店等

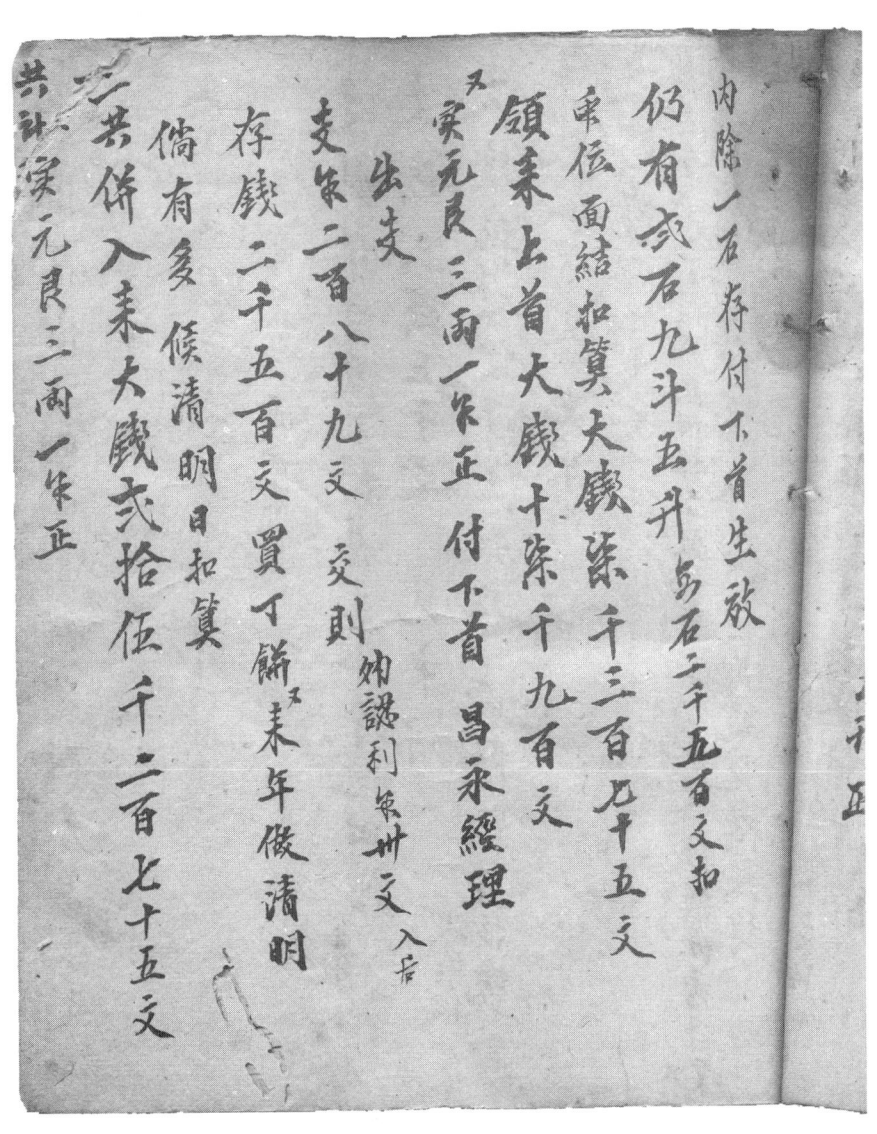

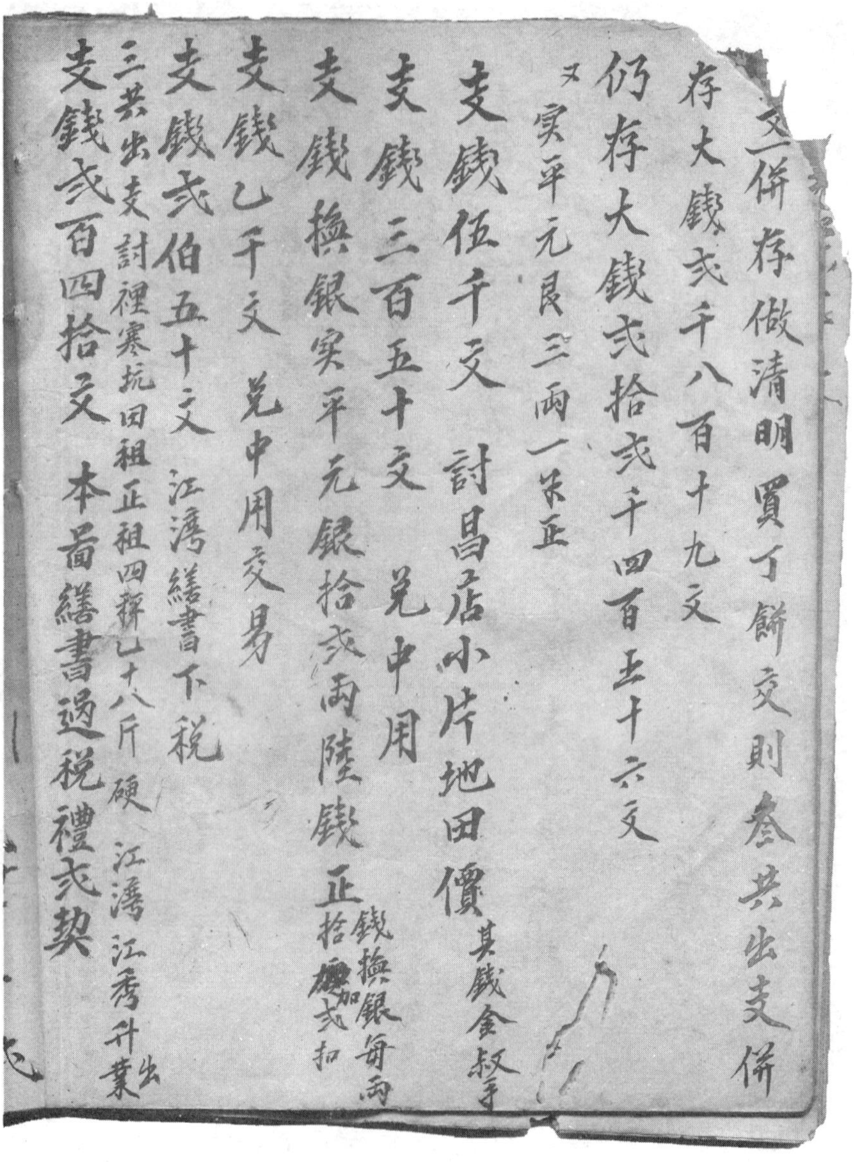
支併存做清明買丁餅交則叁共出支併
存大錢弍千八百十九文
仍存大錢弍拾弍千四百五十六文
又實平元艮三兩一錢正
支錢伍千文 討昌店小片地田價 其錢金叔手
支錢三百五十文 兑中用
支錢換銀實平元銀拾弍兩陸錢正 錢換銀每兩拾加弍扣
支錢乙千文 兑中用交易
支錢弍伯五十文 江灣繕書下稅
三共出支討裡寨坑田租正租四秤乙十八斤硬 江灣江秀升業出
支錢弍百四拾文 本畐繕書過稅禮弍契

江湾镇中［钟］吕村 6-34 · 道光元年至同治十三年 · 〼公清明簿及收支簿 · 俞昌店等

大共出支一併除清　仍存大錢肆千弍
百十六文　又米乙担　付下首領
道光九年十二月　付世堿收領經理
天富叔　借去大錢乙千文
三鳳公　生去米弍斗
茂興兄　生去米弍斗

江湾镇中［钟］吕村 6-35 · 道光元年至同治十三年 ·
〼公清明簿及收支簿 · 俞昌店等

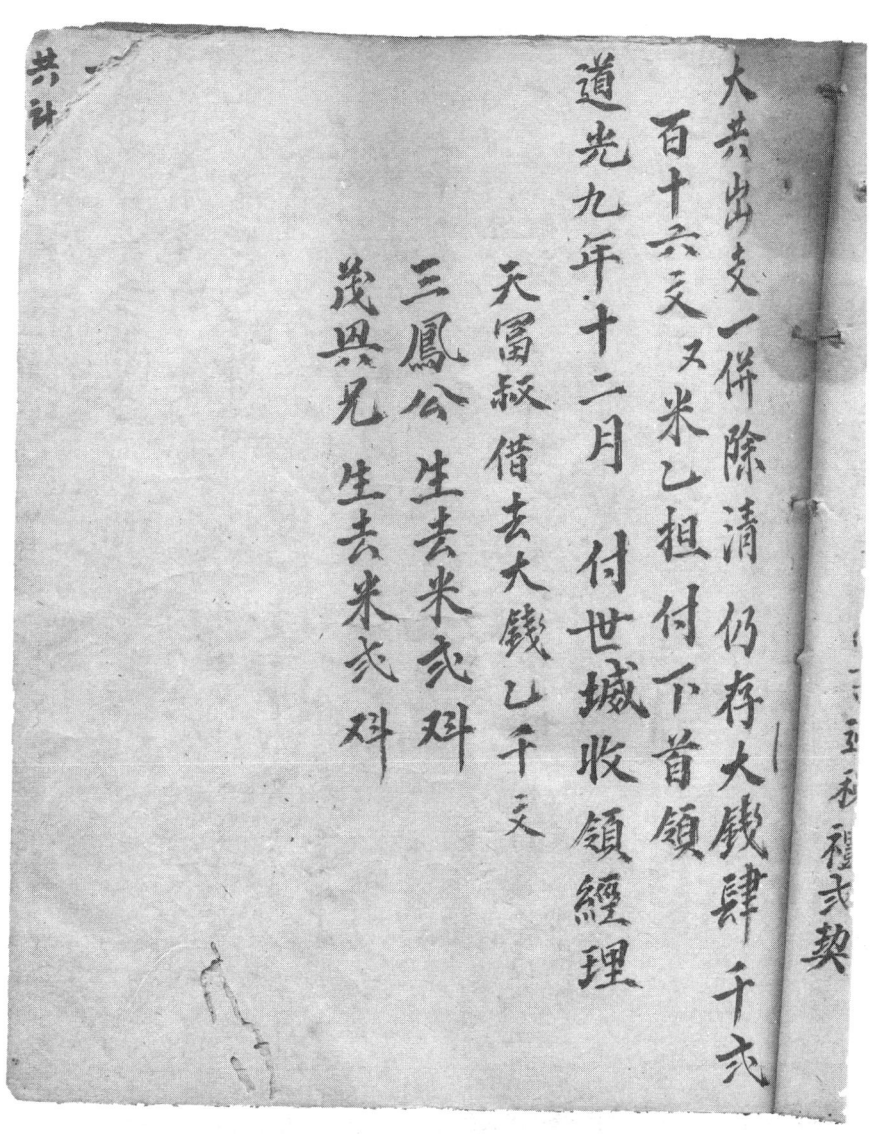

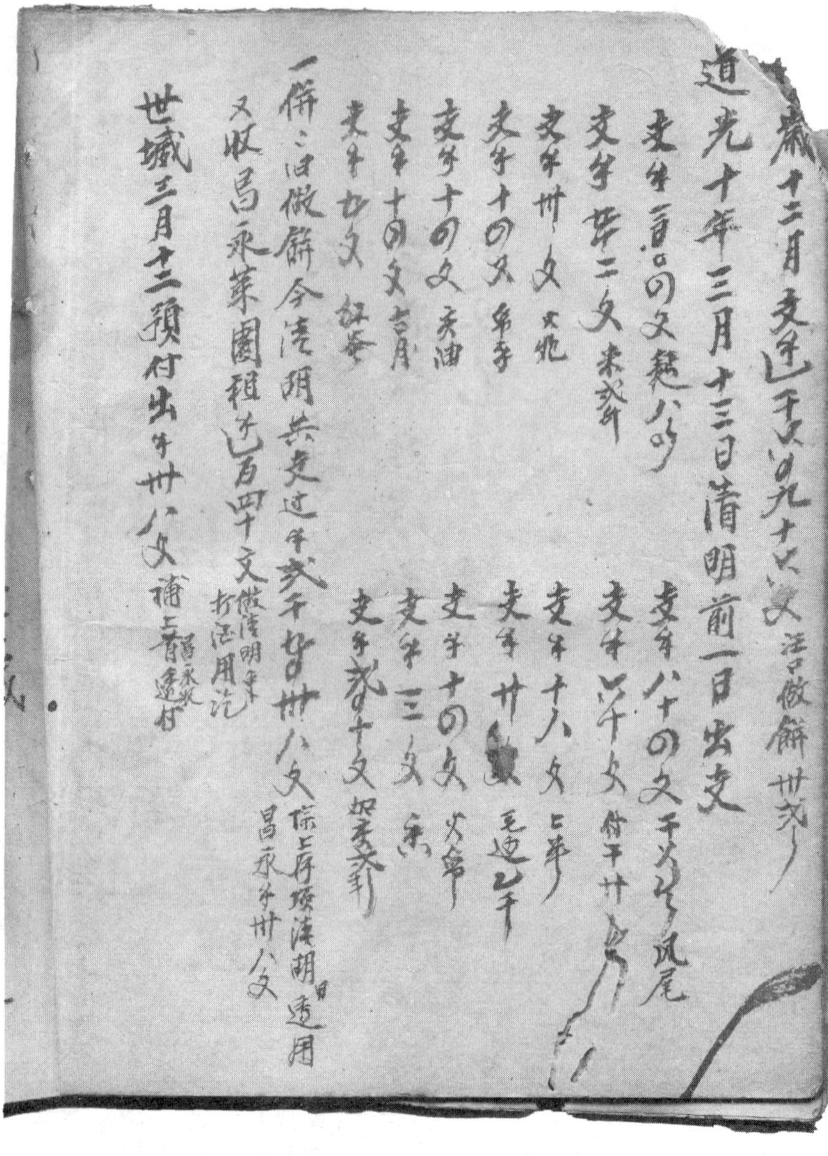

江湾镇中［钟］吕村 6-36 · 道光元年至同治十三年 ·
〼公清明簿及收支簿 · 俞昌店等

道光拾年秋收頭首經理世城

一收兎塢坵　秈租叁秤　佃程慶

一收梘頭坵　秈租乙秤半　讓三斤　佃李通

一收小片地　秈租乙秤半　讓三斤　佃李旺

一收冲潭碣　秈租乙秤　佃俞永

一收小片地　秈租乙秤半　讓弍斤　佃李别

一收經塞坑　秈秤肆秤〇十八斤　讓三斤　佃俞友

一收放米谷　拾陸秤　三鳳公八秤照祠價上計秤　每秤二百廿文扣作扣大錢乙

一收銀利谷　肆秤　千七百六十文　內除乙秤上

一收大共銀利生米谷租谷一併叁拾弍秤〇十八斤　香烛祖

照上規每秤作米九升　作米弍担八斗不升半　每石

共計二千文扣算大錢八千一百九十五文　內有八秤照祠扣上　扣搭算每秤三百文

江湾镇中［钟］吕村 6–37 · 道光元年至同治十三年 ·
□公清明簿及收支簿 · 俞昌店等

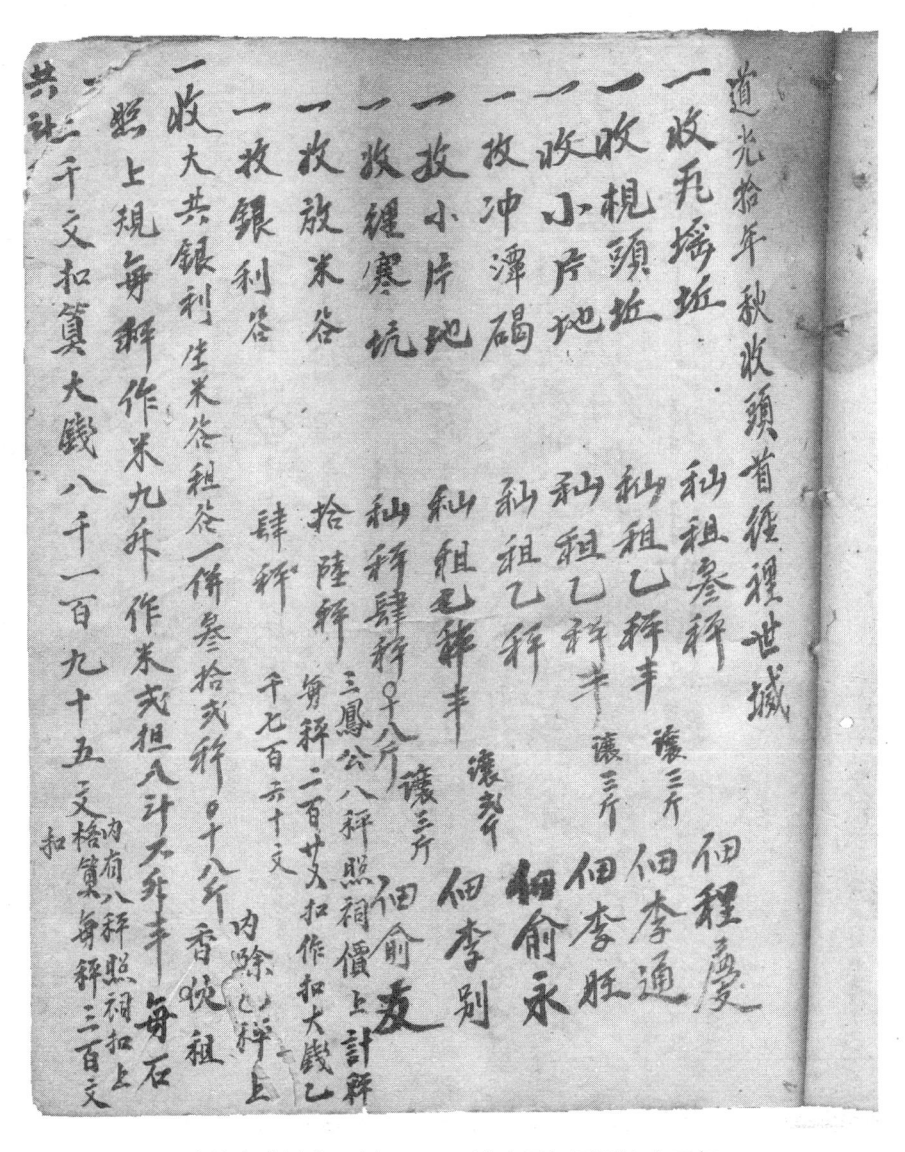

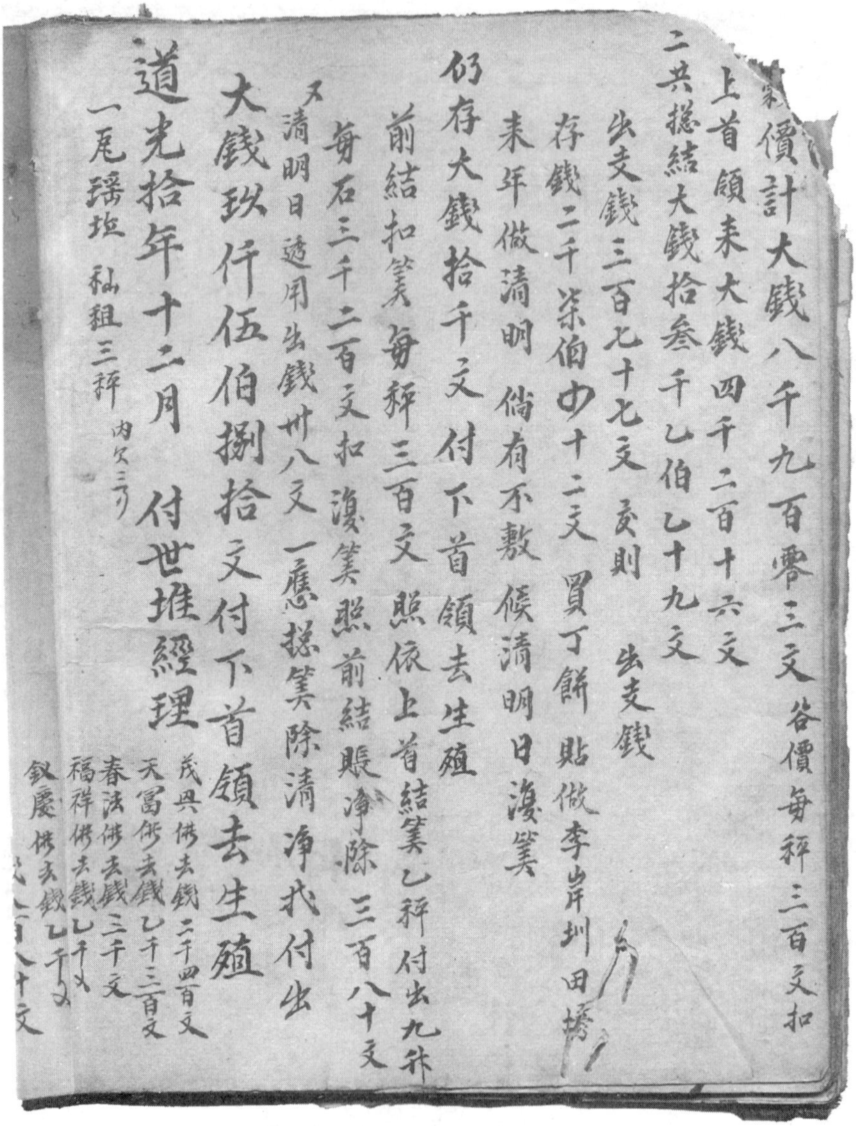
谷價計大錢八千九百零三文　谷價每秤三百文扣
上首領来大錢四千二百十六文
二共總結大錢拾叁千乙伯乙十九文
出支錢三百七十七文　支則　出支錢
存錢二千柒伯四十二文　買丁餅　貼做李岸圳田塝
来年做清明　倘有不數　候清明日淨筭
仍存大錢拾千文　付下首領去生殖
前結扣筭每秤三百文　照依上首結筭乙秤　付出九斤
每石三千二百文扣淨筭　照前結賬淨除　三百八十文
又清明日適用出錢卅八文　一應總筭除清淨戎付出
大錢玖仟伍伯捌拾文付下首領去生殖
道光拾年十二月　付世堆經理
一尾搖坵　私租三秤　内欠三刀
茂興佛去錢二千四百文
天富佛去錢乙千三百文
春法佛去錢三千文
福祥佛去錢乙千文
釵慶佛去錢乙千文
又乙百八十文

江湾镇中［钟］吕村 6-38 · 道光元年至同治十三年 ·
〼公清明簿及收支簿 · 俞昌店等

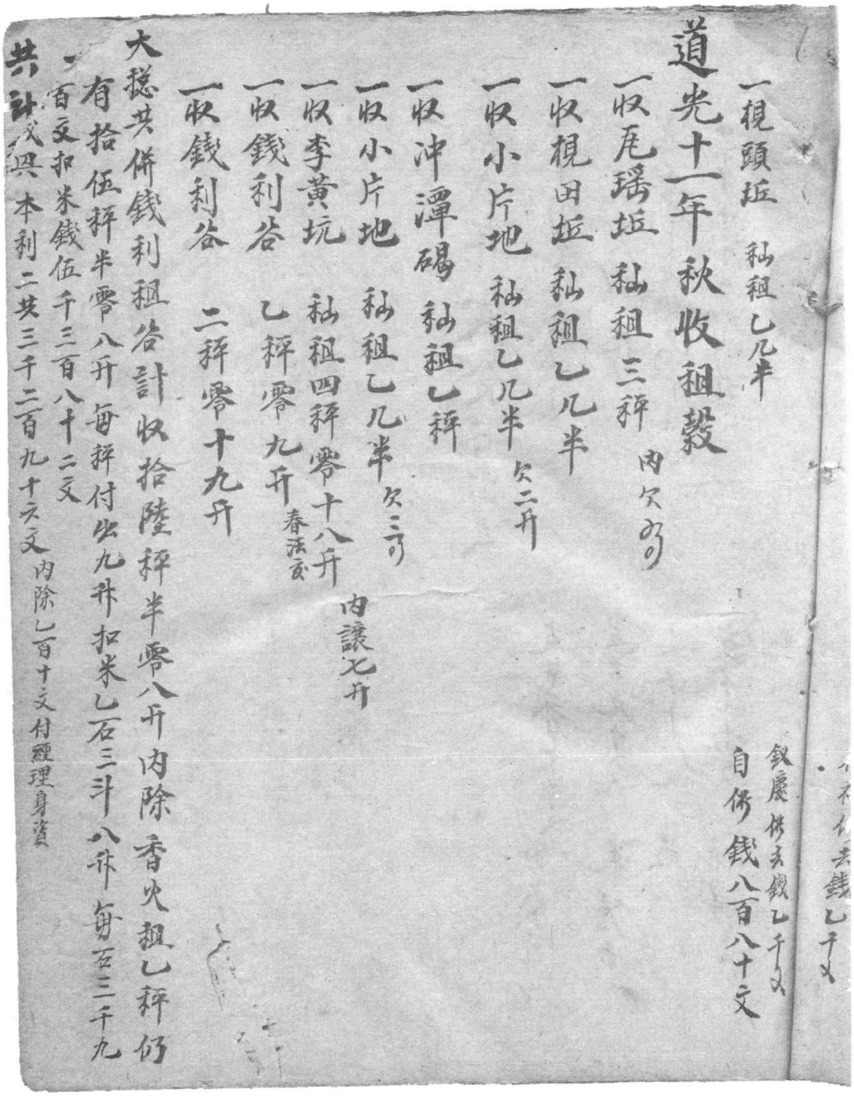
……付去錢乙千文
欽慶付去錢乙千文
自付錢八百八十文
一梘頭垤 秈租乙几半
道光十一年秋收租穀
一收尾瑶垤 秈租三秤 內欠了
一收梘田垤 秈租乙几半
一收小片地 秈租乙几半 欠二斤
一收冲潭碣 秈租乙秤
一收小片地 秈租乙几半 欠二斤
一收李黄坑 秈租四秤零十八斤 內讓七斤
一收錢利谷 乙秤零九斤 春法交
一收錢利谷 二秤零十九斤
大總共併錢利租谷計收拾陸秤半零八斤 內除香火租乙秤仍
有拾伍秤半零八斤 每秤付出九升 扣米乙石三斗八升 每石三千九
一百文 扣米錢伍千三百八十二文
共計戊與 本利二共三千二百九十六文 內除乙百十文付經理身資

江湾镇中［钟］吕村 6-39 · 道光元年至同治十三年 ·
☑公清明簿及收支簿 · 俞昌店等

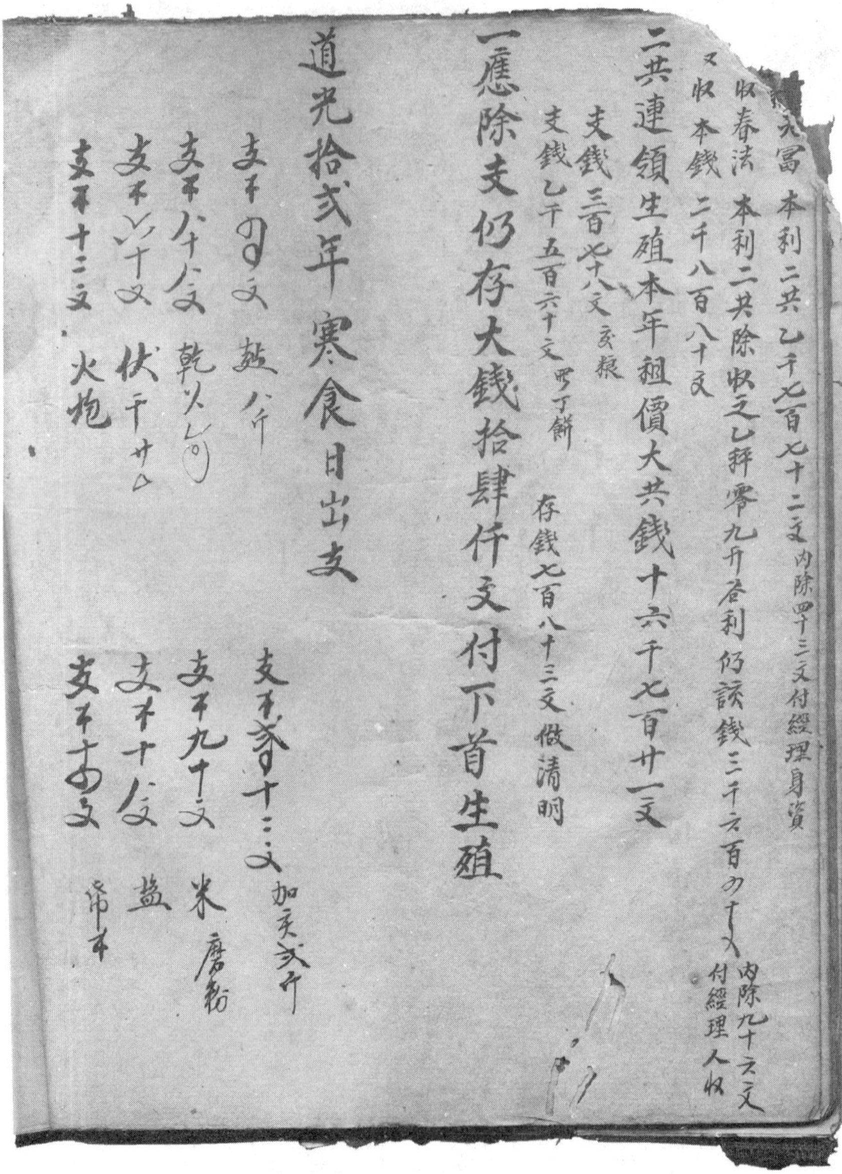
元冨本利二共乙千七百七十二文 内除四十三文付經理身資
收春法本利二共除收之乙拜零九斤吞利仍該錢三千六百四十文 内除九十六文付經理人收
又收本錢二千八百八十文
二共連領生殖本年糶價大共錢十六千七百廿一文
支錢三百七十八文 交粮
支錢乙千五百六十文 四丁餅
存錢七百八十三文 做清明
一應除支仍存大錢拾肆仟文付下首生殖
道光拾貳年寒食日出支
支錢四十文 麺八斤
支錢八十文 乾火□
支錢六十文 伏千廿□
支錢十二文 火炮
支錢壹十二文 加夫貳斤
支錢九十文 米 磨粉
支錢十文 鹽
支錢十五文 帋本

江湾镇中［钟］吕村 6-40 · 道光元年至同治十三年 ·
〼公清明簿及收支簿 · 俞昌店等

支钱十四文　火帋
支钱六文　古月
支钱廿文　腊烛
支钱廿四文　一天曲
支钱廿文　金良
支钱一三文　米

共计支钱九百六十六文　又加钱四文找□

一應除支仍存钱拾叁千八百十二文

是日共计存

一存金桂　钱伍千百口廿文

一存茂興　钱三千八百九十六文

一存東发　钱三千六百八十文

共计　大富　钱壹千八百又十二文

癸十一月收除来年本　收钱廿八千〇
又收钱六百文　本利清楚　钱廿千入後

癸十一月
计利八九十八文
共本利四千〇八十八文

大八　後

癸十一月收钱二百六十文　加利钱四百四文
本利共计收钱肆千百四十二文　入後

共计本利二千百九十六文
入後

江湾镇中［钟］吕村6-41 · 道光元年至同治十三年 ·
☑公清明簿及收支簿 · 俞昌店等

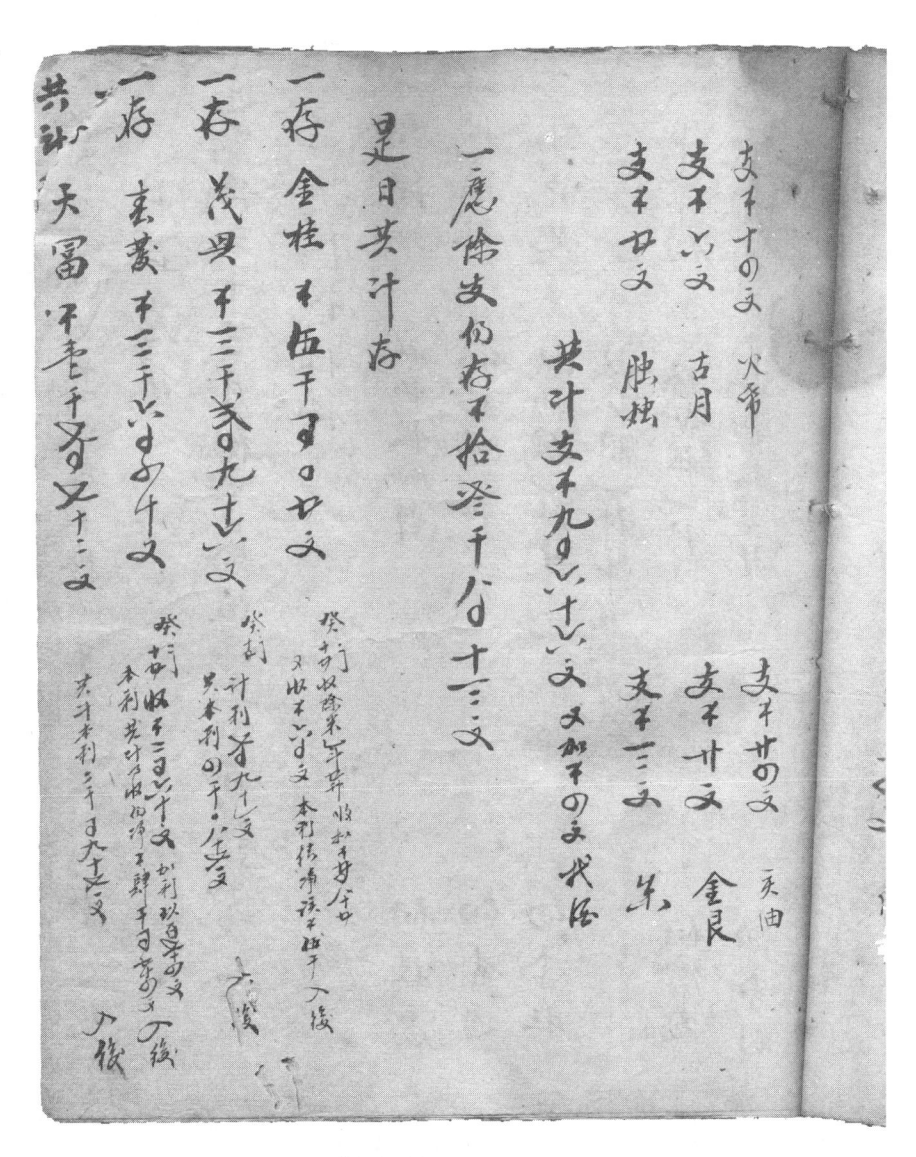

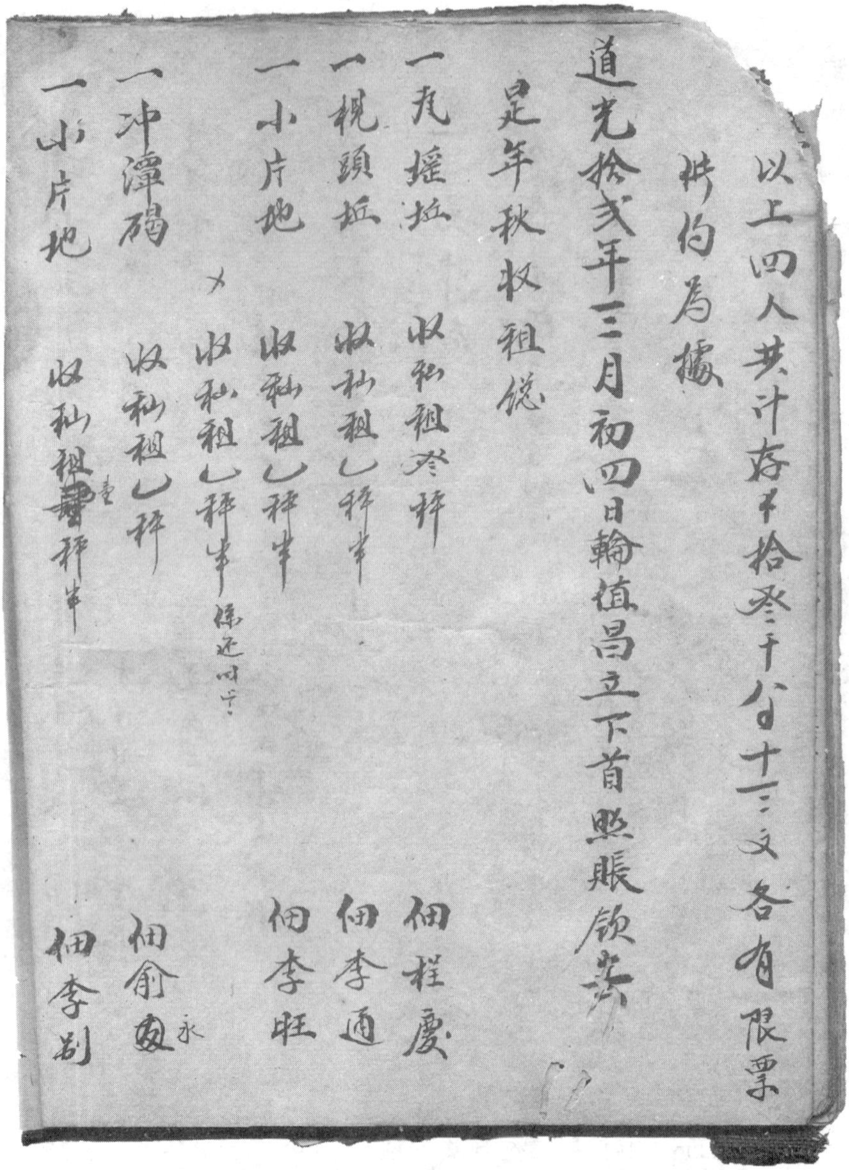
以上四人共计存千拾叁千八百十三文 各有限票
批约为据
道光拾贰年三月初四日输值昌立下首照账领去
是年秋收租总
一瓦堰坵　收秋租叁秤　佃程庆
一枧头坵　收秋租乙秤半　佃李通
一小片地　收秋租乙秤半　佃李旺
收秋租乙秤半　係还叫丁
一冲潭碣　收秋租乙秤　佃俞发永
一小片地　收秋租壹秤半　佃李副

江湾镇中［钟］吕村 6-42 · 道光元年至同治十三年 ·
〼公清明簿及收支簿 · 俞昌店等

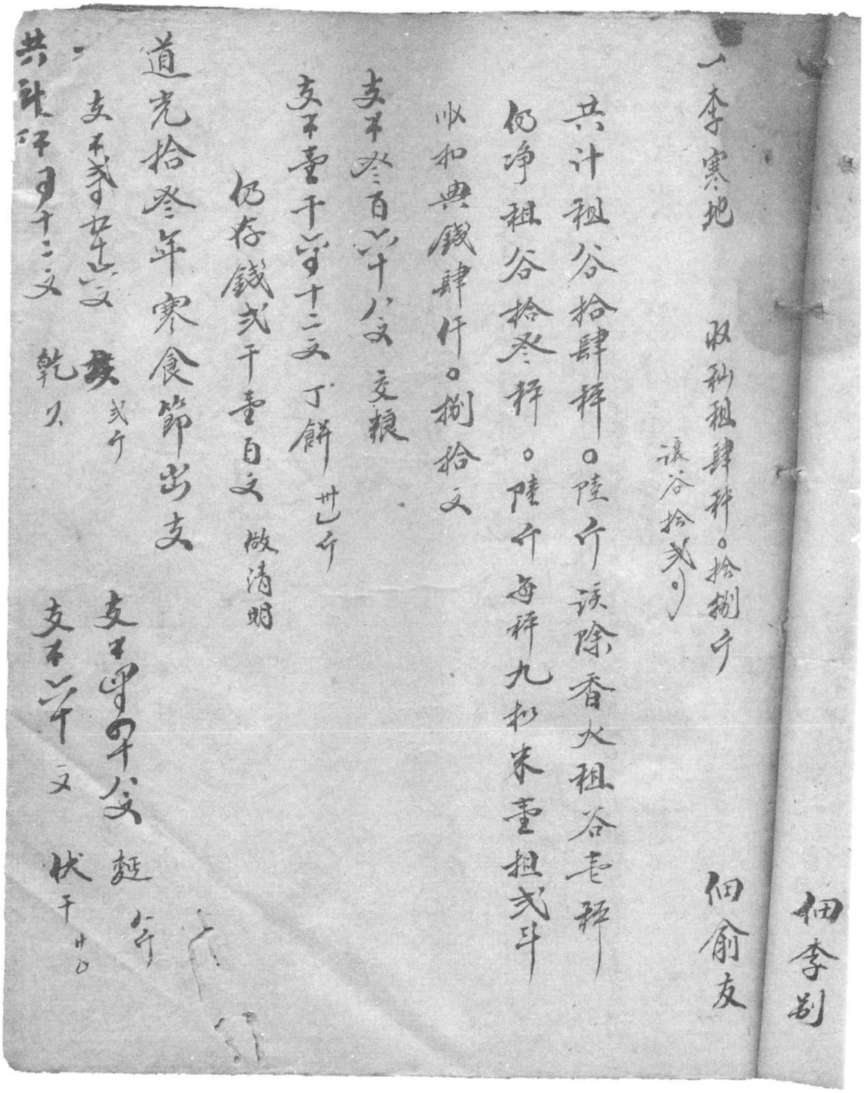

佃李則

一李寒地　收秋租肆秤。拾捌斤　讓谷拾弍斤　佃俞友

共計租谷拾肆秤。陸斤　該除香火租谷壹秤

仍净租谷拾叁秤。陸斤　每秤九秒米壹担弍斗

收和典錢肆仟。捌拾文

支米叁百六十八文　支粮

支米壹千二百十二文　丁餅　廿七斤

仍存錢弍千壹百文　做清明

道光拾叁年寒食節出支

支米四千八百文　麪　八斤

支米六千一文　伏　千廿九

支米弍千七百六文　[illegible]　弍斤

共計錢肆千十二文　乾八

江湾镇中［钟］吕村 6-43 · 道光元年至同治十三年 ·
〼公清明簿及收支簿 · 俞昌店等

支干六十八文 金楮帛　支干十四文帛斗

支弟十八文　塩　　　支下四十文秉油

支平九十文　米粉　　支干十文　古月

其计支午壹千弍百十四文

仍存钱玖百捌拾陆文

是日收金桂利钱陆百文

收春爱利钱叁百弍拾文

共计存钱壹千玖百零十六文

一存金桂　大钱伍千文　甲年英认利乙千二百文
　　　　　　甲十三牧钱三千文　江甲利壹千弍百文甲年收谷三担神佑冲本利壹千弍百冊文

一存春爱　大钱肆千弍百四十文　甲年认利九百九十七文

一存茂兴　大钱肆千。捌拾又文　甲年认利九百八十一文

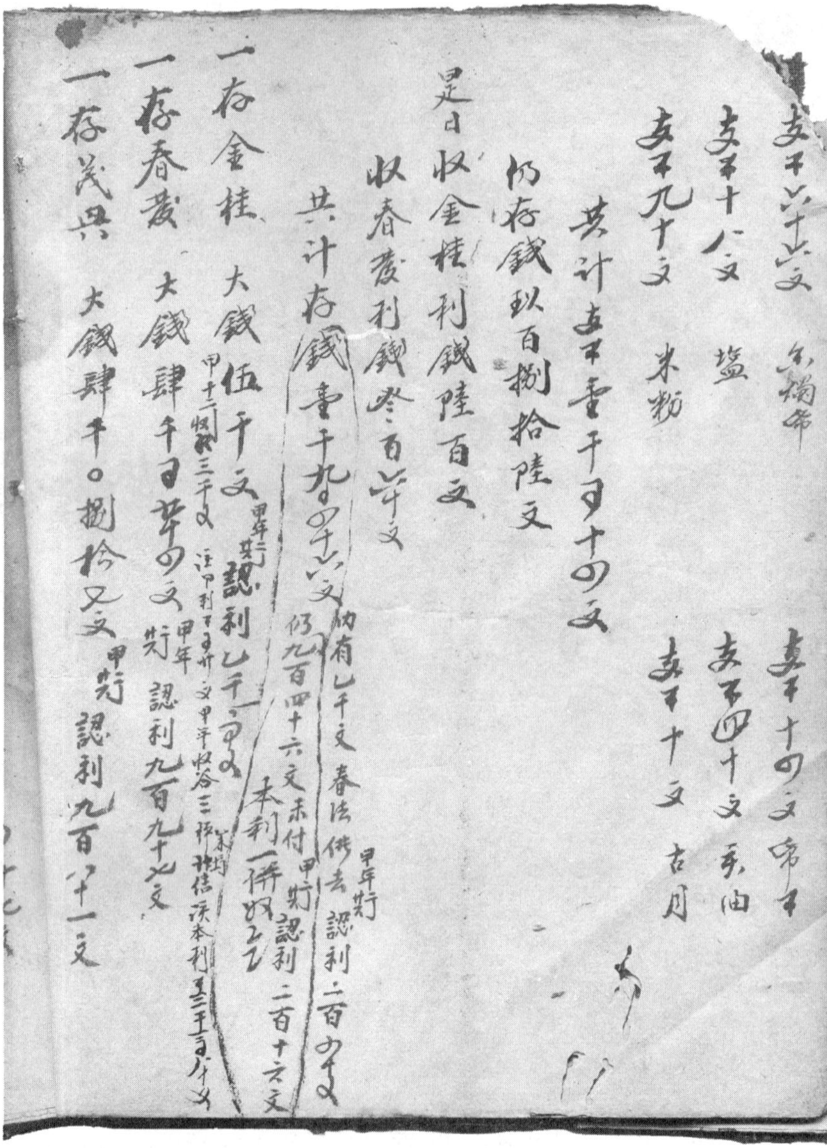

江湾镇中［钟］吕村 6-44・道光元年至同治十三年・☒公清明簿及收支簿・俞昌店等

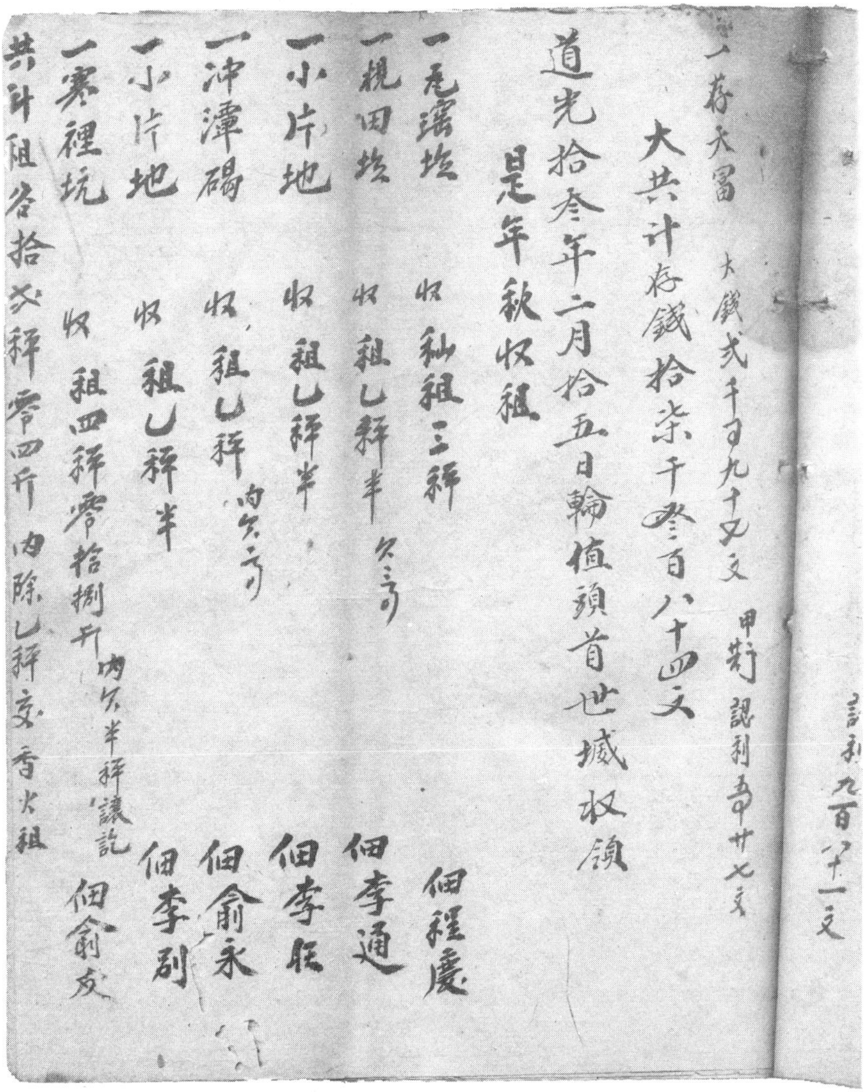

該利九百八十一文

一存天冒　大錢弍千寸九十叉文　甲對　認利五千廿七文

大共计存錢拾柒千叁百八十四文

道光拾叁年二月拾五日輪值頭首世堿收領

是年秋收租

一屯壞坞　收　秈租三秤　佃程慶

一梘田坞　收　租乚秤半　欠三斤　佃李通

一小片地　收　租乚秤半　佃李旺

一沖潭碣　收　租乚秤　内欠三斤　佃俞永

一小片地　收　租乚秤半　佃李剐

一寨裡坑　收　租四秤零拾捌斤　内欠半秤讓訖　佃俞友

共計阻谷拾叁秤零四斤　内除乚秤交香火租

江湾镇中［钟］吕村 6-45 · 道光元年至同治十三年 ·
〼公清明簿及收支簿 · 俞昌店等

仍淨租谷拾壹秤零四斤 每秤九扣米共穀扣米山石零五合

批扣典錢叁千七百十八文

支錢三百七十五文 交祀

支錢七千九十三文 吓丁解卅司

仍存錢七千四百五十四 候做清明篝

道光十四年寒食節出支用

支四二百八十文 交大司

支四四十文 吓麵行

支四七十二文 吓平六牌

支四六十文 吓伏千古

支四十四文 吓百月

支四廿四文 吓山芽司

支四十四文 帝又

支四七十六文 吓煮燭帝

支四四十文 吓亨油

支四九十文 米粉

支四廿文 加陸二壹

江湾镇中［钟］吕村6-46·道光元年至同治十三年·囗公清明簿及收支簿·俞昌店等

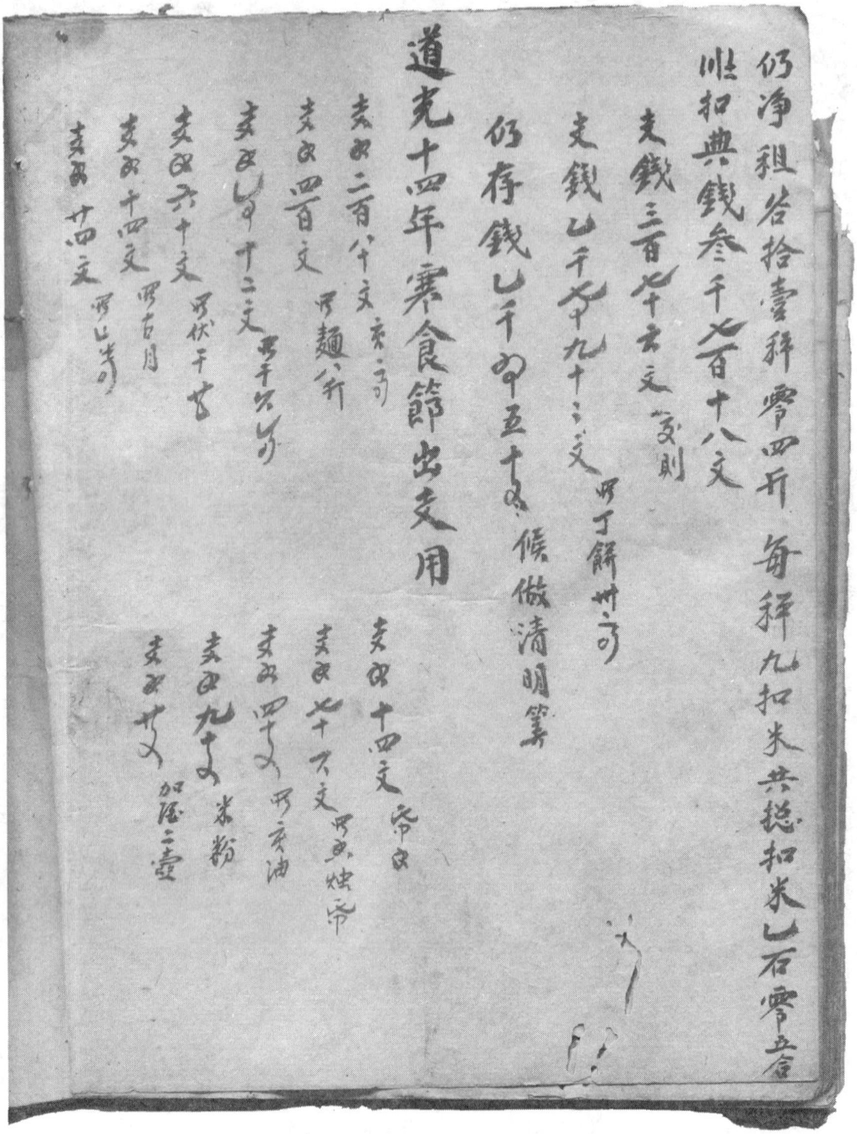

共計支錢乙千乙百卅文

仍存錢三百文

一存金桂本六千叁百文

收谷三拜　十二月收錢三千文　至乙未年土作讓戶利本□□十文

扣净該本三千三百八十文

乙年土認利足乙千三百〇八文

又收本乙千八百廿二文

收谷壹拜半作本四千四百廿文

扣净該本四千四百卅文

一存春蒙本廿千四百廿一文

乙千叁百廿文

乙年土認利三千九十文

一存茂旦本廿千〇六十八文

乙年土認利乙千二百卅六文

一存天富本貳千叁百廿四文

乙年土認利貳百廿四文

江湾镇中［钟］吕村 6-47 · 道光元年至同治十三年 · 〼公清明簿及收支簿 · 俞昌店等

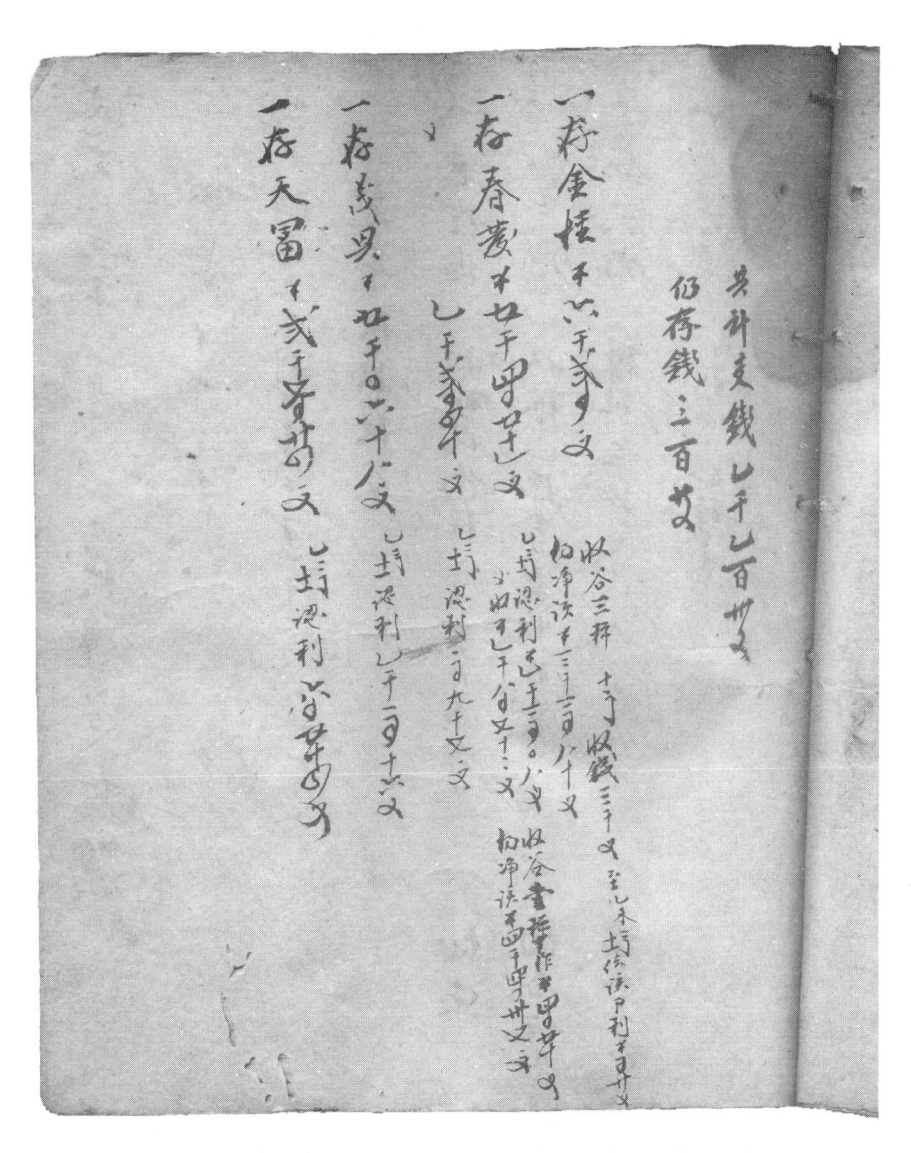

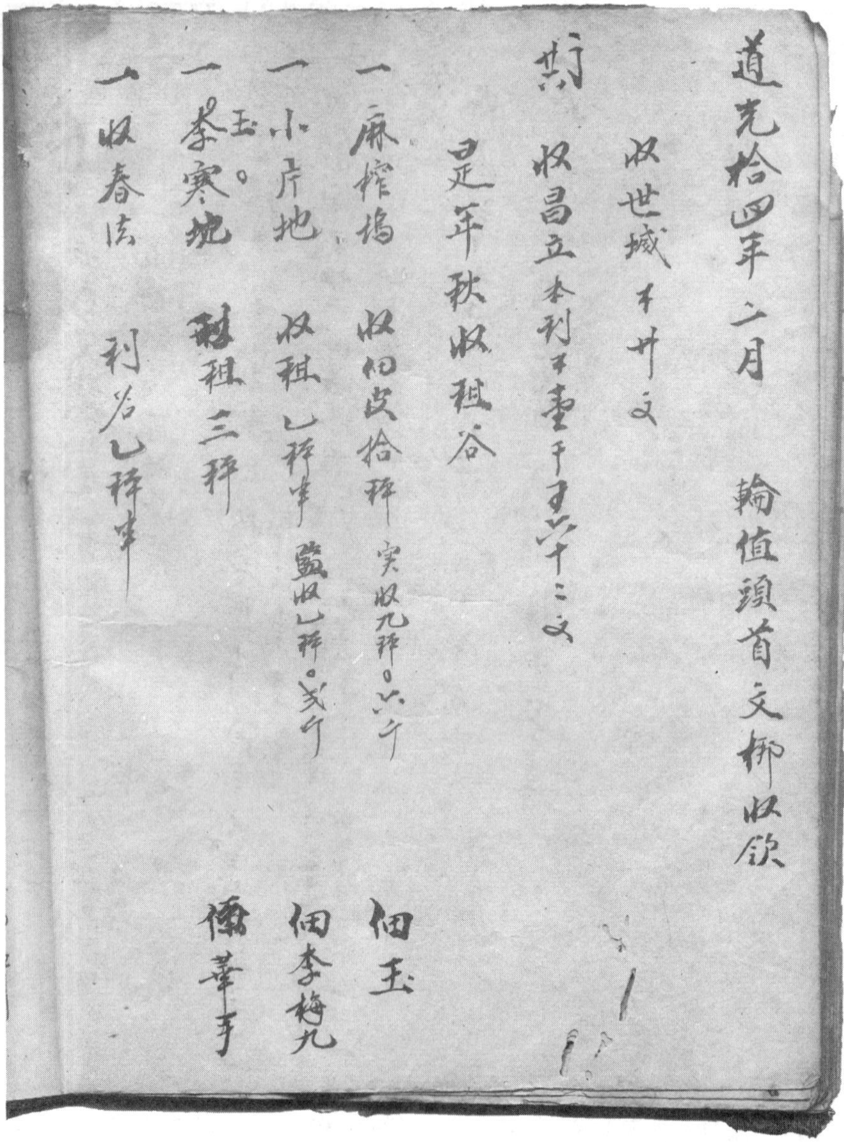
道光拾四年二月　輪值頭首文榔收欲
收世域本廿文
對　收昌立本利本壹千五六十二文
是年秋收租谷
一麻榨塢　收佃皮拾秤　实收九秤〇六斤
一小片地　收租乙秤半　藍收乙秤〇弍斤
玉。
一茶寒塢　耕租三秤
一收春法　利谷乙秤半
佃玉
佃李梅九
儒華手

江湾镇中［钟］吕村 6-48 · 道光元年至同治十三年 ·
〼公清明簿及收支簿 · 俞昌店等

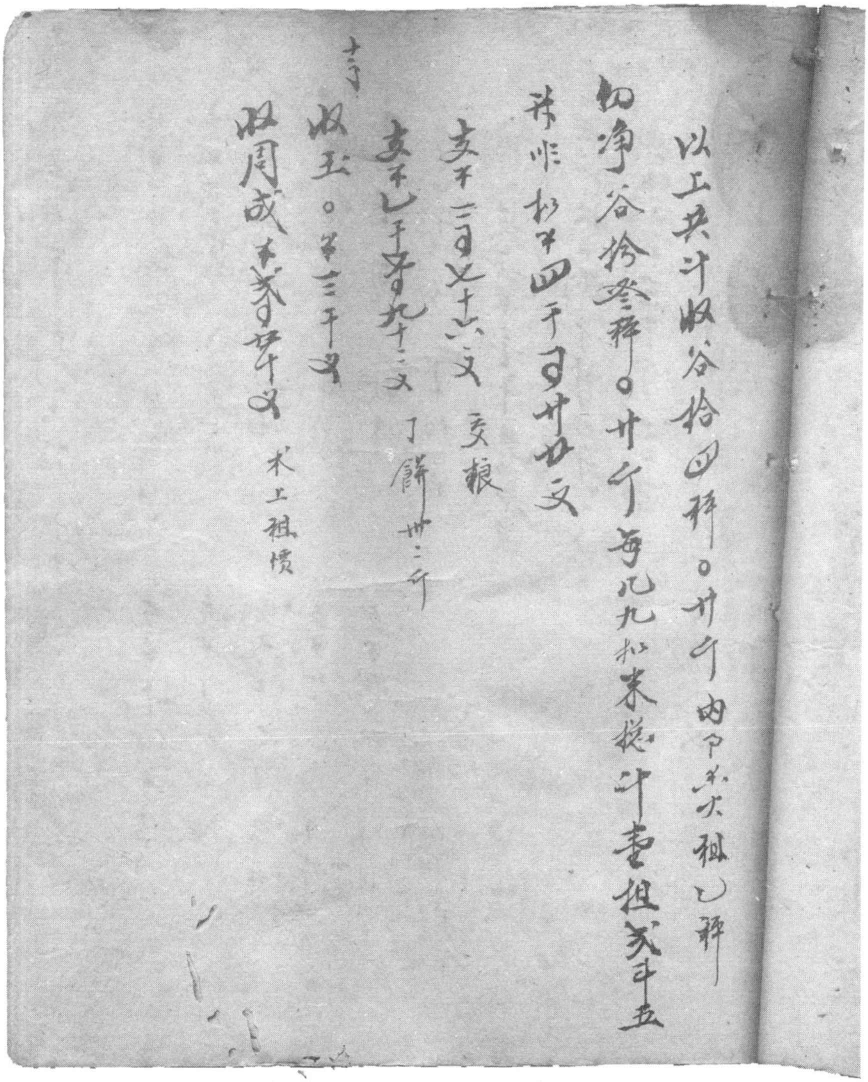

以上共计收谷拾四秤〇廿斤　内户米火祖乙秤

幼净谷拾叁秤〇廿斤　每九九扣米总计壹担贰斗五

孙作杉米四千百廿廿文

支米一百七十六文　交粮

支米乙千百九十二文　丁餅卅二斤

十二

收五〇米三千文

收周成米弍千文　木工祖惯

江湾镇中［钟］吕村 6-49 · 道光元年至同治十三年 ·

☐公清明簿及收支簿 · 俞昌店等

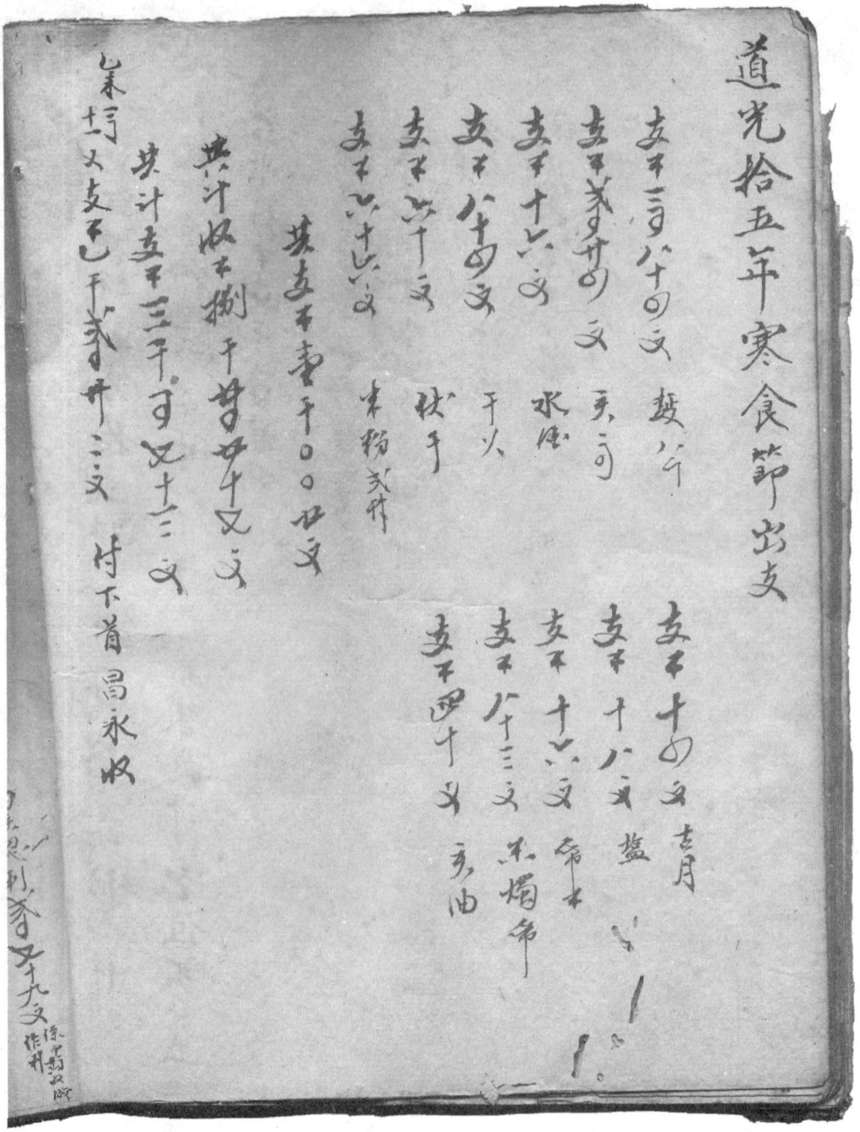

道光拾五年寒食節出支

支錢二百八十四文 鼓炮
支錢式百廿四文 天司
支錢十六文 水酒
支錢八十四文 干火
支錢六十二文 妆手
支錢六十六文 木籺式斤

其支錢壹千○○四文
支錢十四文 吉月
支錢十八文 塩
支錢十六文 菜米
支錢十三文 木熠帋
支錢四十文 亥油

共計收式捌千廿五千又文
共計支五千三千六十三文
未埋又支下已千式廿三文
付下首昌永收

兩抵除支仍淨該本四千〇六十二文　内該退利叁百五十九文　係甲首收

一收通幼存本弍千九百四十文　其錢現茂借去　作谷利弍秤　作本六百八十文

一存金桂本三千一百八十文　作利八百十一文

一存春菱本七千九百五十四文　本年收還本五千〇廿文　天手收　退利六千六百八十九文

一存茂興本六千弍百八十四文　退利壹千廿九文

一存天富本三千一百五十八文　退利八百十七文

道光拾五年三月拾壹日輪值頭首昌永收欵

一收春菱本六千八百五十二文

收道文柳本六千弍百廿二文

江湾镇中［钟］吕村 6-51 · 道光元年至同治十三年 ·
〼公清明簿及收支簿 · 俞昌店等

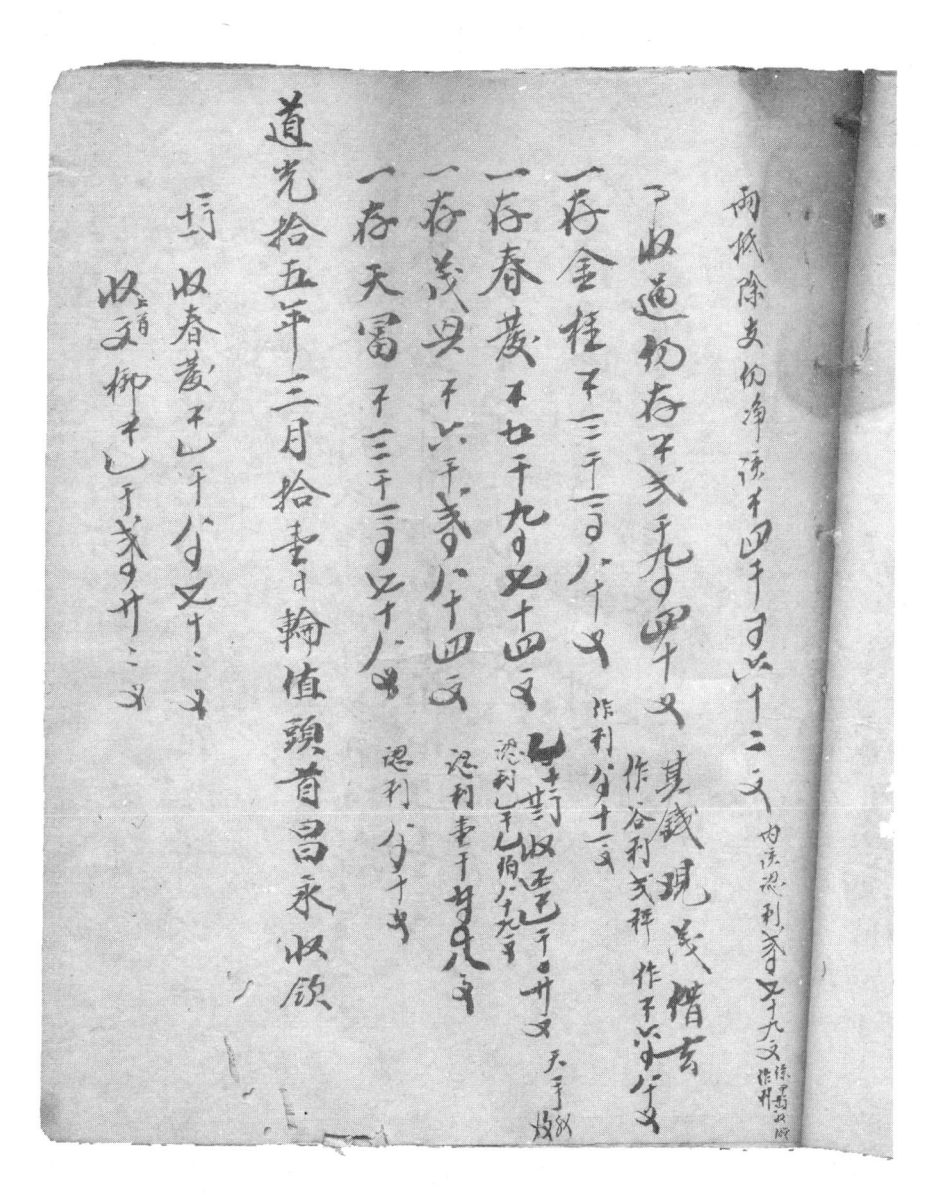

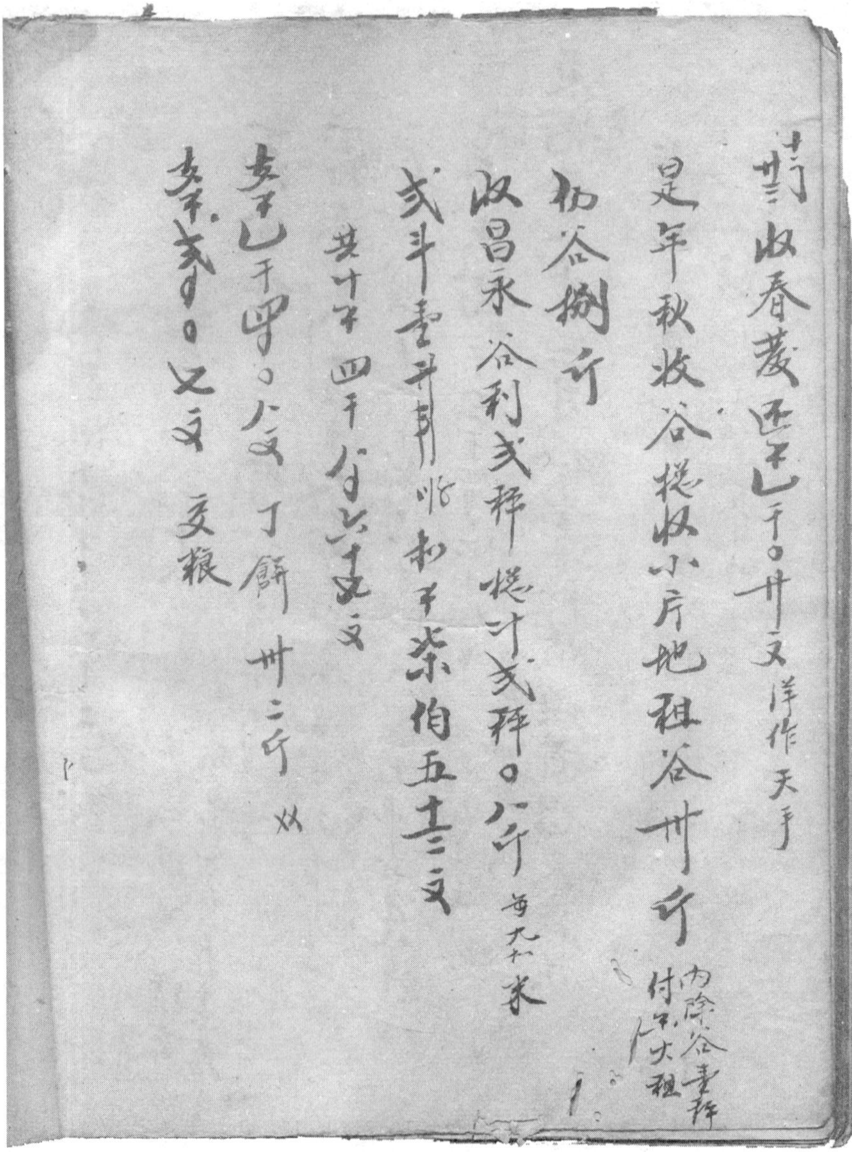

江湾镇中［钟］吕村 6–52 · 道光元年至同治十三年 ·
〼公清明簿及收支簿 · 俞昌店等

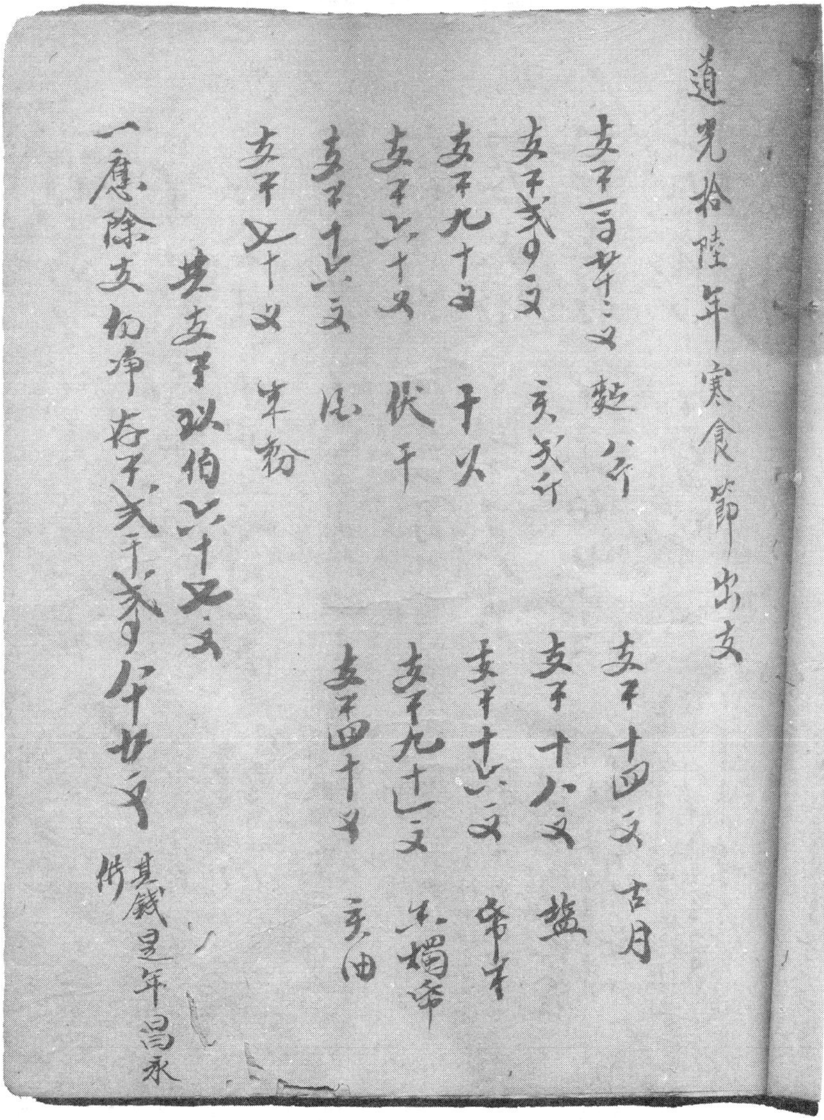
道光拾陸年寒食節出支
支錢百廿三文 麪八斤
支錢十四文 古月
支錢貳十三文 亥貳斤
支錢十八文 鹽
支錢九十四 干以
支錢十七文 帋
支錢六十文 伏干
支錢九十七文 火燭帋
支錢十七文 凪
支錢四十文 亥由
支錢五十文 米粉
共支錢玖伯六十五文
一應除支仍净存錢貳千貳百八十廿文
其錢是年昌承
借

江湾镇中［钟］吕村 6-53 · 道光元年至同治十三年 ·
☑公清明簿及收支簿 · 俞昌店等

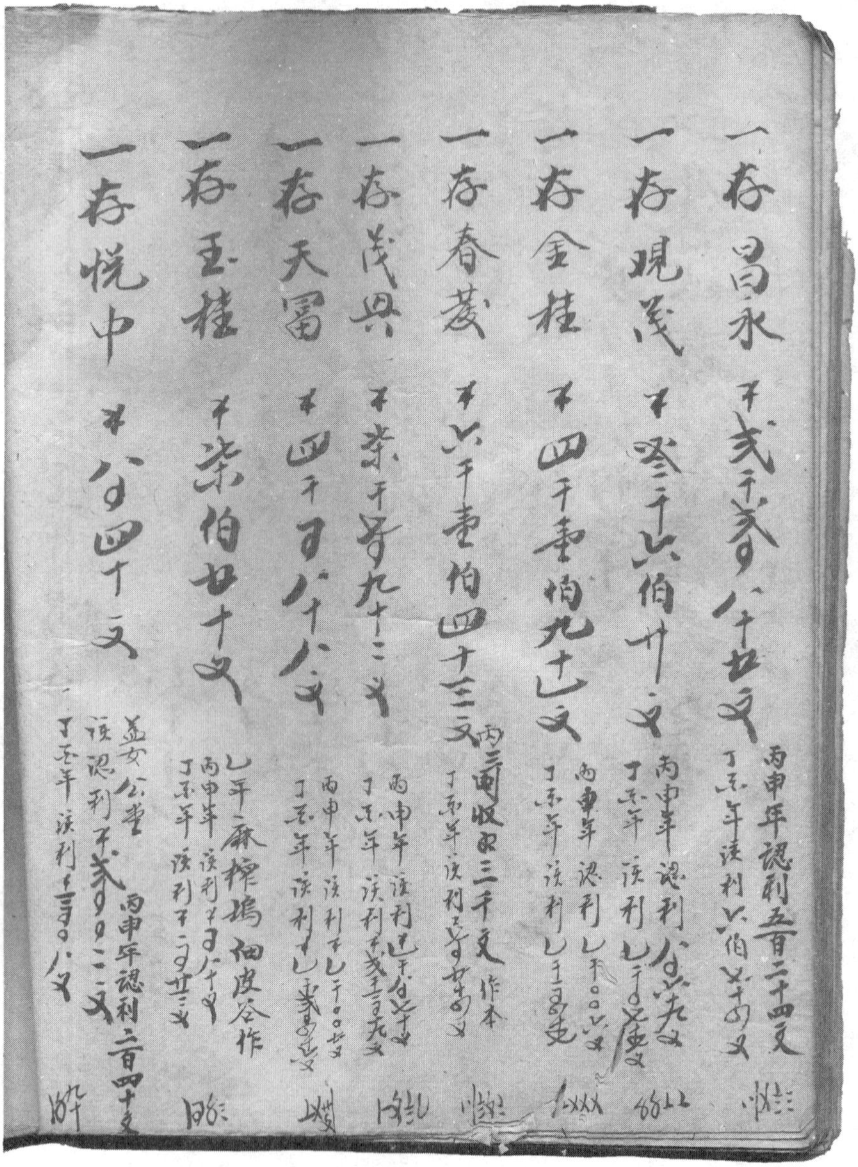
一存昌永 本弍千叁百八十五文
丙申年認利五百二十四文
丁酉年該利六伯[illegible]文
一存覌茂 本叁千六伯廿文
丙申年認利[illegible]
丁酉年該利[illegible]
一存金桂 本四千壹伯九十文
丙申年認利[illegible]
丁酉年該利[illegible]
一存春萎 本六千壹伯四十三文
丙三年收回三千文 作本
丁酉年該利[illegible]
一存茂興 本柒千五百九十二文
丙申年該利[illegible]
丁酉年該利[illegible]
一存天富 本四千三百八十八文
丙申年該利[illegible]
丁酉年該利[illegible]
一存玉桂 本柒伯廿十文
乙年麻㯙塢佃皮谷作
丙申年該利[illegible]
丁酉年該利[illegible]
一存悦中 本八百四十文
益安公堂
該認利本弍[illegible]
丙申年認利一百四十[illegible]文
丁酉年該利[illegible]

江湾镇中［钟］吕村 6-54 · 道光元年至同治十三年 · 〼公清明簿及收支簿 · 俞昌店等

統計存下卅千〇〇十七文

道光拾陸年二月十九日輪值頭首世域收領

是年秋收

乗祖卅斤 每秤二百四十文扣 計價錢三百廿文 佃李元九

一不片地

三月 收天叔還璜公借項錢叁千文

一股麻榨塢田皮谷上錢七千文 係玉桂佃皮谷上錢 者許 佃皮拾秤

支錢弍百〇七文 交則

支錢七千三百七十六文 買餅卅二斤

道光十七年二月廿九日寒食節出支散用

支錢二百文 買酒

支錢十六文 帯錢

支錢二百八十八文 買索麵八斤

支錢七十七文 香燭帋

支錢九十六文 買干皮

支錢六十文 伏干

支錢十四文 買古月

支錢四十文 買油

江湾镇中［钟］吕村 6-55 · 道光元年至同治十三年 ·
☐公清明簿及收支簿 · 俞昌店等

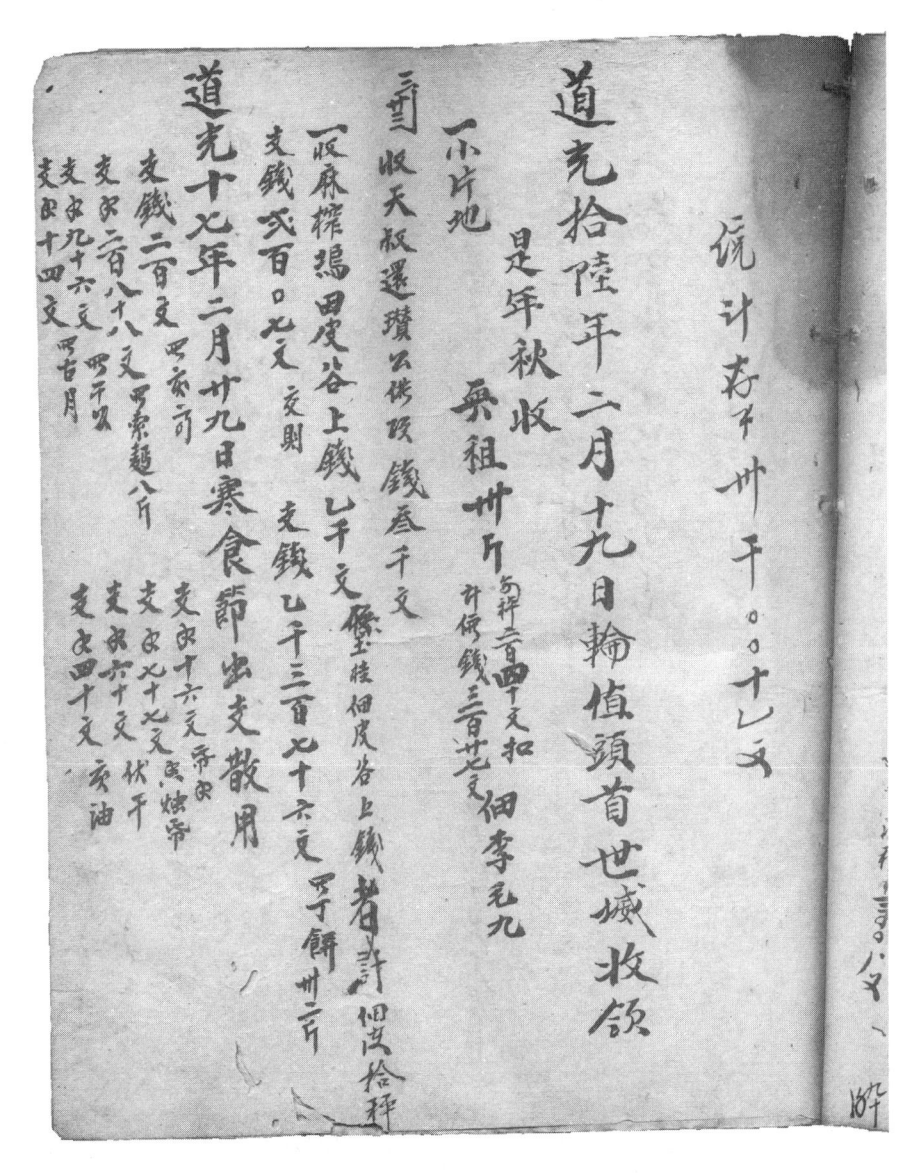

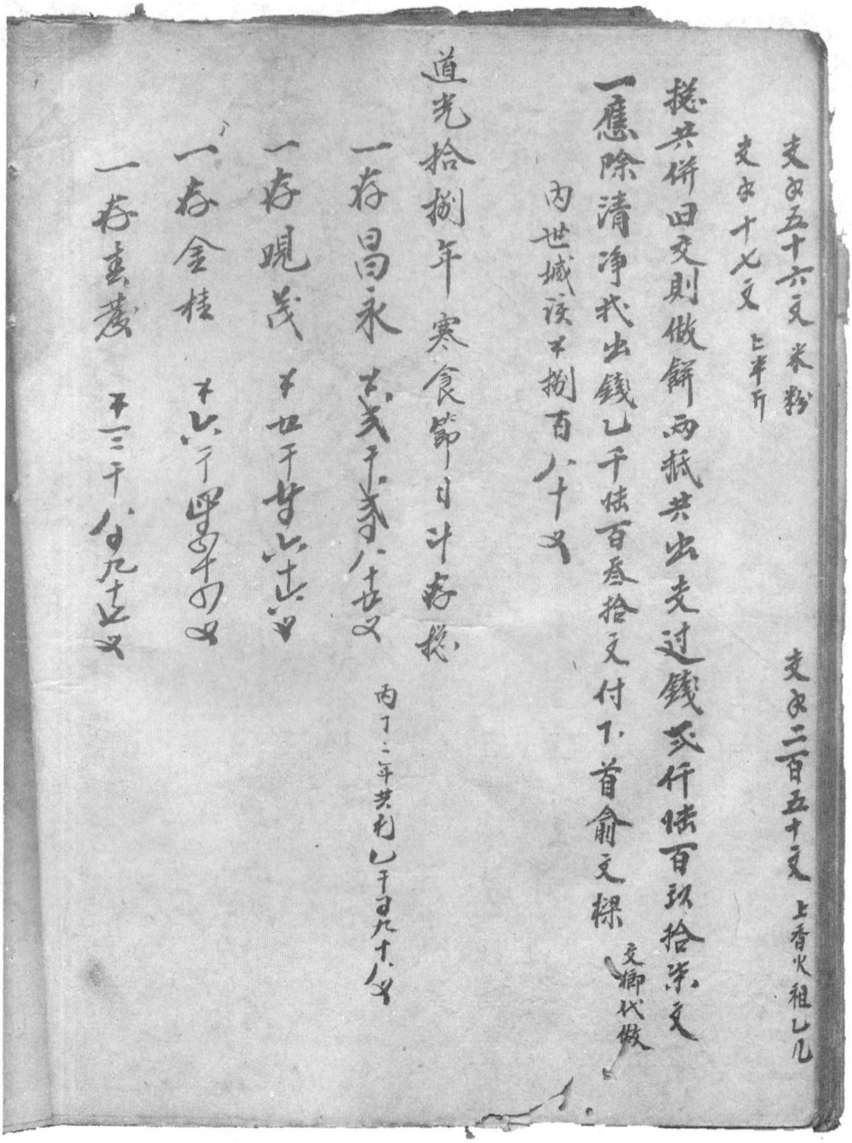
支钱五十六文 米粉
支钱十七文 上半斤
總共併田交則做餅兩抵共出支过錢叁仟怯百玖拾柒文
一應除清淨找出錢乙千怯百叁拾文付下首俞文棵
文柳代做
內世城該下捌百八十文
支钱二百五十文 上香火租乙几
道光拾捌年寒食節日計存總
一存昌永 下弍千六百八十五文
內丁二年共利乙千三百九十八文
一存晛茂 下廿千廿六十五文
一存金桂 下六千四百四十文
一存喜茂 下一三千八百九十五文

江湾镇中［钟］吕村 6-56 · 道光元年至同治十三年 ·
☑公清明簿及收支簿 · 俞昌店等

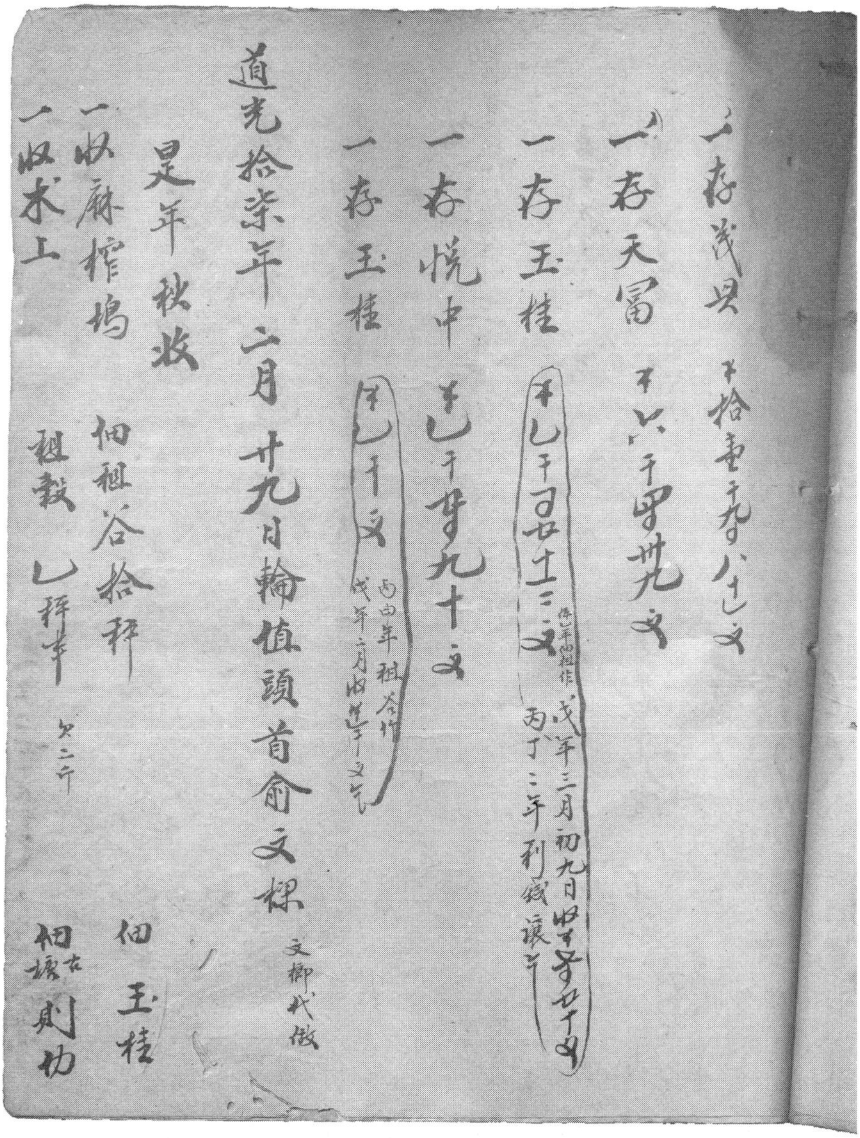
一存茂垦
一存天富
一存玉桂
一存悦中
一存玉桂
戊年三月初九日
丙丁二年利钱讓
丙申年租谷作
道光拾柒年二月廿九日輪值頭首俞文棵
文鄉代做
是年秋收
一收麻榨坞 佃租谷拾秤
一收木上 租穀乙秤半
欠二斤
佃 玉桂
佃古塘則功

江湾镇中 [钟] 吕村 6–57 · 道光元年至同治十三年 ·
〼公清明簿及收支簿 · 俞昌店等

一收小片地　糯租乙秤半　佃源梅九

其计收谷拾叁秤內除谷乙秤交米火租
仍净计谷拾贰秤。十八斤如未乙担。以计四合
作和米贰千四百十文　村俊收银以作

道光拾捌年三月初十日出支

去丁戌文　亥
去丁七百文　子人
去丁百文　第十

去丁茂八十文　索麸行
去丁四十八文　米粉
去丁十八文　上

不收良等大地

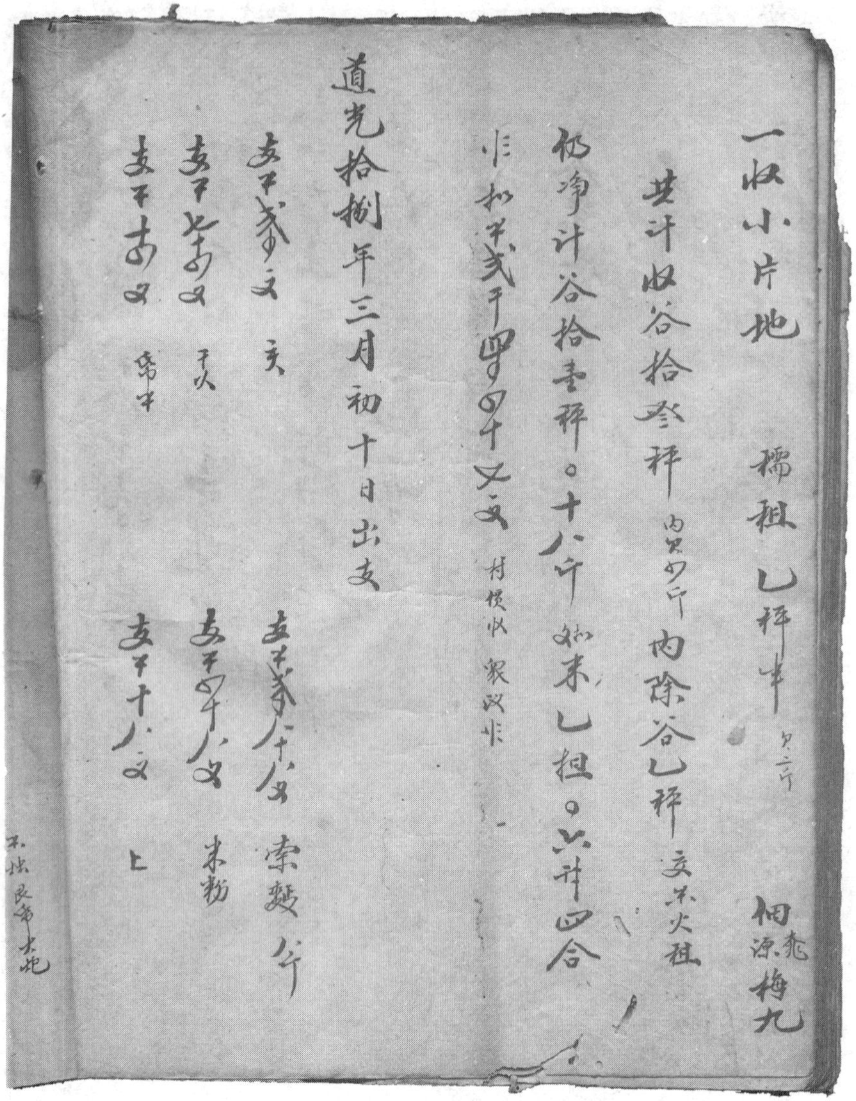

支钱〤千文　油
支钱〦十文　状干
补丁年出支　支钱〢千〥百〦十文　丁饼卅六斤
支钱〥百〧十文　交丙申年东大租
支钱〥文　修陇铁　倍茶钟　丁酉年清明日
其支钱弍千〨百〦十三文
一收上首钱〢千〦百卅文
一收玉桂钱〢千文　上麻榨塊田租
一秋收谷计钱弍千〣百〤十〥文
除支仍存钱弍千〥百〨十文
共收钱伍千〩百〥十〥文
内世城该钱〨百〦十文
内文卿净该钱〢千三百廿〥文　至上年该利三十〥　该利三〢
支钱〧十文　不灶　良帝大炮
支钱十〤文　吉月
支钱〥百〥文　交则
支钱〥百文　酒　丁酉年清明日中饮

江湾镇中［钟］吕村 6-59 · 道光元年至同治十三年 ·
☐公清明簿及收支簿 · 俞昌店等

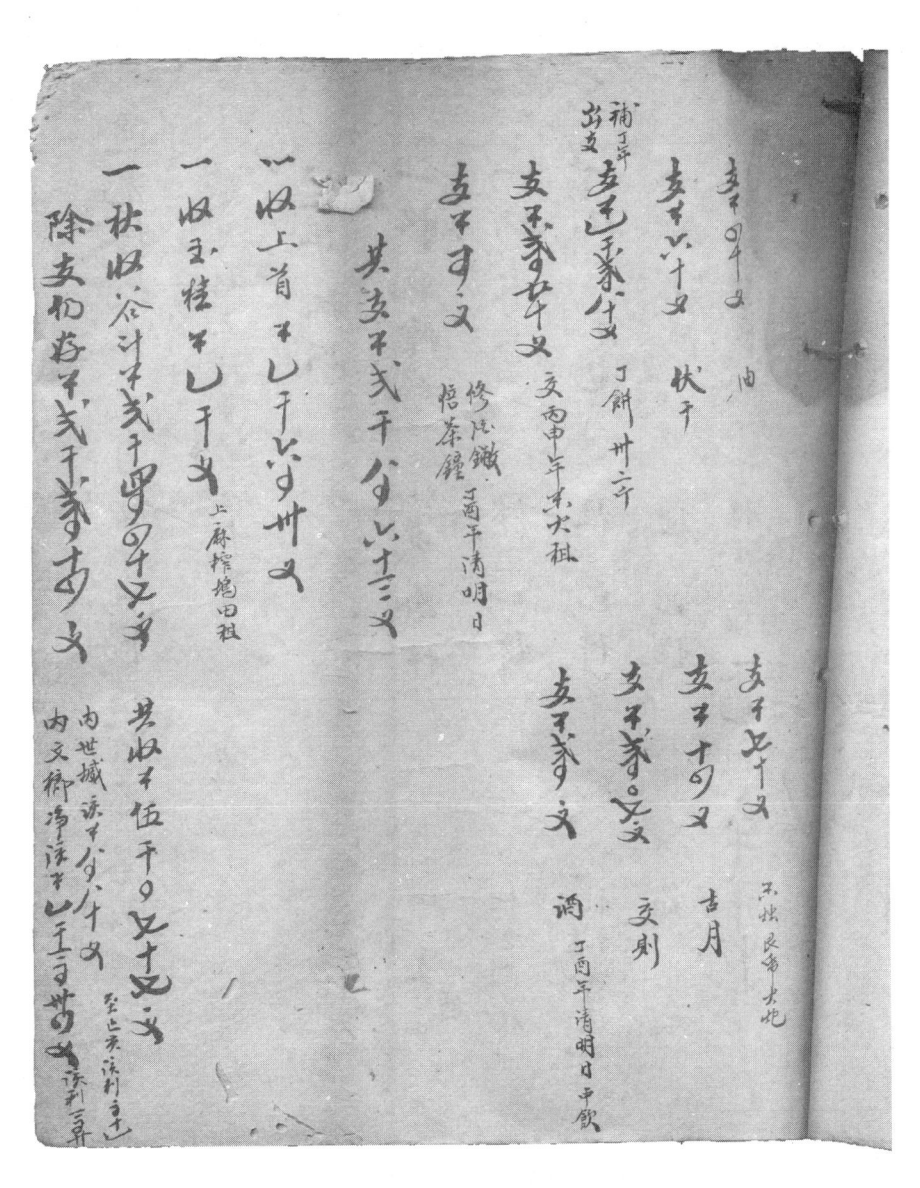

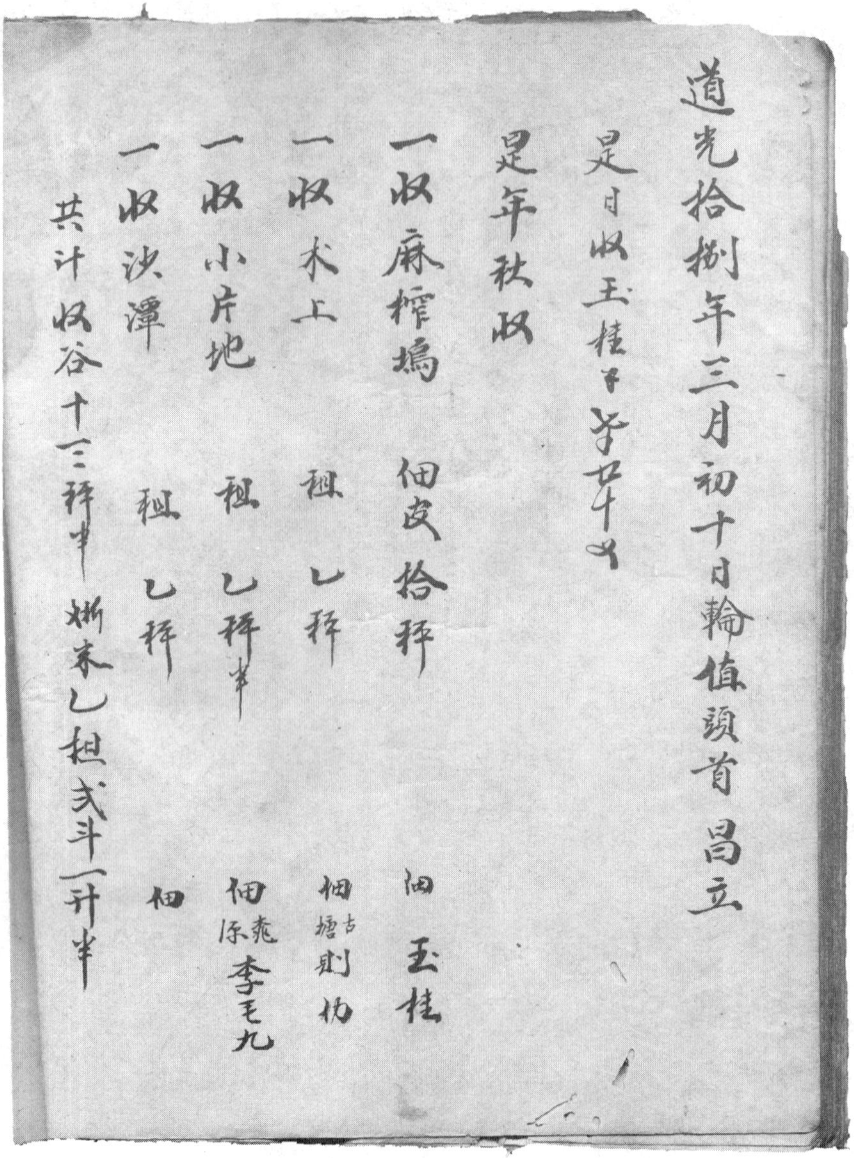

道光拾捌年三月初十日輪值頭首 昌立

是日收玉桂手 [illegible]

是年秋收

一收麻榨塢 佃皮拾秤 佃 玉桂

一收木上 租乙秤 佃塘古 [illegible]

一收小片地 租乙秤半 佃 係堯 李毛九

一收決潭 租乙秤 佃

共计收谷十三秤半 折米乙担弍斗一升半

江湾镇中[钟]吕村 6-60 · 道光元年至同治十三年 · ☐公清明簿及收支簿 · 俞昌店等

小加米钱千六百七十二文

十二月支钱千四百八十文　丁餅廿斤

支钱叁百廿七文　交根

道光拾九年二月廿一日寒食節日出支

支钱二百八十文　麸　斤

支钱八十四文　千火

支钱十四文　食米

支钱叁百文　交

支钱叁百八文　米粉

支钱十八文　上

一升半

江湾镇中［钟］吕村 6-61 · 道光元年至同治十三年 ·
▨公清明簿及收支簿 · 俞昌店等

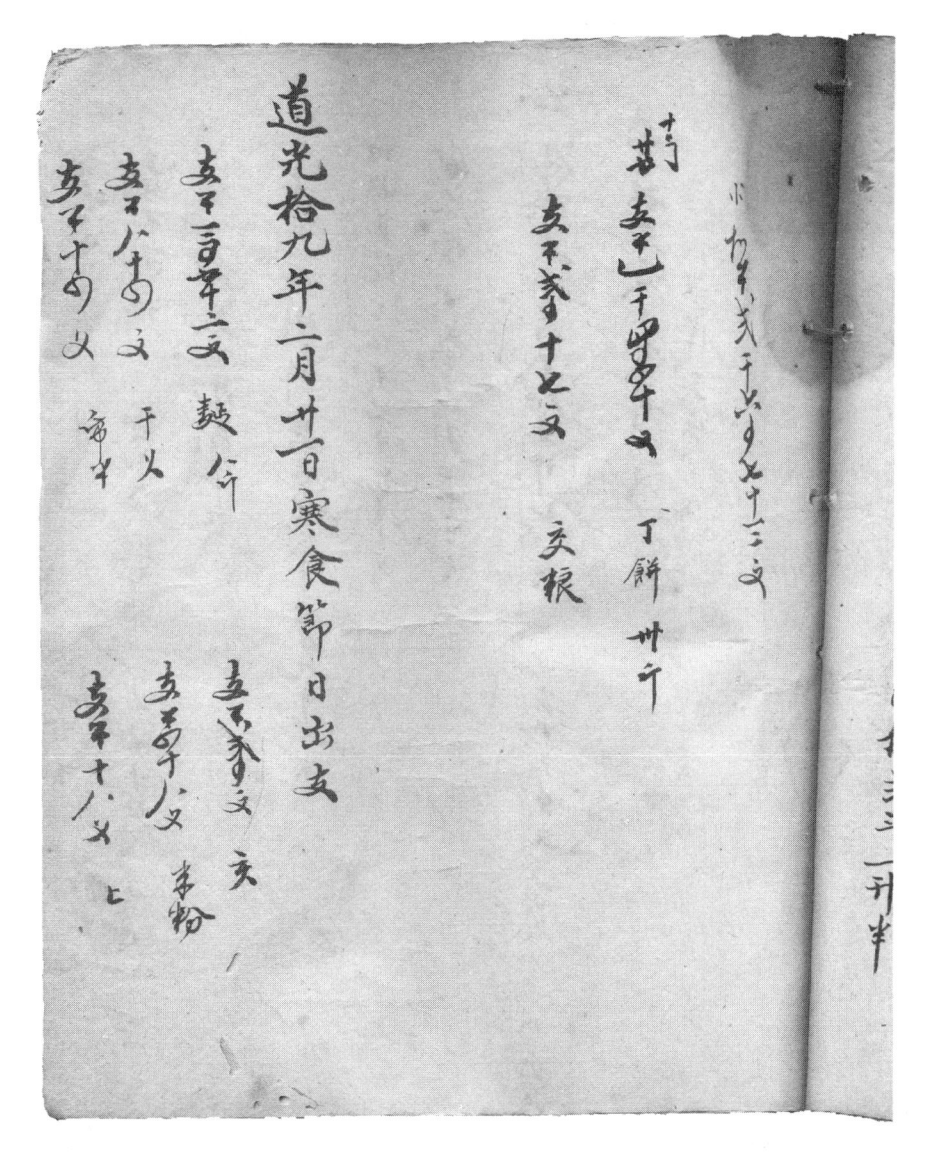

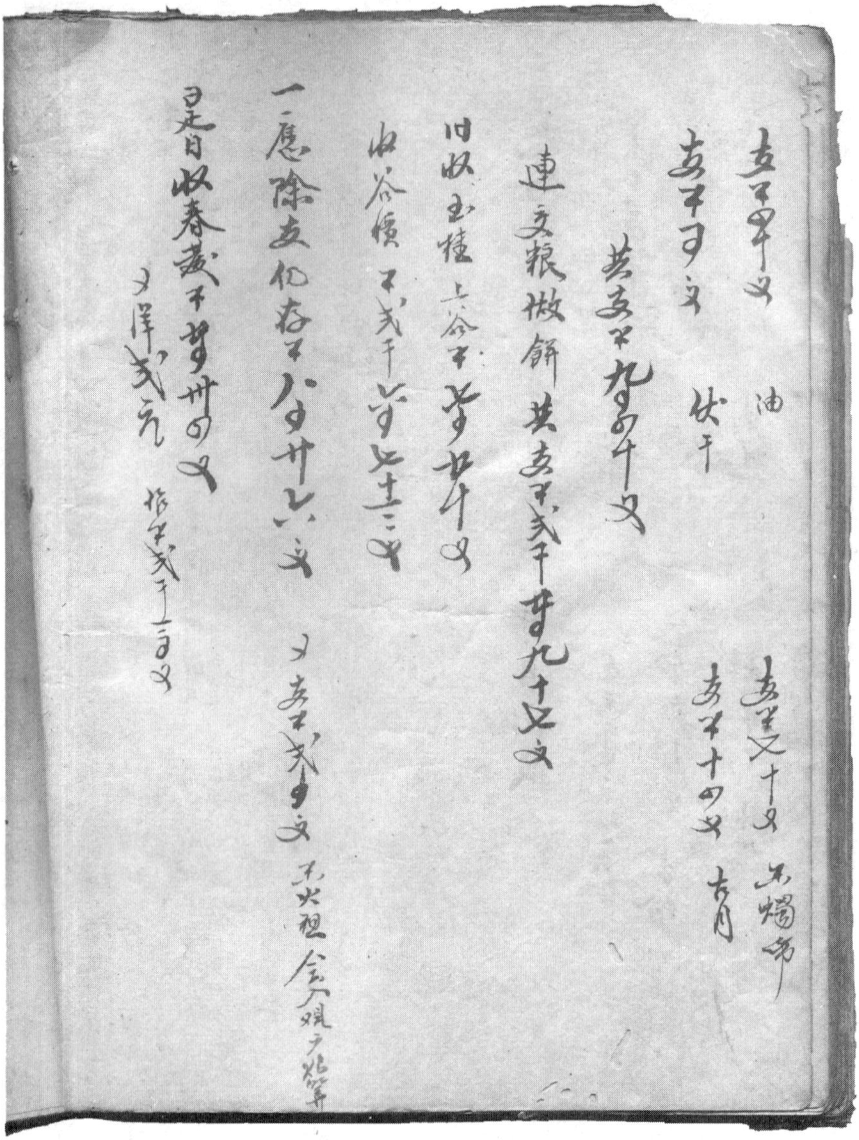

江湾镇中［钟］吕村 6-62 · 道光元年至同治十三年 ·
〼公清明簿及收支簿 · 俞昌店等

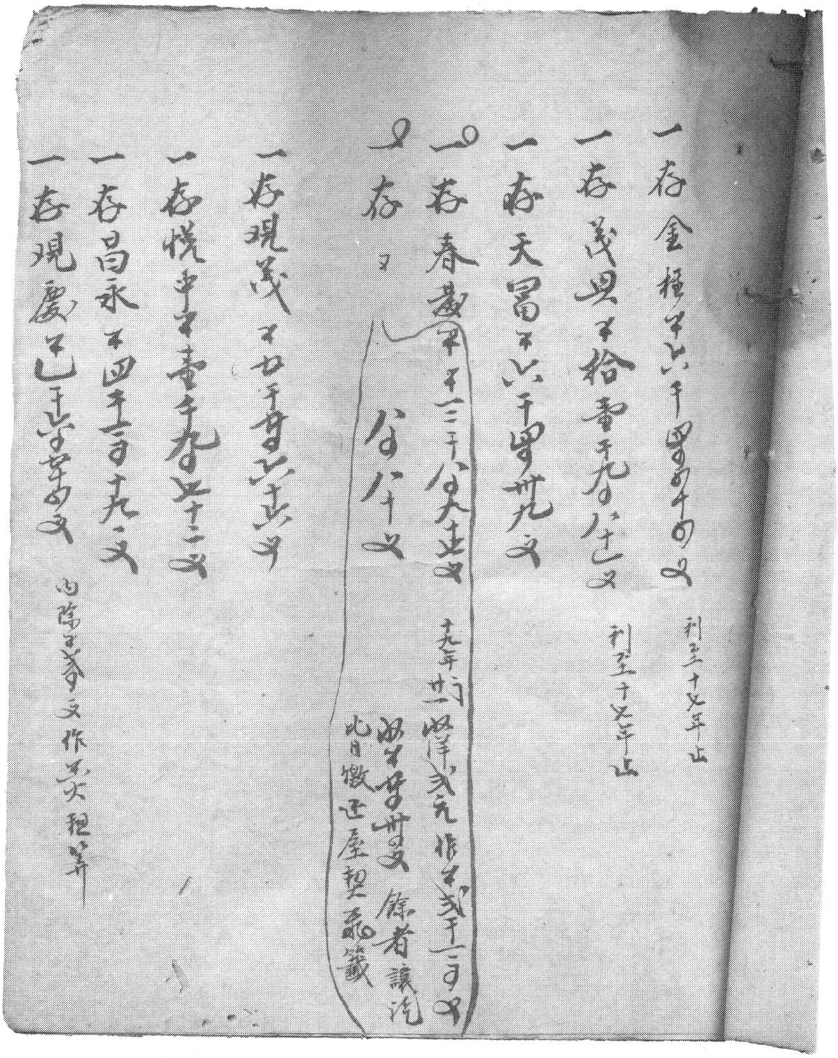

江湾镇中［钟］吕村 6-63 · 道光元年至同治十三年 ·
▨公清明簿及收支簿 · 俞昌店等

道光拾九年式月廿日輪值頭首 世域

是日領去洋式元□□式千二百文

是年秋收

一收麻榨塢佃皮拾秤
一收朮上租 壹秤
一收小岸地租壹秤半

佃玉桂
佃古塘則伙
佃桃源通伙

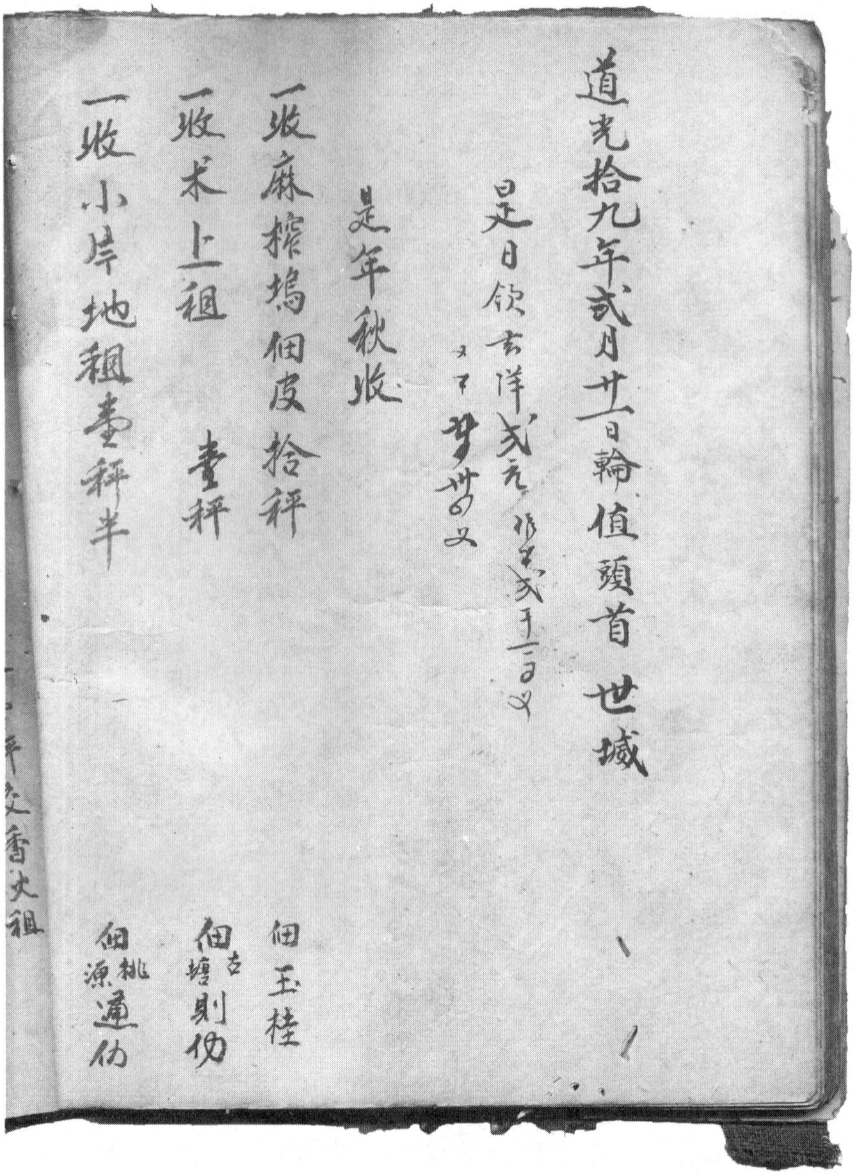

江湾镇中［钟］吕村 6-64・道光元年至同治十三年・
☐公清明簿及收支簿・俞昌店等

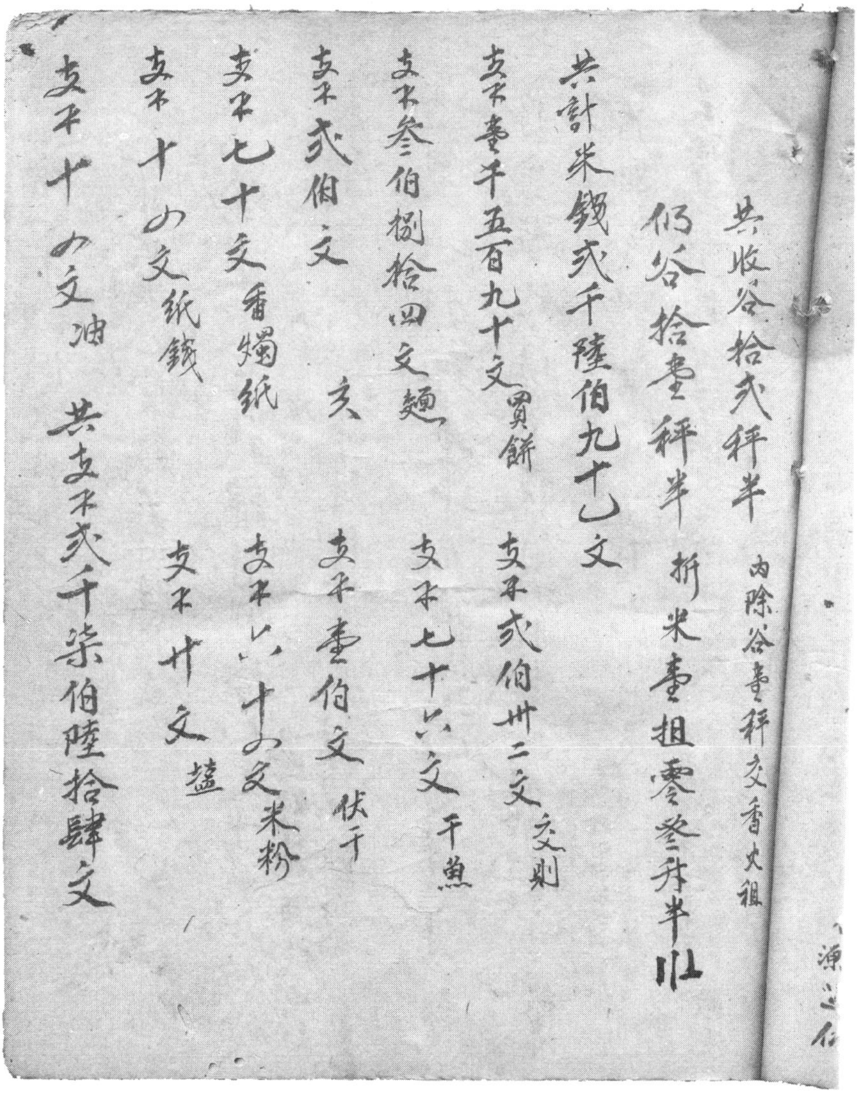

共收谷拾弍秤半　内除谷壹秤交香火祖

仍谷拾壹秤半　折米壹担零叁升半

共計米錢弍千陸伯九十七文

支錢壹千五百九十文買餅　支錢弍伯卅二文交則

支錢叁伯捌拾四文麵　支錢七十六文干魚

支錢弍伯文　交　支錢壹伯文伏干

支錢七十文香燭紙　支錢六十四文米粉

支錢十四文紙錢　支錢廿文鹽

支錢十四文油　共支錢弍千柒伯陸拾肆文

江湾镇中［钟］吕村 6-65 · 道光元年至同治十三年 ·
〼公清明簿及收支簿 · 俞昌店等

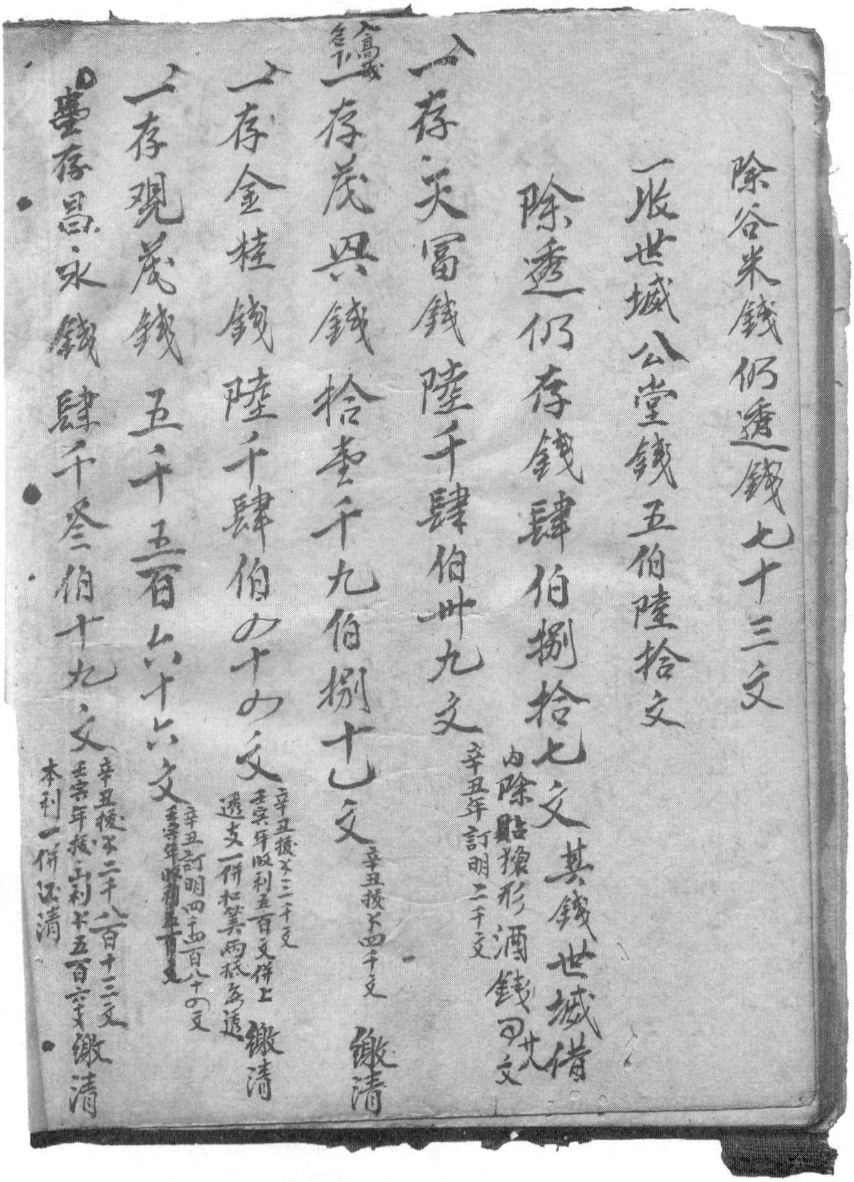

除谷米錢仍透錢七十三文
一收世域公堂錢五伯陸拾文
除透仍存錢肆伯捌拾七文 其錢世域借
内除貼豫形酒錢廿文
辛丑年訂明二千文
一存天富錢陸千肆伯卅九文
入高盛 在上
一存茂興錢拾壹千九伯捌十七文
辛丑撥下四千文 徽清
一存金桂錢陸千肆伯四十四文
辛丑撥下二千文
壬寅年收利五百文併上
遇支一併扣算兩抵無道 徽清
一存觀茂錢五千五百六十六文
辛丑訂明四千五百八十四文
壬寅年收利五百文
一存昌永錢肆千叁伯十九文
辛丑撥下二千八百十三文
壬寅年撥本利卡五百文 徽清
本利一併收清

江湾镇中［钟］吕村 6-66・道光元年至同治十三年・
〼公清明簿及收支簿・俞昌店等

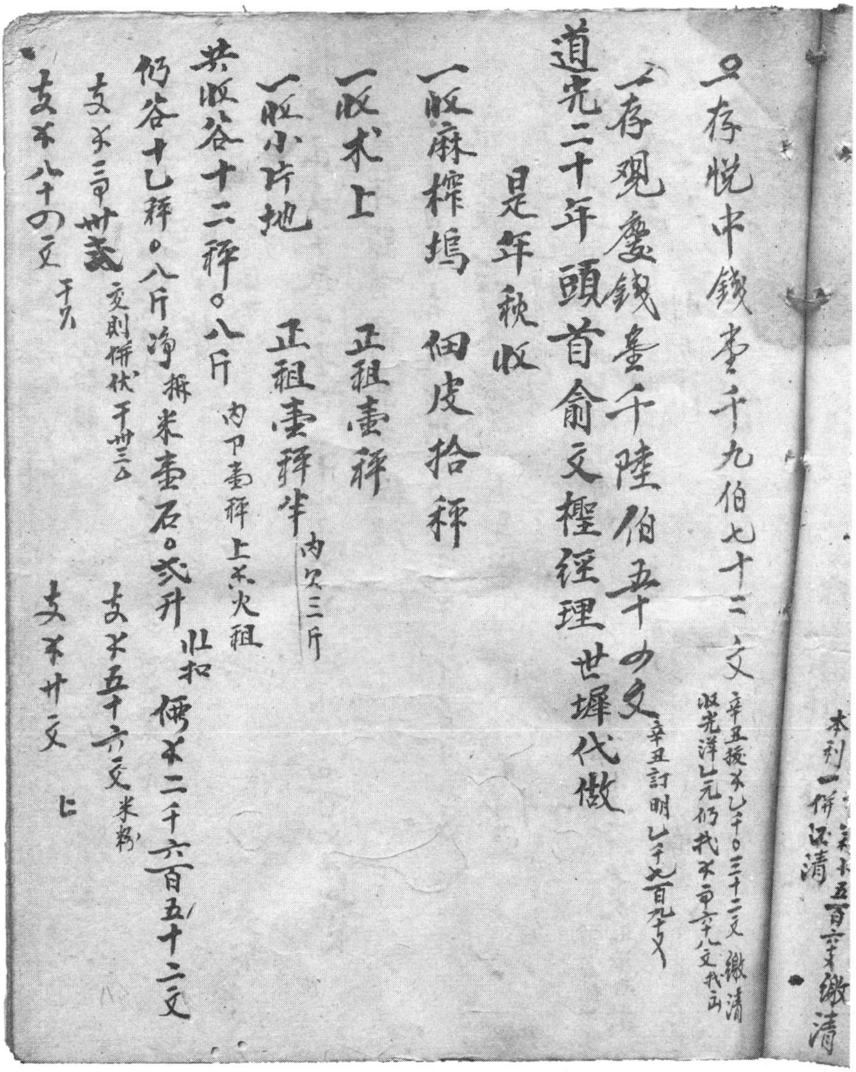
只存悦中錢壹千九伯七十二文
一存观慶錢壹千陸伯五十四文
道光二十年頭首俞文樫經理世墀代繳
是年秋收
一收麻榨塢 佃皮拾秤
一收术上 正租壹秤
一收小圩地 正租壹秤半
共收谷十二秤〇八斤
仍谷十乙秤〇八斤淨 拼米壹石〇弍升 價米二千六百五十二文
支米三百卅文
支米八十四文
支米五十六文
支米廿文

江湾镇中［钟］吕村 6-67 · 道光元年至同治十三年 ·
☑公清明簿及收支簿 · 俞昌店等

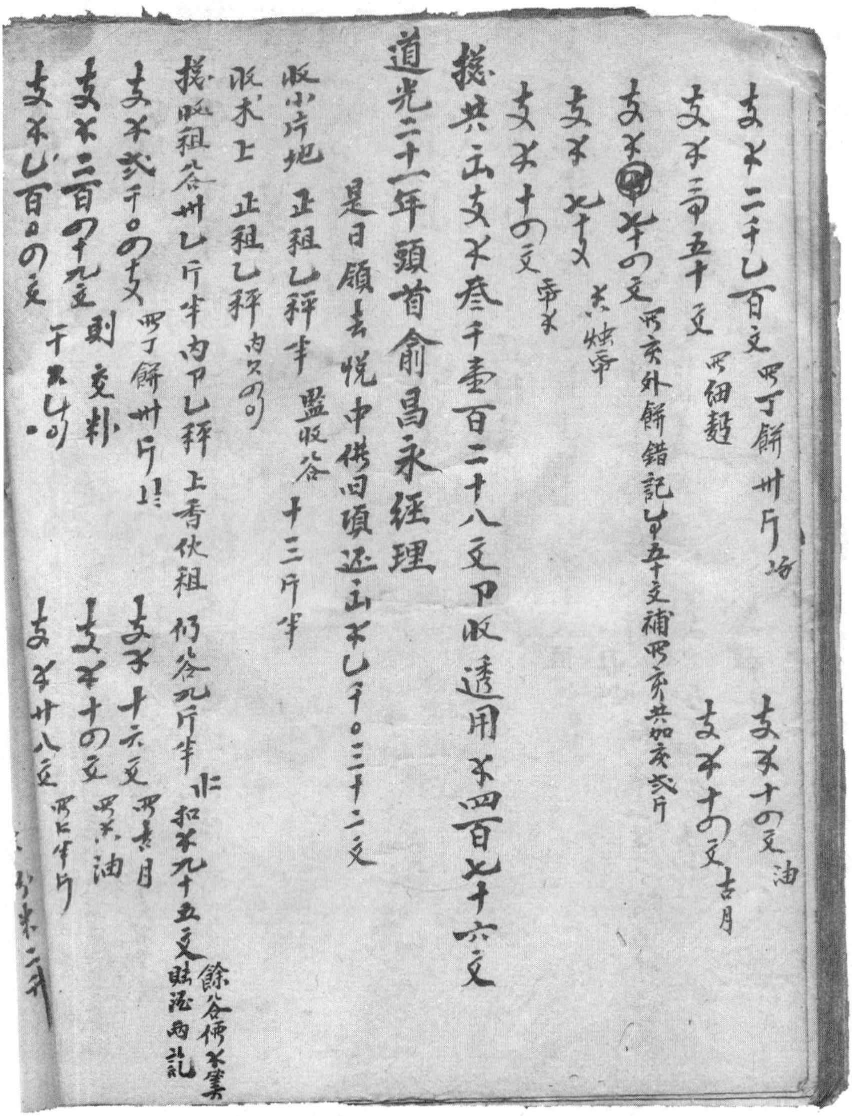
支米二千乙百文 買丁餅卅斤
支米十の文 油
支米二千五十文 買細麺
支米十の文 吉月
支米四千の文 買亥外餅錯記廿五十文補買亥共加亥弍斤
支米七十文 共燭帶
支米十の文 帝米
揔共五支米叁千壹百二十八文 卩收 透用米四百七十六文
道光二十一年頭首俞昌永經理
是日顧去悦中佛田項还五米乙千〇二十二文
收小片地 正租乙秤半 盟收谷 十三斤半
收未上 正租乙秤 內欠〇可
揔收租谷卅乙斤半 内卩乙秤 上香伙祖 仍谷九斤半 作扣米九十五文 餘谷俻米实 貼还西社記
支米弍千〇の文 買丁餅卅斤
支米十六文 買香月
支米二百の十九文 則交料
支米十の文 買米油
支米乙百〇の文 干米乙可
支米廿八文 買匕半斤
米二升

江湾镇中［钟］吕村 6-68 · 道光元年至同治十三年 ·

〼公清明簿及收支簿 · 俞昌店等

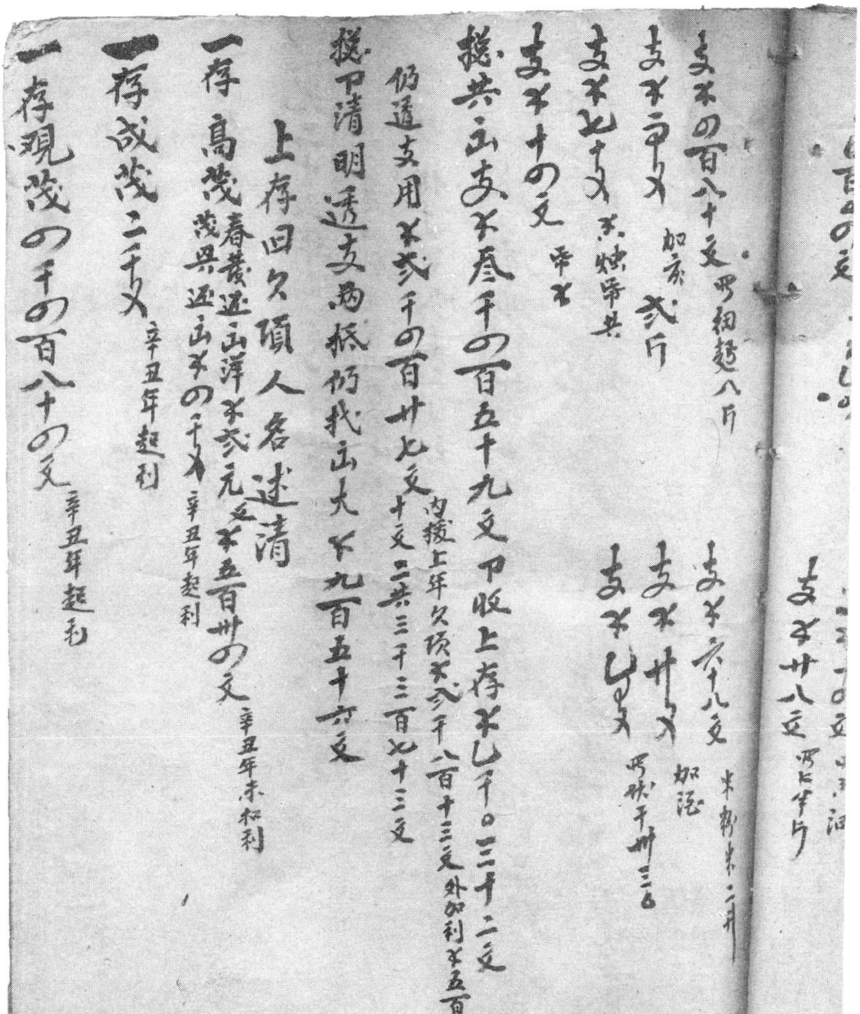

江湾镇中［钟］吕村 6-69 · 道光元年至同治十三年 ·
〼公清明簿及收支簿 · 俞昌店等

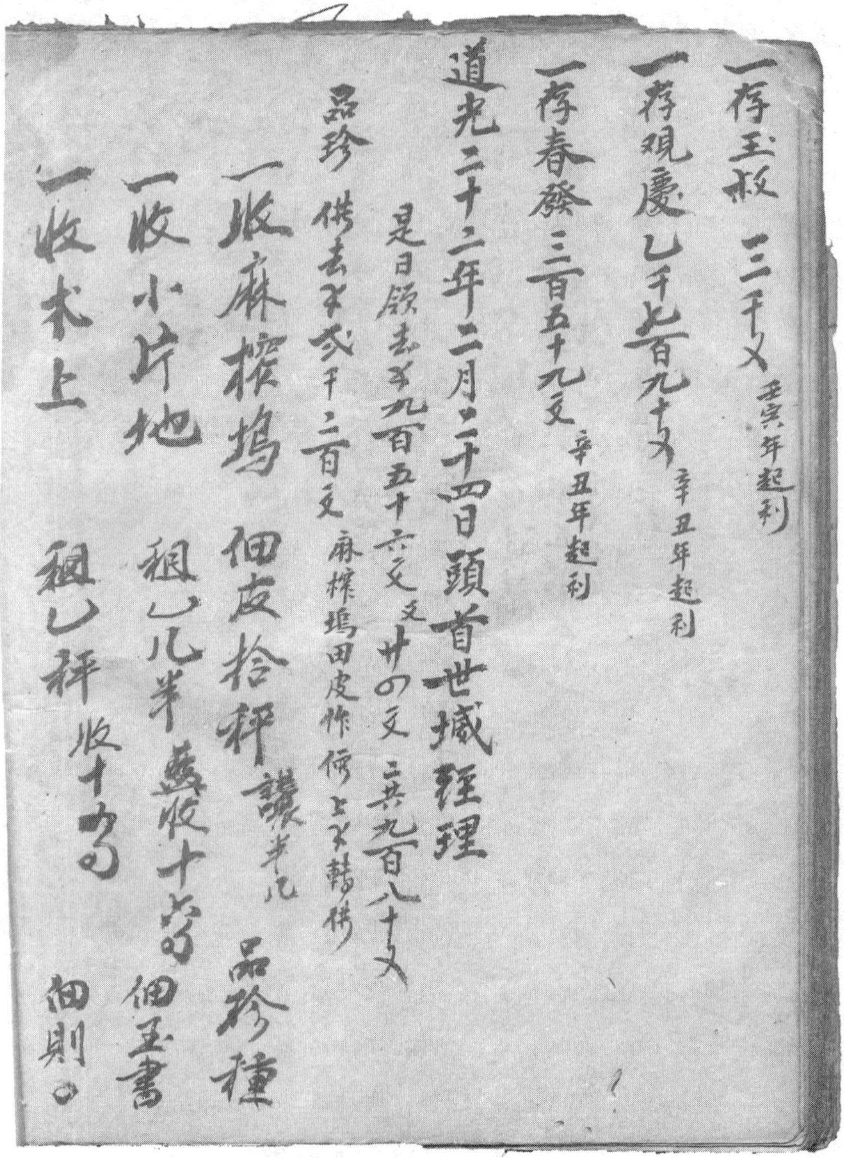
一存玉叔 三千文 壬寅年起利
一存观慶 乙千七百九十文 辛丑年起利
一存春發 三百五十九文 辛丑年起利
道光二十二年二月二十四日頭首世域經理
是日領去洋九百五十六文 又廿四文 二共九百八十文
品珍 借去洋弍千二百文 麻榨塢田皮作價上下轉借
一收麻榨塢 佃皮拾秤 讓半几 品珍種
一收小片地 租乙几半 義收十觔 佃玉書
一收术上 租乙秤 收十觔 佃則

江湾镇中［钟］吕村 6-70 · 道光元年至同治十三年 ·
☐公清明簿及收支簿 · 俞昌店等

一收吕珍上利谷弍秤

共收谷拾弍秤半零九斤 内除谷乚秤交
香火租

仍谷拾乚秤半零八斤 每秤作米九升

扣米壹担零六斗半 每石弍千寸文扣

扣錢弍千八百七十四文

支乚千六百廿文 餅

支四十文 麵

支錢[?]百文 伙手

支一百卌四文 交則

支九十六文 干魚

支一百十六文、加實二斤

江湾镇中［钟］吕村 6-71 · 道光元年至同治十三年 ·
〼公清明簿及收支簿 · 俞昌店等

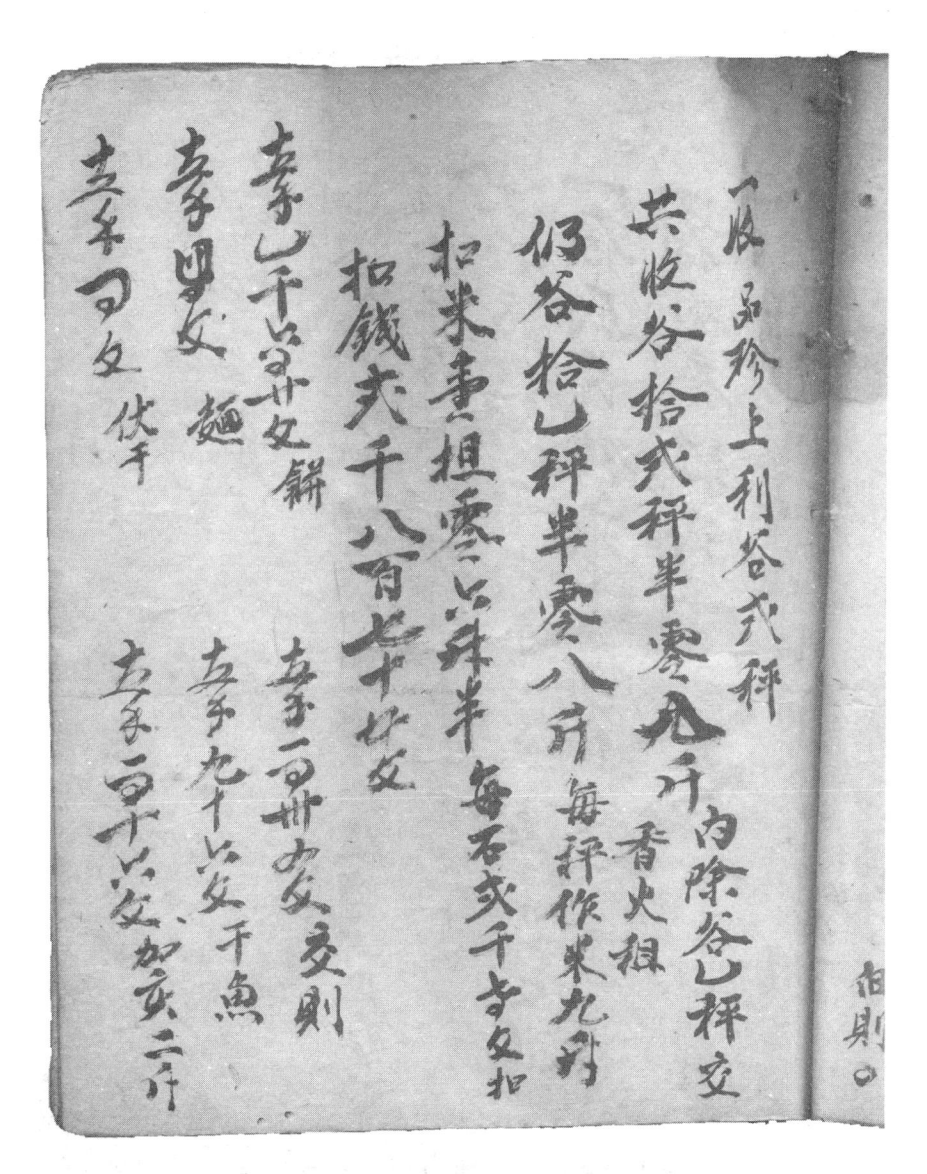

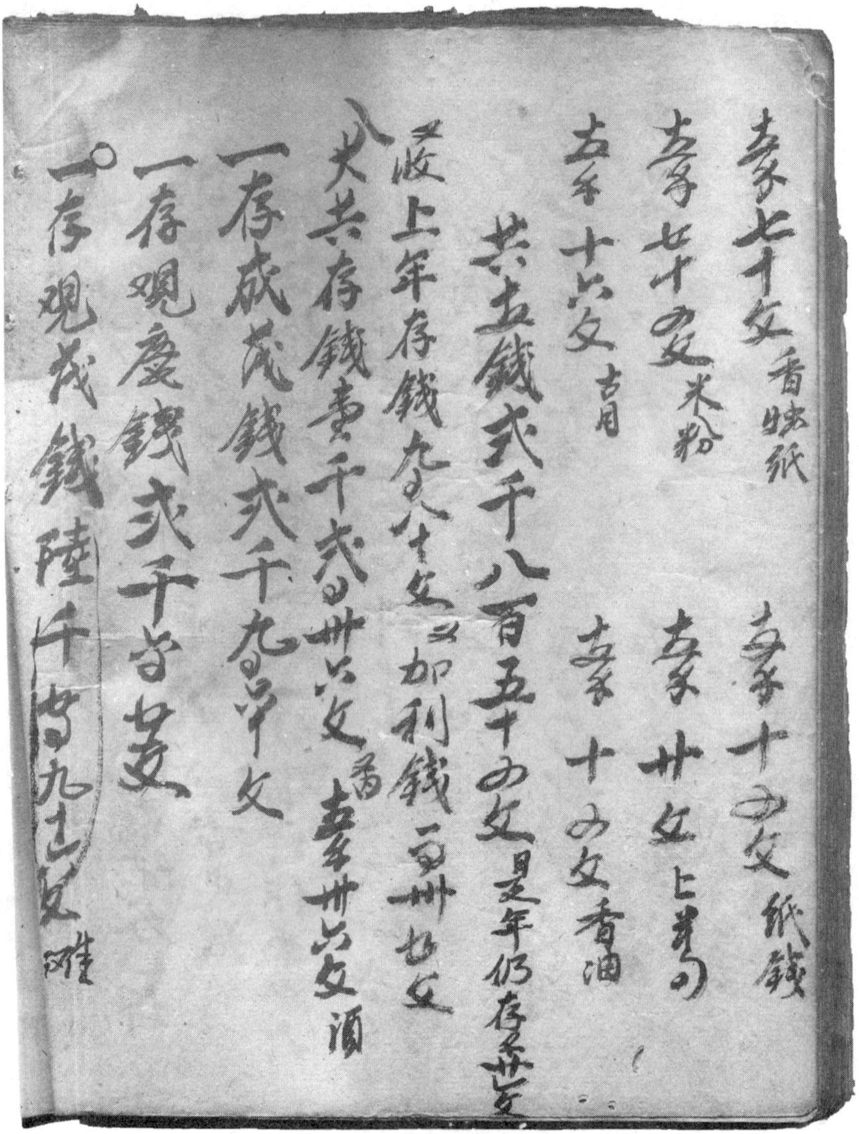
支七十文香燭紙
支廿四文米粉
支十六文青
共支錢弍千八百五十四文是年仍存廿文
又收上年存錢九千八十文又加利錢一百卅七文
又共存錢壹千弍百卅六文
一存庆茂錢弍千九百廿文
一存觀慶錢弍千四百廿文
一存觀茂錢陸千四百九十文
支十四文紙錢
支廿文上坟
支十四文香油
香
支廿六文酒
難

江湾镇中［钟］吕村 6-72 · 道光元年至同治十三年 ·
▨公清明簿及收支簿 · 俞昌店等

一存品珍钱叁千[illegible]廿文

一存春茇钱壹千[illegible]廿十九文

道光二十三年頭首俞文柳經理

秋收租谷開明

一收麻榨塢　佃皮捌秤

一收木上　私租廿斤

一收小片塢　無谷卅九斤

一收品珍　艮利谷四秤半

一收戍茂　艮利谷二秤

以上據共实收十六秤〇十八斤淨　每几作米九升扣

江湾镇中［钟］吕村 6-73 · 道光元年至同治十三年 ·
☐公清明簿及收支簿 · 俞昌店等

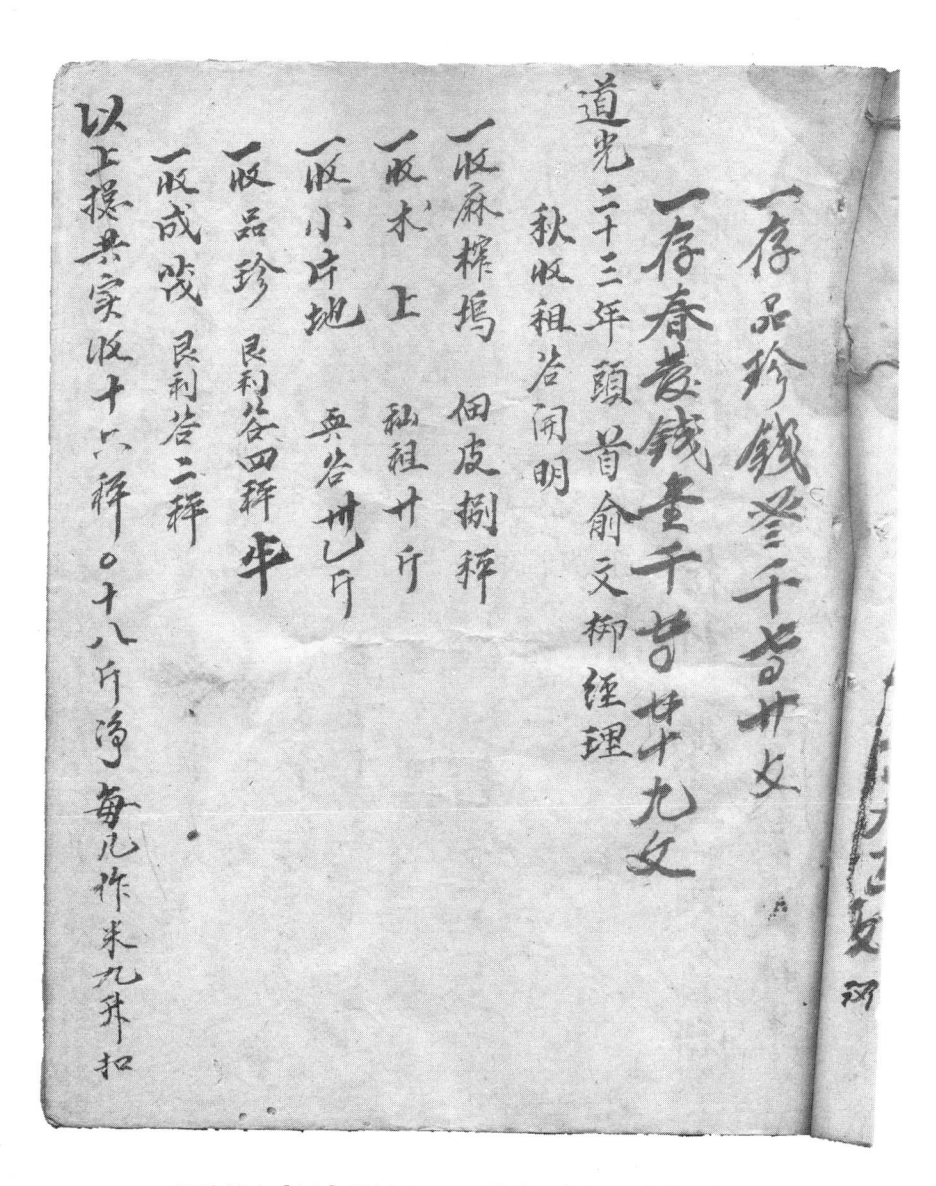

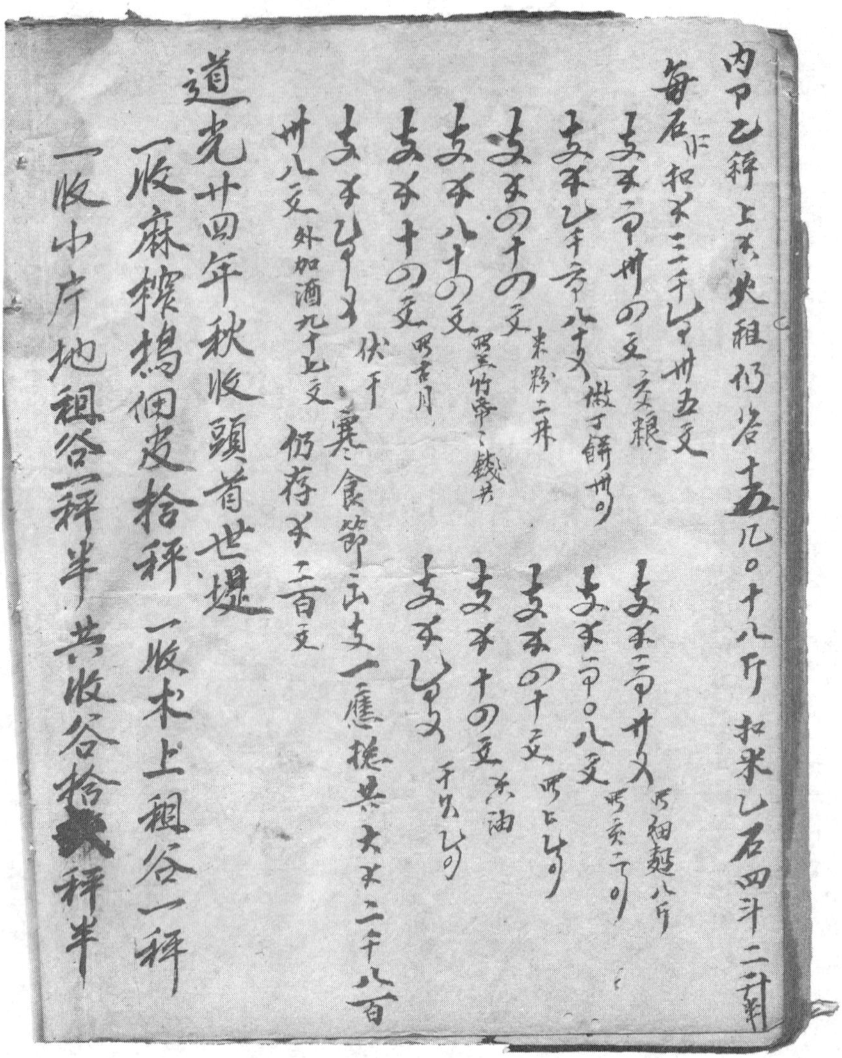

江湾镇中［钟］吕村 6-74 · 道光元年至同治十三年 ·
☐公清明簿及收支簿 · 俞昌店等

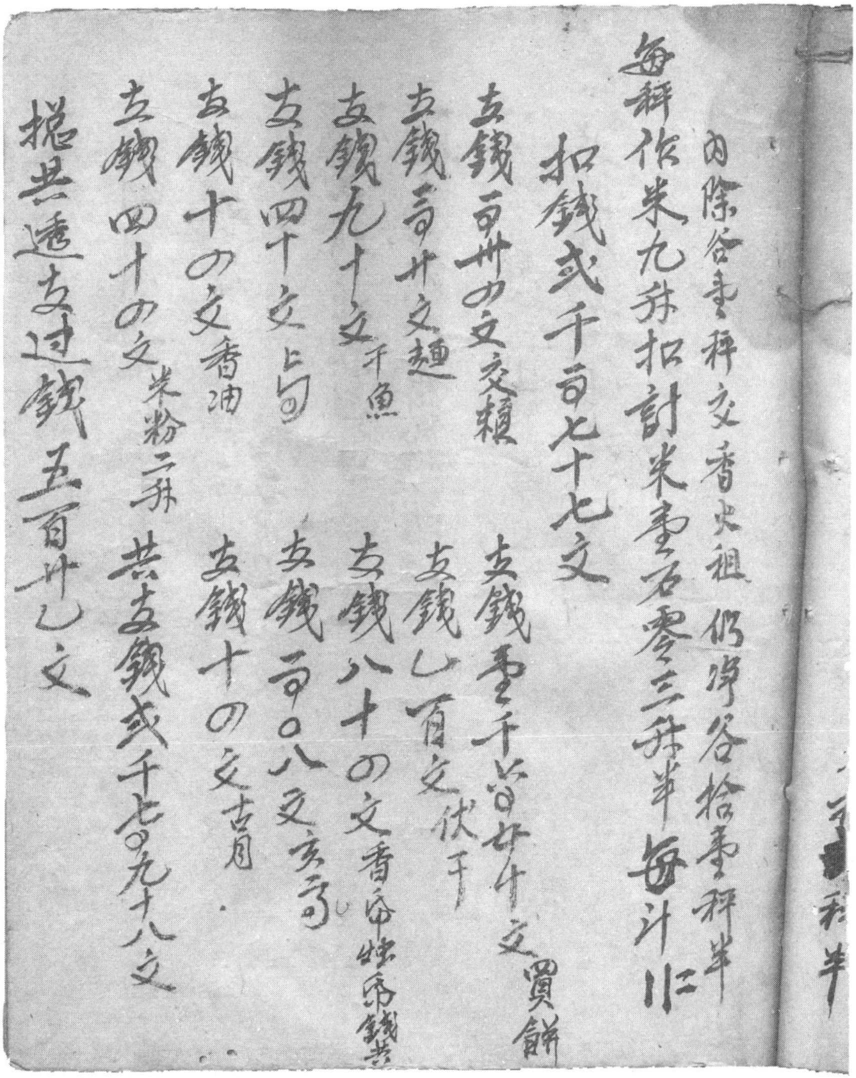
内除谷壹秤交香火祖　仍净谷拾壹秤半
每秤作米九升扣計米壹石零三升半　每斗川二
扣錢弍千百七十七文
支錢百卅四文交粮　支錢壹千皆廿文買餅
支錢百卅文麵　支錢乙百文伏干
支錢九十文干魚　支錢八十四文香帋燭錢共
支錢四十文上香　支錢百〇八文[illegible]
支錢十四文香油　支錢十四文古月
支錢四十四文米粉二升　共支錢弍千七〇九十八文
揔共透支过錢五百卅乙文

江湾镇中［钟］吕村 6-75 · 道光元年至同治十三年 ·
☐公清明簿及收支簿 · 俞昌店等

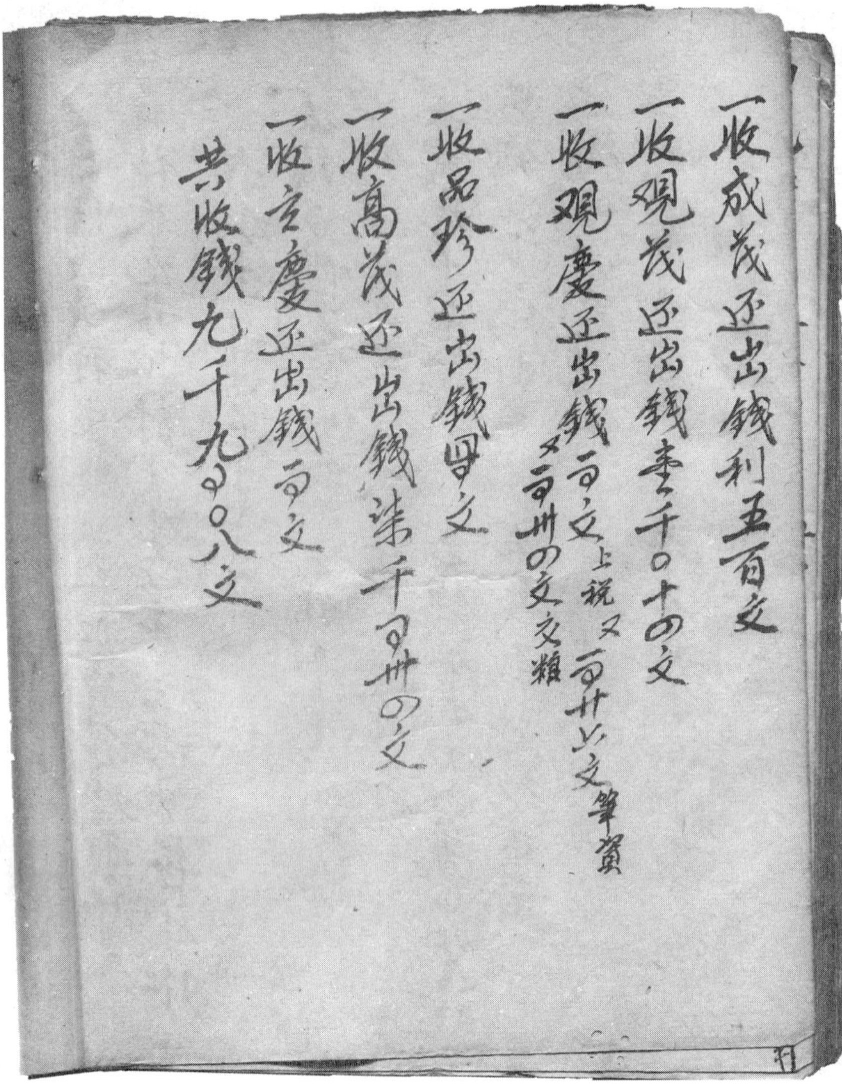
一收成茂还出钱利五百文
一收观茂还出钱壹千〇十四文
一收观庆还出钱百文上税又百廿六文笔资
又百卅四文交粮
一收品珍还出钱四百文
一收高茂还出钱柒千百卅四文
一收立庆还出钱百文
共收钱九千九百〇八文

江湾镇中［钟］吕村 6-76 · 道光元年至同治十三年 ·
〼公清明簿及收支簿 · 俞昌店等

所買李塞坑苞頭塢正租四秤

計正價大錢拾壹千百文　筆資錢百廿六文

中用五百六十文　上稅礼百文

过稅礼廿卅文　又过稅錢百廿文

交易酒錢百四十六文　大共支用过錢拾叁千百八十三

共透支过錢叁千百七十四文

又做清明透用錢廿廿七文

揔共透支用过錢叁千七百九十廿文　高茂鏡

江湾镇中［钟］吕村 6-77 · 道光元年至同治十三年 ·
〼公清明簿及收支簿 · 俞昌店等

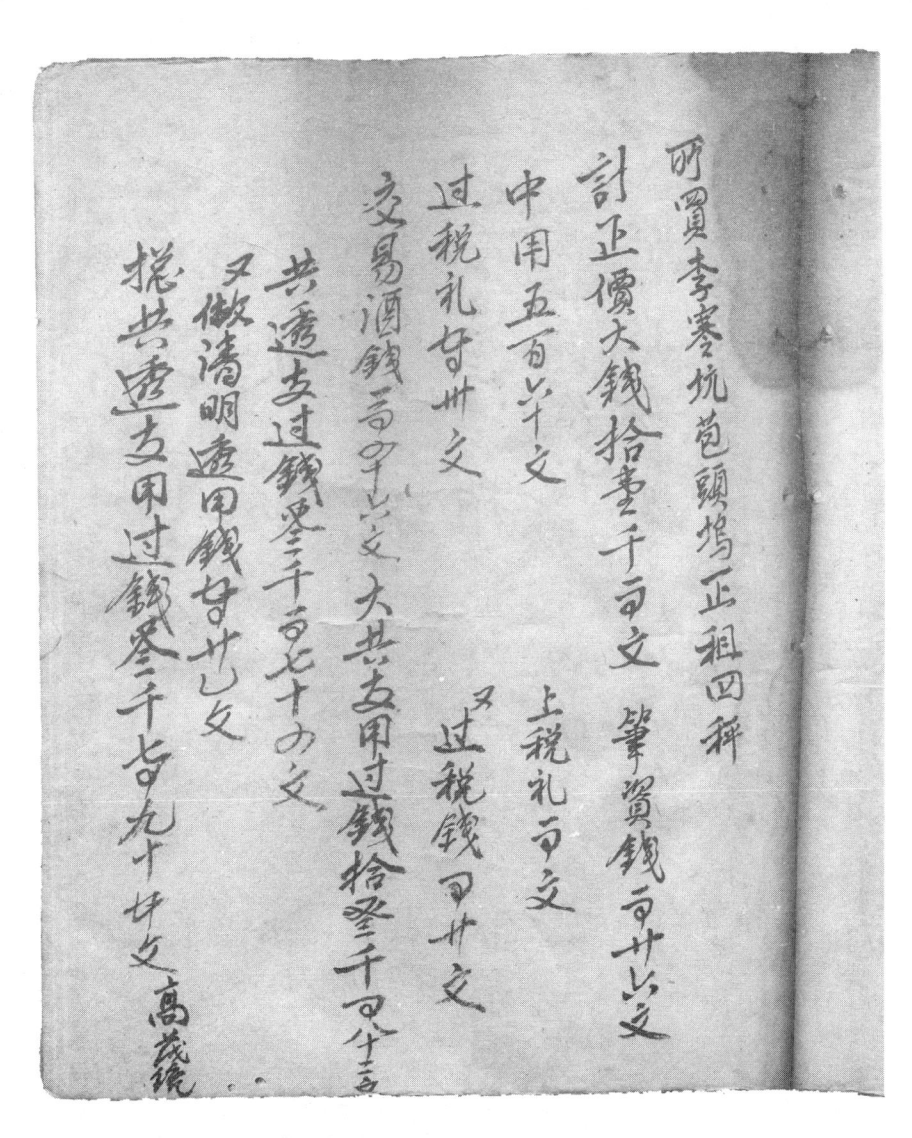

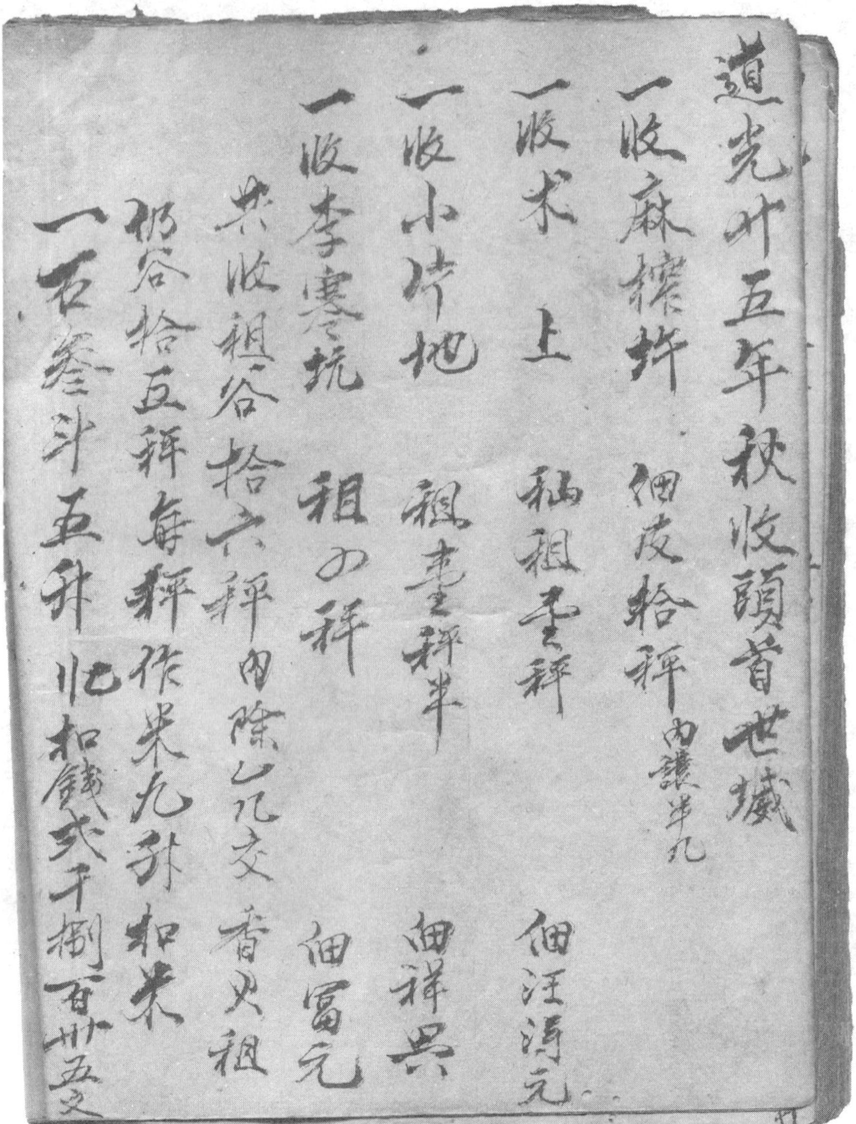
道光廿五年秋收頭首世墄
一收麻榨坵　細皮拾秤　內讓半九
一收术上　秈租壹秤　細汪渭元
一收小塅地　租壹秤半　細祥興
一收李寒坑　租〤秤　細富元
共收租谷拾六秤內除乚九交　香火租
仍谷拾五秤每秤作米九斗　扣米
一石叁斗五升　〡〡扣錢弍千捌百卅五文

江湾镇中［钟］吕村 6-78 · 道光元年至同治十三年 ·
〼公清明簿及收支簿 · 俞昌店等

江湾镇中［钟］吕村 6-79 · 道光元年至同治十三年 · 口公清明簿及收支簿 · 俞昌店等

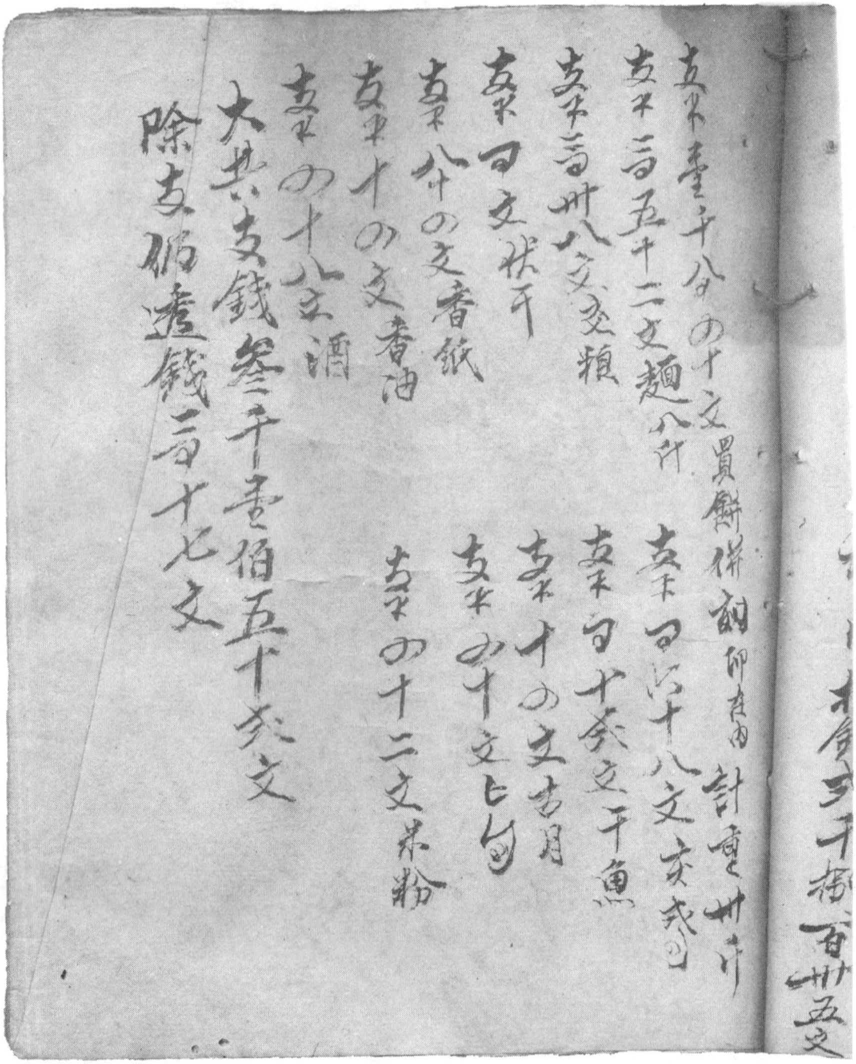

江湾镇中［钟］吕村 6-80 · 道光元年至同治十三年 ·
□公清明簿及收支簿 · 俞昌店等

一存戚茂錢弍千九百文

一存現慶錢壹千九百四十文

一存品珍錢叁千七百廿文

一存春發錢壹千四百五十九文 内除本百十七文 清明透支

道光念六年秋收頭首俞文棣

一收麻榨坵　佃皮拾秤　内讓山秤

一收李塞坑　租九秤　佃冨元

一收小坑地　租乙秤半未收　佃旺佳

江湾镇中［钟］吕村 6-81 · 道光元年至同治十三年 ·

☒公清明簿及收支簿 · 俞昌店等

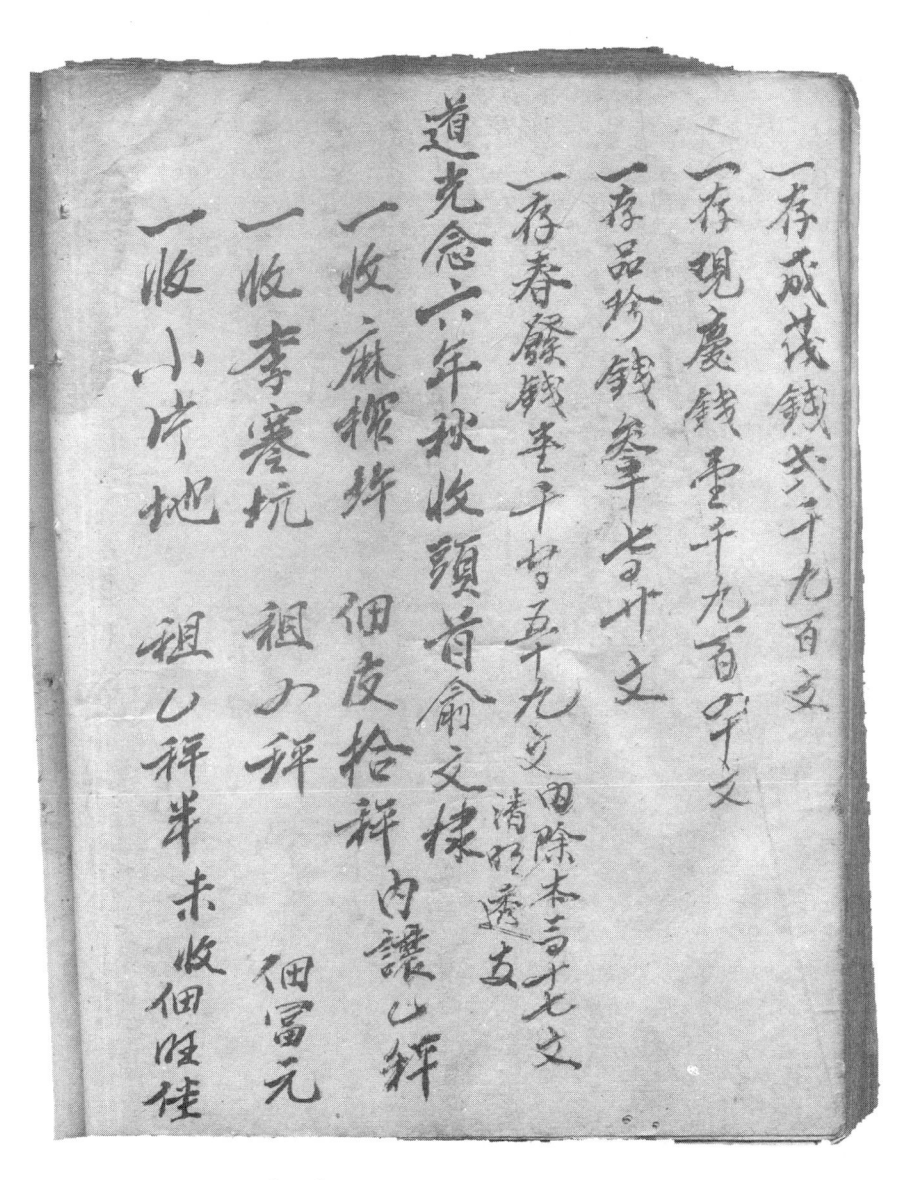

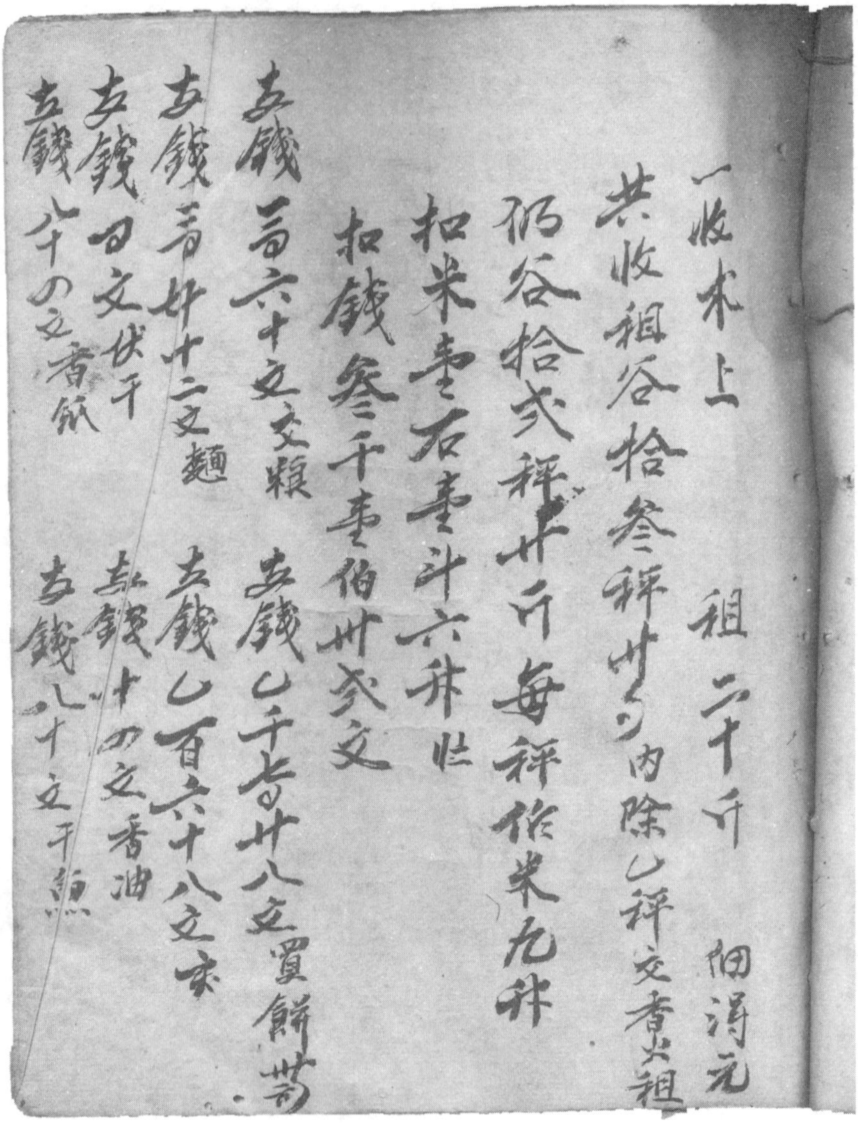

一收术上　祖二十斤　佃渭元

共收租谷拾叁秤廿斤內除乙秤交香火租

仍谷拾弍秤廿斤每秤作米九升

扣米壹石壹斗六升壯

扣錢叁千壹伯卅弍文

支錢百六十文交糧　支錢乙千壹廿八文買餅菂

支錢百廿十二文麵　支錢乙百六十八文米

支錢廿文伏干　支錢廿四文香油

支錢八十四文香紙　支錢乙十文干魚

江湾镇中［钟］吕村 6-82 · 道光元年至同治十三年 ·

☑公清明簿及收支簿 · 俞昌店等

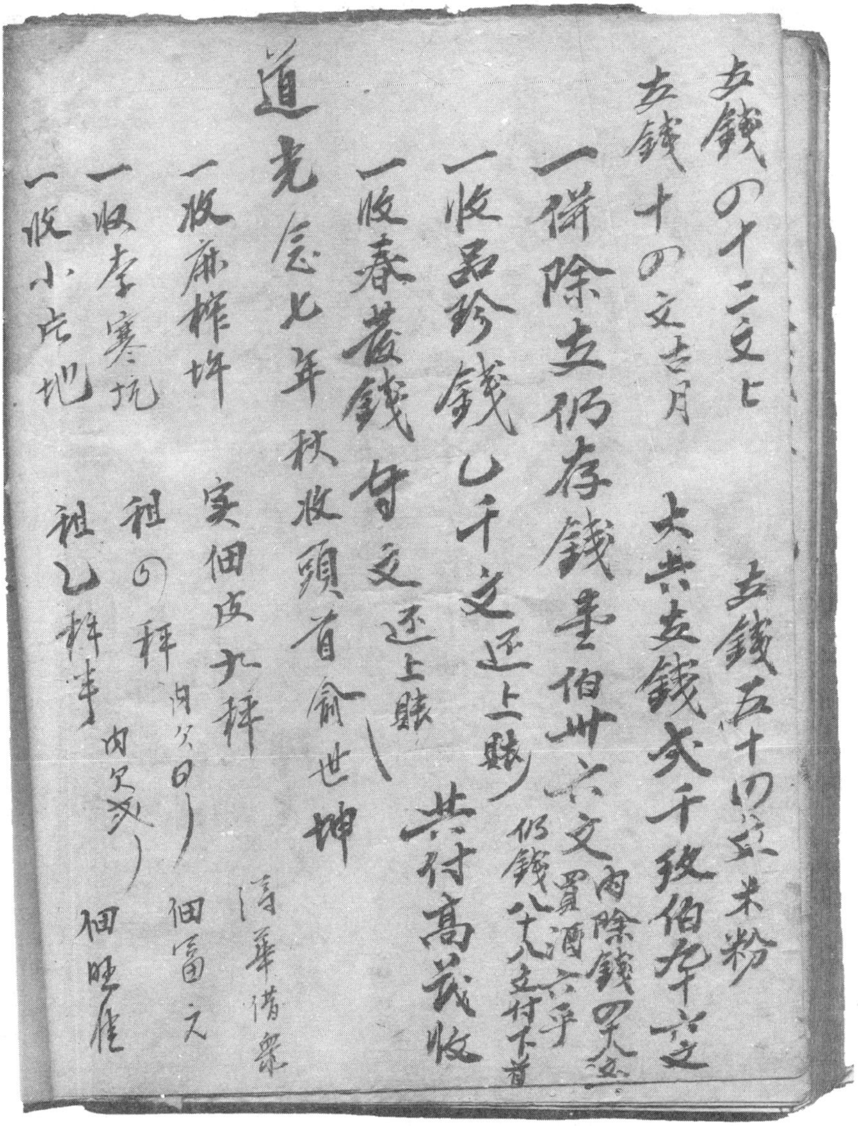
支錢〇十二文七　支錢五十四文米粉
支錢十〇文廿月　大共支錢弍千玖伯肆十文
一併除支仍存錢壹伯卅六文　内除錢〇ㄨ文　買酒六斤　仍錢八ㄨ文付下首
一收吕玲錢乙千文　还上賬　共付高莪收
一收春蓉錢〇〇文　还上賬
道光七年秋收頭首俞世坤　清華借眾
一收康榨坪　实佃皮九秤
一收李寒坑　祖〇秤　内欠〇　佃富文
一收小片地　祖乙秤半　内欠〇　佃旺佳

江湾镇中［钟］吕村 6-83・道光元年至同治十三年・
〼公清明簿及收支簿・俞昌店等

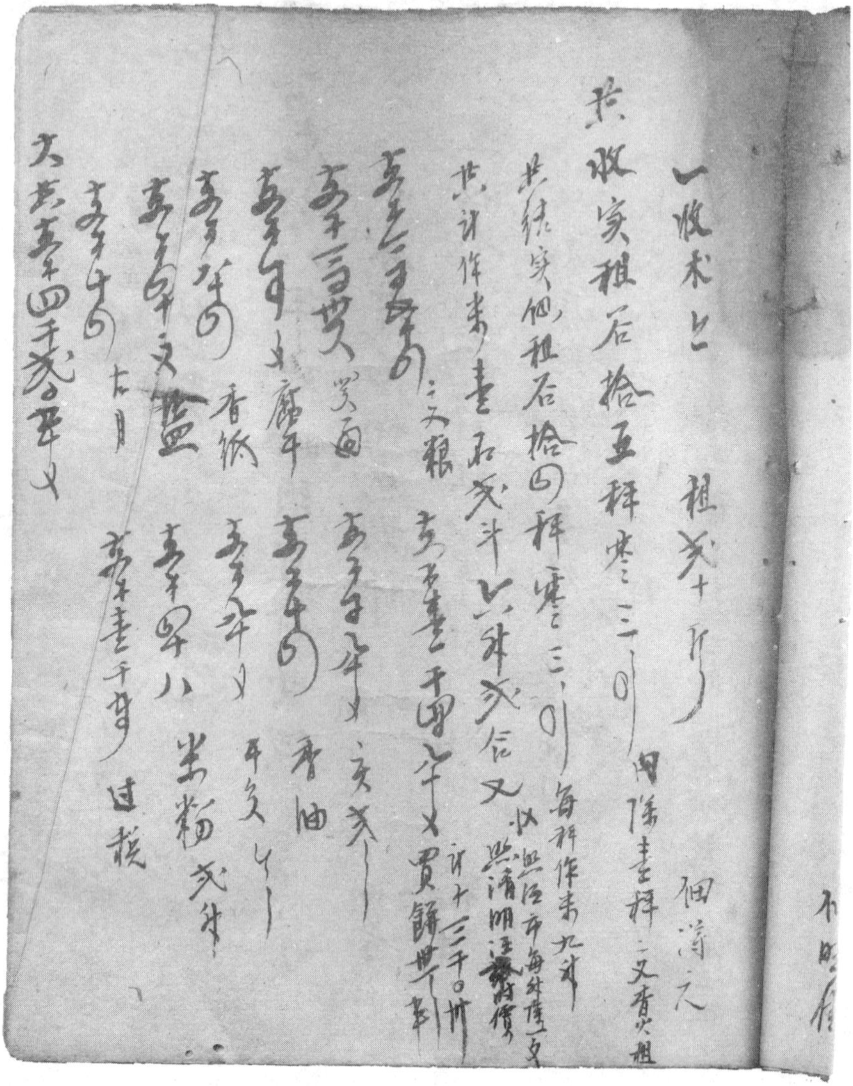

江湾镇中［钟］吕村 6-84 · 道光元年至同治十三年 ·
□公清明簿及收支簿 · 俞昌店等

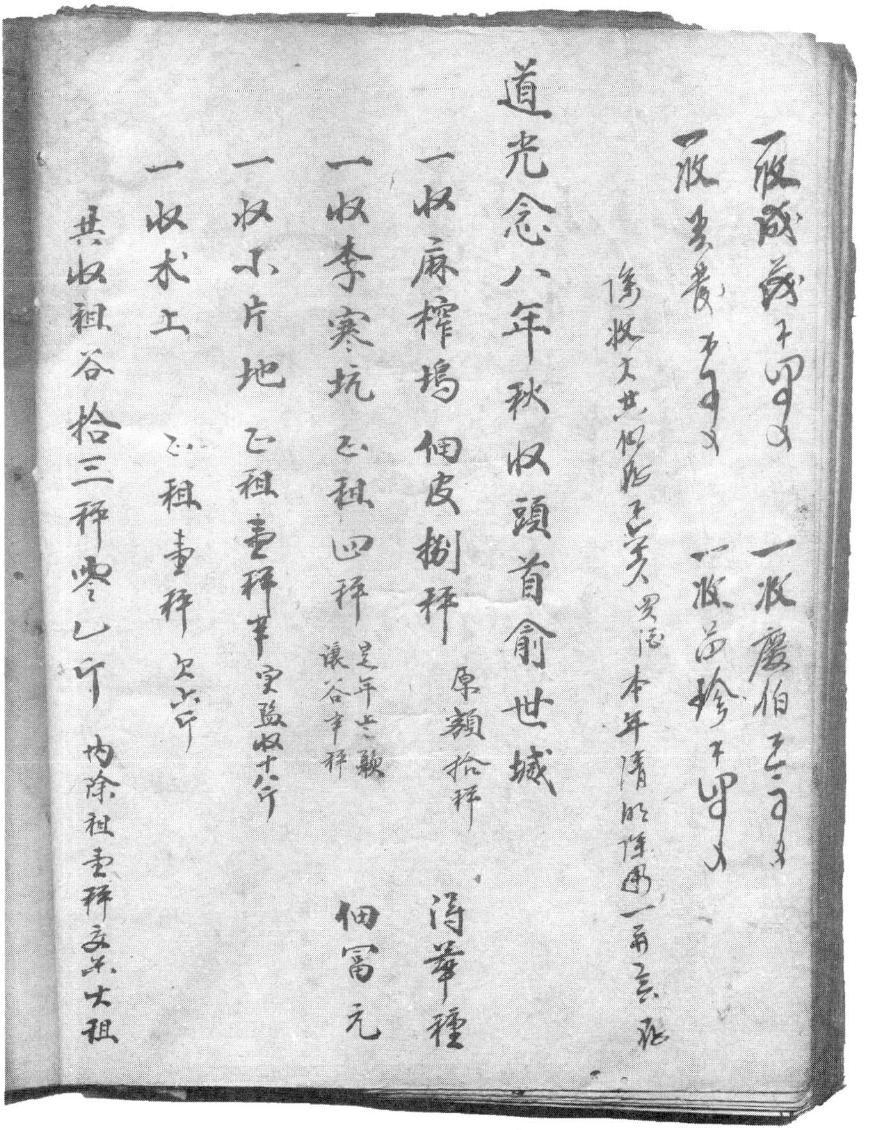
道光念八年秋收頭首俞世域
一收麻榨塢 佃皮捌秤 原額拾秤 汪華種
一收李寒坑 正租四秤 是年共額 讓谷半秤 佃富元
一收小片地 正租壹秤半 实盛收十八斤
一收术上 正租壹秤 欠六斤
共收租谷拾三秤零七斤 内除租壹秤交众大祖

江湾镇中［钟］吕村 6-85 · 道光元年至同治十三年 ·
☑公清明簿及收支簿 · 俞昌店等

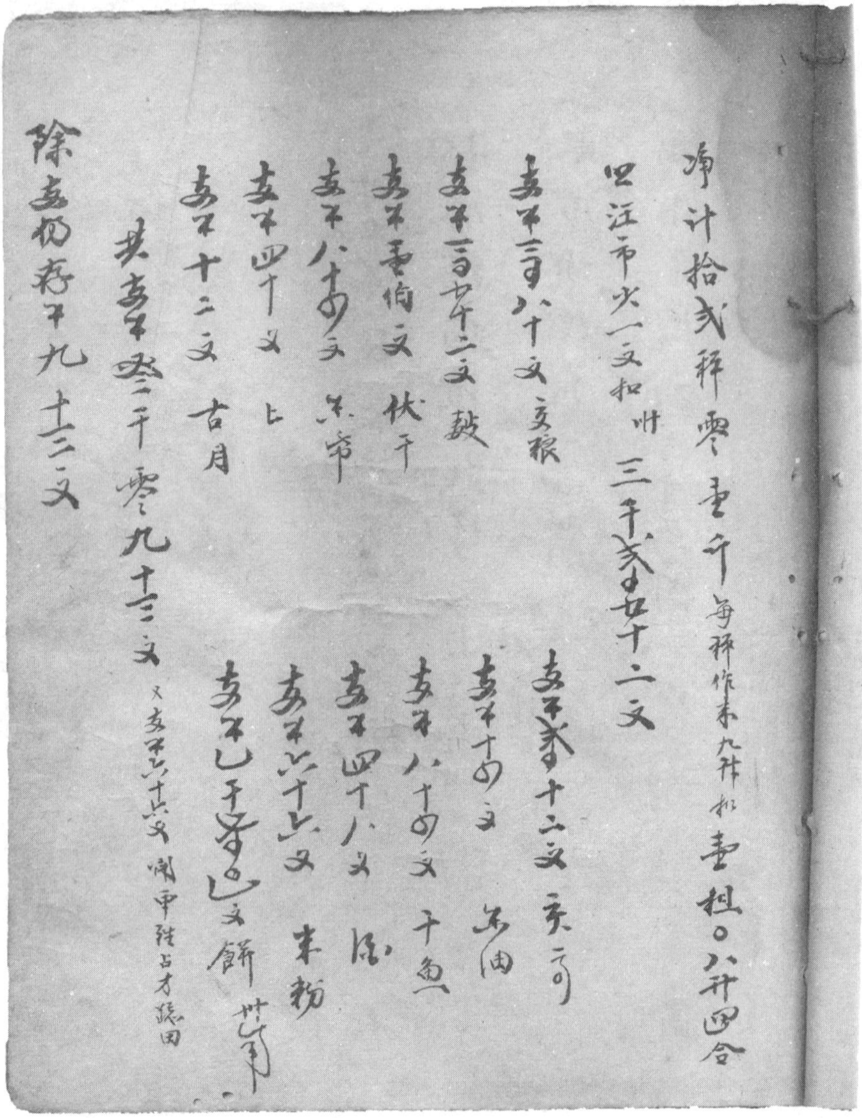
净计拾贰秤零壹斤 每秤作米九升扣 壹担〇八升四合
口江市火一文扣卅 三千叁百廿十二文
支钱三百八十文 交粮
支钱一百廿二文 鼓
支钱壹佰文 伙干
支钱八十四文 米节
支钱四十文 上
支钱十二文 古月
共支钱叁千零九十二文
除支仍存钱九十二文
支钱叁十二文 灵可
支钱十四文 [illegible]油
支钱八十四文 干鱼
支钱四十八文 纸
支钱六十六文 米粉
支钱七千叁百四十七文 饼 廿[illegible]
又支钱六十六文 阐平张占才张田

江湾镇中［钟］吕村 6-86 · 道光元年至同治十三年 ·
▨公清明簿及收支簿 · 俞昌店等

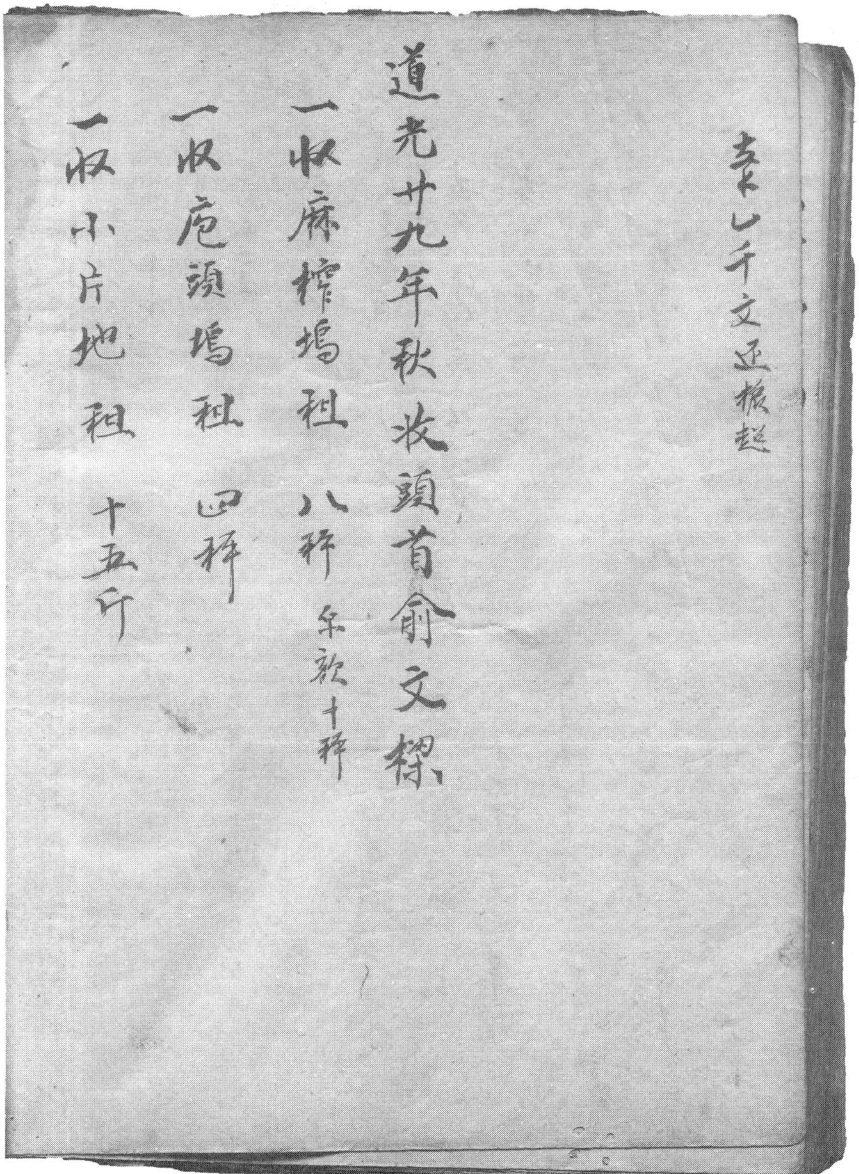

袁山千文还振趂

道光廿九年秋收頭首俞文樑

一收麻榨塢租　八秤　余款十秤

一收庵頭塢租　四秤

一收小片地租　十五斤

江湾镇中［钟］吕村 6-87 · 道光元年至同治十三年 ·
〼公清明簿及收支簿 · 俞昌店等

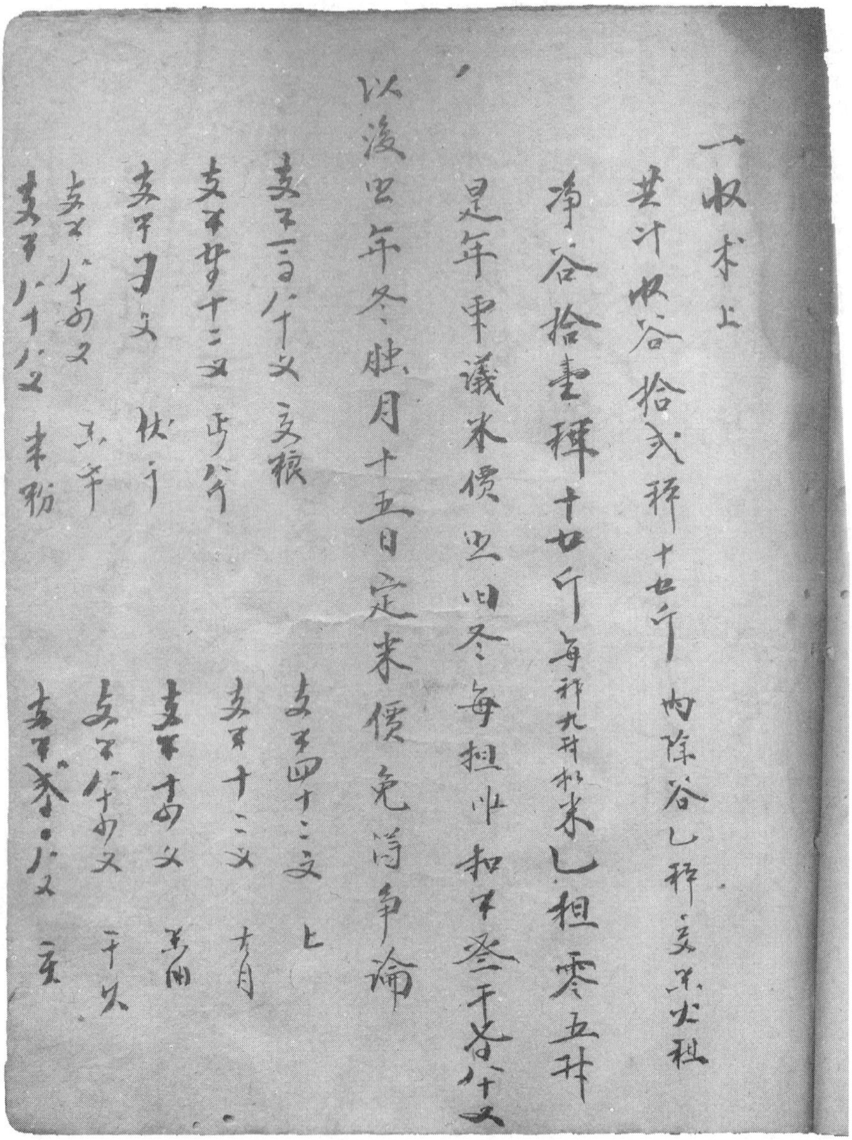
一收术上
共计收谷拾弍秤十七斤 内除谷乙秤
净谷拾壹秤十七斤 每秤九斤扒米乙担零五升
是年甲議米價照旧冬每担少扣不叁
以後照年冬肚月十五日定米價免得争論

江湾镇中［钟］吕村 6-88 · 道光元年至同治十三年 ·
☐公清明簿及收支簿 · 俞昌店等

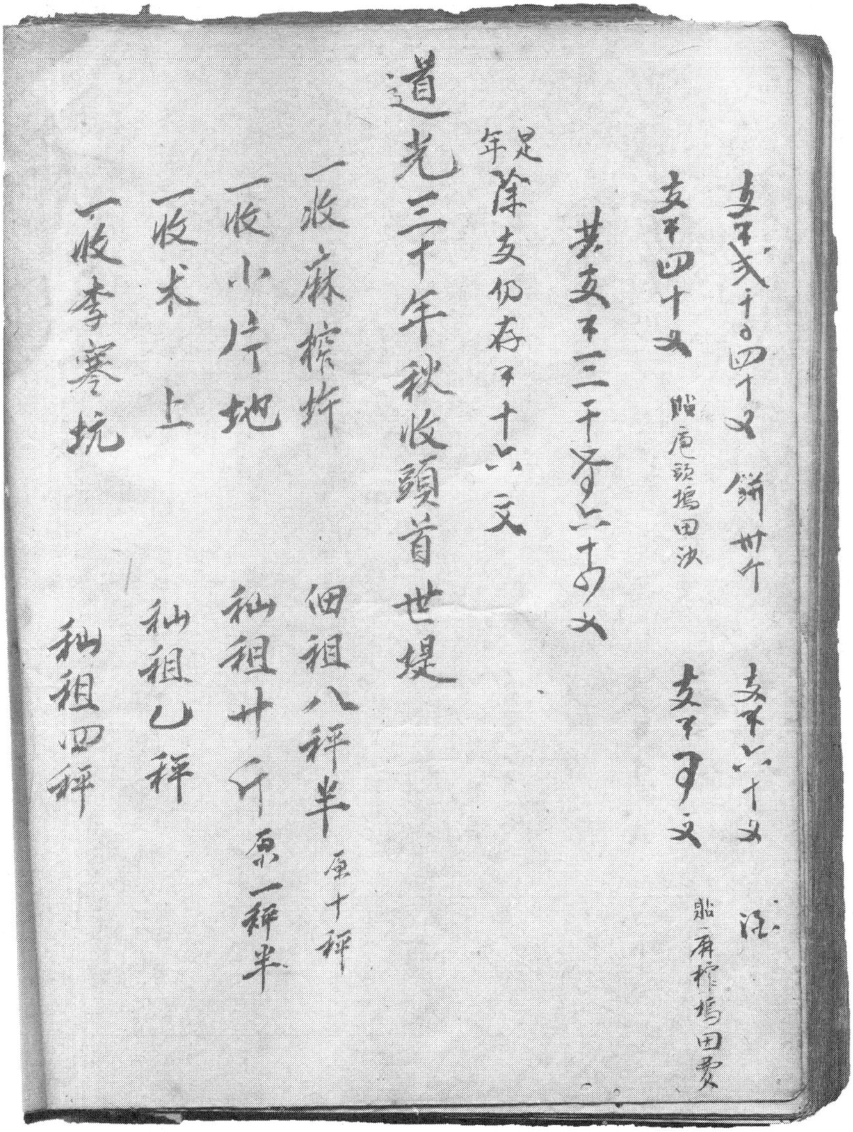
支钱弍千〇四十文 餅卅斤 支钱六十文 酒
支钱四十文 貼庵頭塢田汊 支钱百文 貼麻榨塢田费
共支钱三千百六十六文
足年
除支仍存钱十六文
道光三十年秋收頭首世提
一收麻榨坵 佃租八秤半 原十秤
一收小片地 籼租廿斤 原一秤半
一收术上 籼租乙秤
一收李塞坑 籼租四秤

江湾镇中［钟］吕村 6-89 · 道光元年至同治十三年 ·
〼公清明簿及收支簿 · 俞昌店等

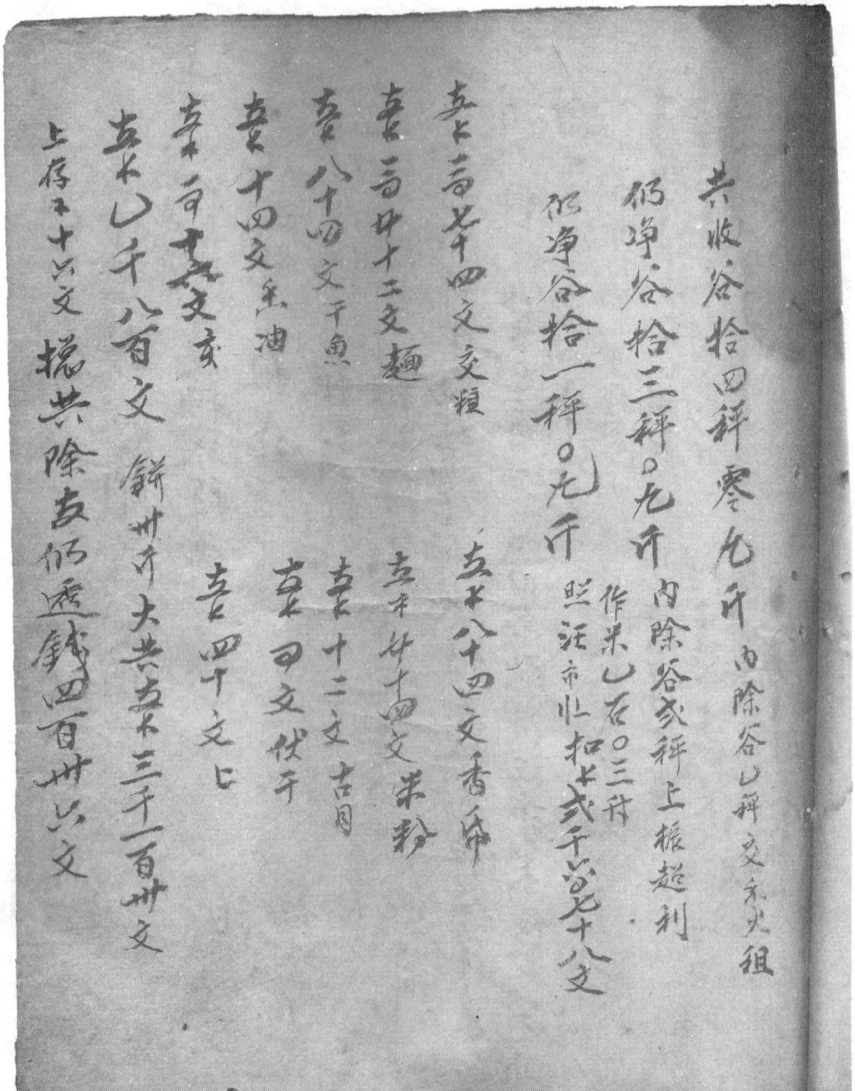
共收谷拾四秤零九斤 内除谷乙秤交和火租
仍净谷拾三秤〇九斤 内除谷贰秤上振超利
仍净谷拾一秤〇九斤 作米乙石〇三升 照汪市价扣钱弍千六百七十八文
支钱百廿四文交粮
支钱百廿十二文麵
支钱八十四文干鱼
支钱十四文香油
支钱百十五文亥
支钱乙千八百文 餅卅斤
支钱八十四文香烛
支钱廿十四文米粉
支钱十二文吉日
支钱百文伏千
支钱四十文上
大共支钱三千一百卅文
上存下十六文 總共除支仍透錢四百卅六文

江湾镇中［钟］吕村 6–90 · 道光元年至同治十三年 ·
囗公清明簿及收支簿 · 俞昌店等

收淂華公堂錢[illegible]文

咸豐元年秋收頭首世墄

一收麻榨塢　皮租八秤半　治華種

一收包頭塢　租弍秤　佃富元

一收术上　租乙秤　佃

一收小片地　租乙秤半　上米二百七十文　佃旺佳春成供種

共收谷拾弍秤半　内已一元上米火租　仍谷拾壹秤半作米九

升扣計米乙石〇三升半　照田冬糶月汪市米價每一文[illegible]

計米錢二千五百八十八文

支米二百八十文　支料　支米二百廿文　田細麺八斤

支米乙千八百五十文　做餅卅二斤　支米四十文　七乙斤

支米二百〇九文　田贡弍斤　支米十四文　菜油

支米八十八文　十九乙斤　支米十六文　古月

江湾镇中［钟］吕村 6-91 · 道光元年至同治十三年 ·

▨公清明簿及收支簿 · 俞昌店等

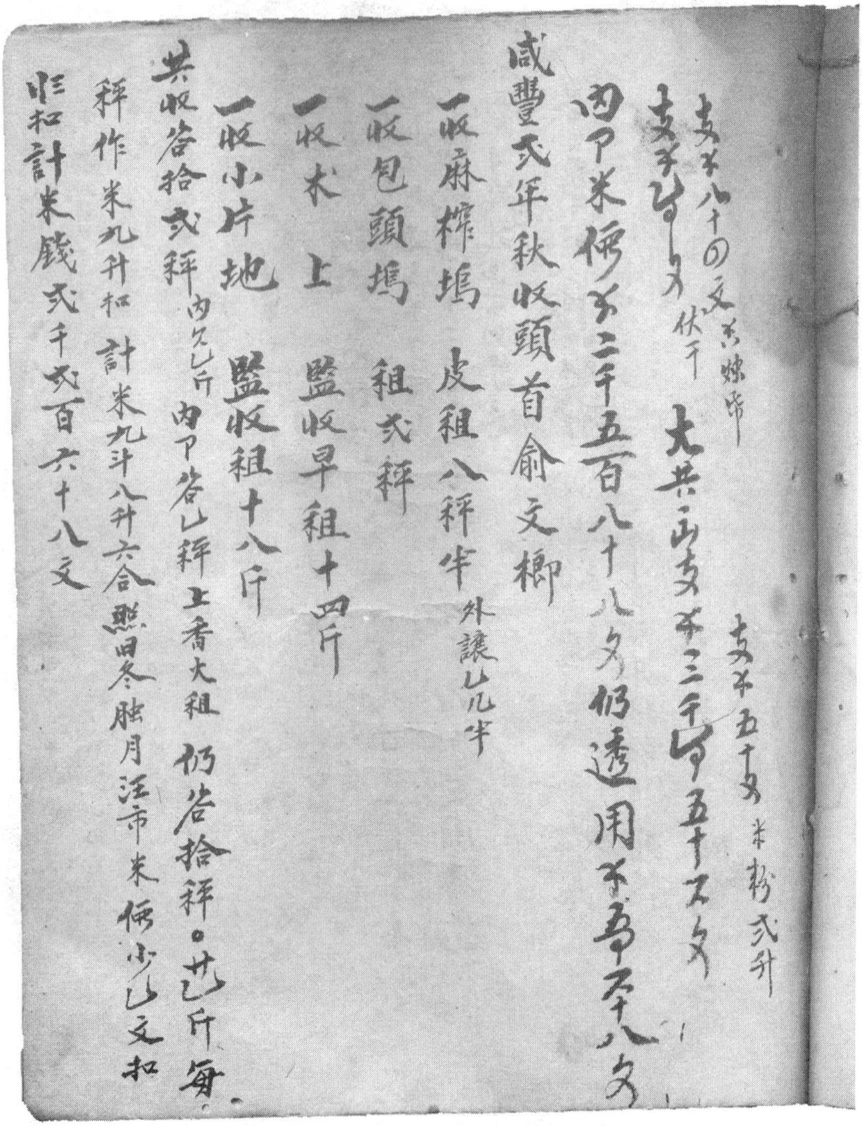
支米八十四文 买蛛帘 支米五十文 米粉弍升
支米廿一文 伏干 大共该支米二千〇五十六文
因了米價錢二千五百八十八文 仍透用錢五百五十八文
咸豐弍年秋收頭首俞文榔
一收麻榨塢 皮租八秤半 外讓乙秤半
一收包頭塢 租弍秤
一收朮上 監收早租十四斤
一收小片地 監收租十八斤
共收谷拾弍秤 内欠乙斤 内了谷乙秤上香火租 仍谷拾秤○廿乙斤每
秤作米九升扣 計米九斗八升六合 照日冬臘月汪市米價少乙文扣
共扣計米錢弍千五百六十八文

江湾镇中［钟］吕村 6-92 · 道光元年至同治十三年 ·
▨公清明簿及收支簿 · 俞昌店等

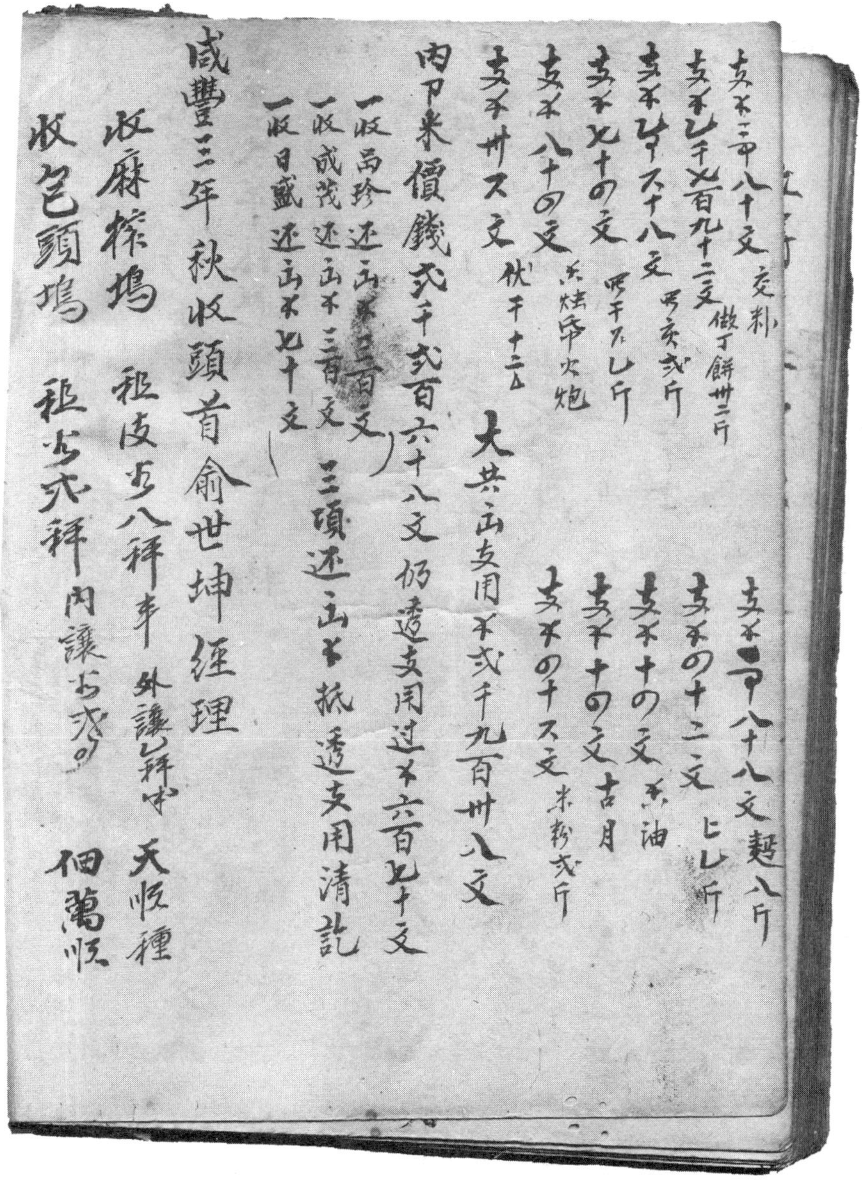
支钱二百八十文 交料
支钱〥千〤百九十二文 徽丁饼卅二斤
支钱〦千〢十八文 丙亥弍斤
支钱七十〤文 丙千〢〥斤
支钱八十〤文 爆烛帘火炮
支钱卅〢文 伏千十二△
大共〡支用钱弍千九百卅八文
支钱〢百八十八文 麵八斤
支钱〤十二文 〧〥斤
支钱十〤文 火油
支钱十〤文 古月
支钱〤十〢文 米粉弍斤
内卩米价钱弍千弍百六十八文 仍透支用过钱六百七十文
一收两珍还〡钱〢百文
一收成茂还〡钱三百文 三项还〡钱抵透支用清讫
一收日盛还〡钱七十文
咸丰三年秋收头首俞世坤经理
收麻榇坞 租皮〢八秤半 外议〥秤半 天收种
收岂头坞 租〢弍秤 内议〢〤 佃鹤恨

江湾镇中［钟］吕村 6-93 · 道光元年至同治十三年 ·
〼公清明簿及收支簿 · 俞昌店等

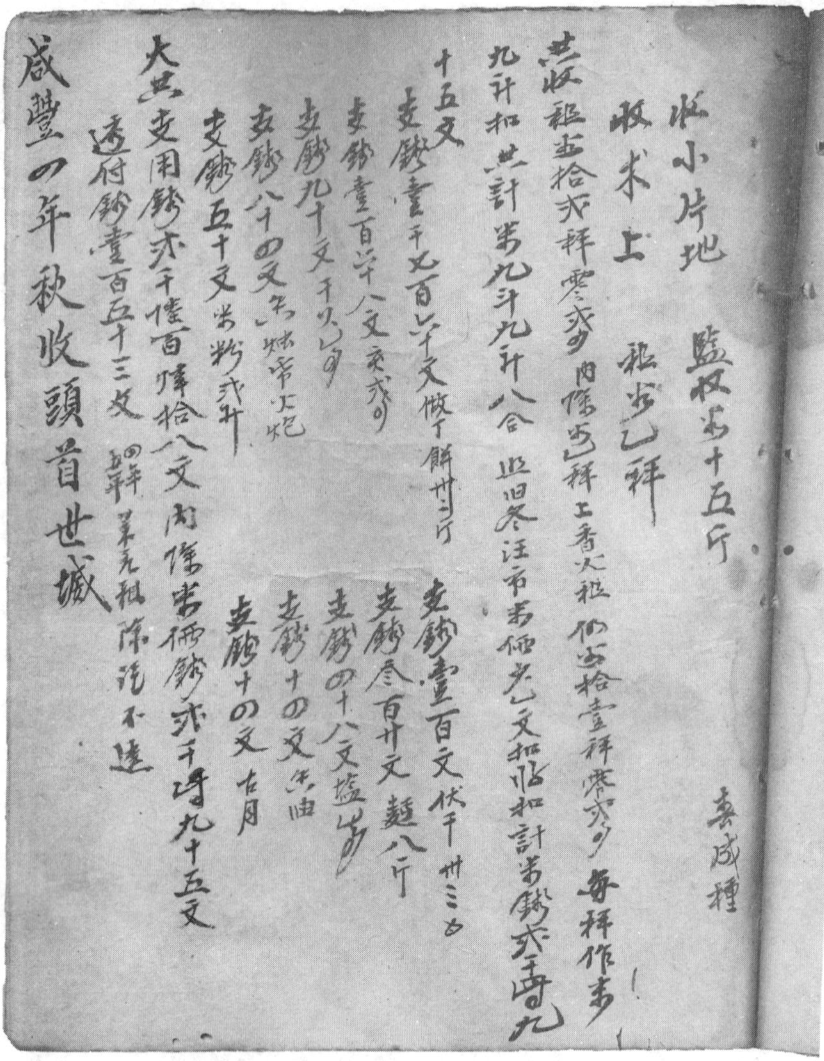

江湾镇中［钟］吕村 6-94 · 道光元年至同治十三年 ·
☒公清明簿及收支簿 · 俞昌店等

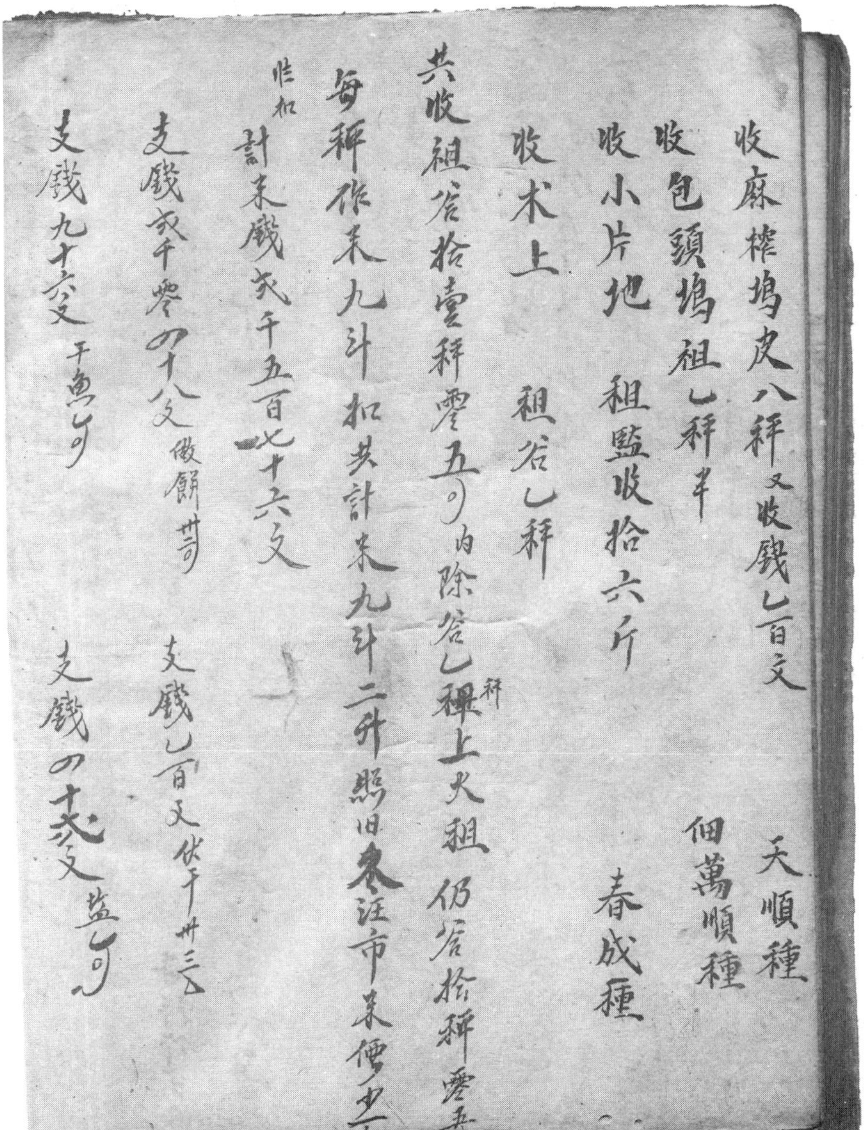

收麻榨塢皮八秤又收錢七百文　天順種
收包頭塢租七秤半　佃萬順種
收小片地　租監收拾六斤　春成種
收朮上　租谷七秤
共收租谷拾壹秤零五斤内除谷七秤上火租　仍谷拾秤零五
每秤作米九斗扣共計米九斗二升照旧冬汪市米價出
作扣 計米錢弍千五百七十六文
支錢弍千零四十八文做餅卅可　支錢七百文伙千卅三工
支錢九十六文干魚可　支錢四十六文監可

江湾镇中［钟］吕村 6-95 · 道光元年至同治十三年 ·
〼公清明簿及收支簿 · 俞昌店等

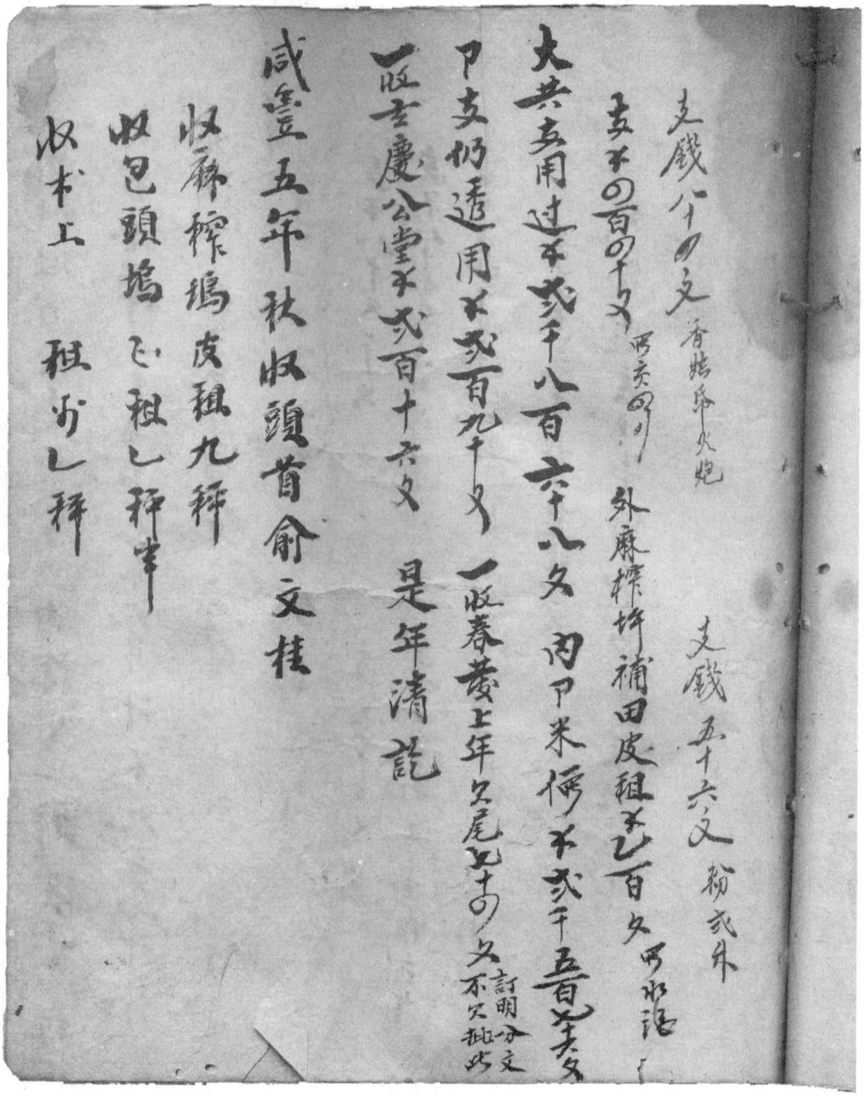

支錢八十四文　香姑所火炮
支〡〤百〤十〥文　丙交明
大共支用過〡贰千八百六十八文
𠂆支仍透用〡贰百九十〥文
一收吉慶公堂〡贰百十六文
咸豐五年秋收頭首俞文桂
收麻榨塢皮租九秤
收包頭塢〥租七秤半
收木工　租廿七秤
支錢五十六文　粉弍斤
外麻榨坵補田皮租〡七百文　两収訖
內𠂆米價〡弍千五百〥十〥文
一收春麥上年欠尾〥十〤文
訂明分文不欠批此
是年清訖

江湾镇中［钟］吕村 6-96 · 道光元年至同治十三年 ·
〼公清明簿及收支簿 · 俞昌店等

共收租谷拾壹秤半 内除岁山秤差米火租

仍岁拾琫秤半每秤作米九升 计米九斗四升半

出注市初米弍千三百六十二文

卖米弍千弍百廿文 买打饼卅三斤

卖米八十文 千弋

卖米八十两文 买炒花生十吃

卖米四十文 继田塘
2千鸣

卖米四十二文 盐
卖米廿两文 丰粉弍斤
卖米十七文 漆打泯

其卖米弍千廿四十六文

两抵仍遗卖米壹佰九十四文 括充出

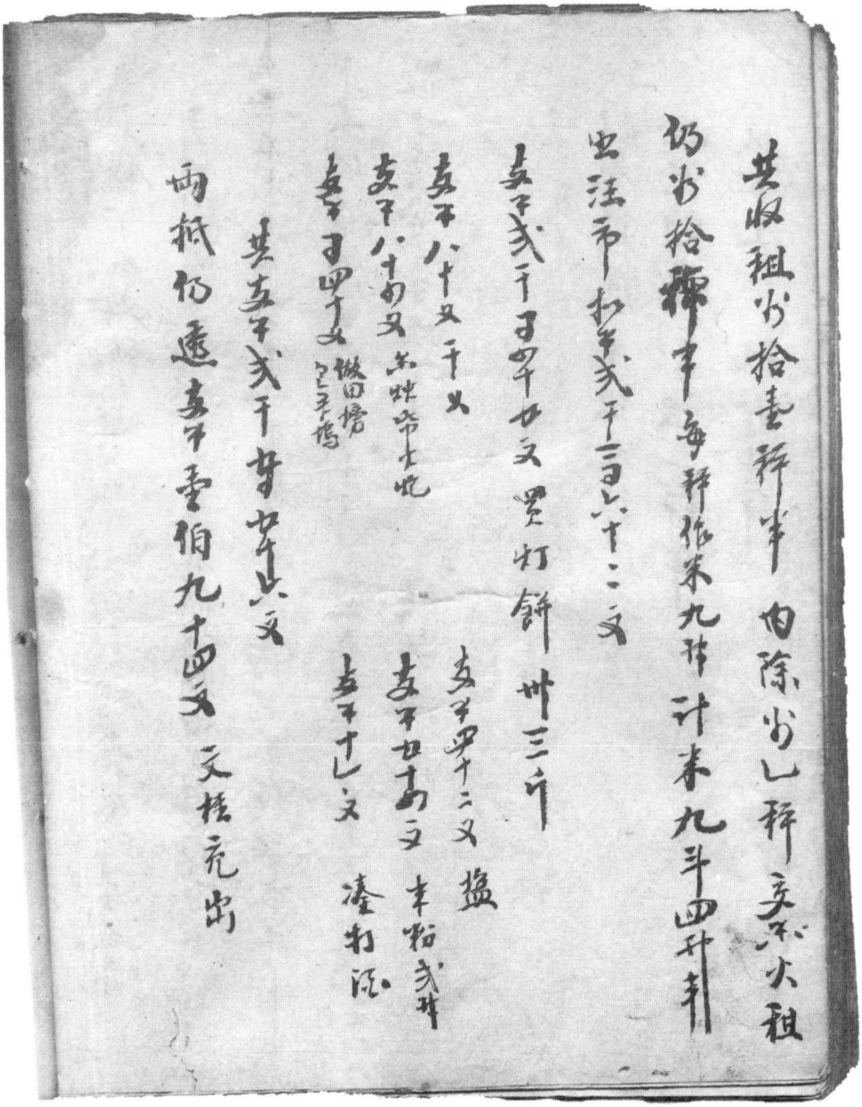

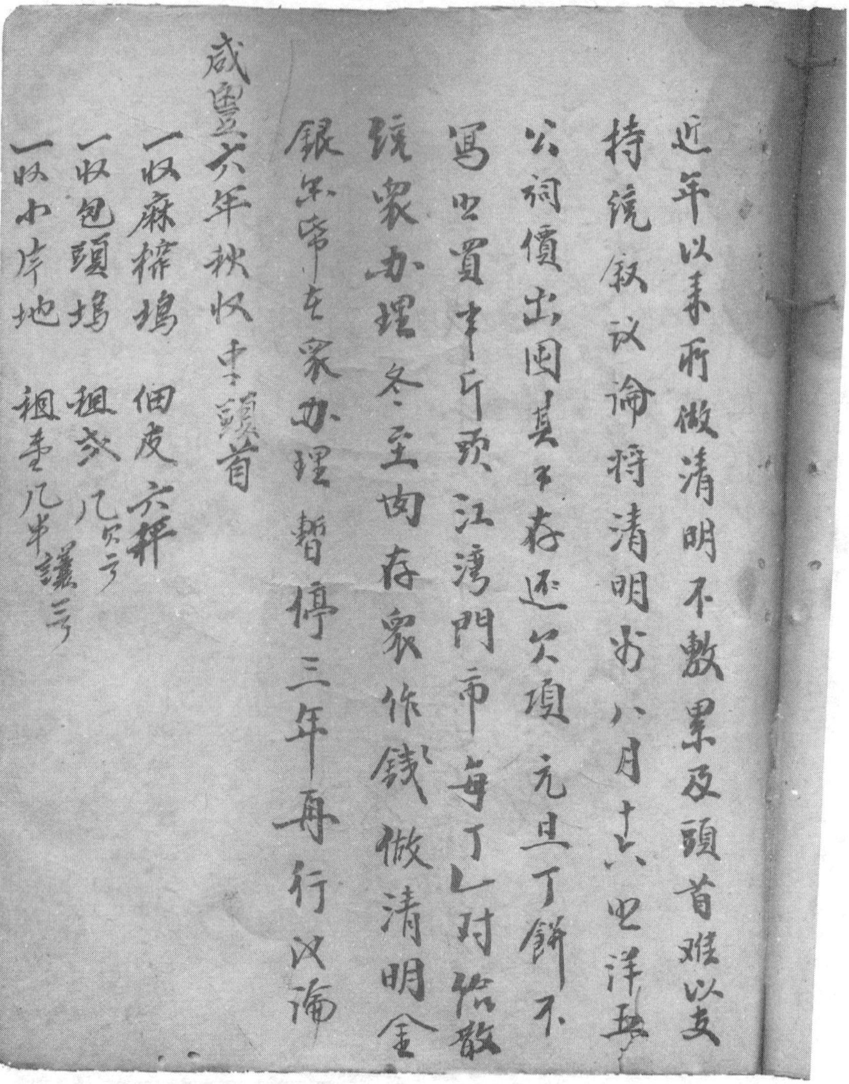

近年以来所做清明不敷累及頭首难以支
持铙叙议論将清明出八月十六出洋[illegible]
公祠價出因其不存还欠項元旦丁餅不
写出買半斤头江湾門市每丁乙对结散
铙衆办理冬至肉存衆作錢做清明金
银系帝在家办理暂停三年再行议論
咸豐六年秋收中頭首
一收麻榨塢　佃皮　六秤
一收包頭塢　租谷　几贝弓
一收小岸地　租季几半繈三弓

江湾镇中［钟］吕村 6-98 · 道光元年至同治十三年 ·
⊠公清明簿及收支簿 · 俞昌店等

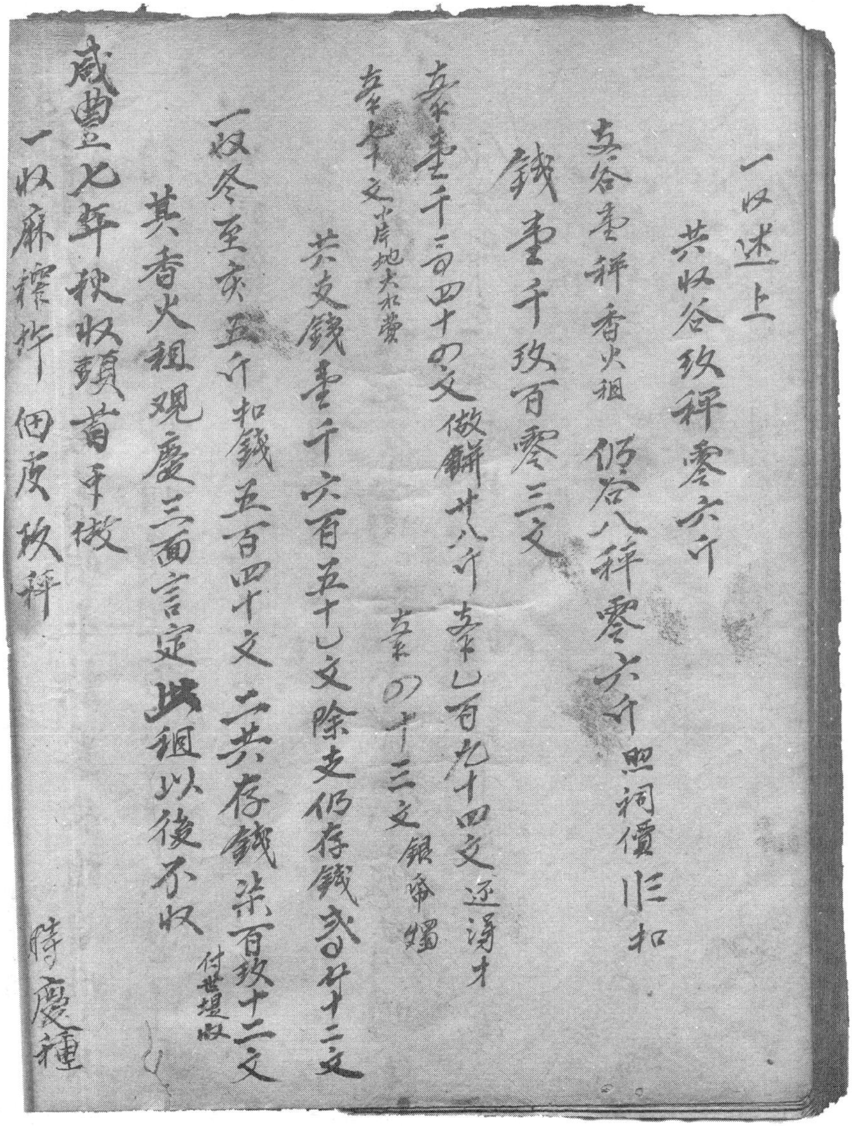
一收述上
共收谷玖秤零六斤
支谷壹秤香火租 仍谷八秤零六斤照祠價作扣
錢壹千玖百零三文
支錢壹千二百四十四文做餅廿八斤 支錢七百九十四文还湧才
支錢七十文小岸地大松費 支錢四十二文銀硃燭
共支錢壹千六百五十七文除支仍存錢貳百廿十二文
一收冬至交五斤和錢五百四十文 二共存錢柒百玖十二文 付世堤收
其香火租观慶三面言定此租以後不收
咸豐七年秋收頭首年繳
一收麻穰作佃皮玖秤 時慶種

江湾镇中［钟］吕村 6-99 · 道光元年至同治十三年 ·
〼公清明簿及收支簿 · 俞昌店等

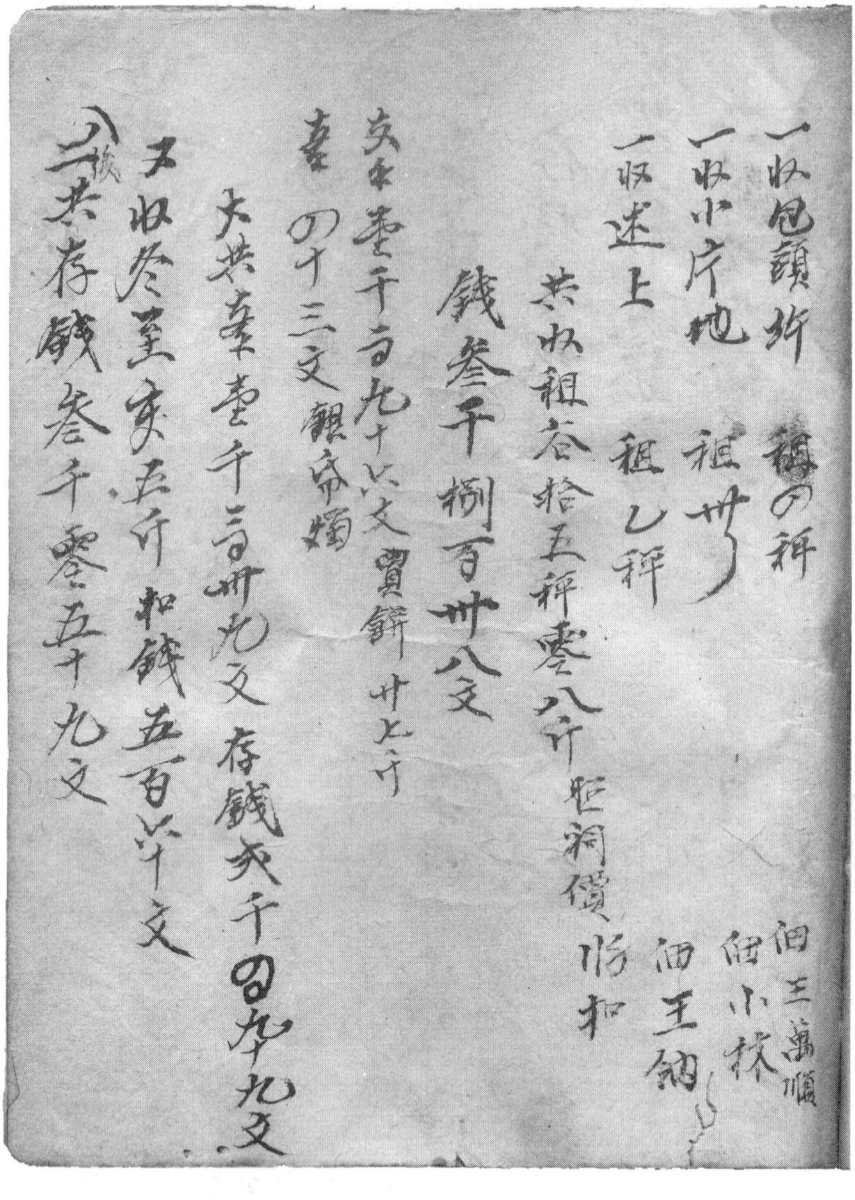
一收包頭圻　租〤秤　佃王萬順
一收小片地　租卅〡　佃小林
一收迷上　租乙秤　佃王鈉
共收租谷拾五秤零八斤　扺祠價　伙和
錢叁千捌百卅八文
支出壹千一百九十六文　買餅　廿七斤
去　四十三文　観音燭
大共支壹千二百卅九文　存錢弍千〇百〇九文
又收谷至夾五斤　扣錢五百六十文
八月二共存錢叁千零五十九文

江湾镇中［钟］吕村 6–100 · 道光元年至同治十三年 ·
〇公清明簿及收支簿 · 俞昌店等

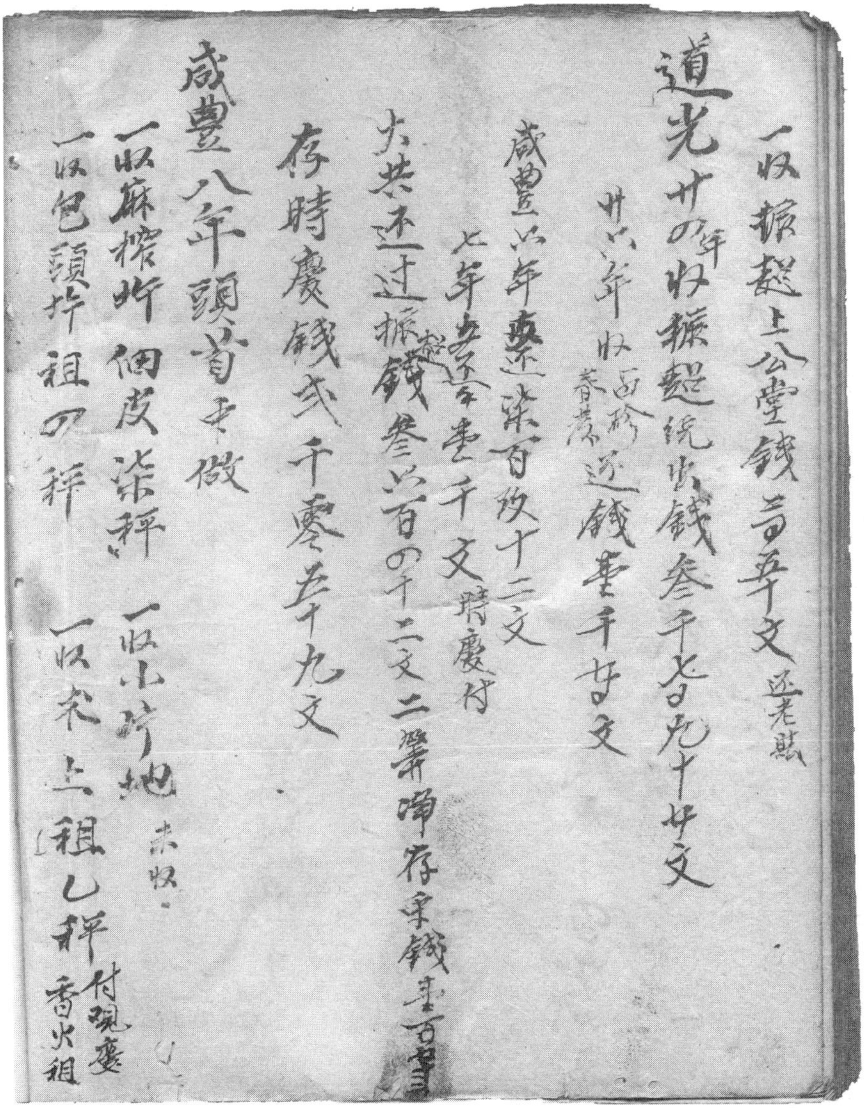
一收振起上公堂钱□□千文 还老賦
道光廿四年收振起统收钱叁千七百九十廿文
廿六年收西龄 春荣 还钱壹千廿文
咸丰六年乘还柒百玖十二文
七年乘还壹千文 时庆付
大共还过振起钱叁六百四十二文 二笔净存钱壹百
存时庆钱弍千零廿九文
咸丰八年头首未做
一收麻榨坵佃皮柒秤　一收小坑地 未收
一收包头坵祖四秤　一收衣上祖乙秤 付观爱 香火祖

江湾镇中［钟］吕村 6-101 · 道光元年至同治十三年 ·
☐公清明簿及收支簿 · 俞昌店等

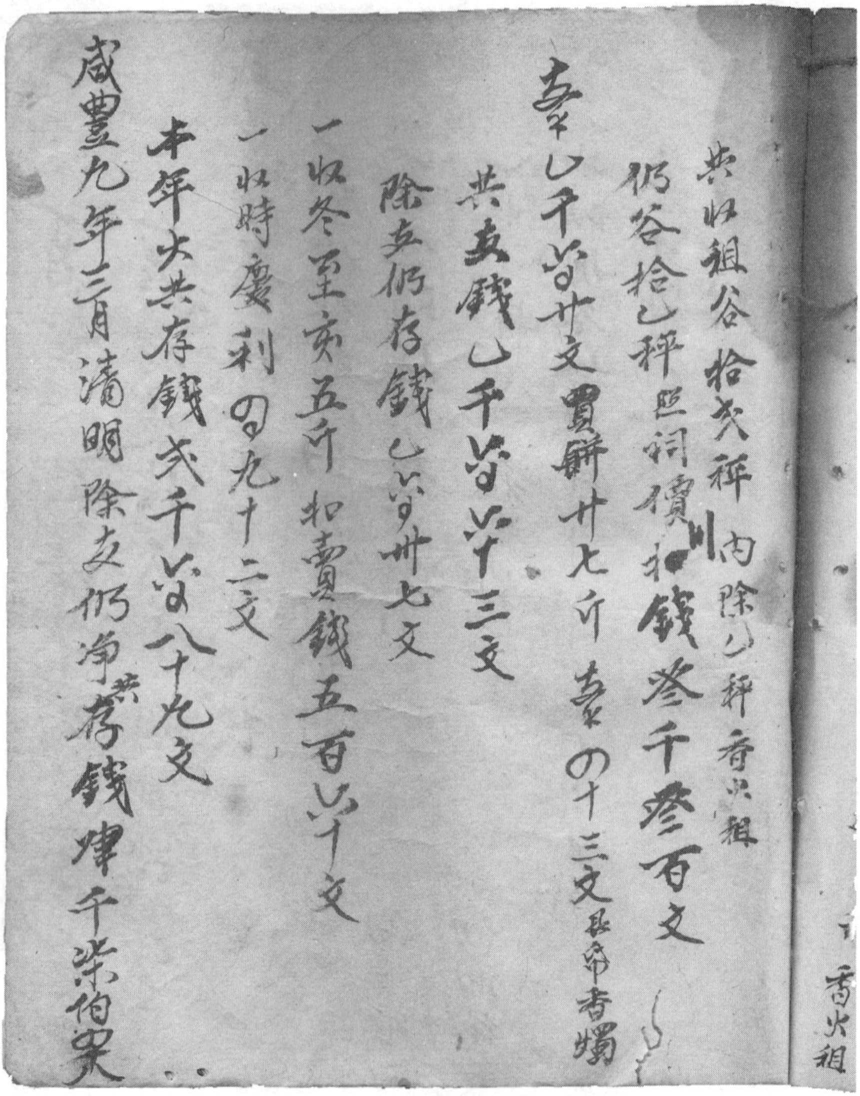

共收祖谷拾弍秤 内除乙秤香火祖
仍谷拾乙秤 照詞價 扣錢叁千叁百文
支乙千[illegible]廿文 買餅廿七斤 支[illegible]十三文 段吊香燭
共支錢乙千[illegible][illegible]三文
除支仍存錢乙[illegible][illegible]卅七文
一收冬至交五斤 扣賣錢五百[illegible]文
一收時慶利[illegible]九十二文
本年大共存錢弍千[illegible]八十九文
咸豐九年三月清明除支仍净存錢肆千[illegible]伯[illegible]

江湾镇中［钟］吕村 6-102 · 道光元年至同治十三年 ·
〼公清明簿及收支簿 · 俞昌店等

一存亡子錢壹千捌百玖拾七文

一存時慶錢貳千捌百五拾七文

咸豐十年秋收頭首俞文枝

一收麻榨坵　佃皮　捌秤　呂珍

一收包頭坵　租四秤　佃萬順

一收小岸地　租 帶旧年共四十二斤　佃細林

共收租谷拾叁秤另廿斤　照祠價收把錢

叁千[illegible]十六文

支貳千壹百廿二文　買餅廿三斤

江湾镇中［钟］吕村 6-103 · 道光元年至同治十三年 ·

☐公清明簿及收支簿 · 俞昌店等

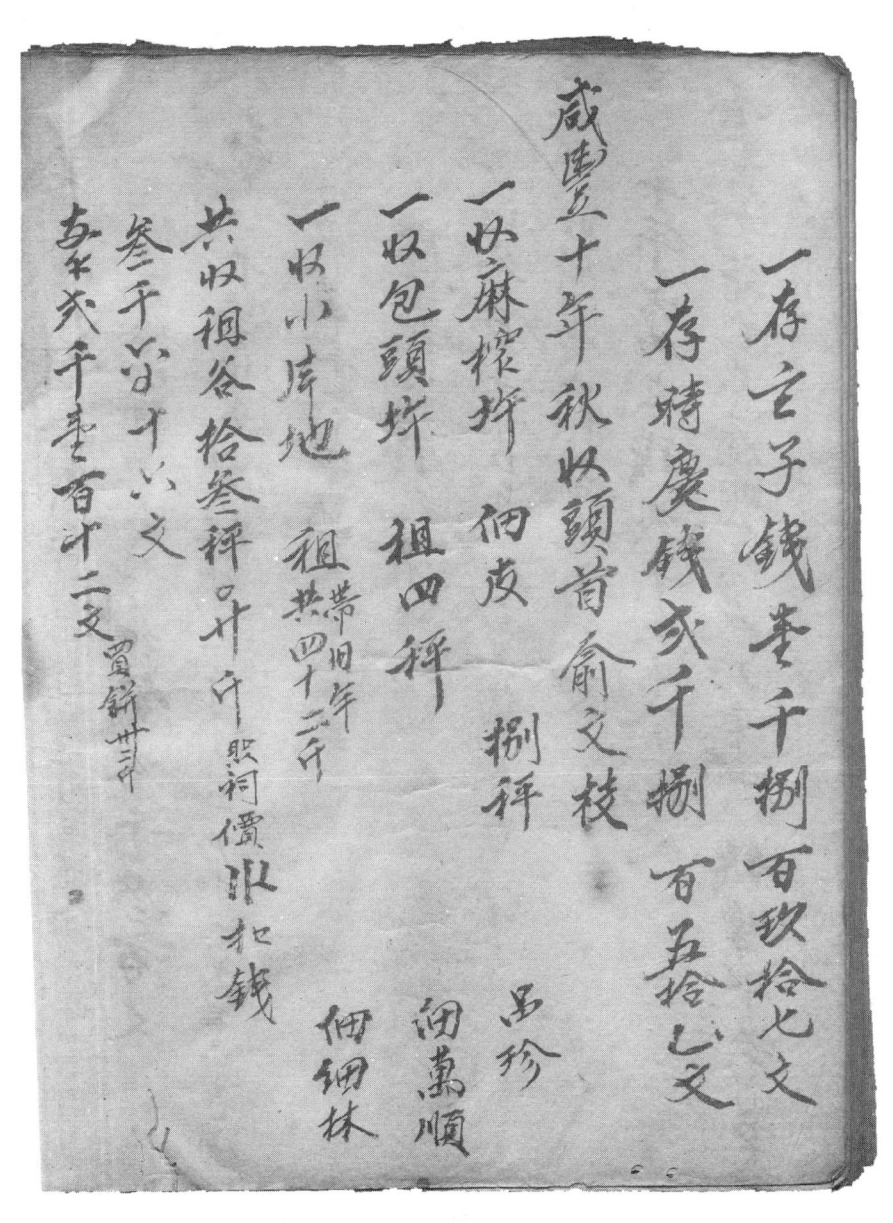

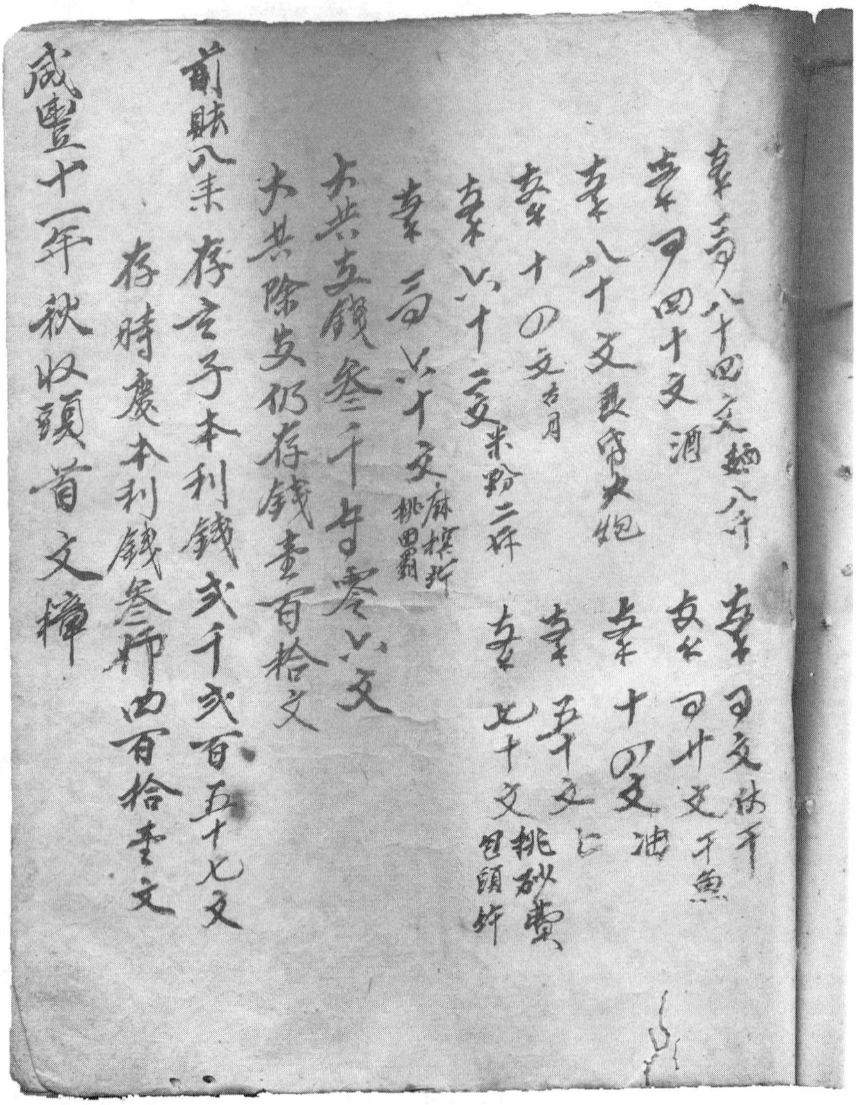

支壹八十四文 麵八斤
支弍百四十文 酒
支八十文 長爆大炮
支十四文 五月
支六十二文 米粉二斤
支壹百六十文 麻糍斤 桃田羽
支百文 粄干
支八百廿文 干魚
支十四文 油
支五十文 仁
支七十文 挑砂費 包頭紵
大共支錢叁千壹百零六文
大共除支仍存錢壹百拾文
前賬八來 存全子本利錢弍千弍百五十七文
存時慶本利錢叁仟四百拾壹文
咸豐十一年秋收頭首文樟

江湾镇中［钟］吕村 6-104 · 道光元年至同治十三年 ·
☑公清明簿及收支簿 · 俞昌店等

一収麻榨坵　佃皮捌秤　呂玲種

一収包頭坵　租四秤　佃萬順

一収小岸地　租六秤半収十八斤

共收租谷拾弍秤零拾八斤　照祠價作扣錢

弍千捌百廿文

支弍千三百六十八文　買餅廿二斤

支八十文　買魚崽　支百卅文酒

支八十文　縣爺火炮香紅燭　支六十文匕

支七十二文米粉

大共支弍千七百九十文

江湾镇中［钟］吕村 6-105 · 道光元年至同治十三年 ·
▨公清明簿及收支簿 · 俞昌店等

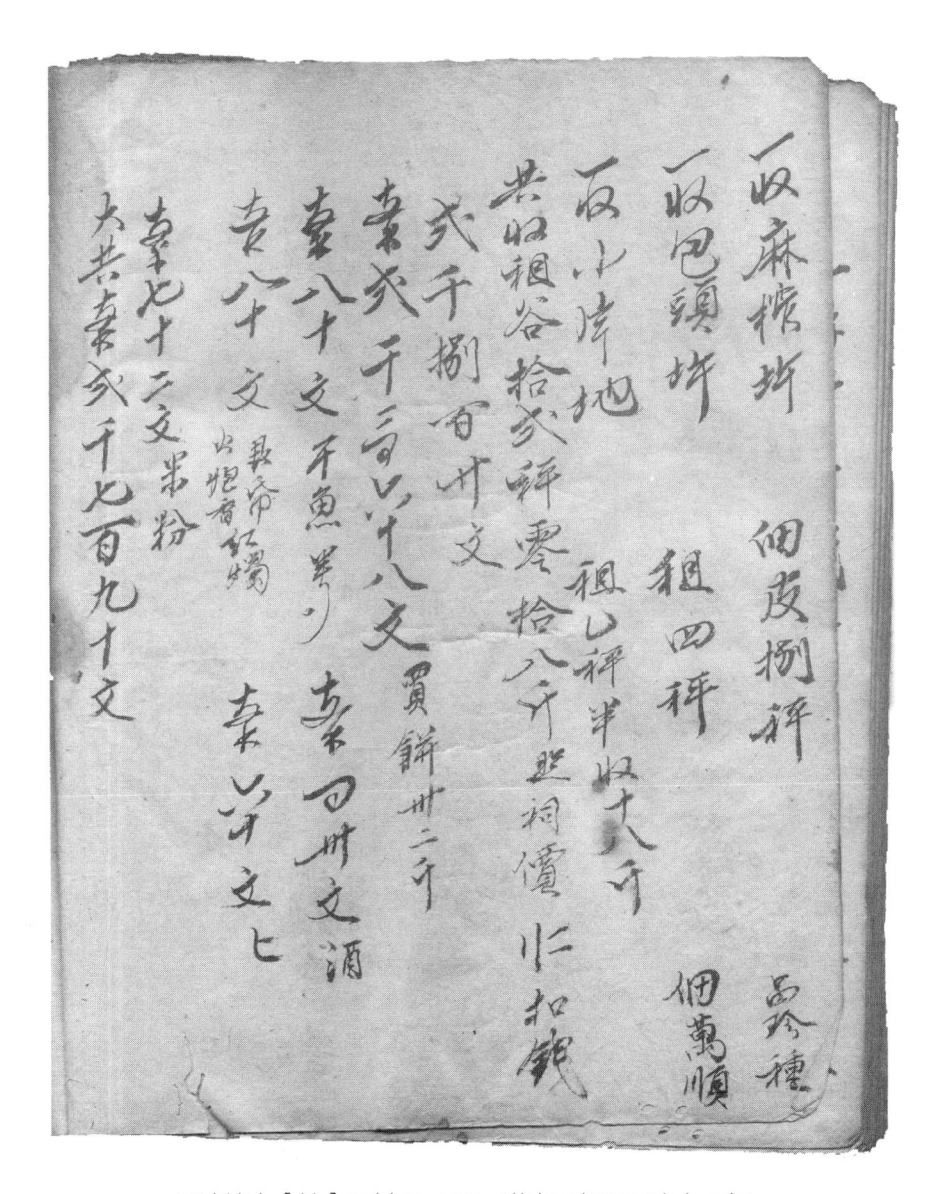

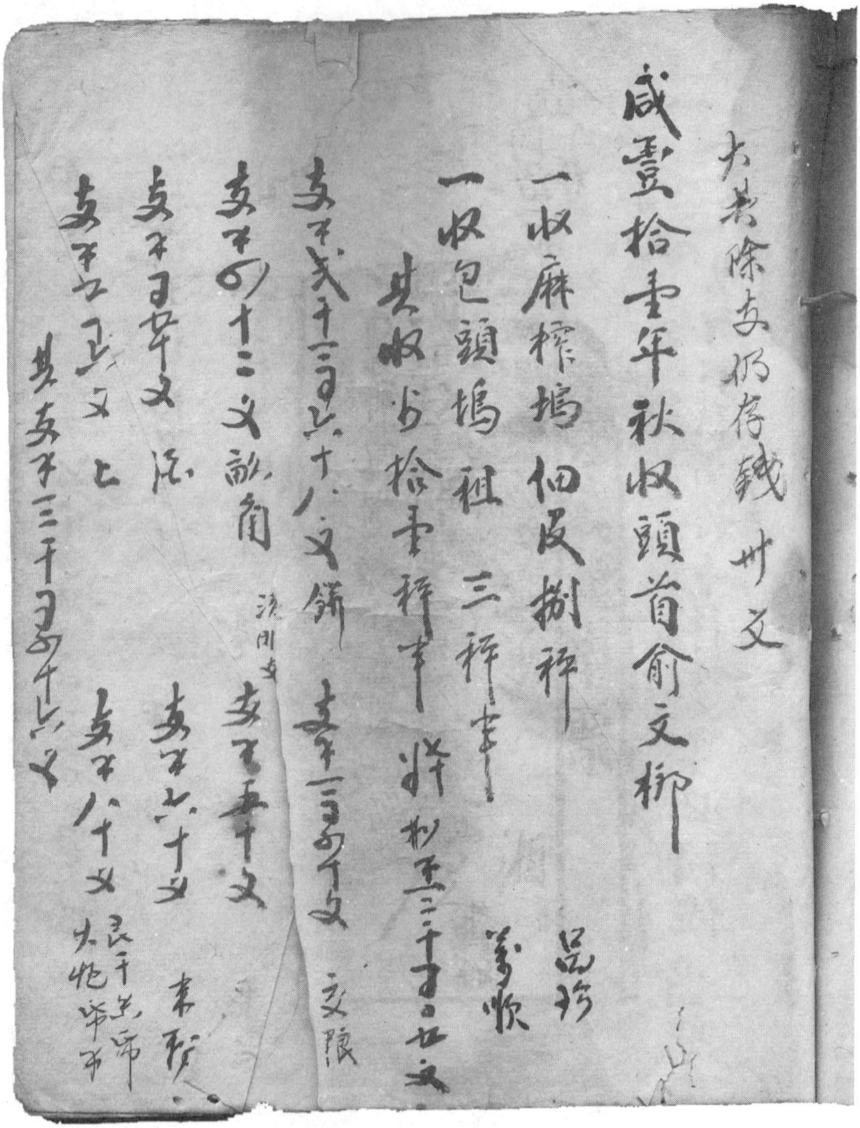

大共除支仍存錢卅文
咸豐拾壹年秋收頭首俞文柳
一收麻榨塢佃皮捌秤
一收包頭塢租三秤半
共收拾壹秤半

江湾镇中［钟］吕村 6-106 · 道光元年至同治十三年 ·
☑公清明簿及收支簿 · 俞昌店等

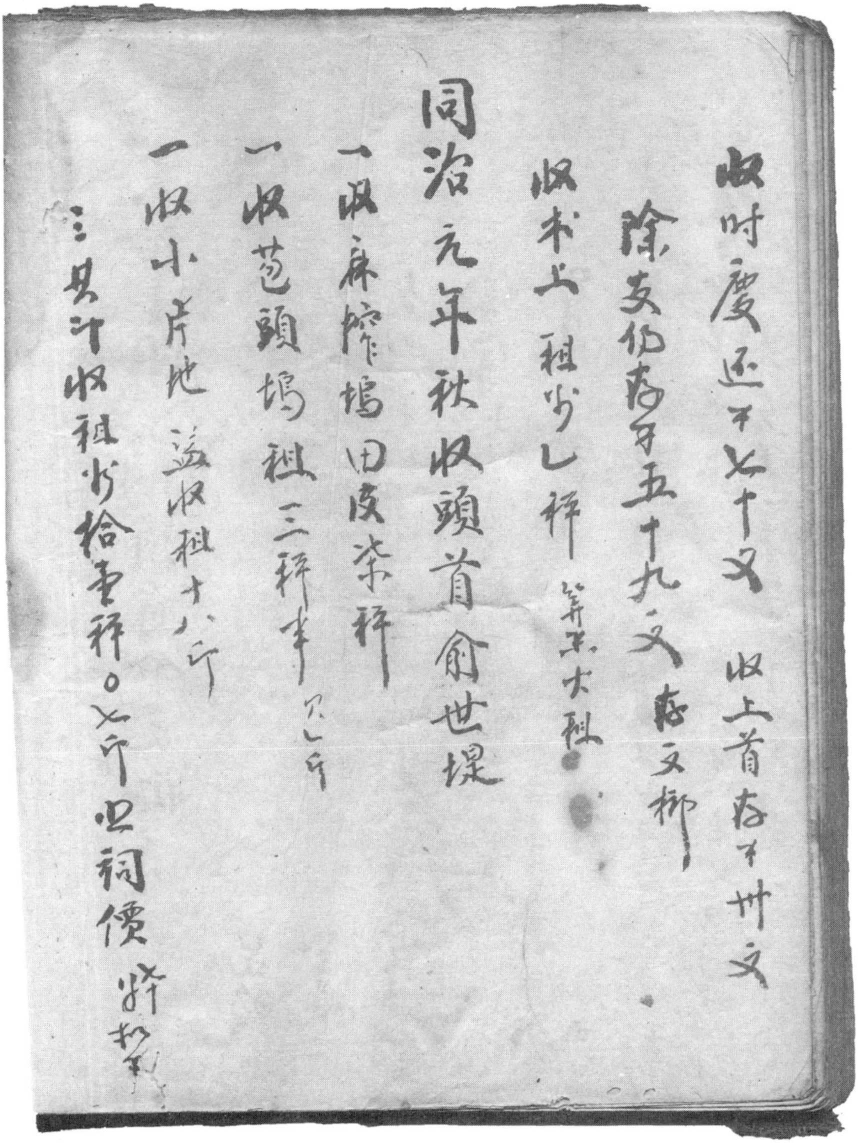
收时庆还卞七十文 收上首春卞卅文
除支仍存手五十九文 存文椰
收本上 租谷七秤 算米大秤
同治元年秋收頭首俞世提
一收麻榨塢田皮柒秤
一收苞頭塢租三秤半 只七斤
一收小片地 兹收租十八斤
三共计收租谷拾壹秤〇七斤 出祠價

江湾镇中[钟]吕村 6-107·道光元年至同治十三年·
☐公清明簿及收支簿·俞昌店等

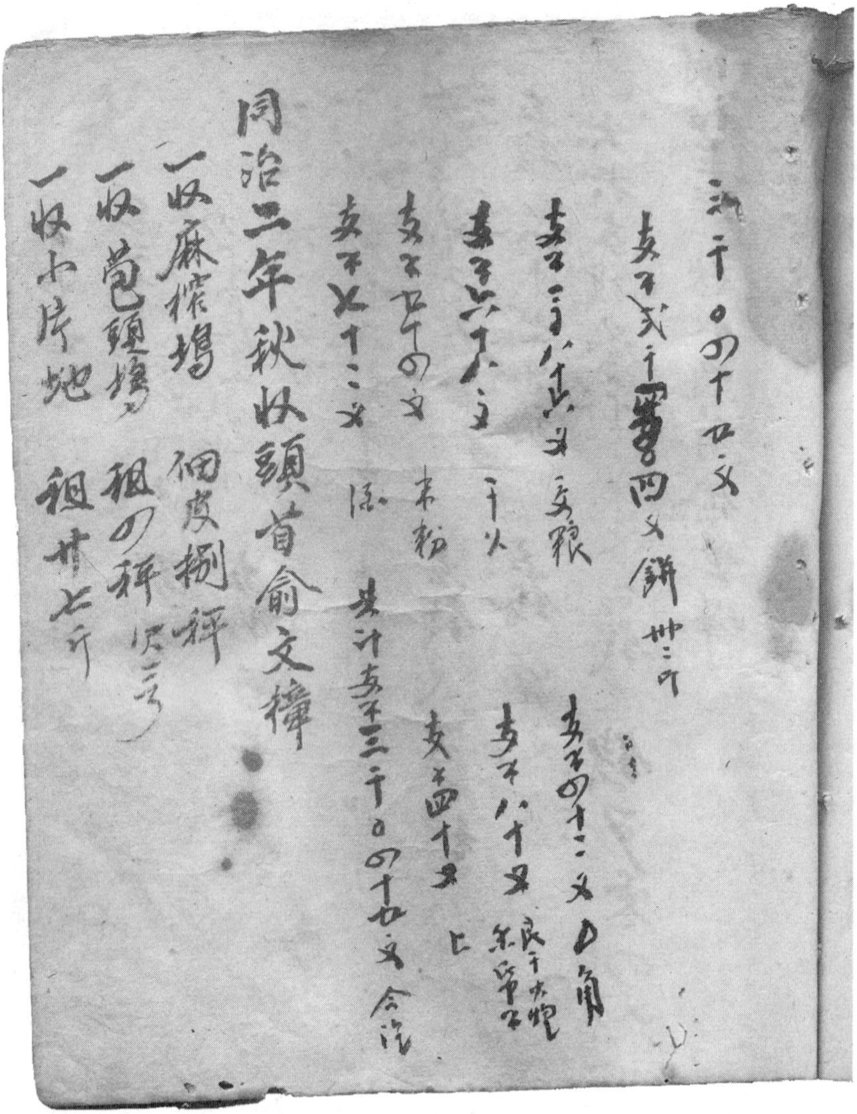

新干〇四十五文
支下弍千零四文 饼卅二斤
支下一千八百卅文 交粮
支下六百五十文 千火
支下七千四文 米粉
支下×十二文 添
支下四十二文 角
支下八十文
支下四十文 上
共计支下三千〇四十七文 合

同治二年秋收頭首俞文樺
一收麻榨塢 佃皮捌秤
一收苞頭塢 租四秤
一收小片地 租廿七斤

江湾镇中［钟］吕村 6-108 · 道光元年至同治十三年 ·
☐公清明簿及收支簿 · 俞昌店等

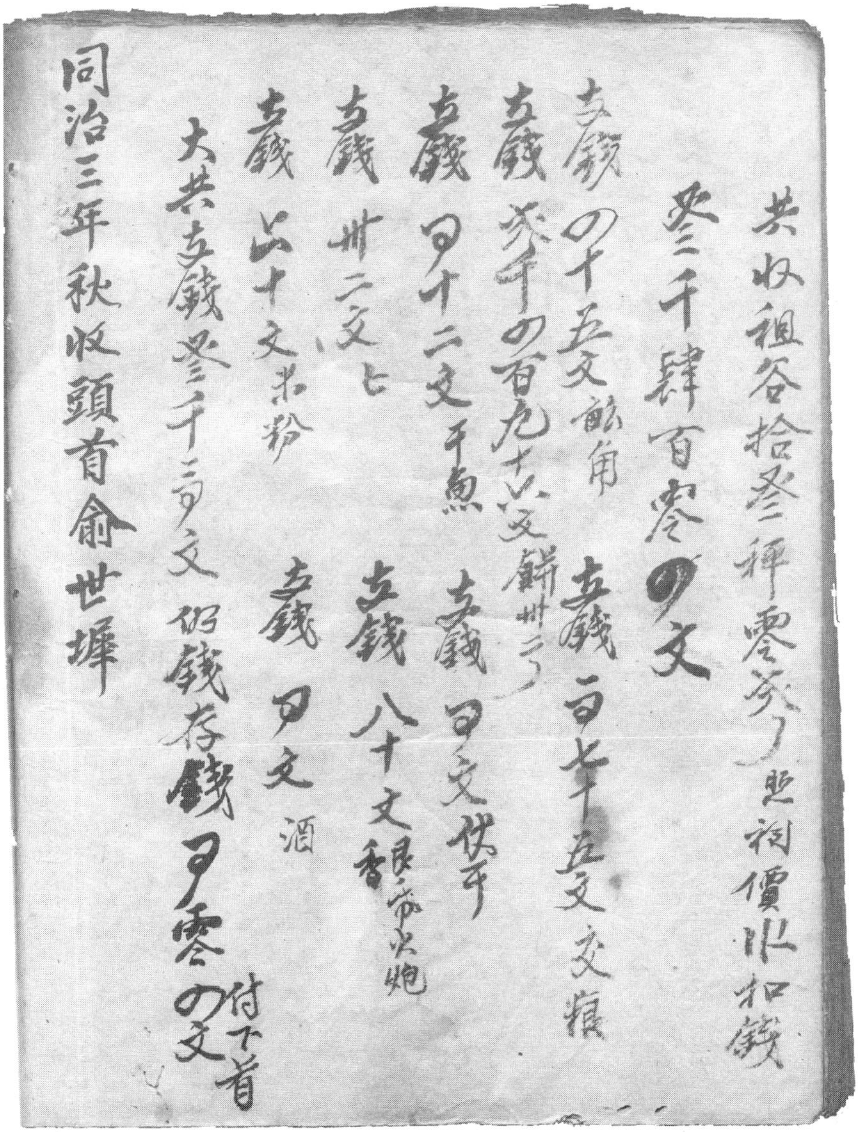
共收租谷拾叁秤零叁斤 照祠價収扣錢
叁千肆百零四文
支錢四十五文 酤角　支錢百七十五文 交粮
支錢叁千四百九十六文 餅卅三
支錢五十二文 干魚　支錢五文 伏干
支錢卅二文 七　支錢八十文 香 銀帋火炮
支錢六十文 米粉　支錢五文 酒
大共支錢叁千三五文 仍錢存錢五零四文 付下首
同治三年秋收頭首俞世墀

江湾镇中［钟］吕村 6-109 · 道光元年至同治十三年 ·
〼公清明簿及收支簿 · 俞昌店等

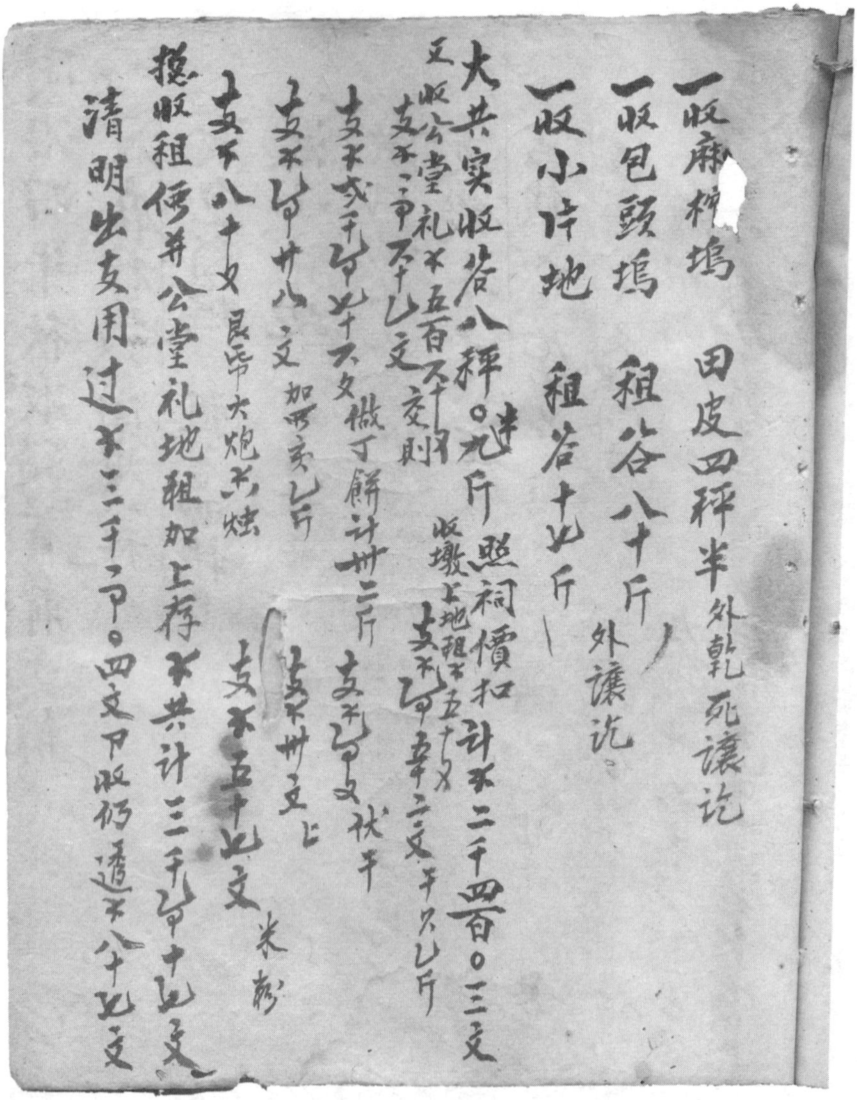
一收麻柿塢　田皮四秤半　外乾死讓讫
一收包頭塢　租谷八十斤　外讓讫
一收小圩地　租谷十七斤
大共实收谷八秤〇九斤　照祠價扣計钱二千四百〇三文
又收公堂礼钱五百五十文　收墩上地租钱五十文
支钱二百五十文　交则　支钱一百五十二文　钱五斤
支钱弍千一百五十六文　做丁餅計卅二斤　支钱一百文　秋半
支钱一百廿八文　加米一斤　支钱卅文上
支钱八十文　艮帋大炮爆烛　支钱五十七文　米韵
總收租價并公堂礼地租加上存钱共計三千一百十七文
清明出支用过钱三千二百〇四文下收仍透钱八十七文

江湾镇中［钟］吕村 6-110 · 道光元年至同治十三年 ·
〼公清明簿及收支簿 · 俞昌店等

同治四年秋收頭首俞文楨

一收麻榨塢　佃皮八秤

一收包頭塢　租谷四秤 欠六斤

一收小斤地　租谷廿斤 卅六斤

共收租谷拾弍几〇十八斤收扣錢叁千零七十七文

支錢壹千六百文買餅廿二斤升

支錢弍九十六文交則　支錢四文状干

支錢八十文長命燭香　支錢九十六文干魚

支錢卅文上　支錢卅六文茶油

支錢弍十六文交　支錢四十六文麵八斤

江湾镇中［钟］吕村 6-111 · 道光元年至同治十三年 ·
▨公清明簿及收支簿 · 俞昌店等

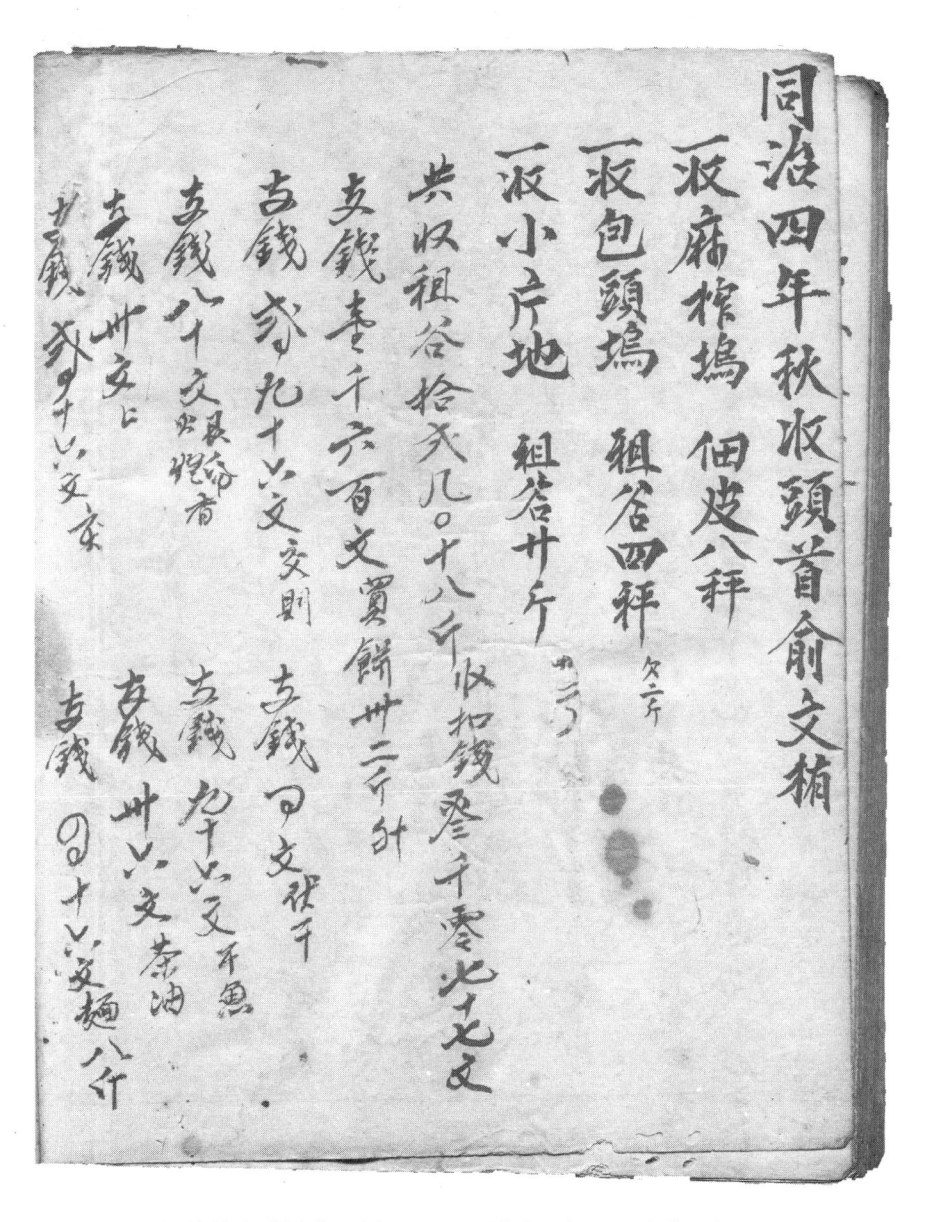

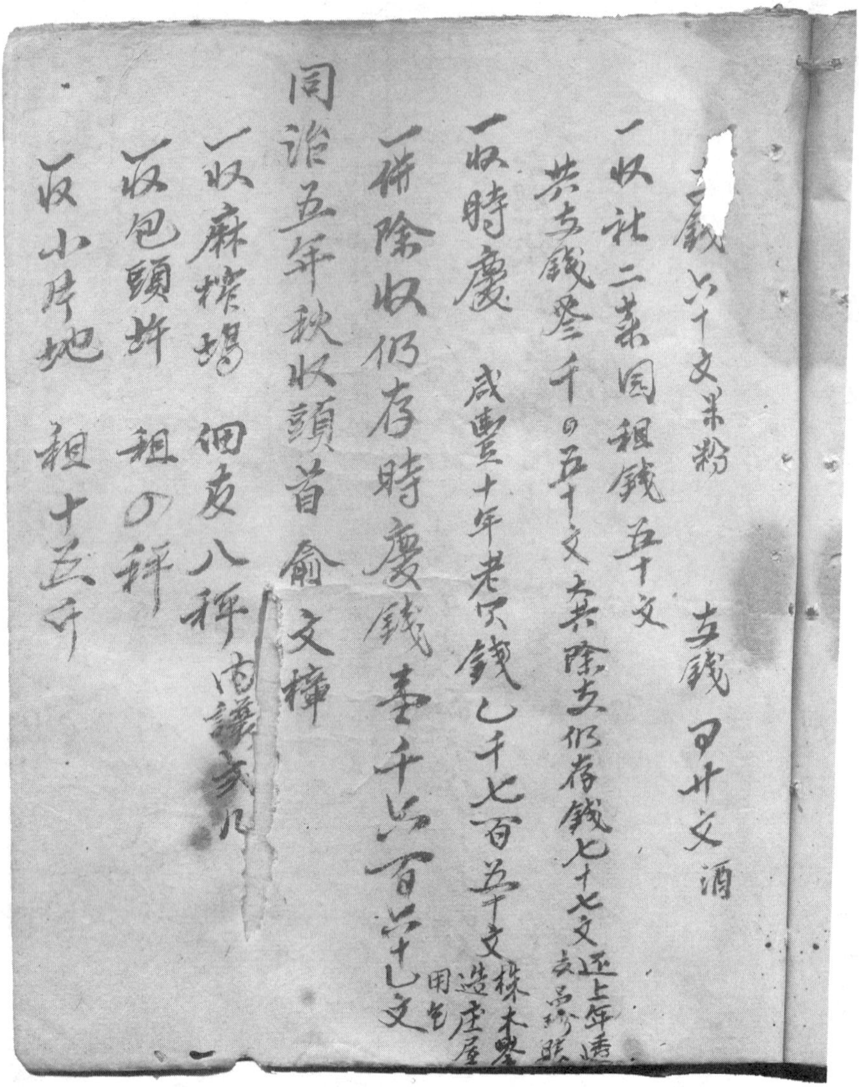

支錢六十文米粉　支錢四廿文酒

一收社二基園租錢五十文

共支錢叁千〇五十文　共除支仍存錢七十七文　還上年透支吕珍賬

一收時慶　咸豐十年老欠錢乙千七百五十文　株木塅造屋用包

一除收仍存時慶錢壹千六百六十乙文

同治五年秋收頭首俞文樟

一收麻榨塢　佃夏八秤　内讓交几

收包頭坵　租四秤

收小丹地　租十五斤

江湾镇中［钟］吕村 6-112 · 道光元年至同治十三年 ·

☐公清明簿及收支簿 · 俞昌店等

共收谷拾秤半囗囗行収扣錢或千七百五十山文
壹百九十二文交粮 壹七千內八十囗文買餅
壹囗文伏𦘭 壹乚百卅文千魚卅二斤
壹八十文縣帝社蠋而饒
壹九十文出烟香
壹七十文米粉 壹卅文匕 壹卅碟
壹可五十文酒 共支錢乚千六十山文
百祥二菜园租錢五十文
大共除收仍遠義卅文收時慶还上賬

江湾镇中[钟]吕村6-113·道光元年至同治十三年·
囗公清明簿及收支簿·俞昌店等

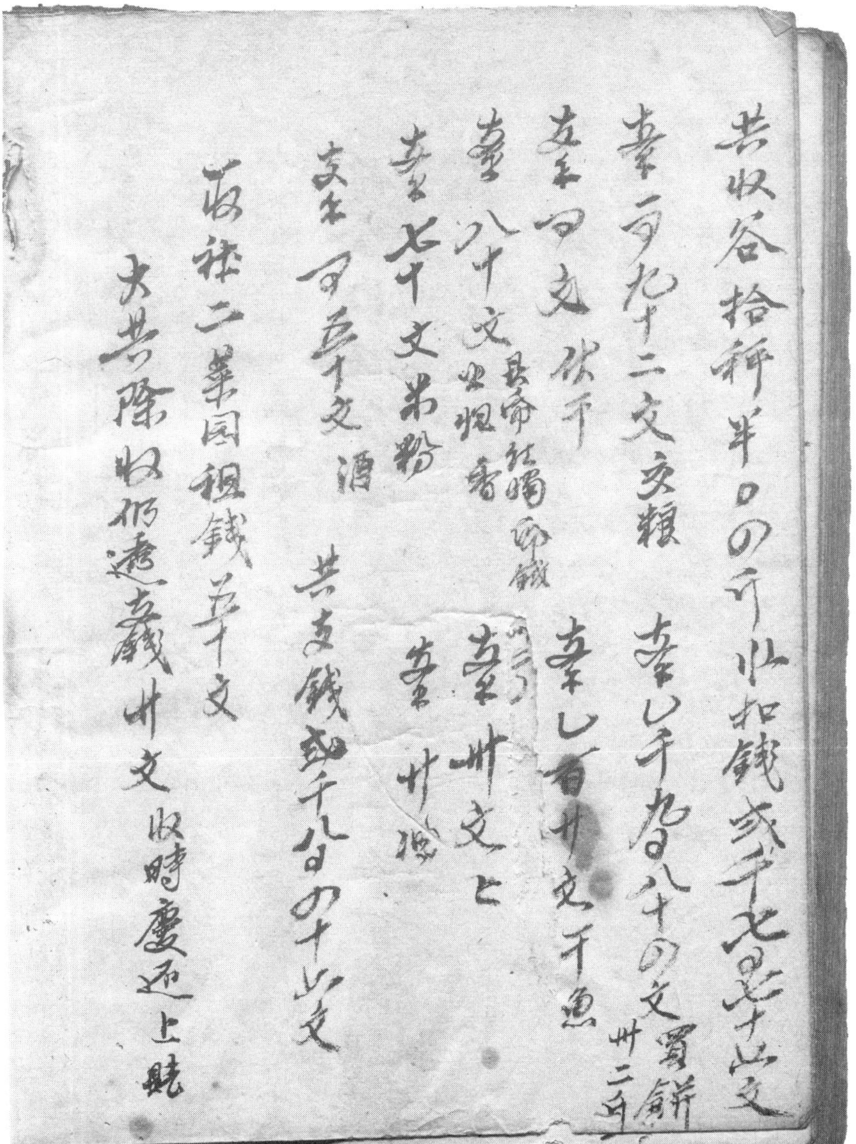

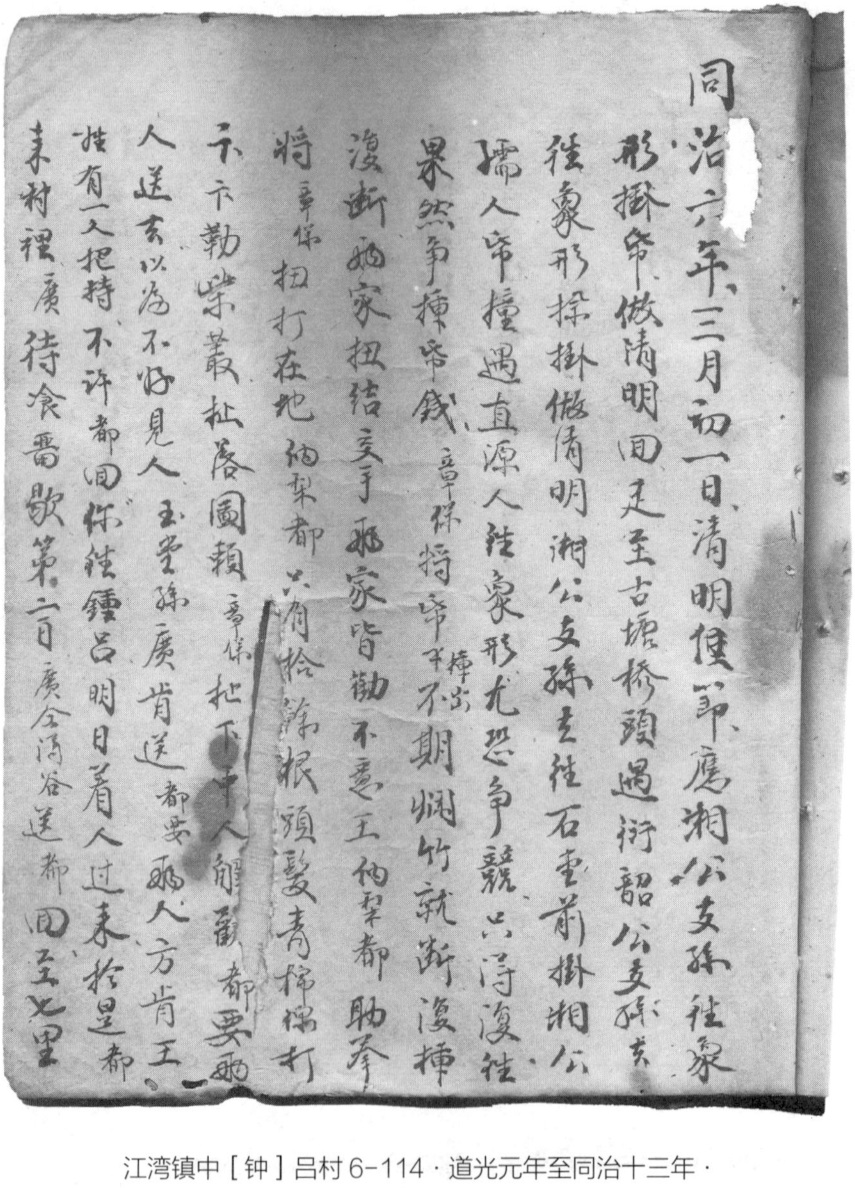
同治六年三月初一日清明侵節應湘公支孫往象形掛帋做清明回走至古塘橋頭遇衍韶公支孫去往象形採掛做清明湘公支孫去往石壺前掛湘公孺人帋撞遇直源人往象形尤恐爭競只得復往果然爭揮帋錢章保將帋揮出扯不期㭎竹就斷復揮復斷兩家扭結交手兩家皆勸不意王納梁都動拳將章保扭打在地納梁都只有拾餘根頭髮青棉襖打下下勒紫叢扯落圖賴章保扯下中人解勸都要兩人送去以為不好見人玉堂孫廣肯送都要兩人方肯王姓有一人把持不許都回你往鍾呂明日着人过来於是都来村裡廣待食晝歇第二日廣全河谷送都回至七里

江湾镇中［钟］吕村 6-114 · 道光元年至同治十三年 ·
☑公清明簿及收支簿 · 俞昌店等

弄、

直源四人、兩人往村裡、兩人閙都往古塘至鍾呂者竊附

往古塘者、到坂不可動身，候我到方可往古塘者云候我

來鍾呂約會、往中呂二人同王菊系等約云後掛帋嘀一

議造一坂堂免得掛帋爭競約[illegible]多外方

有可明查內不能約來到特吾祖坂門前造新堂成器何以

如此之快王姓領領百餘人自東坑小占才而上各執鎗刀

器械鋤頭畚箕造成新堂三尺等去四尺等后四尺好

十二層人往四都掛帋言坑嶺壇遇西鄉人呂彩田茂回身料理

是年鄉約、踩二履正月元甲江灣谷三約來至吾家回後約來到基已造成

斯時王姓百餘人中鄉約不能叫其擇基惟有江灣谷碑

鄉[illegible]云、云在古塘等候何得不去，既不去何不往四都莫

江湾镇中［钟］吕村 6-115 · 道光元年至同治十三年 ·
☐公清明簿及收支簿 · 俞昌店等

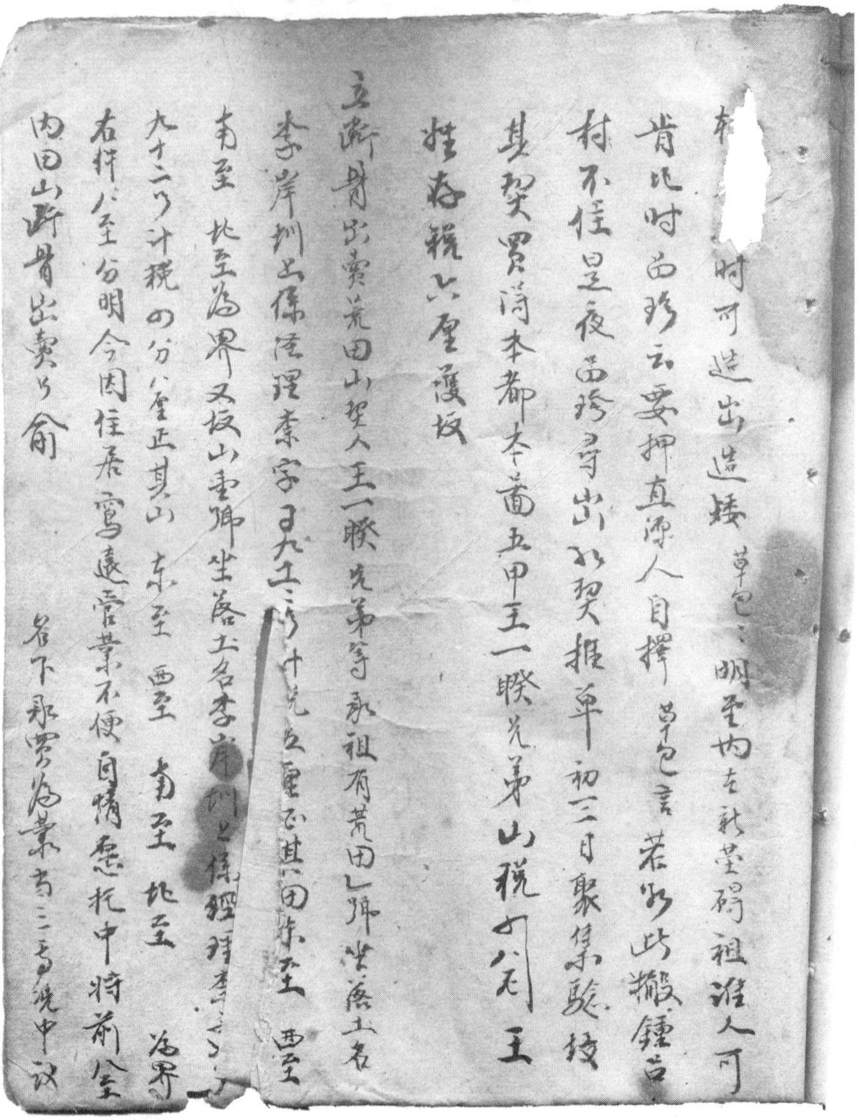
朴[illegible]时可进出造楼 草包、明堂内左新堂碍祖谁人可
背此时吕珍云要押直源人自择 草包言 若将此撤鍾吕
村不住是夜吕珍寻出抄契推单 初三日聚集驗拔
其契买得本都本啚五甲王一睽兄弟山税廿八石 王
姓存税六厘覆坂

立断骨出卖荒田山契人王一睽兄弟等承祖有荒田一号坐落土名
李岸圳上保经理李字一千九百二十号计税五厘正其田东至 西至
南至 北至为界 又坂山一号坐落土名李岸圳上保经理李字一千
九十二号计税四分八厘正其山 东至 西至 南至 北至 为界
右拼八至分明今因住居窎远管业不便自情愿托中将前八至
内田山断骨出卖与俞 名下承买为业当三面凭中议

江湾镇中［钟］吕村 6-116 · 道光元年至同治十三年 ·
〼公清明簿及收支簿 · 俞昌店等

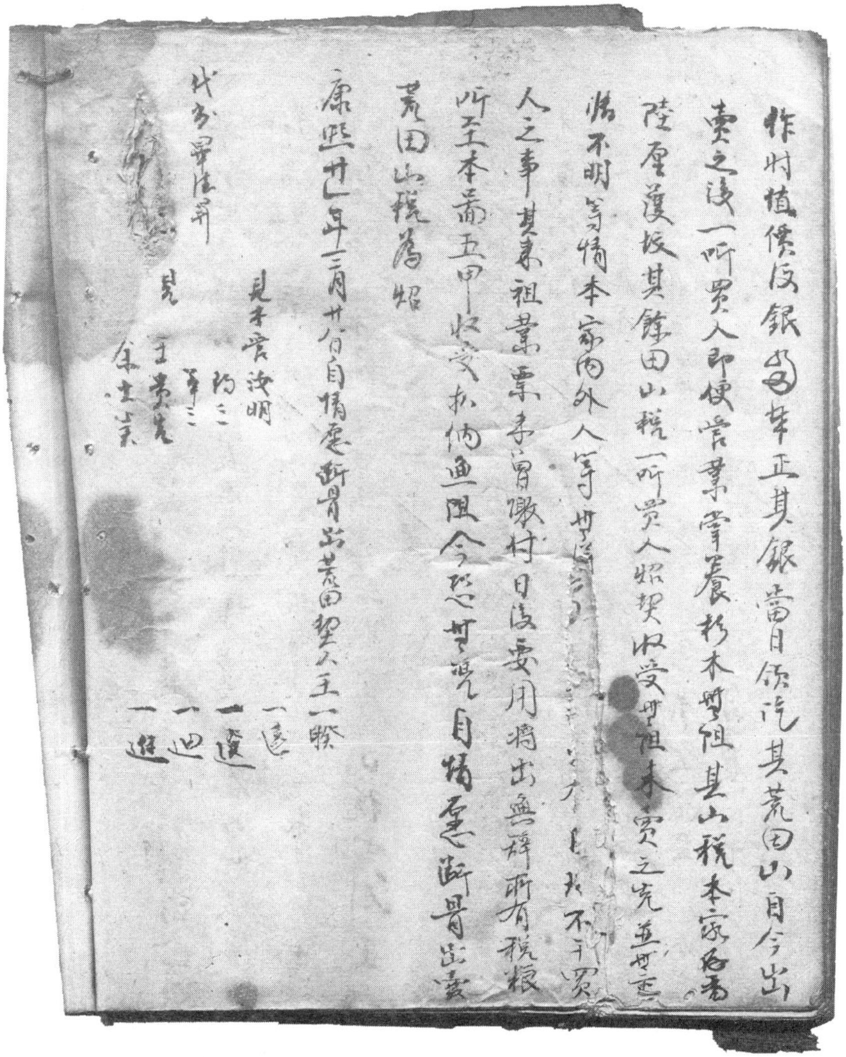
作村植價銀两半正其銀當日領訖其荒田山自今出
賣之後一听買人即便管業掌養杉木無阻其山税本家承當
陸屋遷坂其餘田山税一听買人照契收受無阻本買之先並無重
張不明等情本家內外人等毋得[illegible]不干買
人之事其來祖業票季曾㰁村日後要用將出無辞所有税粮
听至本甫五甲收受扒納無阻今恐無憑自情愿斷骨出賣
荒田山税爲照
康熙廿七年三月廿八日自情愿斷骨出荒田契人王一駿
見中賞 汝明 一遠
約三 一達
見 王貴龍 筆三 一廻
代筆 畢法开 余生寅 一進

江湾镇中［钟］吕村 6-117 · 道光元年至同治十三年 ·
〇公清明簿及收支簿 · 俞昌店等

立推草人王一聯□□弟永祖有荒田乙号坐落土名李岸圳上孫
經理李子□年九十三□計税立石又山□号坐落土名李岸圳上係
經理李子□年九十二号計税四分二毫五□出賣與侖名下為
業得價已訖其稅粮听至本甞王季仲下收學世阻今
恐世遠立此推草為炤
康熙廿七年三月廿八日立推草人王一聯

於初三日本家聽枝至石塘段種遇禾恊與一仝聽枝竟
于右角現出王公之墓有江孫人
奉祀男天成 天啟年立

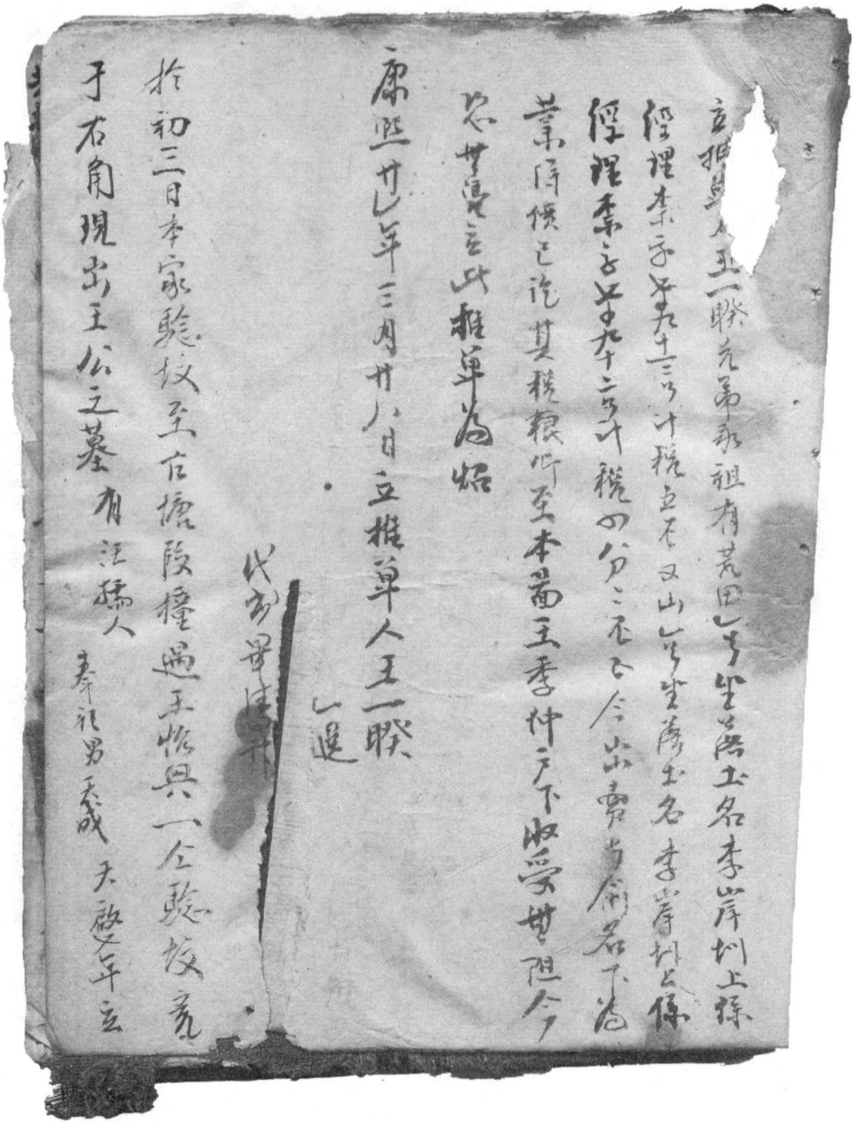

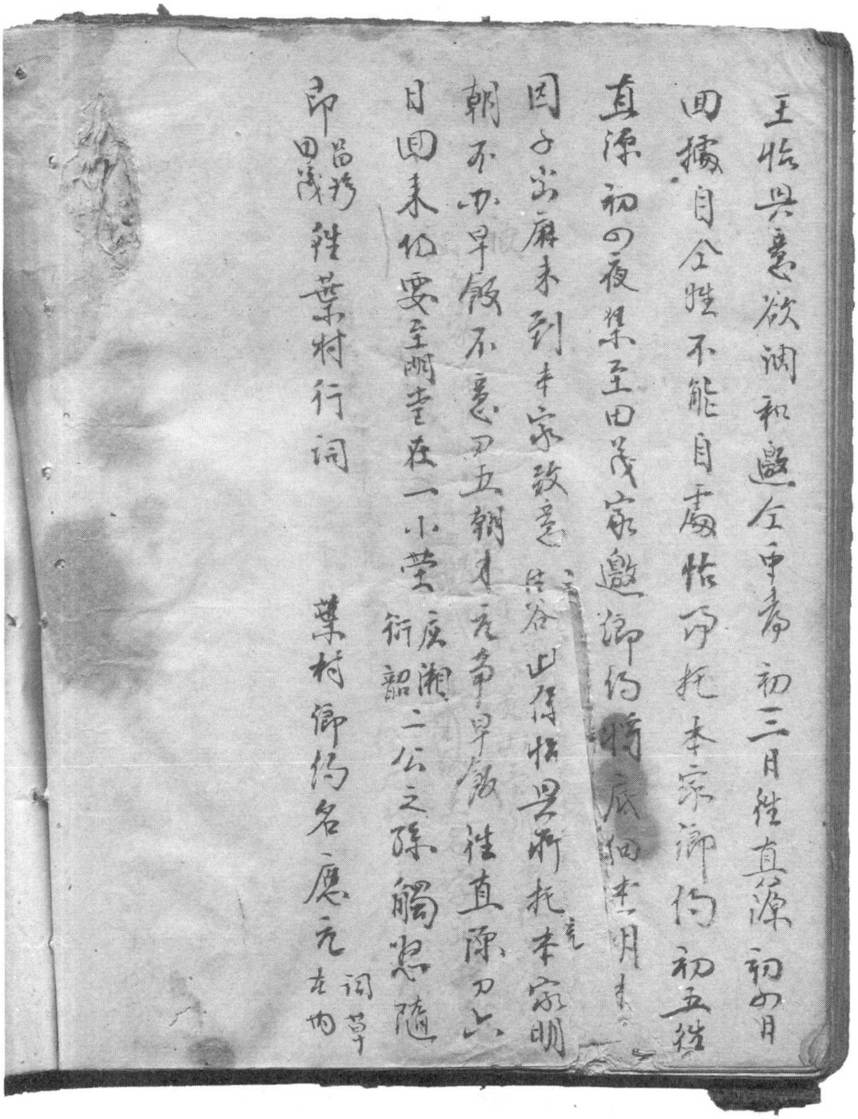
王姓興意欲调和邀仝申春初三月往直源初四月
田擴自仝往不能自處恬即托本家御仍初五往
直源初四夜集至田莊家邀御仍將底細來明未
因子出府未到本家致意（結谷）此侍姓吳所托本家明
朝不办早飯不意丑五朝才元弟早飯往直源力上
日回來仍要至湖壹在一小堂（庚湘衍韶二公之孫）觸悉隨
印（呂德田茂）往葉村行詞　葉村御仍名應元（詞草在內）

江湾镇中［钟］吕村 6-119 · 道光元年至同治十三年 ·
☐公清明簿及收支簿 · 俞昌店等

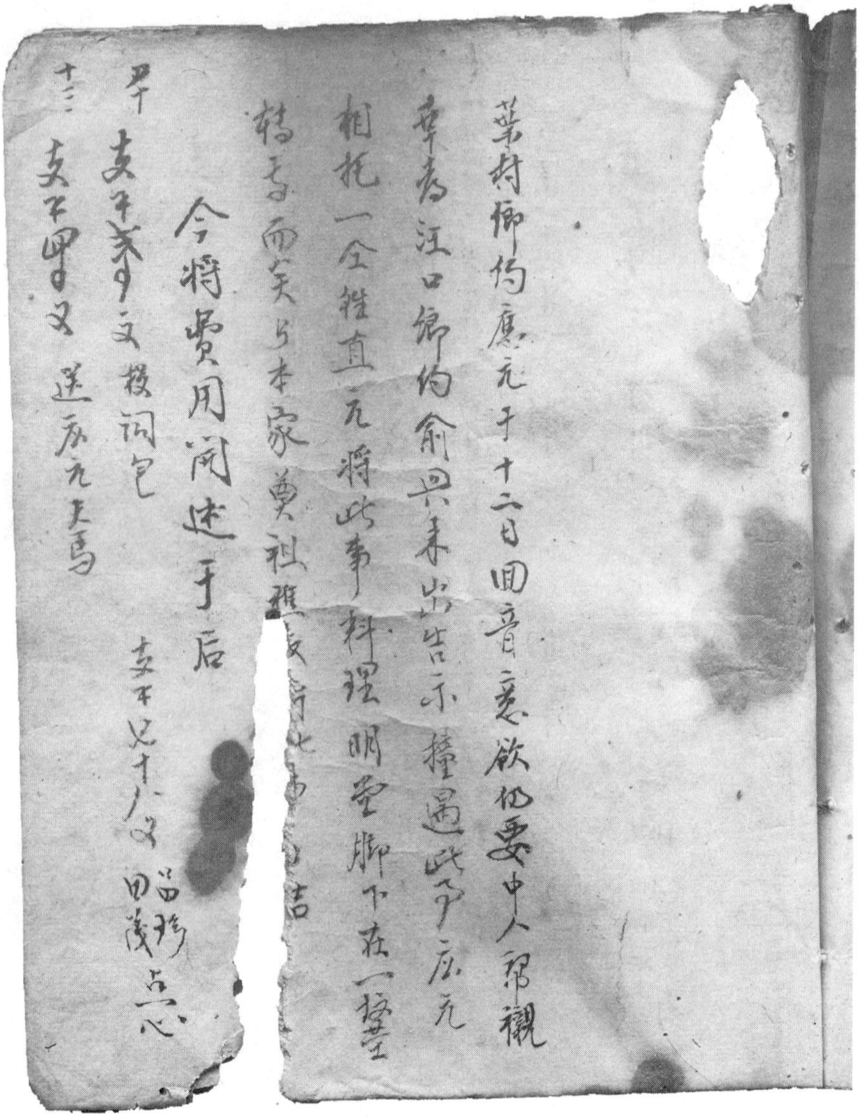
叶村卿約康元于十二日回音意欲仍要中人郑観
章為江口卿約俞興來出告示撞遇此户康元
相托一仝雅直元将此事料理明堂脚下在一塋
特弓而矢与本家[illegible]祖[illegible]支付七[illegible]吉
今将费用開述于后
支本兄十八文 苗珍 田淺 点心
四十 支本十文 模詞包
十三 支本四十文 送康元去写

江湾镇中［钟］吕村 6-120 · 道光元年至同治十三年 ·
☐公清明簿及收支簿 · 俞昌店等

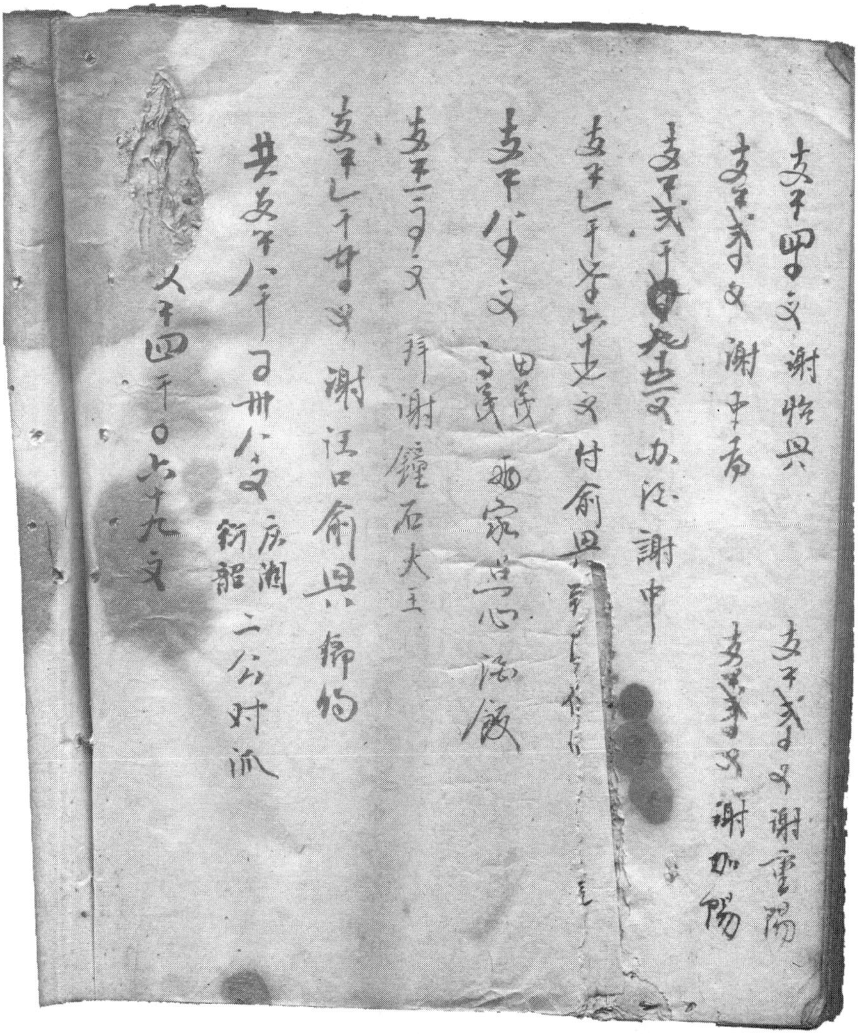

江湾镇中［钟］吕村 6-121 · 道光元年至同治十三年 ·
□公清明簿及收支簿 · 俞昌店等

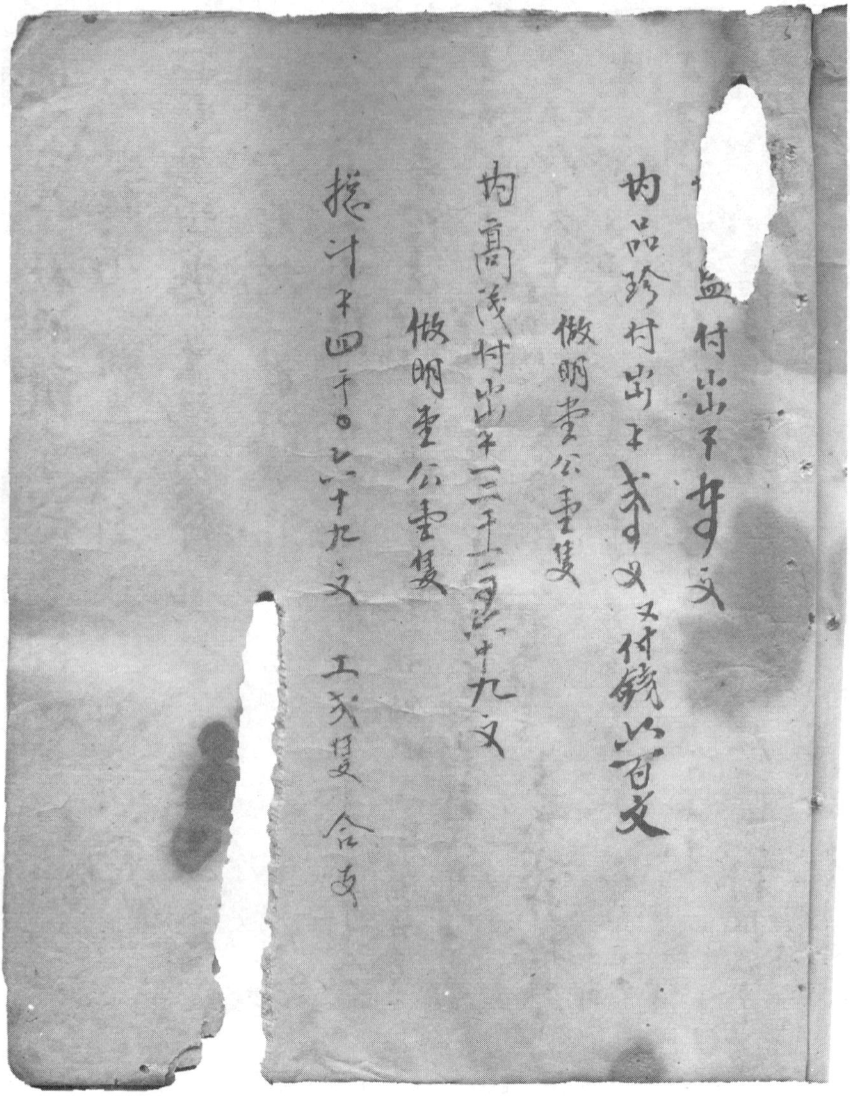

江湾镇中［钟］吕村 6-122 · 道光元年至同治十三年 ·
☒公清明簿及收支簿 · 俞昌店等

同治六年秋收頭首俞文柳代支標做

一收麻榨塢　佃皮八秤

一收包頭塢　正租〤秤

一收小片地　晚租廿斤

大共收谷十弍秤〇廿斤　〢扣　計米三千一百五十六文

支米二千〤十文　交糧　支米〡千六百文　做餅卌二斤　每斤五十文扣

支米乙百十二文　買米〡　支米二千八十〤文　買細麵八斤

支米九十六文　十斤〡　支米〡百文　伏千卅三　支米弍升粉　六十文

支米卅文 匚　支米八十文　艮千火炮蜡帋　黄表帋共

支米廿文　油

支米〡百八十文　酒　大共㕣支过米三千〇〇二文

又支米三百五十〤文　又外社二業園租五十文　未付出

江湾镇中［钟］吕村 6-123 · 道光元年至同治十三年 ·
〼公清明簿及收支簿 · 俞昌店等

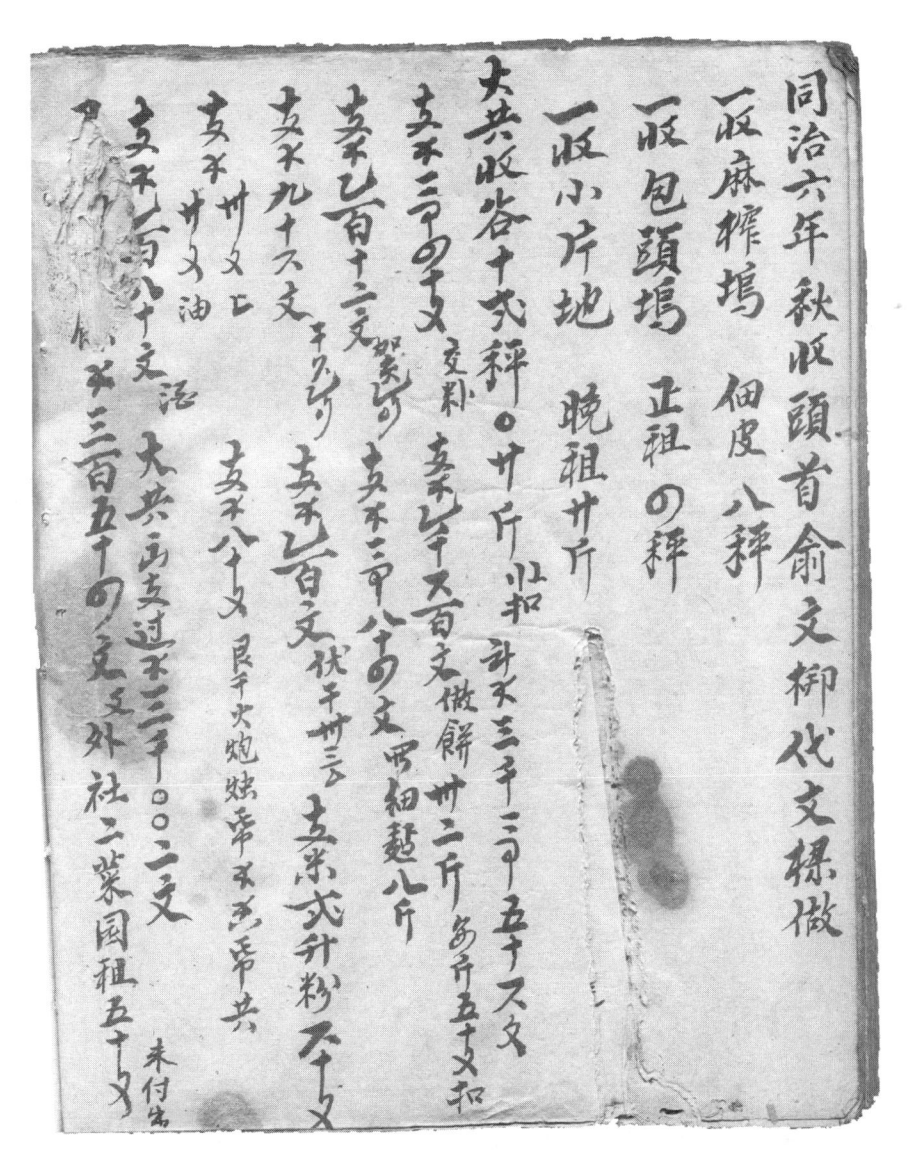

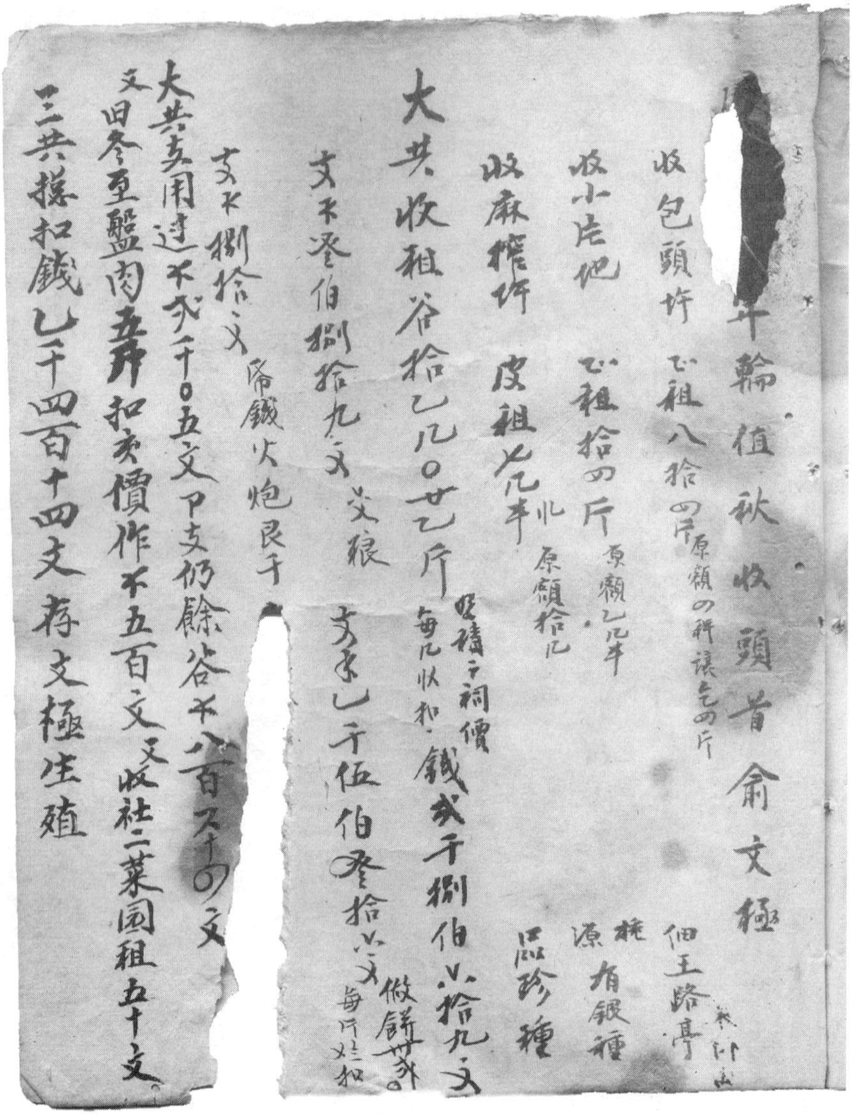

□年輪值秋收頭首俞文極

收包頭圻 〡租八拾四斤 原額四拾該乙四斤 佃王路亭

收小𡋡 〡租拾四斤 原額乙几斗 槐源有銀種

收麻榨圻 皮租乙几斗 北 原額拾几 品珍種

大共收租谷拾乙几〇廿乙斤 每几收扣 旻積亍祠價 錢弍千捌伯〡〡拾九文

支〡叁伯捌拾九文 支粮

支〡乙千伍伯叁拾〡〡文 每斤〡扣 做餅廿茶〇

支〡捌拾〡文 佛錢火炮艮〡

大共支用过〡弍千〇五文 〡支仍餘谷〡八百廿〡四文

支旧冬至盤肉五斤和交價作〡五百文 又收社二菜園租五十文

三共攏扣錢乙千四百十四文 存文極生殖

江湾镇中［钟］吕村 6-124 · 道光元年至同治十三年 ·
〼公清明簿及收支簿 · 俞昌店等

存時慶錢 七千五百九十乙文生殖
存玄慶錢 四百八十三文生殖
存滋財公堂錢 五百六十文生殖
同治八年秋收輪時慶·佃度八秤
一收麻榨塢 内讓半凢
一收包頭圩 租の秤内讓半凢
一收小片地 祖乙秤半監收半凢
一收佃保 利谷乙秤 每秤作米九升
大共計米乙百柰斗成升半
□□□□□九升半 詩祥生去言定文谷八秤
□□□□□盛折賣錢乙千二百文証清買解
□□辰迁

佃程梅 佃王路峯 吕珍鍾

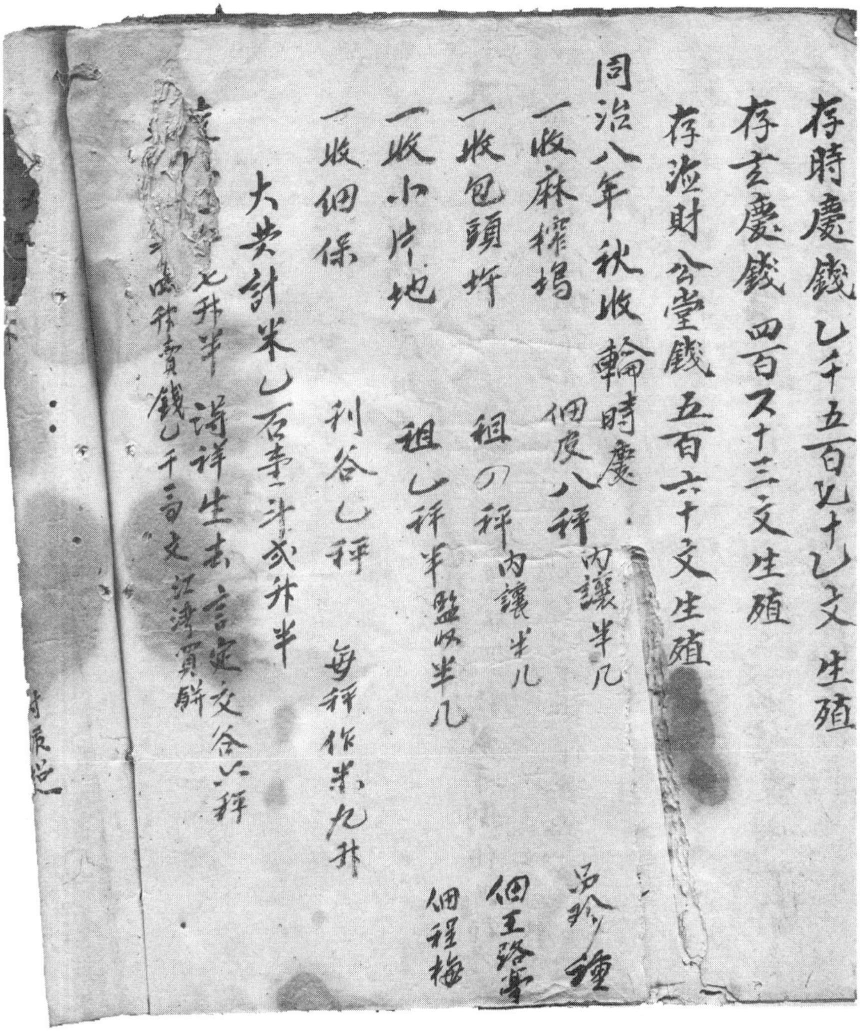

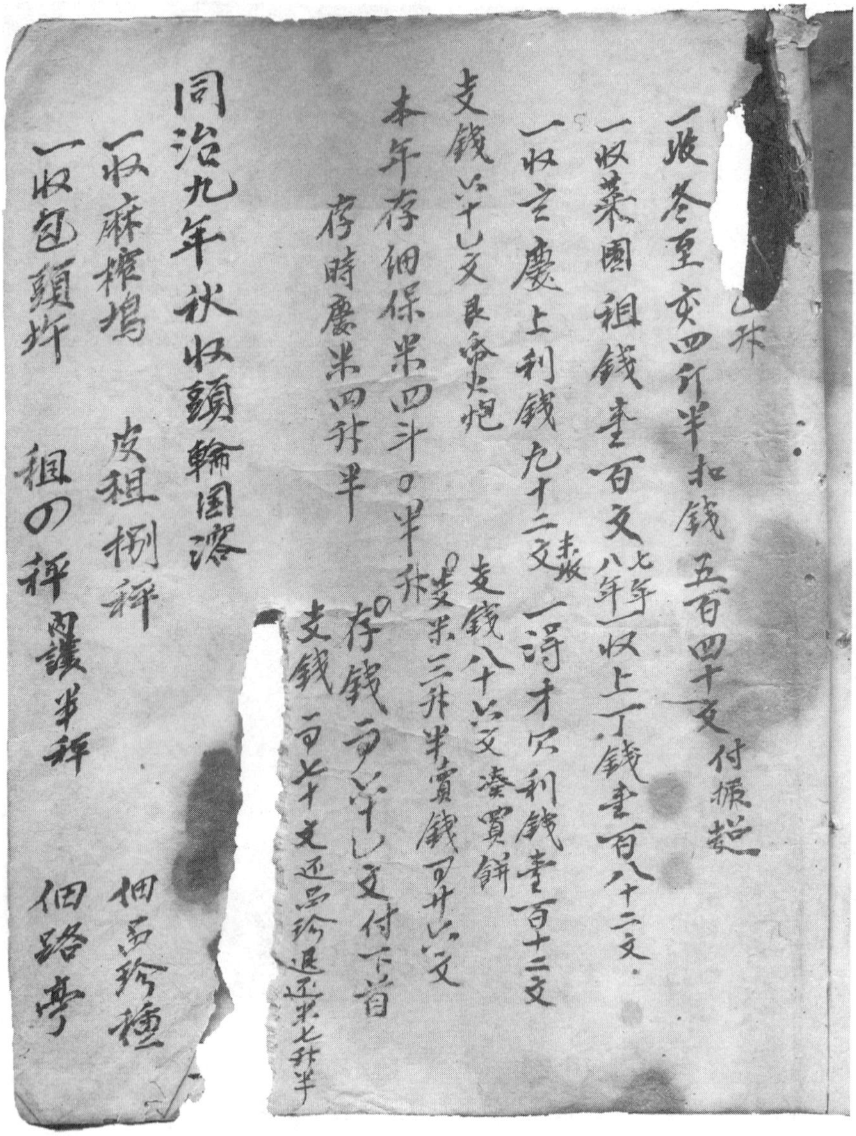

一收冬至交四斤半扣錢五百四十文付振[illegible]
一收菜園租錢壹百文 七年八年收上丁錢壹百八十二文
一收云慶上利錢九十二文 未收 一得才[illegible]利錢壹百十二文
支錢[illegible]文[illegible]火炮 支錢八十[illegible]文湊買餅
本年存佃保米四斗〇半升 支米三升半賣錢[illegible]文
存時慶米四升半 存錢[illegible]文付下首
支錢[illegible]七十文还品珍 退还米七升半
同治九年秋收頭輪園潞
一收麻榨塢 皮租捌秤 佃品珍種
一收包頭坑 租[illegible]秤 内讓半秤 佃路亭

江湾镇中［钟］吕村 6-126 · 道光元年至同治十三年 · 〼公清明簿及收支簿 · 俞昌店等

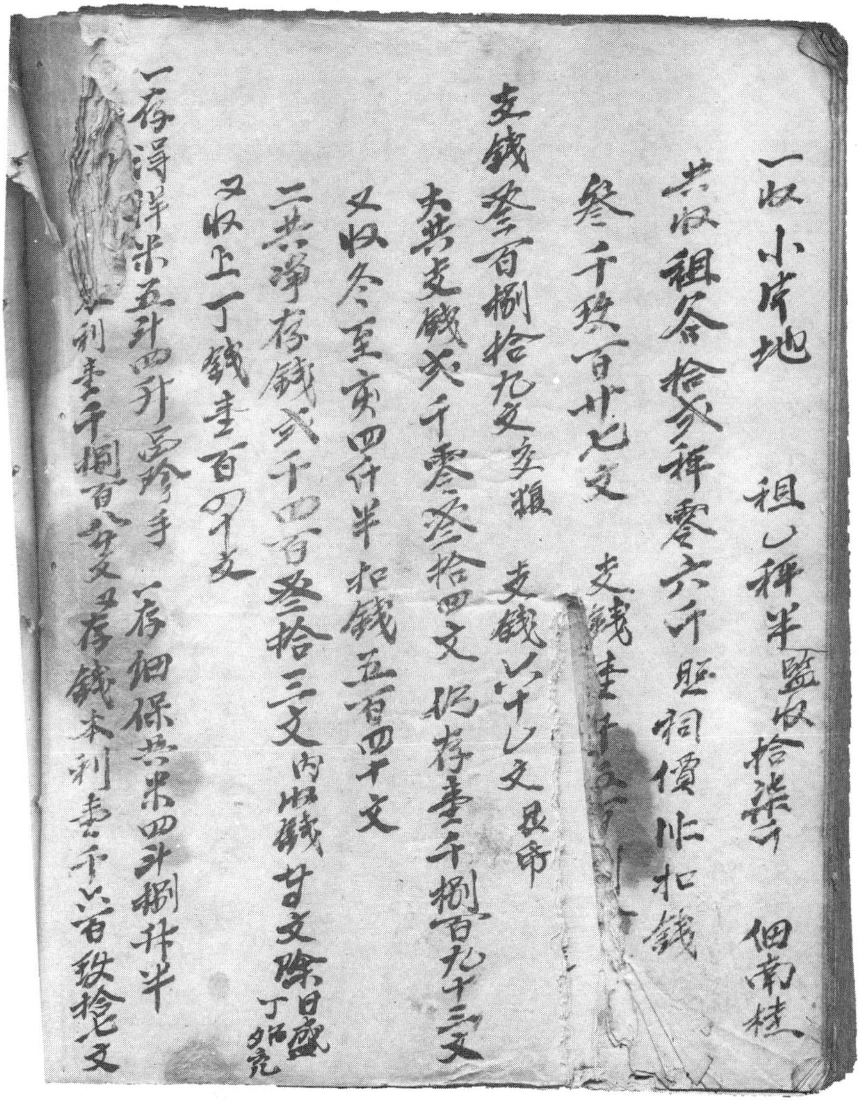
一收小片地　租乙秤半監收拾柒斤
共收祖谷拾叁秤零六斤　駆祠價作扣錢　佃南桂
叁千玖百廿七文　支錢壹千
支錢叁百捌拾九文交粮　支錢乙十乙文　艮帋
共支錢弍千零叁拾四文　仍存壹千捌百九十三文
又收冬至实四仟半扣錢五百四十文
二共淨存錢弍千四百叁拾三文　內扣錢廿文除日盛 丁炤 夕兊
又收上丁錢壹百四十文
一存得祥米五升四升与珍手　一存佃保共米四斗捌升半
本利壹千捌百八十文　又存錢本利壹千六百玖拾七文

江湾镇中［钟］吕村 6-127 · 道光元年至同治十三年 ·
〼公清明簿及收支簿 · 俞昌店等

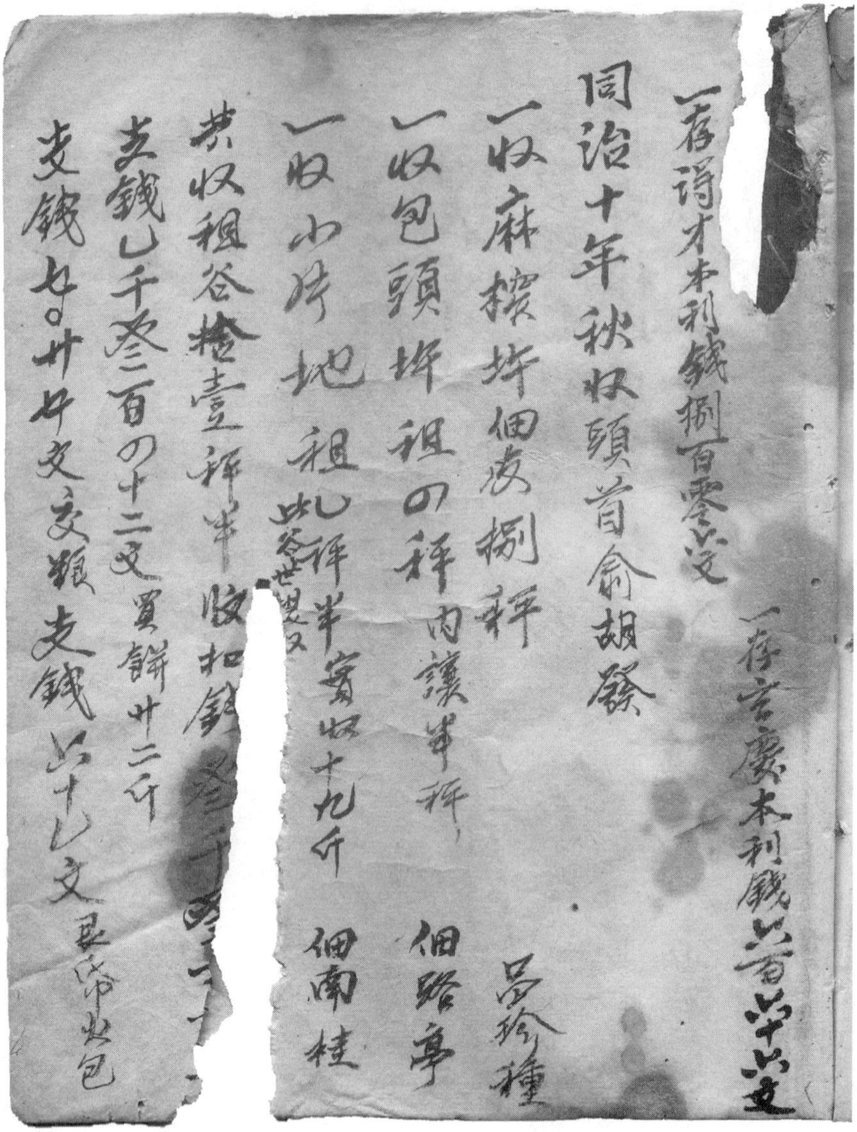
一存蒋才本利錢捌百零六文

同治十年秋收頭首俞胡發

一收麻𡋾坞佃皮捌秤　吕玲種

一收包頭坞租四秤内讓半秤　佃路亭

一收小坞地租七秤半實收十九斤　佃南桂

此谷廿捌又

共收租谷拾壹秤半　收扣錢……

支錢七千叁百四十二文　買餅廿二斤

支錢七〇廿廿文交粮　支錢六十七文　買布巾乙包

一存吉慶本利錢六百六十六文

江湾镇中［钟］吕村 6–128 · 道光元年至同治十三年 ·
〼公清明簿及收支簿 · 俞昌店等

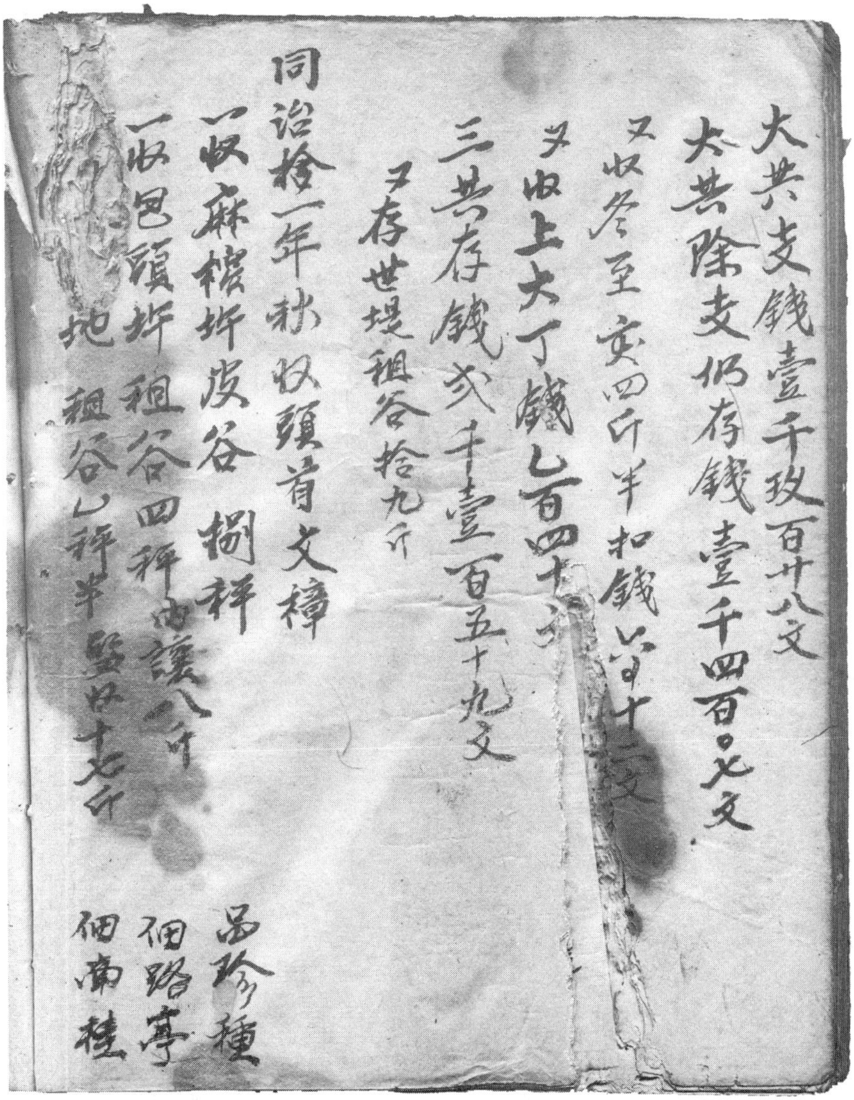
大共支錢壹千玖百廿八文
大共除支仍存錢壹千四百〇七文
又收冬至實四斤半扣錢六百十二文
又收上大丁錢七百四十文
三共存錢弍千壹百五十九文
又存世堤租谷拾九斤
同治拾一年秋收頭首文樟
一收麻榱坵皮谷捌秤
一收邑頭坵租谷四秤內讓八斤
地租谷七秤半實收十七斤
呂珍種
佃路亭
佃南桂

江湾镇中［钟］吕村 6-129 · 道光元年至同治十三年 ·
☒公清明簿及收支簿 · 俞昌店等

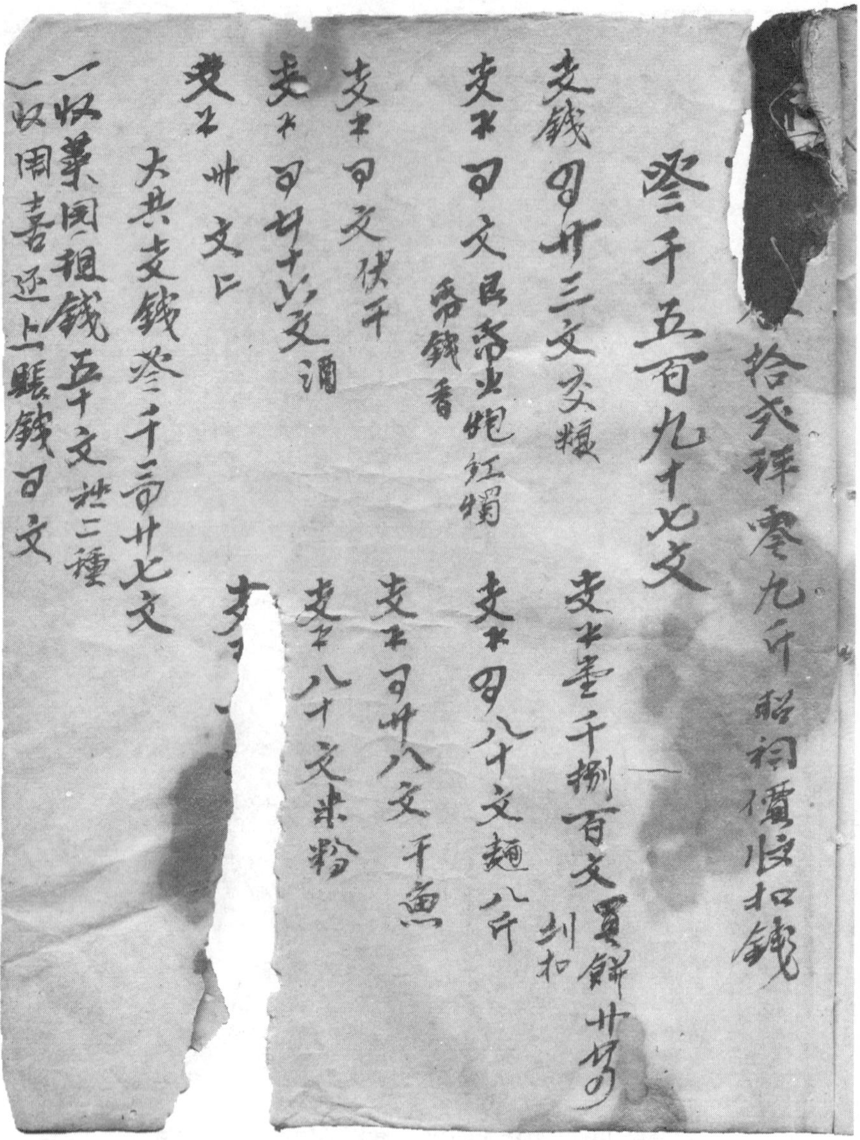

[illegible]拾弍秤零九斤稻祠價收扣錢
叁千五百九十七文
支錢四百卅三文交糧
支乂四百文民香炮紅燭
香錢香
支乂四文伏千
支乂四廿十六文酒
支乂卅文匚
大共支錢叁千二百廿七文
一收業同祖錢五十文桃二種
一收周喜还上賬錢四百文
支乂壹千捌百文買餅廿片
剁扣
支乂四八十文麵八斤
支乂四卅八文干魚
支乂八十文米粉
支[illegible]

江湾镇中［钟］吕村 6-130 · 道光元年至同治十三年 ·
☒公清明簿及收支簿 · 俞昌店等

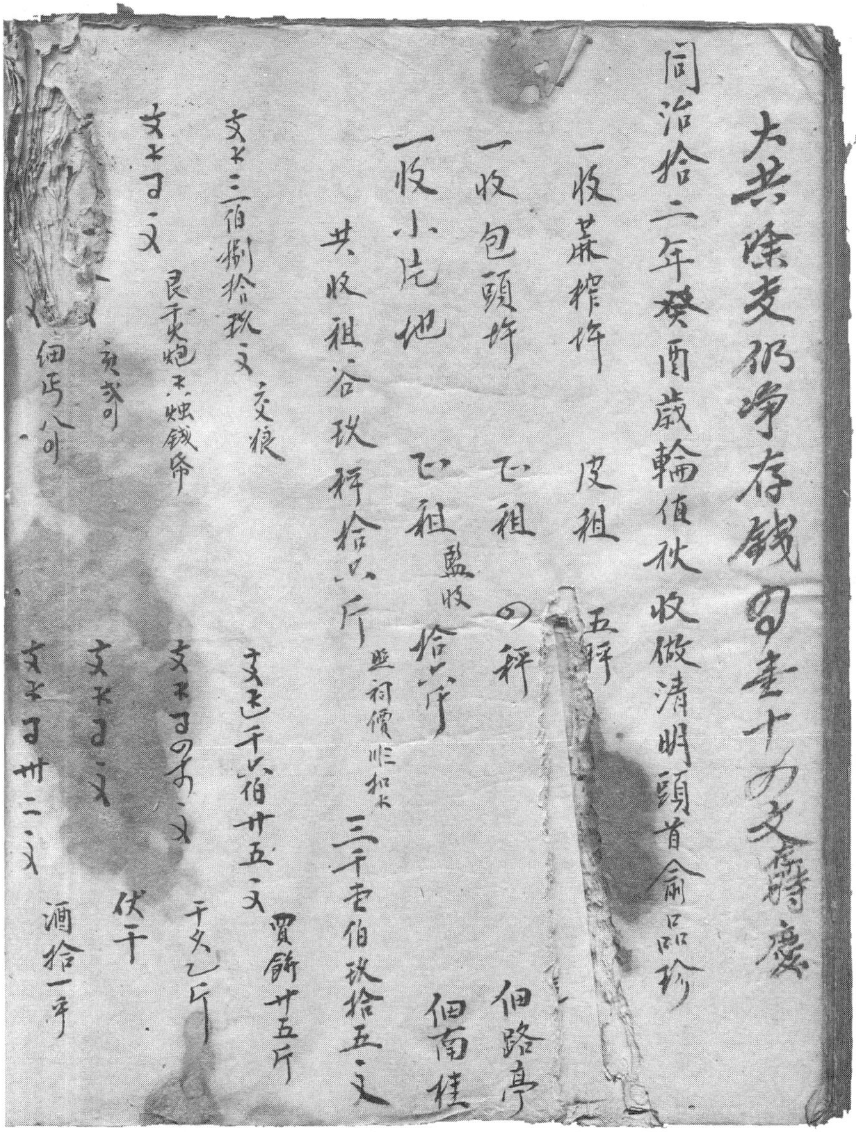

江湾镇中［钟］吕村 6-131 · 道光元年至同治十三年 ·
☐公清明簿及收支簿 · 俞昌店等

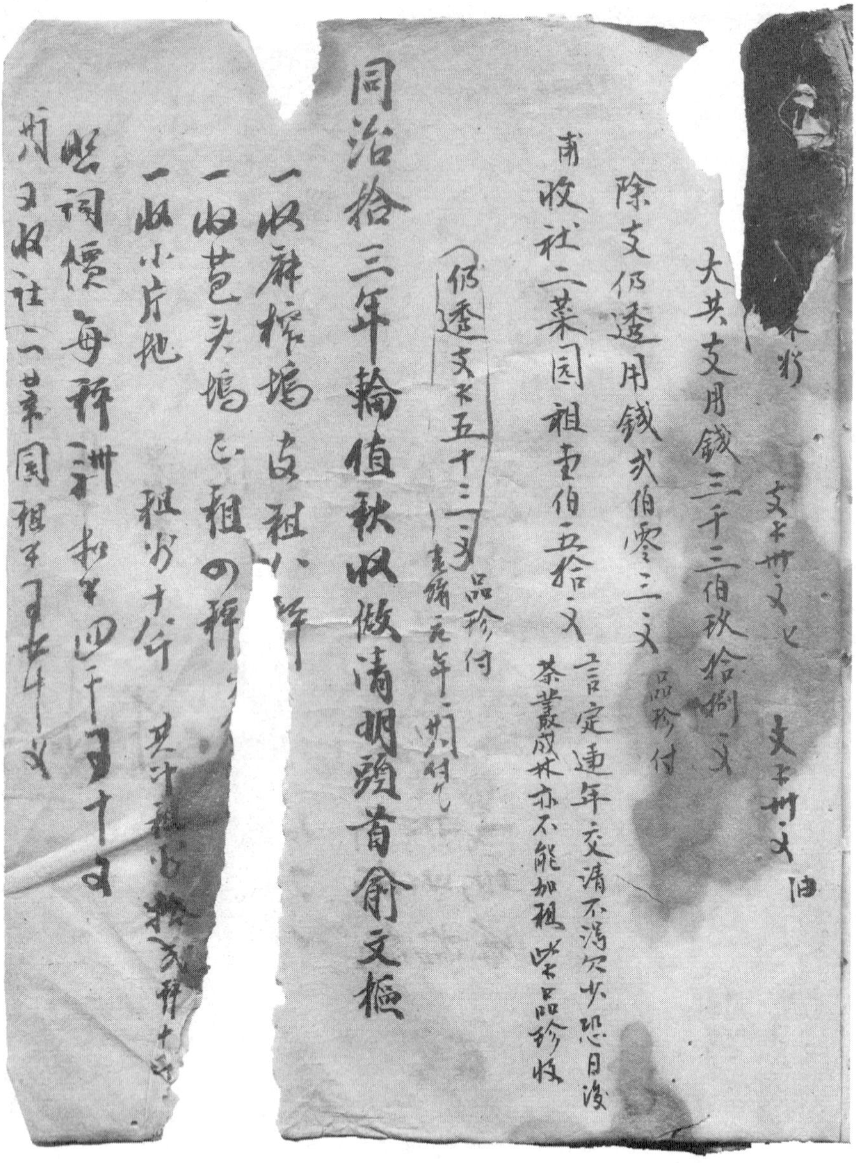

大共支用錢三千三伯玖拾捌文
品珍付
除支仍透用錢弍伯零三文
甫收社二菜园祖壹伯五拾文
言定連年交清不淂欠少恐日後
茶叢成林亦不能加租 品珍收
仍透支钱五十三文
品珍付
光緒元年…月付讫
同治拾三年輪值秋收做清明頭首俞文樞
一收麻榨塢正租…秤
一收芭头塢正租四秤
一收小片地 租谷十斤
照詞價每秤洋…四千…

江湾镇中［钟］吕村 6-132 · 道光元年至同治十三年 ·
〼公清明簿及收支簿 · 俞昌店等

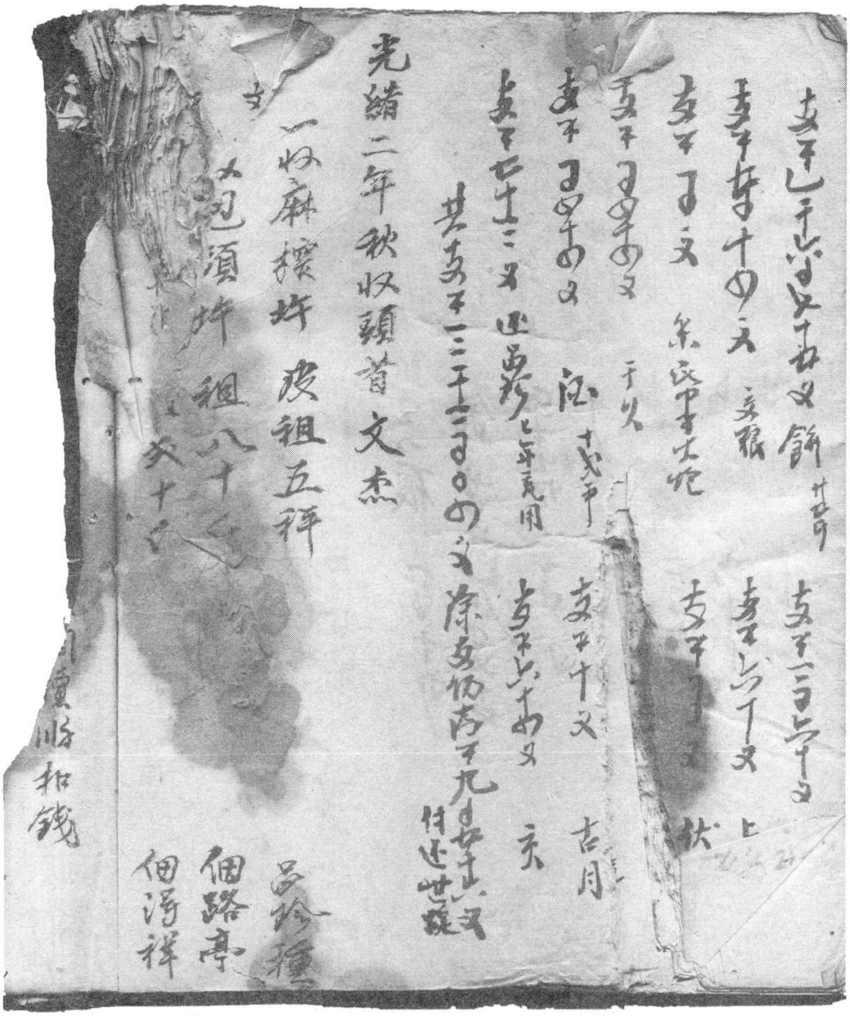

江湾镇中［钟］吕村 6–133 · 道光元年至同治十三年 ·
〼公清明簿及收支簿 · 俞昌店等

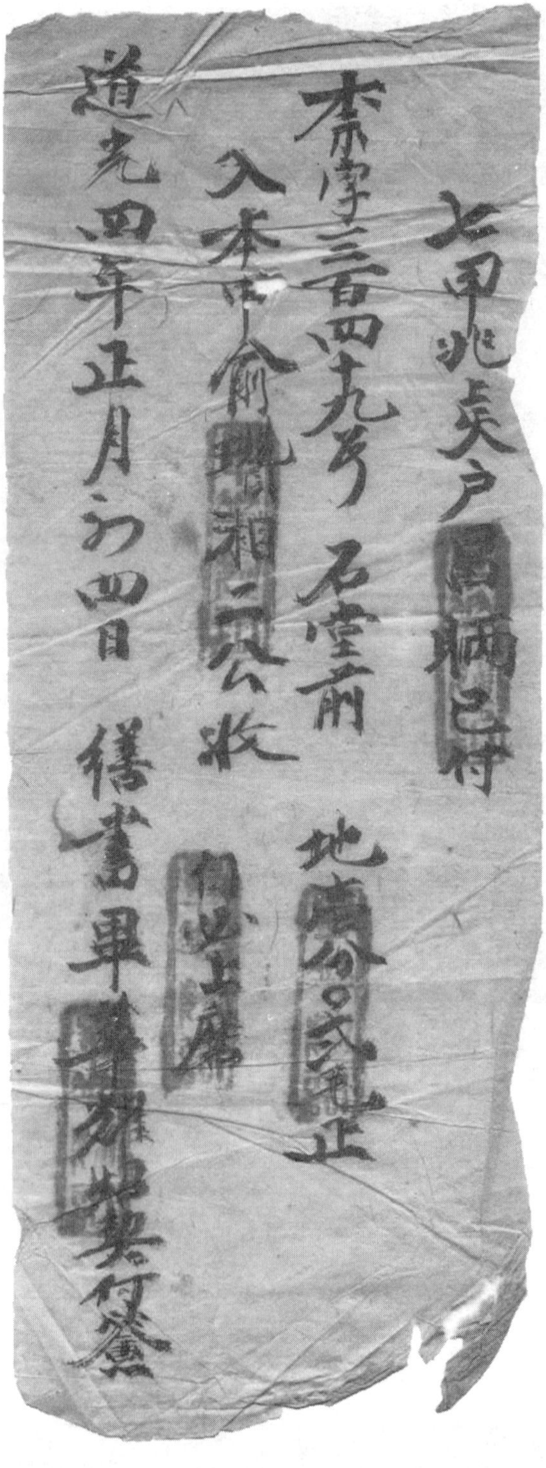

七甲兆奂户昌昞已付

秦字三百四十九号 石塘前 地[illegible]分○弍[illegible]正

入本甲俞瓒湘二公收 [illegible]业上册

道光四年正月初四日 缮书毕[illegible]翁何[illegible]签

江湾镇中［钟］吕村 33 · 道光四年 · 推单 · 昌昞付与俞瓒湘

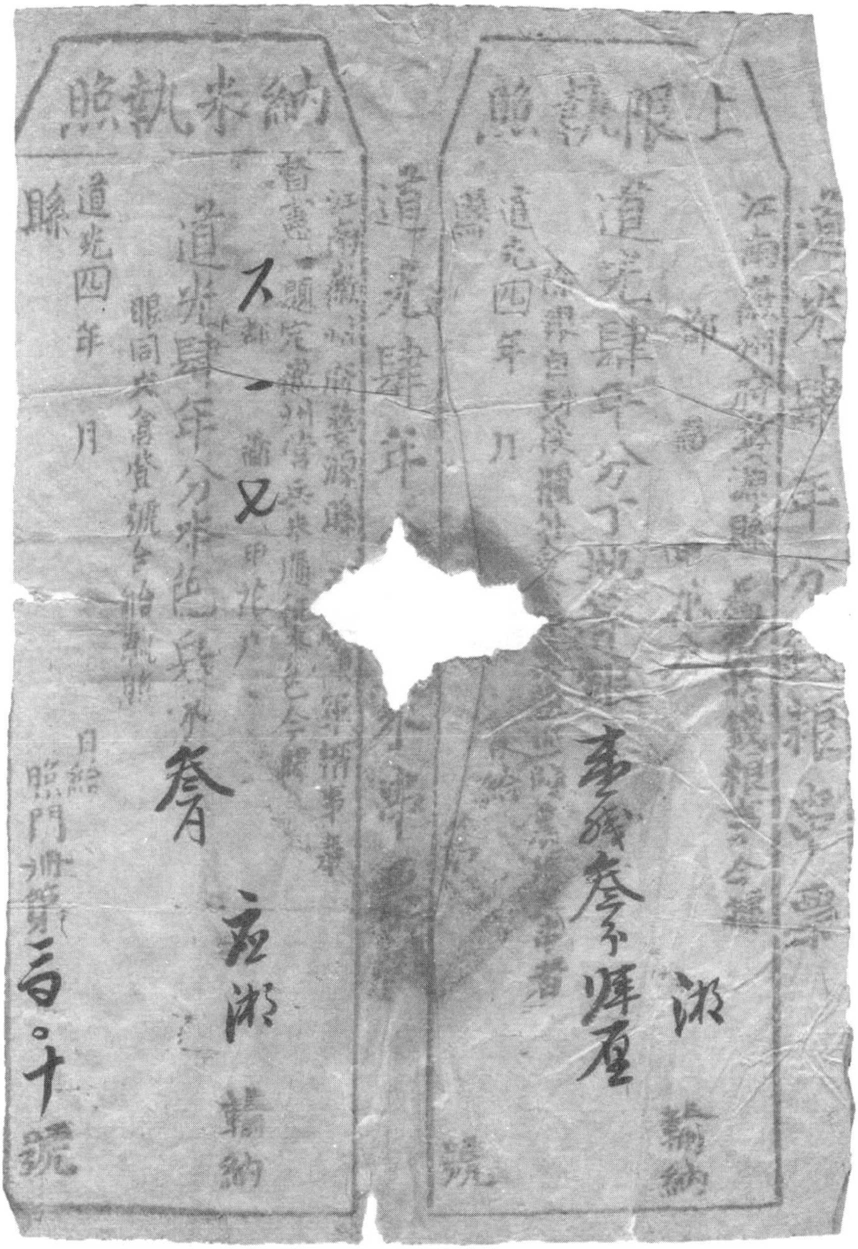
上限執照

道光肆年分丁

道光四年 月

輸納

納米執照

道光肆年分米

道光四年 月

應湘

輸納

江湾镇中［钟］吕村 54 · 道光四年 · 纳米执照 · 应湘

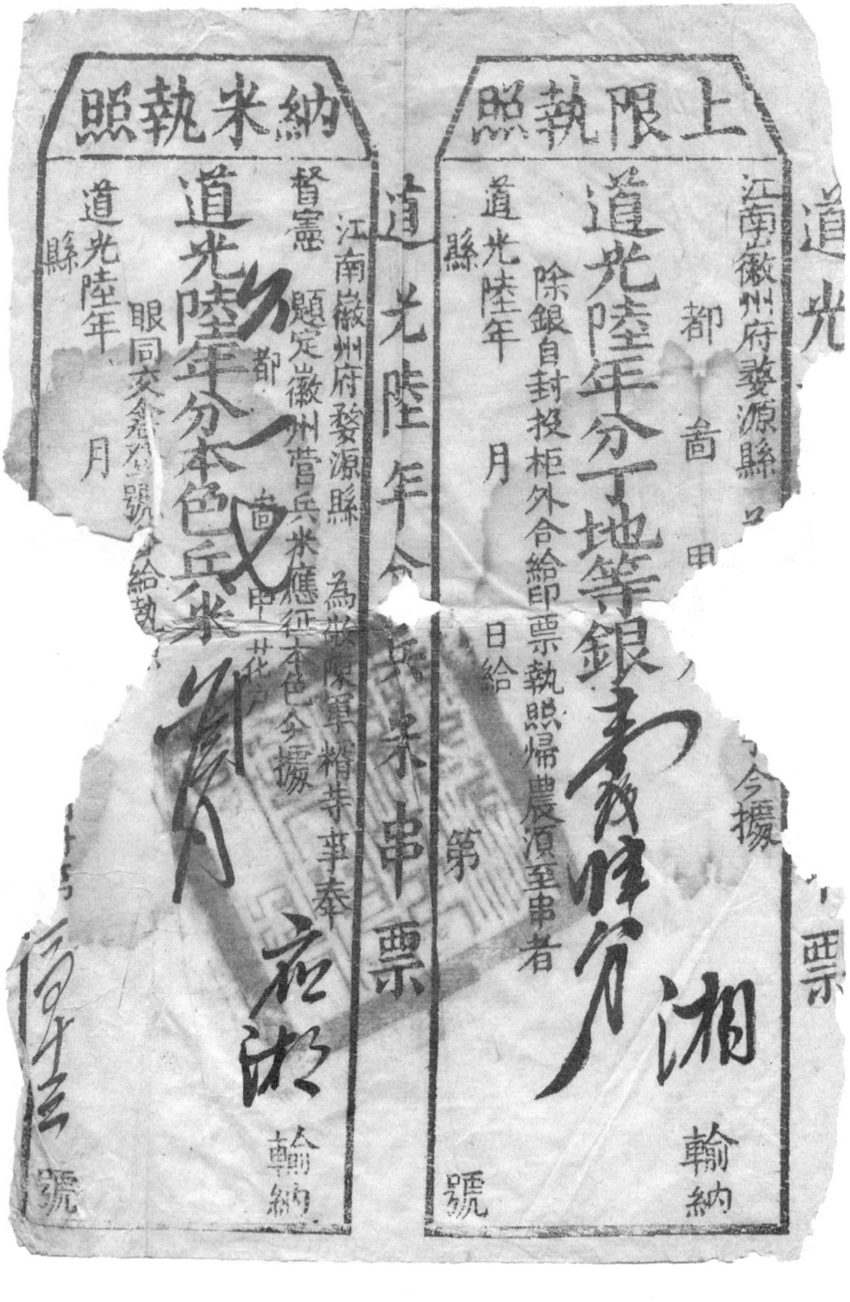

上限執照

江南徽州府婺源縣 都 啚 甲 分撥

道光陸年分丁地等銀

除銀自封投柜外合給印票執照帰農須至串者

湘 輸納

道光陸年 月 日給 縣 第 號

道光陸年分兵米串票

納米執照

江南徽州府婺源縣 為

督憲題定徽州營兵米應征本色分撥

道光陸年分本色兵米

都 啚 甲 花户

應湘 輸納

道光陸年 月 縣 號

江湾镇中［钟］吕村 104 · 道光六年 · 纳米执照 · 应湘

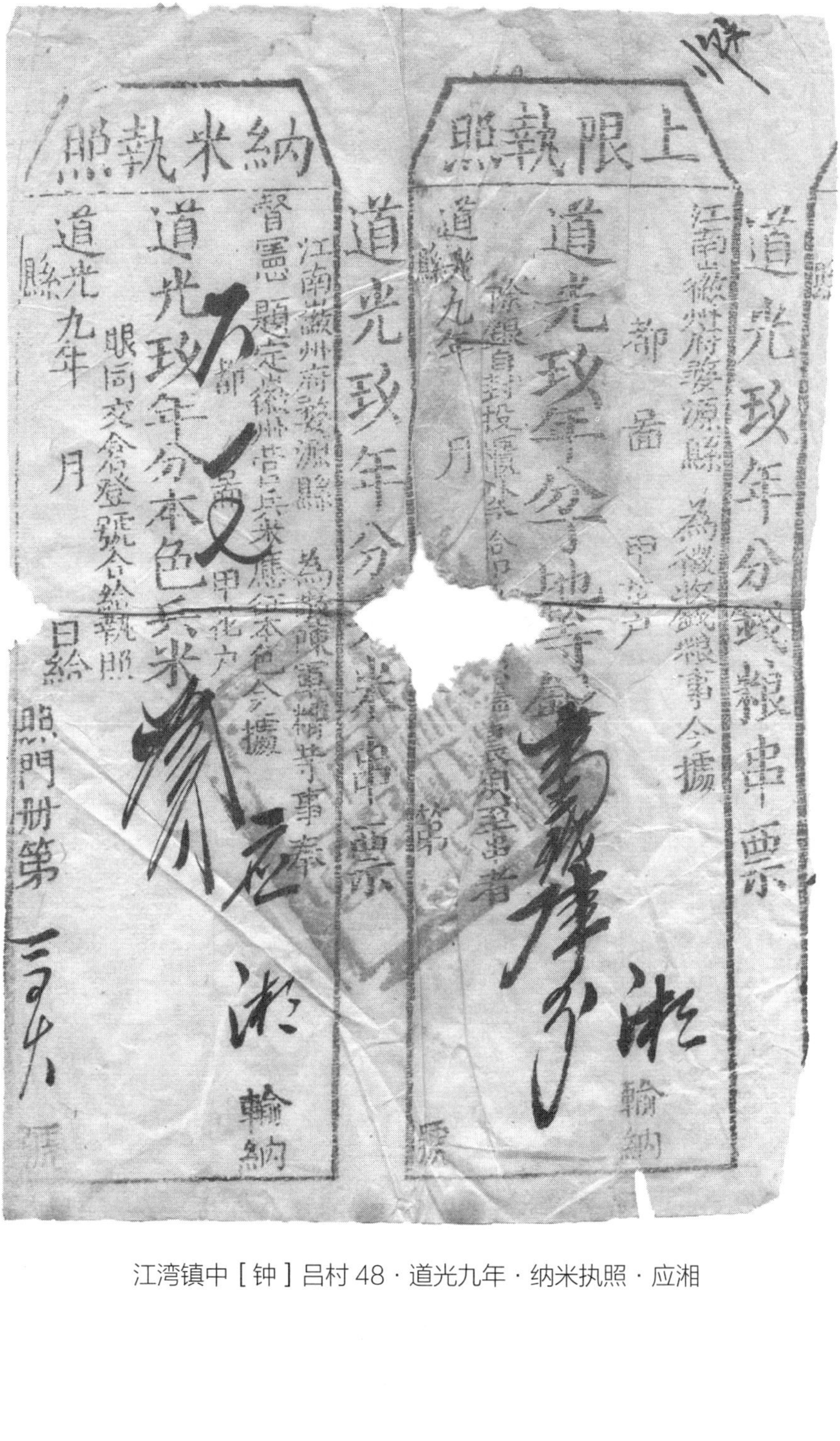

江湾镇中［钟］吕村 48 · 道光九年 · 纳米执照 · 应湘

光緒玖年分本色兵米
又都 一圖 夕甲
春
應湘
光緒玖年 月 日給

江湾镇中 [钟] 吕村 58 · 道光十六年 · 纳米执照 · 应湘

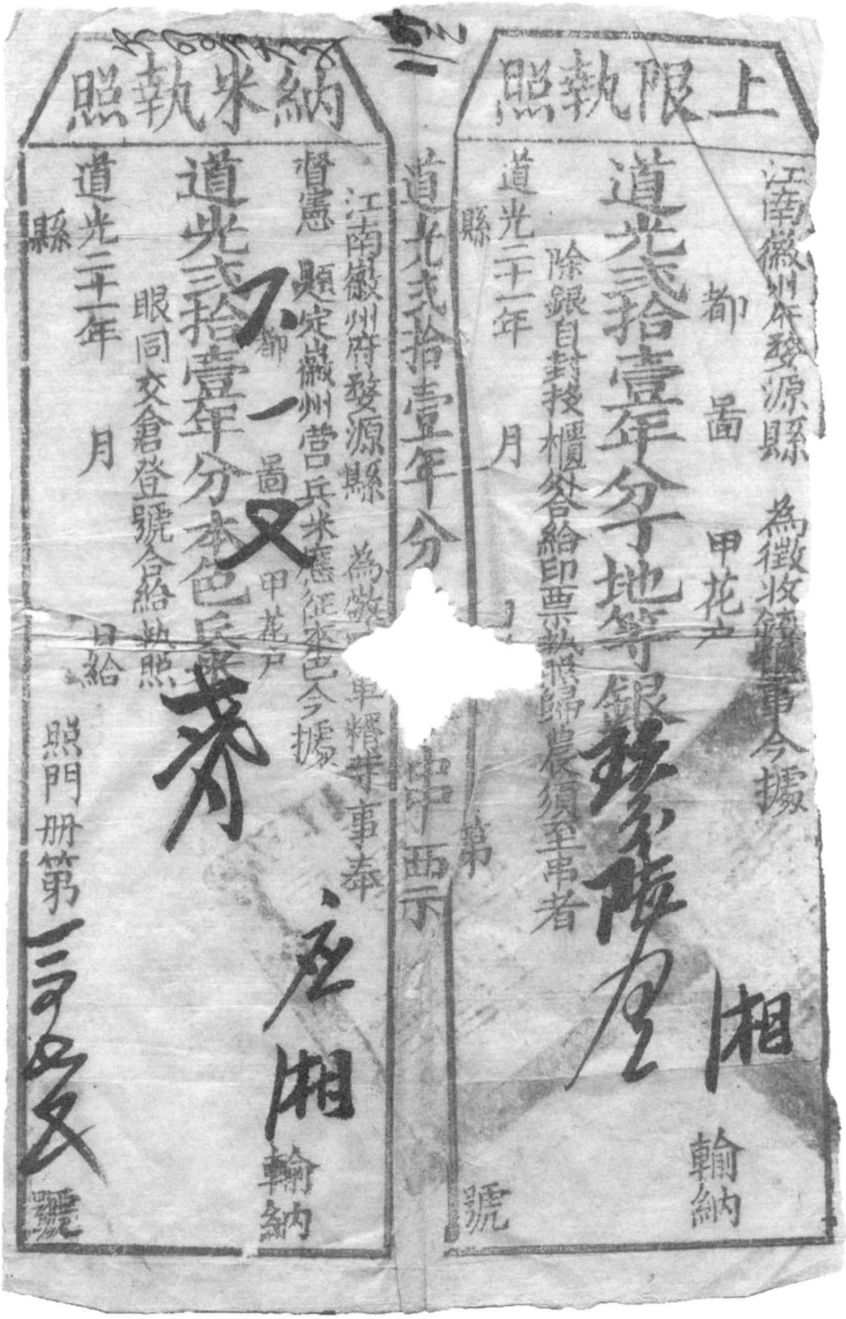
上限執照

江南徽州府婺源縣為徵收錢糧事今據

都　啚　甲花户　應湘　輸納

道光貳拾壹年分地丁等銀 [illegible]

除銀自封投櫃外給印票執照歸農須至串者

道光二十一年　月　日給

縣　第　號

道光貳拾壹年分 [illegible]

納米執照

江南徽州府婺源縣為徵 [illegible] 事奉

督憲題定徽州營兵米應徵本色今據

都　啚　甲花户　應湘　輸納

道光貳拾壹年分本色兵米 [illegible]

眼同交倉登號合給執照

道光二十一年　月　日給

縣　照門冊第 [illegible] 號

江湾镇中［钟］吕村 59 · 道光二十一年 · 纳米执照 · 应湘

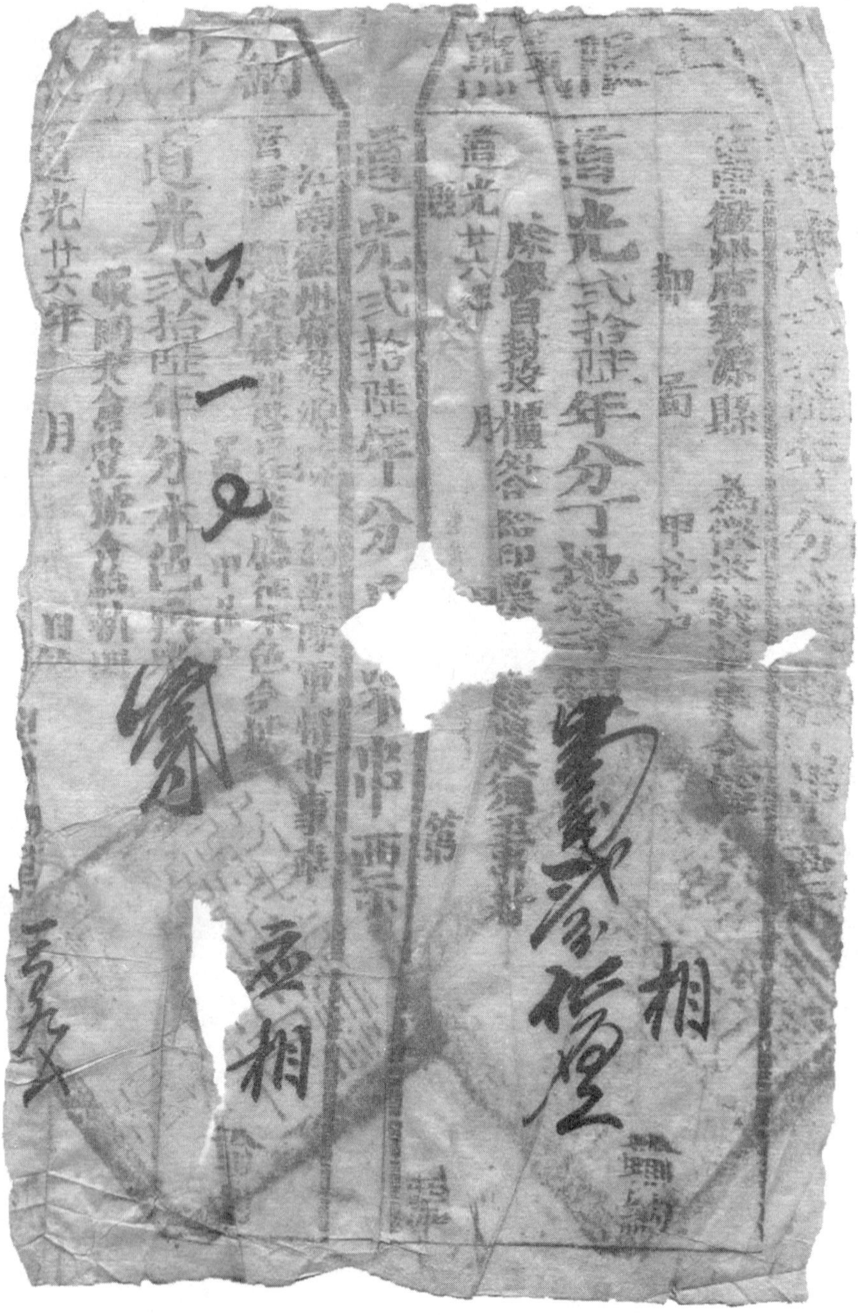

江湾镇中［钟］吕村 57 · 道光二十六年 · 纳米执照 · 应相

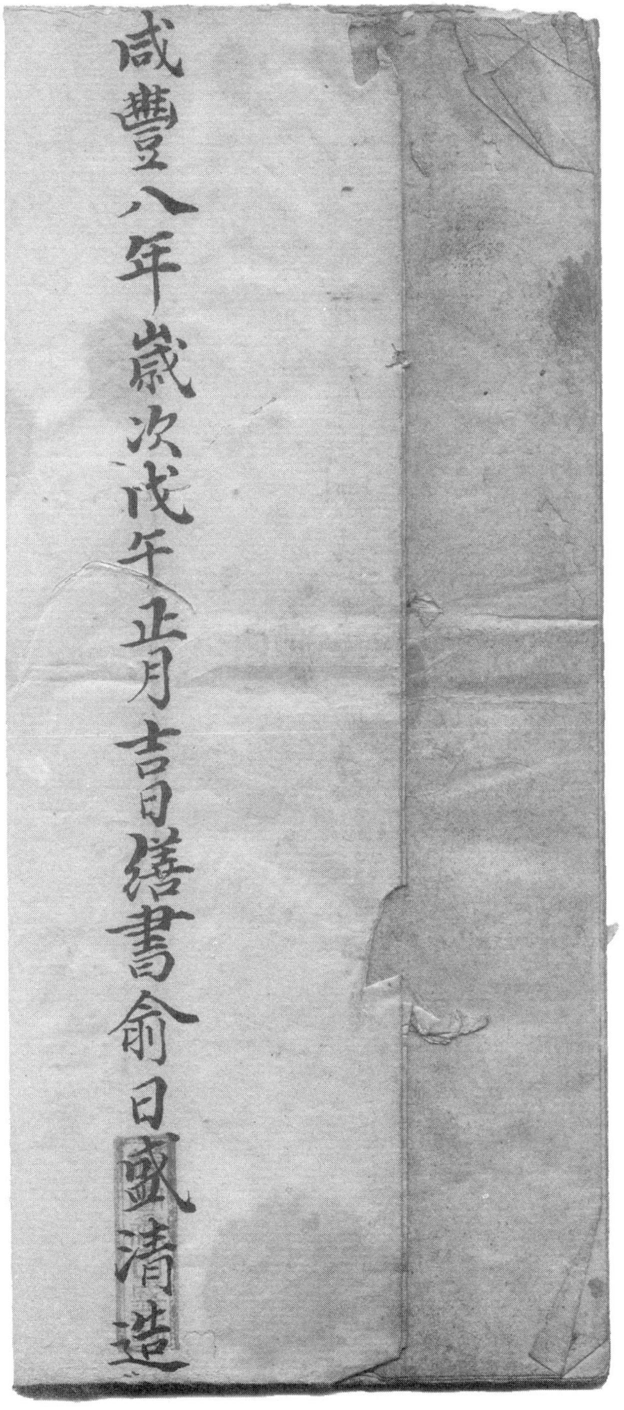
咸豐八年歲次戊午正月吉日繕書俞日盛清造

江湾镇中 [钟] 吕村 11-1 · 咸丰八年至同治四年 · 税粮实征册 ·
九和户新升昌廊户

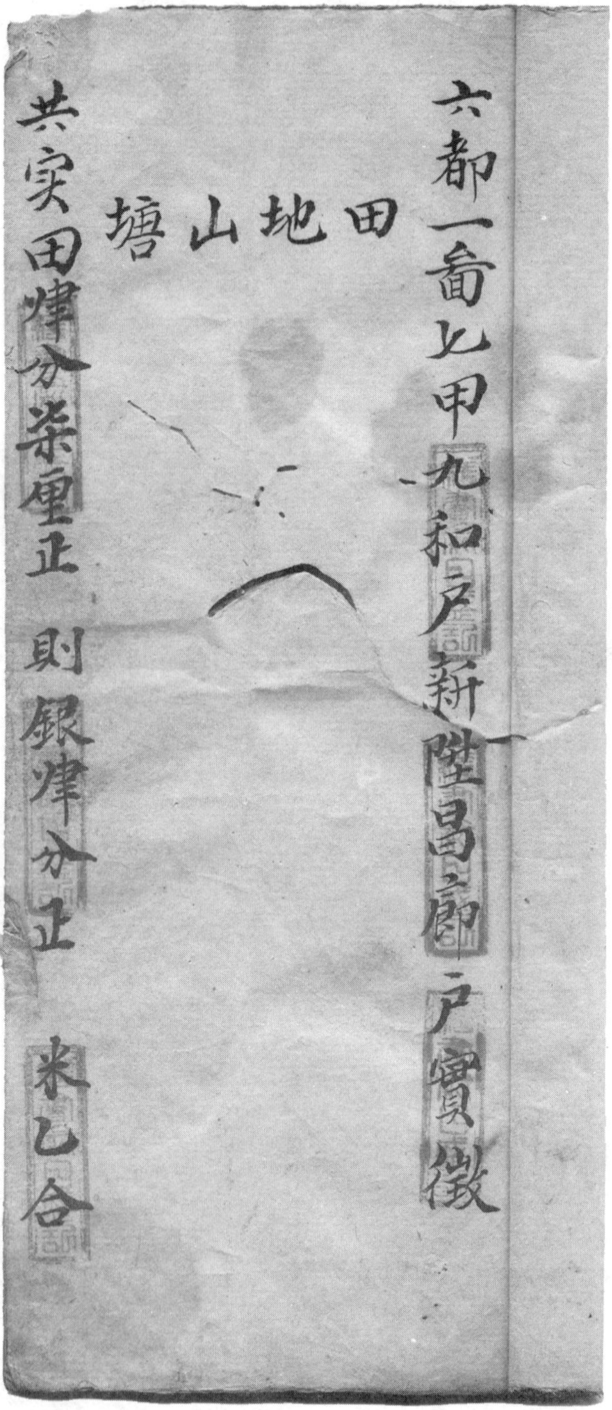

六都一啚七甲九和户新陞昌廊户實徵

田地山塘

共实田肆分柒厘正　则銀肆分正　米乙合

江湾镇中［钟］吕村 11-2 · 咸丰八年至同治四年 · 税粮实征册 ·
九和户新升昌廊户

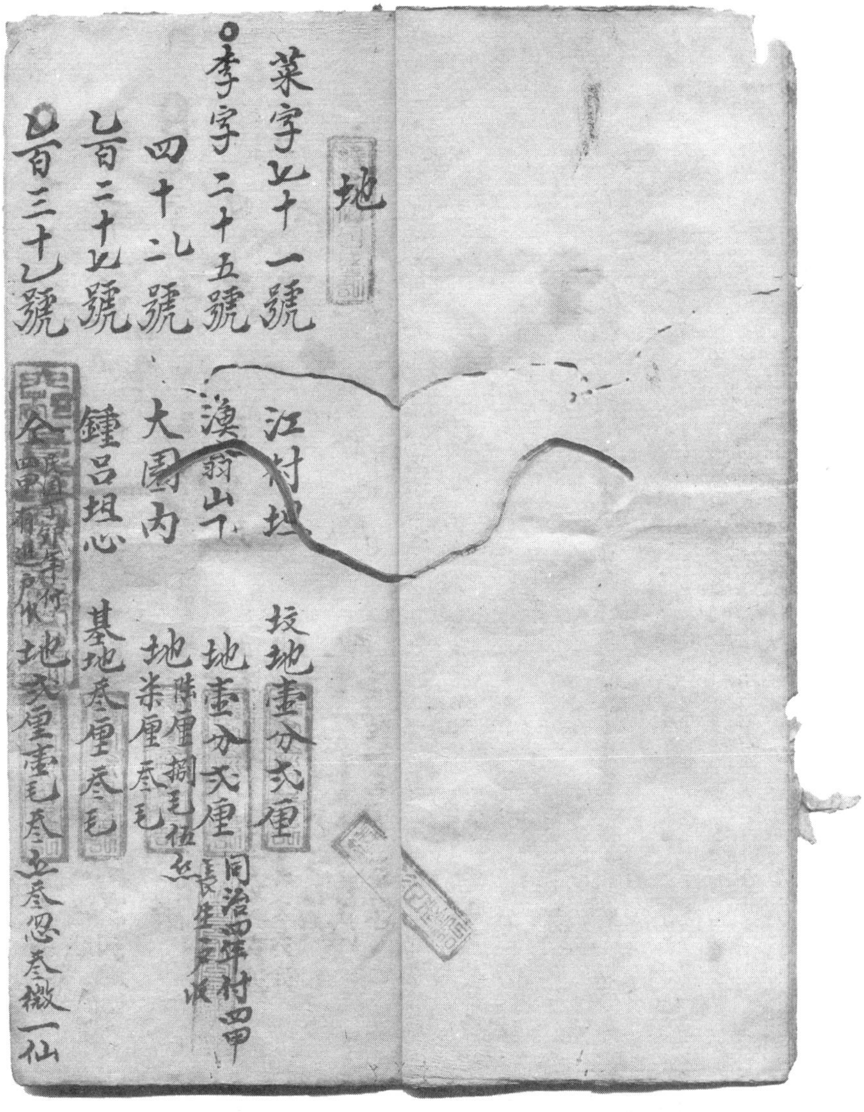

地

菜字五十一號　江村坦　坟地壹分弍厘

李字二十五號　溴翁山下　地壹分弍厘　同治四年村四甲　長生户收

四十九號　大園内　地柒厘叁毛　陸厘捌毛伍丝

旨二十五號　鍾呂坦心　基地叁厘叁毛

旨三十九號　仝　地弍厘壹毛叁五叁忽叁微一仙

江湾镇中［钟］吕村 11-3 · 咸丰八年至同治四年 · 税粮实征册 ·
九和户新升昌廊户

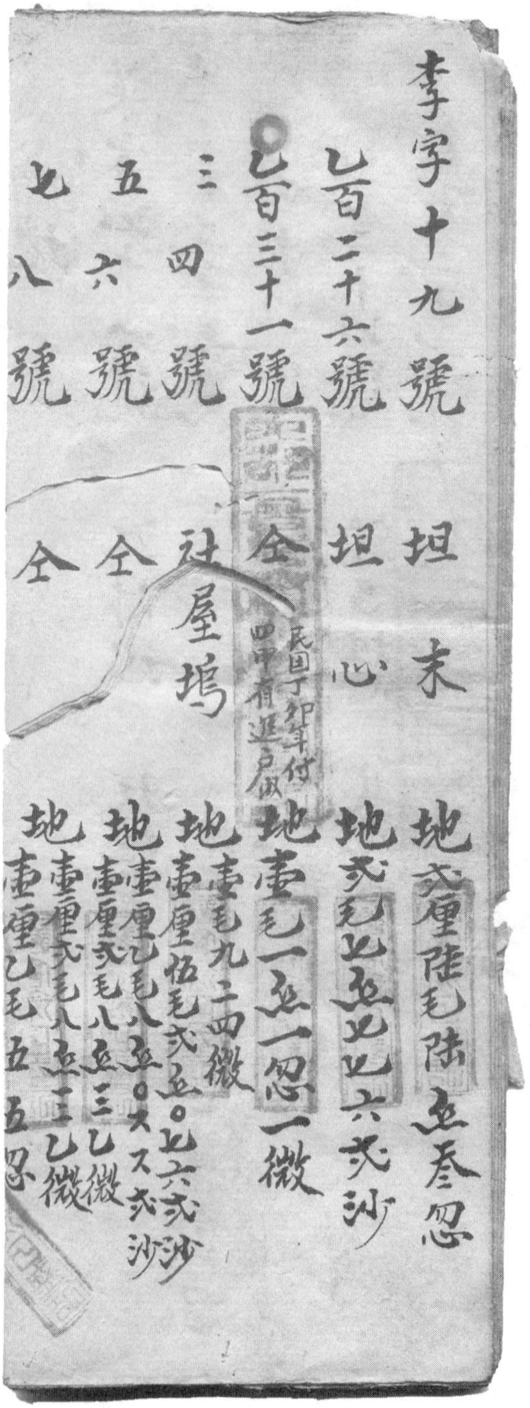

李字十九號　坦　末　地弍厘陆毛陆丝叁忽

乙百二十六號　坦　心　地弍毛乙丝乙乙六弍沙

乙百三十一號　全　地壹毛一丝一忽一微

民国丁卯年付四甲有進户徵

三　四號　社屋塢　地壹毛九二四微　壹厘伍毛弍丝〇乙六弍沙

五　六號　全　地壹厘乙毛八丝〇丈又弍沙　壹厘弍毛八丝三乙微

七　八號　全　地壹厘弍毛八丝二乙微　壹厘乙毛五五忽

江湾镇中［钟］吕村 11–4 · 咸丰八年至同治四年 · 税粮实征册 ·
九和户新升昌廊户

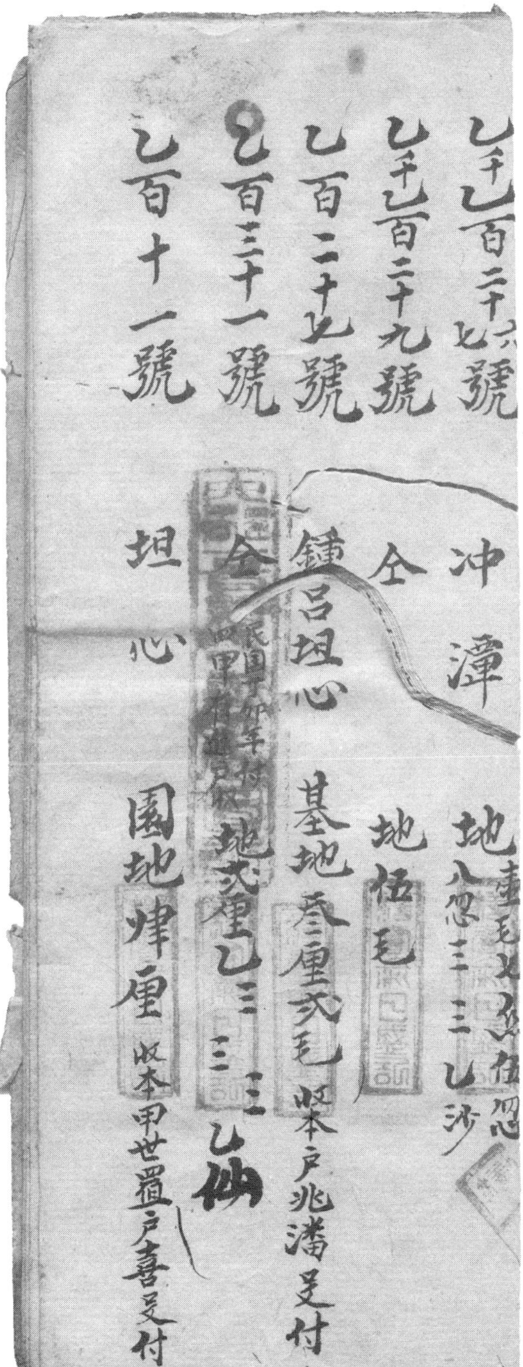
乙千乙百二十七號 冲潭 地壹毛乙忽伍忽 八忽三三乙沙
乙千乙百二十九號 仝 地伍毛
乙百二十乙號 鍾呂坦心 基地叁厘弍毛 收本戶兆潘足付
乙百三十一號 仝 地弍厘乙三三三乙仙
乙百十一號 坦心 園地肆厘 收本甲世置戶喜足付

江湾镇中［钟］吕村 11-5 · 咸丰八年至同治四年 · 税粮实征册 ·
九和户新升昌廊户

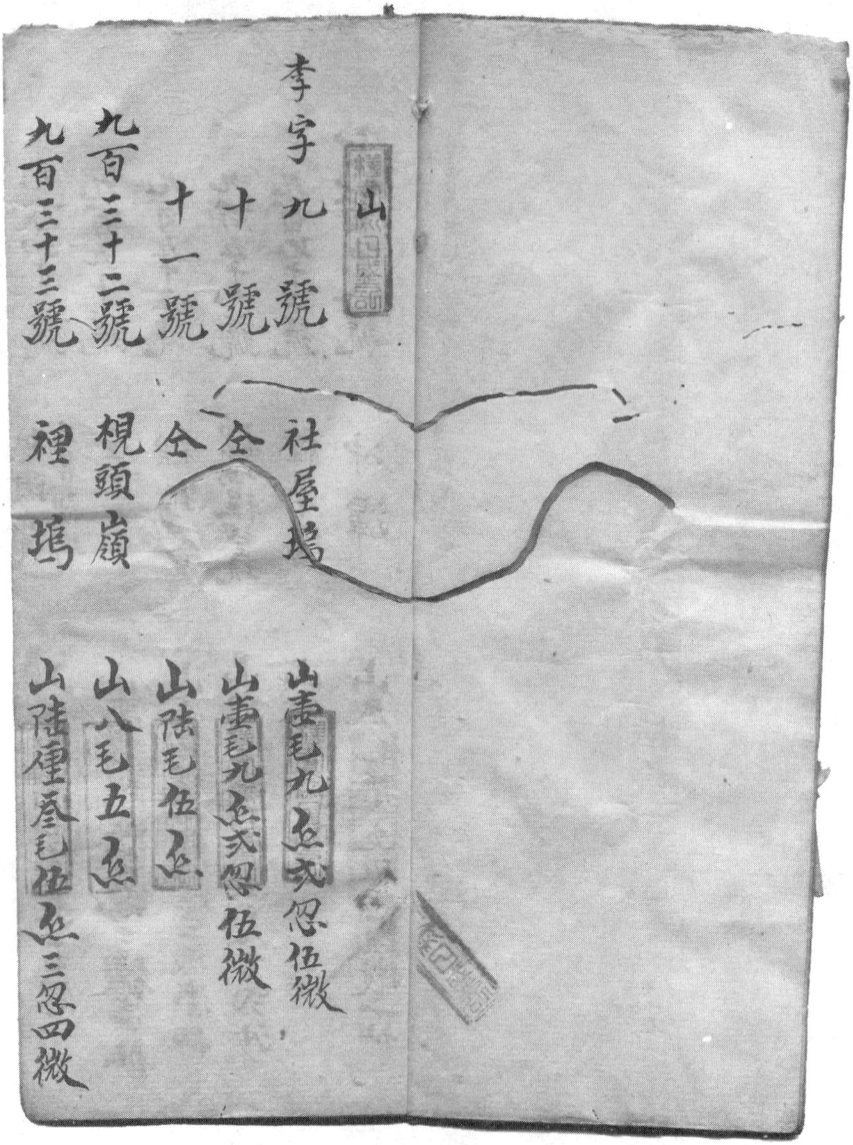
李字九號　社屋塢　山壹毛九厘弍忽伍微
十號　仝　山壹毛九厘弍忽伍微
十一號　仝　山陸毛伍厘
九百三十二號　梘頭嶺　山八毛五厘
九百三十三號　裡塢　山陸[illegible]叁毛伍厘三忽四微

江湾镇中［钟］吕村 11-6 · 咸丰八年至同治四年 · 税粮实征册 ·
九和户新升昌廊户

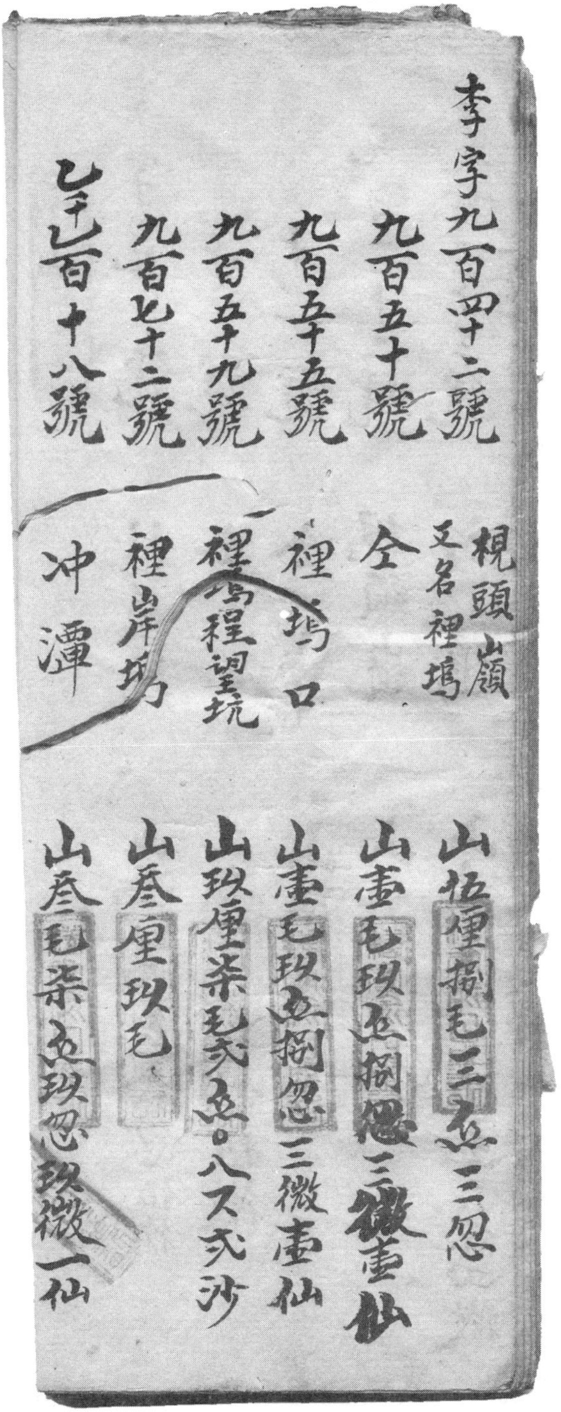
李字九百四十二號
九百五十號
九百五十五號
九百五十九號
九百七十二號
乙千乙百十八號

梘頭山嶺
又名裡塢
仝
裡塢口
裡塢程望坑
裡岸塢
冲潭

山伍厘捌毛三絲三忽
山壹毛玖絲捌忽三微壹仙
山壹毛玖絲捌忽三微壹仙
山玖厘柒毛弍絲八又弍沙
山叁厘玖毛
山叁毛柒絲玖忽玖微一仙

江湾镇中［钟］吕村 11-7 · 咸丰八年至同治四年 · 税粮实征册 ·
九和户新升昌廊户

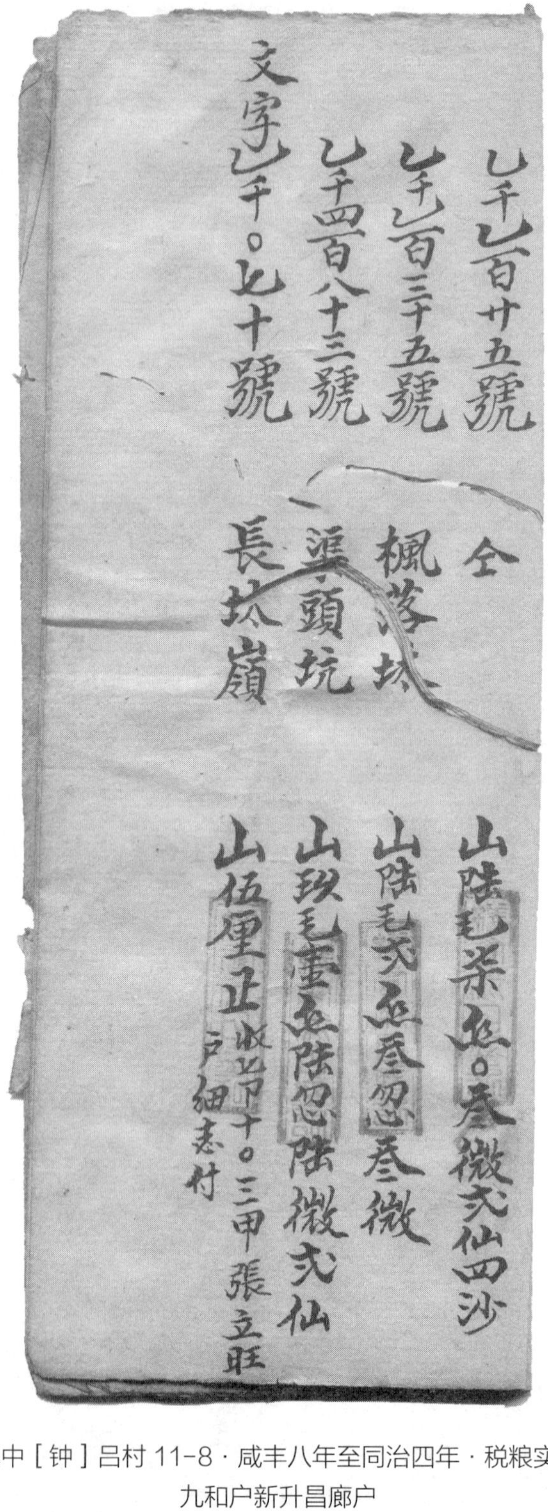
一千一百廿五號　仝　山陸毛柒步○叁微弍仙四沙
一千一百三十五號　楓落坑　山陸毛弍步叁忽叁微
一千四百八十三號　渠頭坑　山玖毛壹步陸忽陸微弍仙
文字一千○七十號　長坑嶺　山伍厘正　收廿户十○三甲張立旺　户細志付

江湾镇中［钟］吕村 11-8 · 咸丰八年至同治四年 · 税粮实征册 ·
九和户新升昌廊户

江湾镇中［钟］吕村 41 · 同治二年 · 纳米执照 · 孝思

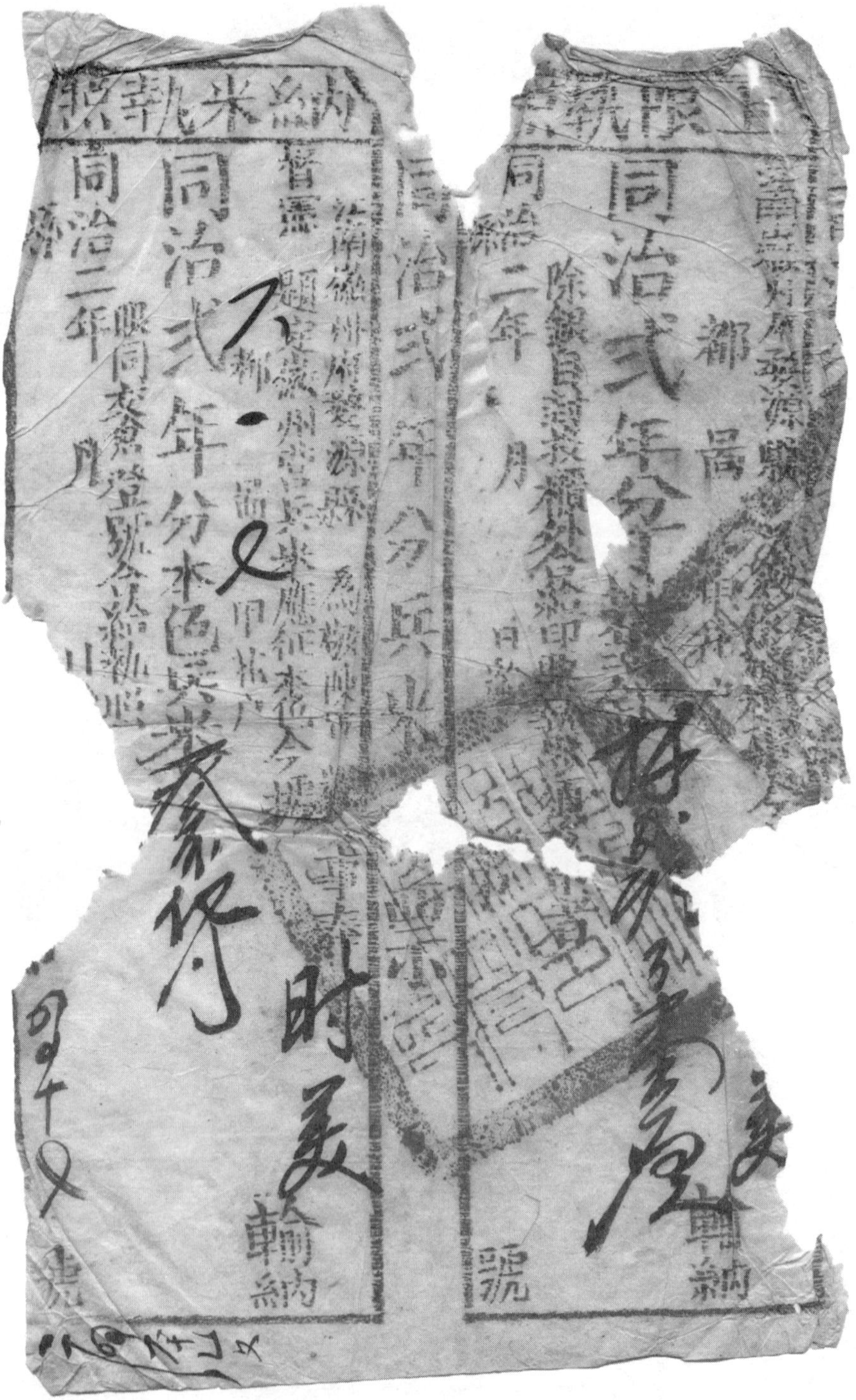

納米執照
督憲
題定徽州營兵米應征本色今據
同治弍年分本色兵米
都 圖 甲 戶
同治二年 月
時美
輸納

江湾镇中［钟］吕村 106 · 同治二年 · 纳米执照 · 时美

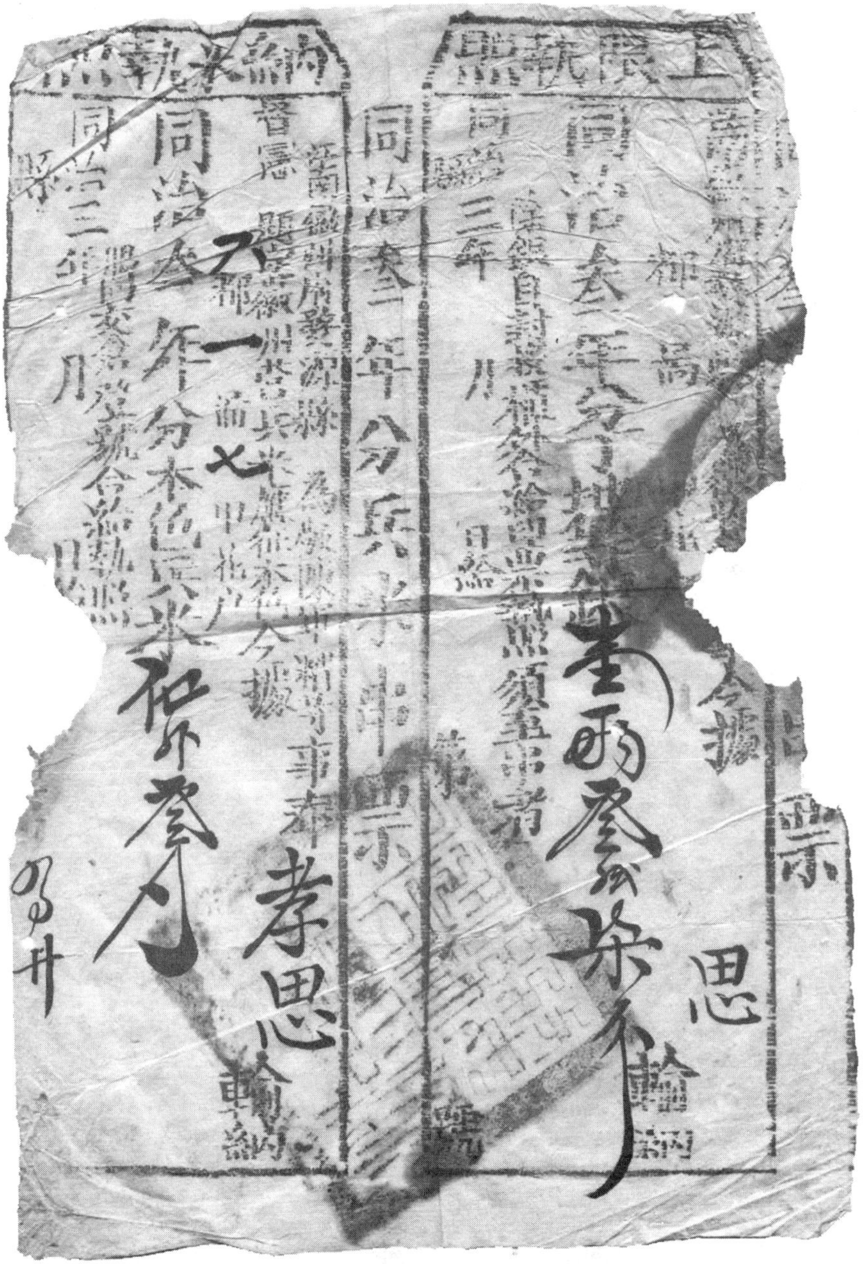

江湾镇中［钟］吕村 40 · 同治三年 · 纳米执照 · 孝思

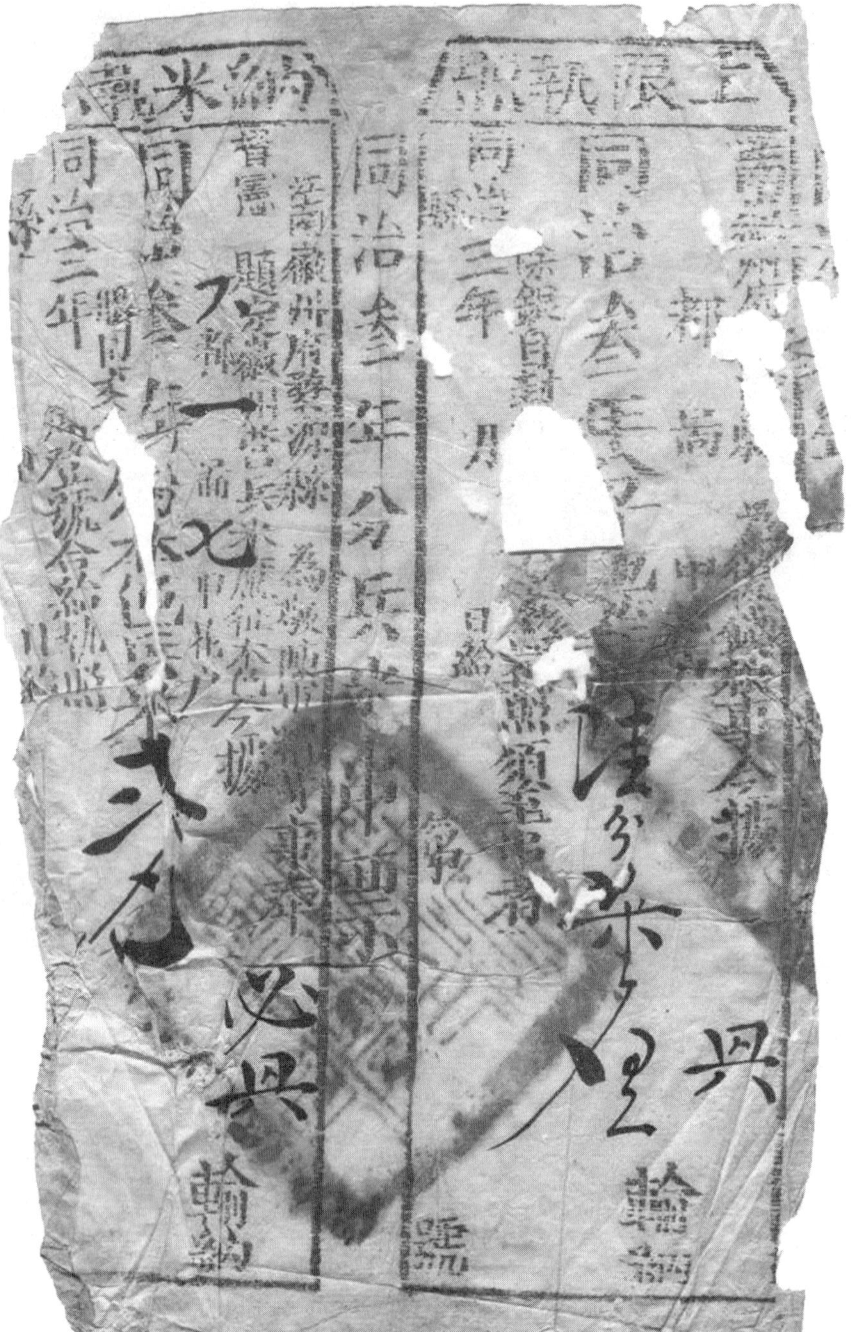

江湾镇中［钟］吕村 71 · 同治三年 · 纳米执照 · 必兴

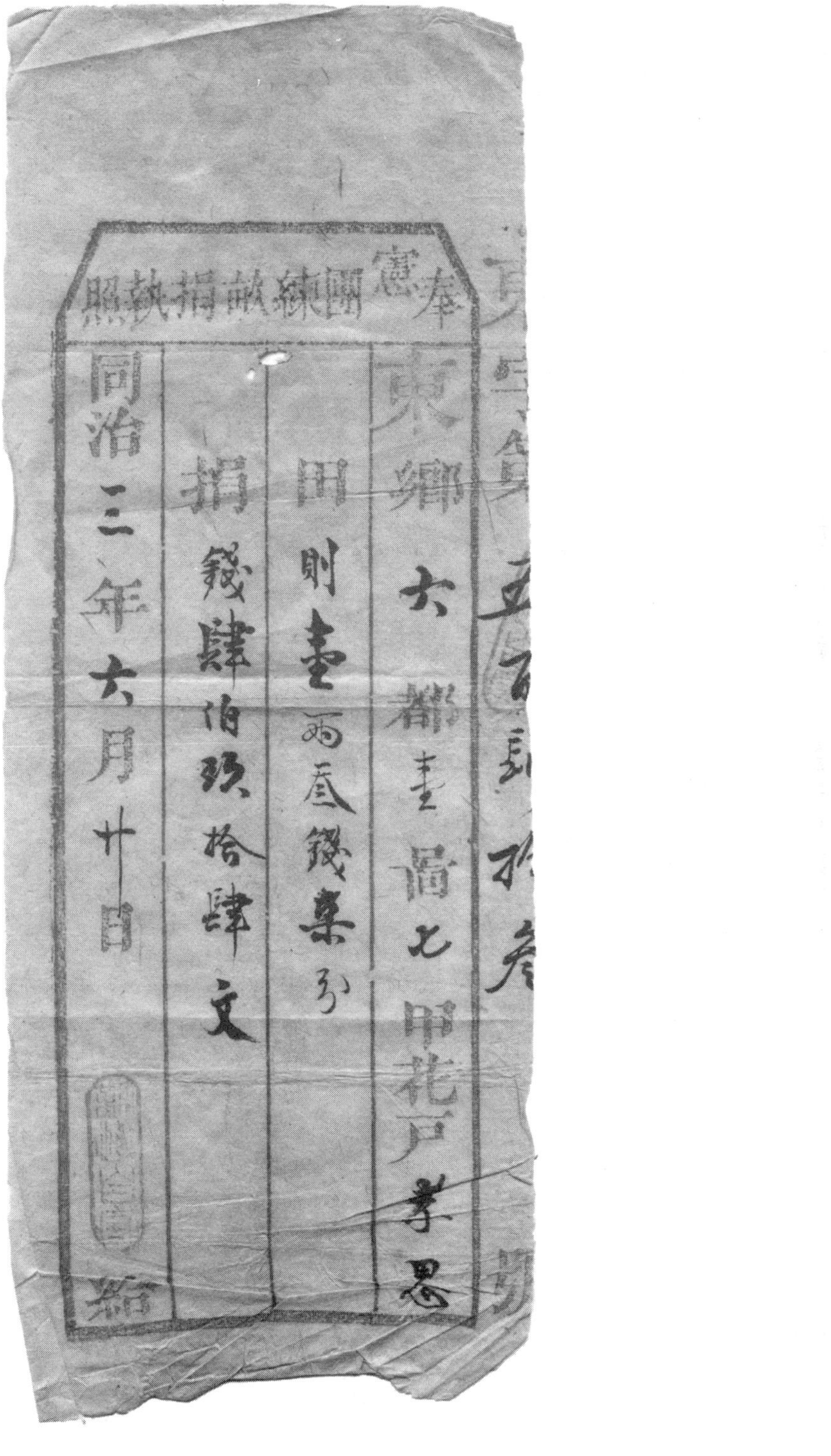

奉憲團練畝捐執照

東鄉六都壹啚七甲花戶孝思

田則壹兩叁錢柒分

捐錢肆佰玖拾肆文

同治三年六月廿一日給

江湾镇中［钟］吕村 114 · 同治三年 · 团练亩捐执照 · 孝思

孝思

江湾镇中［钟］吕村 118 · 同治三年 · 纳米执照 · 孝思

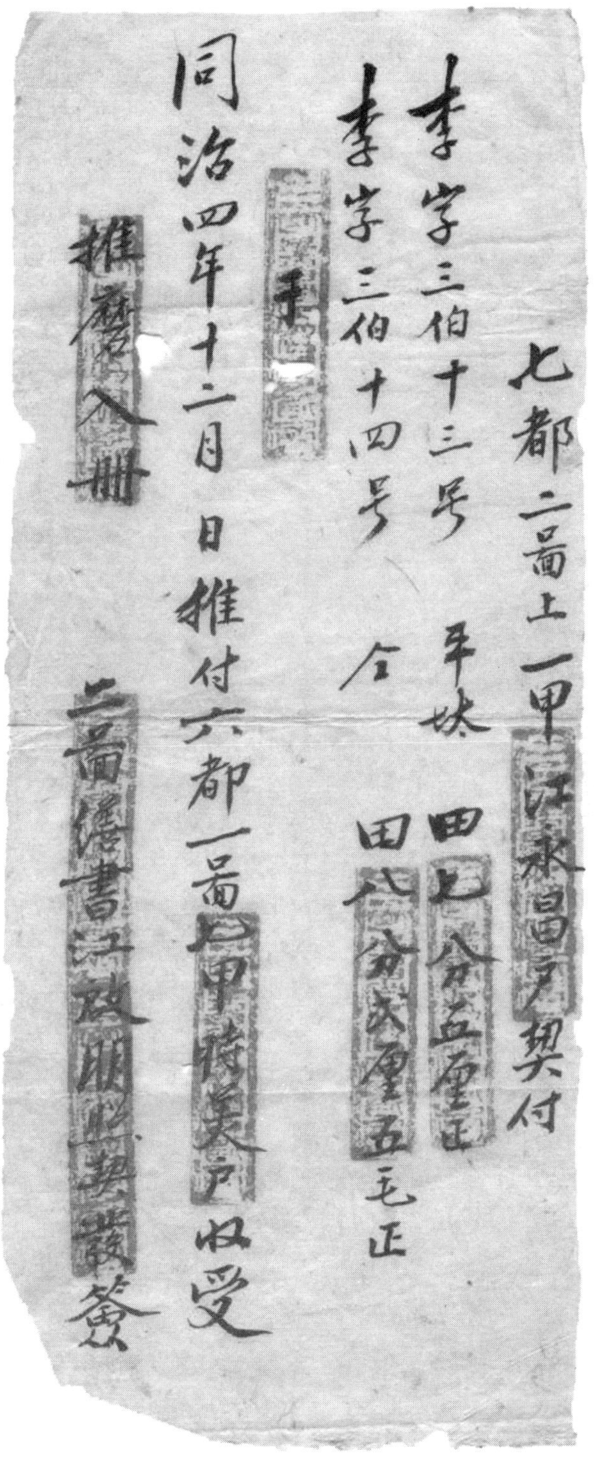

七都二啚上一甲江永昌户契付

李字三伯十三号　平坎　田乜八分五厘正

李字三伯十四号　合　田弋八分弍厘五毛正

手

同治四年十二月　日推付六都一啚七甲時美户收受

推磨入册

二啚經書江啟明契發

江湾镇中［钟］吕村 27 · 同治四年 · 推单 · 江永昌户推与时美户

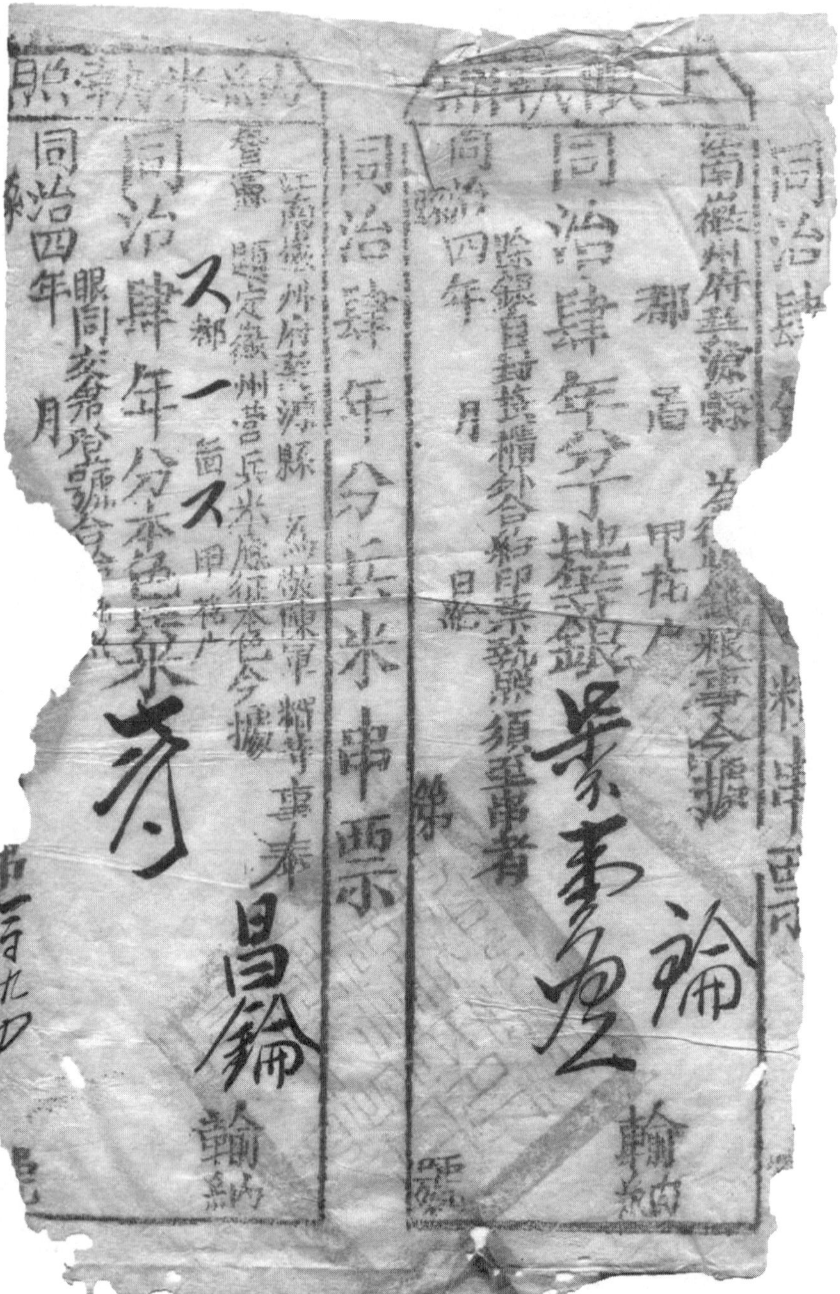

江湾镇中［钟］吕村 45 · 同治四年 · 纳米执照 · 昌轮

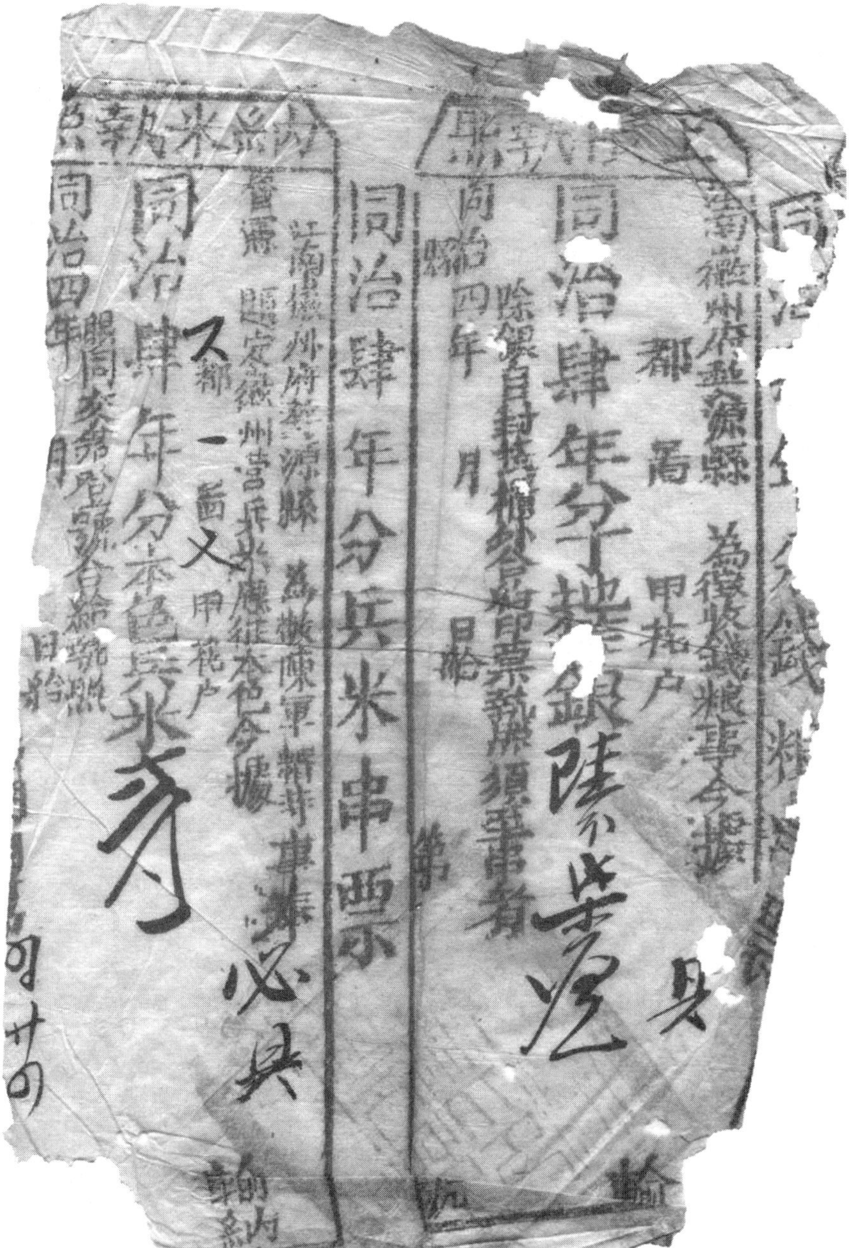

納米執照

同治肆年分本色兵米 [illegible]

江南徽州府婺源縣 為撥解陳軍糈事奉
憲牌 題安徽州營兵米應徵本色今據
又都 一啚又 甲 花户 必兴

同治四年 月 日給

同治肆年分兵米串票

江南徽州府婺源縣 為徵收錢糧事今據
都 啚 甲 花户
同治肆年分丁地[illegible]銀陸[illegible]
除銀自封投櫃外合給印票執照須至串票者
同治四年 月 日給 第 號

同治[illegible]年分錢糧[illegible]

江湾镇中［钟］吕村 70 · 同治四年 · 纳米执照 · 必兴

同治伍年分兵米串票

江湾镇中［钟］吕村 47 · 同治五年 · 纳米执照 · 昌论

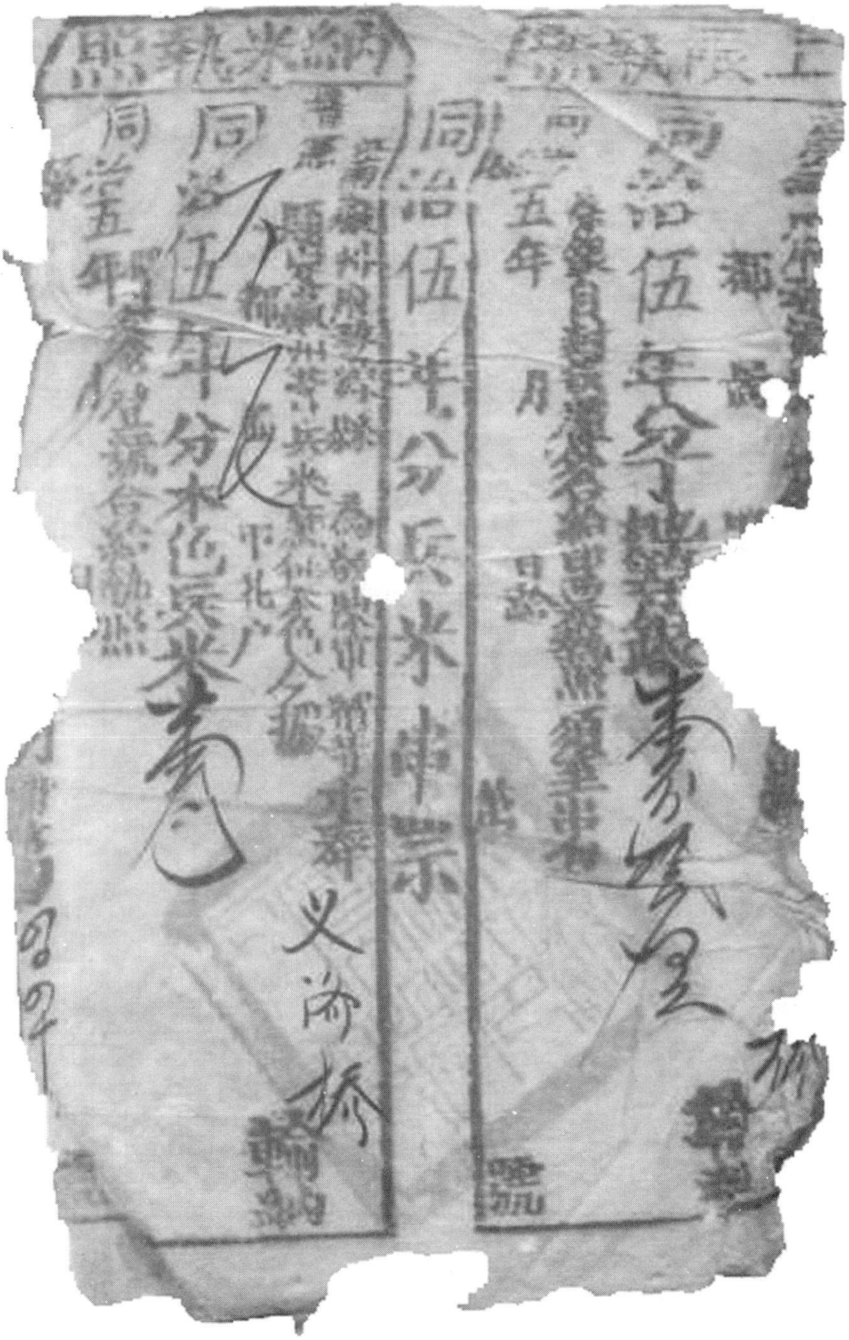

江湾镇中［钟］吕村 96 · 同治五年 · 纳米执照 · 义济桥

江湾镇中［钟］吕村 105 · 同治八年 · 纳米执照 · 昌合

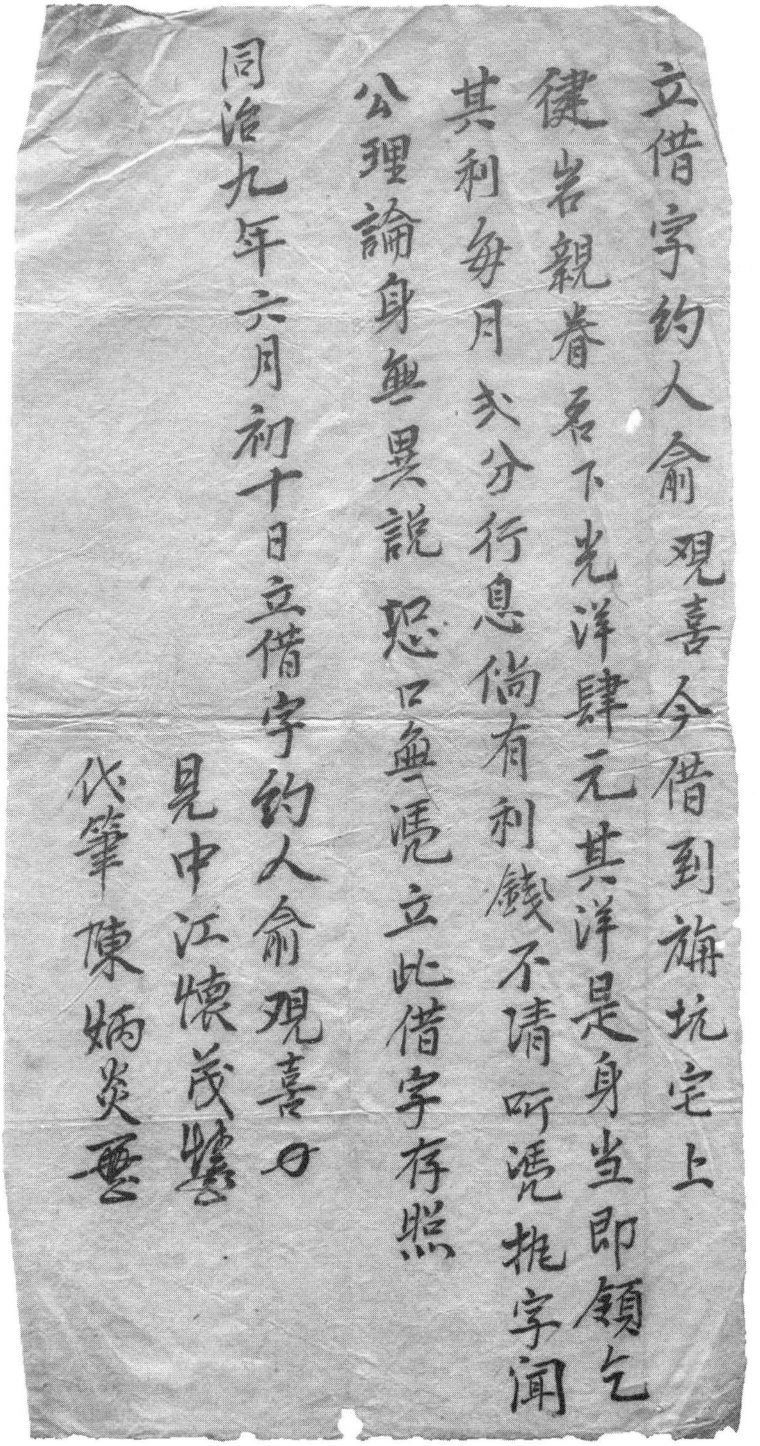
立借字约人俞覌喜今借到旃坑宅上
健岩親眷名下光洋肆元其洋是身当即領乞
其利每月弍分行息倘有利錢不請听憑挑字閙
公理論身無異説恐口無憑立此借字存照
同治九年六月初十日立借字约人俞覌喜（押）
見中江懷茂（押）
代筆陳炳炎（押）

江湾镇中［钟］吕村 24 · 同治九年 · 借字约 · 俞观喜借到健岩

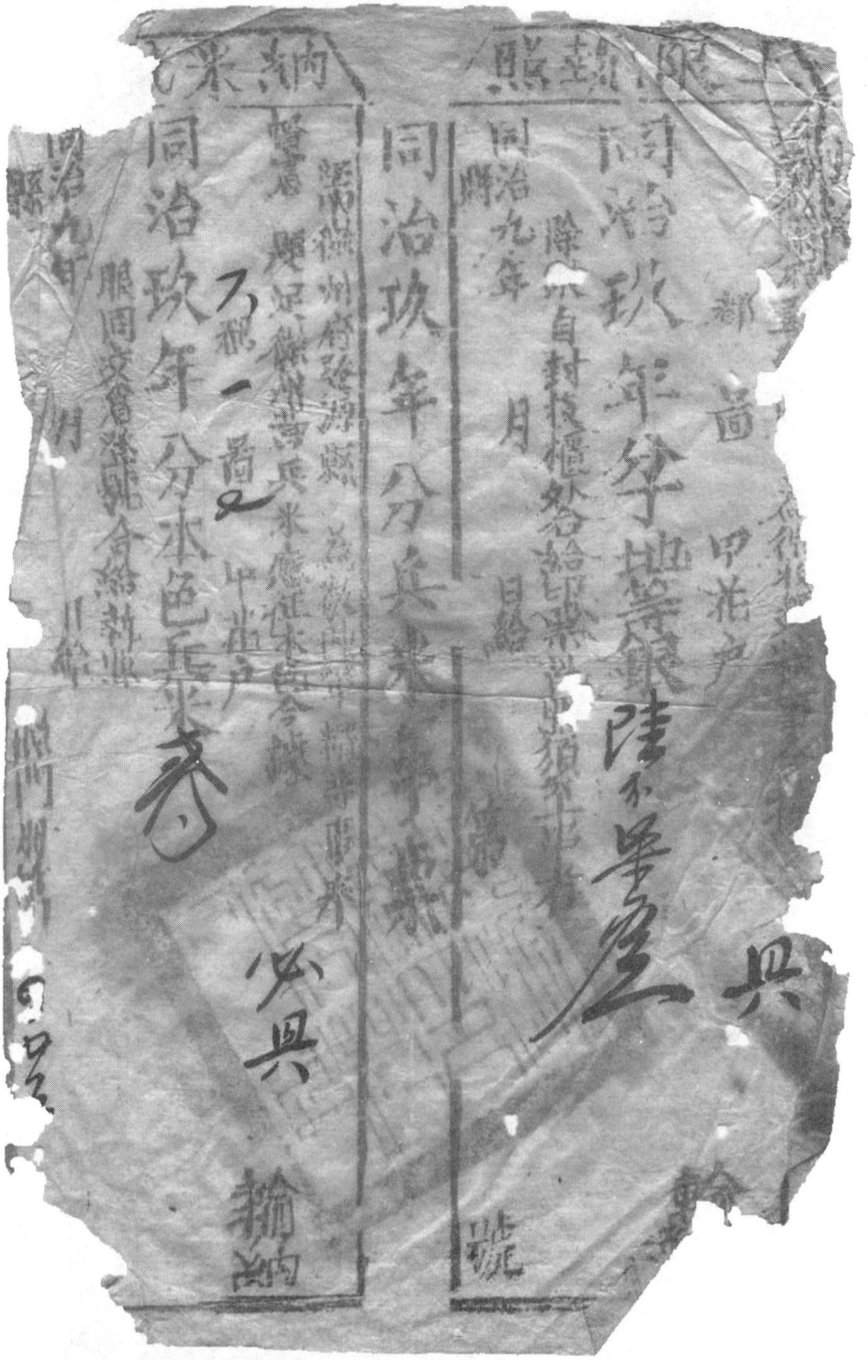

江湾镇中［钟］吕村 72 · 同治九年 · 纳米执照 · 必兴

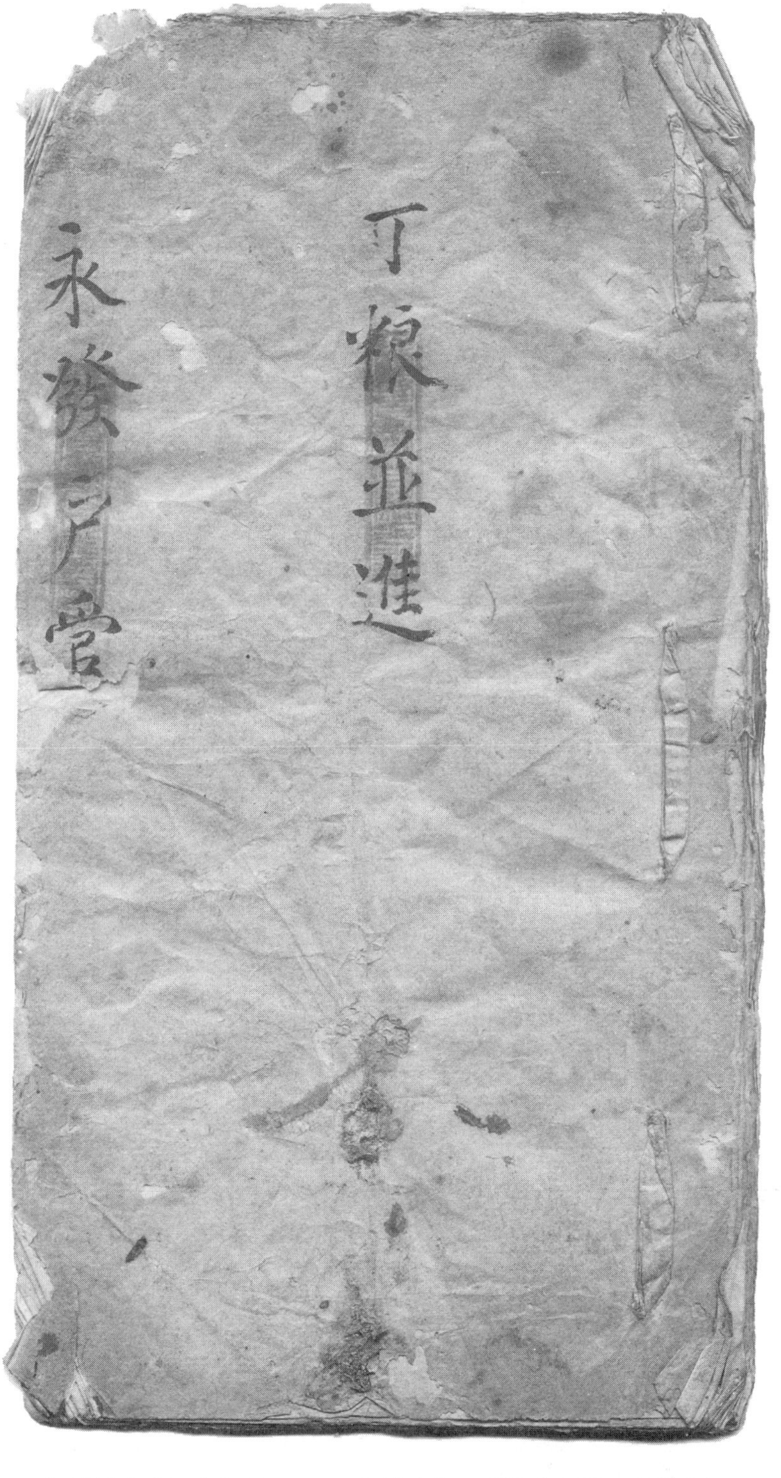
丁粮並進
永發戶管

江湾镇中［钟］吕村 10-1 · 同治十年 · 税粮实征册 · 永发户管

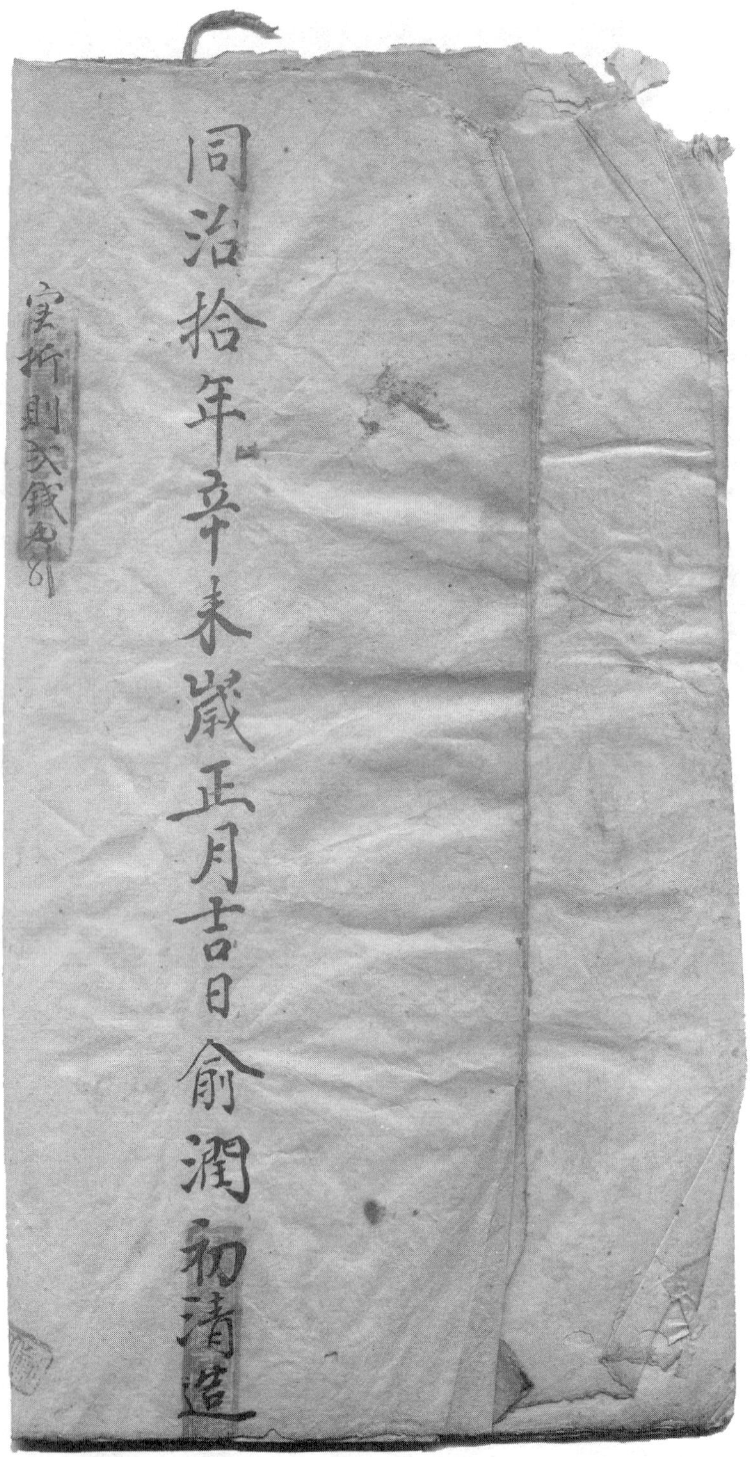
同治拾年辛未歲正月吉日俞潤初清造

实折則弍錢

江湾镇中［钟］吕村 10-2 · 同治十年 · 税粮实征册 · 永发户管

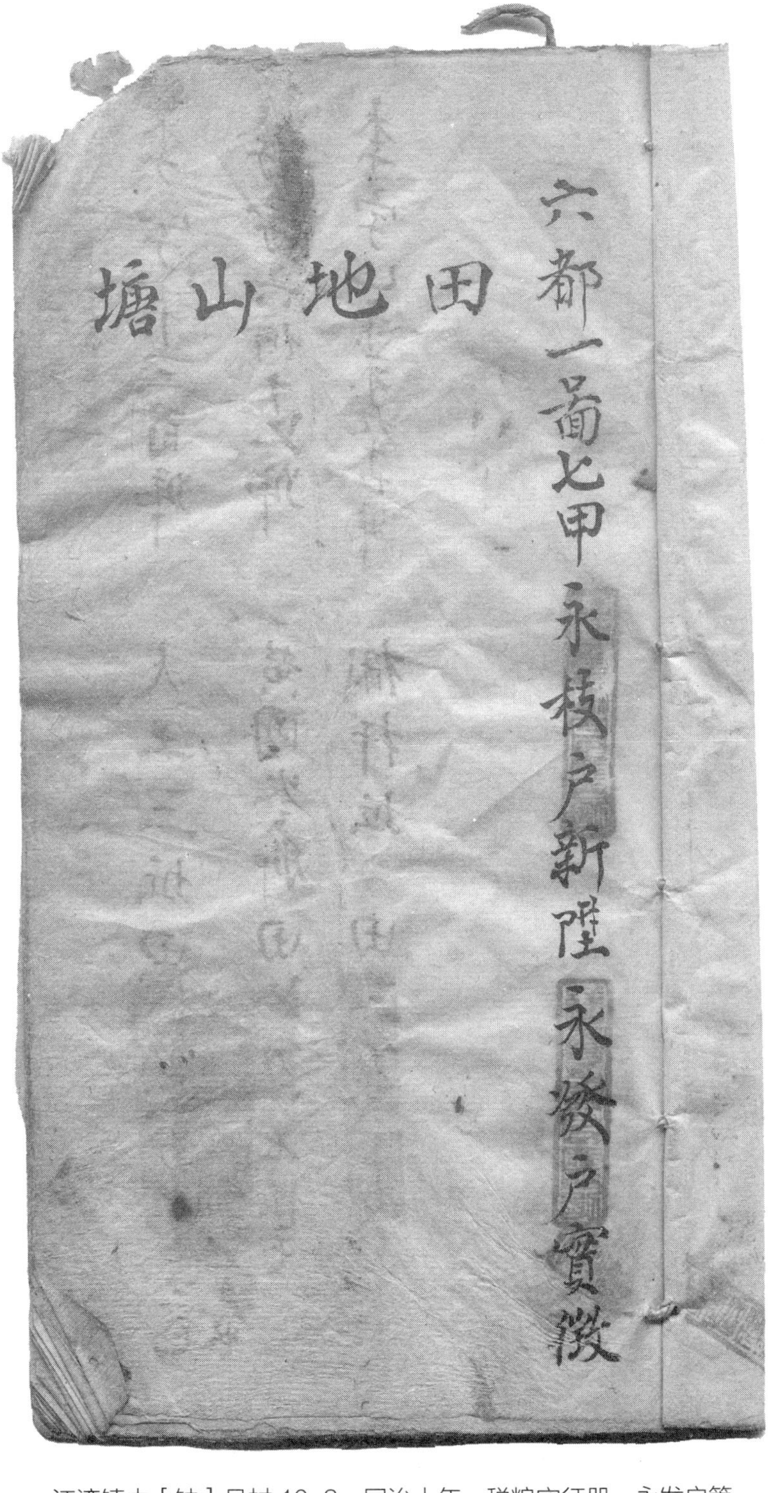
六都一啚七甲永枝户新陞永發户實徵

田地山塘

江湾镇中［钟］吕村 10-3 · 同治十年 · 税粮实征册 · 永发户管

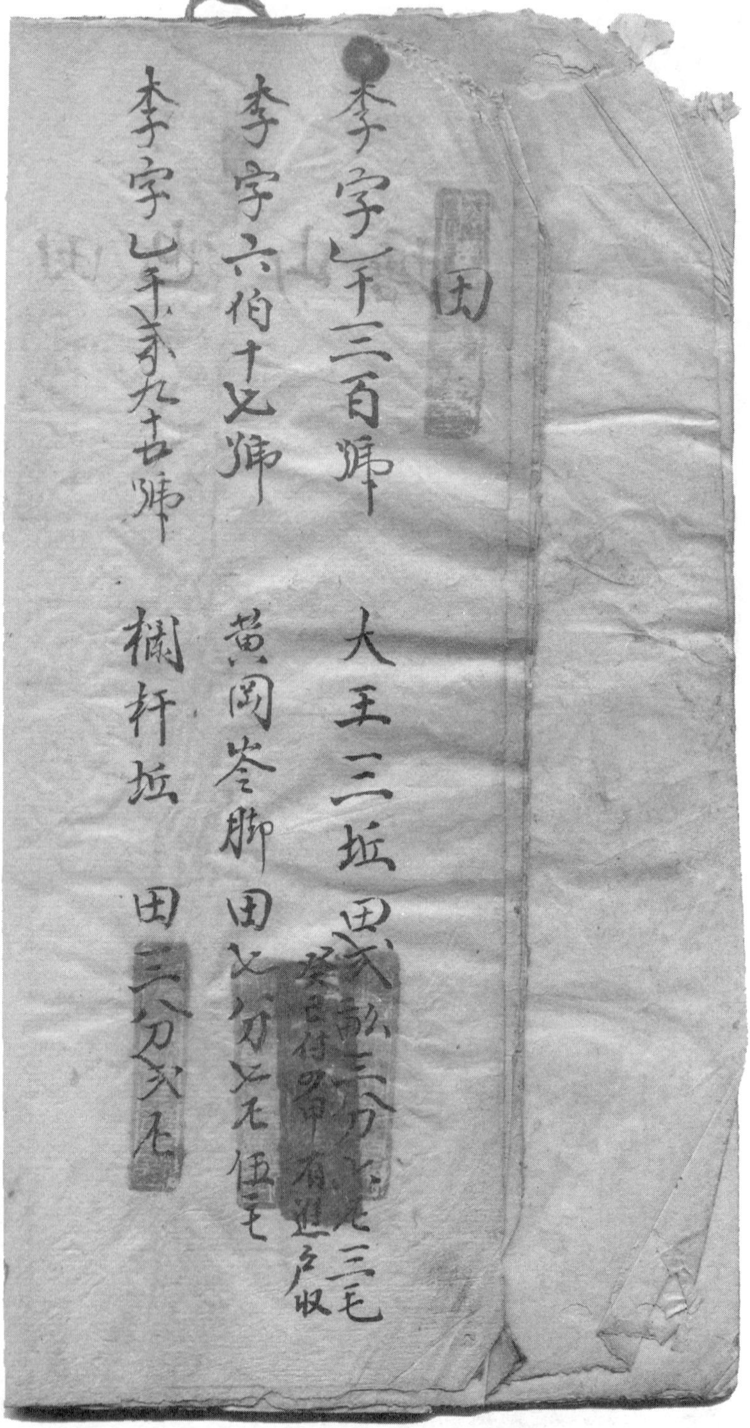

江湾镇中［钟］吕村 10-4 · 同治十年 · 税粮实征册 · 永发户管

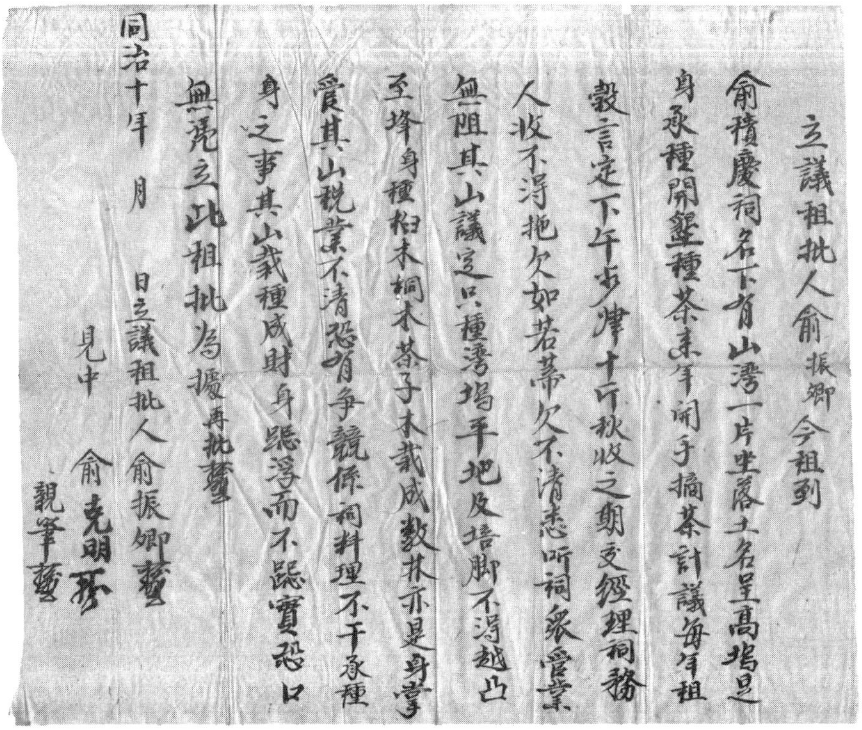
立議租批人俞振卿今租到
俞積慶祠名下有山灣一片坐落土名呈高塢是
身承種開墾種茶來年开手摘茶詳議每年租
穀言定下午步準十斤秋收之期交經理祠務
人收不得拖欠如若蒂欠不清恁听祠衆管業
無阻其山議定只種灣塢平地及塝脚不得越凸
至峰身種松木桐木茶子木栽成数林亦是身掌
管其山税業不清恐有争競係祠料理不干承種
身之事其山栽種成財身照得而不照實恐口
無憑立此租批為據 再批(押)
同治十年 月 日立議租批人俞振卿(押)
見中 俞克明(押)
親筆(押)

江湾镇中［钟］吕村 32 · 同治十年 · 议租批 · 俞振卿租到俞积庆祠

上限執照

江南徽州府婺源縣 為徵收錢糧事

都 圖 甲業戶

同治拾年分

須至者

同治十年 月 日

應湘

輸納

號

納米執照

江南徽州府婺源縣 為

奉題定徵

八都一圖 甲

同治拾年分本色米

照同交納給執照

同治十年 月 日

應湘

輸納

號

江湾镇中 [钟] 吕村 42 · 同治十年 · 纳米执照 · 应湘

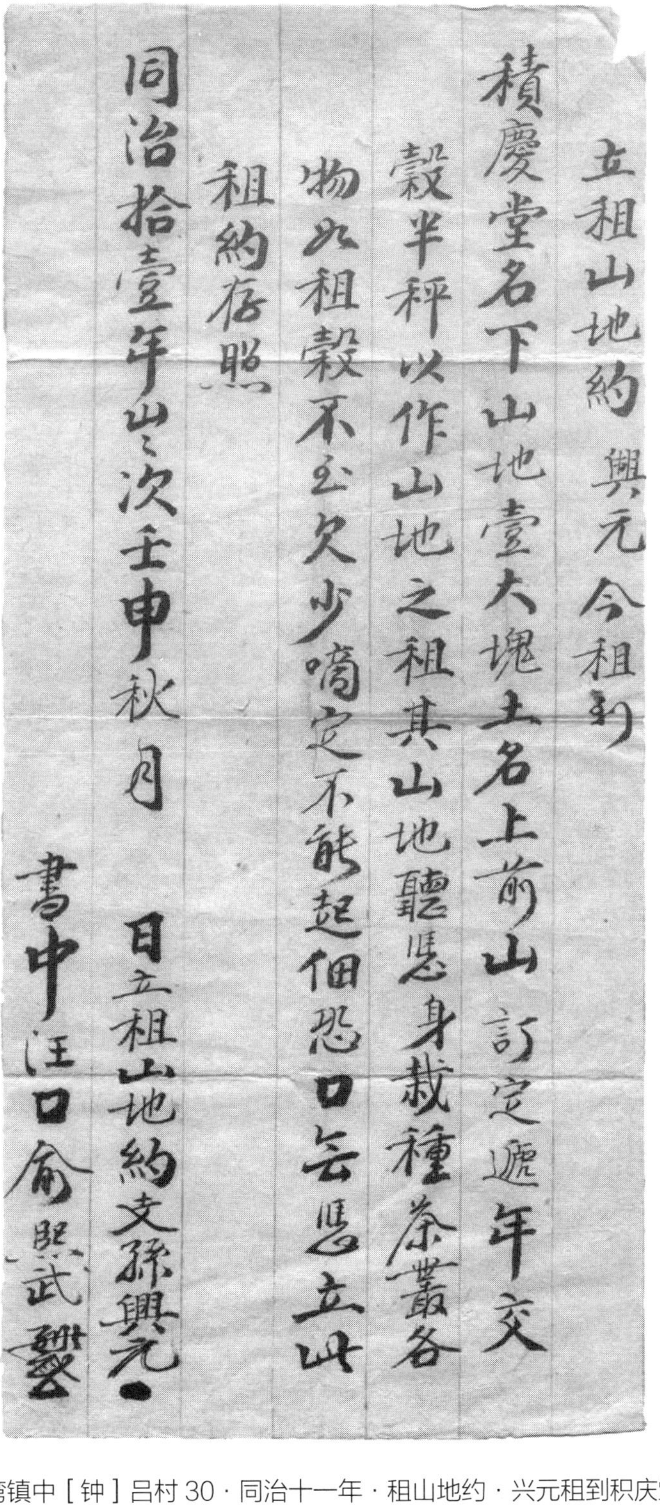
立租山地約興元今租到
積慶堂名下山地壹大塊土名上前山訂定遞年交
穀半秤以作山地之租其山地聽憑身栽種茶叢各
物以租穀不致欠少嘀定不能起佃恐口無憑立此
租約存照
同治拾壹年歲次壬申秋月　日立租山地約支孫興元
書中　汪口俞熙武

江湾镇中［钟］吕村 30 · 同治十一年 · 租山地约 · 兴元租到积庆堂

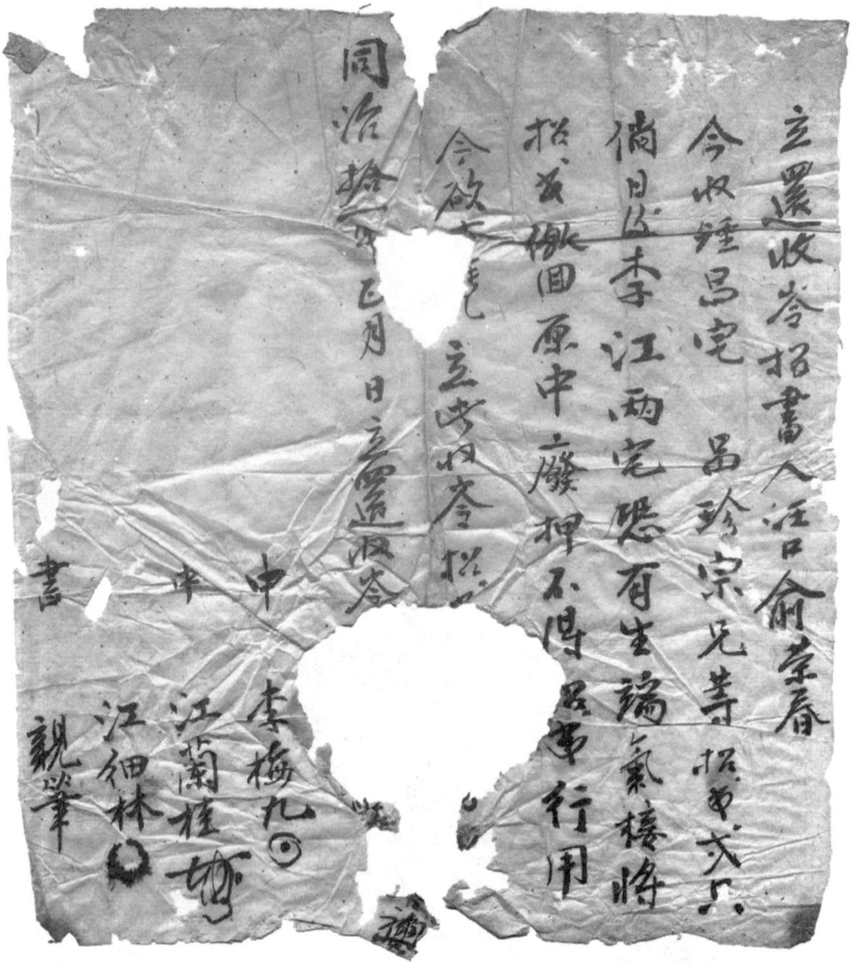

立還收岺招書人汪口俞荣春
今收鍾呂宅 呂珍宗兄等 招茶弍只
倘日后李江兩宅恐有生端氣棲將
招茶繳回原中廢押不得異再行用
今欲有憑 立此收岺招
同治拾一年正月日立還收岺

中 李梅九
中 江蘭桂
江細林
書 親筆

江湾镇中［钟］吕村 38 · 同治十一年 · 还收岭招书 · 俞荣春收吕珍宗等

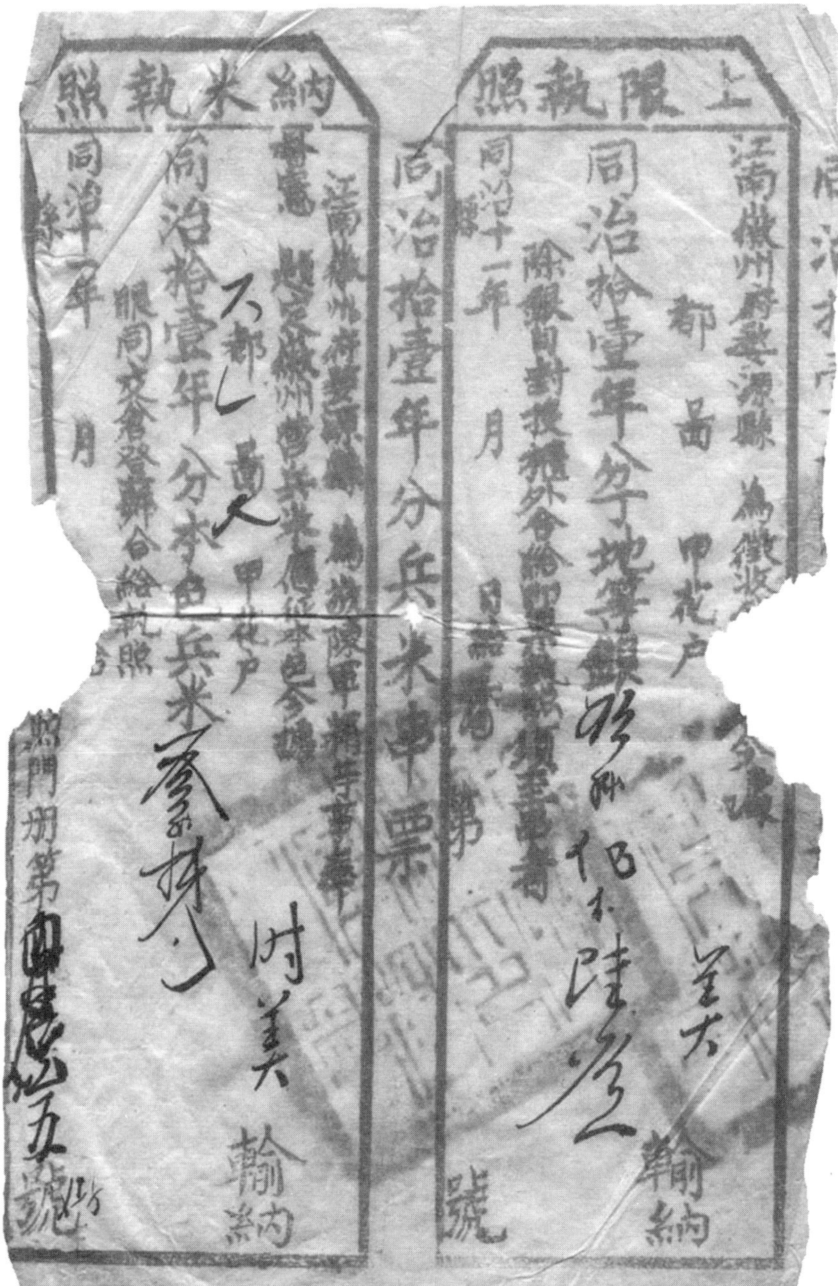
上限執照

同治拾壹年分地等銀

除限內封投櫃外合給印票須至票者

同治十一年　月　日給　第　號

輸納

納米執照

江南徽州府婺源縣

同治拾壹年分米兵米

同治十一年　月

冊第　號

江湾镇中［钟］吕村 50 · 同治十一年 · 纳米执照 · 时美

立祖山批人闻邑平坑王观福今祖到
艺东钟吕宅上俞洋五公众名下有山乙局云辰
主君礼湯坑其山是身承祖闻耍戈種雜粮當三
而凭中言定逐年私啟之期纳租洋壹身送至
戚眾司理 先生亮上不得通期其山訂定
任身等闻禮笑異倘足日戍戈種桐及如若不
闹鋤若議定不訂祖洋俏足闻鋤何訂祖洋四
方至上乙欲有凭立此祖山批為俊

同治十二年九月 日立祖山批人平坑王觀福筆
見中 俞闹泰昆
代書 俞子元謹筆

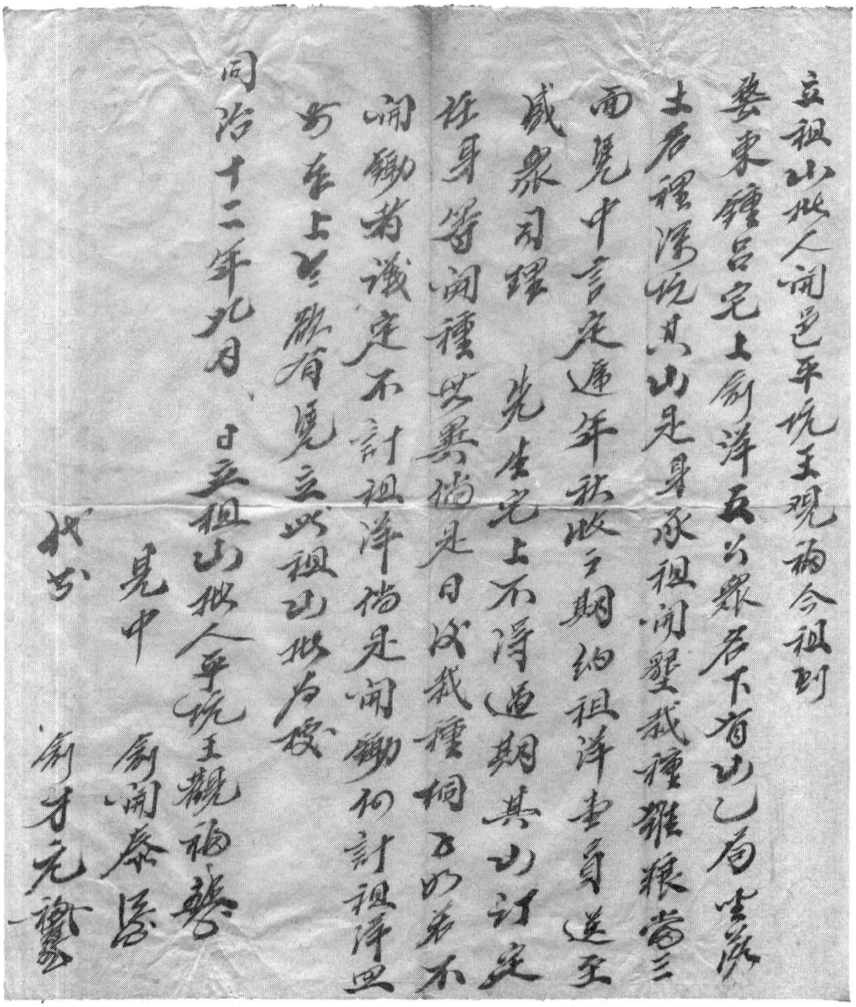

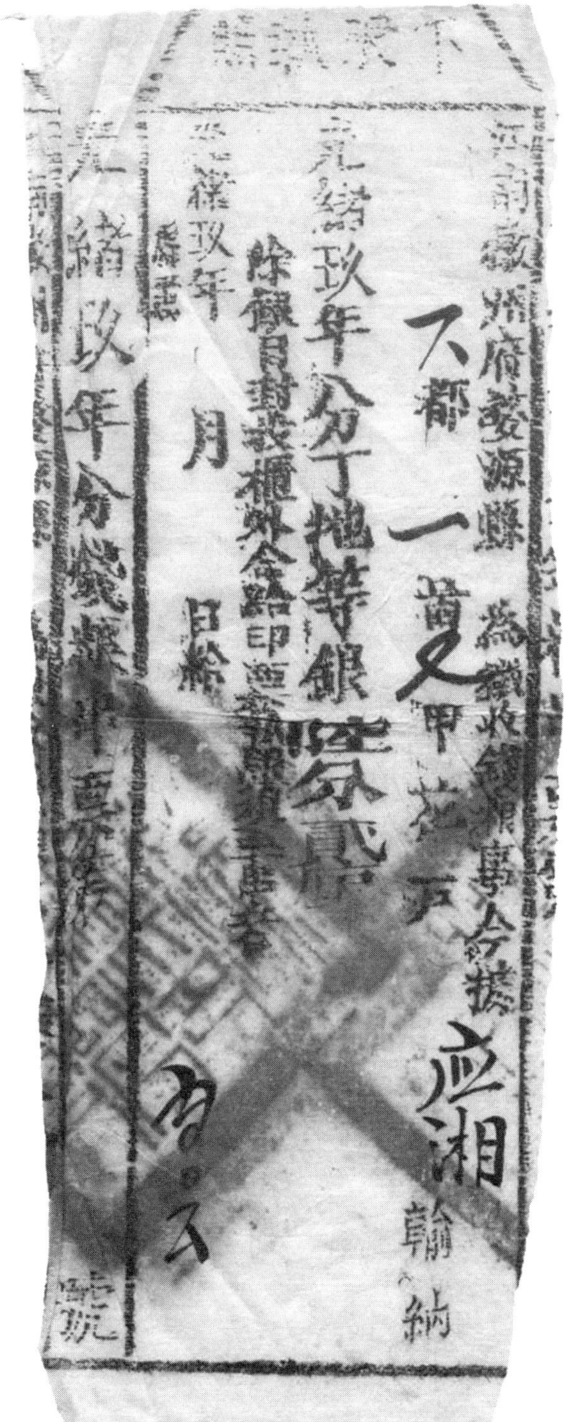
江南徽州府婺源縣　為徵收錢糧事，今據　應湘　輸納
六都　一圖　又甲　花戶
光緒玖年分丁地等銀　叁分貳
除將月對投櫃外，今給印照
光緒玖年　月　日給

江湾镇中［钟］吕村 56 · 光绪九年 · 纳米执照 · 应湘

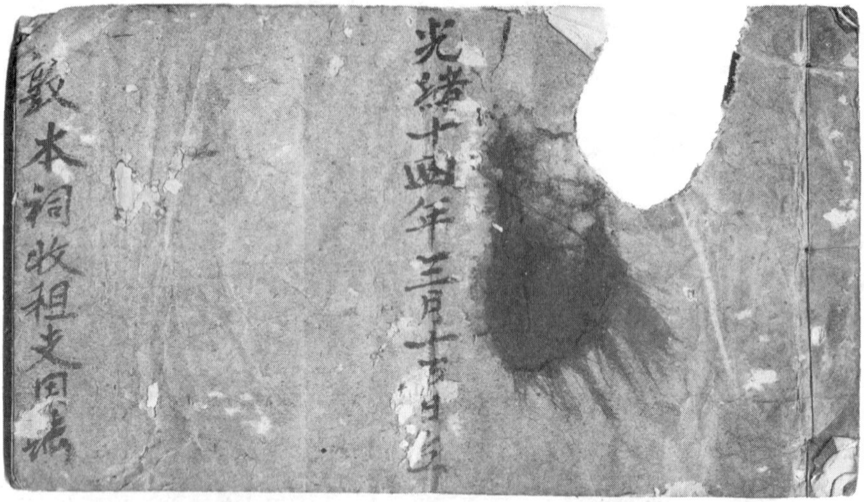

江湾镇中［钟］吕村 18-1 · 光绪十四年 · 账本 · 敦本祠收支

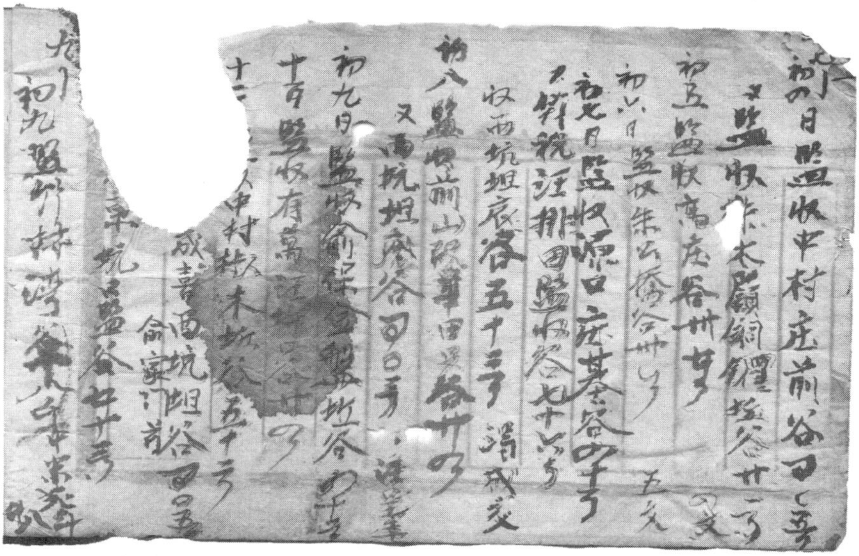

江湾镇中［钟］吕村 18–2 · 光绪十四年 · 账本 · 敦本祠收支

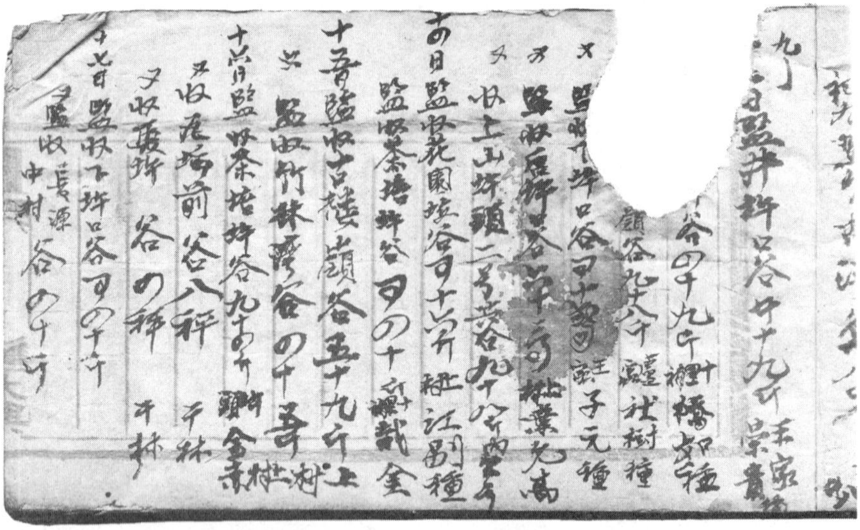

江湾镇中［钟］吕村 18-3 · 光绪十四年 · 账本 · 敦本祠收支

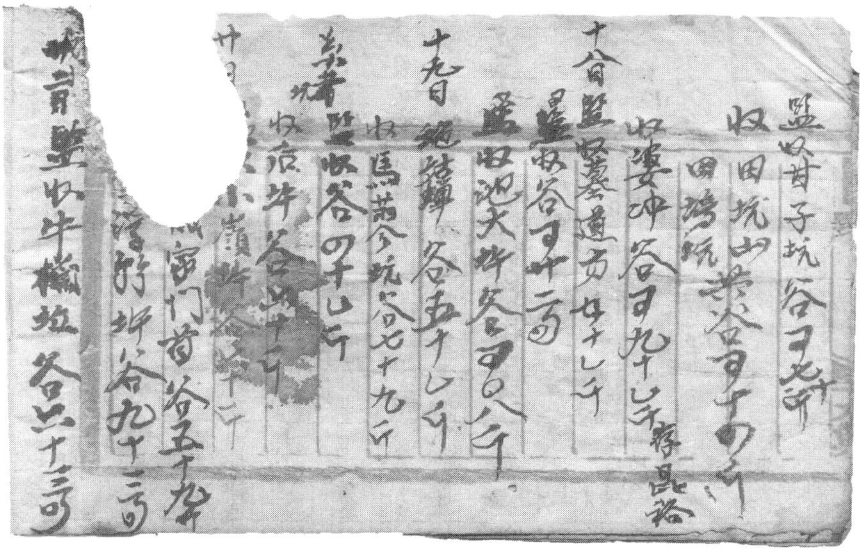

江湾镇中［钟］吕村 18-4 · 光绪十四年 · 账本 · 敦本祠收支

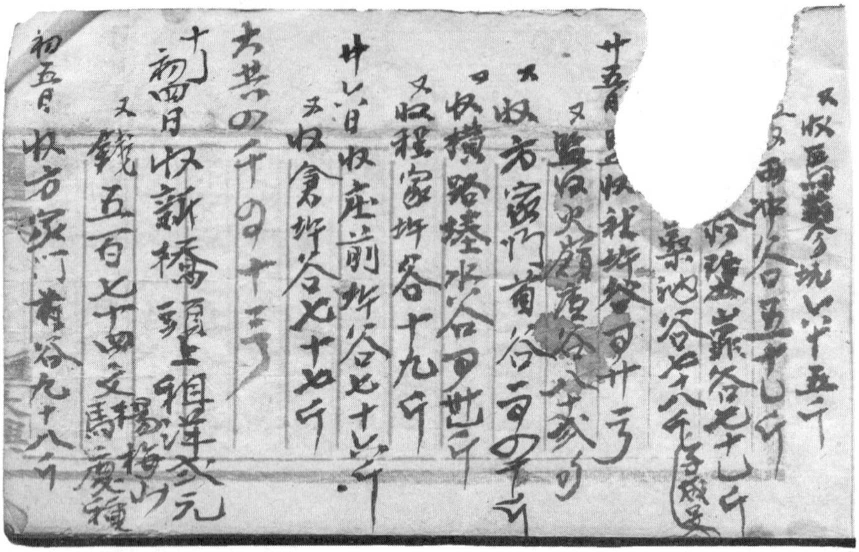

又收匡[illegible]坑[illegible]十五斤
又 西坤谷百五十七斤
收隆嵩谷七十七斤
秉沁谷廿八斤[illegible]
廿五日 收社坪谷百廿斤
又 [illegible]火砻唐谷八十二斤
又 收方家門首谷百四十斤
又 收横路棱水谷百廿斤
又 收程家坪谷十九斤
廿六日 收庄前坪谷七十六斤
又 收倉名坪谷七十七斤
共四千四十三斤
十月初四日 收新橋頭上租洋三元 楊梅山
又 錢五百七十四文 馬慶種
初五日 收方家門首谷九十八斤

江湾镇中［钟］吕村 18-5 · 光绪十四年 · 账本 · 敦本祠收支

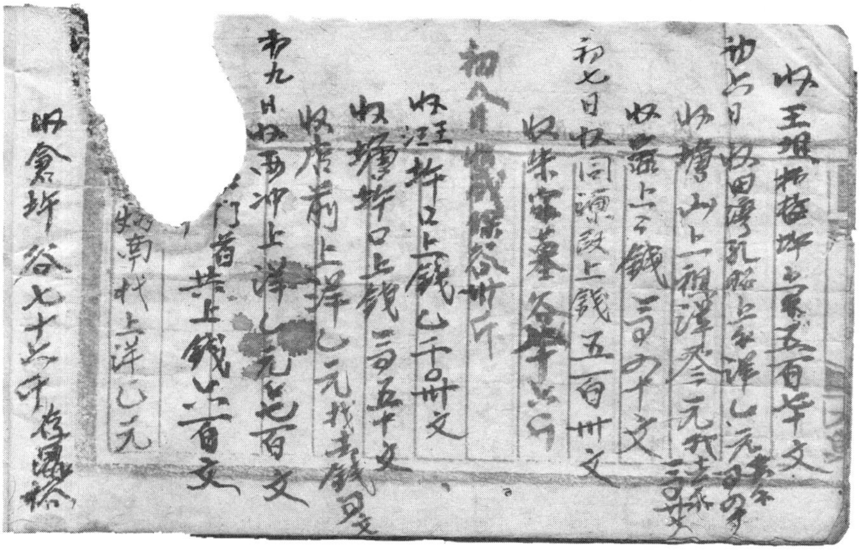
收王垻柏梧圩[illegible]五百[illegible]文
廿六日 收田湾乳船上[illegible]洋乙元[illegible]
收塆山上一租洋[illegible]元找去[illegible]文
收[illegible]上下钱三百四十文
初七日 收同源段上钱五百卅文
收朱家墓谷[illegible]
初八日 收[illegible]谷卅斤
收汪王圩口上钱乙千[illegible]卅文
收塆圩口上钱三百五十文
收唐前上洋乙元找去钱[illegible]文
十九日 收西冲上洋乙元[illegible]七百文
[illegible]门首 共上钱[illegible]二百文
[illegible]南杖上洋乙元
收俞圩谷七十六斤 存[illegible]

江湾镇中［钟］吕村 18-6 · 光绪十四年 · 账本 · 敦本祠收支

十一月十三日收廒魚肚上錢二百文
支錢?百?文付長發洋玖元
津十三千册0文
支錢?百?文付太0
三祠三日收占村塔圩租洋乙元
大錢?文
收茶坑淩前山陂上洋乙元
收王村黃竹畈上錢四廿文
收拾郎王鼎上千七百三文
收女東坑上主五百文
收梘頭上洋乙元
出魚廟底上乙千司文
出壬村念圩廿千五百七十文
初四日收橫坑口上襲洋弍元

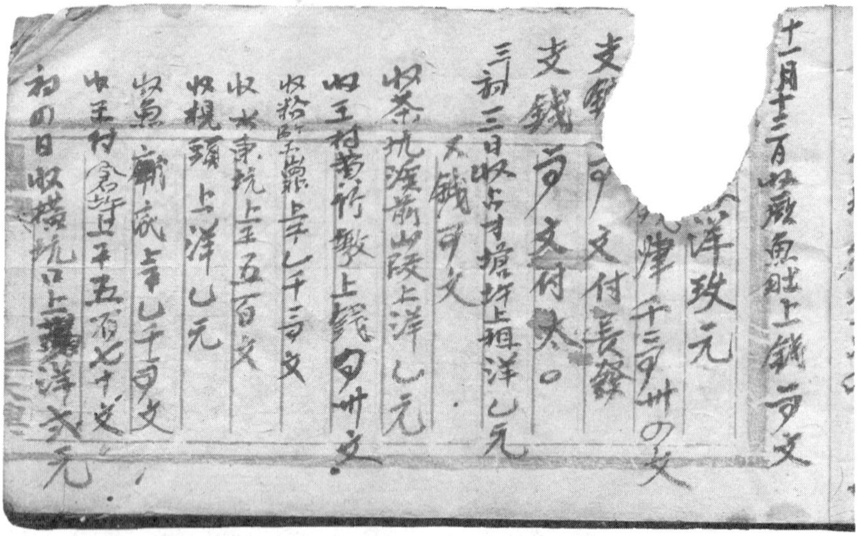

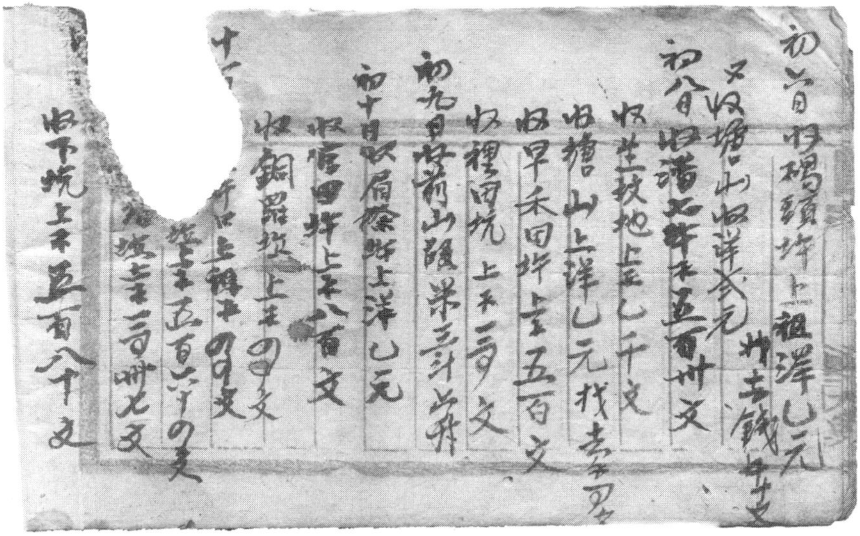

初六日收碣頭坽上租洋乙元　卅壬錢廿廿文
又收塘山收洋弍元
初八日收潘家坽本五百卅文
收芏坟地上乙千文
收塘山上洋乙元　找去壬百文
收早禾田坽上五百文
收裡田坑上本一千文
初九日收前山頭弟三升半
初十日收眉塍坽上洋乙元
收官田坽上本八百文
收銅器坟上本四百文
十一[illegible]坪田上頭本四百文
塋上本五百六十四文
塘上本一千卅九文
收下坑上本五百八十文

江湾镇中［钟］吕村 18-8 · 光绪十四年 · 账本 · 敦本祠收支

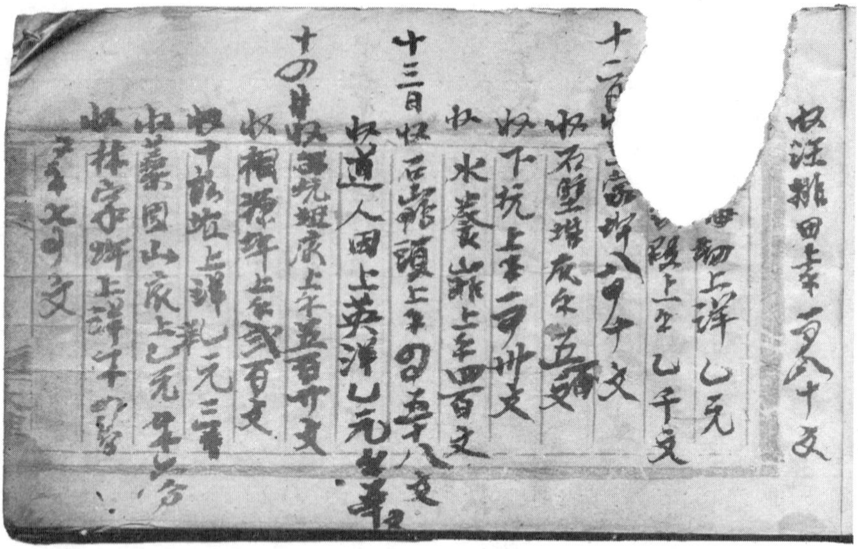

江湾镇中［钟］吕村 18-9 · 光绪十四年 · 账本 · 敦本祠收支

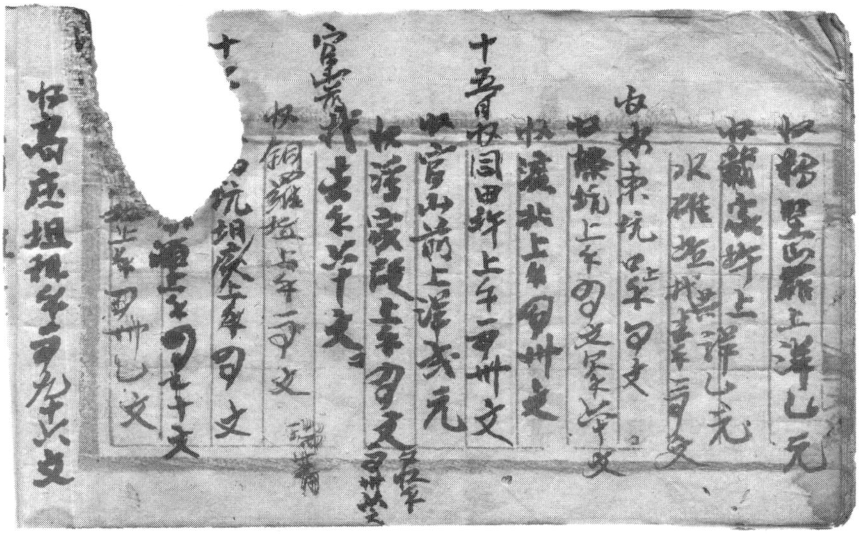

江湾镇中［钟］吕村 18-10 · 光绪十四年 · 账本 · 敦本祠收支

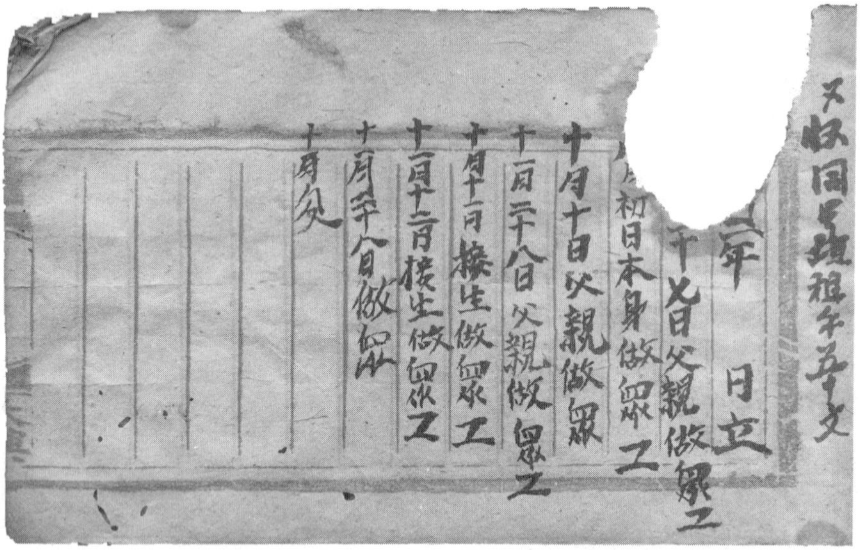

又收同吕姓祖会五十文

……年　日立

……十七日父親做衆工

……月初日本身做衆工

十月十日父親做衆

十一月二十八日父親做衆工

十月十一日接生做衆工

十一月十二日接生做衆工

十一月廿八日做衆

十月又

江湾镇中［钟］吕村 18-11 · 光绪十四年 · 账本 · 敦本祠收支

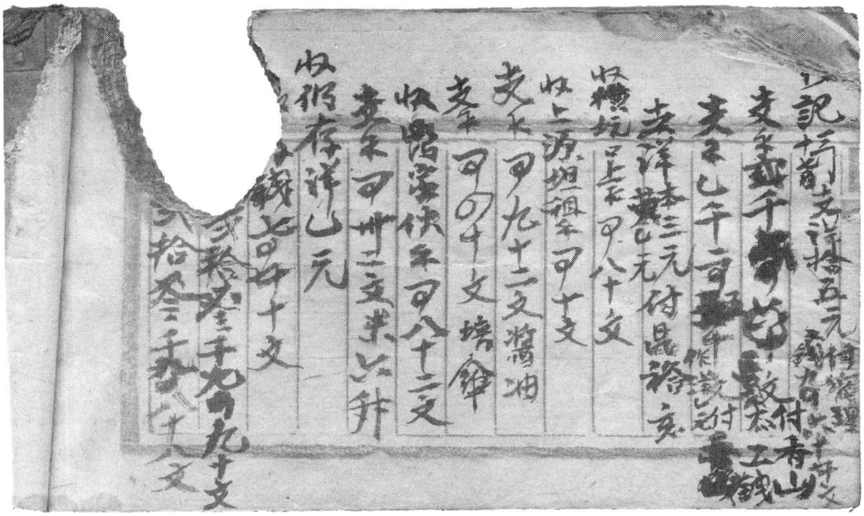

江湾镇中［钟］吕村 18-12 · 光绪十四年 · 账本 · 敦本祠收支

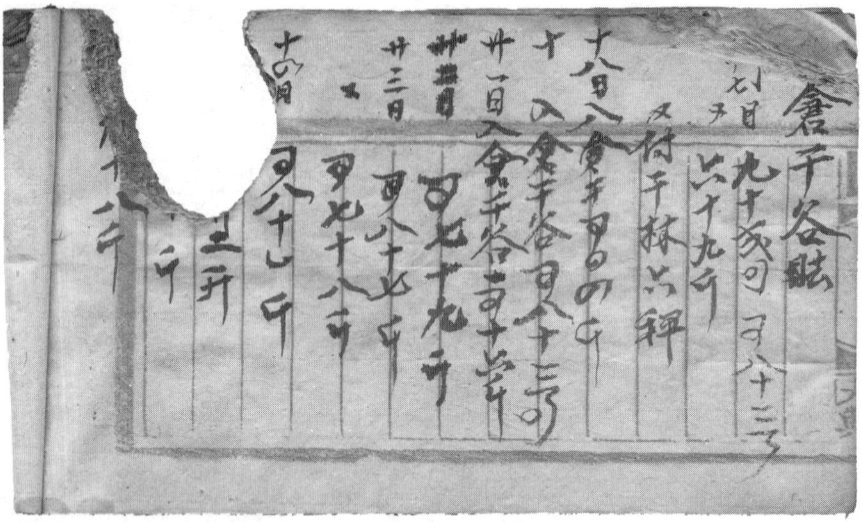
倉干谷賬
七月 九十[illegible] 又八十三[illegible]
又 六十九斤
又付干秫六秤
十八日入倉干谷四十斤
十 入倉干谷又八十三[illegible]
廿一日入倉干谷五十三斤
廿 又七十九斤
廿三日 又八十七斤
又 又七十八斤
十四日 又八十三斤
[illegible]三斤
[illegible]斤
[illegible]八十八斤

江湾镇中［钟］吕村 18-13 · 光绪十四年 · 账本 · 敦本祠收支

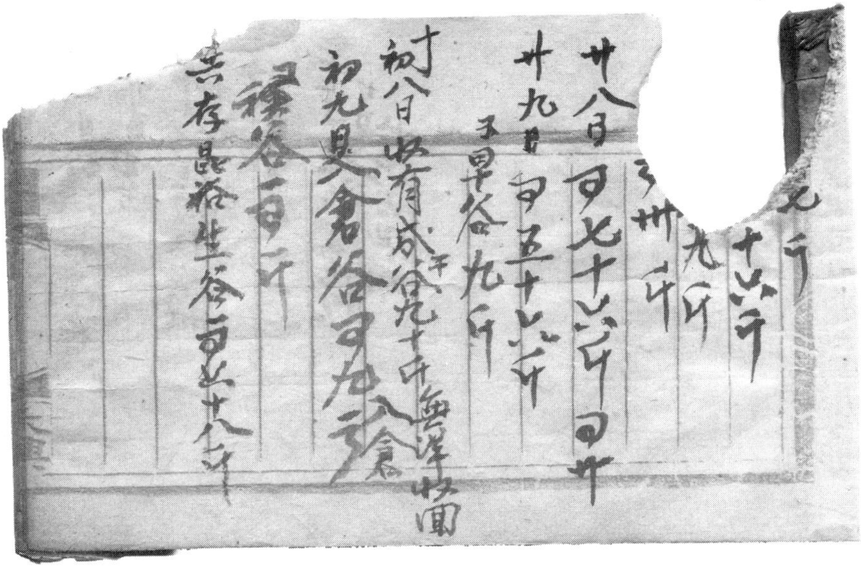
九斤
十六斤
九斤
又卅斤
廿八日 百七十六斤 田廿
廿九日 百五十六斤
又 早谷九斤
十一 初八日 收有成 谷九十斤 粤洋收回
初九日 吴會谷百九十斤 入倉
又 種谷百斤
共存早谷生谷百五十八斤

江湾镇中［钟］吕村 18-14 · 光绪十四年 · 账本 · 敦本祠收支

二日挂祠收早租
初四日回家
初九日進祠收晚租
廿日回家
十□日進祠收煮租
廿□日回家

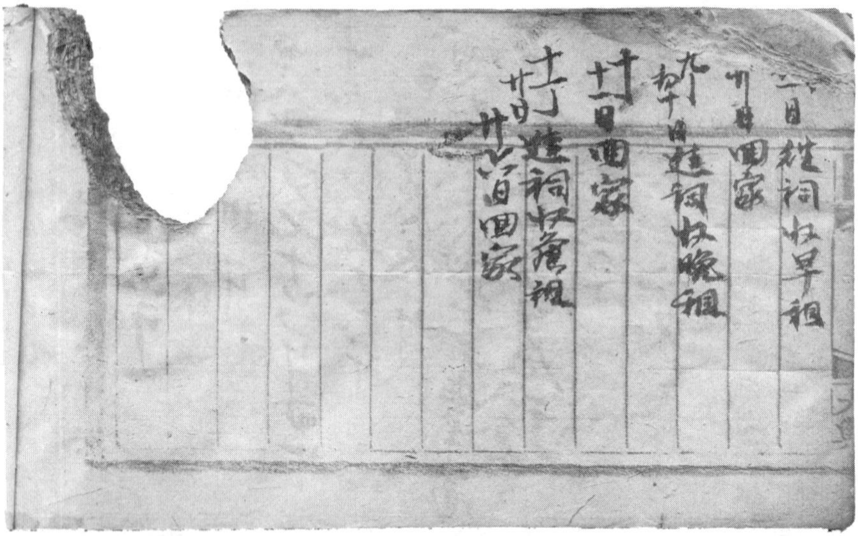

江湾镇中［钟］吕村 18-15·光绪十四年·账本·敦本祠收支

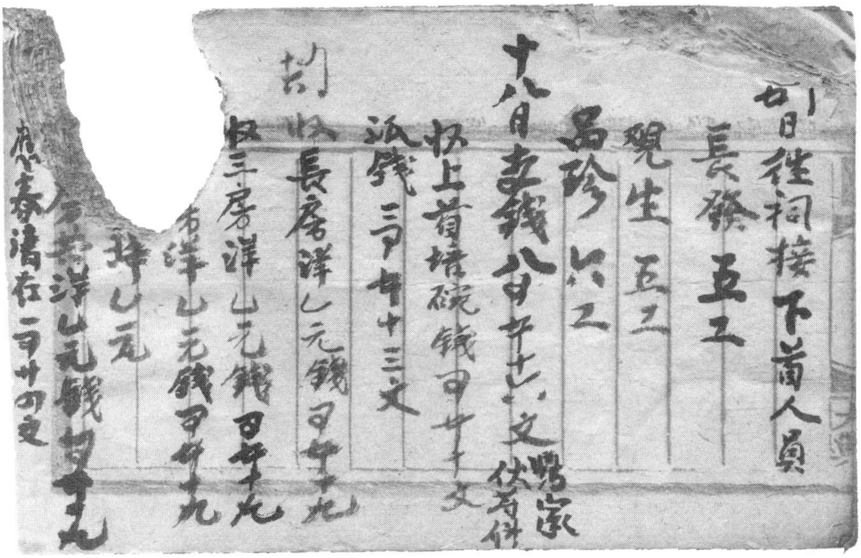

七日往祠接下首人員
長發 五工
覌生 五工
品珍 六工
十八日支錢八百廿七文 鸭家
收上首培碗錢百廿十文 伏若併
派錢 三百廿十三文
初收長房洋乙元錢百廿十九
收三房洋乙元錢百廿十九
支洋乙元錢百廿九
收乙元
又洋乙元錢百廿十九
慶春清在一百廿四文

江湾镇中［钟］吕村 18-16 · 光绪十四年 · 账本 · 敦本祠收支

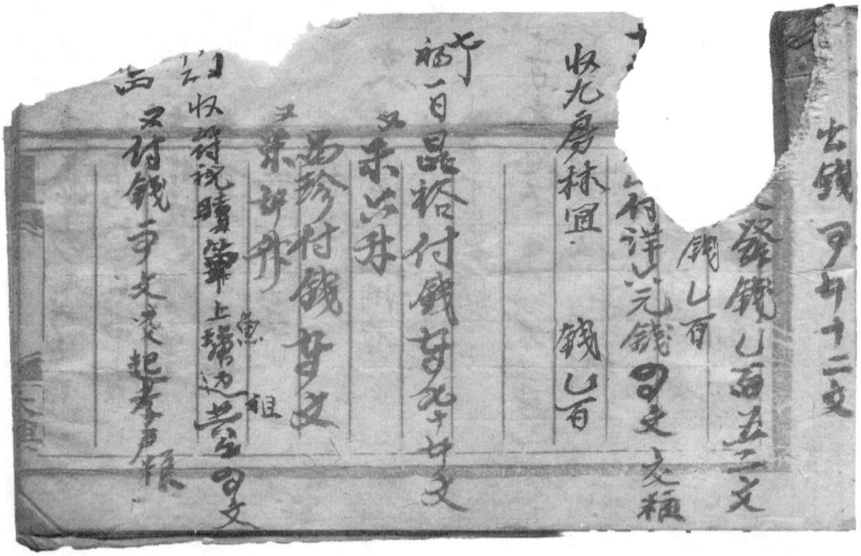

江湾镇中 [钟] 吕村 18-17 · 光绪十四年 · 账本 · 敦本祠收支

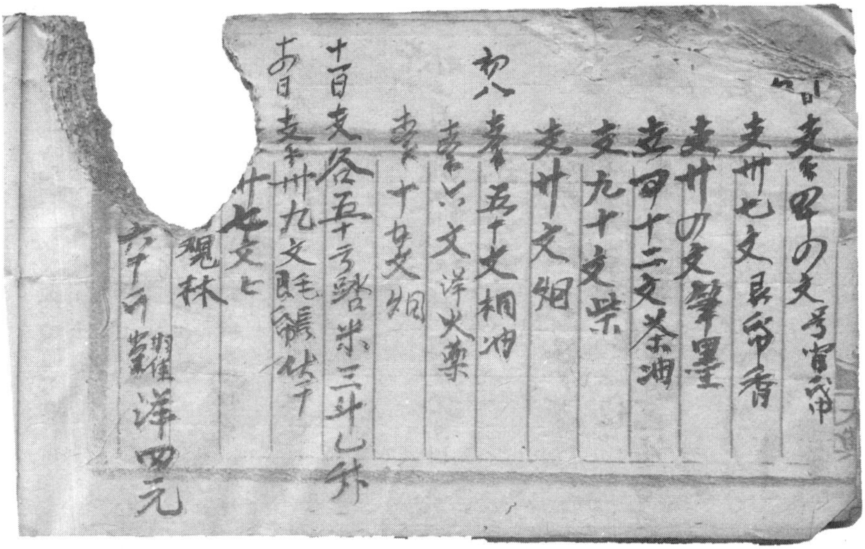
[illegible]日 支錢[illegible]文 [illegible]
支卅七文 [illegible]香
支廿四文 筆墨
支四十二文 茶油
支九十文 柴
支廿文 烟
初八 支錢五十文 桐油
支錢六文 洋火藥
支錢十文 烟
十一日 支各五十文 [illegible]米三升[illegible]
十二日 支錢卅九文 [illegible]
廿七文 [illegible]
硯林
[illegible] 洋四元

江湾镇中［钟］吕村 18-18 · 光绪十四年 · 账本 · 敦本祠收支

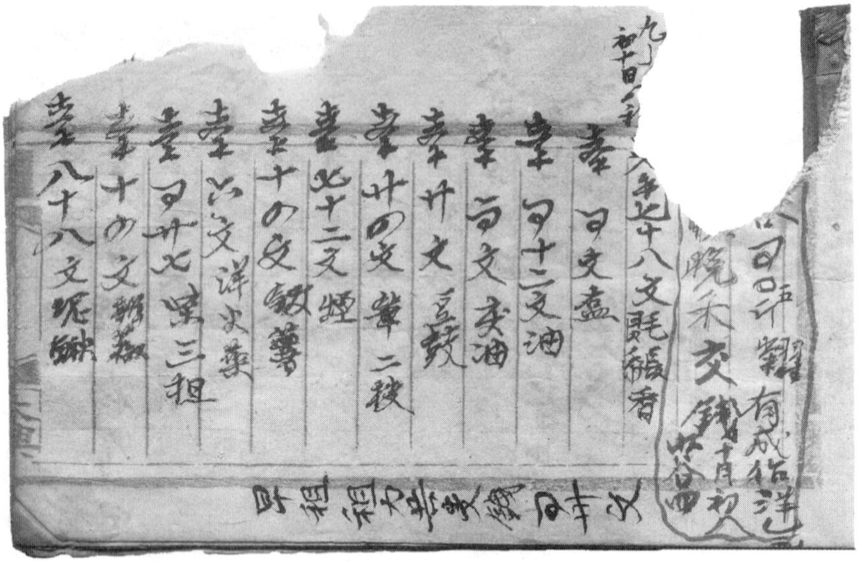

江湾镇中［钟］吕村 18-19 · 光绪十四年 · 账本 · 敦本祠收支

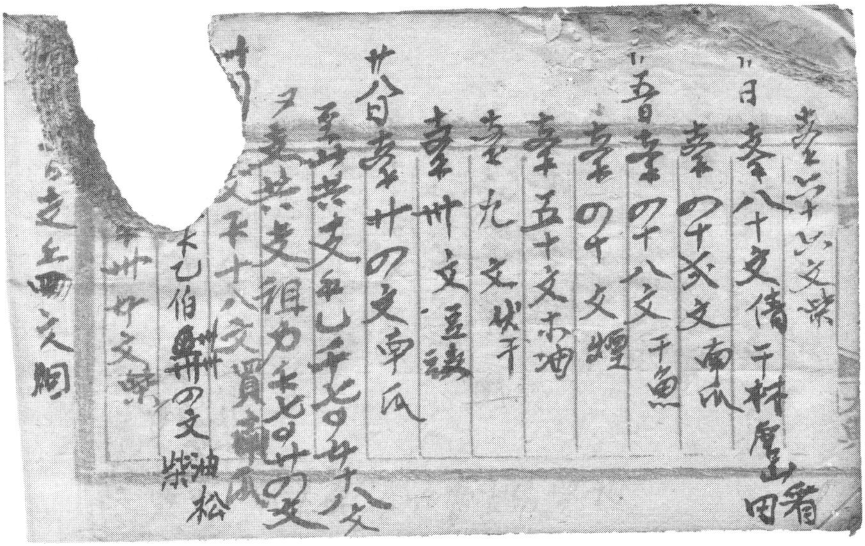

江湾镇中［钟］吕村 18-20 · 光绪十四年 · 账本 · 敦本祠收支

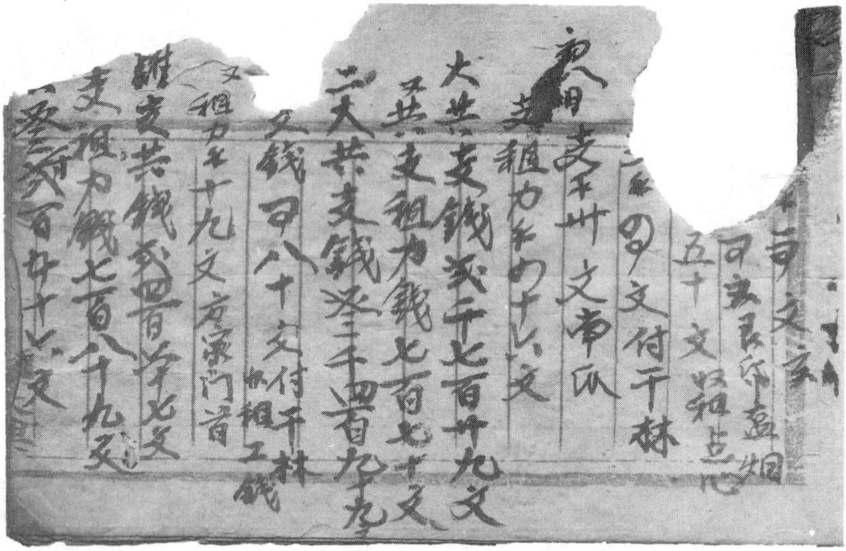

江湾镇中［钟］吕村 18-21 · 光绪十四年 · 账本 · 敦本祠收支

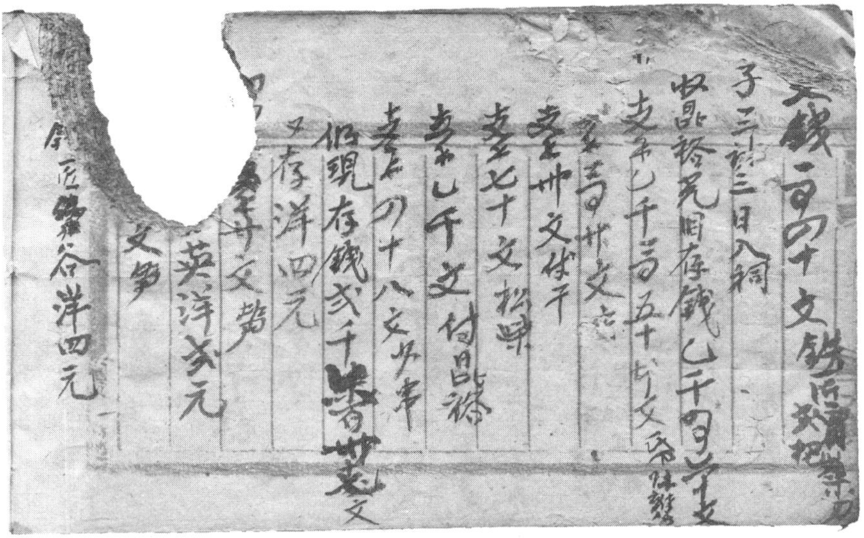

江湾镇中［钟］吕村 18-22 · 光绪十四年 · 账本 · 敦本祠收支

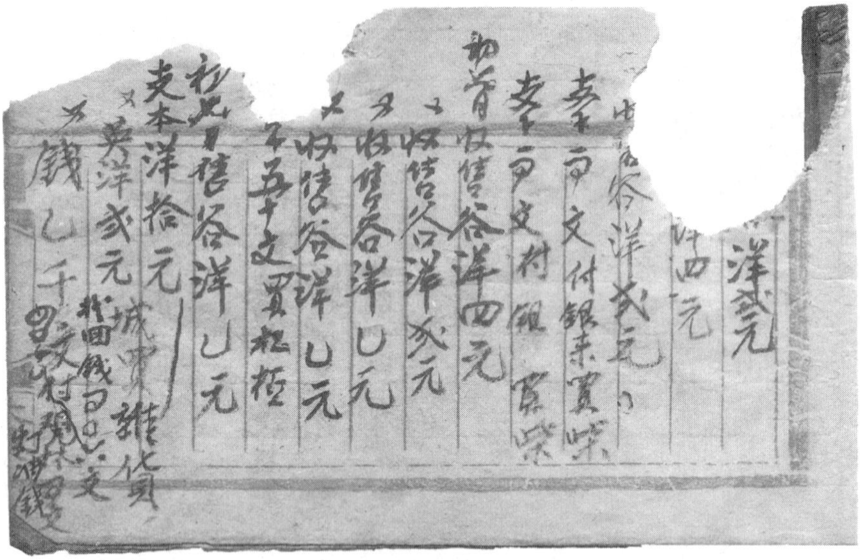

江湾镇中［钟］吕村 18-23 · 光绪十四年 · 账本 · 敦本祠收支

八日支水豆五十文買茶□
初七日支止五十文笋
初合支斗回支付杏□
卄九日報佳念洋式元
又卆卅文措廣菓花生
□日支卆百文付昆谱
支斗二文付荆山段租力
支合可卅文杖租忘心
十一日支卆卅九文買菜
又卆十文尊糎
十二日支卆卅五文紫山糎
四十文笋
八文付平梅菜
十五百卅乚文香山
條居

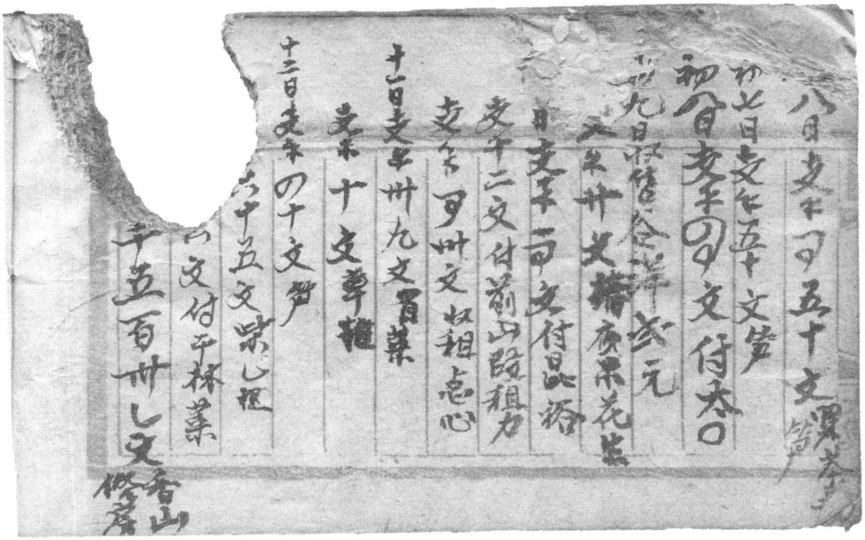

江湾镇中［钟］吕村 18-24·光绪十四年·账本·敦本祠收支

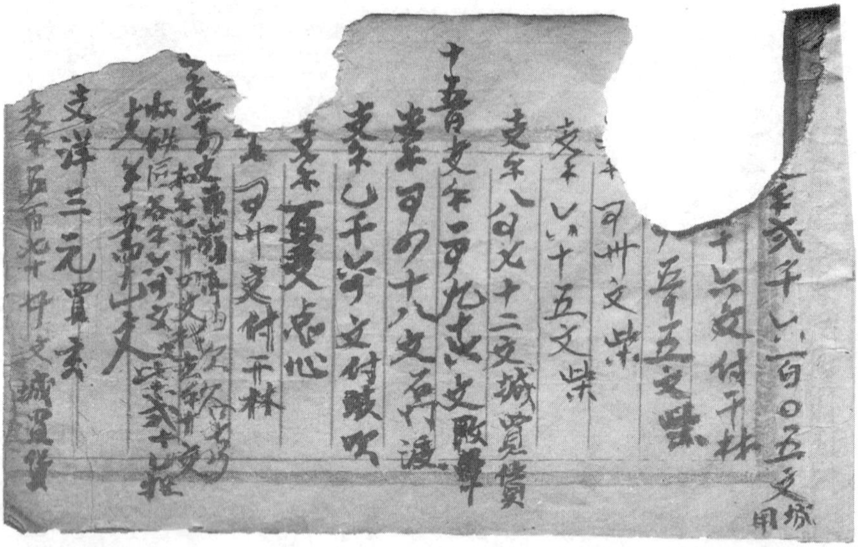

年弍千六百〇五文 城用
十六文付千林
八十五文柴
四十文柴
支本六十五文柴
支本八百九十二文城買賃
[illegible]
支本一千〇四十八文[illegible]渡
支本一千四百文付鼓吹
支本二百文點心
支本四十文付千林
[illegible]
支洋三元買表
支本五百九十四文城買賃

江湾镇中［钟］吕村 18–25 · 光绪十四年 · 账本 · 敦本祠收支

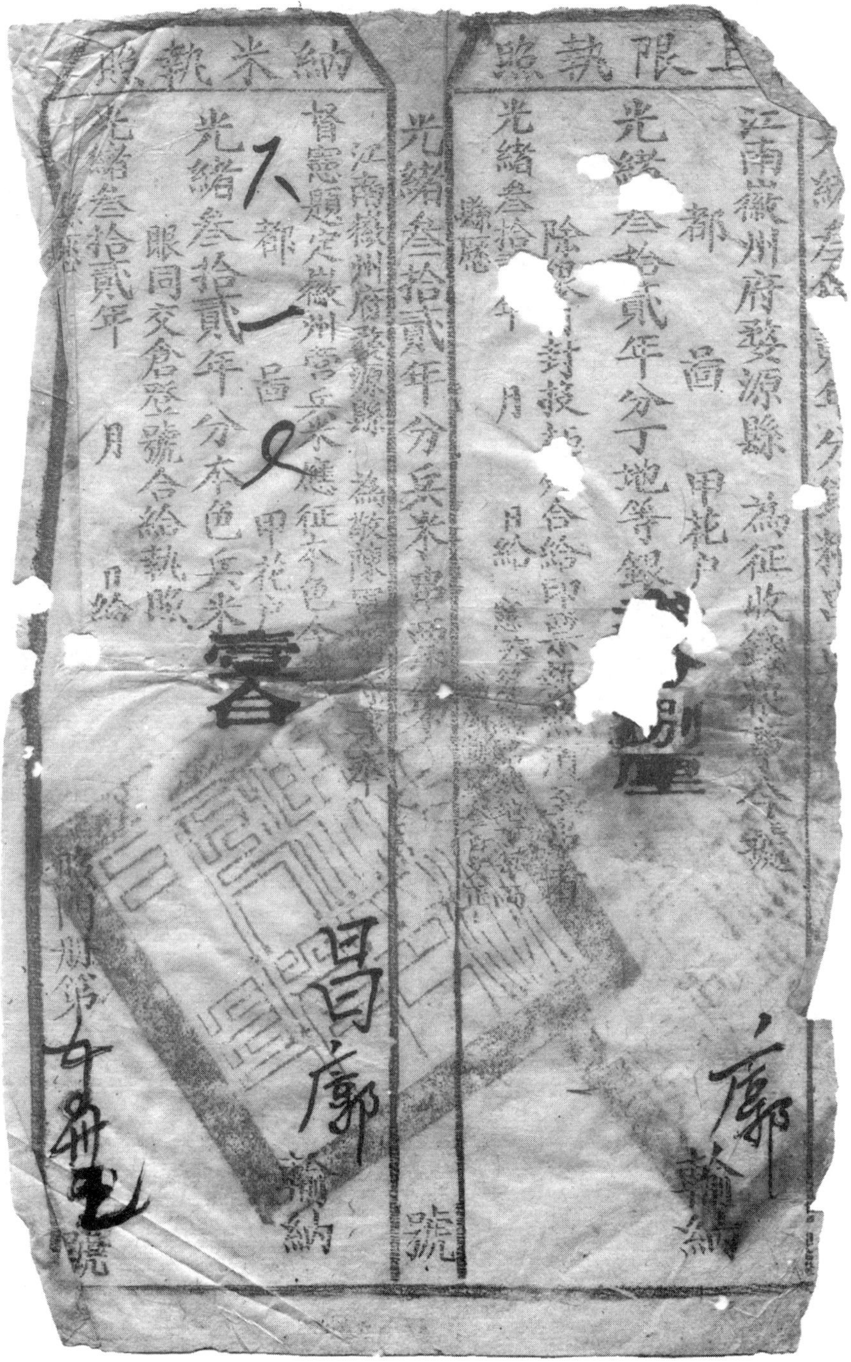

納米執照

江南徽州府婺源縣 為遵奉

督憲題定徽州營兵米應征本色今

光緒叁拾貳年分兵米

八都 一 圖 甲花户 昌廊

光緒叁拾貳年分本色兵米

限同交倉登號合給執照

光緒叁拾貳年 月 日給

上限執照

江南徽州府婺源縣 為征收錢糧

都 圖 甲花户

光緒叁拾貳年分丁地等銀

光緒叁拾貳年 月 日給

江湾镇中［钟］吕村 110 · 光绪三十二年 · 纳米执照 · 昌廊

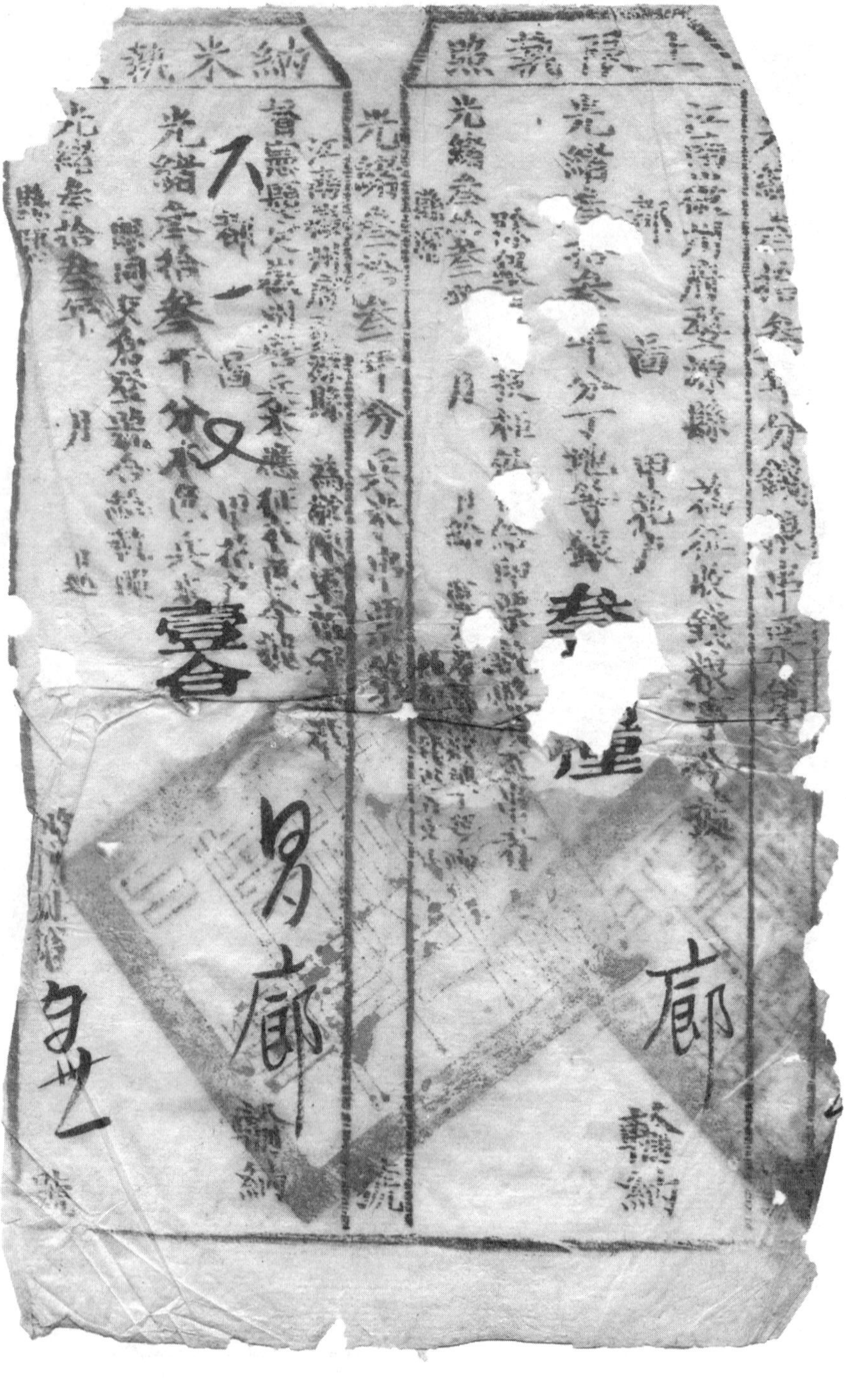

江湾镇中［钟］吕村 109 · 光绪三十三年 · 纳米执照 · 昌廊

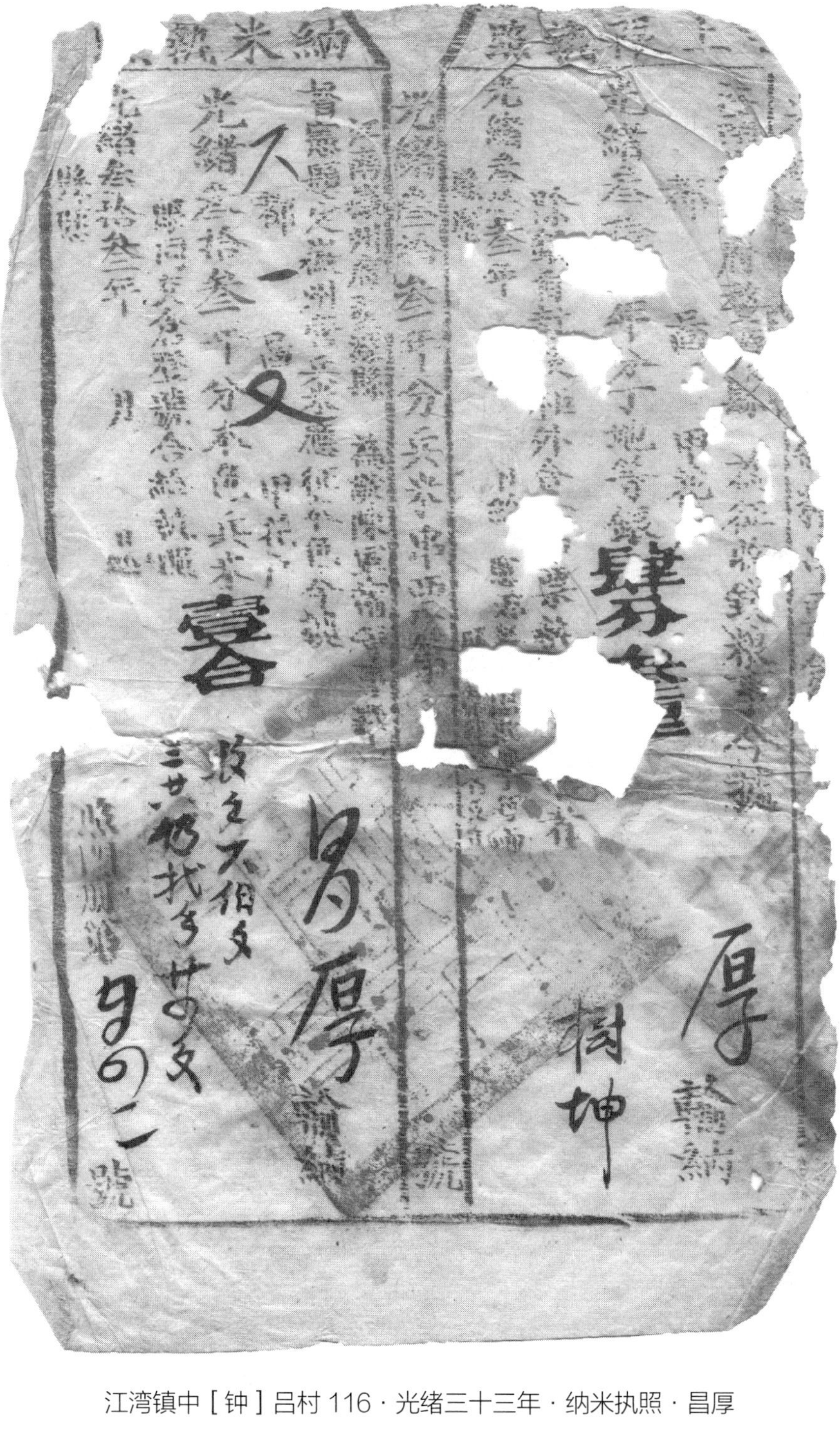

江湾镇中［钟］吕村 116 · 光绪三十三年 · 纳米执照 · 昌厚

江湾镇中［钟］吕村 97 · 宣统元年 · 纳米执照 · 昌廊

江湾镇中［钟］吕村 98 · 宣统元年 · 纳米执照 · 昌厚

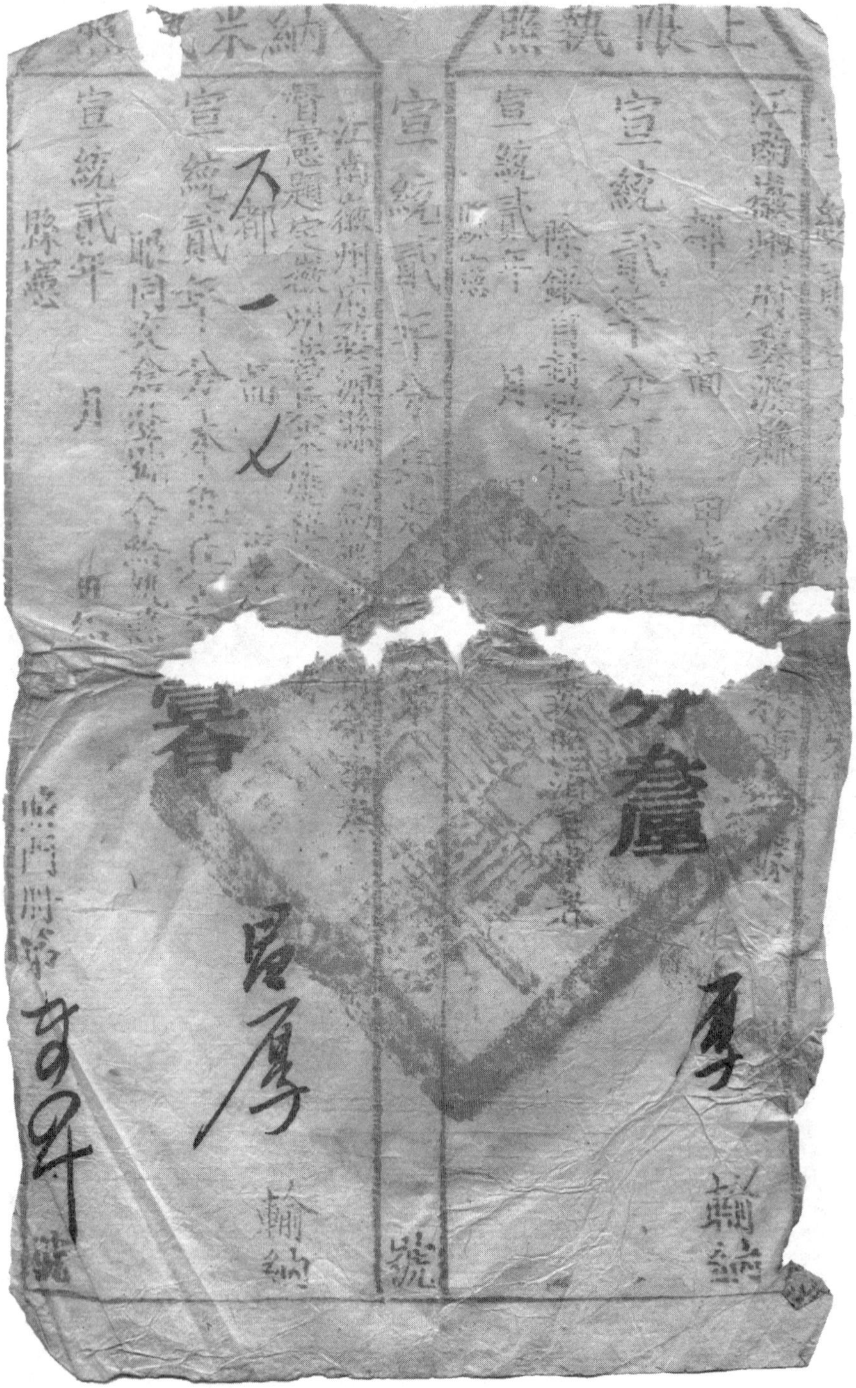

江湾镇中［钟］吕村 107 · 宣统二年 · 纳米执照 · 昌厚

江湾镇中［钟］吕村 108 · 宣统二年 · 纳米执照 · 昌廊

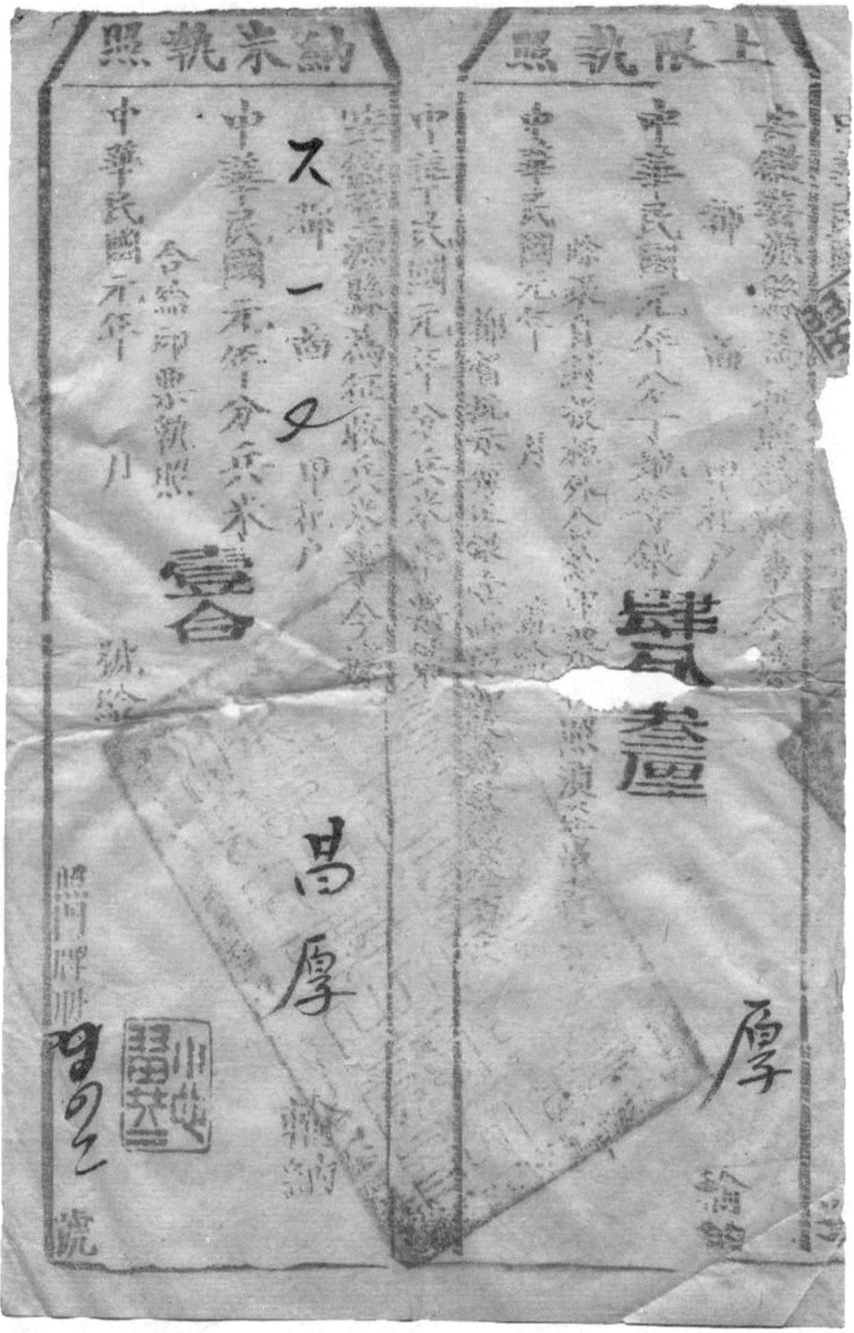

江湾镇中［钟］吕村 60 · 民国元年 · 纳米执照 · 昌厚

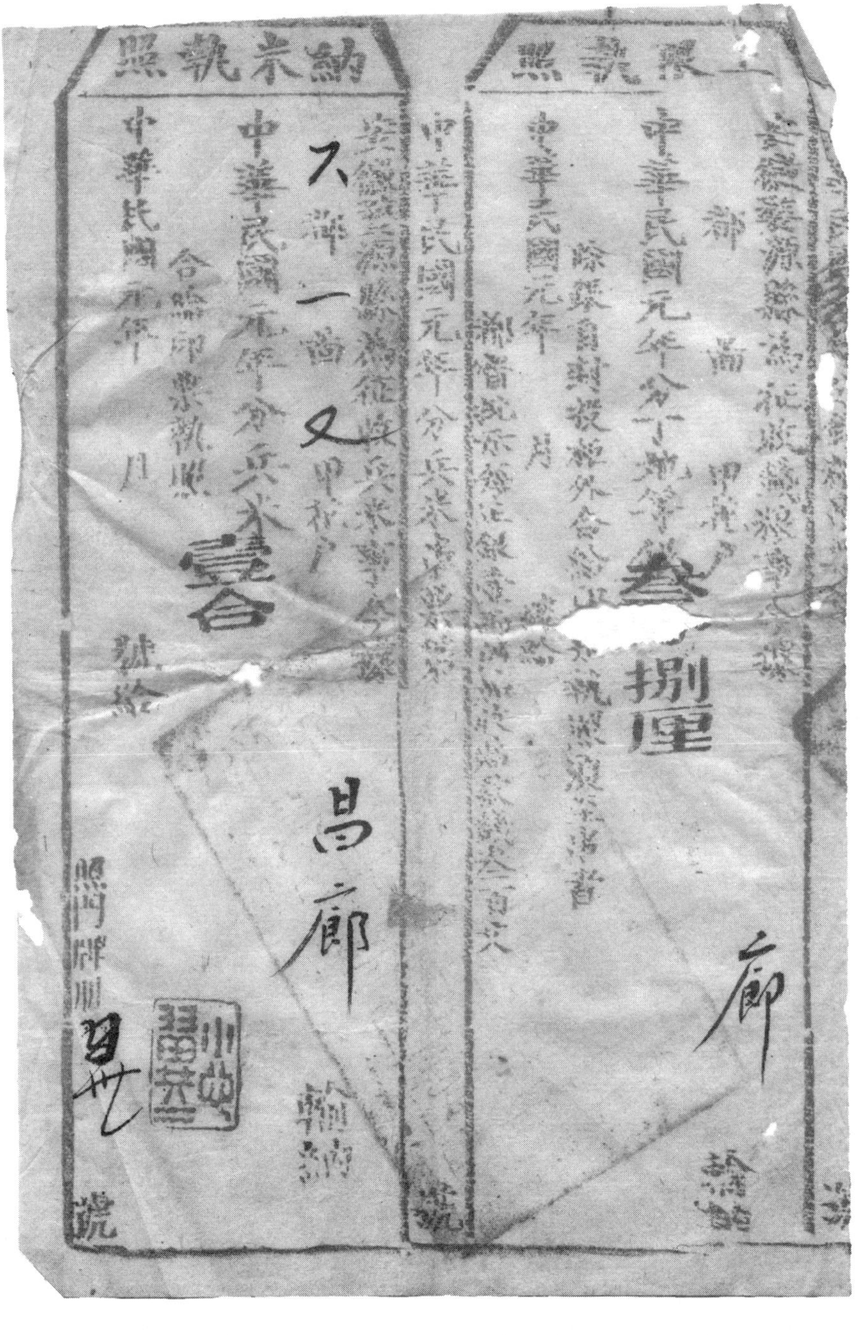
納米執照
中華民國元年分兵米壹合
合給印票執照
中華民國元年 月 號給
昌廊
上限執照
中華民國元年分丁漕等銀叁 捌厘
中華民國元年 月
廊

江湾镇中［钟］吕村 99 · 民国元年 · 纳米执照 · 昌廊

上限執照
安徽婺源縣為征收錢糧等事今據
都 圖 甲花戶
中華民國貳年分丁地等銀
除銀自封投柜外合給印串執照須至串者
都督批示每兵銀壹兩加收照款錢叁百文
中華民國貳年 月 號給
廊 輸納

中華民國貳年分兵米案票第 號

納米執照
安徽婺源縣為征收兵米事今據
都一 圖 甲花戶
中華民國貳年分兵米
合給印票執照
中華民國貳年 月 號給照門冊第 號
昌廊 輸納

江湾镇中［钟］吕村 61 · 民国二年 · 纳米执照 · 昌廊

上限執照

安徽婺源縣為征收錢糧事今據
都 啚 甲花户 厚 輸納
中華民國貳年分丁地等銀
除銀自封投柜外合給印串執照須至串者
中華民國貳年 月 號給
都督批示每正銀壹兩仍加收賠款錢叁百文
中華民國貳年分兵米串票第 號

納米執照

安徽婺源縣為征收兵米事今據
不都一 啚 又 甲花户 昌厚 輸納
中華民國貳年分兵米
合給印票執照
完
中華民國貳年 月
號給照門册第 號

江湾镇中［钟］吕村 100 · 民国二年 · 纳米执照 · 昌厚

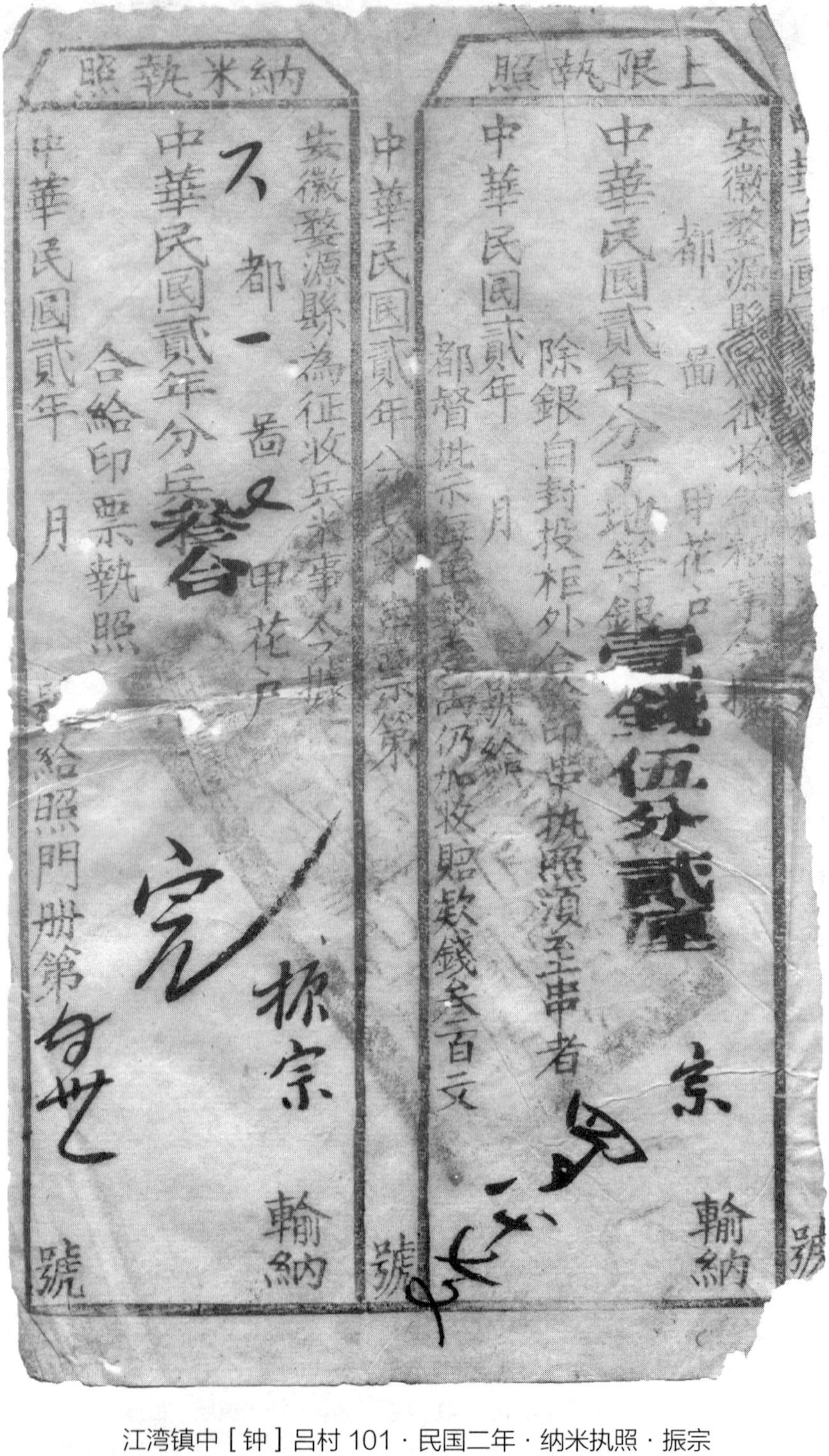

江湾镇中［钟］吕村 101 · 民国二年 · 纳米执照 · 振宗

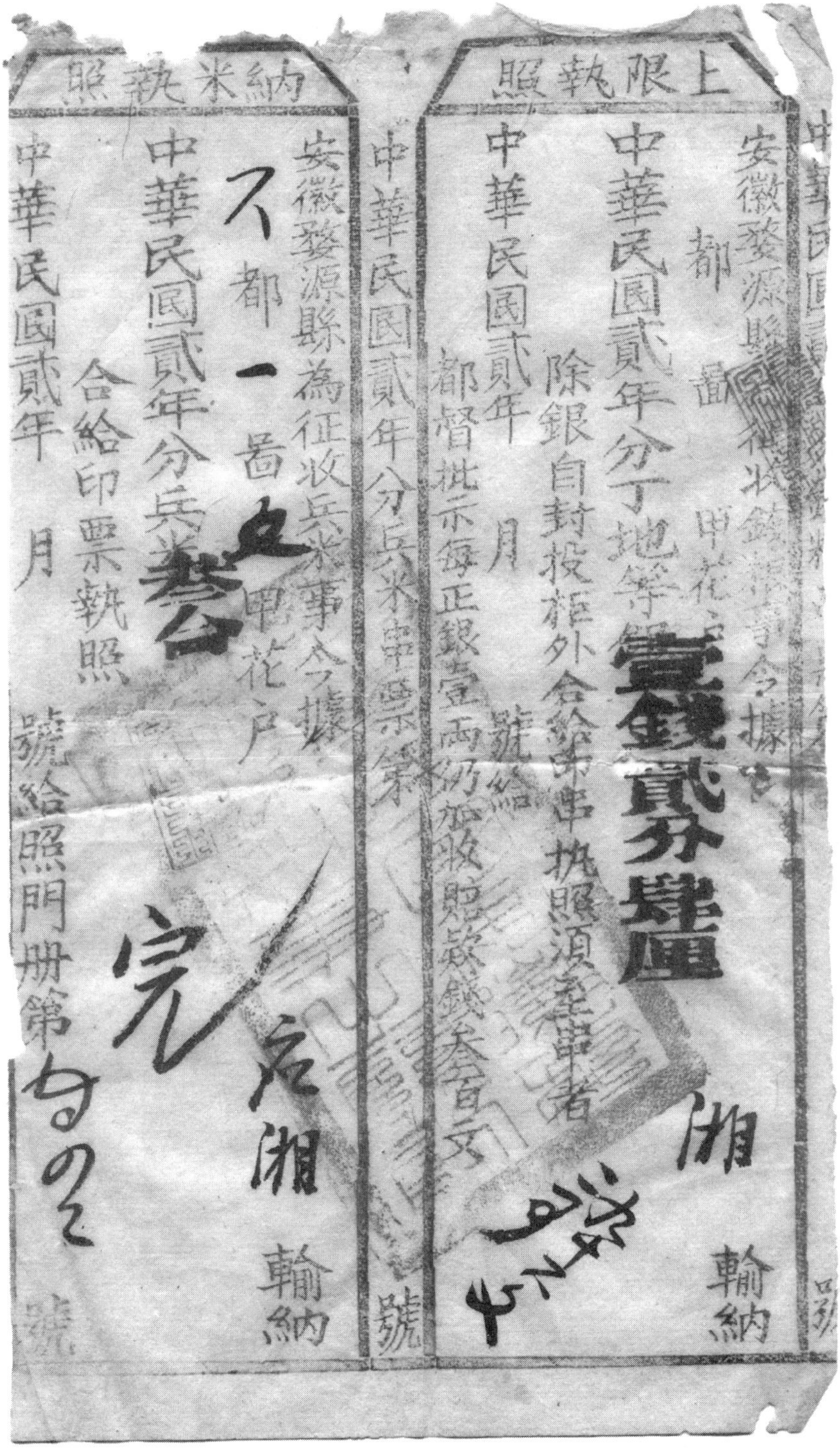

江湾镇中［钟］吕村 102 · 民国二年 · 纳米执照 · 应湘

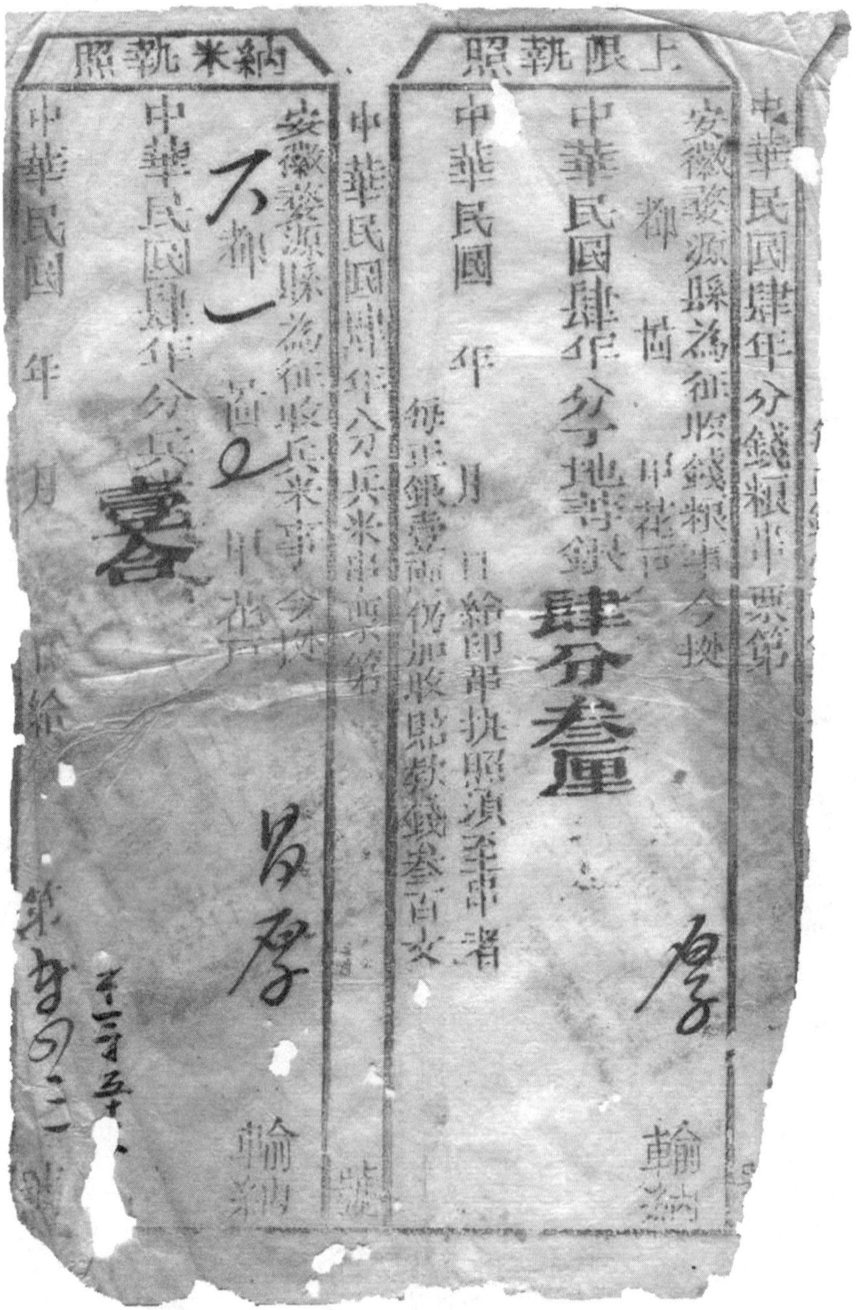

上限執照

中華民國肆年分錢糧串票第

安徽婺源縣為征收錢糧事今據

都 圖 甲花戶

中華民國肆年分完納地丁銀肆分叁厘

每正銀壹兩隨加收照數錢叁百文

日給印串執照須至串者

中華民國 年 月

厚 輸納

納米執照

中華民國肆年分兵米串票第 號

安徽婺源縣為征收兵米事今據

不都一圖乙甲花戶

中華民國肆年分兵米壹

中華民國 年 月 日給

昌厚 輸納

江湾镇中［钟］吕村 62 · 民国四年 · 纳米执照 · 昌厚

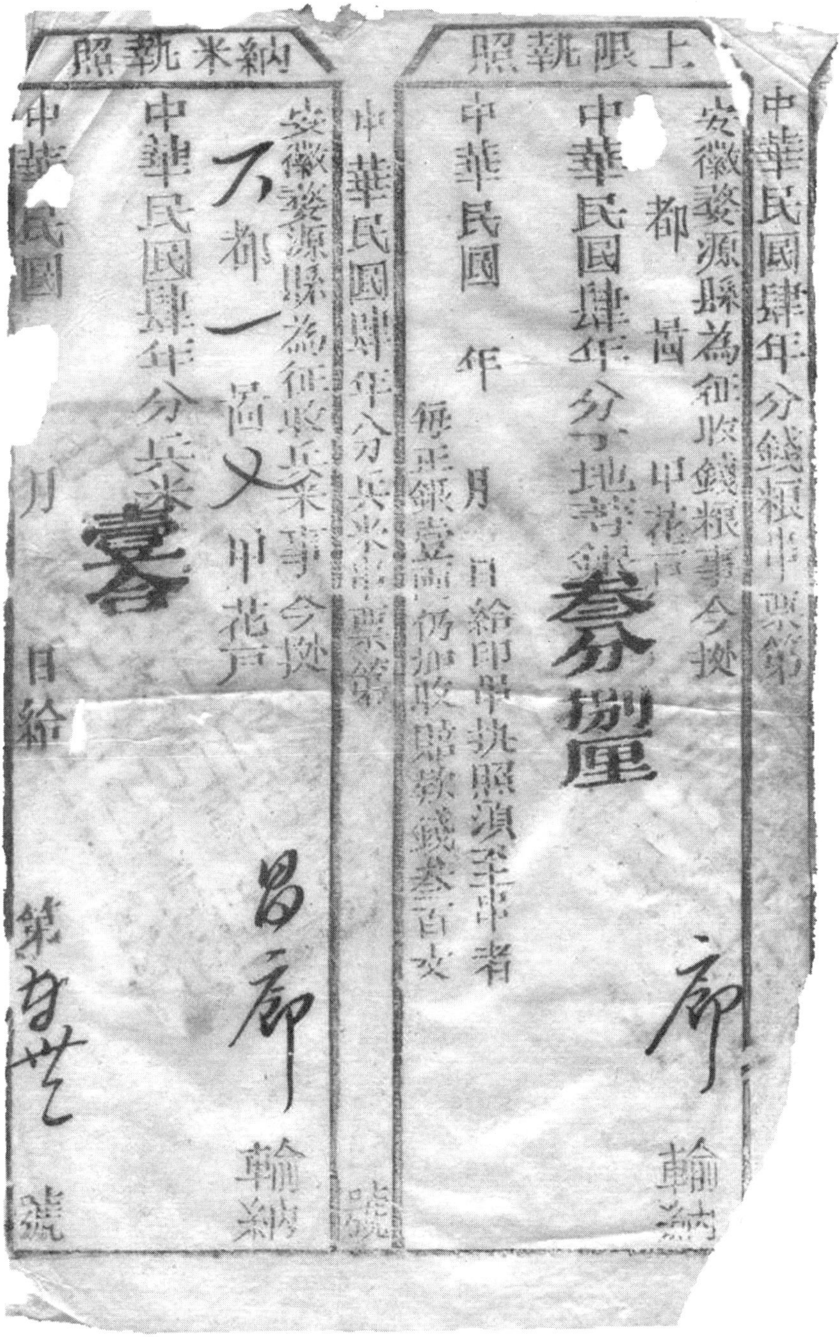

江湾镇中［钟］吕村 63 · 民国四年 · 纳米执照 · 昌廊

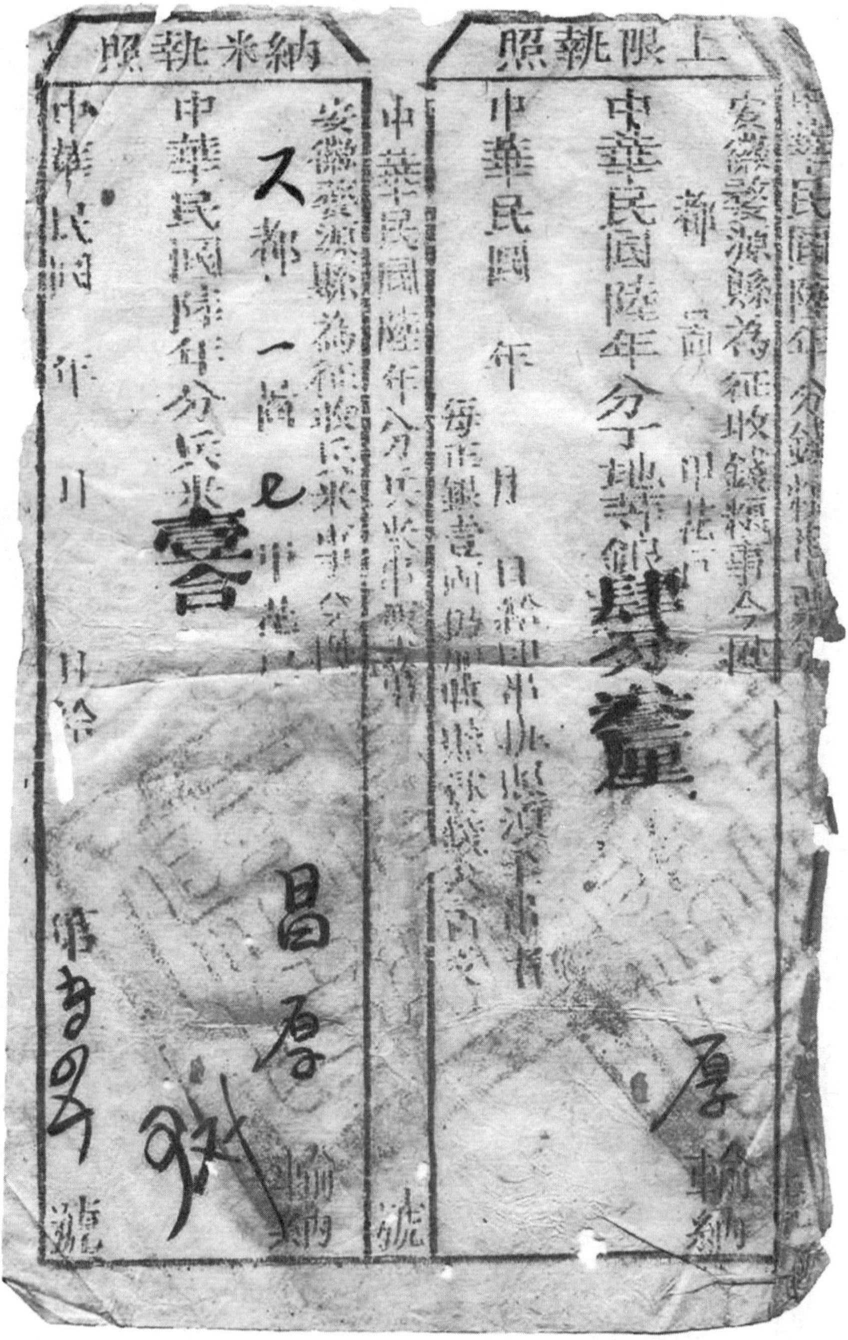
上限執照
安徽婺源縣為征收錢糧事今據
都 圖 甲花戶
中華民國陸年分丁地銀
中華民國 年 月 日給
厚 輸納
納米執照
安徽婺源縣為征收民米事今據
又都一圖七甲花戶
中華民國陸年分民米壹
中華民國 年 月 日給
昌厚 輸納
號

江湾镇中［钟］吕村 64 · 民国六年 · 纳米执照 · 昌厚

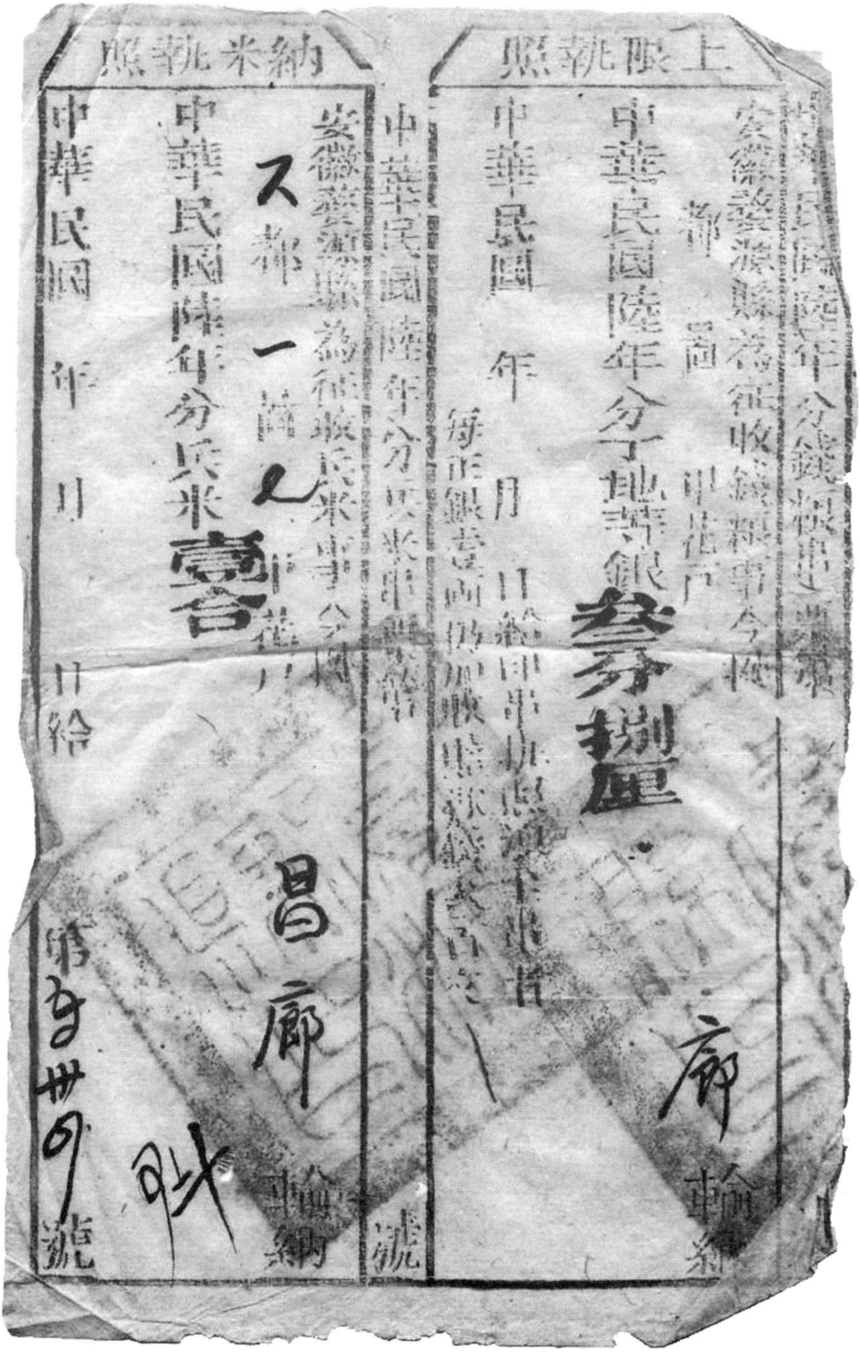

江湾镇中［钟］吕村 67 · 民国六年 · 纳米执照 · 昌廊

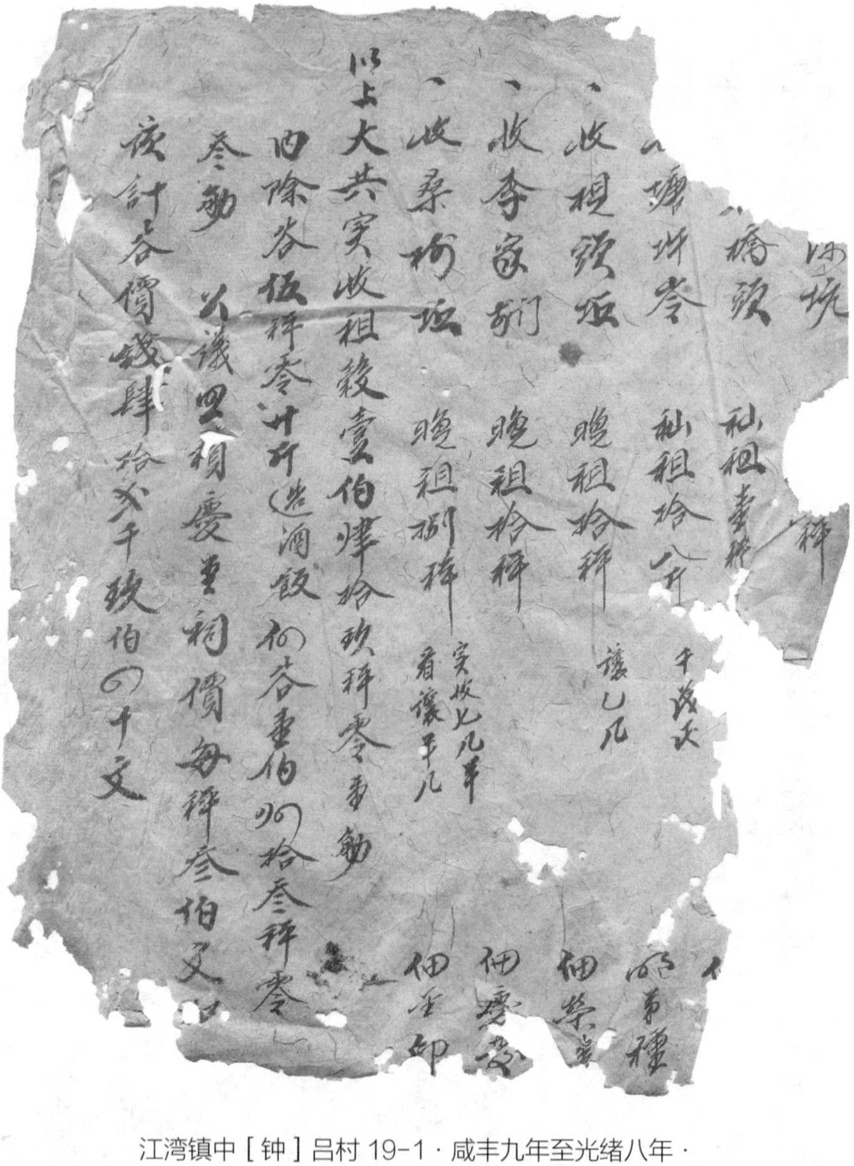
□坑　　秤
□橋頭　秋租壹秤
□塘坍叁　秋租拾八斤　平後訖
一收裡頭垣　晚租拾秤　讓乙几
一收李家門　晚租拾秤
一收桑樹垣　晚租捌秤　實收七几半　看讓乎几
以上大共實收租穀壹伯肆拾玖秤零叁勳
內除谷伍秤零廿斤造酒飯　仍谷壹伯四拾叁秤零
叁勳　共議照祠價每秤叁伯文
該計谷價錢肆拾弍千玖伯四十文
佃王卯　佃雲發　佃榮發　佃弟種

江湾镇中［钟］吕村 19-1 · 咸丰九年至光绪八年 ·
轮值秋收头首经理收支账簿（残本）

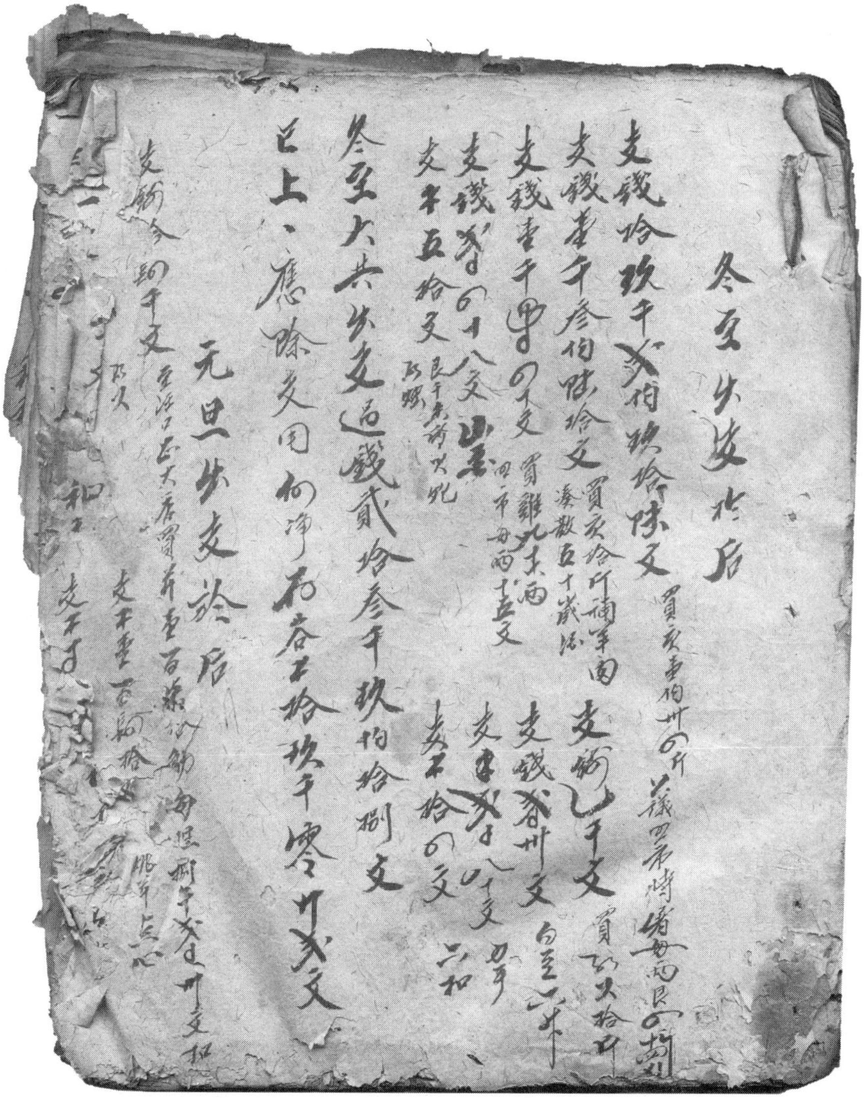

江湾镇中［钟］吕村 19-2 · 咸丰九年至光绪八年 ·
轮值秋收头首经理收支账簿（残本）

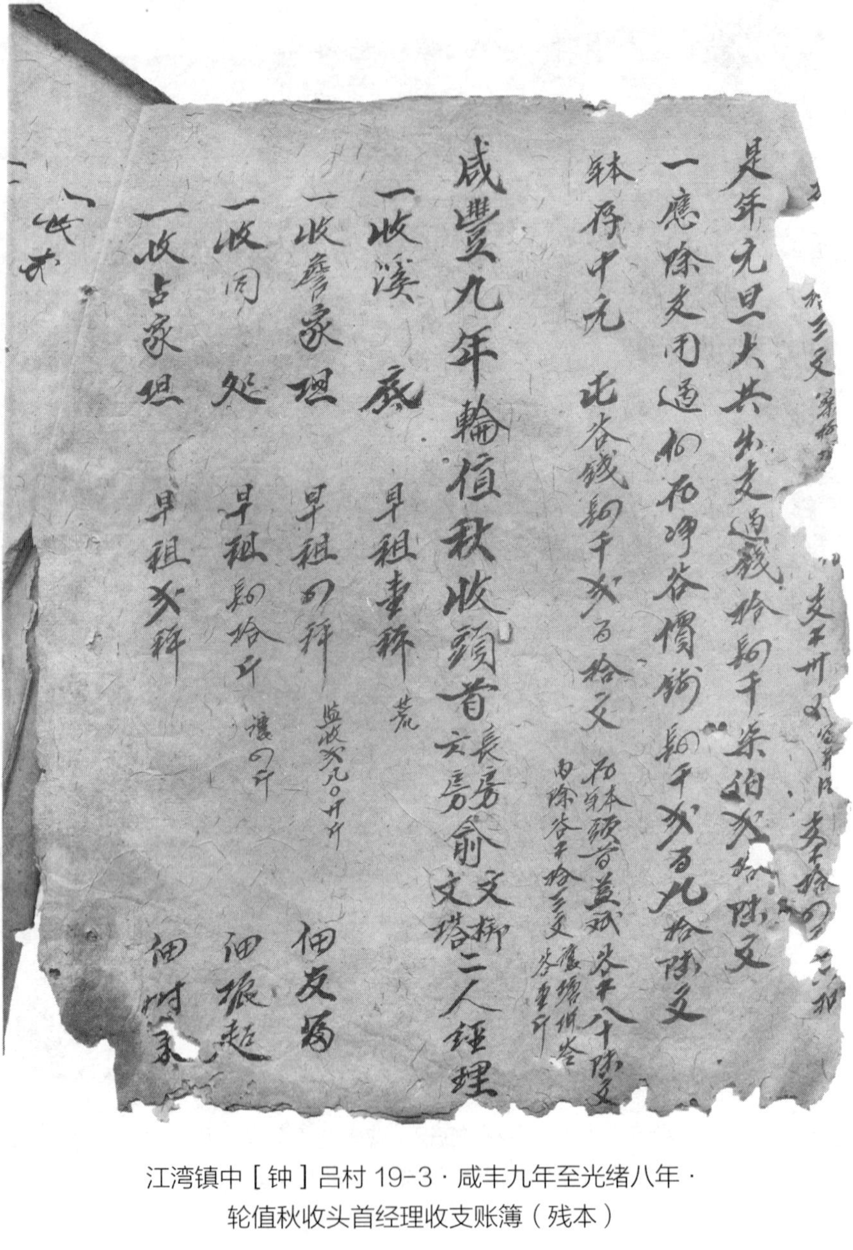

是年元旦大共出支道錢拾捌千柒伯叁拾陆文
一應除支用過仍存淨谷價錢捌千叁百九拾陆文
鉢存中元 讫谷錢捌千叁百拾文 存本年頭首並貳次谷千八十陆文 内除谷千拾三文 讓增價谷 又谷壹斤
咸豐九年輪值秋收頭首 長房文柳 文房俞文塔 二人經理
一收溪 處 早租壹秤 荒 佃友高
一收廖家垻 早租四秤 监收叁（九〇卅斤）
一收同 处 早租捌拾斤 讓四斤 佃振起
一收占家坦 早租叁秤 佃財來

江湾镇中［钟］吕村 19-3 · 咸丰九年至光绪八年 ·
轮值秋收头首经理收支账簿（残本）

一收 [illegible]

一收术上　早租六秤　京元種

一收界村段　早租肆秤　佃秋[illegible]

一收行路塔　早租五几半　干英记　佃观英

一收同家　早租拾九斤　佃大顺

一收麻榨坞　和租叁几零八斤　讓八斤　吕玲種

一收三亩坵　和租拾壹秤　中元记四几半　佃赞和

一收圳坵　和租拾叁秤　讓乙几　吕斌记　成立種

一收下井坵　和租叁秤〇八觔　讓八斤　佃观子

一收小湖坵　和租柒秤　[illegible]元種

江湾镇中［钟］吕村 19-4 · 咸丰九年至光绪八年 ·
轮值秋收头首经理收支账簿（残本）

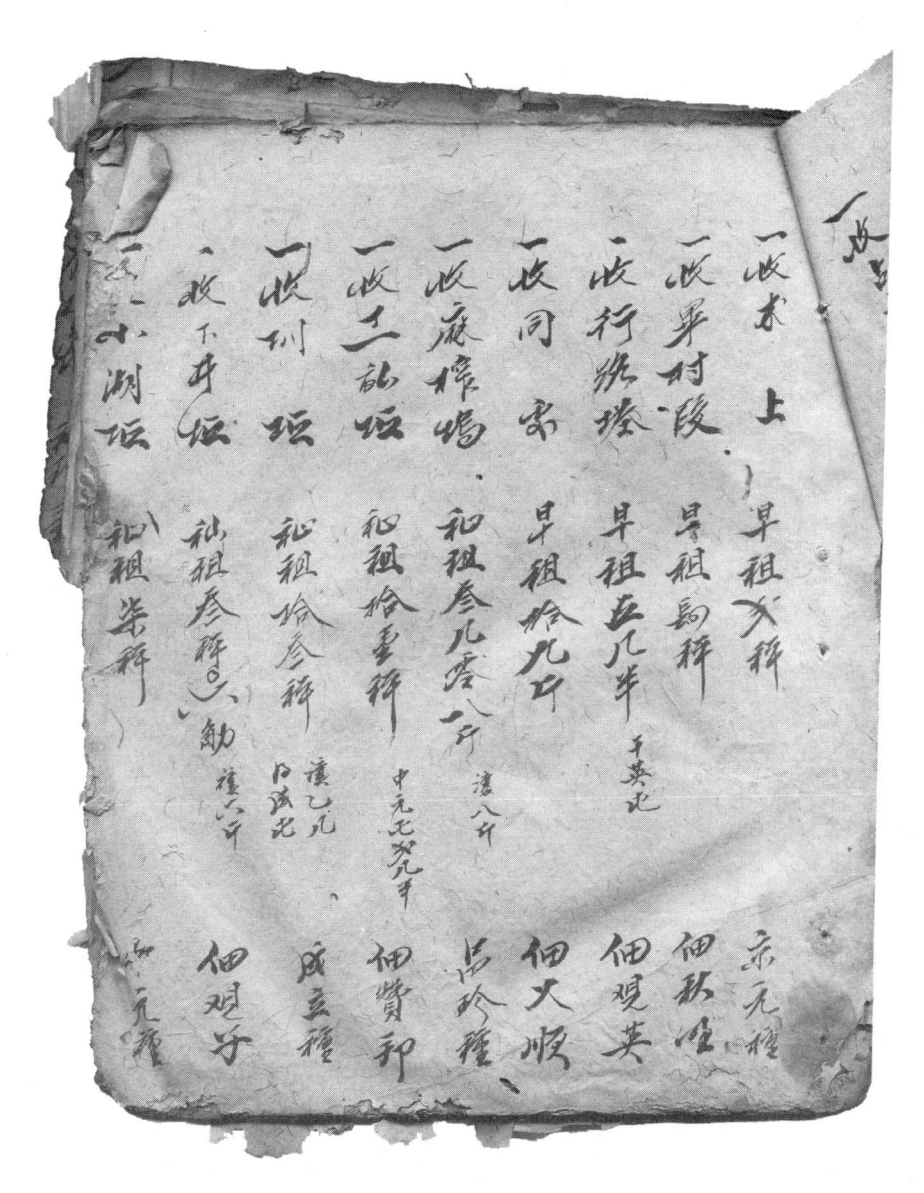

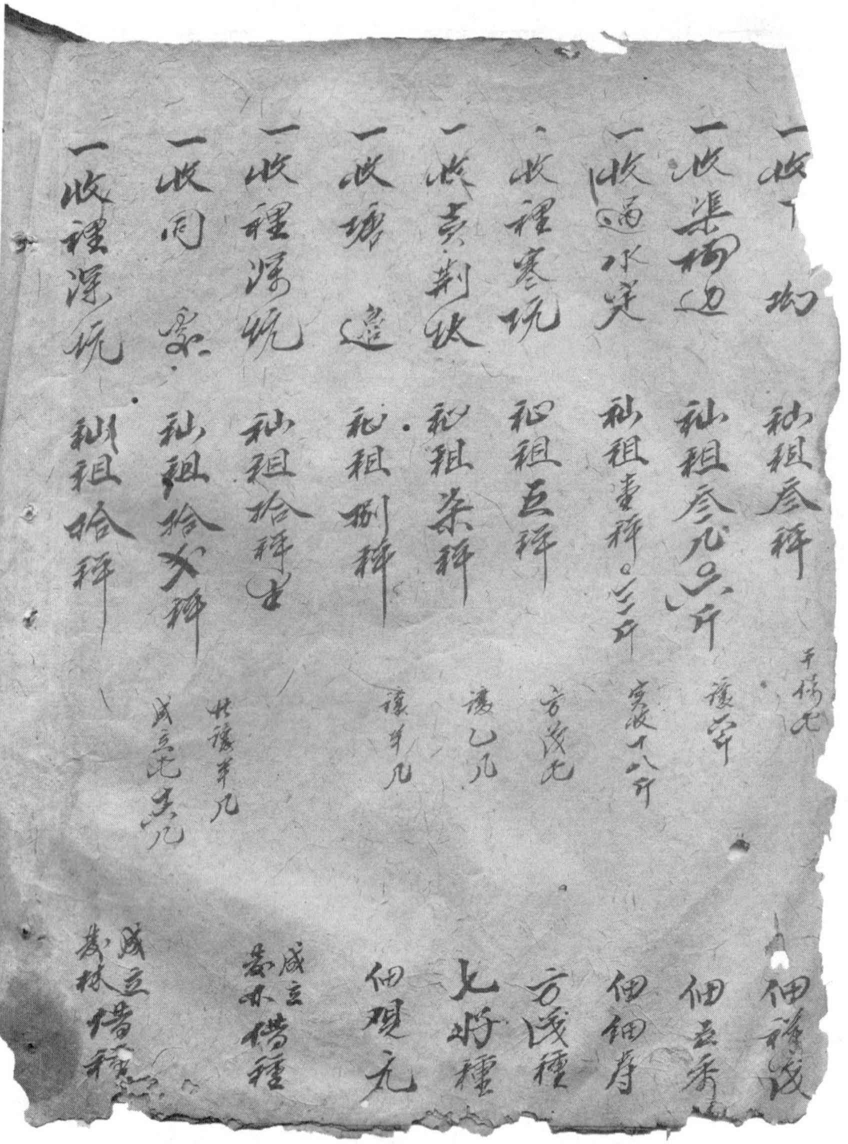
一收丁坳 秋租叁秤 平称九 佃禄茂
一收渠椅边 秋租叁九五斤 让斤 佃孟秀
一收酒水定 秋租壹秤〇三斤 实收十八斤 佃细存
一收裡塞坑 秋租五秤 方茂九 方茂種
一收黄荆坎 秋租柒秤 让乙九 大将種
一收塘边 秋租捌秤 让半九 佃观元
一收裡深坑 秋租拾秤半 共让半九 咸立 发林 増種
一收同象 秋租拾叉秤 咸立九五九
一收裡深坑 秋租拾秤 咸立 发林 増種

江湾镇中［钟］吕村 19-5 · 咸丰九年至光绪八年 ·
轮值秋收头首经理收支账簿（残本）

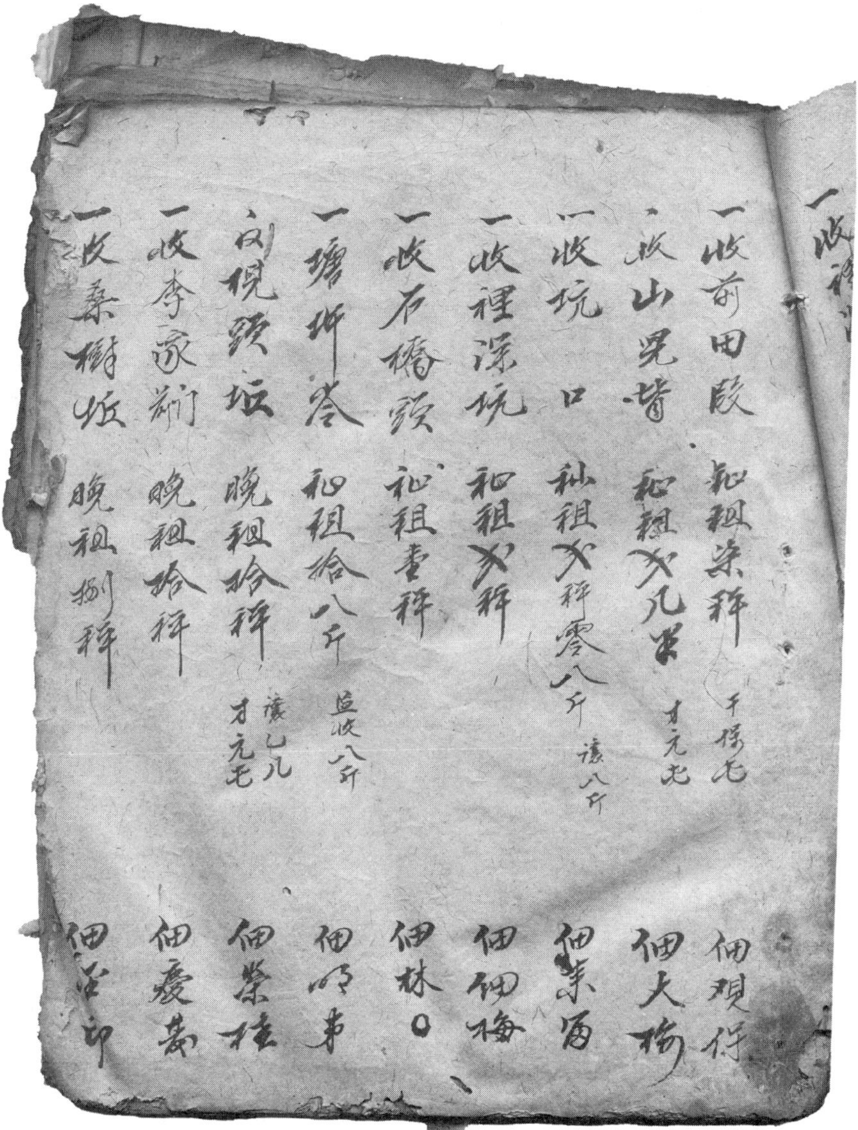
一收前田段　秈租柒秤　千保七
一收山兕背　秈租〤几米　才元七
一收坑口　秈租〤秤零八斤　讓八斤
一收裡深坑　秈租〤秤
一收石橋頭　秈租壹秤
一塘坪巷　秈租拾八斤　监收八斤
一收晚頭坵　晚租拾秤　讓乙几　才元七
一收李家蔚　晚租拾秤
一收桑樹坂　晚租捌秤
佃覌仔
佃大榆
佃余酉
佃细梅
佃林○
佃明弟
佃榮桂
佃慶壽
佃茶印

江湾镇中［钟］吕村 19-6 · 咸丰九年至光绪八年 ·
轮值秋收头首经理收支账簿（残本）

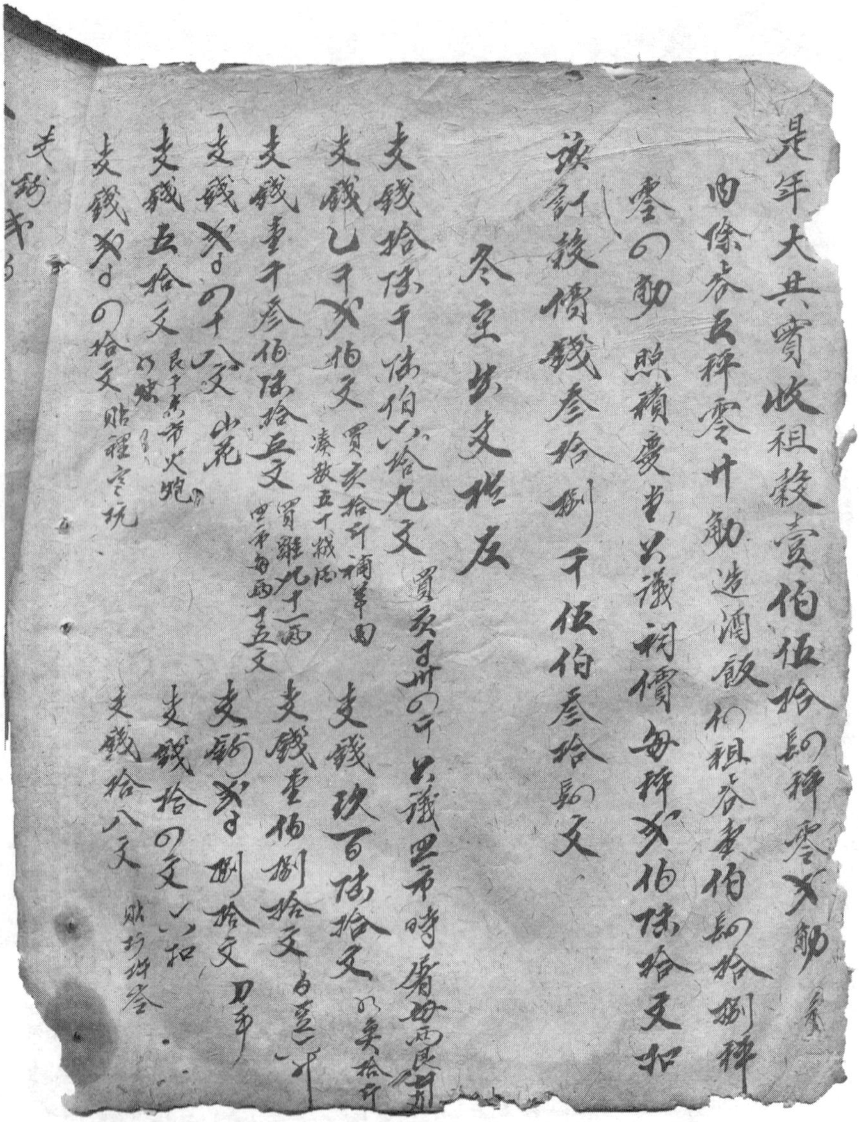

江湾镇中［钟］吕村 19-7 · 咸丰九年至光绪八年 ·
轮值秋收头首经理收支账簿（残本）

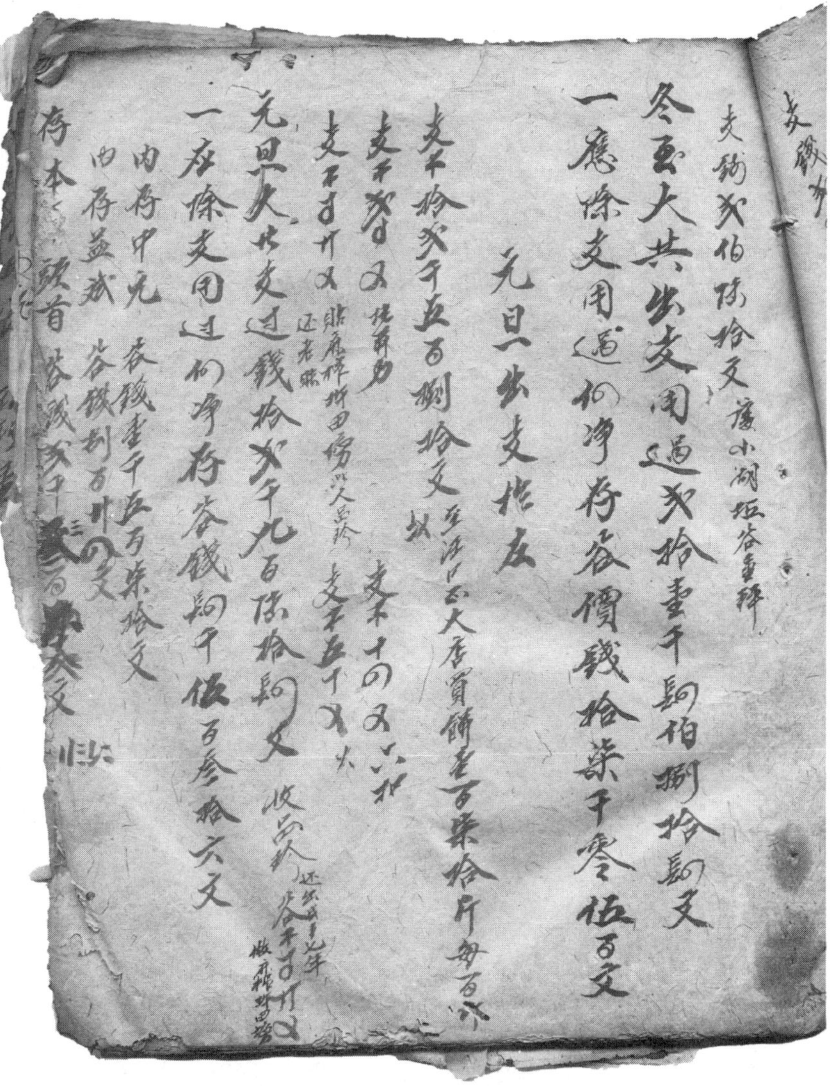
冬至大共出支用過貳拾壹千肆伯捌拾肆文
一應除支用過初淨存谷價錢拾柒千零伍百文
元旦一出支
一存除支用過初淨存谷錢肆千伍百叁拾六文
內存中元 谷錢壹千五百柒拾文
內存益貳 谷錢捌百廿四文
存本 頭首

江湾镇中［钟］吕村 19-8 · 咸丰九年至光绪八年 ·
轮值秋收头首经理收支账簿（残本）

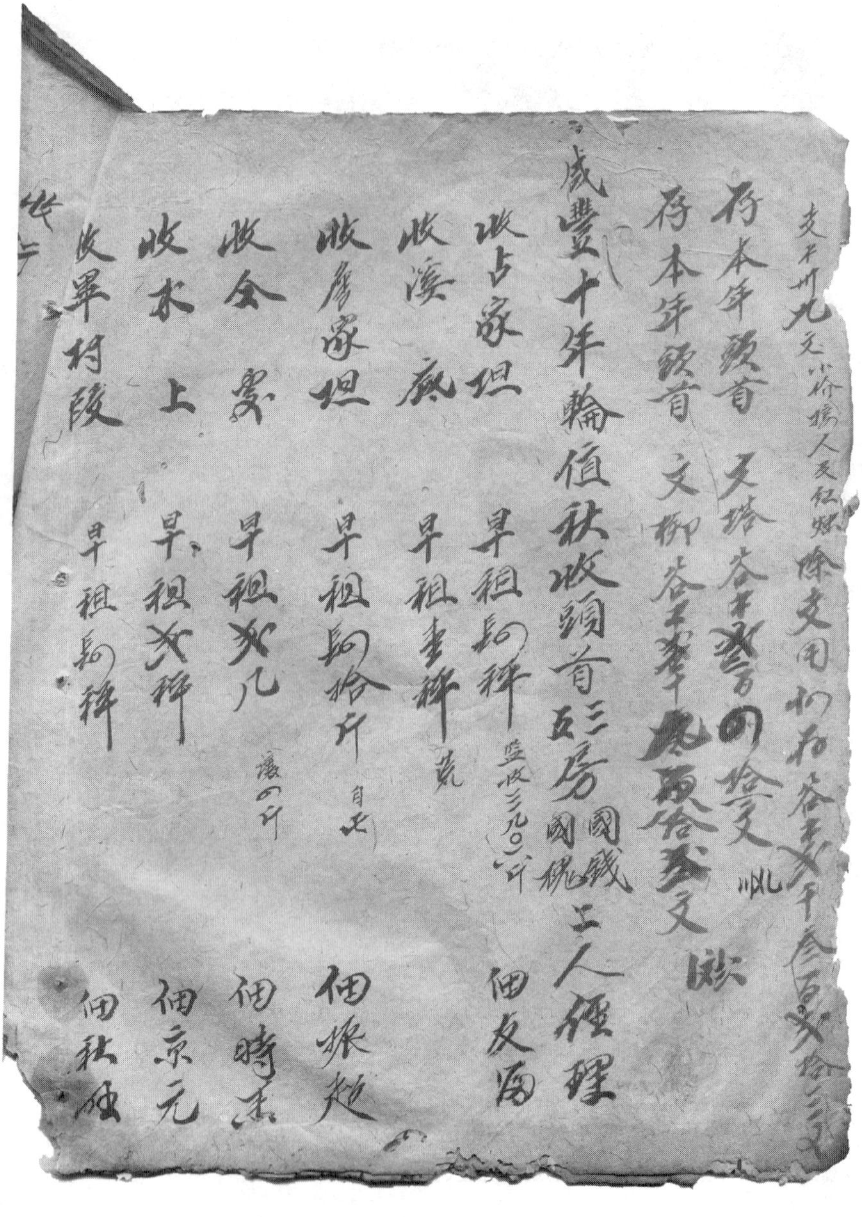

存本年頭首天培……

存本年頭首文柳……

咸豐十年輪值秋收頭首五房三房國錢國槐二人經理

收占家坦　早租肆秤　佃友

收溪廠　早租壹秤

收詹家坦　早租肆拾斤

收金處　早租

收木上　早租　佃京元

收畢村段　早租肆秤

江湾镇中［钟］吕村 19-9 · 咸丰九年至光绪八年 ·
轮值秋收头首经理收支账簿（残本）

收行路塝　早租五凢半　佃觀英
收同栗　　早租拾九斤　佃大順
收厰糧塢　早租叁凢○八斤　品於種
收十一畝坵　秈租拾壹秤　中元壹文九斤　佃玉成
收圳坵　　秈租拾叁秤　　　　穰壹凢
收十开坵　秈租叁凢八斤　穰八斤　成立種二
收小湖坵　秈租柒秤　穰乙凢　中元種
收下垇　　秈租叁秤　白茂文　佃祥河
收柴樹边　秈租叁凢九斤　穰六斤　高畜種

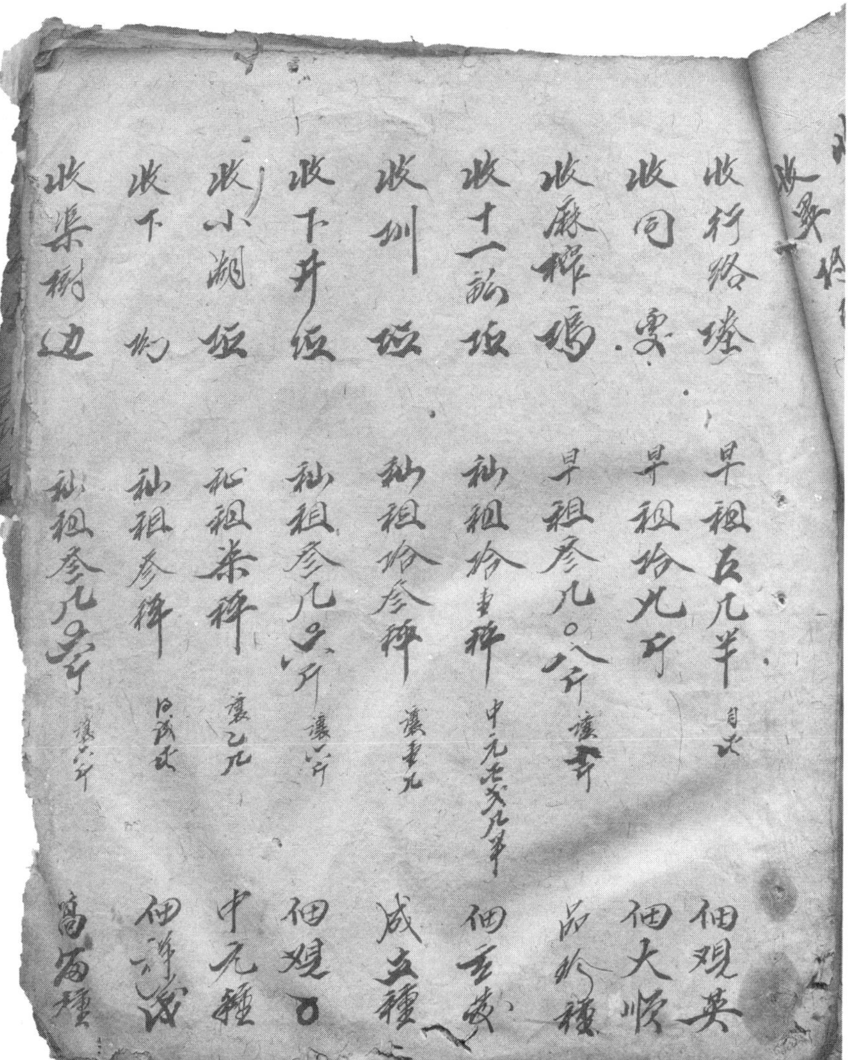

收通水足 租谷壹凢〇三斤 實收廿斤 佃佃魁

收书寨坑 租谷五秤 京元種

收景刾圾 秋租叁秤 上將種

收瑭边 秋租刾秤 口成此

收全安 秋租刾秤 觉花此 觀元種

收裡溽坑 租谷拾文戟 共叁茅秤

收裡溽坑 租谷拾秤 招民借秤黄栳 佃兆元

收莂田段 租谷拾秤 佃兆元

收山覔背 租谷叁秤半 益戥此 佃火梅

收元

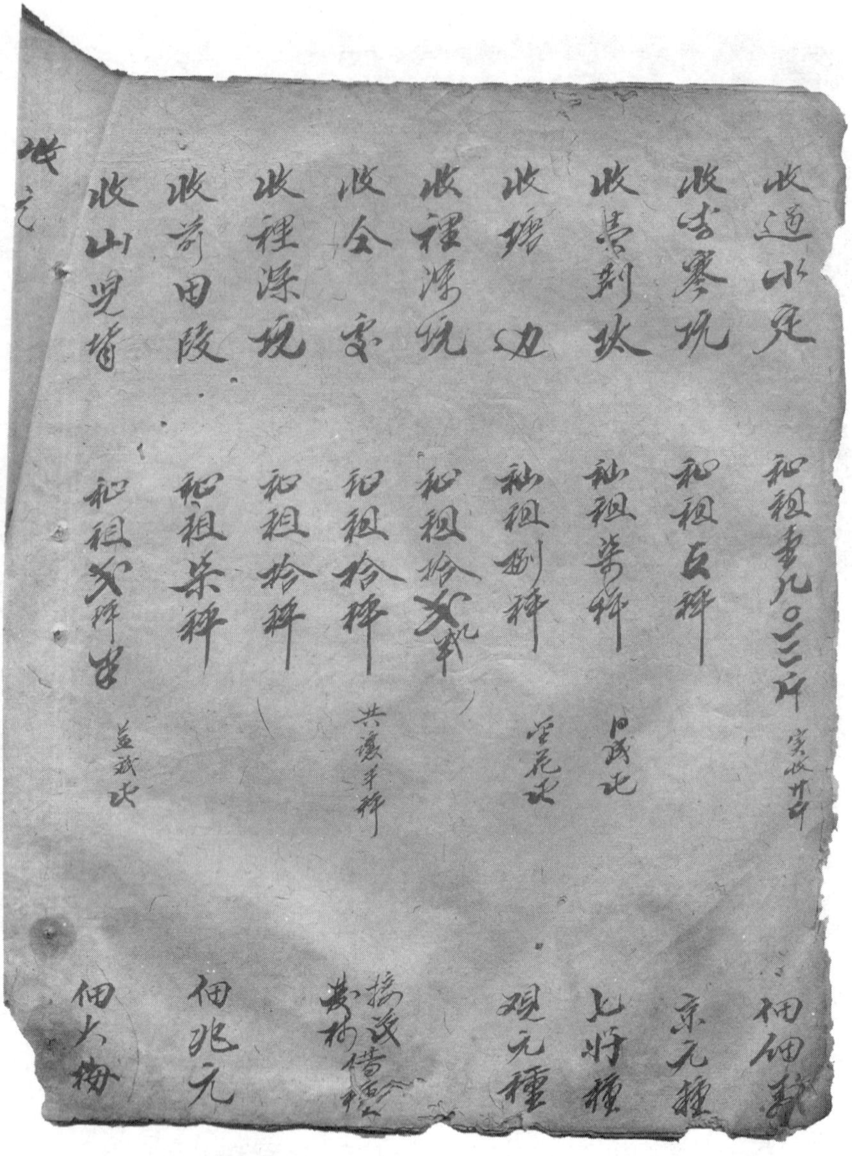

江湾镇中［钟］吕村 19-11·咸丰九年至光绪八年·轮值秋收头首经理收支账簿（残本）

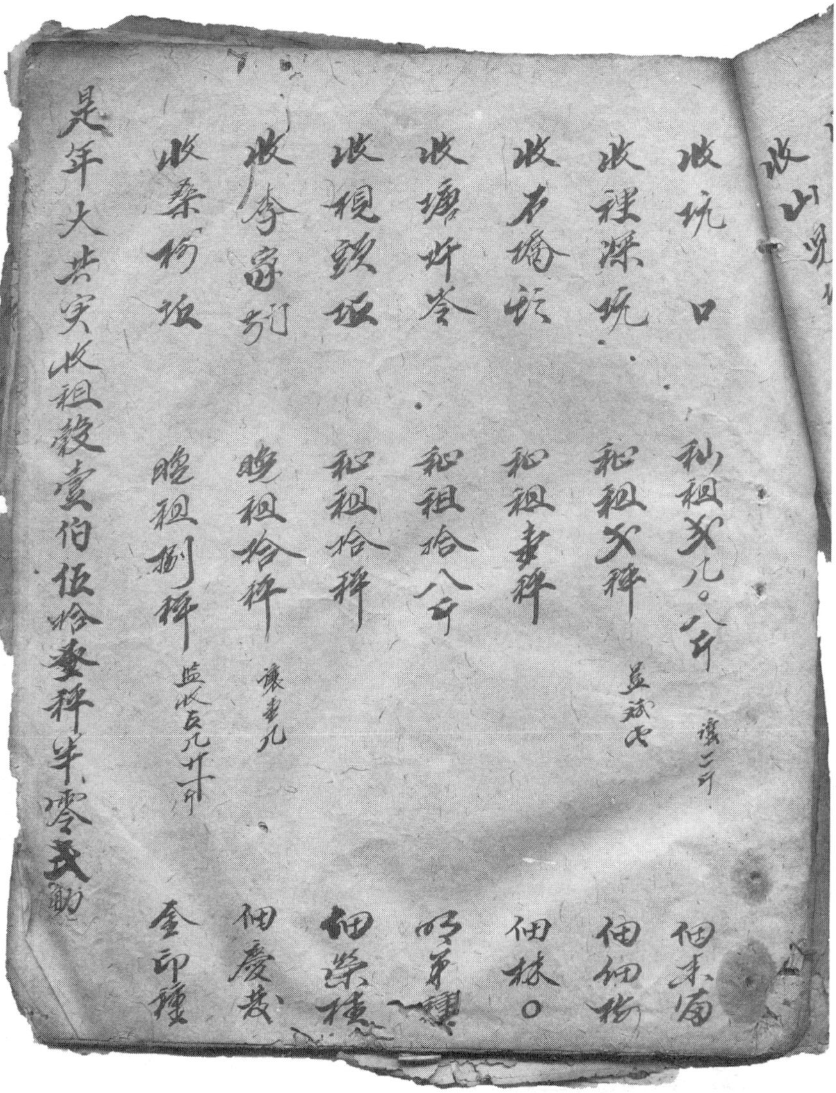

收坑口 秋租弍九○八斤 让二斤 佃来富
收裡深坑 秋租弍秤 益弍斤 佃细松
收石橋衍 秋租叁秤 佃林○
收塘圻岺 秋租拾八斤
收硯头坦 秋租拾秤 佃荣桂
收李家圳 晚租拾秤 让叁九 佃庆发
收桑樹坂 晚租捌秤 益收叁九廿斤 金印種
是年大共实收租谷壹伯伍拾叁秤半零弍觔

江湾镇中［钟］吕村 19-12 · 咸丰九年至光绪八年 ·
轮值秋收头首经理收支账簿（残本）

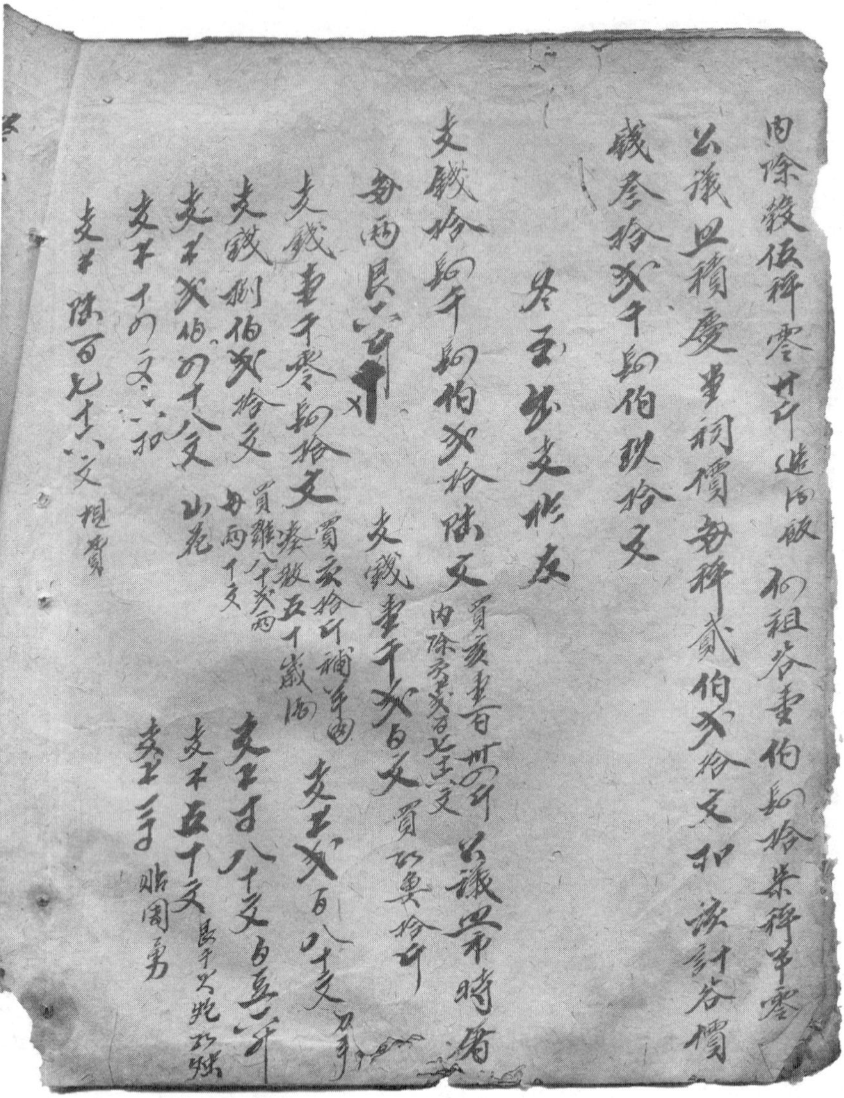
内除穀伍秤零廿斤進[illegible]　祠祖谷壹伯肆拾柒秤半零
公議照積慶堂祠價每秤貳伯叁拾文扣該討谷價
錢叁拾叁千肆伯玖拾文
冬至出支於后
支錢拾肆千肆伯叁拾陸文　買麥壹百卅四斤　公議照市時價
每兩艮[illegible]
支錢壹千叁百文　買[illegible]拾斤
支錢壹千零肆拾文　買豕拾斤補[illegible]
支錢捌伯叁拾文　買雞八十叁兩　每兩十文
支米叁伯四十八文　山花
支米十四文
支米陸百七十八文　燈費
支米叁百八十文
支米[illegible]八十文
支米五十文
支[illegible]　賠周勇

江湾镇中［钟］吕村 19-13 · 咸丰九年至光绪八年 ·
轮值秋收头首经理收支账簿（残本）

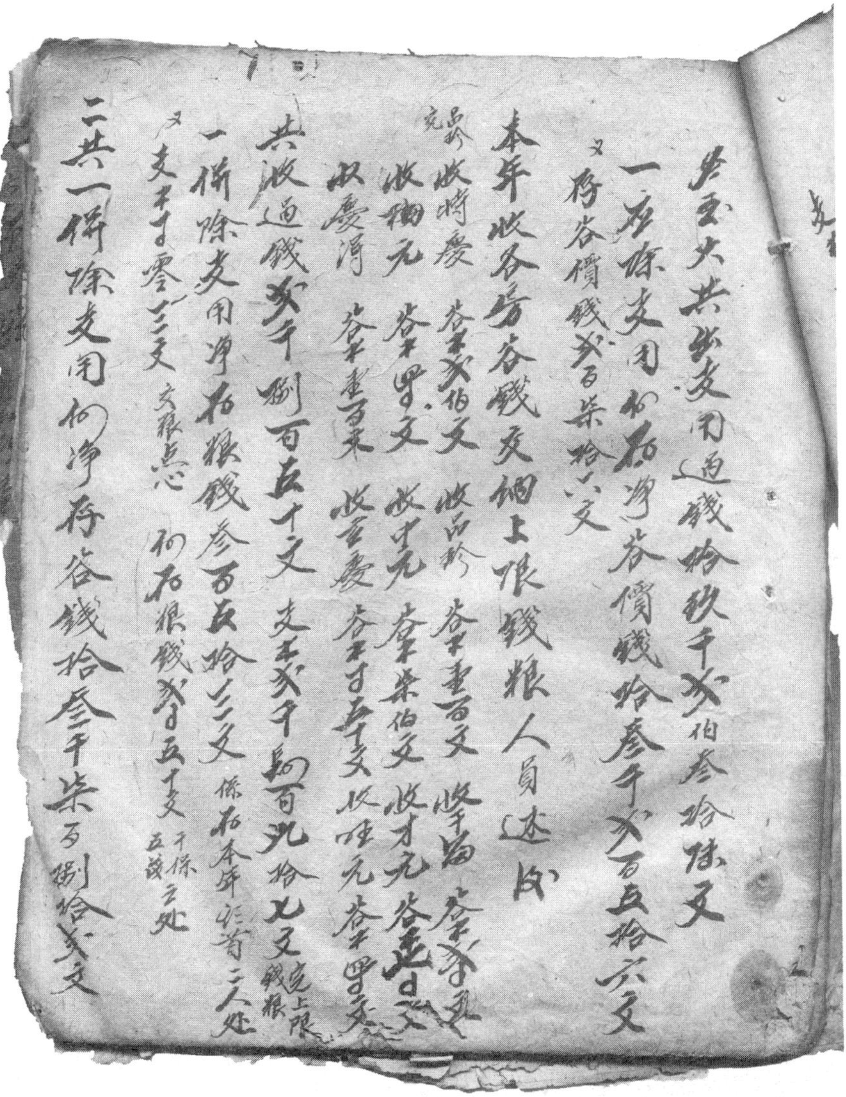
癸亥大共出支用过钱拾玖千八伯叁拾陆文
一应除支用外存净谷价钱拾叁千八百五拾六文
又存谷价钱八百柒拾六文
本年收各房谷钱交個上限钱粮人员述收
宪昌龄 收时庆 谷半八伯文 收昌龄 谷半壹百文 收华嵩 谷半
收桐元 谷半四文 收才元 谷半柒伯文 收才元 谷
收庆浔 谷半壹百 收玉庆 谷半文 收唯元 谷半文
共收过钱八千捌百五十文 支去八千四百九拾九文 交上限钱粮
一併除支用净存粮钱叁百五拾文 係存本年汇首二人处
又支去零文 交粮点心 仍存粮钱八百五十文 千係五岐云处
二共一併除支用仍净存谷钱拾叁千柒百捌拾文

江湾镇中［钟］吕村 19-14 · 咸丰九年至光绪八年 ·
轮值秋收头首经理收支账簿（残本）

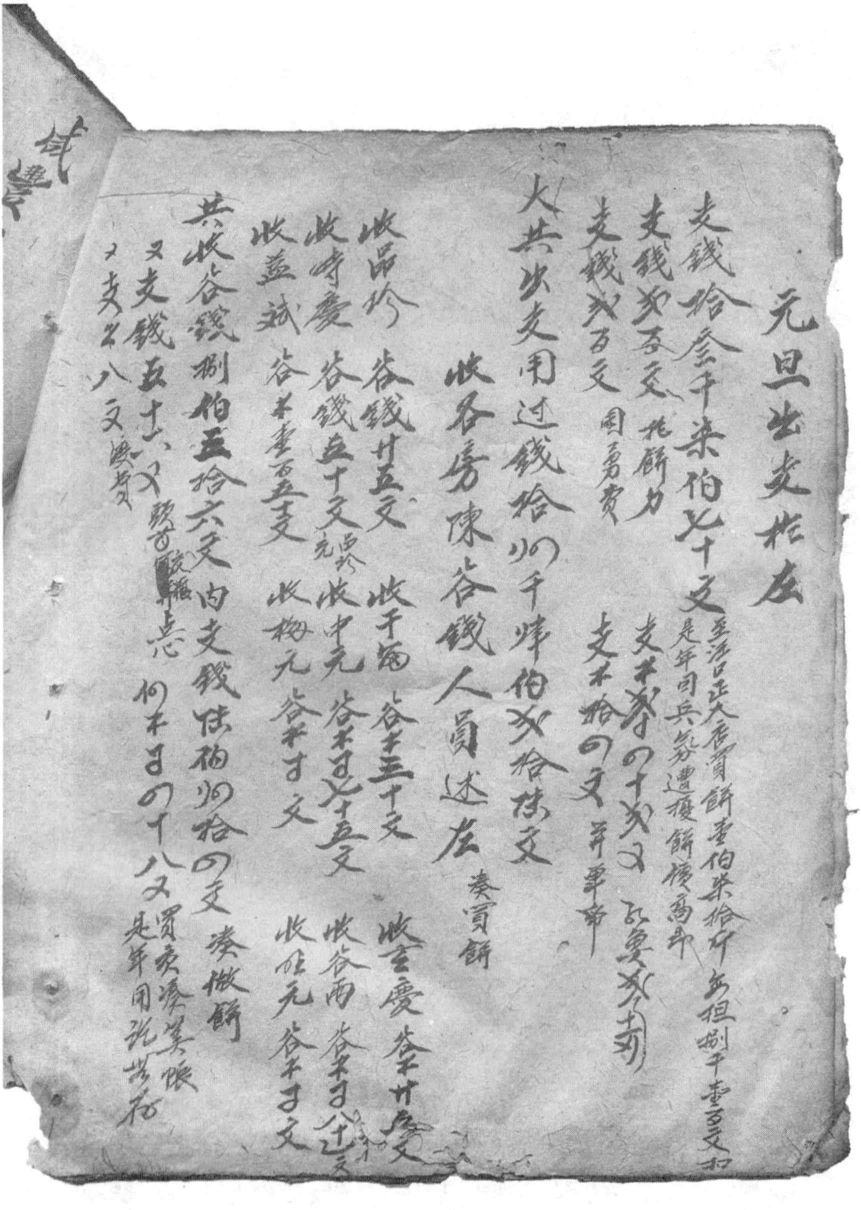

元旦出支於左

支錢拾叁千柒伯七十文 至活口正大店買餅壹伯柒拾斤 每担捌千壹百文扣

支錢叁百文 花餅力 是年因兵燹遭擾餅價高昂

支錢弍百文 因為費

支米叁斗四十叁文 [illegible]

支米拾四文 [illegible]

大共出支用過錢拾四千肆伯叁拾柒文

收各房陳谷錢人員述左 凑買餅

收品玲 谷錢廿五文　收千福 谷米五十文　收宣慶 谷米廿[illegible]文

收時慶 谷錢五十文　收中元 谷米[illegible]七十五文　收谷雨 谷米[illegible]文

收益斌 谷米壹百五十文　收梅元 谷米[illegible]文　收旺元 谷米[illegible]文

共收谷錢捌伯五拾六文 內支錢陸伯四拾四文 凑做餅

又支錢五十[illegible]文 [illegible]

何米[illegible]四十八文 [illegible]

又支米八文 [illegible]

江湾镇中［钟］吕村 19-15 · 咸丰九年至光绪八年 ·

轮值秋收头首经理收支账簿（残本）

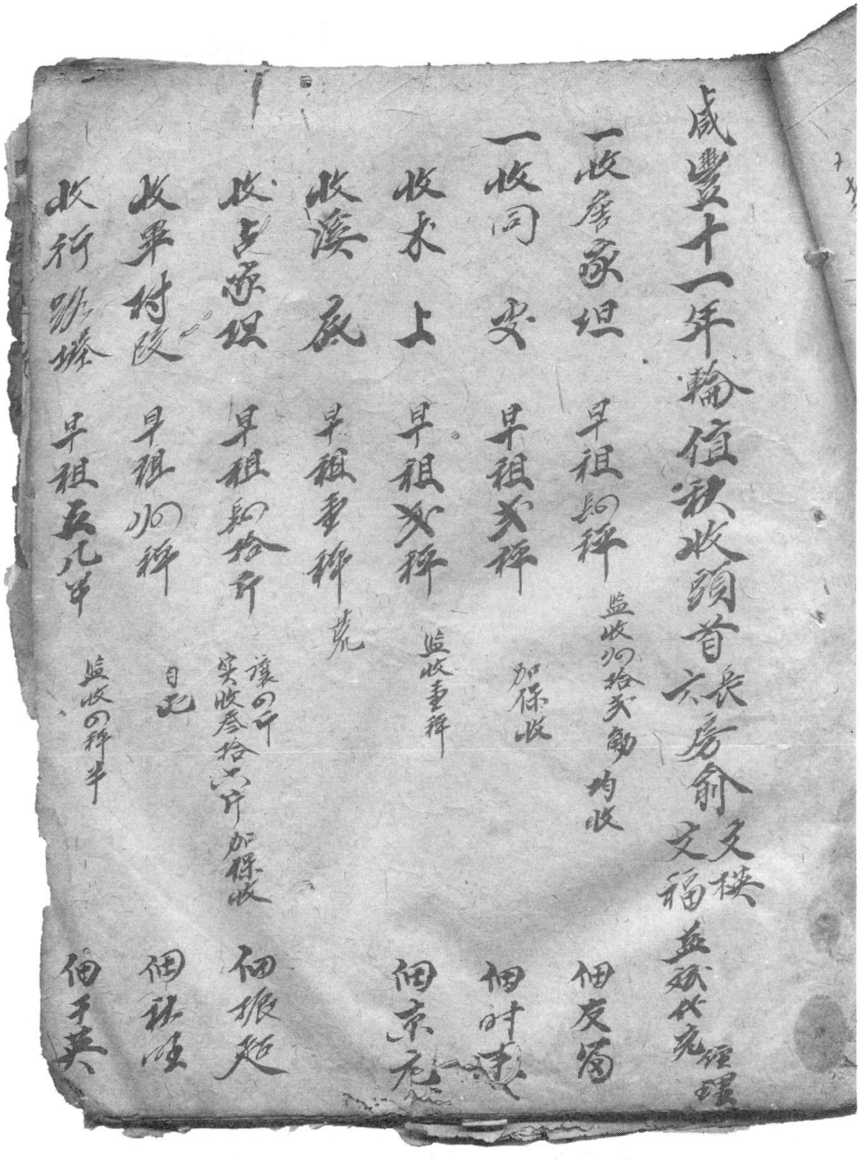
咸豐十一年輪值秋收頭首 長房俞文楧 六房俞文福 益□代充經理
一收詹家坦 早租〤秤 監收〤拾貳觔均收 佃友富
一收同安 早租貳秤 加保收 佃时建
收水上 早租貳秤 監收壹秤 佃京存
收溪底 早租壹秤荒
收古塘坝 早租〤拾斤 讓〤斤 实收叁拾〤斤加保收 佃根起
收畢村段 早租〤秤 自己 佃秋凌
收衍嶺塝 早租五〤半 監收〤秤半 佃子英

江湾镇中[钟]吕村 19-16 · 咸丰九年至光绪八年 ·
轮值秋收头首经理收支账簿(残本)

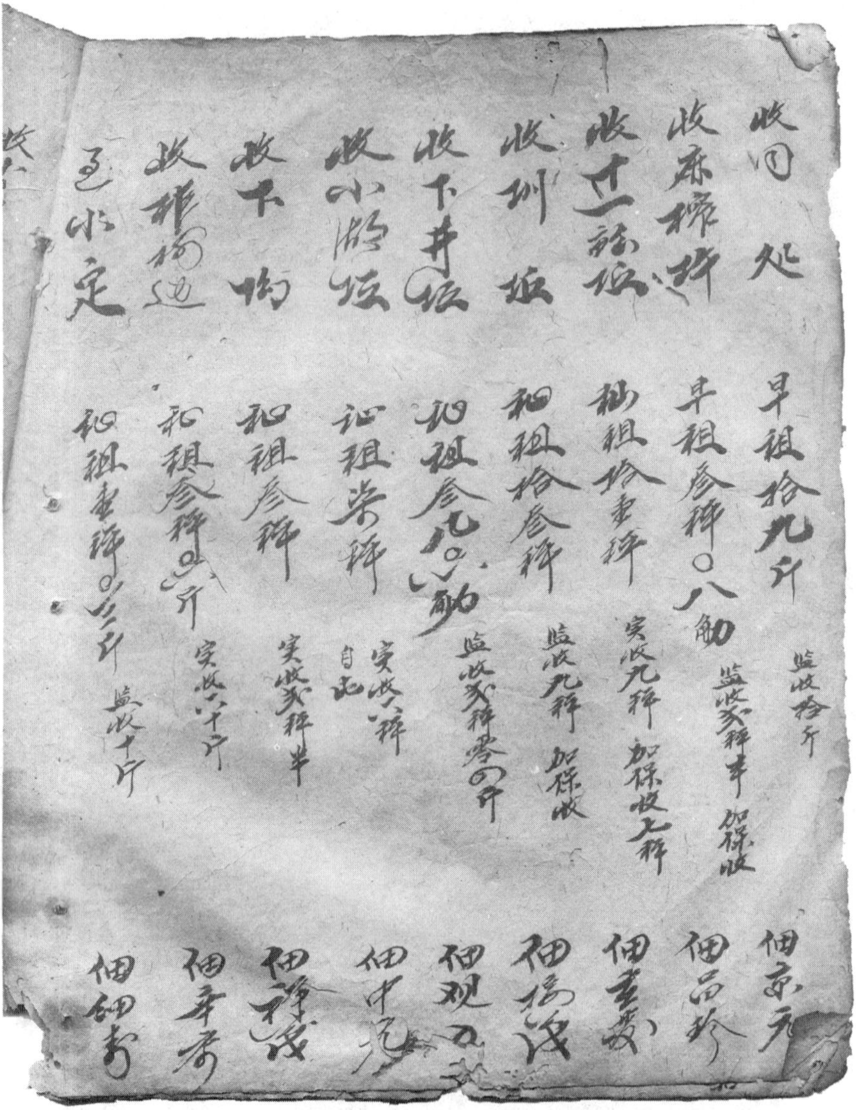
收田処 早租拾九斤 监收拾斤 佃京元
收麻榨坵 早租参秤〇八觔 监收贰秤半 加保收 佃品珍
收廿一亩坵 秋租拾壹秤 实收九秤 加保收七秤 佃荣发
收圳坵 秋租拾参秤 监收九秤 加保收 佃福茂
收下井坵 秋租参九〇八觔 监收贰秤零〇斤 佃观九
收小湖坵 秋租柒秤 实收八秤 自记 佃中元
收下均 秋租参秤 实收贰秤半 佃禄茂
收椎树边 秋租参秤〇斤 实收八十斤 佃本寿
直水定 秋租壹秤〇三斤 监收十斤 佃细寿

江湾镇中［钟］吕村 19-17 · 咸丰九年至光绪八年 ·
轮值秋收头首经理收支账簿（残本）

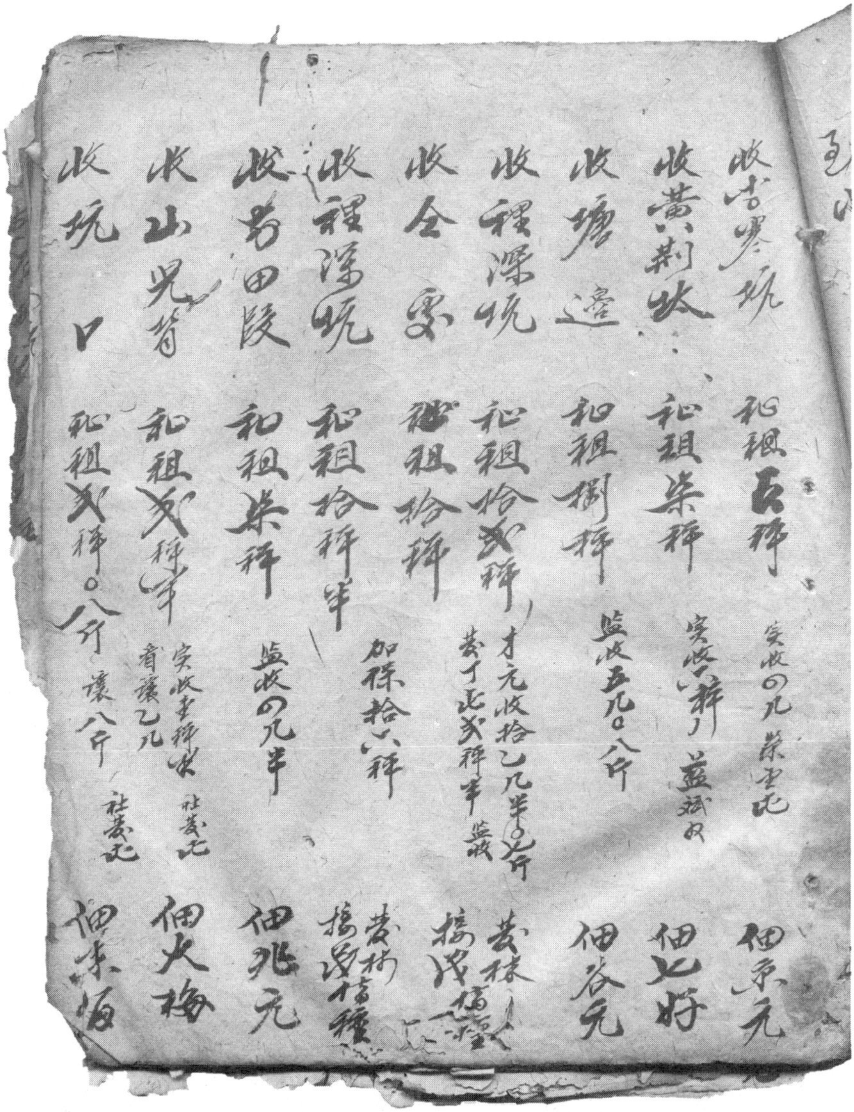

收古寮坑 租谷五秤 实收四九 荣重记 佃京元

收黄荆坑 租谷柒秤 实收八秤 蓝斌收 佃己好

收塘边 租谷捌秤 监收五九〇八斤 佃谷元

收程深坑 租谷拾贰秤 才元收拾乙九半〇七斤 贵丁收贰秤半 监收 贵林 揚贤信种

收仝众 租谷拾秤 加谷拾八秤

收程深坑 租谷拾秤半 贵林 揚贤信种

收步田段 租谷柒秤 监收四九半 佃兆元

收山见背 租谷弍秤半 实收壹秤收 脊攘乙九 社贵记 佃大梅

收坑口 租谷弍秤〇八斤 攘八斤 社贵记 佃来滔

江湾镇中［钟］吕村 19-18 · 咸丰九年至光绪八年 ·
轮值秋收头首经理收支账簿（残本）

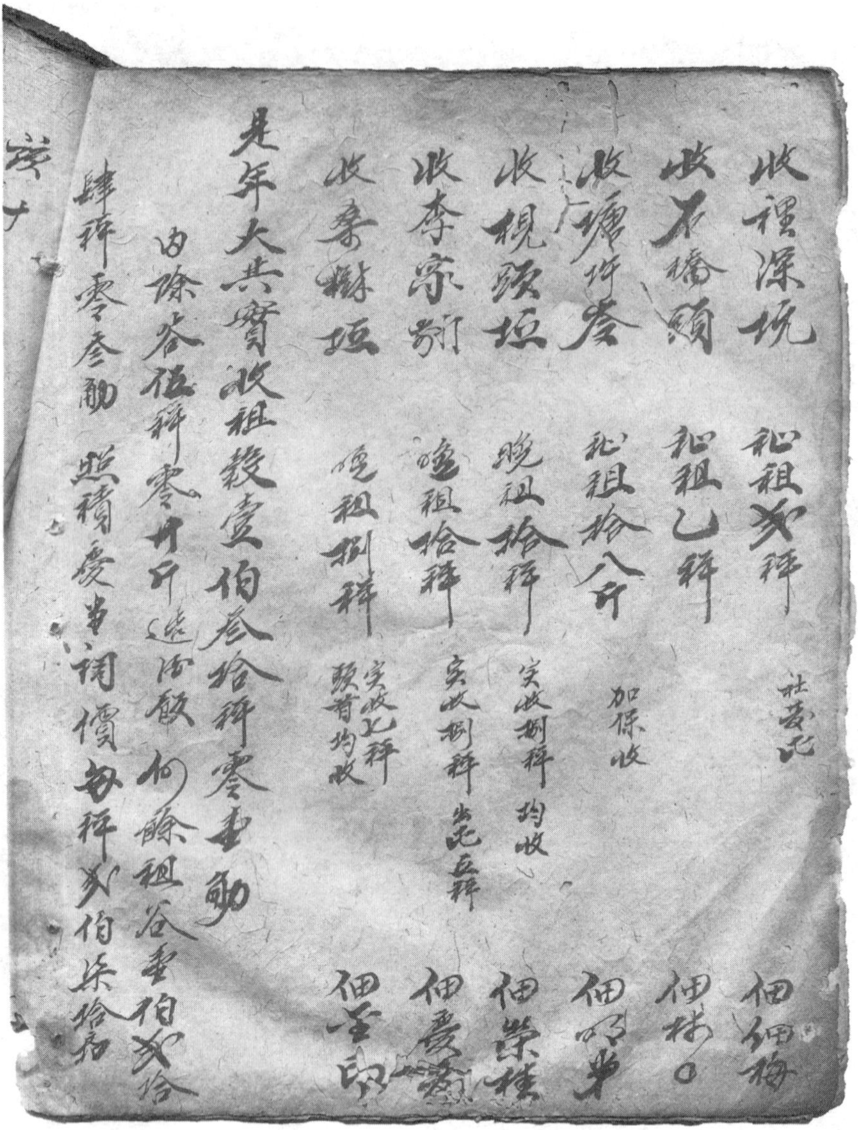
收裡深坑　秈租貳秤　杜發乙
收石橋頭　秈租乙秤　佃樟旺
收塘坪叁　秈租拾八斤　加保收　佃明榮
收梘頭垣　晚租拾秤　實收捌秤　均收　佃榮樣
收李家坳　晚租拾秤　實收捌秤　尚欠貳秤　佃慶發
收桑樹垣　晚租捌秤　實收七秤　發首均收　佃金印
是年大共實收租穀壹伯叁拾秤零叁觔
內除叁拾秤零廿斤遠路飯　仍餘租谷壹伯貳拾
肆秤零叁觔　照積慶堂詞價每秤貳伯柒拾爲

江湾镇中［钟］吕村 19-19 · 咸丰九年至光绪八年 ·
轮值秋收头首经理收支账簿（残本）

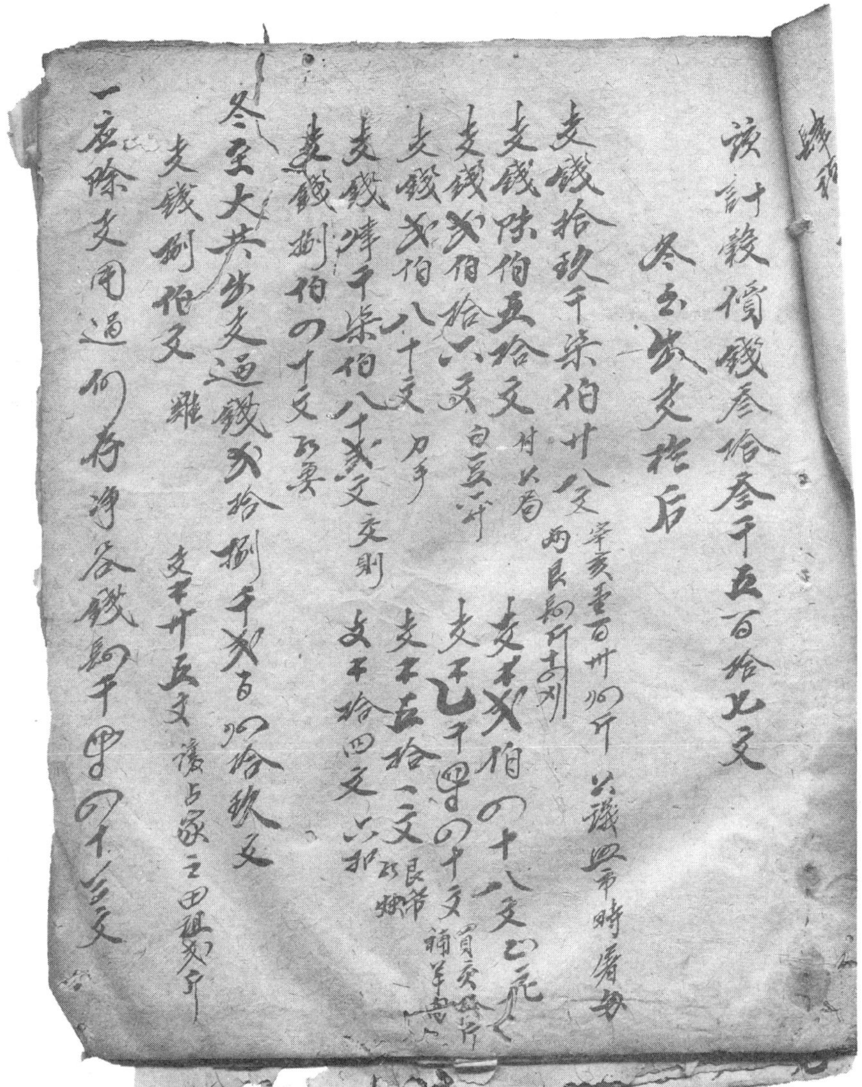
該計穀價錢叁拾叁千五百拾七文
冬至收支於后
支錢拾玖千柒伯廿八文
支錢陸伯五拾文
支錢貳伯拾六文
支錢貳伯八十文
支錢肆千柒伯八十貳文
支錢捌伯四十文
冬至大共出支通錢貳拾捌千貳百四拾玖文
支錢捌伯文
一應除支用過仍存淨谷錢

江湾镇中［钟］吕村 19-20 · 咸丰九年至光绪八年 ·
轮值秋收头首经理收支账簿（残本）

是年因端月做餅不敷所收另勞陳禮洋長信
償鈞人算來成

收品珍 還出谷錢弌千六百文
收時爰 還出谷錢刪晉共文代完
收現兩 還谷錢五百文
收現祥 還谷錢壹千弌百廿文
收十九 還蓉錢叁千弌廿文
收旺元 還蓉錢壹千弌文

收黃球 還出谷錢壹千七百廿文
收玄爰 還出谷錢五百文
收爰湧 還谷錢子六十弌文 此人還說絲毫不欠
收千太 還谷錢八十文
收谷兩 還出谷錢叁百五十文

元旦出支

支鈞拾叁千欽伯劉拾又 至洁巳六庞賣芊壹伯八十斤
每批捌千戈百和 支千八十八文 五文
支丰竺又 殘方
支千十四文 新羊帶

大共支弍拾渴千叁百足十戈文 同記

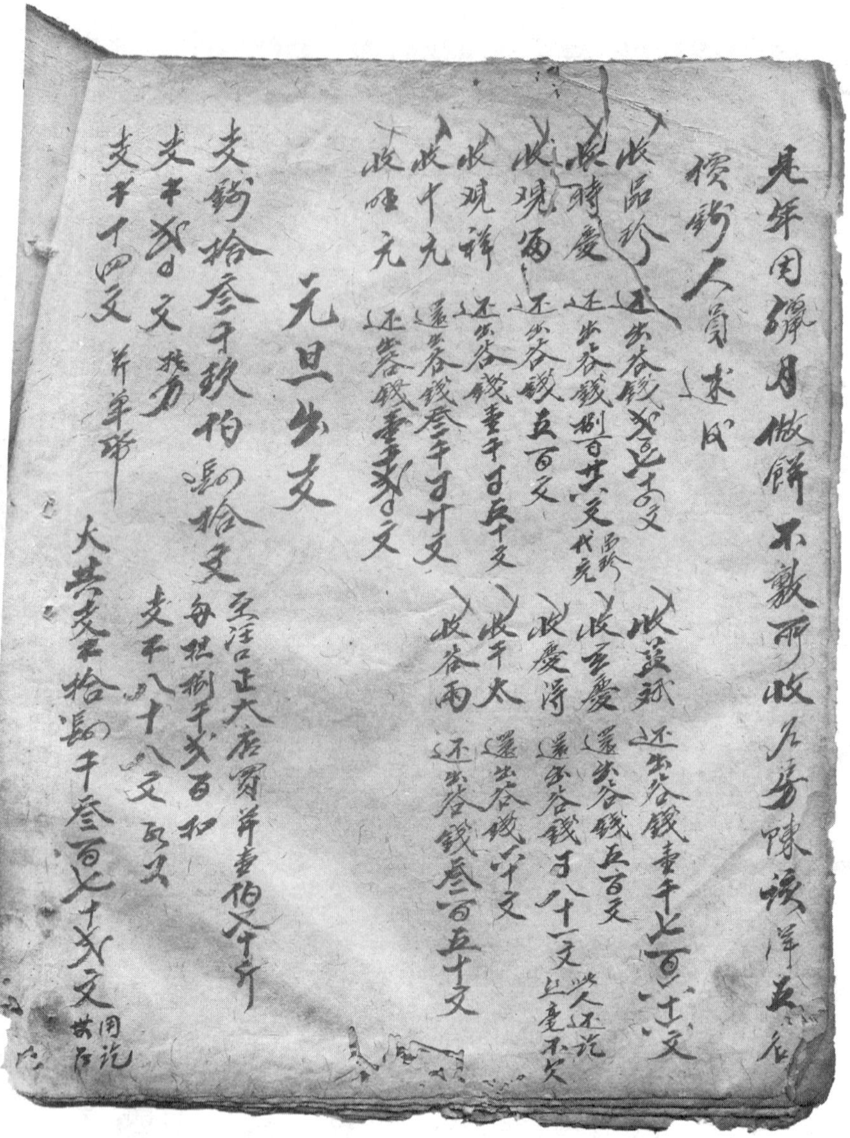

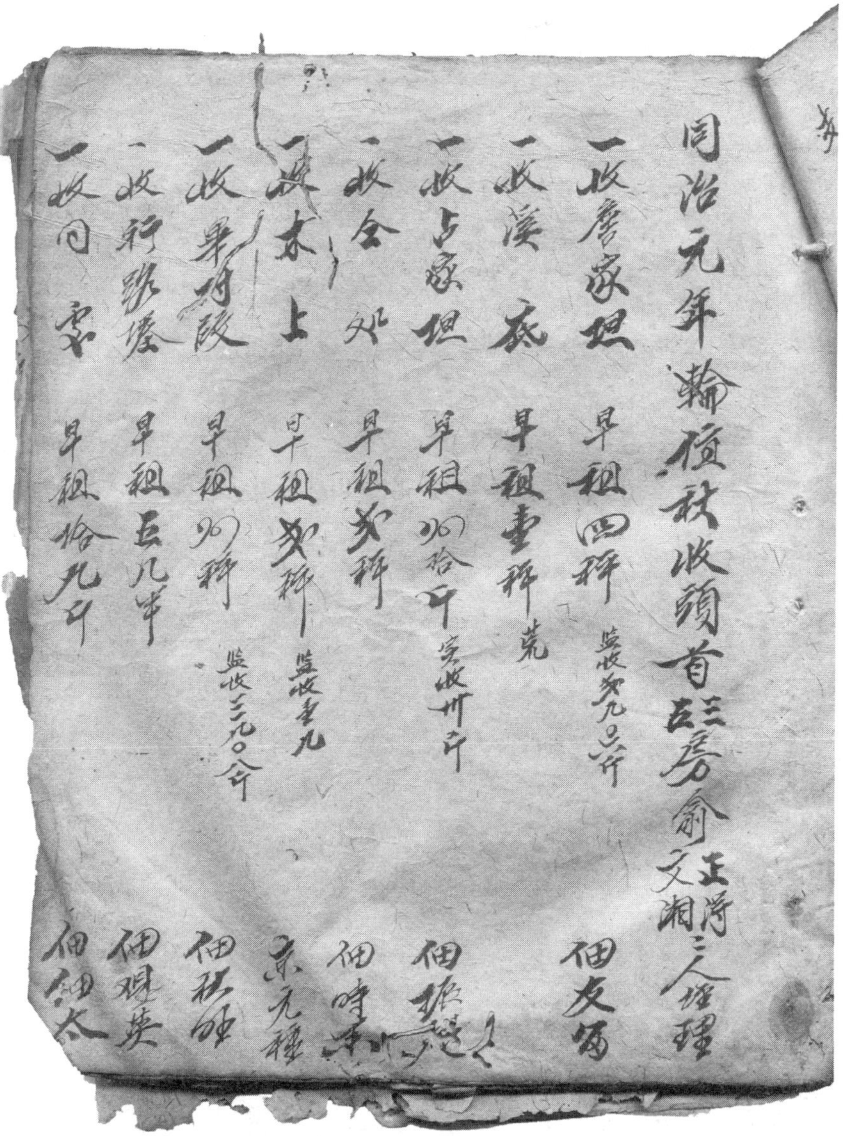
同治元年輪值秋收頭首左三房俞文湘 正淳 三人經理
一收詹家坦　早租四秤　監收〤九〢斤　佃友富
一收溪底　早租壹秤　荒　佃振進
一收占家坦　早租〣拾斤　實收卅斤　佃時來
一收仝外　早租〤秤　京元種
一收木上　早租〤秤　監收壹九
一收畢村段　早租〣秤　監收三九〇斤　佃秋雄
一收行路塝　早租五几斗　佃觀英
一收同雲　早租拾九斤　佃細太

江湾镇中［钟］吕村 19-22 · 咸丰九年至光绪八年 ·
轮值秋收头首经理收支账簿（残本）

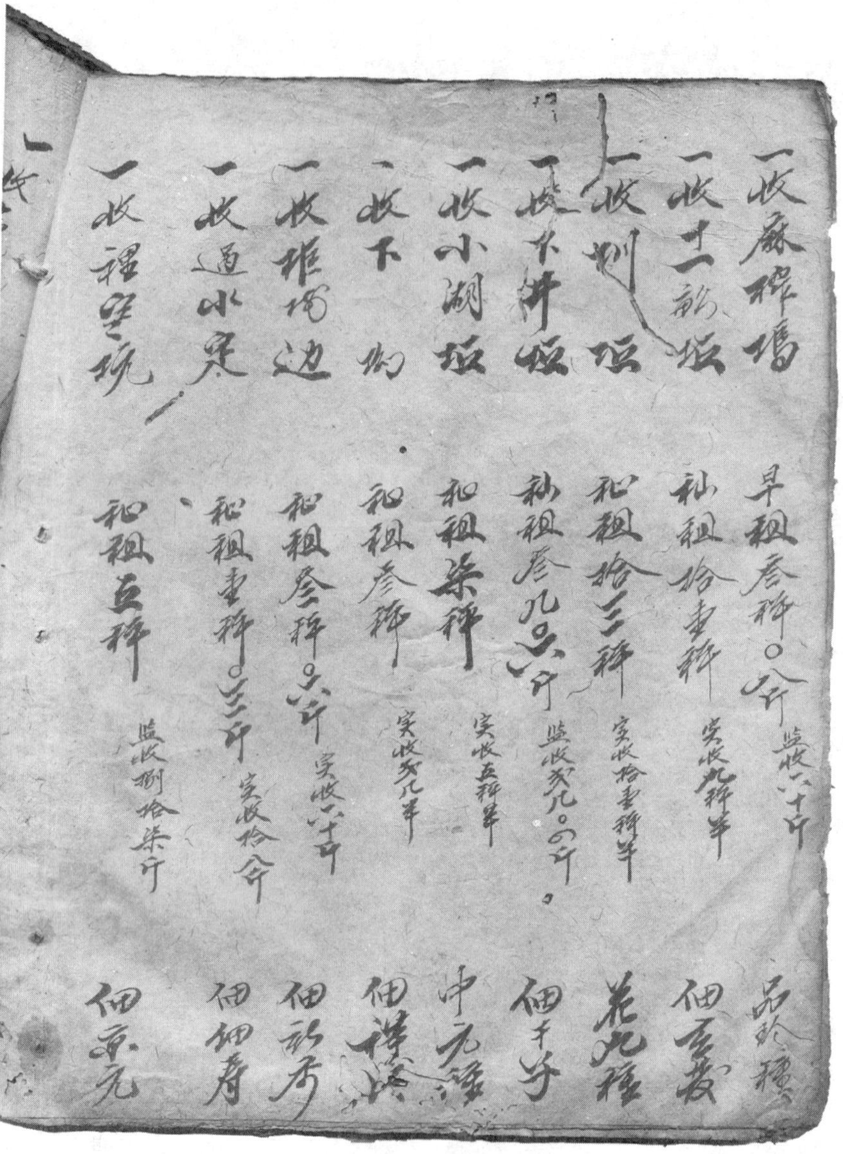

江湾镇中［钟］吕村 19-23 · 咸丰九年至光绪八年 ·
轮值秋收头首经理收支账簿（残本）

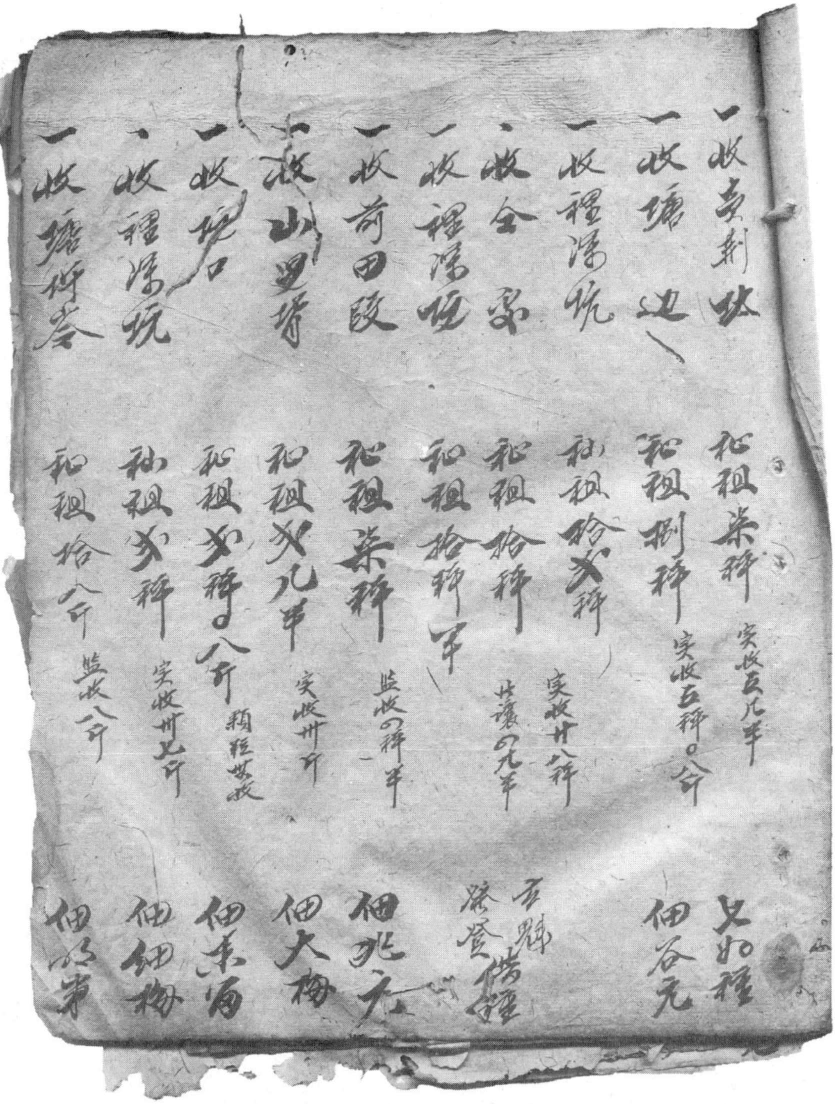
一收黄荆坎　秋租柒秤　实收五九斤
一收塘边　秋租捌秤　实收五秤〇八斤
一收程湾坑　秋租拾贰秤　实收廿八秤
一收全家　秋租拾秤　廿让〇九斤
一收程湾坵　秋租拾秤半
一收荷田段　秋租柒秤　监收〇秤半
一收山里塆　秋租贰九斤　实收卅斤
一收坑口　秋租贰秤〇八斤　颗粒无收
一收程湾坑　秋租贰秤　实收卅七斤
一收塘坞岺　秋租拾八斤　监收八斤
又如程
佃谷元
五魁
缘登
胜程
佃兆六
佃大梅
佃来同
佃钮梅
佃汉弟

江湾镇中［钟］吕村 19-24・咸丰九年至光绪八年・
轮值秋收头首经理收支账簿（残本）

一收石橋頭　租穀壹秤　實收拾合
一收提頭坵　喧祖拾秤　實收肆秤　佃林⊙
一收杏坑刮　晚祖拾秤　實收八秤　佃榮桂
一收桑河坂　晚租則秤　監收叁几廿斗　佃蛋印
是年大共實收租穀壹伯貳拾伍秤零陸勣
四除谷五秤零玖拾斤遞沽佃穀壹伯玖秤零捌勣
公議照積慶重祠價毋秤貳伯柒拾文扣致計谷
償錢參拾文千貳伯柒拾剮文
冬至出交拾收

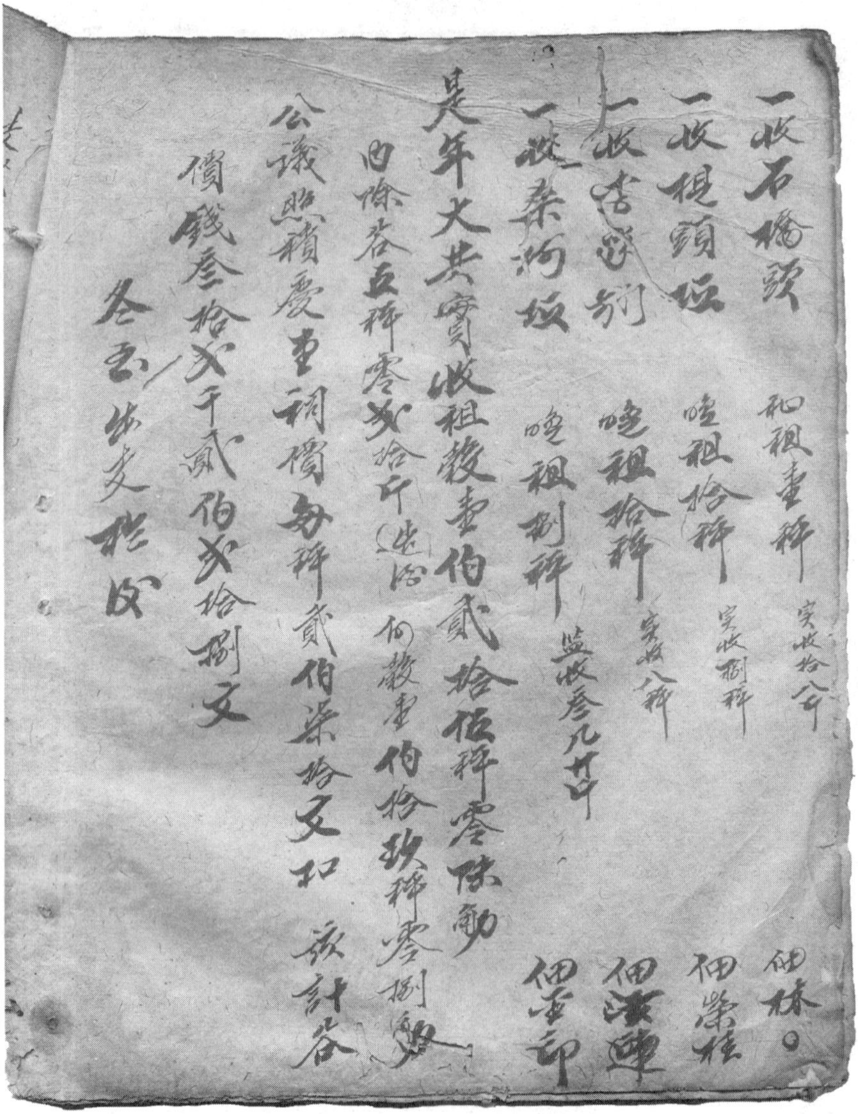

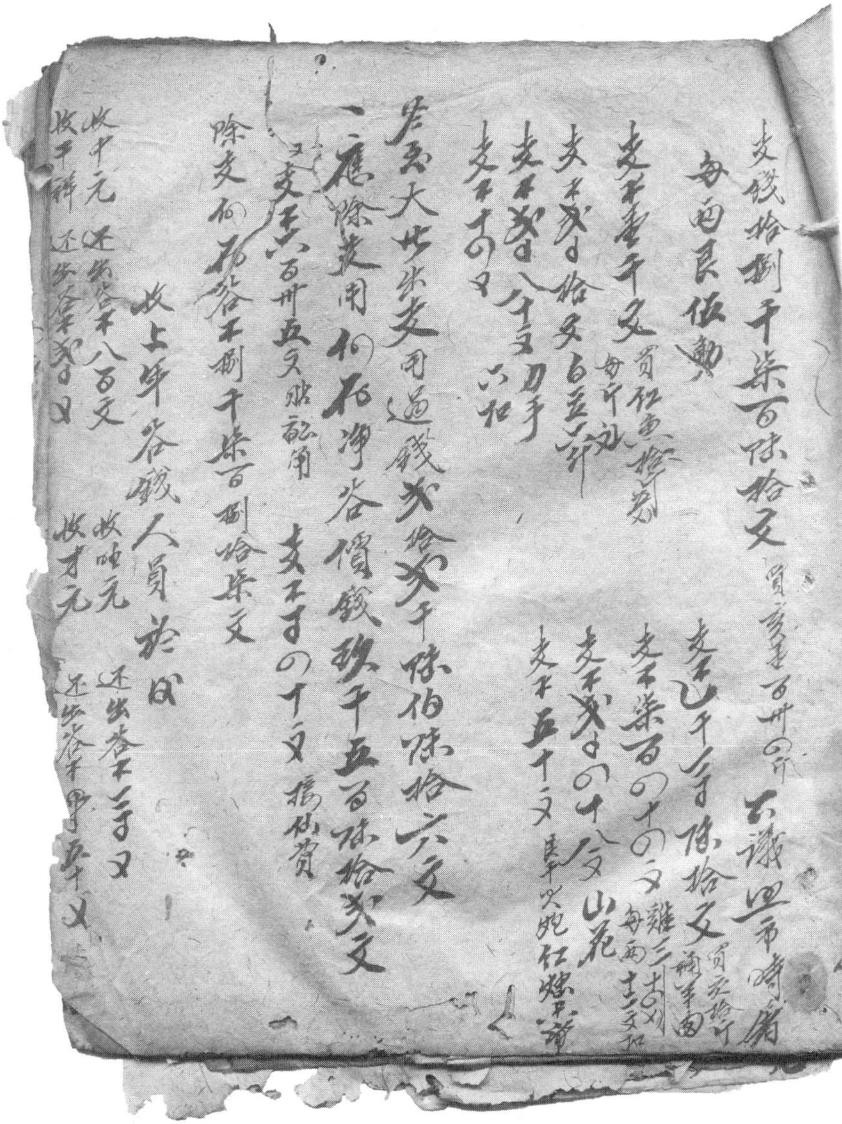
支錢拾捌千柒百陸拾文
[illegible]
支[illegible]千文
支[illegible]拾文[illegible]
支[illegible]
支[illegible]
共計大共出支用過錢[illegible]千陸伯陸拾六文
一應除支用外存淨谷價錢玖千五百陸拾[illegible]文
又支[illegible]百卅五文[illegible]
除支外[illegible]谷[illegible]捌千柒百捌拾柒文
支[illegible]
收上年谷錢人員於後
收中元 還出谷[illegible]八百文
收干祥 還出谷[illegible]
收[illegible]元 還出谷[illegible]
收才元 還出谷[illegible]

江湾镇中［钟］吕村 19-26 · 咸丰九年至光绪八年 ·
轮值秋收头首经理收支账簿（残本）

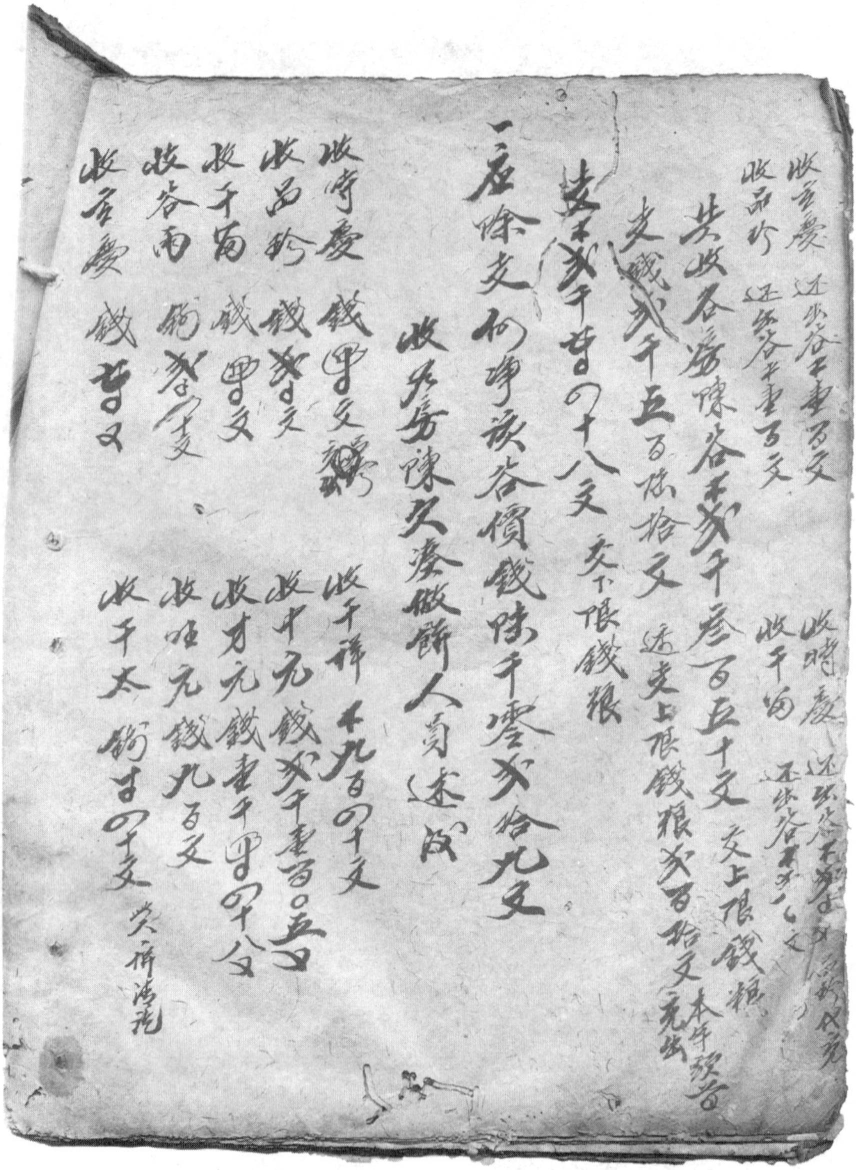

江湾镇中［钟］吕村 19-27 · 咸丰九年至光绪八年 ·
轮值秋收头首经理收支账簿（残本）

已上共收冬萝谷价钱干叁百七十叁文
二比净无谷赠钱拾叁千叁伯零欠文
元旦出支烛后
支钱拾叁千零九千支至汪口吉祥店買餅壹伯柒拾斤
支本次る文銷斤为每扣壹千柒百扣
支本次の文
元旦出支过钱拾叁千叁伯零の文
净出支另の咸洋五出陳谷钱壹貫

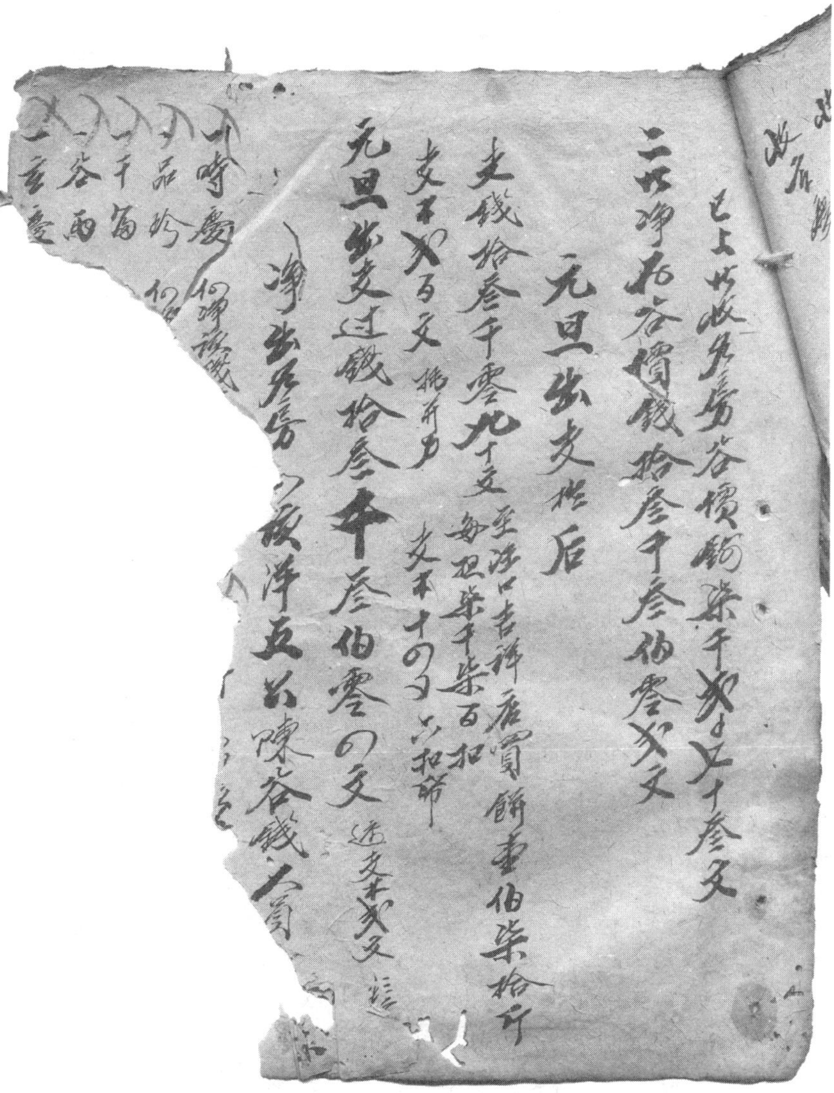

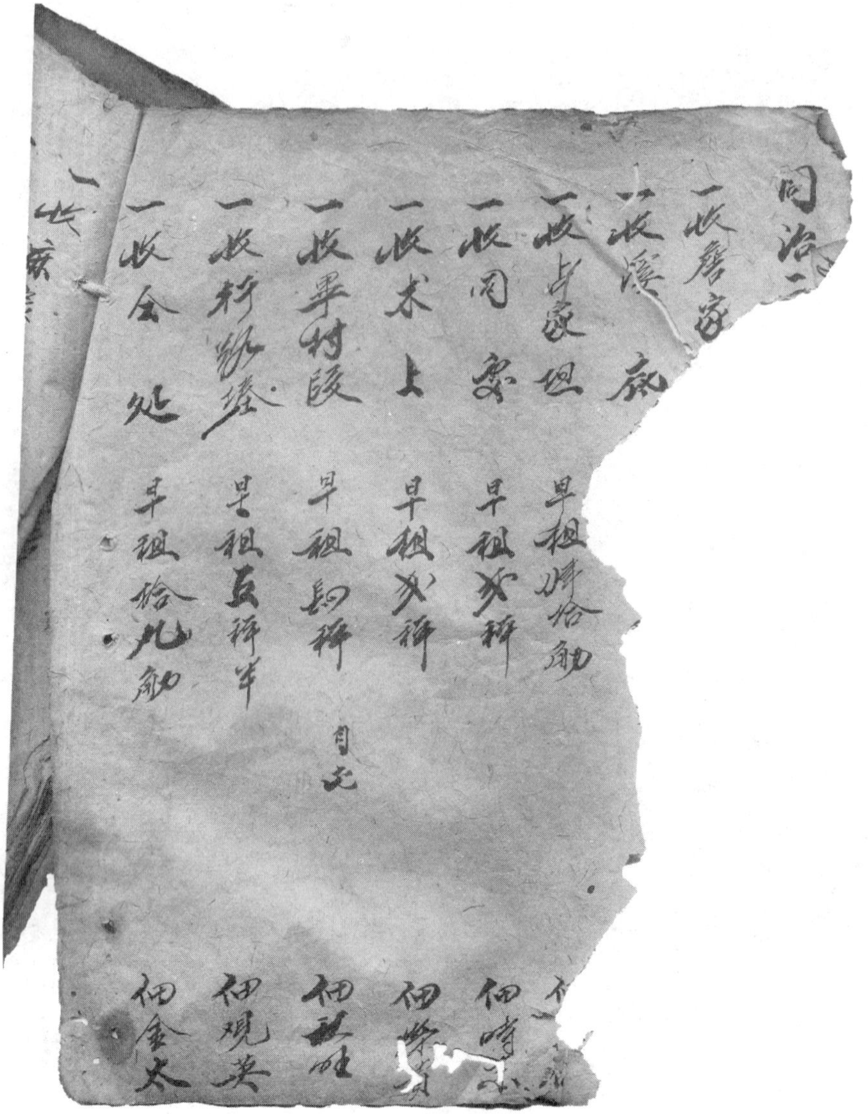

同治二
一收詹家
一收溪□　底
一收上家坦　早租肆拾觔　佃□
一收同家　早租弍秤　佃时□
一收术上　早租弍秤　佃荣□
一收畢村段　早租肆秤　自走　佃秋旺
一收杵縱塝　早租叁秤半　佃观英
一收金　处　早租拾九觔　佃金太
一收□□

江湾镇中［钟］吕村 19-29 · 咸丰九年至光绪八年 ·
轮值秋收头首经理收支账簿（残本）

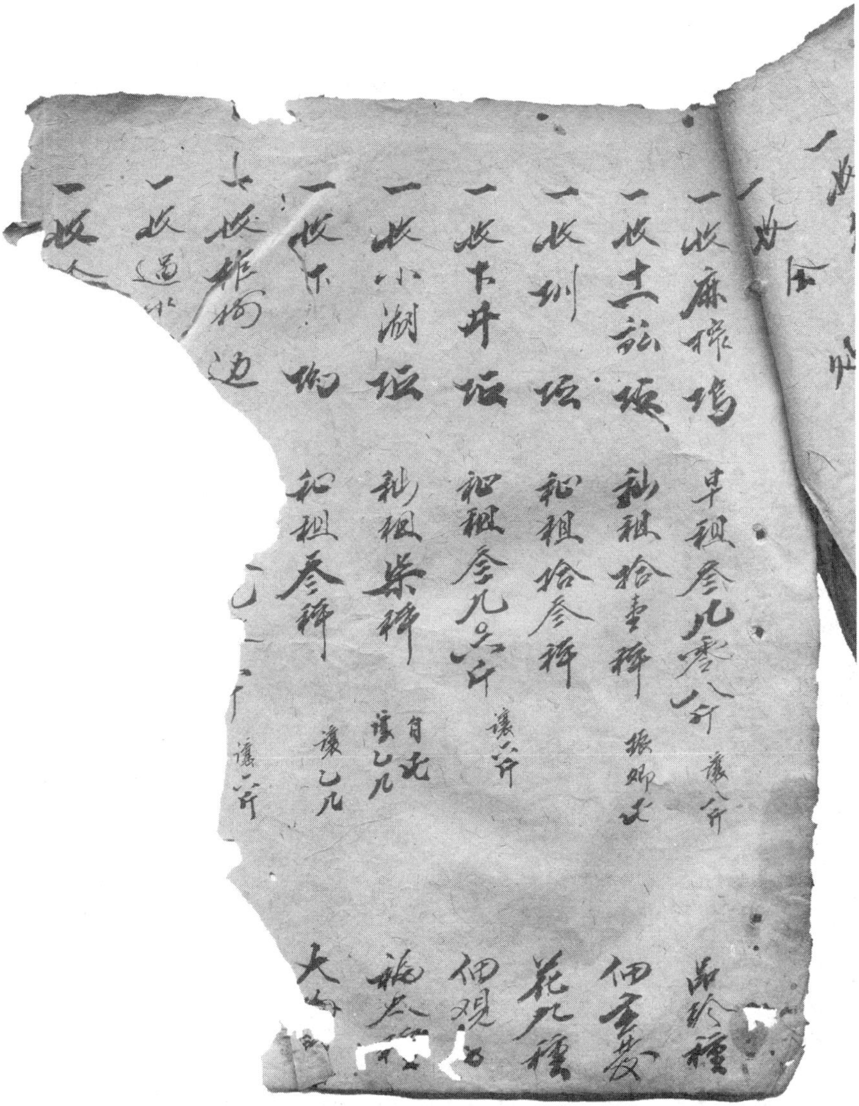
一收麻榨坞　早租叁九零八斤　让八斤　昌玲种
一收土茹坑　秋租拾壹秤　振卿收　佃金发
一收圳坛　秋租拾叁秤　花九种
一收下井坛　秋租叁九五六斤　让八斤　佃观
一收小湖坛　秋租柒秤　自收　让乙九
一收下坳　秋租叁秤　让乙九　大
一收樟树边　让八斤
一收过
一收

江湾镇中［钟］吕村 19-30 · 咸丰九年至光绪八年 ·
轮值秋收头首经理收支账簿（残本）

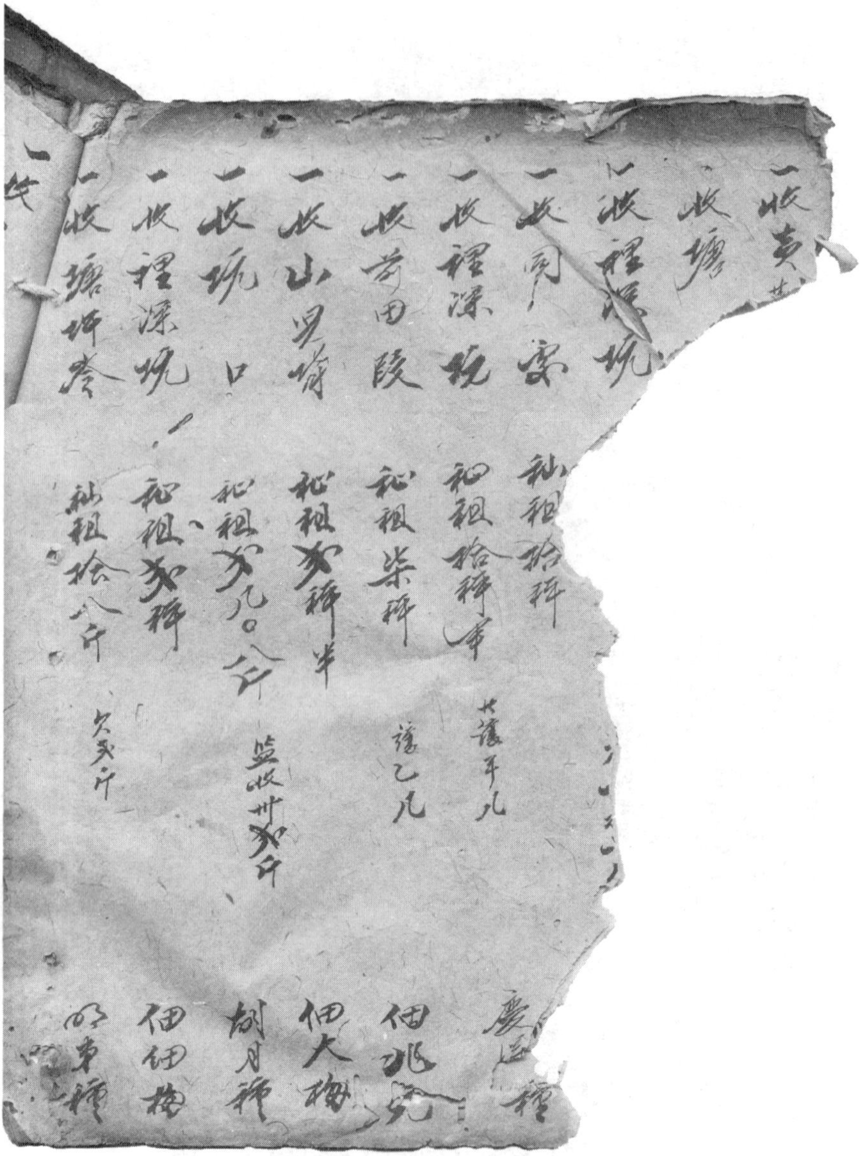

一收黄
一收塘
一收裡深坑
一收冈窑 秋租拾秤
一收裡深坑 秋租拾秤半 廿議平九
一收前田段 秋租柒秤 議乙九
一收山界塆 秋租叁秤半
一收坑口 秋租叁九〇八斤 監收卅叁斤
一收裡深坑 秋租叁秤
一收塘坪叁 秋租拾八斤 欠叁斤
一收

慶
佃兆
佃大梅
胡月稀
佃钮梅
東稀

江湾镇中［钟］吕村 19-31 · 咸丰九年至光绪八年 ·
轮值秋收头首经理收支账簿（残本）

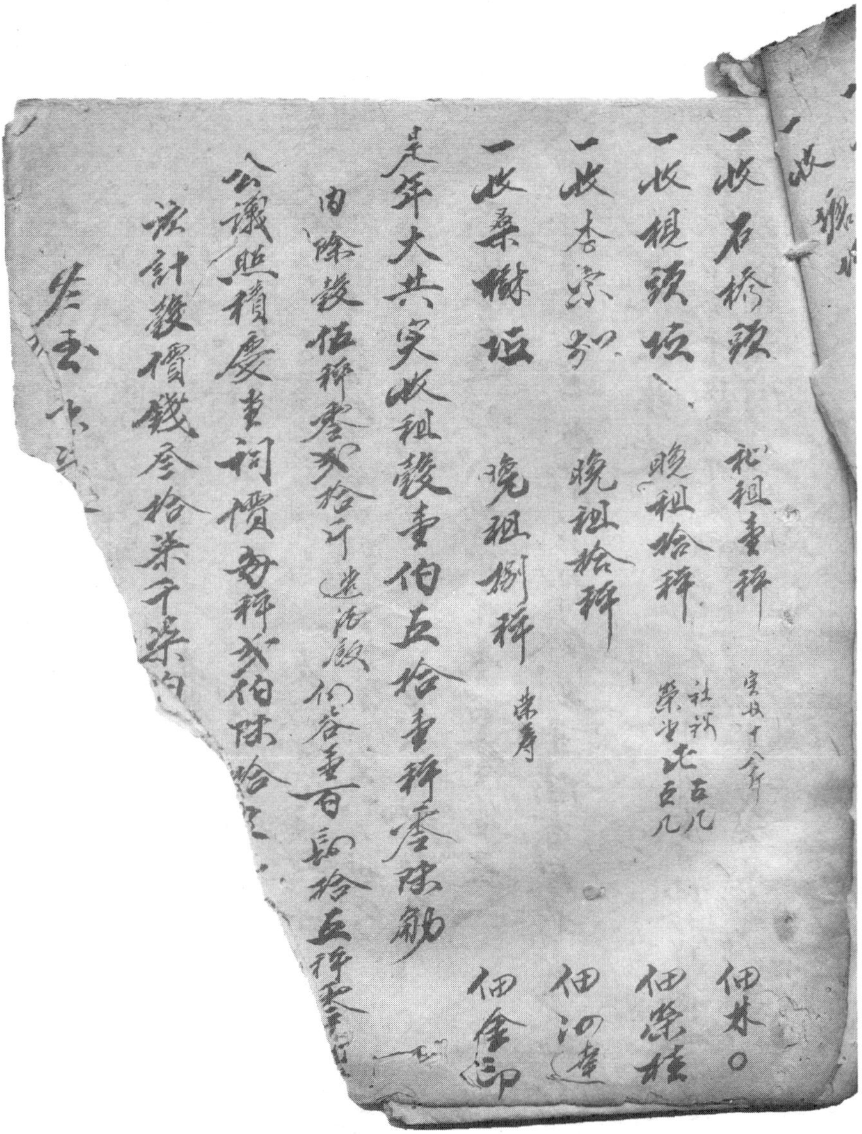

江湾镇中［钟］吕村 19-32 · 咸丰九年至光绪八年 ·
轮值秋收头首经理收支账簿（残本）

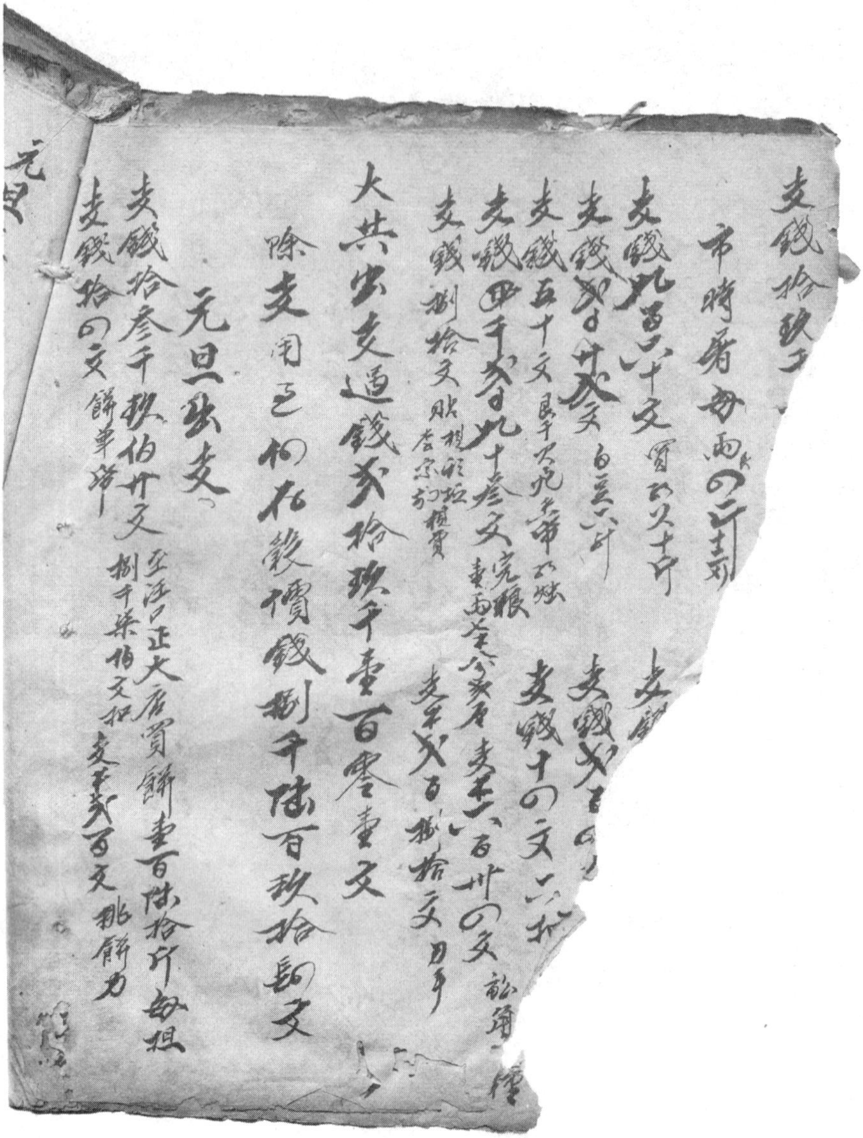

江湾镇中［钟］吕村 19-33 · 咸丰九年至光绪八年 ·
轮值秋收头首经理收支账簿（残本）

元旦大共出支過錢拾肆千壹百叁拾捌文

是年除谷價錢捌過支过錢伍千四百四十文　收外房谷價

收時慶　还上年谷米叁百文　收品珍　还上年谷錢百五十六文

收玉慶　还上年谷米四百文　收千商　还上年欠錢叁百五十文

收福太　还上年欠米乙千九百八十文　收谷雨　还上年欠錢叁百文

收千祥　还上年欠米六百四十四文　收才元　还上年欠米九百十文

收仲元　还上年欠米六百文

大共收外房上賬錢伍千捌伯四十文　凑本年貨辭　是年用詭

時慶　净該錢叁百卅文　　谷雨　净該錢……

品珍　净該錢壹百十五文　　益斌　净……

玉慶　净該錢捌百乙文　　千祥

千商　净該錢三百廿一文

仲元　净該錢八千四十文

已上剛交老账共……

江湾镇中［钟］吕村 19-34 · 咸丰九年至光绪八年 ·

轮值秋收头首经理收支账簿（残本）

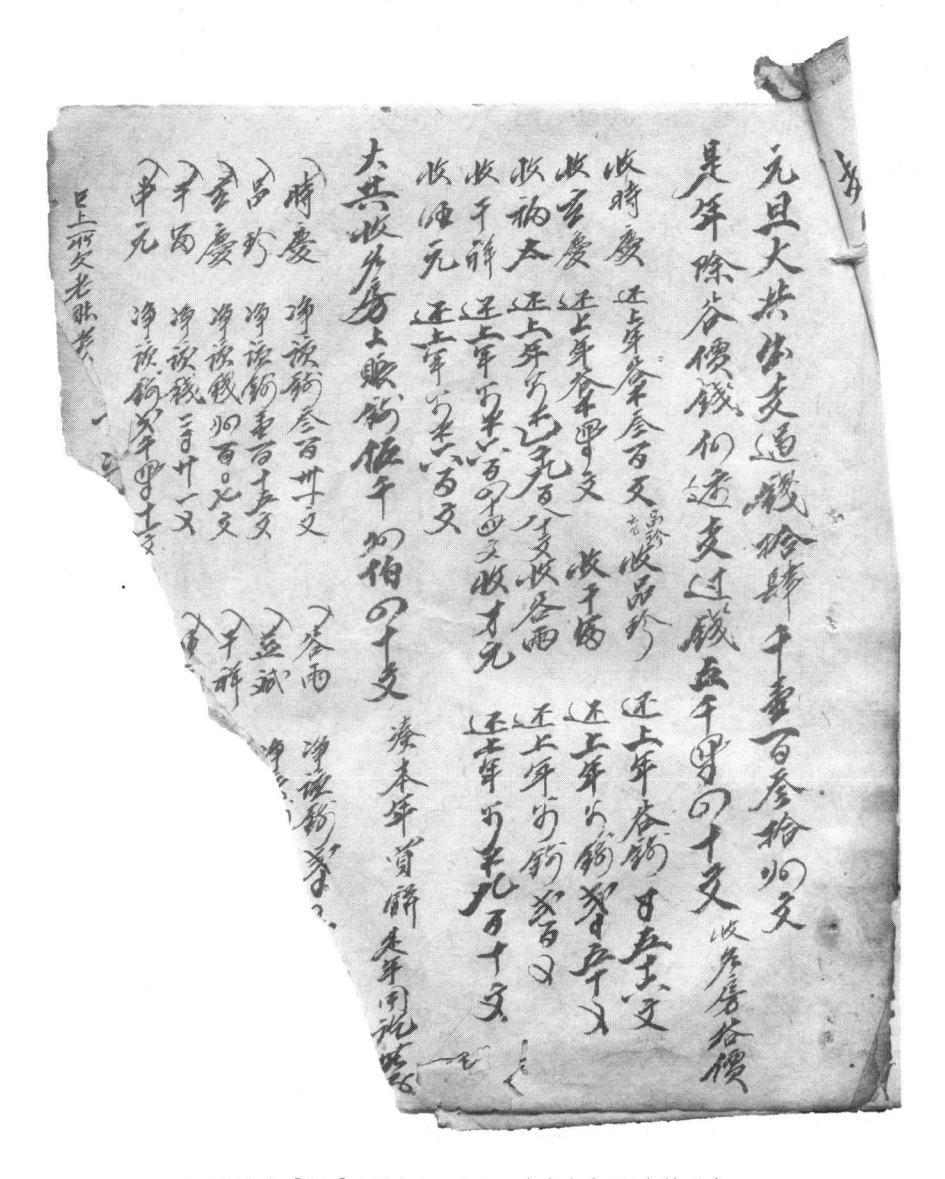

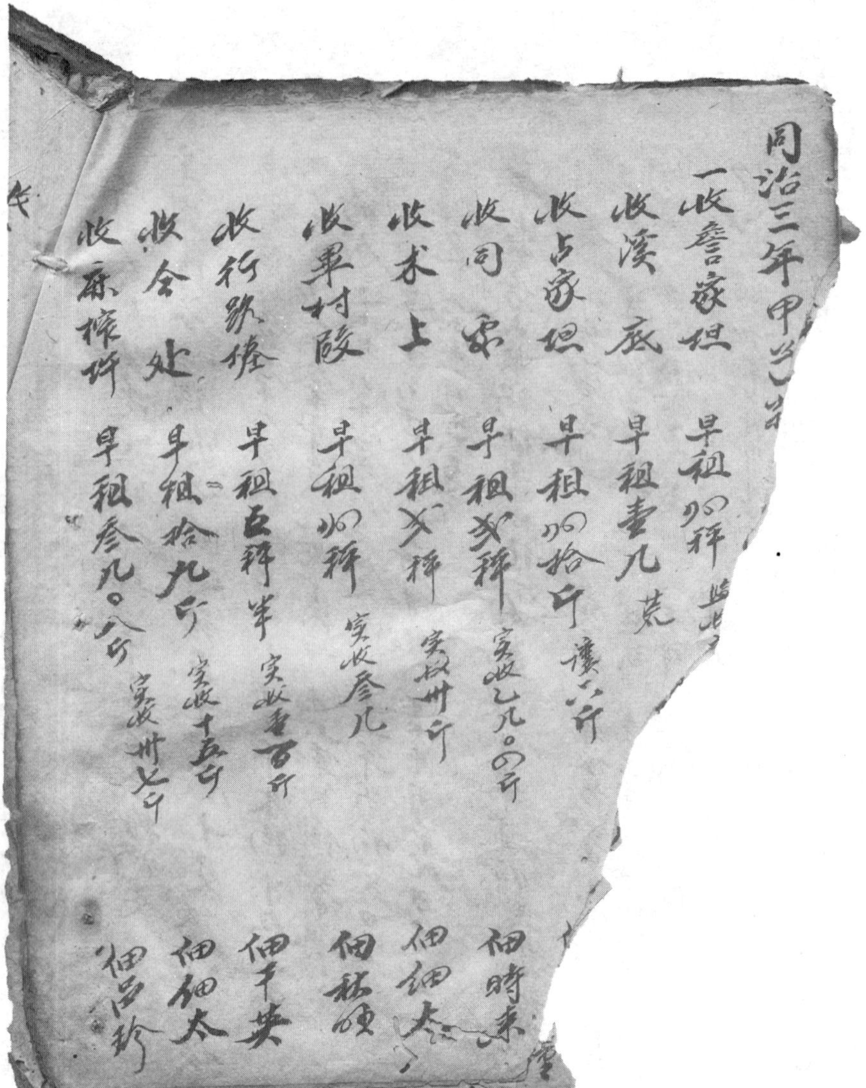

同治三年甲子岁
一收詹家坦　早租〤秤　照…
收溪底　早租壹几莶
收占家坦　早租〤拾斤　讓…斤
收同棠　早租〤秤　实收乙几〇〤斤
收术上　早租〤秤　实收卅斤
收畢村陂　早租〤秤　实收叁几
收行坑塝　早租五秤半　实收壹百斤
收合处　早租拾九斤　实收十五斤
收麻榨坪　早租叁几〇八斤　实收卅七斤
佃時来
佃细太
佃秋顺
佃千英
佃细太
佃吕玲

江湾镇中［钟］吕村 19-35 · 咸丰九年至光绪八年 ·
轮值秋收头首经理收支账簿（残本）

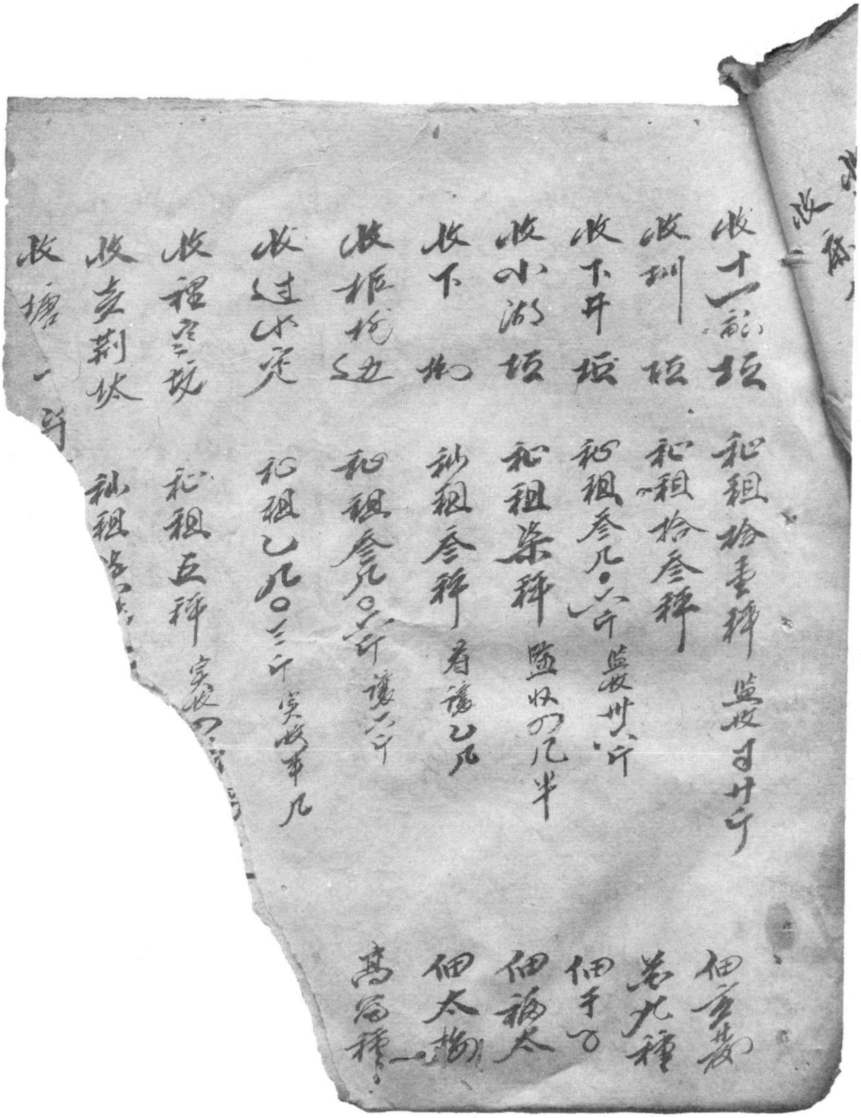

收十一畝坵　秈租拾壹秤　監收廿廿斤　佃金發
收圳坵　秈租拾叁秤　若九種
收下井坵　秈租叁凡〇六斤　監收卅六斤　佃千丁
收小湖坵　秈租柒秤　監收刀凡半　佃福太
收下塝　秈租叁秤　看讓乙凡　佃太松
收柜坑边　秈租叁凡〇三斤　讓六斤　萬富祥
收过水𡌿　秈租乙凡〇三斤　实收本凡
收程家坑　秈租五秤　实收……
收麦荊坎　秈租……
收塘一斤

江湾镇中［钟］吕村 19-36 · 咸丰九年至光绪八年 ·
轮值秋收头首经理收支账簿（残本）

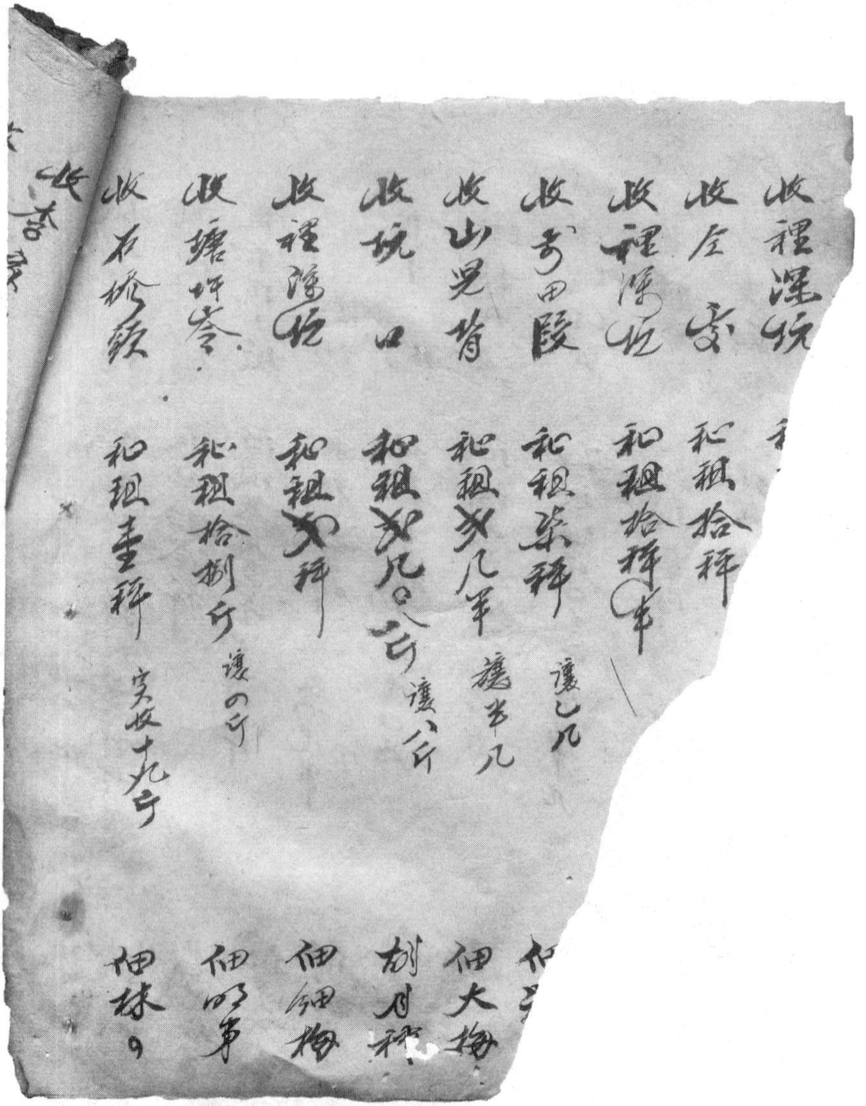
收裡湿坑 秈
收仝安 秈租拾秤
收裡塝坵 秈租拾秤半
收斋田段 秈租柒秤 讓乙几
收山見背 秈租叁几半 讓半几
收坑口 秈租叁几〇八斤 讓八斤
收裡塝坵 秈租叁秤
收塘坪夸 秈租拾捌斤 讓四斤
收石橋頭 秈租壹秤 实收十九斤
收杏宗
佃大梅
胡月禧
佃細梅
佃明弟
佃林〇

江湾镇中［钟］吕村 19-37 · 咸丰九年至光绪八年 ·
轮值秋收头首经理收支账簿（残本）

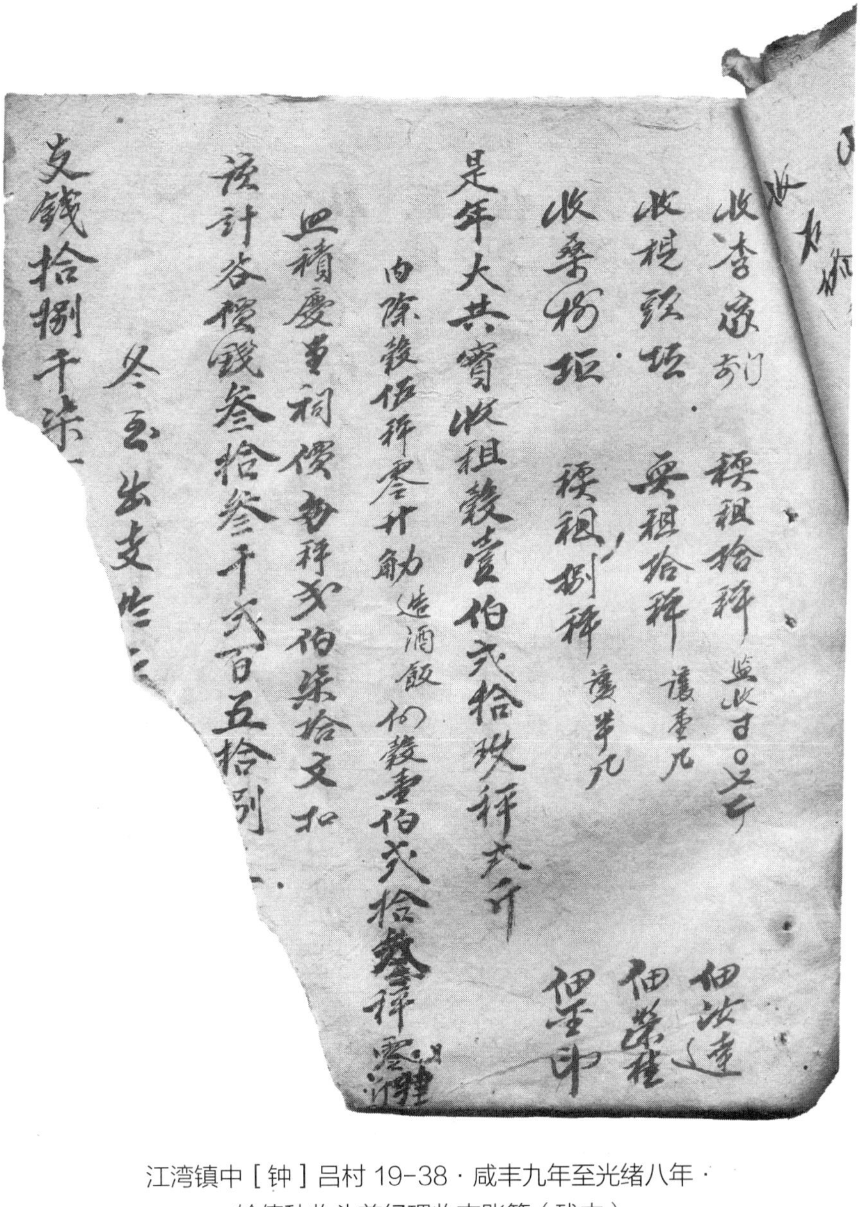
收李家奇门 稞租拾秤 监收十〇又斤 佃汝达
收棍路坛 · 稞租拾秤 让壹斤 佃荣桂
收桑树坵 稞租捌秤 让半斤 佃金申
是年大共实收租谷壹伯弍拾玖秤弍斤
内除谷伍秤零廿觔造酒饭 仍谷壹伯弍拾叁秤零
凹积庆堂祠价每秤弍伯柒拾文扣
该计谷价钱叁拾叁千弍百五拾列
冬至出支钱
支钱拾捌千柒

江湾镇中［钟］吕村 19-38 · 咸丰九年至光绪八年 ·
轮值秋收头首经理收支账簿（残本）

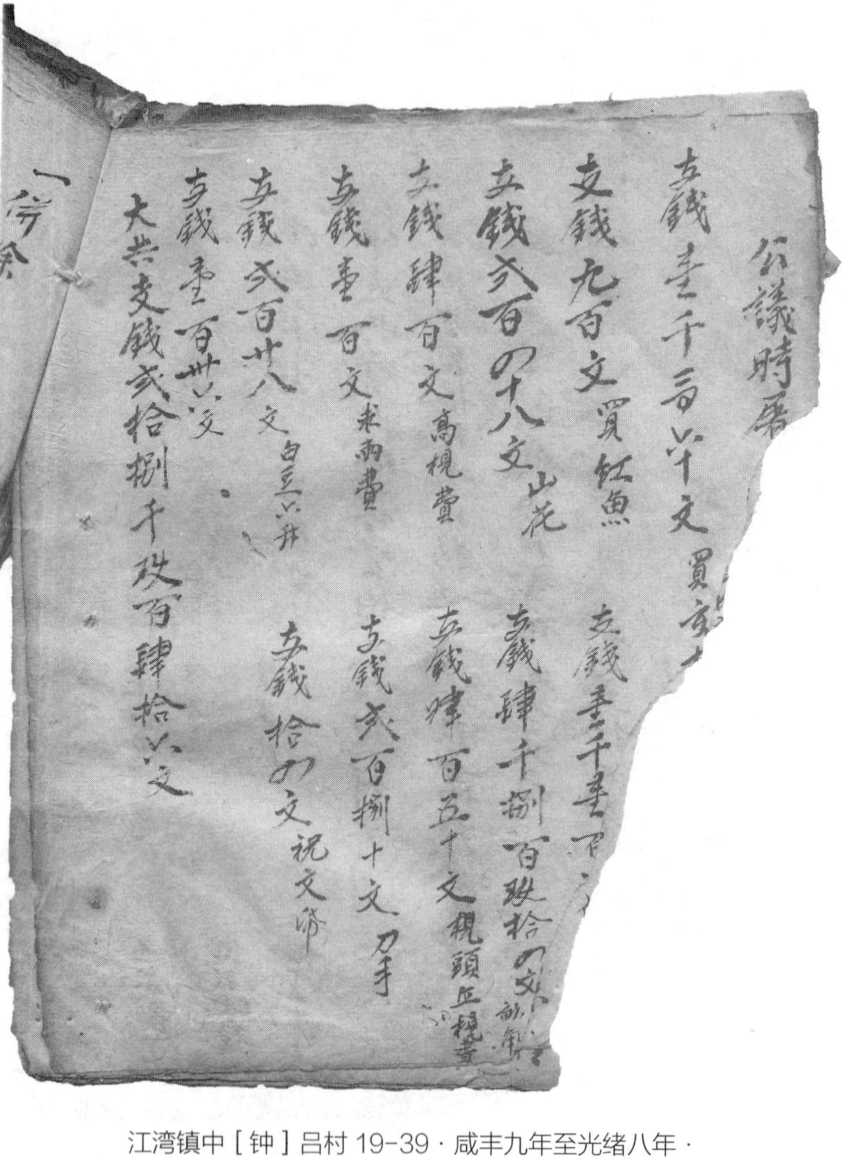
公議時屠
支錢壹千三百六十文 買
支錢九百文 買紅魚
支錢弍百四十八文 山花
支錢肆百文 高梘費
支錢壹百文 求雨費
支錢弍百廿八文 白豆六升
支錢壹百卅六文
大共支錢弍拾捌千玖百肆拾六文
支錢壹千壹百
支錢肆千捌百玖拾四文
支錢肆百五十文 梘頭匠梘費
支錢弍百捌十文 刀手
支錢拾四文 祝文

江湾镇中［钟］吕村 19-39 · 咸丰九年至光绪八年 ·
轮值秋收头首经理收支账簿（残本）

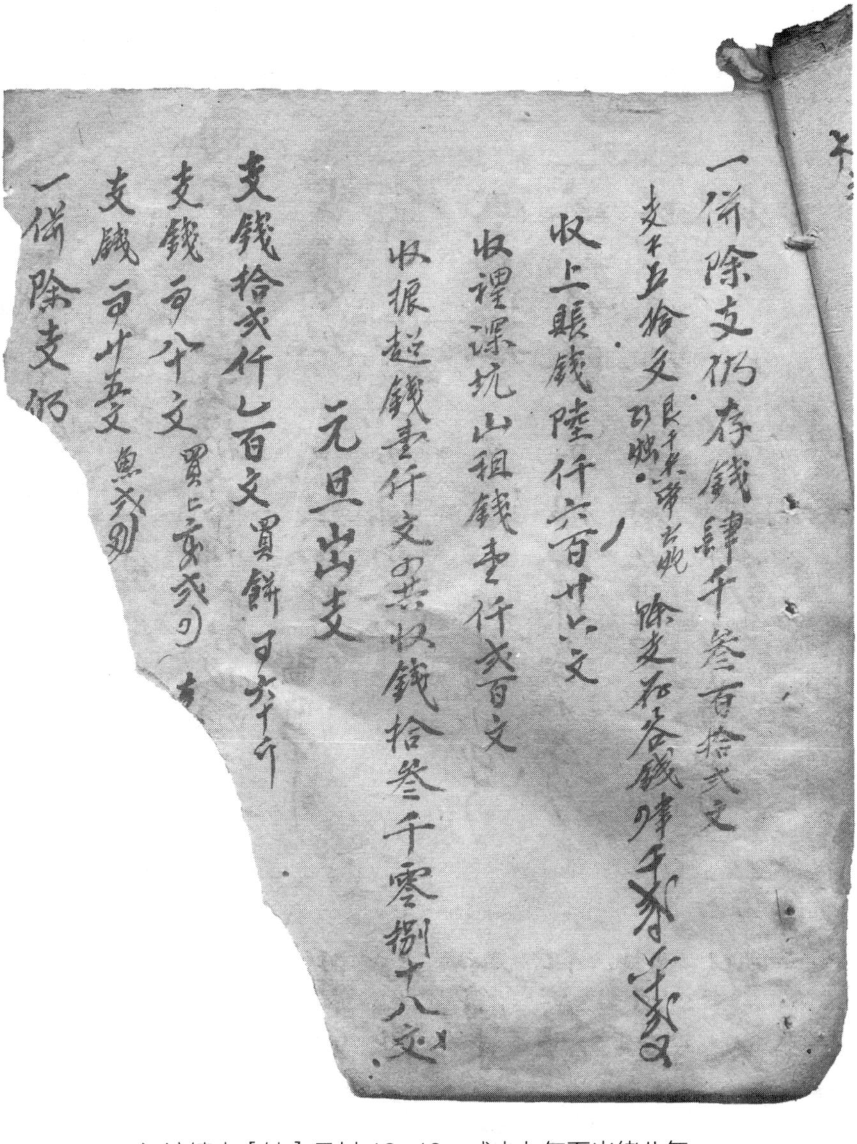
一併除支仍存錢肆千叁百拾弍文
支卄五拾文 艮子來带去乞 除支存谷錢肆千叁百叁文
收上賬錢陸仟六百廿六文
收裡深坑山租錢壹仟弍百文
收振趟錢壹仟文 共收錢拾叁千零捌十八文
元旦出支
支錢拾弍仟七百文 買餅丁六十斤
支錢百八十文 買七
支錢百廿五文 魚
一併除支仍

江湾镇中［钟］吕村 19-40 · 咸丰九年至光绪八年 ·
轮值秋收头首经理收支账簿（残本）

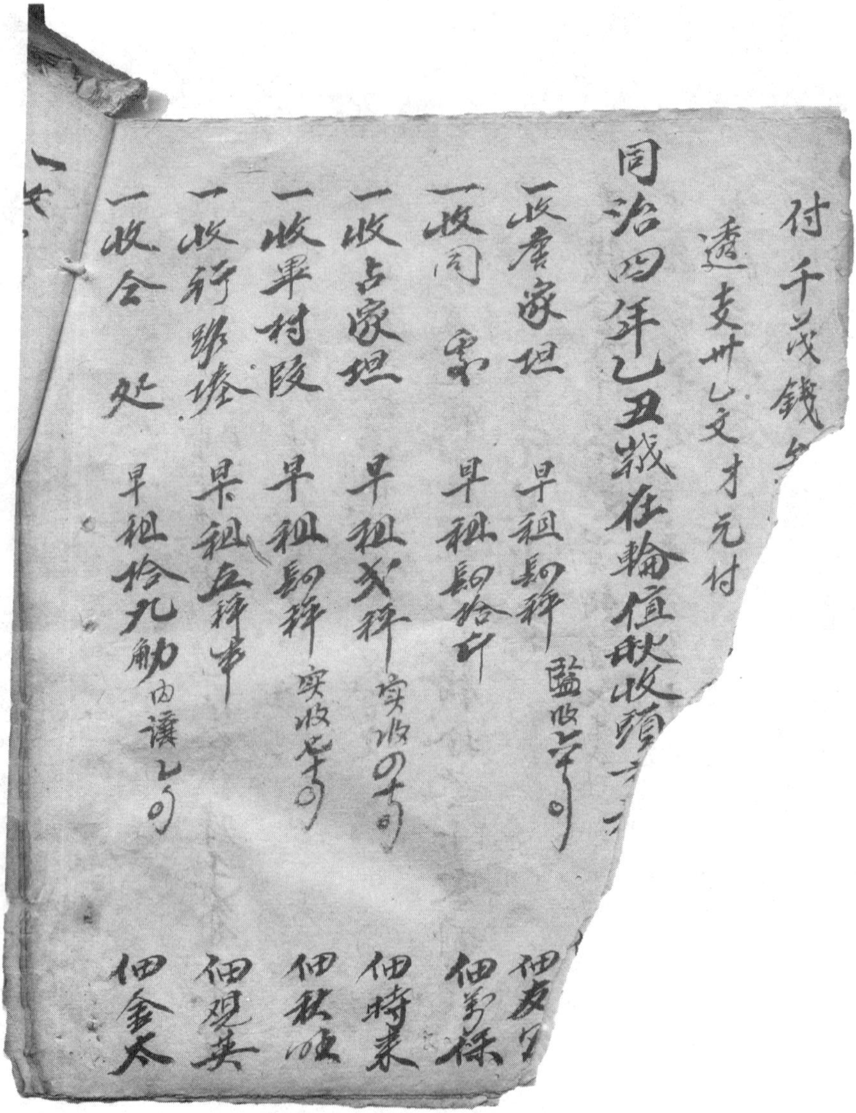

付千茂錢文
遠支卅乙文才元付
同治四年乙丑歲在輪值秋收頭首
一收唐家坦　早租肆秤　監收六斤　佃友□
一收同　處　早租肆拾斤　佃鄧禄
一收占家坦　早租貳秤　實收四斤　佃埼來
一收畢村陂　早租肆秤　實收卅斤　佃秋旺
一收狩豚塆　早租五秤半　佃观英
一收仝　處　早租拾九觔　內讓乙斤　佃金太

江湾镇中［钟］吕村 19-41 · 咸丰九年至光绪八年 ·
轮值秋收头首经理收支账簿（残本）

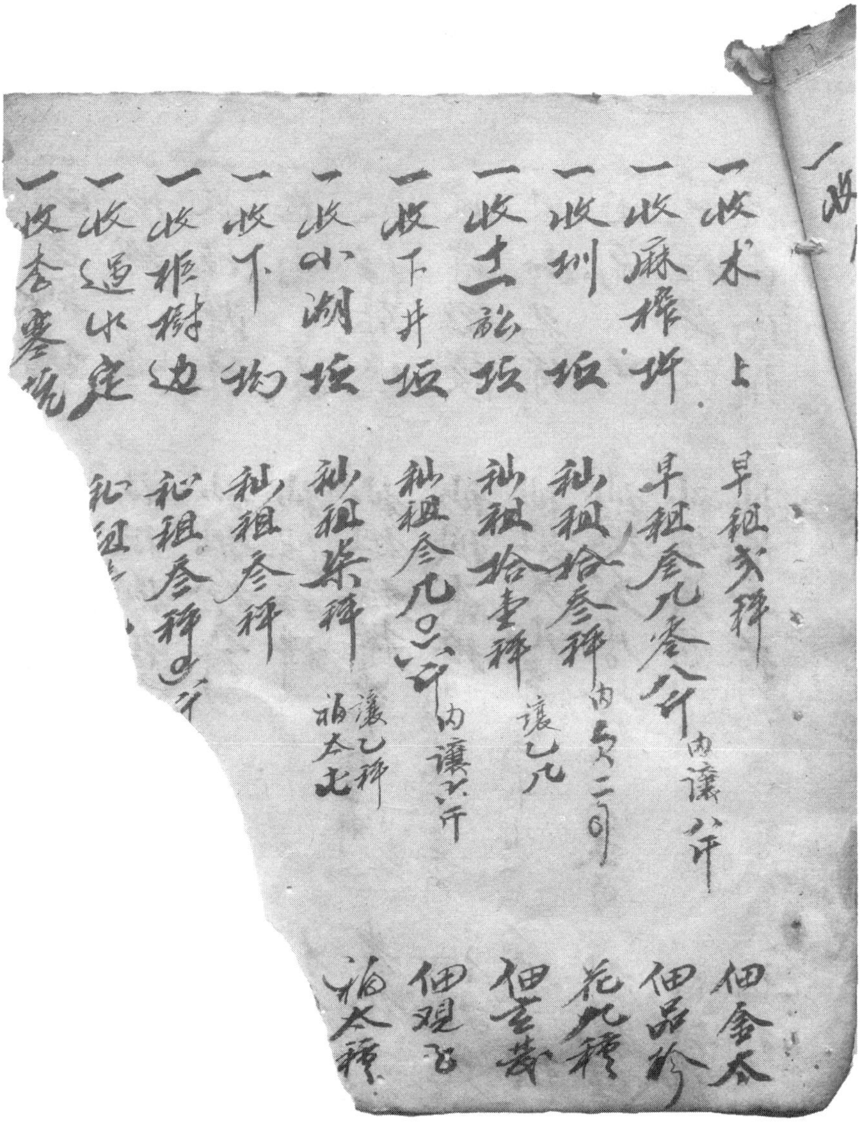

江湾镇中［钟］吕村 19-42 · 咸丰九年至光绪八年 ·
轮值秋收头首经理收支账簿（残本）

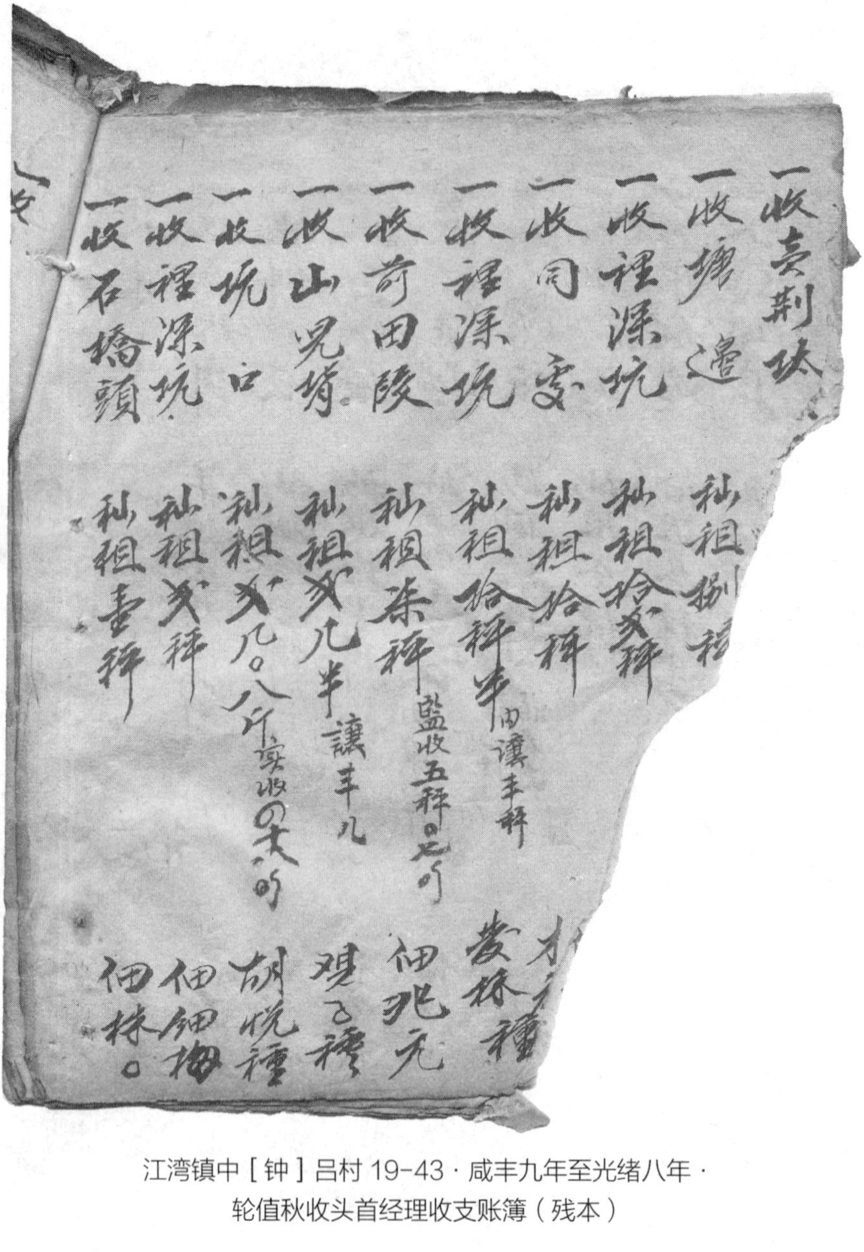

一收黄荆坞　秋租捌秤

一收塘边　秋租拾贰秤

一收程深坑　秋租拾秤

一收同安　秋租拾秤半　内让丰秤　才

一收程深坑　秋租柒秤　监收五秤。已吩　发林种

一收前田陵　秋租贰九半　让丰九　佃兆元

一收山晃坑　秋租贰九。八斤　实收四[illegible]吩　观子种

一收坑口　秋租贰秤　胡悦种

一收程深坑　秋租壹秤　佃细梅

一收石桥头　佃林。

江湾镇中［钟］吕村 19-43 · 咸丰九年至光绪八年 ·
轮值秋收头首经理收支账簿（残本）

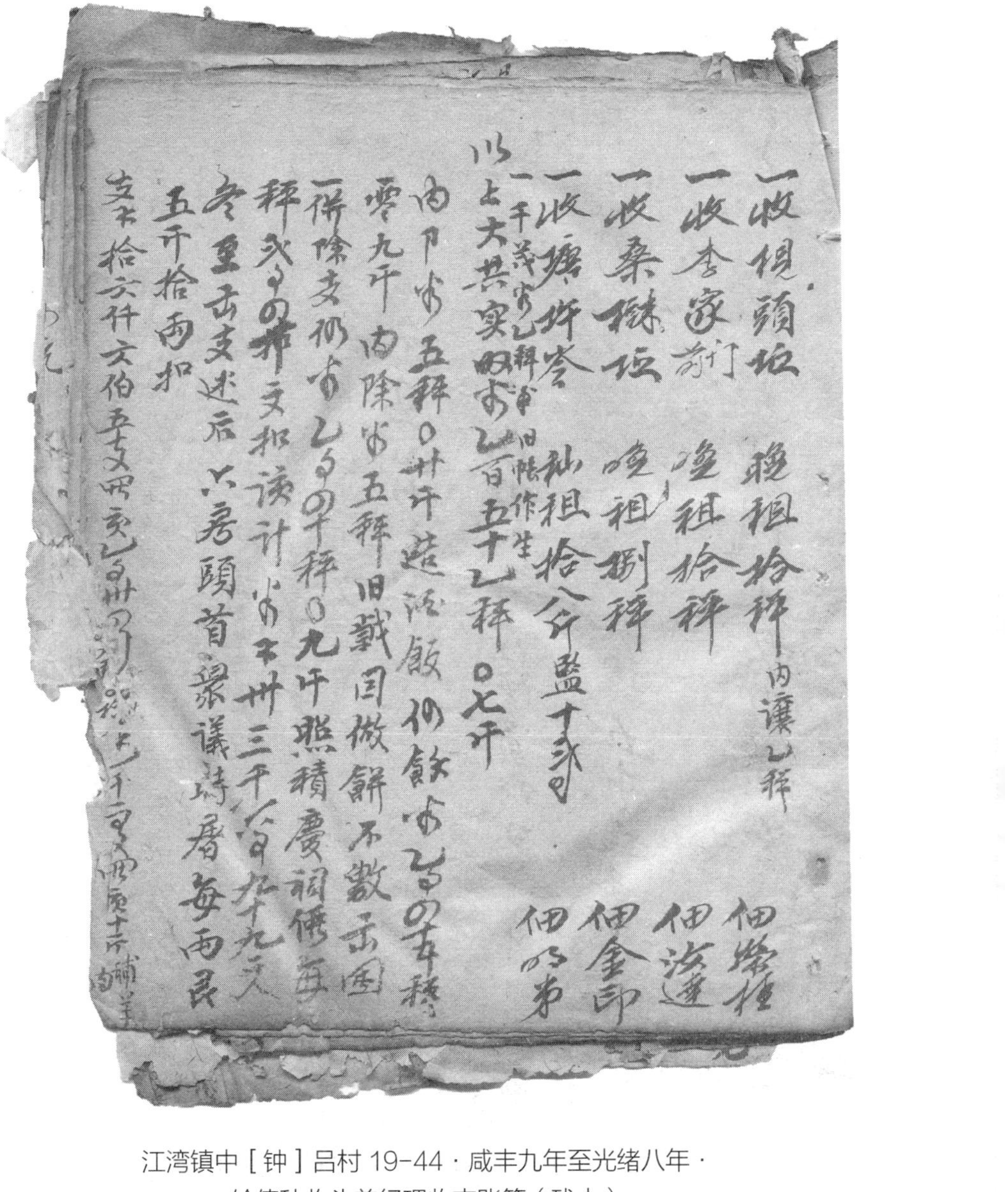

江湾镇中［钟］吕村 19-44 · 咸丰九年至光绪八年 ·
轮值秋收头首经理收支账簿（残本）

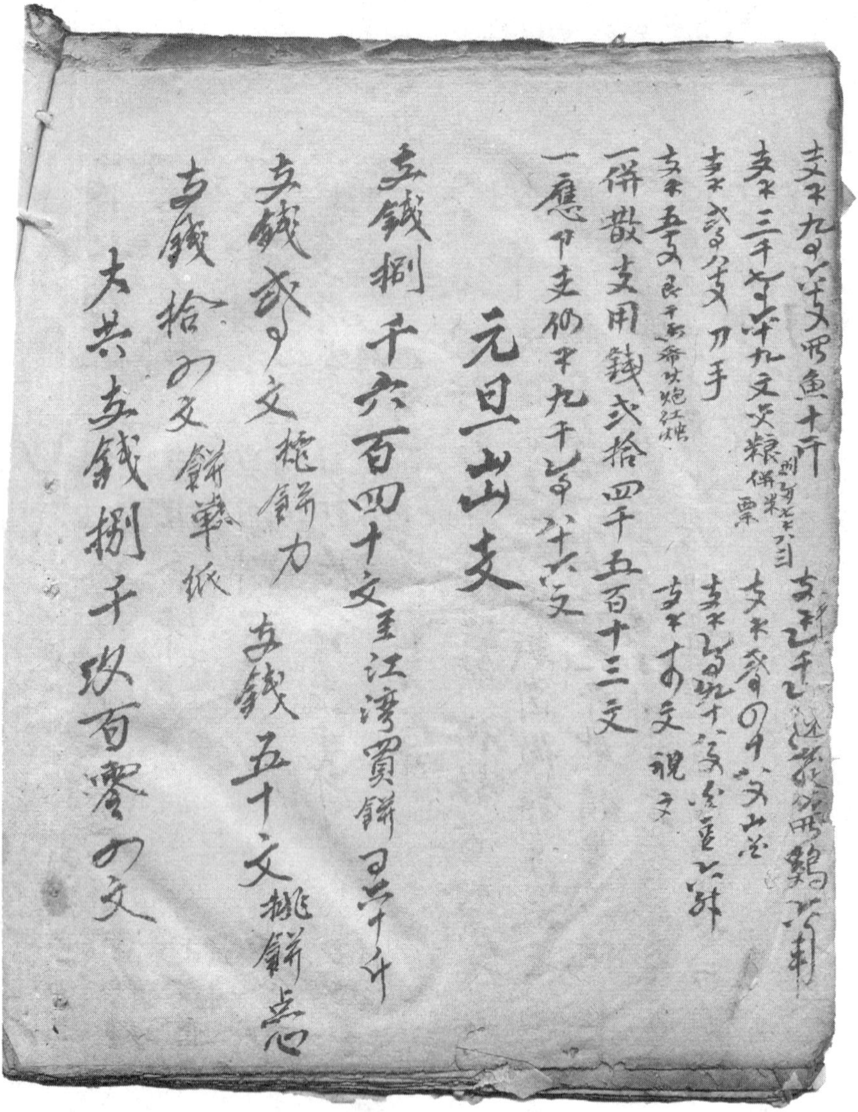

江湾镇中［钟］吕村 19-45 · 咸丰九年至光绪八年 ·
轮值秋收头首经理收支账簿（残本）

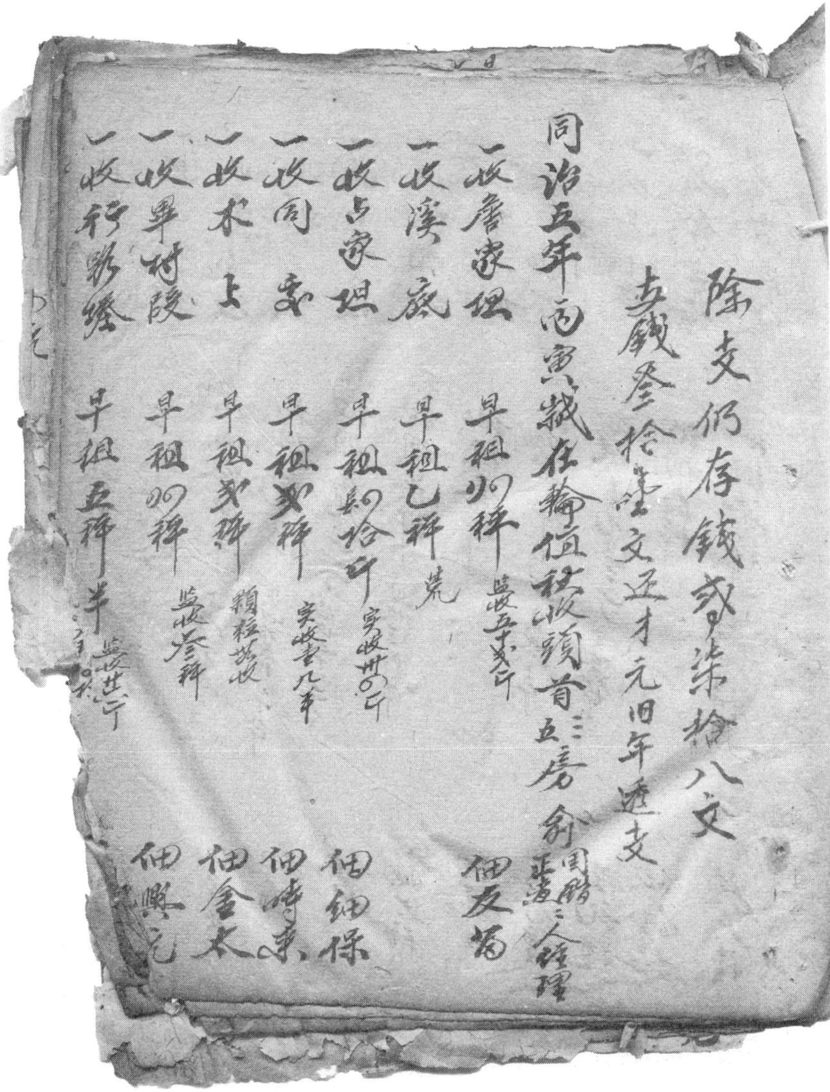

除支仍存錢弍千柒拾八文
土錢叁拾叁文还才元旧年透支
同治五年丙寅歲在輪值秋收頭首五房余周勝、正道二人經理
一收詹家坦　早租四秤　曬收五十弍斤　佃友富
一收溪旛　早租乙秤　荒
一收占家坦　早租肆拾斤　實收卅○斤　佃細保
一收同家　早租弍秤　實收壹九斗　佃時東
一收杉上　早租弍秤　賴桂收　佃金太
一收畢村段　早租四秤　曬收叁秤　佃興元
一收行影繼　早租五秤半　曬收廿斤

江湾镇中［钟］吕村 19-46 · 咸丰九年至光绪八年 ·
轮值秋收头首经理收支账簿（残本）

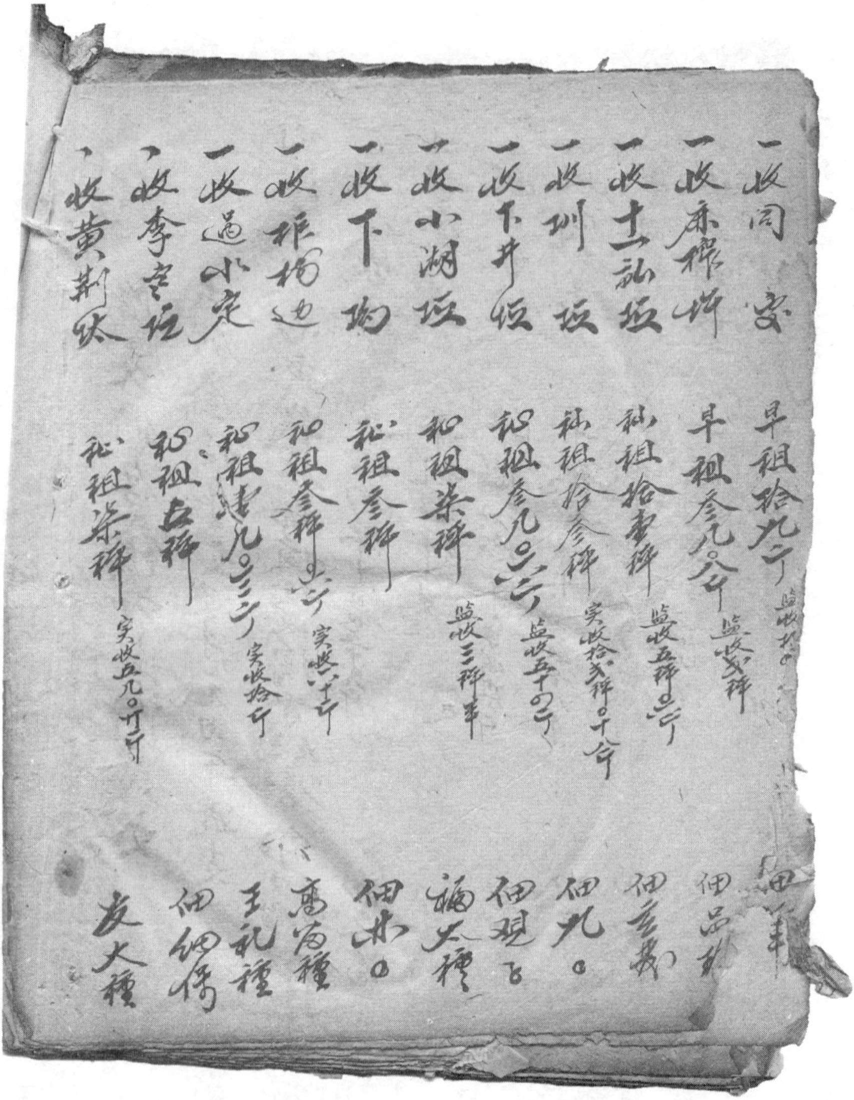

江湾镇中［钟］吕村 19-47 · 咸丰九年至光绪八年 ·
轮值秋收头首经理收支账簿（残本）

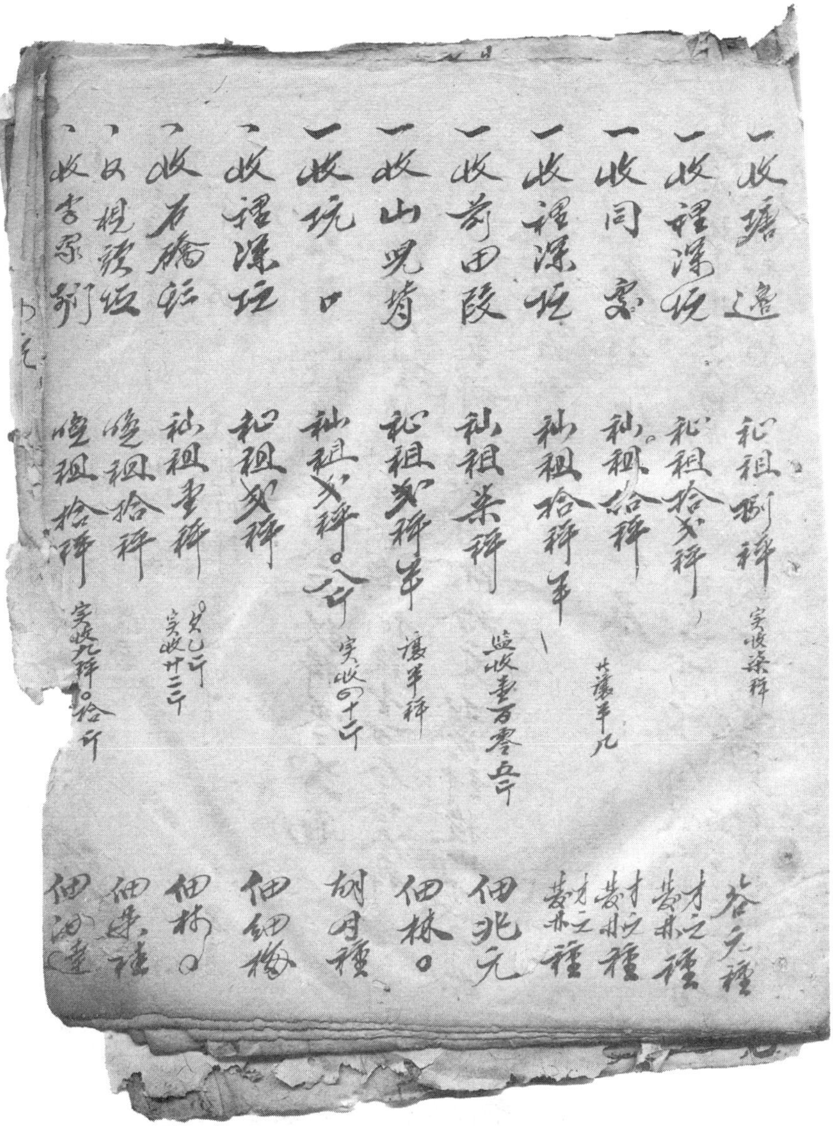
一收塘邊　秋租捌秤　实收柒秤　谷元種

一收裡深坑　秋租拾贰秤　才之黄求種

一收同家　秋租拾秤　才之黄求種

一收裡深坵　秋租拾秤半　廿讓半九　才之黄求種

一收前田段　秋租柒秤　实收壹百零五斤　佃兆元

一收山兕背　秋租贰秤半　讓半秤　佃林○

一收坑口　秋租贰秤○八斤　实收四十斤　胡月種

一收裡深坵　秋租贰秤　佃细梅

一收石橋坵　秋租壹秤　先七斤　实收廿二斤　佃林○

一收枧坑坵　秋租拾秤　佃缘禮

一收李家前　秋租拾秤　实收九秤○拾斤　佃油達

江湾镇中［钟］吕村 19-48 · 咸丰九年至光绪八年 ·
轮值秋收头首经理收支账簿（残本）

一收桑樹坦
一收塘坪嶺
一收年坂
一收同丞

曉祖□□秤
祖祖拾八□
秋祖□□秤
□□□□□
佃章保
佃平慶

是年夭共實收祖穀壹佰叁拾玖秤零□□
們除穀伍秤零廿丁迷酒飯佃穀壹百叁拾叁秤零□□
合議以體憂堂祠償貳佰陸拾文加穀計穀價錢叁拾
肆千陸百□拾卯文

冬至出共於辰
買交重百卅口丁公議迎市時厝買要拾卩

支錢拾五千陸百卅卯文
每西艮八舶加

支錢七千壹百叉拾文祠羊囚

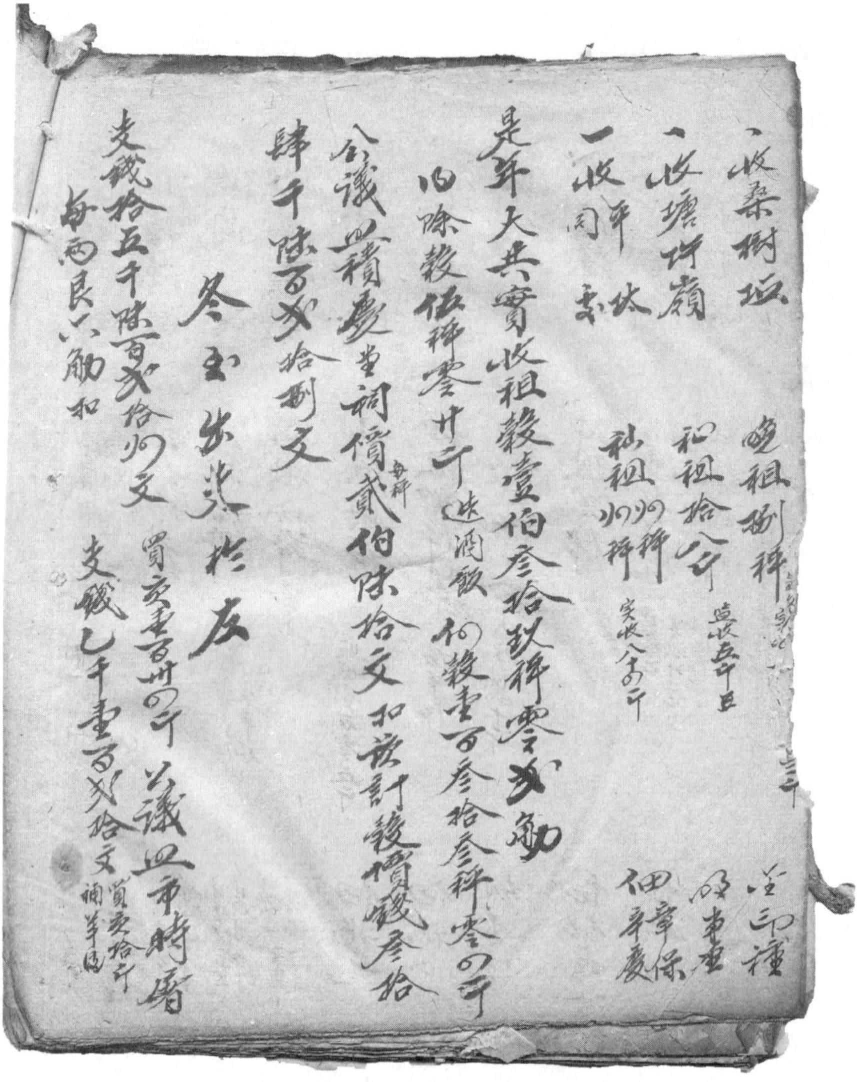

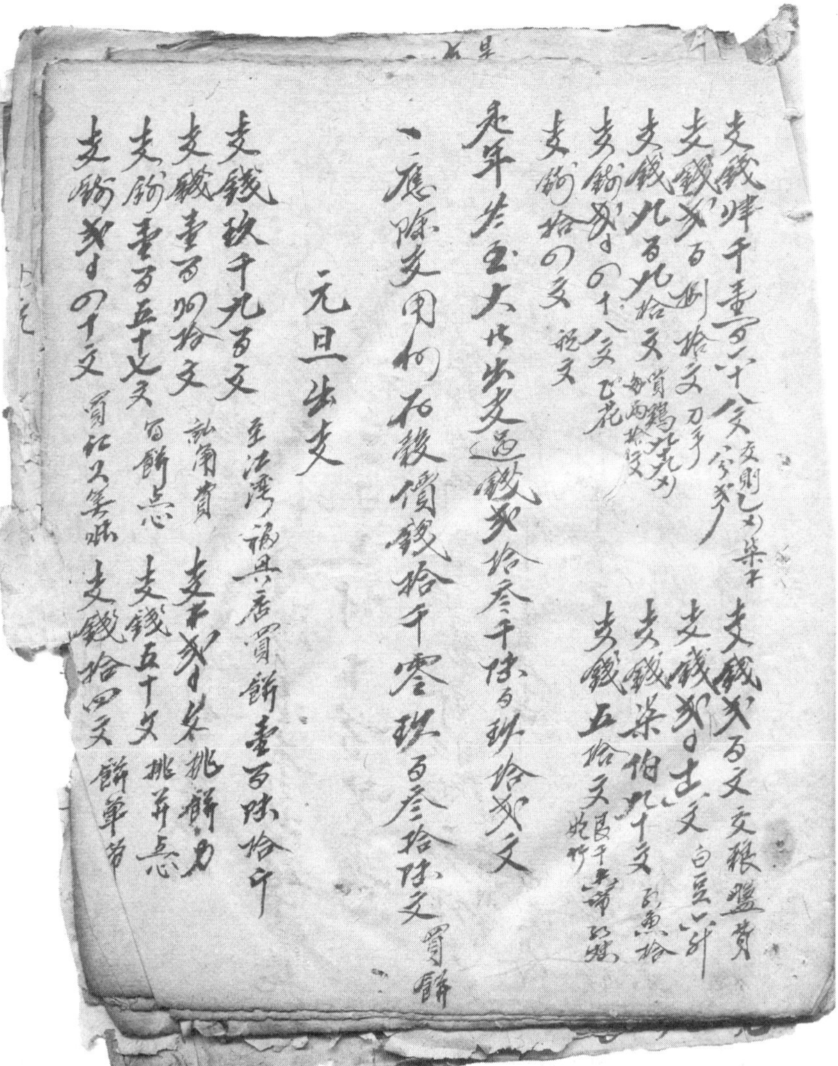

江湾镇中［钟］吕村 19-50 · 咸丰九年至光绪八年 ·
轮值秋收头首经理收支账簿（残本）

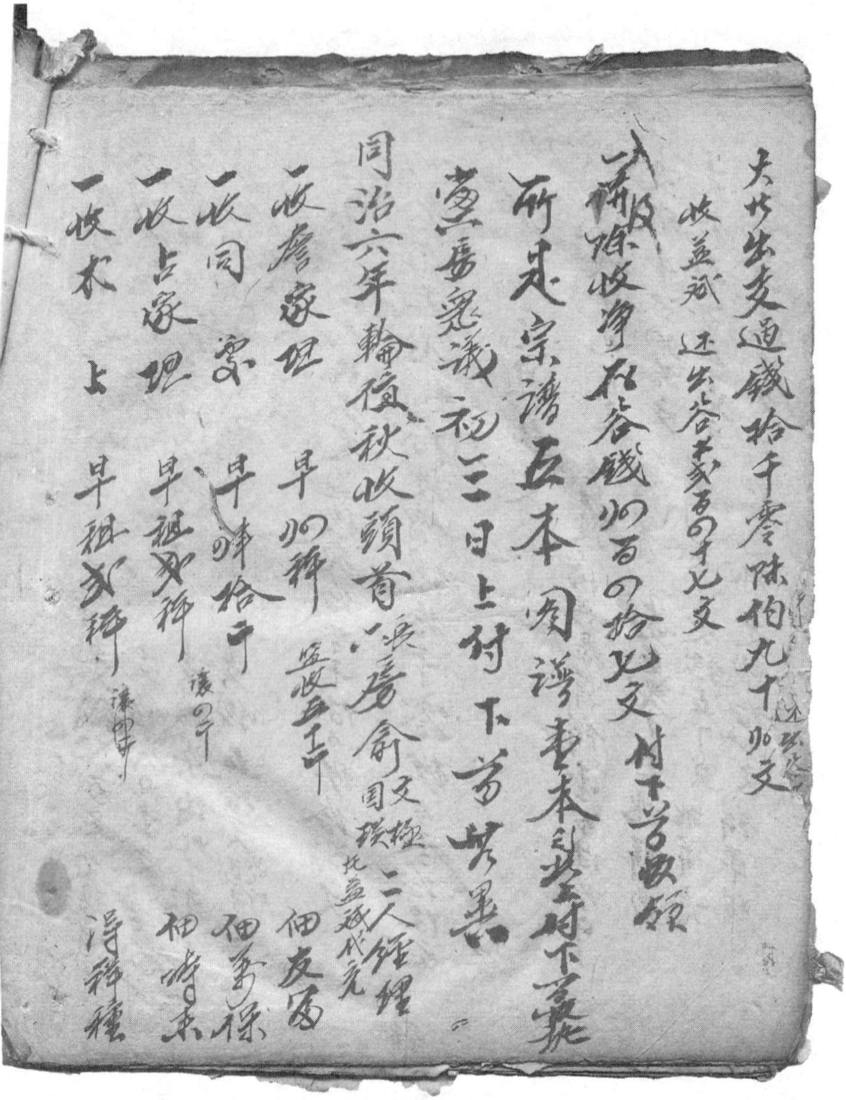

江湾镇中［钟］吕村 19-51 · 咸丰九年至光绪八年 ·
轮值秋收头首经理收支账簿（残本）

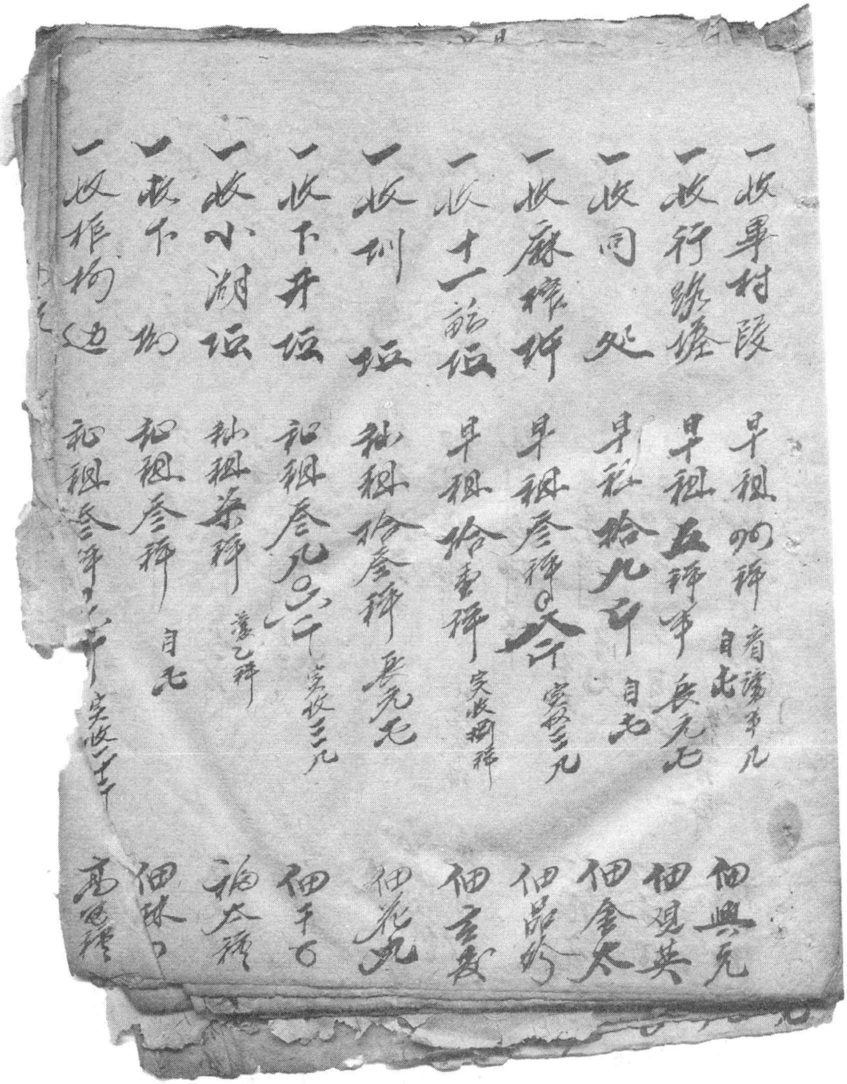
一收界村段　早租四秤　自乜　佃興元
一收行路塝　早租五秤半　長元乜　佃娓英
一收同　处　早租拾九斤　自乜　佃金太
一收麻榨坪　早租叁秤〇六斤　実收三九　佃鼎奶
一收十一亩坵　早租拾壹秤　実收捌秤　佃玄夷
一收圳　坵　秋租拾叁秤　長元乜　佃花丸
一收下井坵　秋租叁九〇六斤　実收三九　佃千万
一收小湖坵　秋租叁秤　佃福太禧
一收下　坳　秋租叁秤　自乜　佃球口
一收柜构边　秋租叁秤　高德禮

江湾镇中［钟］吕村 19-52 · 咸丰九年至光绪八年 ·
轮值秋收头首经理收支账簿（残本）

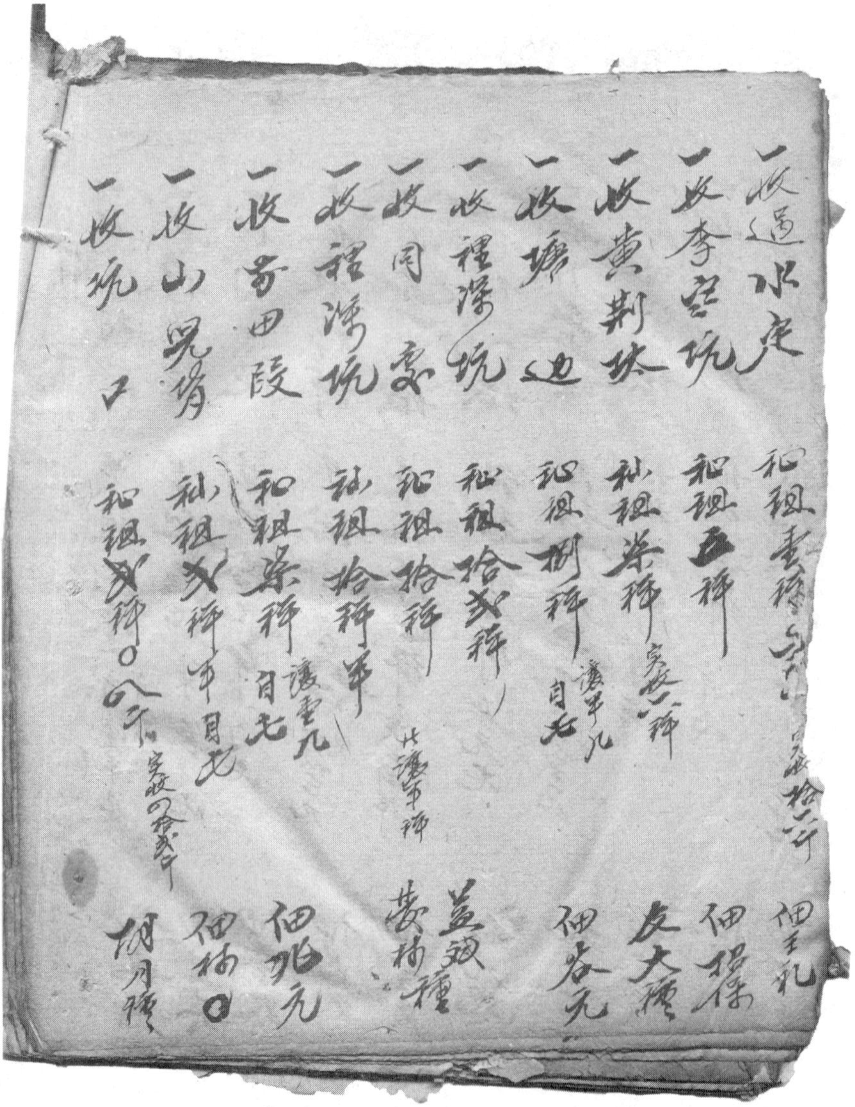

江湾镇中［钟］吕村 19–53 · 咸丰九年至光绪八年 ·
轮值秋收头首经理收支账簿（残本）

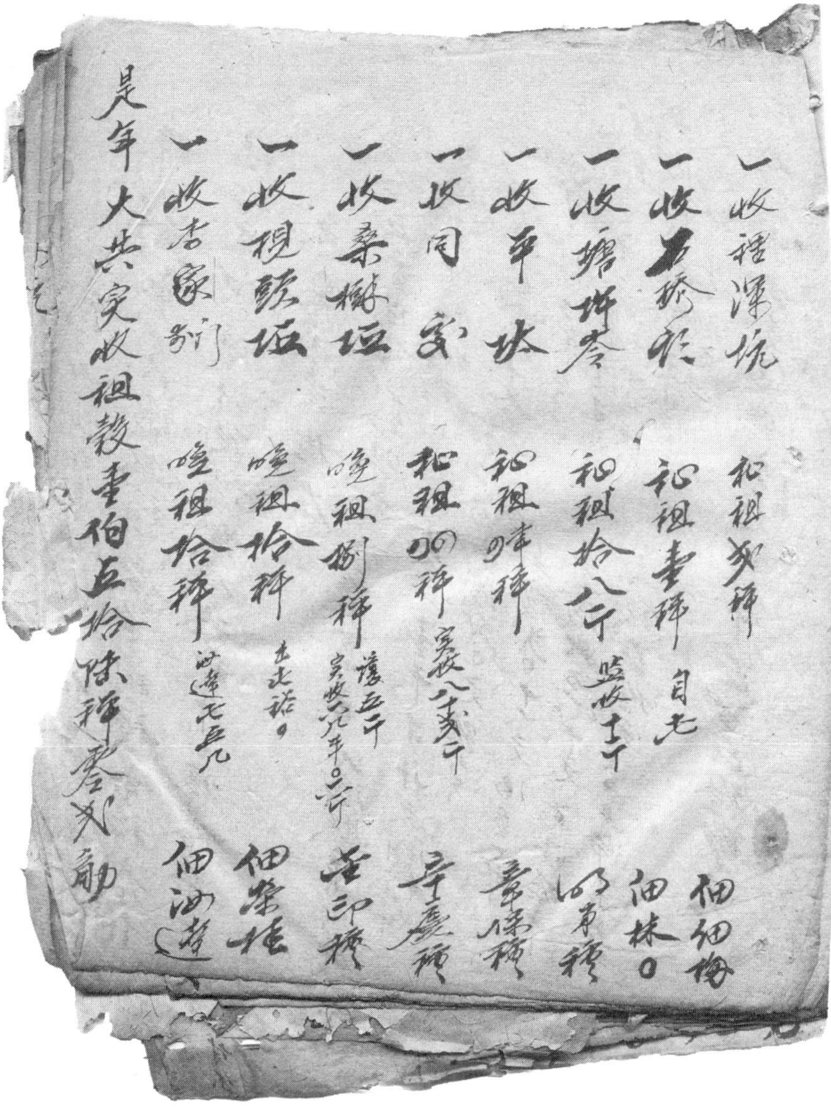
一收程深坑 秈租叁秤 佃细梅
一收石桥头 秈租壹秤 自七 佃林○
一收塘坵岺 秈租拾八斤 监收十斤 佃有穗
一收车坎 秈租肆秤 佃章保穗
一收同实 秈租四秤 实收八十斤 佃辛庆穗
一收桑树坵 晚租捌秤 让五斤 实收九斤 佃金印穗
一收枧头坵 晚租拾秤 [illegible] 佃荣桂
一收李家门 晚租拾秤 汝达七五斤 佃汝达
是年大共实收租谷壹佰五拾陆秤叁斤

江湾镇中［钟］吕村 19-54 · 咸丰九年至光绪八年 ·
轮值秋收头首经理收支账簿（残本）

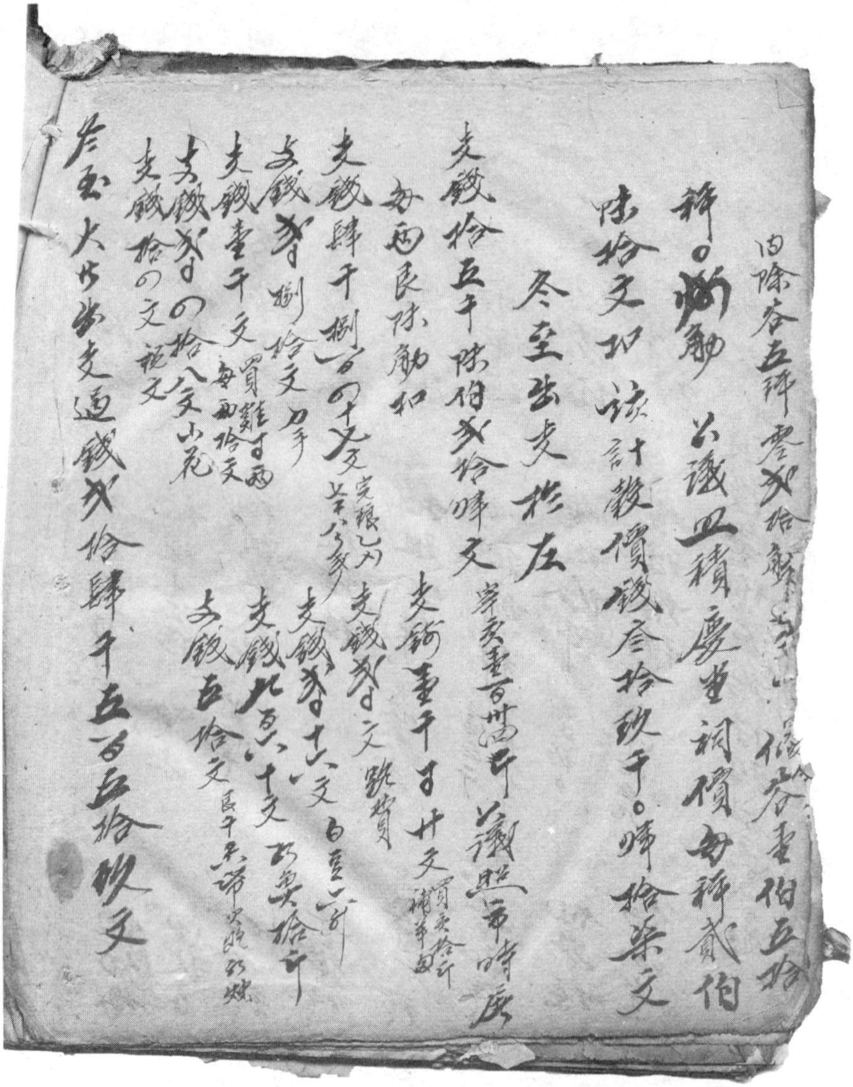

江湾镇中［钟］吕村 19-55 · 咸丰九年至光绪八年 ·
轮值秋收头首经理收支账簿（残本）

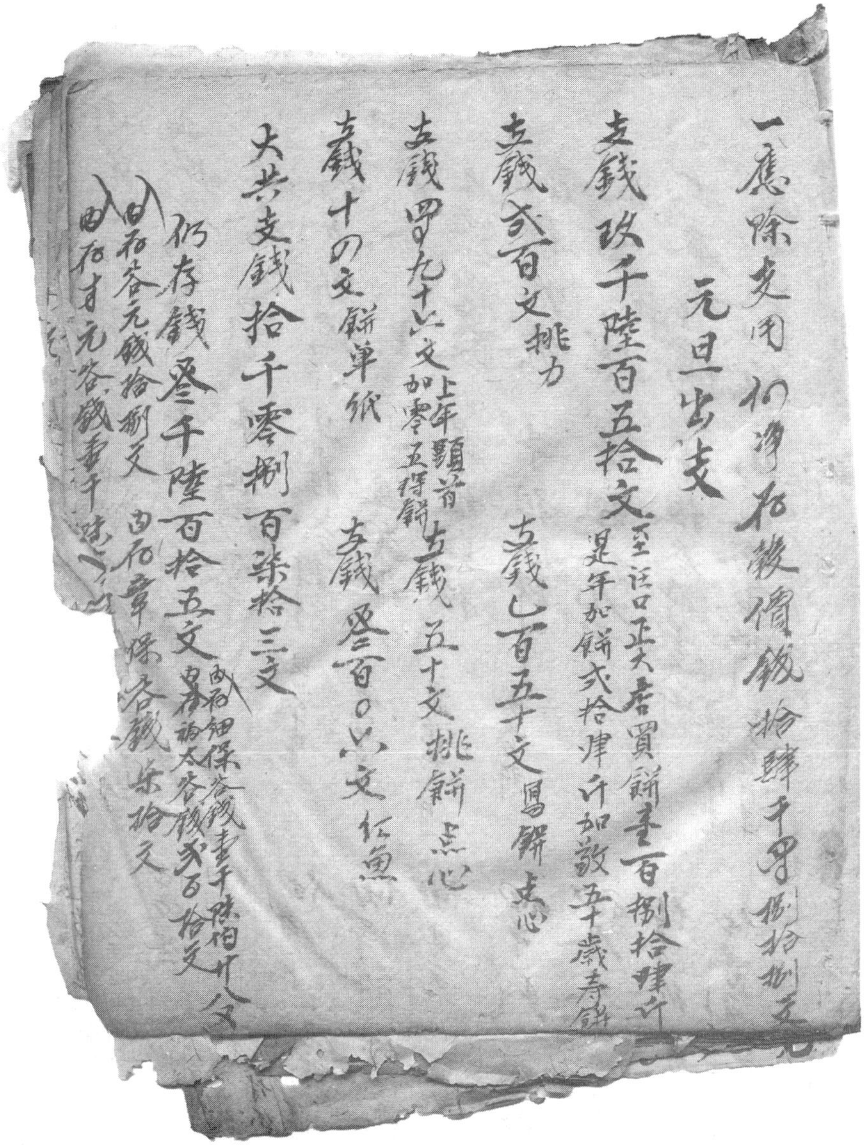

一應除支用仍淨存穀價錢拾肆千四捌拾捌文
元旦出支
支錢玖千陸百五拾文至江口正大居買餅壹百捌拾肆斤 是年加餅弍拾肆斤加散五十歲壽餅
支錢弍百文挑力
支錢七百五十文買餅點心
支錢四百九十六文加零五得餅 上年頭首
支錢五十文挑餅點心
支錢十四文餅單紙
支錢叁百〇六文紅魚
大共支錢拾千零捌百柒拾三文
仍存錢叁千陸百拾五文
由石細保蒼錢壹千陸佰〇八文
由春裕太蒼錢弍百拾文
由石章保蒼錢柒拾文
由石蒼元錢拾捌文
由石才元蒼錢壹千陸

江湾镇中［钟］吕村 19-56 · 咸丰九年至光绪八年 ·
轮值秋收头首经理收支账簿（残本）

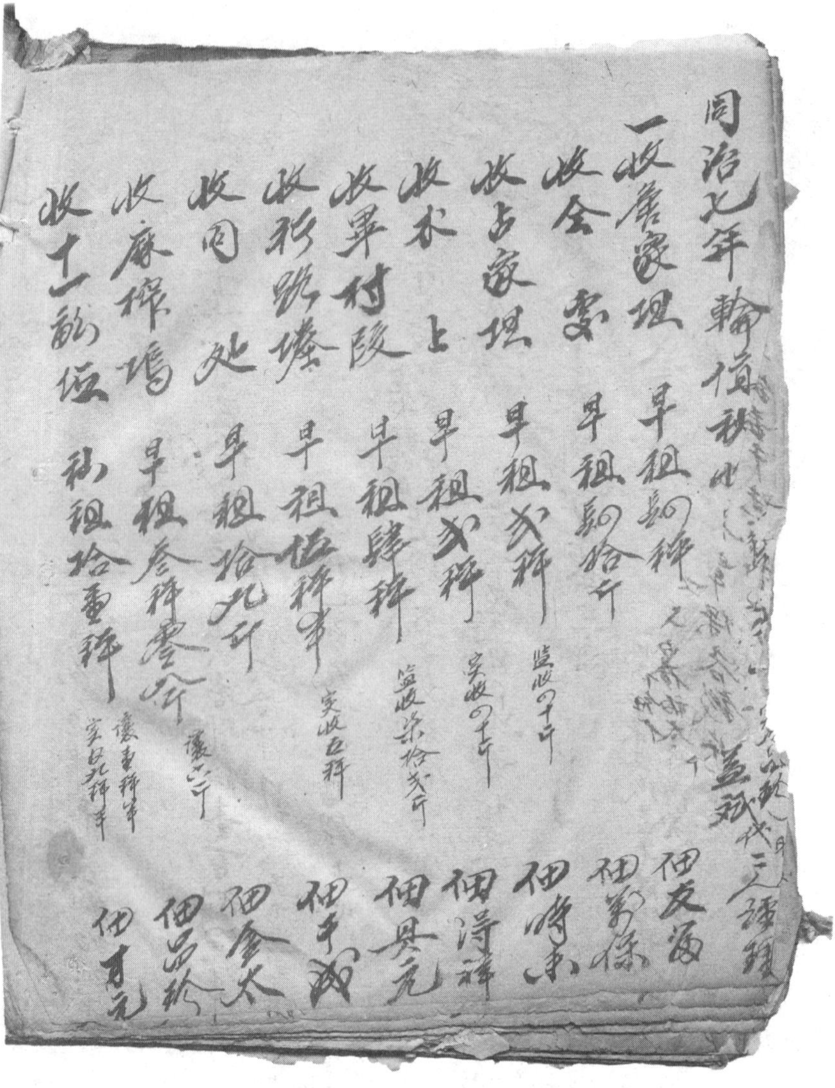

江湾镇中［钟］吕村 19-57 · 咸丰九年至光绪八年 ·
轮值秋收头首经理收支账簿（残本）

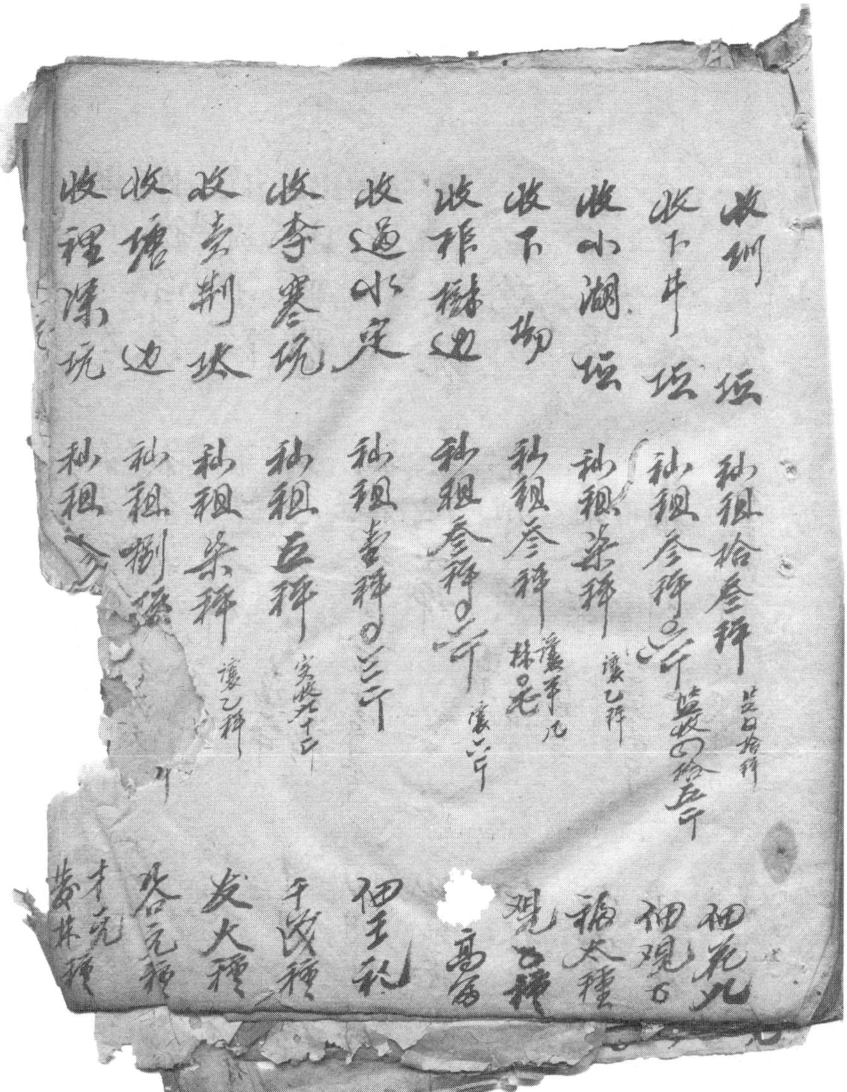
收圳坵　秋租拾叁秤
收下井坵　秋租叁秤○斤
收小湖坵　秋租柒秤
收下塢　秋租叁秤
收柞树边　秋租叁秤○斤
收过水定　秋租壹秤○三斤
收李寮坑　秋租五秤
收麦荆坵　秋租柒秤
收塘边　秋租捌秤
收程漈坑　秋租

江湾镇中［钟］吕村 19-58 · 咸丰九年至光绪八年 ·
轮值秋收头首经理收支账簿（残本）

收同处 租八□□亩合□廿□ 才元禛
收裡深坑 租拾硙□禾東廿斗 黄桥
收前田陇 租柒秤 □□□ 佃兆元
收山兕背 租玖秤半 禧二千 千守秋
收坑口 租玖秤○八个 實收卅千 佃胡月
收裡深坑 租玖秤 譲弍千 佃細梅
收石礄頭 租壹秤 實收十五千 佃林○
收塘塢岺 租拾九千 實收七十四千 佃明章
收草坵 租叁秤 佃南姓
收同秦 租肆秤 實收八十千 佃章傑

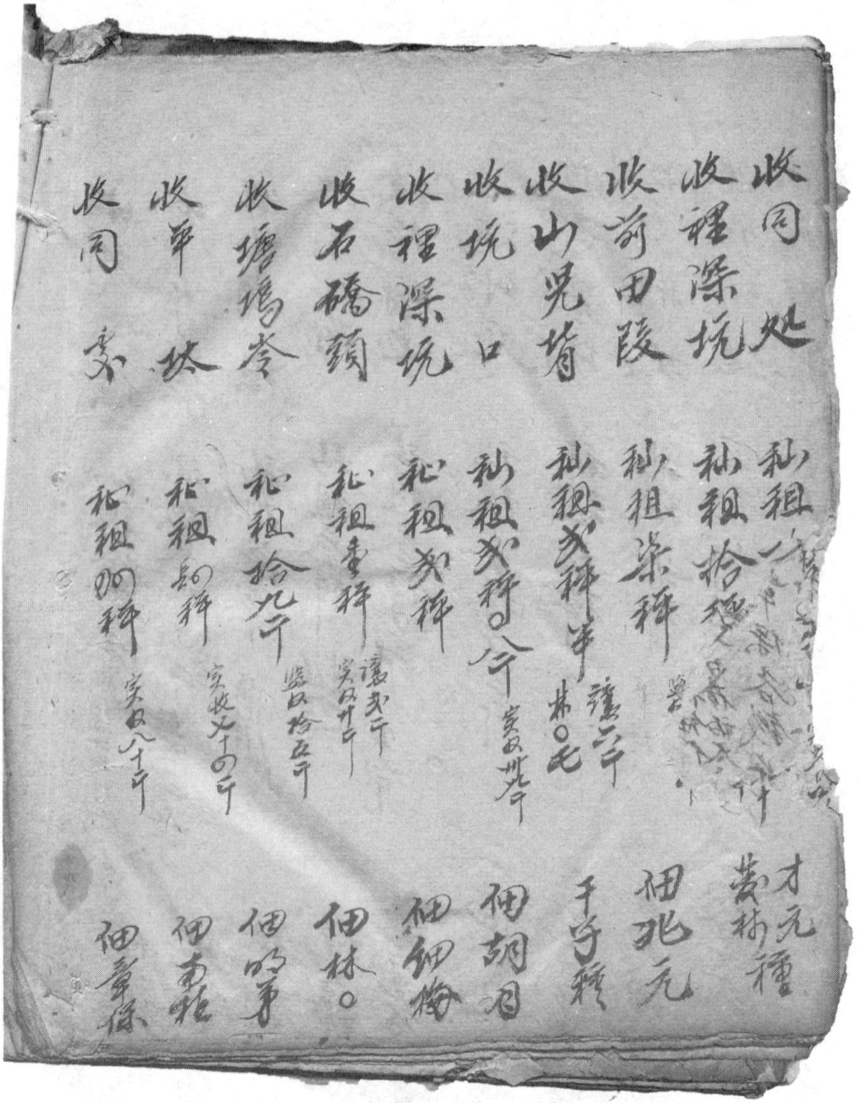

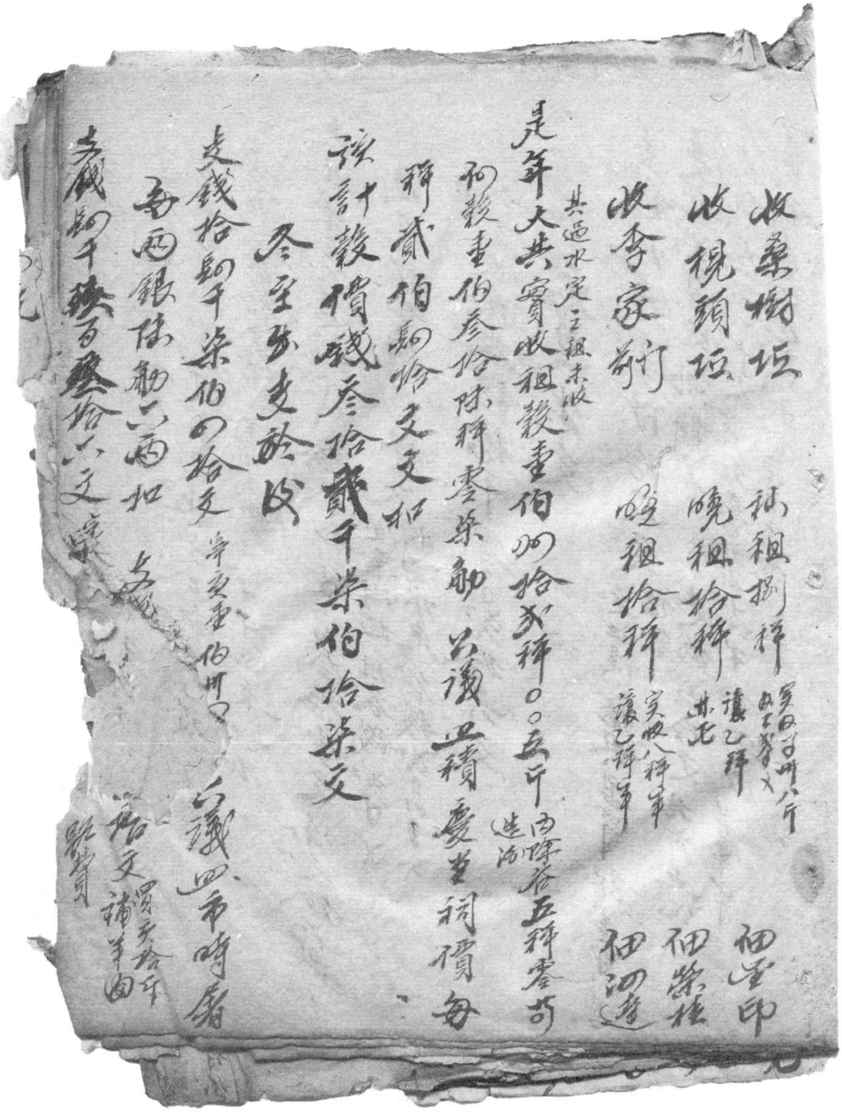

江湾镇中［钟］吕村 19-60 · 咸丰九年至光绪八年 ·
轮值秋收头首经理收支账簿（残本）

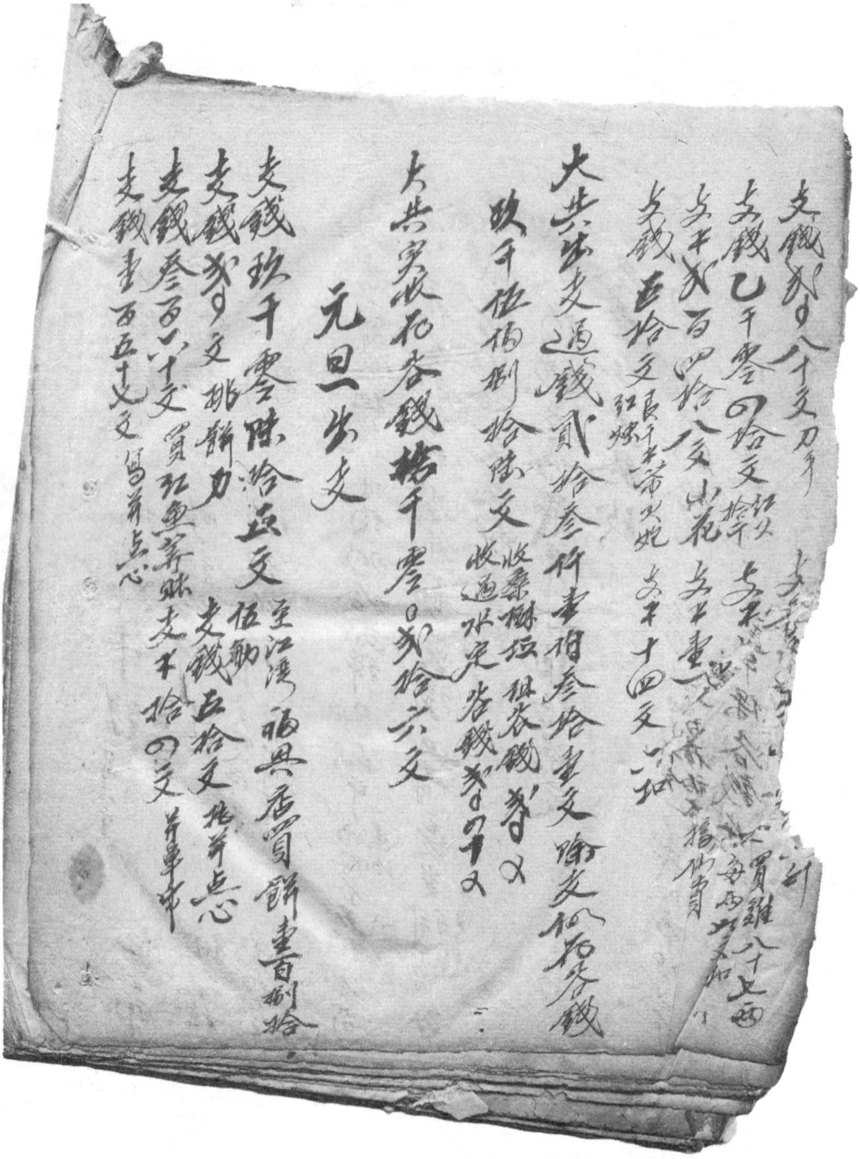
支錢叁十八十文 刀手
支錢乙千零四拾文 [illegible]
支錢式百四拾八文 山花 支錢壹[illegible]
支錢五拾文 紅燭 良千米茶火炮 支錢十四文 [illegible]
大共出支過錢貳拾叁仟壹佰叁拾壹文 除支收存錢
玖千伍佰捌拾陸文 收桑樹垣租谷錢[illegible]文 收過水定谷錢[illegible]文
大共實收存谷錢捨千零[illegible]拾六文
元旦一出支
支錢玖千零陸拾五文 至江濮福興店買餅壹百捌拾
支錢[illegible]文 挑餅力 伍動 支錢五拾文 脆茶点心
支錢叁百八十文 買紅魚蒂 赊支本拾四文 茶草紙
支錢壹百五十文文 写茶点心

江湾镇中［钟］吕村 19-61 · 咸丰九年至光绪八年 · 轮值秋收头首经理收支账簿（残本）

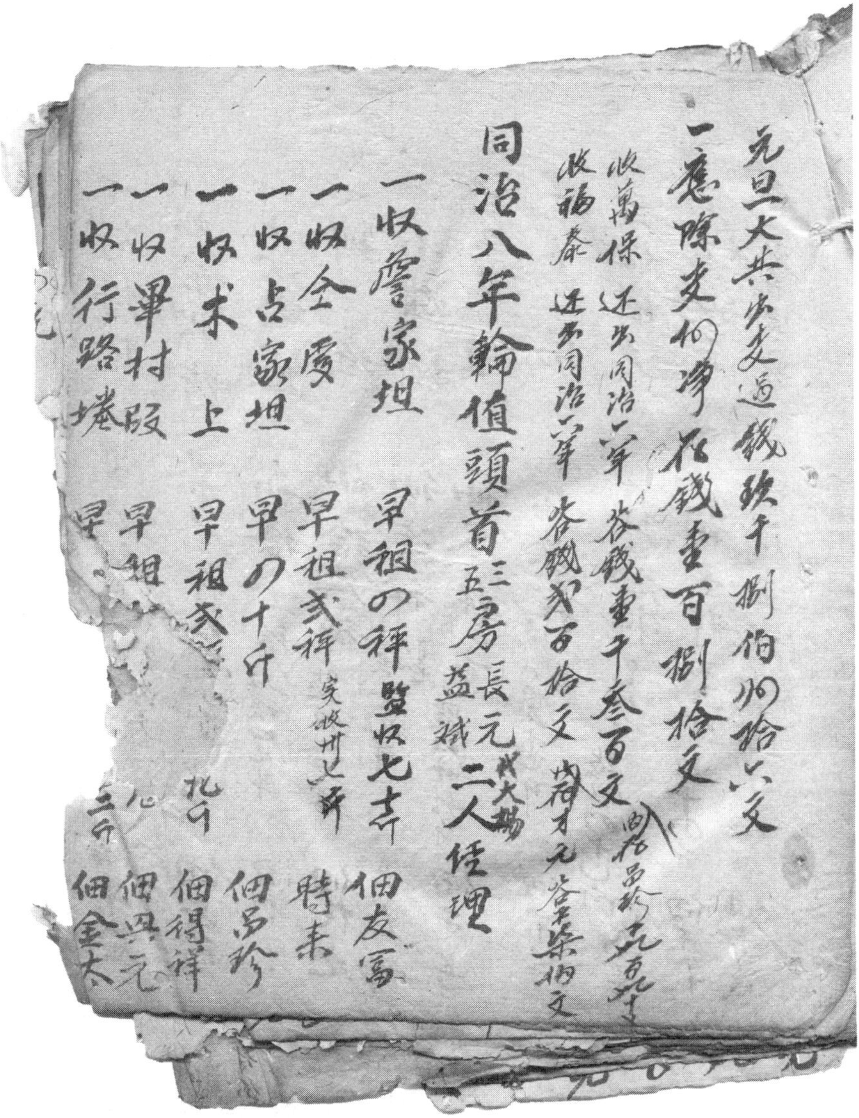
元旦大共出支過錢玖千捌伯肆拾六文
一應除支仍淨存錢壹百捌拾文
收萬保還出同治八年谷錢壹千叁百文　內存呂珍[illegible]
收福泰還出同治八年谷錢弍百拾文　內存才元谷錢柒拾文
同治八年輪值頭首三五房長元（代大揚）益斌二人經理
一收詹家坦　早租四秤　豐收七斤　佃友富
一收仝處　早租弍秤　實收卅足斤　時來
一收占家坦　早四十斤　佃呂珍
一收求上　早租弍[illegible]九斤　佃得祥
一收畢村段　早租[illegible]九　佃興元
一收行路塝　早[illegible]三斤　佃金太

江湾镇中［钟］吕村 19-62 · 咸丰九年至光绪八年 ·
轮值秋收头首经理收支账簿（残本）

一行路塽　早五種□□□□□　佃千成
一収麻榨坪　早登叁種。□種半□□□　佃岳珍
一十一畝垇　籼拾壹秤讓乙兄半　佃才元
一圳垇　籼拾叁秤監収拾秤　佃花九
一小湖垇　籼柒秤讓壹兄半　大太種
一下井垇　籼叁秤。六千監収卅六千　佃千子
一下坳　籼叁秤　突發五十三千　佃千子
一桔樹边　籼叁秤。六千監収四十九千　佃萬富
一遇水定　籼壹秤。三千収十四千　佃王礼
一孝寒坑　籼五秤　讓半九　佃千茂

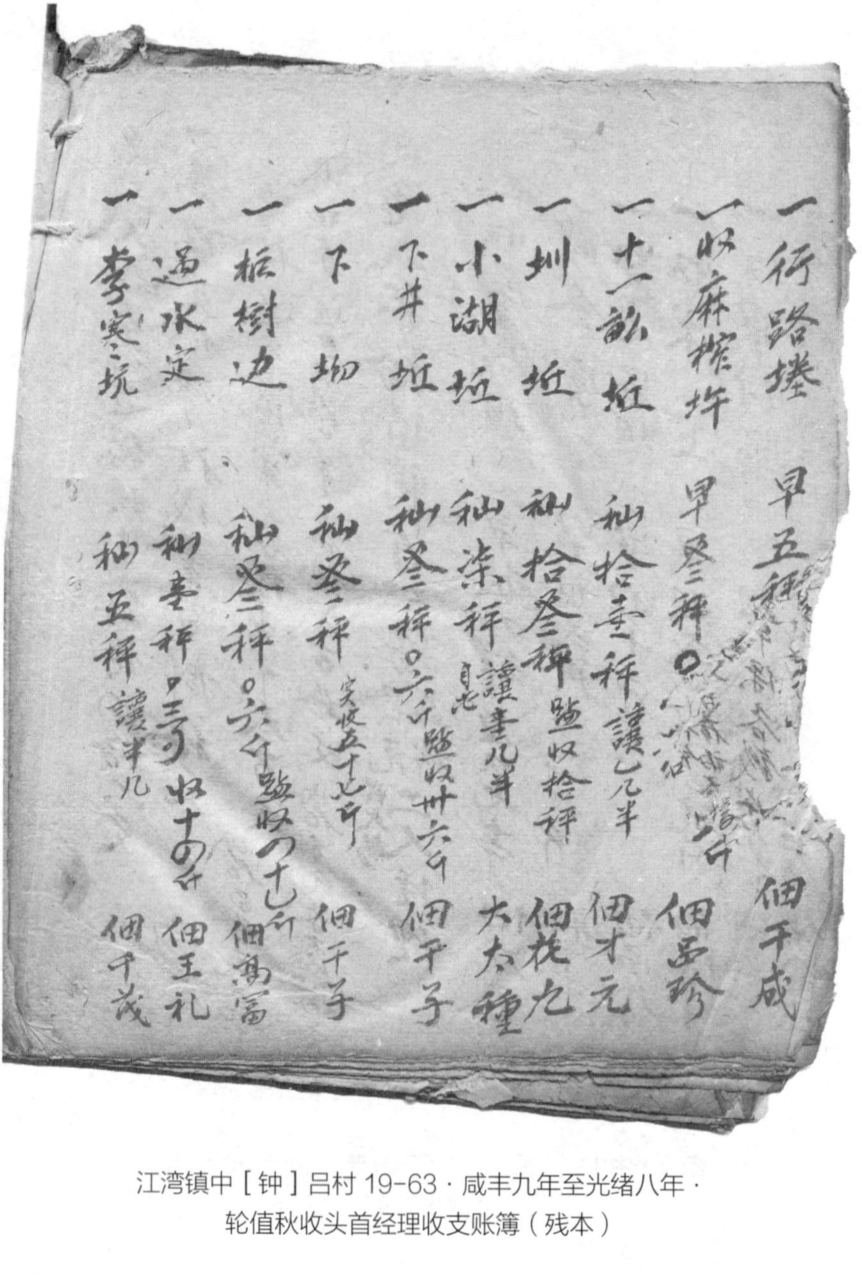

一黄荆坵 籼柒秤讓廿斤 友大種
一塘边 籼捌秤監収五秤〇八斤 佃谷元
一李深坑 籼拾式秤 才元
一全㕒 籼拾秤半 黃林
一李深坑 籼拾秤共实竪拾秤種
一山覌背 籼式秤半实収四斤 佃千子
一坑口 禩式秤〇八斤实収四斤 佃胡月
一李深坑 籼式秤 佃細梅
一石橋頭 籼秉 佃千子
一塘圻岑 籼

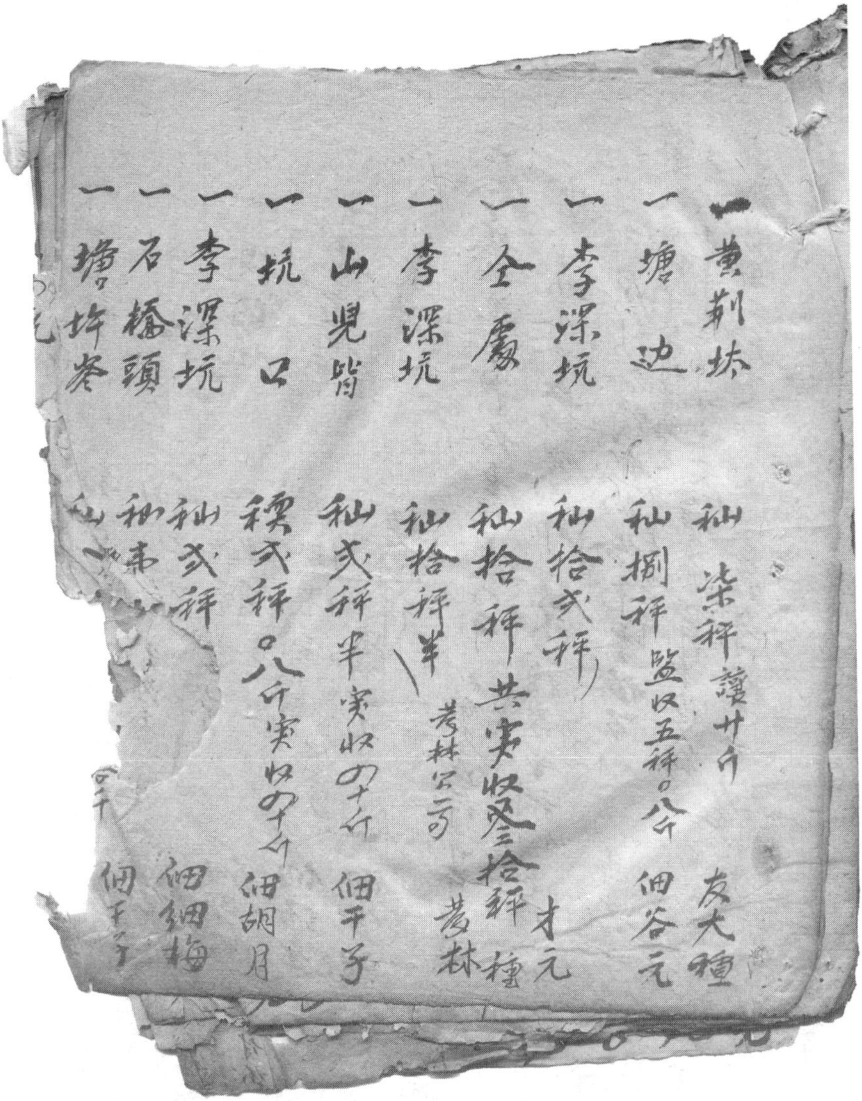

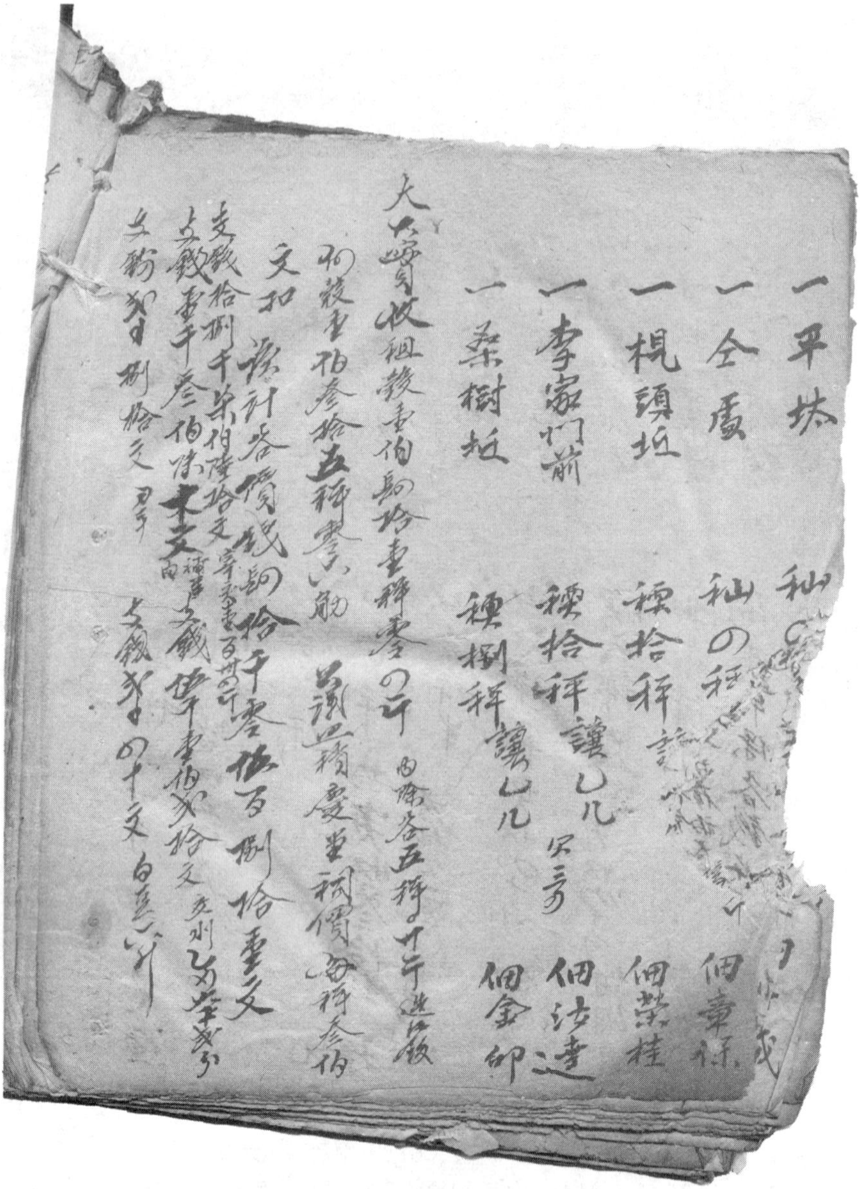

一平坎　秈

一仝處　秈

一梘頭坵　穫拾秤　　佃榮桂

一李家門前　穫拾秤讓　　佃

一桑樹坵　穫捌秤讓　　佃金卯

江湾镇中［钟］吕村 19-65 · 咸丰九年至光绪八年 ·
轮值秋收头首经理收支账簿（残本）

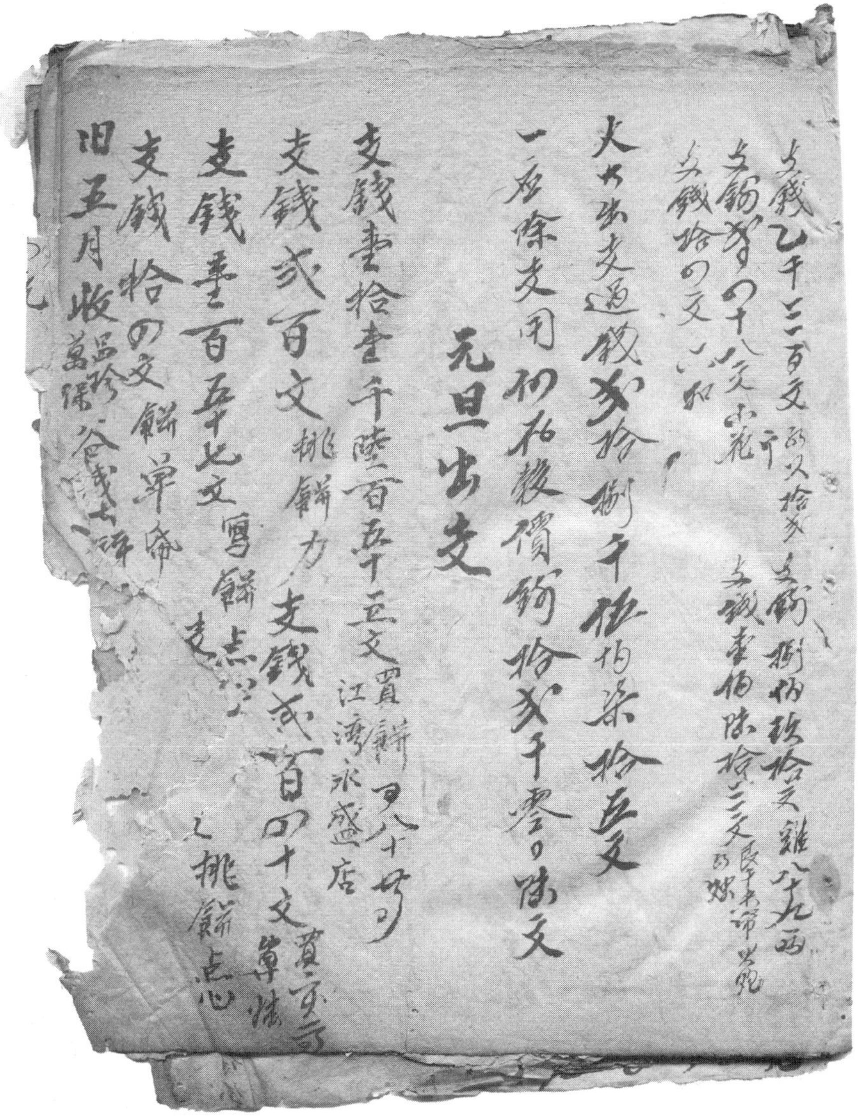

支錢乙千二百文 □又拾叁 支錢捌佰玖拾文 雜八十九兩

支錢叁四十八文 小花□ 支錢壹佰陸拾二文 □□□□□ □□

支錢拾四文 八和

大大出支過錢叁拾捌千伍佰柒拾伍文

一除支用仍存錢價錢拾叁千零四陸文

元旦出支

支錢壹拾壹千陸佰五十五文 買餅 □八十□□ 江灣永盛店

支錢貳百文 挑餅力 支錢貳百四十文 貧□□ 草□

支錢壹百五十七文 寫餅点心 支 又挑餅点心

支錢拾四文 餅草□

旧五月收 □拾□□ □□□□□

江湾镇中［钟］吕村 19-66 · 咸丰九年至光绪八年 ·
轮值秋收头首经理收支账簿（残本）

一應除支仍存銀□□

收裡深坑瑤磜租穀捌斗
去銷重千文打餺畚擔人石瑳畚及裡經付
于日歲十月廿一日收裡深坑小班租穀重千文打石牌
女谷銷卌兩文 還行慶裡深坑坦且根分當眾面撤世機之云處

秋年一應除支用剩新錢五百卅七文

同治九年輪值秋收頭首領房俞名祥三經理

岐虞家坦 早租穀祥 監收簽祥
一收同宗 早租穀拾正 監收簽祥半
一收罕村段 早租明祥 佃弟竹 佃興元
四古家坦 早租知祥 佃觀太

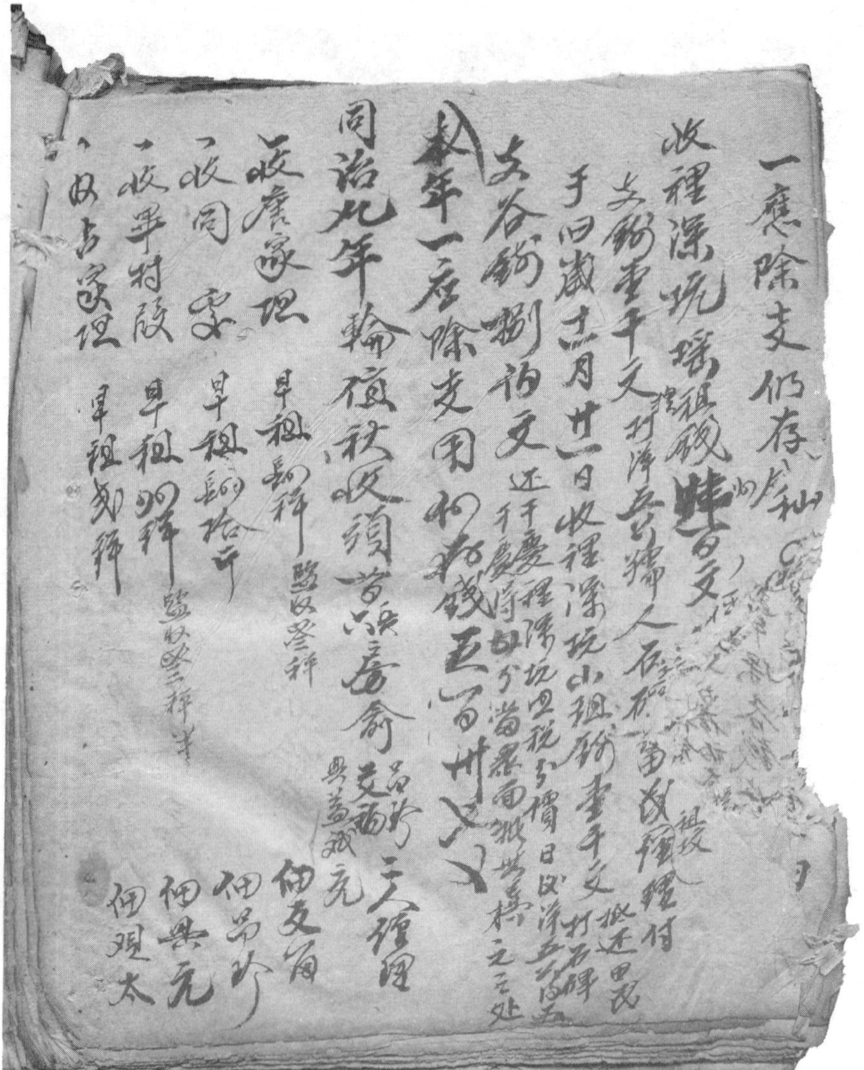

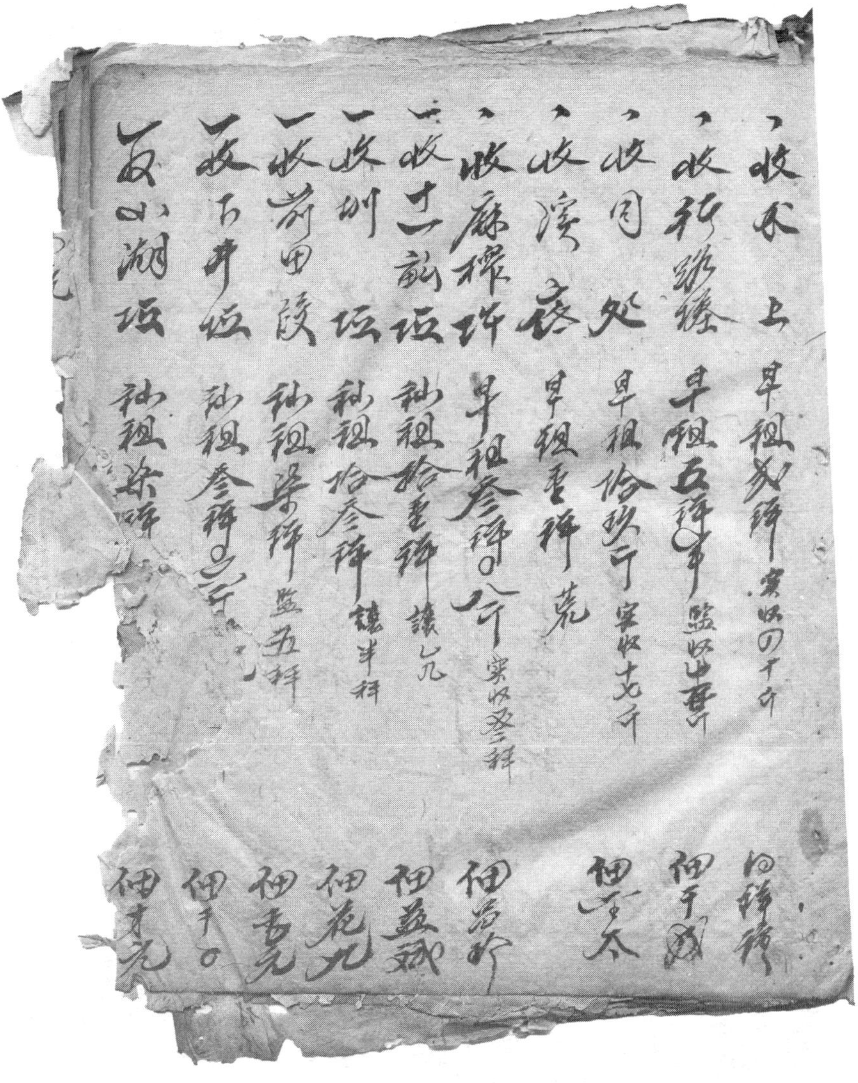

江湾镇中［钟］吕村 19-68 · 咸丰九年至光绪八年 ·
轮值秋收头首经理收支账簿（残本）

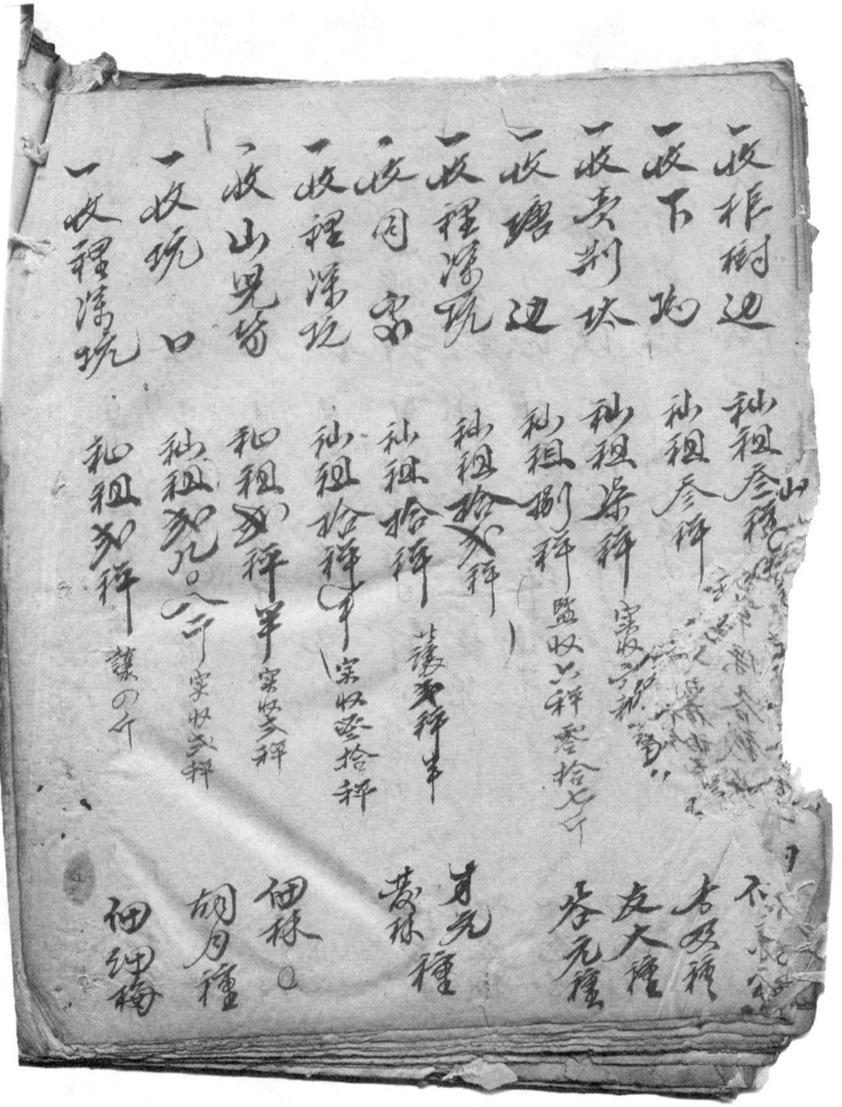
一收杉樹边
一收下坞
一收黄荆坞
一收塘边
一收程溪坑
一收同家
一收程溪坑
一收山晃坞
一收坑口
一收程溪坑

江湾镇中［钟］吕村 19-69 · 咸丰九年至光绪八年 ·
轮值秋收头首经理收支账簿（残本）

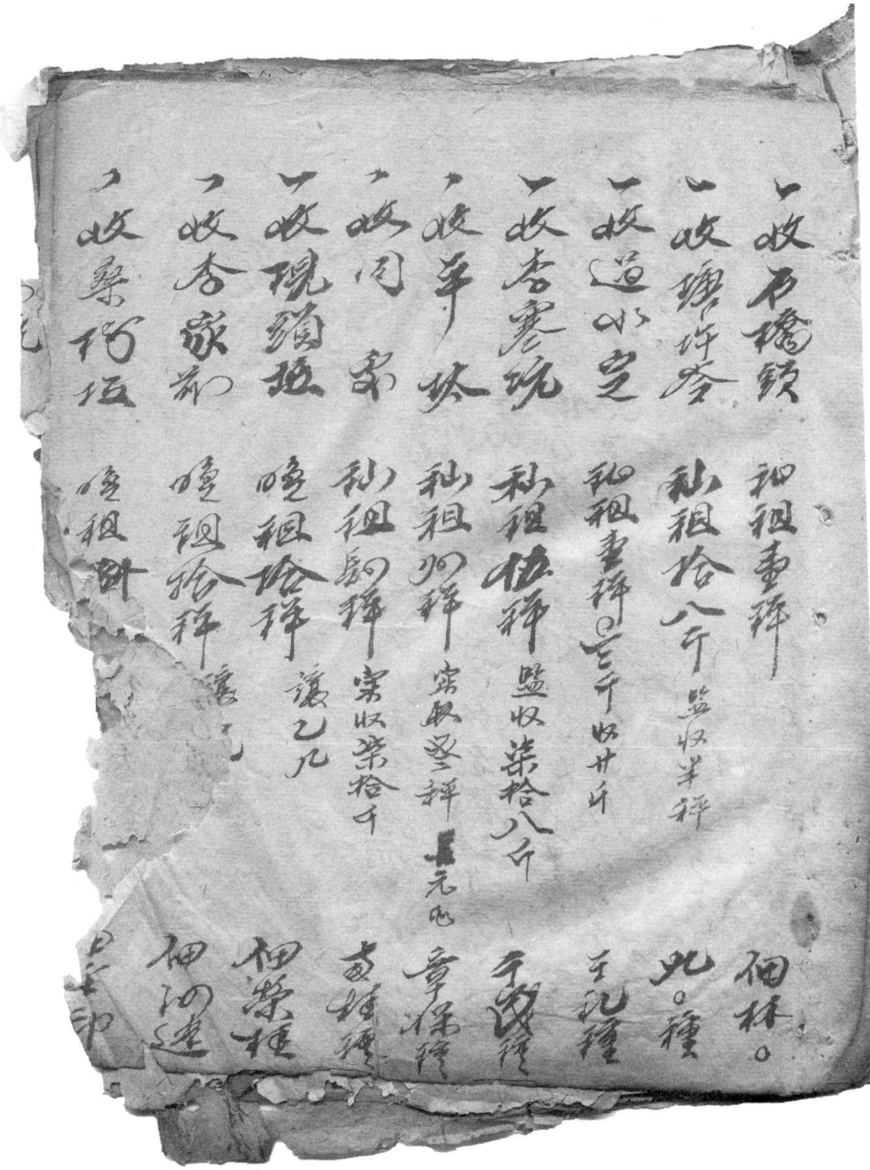

江湾镇中［钟］吕村 19-70 · 咸丰九年至光绪八年 ·
轮值秋收头首经理收支账簿（残本）

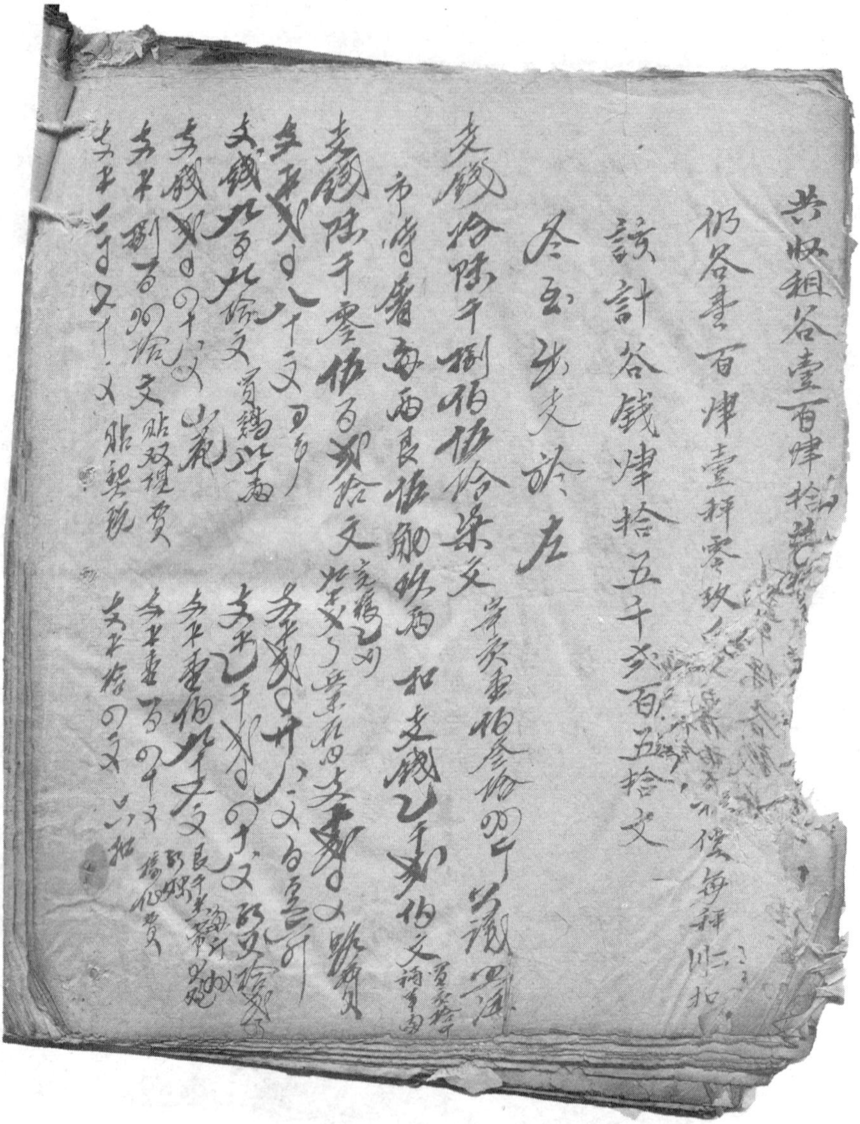
共收租谷壹百肆拾
該計谷錢肆拾五千六百五拾文
冬至出支於左

江湾镇中［钟］吕村 19-71 · 咸丰九年至光绪八年 ·
轮值秋收头首经理收支账簿（残本）

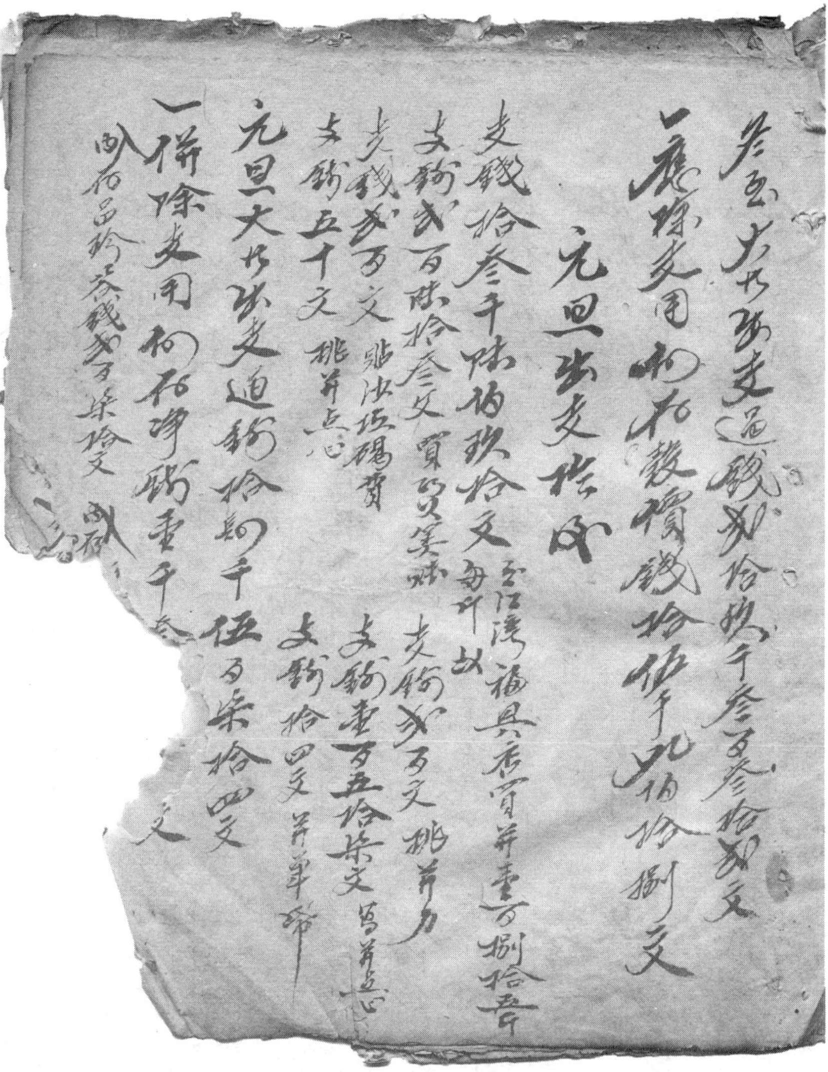

江湾镇中［钟］吕村 19-72 · 咸丰九年至光绪八年 · 轮值秋收头首经理收支账簿（残本）

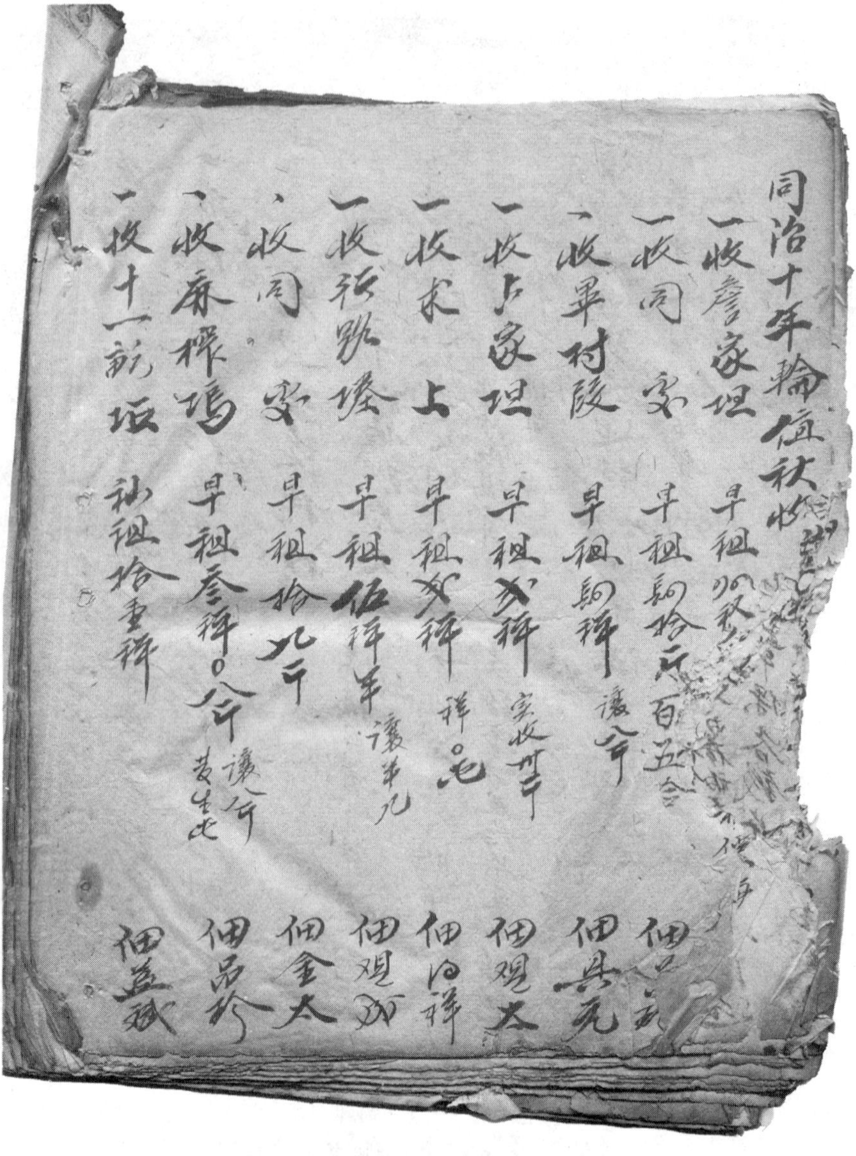

同治十年輪值秋收

一收詹家坦 早租

一收同 家 早租貳拾斤百五合

一收畢村陵 早租貳秤 讓八斤 佃吳元

一收上家坦 早租貳秤 實收廿斤 佃觀太

一收求 上 早租貳秤 秤毛 佃汪祥

一收張狄塢 早租伍秤半 讓半九 佃觀成

、收同 家 早租拾九斤 佃金太

、收麻榨塢 早租叁秤〇八斤 讓八斤 黄生也 佃品玲

一收十一號坵 秈租拾壹秤 佃益斌

江湾镇中［钟］吕村 19-73 · 咸丰九年至光绪八年 ·
轮值秋收头首经理收支账簿（残本）

一收圳坵　秋租拾叁秤　佃花九
一收下井坵　秋租三秤[illegible]斤　佃理[illegible]
一收小湖坵　秋租柒秤　[illegible]七　福太種
一收柞樹邊　秋租叁秤[illegible]斤讓[illegible]斤　高富種
一收下衕　秋租叁秤　[illegible]　杏双種
一收黃荆坎　秋租柒秤　[illegible]斤　佃友大
一收塘邊　秋租捌秤　[illegible]收壹百拾斤　有元種
一收裡深坑　秋租拾弍秤
一收同[illegible]　秋租拾秤
一收裡深坑　秋租[illegible]

江湾镇中[钟]吕村 19-74 · 咸丰九年至光绪八年 ·
轮值秋收头首经理收支账簿（残本）

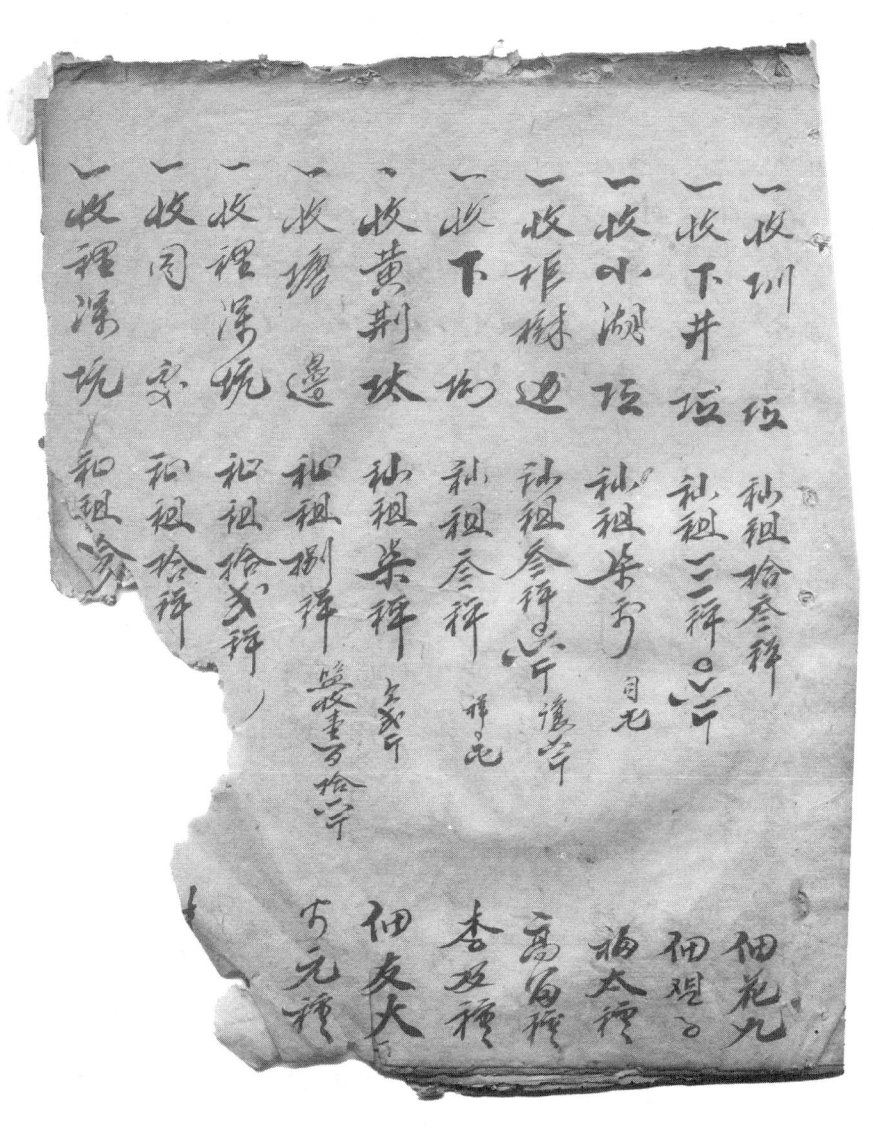

一收山兜芳 秋租□□□
一收坑口 秋租玖秤。
一收裡浮坑 秋租玖秤
一收石橋頭 秋租壹秤 祥元 佃□□
一收塘坪岺 秋租拾八行 監收拾□□□ 荣九秤
一收週水定 秋租壹秤□三 實□壹九 王礼秤
一收杏寒坑 秋租伍秤 實□□秤□ 于政秤
一收羊火 秋租□秤 進保秤
一收同家 秋租四秤。 江千秤
一收苟田段 秋租荟秤 監收壹□廿千 佃君元

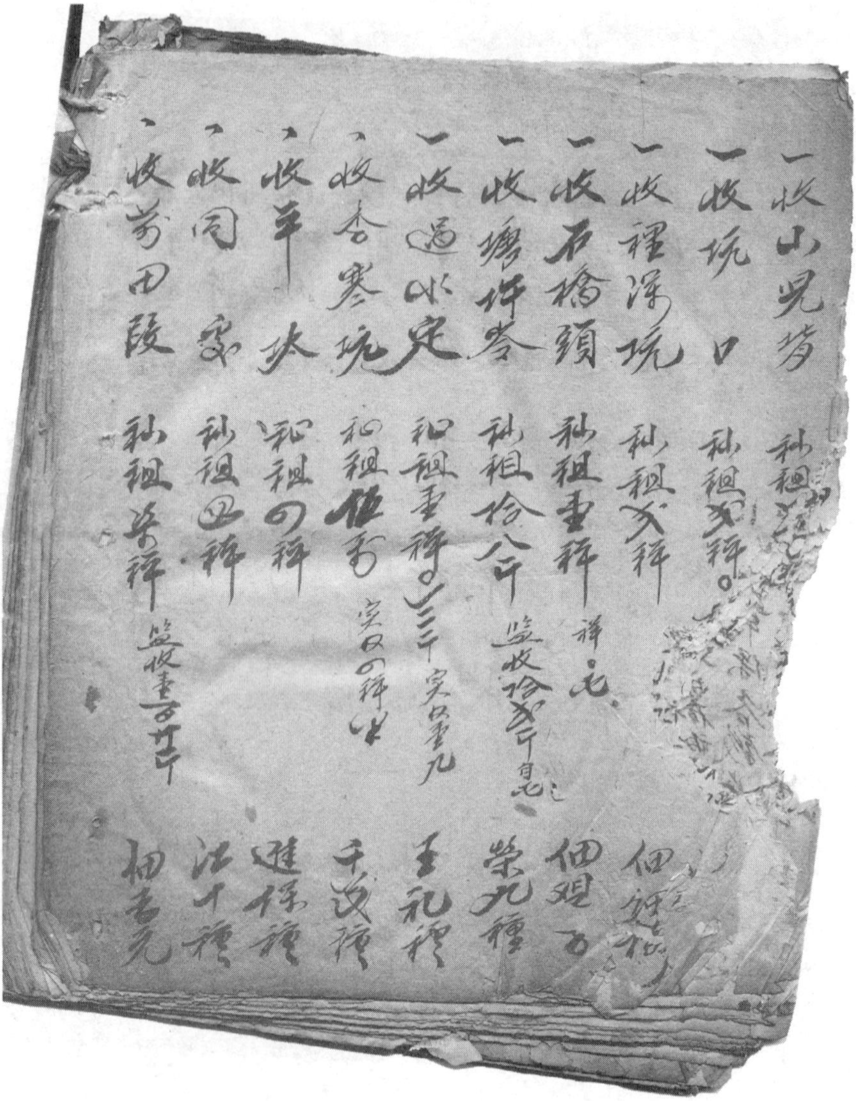

江湾镇中［钟］吕村 19-75・咸丰九年至光绪八年・
轮值秋收头首经理收支账簿（残本）

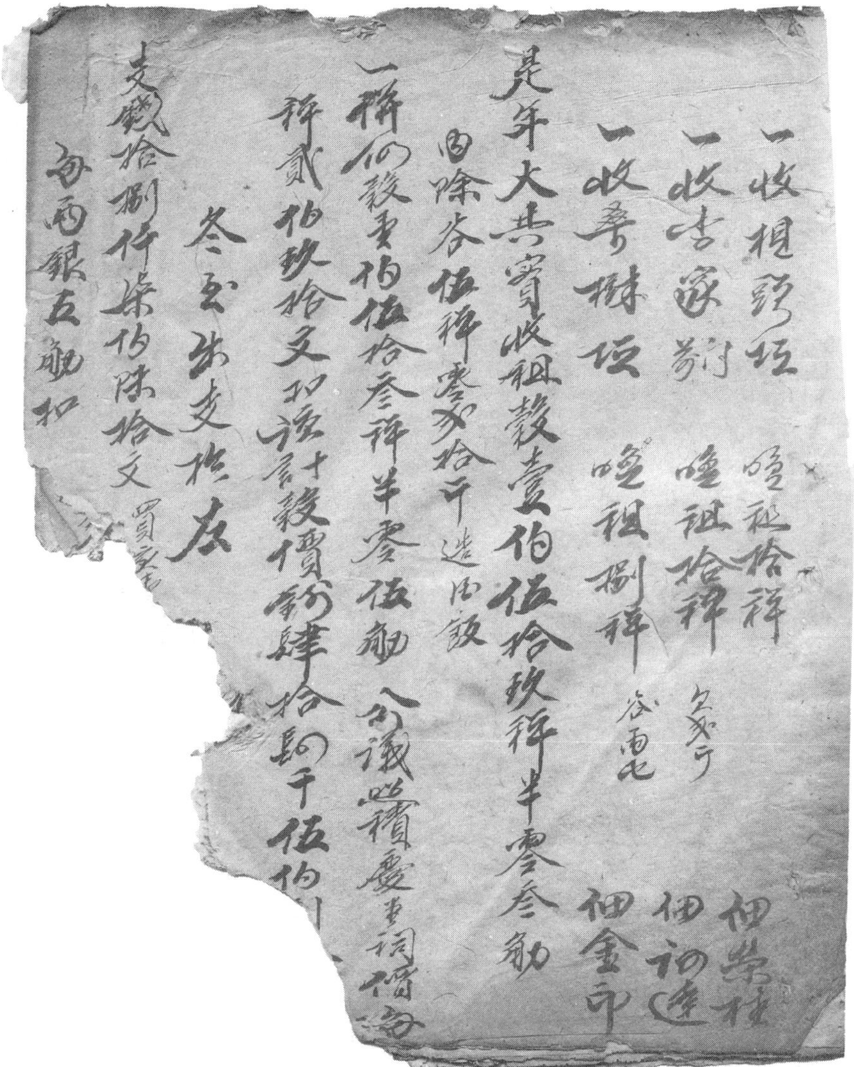
一收柤頭坵　硬租拾秤　佃学桂
一收古家蔚　硬租拾秤　欠[illegible]　佃祠達
一收桑樹坵　硬租捌秤　谷[illegible]　佃金印
是年大共實收租穀壹伯伍拾玖秤半零叁觔
內除谷伍秤零[illegible]拾斤　造[illegible]飯
一存仍穀壹伯伍拾叁秤半零伍觔　入分議照價賣[illegible]
秤貳伯玖拾文　扣該十[illegible]穀價錢肆拾[illegible]千伍伯[illegible]
冬至出支拾[illegible]
支錢拾捌仟柒伯陸拾文　買[illegible]
合兩銀五錢扣

江湾镇中［钟］吕村 19-76 · 咸丰九年至光绪八年 ·
轮值秋收头首经理收支账簿（残本）

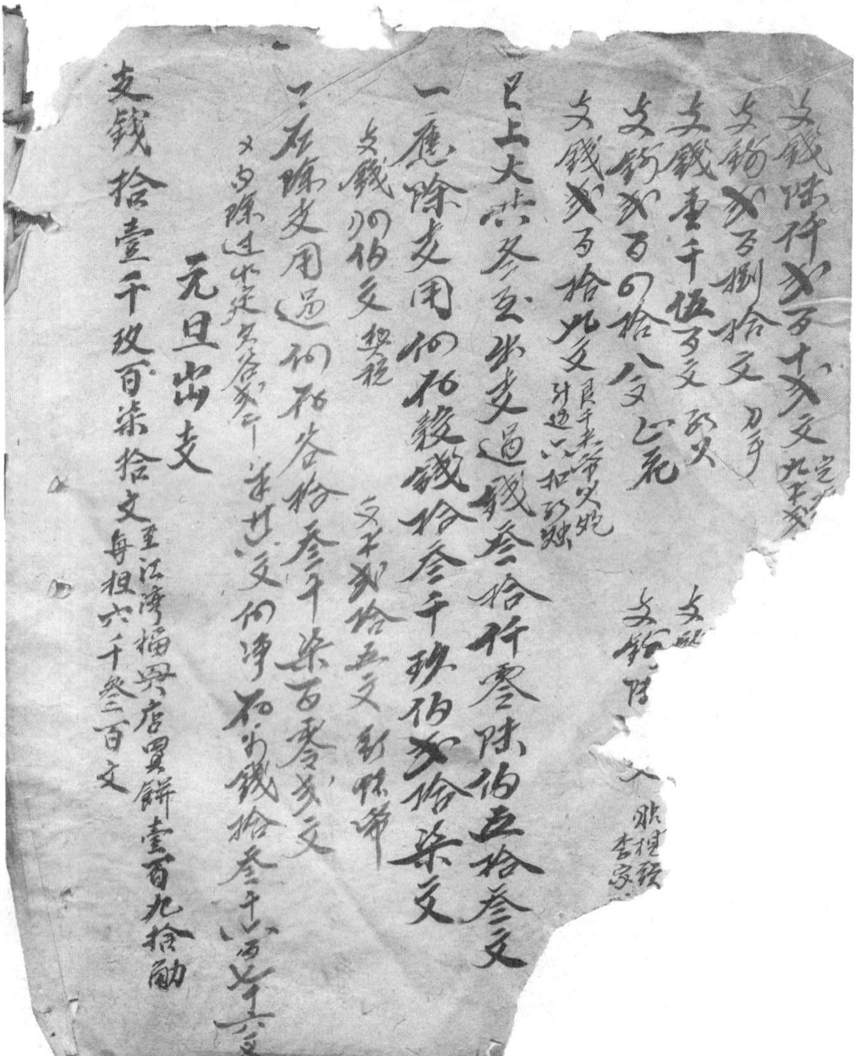
支钱陆仟〤百十〤文 [illegible]
支钱〤百捌拾文 刀手
支钱壹千伍百文 [illegible]
支钱〤百〇拾八文 乞花
支钱〤百拾九文 [illegible]
已上大共叁百〤支过钱叁拾仟零陆伯五拾叁文
一应除支用[illegible]钱拾叁千玖伯〤拾柒文
支钱〤伯文 契税
支钱〤拾五文 [illegible]
一存除支用过[illegible]拾叁千柒百零〤文
[illegible]
元旦出支
支钱拾壹千玖百柒拾文 至江湾福兴店买饼壹百九拾觔 每担六千叁百文
支钱
支钱陆[illegible]
账柜头 李家

江湾镇中［钟］吕村 19-77 · 咸丰九年至光绪八年 ·
轮值秋收头首经理收支账簿（残本）

支錢叁百陸拾文餅邳
支錢壹百廿八文買餅點
支錢五拾八文攕餅點心
支錢貳百文餅力
支錢壹百廿八文買紅岩漆黙
支錢廿六文塘坪叁宅谷貳千
元旦大蕊支錢拾貳千捌百柒拾文
除支用仍存爸捌百零陸文存才元吉

同治十年輪值秋收稠當玉房創正潢
一政房家巴　　早祖銀祥
一政房家巴　　早祖銀祥共拾丁肯生元
一政同家　　早祖銀拾丁肯生元
一收旱村段　早祖銀祥
一收占家巴　早不租

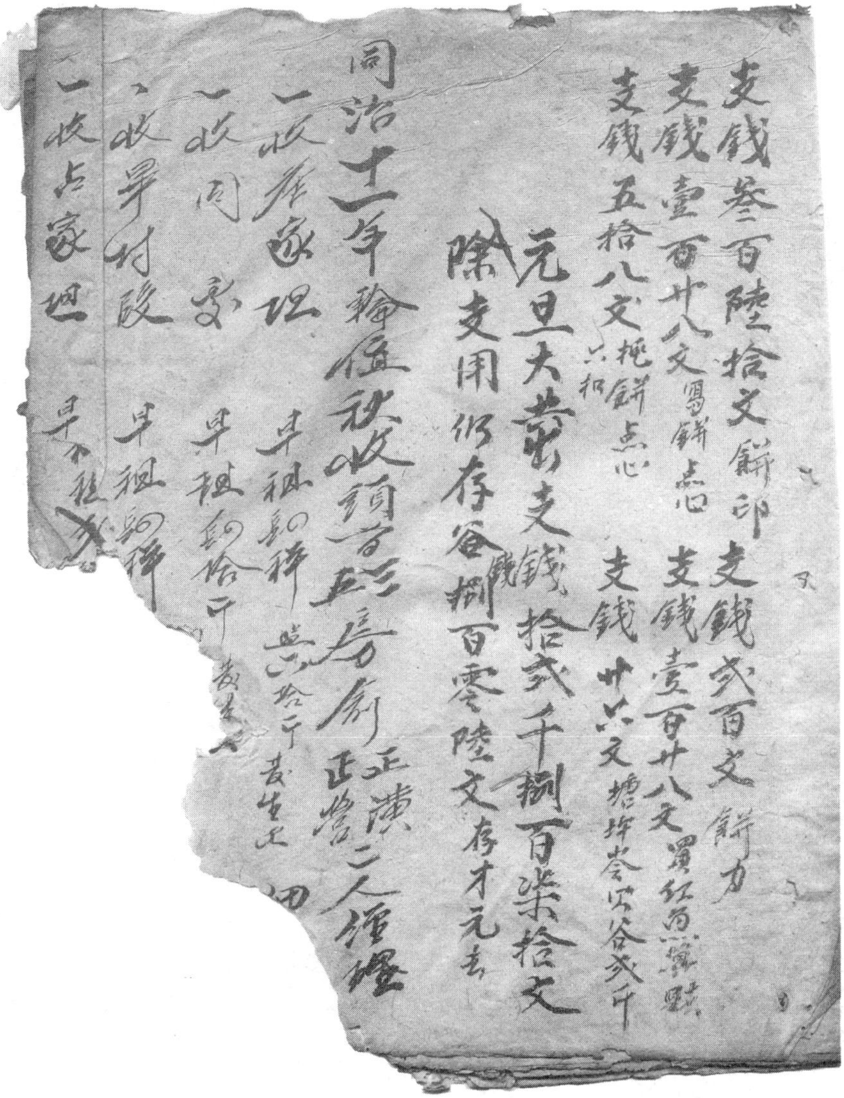

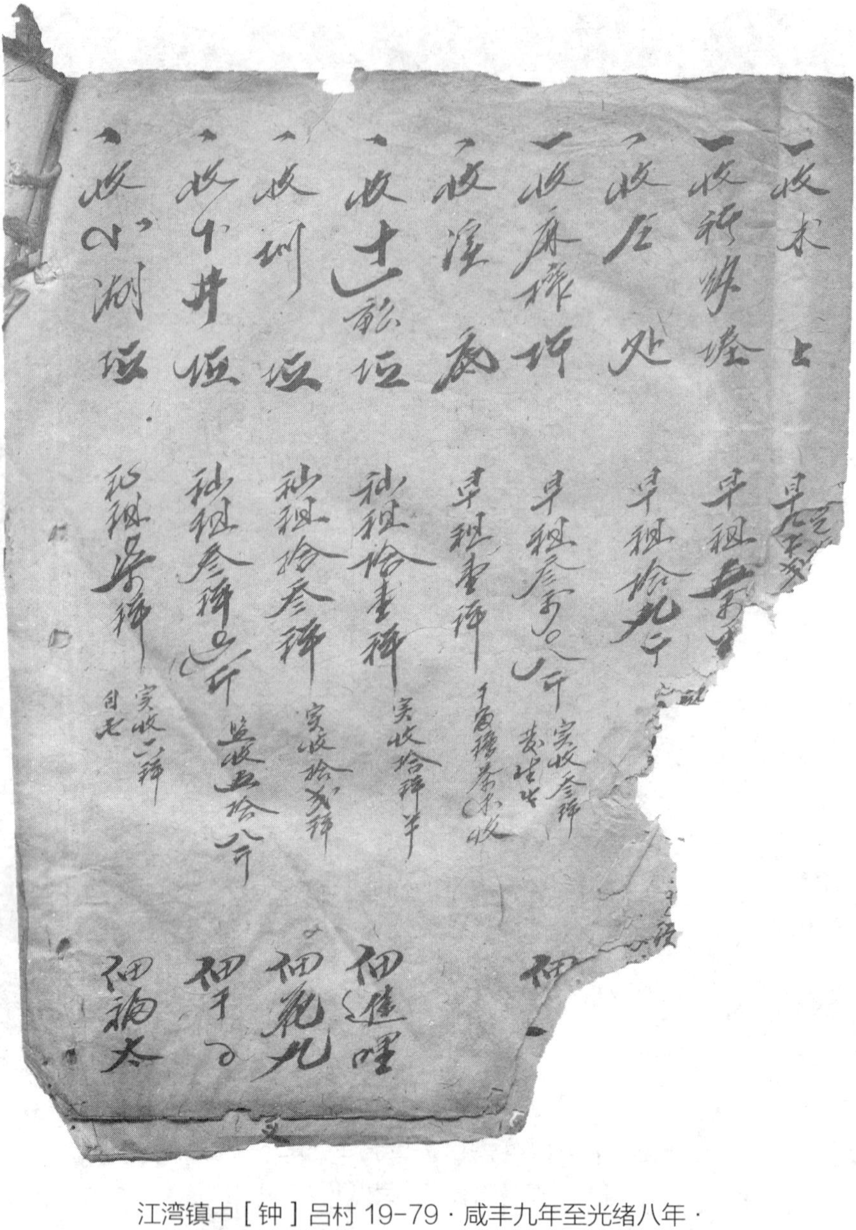

一收木 上 早[illegible]
一收[illegible]塅 早租五[illegible]
一收石 处 早租拾九斤
一收麻[illegible]坵 早租叁[illegible]八斤 实收叁秤 [illegible]
一收溪[illegible] 早租壹秤 [illegible]收
一收土[illegible]坵 秋租拾壹秤 实收拾秤半 佃進哩
一收圳坵 秋租拾叁秤 实收拾[illegible]秤 佃範九
一收小井坵 秋租叁秤五斤 [illegible]收五拾八斤 [illegible]
一收小湖坵 秋租五秤 实收[illegible]秤 [illegible] 佃禎太

江湾镇中［钟］吕村 19-79 · 咸丰九年至光绪八年 ·
轮值秋收头首经理收支账簿（残本）

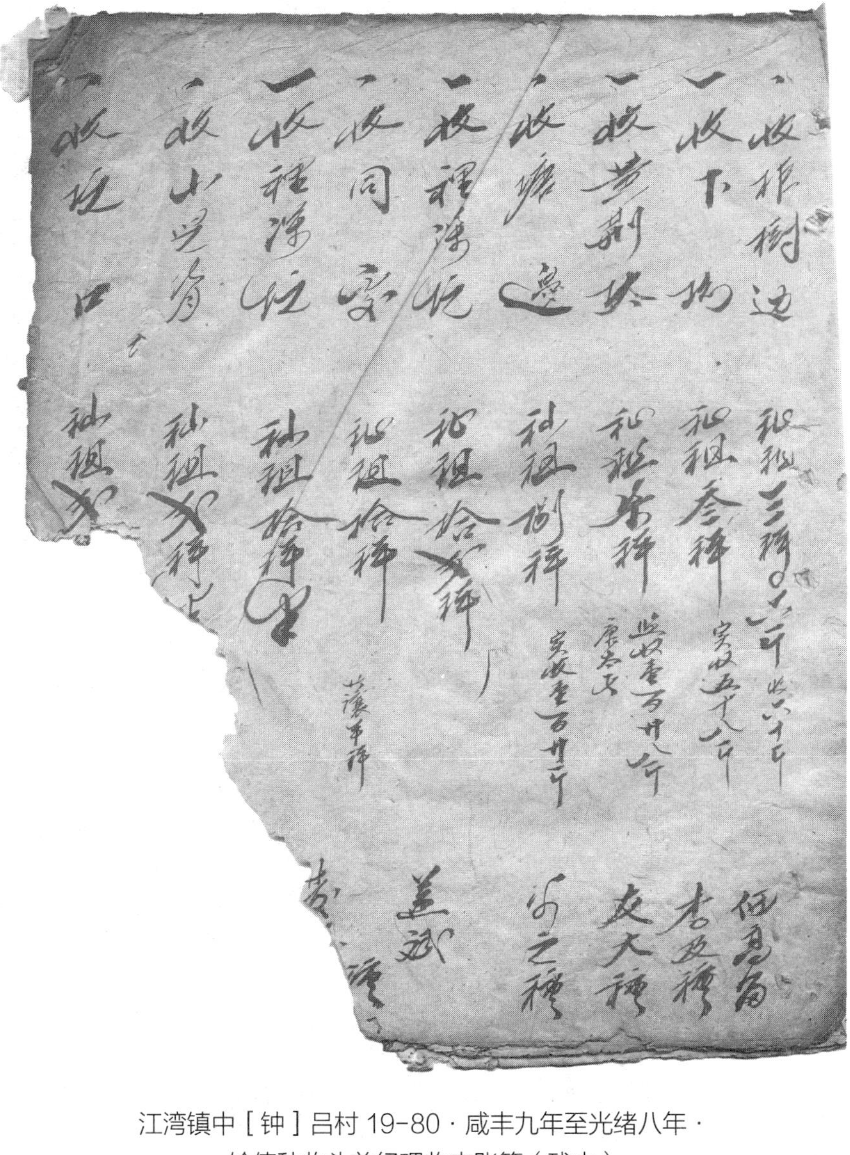

江湾镇中［钟］吕村 19-80 · 咸丰九年至光绪八年 ·
轮值秋收头首经理收支账簿（残本）

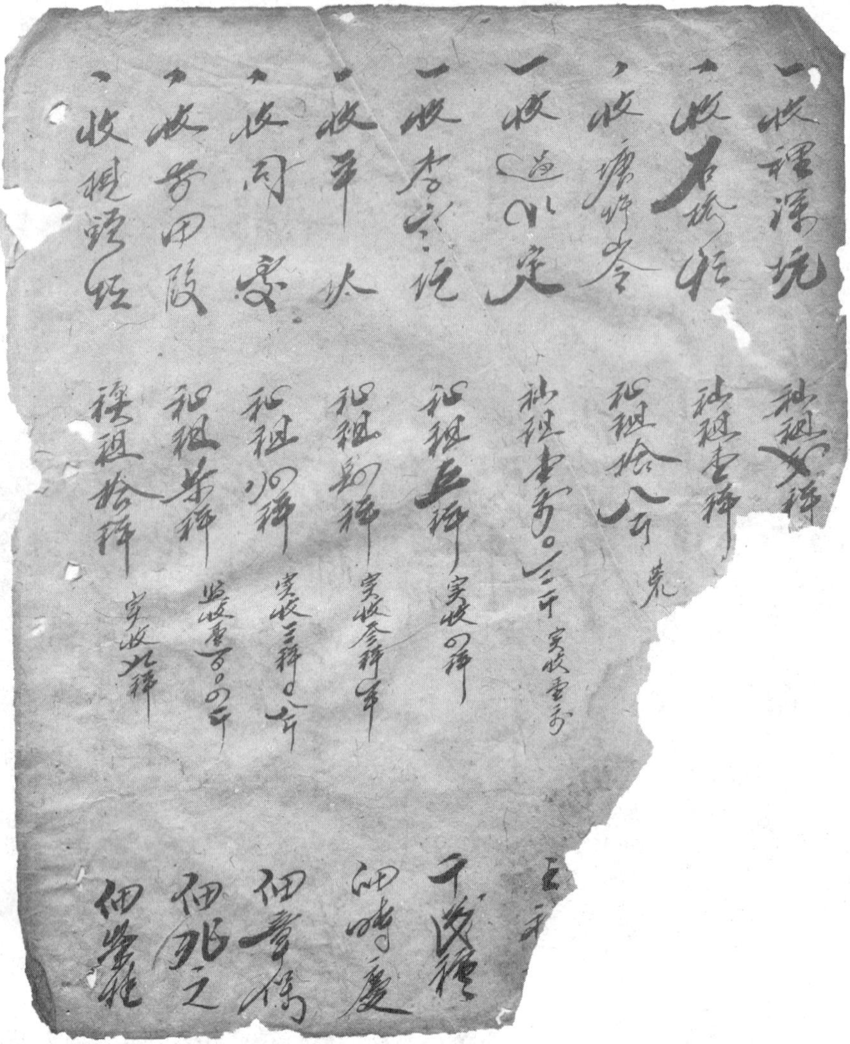

江湾镇中［钟］吕村 19-81 · 咸丰九年至光绪八年 ·
轮值秋收头首经理收支账簿（残本）

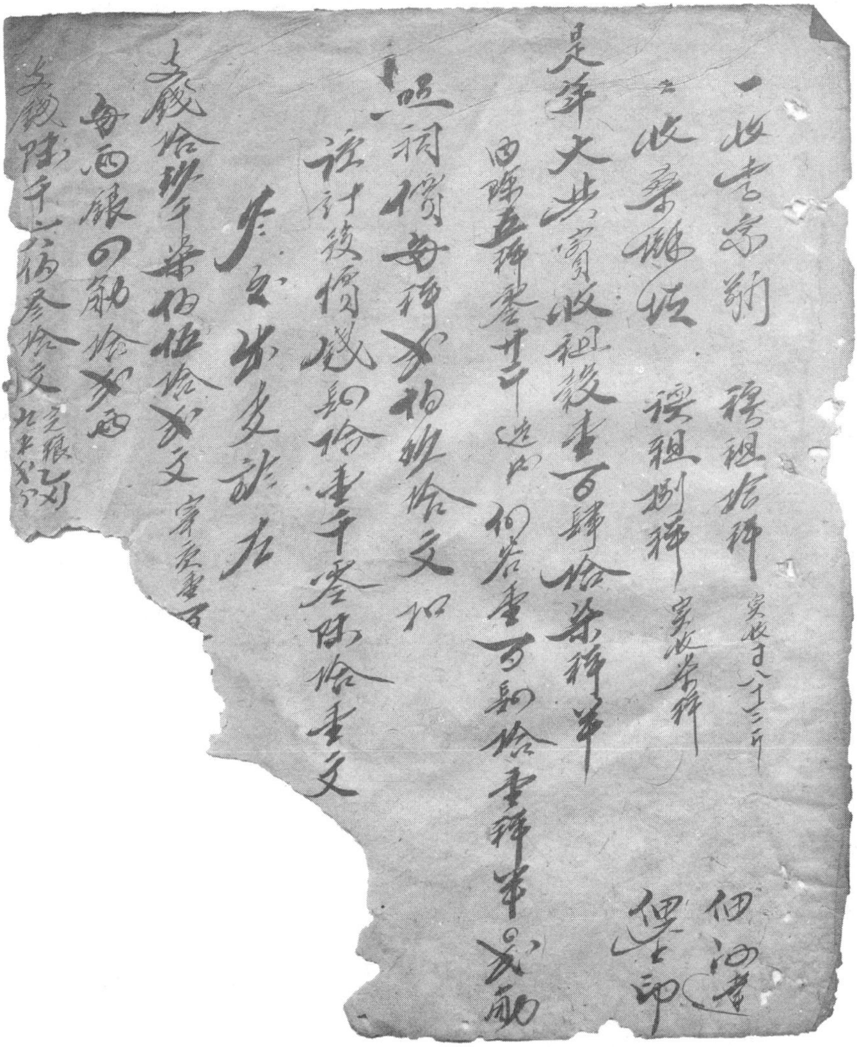
一收書家銷　穀租拾秤　実收十八斤二斤
收家俶坵　穀租捌秤　実收柒秤
是年大共實收租穀壹百肆拾柒秤半
田降五秤零廿斤　進內　伺谷壹百貳拾壹秤半　又貳勳
照祠價每秤貳伯叁拾文扣
該計穀價錢貳拾壹千零陸拾壹文
是日出支訖左
支錢拾玖千柒伯伍拾貳文　穿庄壹百
每兩銀四錢拾貳兩
支錢陸千六佰叁拾陸文　完糧
伯池書　堡卯

江湾镇中［钟］吕村 19-82 · 咸丰九年至光绪八年 ·
轮值秋收头首经理收支账簿（残本）

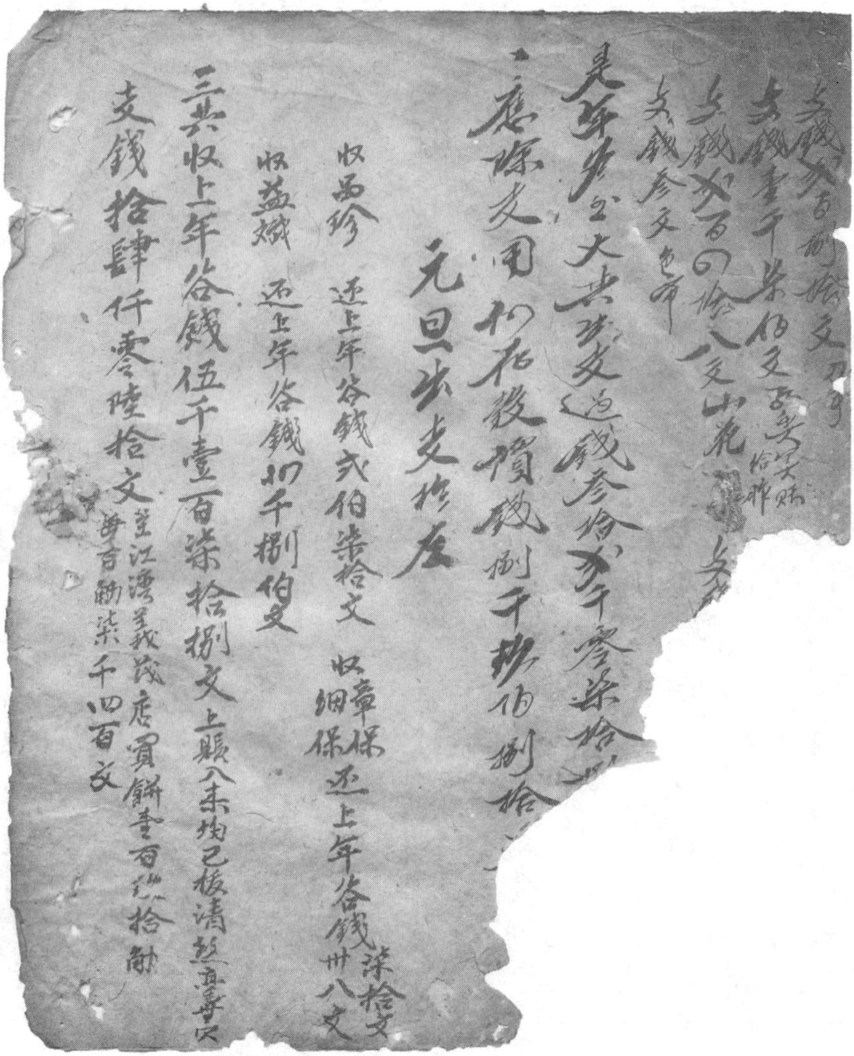

江湾镇中［钟］吕村 19-83 · 咸丰九年至光绪八年 ·
轮值秋收头首经理收支账簿（残本）

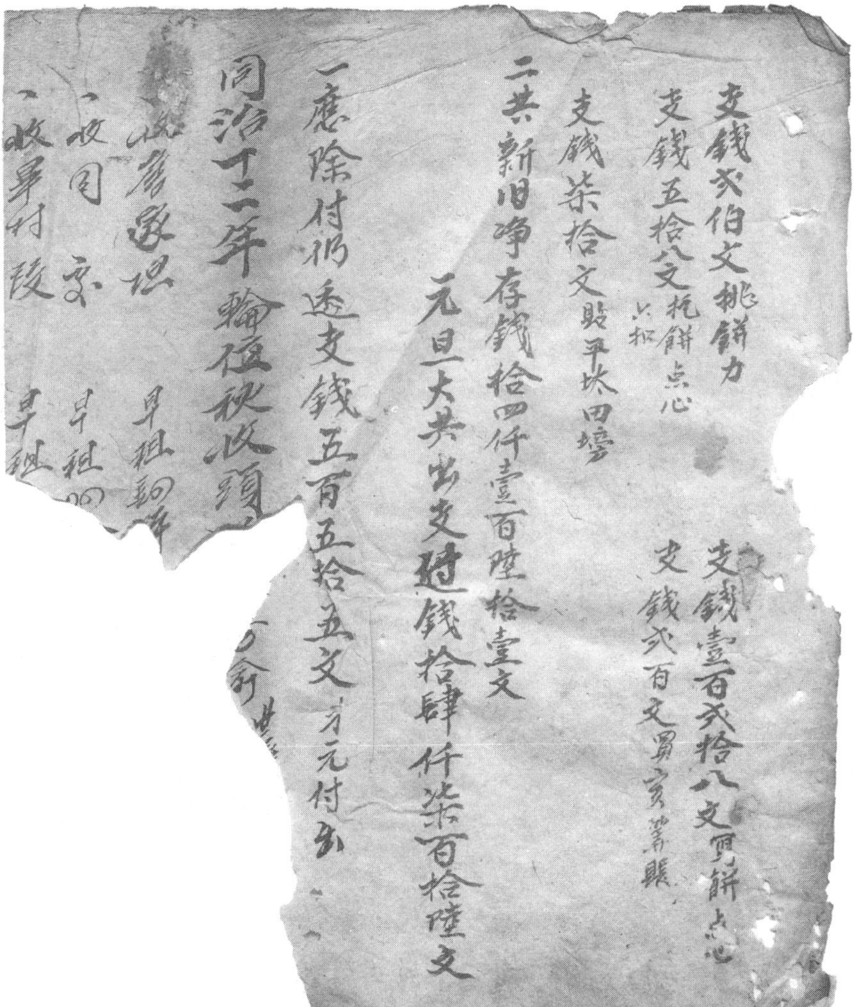
支钱弍伯文挑餅力
支錢五拾八文托餅点心
支錢柒拾文贴平坎田塝
一共新旧净存錢拾四仟壹百陸拾壹文
元旦大共出支過錢拾肆仟柒百拾陸文
一應除付仍透支錢五百五拾五文
同治十二年輪值秋收頭
支錢壹百弍拾八文買餅点心
支錢弍百文買

江湾镇中［钟］吕村 19-84 · 咸丰九年至光绪八年 ·
轮值秋收头首经理收支账簿（残本）

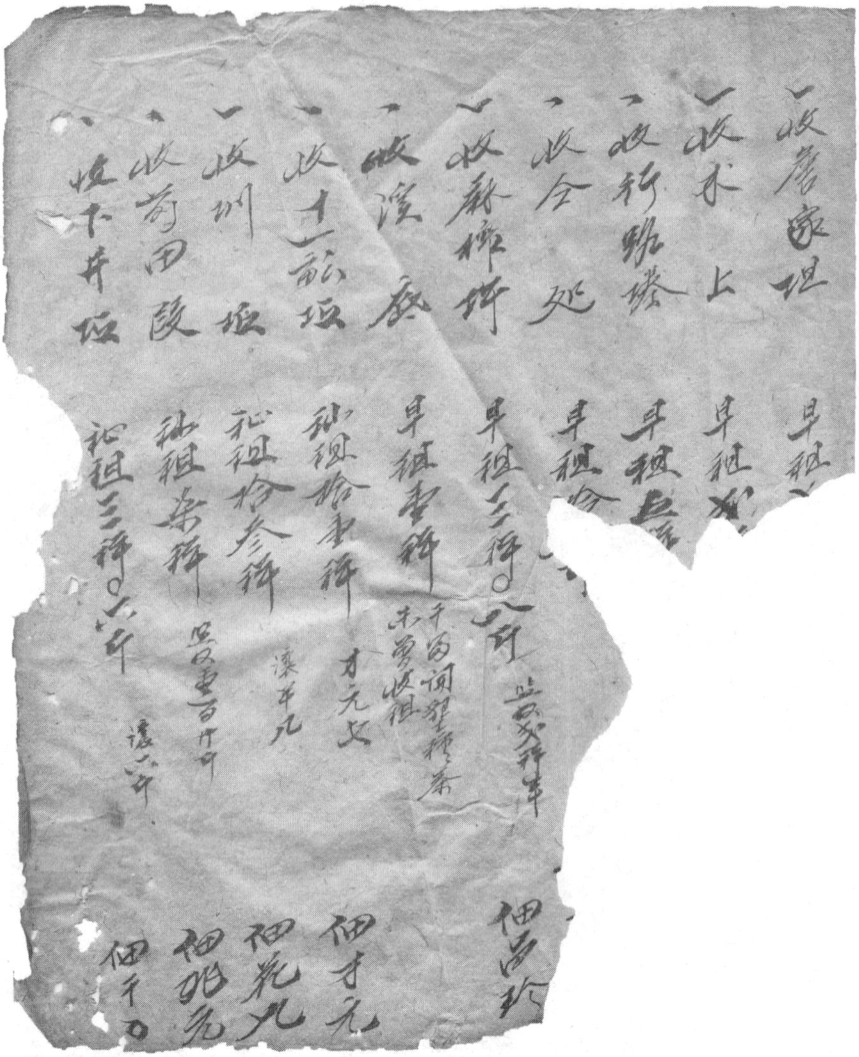

一收詹家坦　旱租

一收水上　旱租

一收行路塔　旱租

一收仝处　旱租拾

一收麻榨坞　旱租十三秤〇八斤　出必叁秤半　佃品玖

一收溪夜　旱租壹秤　千万词望标茶　未曾收租

一收十亩坵　秋租拾壹秤　才元交　佃才元

一收圳坵　秋租拾叁秤　添年九　佃苑九

一收前田段　秋租柒秤　出必壹百廿斤　佃兆元

一收下井坵　秋租十三秤〇八斤　让六斤　佃千口

江湾镇中［钟］吕村 19–85 · 咸丰九年至光绪八年 ·
轮值秋收头首经理收支账簿（残本）

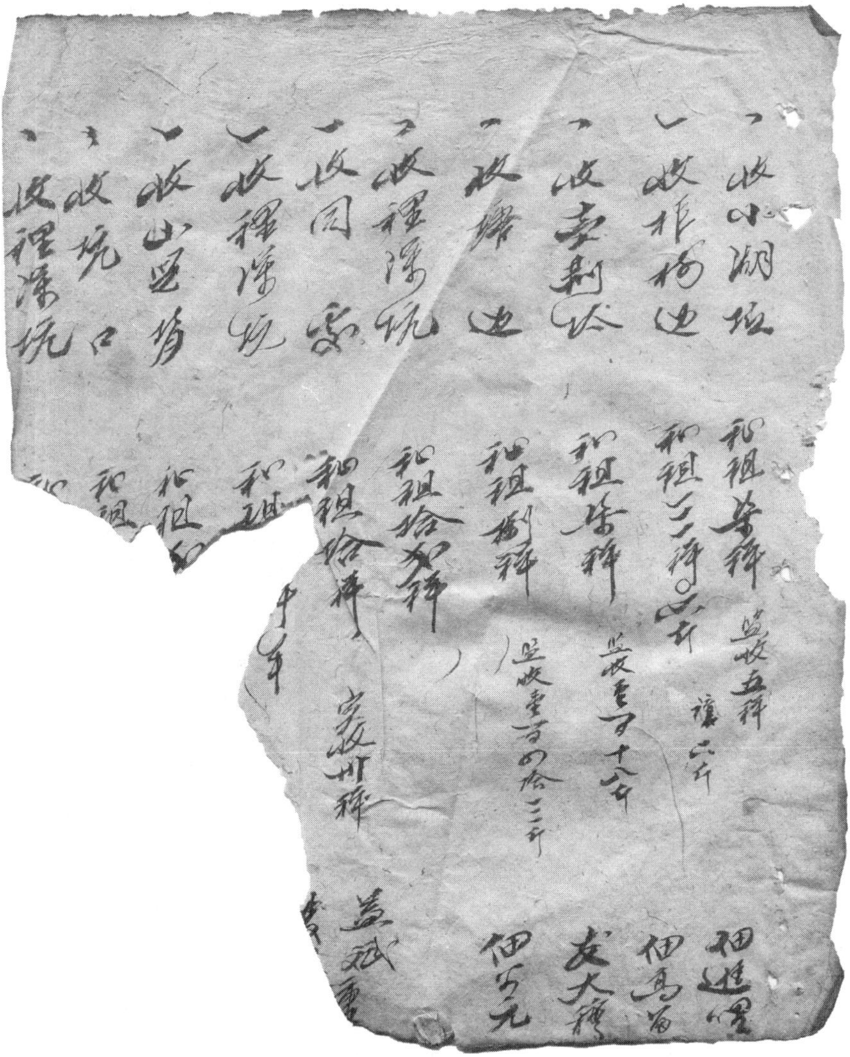

一收小湖坵　秈租叁秤　实收五秤　佃进煌
一收桃树边　秈租二秤〇六斤　让六斤　佃禹当
一收麦斛坵　秈租叁秤　实收壹百十八斤　友大秤
一收塘边　秈租捌秤　实收壹百四拾三斤　佃万元
一收程潭坑　秈租拾柒秤
一收同家　秈租拾秤　实收廿秤　萧武重
一收程潭坑　秈租　中年
一收山背　秈租
一收坑口　秈租
一收程潭坑

江湾镇中［钟］吕村 19-86 · 咸丰九年至光绪八年 ·
轮值秋收头首经理收支账簿（残本）

一收石桥头　　　祀祖
一收塘坵荅　　　祀祖吟
一收過水定　　　祀祖壹
一收杏空坑　　　祀祖□秤
一收平坑　　　　祀祖の秤
一收合字　　　　祀祖口秤
一收堤頭垣　　　晩租拾秤
一收桑坊垣　　　晩租捌秤
一收古家別　　　晩租拾秤

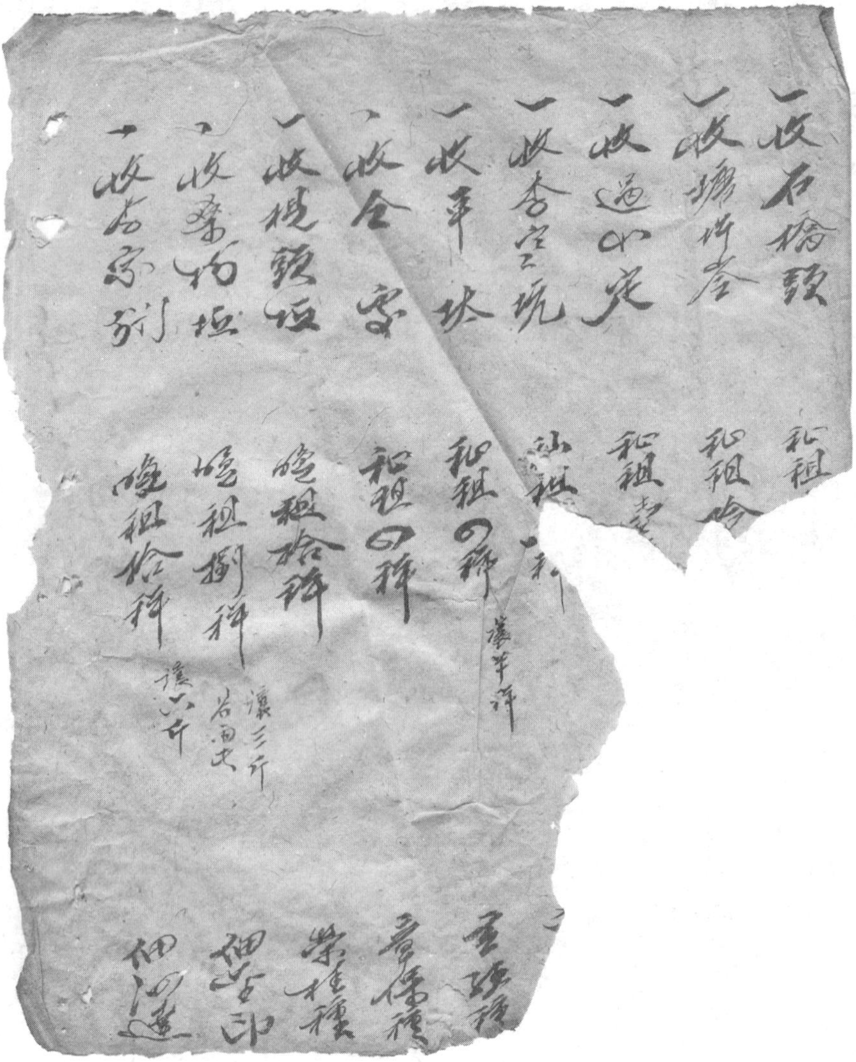

江湾镇中［钟］吕村19-87·咸丰九年至光绪八年·
轮值秋收头首经理收支账簿（残本）

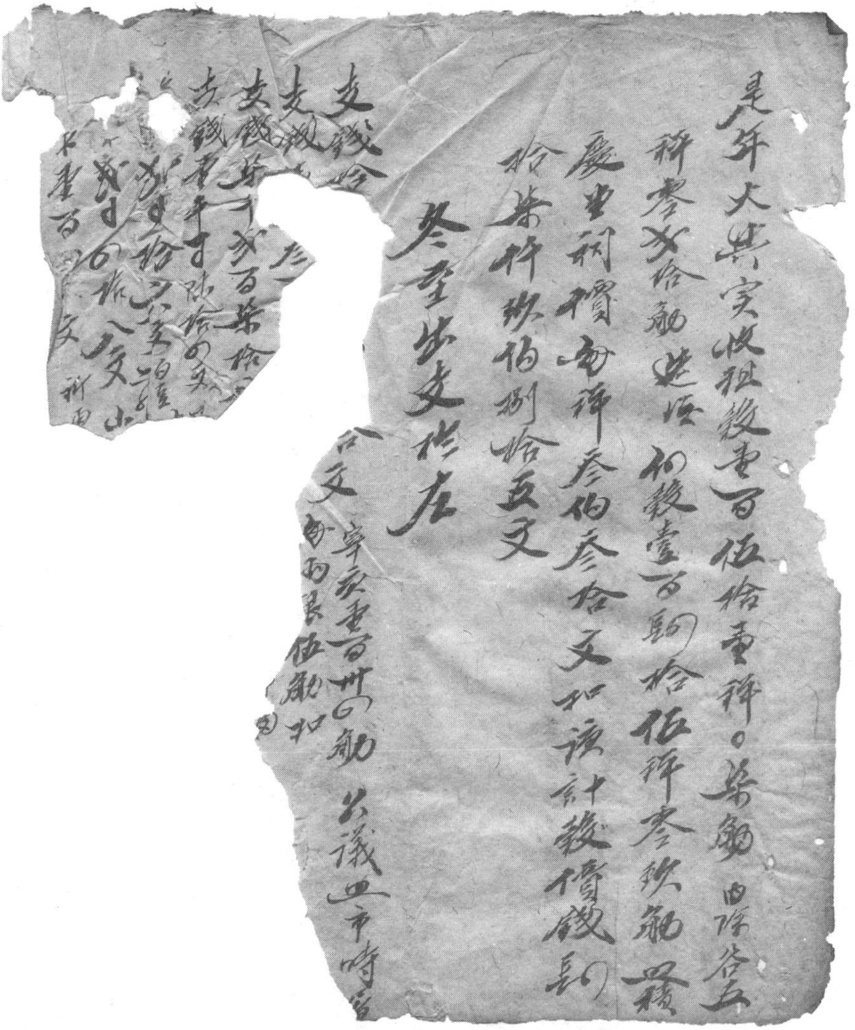
是年大共实收租穀壹百伍拾壹秤〇柒觔 田除谷五
秤叁拾觔造酒 初穀壹百肆拾伍秤叁拾觔 羅積
慶豊祠糟 每秤叁伯叁拾文 扣該計穀價錢肆
拾柒仟玖伯捌拾五文
冬至出支於左
口文 每穀壹百卅〇觔 共議照市時
每兩銀伍觔扣

江湾镇中［钟］吕村 19-88 · 咸丰九年至光绪八年 ·
轮值秋收头首经理收支账簿（残本）

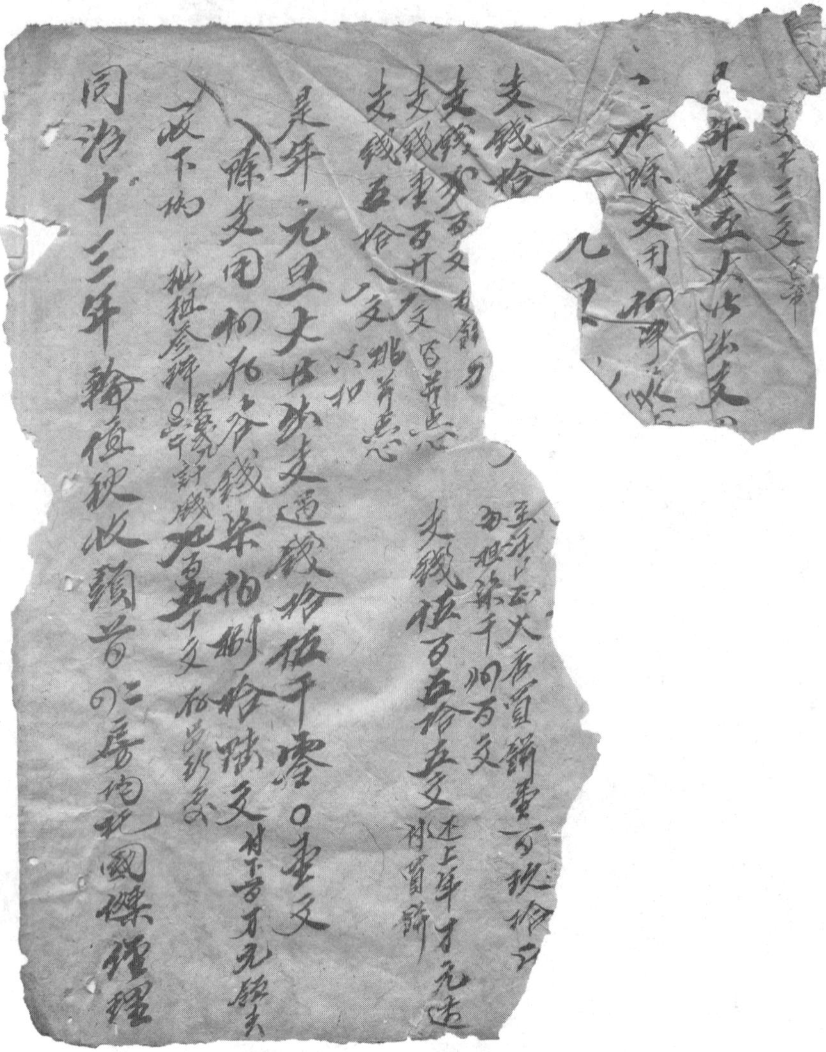

一共除支用外净收[illegible]

支錢拾[illegible]

支錢[illegible]百文[illegible]

支錢壹百廿八文[illegible]

支錢五拾八文[illegible]

是年元旦大收出支通錢拾伍千零〇壹文

除支用外存合錢柒伯捌拾陸文

收下欠[illegible]

同治十三年輪值秋收頭首二房[illegible]國樑經理

支錢伍百五拾五文[illegible]

江湾镇中［钟］吕村 19-89 · 咸丰九年至光绪八年 ·

轮值秋收头首经理收支账簿（残本）

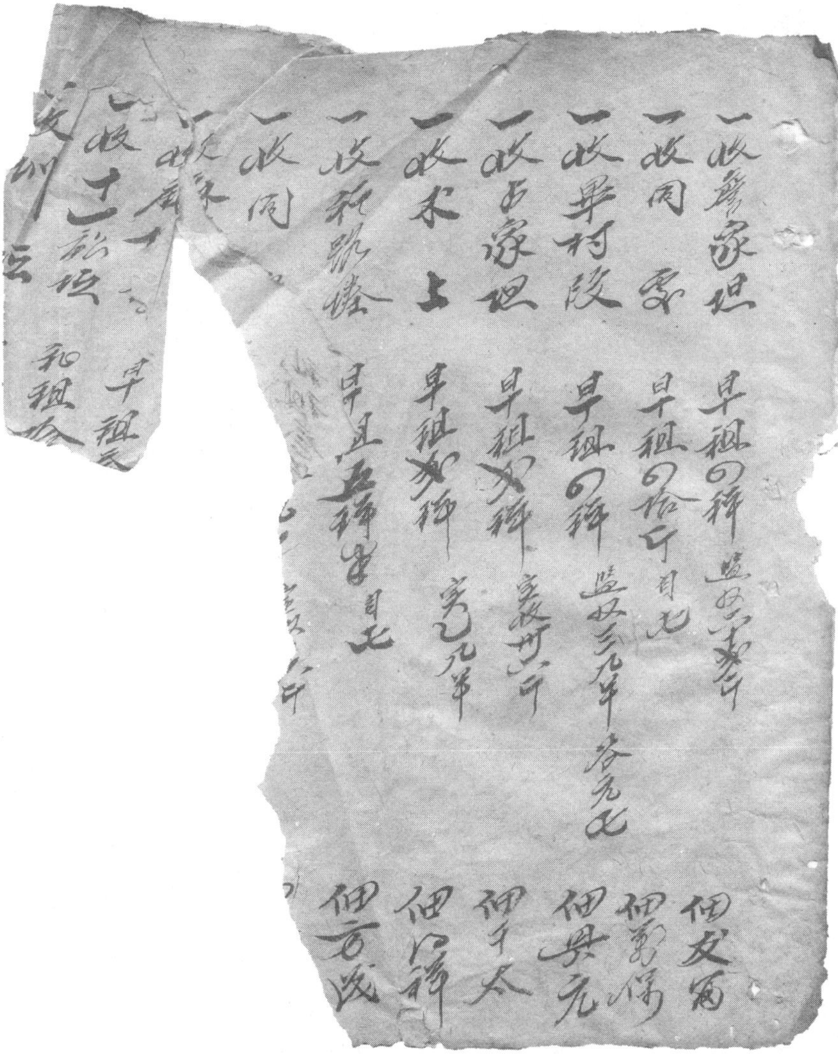

一收詹家坦　早租四秤　照收四秤叁斤　佃友寓
一收同　零　早租四拾斤　目七　佃郑保
一收毕村段　早租四秤　照收三九半　谷九七　佃吴元
一收上家坦　早租贰秤　实收卅斤　佃千太
一收术上　早租贰秤　实收九斤半　佃仁祥
一收新路塝　早租五秤半　目七　佃方茂

江湾镇中［钟］吕村 19–90 · 咸丰九年至光绪八年 ·
轮值秋收头首经理收支账簿（残本）

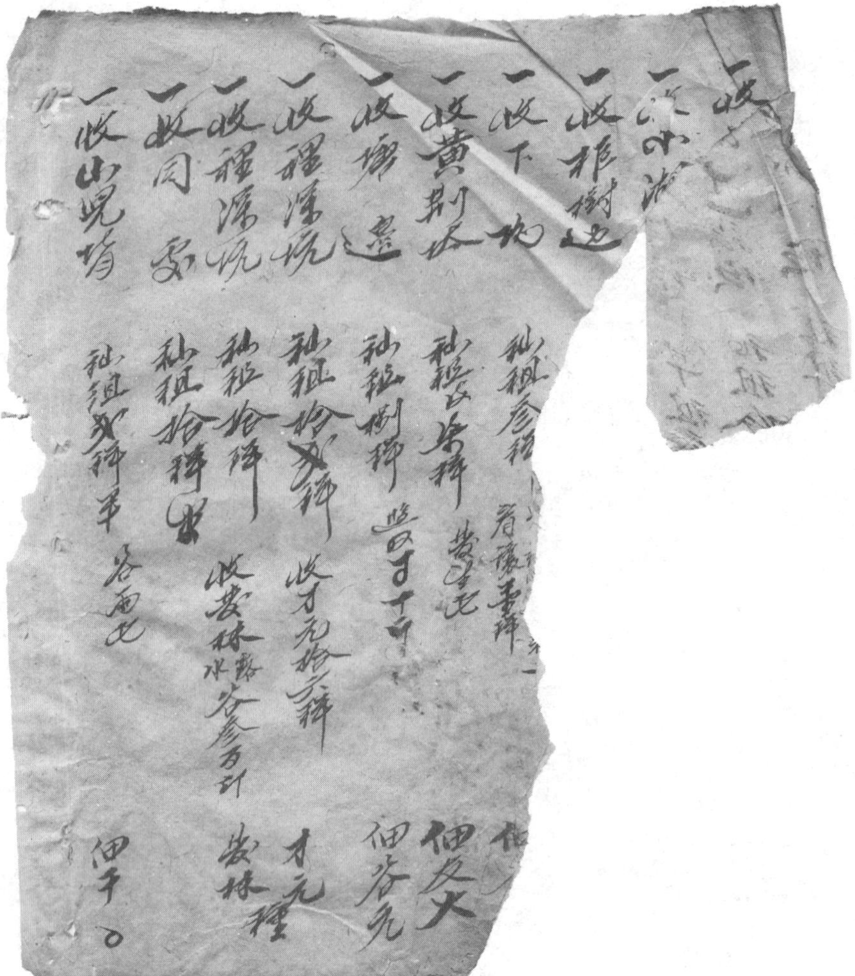

江湾镇中［钟］吕村 19-91 · 咸丰九年至光绪八年 ·
轮值秋收头首经理收支账簿（残本）

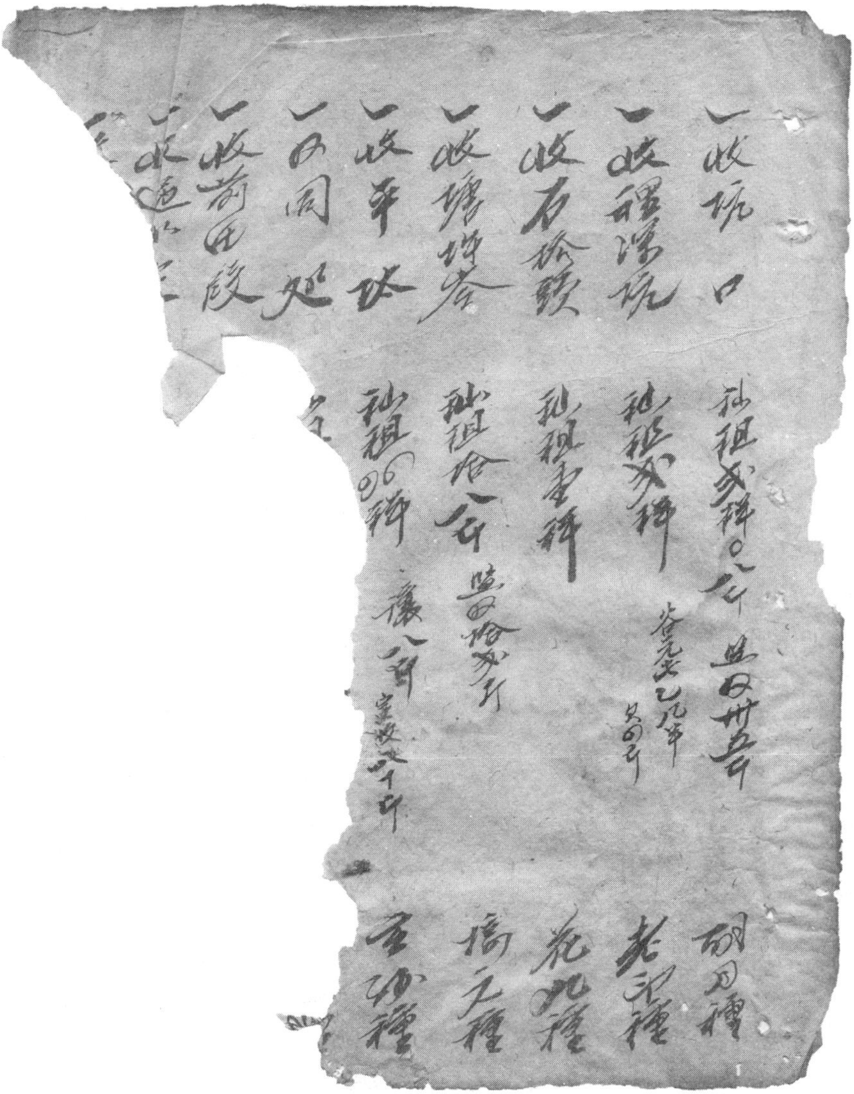

江湾镇中［钟］吕村 19-92 · 咸丰九年至光绪八年 ·
轮值秋收头首经理收支账簿（残本）

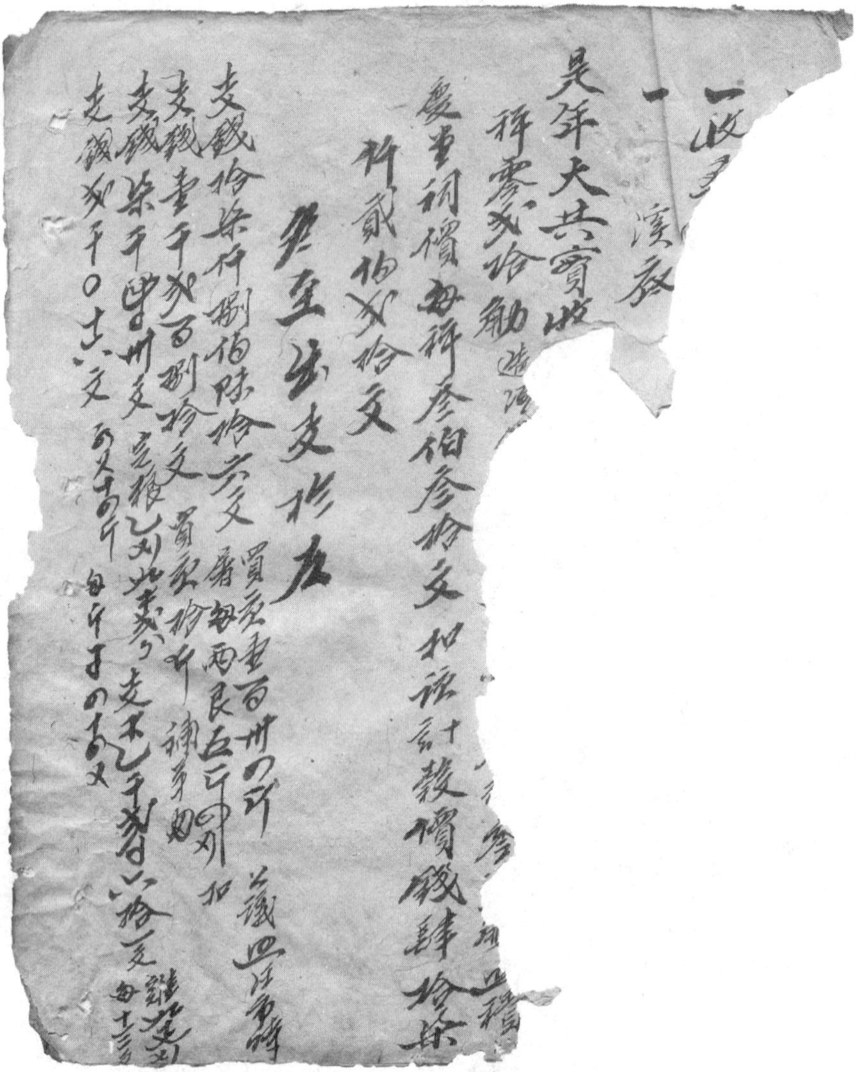

江湾镇中［钟］吕村 19-93 · 咸丰九年至光绪八年 ·
轮值秋收头首经理收支账簿（残本）

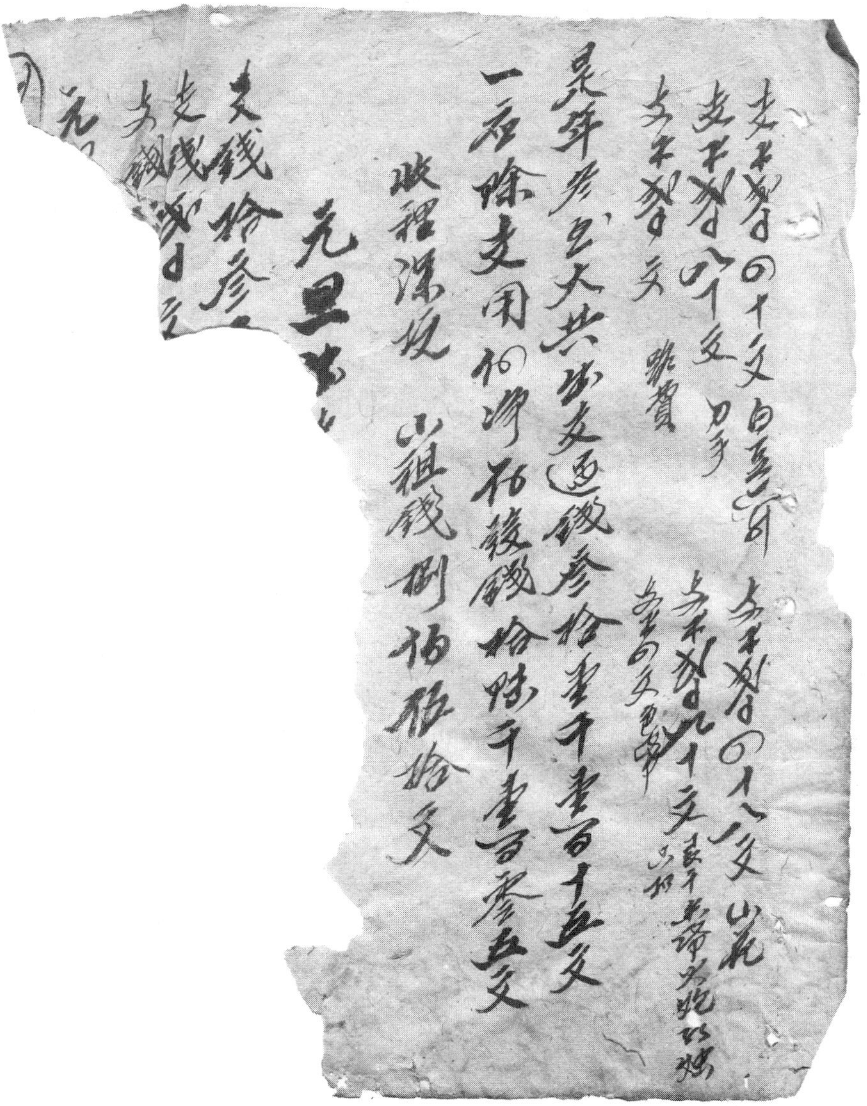

江湾镇中［钟］吕村 19-94 · 咸丰九年至光绪八年 ·
轮值秋收头首经理收支账簿（残本）

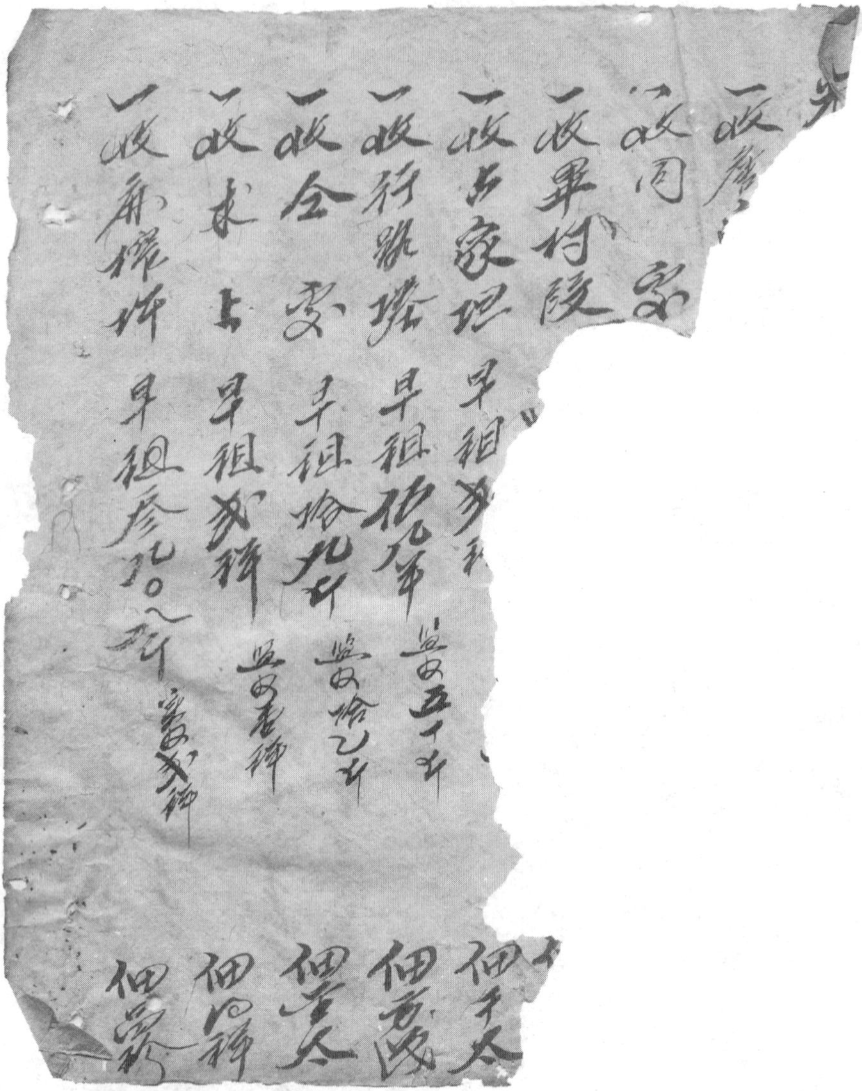

江湾镇中［钟］吕村 19-95 · 咸丰九年至光绪八年 ·
轮值秋收头首经理收支账簿（残本）

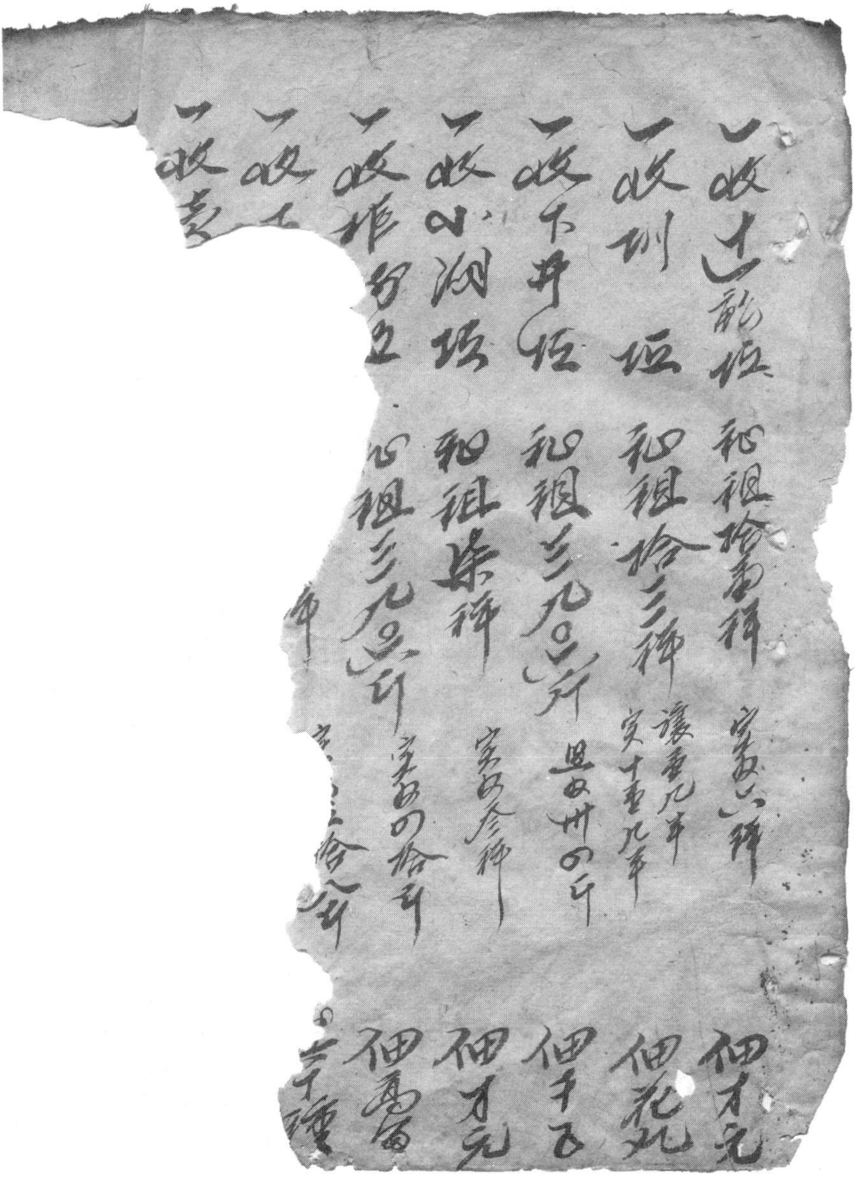

一收土龍坵 秈租拾壹秤 實收[illegible]秤 佃才元
一收圳坵 秈租拾三秤 讓壹九斤 實十壹九斤 佃花元
一收下井坵 秈租三九[illegible]斤 [illegible]卅〇斤 佃[illegible]
一收小湖坵 秈租柒秤 實收叁秤 佃才元
一收椎留丘 秈租三九[illegible]斤 實收四拾斤 佃高富
一收[illegible] [illegible]秤 [illegible]拾八斤 [illegible]
一收[illegible]

江湾镇中［钟］吕村 19-96 · 咸丰九年至光绪八年 ·
轮值秋收头首经理收支账簿（残本）

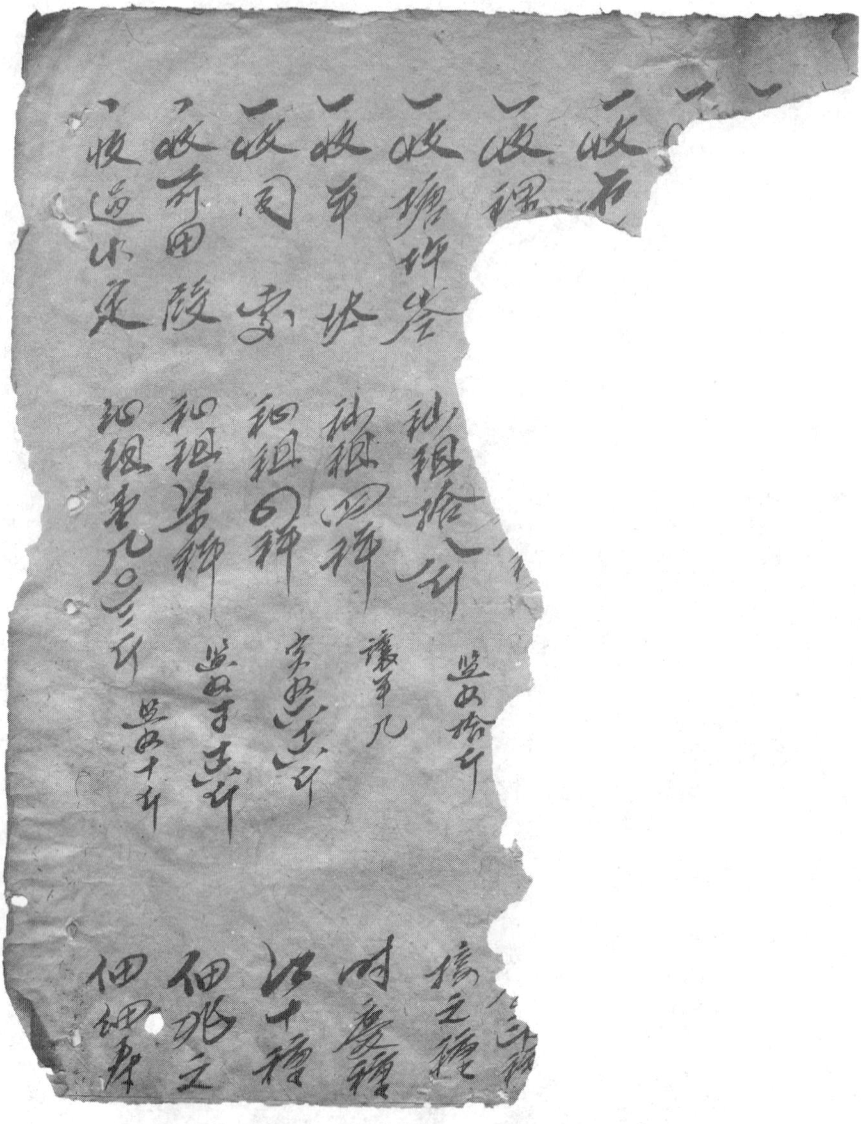
一收石
一收理
一收塘坪岸　秋租拾八斤　盐出拾斤　樟之种
一收草塅　秋租四秤　让草几　时庆种
一收同安　秋租四秤　实出五斤　汪十种
一收前田塅　秋租五秤　盐出五斤　佃兆文
一收通水塅　秋租壹九三斤　盐出十斤　佃细春

江湾镇中［钟］吕村 19–97 · 咸丰九年至光绪八年 ·
轮值秋收头首经理收支账簿（残本）

一收李细俍　穀租五九　实收四秤半　老文禮
一收程彩炫　穀租拾秤　追收壬二斤　佃葵桂
一收李家蔚　穀租拾秤　讓壹秤　佃細達
一收曹灼炫　穀租捌秤　实收八秤　佃重申
一收濮熟　细租壹秤　種茶未交　佃長涎
是年大共[illegible]拾秤[illegible]

江湾镇中［钟］吕村 19-98 · 咸丰九年至光绪八年 ·
轮值秋收头首经理收支账簿（残本）

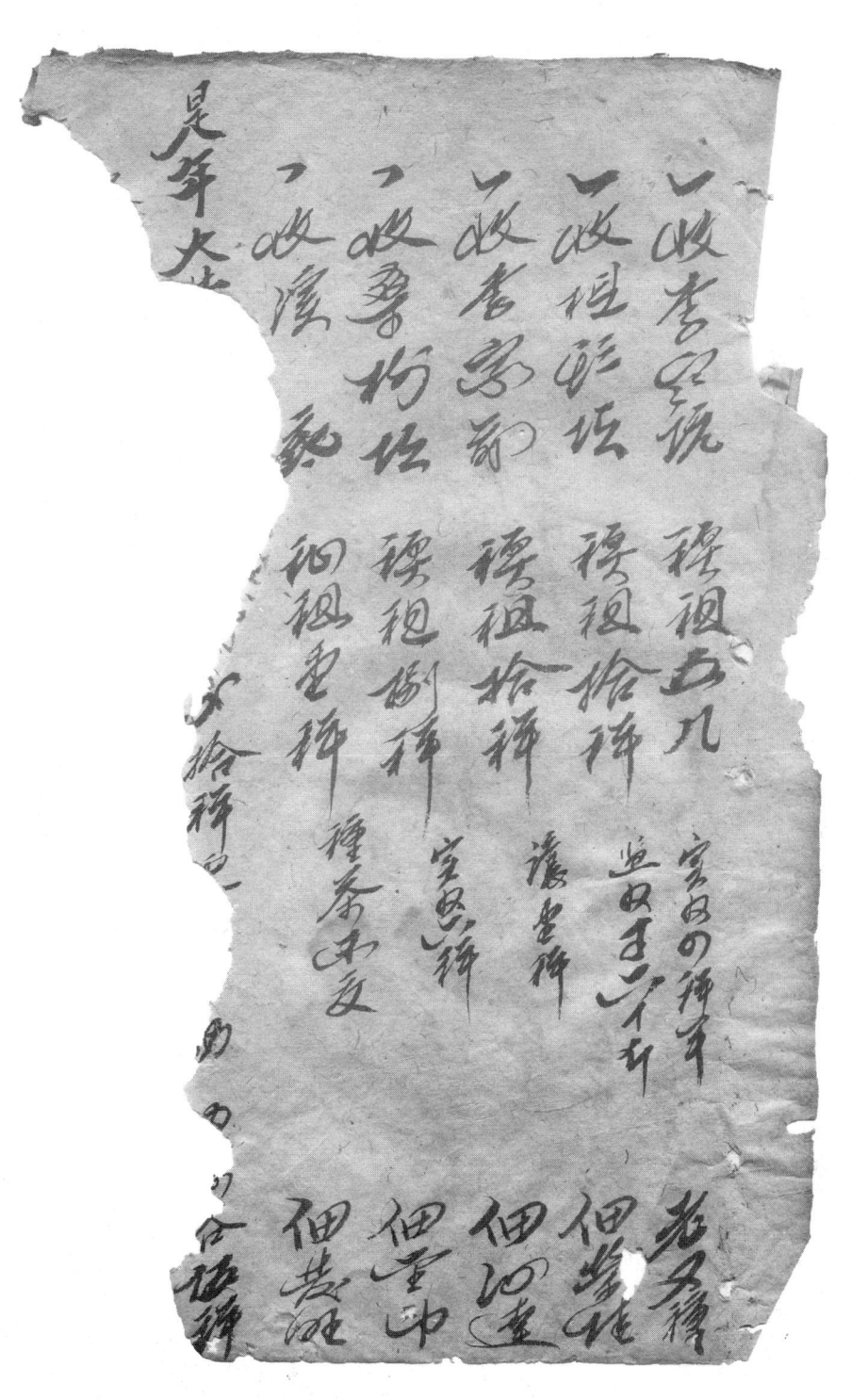

文

文錢四

文錢廿九

是年大共出支過錢叁拾肆千陆伯壹拾文　此［illegible］坦邑帝

一應除支用仍存淨錢伍千肆伯陆拾五文

收蓋斌　上年錢錢叁千柒伯［illegible］拾五文

收呂珍　上年錢錢柒伯伍拾文　又上年叁符［illegible］

初十收程深境　山租錢錢伯文　又收補來　山租壹百文

江湾镇中［钟］吕村 19-99 · 咸丰九年至光绪八年 ·
轮值秋收头首经理收支账簿（残本）

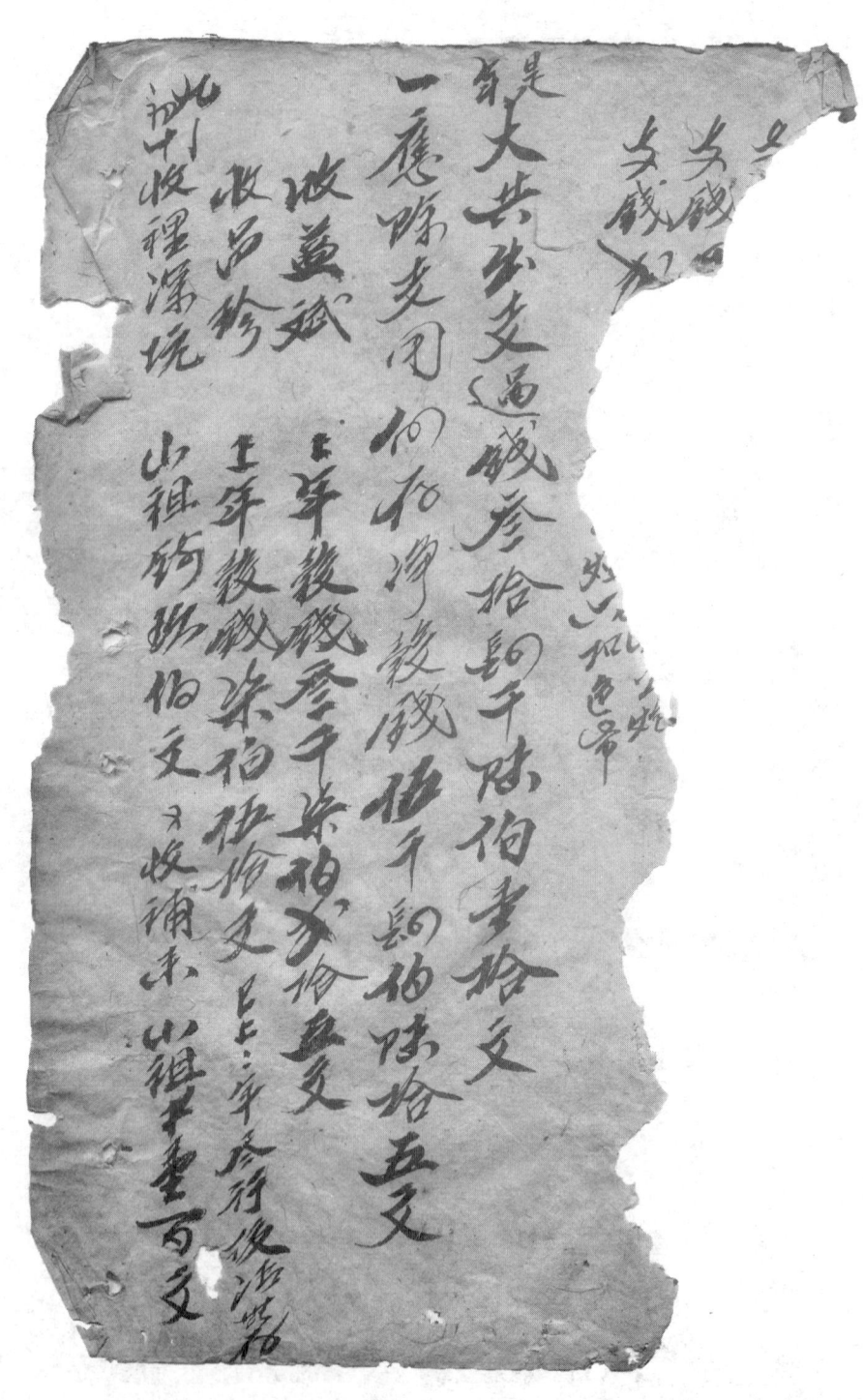

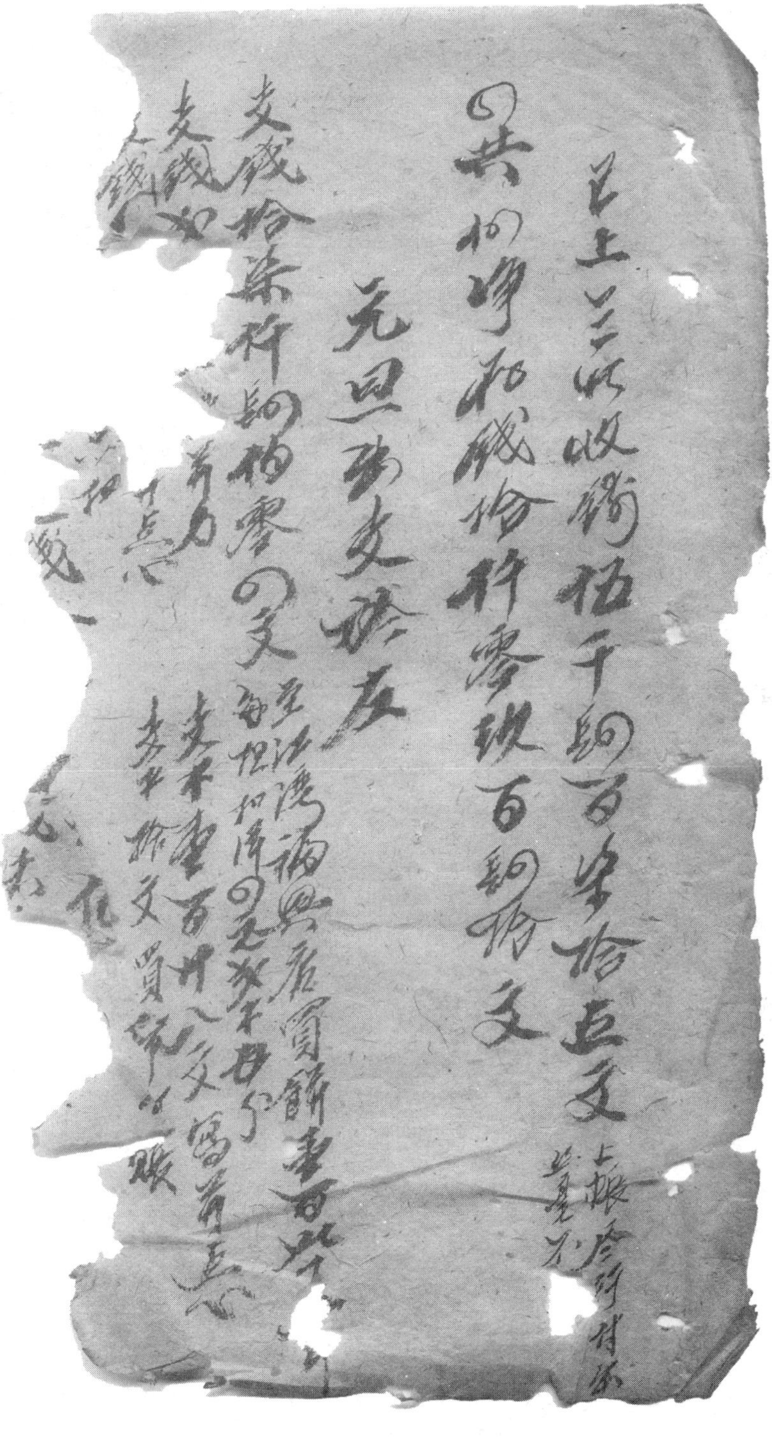

江湾镇中［钟］吕村 19-100 · 咸丰九年至光绪八年 ·
轮值秋收头首经理收支账簿（残本）

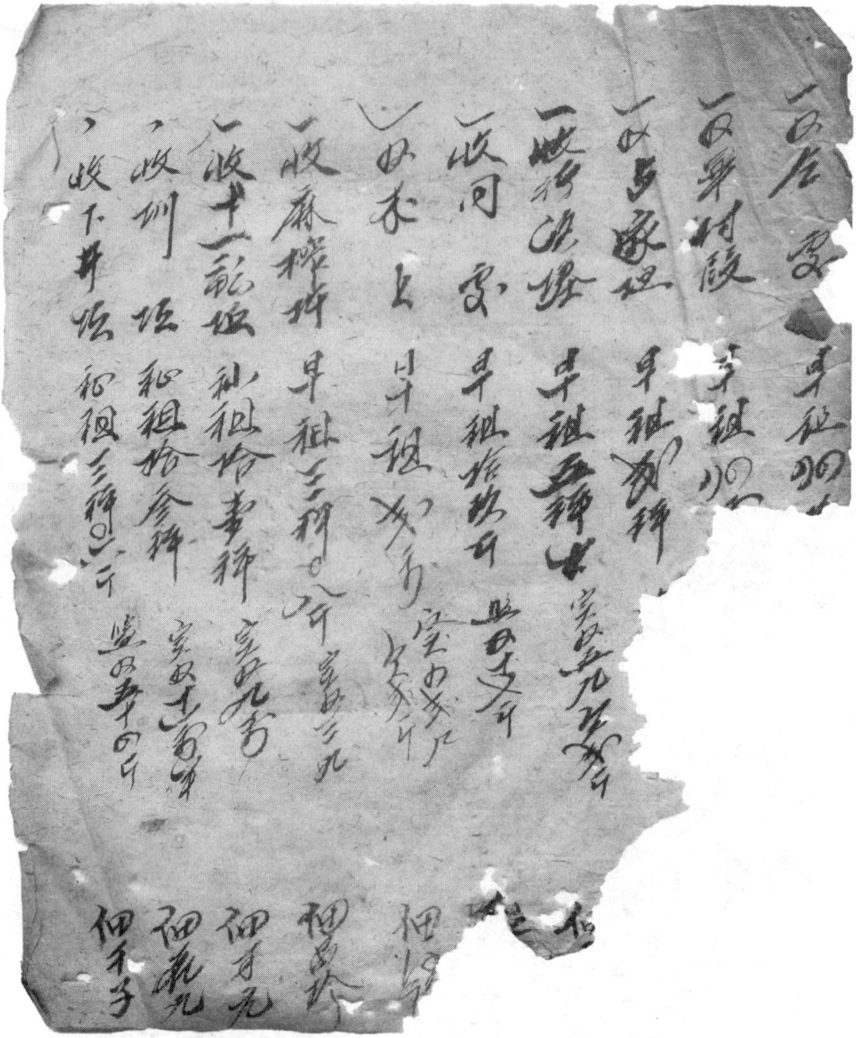

江湾镇中［钟］吕村 19-101 · 咸丰九年至光绪八年 ·

轮值秋收头首经理收支账簿（残本）

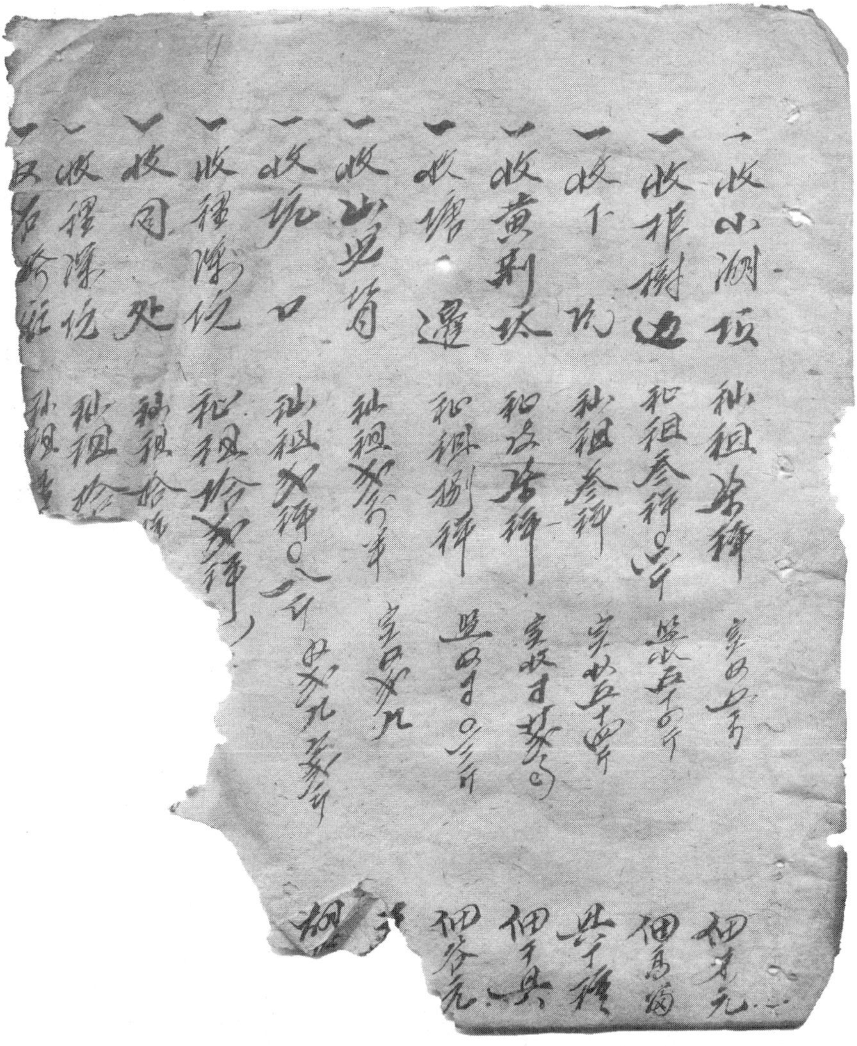
一收小湖坑　秋租贰秤　实收[illegible]　佃[illegible]元
一收柞樹边　秋租叁秤[illegible]斤　实收[illegible]斤　佃高[illegible]
一收下坑　秋租叁秤　实收[illegible]斤　佃[illegible]積
一收黄荆坎　秋租贰秤　实收[illegible]　佃[illegible]兴
一收塘邊　秋租捌秤　实收[illegible]斤　佃谷元
一收山[illegible]背　秋租叁秤　实收[illegible]九
一收坑口　秋租叁秤[illegible]斤　实收[illegible]九[illegible]斤
一收程潭坑　秋租拾叁秤
一收同处　秋租拾[illegible]
一收程潭坑　秋租拾[illegible]
一收[illegible]　秋租[illegible]

江湾镇中［钟］吕村 19-102 · 咸丰九年至光绪八年 ·
轮值秋收头首经理收支账簿（残本）

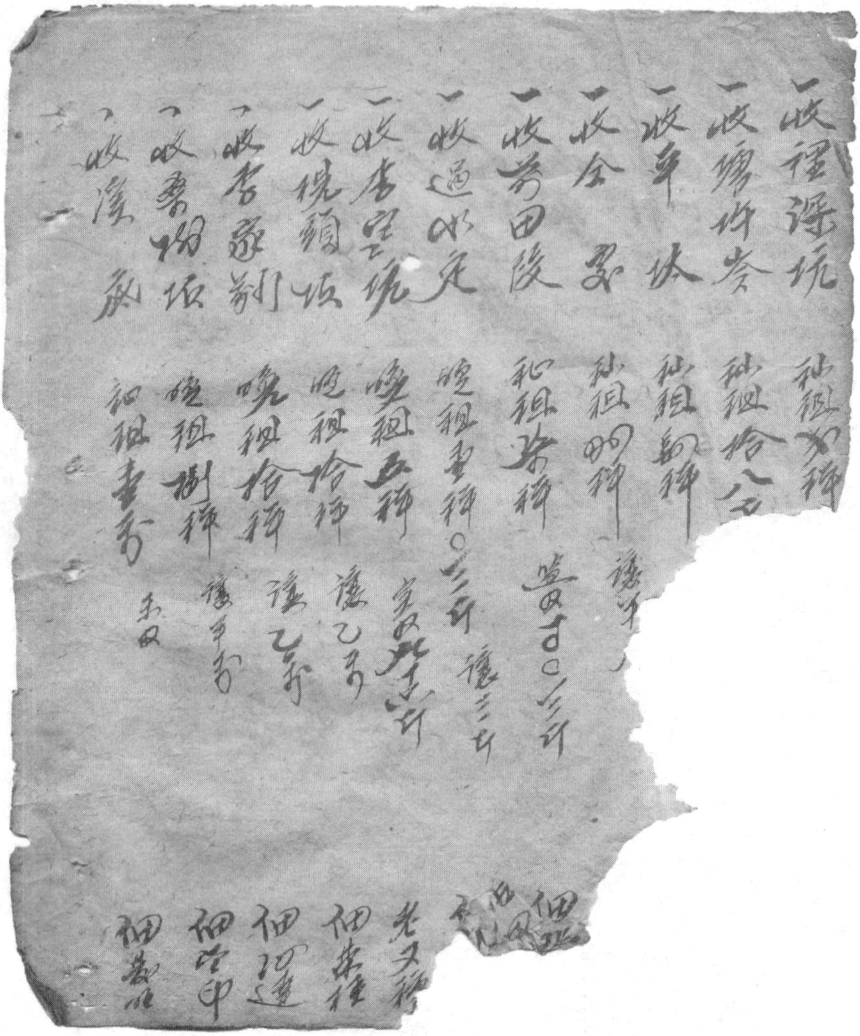

江湾镇中［钟］吕村 19-103 · 咸丰九年至光绪八年 ·
轮值秋收头首经理收支账簿（残本）

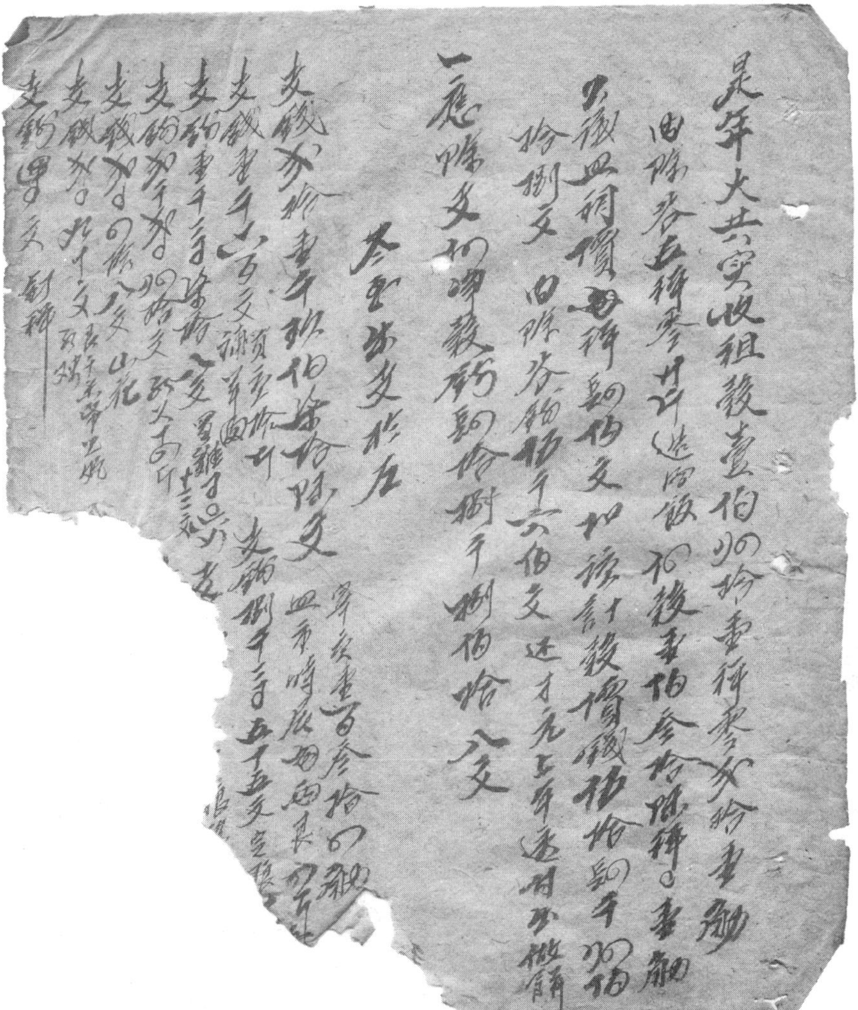

江湾镇中［钟］吕村 19-104 · 咸丰九年至光绪八年 ·
轮值秋收头首经理收支账簿（残本）

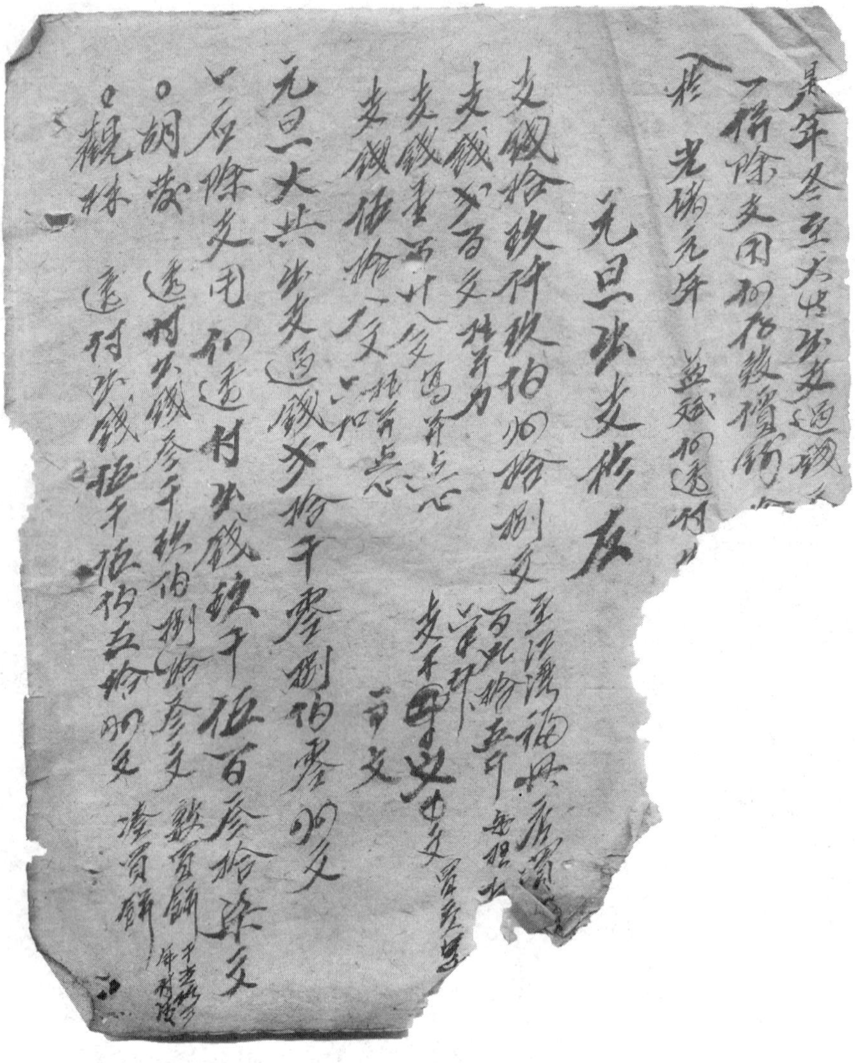

江湾镇中［钟］吕村 19-105 · 咸丰九年至光绪八年 ·
轮值秋收头首经理收支账簿（残本）

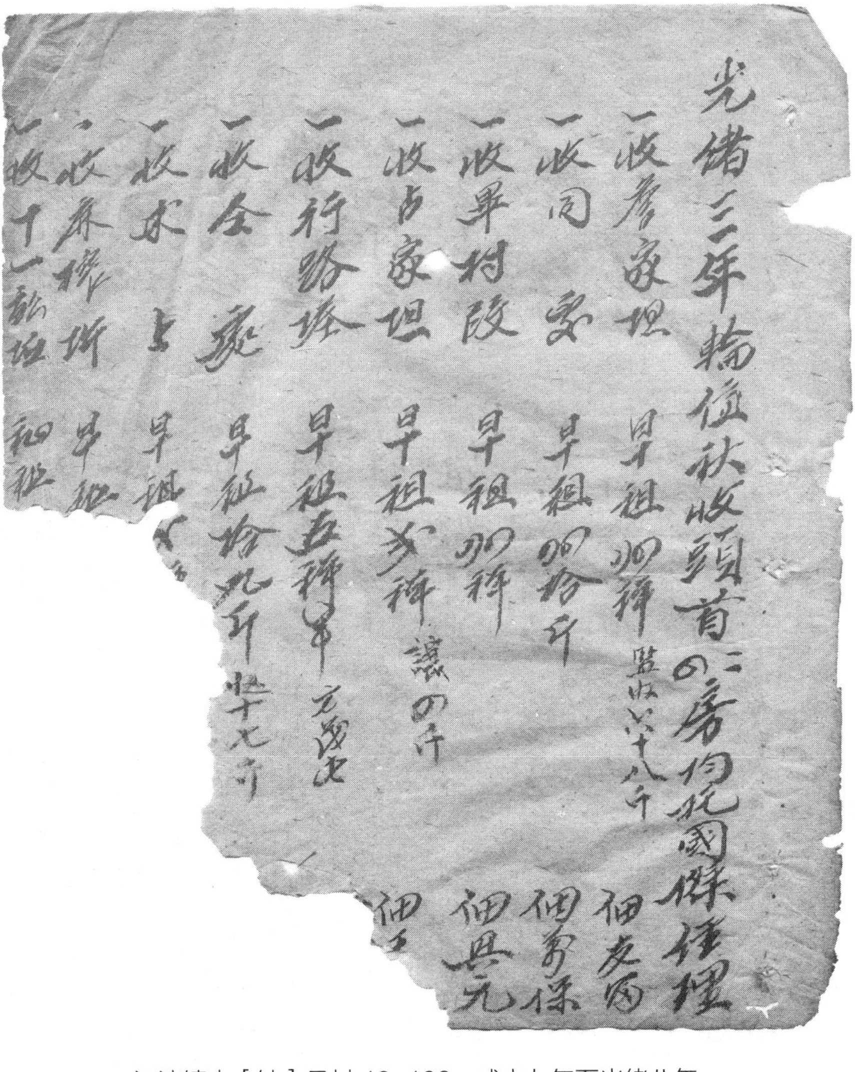

光绪三年輪值秋收頭首二房内花國傑經理
一收詹家坦 早租四秤 監收六十八斤 佃友陶
一收同安 早租四秤拾斤 佃家保
一收畢村段 早租四秤 佃吳元
一收占家坦 早租三秤 讓四斤 佃[illegible]
一收行路塝 早租五秤半 [illegible]
一收全[illegible] 早租拾九斤 [illegible]十七斤
一收求上 早租[illegible]
一收麻榨坵 早租[illegible]
一收十一畝坵 租租[illegible]

江湾镇中［钟］吕村 19-106 · 咸丰九年至光绪八年 ·
轮值秋收头首经理收支账簿（残本）

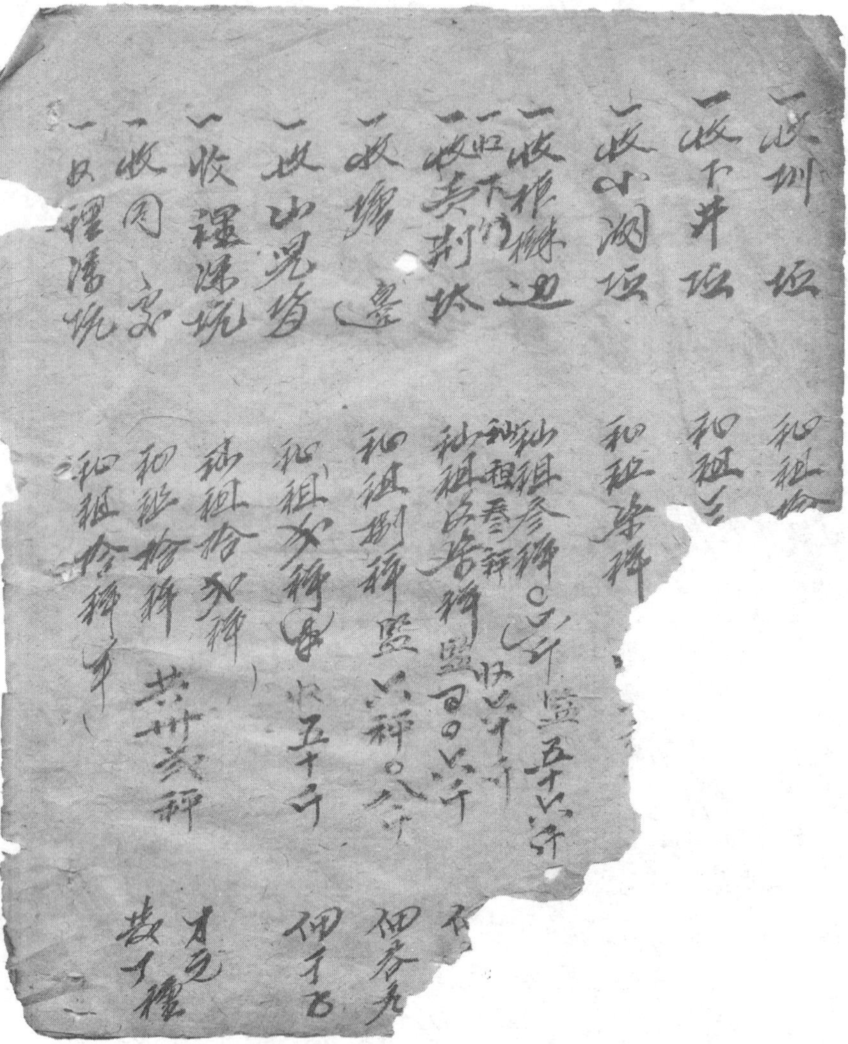

江湾镇中［钟］吕村 19-107 · 咸丰九年至光绪八年 ·
轮值秋收头首经理收支账簿（残本）

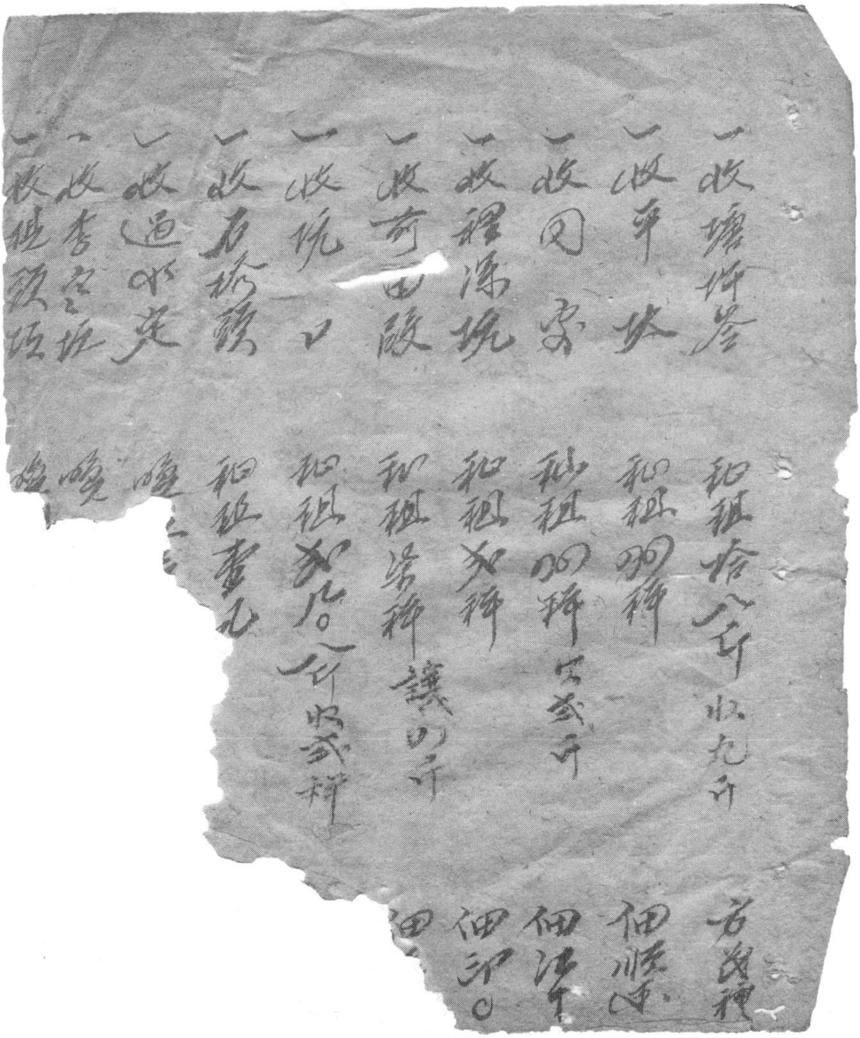

江湾镇中［钟］吕村 19-108 · 咸丰九年至光绪八年 ·
轮值秋收头首经理收支账簿（残本）

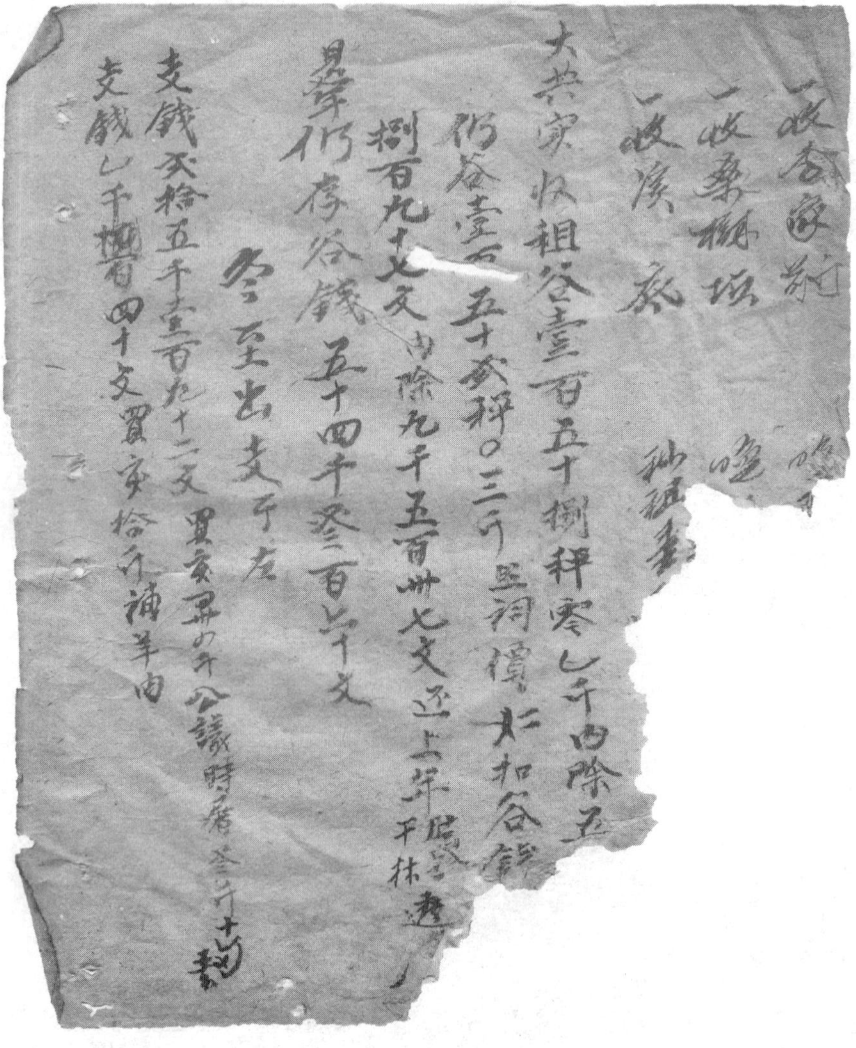

一收荅家䢖　　唸
一收桑樹垓　　嗟
一收漢𥚃　　孙祖垂
大共实收祖谷壹百五十捌秤零七斤内除五
仍谷壹石五十贰秤〇三斤　照詞價　𣏌大扣谷錢
捌百九十七文　内除九千五百卅七文　还上年欠干林達
是年仍存谷錢　五十四千叁百六十文
冬至出支于左
支錢叁拾五千壹百九十二文　買賣界四斤公議時價叁斤十四
支錢七千捌百四十文買亥拾斤補羊肉

江湾镇中［钟］吕村 19-109 · 咸丰九年至光绪八年 ·
轮值秋收头首经理收支账簿（残本）

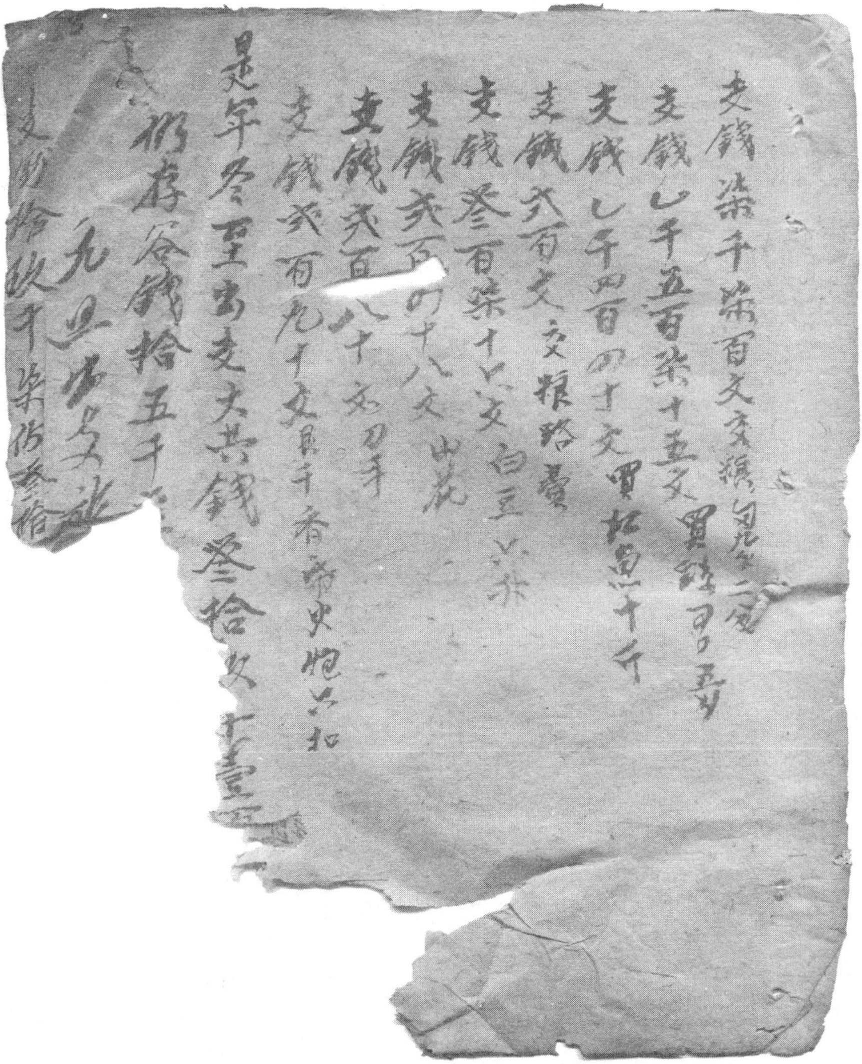

支錢柒千柒百文 交[illegible]

支錢七千五百柒十五文 買[illegible]

支錢七千四百四十文 買[illegible]十斤

支錢弍百文 交粮路費

支錢叁百柒十七文 白豆[illegible]

支錢弍百[illegible]四十八文 山花

支錢弍百[illegible]八十文 刀手

支錢弍百九十文 [illegible]香[illegible]炮[illegible]

是年冬至出支大共錢叁拾[illegible]

將存谷錢拾五千[illegible]

九[illegible]

支[illegible]拾[illegible]千柒[illegible]叁拾

江湾镇中［钟］吕村 19–110 · 咸丰九年至光绪八年 · 轮值秋收头首经理收支账簿（残本）

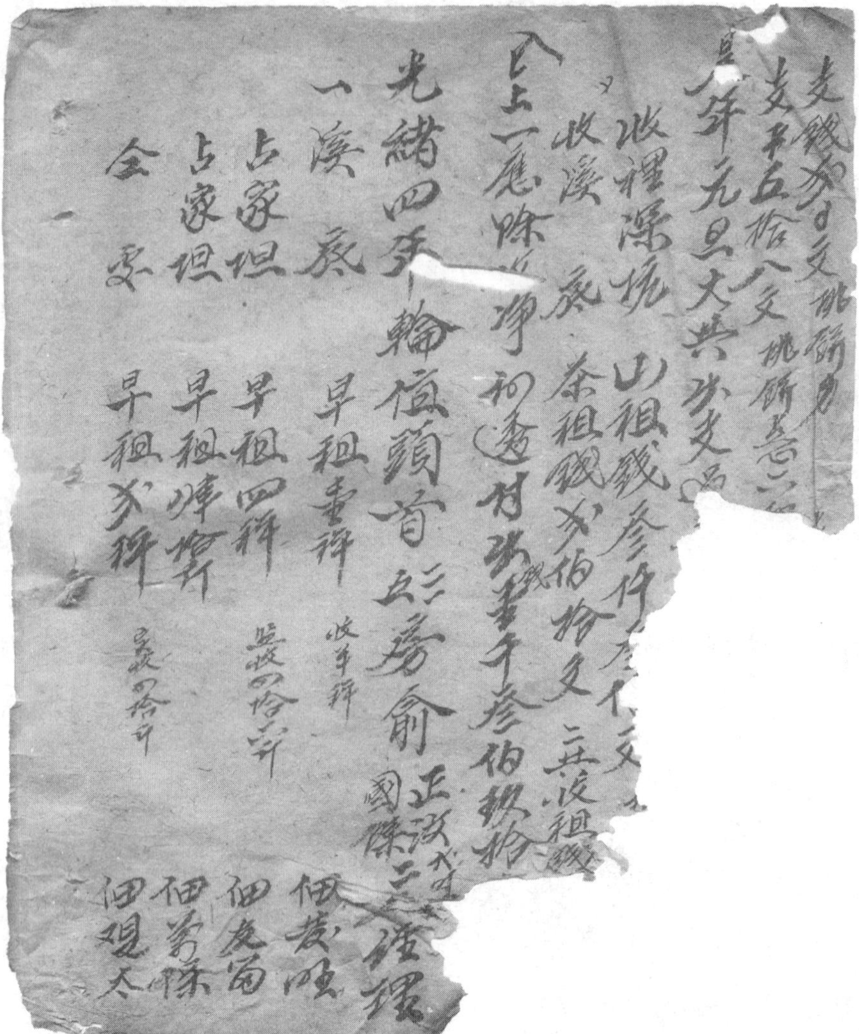

江湾镇中［钟］吕村 19-111 · 咸丰九年至光绪八年 ·
轮值秋收头首经理收支账簿（残本）

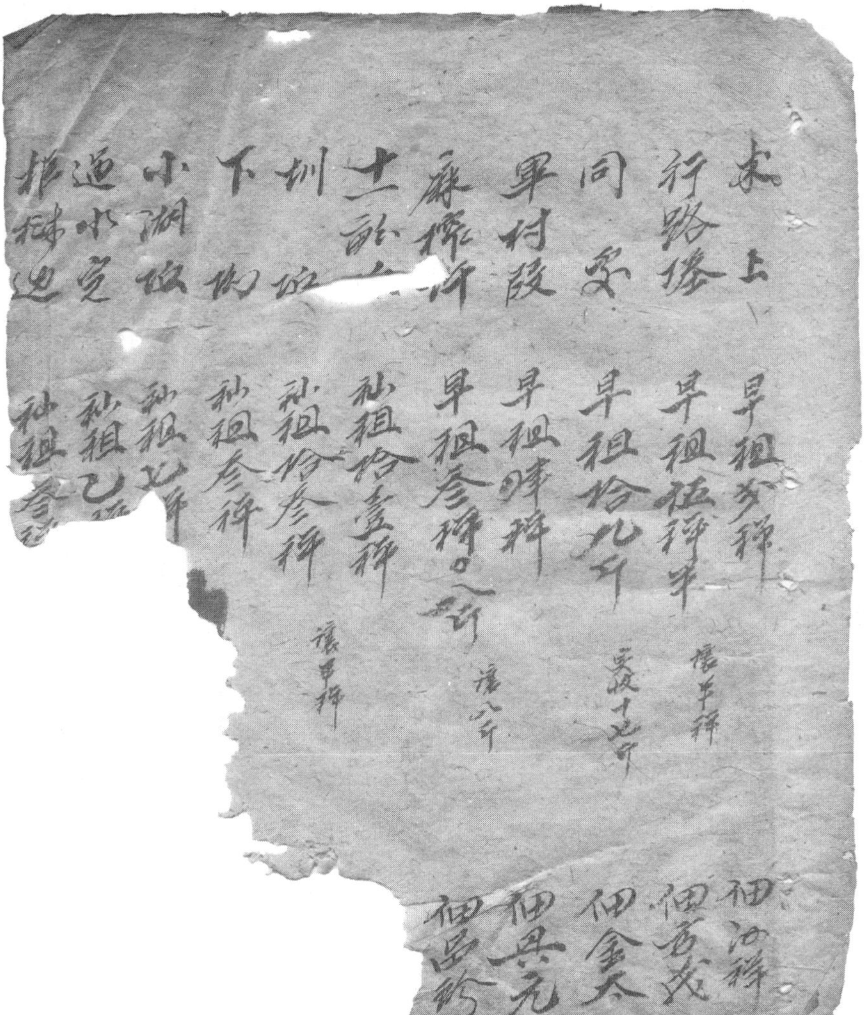

江湾镇中［钟］吕村 19-112 · 咸丰九年至光绪八年 ·
轮值秋收头首经理收支账簿（残本）

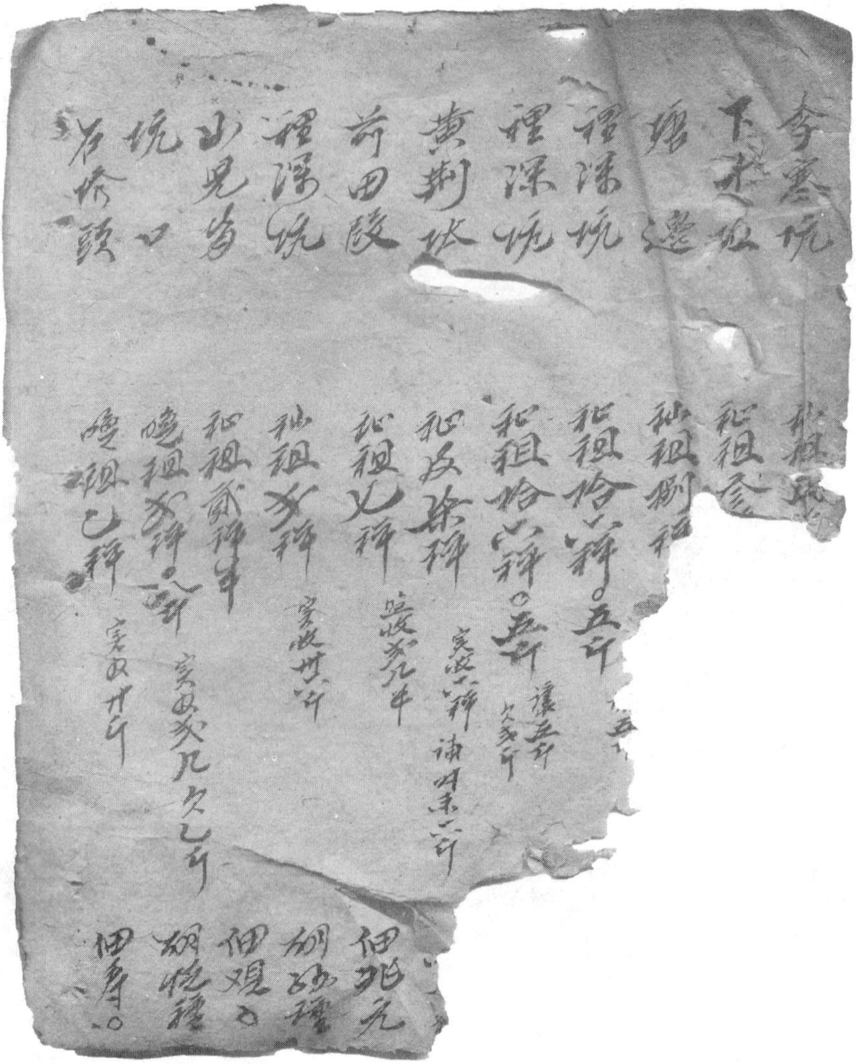

江湾镇中［钟］吕村 19-113 · 咸丰九年至光绪八年 ·
轮值秋收头首经理收支账簿（残本）

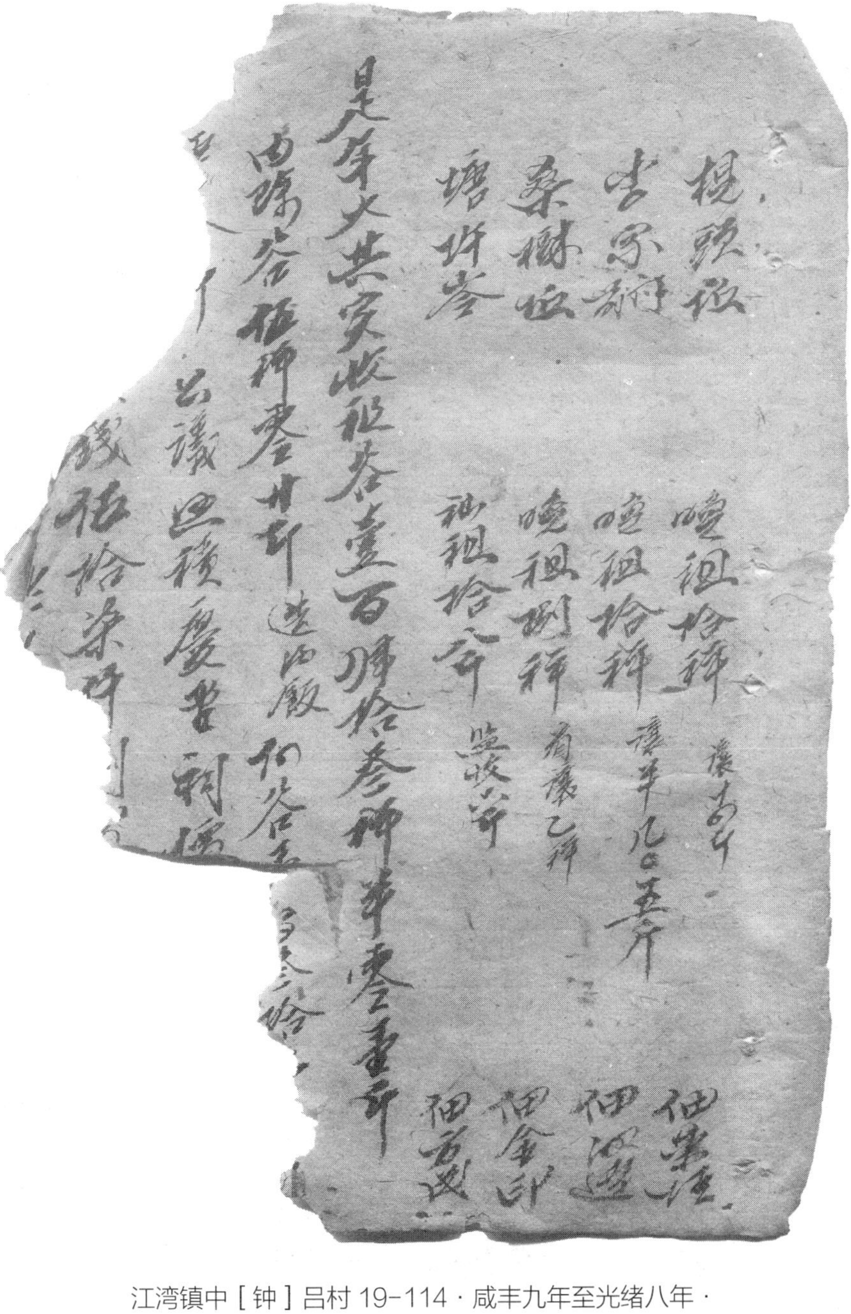
梘頭段　晚租拾秤　讓壹斤　佃業旺
上家坵　晚租拾秤　讓半秤五斤　佃淑遊
桑樹坵　晚租捌秤　省讓乙秤　佃金印
塘坑塅　秈租拾六斤　照收八斤　佃有興
是年大共實收租谷壹百肆拾叁秤半零叁斤
內除谷伍秤叁廿斤　送四廠

江湾镇中［钟］吕村 19-114 · 咸丰九年至光绪八年 ·
轮值秋收头首经理收支账簿（残本）

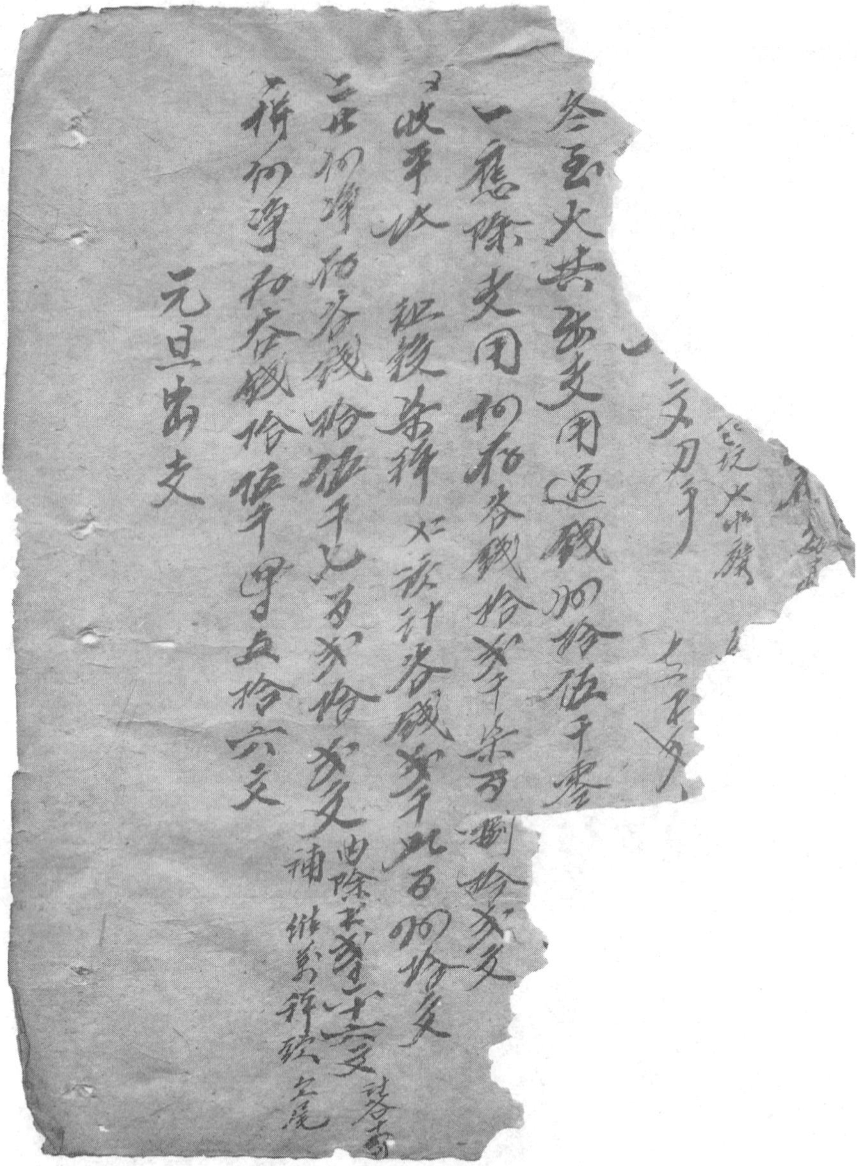
冬至大共出支用過錢卌拾伍千零
一應除支用祠存谷錢拾叁千柒百捌拾叁文
又收早收　租穀柒秤　大秤計谷錢叁千肆百卌拾文
存祠堂內谷錢拾伍千七百叁拾叁文
再祠淨存谷錢拾伍千四百五拾六文
元旦出支

江湾镇中［钟］吕村 19-115 · 咸丰九年至光绪八年 ·
轮值秋收头首经理收支账簿（残本）

支錢弍拾千零陸百捌十文　支錢[illegible]文挑餅力

支錢[illegible]廿八文挑餅點心　支錢廿十八文點心[illegible]

大共支錢弍拾壹零[illegible]文

是年元旦一應除支仍透付錢五千陸百十文

一收李深坑山租錢壹千文

收上年錢[illegible]七十文

[illegible]錢肆千[illegible]十文[illegible]

江湾镇中［钟］吕村 19-116 · 咸丰九年至光绪八年 ·
轮值秋收头首经理收支账簿（残本）

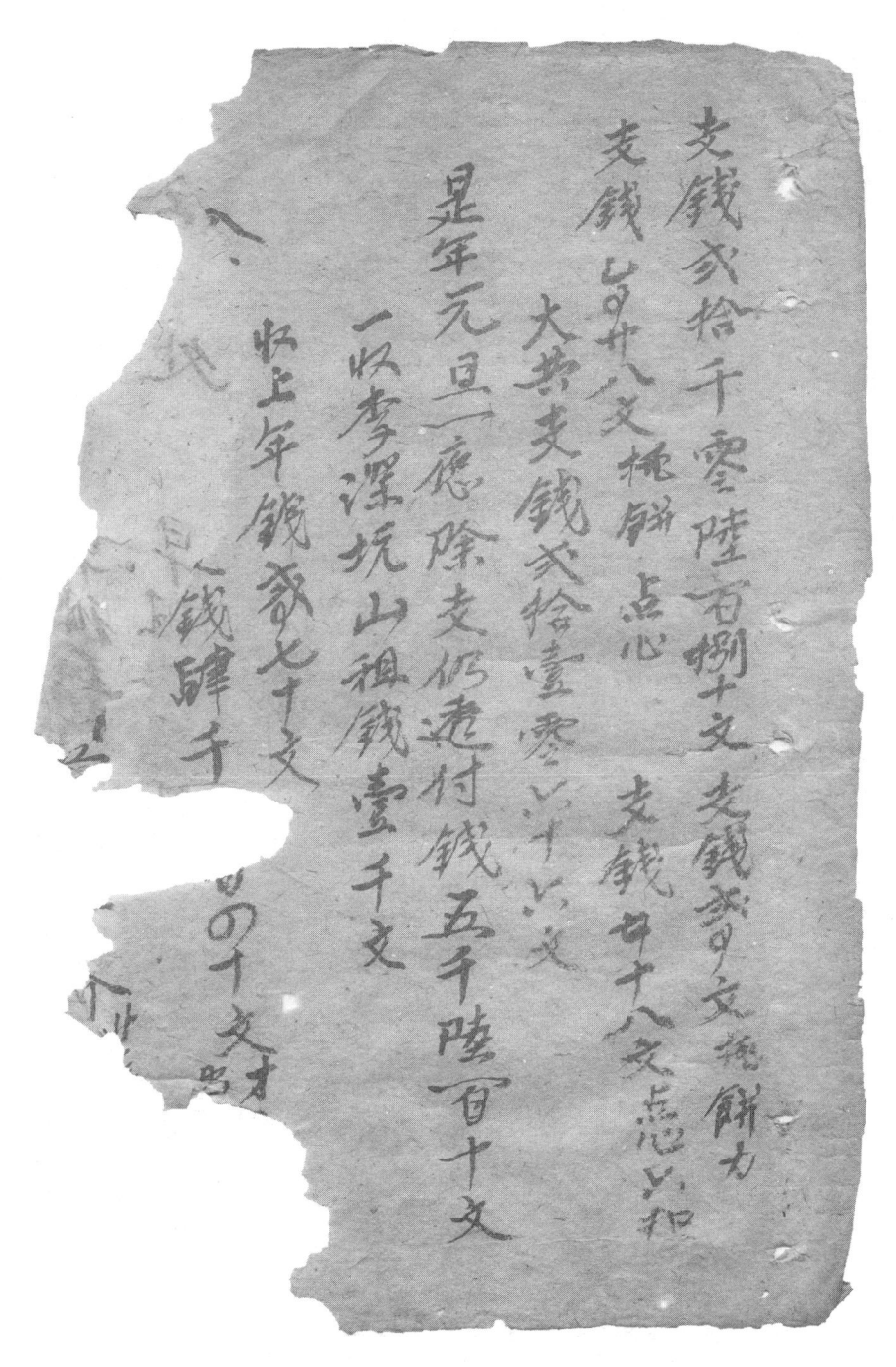

[illegible]

仝处　　早租拾九斤

本上　　早租卅秤

麻榨坪　早租三九[illegible]八斤　讓八斤　佃[illegible]玲

丁山嶺坵　秋租拾乙秤　[illegible]斤　佃有文

下圳坵　秋租拾叁秤　[illegible]斤　佃花久

下井坵　秋租三九[illegible]斤　[illegible]九斤　佃观飞

江湾镇中［钟］吕村 19-117 · 咸丰九年至光绪八年 ·
轮值秋收头首经理收支账簿（残本）

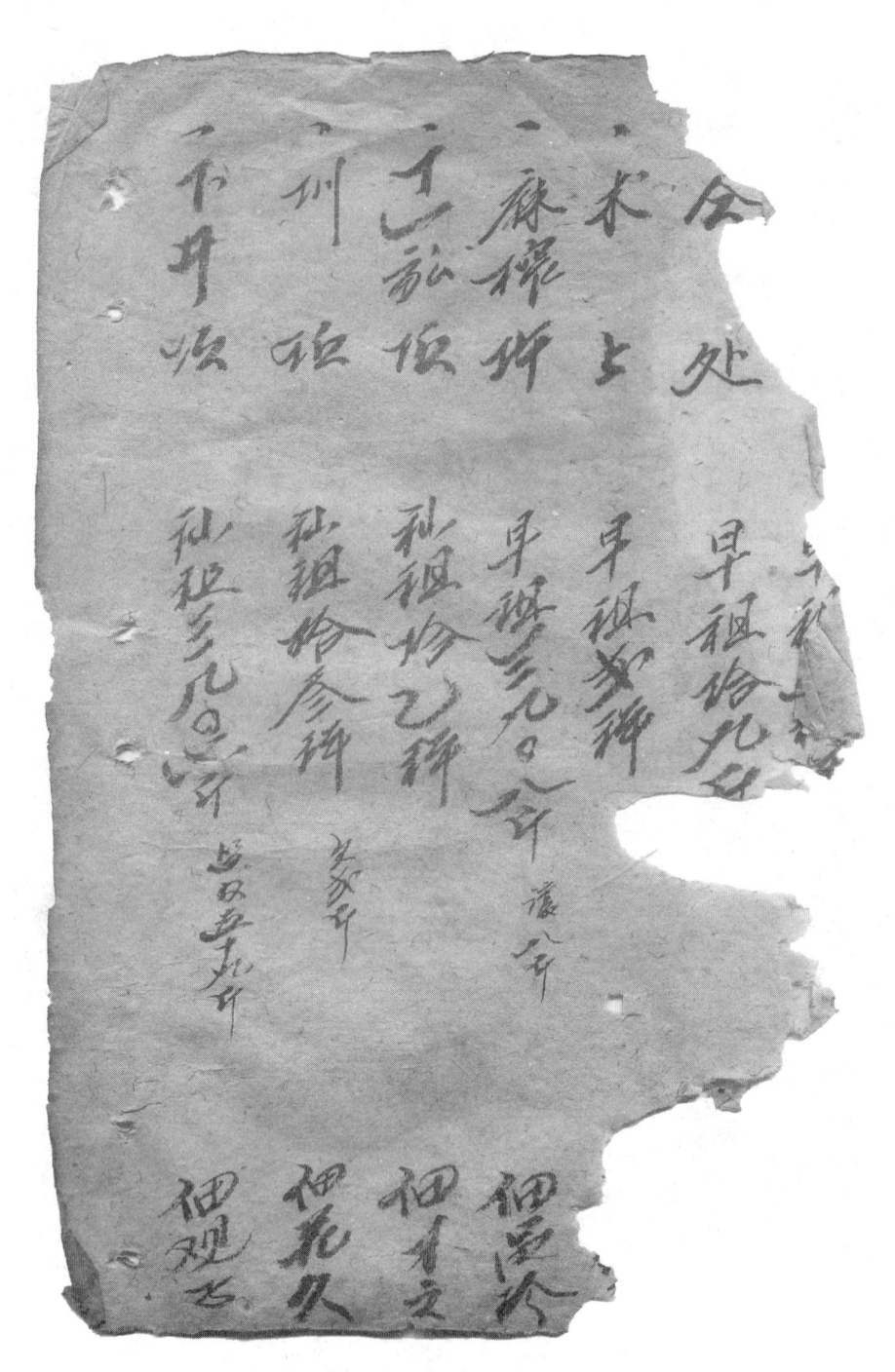

[illegible]廷[illegible]

一 李[illegible]坑

一 漢[illegible]

一 楊[illegible]垅

一 李家[illegible]

一 [illegible]坞垅

[illegible]秤

租谷[illegible]秤 晒五九

租谷乙九[illegible]斤 晒三斤

租谷五秤

租谷乙九 實收平九

燥谷拾秤

燥谷拾秤

燥谷八九

佃方[illegible]

于[illegible]種

佃[illegible]

佃[illegible]龍

佃[illegible]

佃[illegible]

江湾镇中［钟］吕村 19-118 · 咸丰九年至光绪八年 ·
轮值秋收头首经理收支账簿（残本）

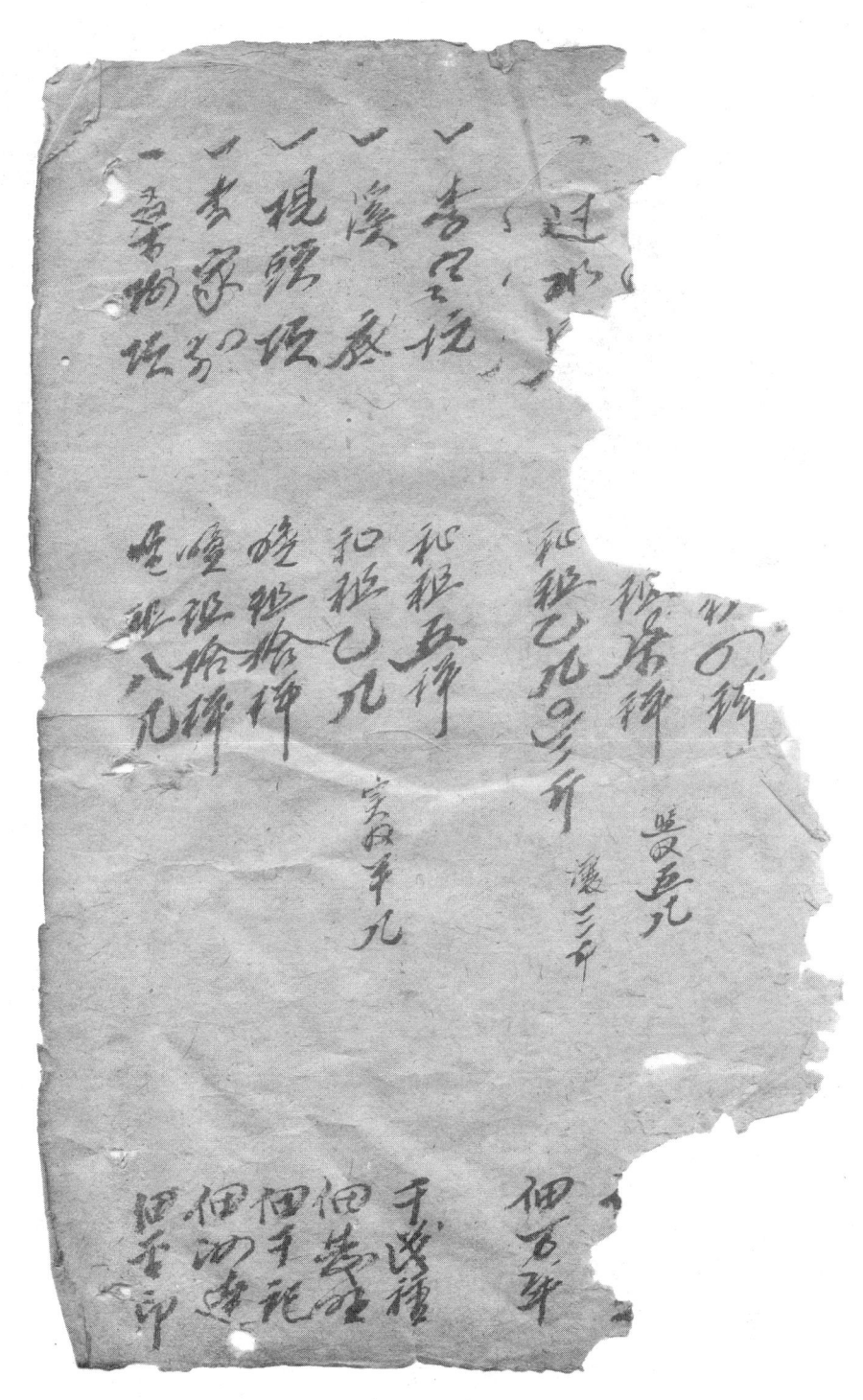

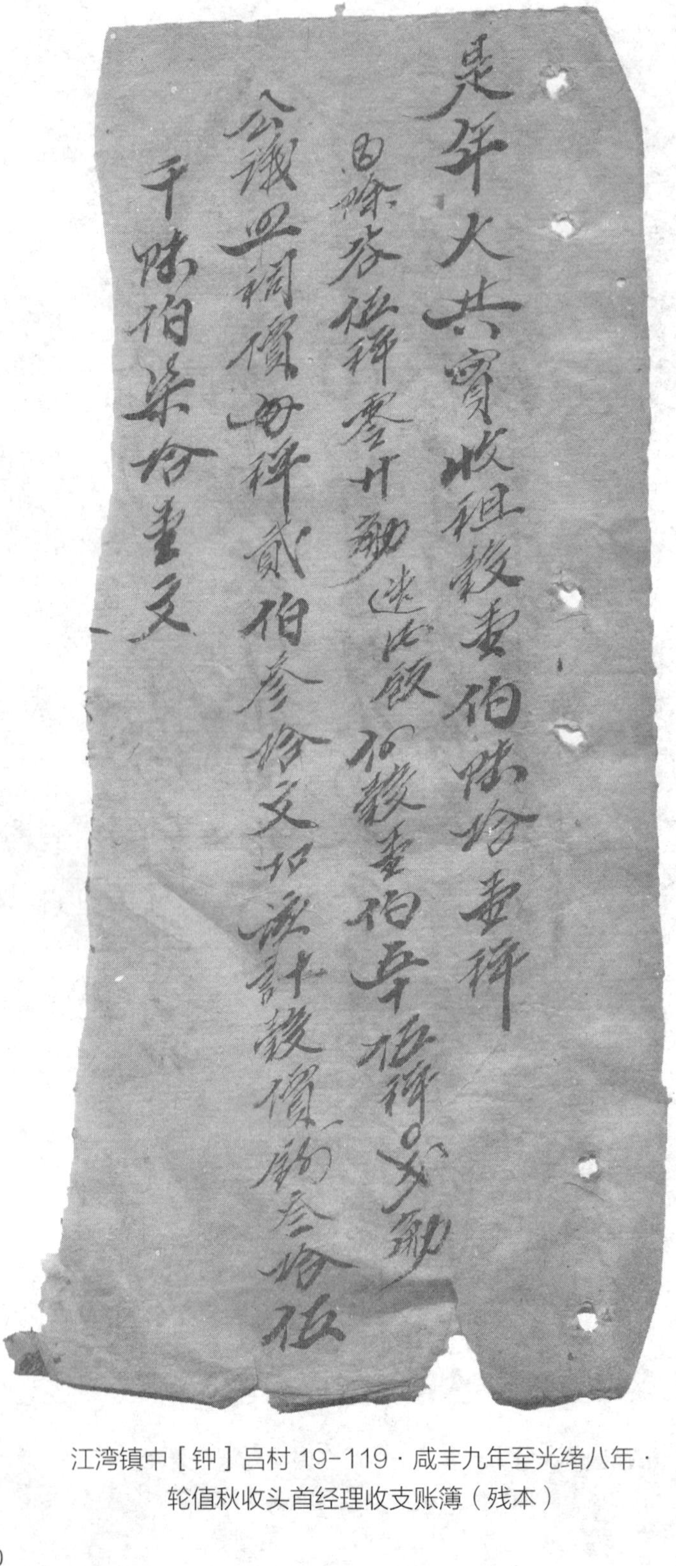
是年大共實收租穀壹伯陸拾壹秤
田餘存伍秤零廿觔 除伙飯 不穀壹伯伍拾秤〇廿觔
公議四祠價每秤貳伯叁拾文扣該計穀價錢叁拾伍
千陸伯柒拾壹文

江湾镇中［钟］吕村 19–119 · 咸丰九年至光绪八年 ·
轮值秋收头首经理收支账簿（残本）

是年大共實收租穀壹伯陸拾壹秤

田除存伍秤零廿觔 逑比欽 不穀壹伯卒伍秤〇五觔

公議旦祠價每秤貳伯叁拾文扣交計穀價錢叁拾伍

千陸伯柒拾壹文

江湾镇中［钟］吕村 19-120 · 咸丰九年至光绪八年 ·
轮值秋收头首经理收支账簿（残本）

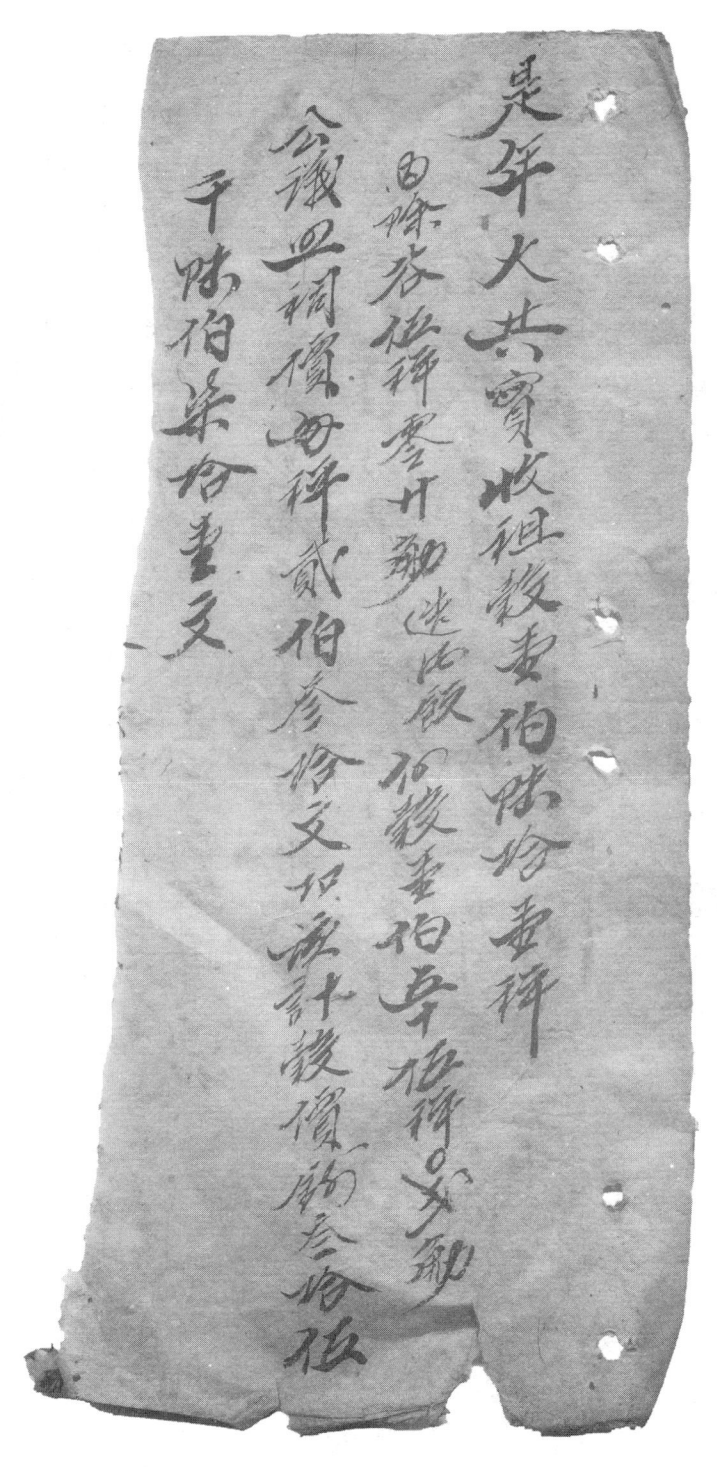

光緒六年輪值秋收頭首二房俞國興 代兄 國傑 代兄 二人經理

一收詹家坦 早租肆拾 貳秤 貳 𢿃 八分
一收同安 早租肆拾 敘
一收粟村段 早租肆 秤
一收 □ □ 早租 肆 秤

收程深坑 山租壹千五百六十文 當 時 收

佃友角
佃萬榮

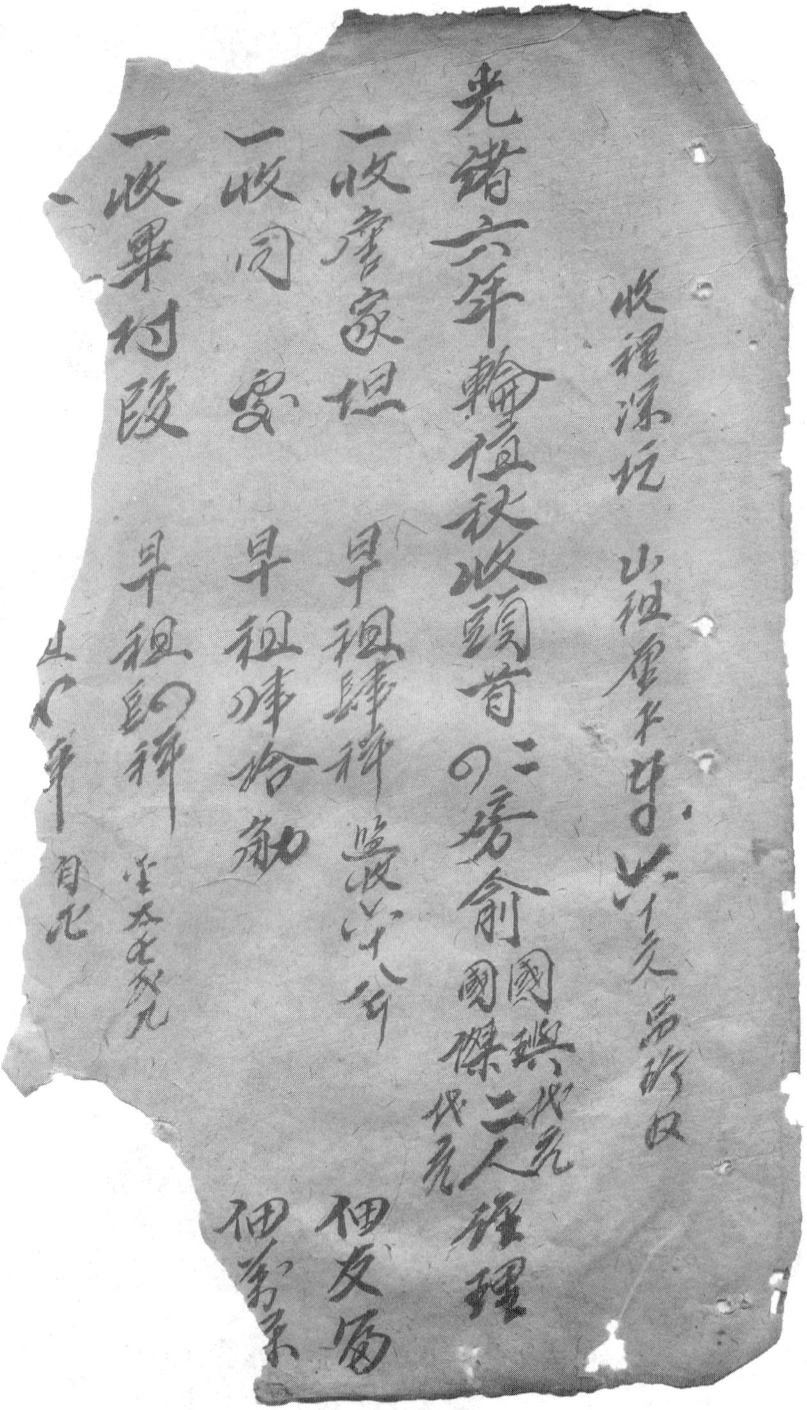

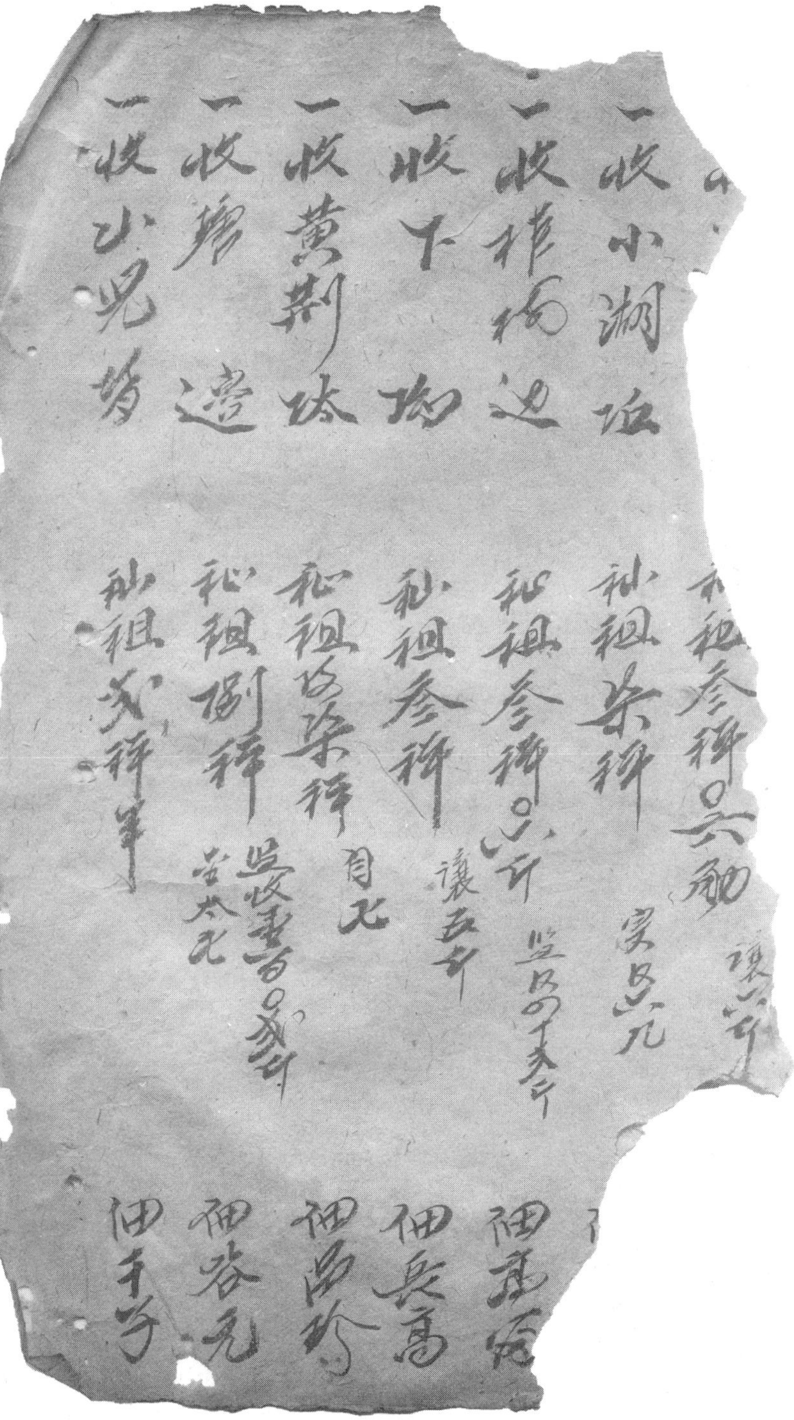

一收小湖坵　秋租叁秤〇六觔　让六斤
一收樟树边　秋租柒秤　实收九
一收下坳　秋租叁秤〇八斤　监收四十叁斤
一收黄荆垯　秋租叁秤　让五斤
一收塘边　秋租拾柒秤　目九
一收小儿坞　秋租捌秤　监收壹百〇叁斤　苗太九
秋租式秤

佃□□
佃程宪
佃吴高
佃吕玲
佃春元
佃丰孚

江湾镇中［钟］吕村 19-122 · 咸丰九年至光绪八年 ·
轮值秋收头首经理收支账簿（残本）

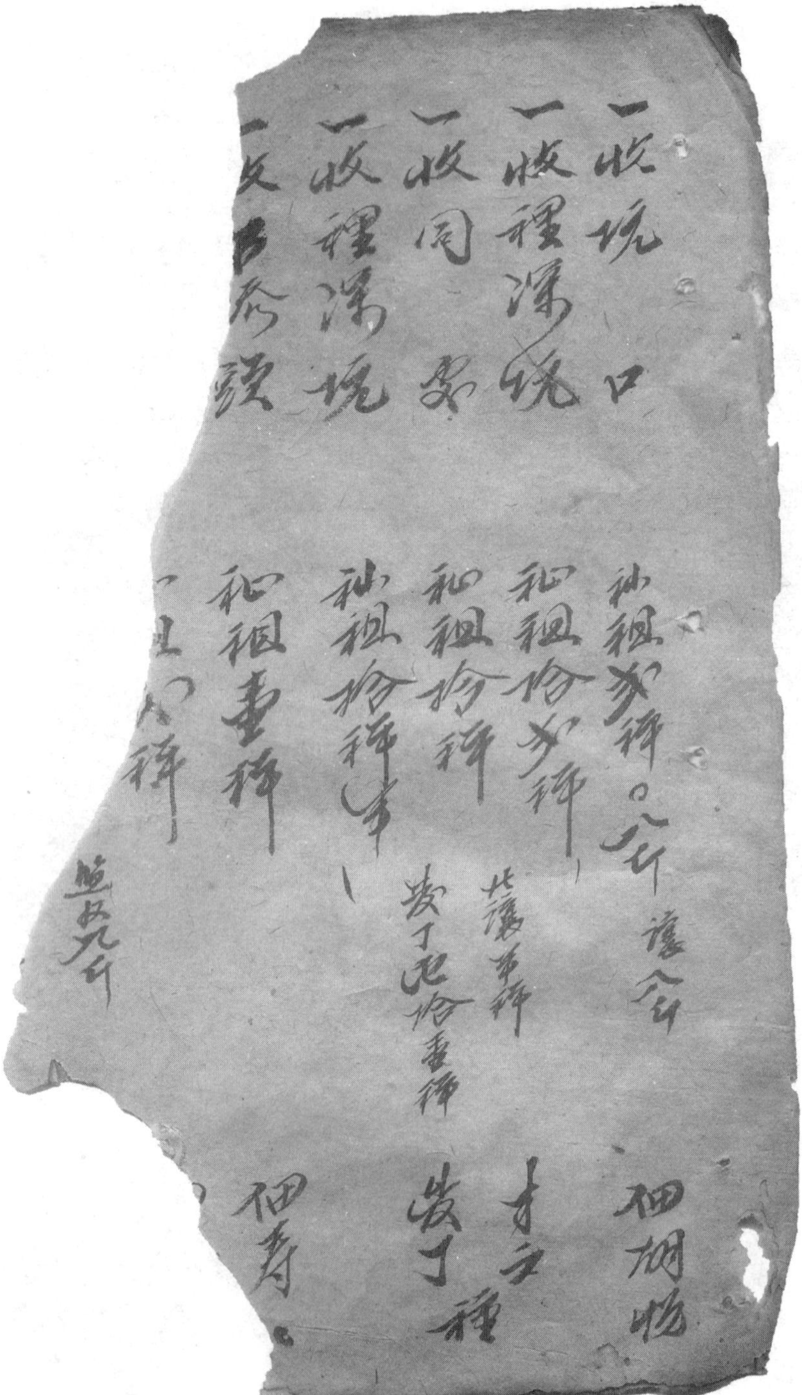
一收坑口
一收裡深坑
一收周家
一收裡深坑
一支□谷頭
秋租叁秤〇八斤　讓八斤　佃胡助
秋租拾叁秤　北讓半秤　才六種
秋租拾秤　拨丁犯拾壹秤　发丁
秋租拾秤半
秋租壹秤　佃寿
一□□八秤
通共九斤

江湾镇中[钟]吕村 19-123 · 咸丰九年至光绪八年 ·
轮值秋收头首经理收支账簿(残本)

□秋捌□秤

是年大共實收租穀壹佰伍拾五秤叁九斤

田除谷伍秤〇廿斤送給欽 祠谷壹佰肆拾玖秤半

出祠價每秤柒佰拾文扣 祠谷價錢叁拾壹千叁佰

玖拾伍文 田除谷錢弍千捌佰五拾文 還吊錢上年送付

并本

江湾镇中［钟］吕村 19-124 · 咸丰九年至光绪八年 ·
轮值秋收头首经理收支账簿（残本）

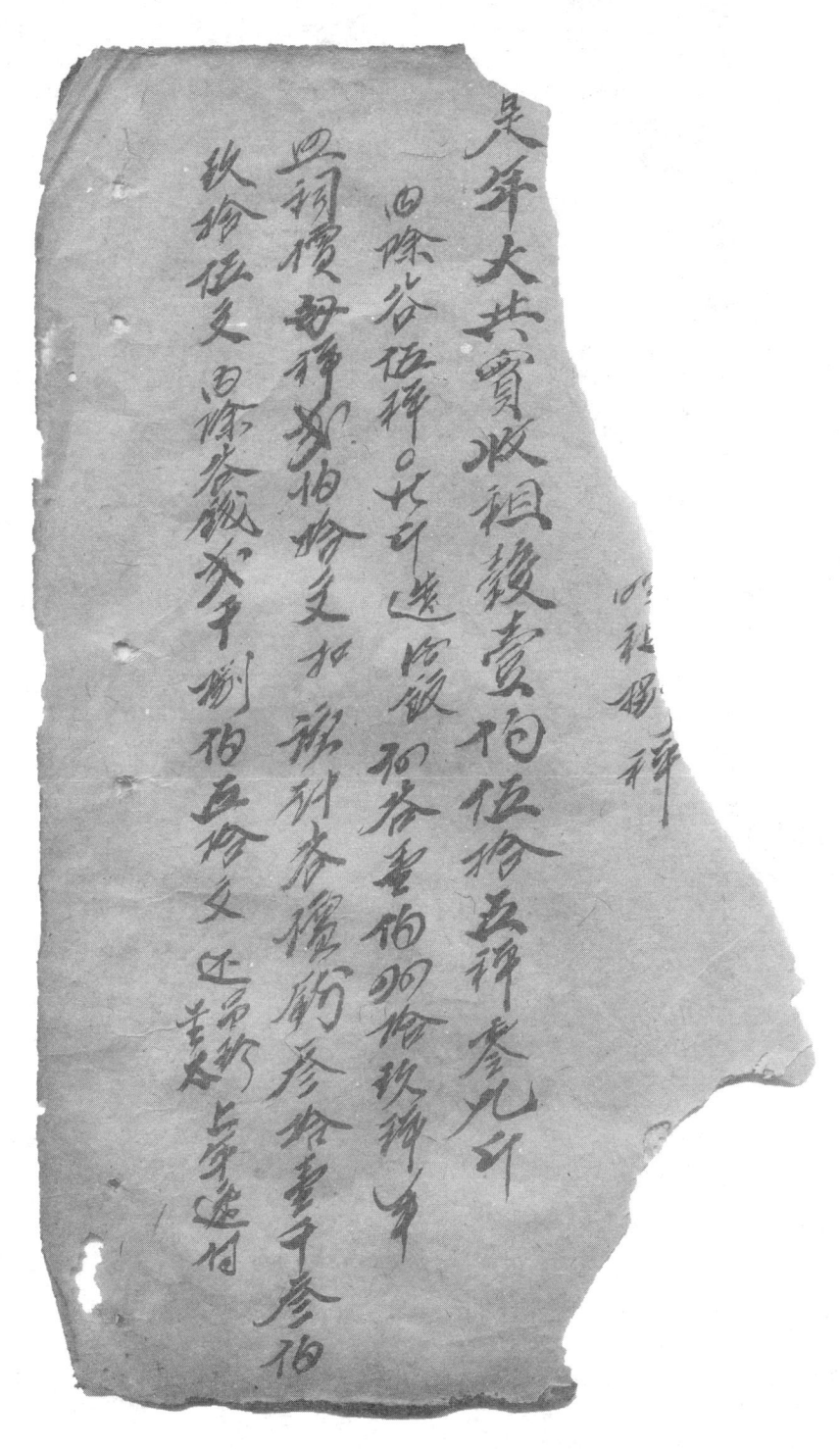

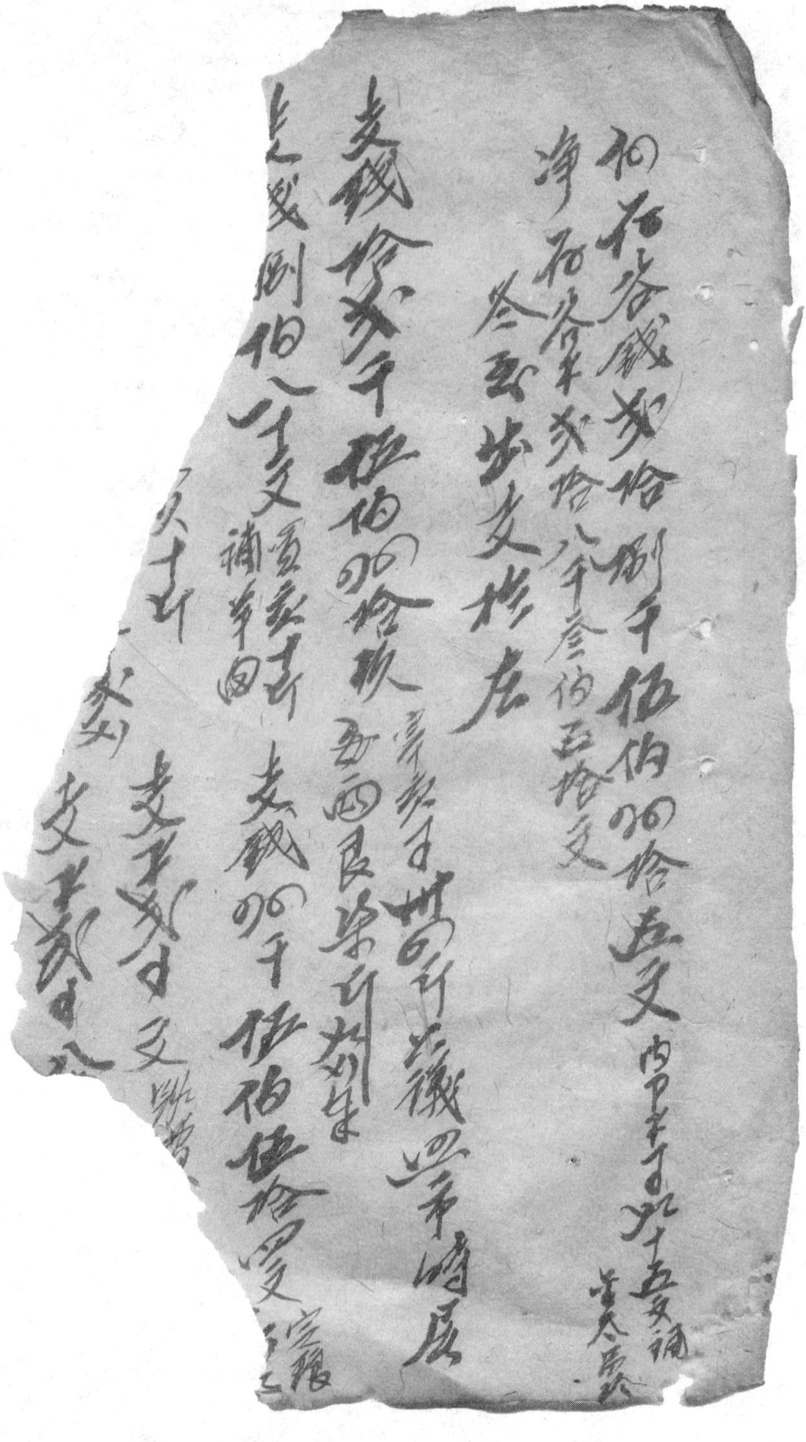

江湾镇中［钟］吕村 19-125 · 咸丰九年至光绪八年 · 轮值秋收头首经理收支账簿（残本）

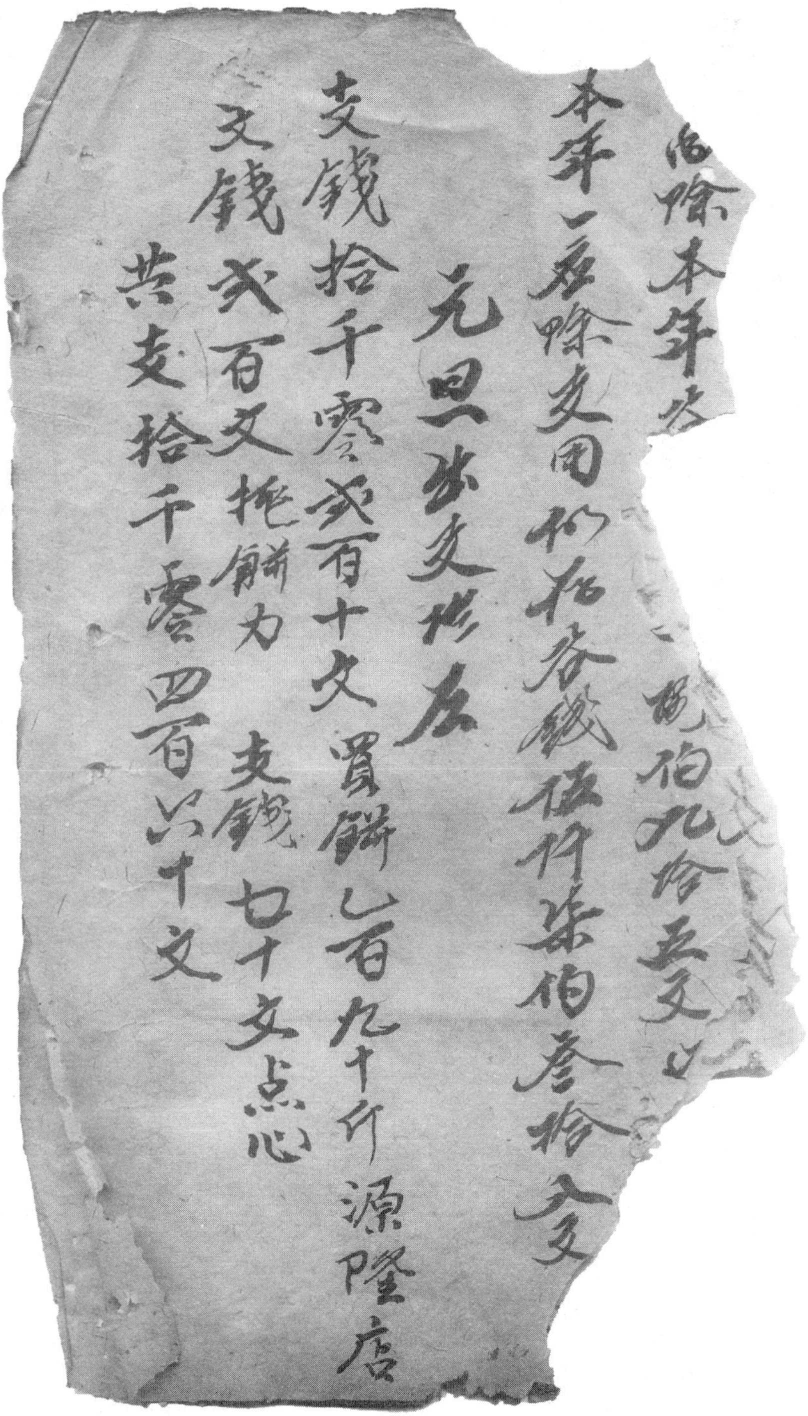
除本年秋……伯九拾五文正
本年一应除交用外仍存钱伍仟柒伯叁拾文
元旦米交烛各
支钱拾千零贰百十文 買饼乙百九十斤源隆店
支钱贰百文拖饼力 支钱七十文点心
共支拾千零四百六十文

江湾镇中［钟］吕村 19–126 · 咸丰九年至光绪八年 · 轮值秋收头首经理收支账簿（残本）

透付钱肆千柒百弍十二文

入平林透付錢壹千叁百十三文

入林元透付錢叁千四百另九文

光緒八年秋收頭首　五房俞正淳　[illegible]管　二人經理

一收占家垠　早租水稃[illegible]

江湾镇中［钟］吕村 19-127 · 咸丰九年至光绪八年 ·
轮值秋收头首经理收支账簿（残本）

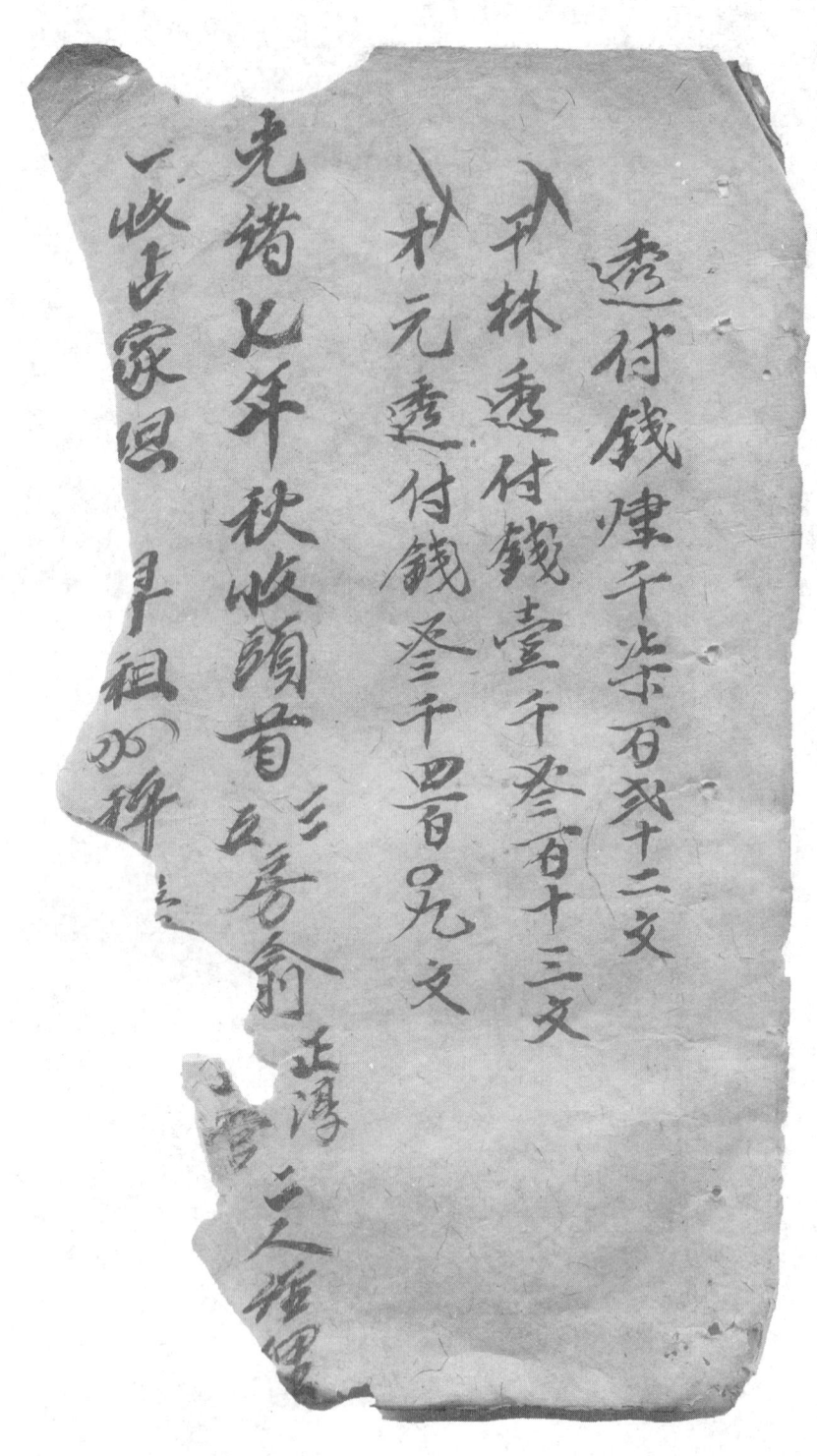

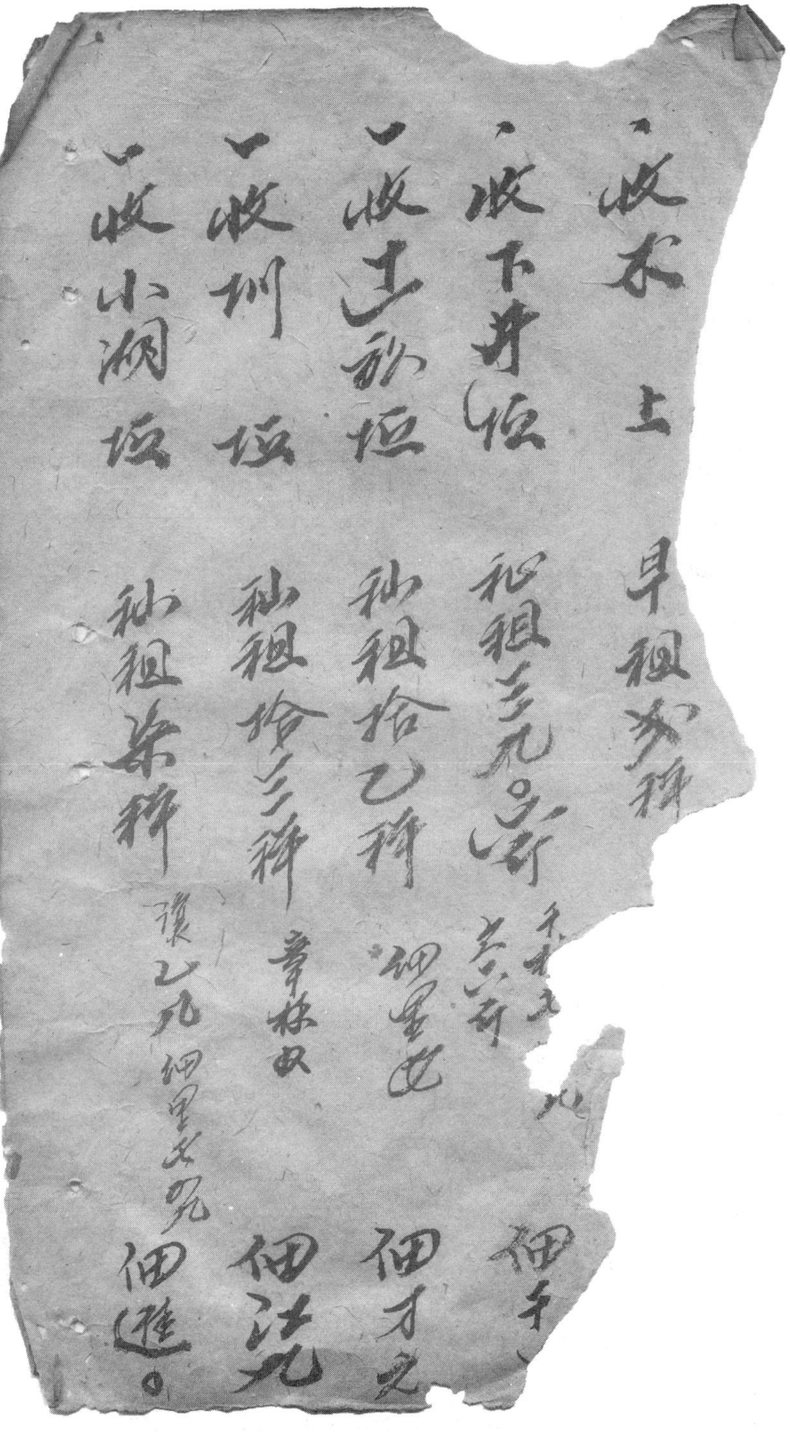

一收本上　旱租弍秤　佃千

一收下井坵　秋租叁九〇斤　叁六斤　禾本之九

一收上新坵　秋租拾乙秤　佃星也　佃才更

一收圳坵　秋租拾叁秤　章林收　佃法九

一收小湖坵　秋租柒秤　讓乙九　佃星文見　佃進

江湾镇中［钟］吕村 19-128 · 咸丰九年至光绪八年 ·
轮值秋收头首经理收支账簿（残本）

一收排楼边　租三称○八斤　田雪
一收下坞　租三称○八斤
一收卖荆坯　租参称　爱○叉
一收山兜省　租叁杂称　共廿○斤　天丁稔
一收山兜省　租四称生　实○四支斤
一收塘边　租捌称　共五○九　斗口稔
一程湾坯

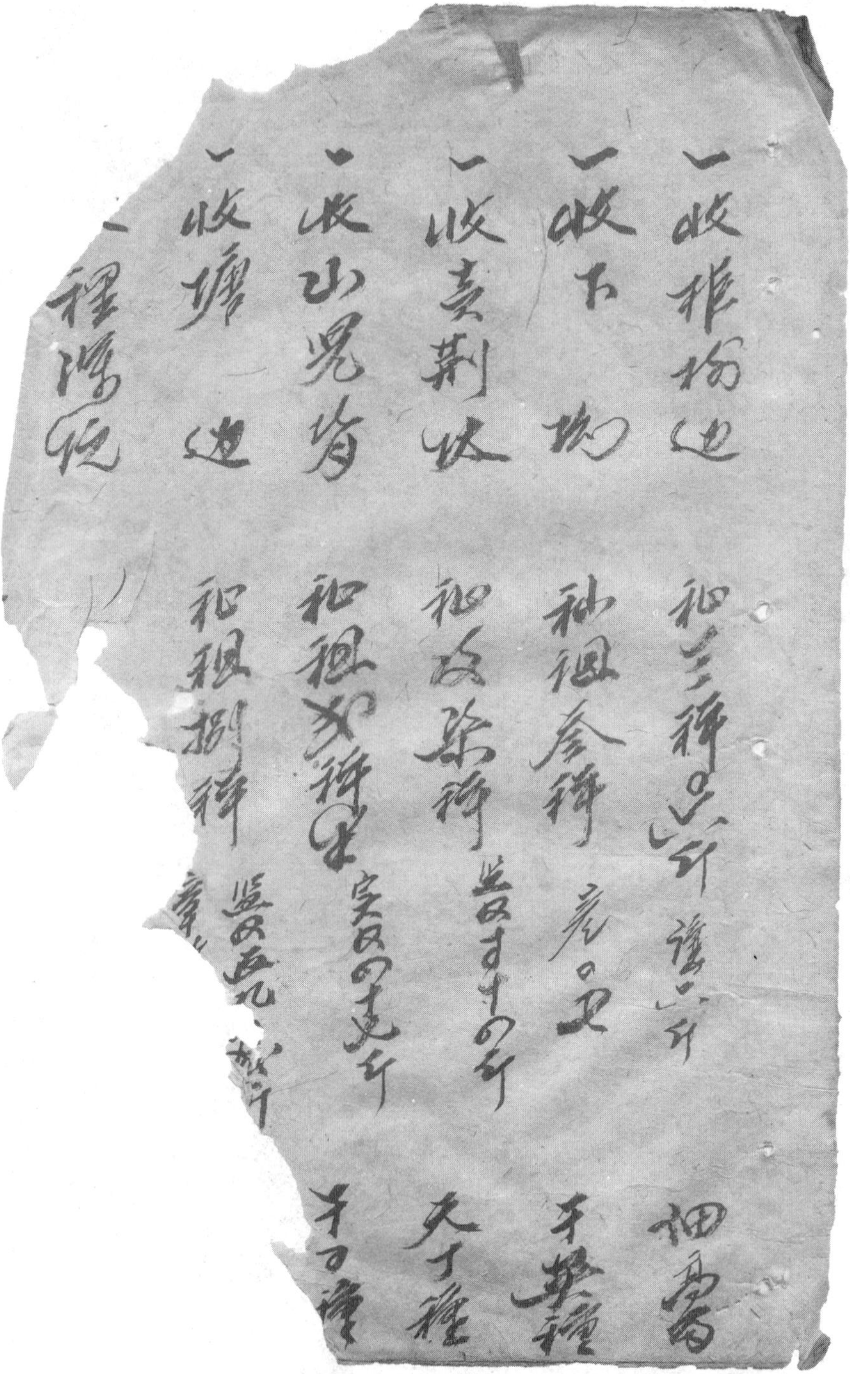

江湾镇中[钟]吕村 19-129·咸丰九年至光绪八年·轮值秋收头首经理收支账簿（残本）

收同系　和祖四石

一收前田段　秋祖柒秤　當八○□

一收过水定　晚祖乙九○五斤讓三斤

一收杏空坵　晚祖五斤　發五十五斤　參足

一收稅銀壹　晚祖拾秤　讓壹秤　章柘仅九九年

一收杏家苛　晚祖拾秤　護年凡　千柘光依九年

佃河連　佃姐記　第陳種　佃百年

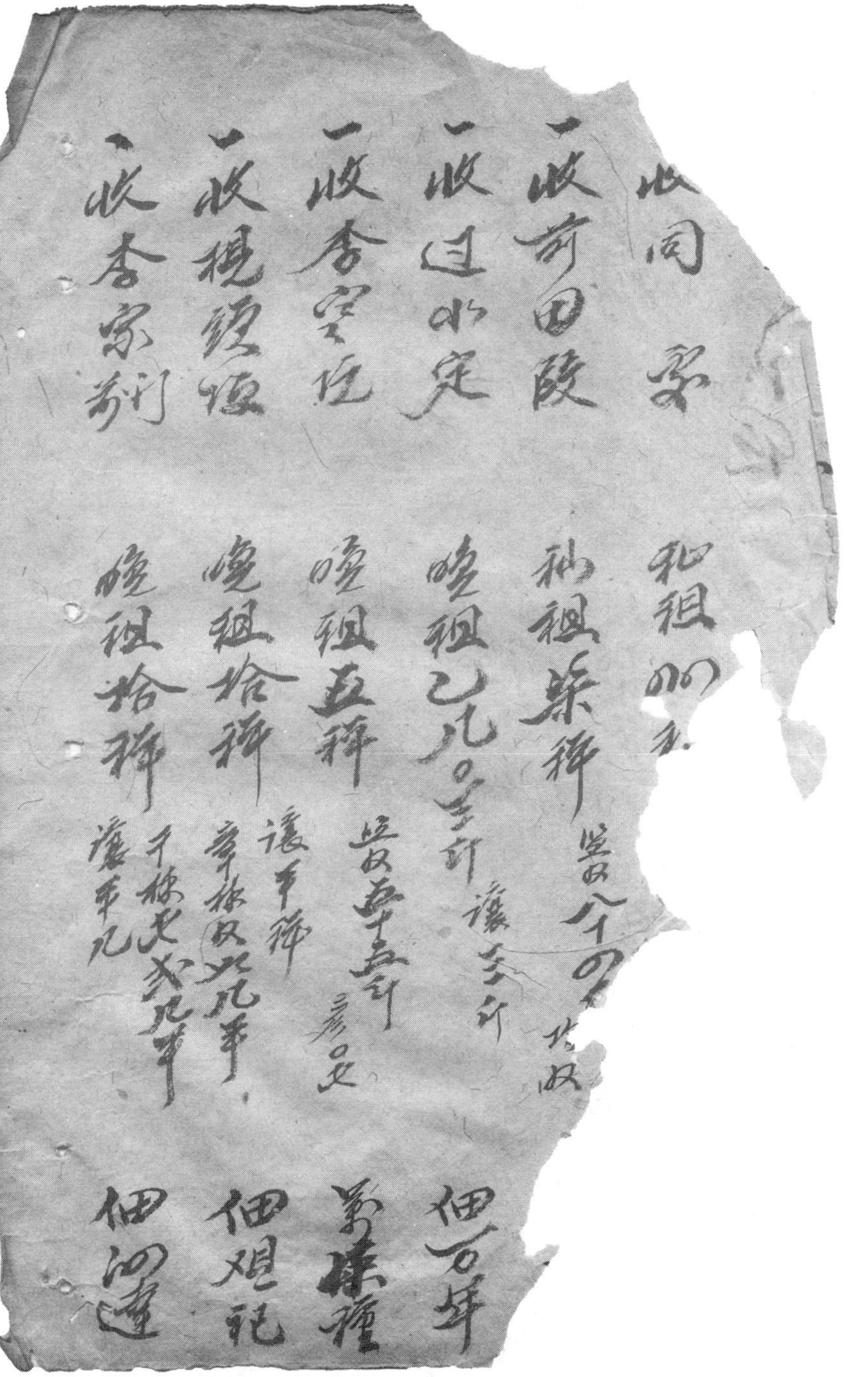

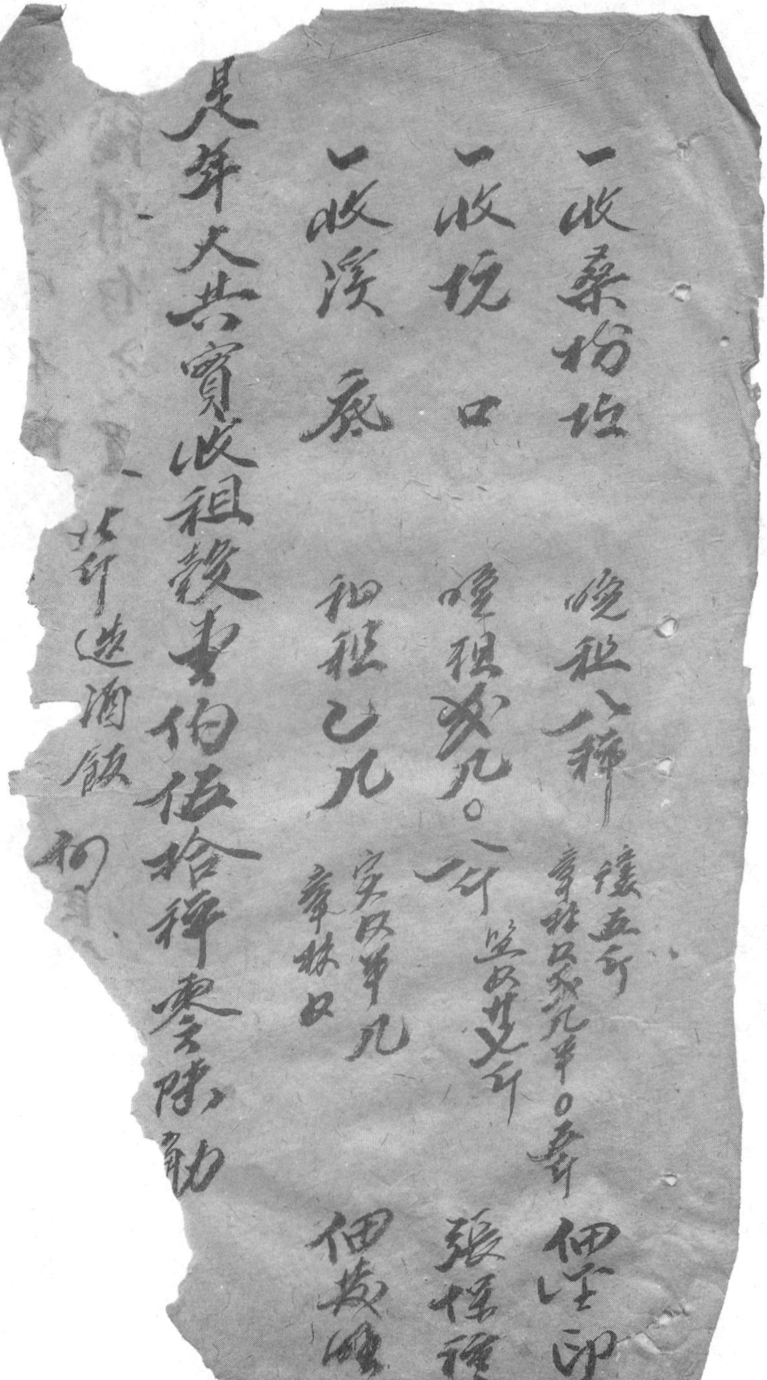
一收桑樹坵　晚租八秤　讓五斤
一收坑口　晚租廿九〇一斤
一收溪底　籼租乙九
是年大共實收租穀十伯伍拾秤零陸觔

江湾镇中［钟］吕村 19-131 · 咸丰九年至光绪八年 ·
轮值秋收头首经理收支账簿（残本）

支錢扌八伯 勇王 每兩艮八

支錢捌伯文買亥拾斤被草肉

支錢壹仟零七拾文 紅魚十斤半

支錢玖伯五拾四文 買鷄乙伯□六兩 每兩九文

支錢六伯玖拾文 買千香□火炮 紅燭六扣

支錢弍伯卌拾八文 山花

支錢六伯捌拾文 刀手

支錢弍伯四拾文 規費樣仙

支錢壹伯九十八文 白豆六升

江湾镇中［钟］吕村 19-132 · 咸丰九年至光绪八年 ·
轮值秋收头首经理收支账簿（残本）

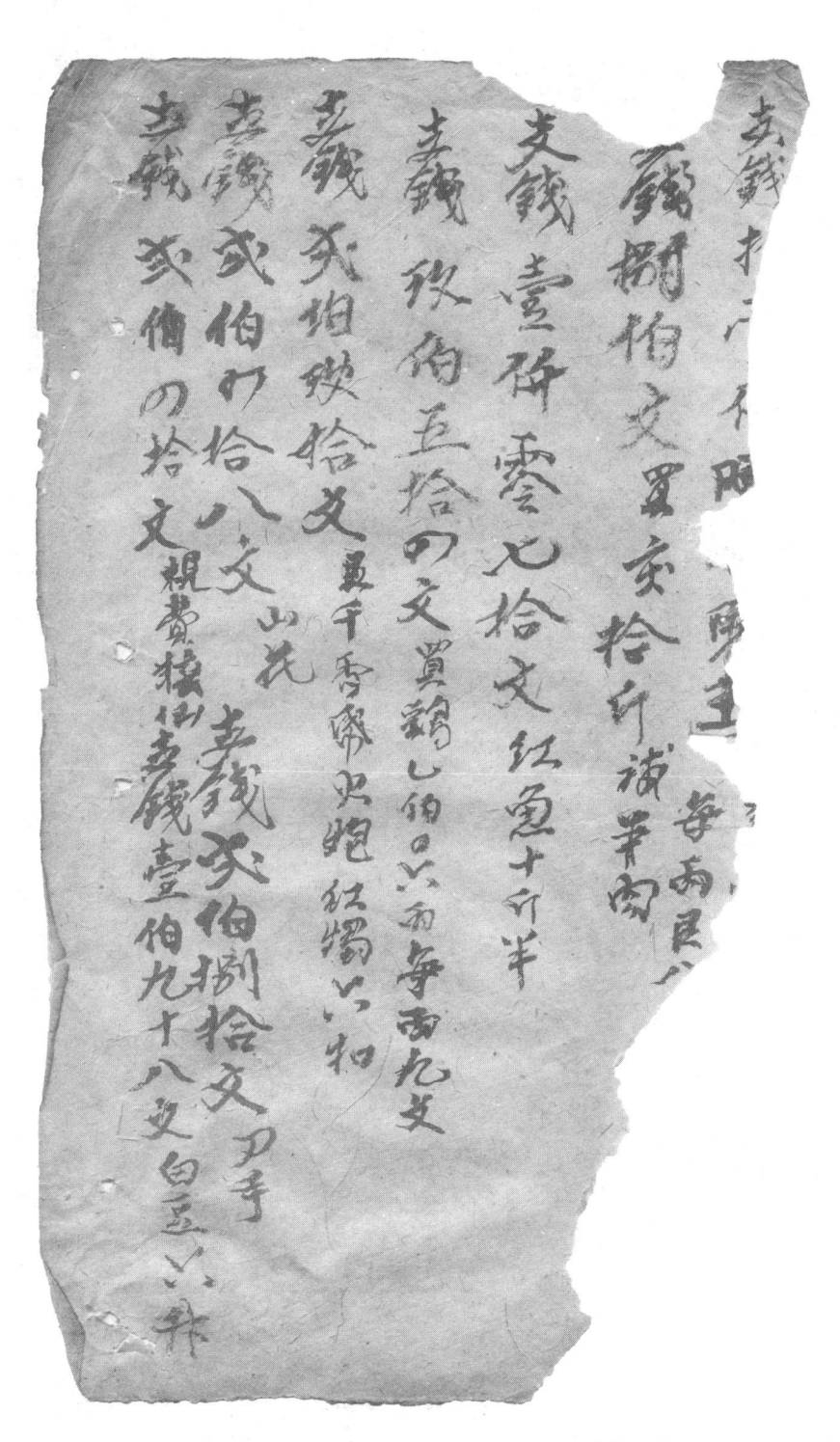

支錢肆仟柒伯零貳文 支糧……
土錢貳伯文貝食
火共出支錢貳拾仟零伍佰捌拾柒文
仍存錢陸仟陸伯拾捌文
元旦出支
支錢拾千零伍百拾柒文 至汪口源隆號宣紙銀□□
支錢拾千零伍百文挑餅子 每擔の元
……錢……百文挑餅子
支錢……

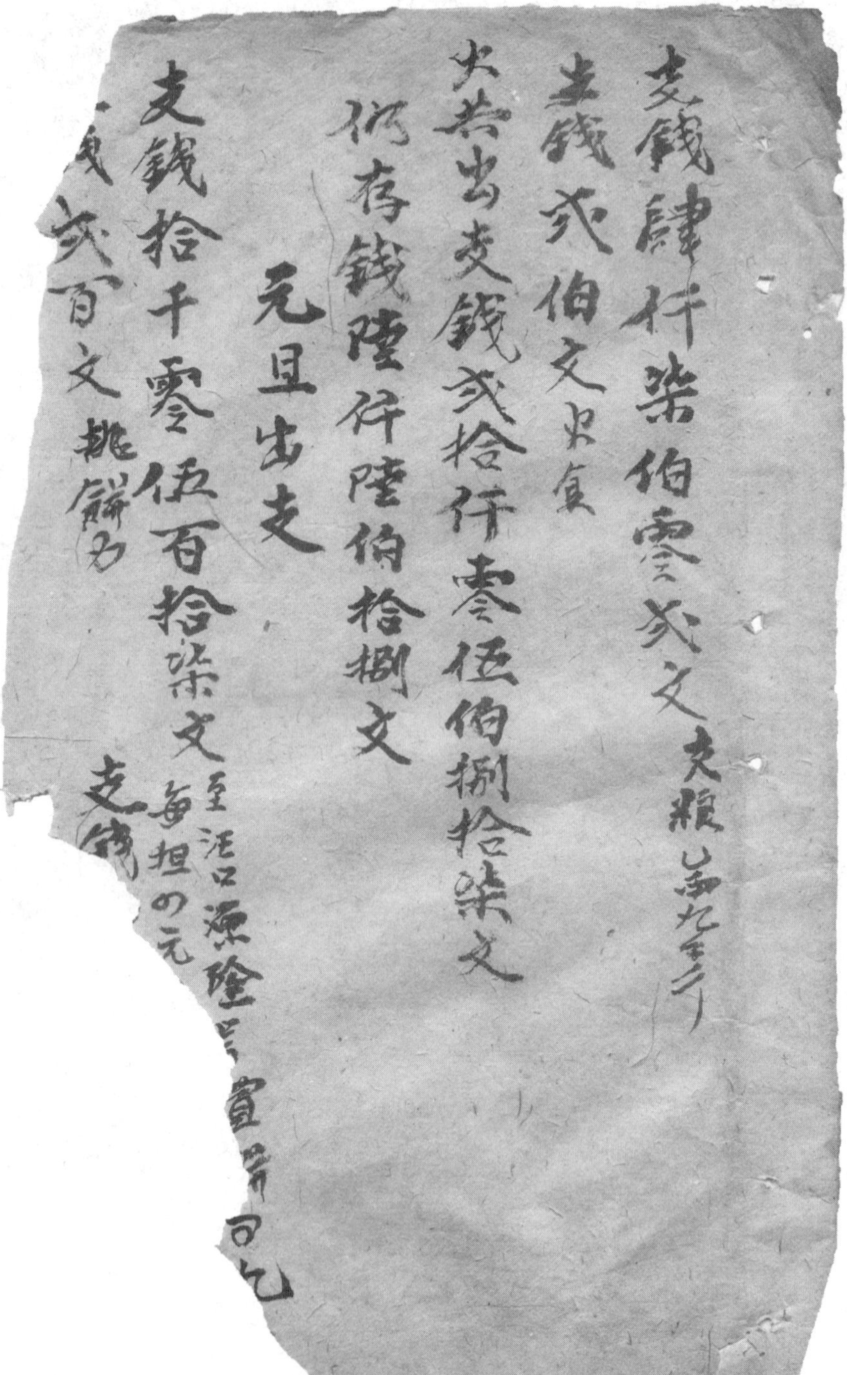

江湾镇中［钟］吕村 19-133・咸丰九年至光绪八年・轮值秋收头首经理收支账簿（残本）

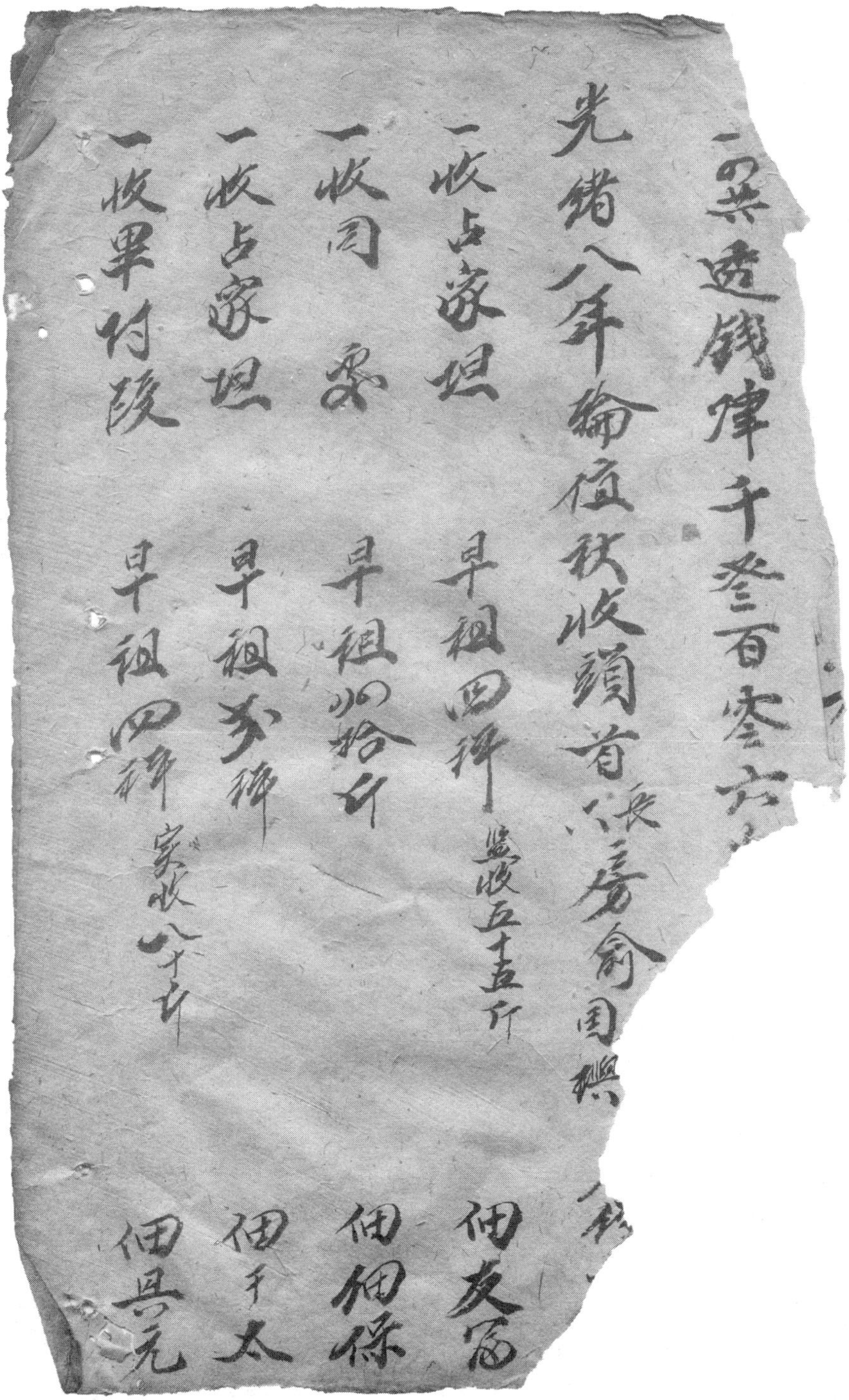

一共进钱肆千叁百零六

光绪八年轮值秋收头首八长房俞周兴

一收占家坦　早租四秤　监收五十五斤　佃友富

一收同要　早租卅拾斤　佃细保

一收占家坦　早租叁秤　佃千太

一收果村陵　早租四秤　实收八十斤　佃兴元

4 江湾镇中［钟］吕村 19-134 · 咸丰九年至光绪八年 ·
轮值秋收头首经理收支账簿（残本）

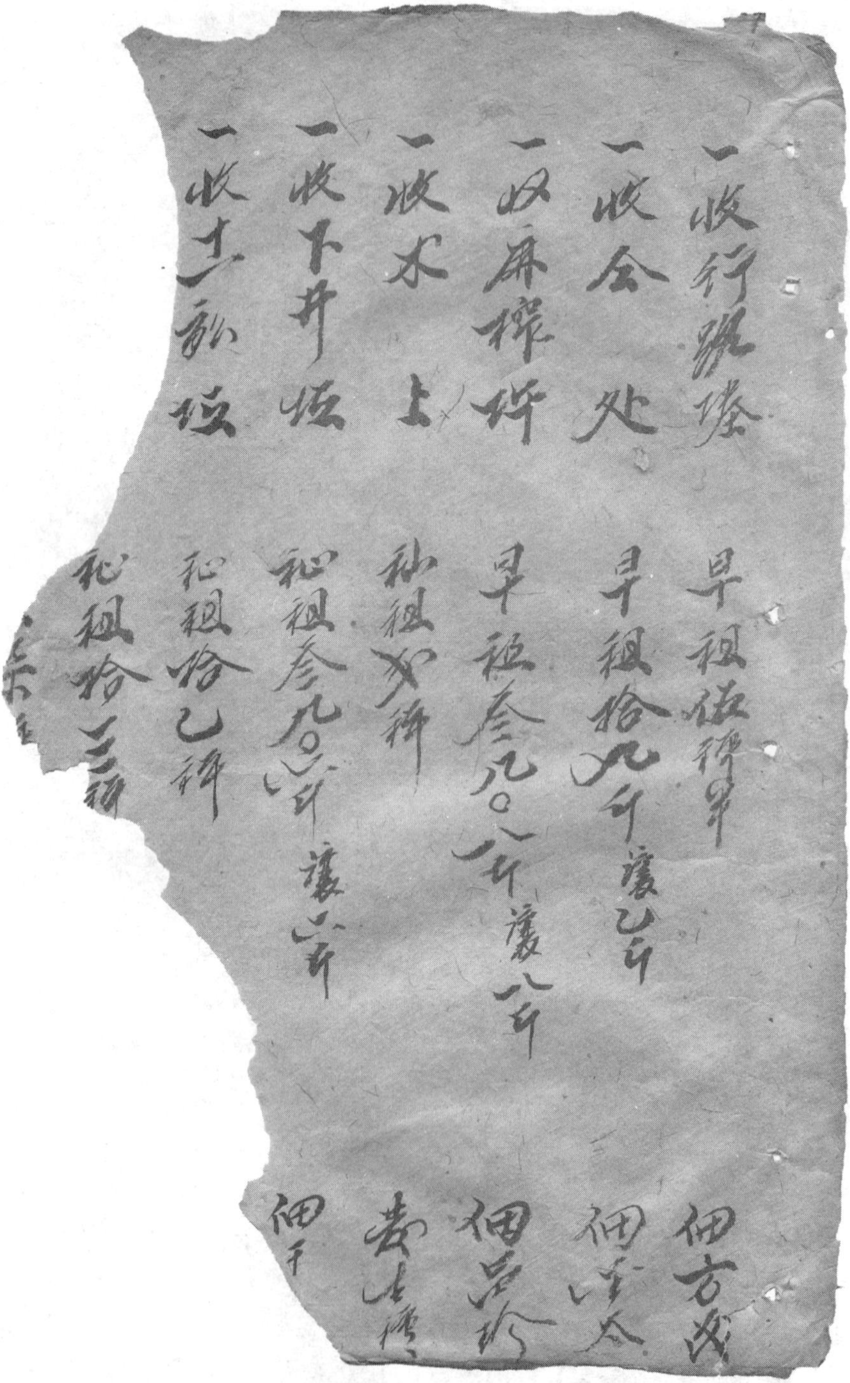

一收行號塔　旱租伍秤半　佃方茂
一收合处　旱租拾九斤讓乙斤　佃汪太
一收屏樑坑　旱租叁九〇八斤讓八斤　佃吕玲
一收木上　秋租廿秤　黄生德
一收下井坑　秋租叁九〇斤讓八斤　佃干
一收大□坑　秋租拾乙秤
秋租拾二秤

江湾镇中［钟］吕村 19-135 · 咸丰九年至光绪八年 ·
轮值秋收头首经理收支账簿（残本）

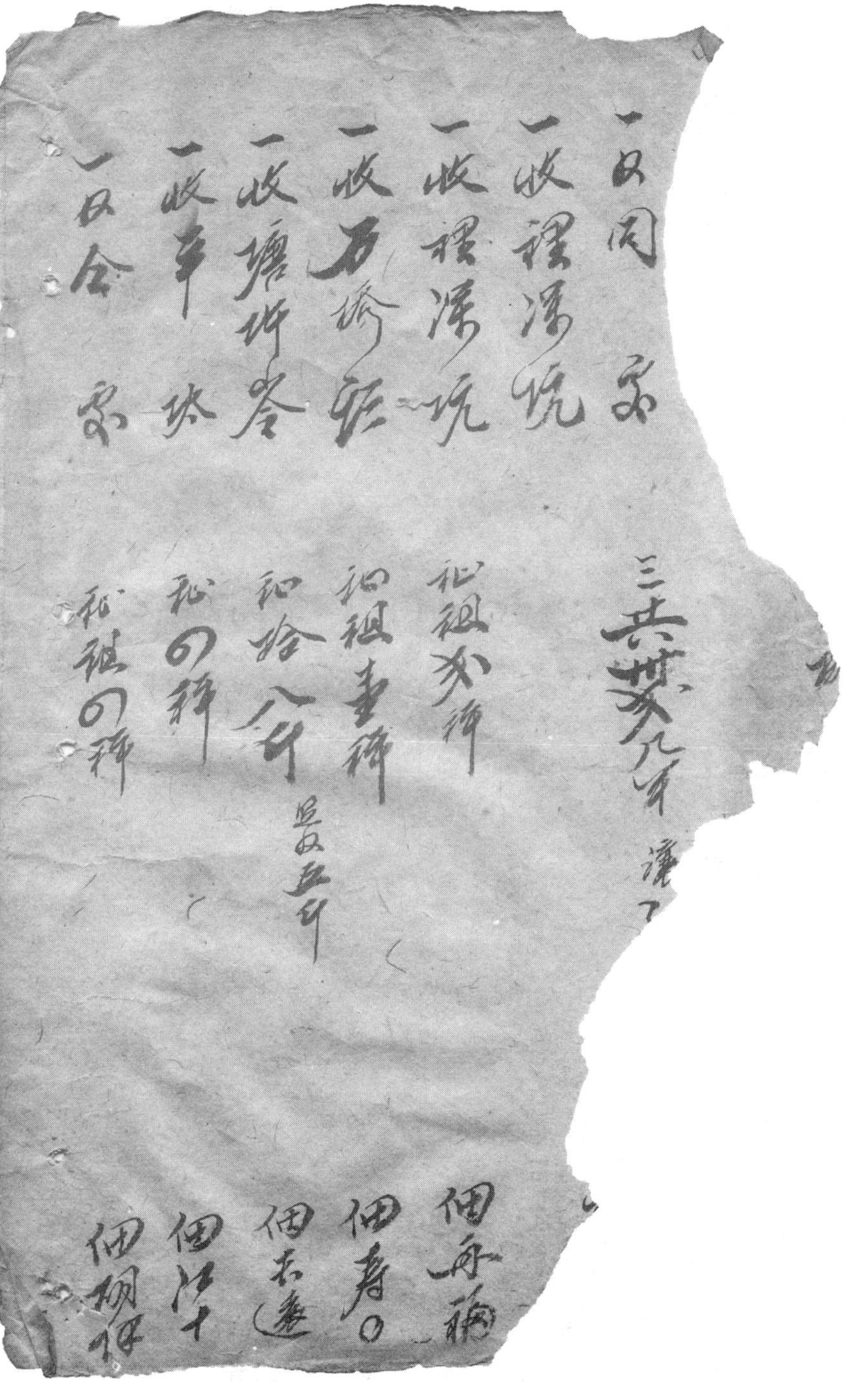
一收周家　三共□九斤　讓□
一收程溪坑　秋租叁秤　佃舟福
一收程溪坑　秋租壹秤　佃寿○
一收石桥庄　秋拾八斤　實收五斤　佃有逵
一收塘坞岺　秋四秤　佃江十
一收草坞　秋四秤
一收合家　秋租四秤　佃桐林

江湾镇中［钟］吕村 19-136·咸丰九年至光绪八年·
轮值秋收头首经理收支账簿（残本）

一收荆田陵　秈租柒秤　谷半斤　佃兆元
一收過水定　秈租壹几□三斤　佃世年
一收杏窑坑　秈租五秤　谷四斤　佃子祥
一收硯沿塆　穤租拾秤　佃□桂
一收杏家坍　穤租拾秤　佃汪□
一收桑树塆　穤租八秤
□□　秈租□几八斤　谷

江湾镇中［钟］吕村 19-137 · 咸丰九年至光绪八年 · 轮值秋收头首经理收支账簿（残本）

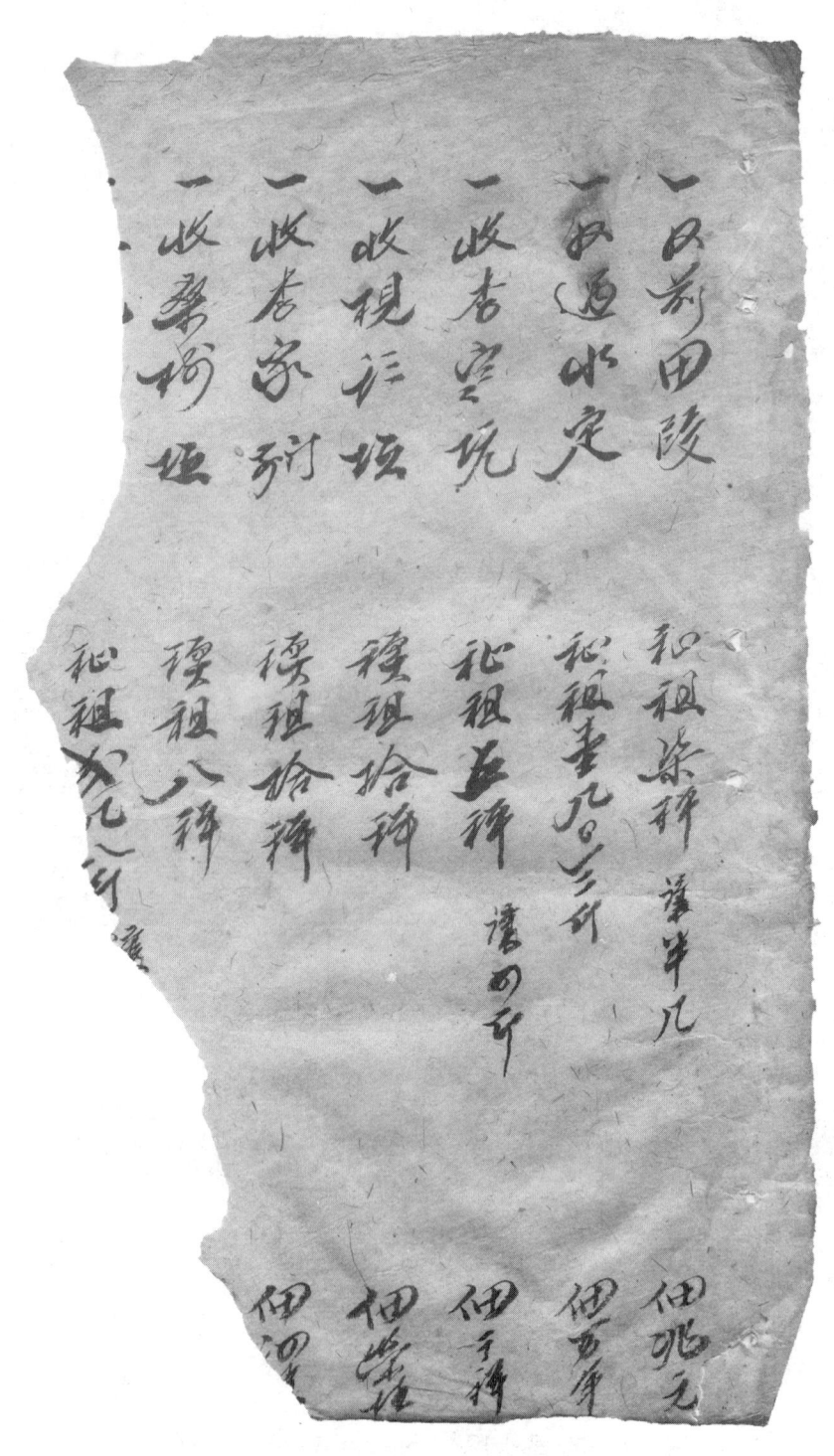

支於友

支銀拾叁千捌百〇叁拾四文 寄夜□卅〇斤 蔭田□

支本九百十文 買豆拾斤補羊肉 支本捌百文十〇文敬又

支本柒百〇〇文 又加雞肉 計本廿叁文 買雞八十□ 每兩八文加

支本叁百〇十八文 巳花 支本叁百八十文 買手

支本叁百九十〇 良半木等出施□煤 支本百九十〇 白豆六斤

支本叁百文 完糧 支本四千陸百〇叁拾九文 完糧 又九千六 □唐

今良大共出支過叁拾壹千百九拾叁文

除支用仍存淨谷錢拾千〇叁百四拾文

江湾镇中［钟］吕村 19-138 · 咸丰九年至光绪八年 · 轮值秋收头首经理收支账簿（残本）

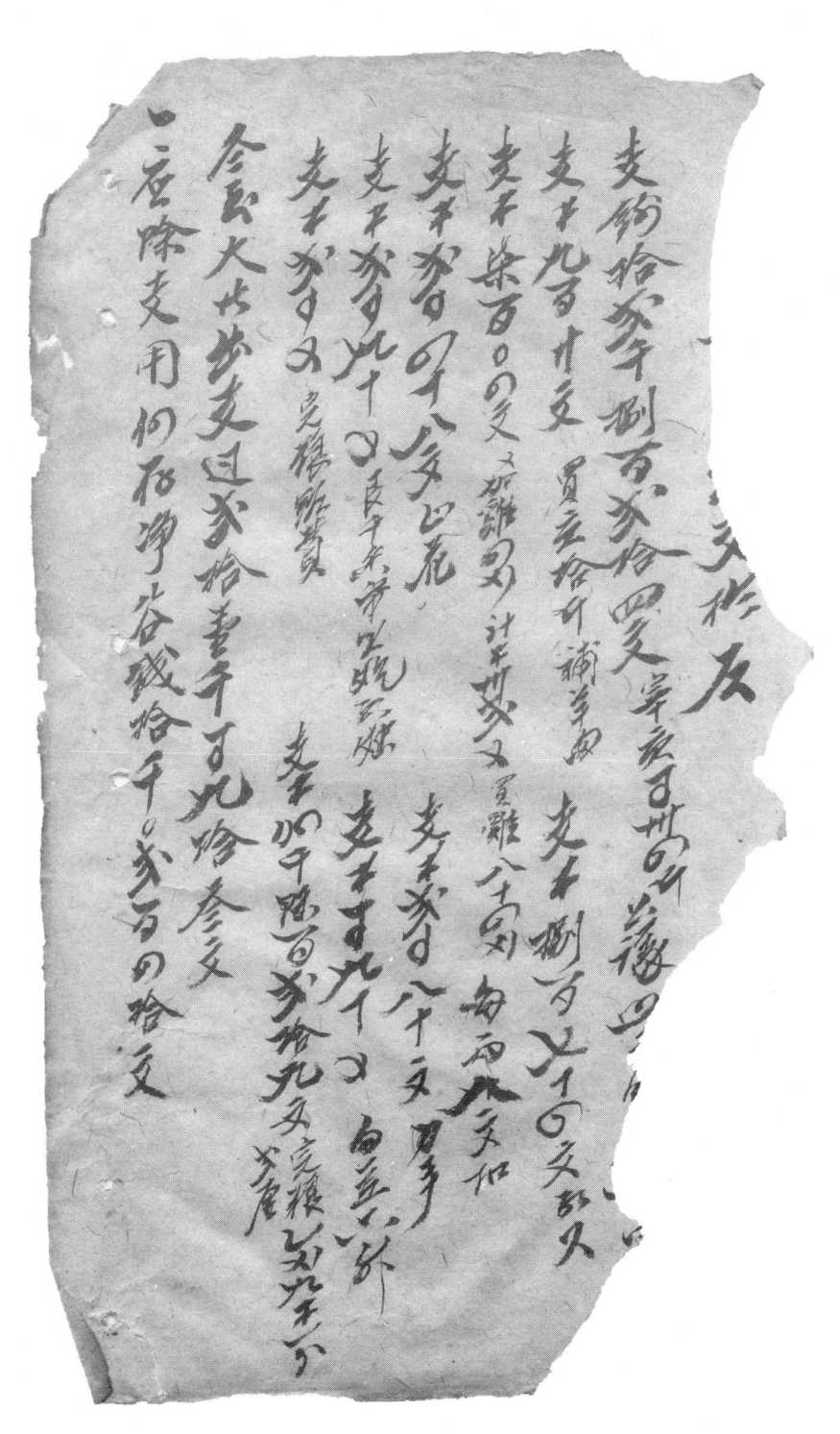

元旦出支總后

支錢玖千伍百叁四文 支汪口源隆店買餅壹百九拾斤，每担計洋四元半

支半斗米百文任年分

支平十八文八权 支米四拾文 任前点心

元旦大廿珍支道錢肆千柒百陸拾叁文

一併除支淨仍存谷錢四百柒拾八文 田除王才〇二三文還觀林上年

才元 上年仍還村錢伍百伍拾五文

緒九年輪值秋收頭首三……

江湾镇中［钟］吕村 19-139 · 咸丰九年至光绪八年 ·
轮值秋收头首经理收支账簿（残本）

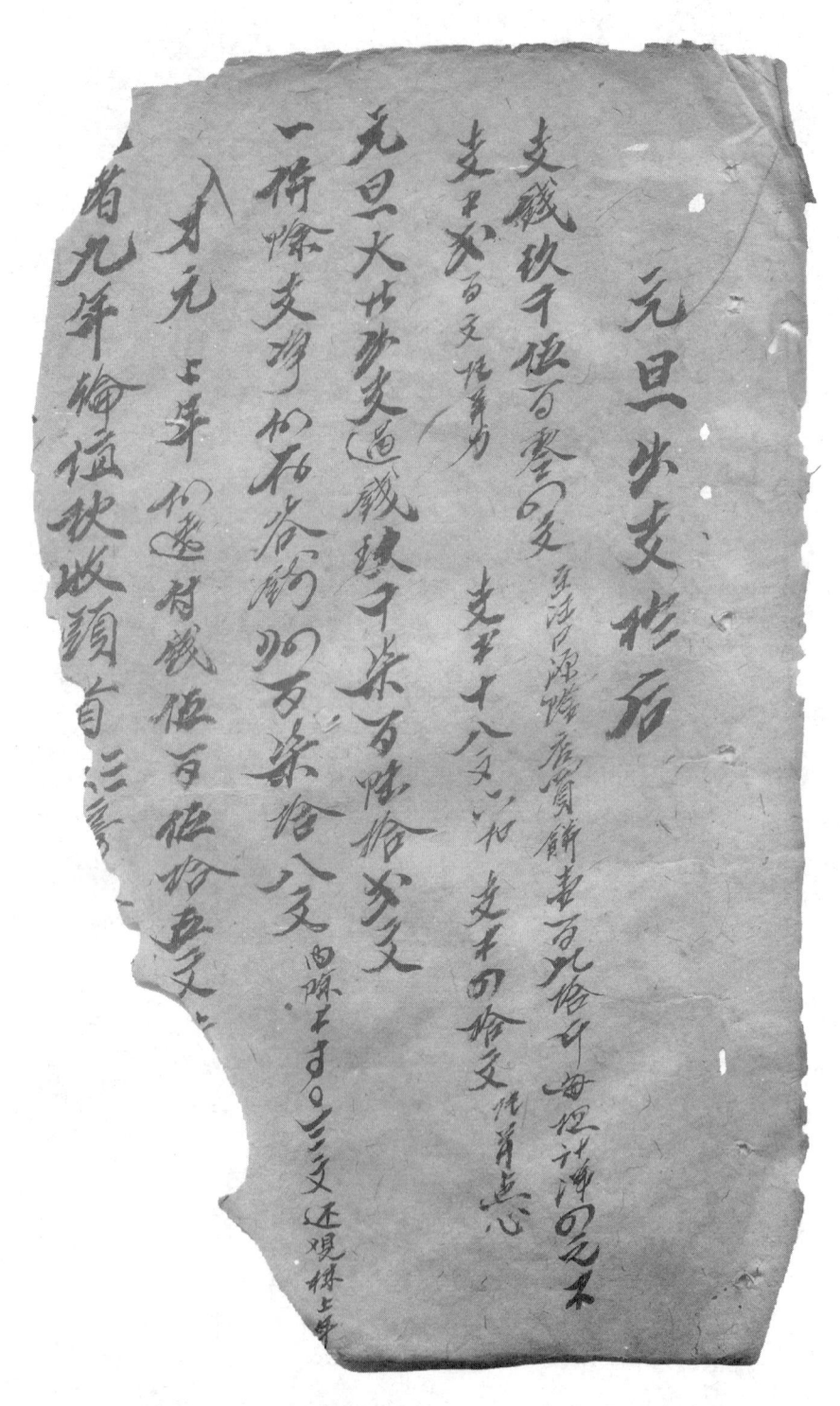

一收下井坵
一收十二畝塅
一收圳坵
一收小湖坵
一收根樹塅
一收下塢
一收黄荆塅

秋租叁九〇三斤
秋租拾壹秤 讓壹九
秋租拾三秤 並收拾九
秋租柒秤 並收三九
秋租三九〇三斤 讓八斤
秋租三九 讓乙九
秋租拾柒秤 實收子十五斤 田段先

佃社九
佃才元
佃高發
佃大九
佃天才

江湾镇中［钟］吕村 19-140 · 咸丰九年至光绪八年 ·
轮值秋收头首经理收支账簿（残本）

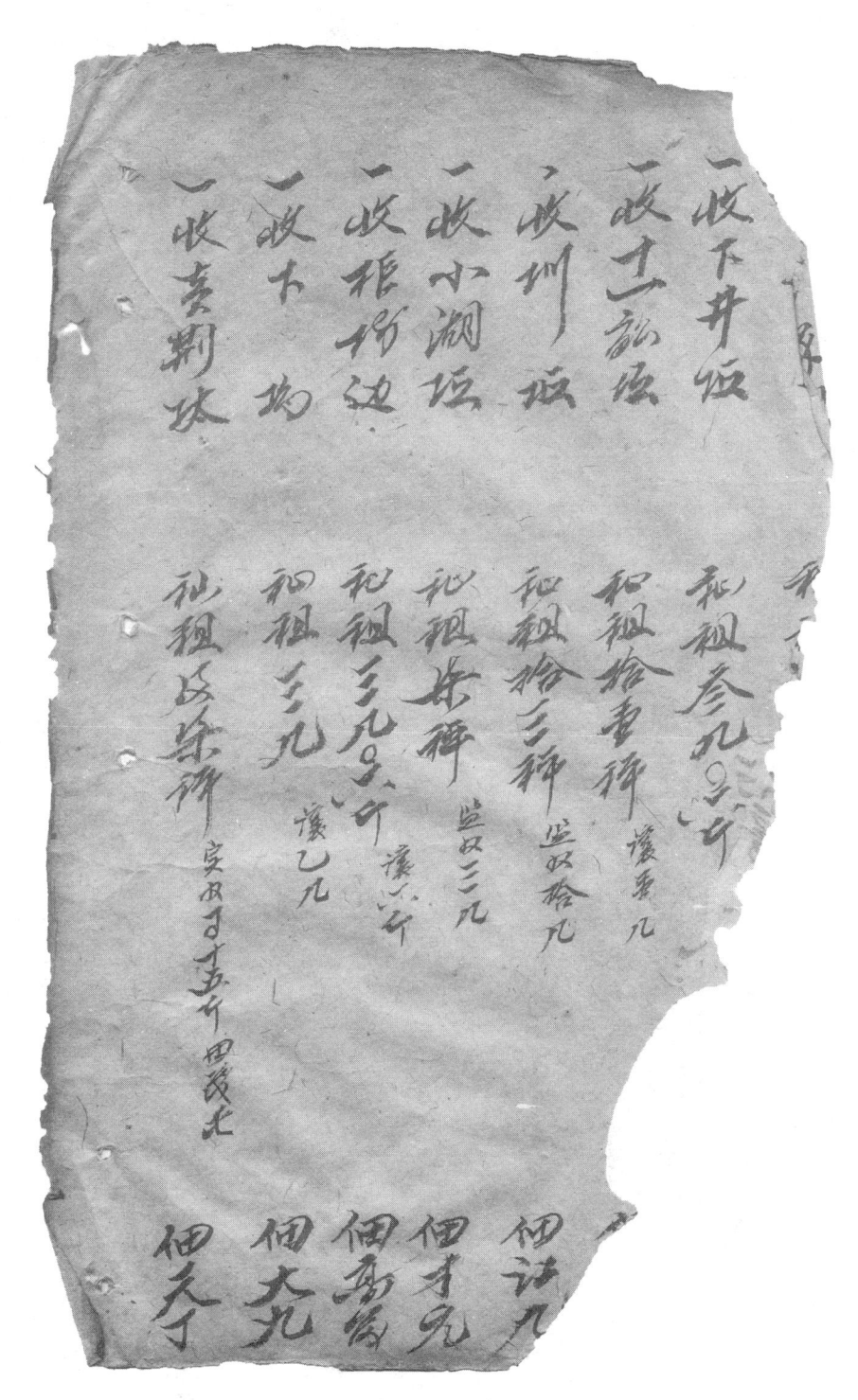

一收山里塢
一收程深坑
一收同宗
一收程深坑
一收璜边
一收里富坑

和租癸九華
吕邦七華九
廣政癸九
共租政耕癸九華
廣癸九華
和租掬祥
豐收才升
和租癸祥
吕□七
四丑一

佃坦呂
坦英
發才
種
佃發元
佃

江湾镇中［钟］吕村 19-141 · 咸丰九年至光绪八年 ·
轮值秋收头首经理收支账簿（残本）

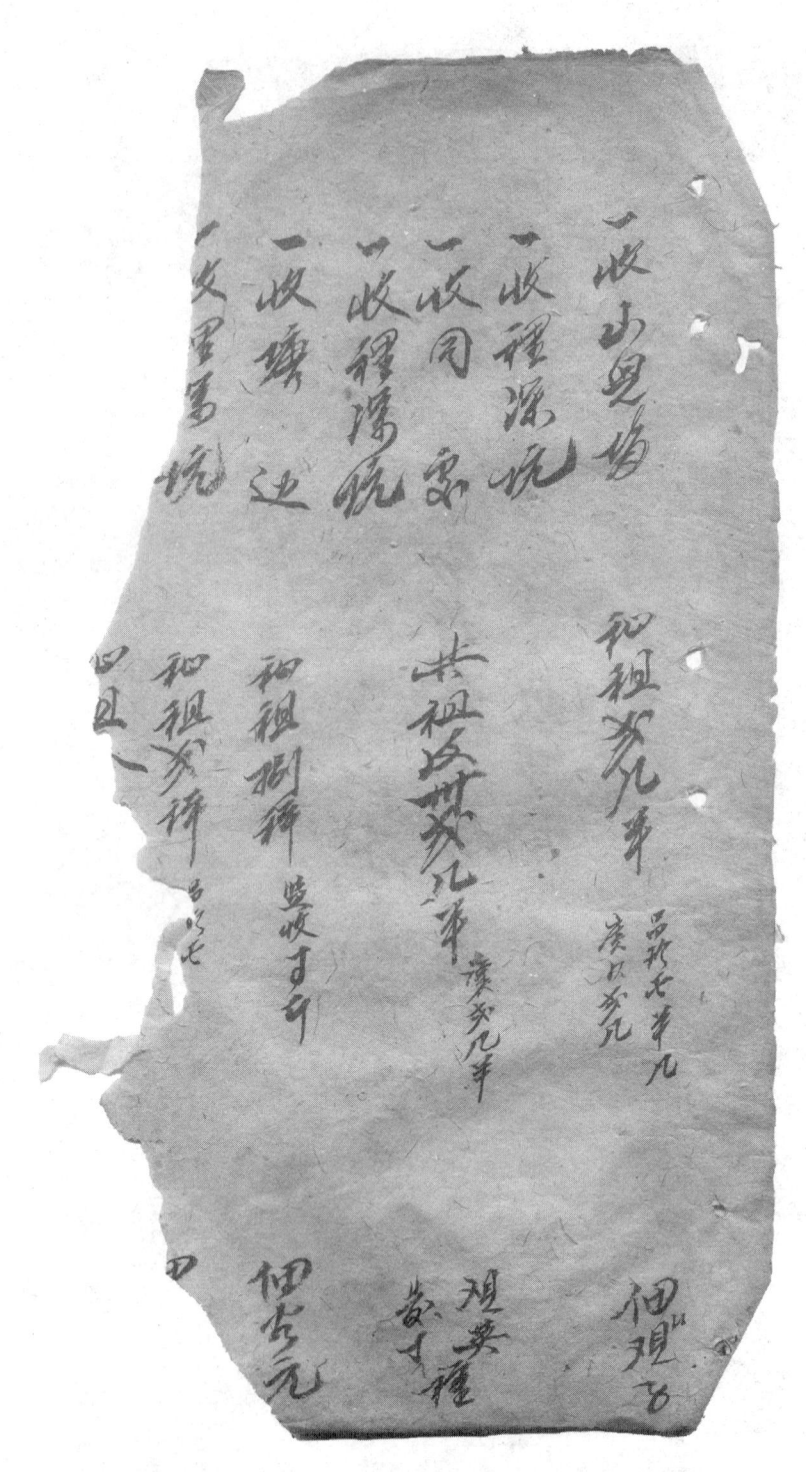

祀租壹秤

是年大共實收租穀壹百卌拾零叁半秤叁叁斤

內除各五秤零叁廿斤送出敞 卌各壹百叁拾卌秤半〇送斤

入公議四市糾價每秤八分百叁拾文扣

該計各價銅叁拾千玖百卌拾文

冬至出支於左

江湾镇中［钟］吕村 19-142 · 咸丰九年至光绪八年 ·
轮值秋收头首经理收支账簿（残本）

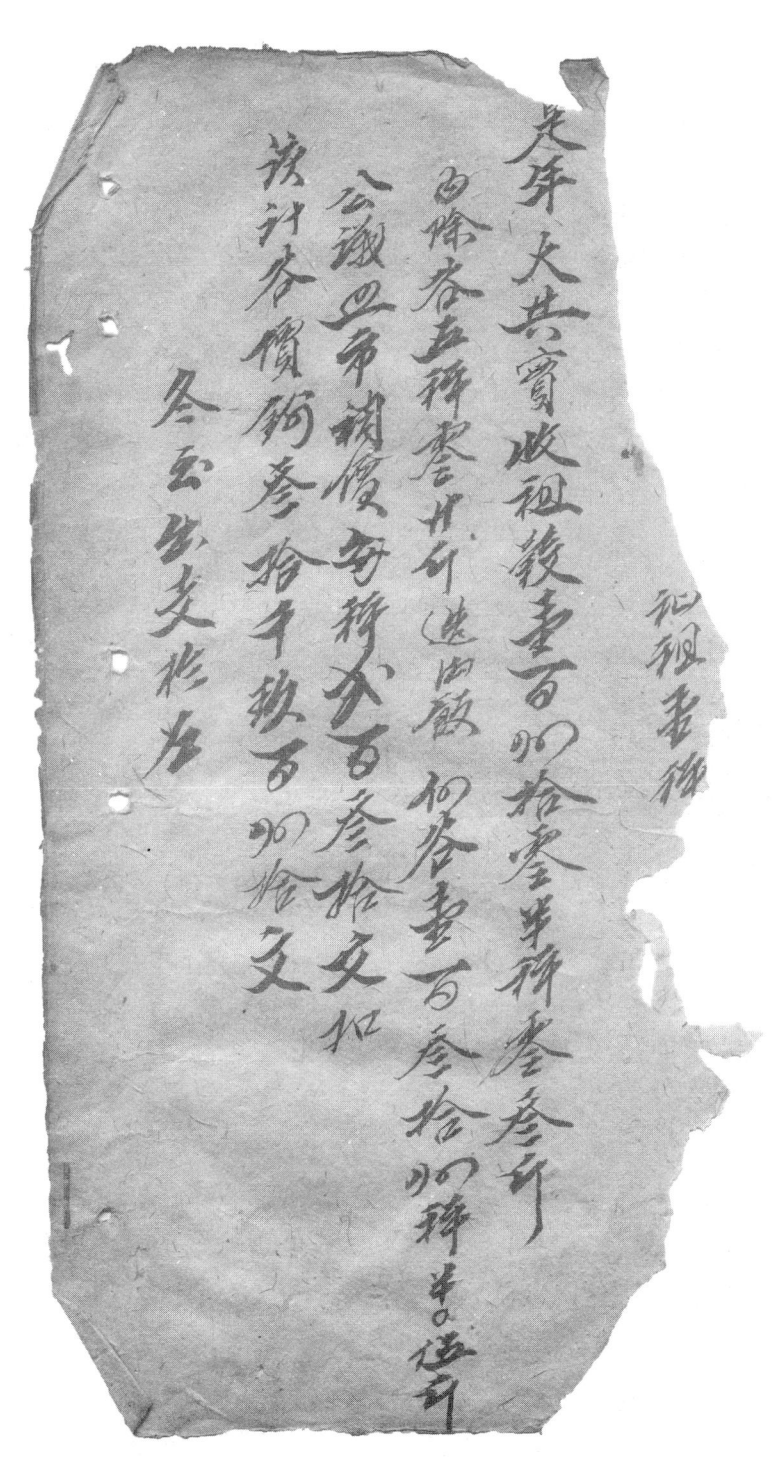

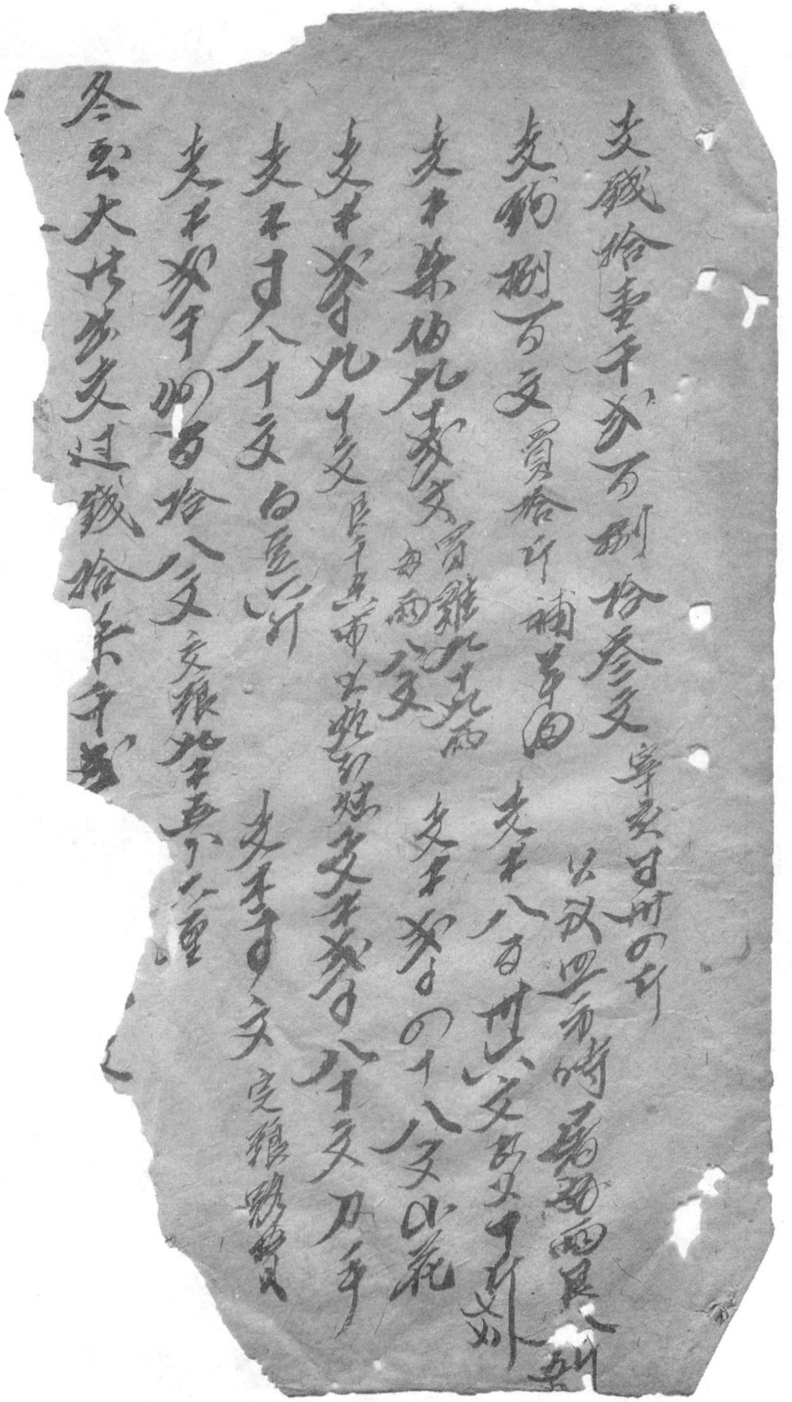

江湾镇中［钟］吕村 19-143 · 咸丰九年至光绪八年 ·
轮值秋收头首经理收支账簿（残本）

一應除支用外淨花谷錢

入存花谷錢叁千□卅伍柒拾叁文 長慶去支

内存谷錢□零卅拾四文 由存浦太 光存中洋卅文 收訖

入收長慶錢五百文 貼法坂浦田工支錢壹生歎去

光緒十年輪值秋收頭首六長慶翁 文檀 田瑚 三人經理

一收詹家垻 早租卅秤 監收七十斤 佃友寫

江湾镇中[钟]吕村 19-144・咸丰九年至光绪八年・
轮值秋收头首经理收支账簿（残本）

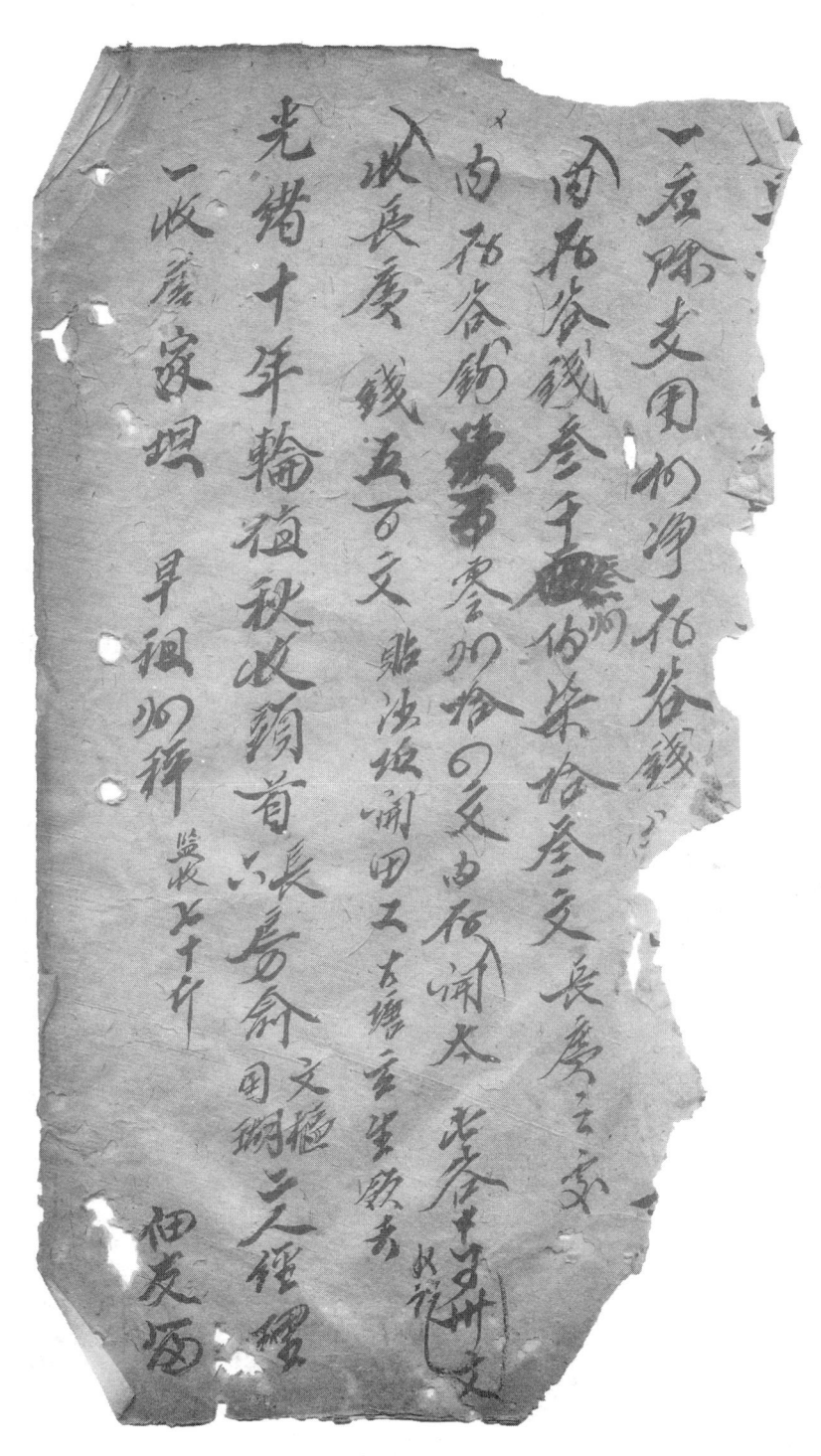

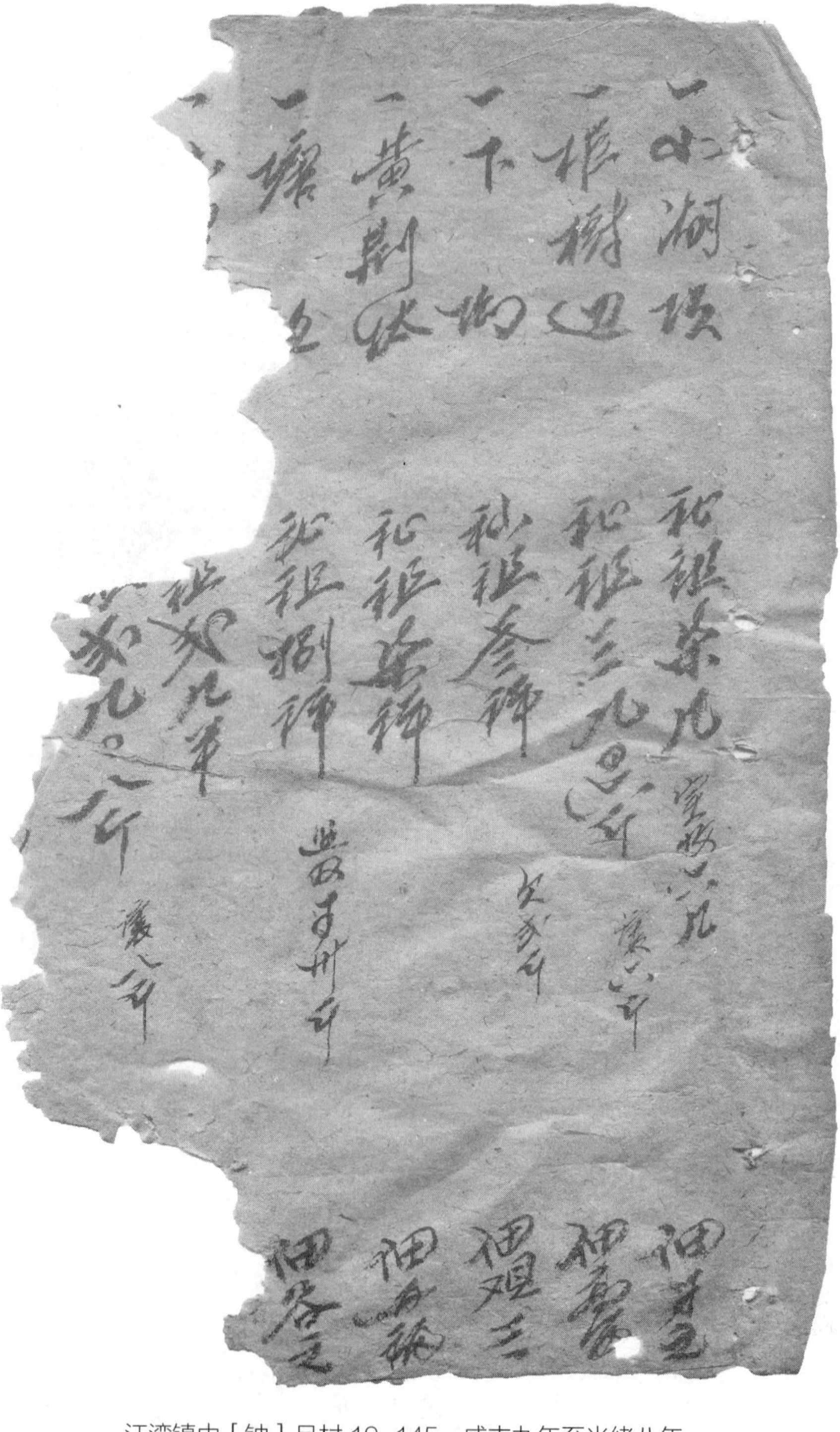

江湾镇中[钟]吕村 19-145 · 咸丰九年至光绪八年 ·
轮值秋收头首经理收支账簿（残本）

过账

一李兴位

一汉养

一根暗坛

一李家〇〇

一李物坛

收〇钱

租谷拾 贵五九

秋租乙九〇三斤 让三斤

秋租五拾

秋租乙九 实收半九

晚租拾拾

晚租拾拾

晚租八九

佃吉瑞

于浅种

佃荣旺

佃手龙

佃汤连

佃金印

江湾镇中[钟]吕村 19-146·咸丰九年至光绪八年·
轮值秋收头首经理收支账簿(残本)

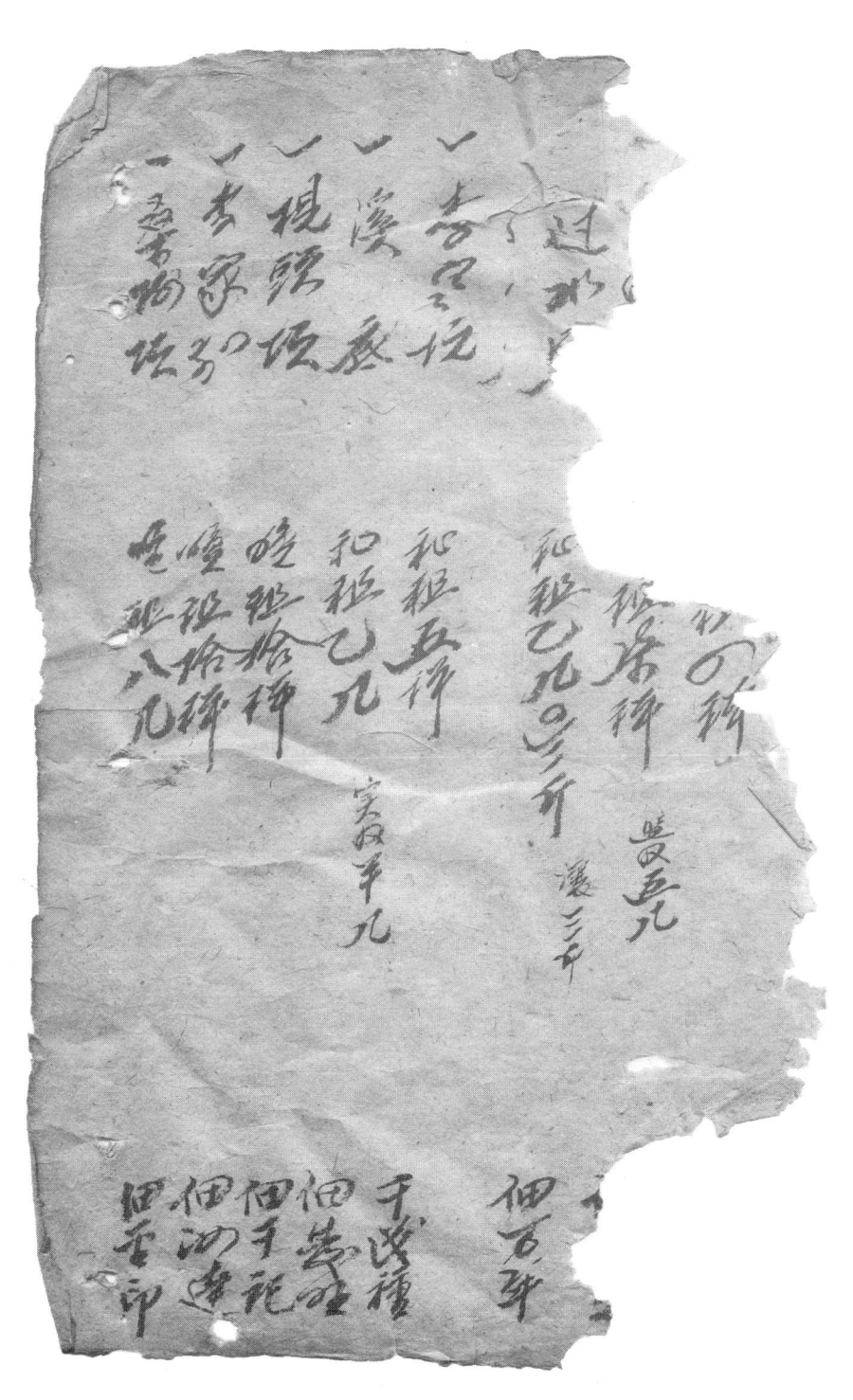

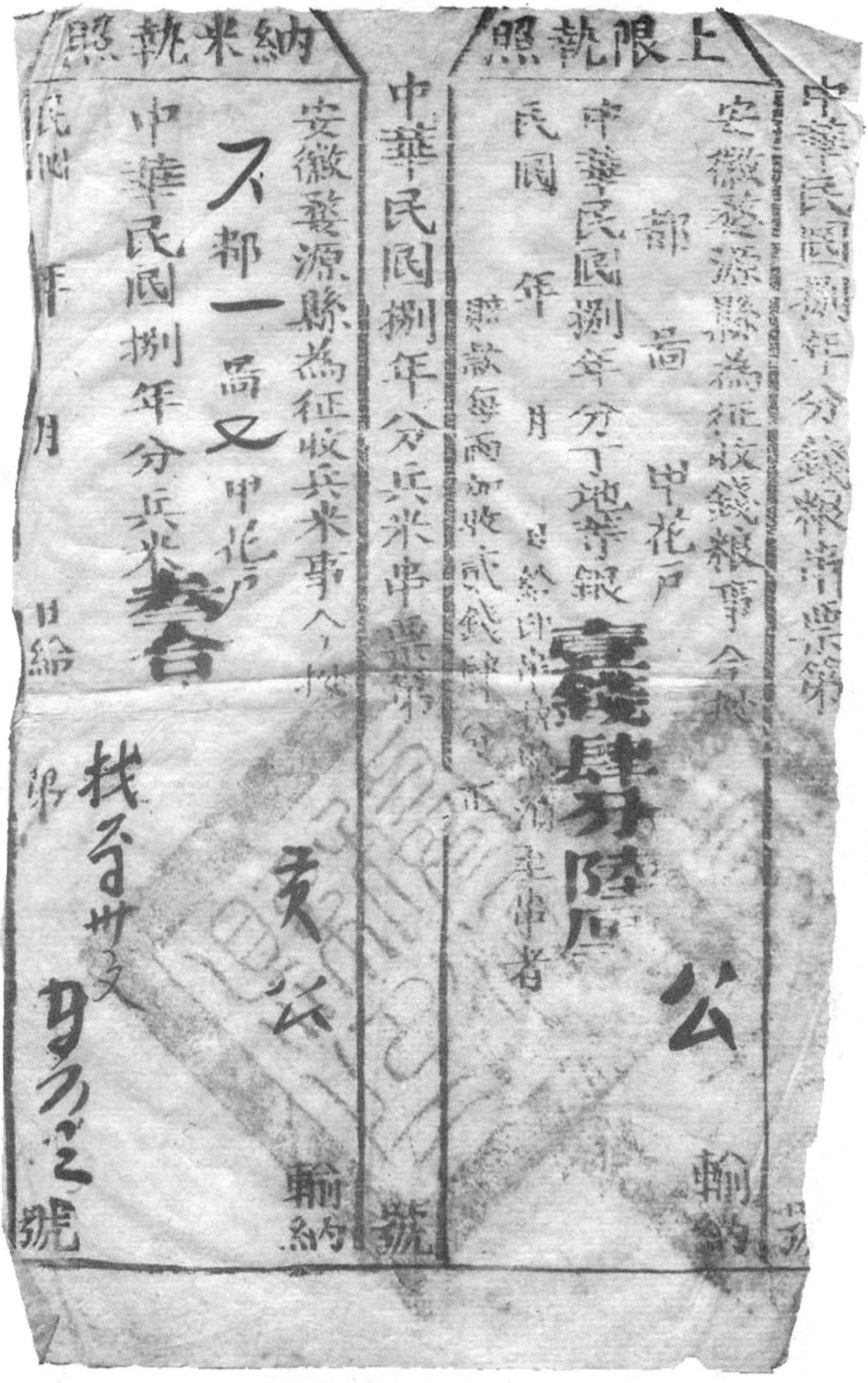

上限執照

安徽婺源縣爲征收錢粮事今據

都 啚 甲花戶 [illegible]

中華民國捌年分丁地漕銀

民國 年 月 日給印串 [illegible]

[illegible]

公

輸納

中華民國捌年分兵米串票第 號

納米執照

安徽婺源縣爲征收兵米事今據

不都一啚又甲花戶 貢公

中華民國捌年分兵米叁合

民國 年 月 日給

輸納

號

江湾镇中［钟］吕村 65 · 民国八年 · 纳米执照 · 贡公

老家门前 正租〔……〕 〔……〕 〔……〕

桑树𡍖 正租捌秤 实收七〔……〕 佃竹旺

石桥頭 正租壹几 收十三斤 佃文生

大共收穀贰仟叁佰七十七斤 内除大几（进庄饭）仍存米

壹佰壹拾四秤八分照額價每秤洋柒佰文扣算

錢捌十仟〇三百六十文

上三

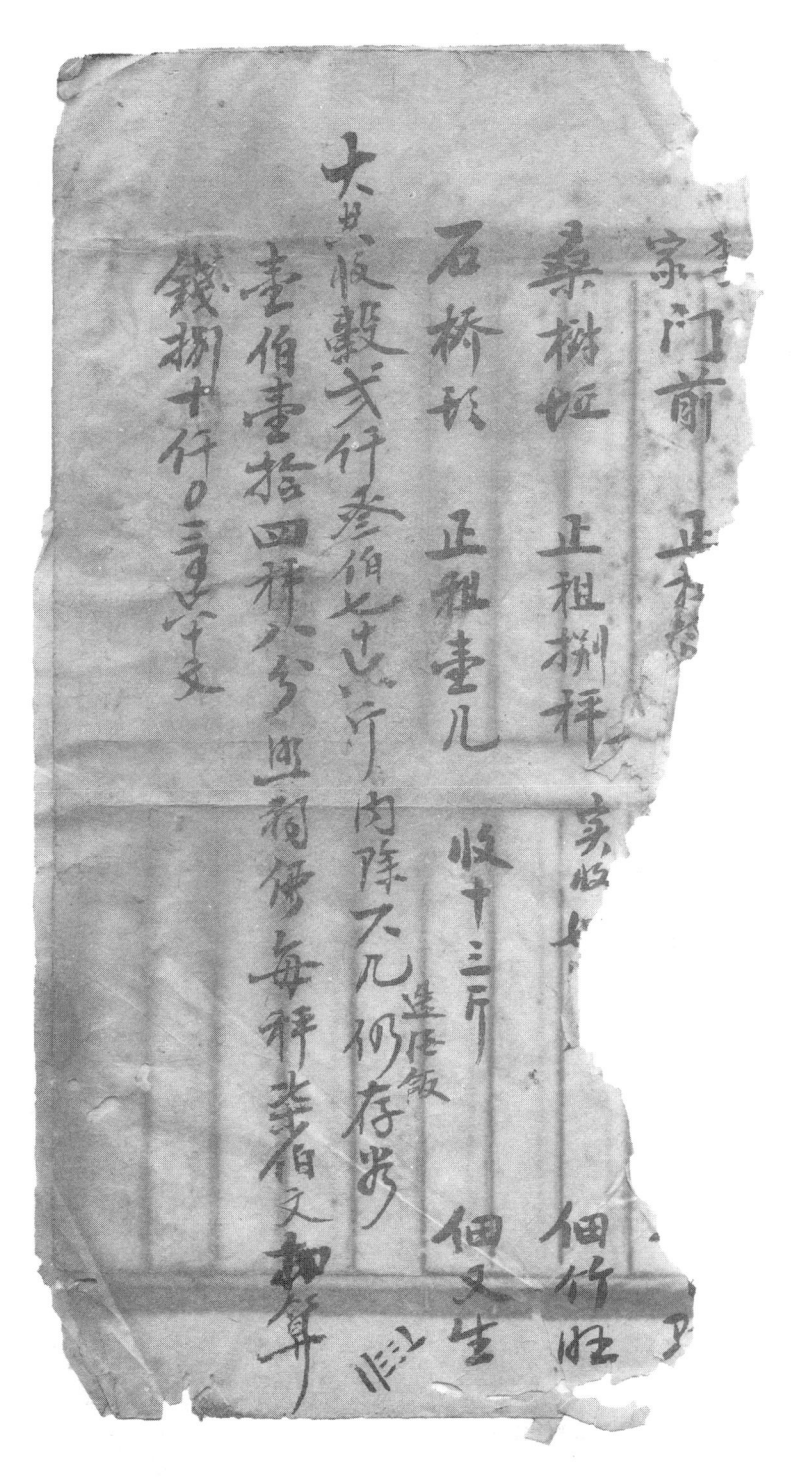

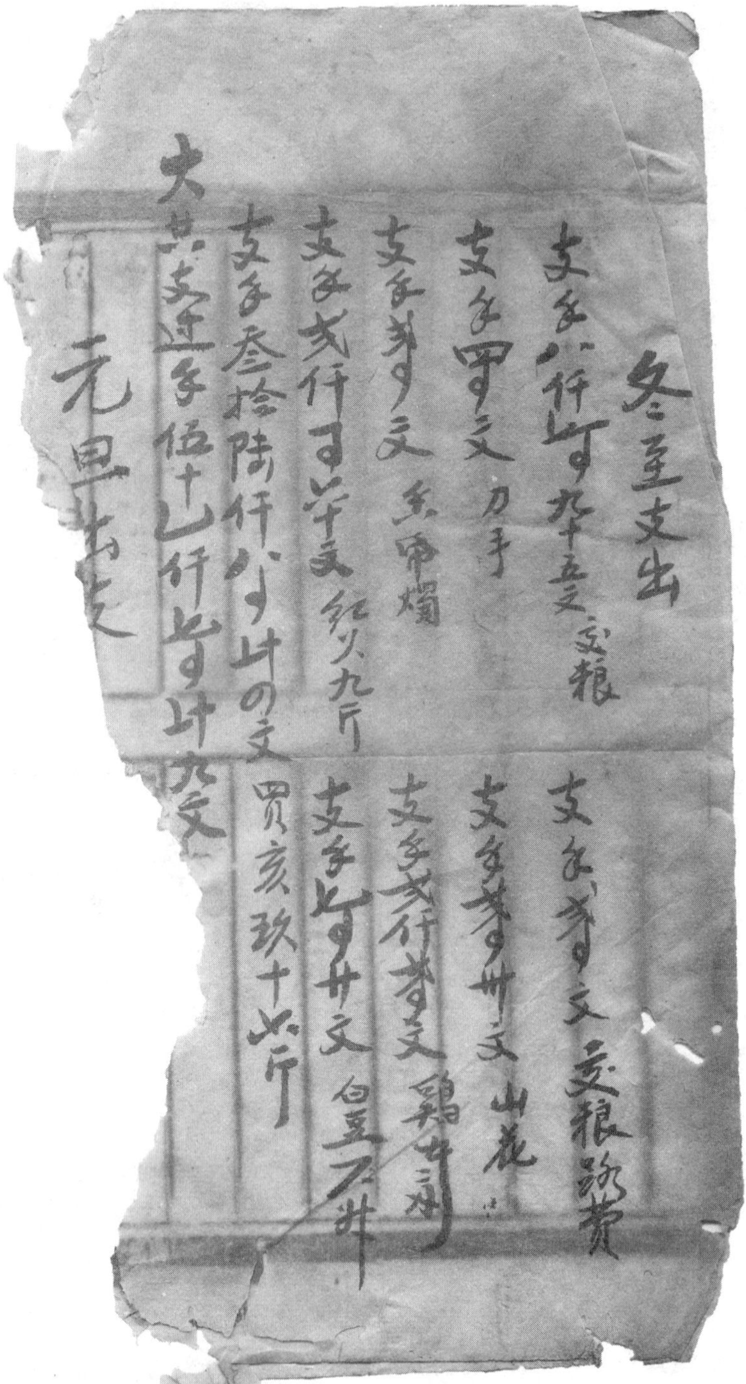
冬至支出
支钱八仟[illegible]百九十五文 交粮
支钱[illegible]百文 刀手
支钱[illegible]百文 香烛
支钱贰仟[illegible]百[illegible]十文 纸火九斤
支钱叁拾陆仟八百廿四文 买亥玖十六斤
大共支过钱伍十[illegible]仟[illegible]百廿九文
元旦出支
支钱[illegible]百文 交粮路费
支钱[illegible]百卅文 山花
支钱贰仟[illegible]百文 鸡[illegible]
支钱[illegible]百卅文 白豆[illegible]

江湾镇中［钟］吕村 21-2 · 民国十二年至二十九年 ·
秋收头首经理收支账簿 · 俞永本等

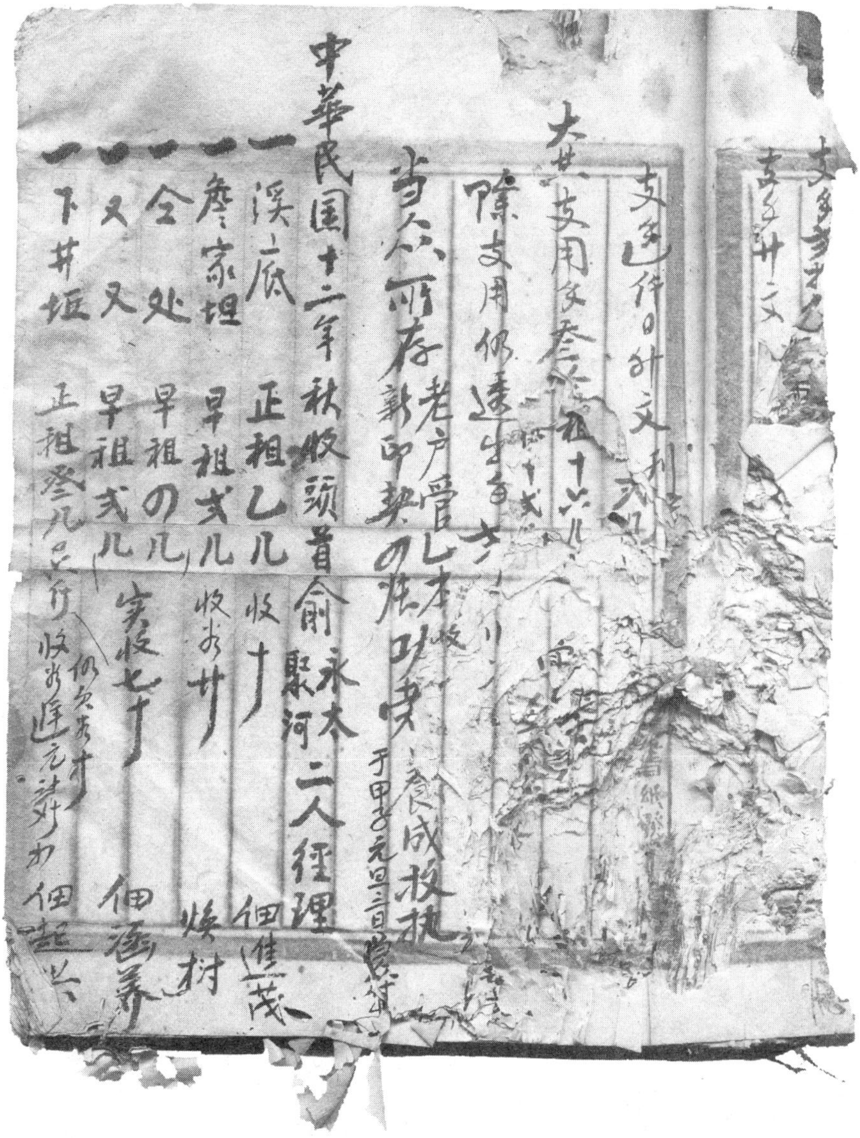

中華民国十二年秋收頭首俞永本、聚河二人經理
一溪底　正租乙儿　收十　佃佳茂
一叁家坦　旱租弍儿　收去廿　焕村
一仝处　旱租の儿　实收七十　佃遜养
一又又　旱租弍儿
一下井垣　正租叁儿

江湾镇中［钟］吕村 21-3 · 民国十二年至二十九年 ·
秋收头首经理收支账簿 · 俞永本等

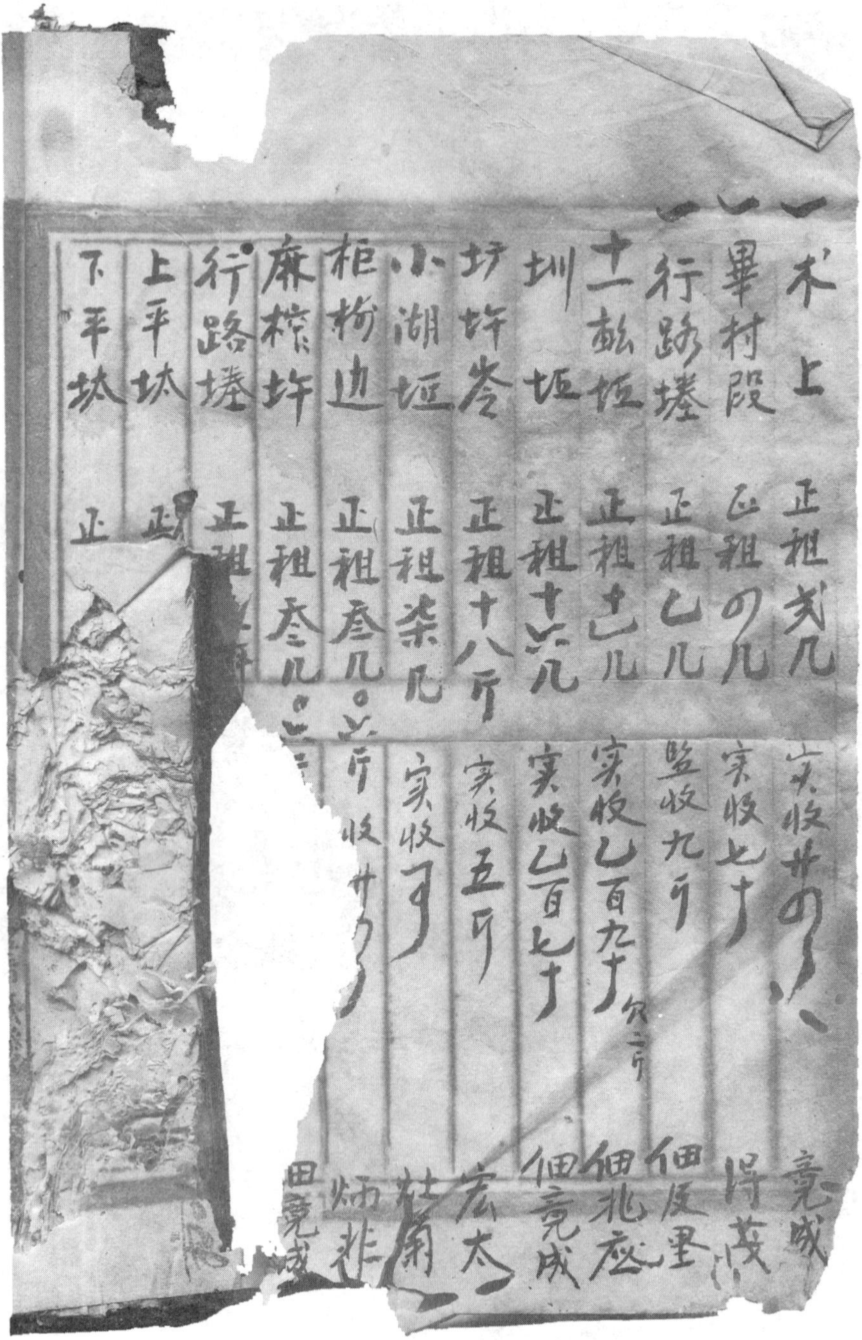
术上 正租弍几 实收廿四斤八 竞成
畢村段 正租四几 实收七十 得茂
行路塝 正租乙几 照收九斤 佃辰墨
十亩垣 正租十乙几 实收乙百九十斤 欠二斤 佃兆应
圳垣 正租十六几 实收乙百七十 佃竞成
圩圩叁 正租十八斤 实收五斤 宏太
小湖垣 正租柒几 实收斤 祜甫
柜桥边 正租叁几六斤 收廿斤 师非
麻棕圩 正租叁几[illegible] 佃竞成
行路塝 正租[illegible]
上平坵 正[illegible]
下平坵 正[illegible]

江湾镇中［钟］吕村 21-4 · 民国十二年至二十九年 ·
秋收头首经理收支账簿 · 俞永本等

裡中坑 正祖弍几

仝处 正祖十六几

仝处 正祖十弍几

下坳 正祖叁几

裡中坑 正祖弍几 实收 佃[illegible]

过水錠 又名笔架垅 正祖七几 实收十斤 江村啟仂

裡宗坑 正祖五几 实收[illegible]十五斤 渭清

塘边 正祖八几 实收九十斤 年達

黄荆垯 正祖柒几 实收[illegible]斤 佃[illegible]祥仂

梘頭垅 正祖十七几 实收[illegible]升五斤 又收[illegible]十五斤 佃矮彵

前田段 正祖七几 实收七十斤 上段[illegible]

山兜背 正祖弍几半 实收 [illegible]十[illegible]段 陳金順

江湾镇中［钟］吕村 21-5 · 民国十二年至二十九年 ·
秋收头首经理收支账簿 · 俞永本等

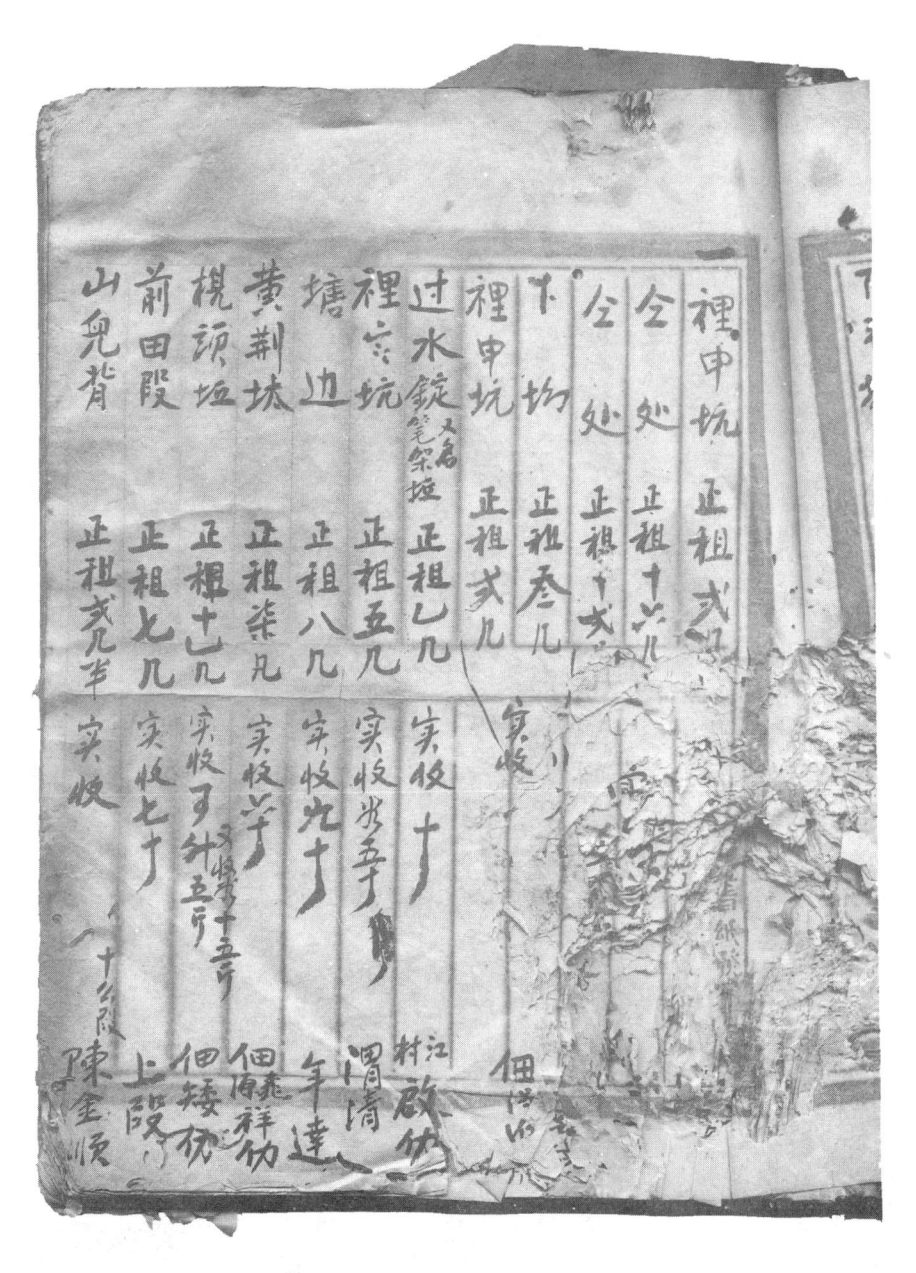

一坑口 正祖戊儿平 收卅
李家丁萠 正祖十秤 实收卅
桑树垣 正祖八秤 实收七十
石桥头 正祖乙秤 实收十三丁

大共实收祖米戎行叁百卌三丁每廿斤扣壹佰拾戎秤大弁弌
内除米陆秤造泒饭仍存米壹佰拾戎秤共捌拾弌
每秤捌佰文扣算钱玖拾仟○壹丁弌廿文
其年冬至二日算账执年当头者每家青人上席饭泒日饺四
此例元旦三日仍四上规每家戎人此批

冬至出支
一支冬九千寸○十文
一支寸甲文 刀手

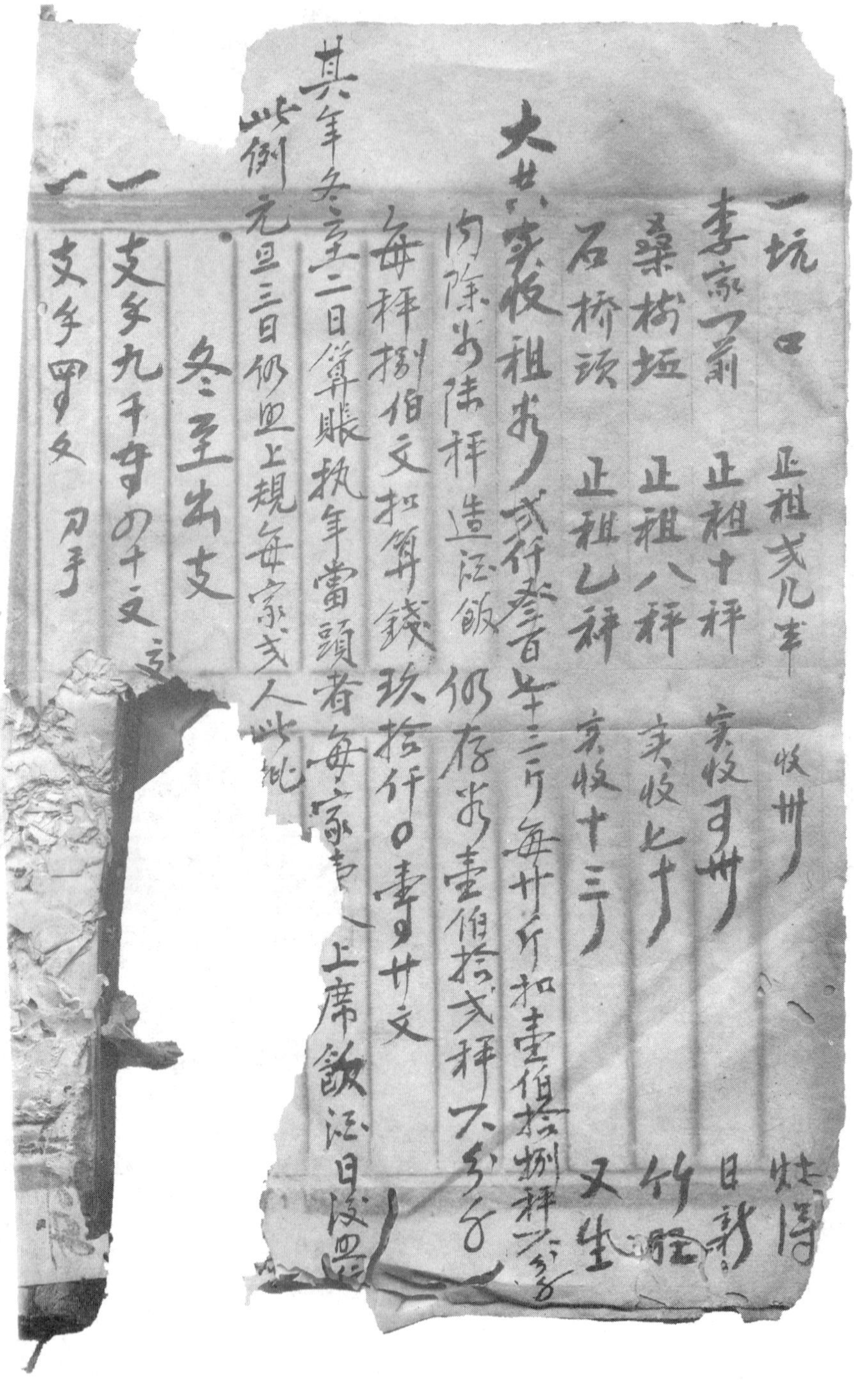

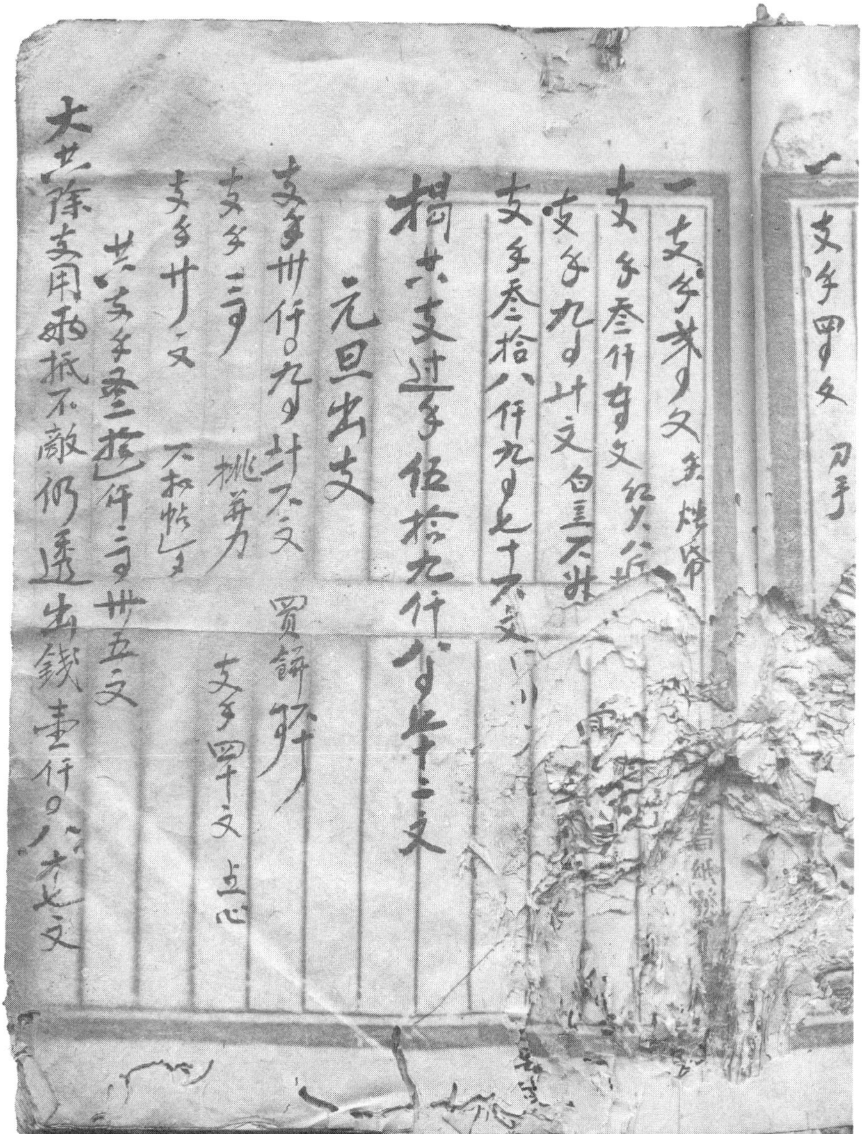

江湾镇中［钟］吕村 21-7 · 民国十二年至二十九年 ·
秋收头首经理收支账簿 · 俞永本等

當衆付出 新印契の帳 老之管業本

中華民國十三年甲子此次秋收該首俞灶坤之經理 交下首灶坤 竟明二人領去

本年元旦三日檢出老簿仍歸貢公裔孫養成收執日後要國於乾八年規例及年字等稅載壹本

中華民國拾年秋收頭首俞竟明灶坤二人經理

一收浚底 正穅□几 實收四十斤

一收占家坦 正租弍几

一收公处 正租□

進茂

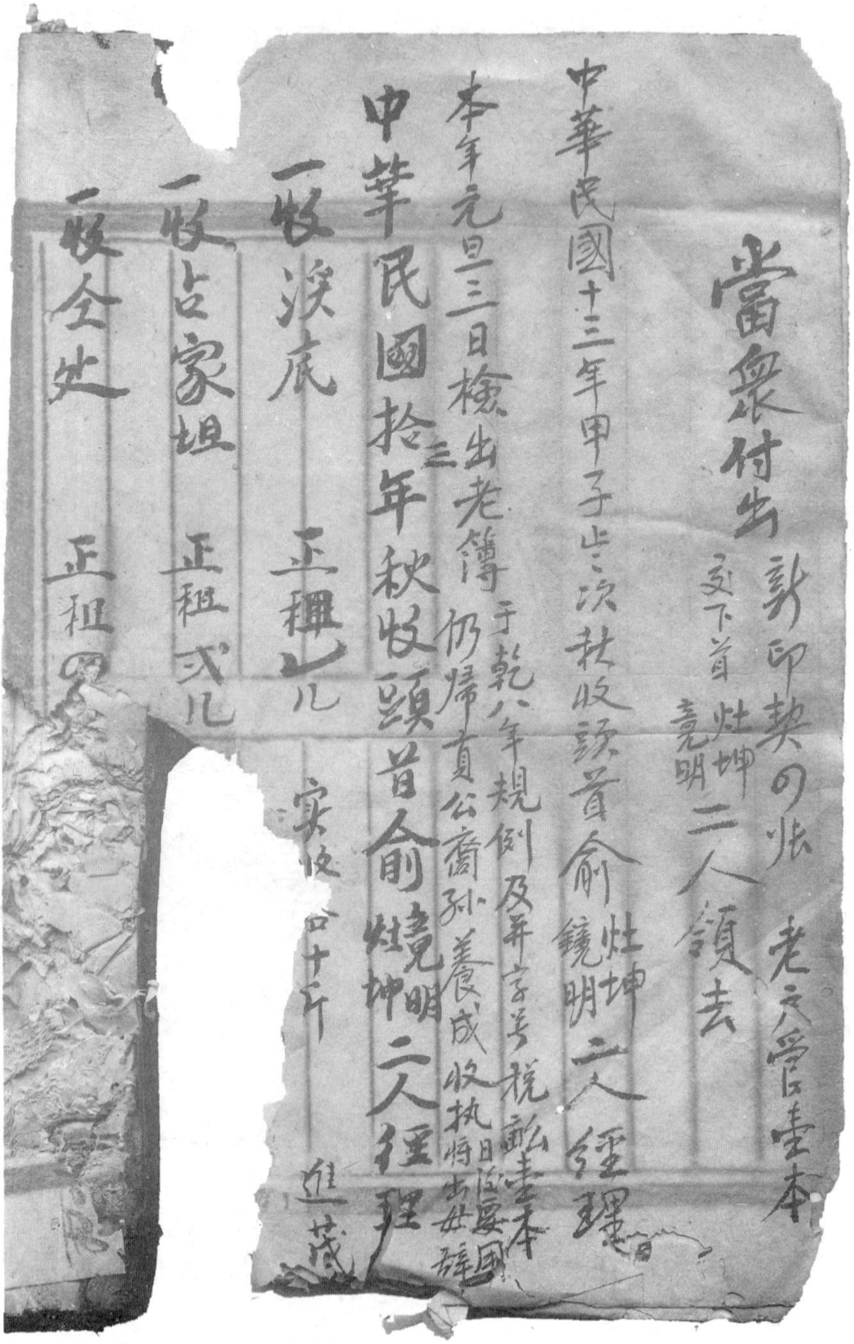

舍处 正租弍秤

下井坵 正租三秤

术上 正租弍秤

畢村段 正租四秤 收谷七十斤 裕保

行路塝 正租乙秤 收谷十斤 及李

十亩坵 正租十二秤 收谷百八十斤 十周 讓谷十

圳坵 正租十六秤 收谷百七十斤 竟成

塘塢岑 正租十八斤 收谷七斤 焕树

江湾镇中［钟］吕村 21-9 · 民国十二年至二十九年 · 秋收头首经理收支账簿 · 俞永本等

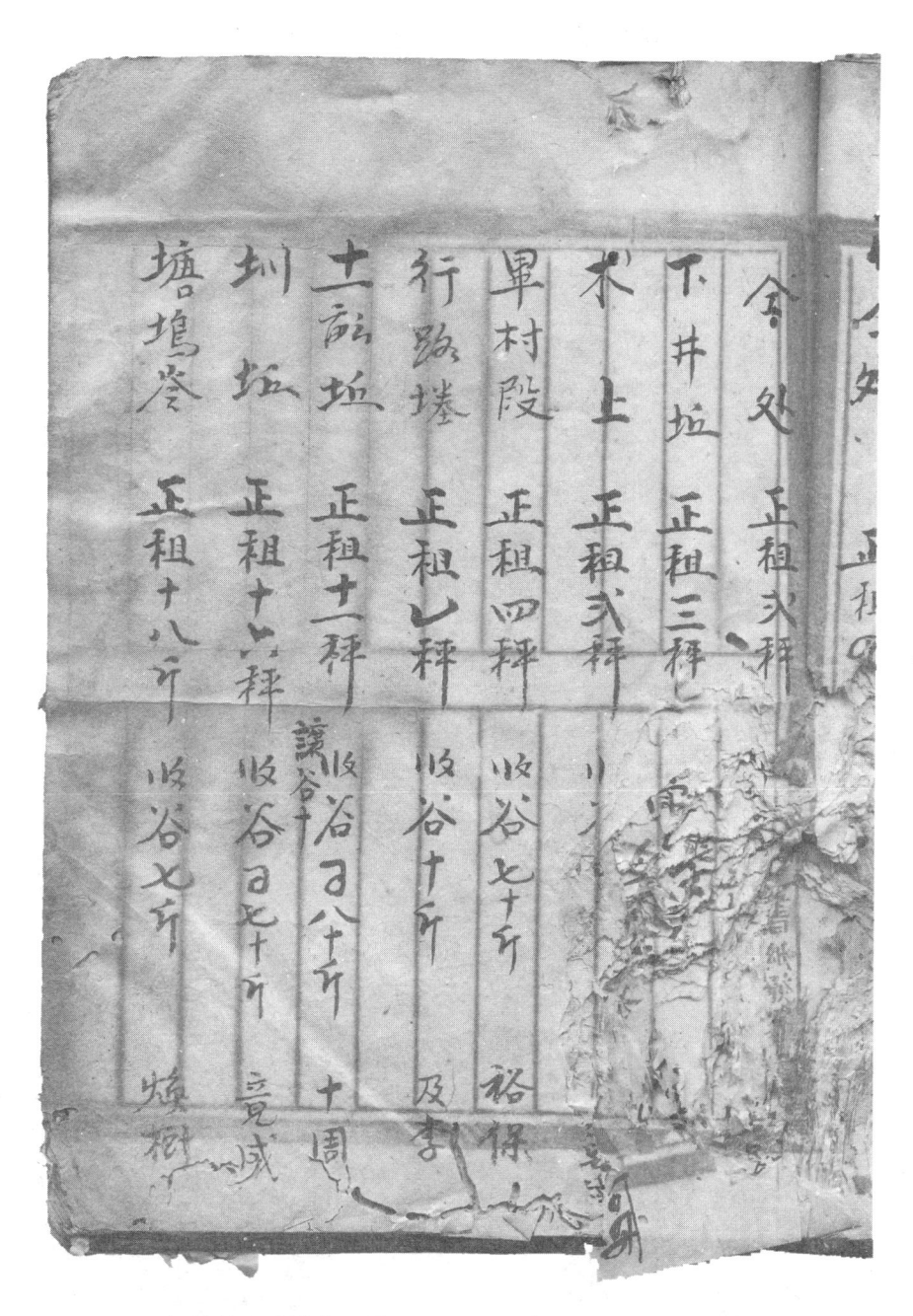

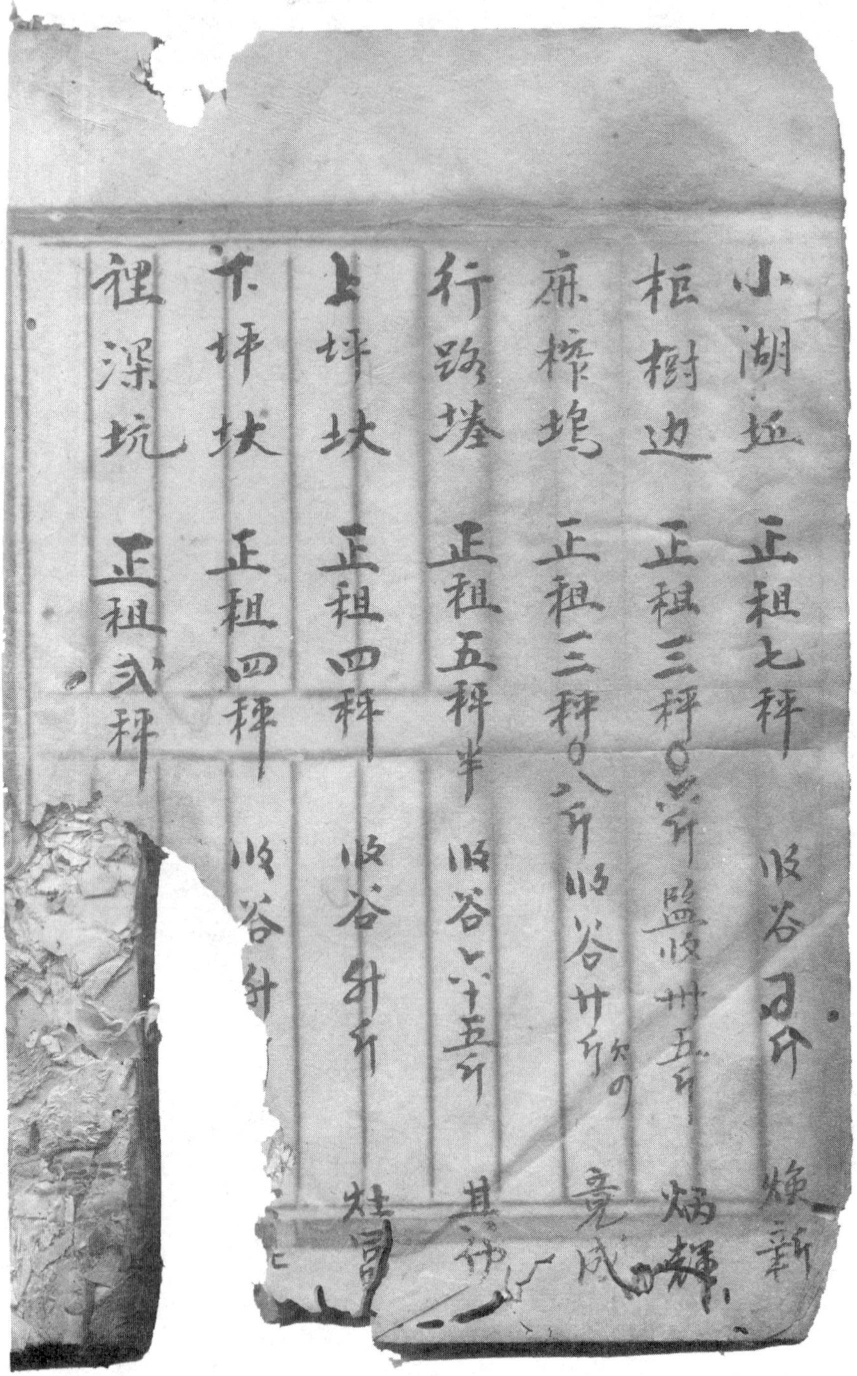
小湖坵　正租七秤　收谷[illegible]斤　煥新
柜樹边　正租三秤〇〤斤　盈收卅五斤　炳輝
麻榨塢　正租三秤〇八斤　收谷廿斤　欠の　竟成
行路塝　正租五秤半　收谷六十五斤　其[illegible]
上坪坵　正租四秤　收谷卅斤　桂[illegible]
下坪坵　正租四秤　收谷卅[illegible]
裡深坑　正租弍秤

江湾镇中［钟］吕村 21-10 · 民国十二年至二十九年 ·
秋收头首经理收支账簿 · 俞永本等

仝处　正租十六秤

仝处　正租十弍秤

下坵　正租三秤　实收谷六十斤

裡深坑　正租贰秤　实收谷卅斤　洋进

过水碇　正租六几〇三斤　收谷十斤　启仲

裡寒坑　正租五秤　收谷六十斤　森养

塘边　正租八秤　收谷九十斤　逨达

江湾镇中［钟］吕村 21-11 · 民国十二年至二十九年 ·
秋收头首经理收支账簿 · 俞永本等

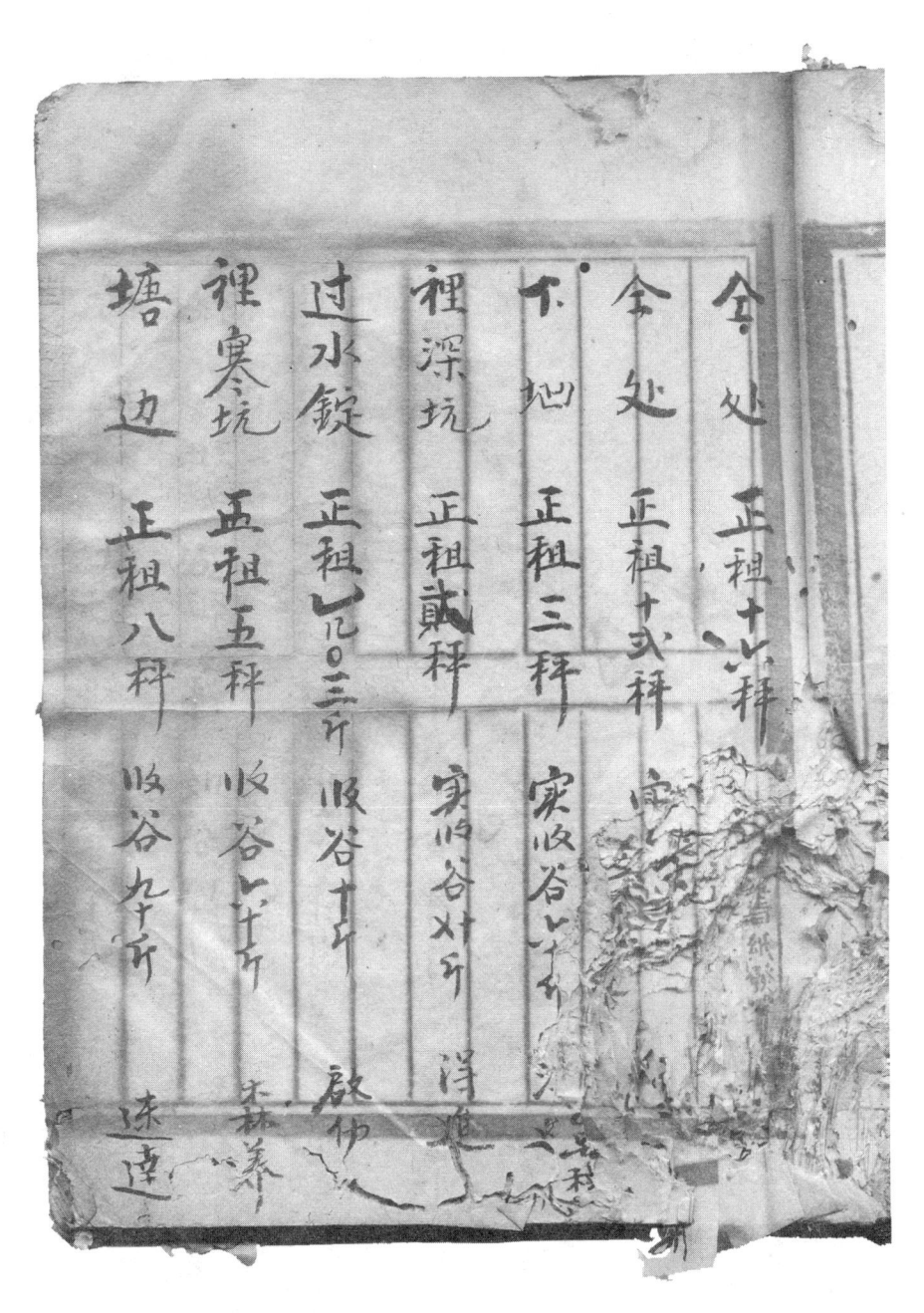

黄荆坑　正租七秤　收谷六十斤　蒋仲

枧头坵　正租十一秤　收谷卅斤　毓钟

前田段　正租七秤　收谷七十斤　少海

山兜背　正租弍几半　收谷廿斤　陈桂顺

坑口　正租弍几〇几斤　收谷卌斤　华仲

李家门前　正租十秤

江湾镇中［钟］吕村 21-12 · 民国十二年至二十九年 ·
秋收头首经理收支账簿 · 俞永本等

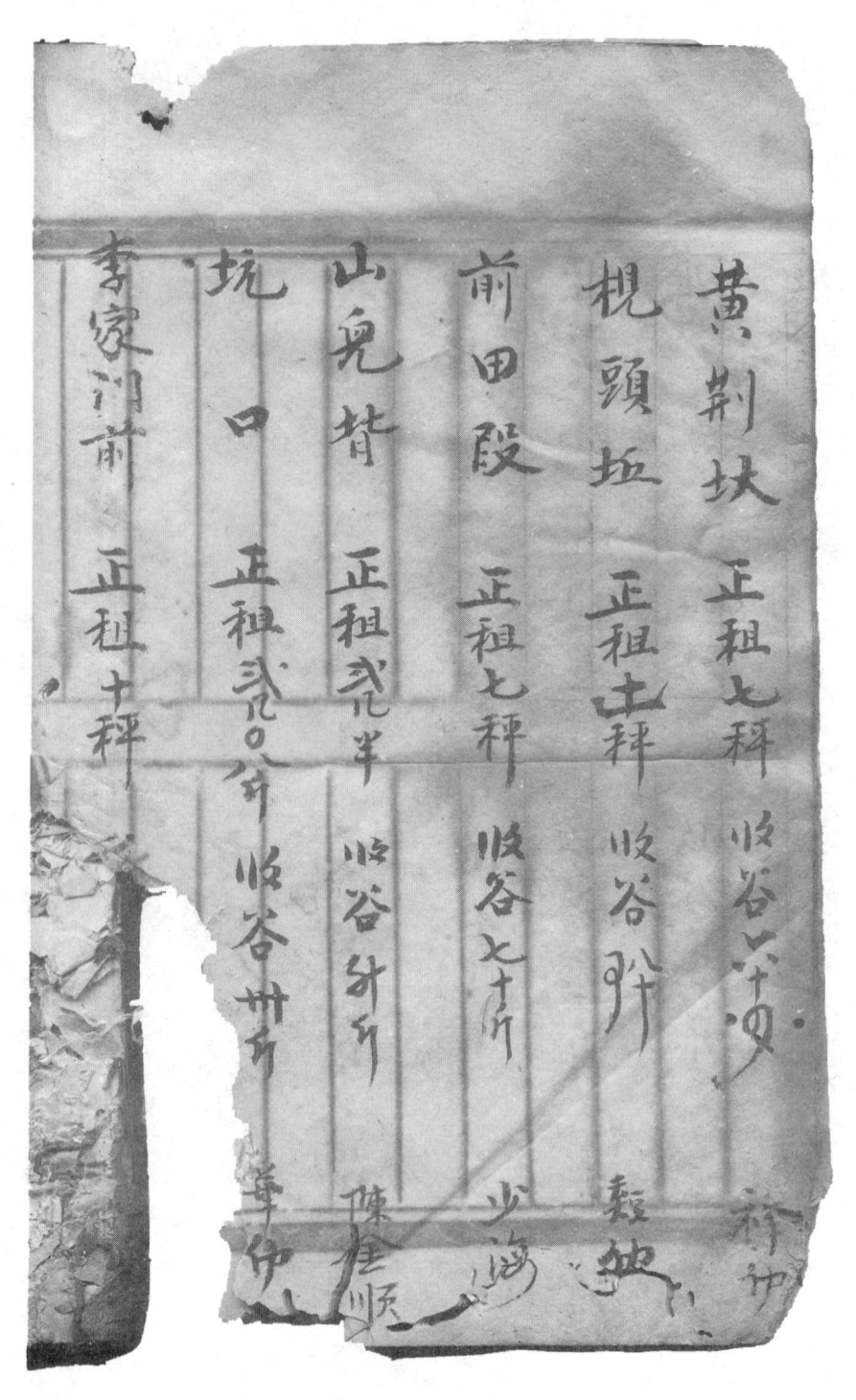

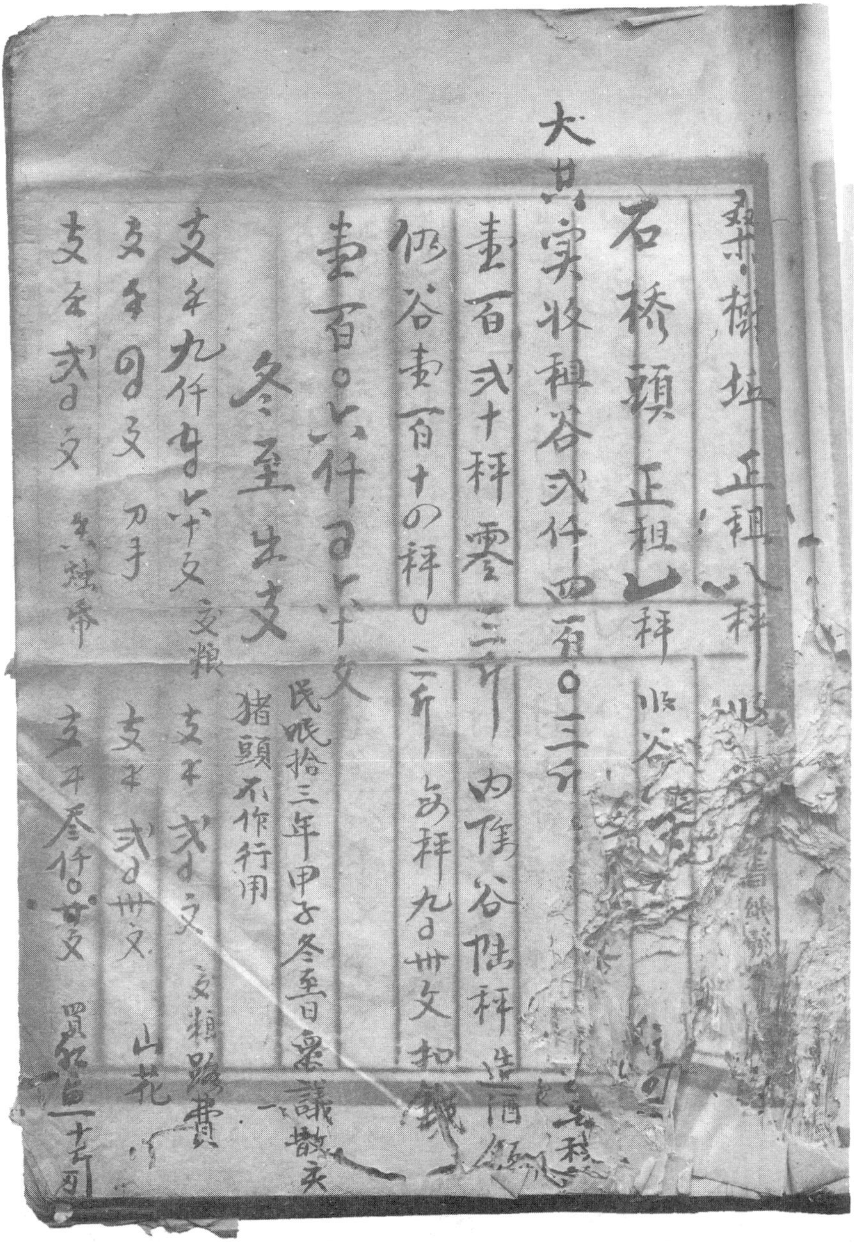

桑樹坵　正租八秤　收谷[illegible]

石橋頭　正租七秤　收谷[illegible]

大共实收租谷弍仟四百〇三斤

壹百弍十秤零三斤　内除谷陆秤　造酒[illegible]

仍谷壹百十四秤〇三斤　每秤九分卅文　扣錢

壹百〇六仟〇六十文

冬至出支

民國拾三年甲子冬至日衆議散夾

猪頭不作行用

支本九仟廿六十文　支粮

支本弍十文　支粮路費

支本四千文　刀手

支本弍四卅文　山花

支本弍十文　香烛爆

支本叁仟〇卅文　買紅苗一十斤

江湾镇中［钟］吕村 21-13 · 民国十二年至二十九年 ·
秋收头首经理收支账簿 · 俞永本等

支上乙千〇八十文　白豆大升　支年壹仟〇八十文 付上聲速用
支年叁仟六〇买叁仟卽壬年四拾九仟六足去叁賬
共支年陸十六仟〇九十七文
元旦一出支　買餅米千
支子卅七文共是文 支年〇十文 点心
支年三十文 施井力
支年廿文 大扣帖
共支旦年叁拾柒仟〇五十七文 付上首永太文
又支年乙仟〇八十七文
大统中支廿錢壹伯〇四仟
總結僟支開似存

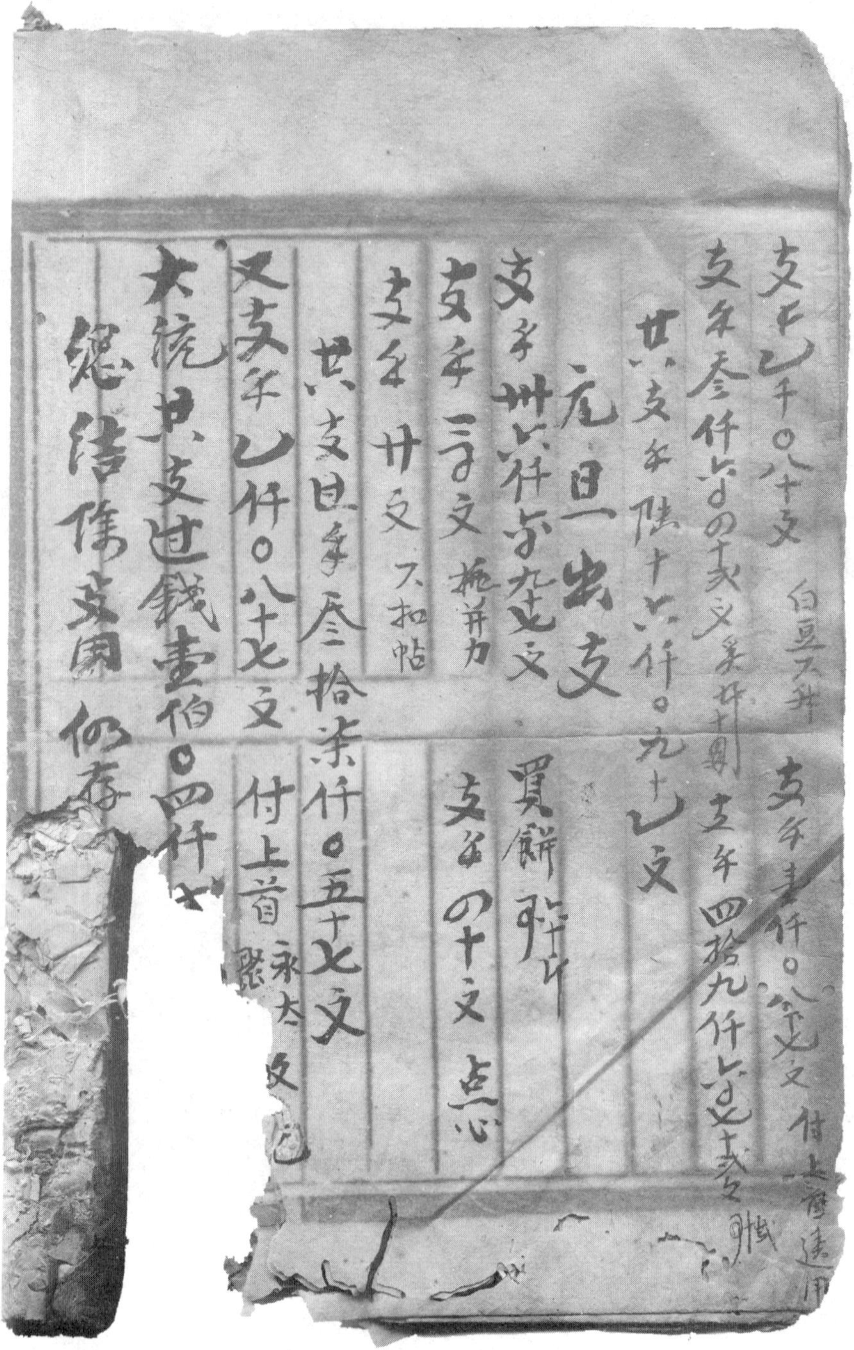

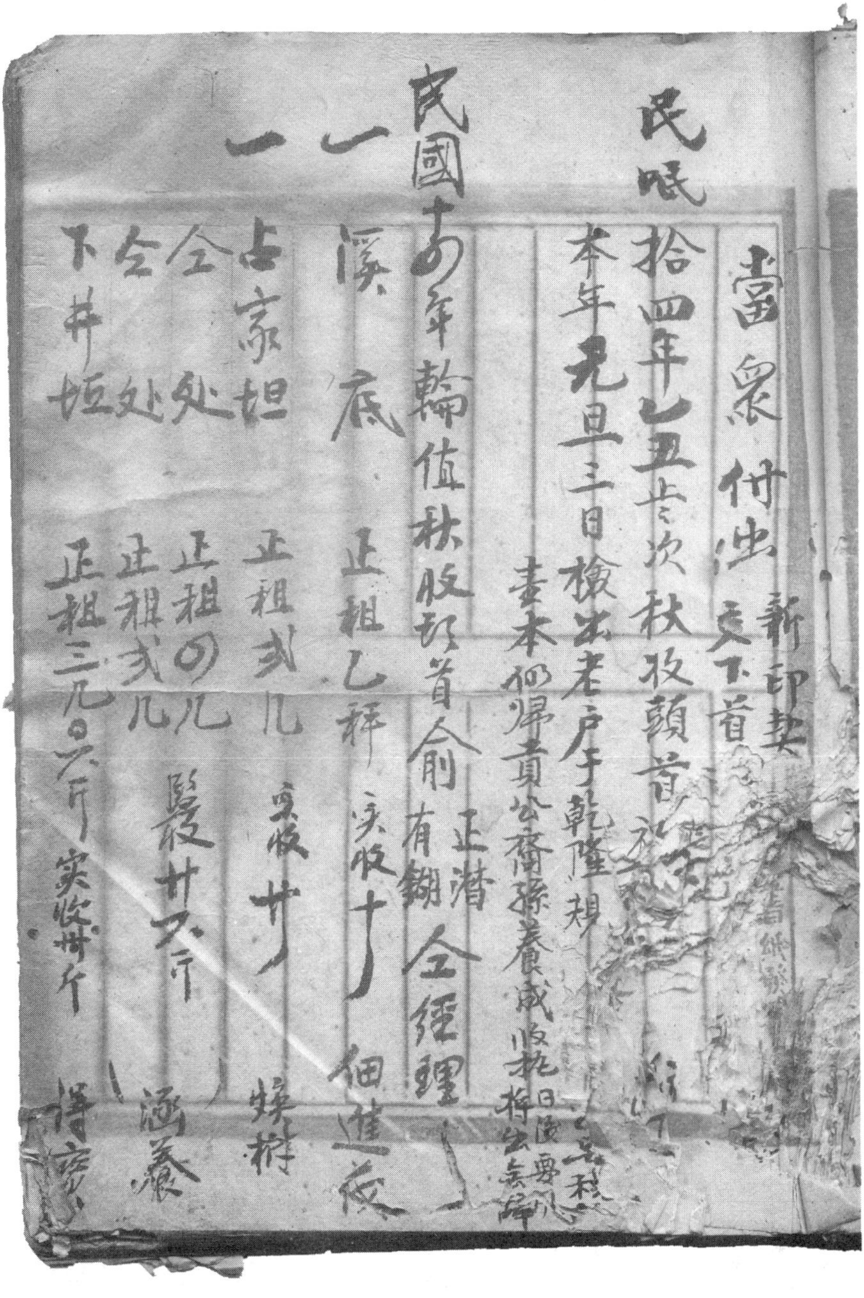
當衆付出 新印契 支下首
民國拾四年乙丑七次秋收頭首祀
本年元旦三日檢出老户于乾隆規
查本祠歸貢公裔孫養成收租日後要
民國十五年輪值秋收頭首俞 正潛
有錫 仝經理
一 溪底 正租乙秤 實收十 佃進茂
一 占家坦 正租貳几 實收廿 蝶樹
仝處 正租四几 嚴廿八斤 涵養
仝處 正租貳几
下井坵 正租三几四八斤 實收卅斤 得寶

江湾镇中[钟]吕村 21-15 · 民国十二年至二十九年 ·
秋收头首经理收支账簿 · 俞永本等

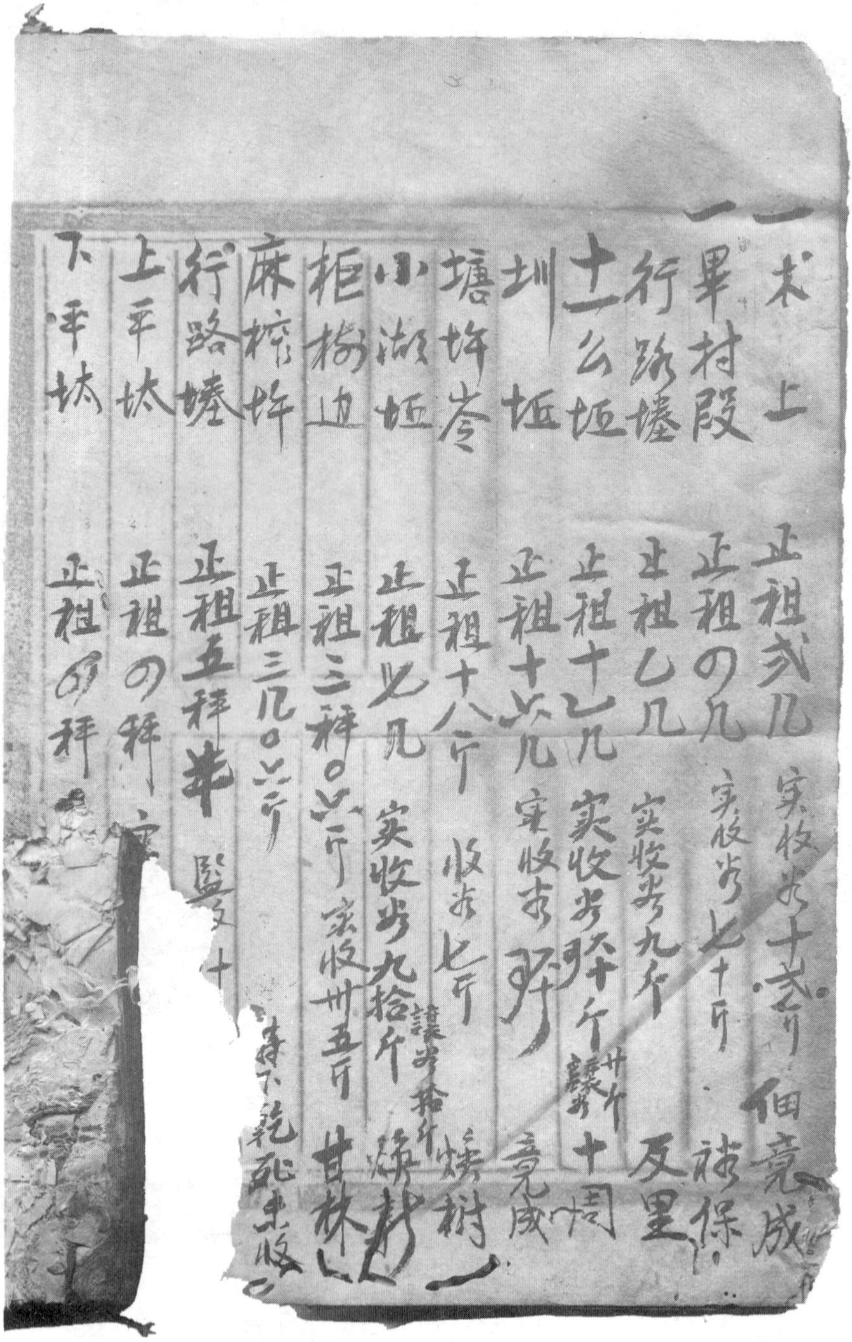
一 术上 正租弍几 实收共十弍斤 佃竟成
一 畢村段 正租四几 实收共七十斤 禄保
一 行路墶 正租乙几 实收共九斤 反里
土么垣 正租十乙几 实收共肆十斤 讓共廿斤 十周
圳垣 正租十六几 实收共肆 竟成
塘垰㟁 正租十八斤 收共七斤 㛮树
小湖垣 正租七几 实收共九拾斤 讓共拾斤 焕彬
柜榆边 正租三秤〇六斤 实收卅五斤 甘林
麻榨垰 正租三几〇六斤 下乾死未收
行路墶 正租五秤半 监 十
上平垯 正租四秤
下平垯 正租四秤

江湾镇中［钟］吕村 21–16 · 民国十二年至二十九年 ·
秋收头首经理收支账簿 · 俞永本等

裡深坑 正租弍几 実收廿
仝处 正租十六几 実收
仝处 正租十弍几 実收
下坳 正租三几 実收 又
裡深坑 正租弍几 実收 得進
过水銼 正租乙几○三斤 收米十斤 啟侬
裡宅坑 正租五几 收米不斤 青林
塘边 正租八几 実收米九十斤 年達
黄荆坮 正租七几 実收米不斤 開又
枧坵坵 正租十四几 実收米弍斤 長青
荊田段 正租七几 実收米七斤 少海
山児背 正租弍几半 実收 陈金顺

江湾镇中［钟］吕村 21-17 · 民国十二年至二十九年 ·
秋收头首经理收支账簿 · 俞永本等

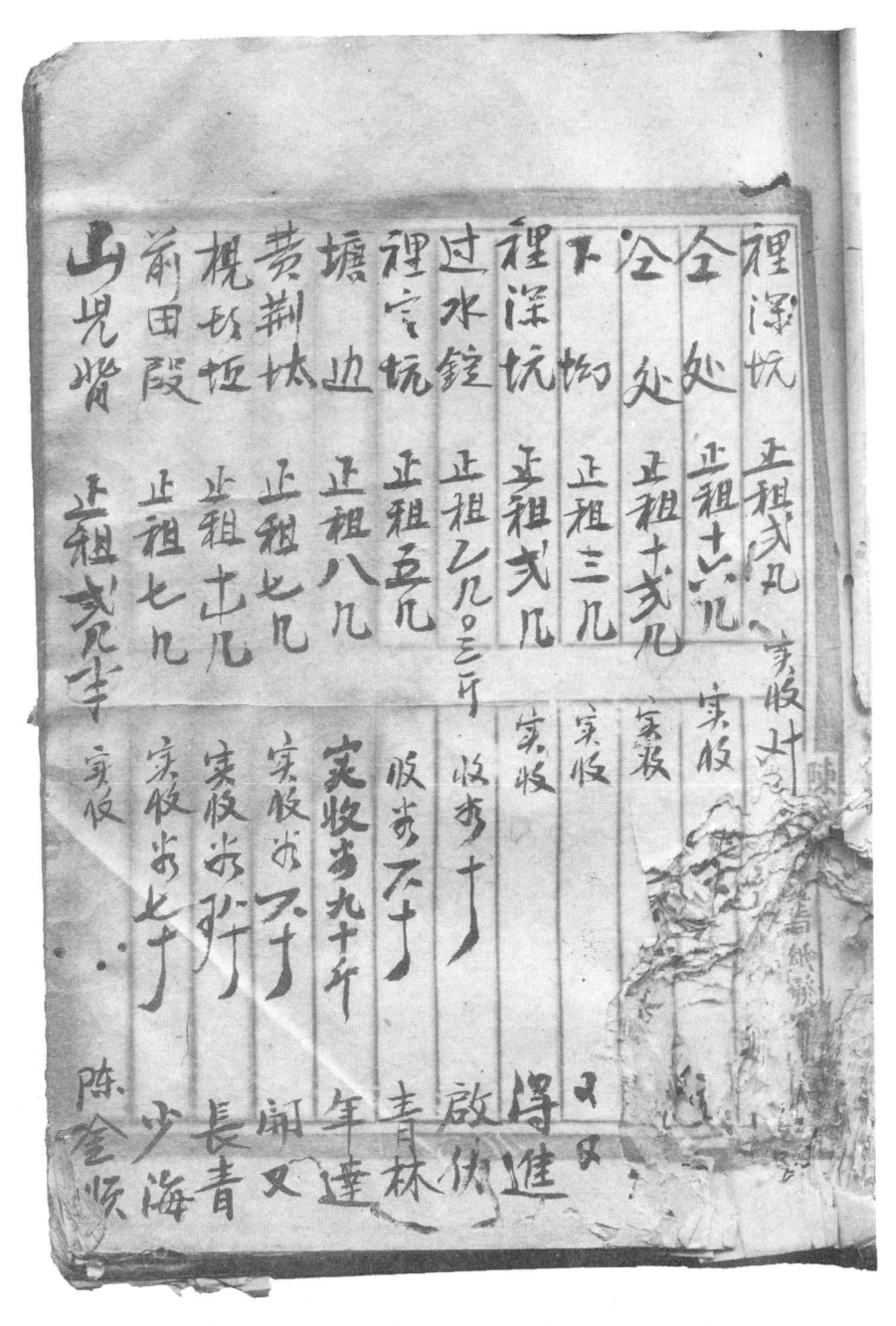

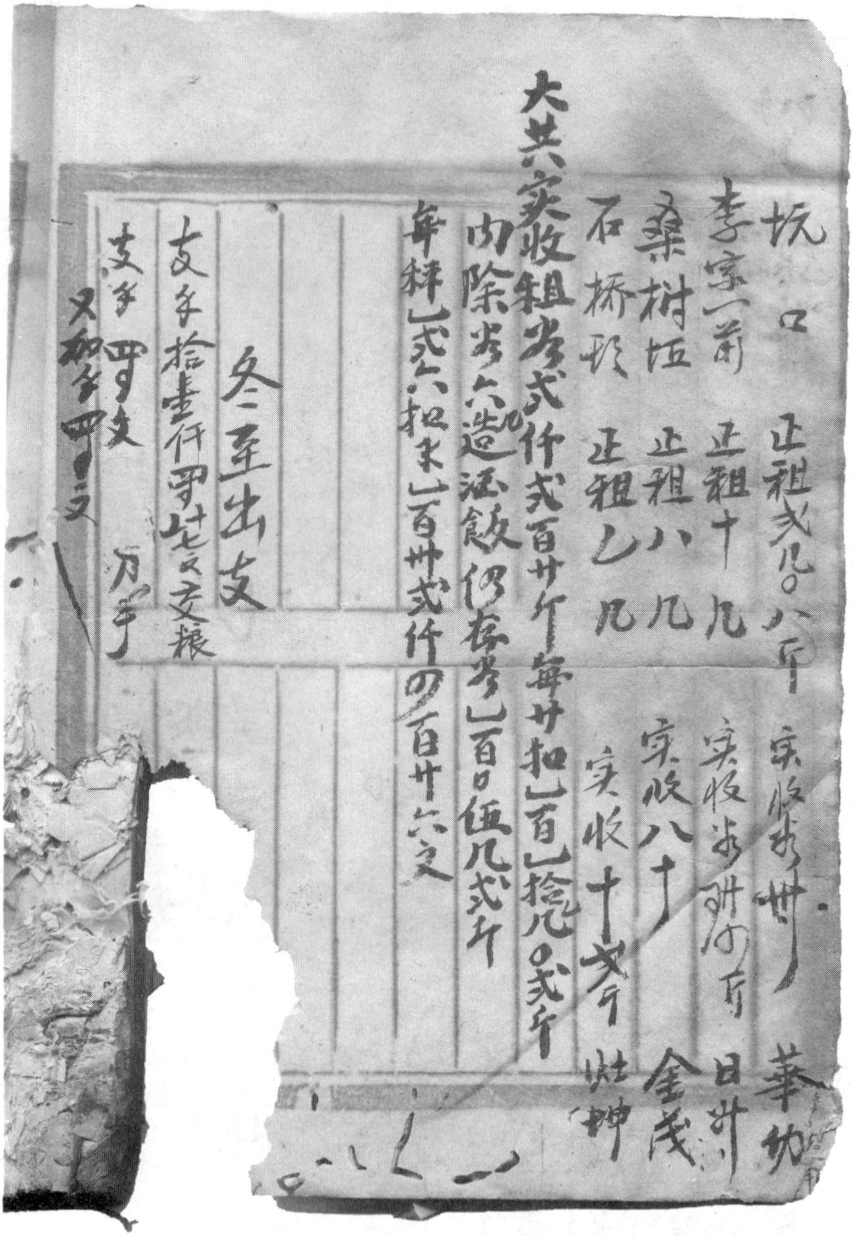

坑口 正租弍几〇八斤 实收〤卅〡 華㐱
李家一前 正租十几 实收〤卅〤斤 日升
桑树坵 正租八几 实收八十 金茂
石桥头 正租乙几 实收十〤斤 灶坤
大共实收租〤弍仟弍百廿斤 每廿扣〡百〡拾几〇弍斤
内除〤六道添饭 仍存〤〡百〇伍几弍斤
每秤〡弍〡六扣米〡百廿弍仟〇百廿六文
冬至出支
支〤拾〡仟〤廿〤文交根
支〤〤文 刀手
又加〤〤文

江湾镇中 [钟] 吕村 21-18 · 民国十二年至二十九年 ·
秋收头首经理收支账簿 · 俞永本等

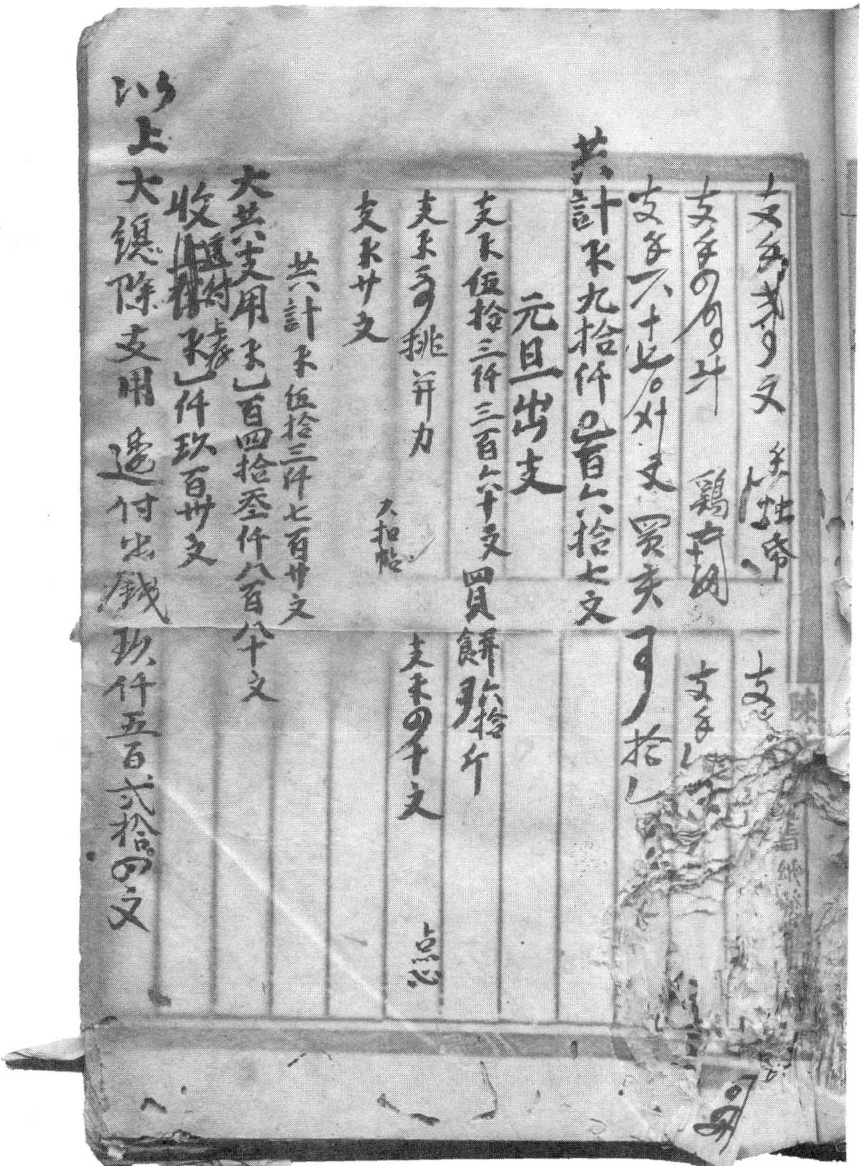

支乎式拾文 乂杜帝 支
支乎四百廿 雞子胡 支乎
支乎六十七石对文 買夹 拾
共計錢九拾仟〇百六拾七文
元旦出支
支錢伍拾三仟三百六十文 買餅六拾斤
支錢三百挑 弃力 支錢四十文
支錢廿文 大和帖 点心
共計錢伍拾三仟七百廿文
大共支用錢一百四拾叁仟八百八十文
收付錢〇仟玖百廿文
以上大總除支用 透付出錢玖仟五百式拾四文

江湾镇中［钟］吕村 21-19 · 民国十二年至二十九年 · 秋收头首经理收支账簿 · 俞永本等

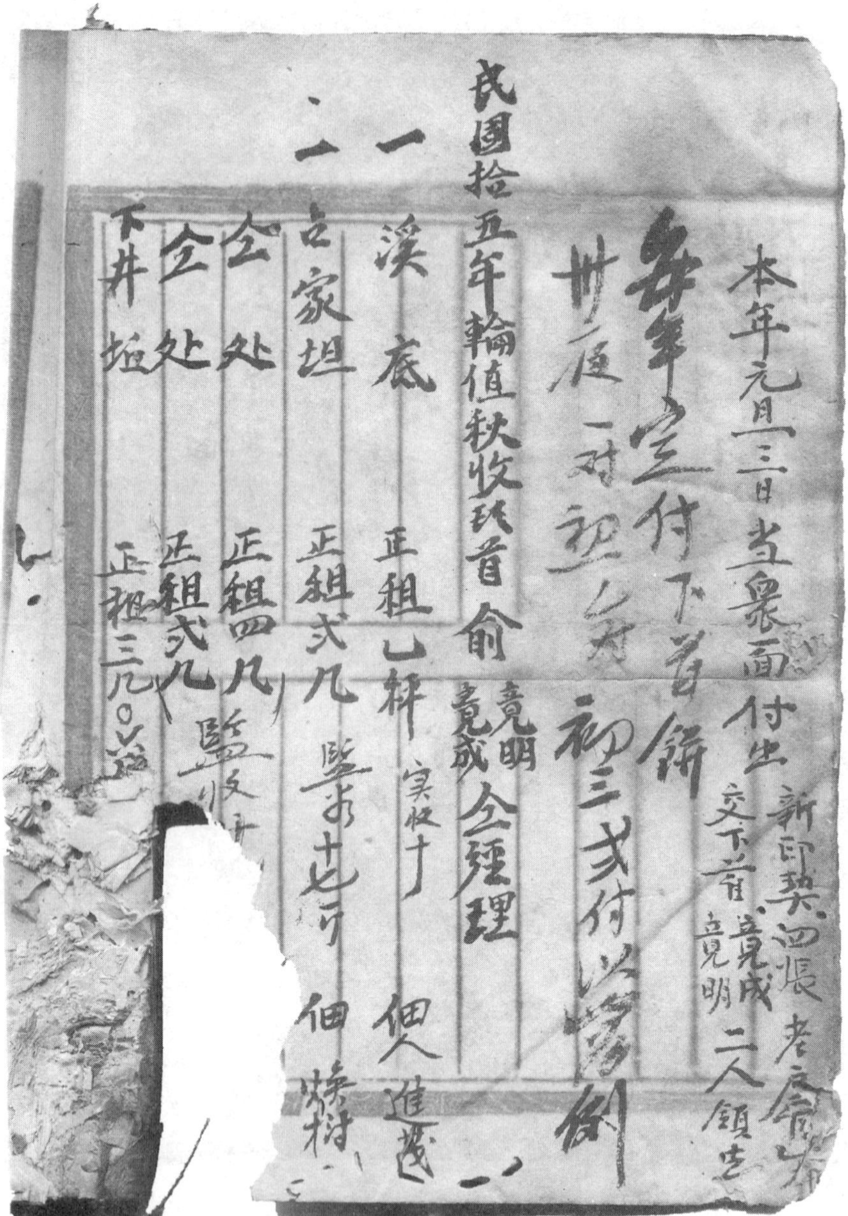
本年元月二三日当众面付出 新印契、田保 老底簿
交下首 竟成 竟明 二人領出
每年照付下首餅
廿八夜一对 初四一对 初三式付以為例
民国拾五年輪值秋收頭首 俞 竟明 竟成 仝經理
一 溪底 正租乙秤 实收十 佃人 進茂
二 吕家坦 正租式几 監收十七斤 佃 焕樹
仝处 正租四几
仝处 正租式几 監收
下井垓 正租三几

江湾镇中［钟］吕村 21-20 · 民国十二年至二十九年 ·
秋收头首经理收支账簿 · 俞永本等

术上	畢村段	行路塝	土𰉢坵	圳坵	塘墘峇	小湖垅	柜树边	麻樑坵	行路塝	上坪坵	下坪坵
正租弍丸	正租四丸	正租丸丸	正租七丸	正租十丸	正租七丸	正租七丸	正租三丸三斤	正租三丸三斤	正租五丸	正租四丸	正租の丸
監收	實收七丸	實收平戈	實收丁六斤	實收丁斤	實收七斤	實收丁斤	實收十五斤	實收卅五斤	實收不十五斤	實收卅斤	實收廿丁
		十周	竟成	萬年	灶芦	甘林	其㑇				大底

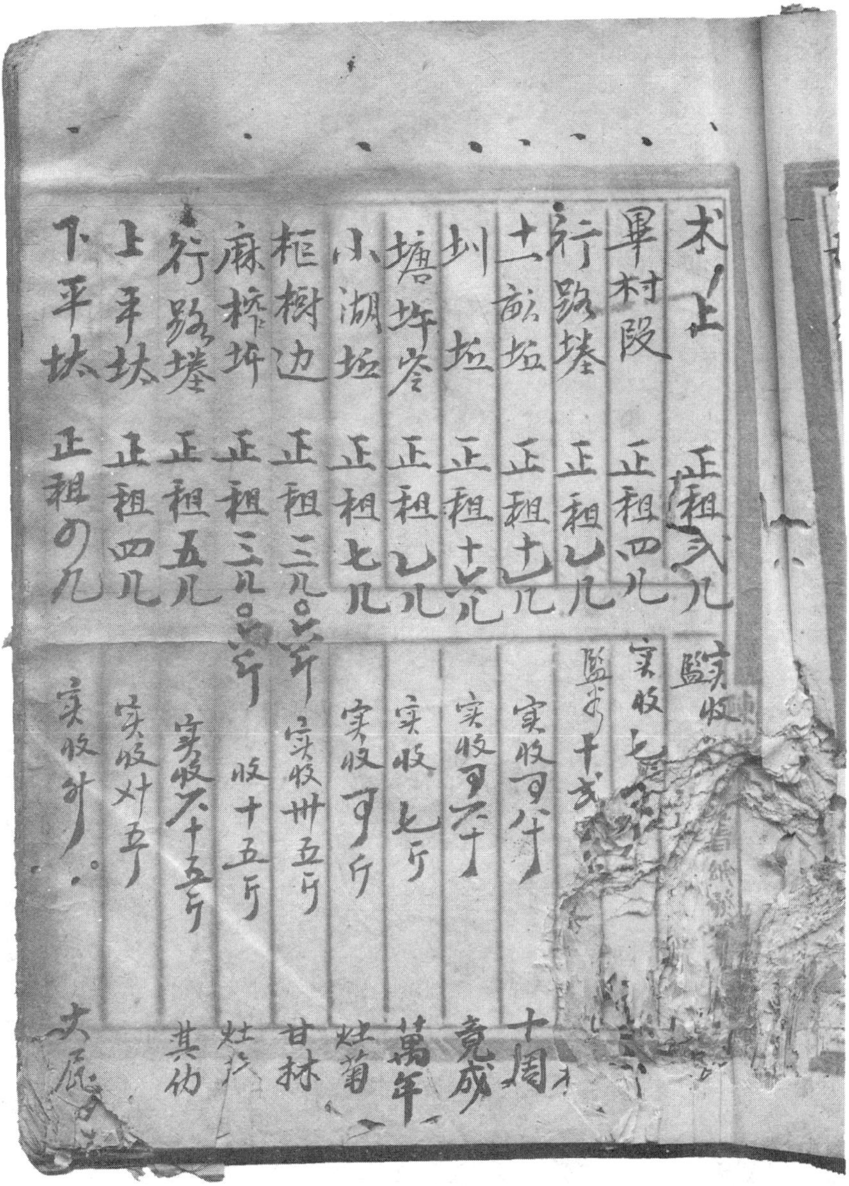

江湾镇中［钟］吕村 21-21·民国十二年至二十九年·秋收头首经理收支账簿·俞永本等

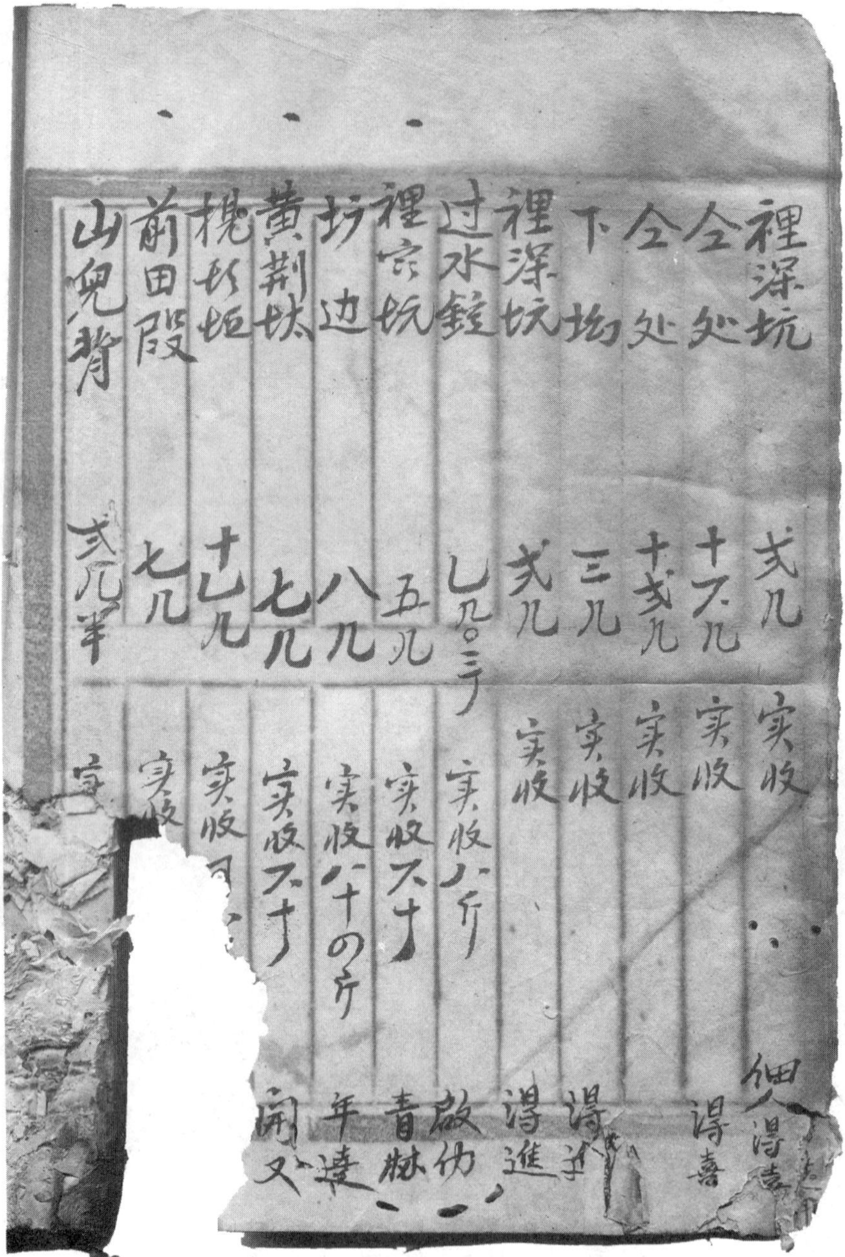
裡深坑 弍几 实收 細人淂喜
仝处 十六几 实收 淂喜
仝处 十弍几 实收
下坳 三几 实收 淂子
裡深坑 弍几 实收 淂進
过水鋅 乚几〇三 实收八斤 啟仂
裡宗坑 五几 实收不十 青桝
圬边 八几 实收八十の斤 年達
黄荆坋 七几 实收不十 闹又
槐衫垣 十乚几 实收
前田段 七几 实收
山兜背 弍几半 实

江湾镇中［钟］吕村 21-22 · 民国十二年至二十九年 ·
秋收头首经理收支账簿 · 俞永本等

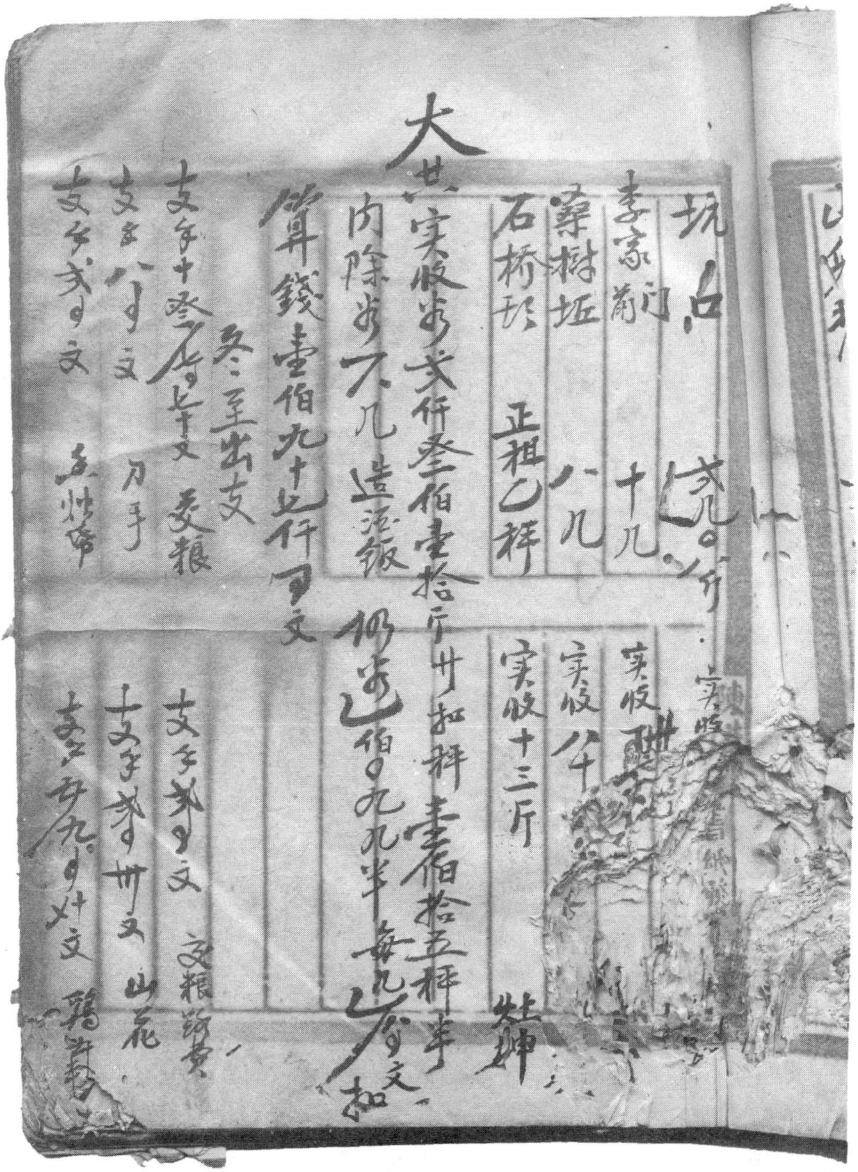

坑口 贰九○斤 实收[illegible]
李家前门 十九 实收[illegible]
蘇樹垅 八九 实收八斤[illegible]
石桥坵 正租乙秤 实收十三斤 灶坤
大共实收米式仟叁佰壹拾斤 廿扣秤 壹佰拾五秤半
内除米八九 造酒饭 仍米乙佰○九九半 每九[illegible]文 扣
算钱壹佰九十[illegible]仟[illegible]文
冬至出支
支钱十叁仟七百文 交粮 支钱[illegible]文 交粮[illegible]
支钱八仟文 刀手 支钱[illegible]卅文 山花
支钱贰仟文 [illegible] 支钱九仟[illegible]文 [illegible]

江湾镇中［钟］吕村 21-23 · 民国十二年至二十九年 ·
秋收头首经理收支账簿 · 俞永本等

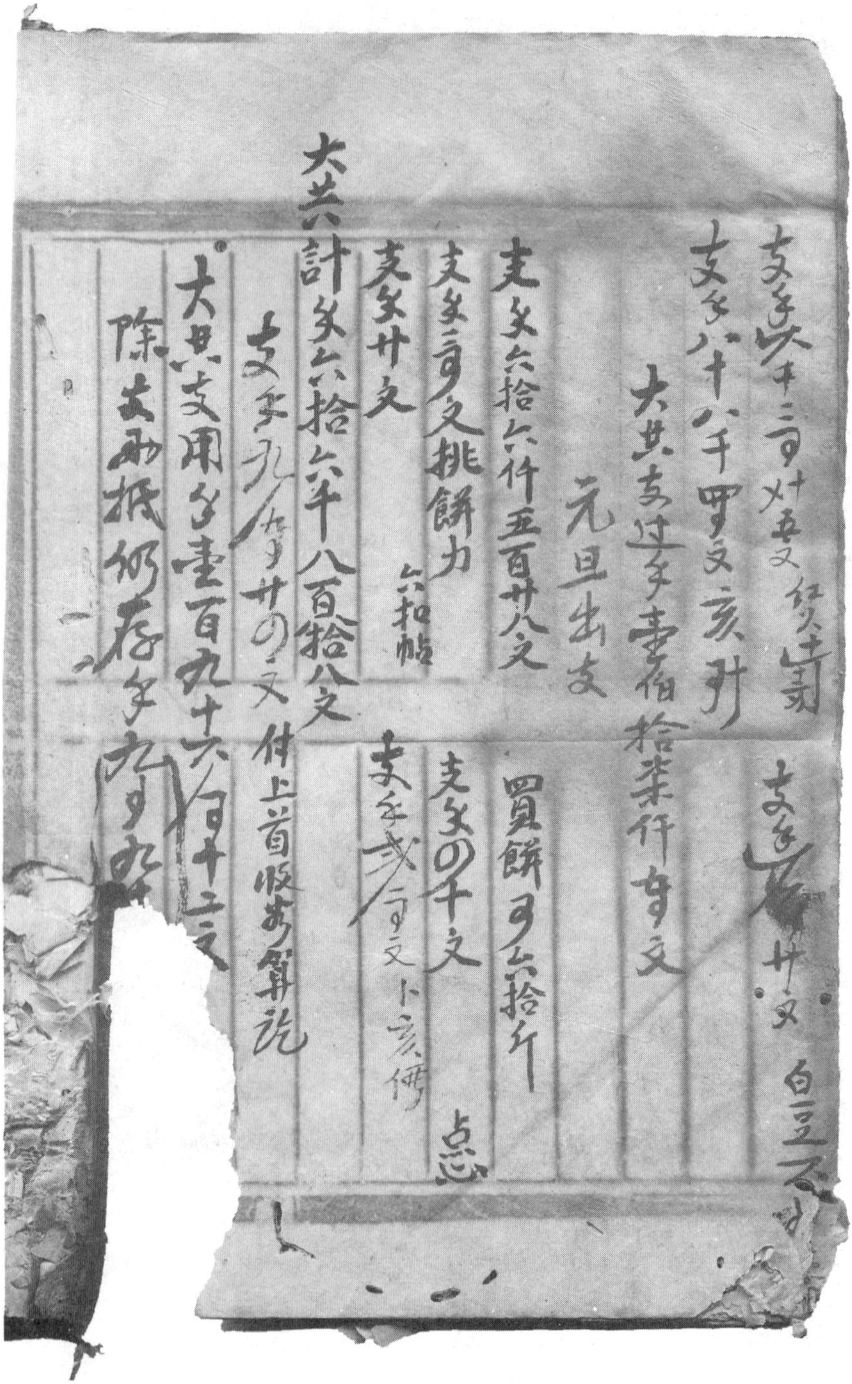

支钱〤十三千〤十〤文 红纸十箇
支钱八十八千四百文 亥升
大共支过钱壹佰拾柒仟〤文
元旦出支
支钱六拾六仟五百廿八文
支钱三千文挑饼力
支钱廿文
六和帖
大共計钱六拾六千八百拾八文
支钱九千廿四文 付上首收头算讫
大共支用钱壹百九十六千〤十二文
除支两抵仍存钱九千〤
支钱〤廿文 白豆〤
买饼〤六拾斤
支钱四千文 点心
支钱〤千〤文 卜亥〤

江湾镇中［钟］吕村 21–24 · 民国十二年至二十九年 ·
秋收头首经理收支账簿 · 俞永本等

丁卯年元旦三日当众付出

老户管本 派伊领去

老账

民國拾六年輪流執事秋收人俞

派伊仝經理

溪底 正租壹秤四十斤 直发

占家坦 正租式秤四廿斤 燒樹

仝处 正租四秤 收四斤 酒

仝处 正租式秤

下井垣 正租叁秤 四十斤 及李

求上 正租式九廿斤 黄

畢村段 正租四九七廿斤 臭

江湾镇中［钟］吕村 21-25 · 民国十二年至二十九年 ·
秋收头首经理收支账簿 · 俞永本等

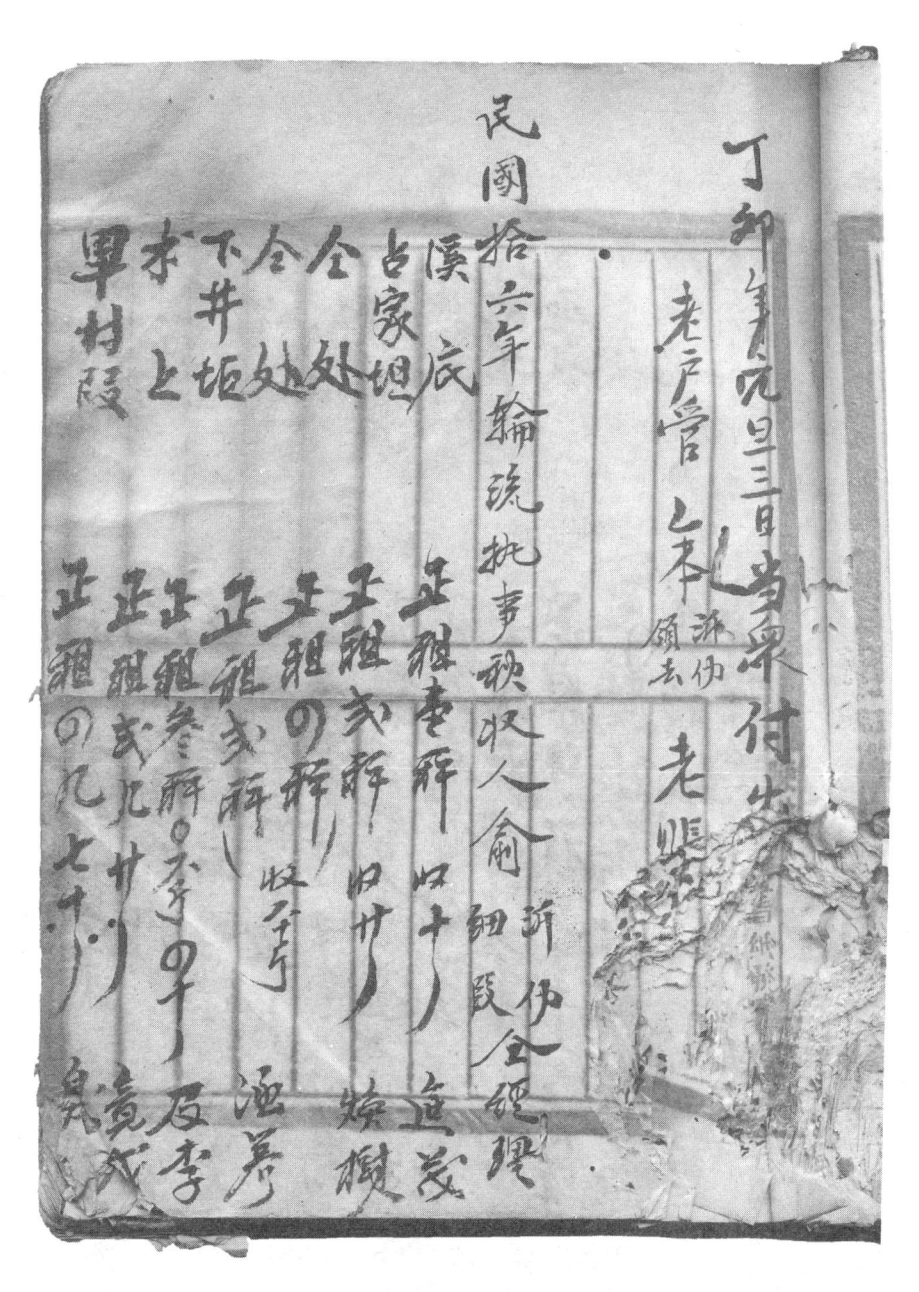

行路塆　正租壹秤　监革　双喜
十么坵　正租拾壹秤斗　士周
圳坵　正租拾六秤秤　意成
乡竹叁　正租壹秤五斤　得
小胡坵　正租柴秤　旺
柜园坵　正租叁秤〇六斤卅五斤　甘
麻樟竹　正租叁秤〇六斤十五斤　旺
行路塆　正租五秤本五斤　沂
上平坑　正租四秤四斤五斤　康
下平坑　正租四秤
礼深坑　正租弍
仓坑　正租拾

江湾镇中［钟］吕村 21-26 · 民国十二年至二十九年 ·
秋收头首经理收支账簿 · 俞永本等

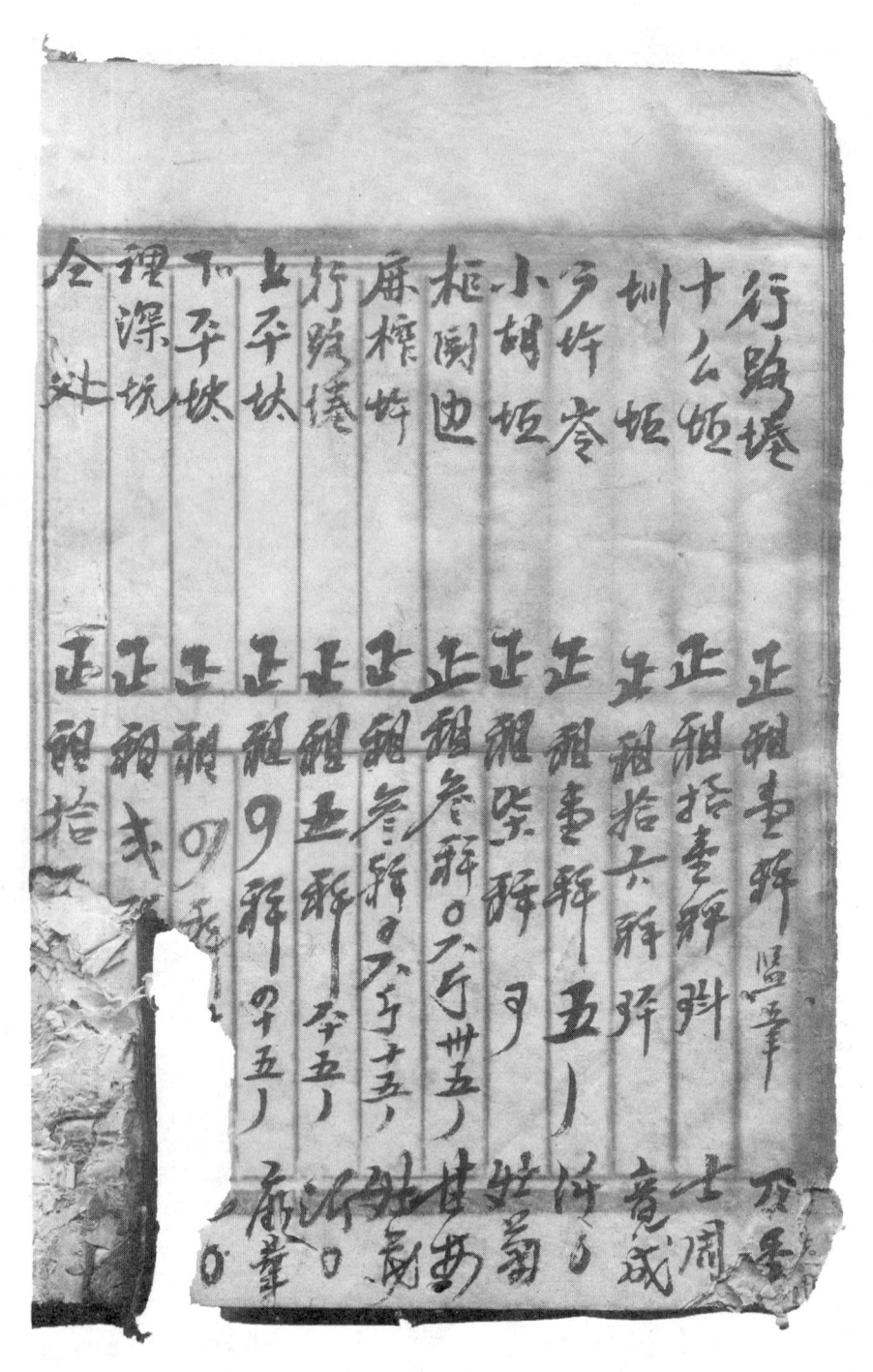

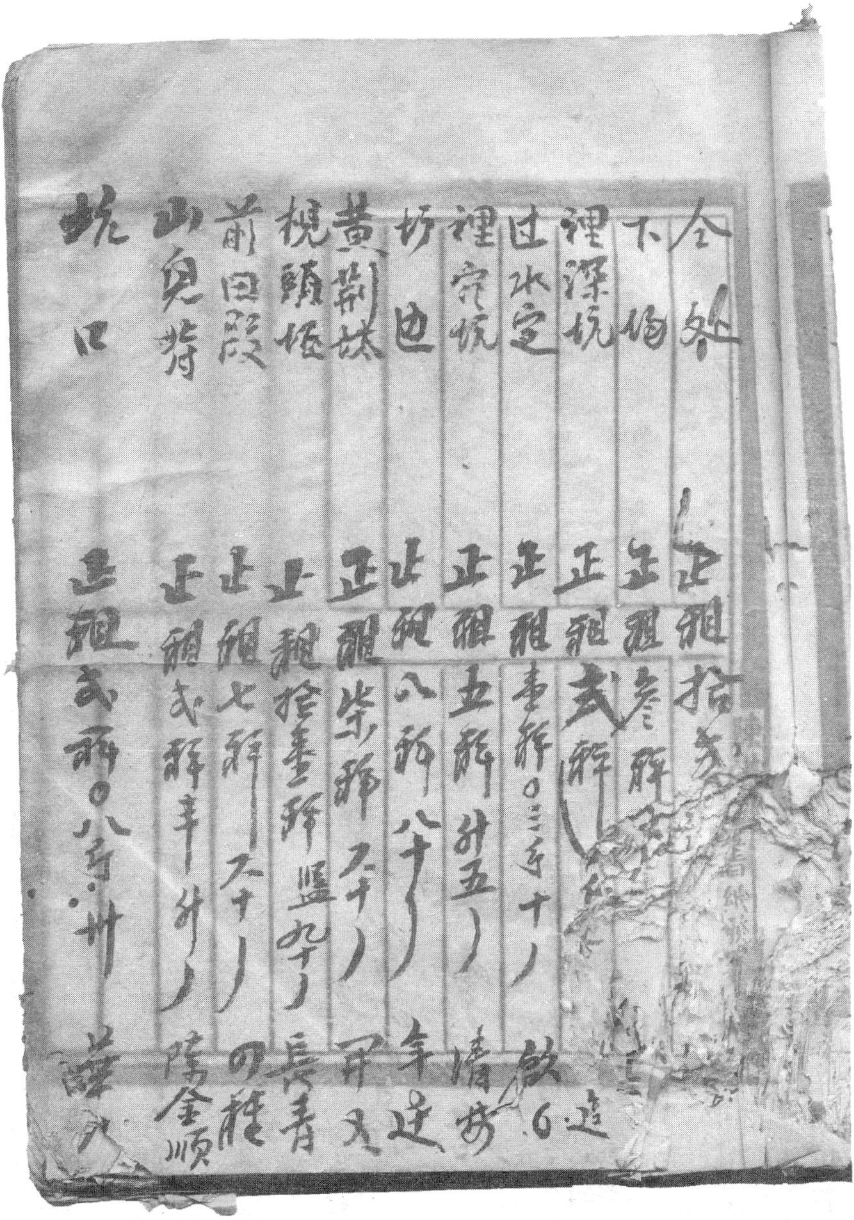
仝外　正租拾叁

下低　正租叁秤

裡深坑　正租弍秤　造

过水堂　正租壹秤〇三斤十　飲6

裡宗坑　正租五秤廿五　清安

圻也　正租八秤八斤　年进

黄荆坛　正租柒秤六斤　开又

槐頭坵　正租拾壹秤蓝九斤　長青

前田段　正租七秤六斤　四旺

山见背　正租弍秤廿斤　陽金順

坑口　正租弍秤〇八斤卅　蒋九

江湾镇中［钟］吕村 21–27 · 民国十二年至二十九年 · 秋收头首经理收支账簿 · 俞永本等

李家前

桑榈坦

石桥头

正租拾秤升丨

正租捌秤四斗斗

止租壹秤拾壹丨

大共扇夜祖数仟壹秤凡斗斤丨廿斗也壹筲。凡秤。拾

柴斤荆四四斗大麻岀酒饭四少壹筲。叁

秤。拾柴方荆每秤四十丨升算壹壹自叁

拾任仟○○三文

冬至柴支

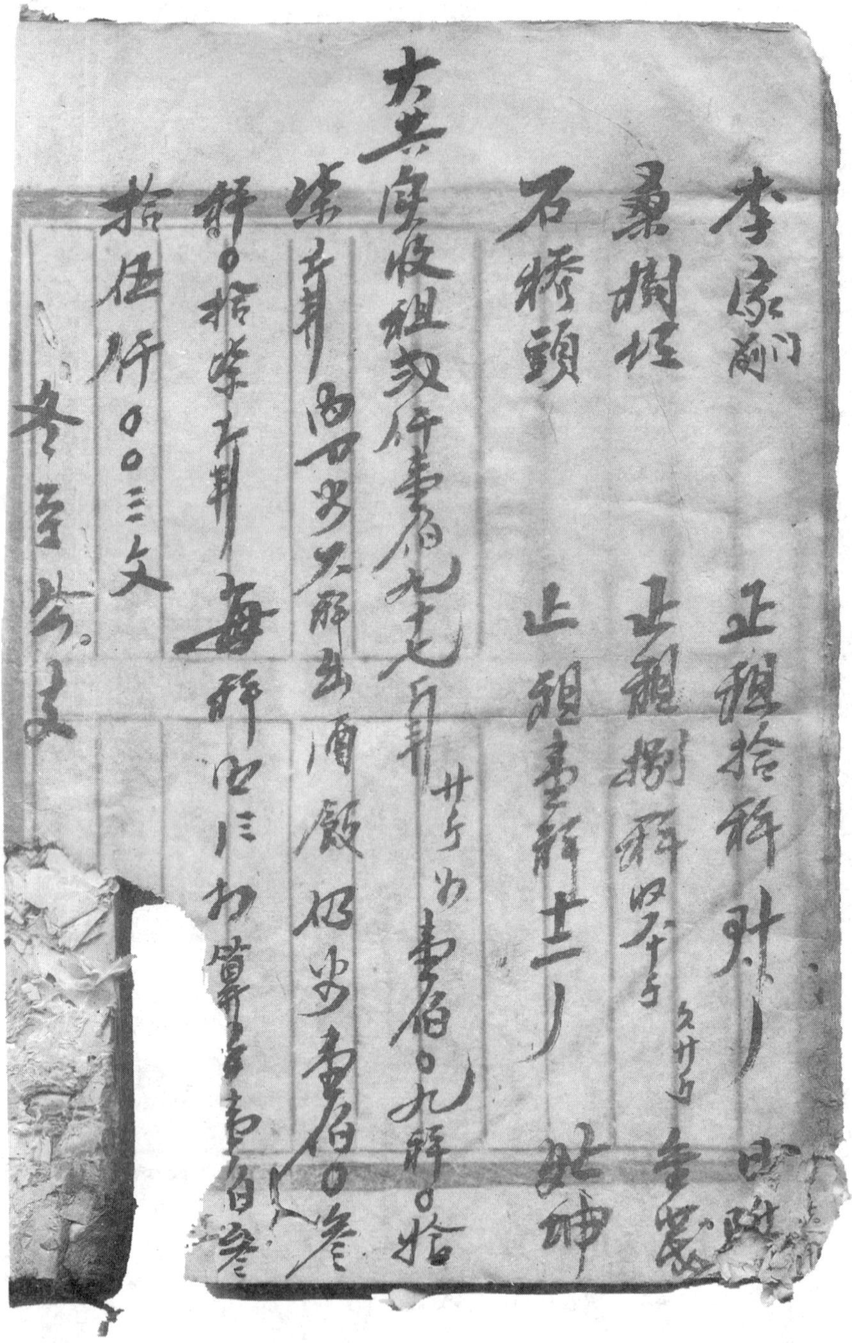

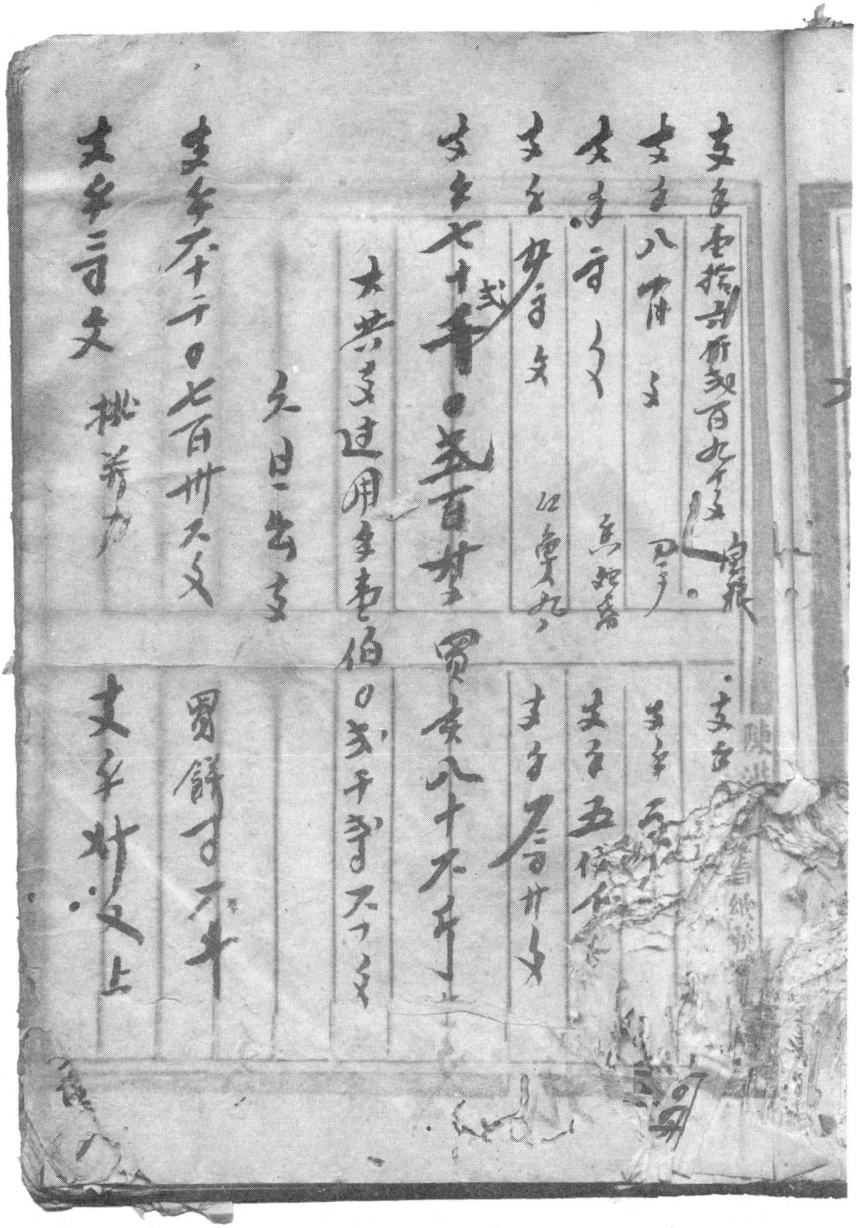

江湾镇中［钟］吕村 21-29 · 民国十二年至二十九年 ·
秋收头首经理收支账簿 · 俞永本等

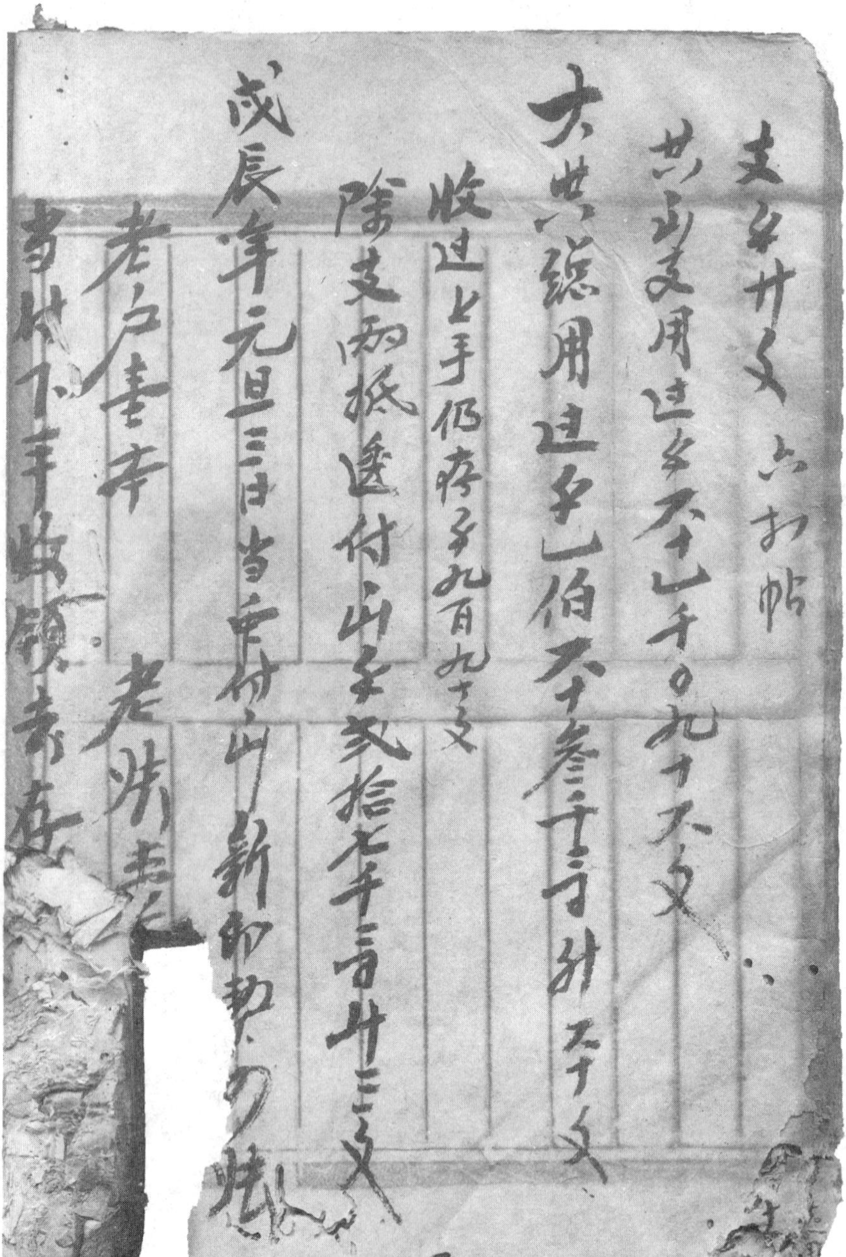
支乡廿文 六扣帖
共出支用过乡丕十乙千〇九十丕文
大共总用过乡乙伯丕十叁千〇升丕十文
收过上手仍存乡九百九十文
除支两抵透付出乡叁拾七千三百廿三文
戊辰年元旦三日当众付出新印契乙纸
老户佳本 老洪
当付下手收领未存

江湾镇中［钟］吕村 21-30 · 民国十二年至二十九年 ·
秋收头首经理收支账簿 · 俞永本等

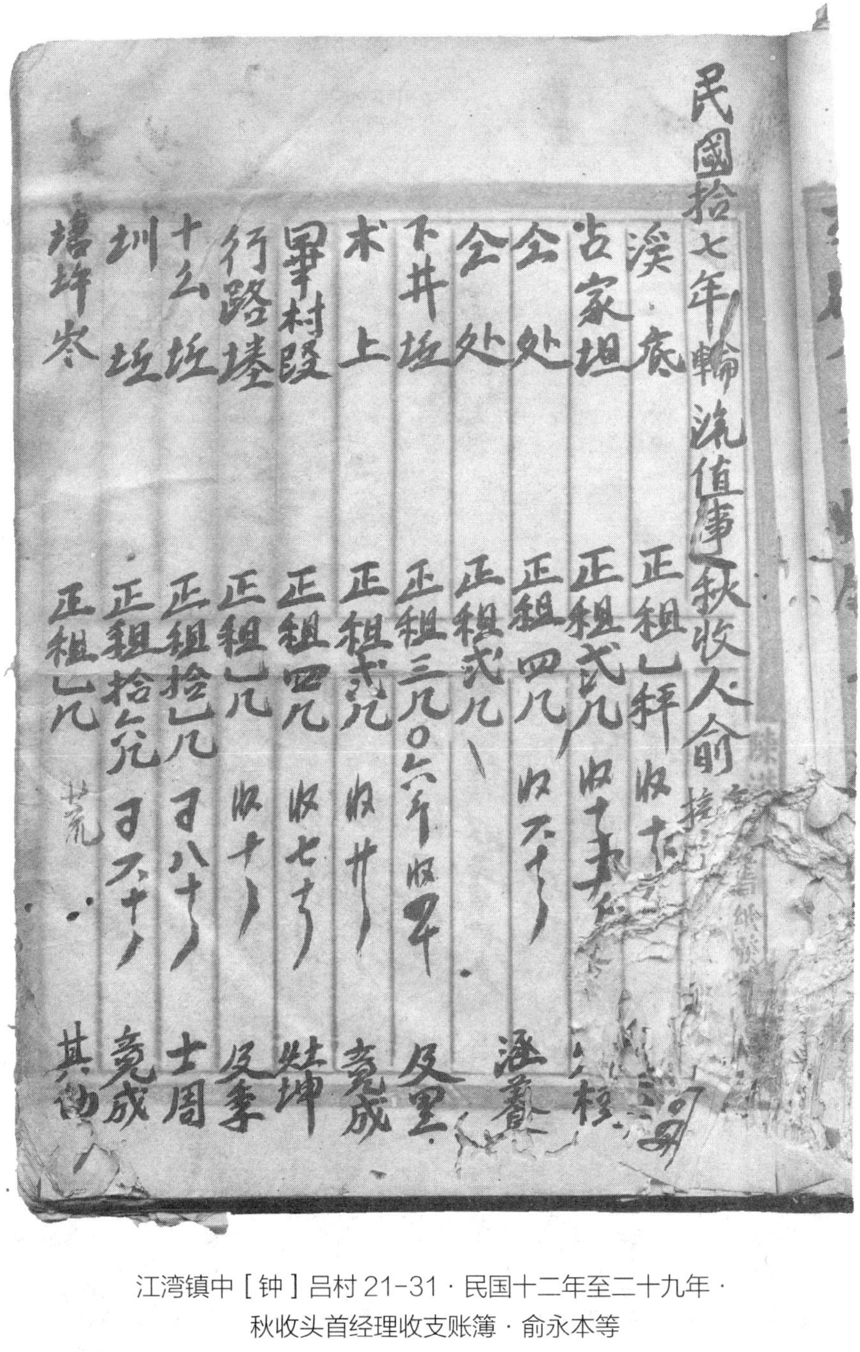

民國拾七年輪流值事秋收人俞接[illegible]

溪底 正租乜秤 收[illegible]

古家坦 正租弍几 收十[illegible] [illegible]棖

仝處 正租四几 收不[illegible] 涵養

仝處 正租弍几、

下井坵 正租三几〇六斤 收畢 及里

朮上 正租弍几 收廿 竟成

畢村段 正租四几 收七[illegible] 灶坤

行路塝 正租乜几 收十 及季

十么坵 正租拾乜几 ㄋ八十 士周

圳坵 正租拾六几 ㄋ不十 竟成

塘坪冬 正租乜几 [illegible] 其[illegible]

江湾镇中［钟］吕村 21-31 · 民国十二年至二十九年 ·
秋收头首经理收支账簿 · 俞永本等

小胡坵　正租柒几　收[illegible]　[illegible]
柜樹边　正租三几半　收卅五　甘林
麻榨坵　正租三几〇六斤　收卅　[illegible]百蒙
行路塆　正租五几　收不十　其伤
上平坊　正租四几　收斗　麻華
下平坊　正租四几　收斗　茂仂
鲤深坑　正租弍几　收四斗　浮喜
仝处　正租拾六秤　收[illegible]廿　浮喜
仝处　正租弍几　收四斗　浮喜
下坞　正租三秤　收不十　[illegible]
鲤深坑　正租弍秤　收[illegible]
过水[illegible]　一　正租[illegible]秤[illegible]

江湾镇中［钟］吕村 21-32 · 民国十二年至二十九年 ·
秋收头首经理收支账簿 · 俞永本等

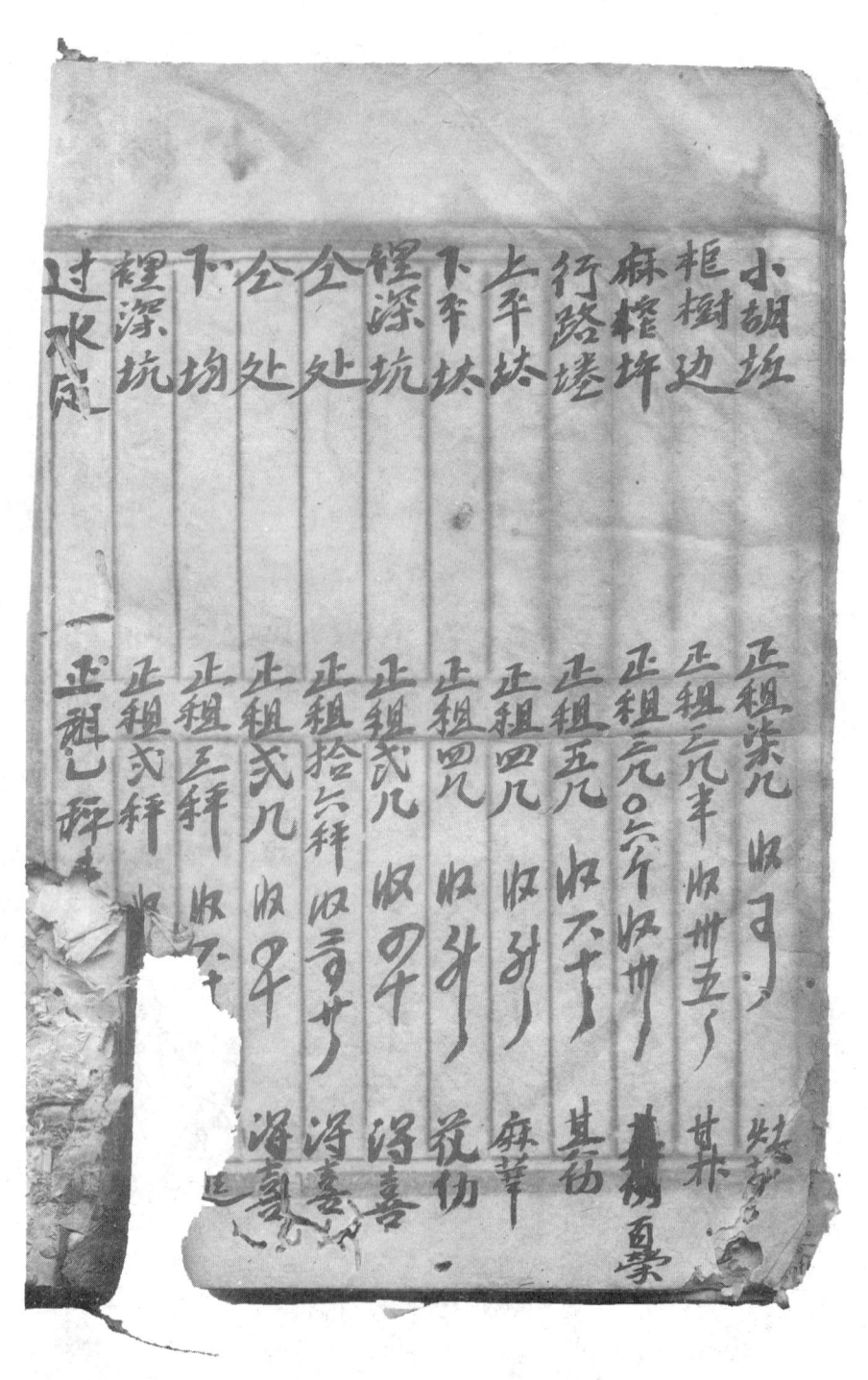

塘家坂	坊边	黄荆坞	杭头坯	前田殿	山儿背	坑口	李家门前	桑木坦	石桥头
正租五秤	正租八秤收	正租七秤收	正租十二秤收廿七	正租七秤收卆十	正租弍秤半收卅斤	正租弍秤半收廿斤	正租十秤收廿斤	正租八秤收九十	正租山租半收十丁
			长生	桂顺	黄	黄	日坐	文斌	日坐

以上大共实收租步弍仟壹百卅廿觔算

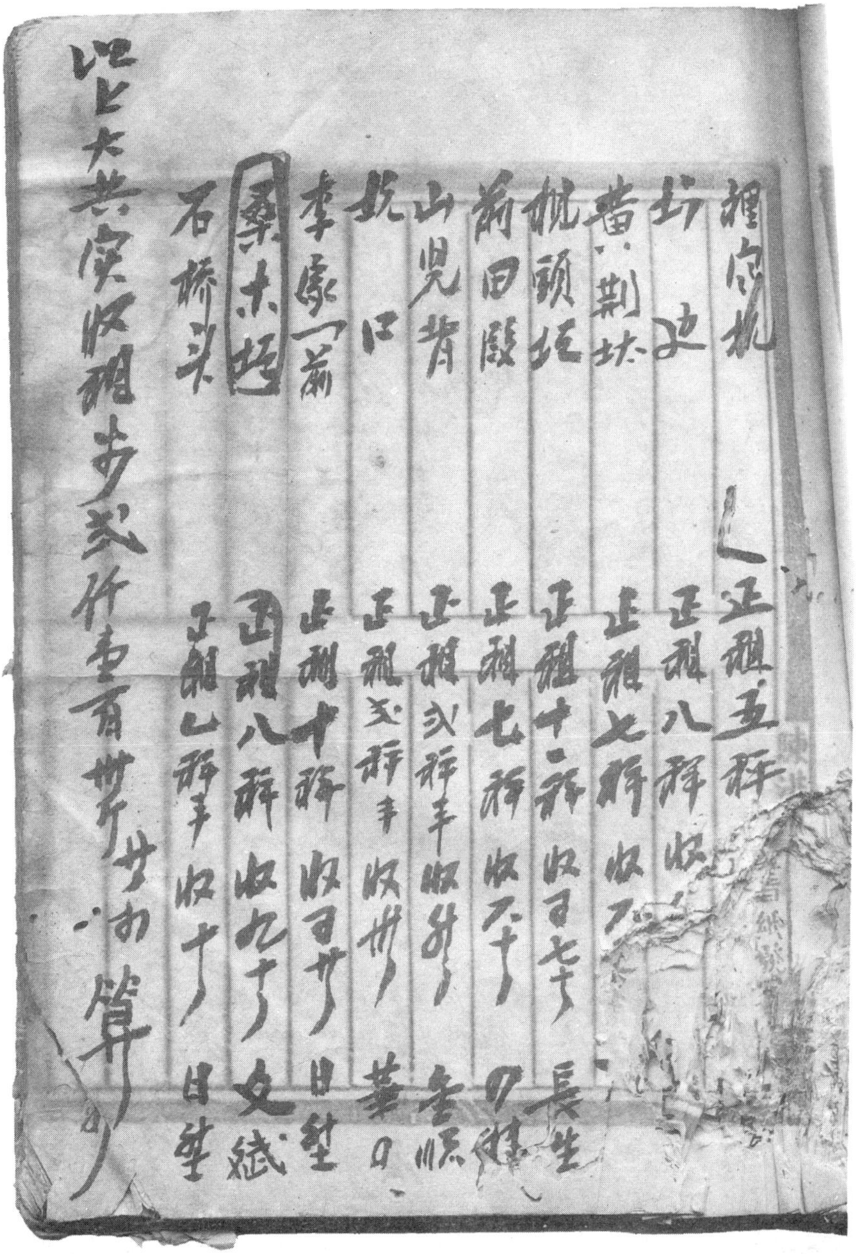

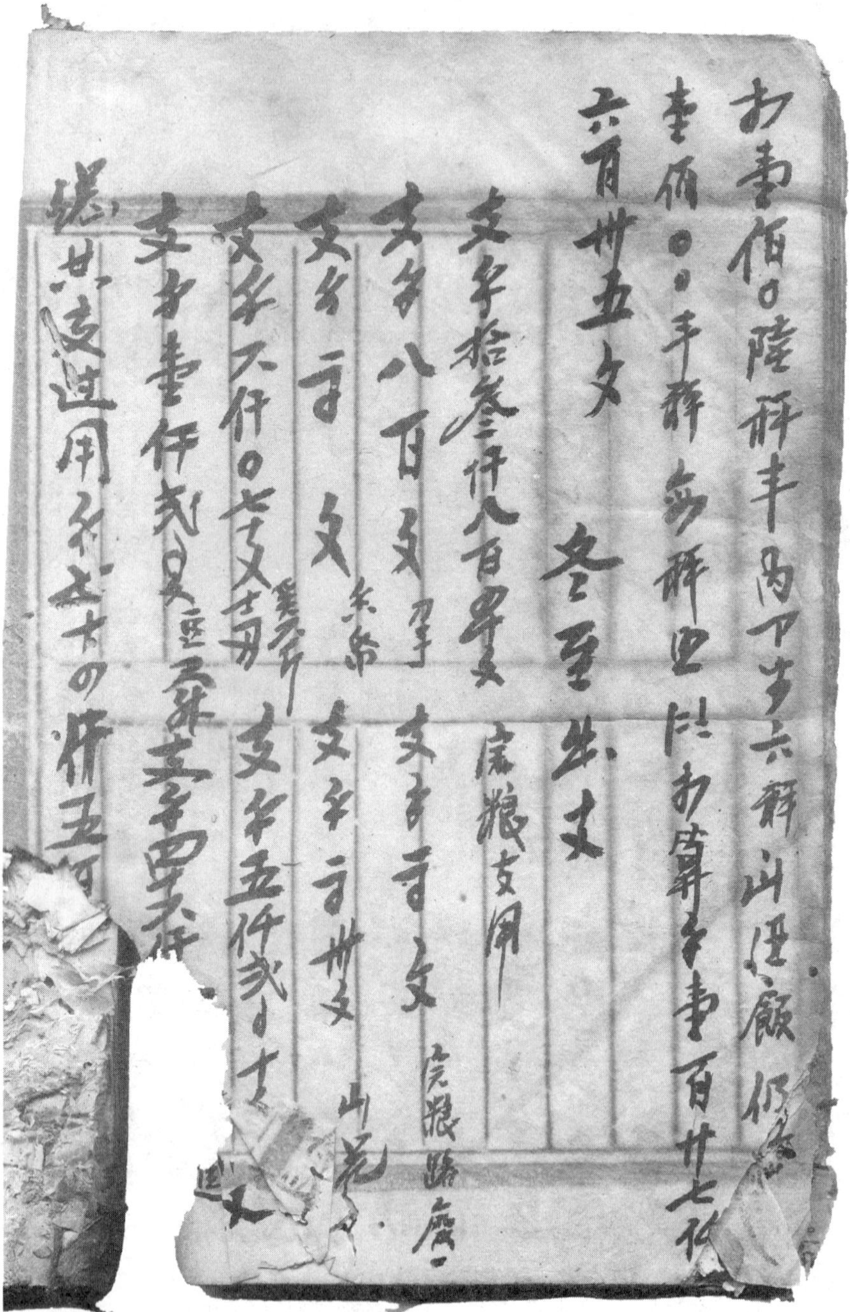

江湾镇中［钟］吕村 21–34 · 民国十二年至二十九年 ·
秋收头首经理收支账簿 · 俞永本等

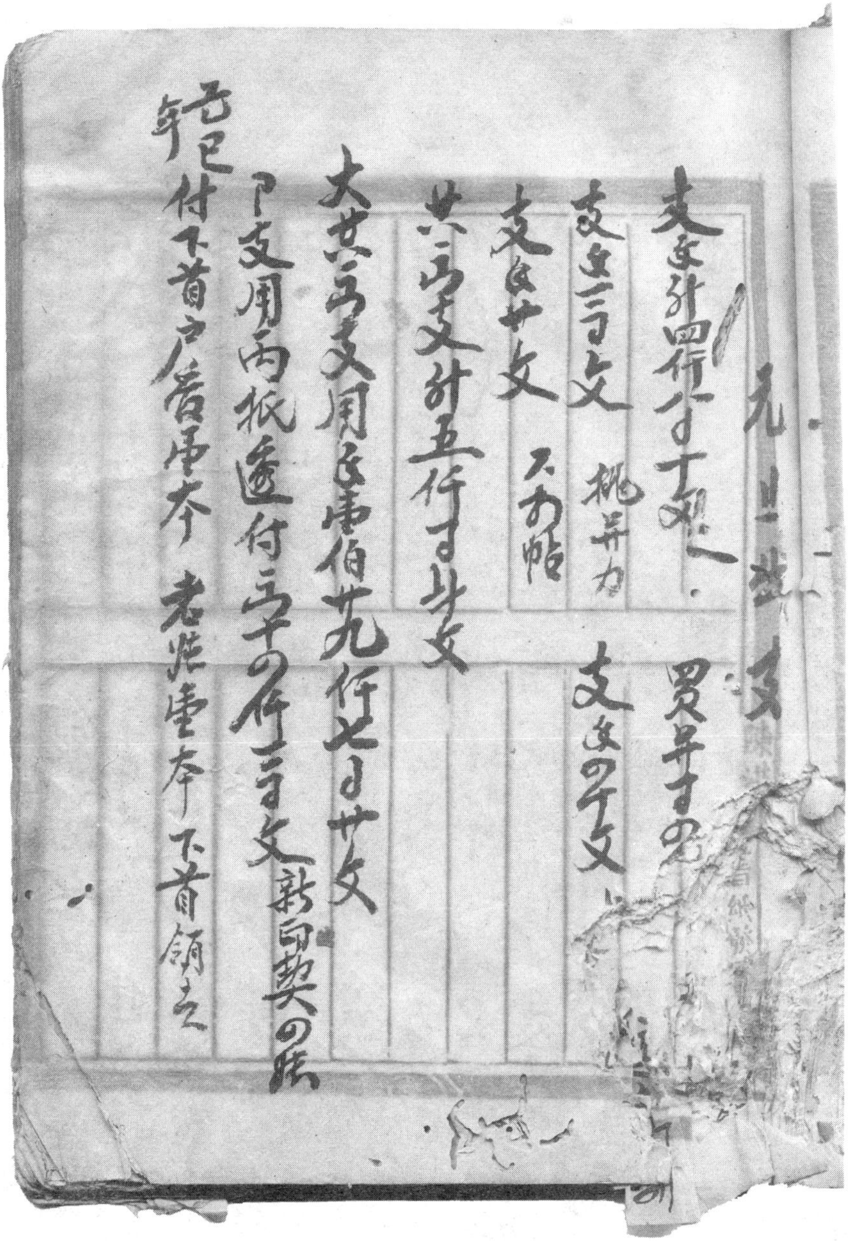

江湾镇中［钟］吕村 21-35 · 民国十二年至二十九年 ·
秋收头首经理收支账簿 · 俞永本等

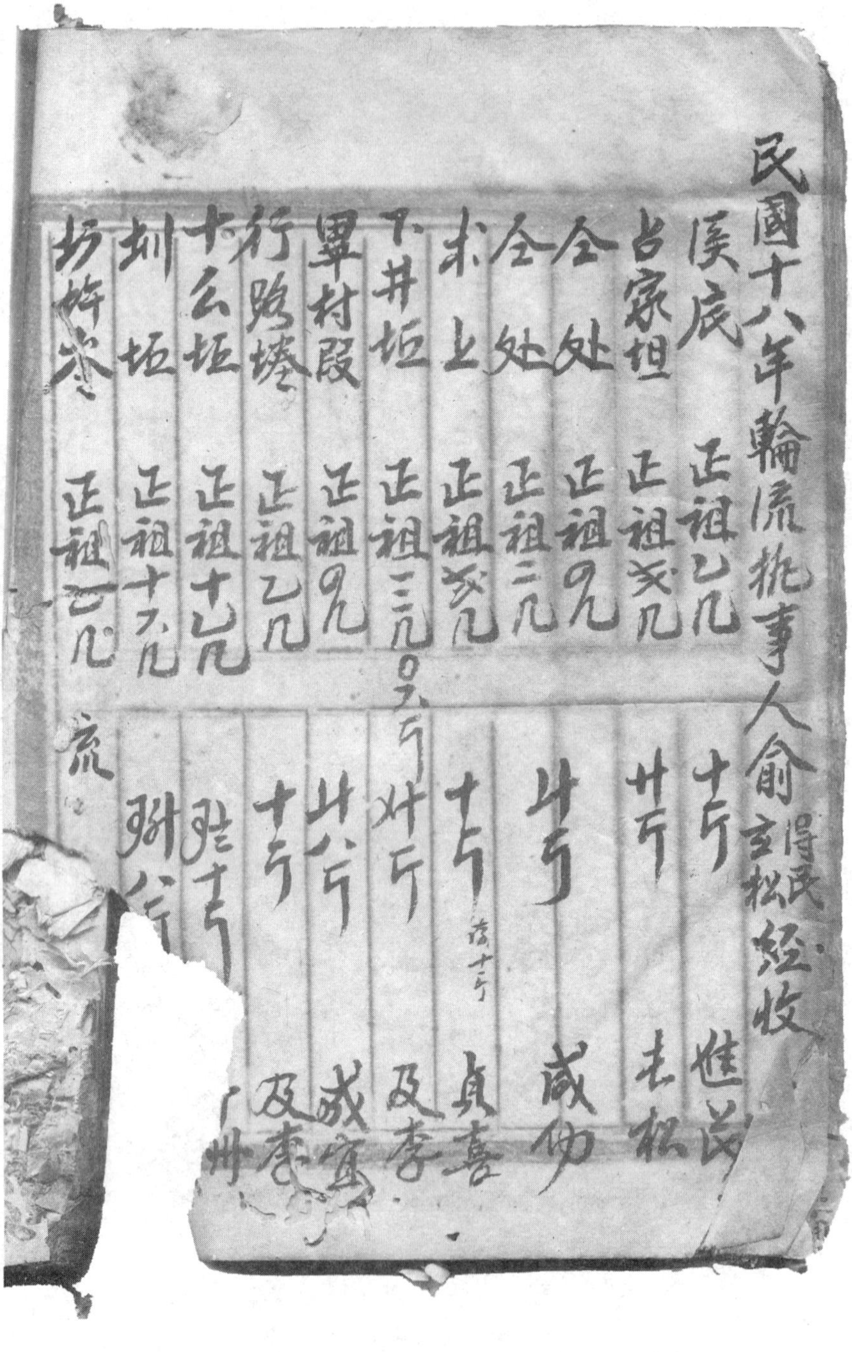
民國十八年輪流执事人俞得民、立松經收

溪底 正租乙几
占家坦 正租六几
仝处 正租四几
仝处 正租三几
术上 正租六几
下井坵 正租三几
畢村段 正租四几
行路塝 正租乙几
十么坵 正租十几
圳坵 正租十六几

江湾镇中［钟］吕村 21-36 · 民国十二年至二十九年 ·
秋收头首经理收支账簿 · 俞永本等

小胡塸　正租七几
柜树边　正租三几半　卅七
麻榨圩　正租三几另五斤　卅
行路塝　正租五几半　廿斤　新仂
上平坵　正租四几　廿斤
下平坵　正租四几　廿斤　荣仂
李深坑　正租二几　卅斤
仝处　正租十二几　卅斤　得喜
仝处　正租十二几　卅斤　仝
下坳　正租三几　廿斤　得娃
裡深坑　正租二几　廿斤　得娃
过水锭　正租乙几〇三斤　十五斤　啟仂

江湾镇中［钟］吕村 21-37 · 民国十二年至二十九年 ·
秋收头首经理收支账簿 · 俞永本等

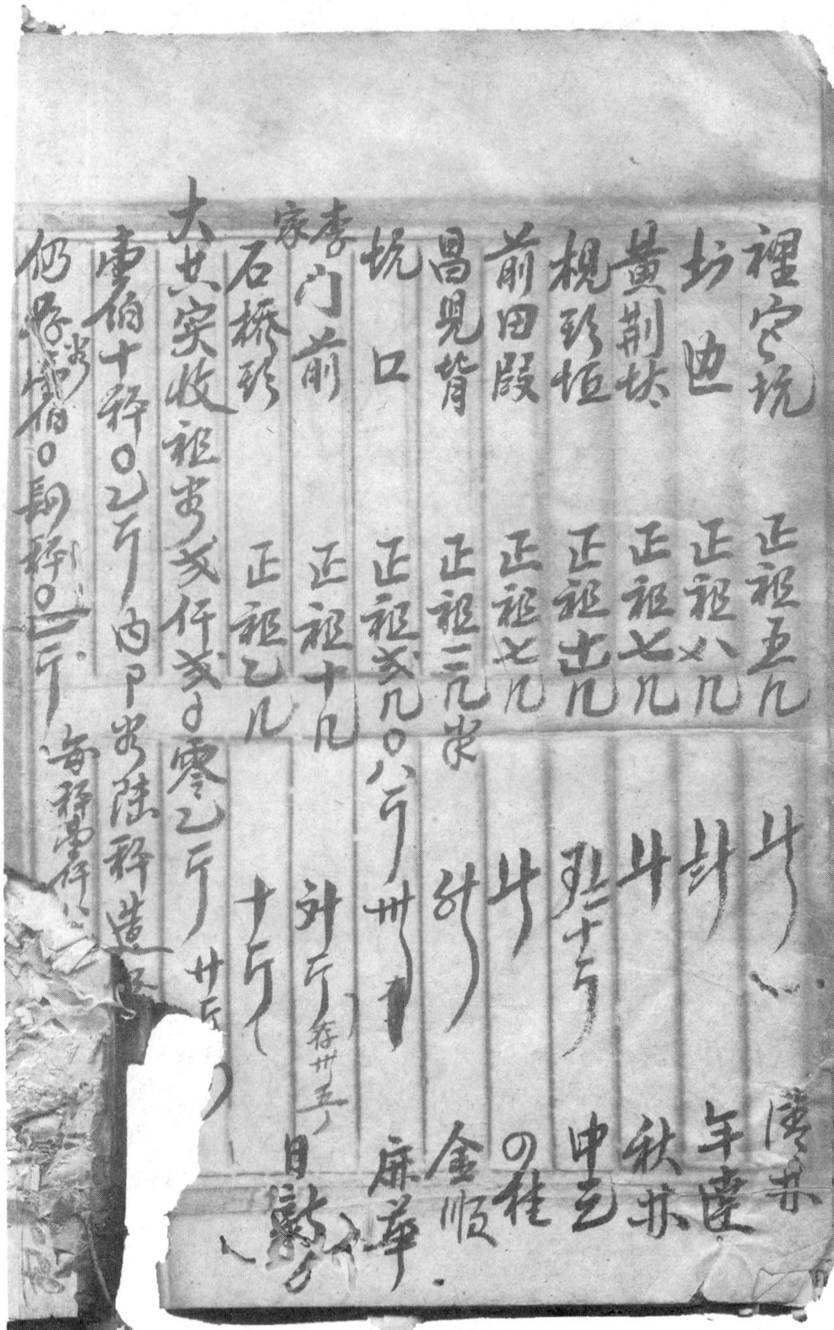

裡塢坑　正租五几　斗　[illegible]

圩曲　正租八几　斗　[illegible]

黃荆坵　正租七几　斗　秋林

梘弦坵　正租廿几　[illegible]

前田段　正租七几　斗　[illegible]桂

昌見背　正租二几半　斗　金順

坑口　正租叁几〇八斤　[illegible]

李家门前　正租十几　[illegible]斤　存卅五

石橋弦　正租乙几　十斤

大共实收租[illegible]仟[illegible]零乙斤　廿斤

[illegible]佰十秤〇乙斤　内除陸秤[illegible]

仍存[illegible]佰〇[illegible]秤〇二斤　每秤[illegible]

江湾镇中［钟］吕村 21-38・民国十二年至二十九年・
秋收头首经理收支账簿・俞永本等

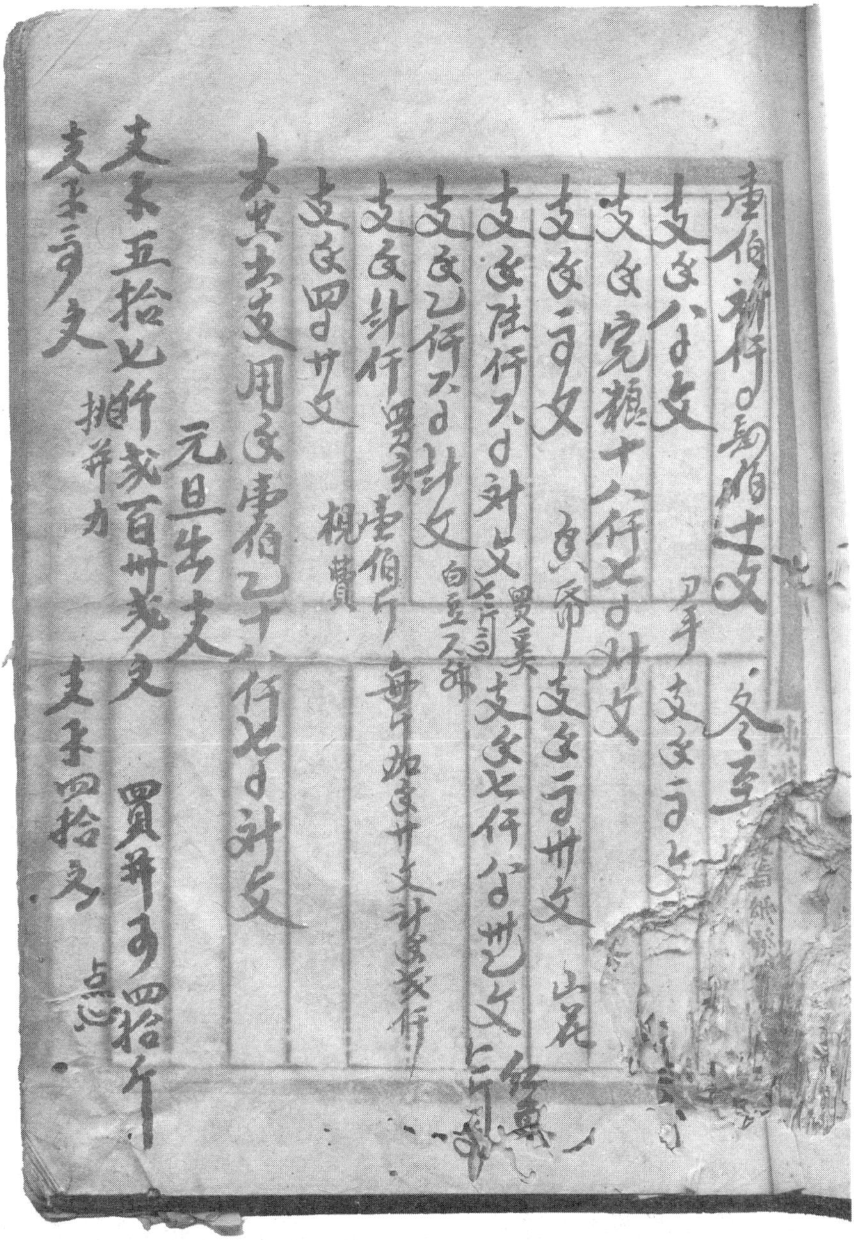

江湾镇中［钟］吕村 21-39 · 民国十二年至二十九年 ·
秋收头首经理收支账簿 · 俞永本等

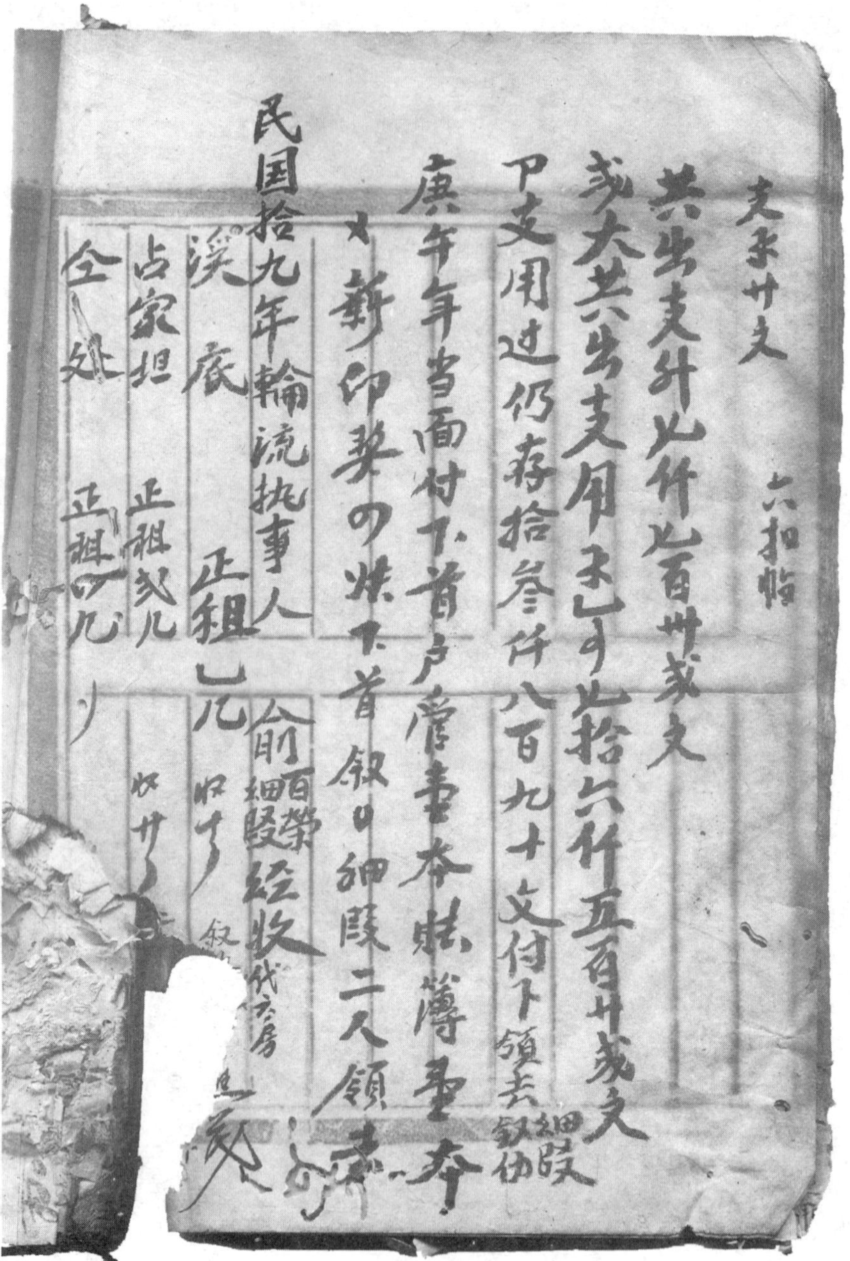
支去廿文
共出支钱九仟九百卅贰文 六扣帖
戊大共六出支用去拾六仟五百卅贰文
尸支用过仍存拾叁仟八百九十文付下领去 细叚 钗伍
庚年每当面付下首户帐簿壹本 账簿壹本
又新印契四张下首叙□细叚二人领去
民国拾九年輪流执事人
溪底 正祖[illegible]几 收[illegible] 俞百荣 细叚 经收 代六房
占家坦 正祖贰几 收廿
仝处 正祖[illegible]几

江湾镇中［钟］吕村 21-40 · 民国十二年至二十九年 ·
秋收头首经理收支账簿 · 俞永本等

全規	朮上	下井垱	畢家段	行路塔	十公垱	圳垱	胡㳉垱	桃樹边	麻塘塔
正湘戌几	正湘上	正租贰几	正租叁比○八斗	正租肆几	正租乙几	正租十几	正租七几	正租三几年	正租三九○斗
收廿	收廿	收四千 叙收	收七斗 二斗	收十□ 叙收	收卅 二斗	收卅 叙收	收卅 叙收	收卅 叙收	收卅 叙收
触坤	長	元 □收	桐盈	元松	桐盈	甘苓	桐盈

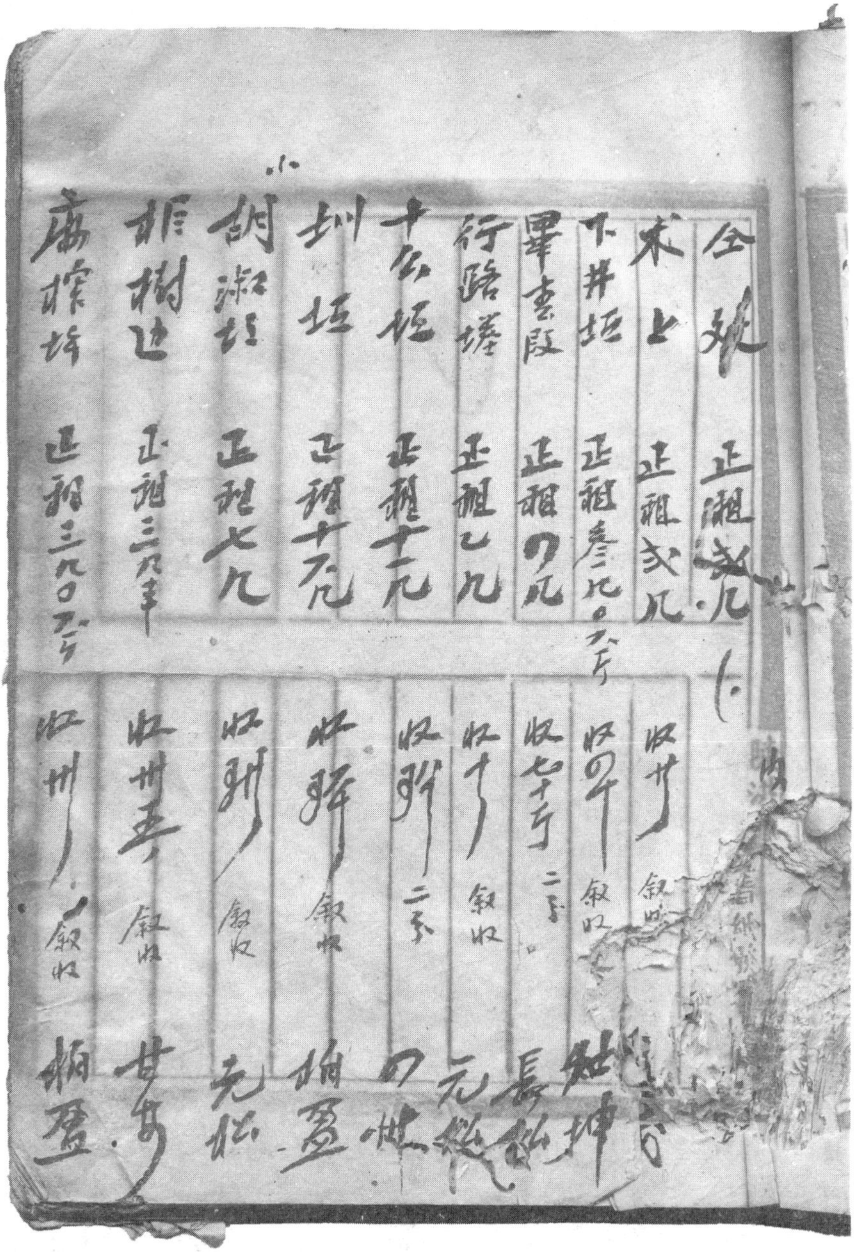

江湾镇中[钟]吕村21-41·民国十二年至二十九年·秋收头首经理收支账簿·俞永本等

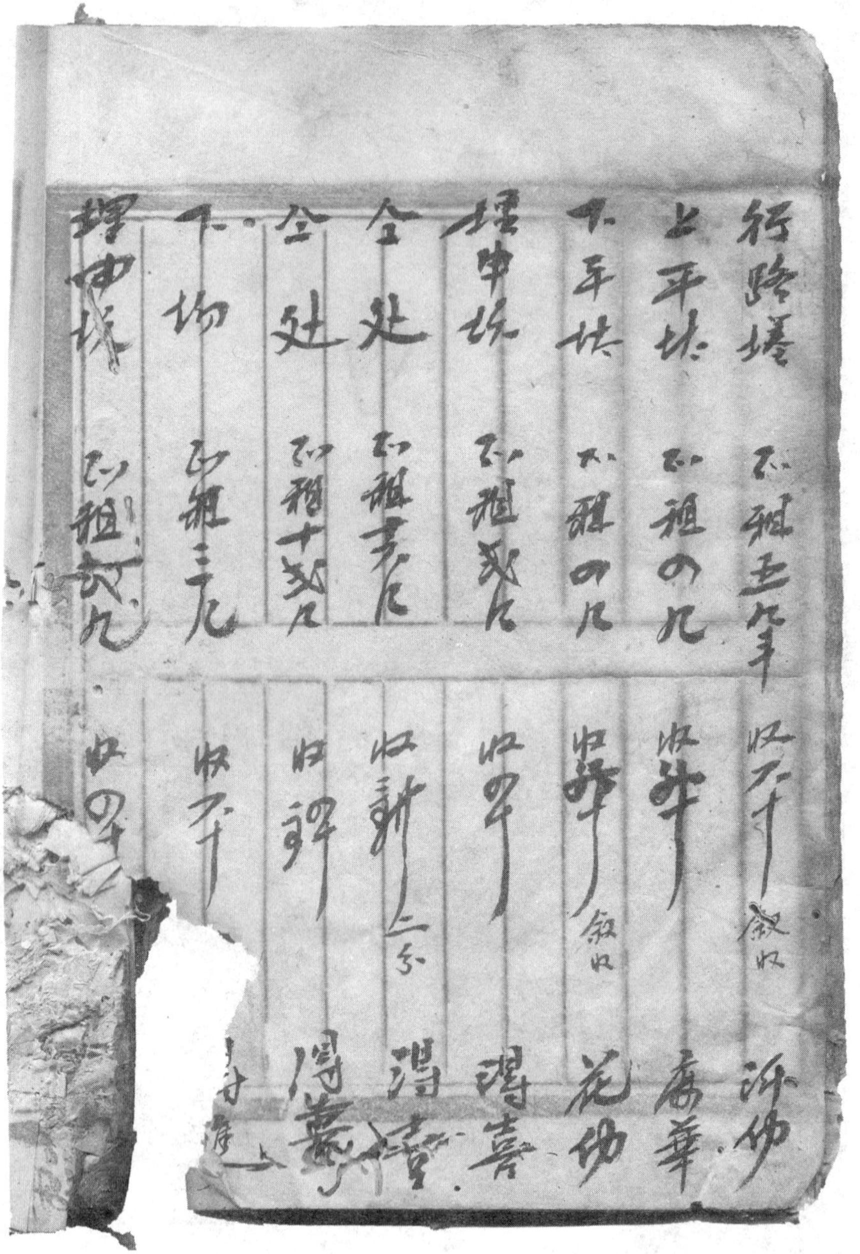

江湾镇中［钟］吕村 21-42 · 民国十二年至二十九年 ·
秋收头首经理收支账簿 · 俞永本等

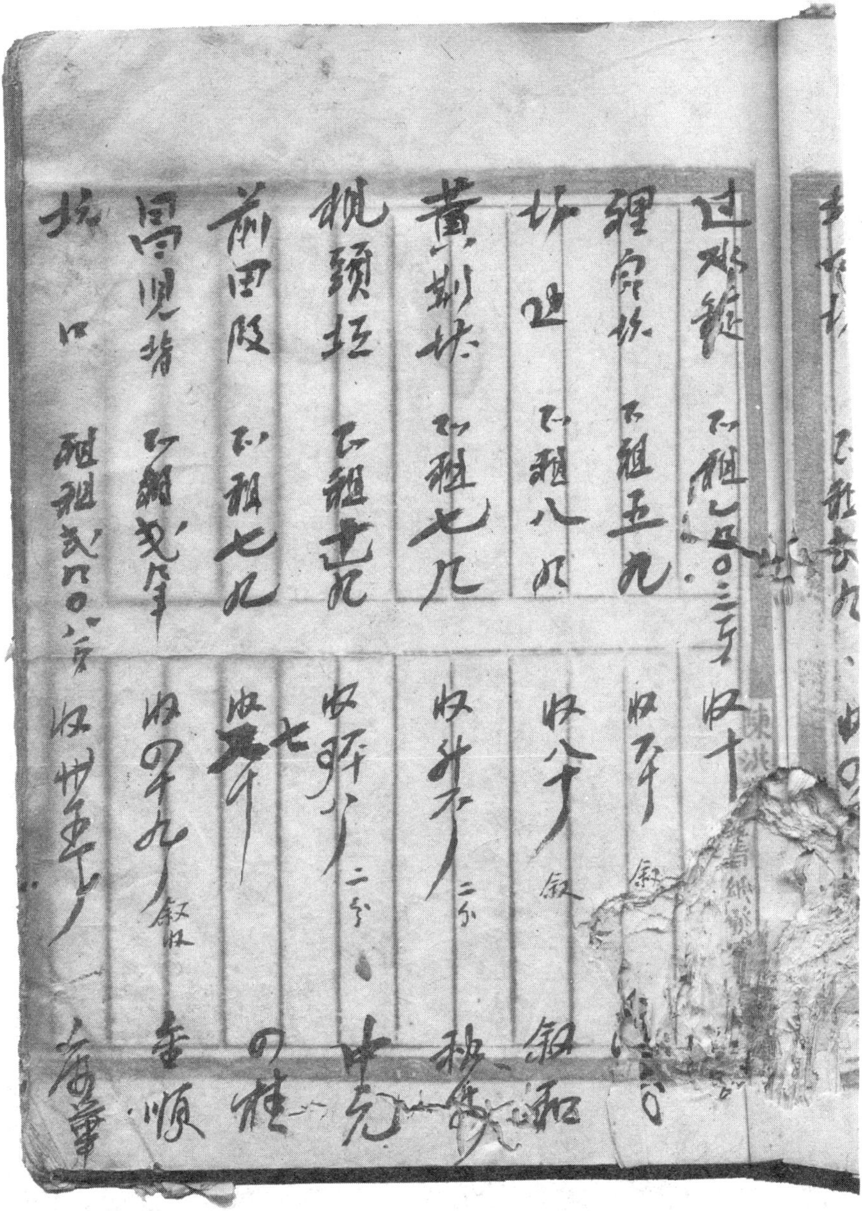

江湾镇中［钟］吕村 21-43 · 民国十二年至二十九年 · 秋收头首经理收支账簿 · 俞永本等

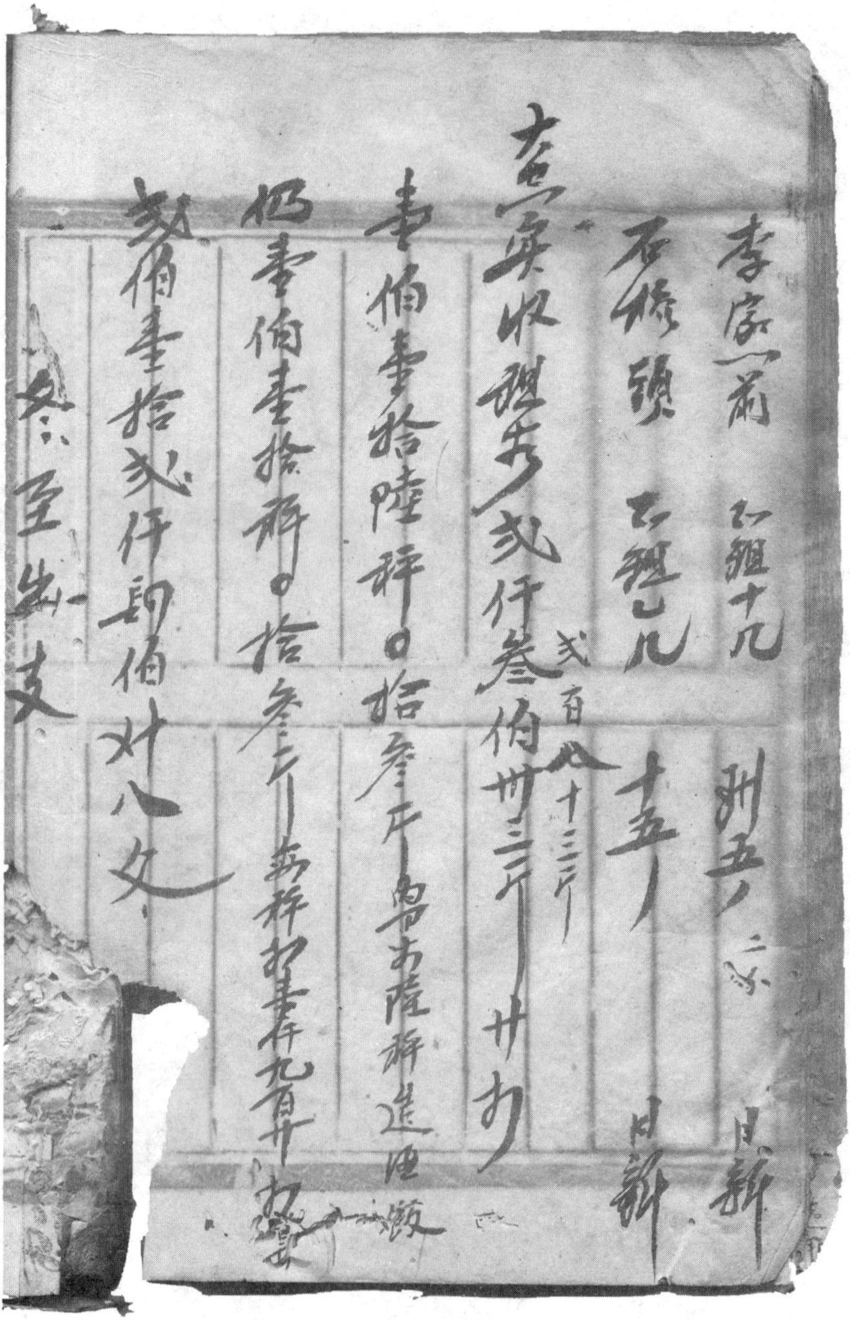

江湾镇中［钟］吕村 21-44 · 民国十二年至二十九年 ·
秋收头首经理收支账簿 · 俞永本等

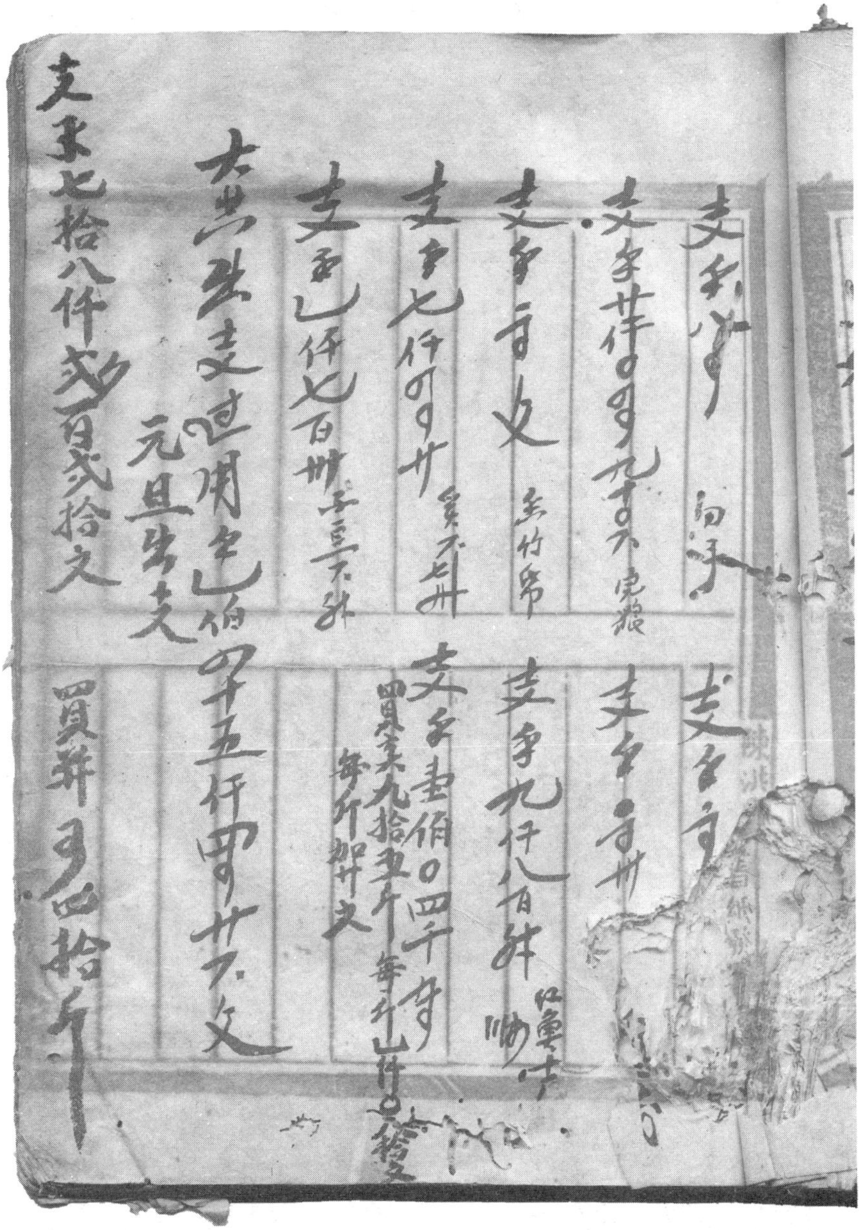

江湾镇中［钟］吕村 21-45 · 民国十二年至二十九年 ·
秋收头首经理收支账簿 · 俞永本等

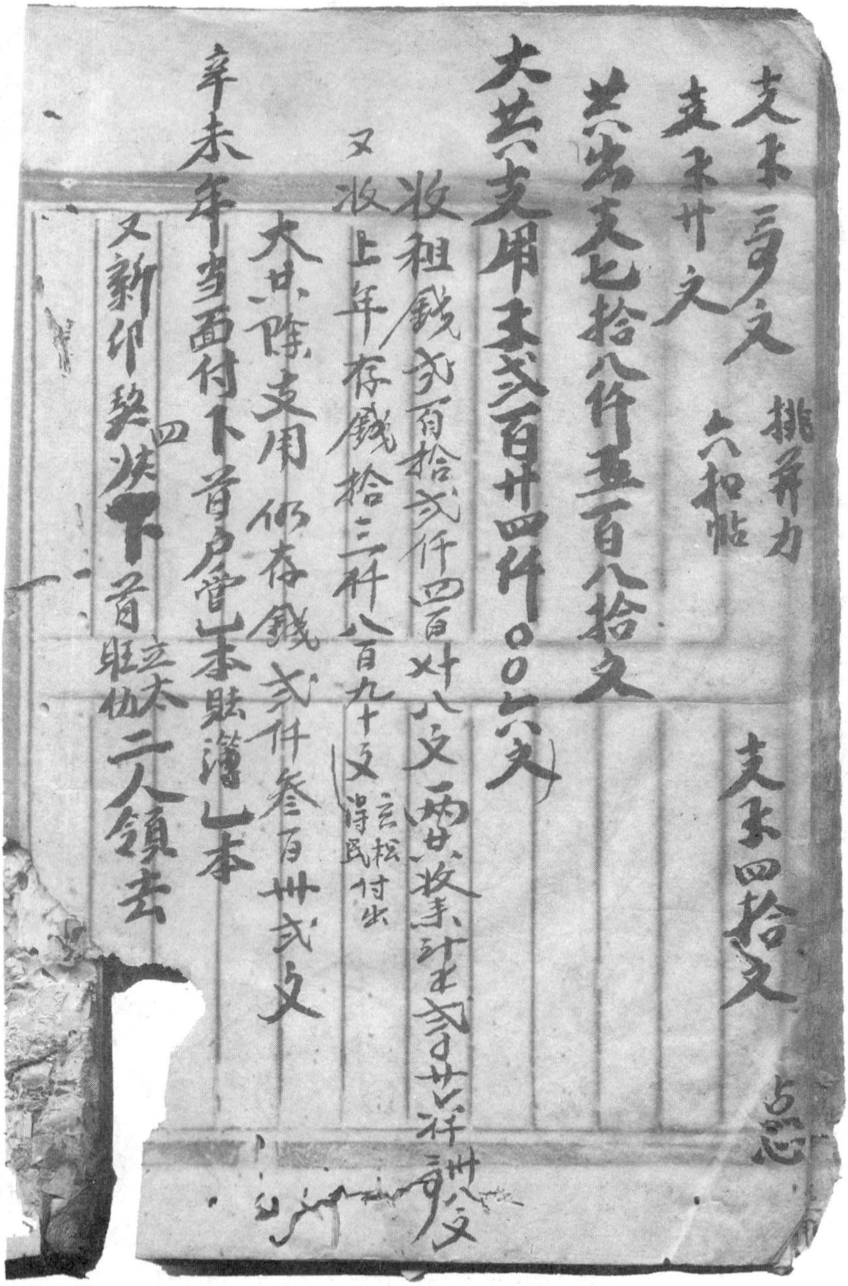
支禾[illegible]文　挑弄力
支禾廿文　六和帖
共出支乙拾八仟五百八拾文
大共支用来弍百廿四仟〇〇六文
收租钱弍百拾弍仟四百廿八文　两共收来计钱弍百廿六仟廿八文
又收上年存钱拾三仟八百九十文　言松得民付出
大共除支用仍存钱弍仟叁百廿弍文
辛未年当面付下首户管山本账簿乙本
又新印契四张下首立太驻伍二人领去
支禾四拾文　占忠

江湾镇中［钟］吕村 21-46 · 民国十二年至二十九年 ·

秋收头首经理收支账簿 · 俞永本等

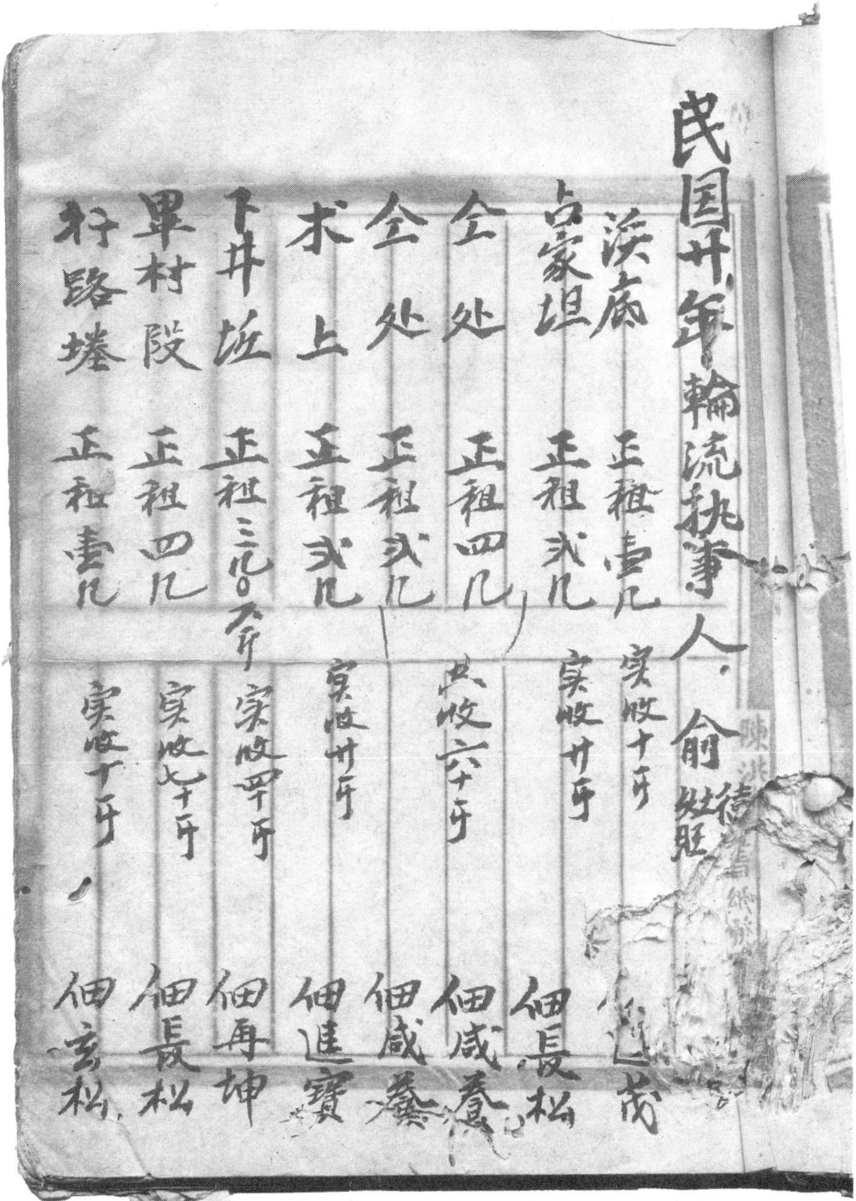
民国廿年輪流執事人 俞灶旺

溪底 正租壹几 实收十斤 佃[illegible]茂
占家坦 正租弍几 实收廿斤 佃長松
仝处 正租四几 共收六十斤 佃咸意
仝处 正租弍几 佃咸羲
术上 正租弍几 实收廿斤 佃進寶
下井坵 正租三几八斤 实收四十斤 佃再坤
畢村段 正租四几 实收七十斤 佃長松
圩路塝 正租壹几 实收十斤 佃玄松

江湾镇中［钟］吕村 21-47 · 民国十二年至二十九年 ·
秋收头首经理收支账簿 · 俞永本等

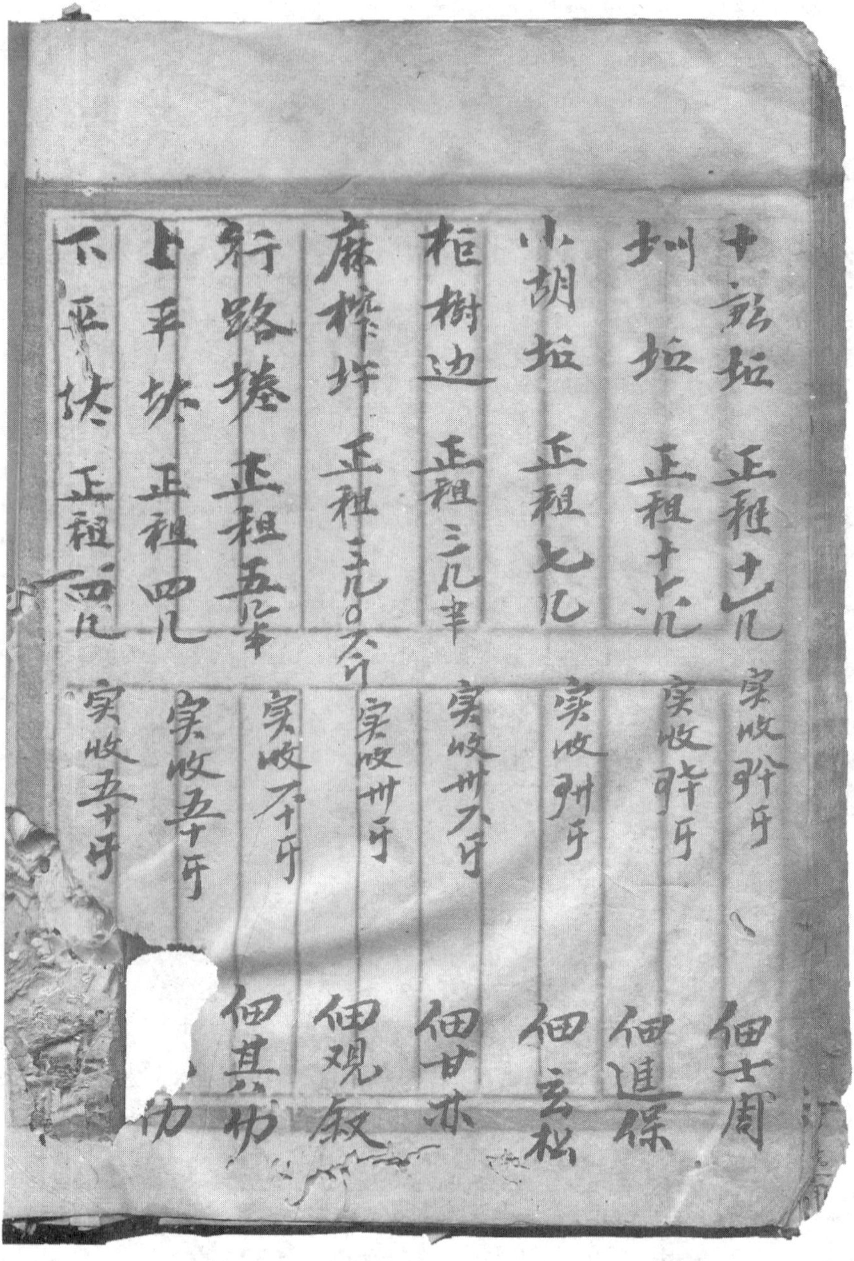

江湾镇中［钟］吕村 21-48 · 民国十二年至二十九年 ·
秋收头首经理收支账簿 · 俞永本等

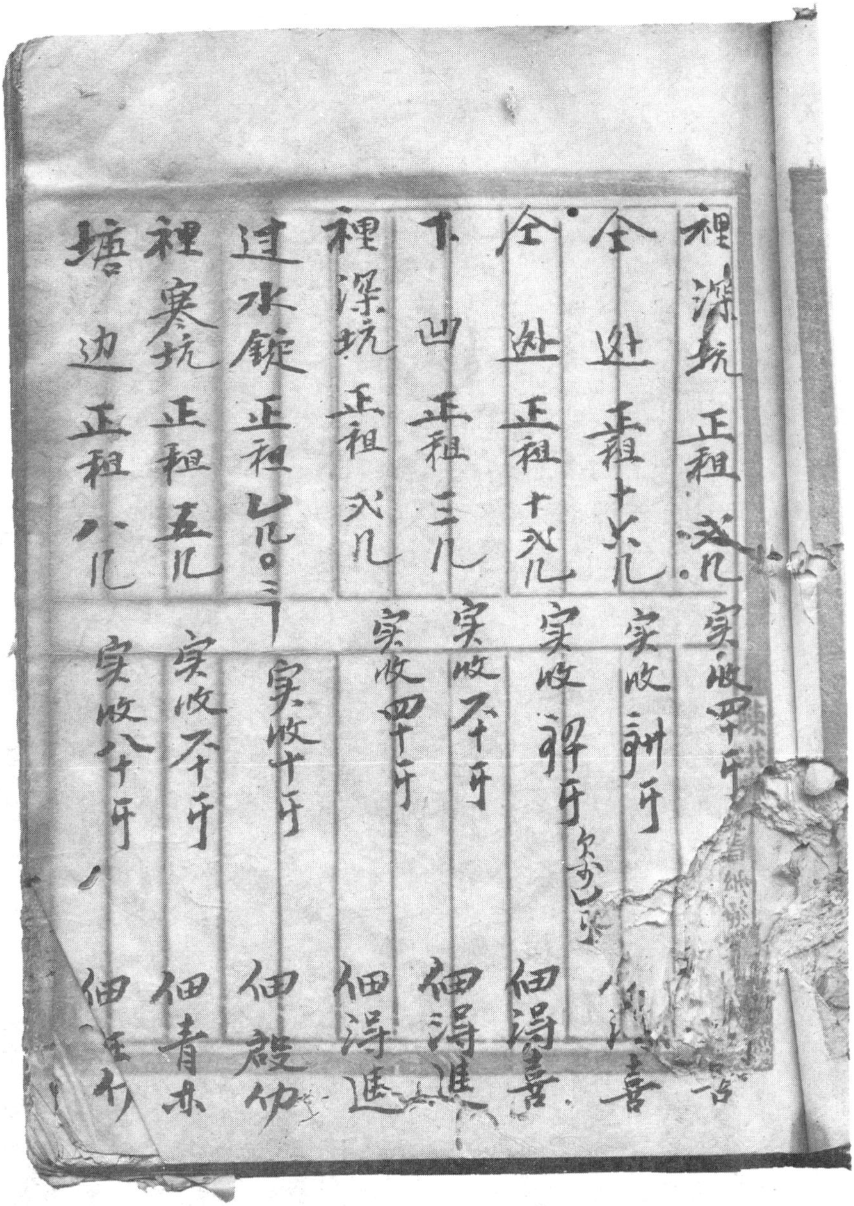
裡深坑 正租弍几 实收四十斤 佃[illegible]古
全迯 正租十六几 实收卅斤 佃[illegible]喜
全迯 正租十弍几 实收廿斤 欠十[illegible] 佃浔喜
下山 正租三几 实收不十斤 佃浔進
裡深坑 正租弍几 实收四十斤 佃浔進
过水錠 正租山几口三 实收十斤 佃庭仂
裡寒坑 正租五几 实收不十斤 佃青本
塘边 正租八几 实收八十斤 佃王介

江湾镇中［钟］吕村 21-49 · 民国十二年至二十九年 ·
秋收头首经理收支账簿 · 俞永本等

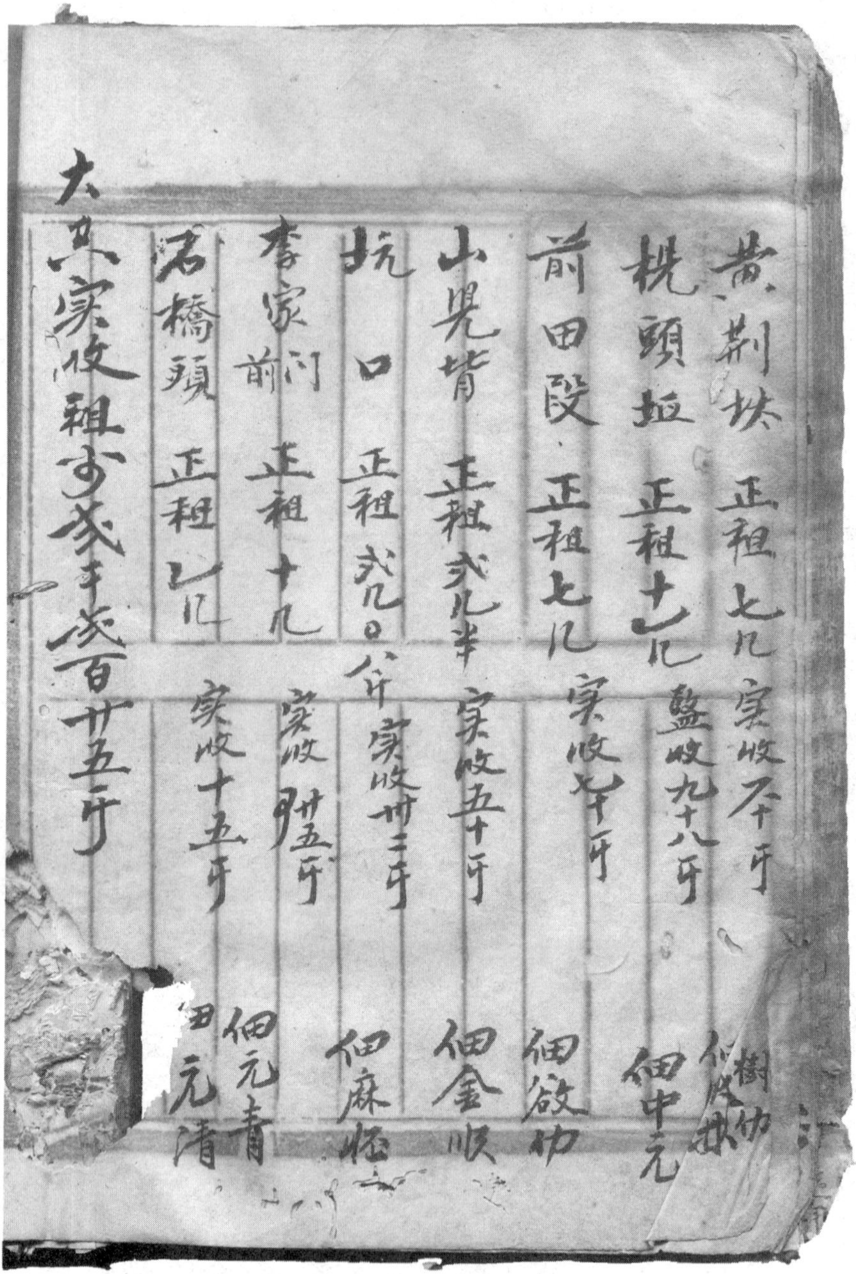

黄荆垬　正租七几　实收卆十斤
桃頭垣　正租十二几　盤收九十八斤　佃中元　何度根　樹仂
前田段　正租七几　实收七十斤　佃欲仂
山晃背　正租贰几半　实收五十斤　佃金明
坑口　正租贰几日八斤　实收卅二斤　佃麻猛
李家前门　正租十几　实收卅五斤　佃元青
石橋頭　正租二几　实收十五斤　佃元清
大共实收租寸叁千叁百廿五斤

江湾镇中［钟］吕村 21-50 · 民国十二年至二十九年 ·
秋收头首经理收支账簿 · 俞永本等

卄千根拜壹伯拾九〇五千 [illegible] 飯

仍少壹伯〇五九：五千 每九陆和 [illegible] 六千

三百九十七文

冬至出支

支文八十文 刀手

支文三卅文 山花

支文五千九百廿文 粜五千契

支文贰拾叁千七百五十文 完粮

支文七千八十文 白豆店开

總共支过用錢壹伯叁拾九千九百五十五文

支文一百文 交粮路费

支文六千文 点烛吊

支文六千八十廿五文 鱼九千契

支文九十七千八十文 买实捌拾 五千 陆和

江湾镇中［钟］吕村 21-51 · 民国十二年至二十九年 ·

秋收头首经理收支账簿 · 俞永本等

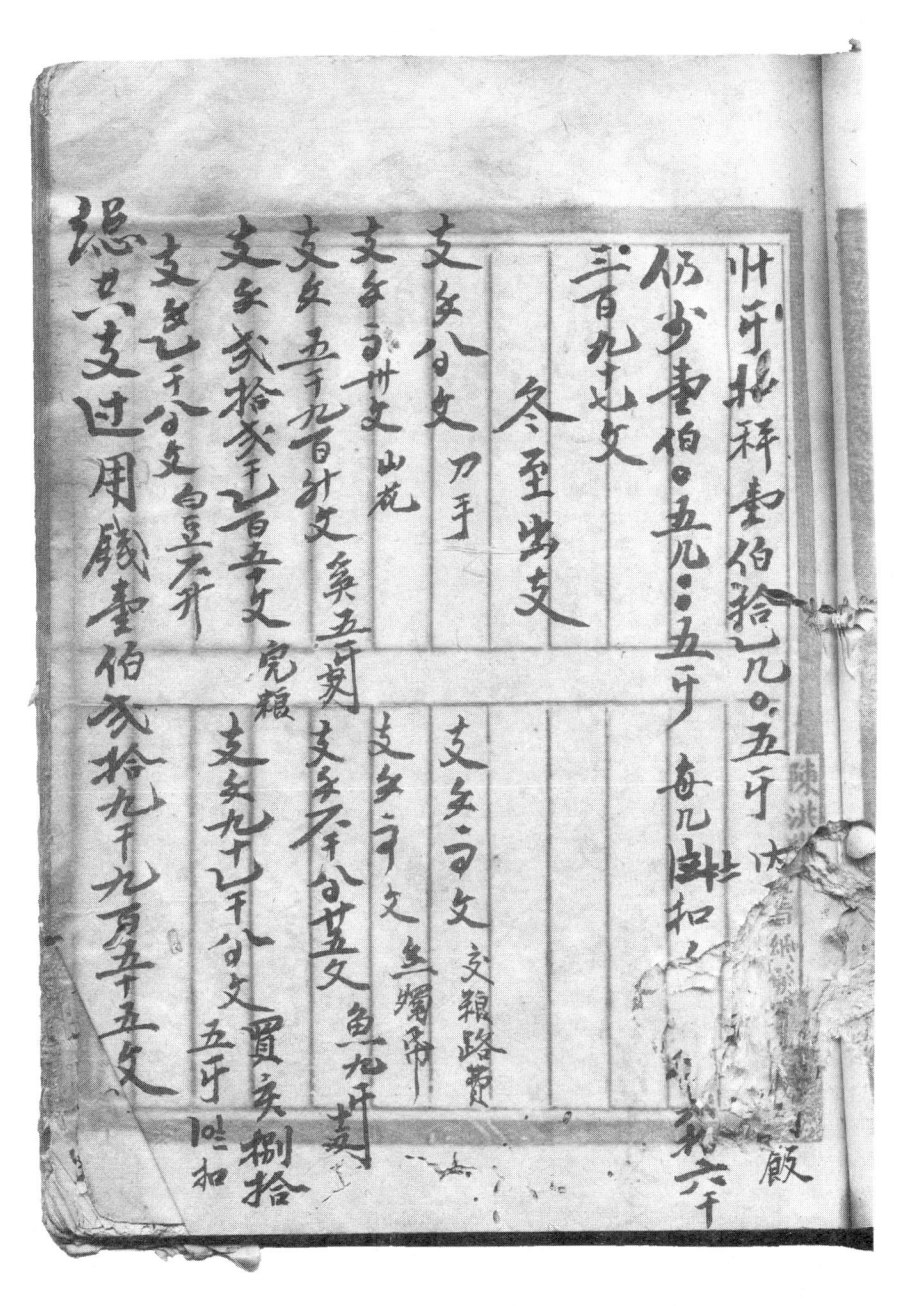

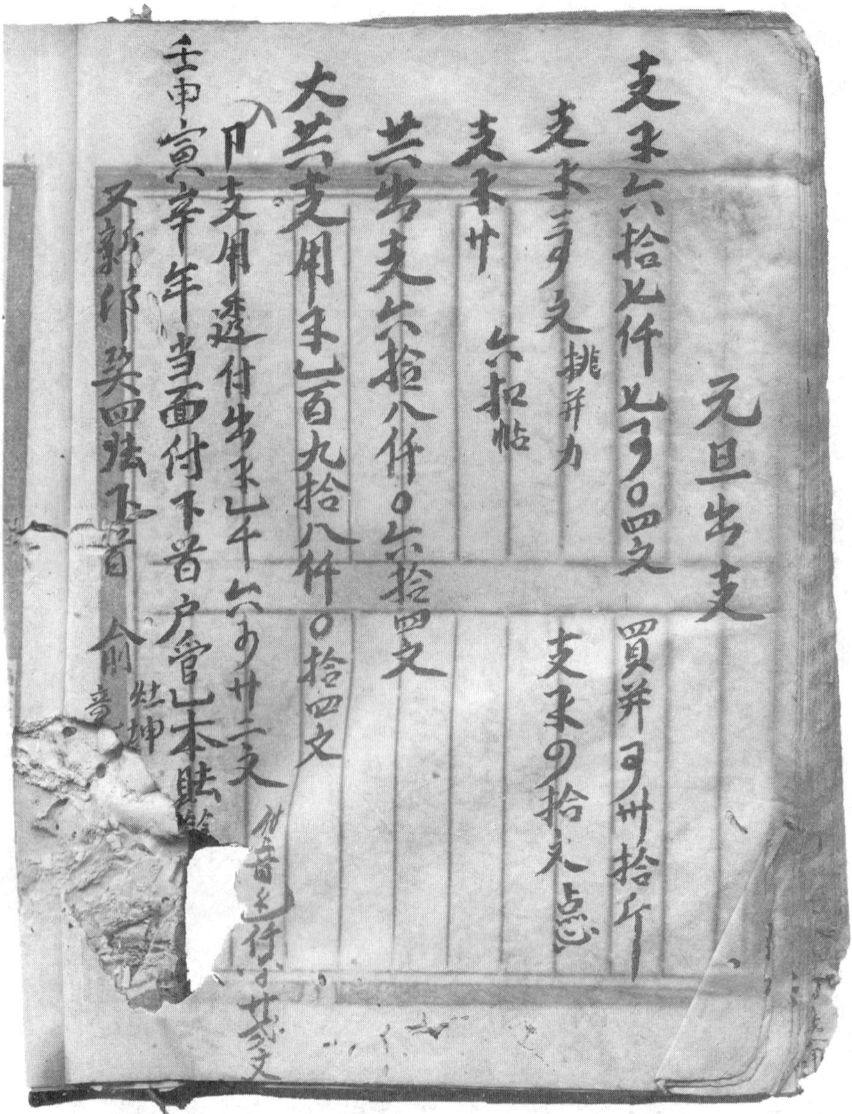
元旦出支
支禾六拾〡仟〡〢〇四文
支禾〢〣文 挑并力
支禾廿 六扣帖
買并〣卅拾斤
支禾〇拾〤点
共出支六拾八仟〇六拾四文
大共支用禾〡百九拾八仟〇拾四文
入户支用透付出禾〡千六〤廿二文
壬申寅辛年当面付下首户會〡本賬
又新卯癸四姓下首 俞 社坤 章

江湾镇中［钟］吕村 21-52 · 民国十二年至二十九年 ·
秋收头首经理收支账簿 · 俞永本等

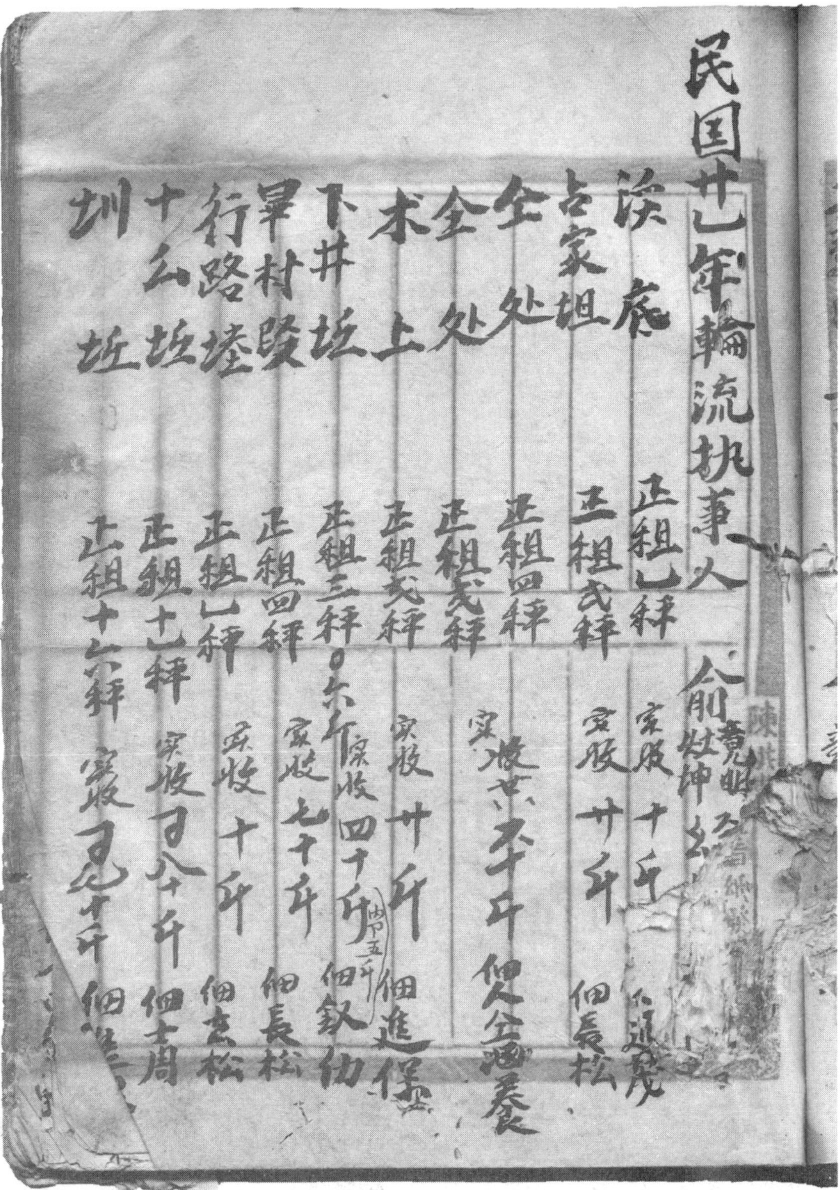
民国廿七年輪流执事人 俞炳坤

渓底 正租七秤 实收十斤 佃通茂

占家坦 正租弍秤 实收廿斤 佃長松

仝处 正租四秤 实收廿丶四十斤 佃人仝涵養

仝处 正租弍秤

术上 正租弍秤 实收廿斤 佃進保

下井坵 正租三秤〇六斤 实收四十斤 佃欽幼

旱村塍 正租四秤 实收七十斤 佃長松

行路塝 正租七秤 实收十斤 佃杰松

十幺坵 正租十七秤 实收百八十斤 佃士周

圳坵 正租十六秤 实收百□十斤 佃進□

江湾镇中［钟］吕村 21-53 · 民国十二年至二十九年 ·
秋收头首经理收支账簿 · 俞永本等

小湖垣	正租七秤	实收百廿斤	佃[illegible]
柜树边	正租三儿半	实收卅五斤	佃杭松
麻榨坪	正租三儿〇六斤	实收卅斤	佃伯荣
行路塝	正租五儿半	实收六十斤	佃新仂
上坪坎	正租四儿	实收五十斤	佃桃源花仂
下坪坎	正租四儿	实收五十斤	佃二麻草
理深坑	正租贰儿	实收四十斤	佃张寿
仝处	正租十六儿	实收三百廿斤	佃仝
仝处	正租十贰儿	实收贰百卌斤	佃仝
下坳	正租三儿	实收六十斤	佃张进
理深坑	正租贰儿	实收四十斤	仝
过水碇	乙儿〇三斤	实收十[illegible]	[illegible]殷仂

江湾镇中［钟］吕村 21-54 · 民国十二年至二十九年 ·
秋收头首经理收支账簿 · 俞永本等

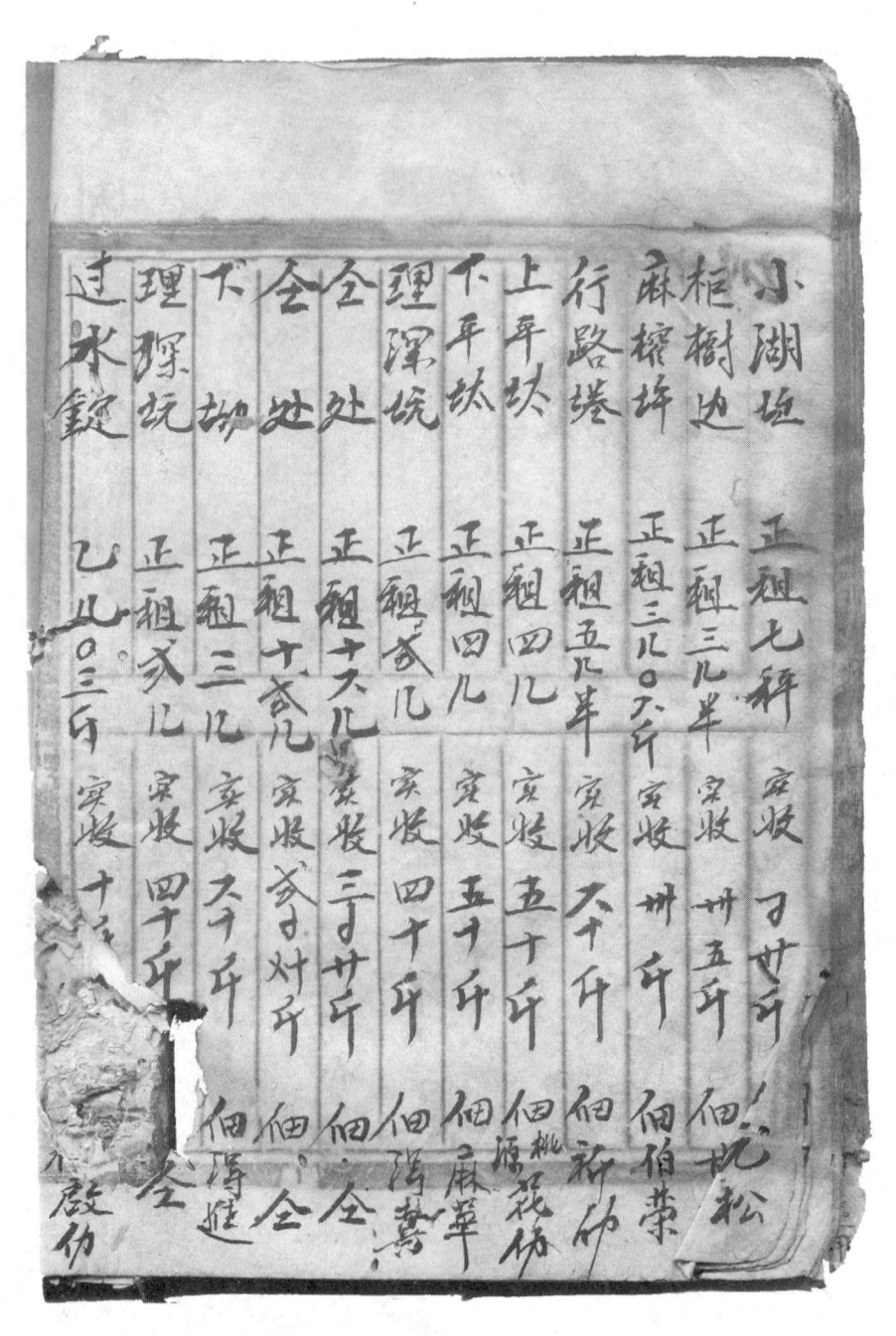

裡寮坑 正租五几 實收六十 佃…林

塘边 正租八几 實收八十斤 佃實旺

黄荆塅 正租七几 實收六十斤 胡秀元 佃樹仂

硯頭坵 正租十七几 鹽收 實收子卅五斤 黄嶺山 佃楮口

前田段 正租七几 實收七十斤 佃進保

山兒北背 正租式几半 實收五十斤 佃金順

坑口 正租式几八斤 實收卅斤 桃源 佃森華

李家門前 正租叁几 實收子廿五斤 佃元青

石橋頭 正租乙几 實收十五斤 佃元青

大共實收租谷式仟子六十斤 內除谷五斤

卅扣秤壹佰乙十三几 內除六几造浸飯

實谷壹佰零七几 實秤…壹佰七十几

江湾镇中［钟］吕村 21-55 · 民国十二年至二十九年 ·
秋收头首经理收支账簿 · 俞永本等

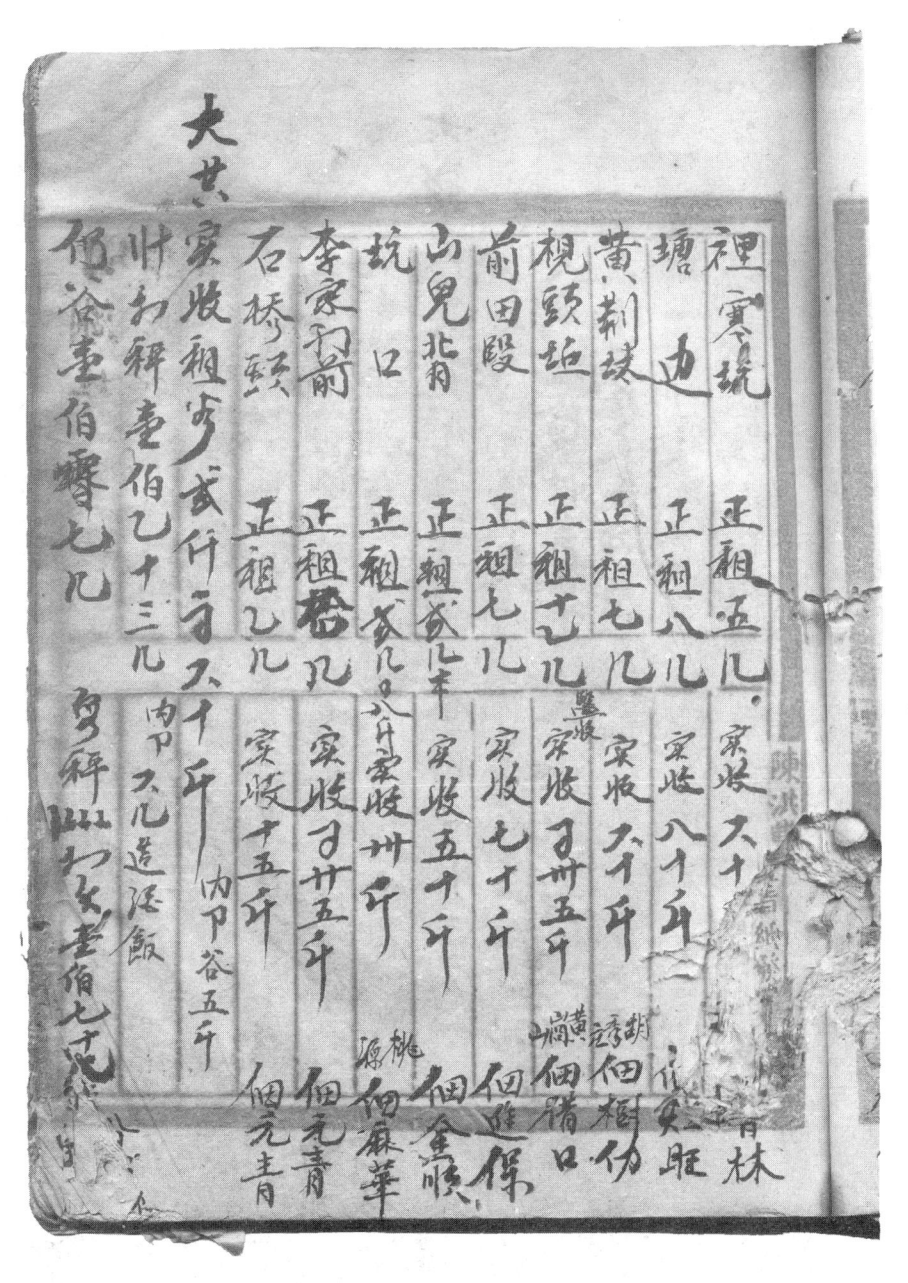

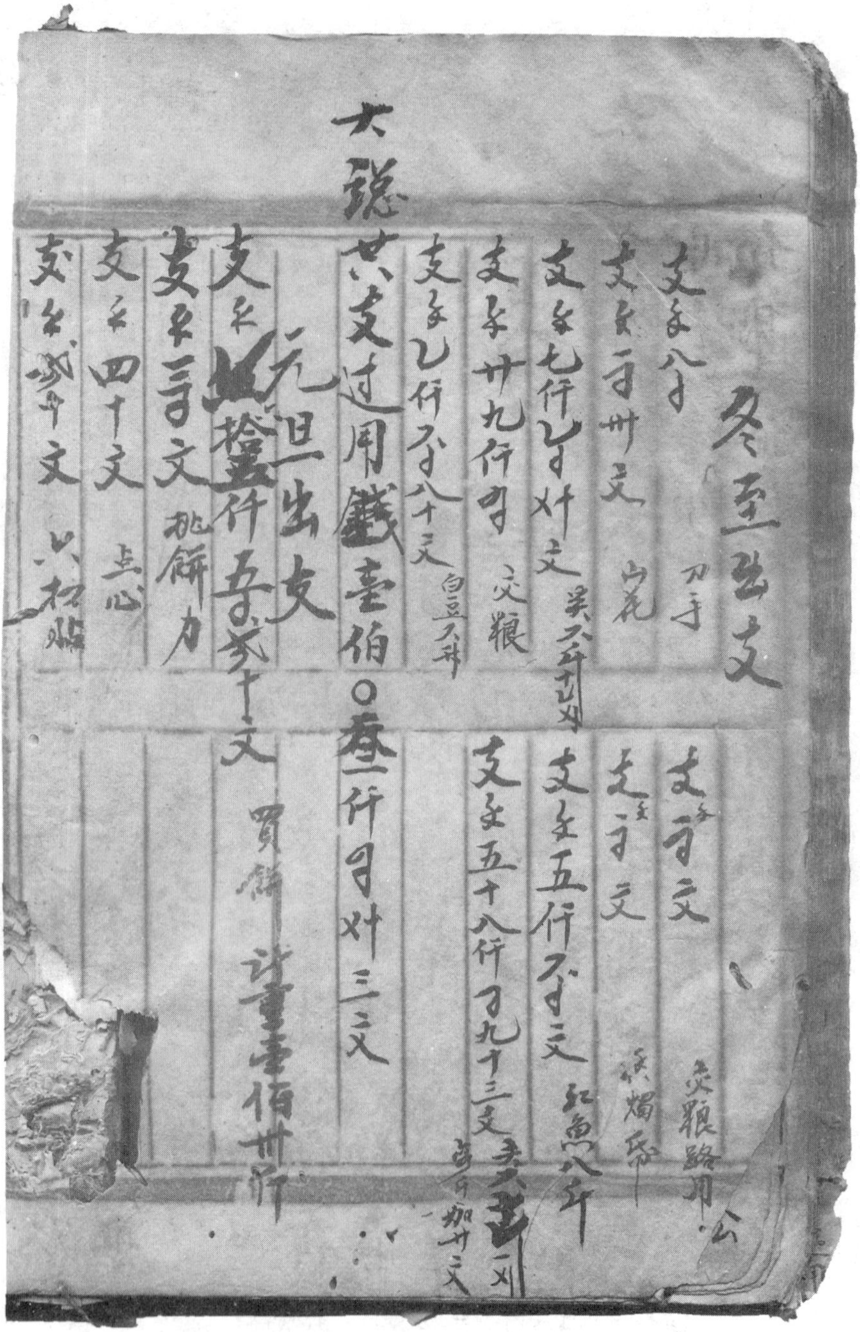

江湾镇中［钟］吕村 21-56 · 民国十二年至二十九年 ·
秋收头首经理收支账簿 · 俞永本等

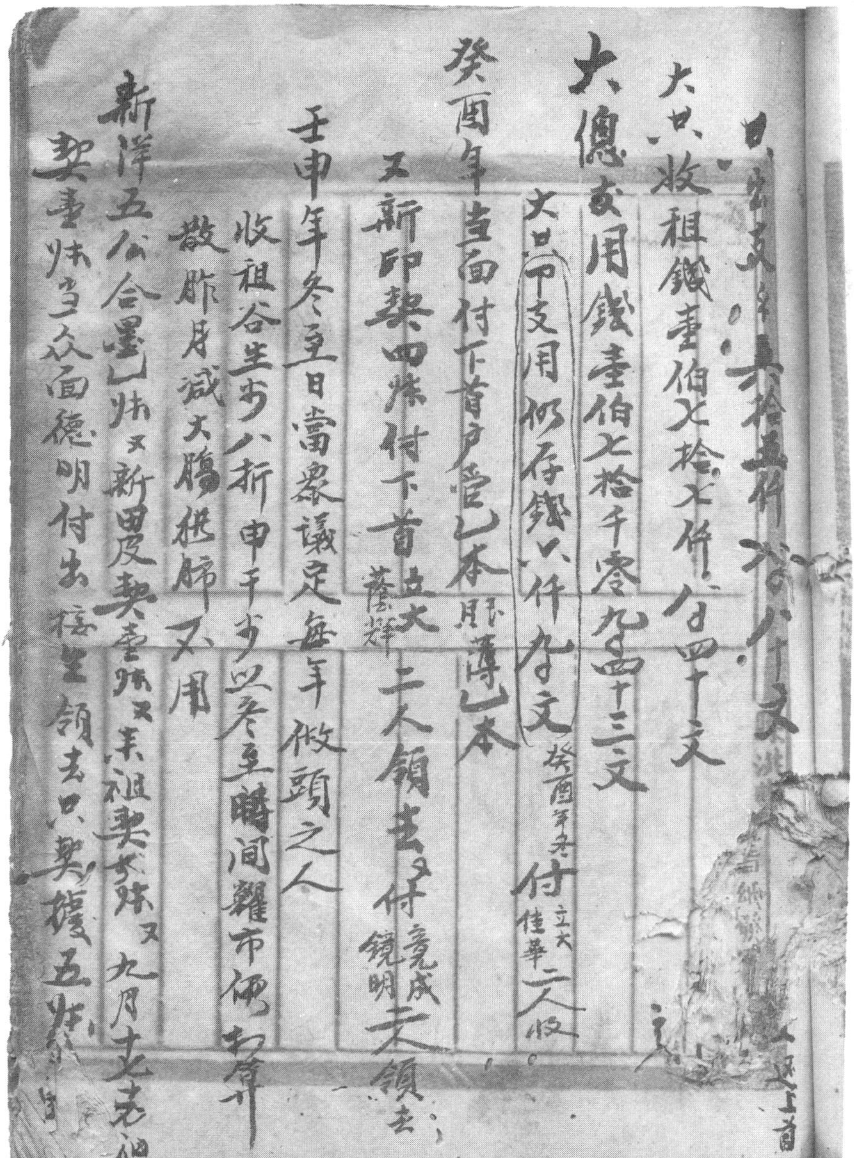
日、出支錢、共拾五仟六百八十文
大共、收租錢壹伯七拾七仟、〇百四十文
大總支用錢壹伯七拾千零九百六十三文
大共下支用仍存錢六仟〇百文 癸酉年冬付 立大 佳華 二人收
癸酉年當面付下首戶管山本 賬簿山本
又新卯契四紙付下首 立大 蔭祥 二人領去 又付 竟成 鏡明 二人領去
壬申年冬至日當衆議定每年做頭之人
收租谷生步八折申千步以冬至晴间糶市價折算
散胙月識大膳柤胏又用
新洋五公合墨山紙又新田皮契壹紙又末祖契壹紙又九月七老個
契壹紙當众面德明付出接生領去只契稜五紙

江湾镇中［钟］吕村 21-57 · 民国十二年至二十九年 ·
秋收头首经理收支账簿 · 俞永本等

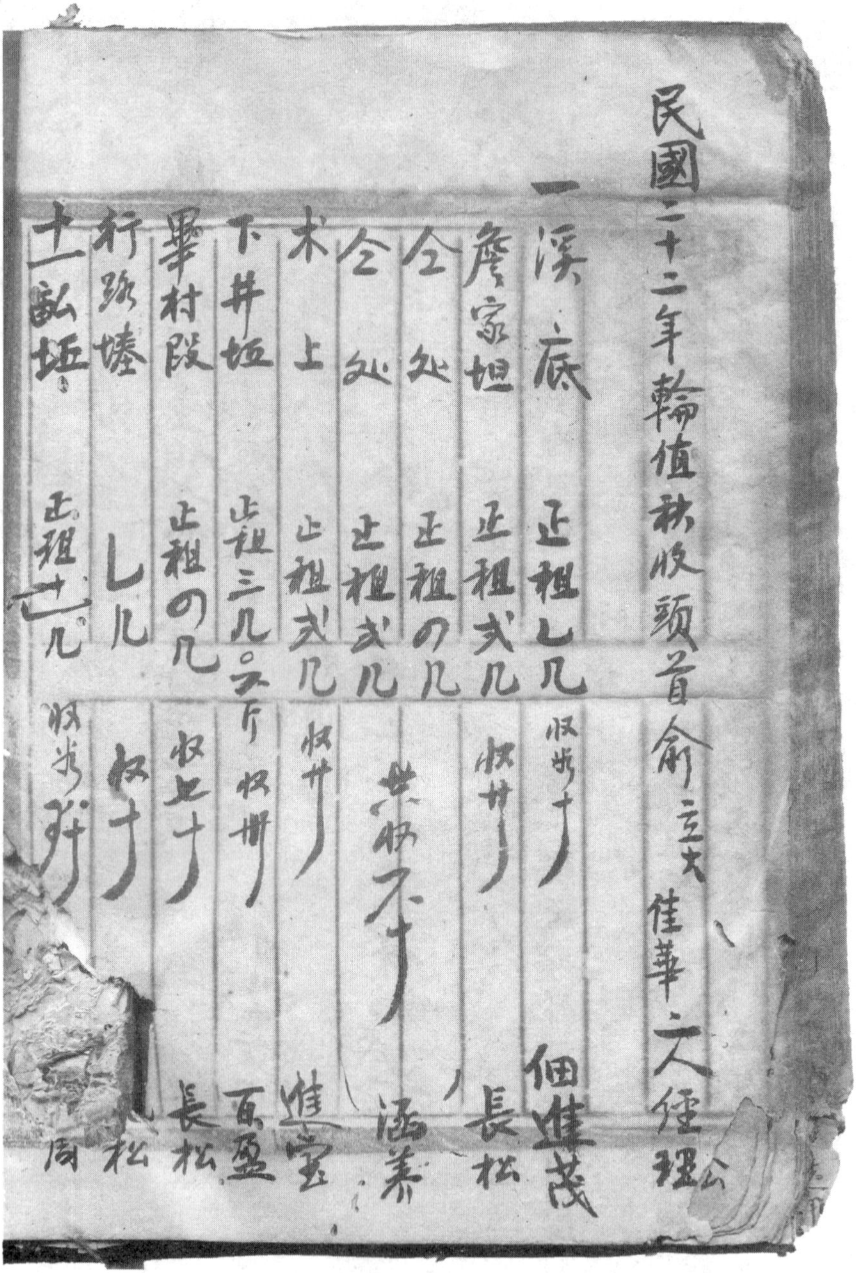

民國二十二年輪值秋收頭首俞立夫 佳華 二人經理 公

一溪底	正租乚几	收折十丿	佃進茂
詹家坦	正租弍几	收廿丿	長松
仝处	正租の几		
仝处	正租弍几	共收不十丿	涵養
术上	正租弍几	收廿丿	進寳
下井坵	正租三几〇又斤	收卌丿	百盈
畢村段	正租の几	收乚十丿	長松
行路塝	乚几	收十丿	松
十一畝坵	正租廿几	收折[illegible]	周

江湾镇中 [钟] 吕村 21-58 · 民国十二年至二十九年 · 秋收头首经理收支账簿 · 俞永本等

圳坂	正租十六几	收廿五斤	[illegible]
小湖坵	正租七几	收卅斤	广松
柜树边	正租三几半	收卅斤	甘林
麻檀坪	正租叁几○六斤	收卅斤	原盈
行路塘	正租五几半	收廿斤	步盈
上平坑	正租四几	收廿斤	花仂
下平坑	○几	收廿斤个	麻華
里深坑	正租弍几	実收	得喜子
仝处	十六几	実收	乌七
仝处	十弍几	実收	乌七
下坳	正租叁几	実收	得進
里深坑	弍几	実收	[illegible]

江湾镇中［钟］吕村 21-59 · 民国十二年至二十九年 ·
秋收头首经理收支账簿 · 俞永本等

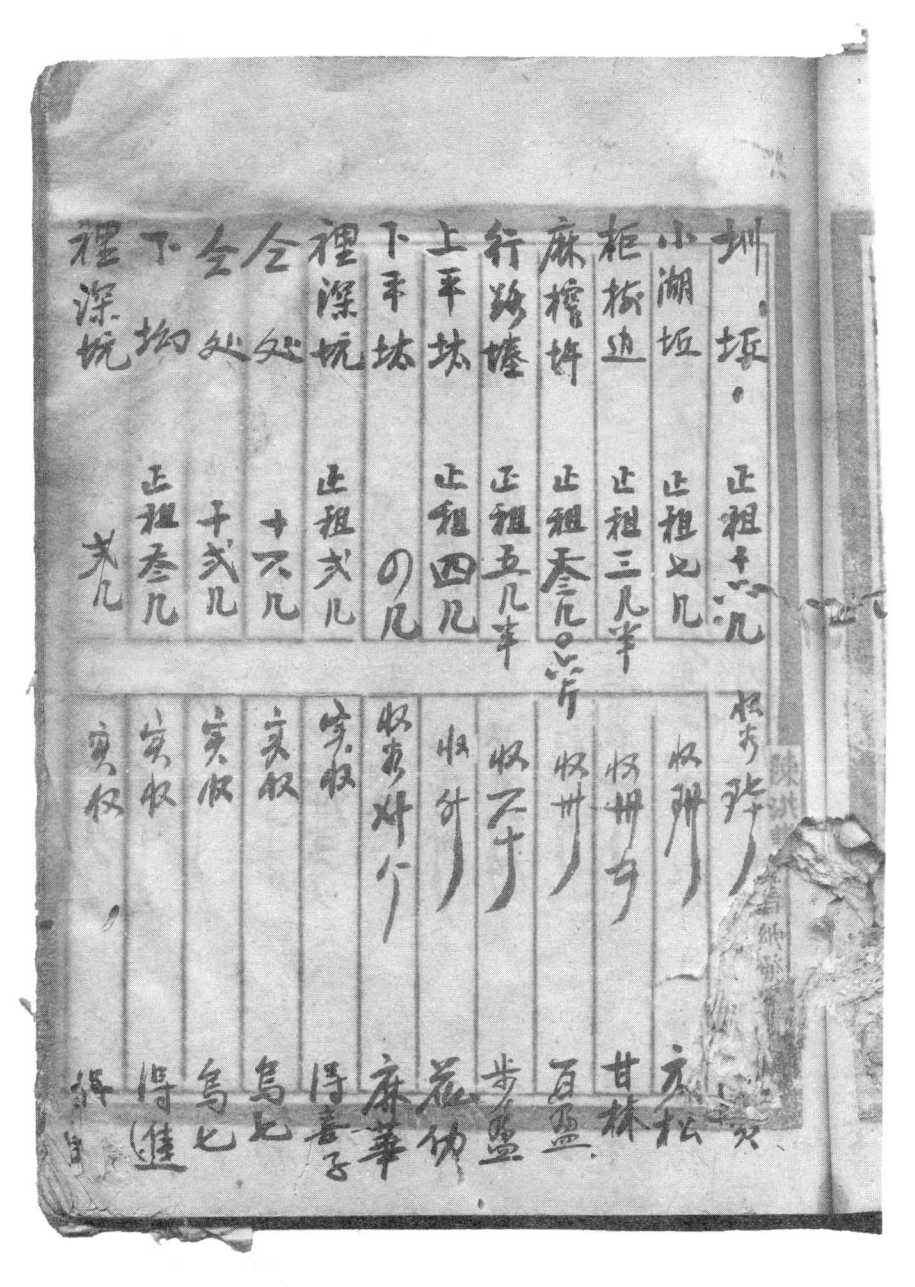

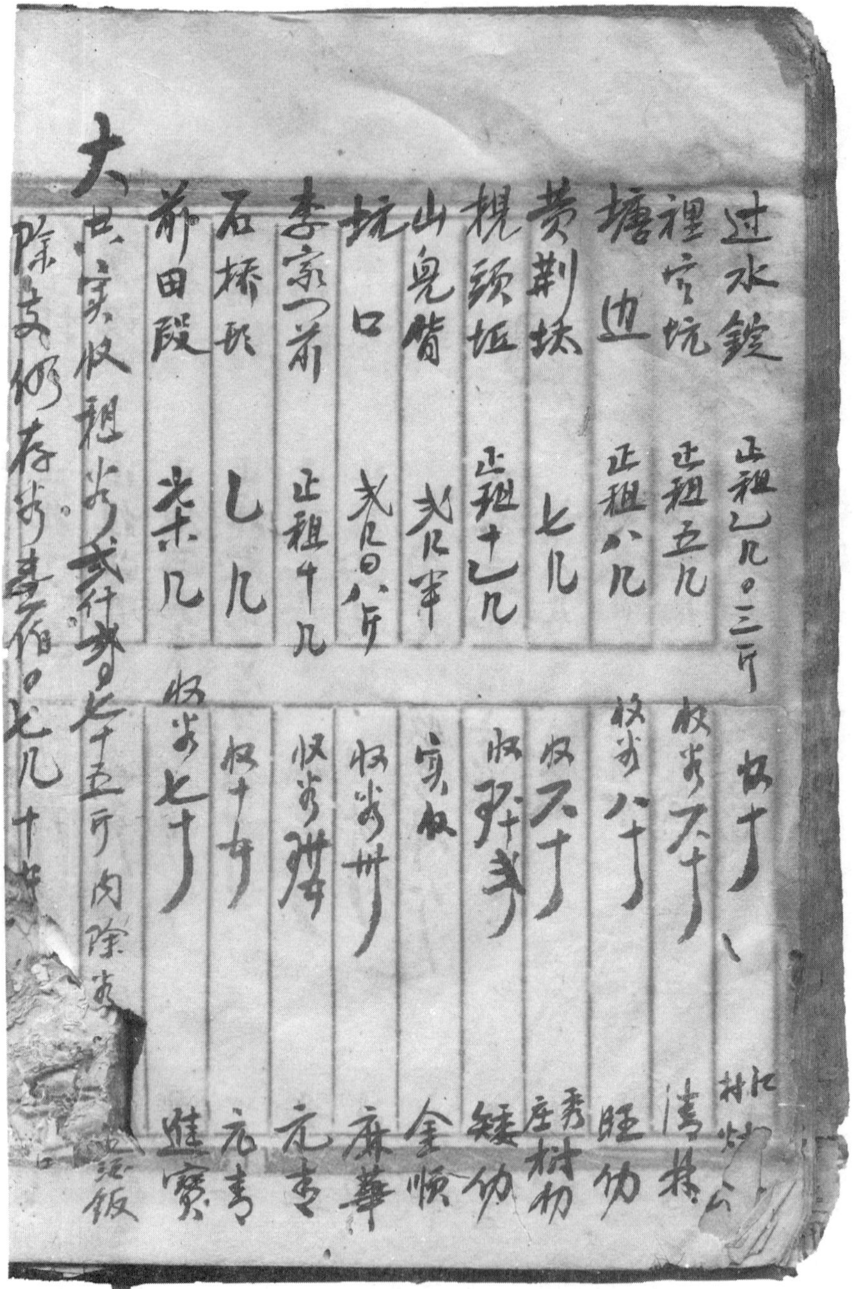

过水鋥　正租乙几〇三斤　收十丿　村江灶公
裡宅坑　正租五几　收米不十丿　涛林
塘边　正租八几　收米八十丿　旺勿
黄荆坊　七几　收不十丿　秀庄林勿
梘颈垭　正租十乙几　收拜十弍　錘勿
山皂背　弍几半　实收　金顺
垅口　弍几四八斤　收米卅丿　康華
李家门前　正租十几　收米拜　元吉
石桥头　乙几　收十弍　元青
前田段　米几　收米七十丿　进宝
大共实收租米弍仟弍百七十五斤内除米
除支俩存米叁佰〇七几十七

江湾镇中［钟］吕村 21-60 · 民国十二年至二十九年 ·
秋收头首经理收支账簿 · 俞永本等

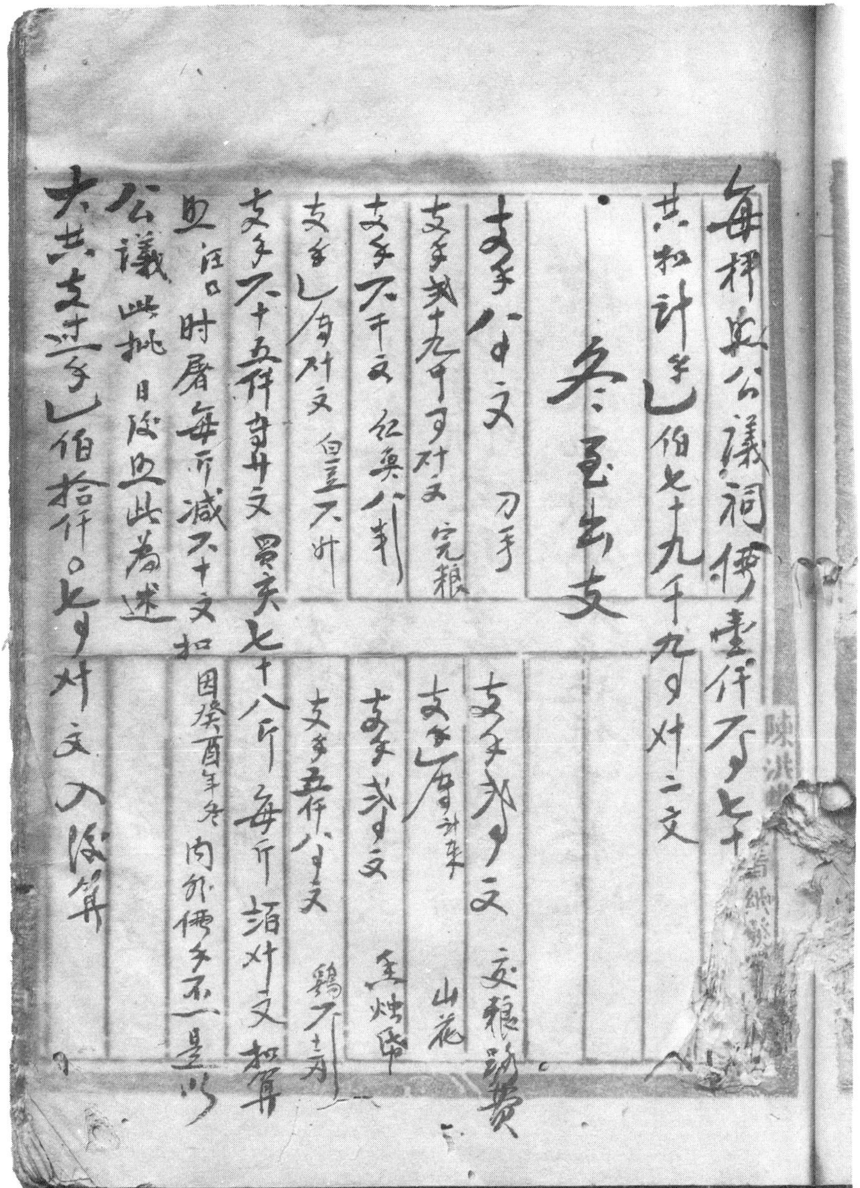
每秤头公議祠傅壹仟〇〇七十
共扣計洋〇伯七十九千九〇〇二文
冬至出支
支洋八千文 刀手
支洋贰十九千〇对文 完粮
支洋〇千文 红奠八判
支洋〇每对文 白豆〇斤
支洋〇十五仟〇廿文 買炭七十八斤 每斤〇对文 扣算
旦注：时届每斤减〇十文扣 因癸酉年冬 肉价便宜不一是以
公議此批 日後照此為述
大共支洋〇佰拾仟〇七〇对文 入後算
支洋〇〇文 安粮头费
支〇厝〇計來 山花
支洋贰〇文 金烛爆
支洋五仟八〇文 鷄〇斤

江湾镇中［钟］吕村 21-61 · 民国十二年至二十九年 ·
秋收头首经理收支账簿 · 俞永本等

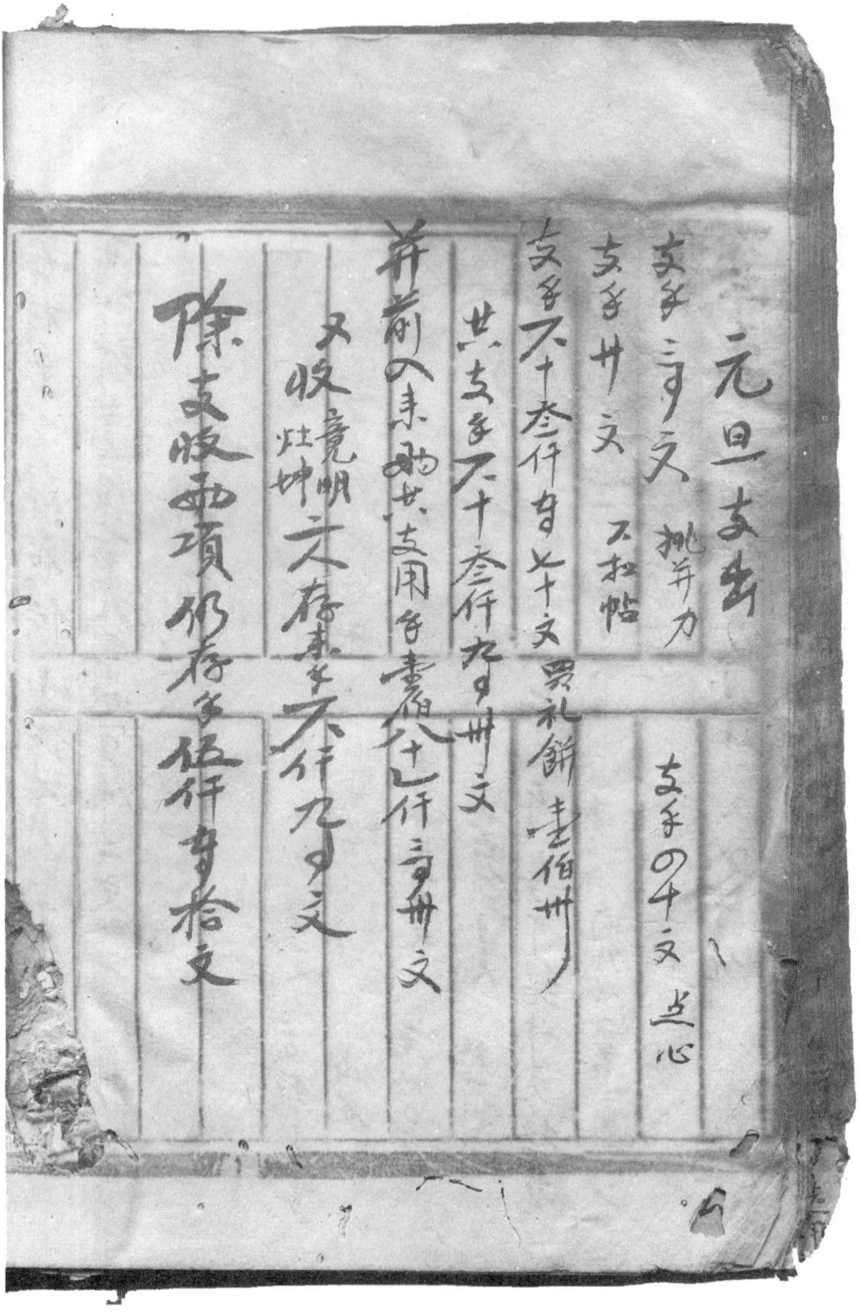
元旦支出
支洋三角文 挑并力
支洋廿文 不拉帖
支洋六十叁仟角七十文 買礼餅壹佰卅
支洋四千文 点心
共支洋六十叁仟九角卅文
并前的来两共支用洋壹佰八十七仟三角卅文
又收竟明灶坤之人存来洋六仟九角文
除支收两项仍存洋伍仟角拾文

江湾镇中［钟］吕村 21-62 · 民国十二年至二十九年 ·
秋收头首经理收支账簿 · 俞永本等

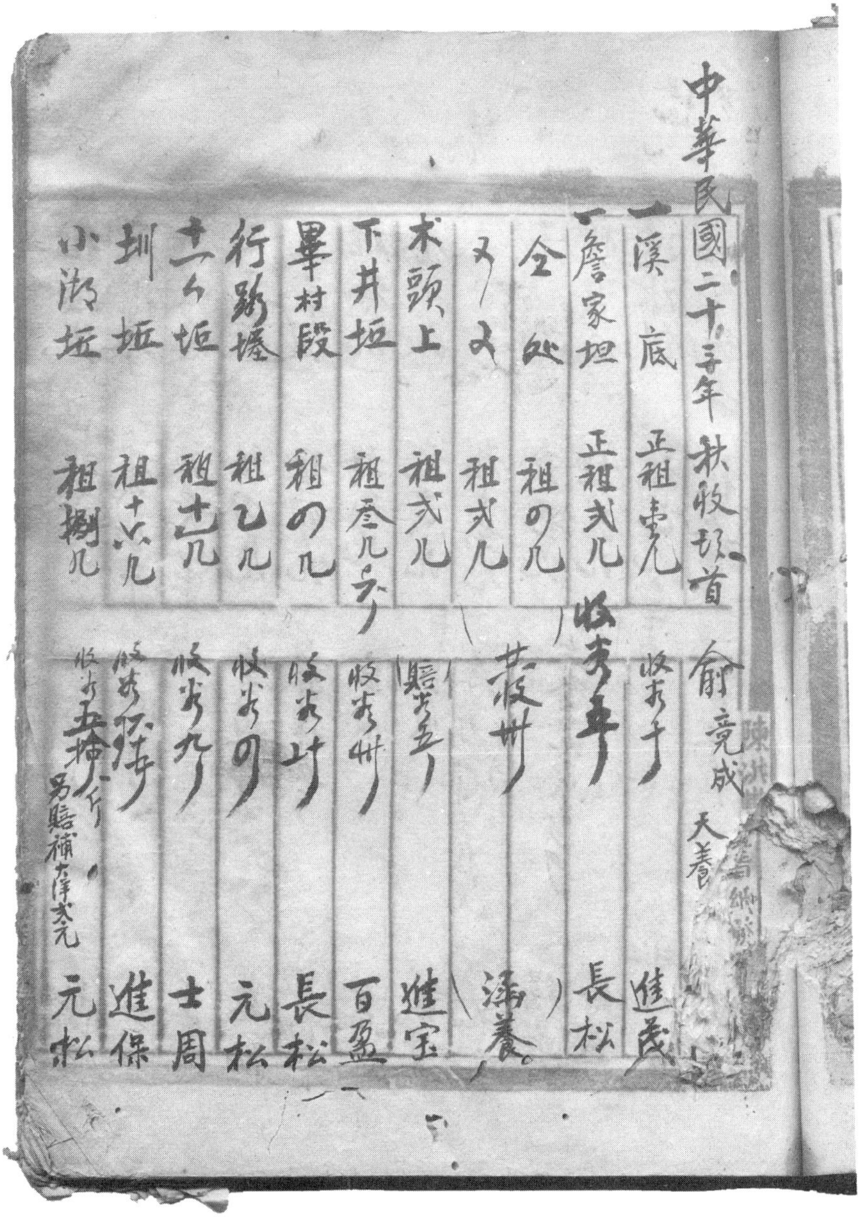

江湾镇中［钟］吕村 21-63 · 民国十二年至二十九年 ·
秋收头首经理收支账簿 · 俞永本等

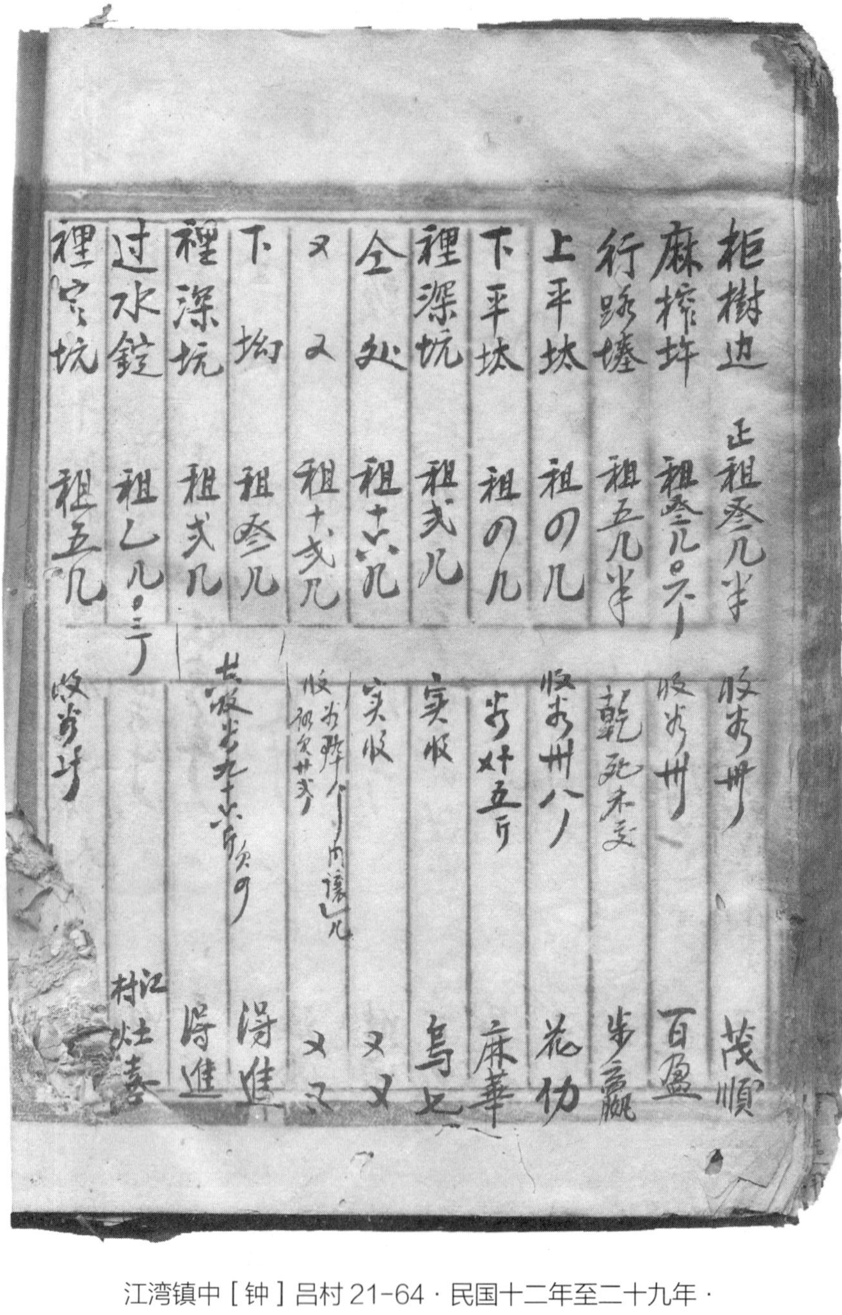

柜樹边	正租叁几半	收[illegible]卅	茂順
麻榨圩	租叁几○六	收[illegible]卅	百盈
行路塝	租五几半	乾死未交	步瀛
上平垯	租四几	收[illegible]卅八	花仂
下平垯	租四几	[illegible]廿五	麻華
裡深坑	租弍几	實收	烏旦
仝处	租十六几	實收	又
又 又	租十弍几	收[illegible]內讓[illegible]几 祇欠廿[illegible]	又
下坳	租叁几	共收[illegible]九十六斤欠四	湧進
裡深坑	租弍几		湧進
过水碇	租乙几○三		江村灶春
裡[illegible]坑	租五几	收[illegible]卅	

江湾镇中［钟］吕村 21-64 · 民国十二年至二十九年 · 秋收头首经理收支账簿 · 俞永本等

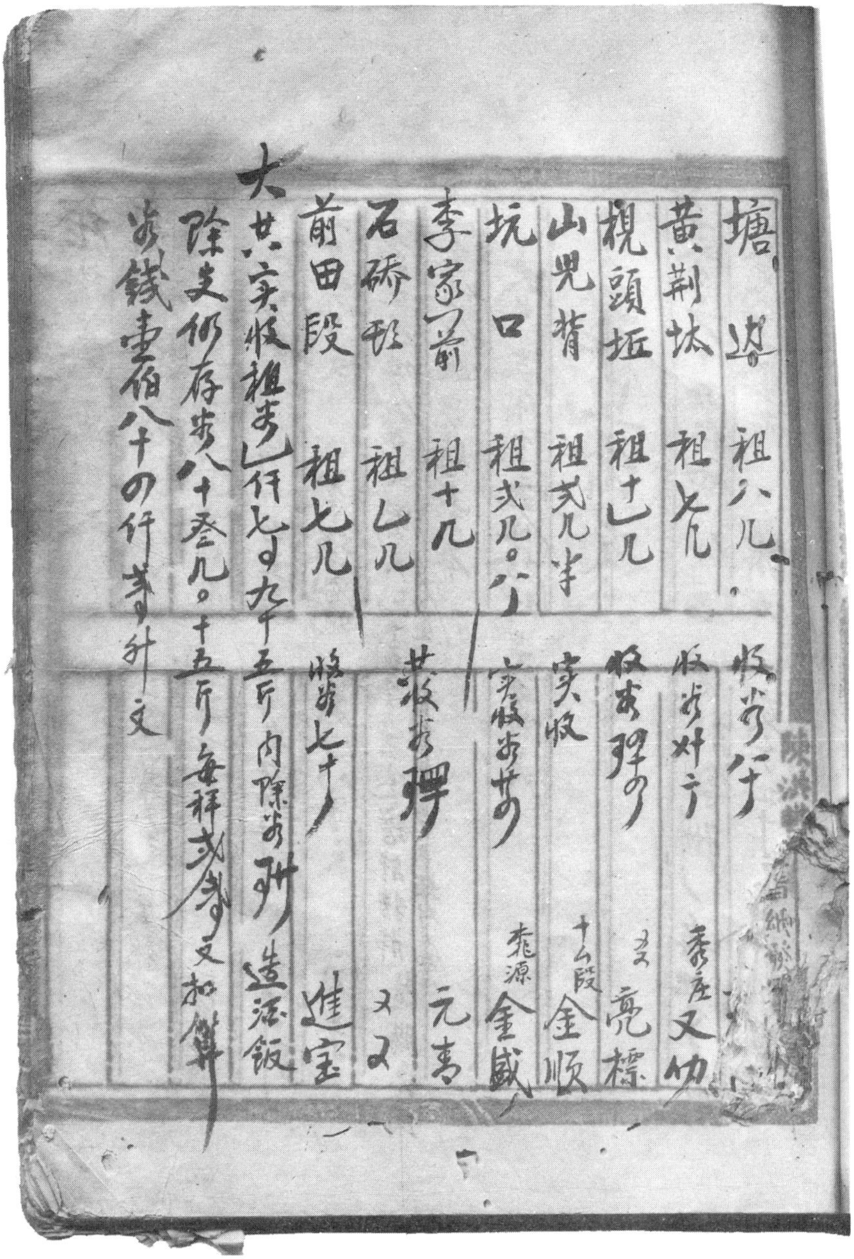

江湾镇中［钟］吕村 21-65 · 民国十二年至二十九年 ·
秋收头首经理收支账簿 · 俞永本等

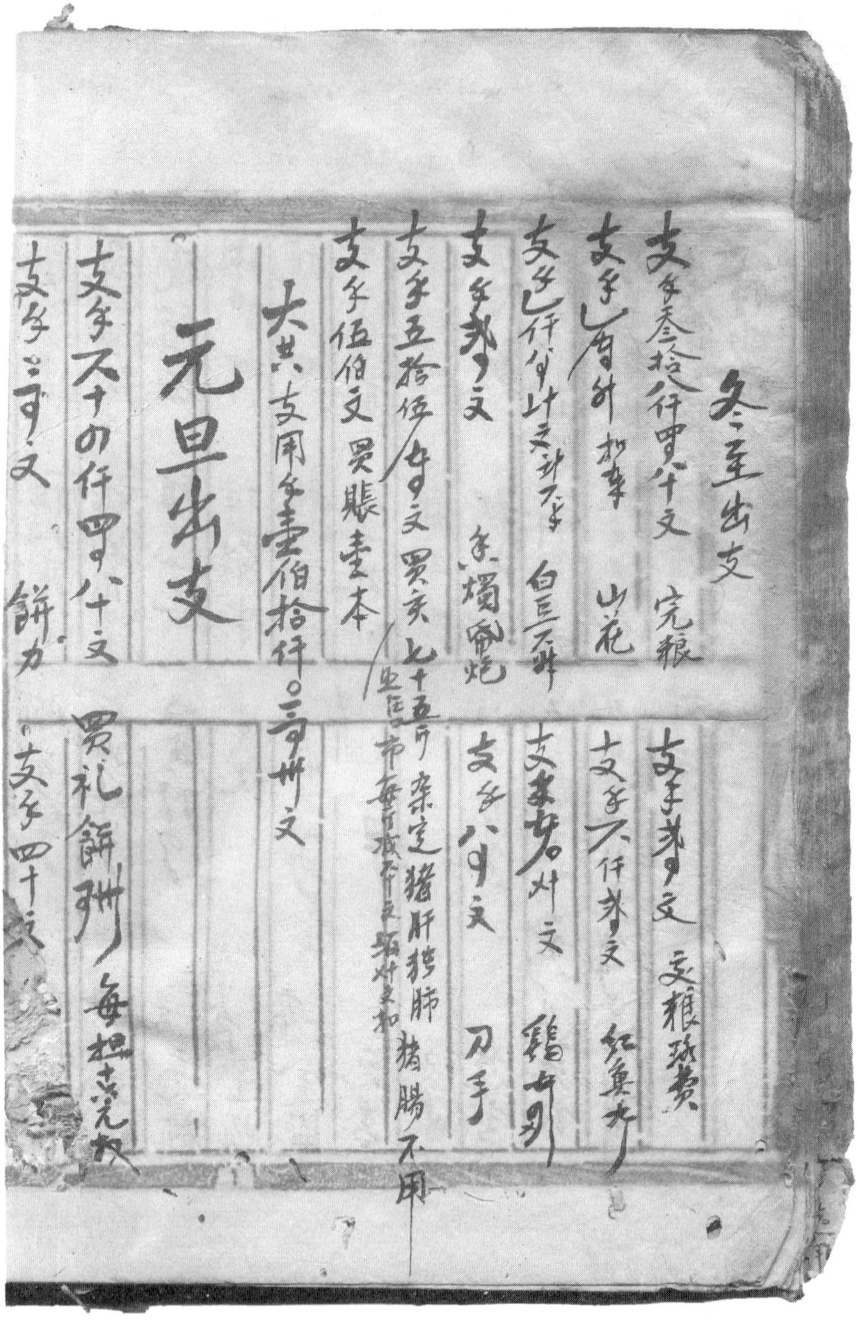
冬至出支
支洋叁拾元仟四八十文 完粮
支洋乚厘升 秋车 山花
支洋乚仟八百廿文新大洋 白豆不粹
支洋贰十文 年烛爆炬
支洋五拾伍角十文 买菜七十五斤 杂定猪肝猪肺猪肠不用
至区市每斤洋×十文鸡卅只和
支洋伍佰文 买账壹本
大共支用洋壹佰拾仟〇二十卅文
元旦出支
支洋六十四仟四十八十文 买礼饼卅斤 每担十元
支洋〸〸文 饼力
支洋〸文 完粮纸费
支洋六仟〸文 红鱼九斤
支洋八百卅文 鸡六只
支洋八十文 刀手
支洋四十文

江湾镇中［钟］吕村 21-66 · 民国十二年至二十九年 ·
秋收头首经理收支账簿 · 俞永本等

支乡廿文　不知帖

共支乡不十五仟不百八十文

支乡八百卅文

両共支乡山佰柒拾不仟〇拾文　冬至　元旦二項之用

外支乡叁仟七百廿文　灶公事

又支乡六仟八百文　清造户管

大共支用洋壹佰八十五仟九百卅文

收上存　佳准　立大　六人乡五仟七百十文

收支両抵　仍存乡叁仟七百八十五文　当付下首天養領　丙子元旦日付出

当衆付出補契抜丑烊張　新户管山本下首領去

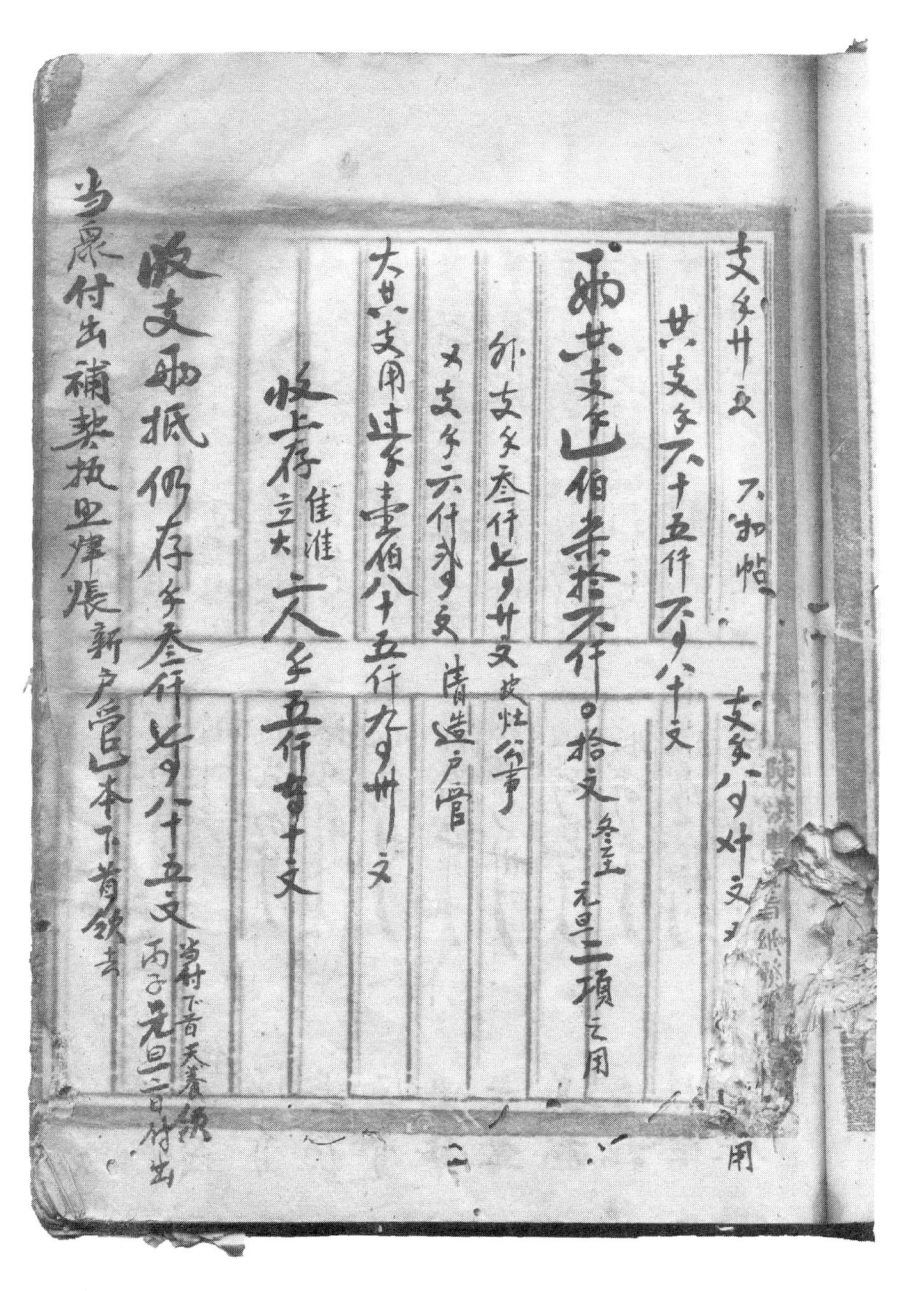

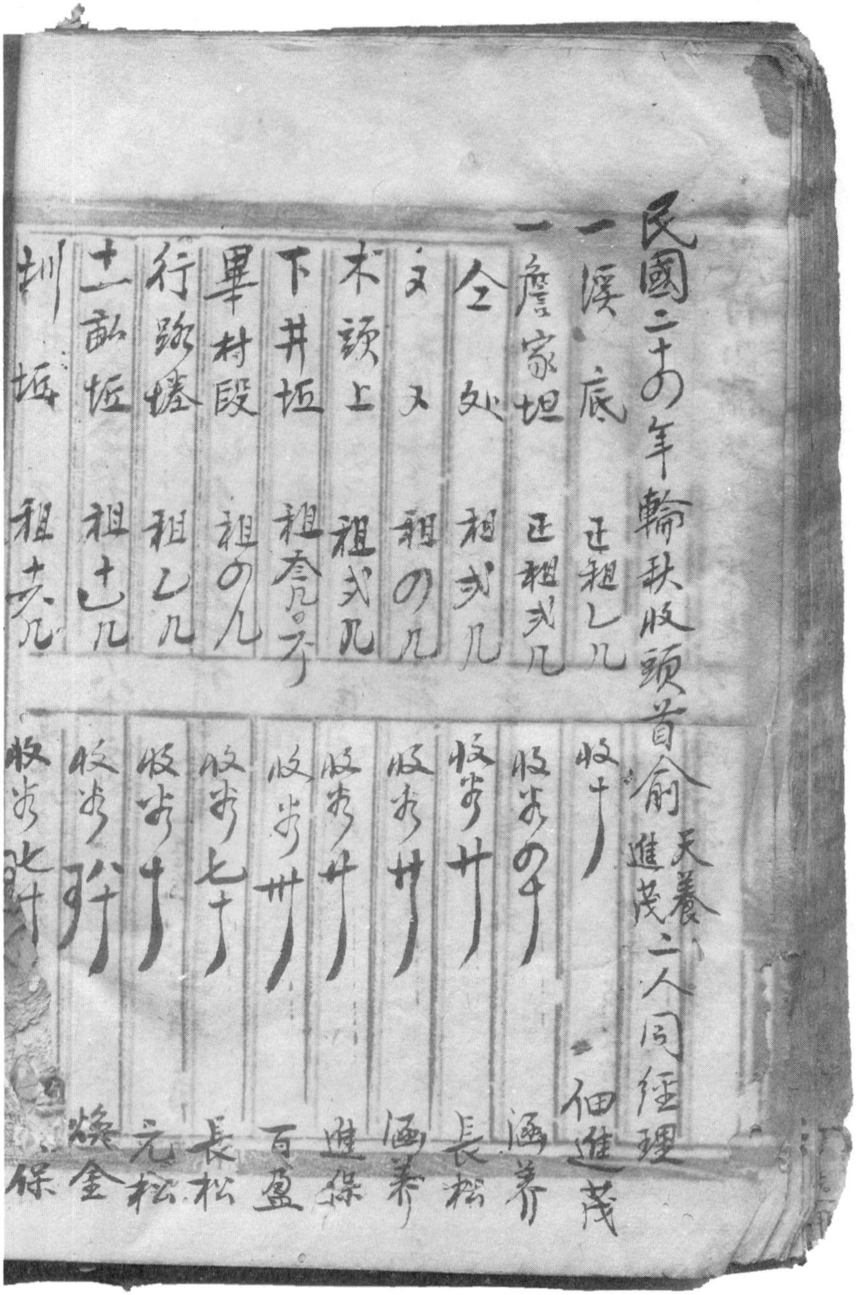
民國二十四年輪秋收頭首俞天養、進茂二人同經理

一溪底 正租乙几 收十斤 一佃進茂
一詹家坦 正租弍几 收米四斤 涵养
仝處 租弍几 收米廿斤 長松
又又 租四几 收米廿斤 涵养
木頭上 租弍几 收米廿斤 進保
下井坵 租叁几○分 收米卅斤 百盈
畢村段 租四几 收米七十斤 長松
行路塝 租乙几 收米十斤 元松
十畝坵 租十乙几 收米 [illegible] 煥金
圳坵 租十三几 收米 [illegible] 保

江湾镇中［钟］吕村 21-68 · 民国十二年至二十九年 ·
秋收头首经理收支账簿 · 俞永本等

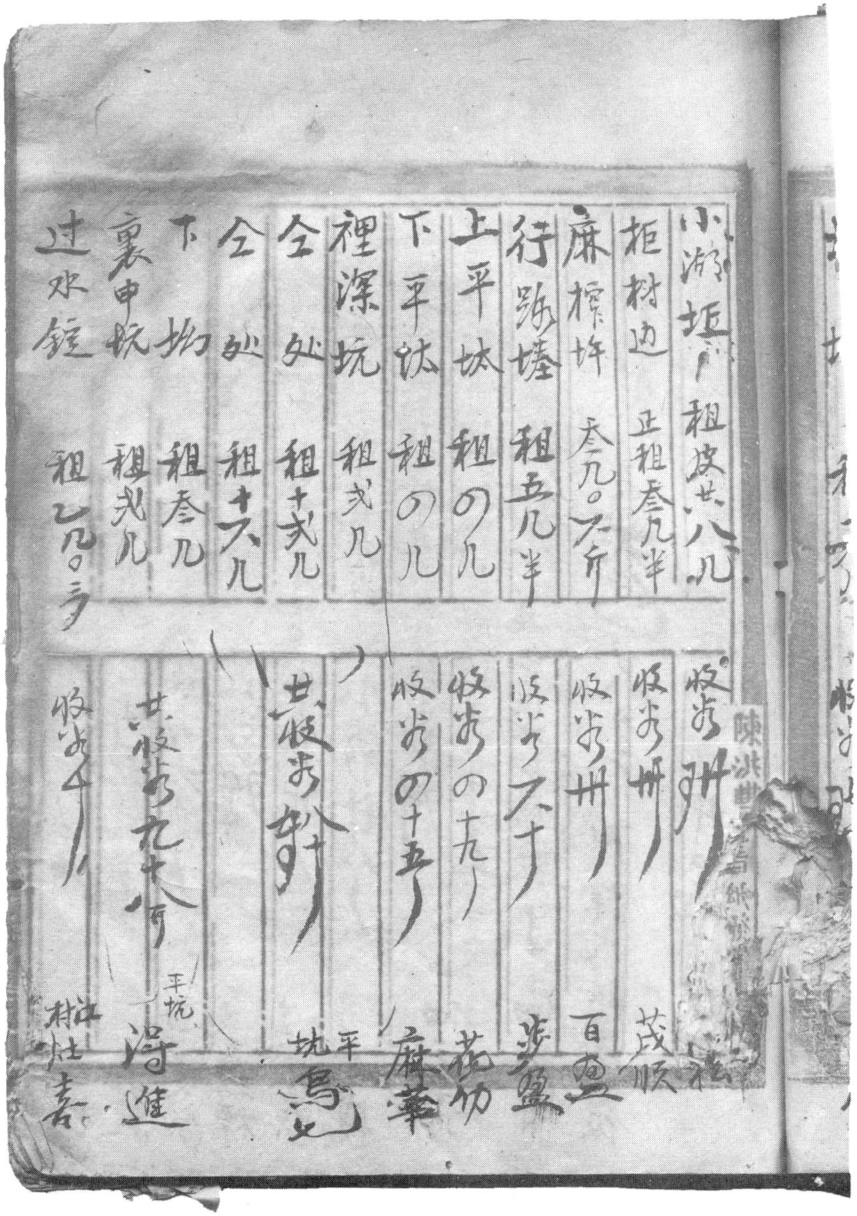

小瀨坵 租皮廿八几
柜村边 正租叁几半
麻榨坵 叁几〇六斤
行路塝 租五几半
上平垯 租四几
下平垯 租四几
裡深坑 租弍几
仝处 租十弍几
仝处 租十六几
下坳 租叁几
裏申坑 租弍几
过水碇 租乙几〇[illegible]

收米卅斤
收米卅斤 茂顺
收米卅斤 百盈
收米六十斤 步盈
收米四十九斤 花仂
收米四十五斤 麻華
廿收米四十斤 平坑 鸟[illegible]
廿收米九十八斤 平坑 得進
收米十斤 江村 灶喜

江湾镇中［钟］吕村 21-69 · 民国十二年至二十九年 ·
秋收头首经理收支账簿 · 俞永本等

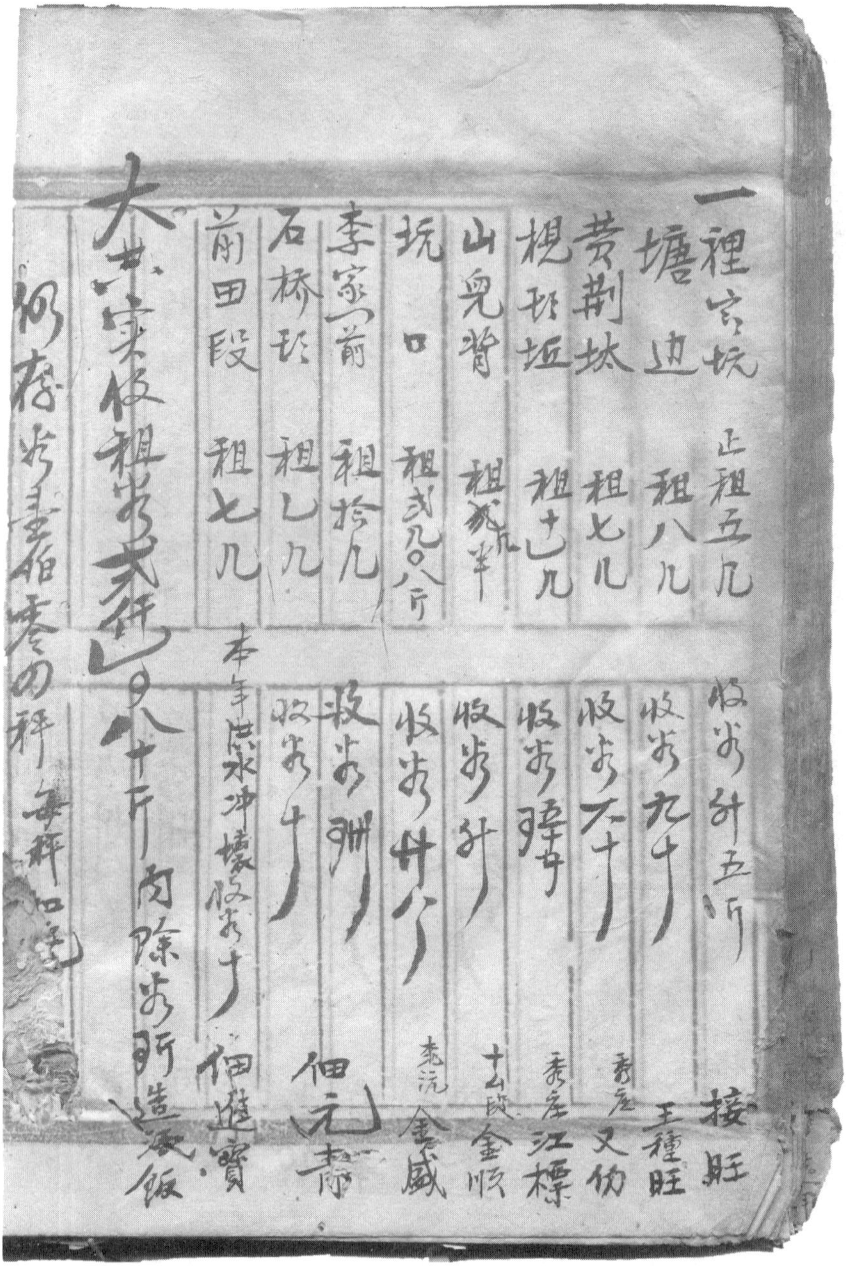
一裡宗坑　正租五几　收谷卅五斤　接旺
塘边　租八几　收谷九十斤　王種旺
黄荆坎　租七几　收谷六十斤　秀庄　又仂
梘邳坵　租十二几　收谷[illegible]　秀庄　江標
山兜背　租[illegible]半　收谷卅斤　十山段　金順
坑口　租式几八斤　收谷卅[illegible]斤　秀坑　金盛
李家前　租拾几　收谷[illegible]斤　佃元寿
石桥邳　租乙几　收谷十斤
前田段　租七几　本年洪水冲壞收谷十斤　佃進寶
大共實收租谷[illegible]秤[illegible]八十斤　内除谷[illegible]斤造飯
[illegible]存谷壹佰叁四秤　每秤[illegible]

江湾镇中［钟］吕村 21-70 · 民国十二年至二十九年 ·
秋收头首经理收支账簿 · 俞永本等

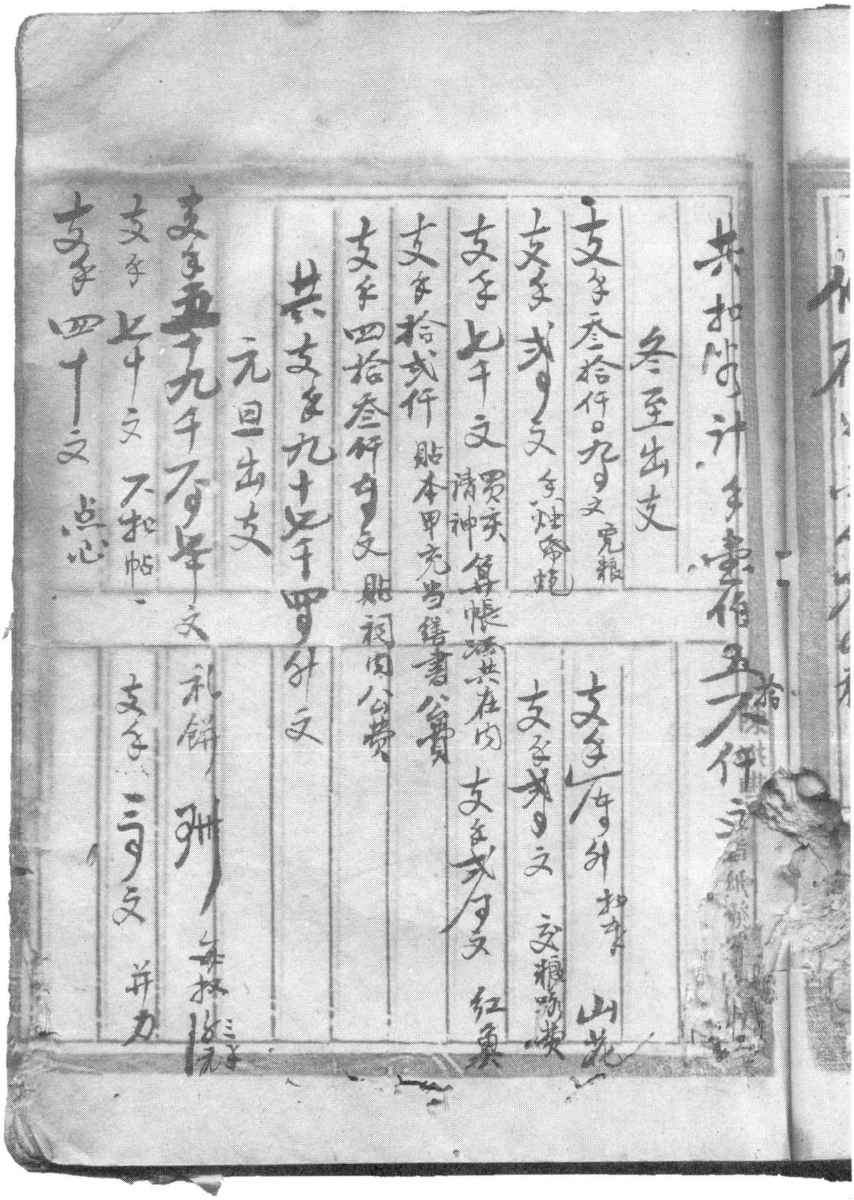

江湾镇中［钟］吕村 21-71 · 民国十二年至二十九年 ·
秋收头首经理收支账簿 · 俞永本等

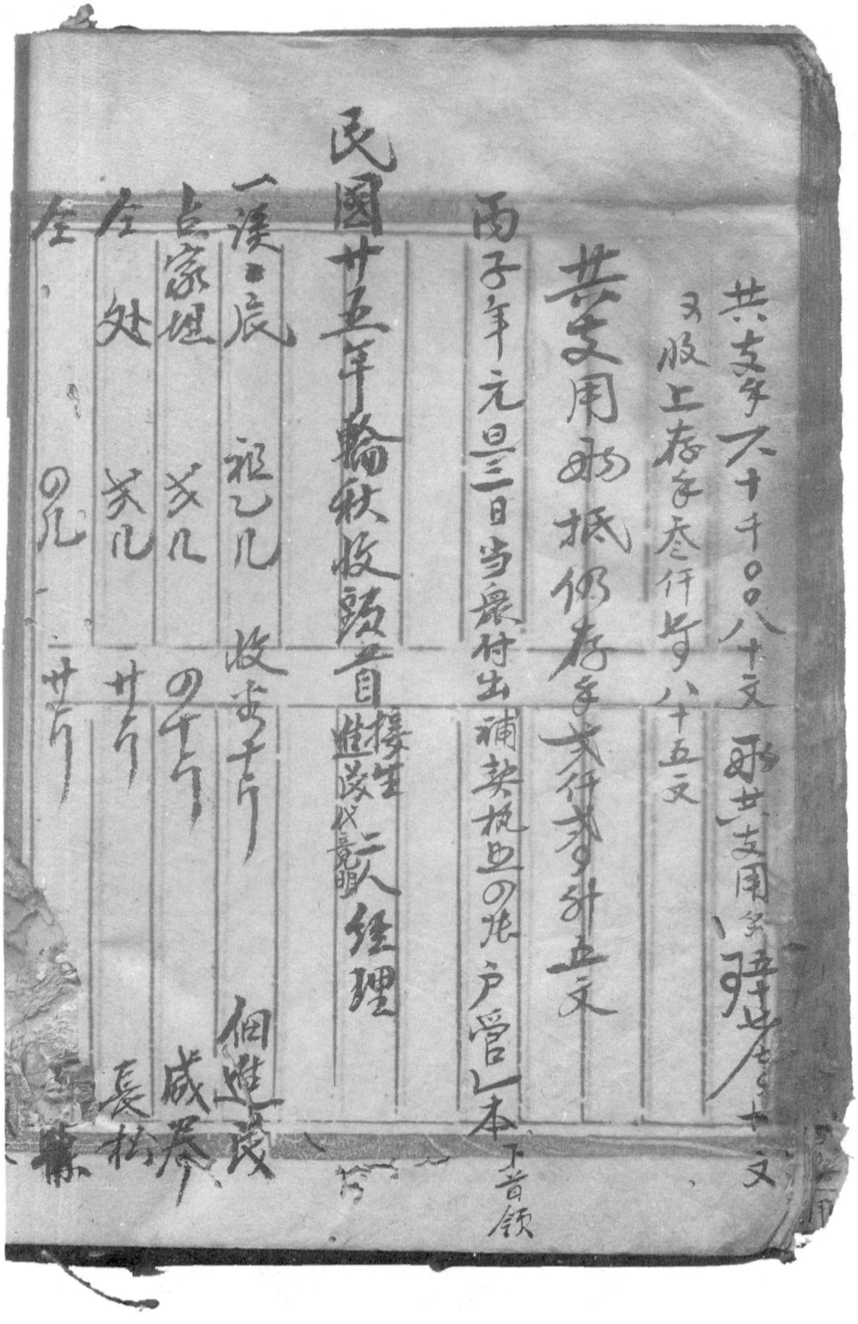
民國廿五年輪秋收頭首 接生 進發 二人經理
丙子年元旦三日當衆付出補契換田四張户管

江湾镇中［钟］吕村 21-72 · 民国十二年至二十九年 ·
秋收头首经理收支账簿 · 俞永本等

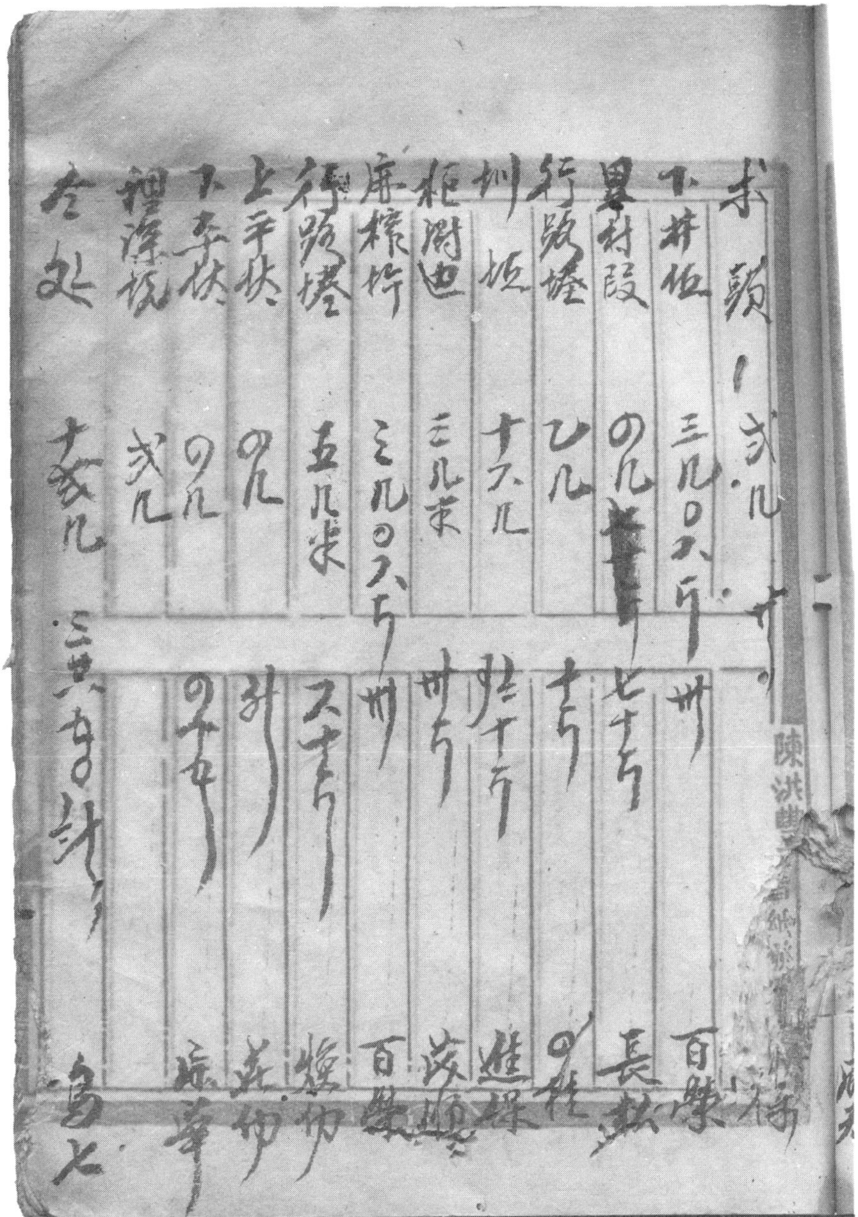

江湾镇中［钟］吕村 21-73 · 民国十二年至二十九年 ·
秋收头首经理收支账簿 · 俞永本等

仝处 十六几

下岭 三几 叁廿、九斗八斤 得灶

理浮坑 叁几

过水碇 乙几〇二斤 廿斤 灶香

理宅坑 五几 斜斗 樟旺

行边 一几 九十斤 灶旺

黄荆坞 七几 六十斤 文伯

枧头坵 十乙几 斜斗 汝标仂

山见背 叁几来 斜 金顺

坑口 叁几〇八斤 廿八斤 金钱

李家门前 十几 斜一 元寿

石桥头 乙几 十

江湾镇中[钟]吕村 21-74 · 民国十二年至二十九年 · 秋收头首经理收支账簿 · 俞永本等

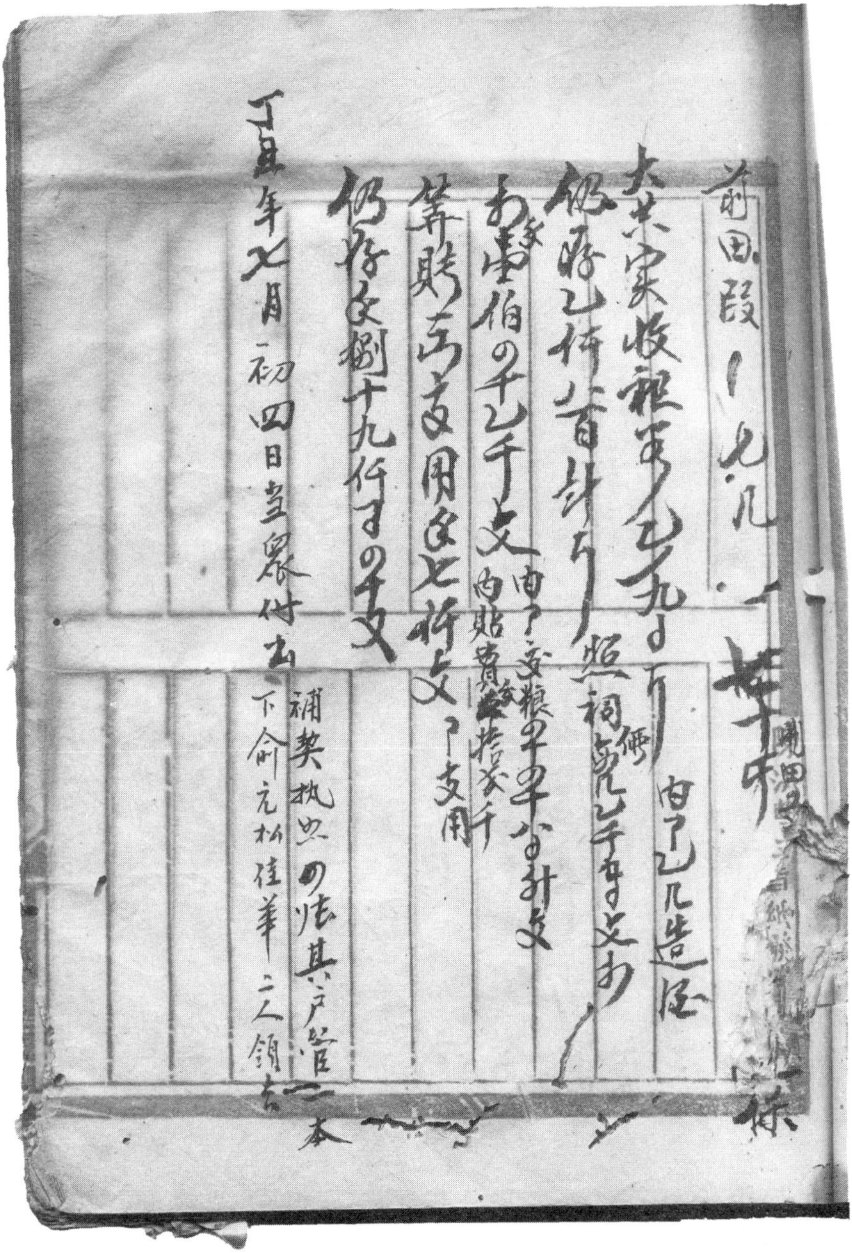

蒲田段〡九几 一莊半 俵
大共实收租〡九斗 由了九几造俵
仍存乙仟〡百 照祠两宅乙千〡文
另除会伯の千乙千文 由了安粮の千の千〡斗文
内贴费会…千
算账存支用七折文 了支用
仍存文捌十九仟〡の千文
补契执照四张其户管一本
丁丑年七月初四日当众付出 下俞元松佳华二人领去

江湾镇中［钟］吕村 21-75 · 民国十二年至二十九年 ·
秋收头首经理收支账簿 · 俞永本等

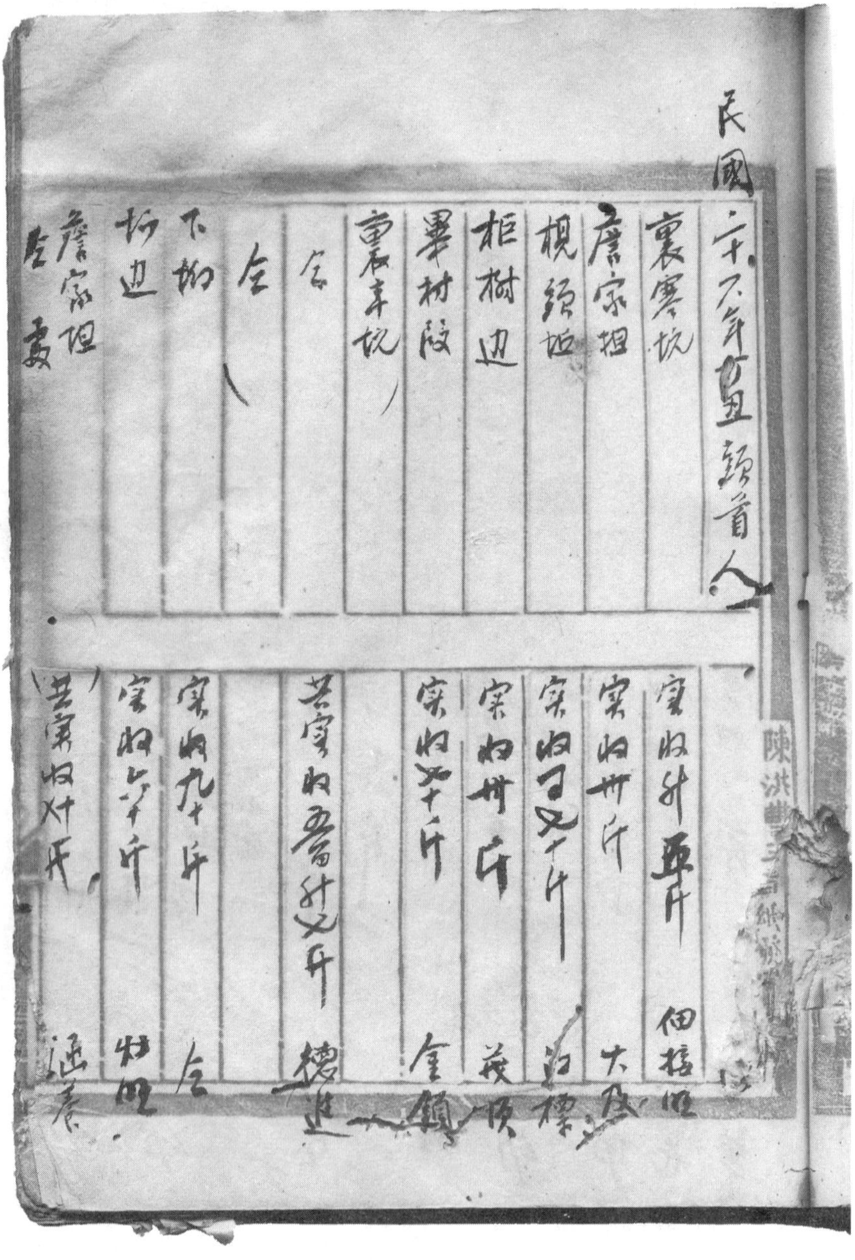
民國二十八年[illegible]頭首人

裏寨坑　實收廿五斤　佃楊恒
詹宗坦　實收卅斤　大及
梘頭垴　實收百又十斤　汪標
柜樹边　實收卅斤　莪順
畢材段　實收五十斤　金鎮
裏嶺本坑
仝　共實收五百廿又斤　德進
仝
下坳　實收九十斤　仝
杉边　實收六十斤　灶恒
詹宗坦　仝妄　共實收八十斤　逢春

江湾镇中［钟］吕村 21-76 · 民国十二年至二十九年 ·
秋收头首经理收支账簿 · 俞永本等

山晃背 实收卅八斤
李家门前 实收百卅斤
石坑头 实收十斤
前田段 实收卆斤
圳坵 实收百五十斤
术头 实收廿斤
抖路塘 实收十斤
下井口 实收卅斤
麻榨坪 实收卅斤
抖路塘 实收卆斤
上平坑 实收卅斤
下平坑 实收卅五斤

金顺 瑞仂 连宝 细锺 叙仂 樟仂 麻花 佳华

江湾镇中［钟］吕村 21-77 · 民国十二年至二十九年 ·
秋收头首经理收支账簿 · 俞永本等

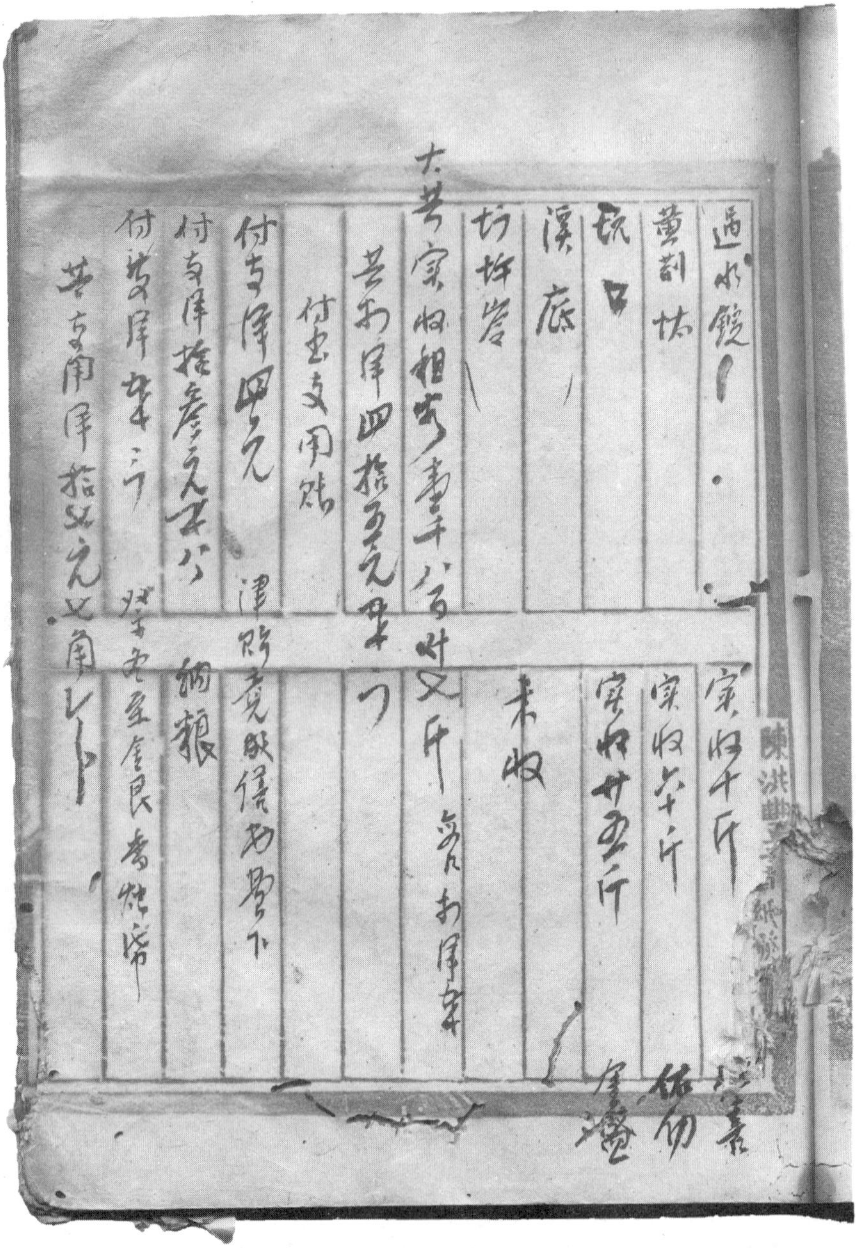

江湾镇中［钟］吕村 21-78 · 民国十二年至二十九年 ·
秋收头首经理收支账簿 · 俞永本等

除付各用，仍洋玖拾七元七角正

緣以地方困難，各部保甲經費無法籌措，經邀集各甲長及地方士紳公議，將此款悉數撥作保甲經費公用，分文無存，庶業資稍減地方負擔云

民國二十九年冬　收寔經手人

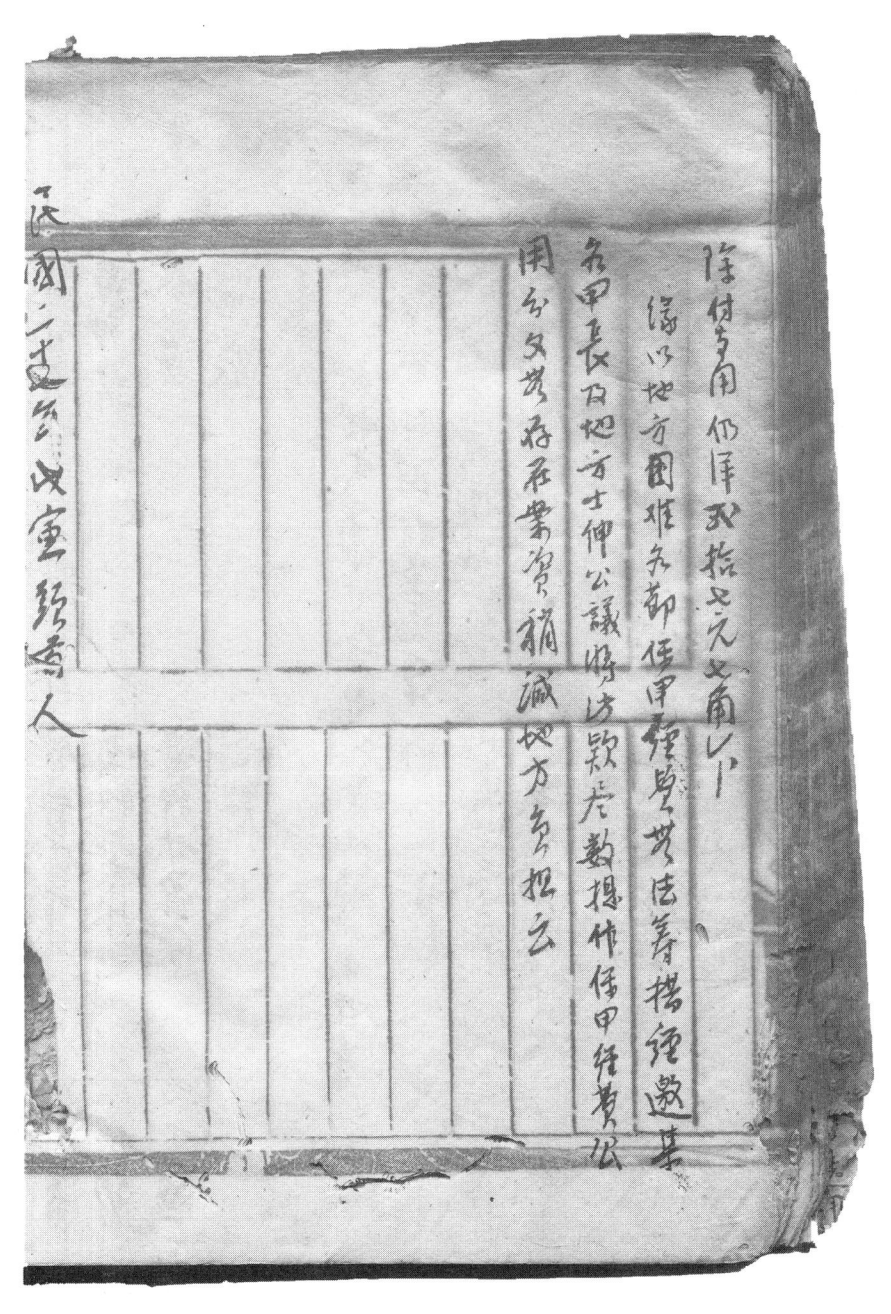

裏寮坑
詹家坦
槐頭坵
柜樹边
畢村段
裏羊坑
仝
仝
仝
下塢
詹家坦
仝

實收廿五斤　桂照
實收卅斤　大良
實收百又十斤　江標
實收卅斤　俊順
實收又十斤　金頌
共實收五百廿又斤　法其
共實收九十斤　仝
共實收卅斤　涵泰

江湾镇中［钟］吕村 21-80 · 民国十二年至二十九年 ·
秋收头首经理收支账簿 · 俞永本等

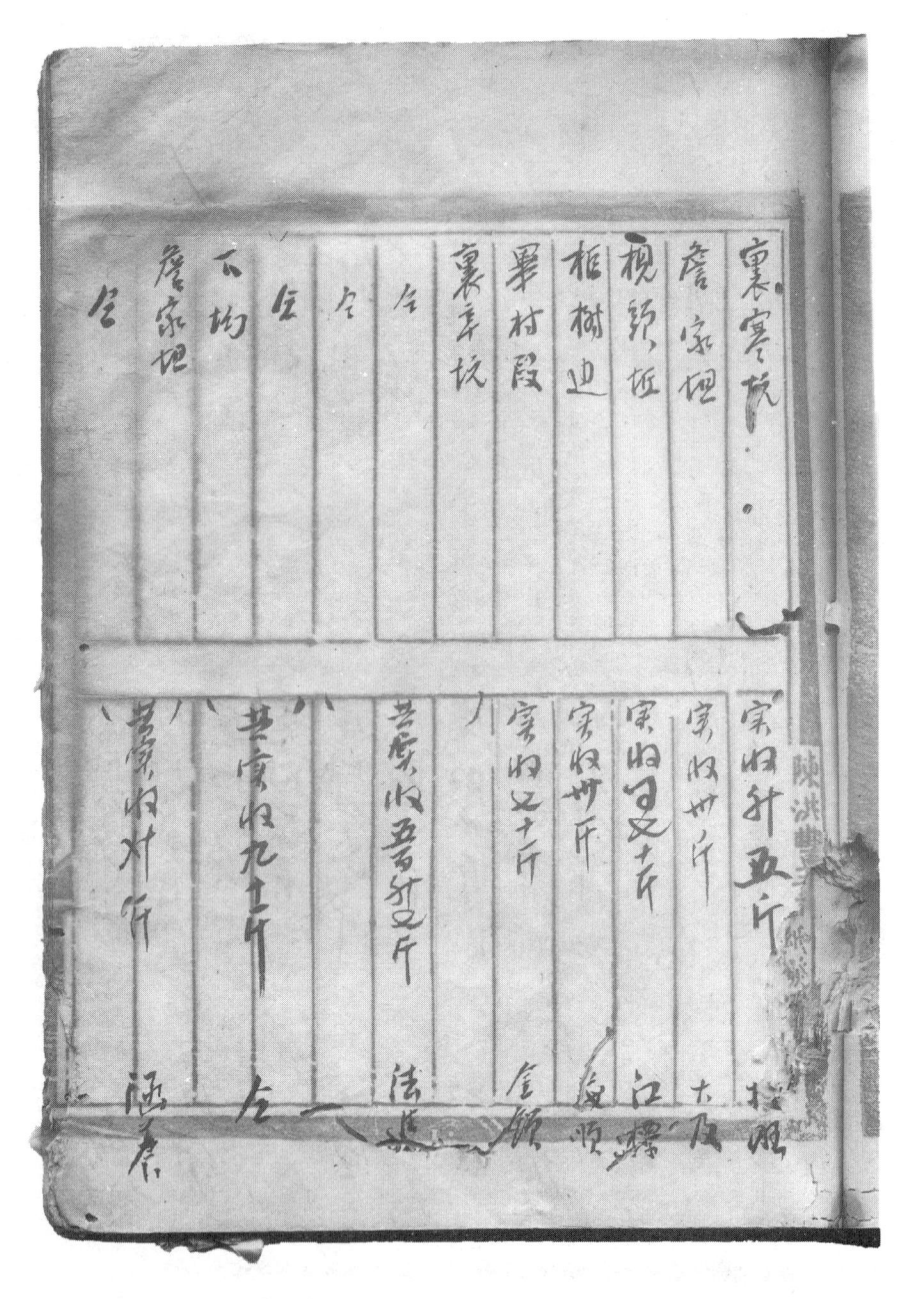

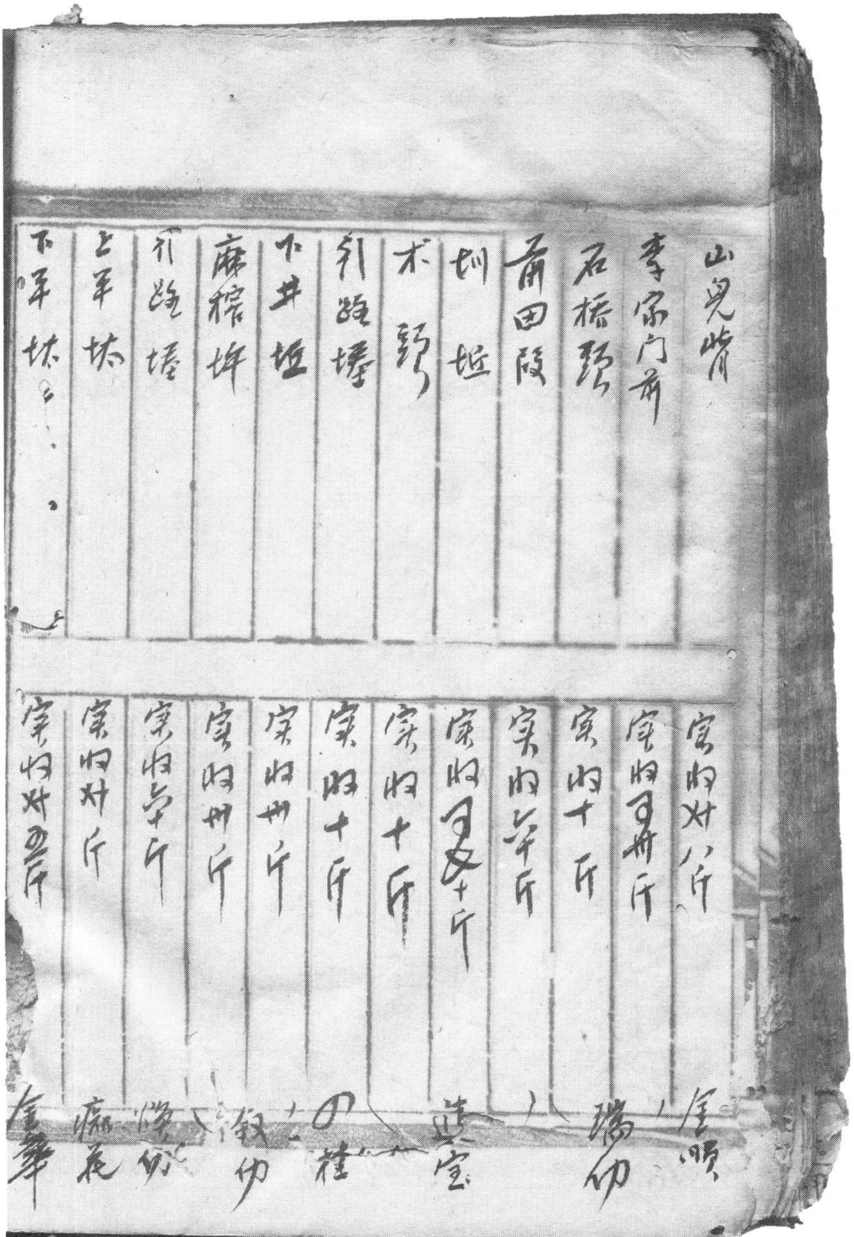

山兒嶺	實内卅八斤	全順
李家门前	實内百卅斤	
石桥頭	實内十斤	瑞仂
前田段	實内廿斤	
圳垅	實内百廿十斤	
术路	實内十斤	進宝
引路塝	實内十斤	
下井垅	實内卅斤	四桂
麻榨坞	實内卅斤	叙仂
行路塝	實内廿斤	学欽
上平坑	實内卅斤	麻花
下平坑	實内卅五斤	金華

江湾镇中［钟］吕村 21-81 · 民国十二年至二十九年 ·
秋收头首经理收支账簿 · 俞永本等

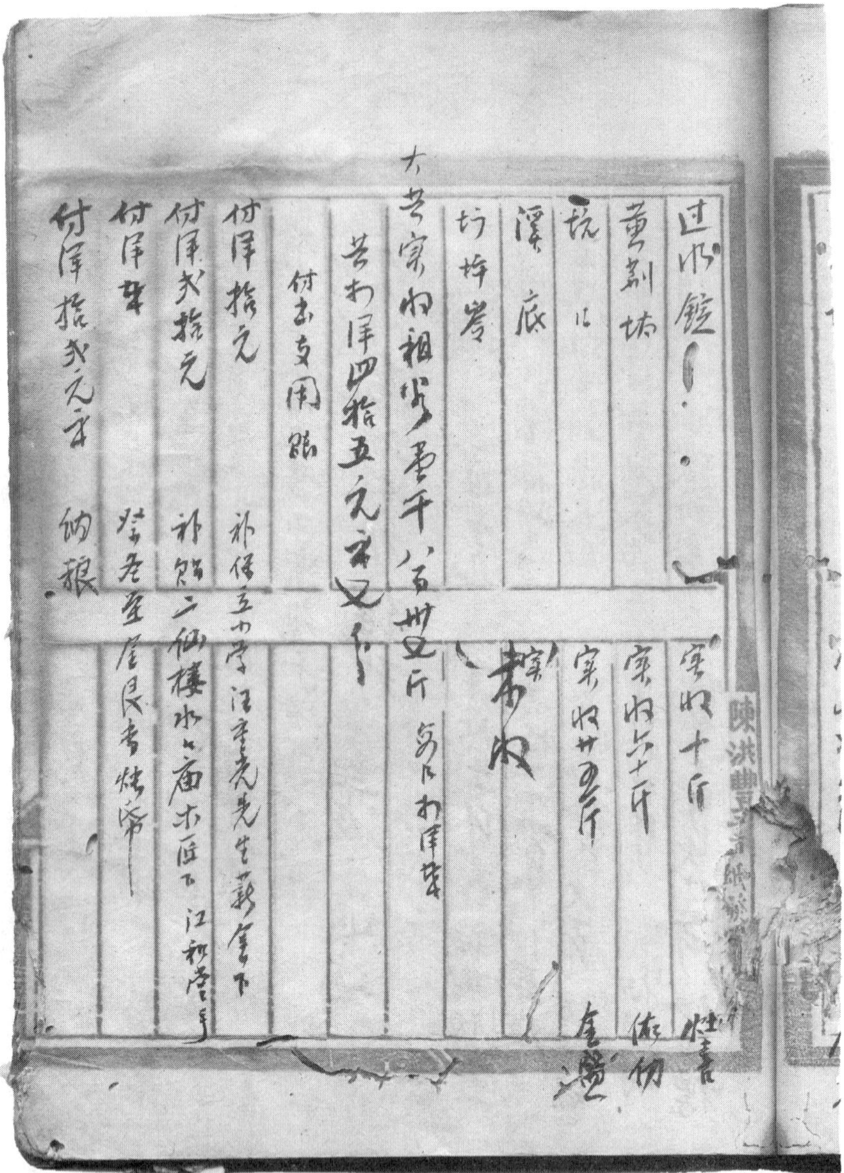

江湾镇中［钟］吕村 21-82 · 民国十二年至二十九年 ·
秋收头首经理收支账簿 · 俞永本等

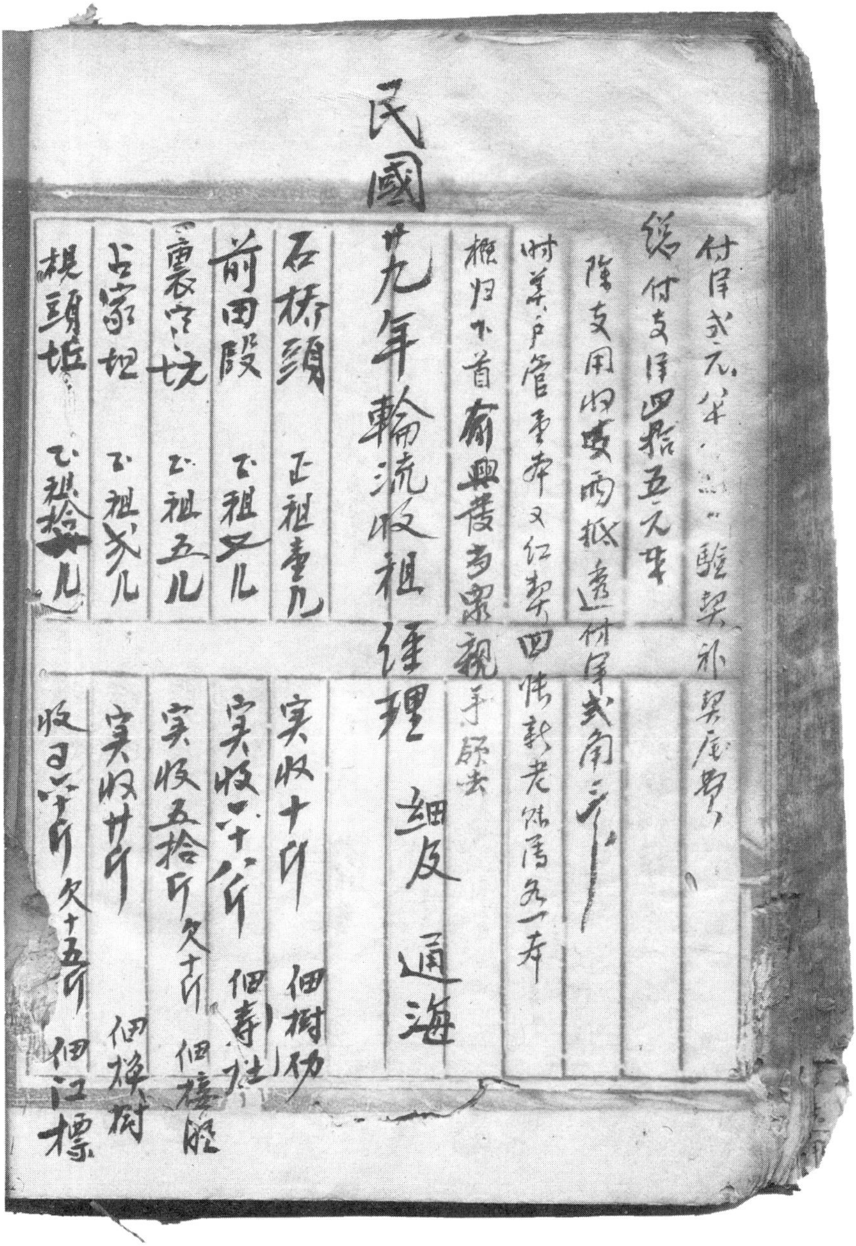
付洋弍元八角〇〇 驗契补契底費
總付支洋四拾五元半
除支用收支兩抵 還付洋弍角二厘
付業户管業契又紅契四張新老簿各一本
概归小首俞興發為衆親手領去
民國廿九年輪流收租經理 細皮 通海
石橋頭 正租壹九 實收十斤 佃樹坊
前田段 下租叉九 實收廿斤 佃壽灶
裏衣宅坑 下租五九 實收五拾斤欠十斤 佃樟旺
上家坦 下租六九 實收廿斤 佃樟樹
棋頭垢 下租拾廿九 收回廿斤欠十五斤 佃江標

江湾镇中［钟］吕村 21-83 · 民国十二年至二十九年 ·
秋收头首经理收支账簿 · 俞永本等

柜树边 公祖三元○	实收卅斤
畢村段 公祖咒	实收芸斤 佃成宜
二重衣辛坑 公祖戌儿	实收四斤 佃洋進
全处 公祖戌儿	实收三斤 佃洋進
全处 公祖士儿	实收三斤 西瀼廿斤去芳到 佃洋進
全处 公祖戌儿	实收卅斤 佃洋進
下坳 公祖三元	实收六斤 佃洋進
坊边 公祖八儿	实收卅斤 佃疑る
吕家坦 公祖戌儿	实收廿六斤
全处 公祖戌儿	实收廿斤 佃漳寿
山凫背 公祖戌年	实收廿斤 佃源养
李家门岕 公祖拾儿	实收卅斤 佃金畩
	实收烝斤 佃树○

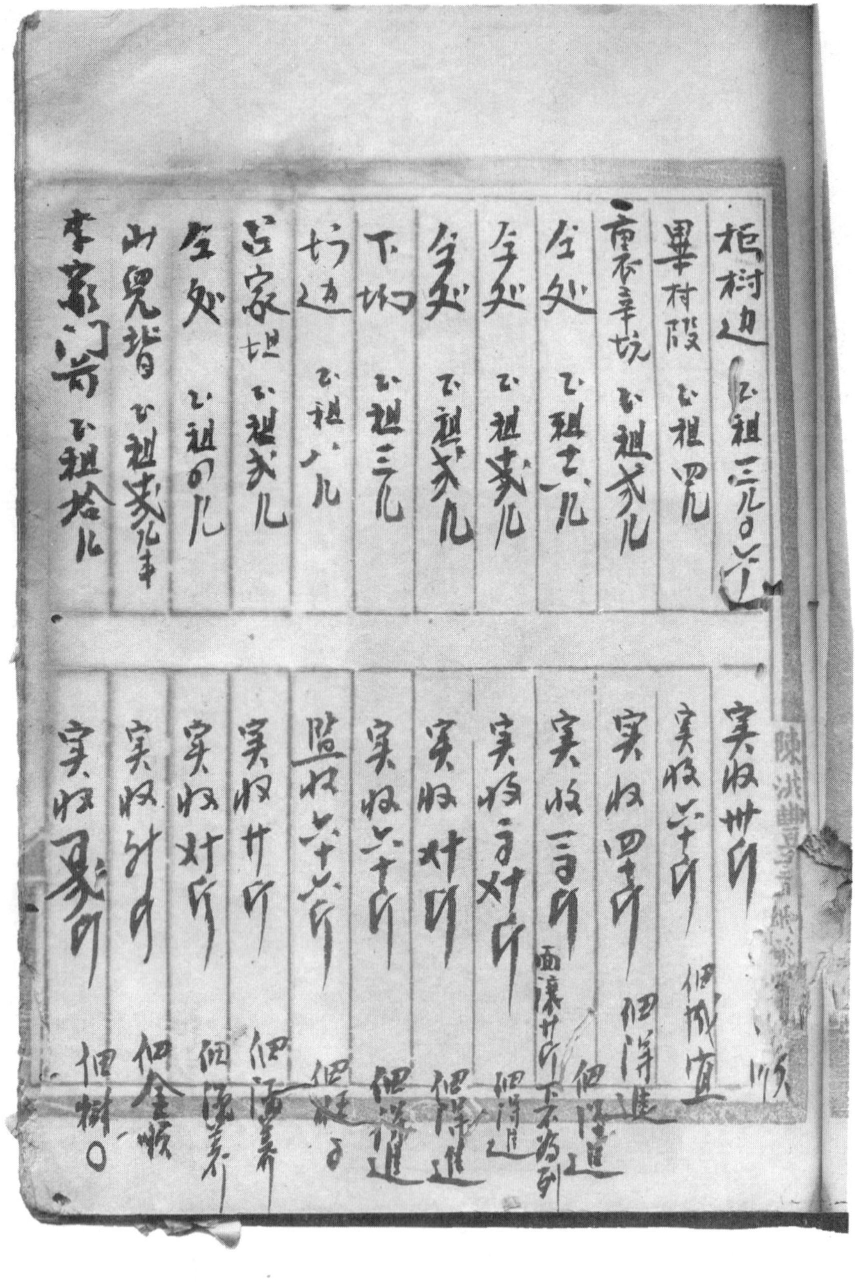

江湾镇中[钟]吕村21-84·民国十二年至二十九年·秋收头首经理收支账簿·俞永本等

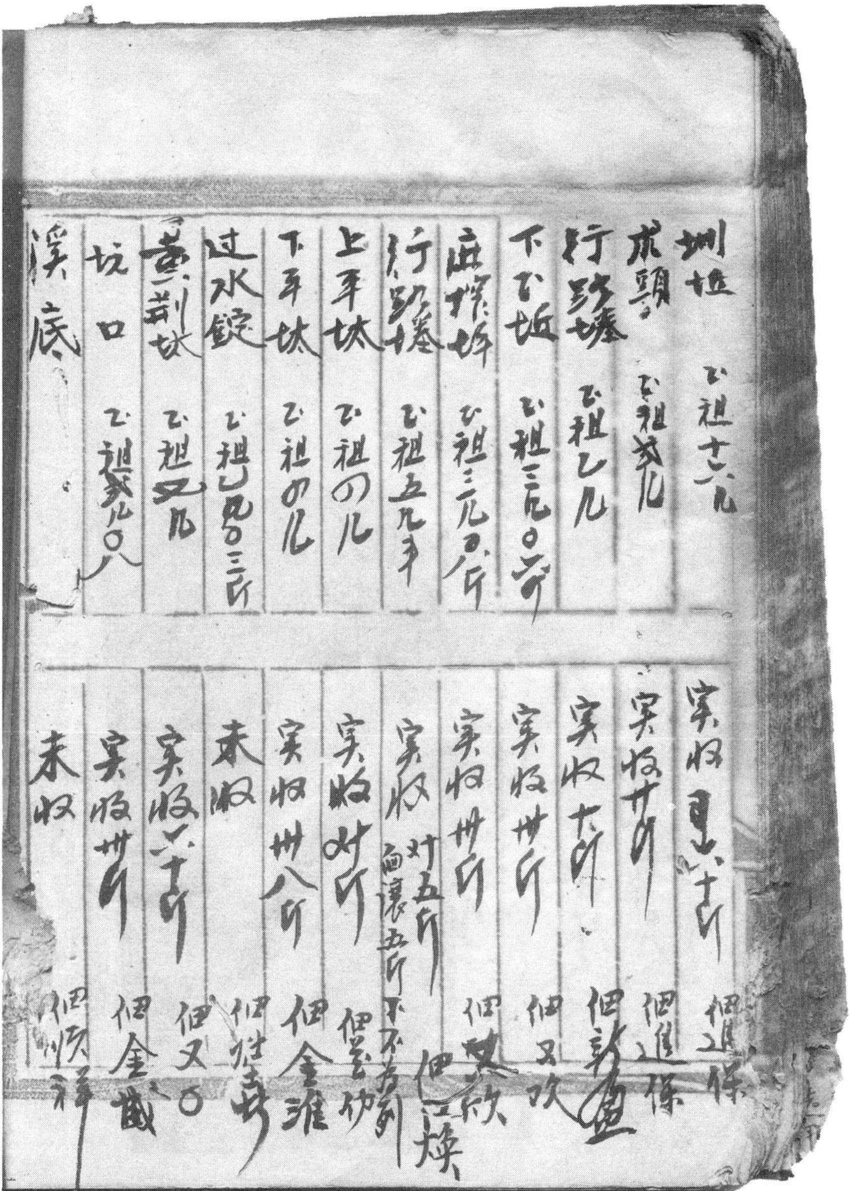

江湾镇中［钟］吕村 21-85 · 民国十二年至二十九年 ·
秋收头首经理收支账簿 · 俞永本等

吉坪嶺　　未收

大共實收租谷壹仟五百九拾五斤　內下三百卅六斤谷積

收存谷五拾捌元五角九計錢六件文　扣算

卅年　扣洋　計錢四千八件文

冬至出式用

支錢壹千　買亥

支錢三件文　金良支

支錢三件文　仙上

支錢壹千　退賬善

收存錢一三佰八十八件又七十文

支錢十五千　買酒

支錢三件文　買米

支錢卅件又世文　俯粮完

下付出支用

江湾镇中［钟］吕村 21-86 · 民国十二年至二十九年 ·
秋收头首经理收支账簿 · 俞永本等

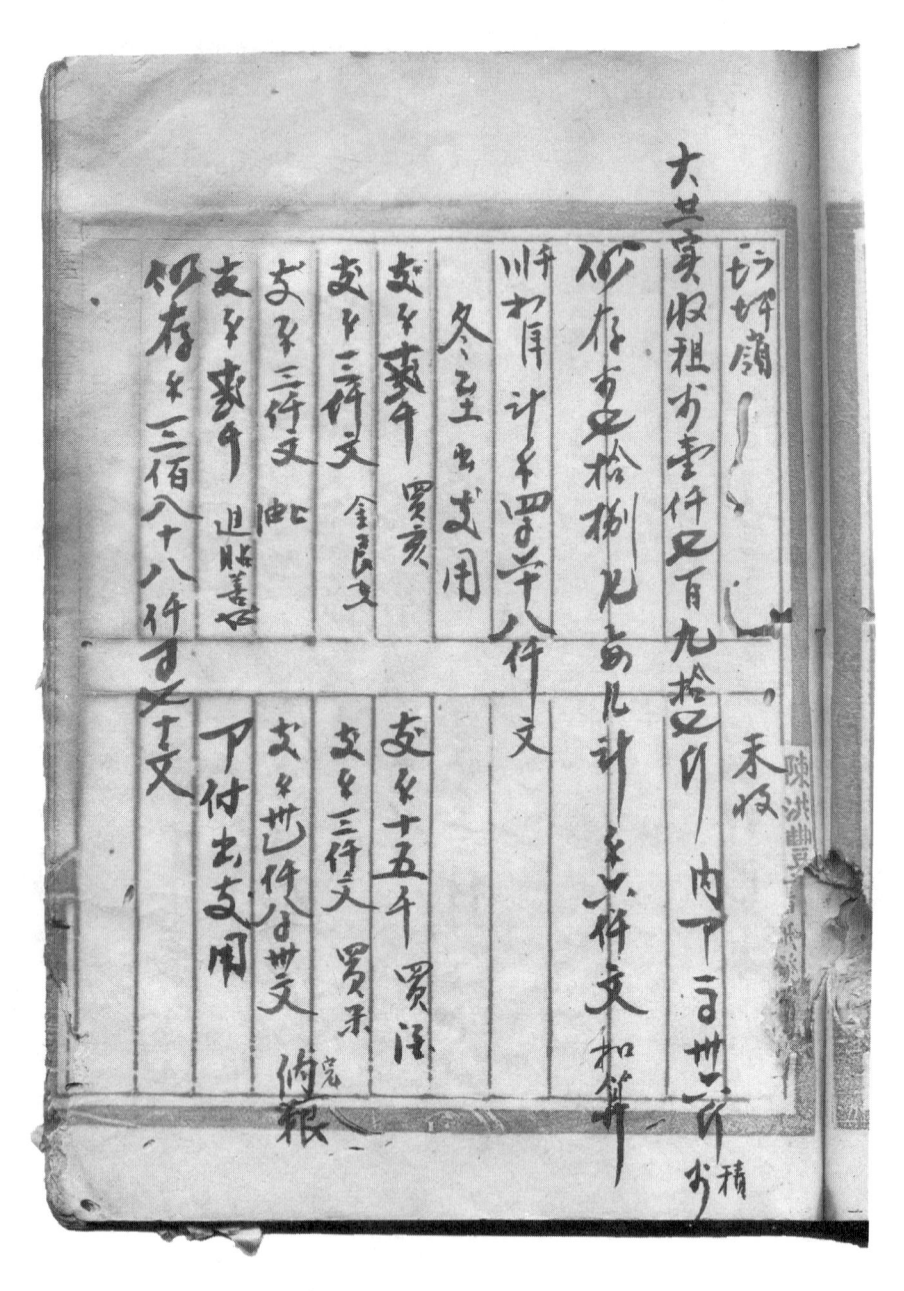

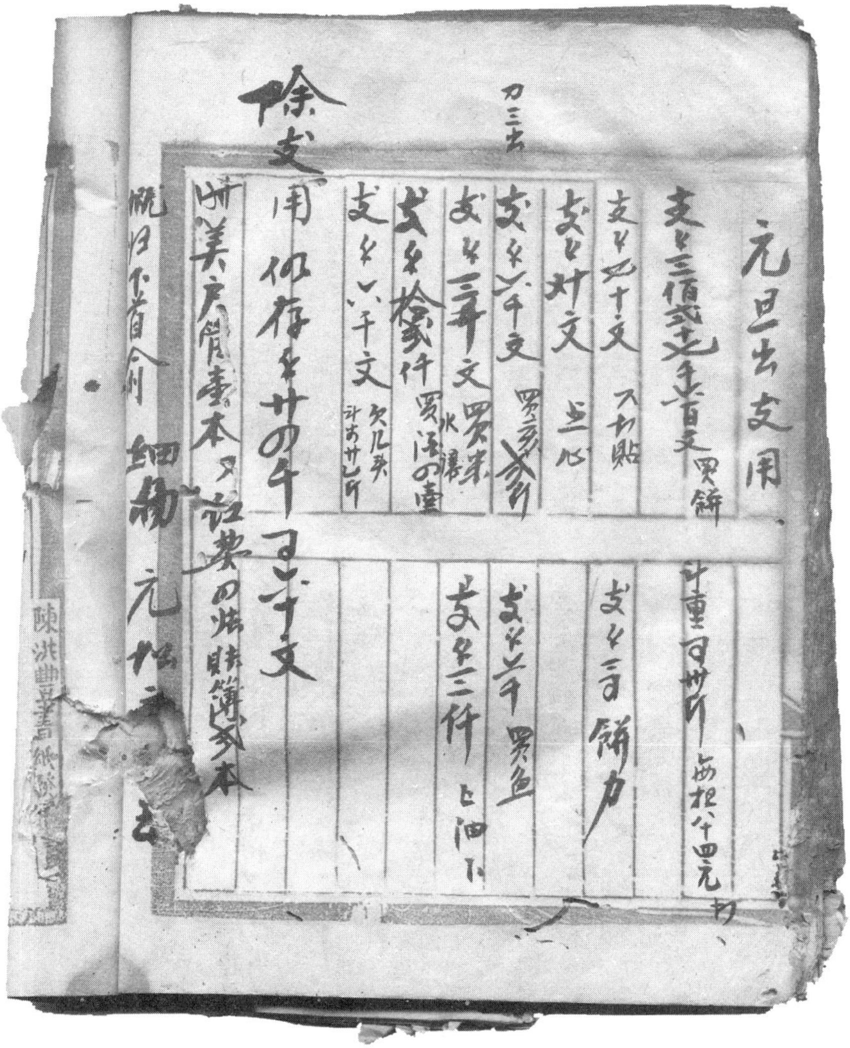

江湾镇中［钟］吕村 21-87 · 民国十二年至二十九年 ·
秋收头首经理收支账簿 · 俞永本等

江湾镇中［钟］吕村 83 · 民国十四年 · 纳米执照 · 昌厚

江湾镇中[钟]吕村 88 · 民国十四年 · 纳米执照 · 应湘

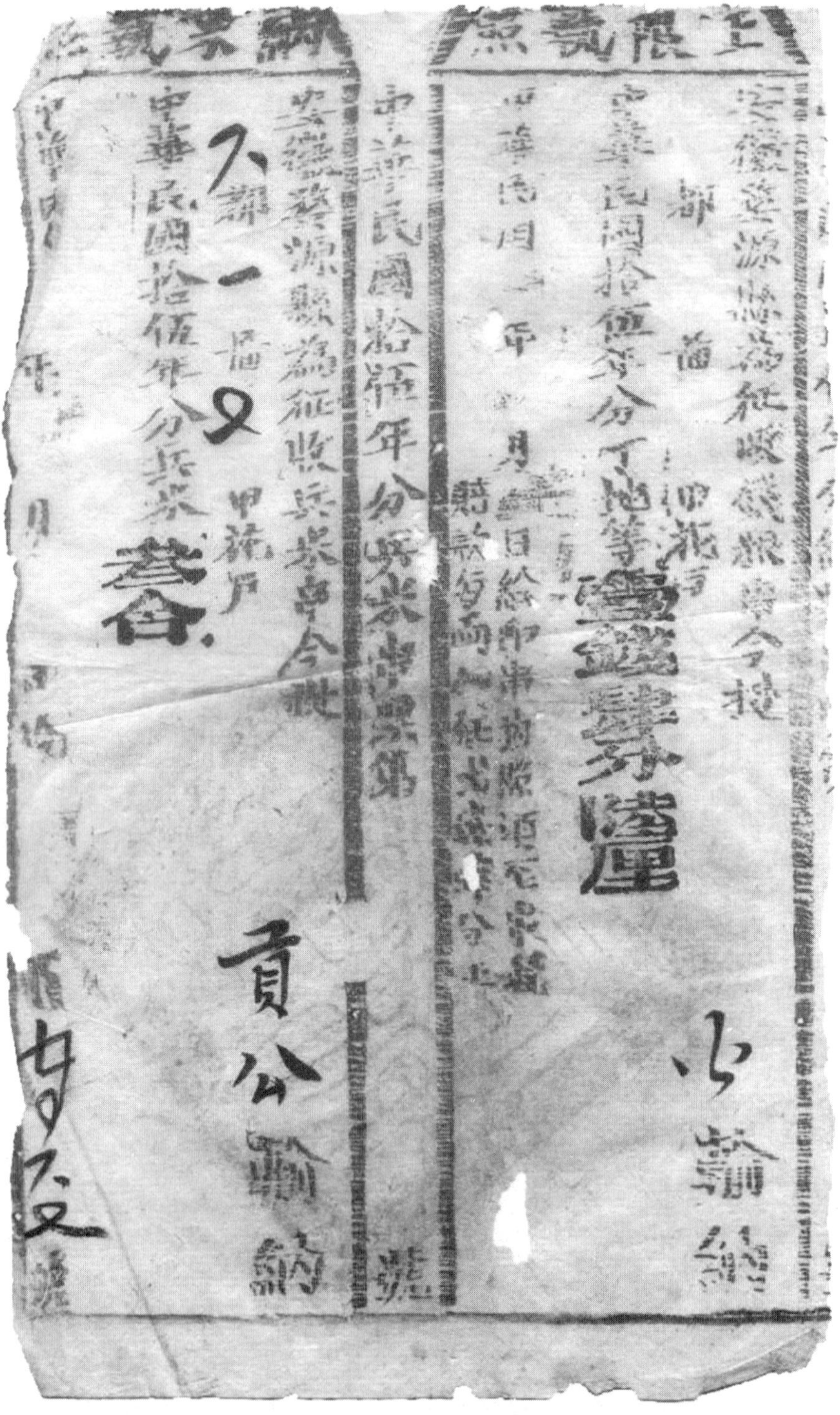
江西婺源縣為征收錢糧事今據
都 圖 甲花戶
中華民國拾伍年分丁地等[illegible]
中華民國 年 月 日給[illegible]
小 輸納
中華民國拾伍年分兵米串第 號
婺源縣為征收兵米事今據
大畈 一 圖 又 甲花戶
中華民國拾伍年分兵米 叁合
貢公 輸納

江湾镇中［钟］吕村 66 · 民国十五年 · 纳米执照 · 贡公

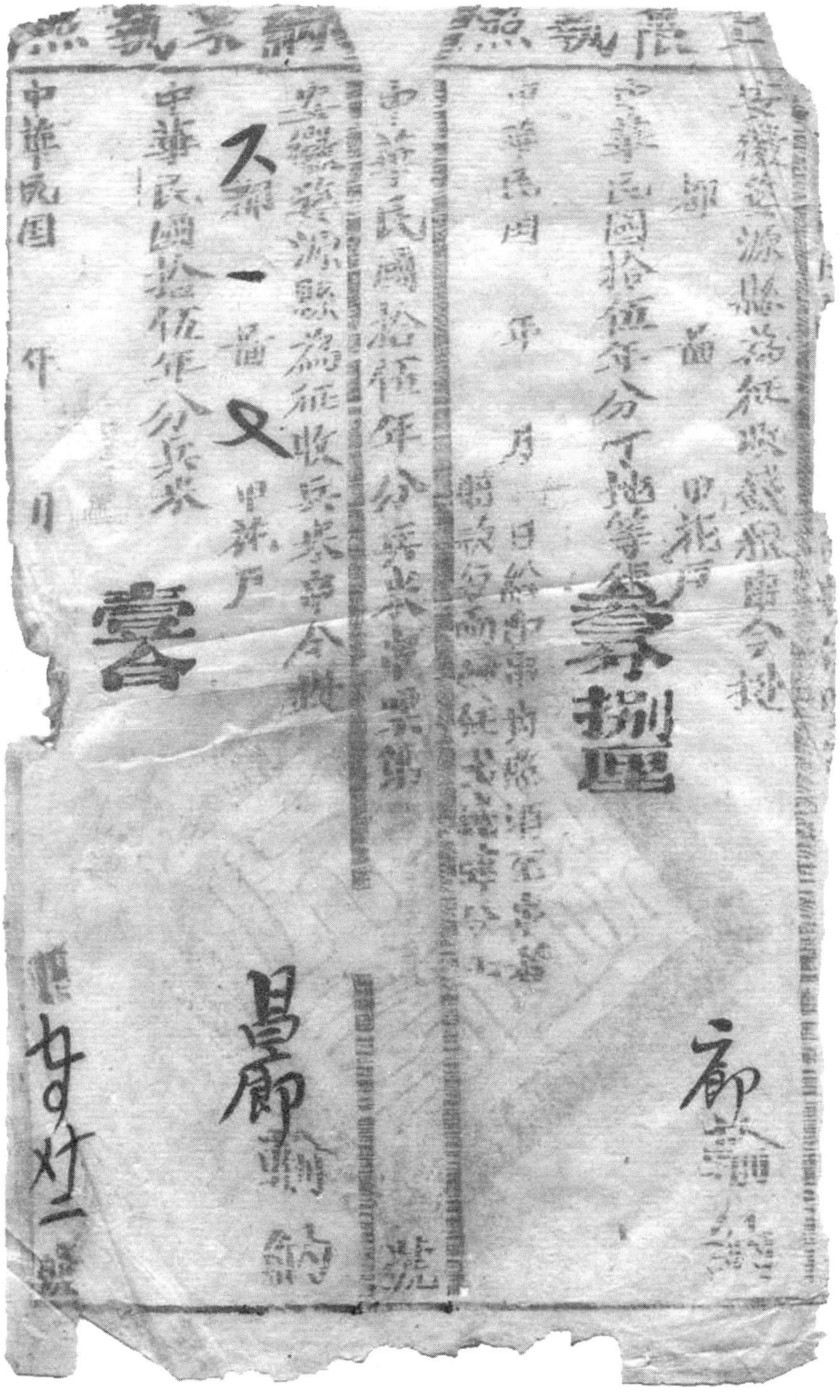

江湾镇中［钟］吕村 68 · 民国十五年 · 纳米执照 · 昌廊

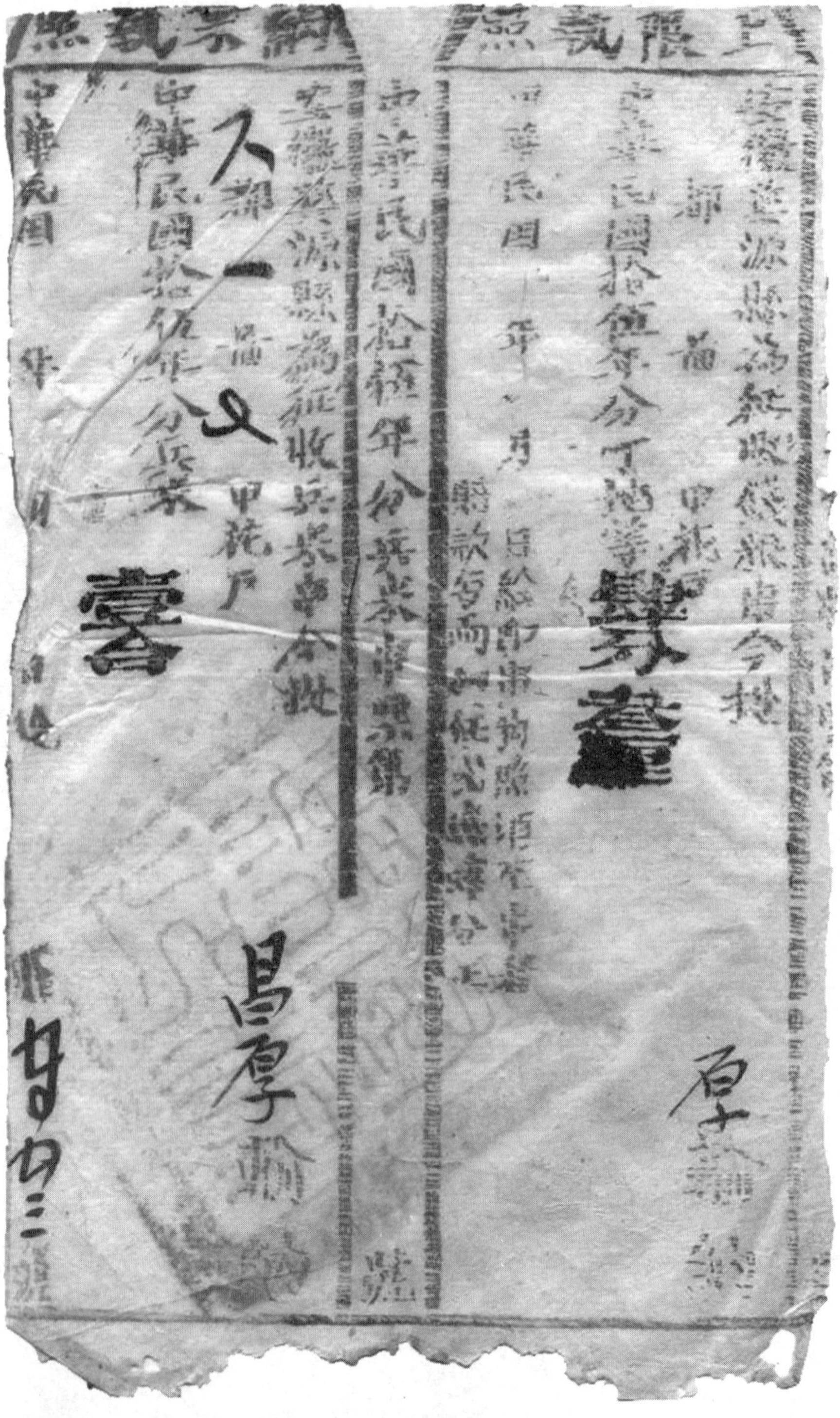

江湾镇中［钟］吕村 69 · 民国十五年 · 纳米执照 · 昌厚

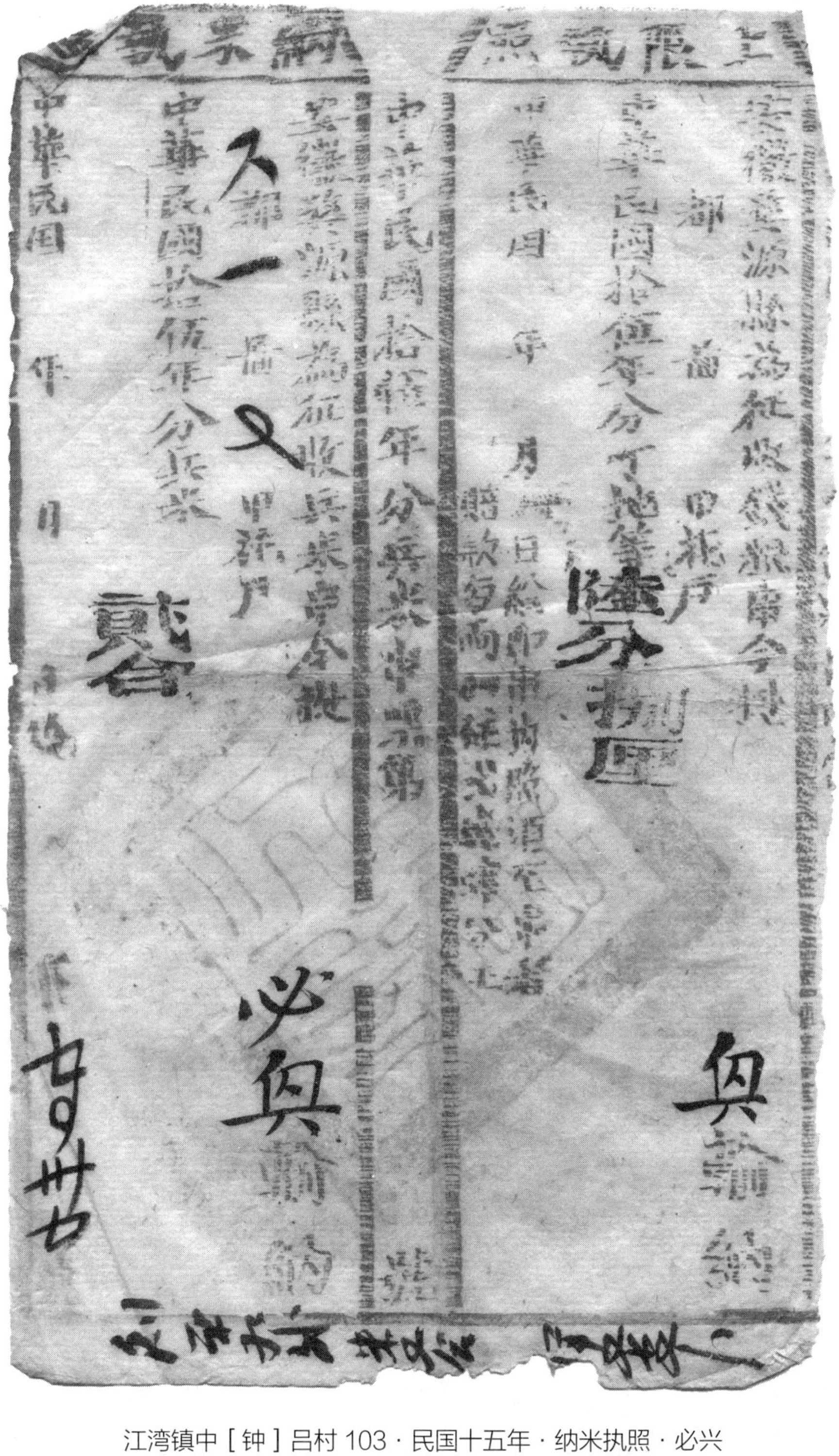

江湾镇中［钟］吕村 103 · 民国十五年 · 纳米执照 · 必兴

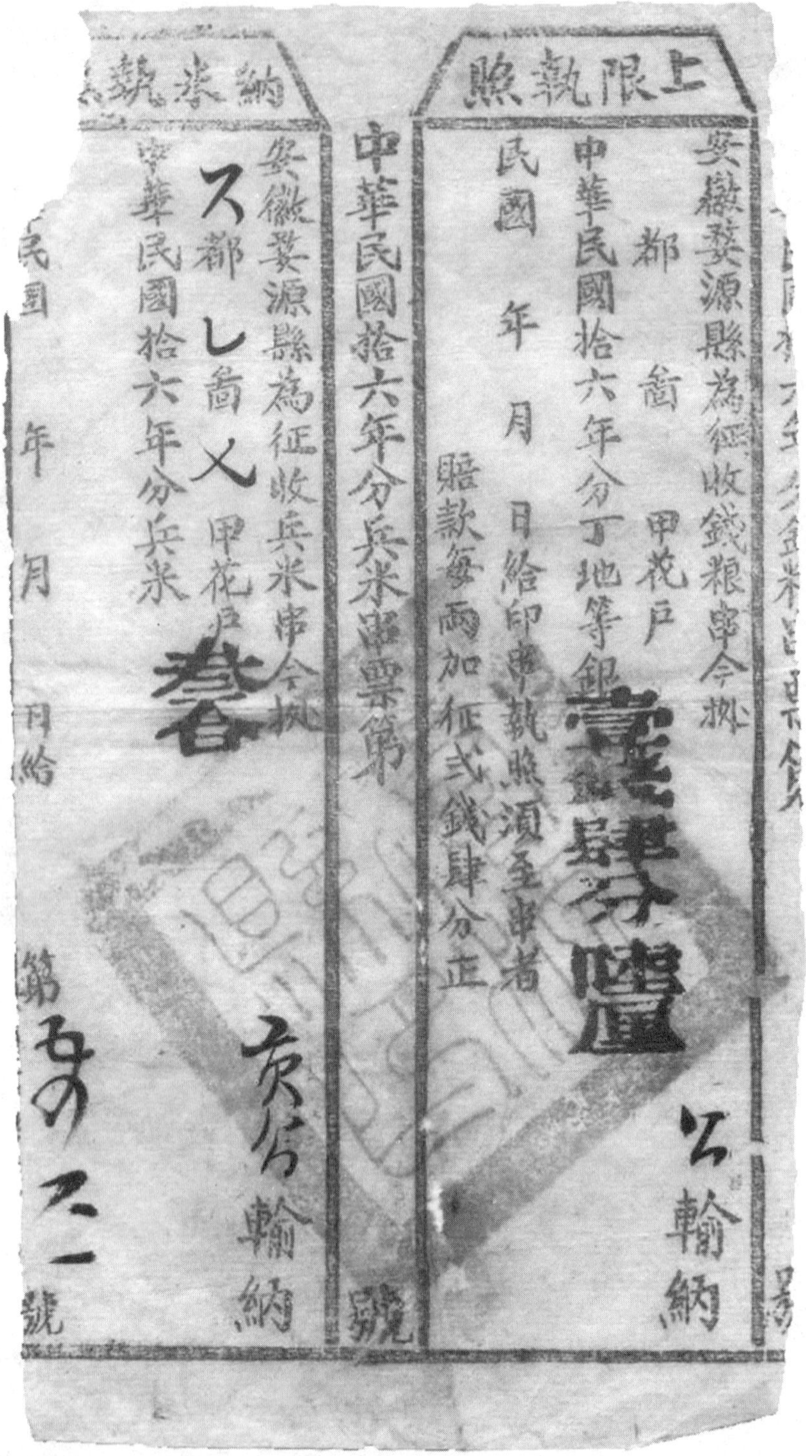

上限執照

安徽婺源縣為徵收錢粮串令執

都 啚 甲花戶

中華民國拾六年分丁地等銀 壹錢肆分釐

民國 年 月 日給印串執照須至串者

賠款每兩加征弍錢肆分正

公 輸納

中華民國拾六年分兵米串票第 號

納米執照

安徽婺源縣為征收兵米串令執

乂都 乚 啚 乂 甲花戶

中華民國拾六年分兵米 叁

貢公 輸納

民國 年 月 日給

第五〇二一號

江湾镇中 [钟] 吕村 79 · 民国十六年 · 纳米执照 · 贡公

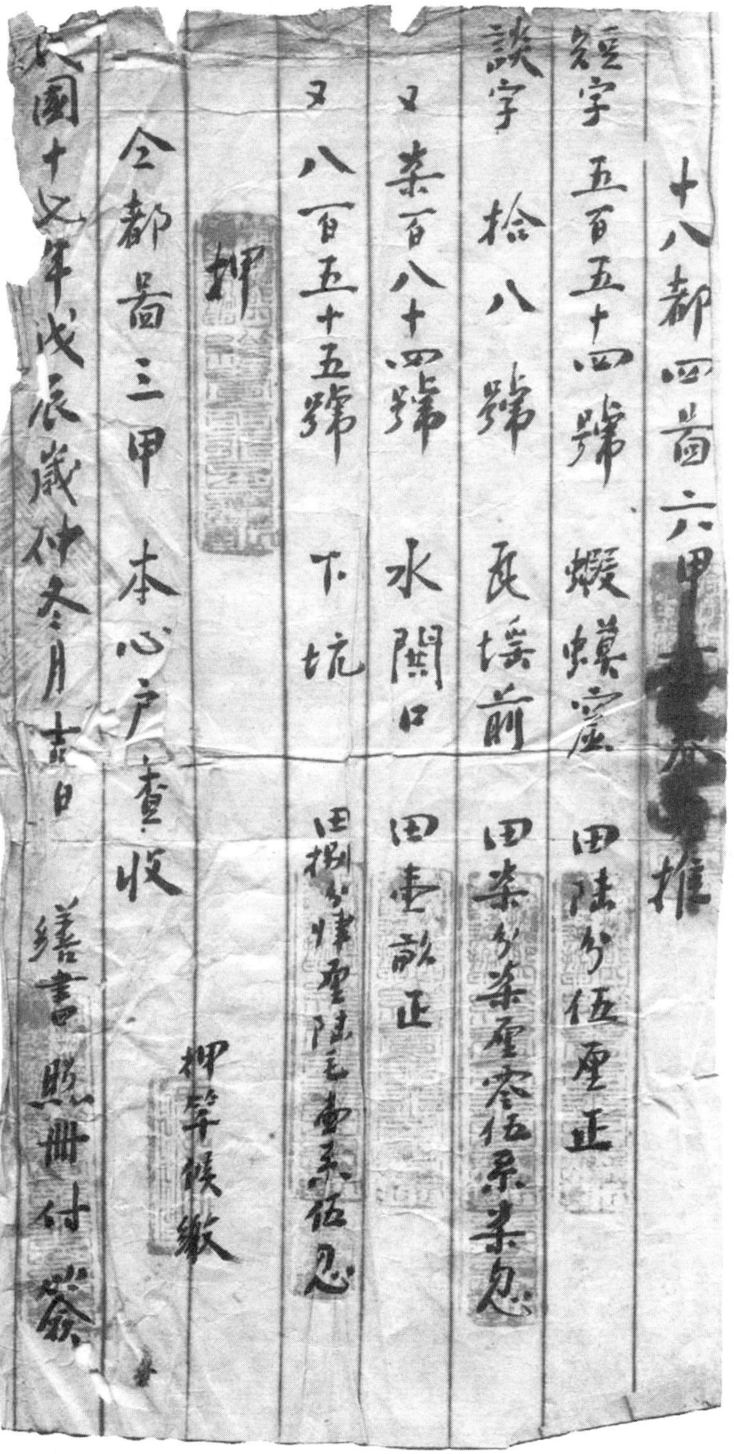

十八都四啚六甲方春推

經字五百五十四號 蠏蟆塆 田陆分伍厘正

談字拾八號 長塢前 田柒分柒厘零伍毫柒忽

又柒百八十四號 水閘口 田壹畝正

又八百五十五號 下坑 田捌分肆厘陆毛壹系伍忽

押 押字候繳

仝都啚三甲本心户查收

民國十七年戊辰歲仲冬月十五日 繕書照册付發

江湾镇中[钟]吕村 37 · 民国十七年 · 推单 · 方春推入本心户

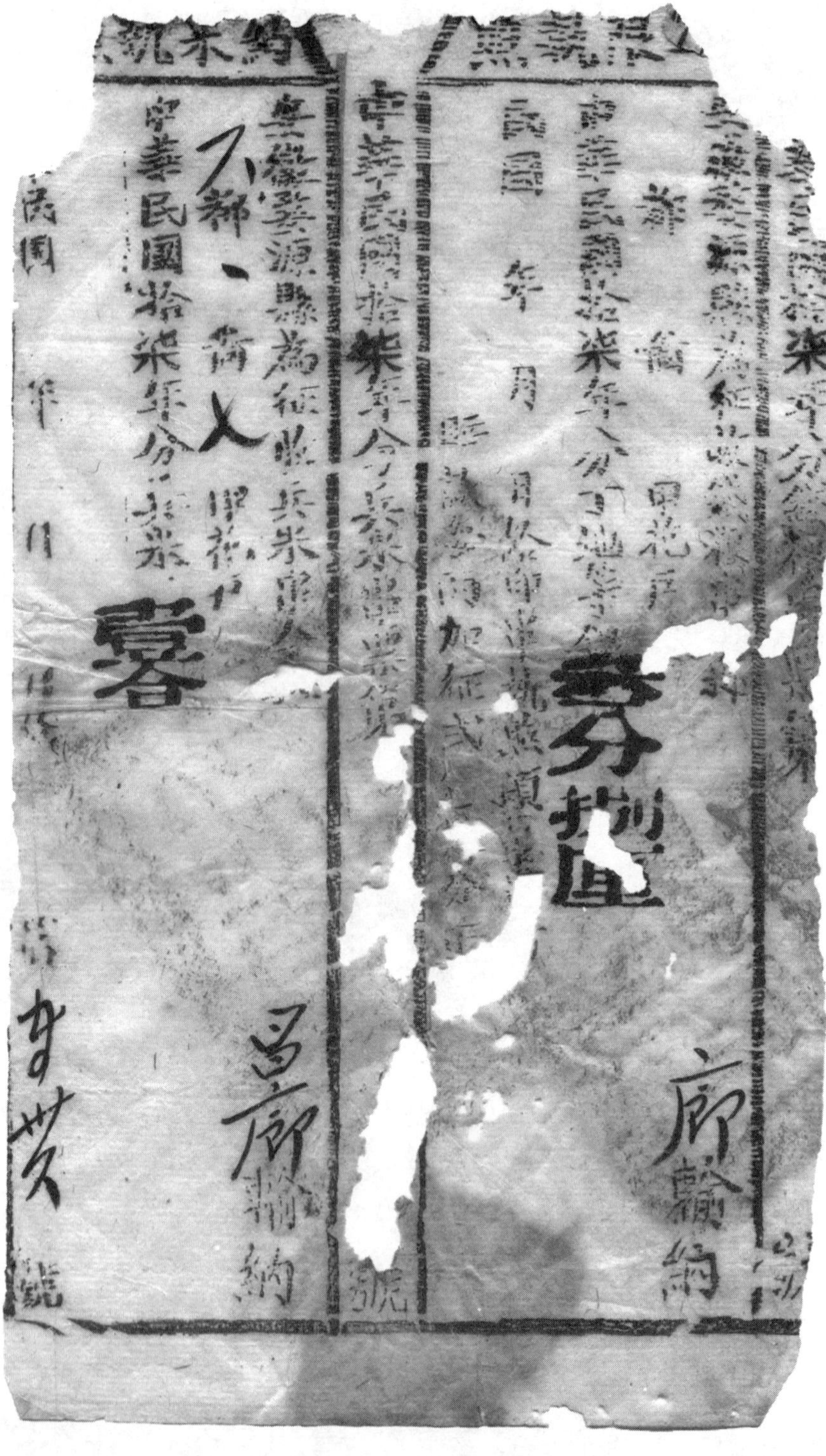

納米執照

婺源縣為征收兵米事

八都一圖人 甲花戶

中華民國拾柒年分兵米

民國 年 月

昌廊輸納

中華民國拾柒年分

廊輸納

江湾镇中［钟］吕村 85 · 民国十七年 · 纳米执照 · 昌廊

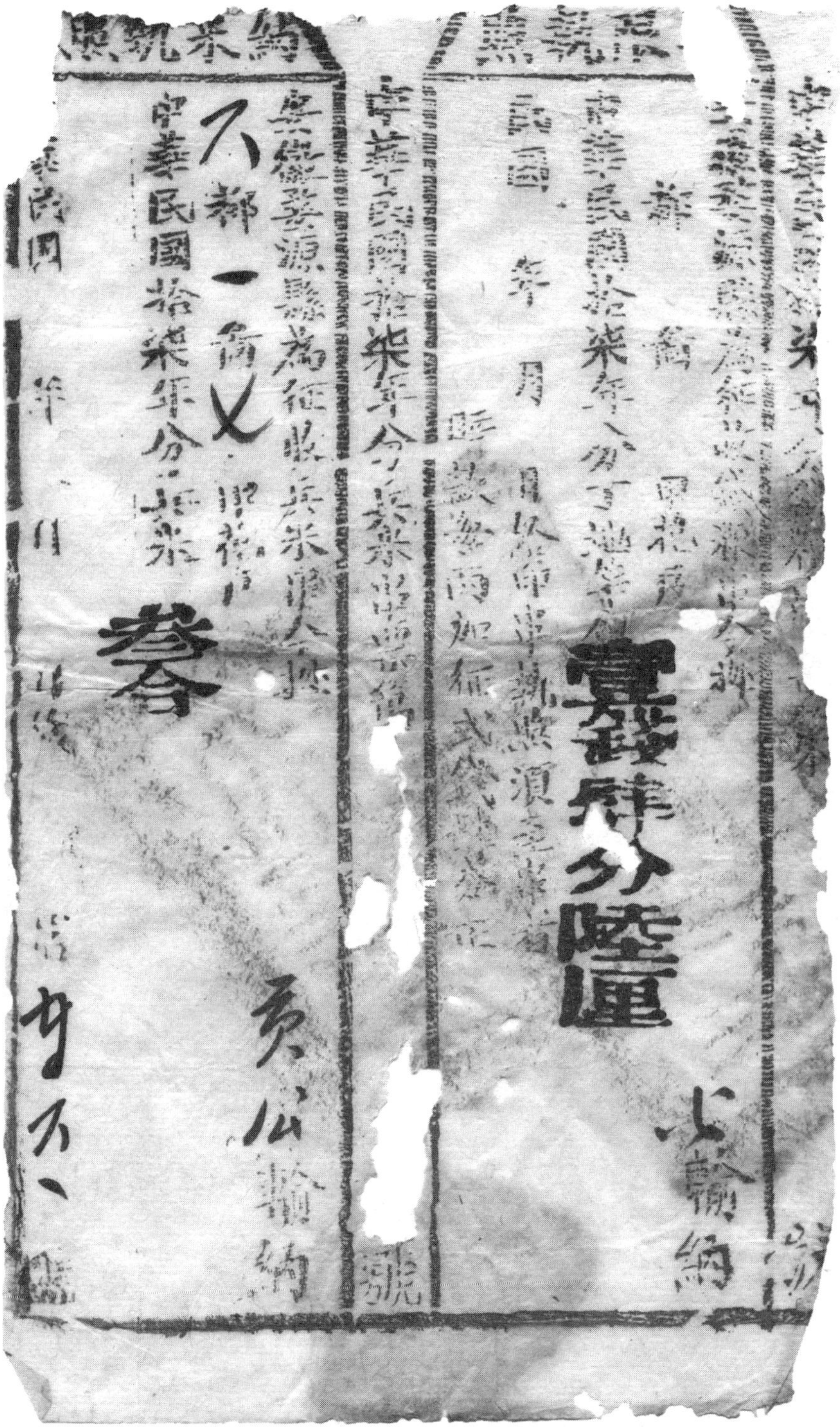

江湾镇中［钟］吕村 86 · 民国十七年 · 纳米执照 · 贡公

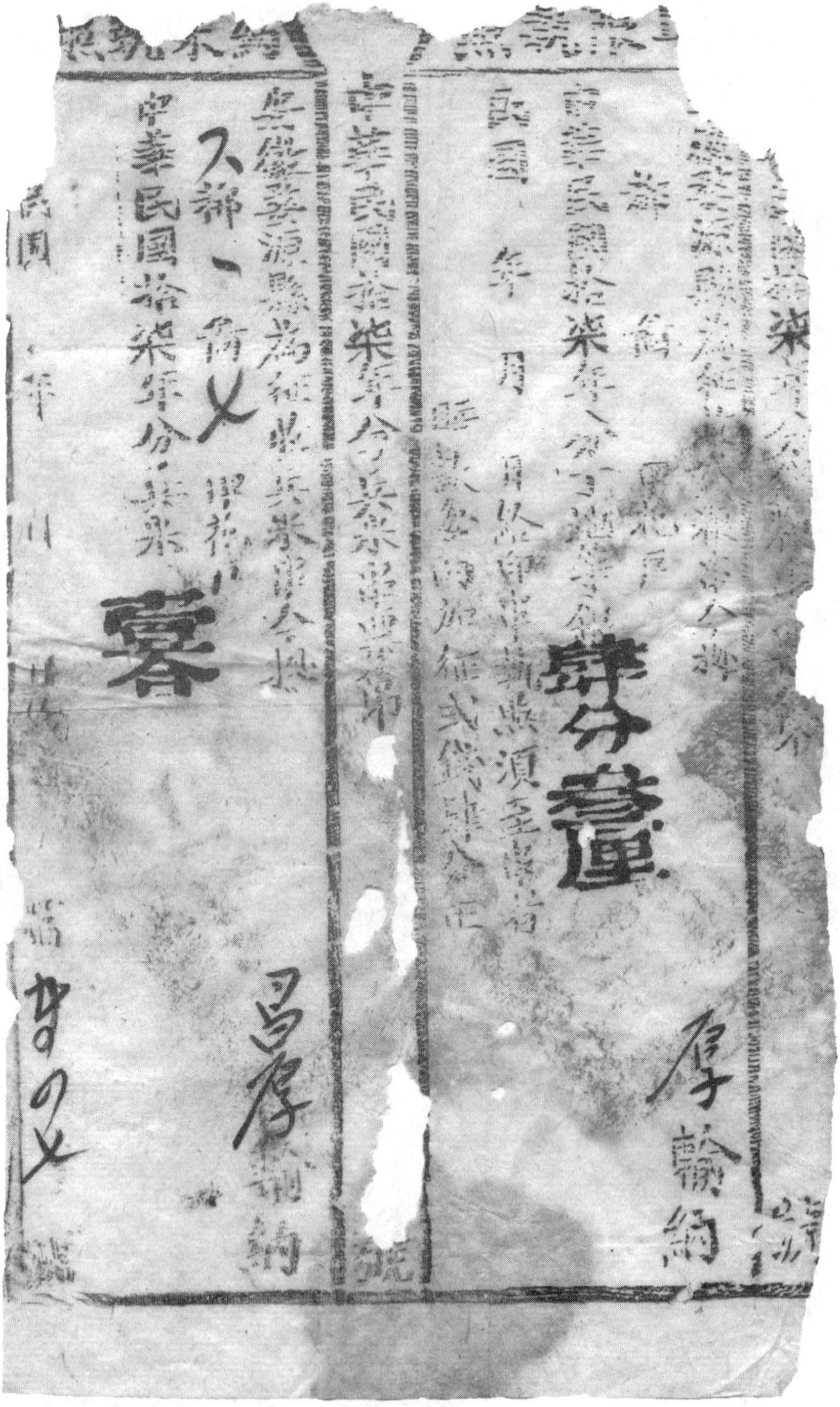

江湾镇中［钟］吕村 87 · 民国十七年 · 纳米执照 · 昌厚

上限執照

安徽婺源縣為征收錢糧事今據

都 圖 甲花户 吕

中華民國拾捌年分丁地等銀 陸分 貳厘

民國 年 月 日給印串

照加征弍錢肆分

輸納

中華民國拾捌年分兵米串 字號

納米執照

安徽婺源縣為征收兵米串分執

不都一圖乙甲花户 允昌 輸納

中華民國拾捌年分兵米 貳合

民國 年 月 日給

號

江湾镇中［钟］吕村 73 · 民国十八年 · 纳米执照 · 允昌

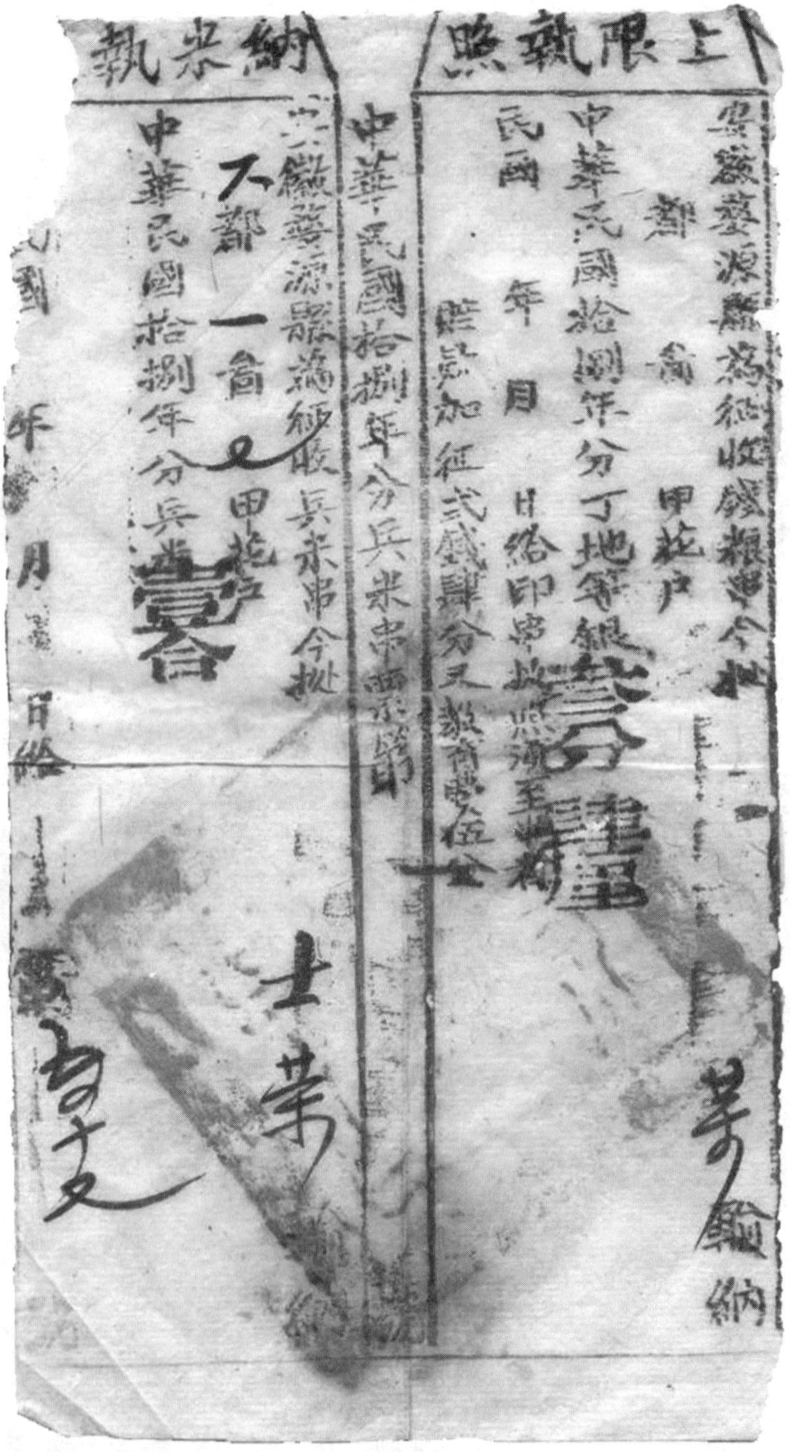
上限執照
婺源縣為徵收錢糧事今據
都 啚 甲 莊户
中華民國拾捌年分丁地等銀壹分
民國 年 月 日給印串執照須至執者
隨完加征弍錢肆分
某 輸納
中華民國拾捌年分兵米串票存驗
納米執
婺源縣為徵收兵米串分批
不都 一啚 甲 莊户
中華民國拾捌年分兵米壹合
士荣

江湾镇中［钟］吕村 74 · 民国十八年 · 纳米执照 · 士荣

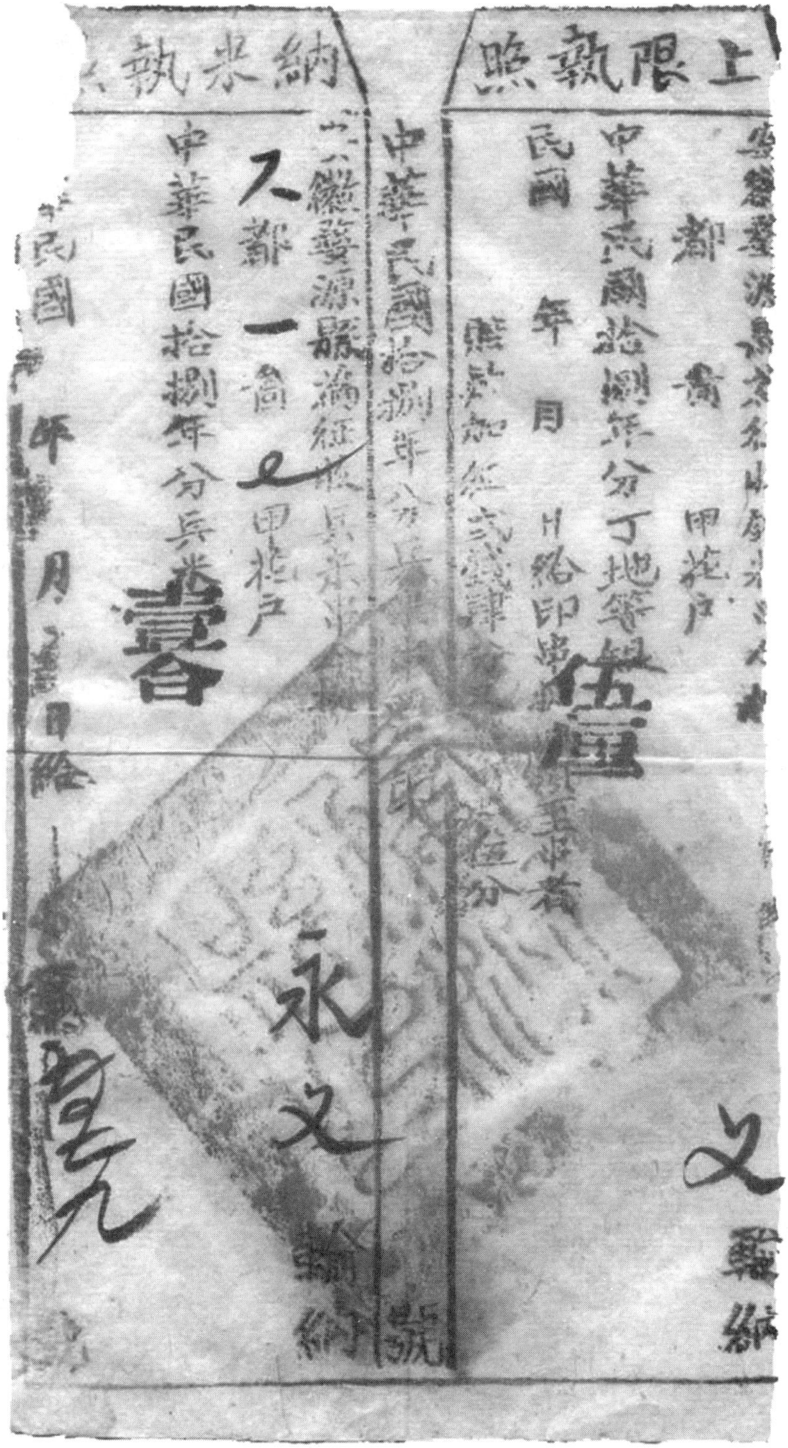

江湾镇中［钟］吕村 75 · 民国十八年 · 纳米执照 · 永义

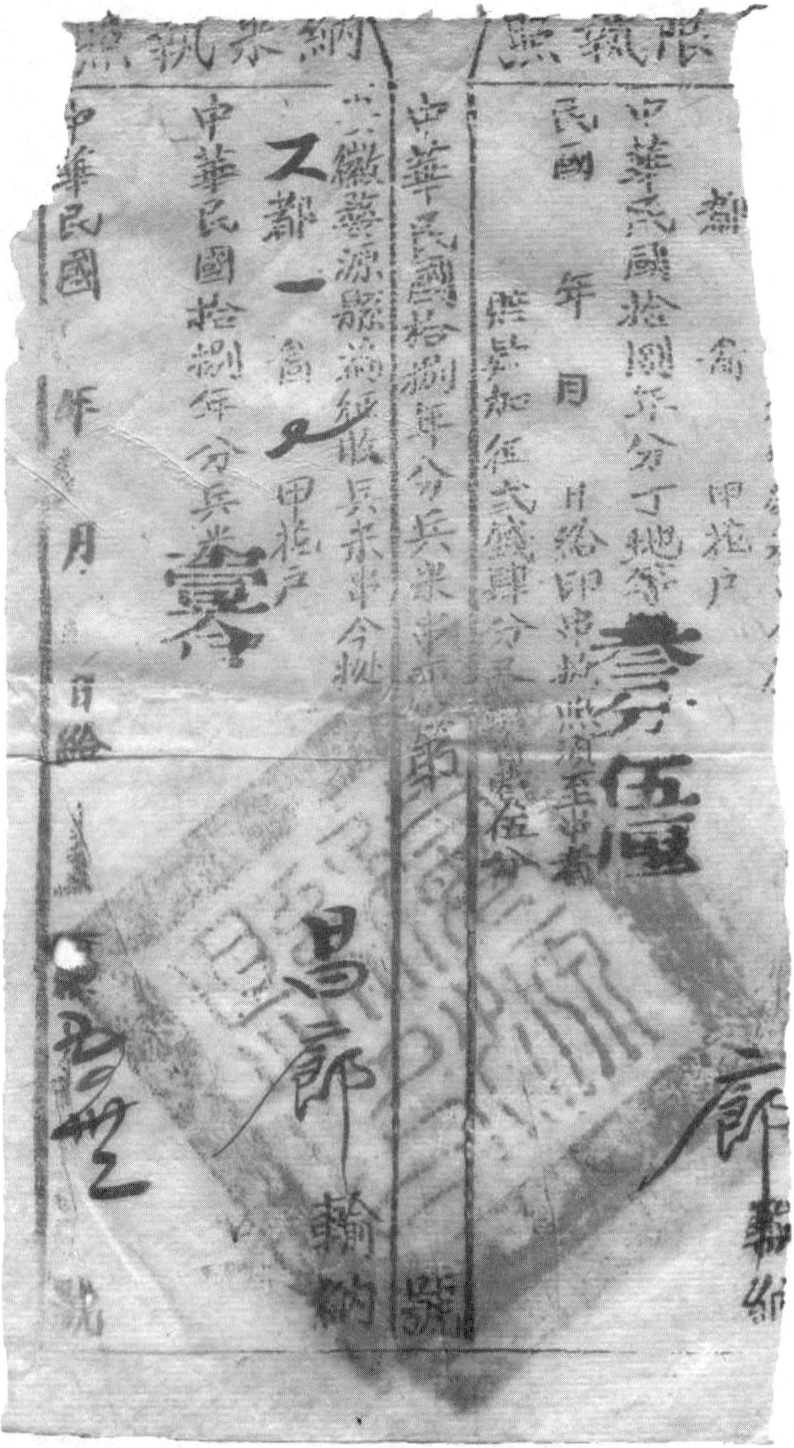

江湾镇中［钟］吕村 76 · 民国十八年 · 纳米执照 · 昌廊

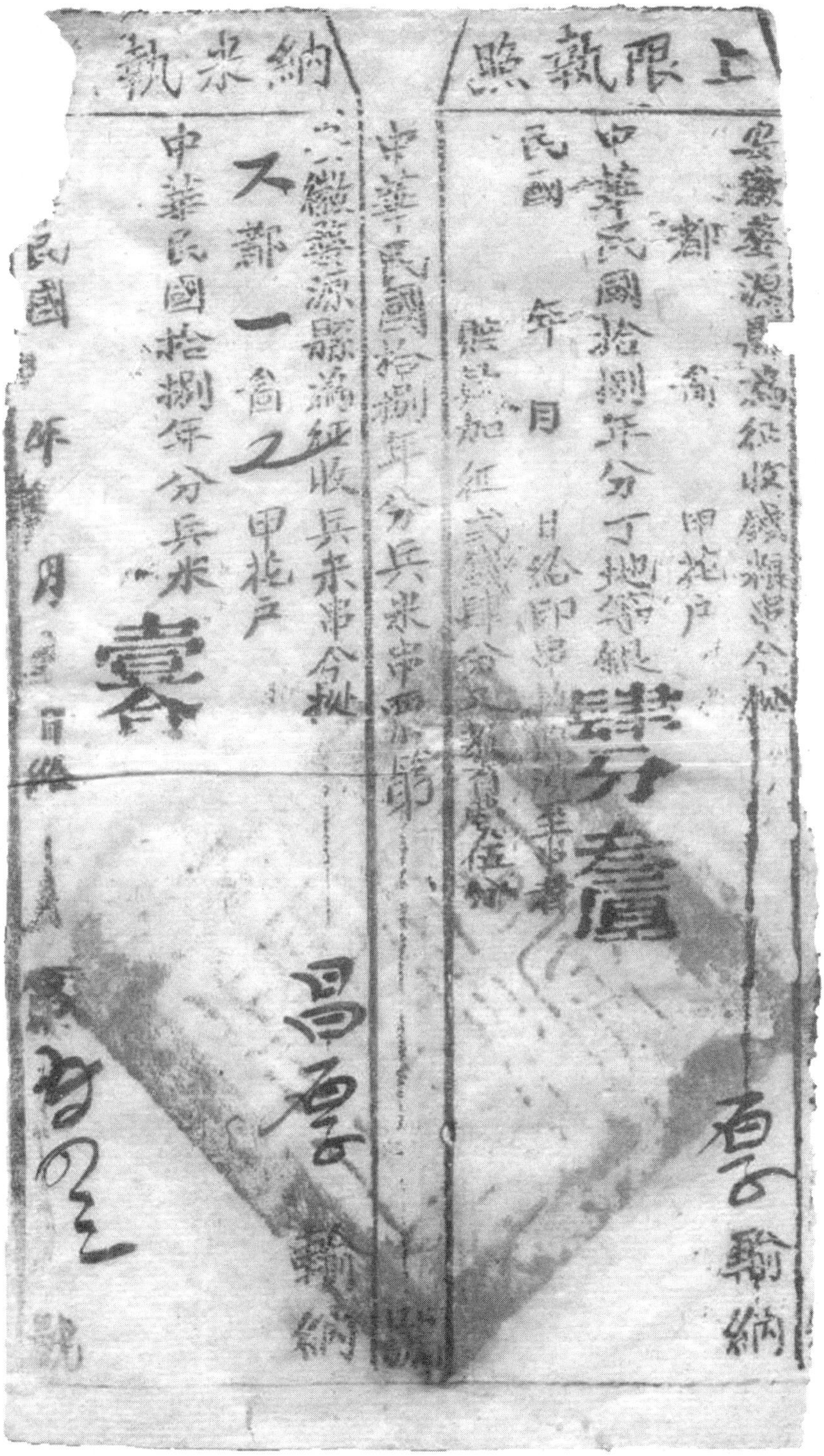
上限執照

安徽婺源縣為征收錢糧事今批

都 圖 甲花户 厚 輸納

中華民國拾捌年分丁地等銀

民國 年 月 日給

納米執照

安徽婺源縣為征收兵米事今批

大都一圖 乙甲花户 昌厚 輸納

中華民國拾捌年分兵米

中華民國拾捌年分兵米

民國 年 月 日給

號

江湾镇中［钟］吕村 77 · 民国十八年 · 纳米执照 · 昌厚

納米執照　限執照

六都　一啚　甲花戶　仲元

徽婺源縣為征收兵米事今據

中華民國拾捌年分兵米　貳合

中華民國　年　月　日給

輸納

中華民國拾捌年分兵米串票

號

都　啚　甲花戶　仲元

中華民國拾捌年分丁地等銀　分正

民國　年　月　日給

輸納

江湾镇中［钟］吕村 78 · 民国十八年 · 纳米执照 · 仲元

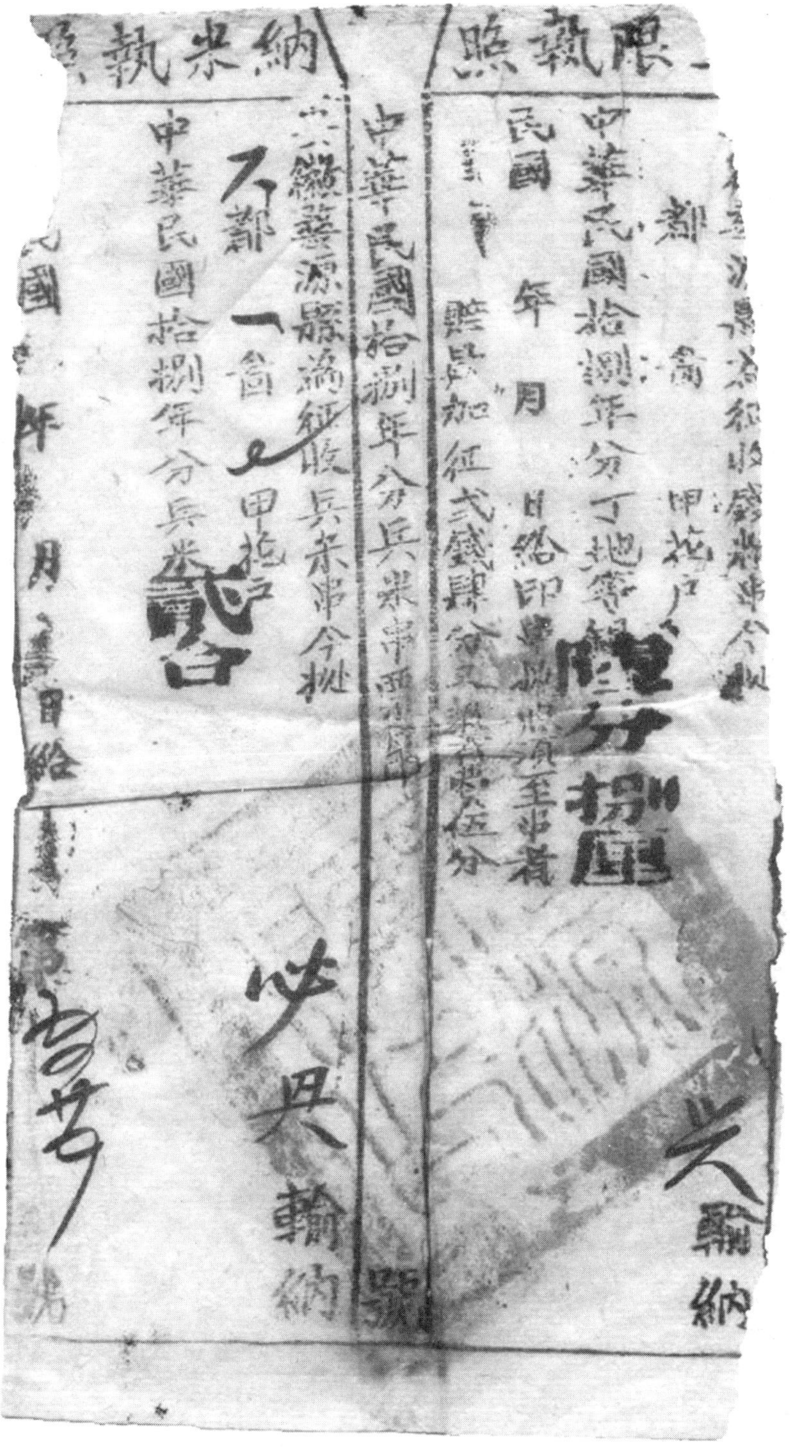

限執照

中華民國拾捌年分丁地等[illegible]

民國 年 月 日給印票[illegible]

都 圖 甲拾戶 [illegible]分捌厘

業戶 [illegible]兵加征弍錢肆[illegible]

[illegible] 輸納

中華民國拾捌年分兵米串票[illegible] 號

納米執照

[illegible]婺源縣爲征收兵米串分擬

不都 一圖 甲拾戶

中華民國拾捌年分兵米貳合

必興 輸納

江湾镇中［钟］吕村 80 · 民国十八年 · 纳米执照 · 必兴

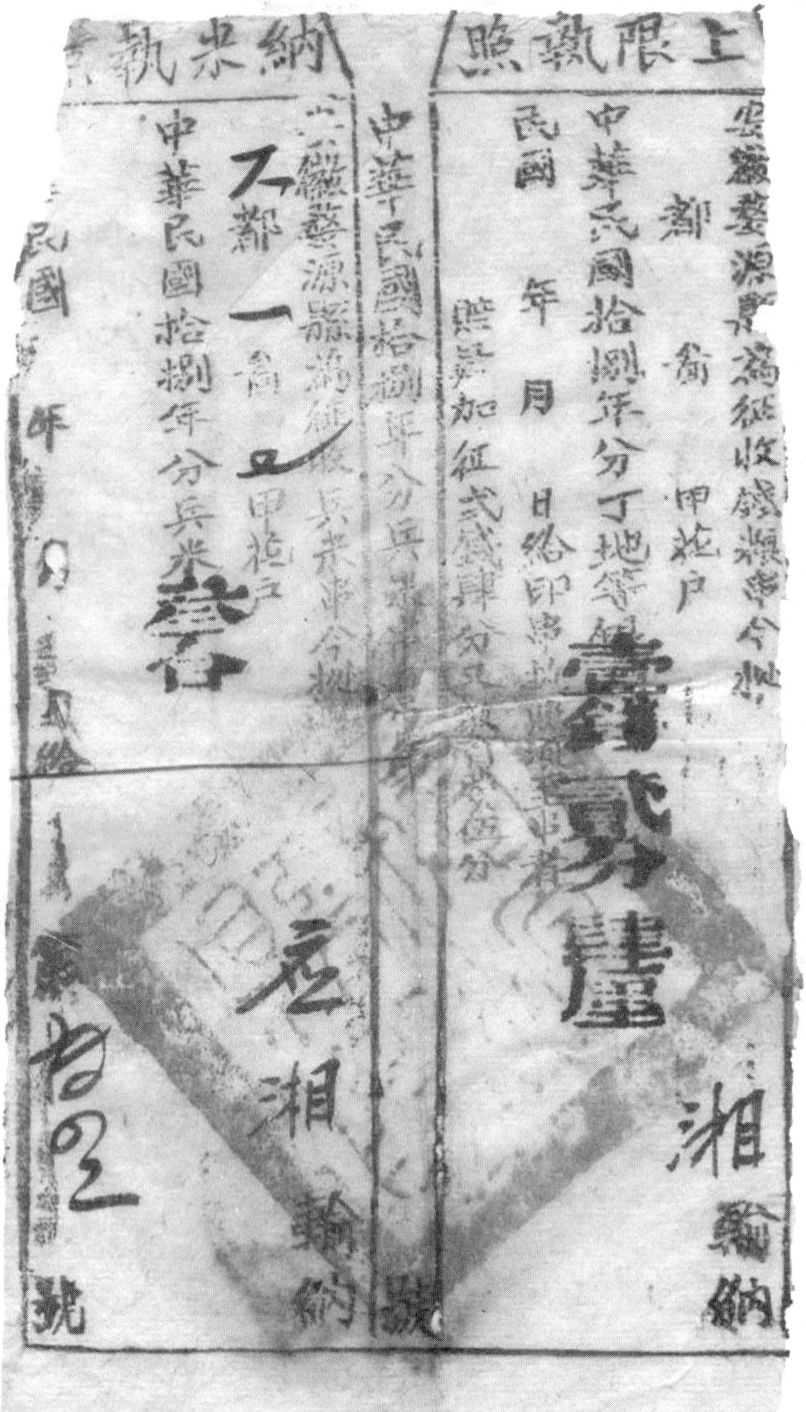

江湾镇中［钟］吕村 81 · 民国十八年 · 纳米执照 · 应湘

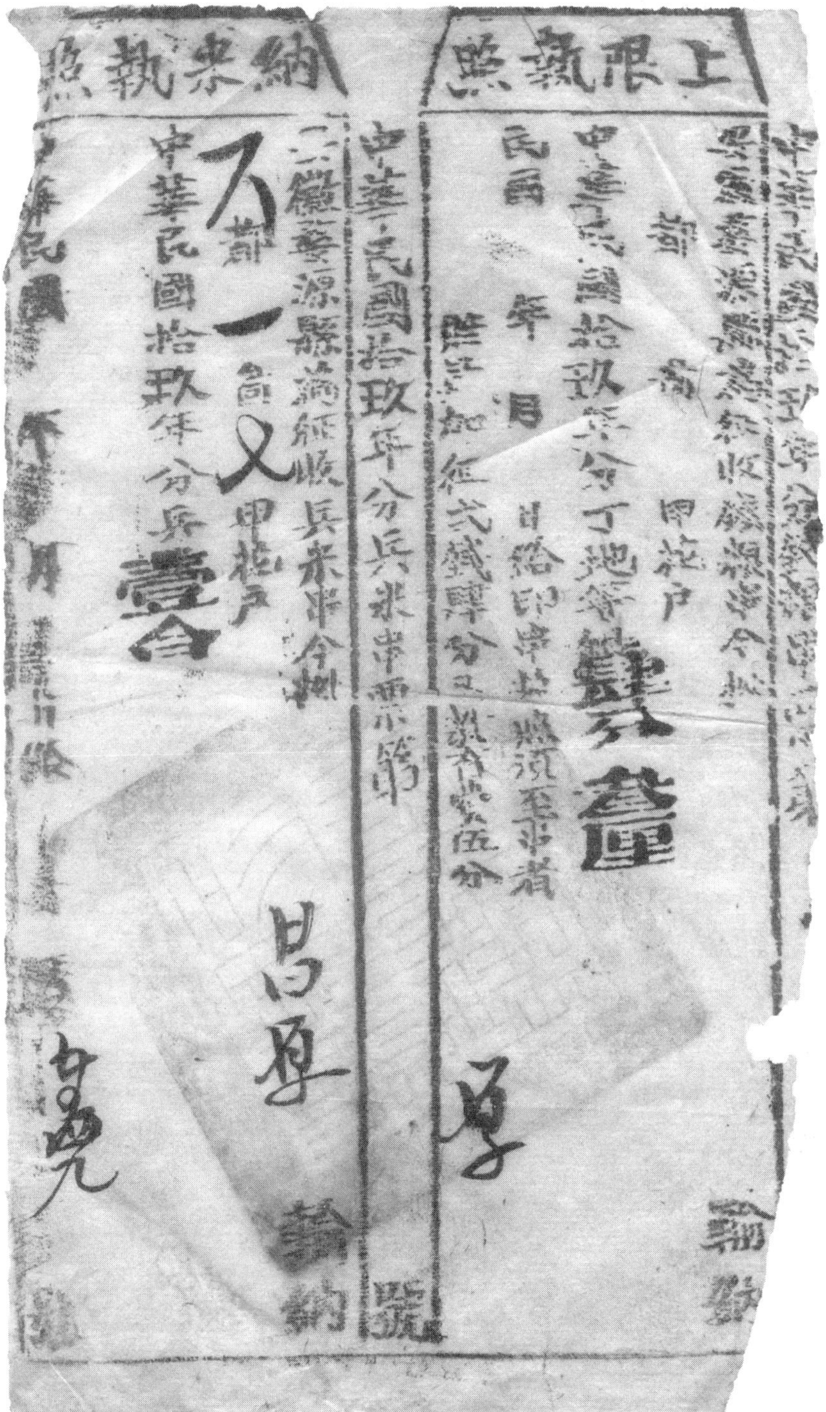

江湾镇中［钟］吕村 91 · 民国十九年 · 纳米执照 · 昌厚

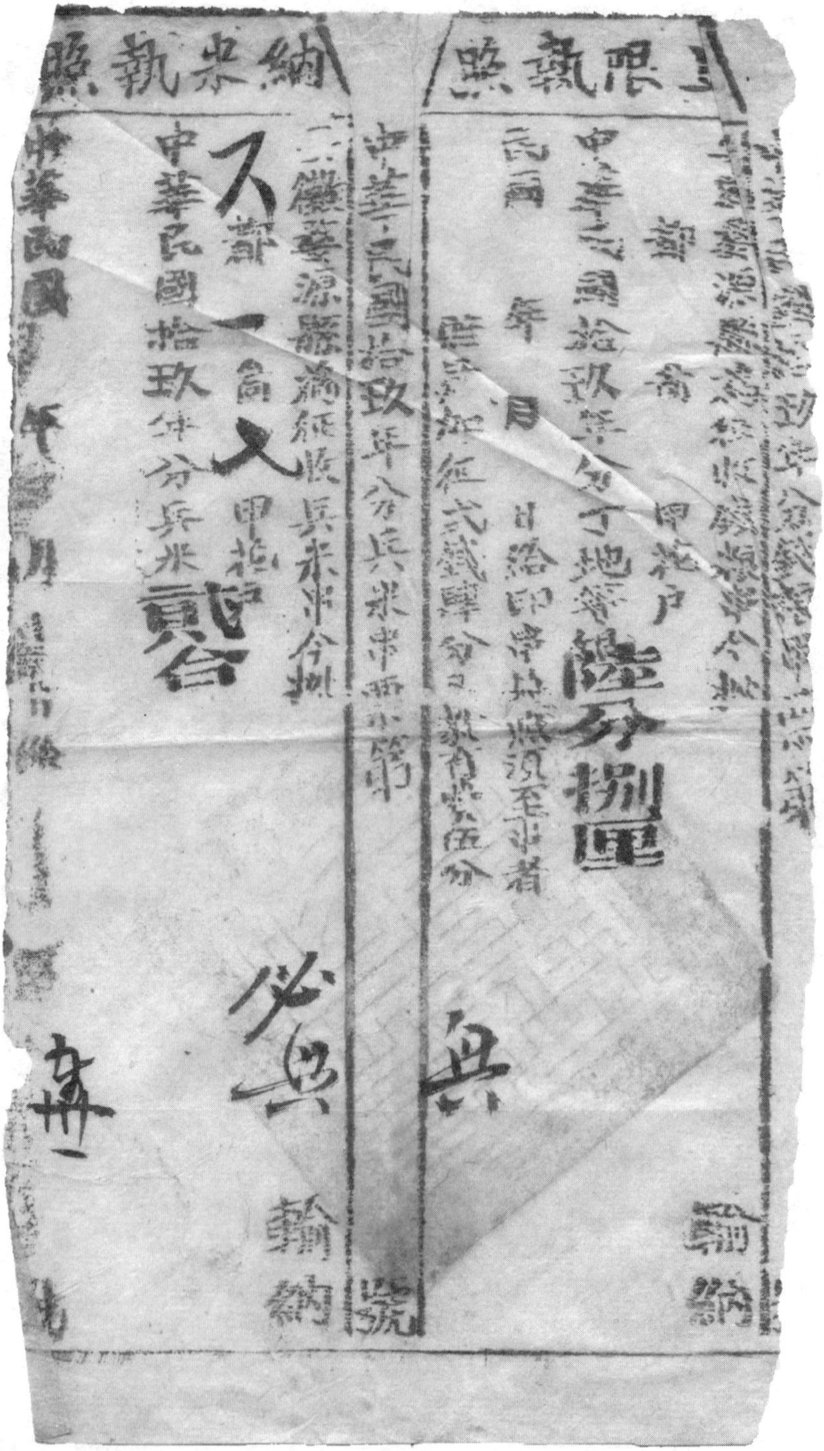
上限執照

婺源縣為征收地丁銀□分執照

都　啚　甲花户

中華民國拾玖年分地丁銀陸分捌厘

民國　年　月　日給印串粘貼須至串者

隨串加征弍錢肆分□□銅元伍分

輸納

中華民國拾玖年分兵米串票第　號

納米執照

二十二都

婺源縣為征收兵米串分執

不都一啚人甲花户

中華民國拾玖年分兵米貳合

必興

中華民國　年　月　日給

輸納

江湾镇中［钟］吕村 94 · 民国十九年 · 纳米执照 · 必兴

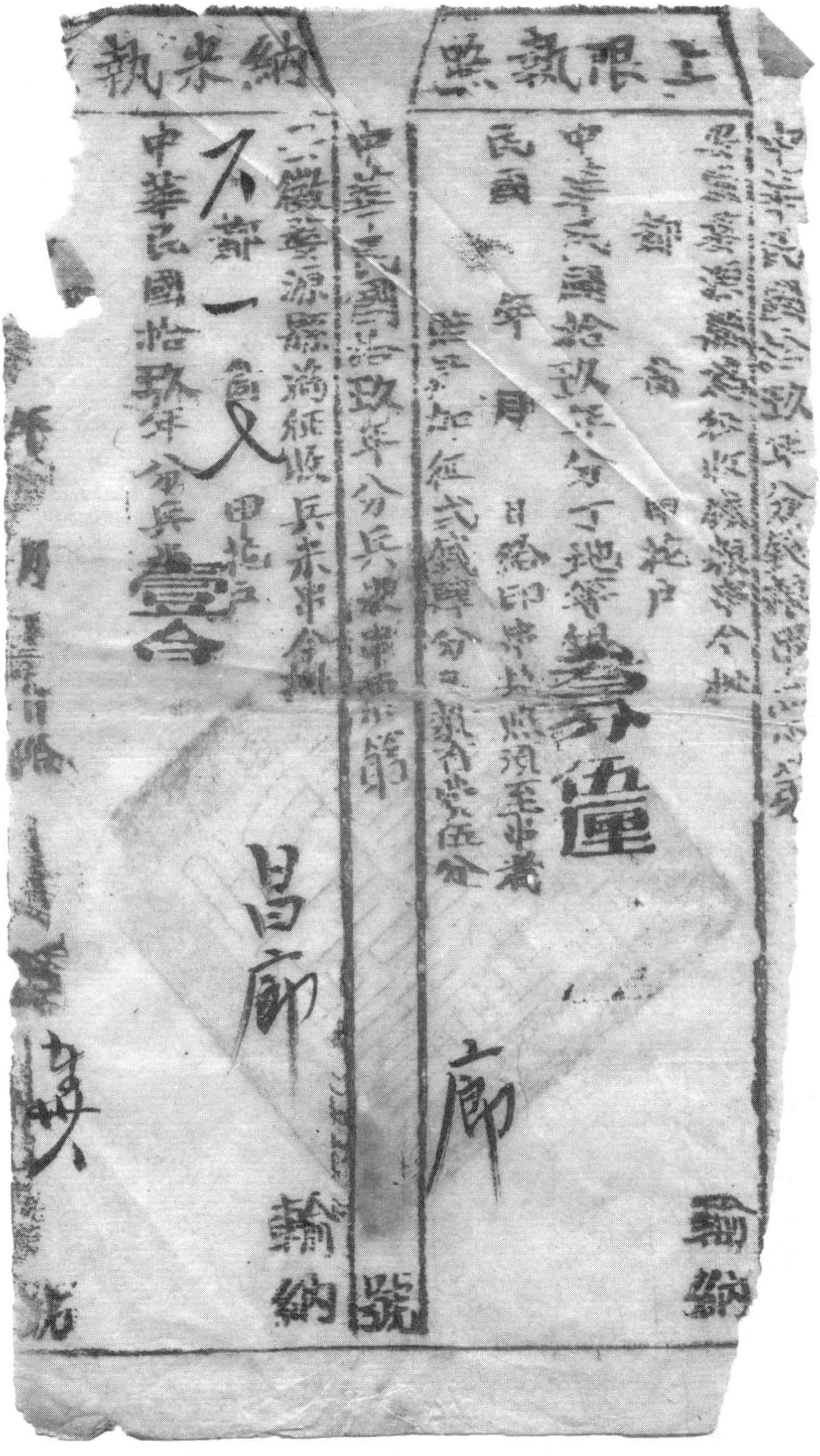

上限執照

中華民國拾玖年八分兵米銀照

婺源縣為徵收錢糧兵米今收

都 圖 甲 花戶

中華民國拾玖年分丁地等錢 叁拾伍釐

民國 年 月 日給 印串 照現在串者

業戶加征武欵貳分

廊

輸納

納米執照

中華民國拾玖年八分兵米串票 第 號

徽婺源縣為徵征兵米串合

不都一圖八甲花戶

中華民國拾玖年分兵米 壹合

昌廊

輸納

江湾镇中［钟］吕村 95 · 民国十九年 · 纳米执照 · 昌廊

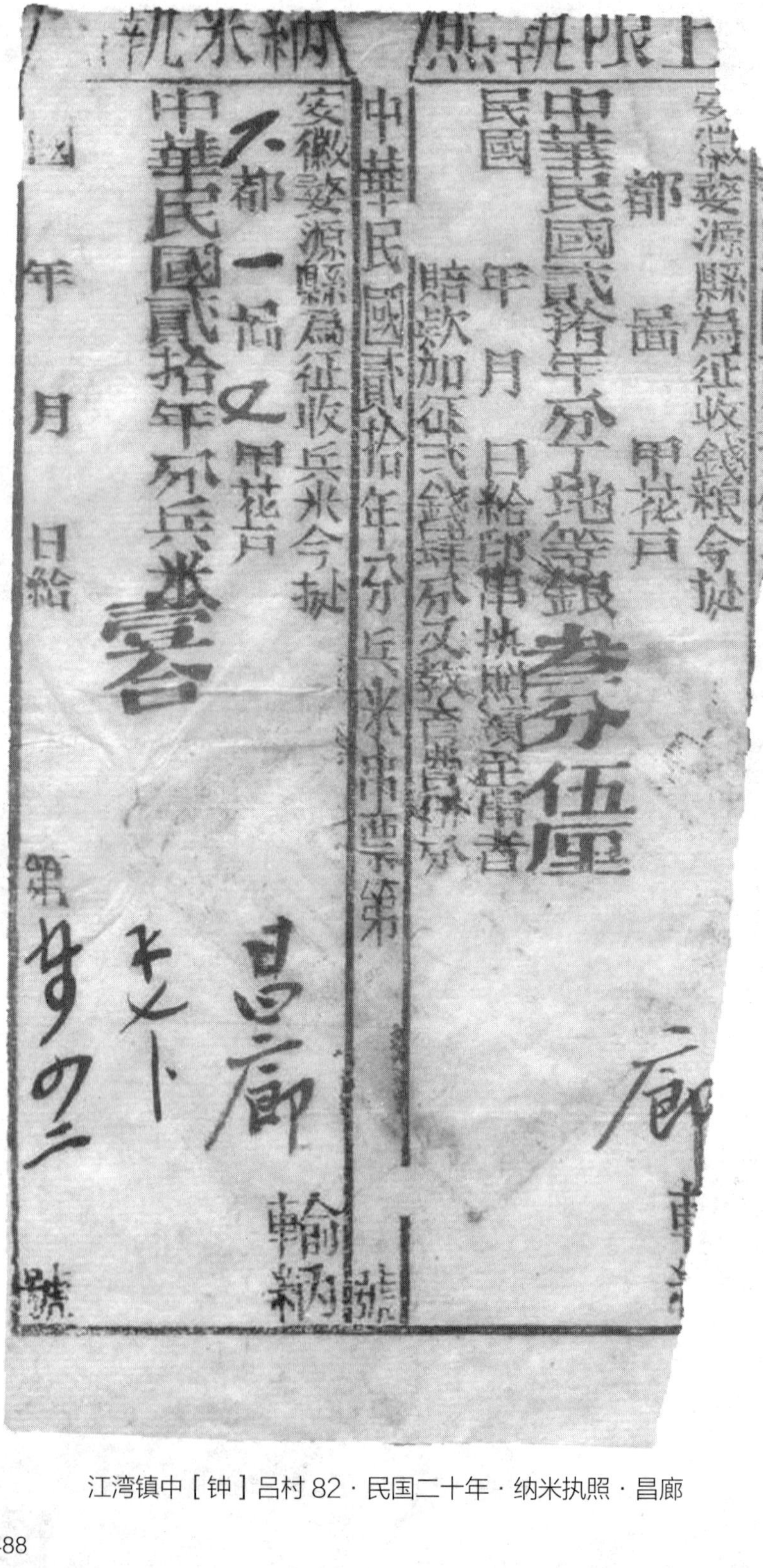

上限執照

安徽婺源縣為征收錢糧令諭

都 圖 甲花戶

中華民國貳拾年分丁地管錢叁分伍厘

民國 年 月 日給印串執照須至串者

賠款加征弍錢肆分又教育費弍分

中華民國貳拾年分兵米串票第 號

納米執照

安徽婺源縣為征收兵米令諭

六都一啚 甲花戶

中華民國貳拾年分兵米壹合

民國 年 月 日給

第 號

昌廊

輸納

江湾镇中［钟］吕村 82 · 民国二十年 · 纳米执照 · 昌廊

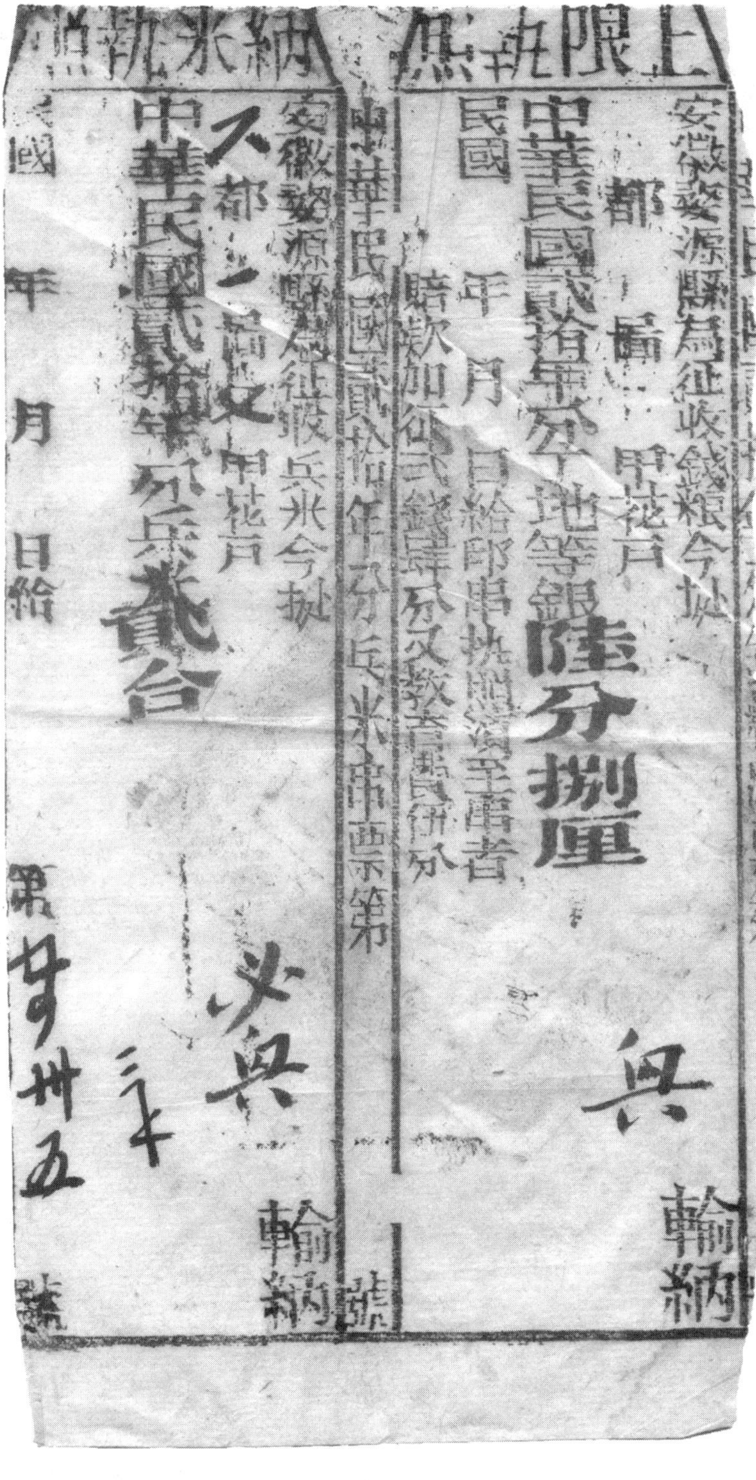
上限執照

安徽婺源縣為征收錢糧今收

都 圖 甲花戶

中華民國貳拾年分地等銀陸分捌厘

民國 年 月 日給印串執照須至串者

賠款加徵弍錢肆分又教育費附徵分

興

輸納

中華民國貳拾年分兵米串票第 號

納米執照

安徽婺源縣為征收兵米今收

八都二圖又甲花戶

中華民國貳拾年分兵米壹合

必興

三十

輸納

民國 年 月 日給

第廿卅五號

江湾镇中［钟］吕村92·民国二十年·纳米执照·必兴

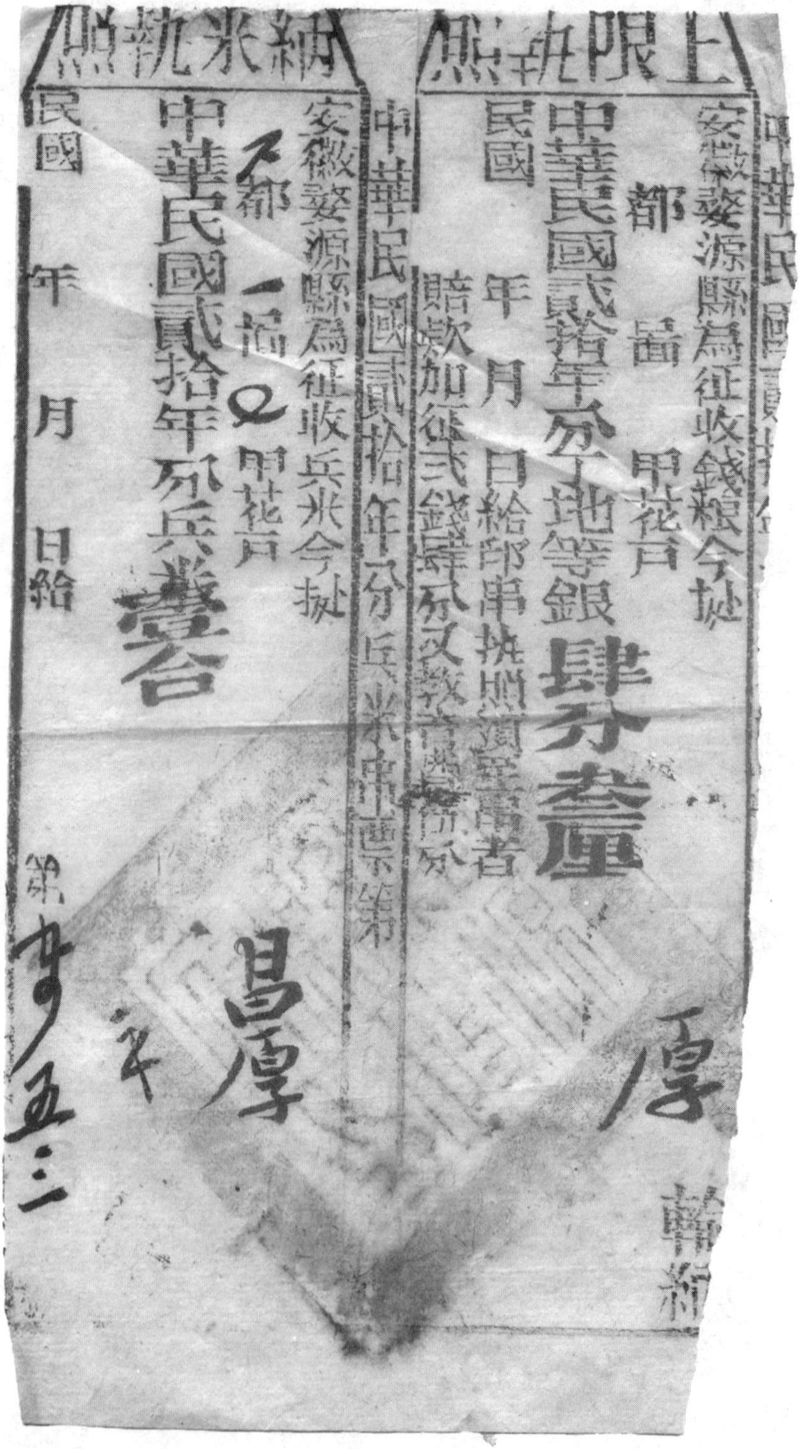
上限執照
安徽婺源縣為征收錢粮事今據
都 啚 甲花戶
中華民國貳拾年分丁地等銀 肆分叁厘
民國 年 月 日給印串執照須至串者
賠款加征弍錢肆分叉數[illegible]
厚

中華民國貳拾年分兵米串票第

納米執照
安徽婺源縣為征收兵米事今據
乙都 一啚 乙甲花戶
中華民國貳拾年分兵米 壹合
民國 年 月 日給
第 号
昌厚

江湾镇中［钟］吕村 93 · 民国二十年 · 纳米执照 · 昌厚

民國貳拾肆年第一期田賦串票

戶主　執管　圖　甲

每畝應完正稅銀幣玖分肆厘伍毫

附稅銀幣壹角貳分伍厘

本戶應完正附稅銀幣

每畝應完兵米正稅銀幣伍厘柒毫附稅銀幣伍毫柒絲

共完兵米正附稅銀幣

民國貳拾肆年　月　日經征員

如數收訖

民國貳拾肆年第二期田賦串票

戶主　執管　圖　甲

每畝應完正稅銀幣玖分肆厘伍毫

附稅銀幣壹角貳分伍厘

本戶應完正附稅銀幣

民國貳拾肆年　月　日經征員

如數收訖

江湾镇中［钟］吕村22·民国二十四年·田赋串票·必兴

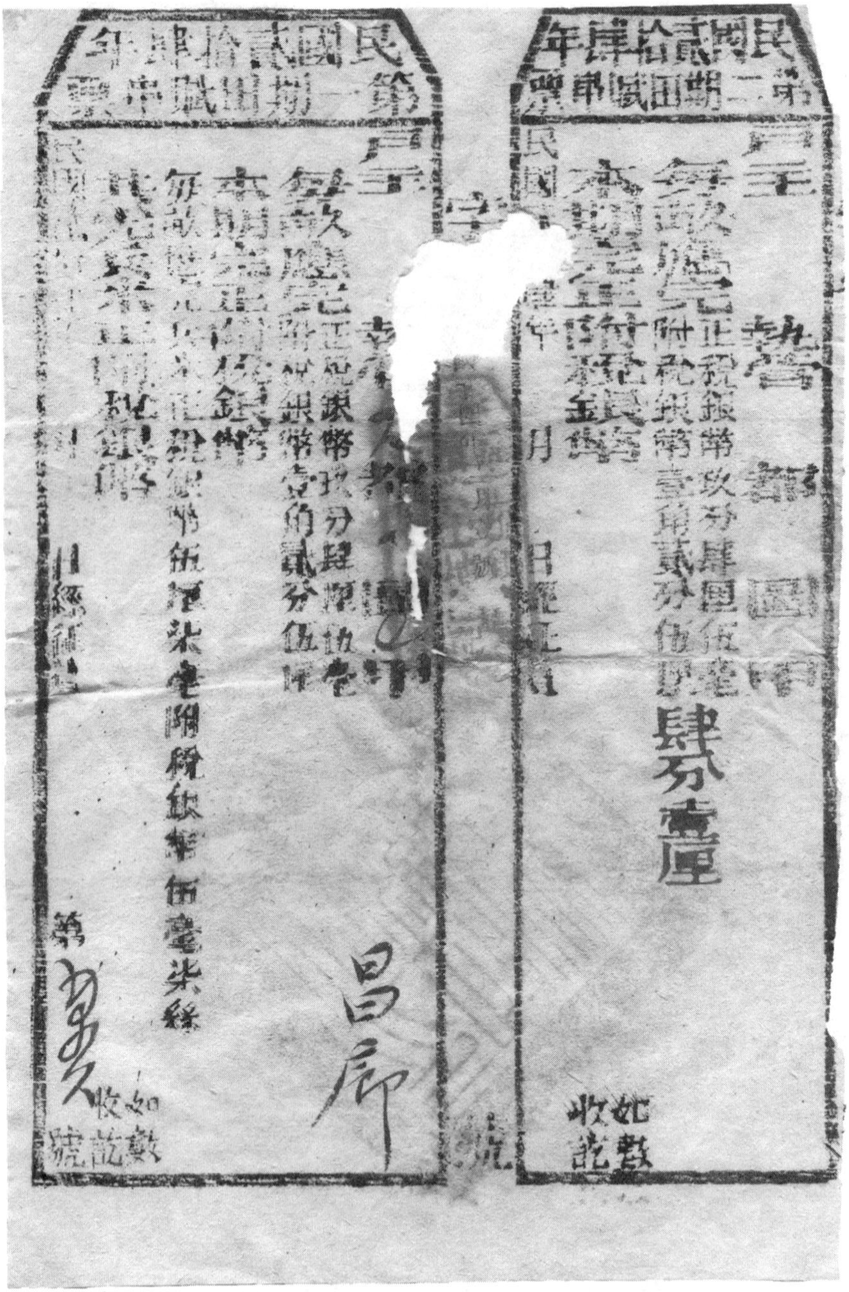

江湾镇中［钟］吕村 117 · 民国二十四年 · 田赋串票 · 昌廊

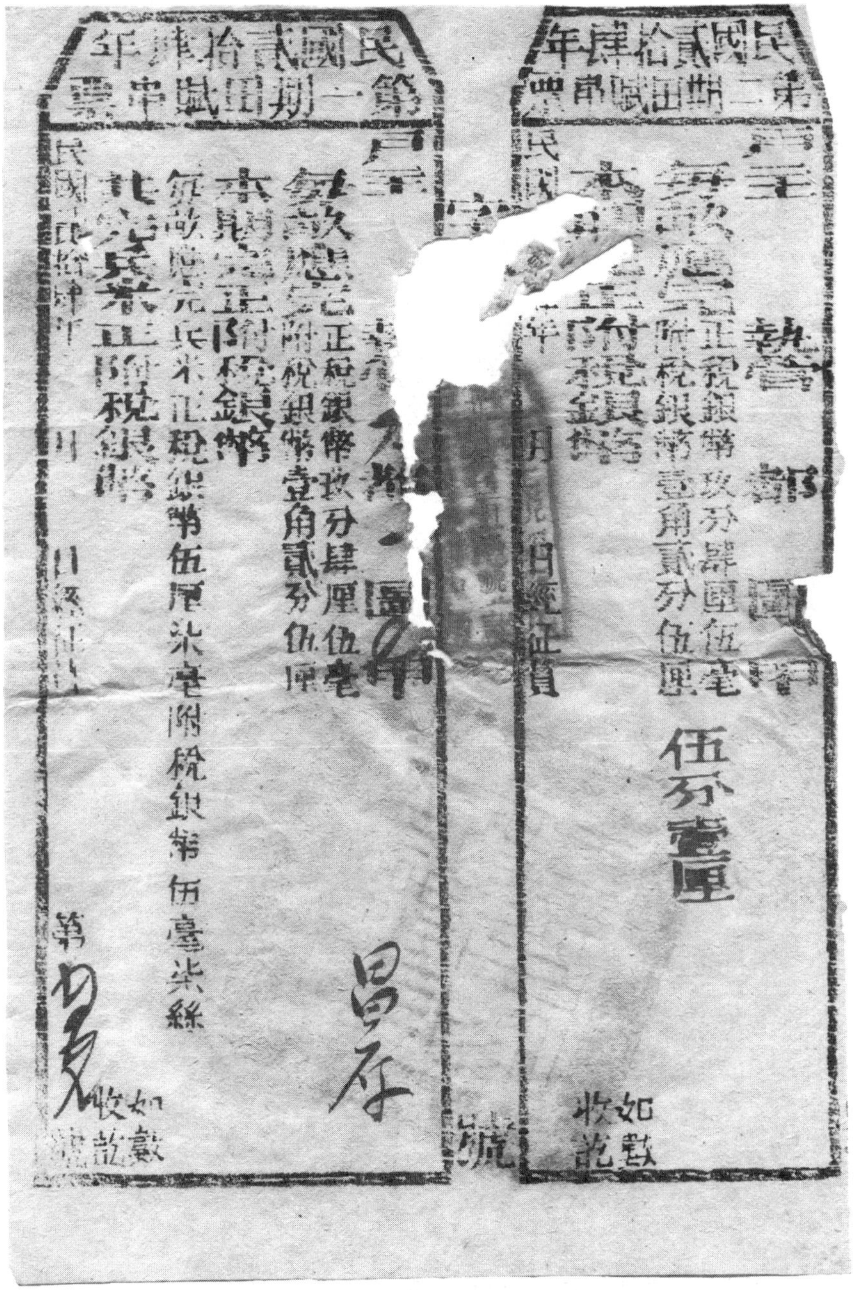
民國貳拾肆年
第二期田賦串票
戶主
每畝應完正稅銀幣玖分肆厘伍毫
附稅銀幣壹角貳分伍厘
月 日經征員
伍分壹厘
如數收訖

民國貳拾肆年
第一期田賦串票
戶主
每畝應完正稅銀幣玖分肆厘伍毫
附稅銀幣壹角貳分伍厘
本期應完正附稅銀幣
每畝應完兵米正稅銀幣伍厘柒毫
附稅銀幣伍毫柒絲
共應完兵米正附稅銀幣
民國二十四年 月 日經征員
第 號
如數收訖

江湾镇中［钟］吕村 119 · 民国二十四年 · 田赋串票 · 昌厚

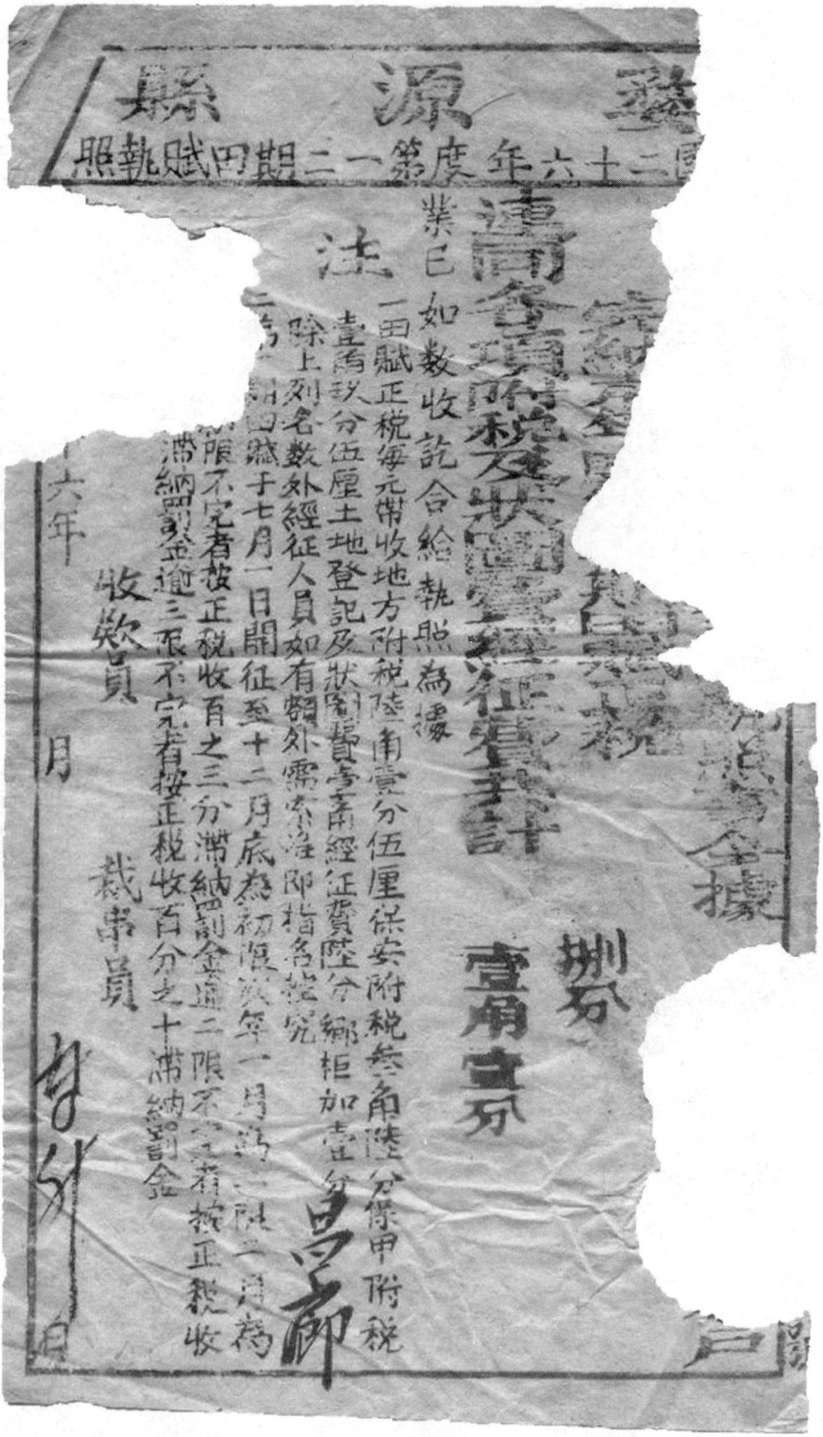
婺源縣
民國二十六年度第一二期田賦執照
業已如數收訖合給執照為據
一田賦正稅每元帶收地方附稅陸角壹分伍厘保安附稅叁角陸分保甲附稅壹角玖分伍厘土地登記及狀鬮費壹角經征費陸分鄉柜加壹分
除上列各數外經征人員如有額外需索准即指名控究
田賦于七月一日開征至十二月底為初限
逾初限不完者按正稅收百分之三滯納罰金逾二限不完者按正稅收
滯納罰金逾三限不完者按正稅收百分之十滯納罰金
捌分
壹角壹分
昌廊
六年 月 日
收款員
裁串員

江湾镇中［钟］吕村 28 · 民国二十六年 · 田赋执照 · 昌廊

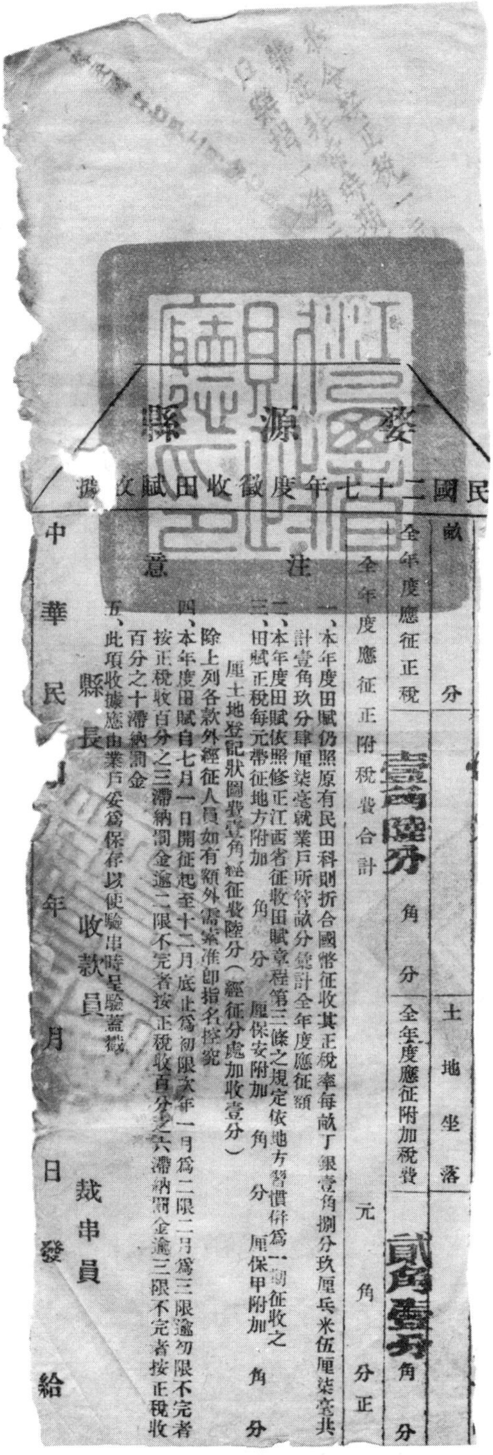

婺源縣

民國二十七年度徵收田賦收據

畝　分

土地坐落

全年度應征正稅　壹角陸分　角　分

全年度應征附加稅費　貳角壹分　角　分

全年度應征正附稅費合計　元　角　分正

注意

一、本年度田賦仍照原有民田科則折合國幣征收其正稅率每畝丁銀壹角捌分玖厘兵米伍厘柒毫共計壹角玖分肆厘柒毫就業戶所管畝分彙計全年度應征額

二、本年度田賦依照修正江西省征收田賦章程第三條之規定依地方習慣併爲一期征收之

三、田賦正稅每元帶征地方附加　角　分　厘保安附加　角　分　厘保甲附加　角　分　厘土地登記狀圖費壹角經征費陸分（經征分處加收壹分）

四、除上列各款外經征人員如有額外需索准即指名控究

本年度田賦自七月一日開征起至十二月底止爲初限次年一月爲二限二月爲三限逾初限不完者按正稅收百分之三滯納罰金逾二限不完者按正稅收百分之六滯納罰金逾三限不完者按正稅收百分之十滯納罰金

五、此項收據應由業戶妥爲保存以便驗串時呈驗蓋戳

縣長　收款員　截串員

中華民國　年　月　日發給

江湾镇中［钟］吕村 121 · 民国二十七年 · 田赋征收收据

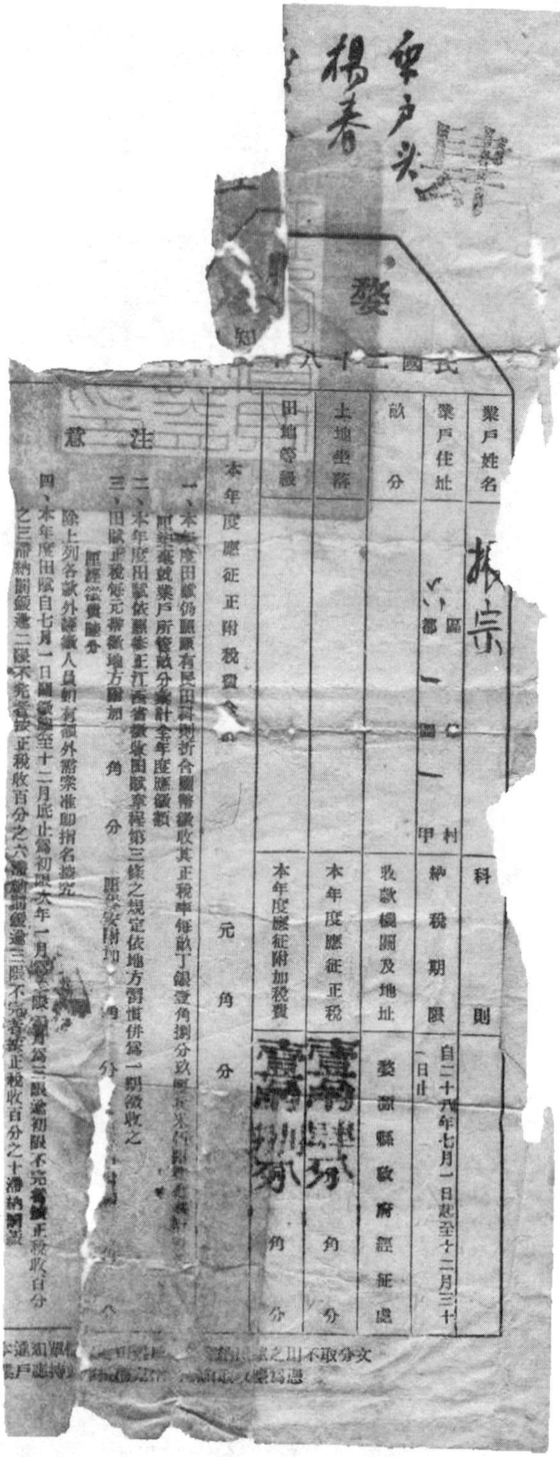

東戶头
楊春

婺

民國二十八

業戶姓名　振宗

業戶住址　區　六都　一圖　一村　甲

畝分

土地坐落

田地等級

本年度應征正附稅壹[illegible]　元　角　分

注意

一、本年度田賦仍照原有民田科則折合國幣徵收其正稅率每畝丁銀壹角捌分玖[illegible]
匯兌兼載業戶所管畝分統計全年度應徵額

二、本年度田賦依照奉主江西省徵收田賦章程第三條之規定依地方習慣併爲一期徵收之

三、田賦正稅每元帶徵地方附加　角　分　[illegible]附加　角　分
匯兌徵費[illegible]

除上列各款外徵收人員對有額外需索准即指名控究

四、本年度田賦自七月一日開徵至十二月底止爲初限次年一月[illegible]限[illegible]爲三限逾初限不完者加徵正稅收百分之三滯納罰金逾二限不完者按正稅收百分之六滯納罰金逾三限不完者按正稅收百分之十滯納罰金

科則

納稅期限　自二十八年七月一日起至十二月三十一日止

收款機關及地址　婺源縣政府經征處

本年度應征正稅　角　分

本年度應征附加稅費　角　分

江湾镇中［钟］吕村 23 · 民国二十八年 · 田赋征收发票 · 振宗

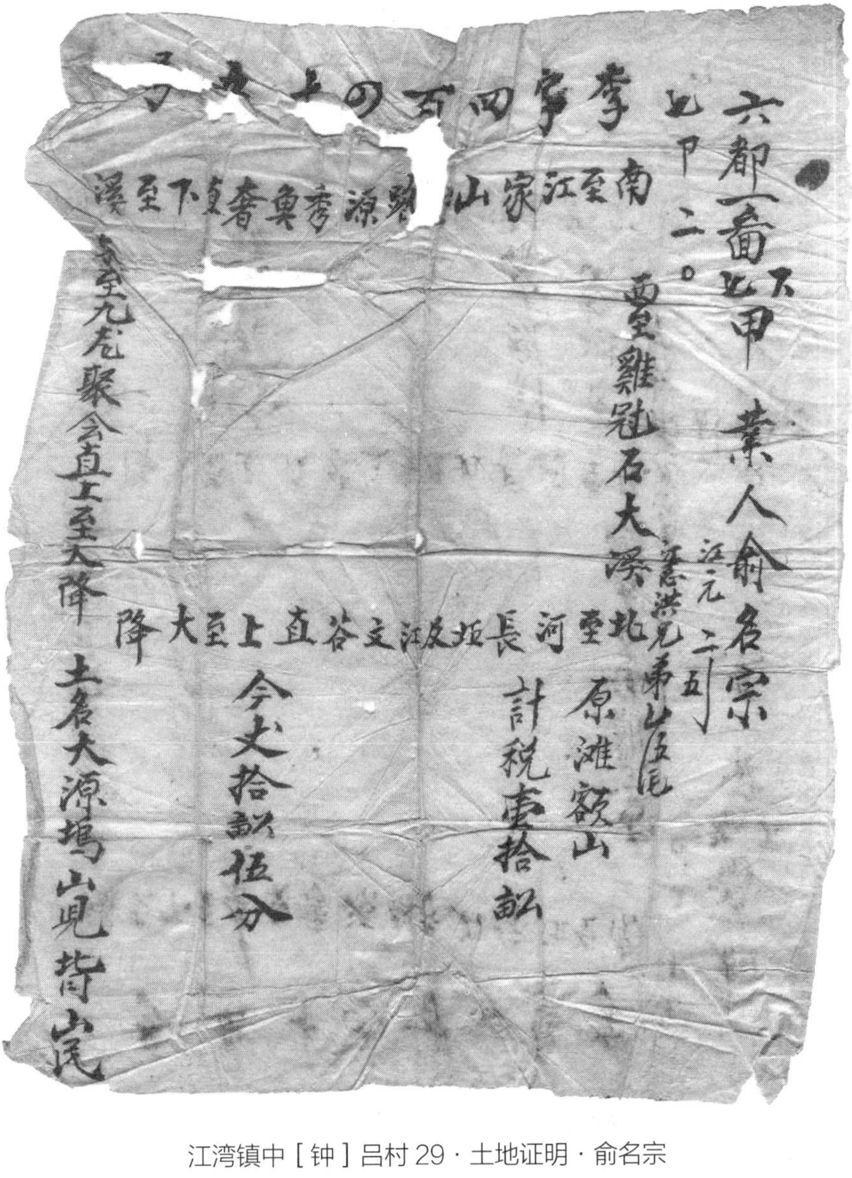

六都一畨下甲　業人俞名宗
七戸二。
江元二刄
豐雞冠石大溪
汪彥洪兄弟山丘泥
原灘嶺山
計税壹拾畝
今丈拾畝伍分
南至江家山[illegible]頭源李奧香直下至溪
北至河長坂反江文谷直上至大降
東至九龍聚今直上至大降
土名大源塢山兜背山窟

江湾镇中［钟］吕村 29 · 土地证明 · 俞名宗

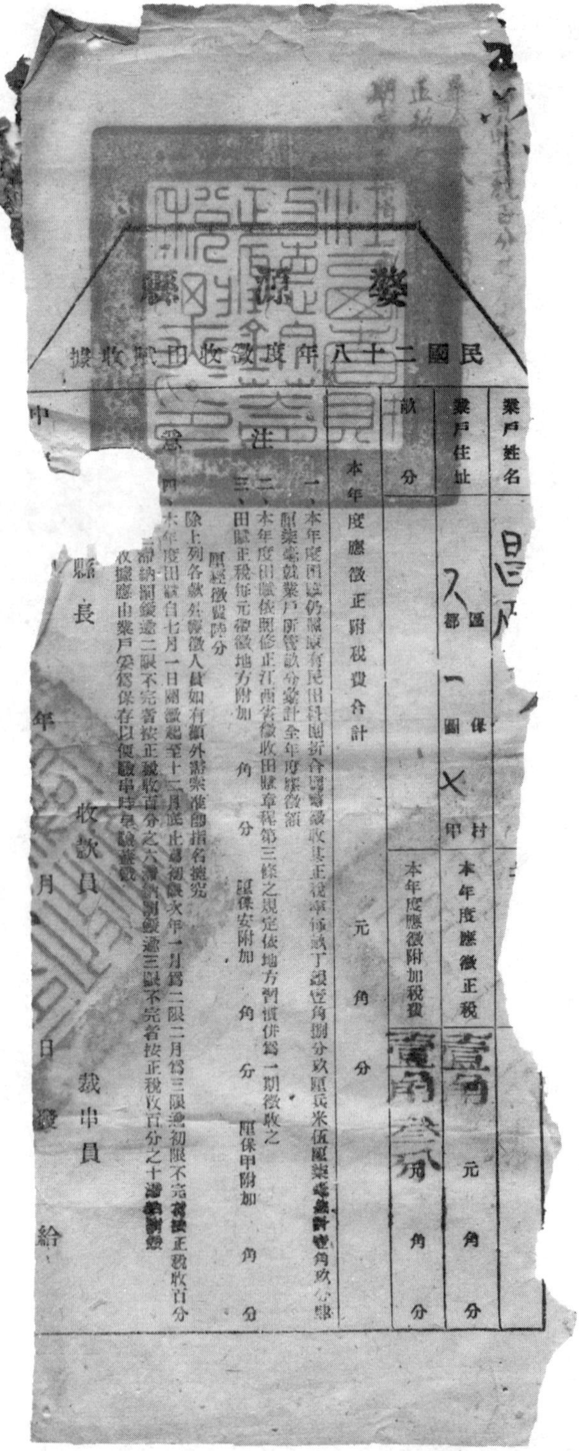

婺源縣

民國二十八年度徵收田賦收據

業戶姓名 昌
業戶住址 入區 一都 保 圖 七村 甲
款分
本年度應徵正稅 壹角 元 角 分
本年度應徵附加稅費 壹角叁分 元 角 分
本年度應徵正附稅費合計 元 角 分

注意
一、本年度田賦仍照原有民田科則折合國幣徵收其正稅率每畝丁銀壹角捌分玖厘兵米伍厘柒毫共計壹角玖分肆厘柒毫就業戶所管畝分彙計全年應徵額
二、本年度田賦依照修正江西省徵收田賦章程第三條之規定依地方習慣併為一期徵收之
三、田賦正稅每元帶徵地方附加 角 分 區保安附加 角 分 區保甲附加 角 分 區經徵費陸分
除上列各款外徵收人員如有額外需索准即指名控究
四、本年度田賦自七月一日開徵起至十二月底止為初限次年一月為二限二月為三限逾初限不完者按正稅收百分之三滯納罰鍰逾二限不完者按正稅收百分之六滯納罰鍰逾三限不完者按正稅收百分之十滯納罰鍰
收據應由業戶妥慎保存以便驗串時呈驗審查

中華民國 年 月 日發給
縣長 收款員 裁串員

江湾镇中［钟］吕村 123 · 民国二十八年 · 田赋征收收据 · 昌廊

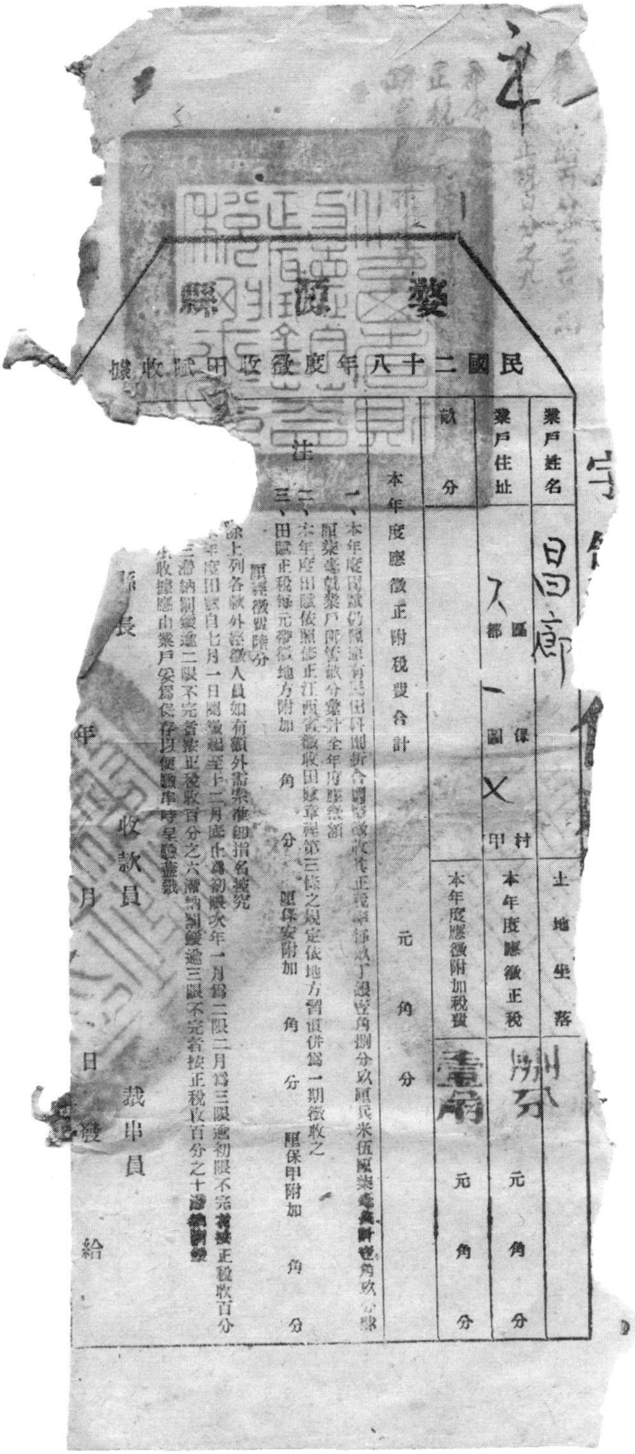
婺源縣

民國二十八年度徵收田賦收據

業戶姓名	昌廊	
業戶住址	區 都 一 保 圖 乂 村 甲	
畝分		
土地坐落		
本年度應徵正税	捌分	元 角 分
本年度應徵附加税費	壹角	元 角 分
本年度應徵正附税費合計		元 角 分

注

一、本年度田賦仍照原有其田科則折合國幣徵收計正税每兩折丁銀壹角捌分改徵民米伍厘柒毫[illegible]壹角玖分肆厘柒毫業戶所管畝分毫計全年度應徵額

二、本年度田賦依照修正江西省徵收田賦章程第三條之規定依地方習慣併爲一期徵收之

三、田賦正税每元帶徵地方附加 角 分 區保安附加 角 分 區保甲附加 角 分 區經徵費陸分

除上列各款外經徵人員如有額外需索准即指名控究

本年度田賦自七月一日開徵起至十二月底止爲初限次年一月爲二限二月爲三限逾初限不完者按正税收百分之三滯納罰鍰逾二限不完者按正税收百分之六滯納罰鍰逾三限不完者按正税收百分之十滯納罰鍰

此收據應由業戶妥爲保存以便查串時呈驗查核

縣長　　收款員　　裁串員

年　月　日發給

江湾镇中［钟］吕村 124 · 民国二十八年 · 田赋征收收据 · 昌廊

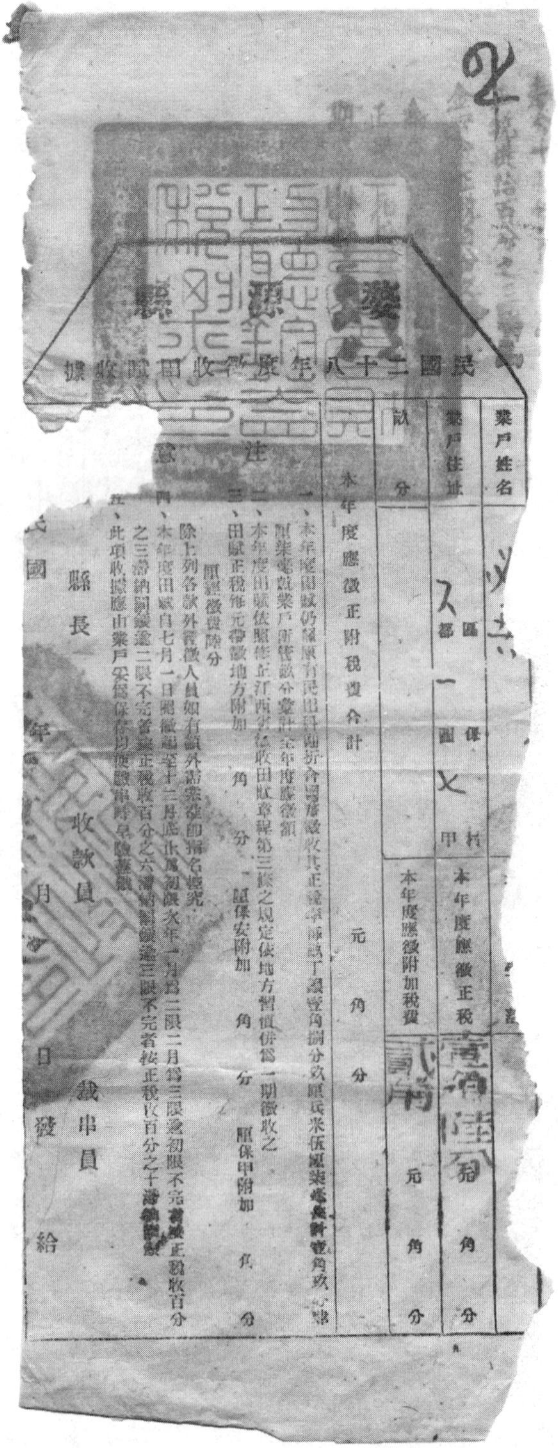
民國二十八年度徵收田賦收據

業戶姓名	必兴
業戶住址	區 都 圖 保 村 甲
畝分	
本年度應徵正稅	元 角 分
本年度應徵附加稅費	元 角 分
本年度應徵正附稅費合計	元 角 分

注意

一、本年度田賦仍照原有民田科則折合國幣徵收其正稅每畝丁銀壹角捌分秋糧兵米伍厘柒毫[illegible]照業戶所管畝分彙計全年度應徵額

二、本年度田賦依照修正江西省征收田賦章程第三條之規定依地方習慣併爲一期徵收之

三、田賦正稅每元帶徵地方附加 角 分 區保安附加 角 分 區保甲附加 角 分 區經徵費陸分

除上列各款外經徵人員如有額外需索准即指名控究

四、本年度田賦自七月一日開徵起至十二月底止爲初限次年一月爲二限二月爲三限逾初限不完者照正稅收百分之三滯納罰鍰逾二限不完者按正稅收百分之六滯納罰鍰逾三限不完者按正稅收百分之十滯納罰鍰

五、此項收據應由業戶妥爲保存以便驗串時呈驗[illegible]

縣長 收款員 截串員

民國 年 月 日發給

江湾镇中［钟］吕村 130 · 民国二十八年 · 田赋征收收据 · 必兴

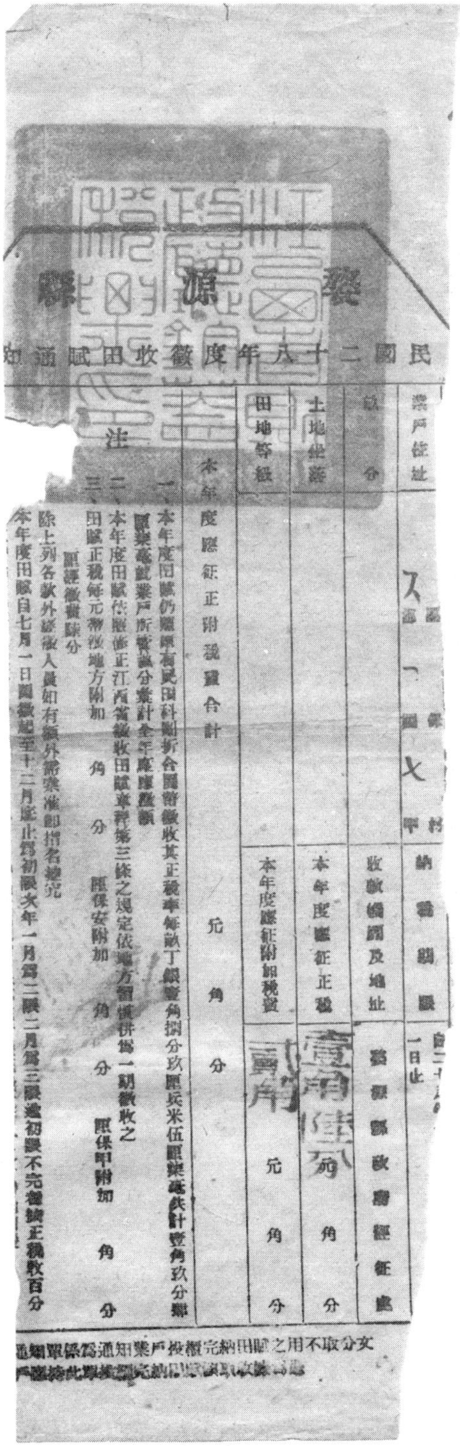

江湾镇中［钟］吕村 136 · 民国二十八年 · 田赋通知单

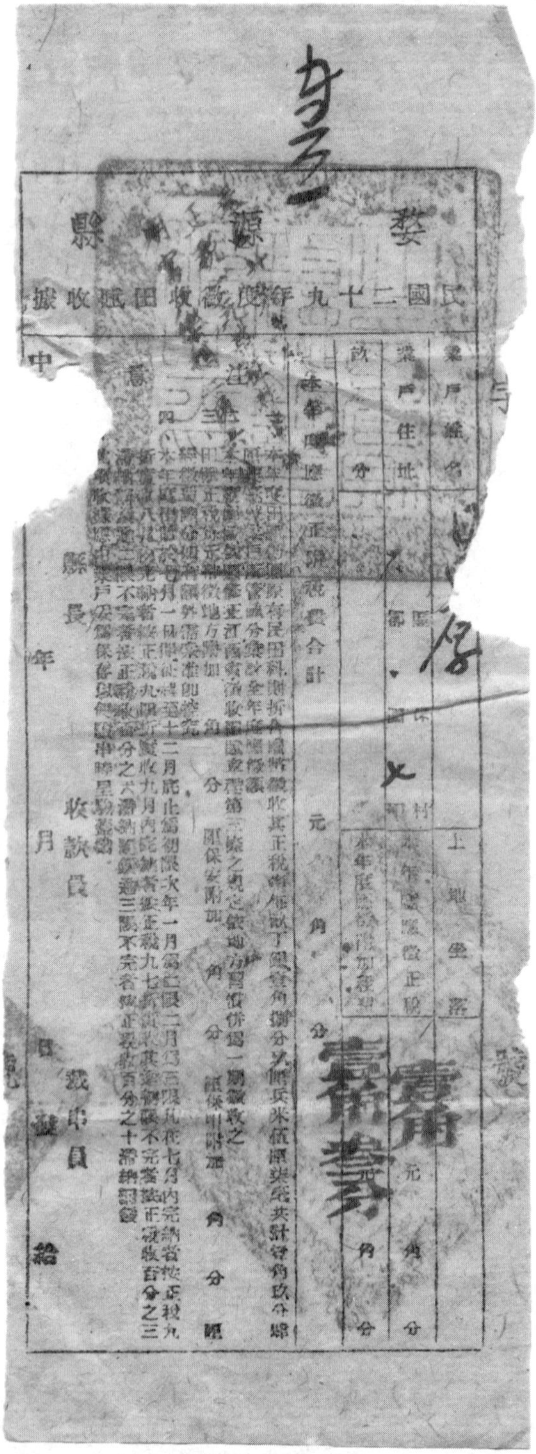

婺源縣

民國二十九年度徵收田賦收據

業戶姓名	
業戶住址	區 都 圖 村
畝分	
土地坐落	
本年度應徵正稅	元 角 分
本年度應徵加徵[illegible]	元 角 分
本年度應徵正附稅合計	元 角 分

注意

一、本年度[illegible]原有民田科則折合國幣徵收其正稅每畝[illegible]共計[illegible]角玖分[illegible]

二、[illegible]全年[illegible]省政[illegible]第[illegible]條之規定[illegible]一併徵收之

三、[illegible]角 分 區保安附加 角 分 區保甲附加 角 分 [illegible]

四、本年[illegible]十二月底止[illegible]限次年一月[illegible]二月[illegible]七月內完納者[illegible]正稅九[illegible]分之三

[illegible]不完者[illegible]分之六[illegible]三[illegible]不完者[illegible]分之十[illegible]

縣長

收款員

[illegible]員

中華民國 年 月 日 給

江湾镇中［钟］吕村 126 · 民国二十九年 · 田赋通知单 · 昌厚

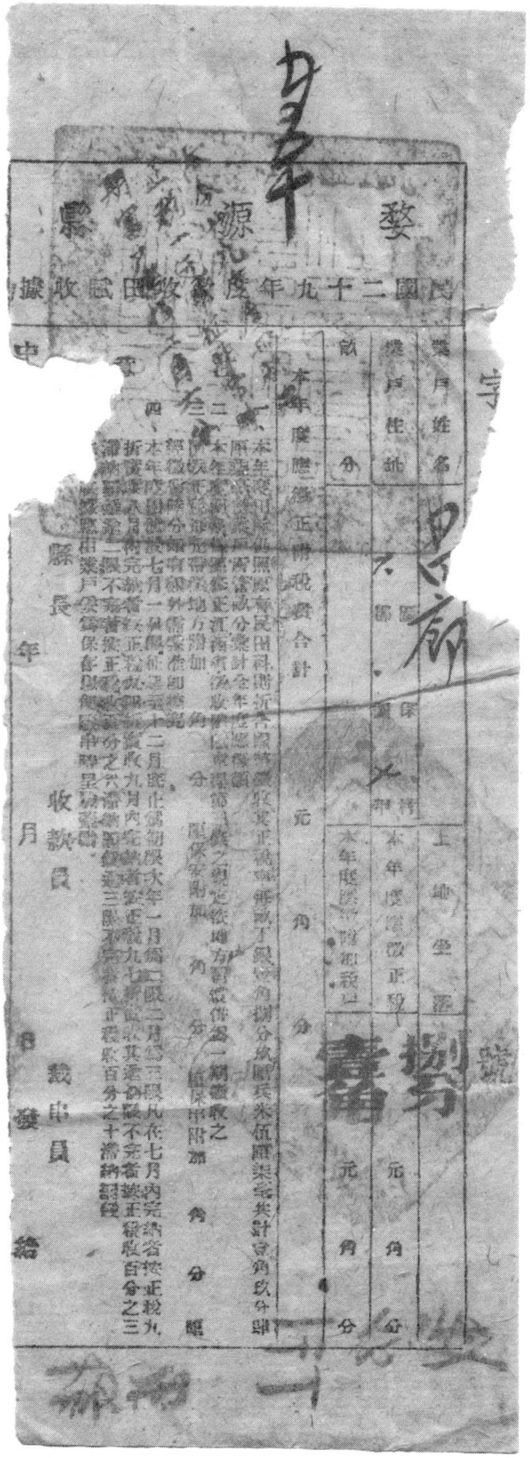

江湾镇中 [钟] 吕村 127 · 民国二十九年 · 田赋通知单 · 昌廊

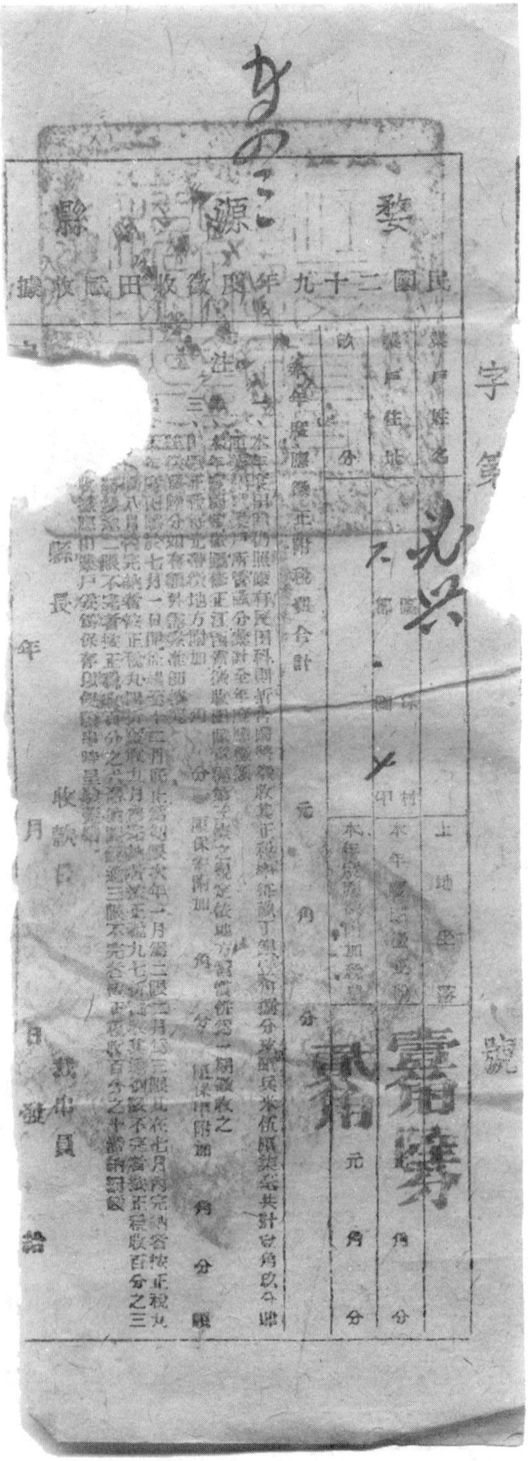
婺源縣

民國二十九年度徵收田賦收據

字第　　號

業戶姓名　必兴

業戶住址　不　都　圖　甲

土地坐落

本年應徵正稅　壹元肆角

本年度應徵附加稅額　貳角

本年度應徵正附稅額合計　元　角　分

縣長　　收款員　　經手員

年　月　日發給

江湾镇中［钟］吕村 128 · 民国二十九年 · 田赋通知单 · 必兴

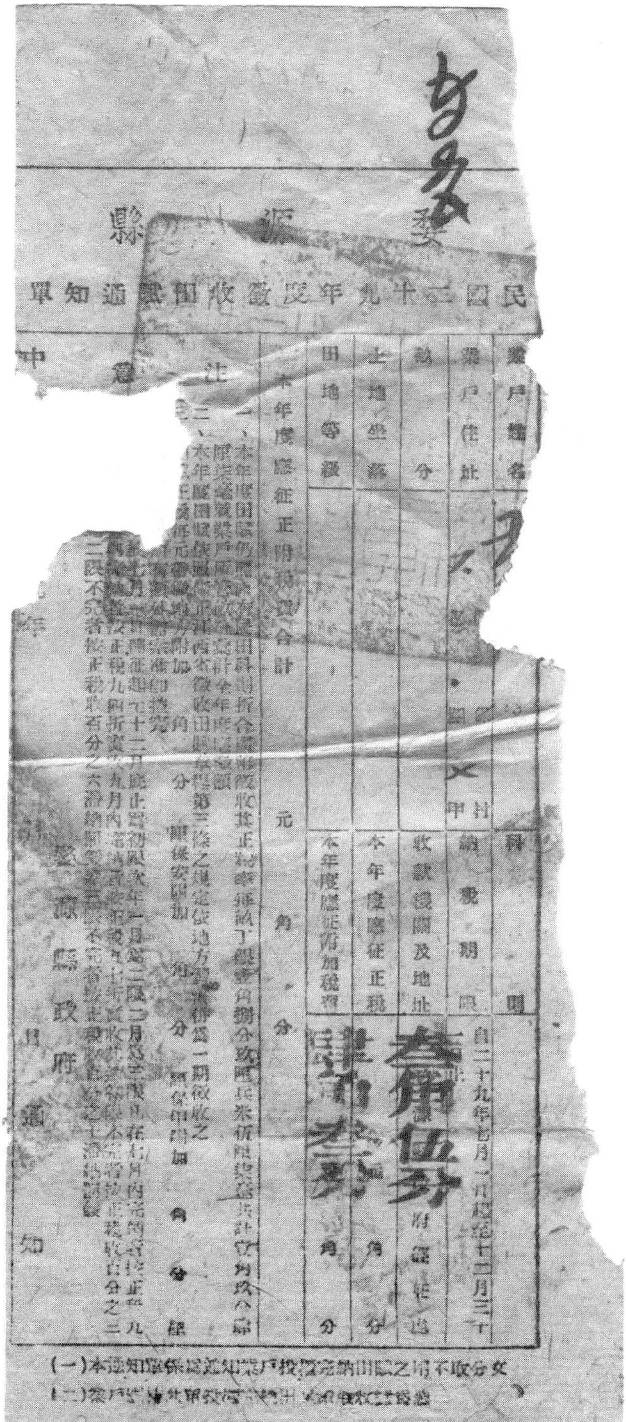

民國二十九年度徵收田賦通知單

婺源縣

業戶姓名	
業戶住址	
畝分	
土地坐落	
田地等級	
科則	
納稅期限	自二十九年十月一日起至十二月三十一日止
收款機關及地址	
本年度應征正稅	
本年度應征附加稅費	
本年度應征正附稅費合計	元 角 分

注意

婺源縣政府

年 月 日 通知

(一)本通知單係通知業戶按限完納田賦之用不作收據

江湾镇中［钟］吕村 129 · 民国二十九年 · 田赋通知单

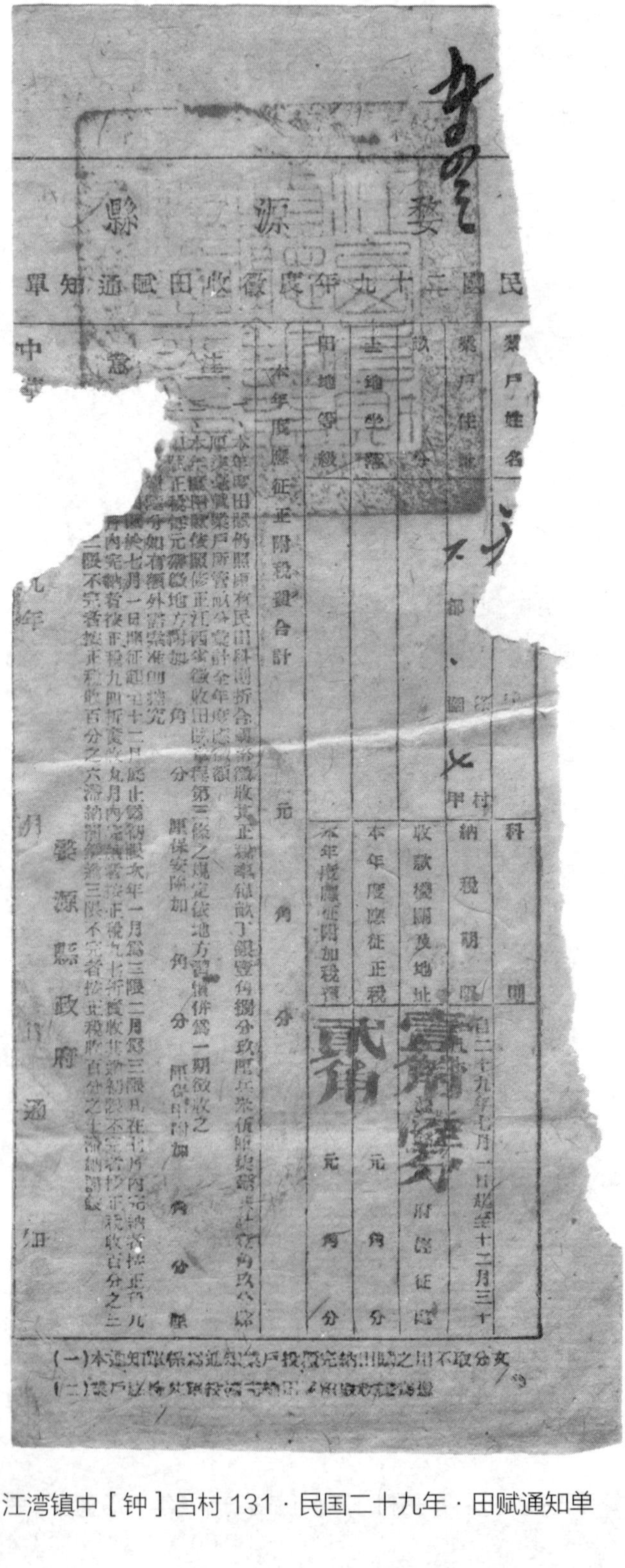
婺源縣

民國二十九年度徵收田賦通知單

業戶姓名	
業戶住址	都 圖 甲 村
坵分	
土地坐落	
田地等級	
本年度應征正附稅費合計	元 角 分
科則	
納稅期限	自二十九年七月一日起至十二月三十一日
收款機關及地址	附設征收處
本年度應征正稅	壹角肆分 元 角 分
本年度應征附加稅費	貳角 元 角 分

注意

一、本年度田賦仍照原有民田科則折合[illegible]

[illegible]

婺源縣政府

中華民國二十九年 月 日 通知

（一）本通知單係為通知業戶投櫃完納田賦之用不取分文

（二）業戶[illegible]

江湾镇中［钟］吕村 131 · 民国二十九年 · 田赋通知单

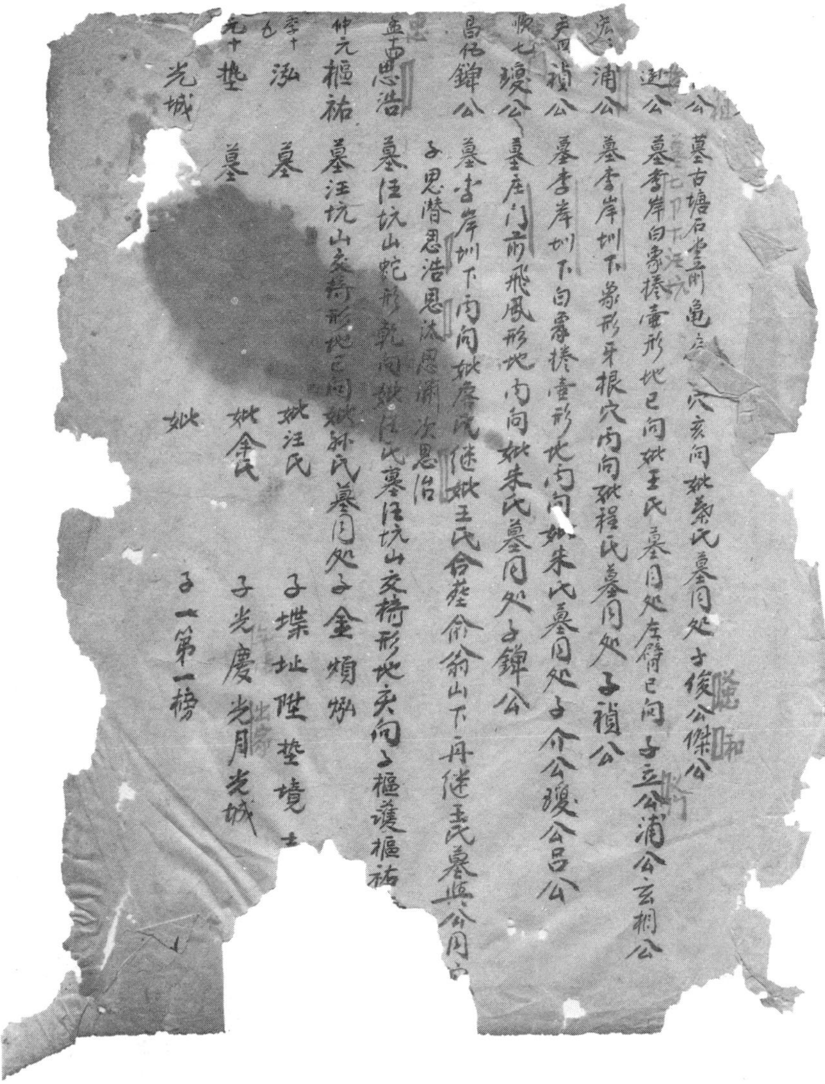
公 墓古塘石堂前龟形穴亥向 妣蔡氏墓同处 子俊公 傑公
逊公 墓李岸白象捧壶形地巳向 妣王氏墓同处左膀巳向 子立公 浦公 玄桐公
浦公 墓李岸圳下象形牙根穴丙向 妣程氏墓同处 子禎公
禎公 墓李岸圳下白象捧壶形地丙向 妣朱氏墓同处 子介公 瓊公 吕公
瓊公 墓庄门前飞凤形地丙向 妣朱氏墓同处 子鐔公
鐔公 墓李岸圳下丙向 妣詹氏 继妣王氏合葬俞翁山下丙 继王氏墓与公同穴
子思潜 思浩 思泳 思浦 次思治
思浩 墓汪坑山蛇形乾向 妣汪氏墓汪坑山交椅形地庚向 子樞護 樞祐
樞祐 墓汪坑山交椅形地巳向 妣孙氏墓同处 子金 煩 烆
泓 墓 妣汪氏 子堞 址 陛 埜 境
埜 墓 妣余氏 子光慶 光月 光城
光城 墓 妣 子一 第一榜

江湾镇中[钟]吕村 2-1 · 族谱

上梁東　擎天柱上日初紅遥映翠蓬涵紫氣五雲▢▢▢楼中

上梁南　鍾山擁翠水拖藍紫霧巻苔封石印朝天岑秀此中涵

上梁西　楼前廣濟卧虹霓跨引幾番題柱客平明連袂上雲梯

上梁北　黄岡山房連霹靂文奎正在最高頭煥發後人踵前跡

上梁上　窈睇二仙楼氣象鶴翻琪樹路松花篩遍細金遥掩映

上梁下　楼瞰古塘看水活揚鬐躍鯉聽春雷三十六鱗齊变化

伏願上梁之後楼臺隱隱起雲端如翬斯飛如鳥斯革山川桓桓鍾瑞氣▢▢▢遊

如月斯征壽斯文元氣以疊出英才利邦家用賓而思皇多士近則丕光乎▢

益傳爲遠則啓發乎後人美而彰矣雙溪後人一齋王貫文孚拜撰

江湾镇中［钟］吕村 2-2 · 族谱

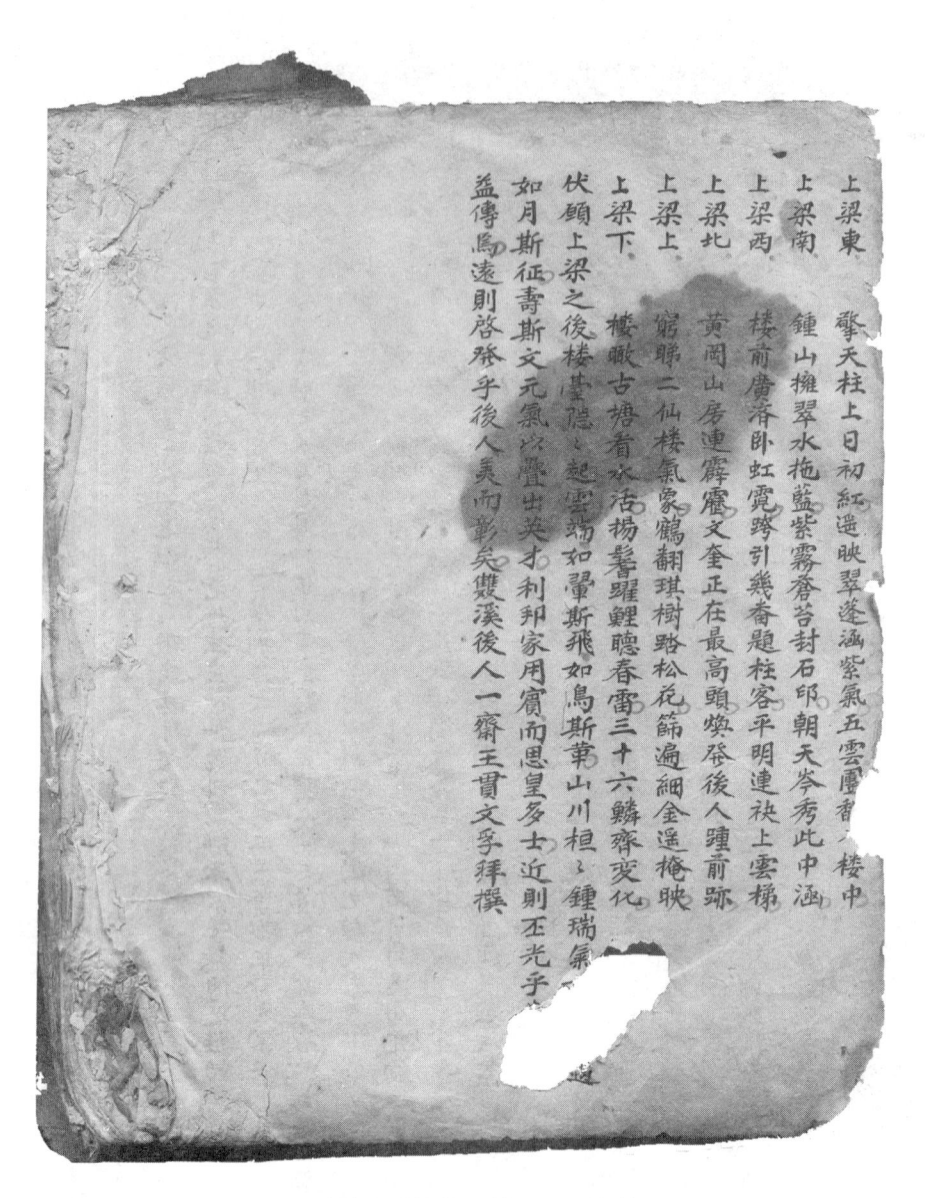

有雲山霽靋之文章奎光最耀他如人文淵藪具有文獻足徵緊維二仙子之經遊蘊發五百年之顯着恭惟質齋翁俞老先生生神仙過化之鄉承家孝懿傳之雅勤儉恭恕拓豊貲遂甲于閭里大家德義儀刑尊大賓見礼於二三賢宰生符大冢宰之同庚月日壽幾師尚父之起渭時年好事肯讓人嘗謂二仙之樓神合致其所義舉當在我慨發一務之餘蓄不吝有為經營必躬必親老健尤勤尤謹大丈夫不為尋常事業廼召維工維師構成百尺岑樓新甲第壯觀悠久山川不日苟美苟完絢出一區都府載惟名鄉諸豪傑欲巍巍乎其成功倡茲義舉一經營舉欣欣然有喜色肇培地軸移巨石以動雲根經始靈臺棒岑樓以捫霄漢適遇大司徒東峯汪老先生投閑乘勝踵春坊公步蹈於百年之前把酒臨風表二仙子遺蹤於千[illegible]發神思於登瀛奪士冠雄文于倚馬謫仙傳神阿堵之中標榜經行之地[illegible]有成人之美復嘉樂以贊喜慶成動名公揮扁額之書高壓雕甍而光新[illegible]美斯樓之出色快瞻勝境以無窮芙蓉疊嶂錦花新喜龍鬚之過兩石耳峯頭旋節舞動鷹嘴之含霽環啼禽舞鶴於八牕四面之中藹麗日卿雲于一座三層之上時聞鐵笛仙風遥吞于雲端斗射龍光秀氣復鍾于此地会須萃後舉而激昂青雲端可踵前修而平登紫閣真不負信美神仙之盛意斯可徵柄靈山水之奇欹小子人微敢製蕪詞先煎賀梓人力舉聽宣唱采棒虹梁

江湾镇中 [钟] 吕村 2-3 · 族谱

賀二仙楼啓

恭惟錦里初建瓔楼崇臺二仞永爲不拔之基踈牖四通始見無前之蹟龍湫在内
日動風雲石耳當頭直寥霄漢山川壮觀遠近爭誇矧小子往歲之遊徘徊有自盖
春坊　國初之記考據尤精惟碩人有樂善之心而合宅皆超凡之士哉々盛舉夫
豈偶然劒氣横空定迓鶴輿之再降虹光貫斗尚期鴈塔之聯登謹具蕪□申賀
臆嘉靖癸卯歲秋九月吉旦眷生東峯汪玄錫寓蚺城御史臺拜啟

二仙楼上梁文

伏以新安大好山水篤生豪傑以增光桃源最勝龍湫過化神仙而始著故地勝不
自鳴勝得人聞乃可声聞武夷雖是舊武夷必朱子詠遊而斐發盤谷無過此盤谷
得韓公推美以光崇矧兹鍾呂之山川寔係石耳之肢脉九龍聚会對頭環結大衛
一洞幽深三面長飛瀑布峻拔鍾山聳翠逶邐壁水環清有許多奇々峭々之翠壁
丹崖可想似渺々茫々之蓬萊仙島相傳昔有漢鍾離呂洞賓嘗水曾遊到此偶然
見有蜒蝣石龍潭窟轉眄乃弗能留礼遇喜有俞氏翁嘉其奇特杵獒指示基盤地
果得佳城遂因二仙以標其姓名僉號一方而着曰鍾呂是後俞公之慶澤綿延孫
子之多賢或續道脉以着書立言或獻武功以靖邦翊運府尹都事之宦蹟御墨犹

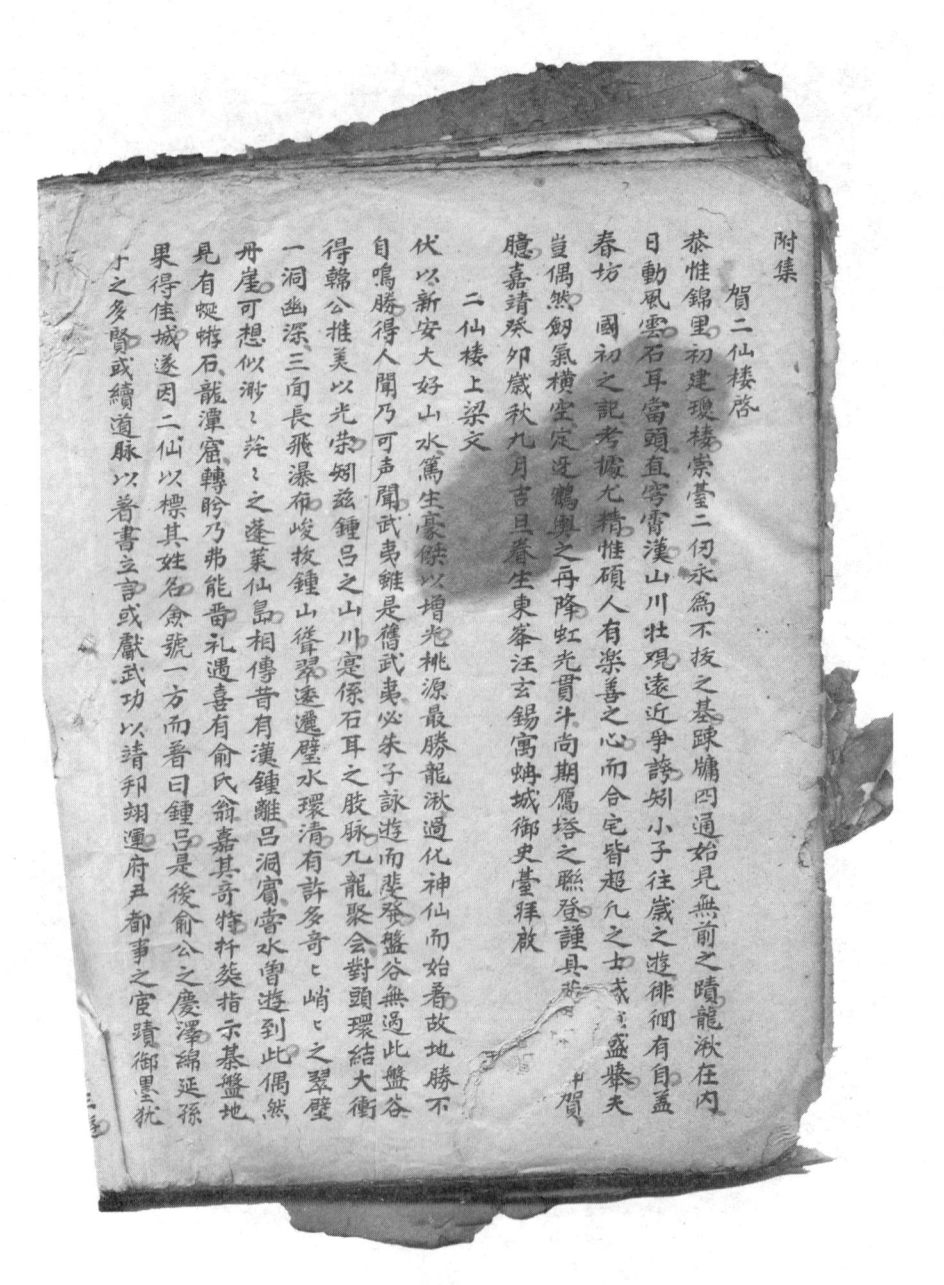

聖人史外傳心之餘緒也但文音句讀襲舛承訛固有扞格不勝之患者況復有設
科不以取士經筵不以進講庠序不以施教新法之謬說者我無怪乎其晦蝕也愚
也叨承家斈師訓窃有得焉校藝之暇輙取其義而編校之於經文則揭行傳記則
發行皆大書註疏則分書每章首之以甲子繼之以紀年統之以周王次之以魯国
次之以列国所以明天道紀人事也於甲子国號事實字義欲明著者則朱書之
所以顯其微闡其幽也至于文音句讀伐舛訂訛反復侵尋歲月彌久始[illegible]戾
聖明分命臺憲振作斯文慕有曾於是經者許責其成愚也於聖經微旨固未敢
明於初斈之士或便覽焉輙敢自獻憲准屬本郡翻刻極知僭踰之罪然于聖
王賤伯内夏外夷彰善癉惡之政其在天下人心者一念之萌有所未泯爾謹序知
安鄉縣事新安俞璿書

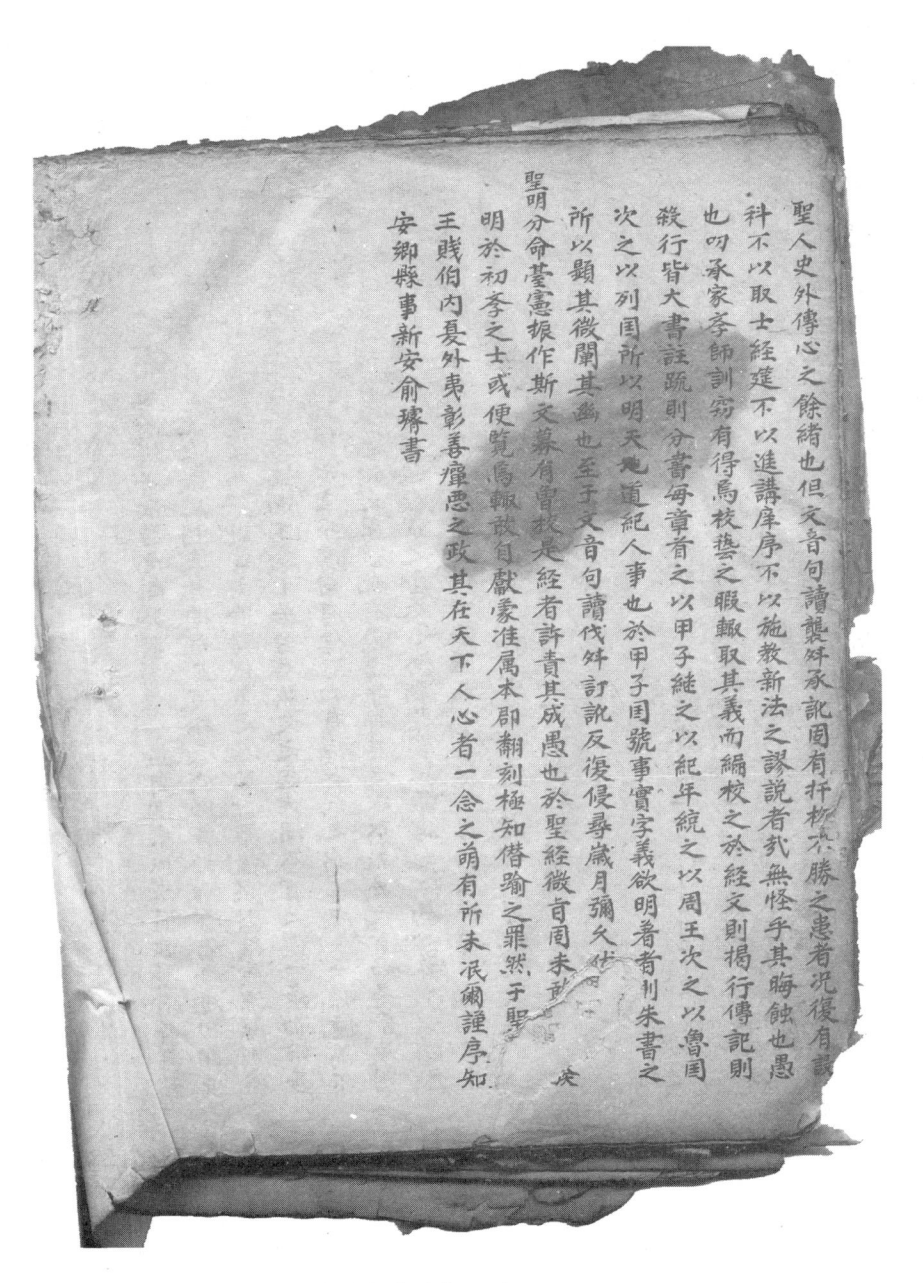

……茂深
有感焉吳泰伯之裔漢吳散居東南於歙為尤盛蓋自南宋以來有叔夏者義理精
研才孝稽古文公先生與之相友音問往來不輙有式賢者領鄉貢薦為廸功郎多
詩籍廣文字有孟暘之易孝仲建之吟詩代不乏人正所謂根深則枝茂源深則流
長泰伯太王之長子當為而不為出居句吳成父之志作周八百之禩一奔而四善
集孔子以至德稱之不亦宜乎傳曰有德者必有后吳氏之綿綿延延子孫億萬不
失其為大家茂族豈非泰伯之至德猶有餘澤乎抑其足以取報於天者如是乎彥明
生于千百載之下其尊祖敬宗之念拳拳於胸臆間以源甫之心為心眷眷以續修
譜牒為務是聿修厥德不忘其祖則宗法睦族之意無不存焉且修德以立自立身
以行道顯親非二致也吳氏望族世多聞人其子孫當以詩書是[illegible]祖德是程
大有施設振其家声耀其門户則是譜之傳又不止於斯彥明之若子若孫……之
哉其勉之哉亞中大夫河南知府星源鍾呂俞用中序

校刊春秋胡傳序

春秋天子之事也春秋作而乱臣賊子惧是故敦典庸礼命德討罪昭百王之大法
建萬世之太平具于一書其在當時雖游夏之徒不能賛一辭豈後賢所能着喙哉
故左氏務詳于事而失之誇穀梁欲明其理而失之陋公羊欲肆其辨而失之俗他
如專門名家者互有得失惟胡氏会三家之所長集諸儒之要說而折衷之依稀乎

江湾镇中[钟]吕村 2-6 · 族谱

外集

跋曾子子思子

孔子之道曾子得之而爲大學曾子之旨子思述之而爲中庸道統之傳於焉攸係
而漢志所載子思二十三篇曾子十八篇今皆不存後世乃間取大小二戴禮文相
傳會要非本書也然二子之嘉言善行雜出於傳記寥寥千載未有能裒而集之表
而出之者新安汪康範先生與晦庵朱子生同時孝同道肥遁丘園篤志[illegible]乃始
蒐羅彙萃以成二書藏於家塾迨其孫夢斗始獻諸朝而未克頒行於天下[illegible]
世孫疇蓋將鋟梓廣傳以昭先世之潛德使後孝得以稽夫道之正而不惑於[illegible]
之陋其用心公且溥矣方今朝廷表章聖孝二子光被綸綍載建上公加謚宗述是
編之行將與大孝中庸相爲表裏其於治道豈小補云儒林郎松江府判官俞師魯
跋

新安吳氏族譜序

嘗謂後世宗法之不講則先王睦族之意遂不可見唯以譜系之存世教猶可得而
考焉苟非道德文章之士功名富貴之顯不久而漸忘之至於子孫服紀未盡而相
視如途人甚者相殘相賊誠可嘆哉又有慕富貴而妄取以爲宗羞貧賤而不認其
爲[illegible]二者誣本辱身俱失之矣今觀吳君彥明之譜而知源甫之用心有望於後深

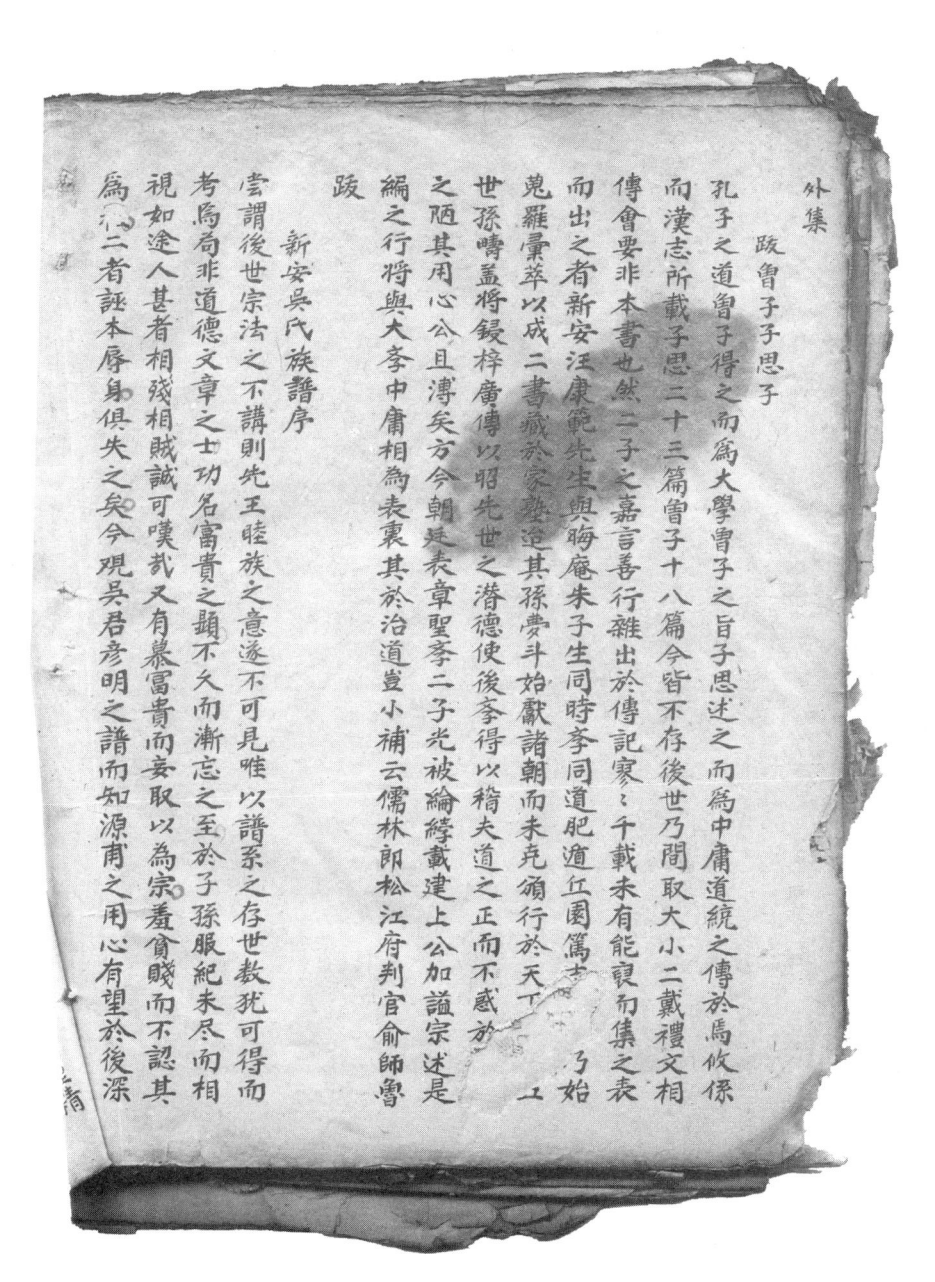

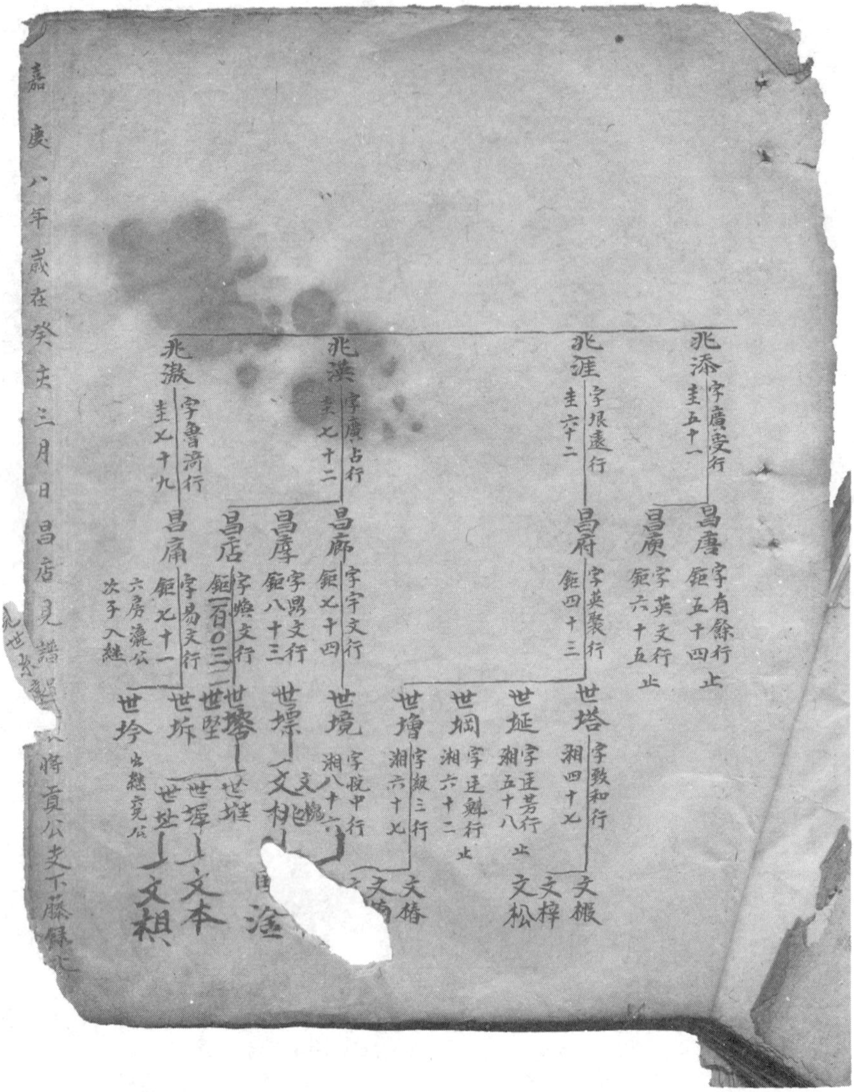

兆添 字廣受行 圭五十一
昌唐 字有餘行 鉅五十四 止
昌賡 字英文行 鉅六十五 止
兆涯 字𤀹遠行 圭六十二
昌府 字英聚行 鉅四十三
世塔 字敦和行 湘四十七
文㯂
文梓
世埏 字廷芳行 湘五十八 止
文松
世烱 字廷魁行 湘六十二 止
世增 字叔三行 湘六十七
文椿
文㮕
兆漢 字廣占行 圭七十二
昌廊 字宇文行 鉅七十四
世境 字敦中行 湘八十六
文艷
昌厚 字䍸文行 鉅八十三
世墂
文桃
昌店 字煥文行 鉅一百〇三
世礬
世堆
世坚
世揮
文本
世垯
文棋
兆激 字魯濟行 圭七十九
昌庯 字易文行 鉅七十一
世㶳
世玲 出繼竟公
六房瀛公次子入繼

嘉慶八年歲在癸亥三月日昌店見譜□□將貢公支下藤録□

江湾镇中［钟］吕村 2-8 · 族谱

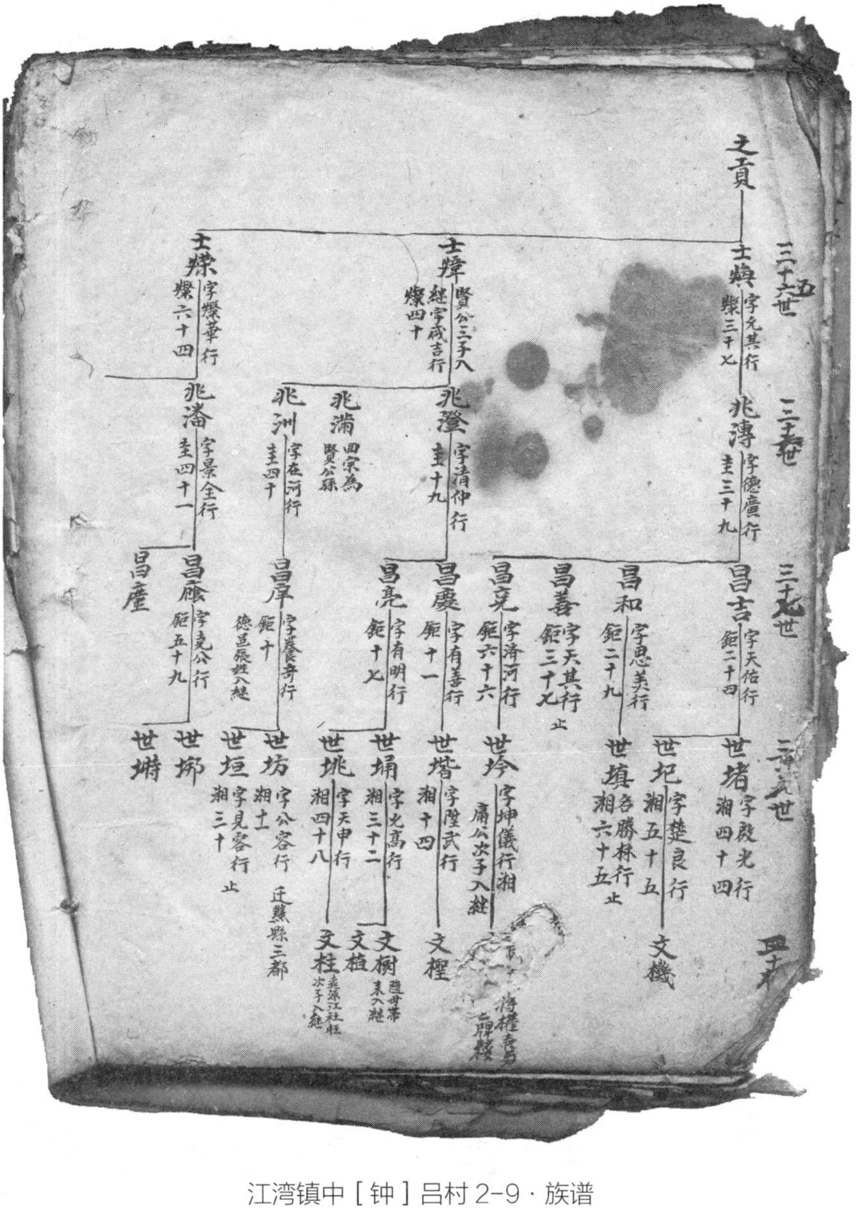
之貢
三十五世
士煥 字允其行 糧三十七
士瑋 賢公三子入繼 字咸吉行 糧四十
士㮚 字燦華行 糧六十四
三十六世
兆溥 字德廣行 圭三十九
兆澄 字清仲行 圭十九
兆滿 田宗為賢公祿
兆洲 字在河行 圭四十
兆潘 字景全行 圭四十一
三十七世
昌吉 字天佑行 鉅二十四
昌和 字思美行 鉅二十九
昌善 字天其行 鉅三十七 止
昌堯 字清河行 鉅六十六
昌慶 字有善行 鉅十一
昌亮 字有明行 鉅十七
昌庠 字厚奇行 鉅十 德邑張姓入繼
昌瘷 字克公行 鉅五十九
昌塵
三十八世
世堵 字啟光行 湘四十四
世圯 字楚良行 湘五十五
世填 字勝林行 湘六十五 止
世埁 字坤儀行 湘 廣公次子入繼
世墙 字陞武行 湘十四
世埇 字光高行 湘三十二
世垙 字天申行 湘四十八
世坊 字公容行 湘十 迁縣三都
世垣 字見容行 湘三十 止
世埗
世墈
四十世
文機
海權
文㮔
文樹 隨母帶來入繼
文植
文柱 袁藻江社柱次子入繼

江湾镇中［钟］吕村 2-9 · 族谱

仲十六孺人像賛　[illegible]蔵犖仕成

出蕭江之右族歸俞氏之名門淑慎端莊有丈夫之節槩孝敬慈惠為閨閫之儀刑勤家以代終而底於用裕相夫以恤獄而多得其平其可敬也不惟備婦之四德其不忘也犹能教子以一經噫若孺人者其真無負於丹青也歟

松一俞公像賛

此姻丈松一俞公諱瓚之遺像也子鏡奉以屬賛賛曰

貌癯而清質剛而明行古而貞言確而誠其孝友足以幹父之蠱其公直足以為郎之平是宜福壽之兼茂而衍嗣之彌京也

大和山農游震得

俞公恪齋銘

無如山人江[illegible]

仙子良鄉故家耆舊瓚公耆名廷薦重王表彰未慊恪齋加最原恪之[illegible]敬且實悃愊函文忠信主賓長孫何居杖屨供植長子何為省恭朝夕長[illegible]何弟五和集內而庭除克罄分職外而州里執事公直鄉閭有礼公悉無失宗党結会公掌平揆百凡造履謹恪專一仲子希清孝親闡秘請銘厥旨賛以永世

題二仙圖有引

以嘉靖丁酉偕栈峯弟過鍾呂訪俞氏諸親出此圖索題為言二仙嘗過[illegible]

江湾镇中［钟］吕村 2-10 · 族谱

下壽也眼尚明明髮未班八十中壽也天豈慳而數未遍惟即其身後而觀其子孫之富且盛也始信其福壽之無欠　汪靜軒

蕭江宦門湔溪巨室姆訓早閑閫儀勤習厳逃書字藏修機織相良人胥慰黃堂警雞鳴於警枕資愛子肄經絳帳遺態膽於貧笈遠近稱賢內外是式臨花甲寓真滿古稀上壽展像存誠拜堂下畢慕德弗諼謹贊行實　蘭軒張鑒

朴齋銘有引

族祖貴舟公剛正明決里有不平咸賴一言而服嘗奉為耆民以能鼎[illegible]千頗咎其多事迺退息林泉徜徉嘯傲改其所居之齋曰朴以自砭余嘉其常之義因爲之銘曰

太樸之先粤惟醇古杯飲汙樽越席疏布太樸既散醇風漸漓繁縟是侈浮華匪彝孔曰寧啟詩曰尚絅睠彼齋君惟朴是秉人皆以文我獨以質人皆以浮我独以実如酒方玄如琴無絃一真自完無懷葛天　望峯從周

孚軒公像贊

髯疎而清瞳炯而熒其狀修以偉其声鏗以鏘紛以加之不亂卒然臨之不驚出而司刑曹也則以才敏見重入而居鄉里也則以權衡見稱噫此非梅隱先生五世孫曰用貞者欤　存薇游宦

江湾镇中［钟］吕村 2-11 · 族谱

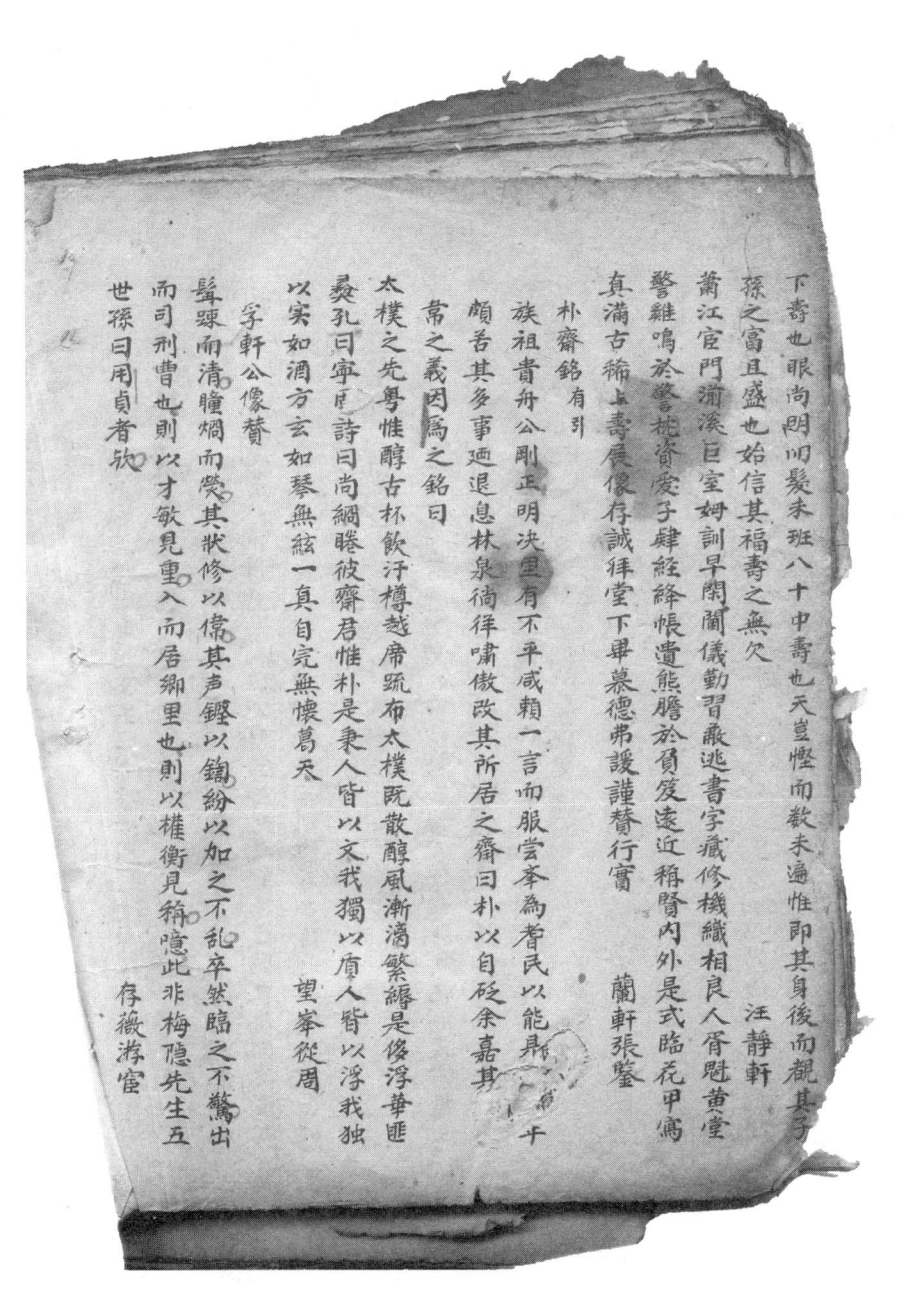

此鍾呂鎮八俞公名宗字用義之像年七十時所寫也後壽八十有三以天年終展而拜之凜然猶有生氣謹按其實而賛之曰

其氣如春之融其貌如玉之潔其志如横空之鵰鶚其才如濟川之舟楫其爲人子孫則大箕裘之業於孤弱其爲人祖父則篤詩礼之訓於晚節其為郡從事則師蕭何而友曹參其為鄉長者則兄陳寔而弟王烈憶者古稀之年所造就如此十年之後所以受聖朝之恩鶴髮酡顔烏紗角帶全五福而無缺者歟

汪靜軒

遺腹子立敏悟過人通而不隨儒業日新時驚三語仇覽發身廉能弼政案牘回春深知郡主雅飭温純流激勇退不出踰淪一鄉服化百姓歸仁子孫具慶如賓紳衣崇古七袠傳神八旬冠帶礼重鄉尊享聖朝之優老寔太古之遺民

蘭軒

鎮八孺人像賛有引

此鍾呂俞母江孺人之像年六十時所寫也後壽七十有一始即世又八年獲重拜于丹青之下謹追憶其懿行而賛之曰

方其閨姆訓於深閨也幽靜之德已彰及其執婦道于有家也勤儉之美益見相良人以奉公也亦尝貸奇巧之玉釵勉二子以親賢也亦或撤慇懃之卧薦六十

江湾镇中［钟］吕村 2-12 · 族谱

知府像贊

惇學高才醇德粹行制科遺賢專城善政九原既遠有儼斯圖清風峻節可敦薄

夫　　靜軒汪舜民

祥七先生像贊（諱宗祺一諱貞字思禎行祥七　号永茂堂璿公父也墓無虱垓）　教授三山楊勝

天生厥質傑出等夷率履不越動靜合宜考槃在澗以樂明時訓子成功一經是

遺賢式先生當代瑰奇香山之英洛社之耆天祐其德壽躋古稀

祥七孺人像贊

皎ヒ明月姿臻ヒ桃夭賡葛藟纍〻南樛抑〻秀出芝蘭声和琴瑟思齊思

嗣乎懿德之音無議無非允叶乎家人之吉彷彿孟母儀刑依稀房妻風味寫其

貌不能寫其賢覩其容則可知其實噫斯婦人也真足爲女士之式猶必

龍章寵異於九京始可表其端莊靜一　知縣鄭鵬

孟十七公像贊（諱思汰字揚清行孟十七　喬年之父也）

翁性轟烈人曰直而能溫翁好恢諧人曰謔而匪虐家學淵源得緒餘於顯祖塾

師模範徽善誘於宦徒賓桂香芳者有五人而独延幹蠱之譽者英競爽者十餘

輩而同著美髯之稱緊何人斯吾婦翁鍾呂俞氏曰思汰翁也　存齋游宦

鎮八壽官像贊并序

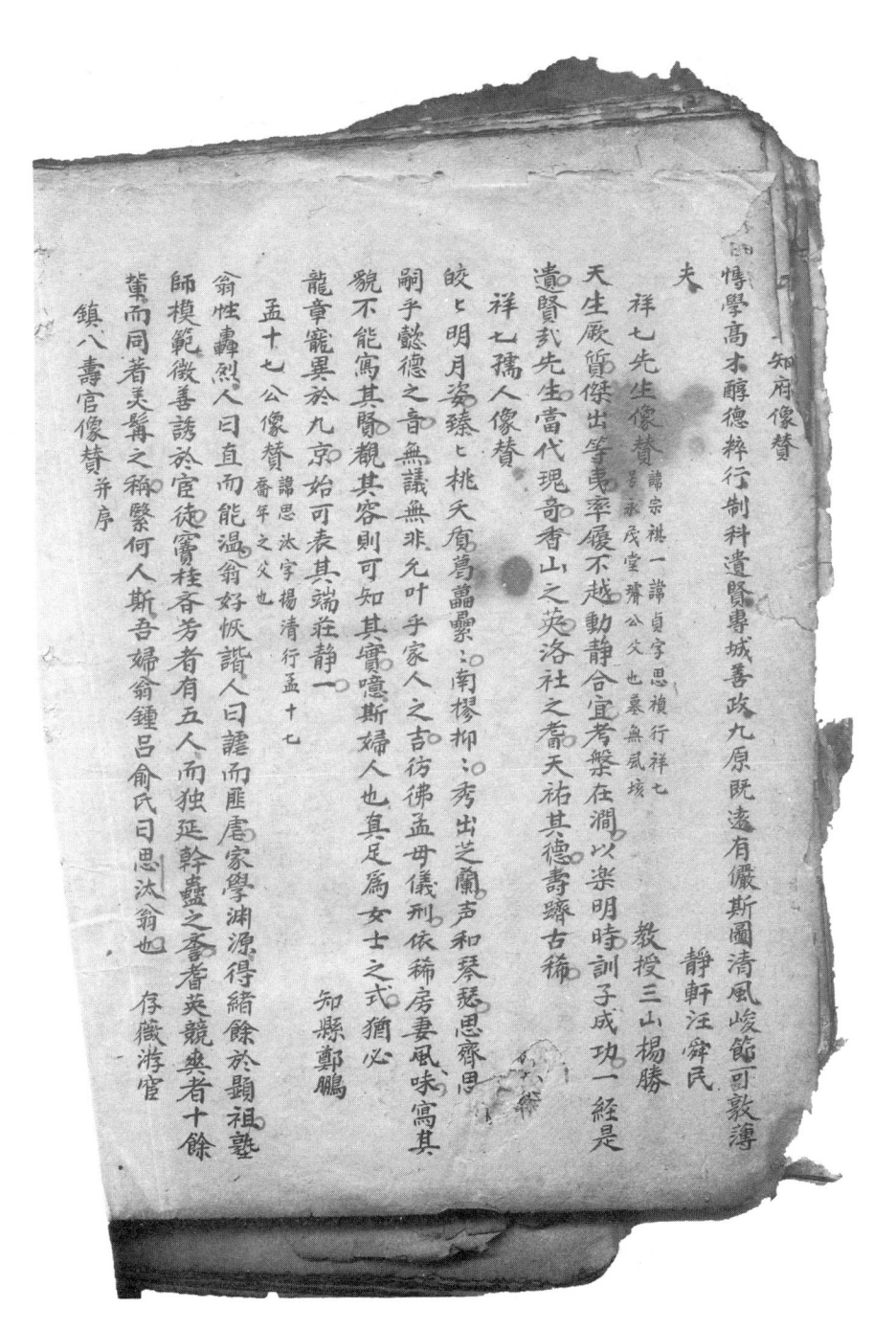

詩詞

拜遠祖晉征西將軍廟

親承王命鎮南邦晉祚山河一半荒恢復功成酬死節千秋廟食享蒸嘗　柳塘秉德

秋夜示子

讀書莫讀兎園冊有才須計邦家策讀書未到小有才中處堪輿竟何益村南有塾燈火光庭梧絡繹秋宵長汝曹敏志事黄卷從容致身礼義場映雪牕前徹昏曉案側囊螢光未了鄴侯三萬籤如林況有五車功不小天風浪浪起吾伊閉戶先生未卧時須誌城南阿符訓莫效陶令諸兒痴

寄仲祥用中二弟 有引

以吾二弟相思之情言語不能盡述以吾二弟功名之高言語不能盡[illegible]鄉之事使庭之福不暇多喙以瀆敬撰居官一銘以寓規戒之萬一并詩[illegible]首以識景仰之意云

廉公寬猛恭儉忠勤過則歸己政在養民以和待衆以礼律身不愧不怍天佑仁人

京洛關河天下奇中原千里舊邦畿賢愚遺迹斑斑在好何驪山問是非

孔明伊尹老書生晉得功名照汗青烈烈轟轟男子事莫將離恨累功名

江湾镇中［钟］吕村 2-14 · 族谱

予久困需予言時予赴　詔急不獲説然大意盖不出此他日聞新安有知行
並尽而不負儒名者其在斯人歟其在斯人歟閣禹錫書

憩飲亭記

梅坑嶺去吾鍾呂不一里東北通郡邑西南達衢饒行旅往來絡繹不絶與夫
居民農耕樵牧皆由於此盖要路也然崎嶇弗治歷年既遠土石益以崩塌叢
棘夾道行者往〻病焉未有能理之者予族弟汪祥懋德尚義人也[illegible]又有志
新之乃於弘治丁巳捐貲鳩工伐石夷其險闢其隘一升一降五里許[illegible]
固砥如也當嶺之半復搆亭以便行者憩息亭後鑿井以濟渴者遂名其[illegible]
憩飲亭下又墾田以俻修理之費乃属余記其事予惟濟人利物君子之用心
苟義所當為雖千金有不惜者吾懋德捐貲剏治路亭以便往來可謂有利濟
之心矣况又墾田預俻修理以圖不朽其不為一時之利又可知也是舉也不
為出于義哉昔鄭子産以其乘輿濟人於溱洧孟子病其濟之不博今懋德之濟
人也博而且遠固非私恩小惠也已若夫行人憩息斯亭勞而逸渴而飲游目
遠視有鍾山擁翠壁溪流清天耳參漢龍洞雲興又足以供斯亭之雅覌而人
忘乎其勞且倦也後之觸景興懐者寧不仰頌懋德之功於無穷也哉予不能
文直述其事用識于石并告其後人俾知以續厥德志云弘治己未九月既望

江湾镇中 [钟] 吕村 2-15 · 族谱

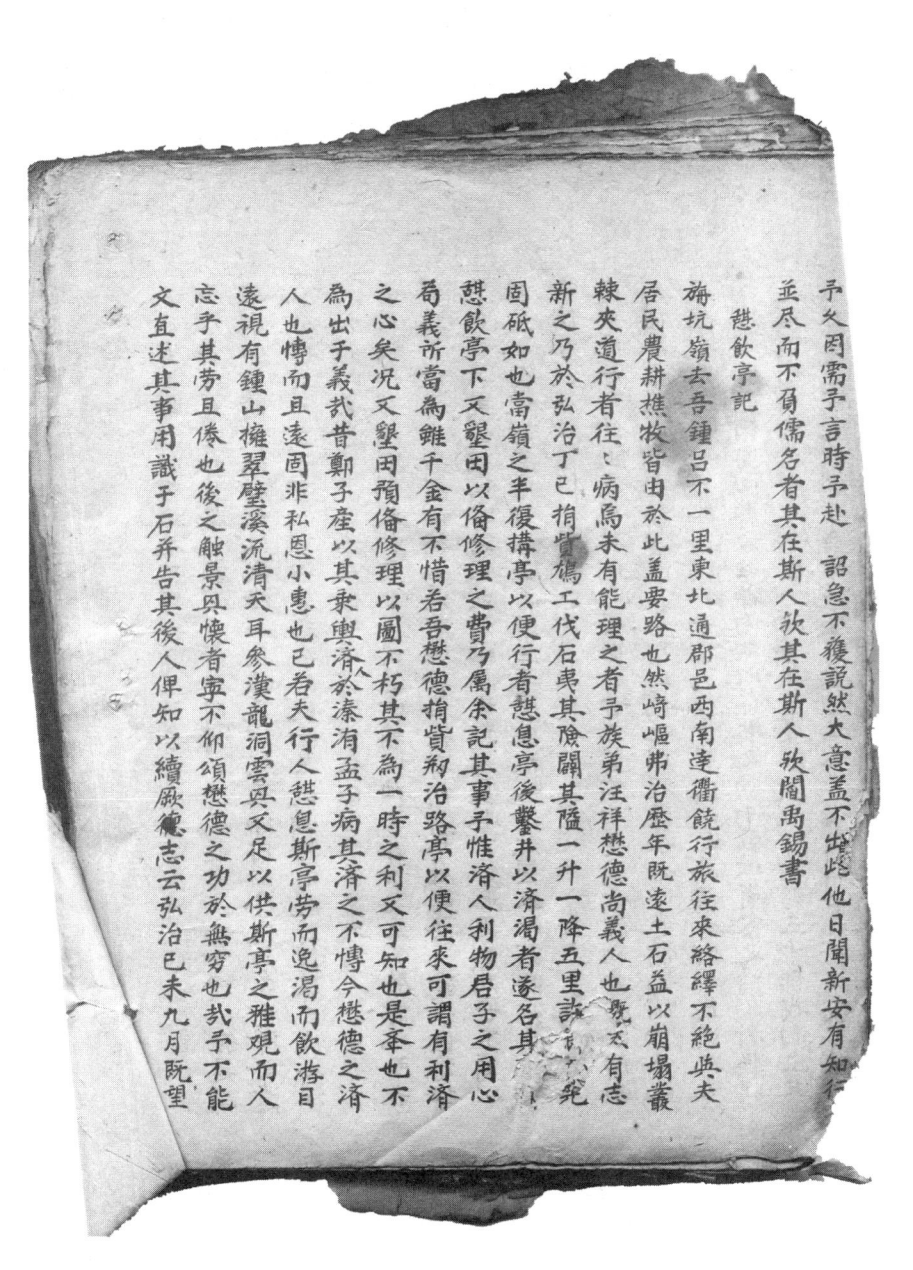

洽而宏博輙與慨嘆以為不可望而及所着有春秋傳註發微等書問諸歙之士人尝及見者称其援引論断多所發明惜兵燹流離之餘散逸殆尽独是編購求而得諸歙江村之江氏燁一旦驟見泫然流涕曰兹吾先君子手澤之遺也僅存什一于千百而可以弗珍乎哉既而三復紬繹之覌其詳畧之[illegible]淺深之測優劣之辨同異之考反復乎四書之中參伍以求其義大經大旨雖本乎昔賢之所講明然闡微析衷往々出其心緒以神会百世之上而發前人所未發其于後生末學非小補也是不惟子若孫者所當珍存雖與公遷朱氏伯璿史氏程氏諸發明四書之作並行以惠士類未見其不可也因識此于末簡以詔後之人使知其所自來云嘉靖三年甲申秋七月既望五世孫燁拜手

儒林說

通天地人曰儒々而曰林儒之衆也自昔三皇儒而皇五帝儒而帝三王儒而王周孔希天之儒也顔曾思孟希聖之儒也周程張朱希賢之儒也儒者至此果衆矣哉吾不知天地吾儒乎吾儒天地乎然則今之為儒者何以能通天地人亦司目瑩四海心醉六經静而敬以存養之動而敬以省察之積久漸熟洞達無隱則由士而賢々而聖々而天孰不可馴致哉若然則三才自我而立其成林也不亦衆哉郡庠俞生璿忠实敏慧士也尝揭[illegible]講學之所曰儒林辱交

江湾镇中 [钟] 吕村 2-16 · 族谱

不尽者待其人而發也夫昔之人文若此而今靡然澌落後先生者咎固有華
而先生於昭之靈寧忍恝然於斯乎三復終編不勝感愴嘉靖庚戌九月族孫
震元拜手謹書于末簡

四書疑節序

自文教休明四子之書行於天下然而攻舉業者以其文義為筌蹄尚詞翰者以其話言為藻繪若夫弗明弗措以求得之於心而誠諸身焉者蓋寡矣俞公瑾先生隱者也節為之疑章為之辨蓋屬詞比事而錯綜以通其文審[illegible]句而參伍以極其變其詞質其事實非以黜絢非以取資蓋求明諸心而自[illegible]為耳是蓋朱門之成法而新安諸賢所守而傳者也夫一貫之旨以魯得之故字〻而訂句〻而議雖非通方之學而固魯者之用心矣覌斯集者尚知先生之心而先審厥內外之辨與為人為己之殊歸哉先生〻于某年沒于某年世家婺源之鍾呂云嘉靖庚戌十一月既望

賜進士徵仕郎南京禮科給事中眷生游震得書

四書疑節後序

四書疑節十二卷先君子公瑾先生所著也先生為梅隱府君之長子而春坊仲魯汪公典之游則其學之淵源厥惟有自嘗誦其遺文見其深潛而醇粹該

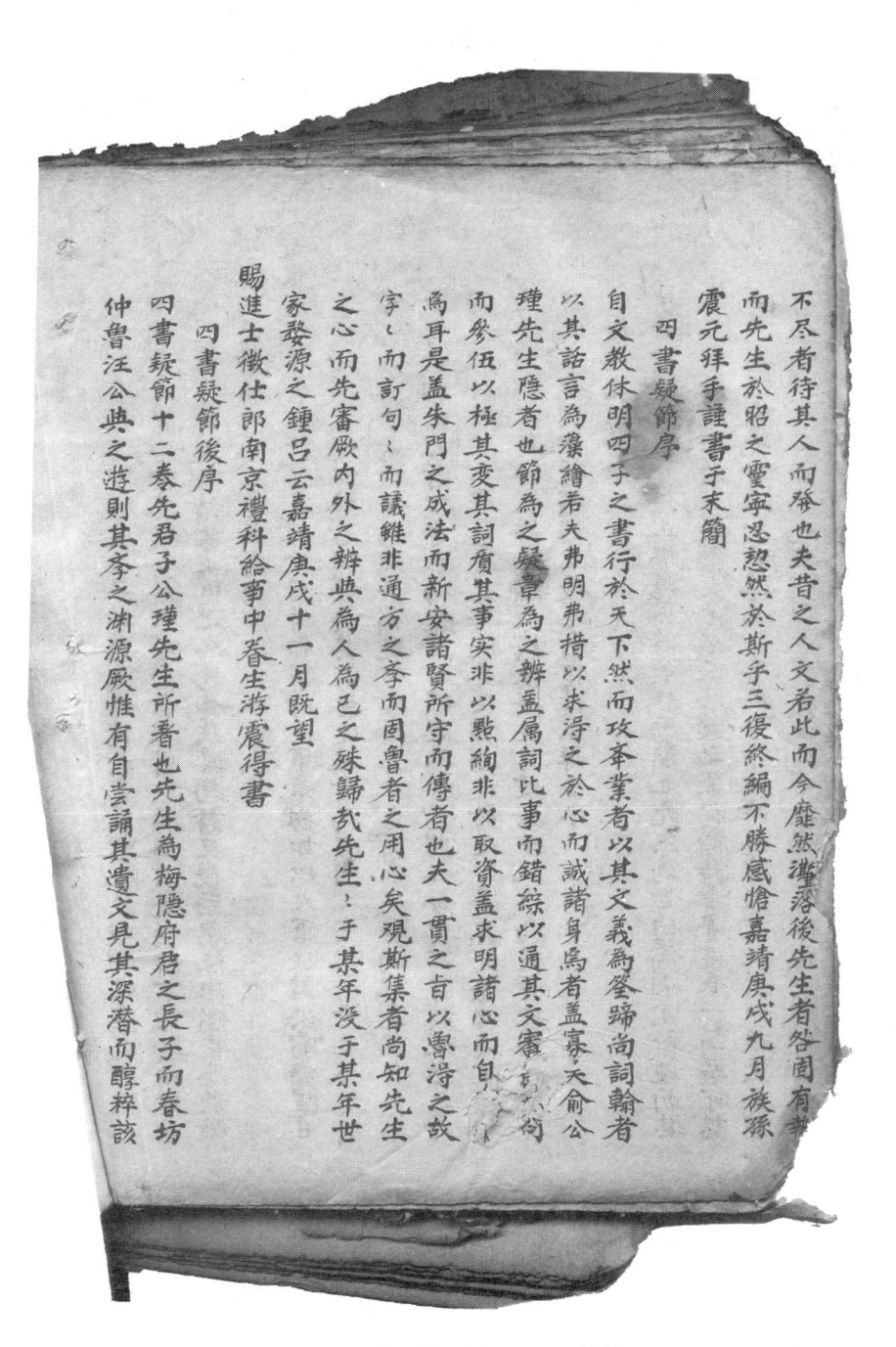

蓉峰仲魯汪公典先生父子詩翰往來情致藹如也先生內而家斈之源流外
而執友之薰洽宜其所斈足以名世當勝国訖籙海內豪傑鮮不変其所守而
先生独潔身親賢讀書求道之志愈篤故其為詩反復蹈厲涵泳悠長悲歌慷
慨之情藹然發於忠義迨我
太祖高皇帝旁求遺賢授陝西行省都事時庶事草剏加以大軍征討供需饋運日
不遑給周旋竭力綽著声績是其窮養達施皆為有用之实而詩章之發其有
補於人心世教者多矣然全稿既不可得其幸存而未泯者尚沉逸百有餘年
未有表而出之者不肖忝為先生曾孫思汰公館甥公每與不肖談先世之行
為詳故於先生出處行義已典聞其全鄙若夫詩文不過其緒餘耳奚足
生多哉窃不自揆既僭為編次成集復述其梗槩于此以為覌者先爲[illegible]癸
亥五月既望玄孫婿濬溪後斈游宦仕成拜手序

梅隱先生詩集跋

梅隱詩集者集吾先正梅隱公詩歌若干篇也先生為世碩儒未究所施而其
淵涵泉湧之斈駿發挺越之才感慨忠憤之氣播諸詩章者展卷一誦槩可想
見噫何吾家先世人物如此其雄哉然自先生時道德文章赫然一振至今百
有餘歲尚未有出爲先生踵躅者豈山靈水秀先生以[illegible]身独攬之耶抑嗇有餘

江湾镇中［钟］吕村 2-18 · 族谱

以屬其從弟希呙ヒヒ遂偕族叔灼見明者戮力區畫卜得里中隙地聚材[illegible]
工為屋若干楹堂其中以祀公室其旁以處子弟讀者且置田若干爲蒸嘗之
需経始嘉靖丙午冬閱明年底績規模軒敞侖奐壯麗族父老忻嘖ヒ稱賞余
適覌落成因以記屬余惟自公至仁本翁盖七世矣至今則又閱二世矣夫五
世服窮澤斬公不得祀明也而翁固創倡之希仁固率之希呙又固成之良以
祭法有功德於民者祀爲而古鄉先生沒則祭於社今公功德之在子孫者義
不可忘則前後倡率而祀之非所謂緣情而義起者耶於戲余於是具[illegible]之
祖孫有三善爲傳曰德厚者流光則於公可以覌仁詩曰似續曰貽謀則[illegible]
與希仁可以覌孝書曰肯堂曰奉先則於希呙諸君可以覌敬故一祠舉而三
善備矣記烏乎辞仁本諱汪祥希仁諱鎮希呙名銎余則其門婿大坂汪應也

梅隱先生詩集序

吾婺源文公桑梓邦也素称多士率以文章行義自立如鍾山梅隱俞先生尤
其傑然者焉先生諱禎字仲祥世家邑東之鍾呂其祖綠峯公嘗遊閩齊考亭
之旨與群從弟如朝英用中諸公出處大節表ヽ在人先生承家學當元季擾
攘隱于里之鍾山號鍾山梅隱又曰聽松子書無不讀尤工於詩雄傑儁麗自
成一家皆本於道德性情之正與子公正公瑾二先生父子齊名為時儒宗丕

江湾镇中［钟］吕村 2-19・族谱

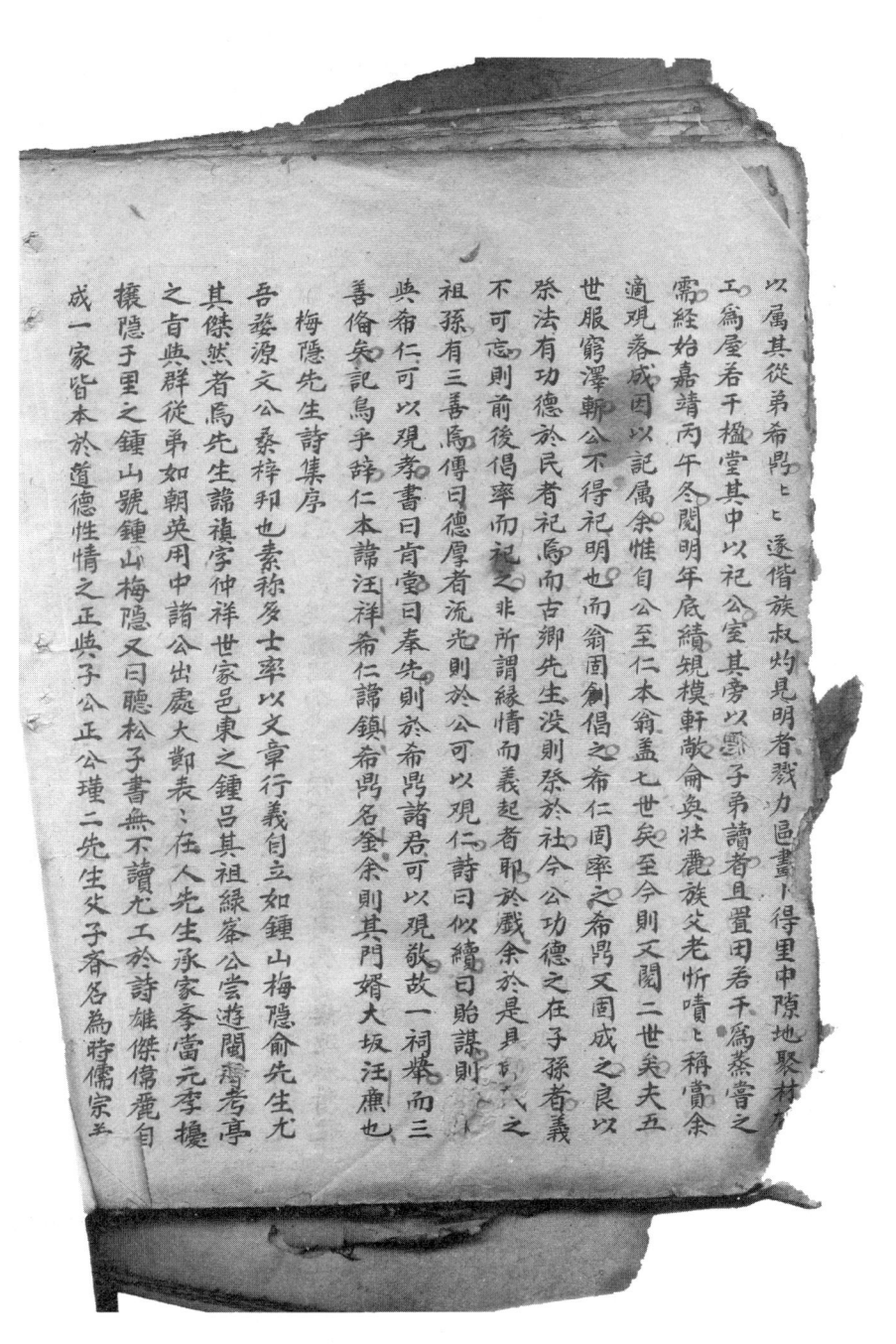

楼凭欄賦詩酌酒頗不美哉嗟夫鄂之黃鶴洞庭之岳陽其高廣華麗未必有齊雲摘星之盛然古今賢豪登眺其上者即翛然有出塵之想千駟萬鍾曾不足以易一日尊俎之樂安知茲楼之助乎吾人者將不與岳陽黃鶴同哉予記之而復繫之以歌曰漢鍾離呂洞賓千年世上稱仙人背揷青蛇騎玉麟超凡入聖妙無根江山勝處多經臨何年來此星溪濱龍洞一見翻轉身溪翁山叟貌其真鍾呂之名傳至今我覌龍洞為慘神恨不與爾生同辰高楼近水清絶倫山光樹色相依因鳥声不歇龍夜吟二仙來遊兮舍我其誰隣一声鐵笛四海皆春

賜進士出身亞中大夫太僕寺卿前兵科都給事中東峯汪玄錫書

鍾呂俞氏伯九公祠記

禮曰君子將營宮室宗廟為先久矣祀先之重也粤自廟制廢而公卿之族非有命不得立況士庶乎然春雨怵惕霜露悽愴仁人孝子所以報本追遠頗有不能忘情者宋儒祠制之定固百代之良規也又有於四親之外創為專祠者此近代士君子緣情而義起者乎鍾呂俞氏我婺望族也其先有伯九公者創業裕後績烈卓卓至支孫仁本翁追念先德廼糾衆割財為備以祀之未有[illegible]也歲久浸弛厥孫希仁紹志約渙立為丁會以復之若肯祠也希仁疾且革[illegible]

江湾镇中［钟］吕村 2-20 · 族谱

義會推使掌之咸以平稱其在鄉黨之恪有如此者享年七十有五無疾而終
君子曰若翁者可謂始終能恪而無愧於厥號也已詩云溫恭朝夕執事有恪
俞翁以之予嘉翁之善寡過也故樂為之序以傳不朽予固不恪人也亦因以
自警焉嘉靖己酉冬十二月京闈進士眷契生賓山子江文式拜撰

二仙楼記

婺源東五十里有村曰鍾吕在石耳之西麓去鍾吕三四里許曰桃源有龍洞甚奇志傳鍾吕二仙自婺城東沿小溪以入至是見巨石狀如蜒蜴然郎笑曰此龍之窟宅非吾輩所棲也徘徊返至今居命更其名曰鍾吕遂遯跡去時宋慶曆間也予讀先春坊公桃源記乃以嘉靖戊子秋曳杖往遊是夜宿於洞口江氏明日鍾吕質齋俞翁請飲因談及二仙故事予曰二仙平生足跡所臨後人輒加標榜以為山川壯觀新安大好山水二僊之來不為無意頗地存其名而人未有能為之標榜者非缺典歟翁曰公何以教我予曰當構一楼圖二仙之像于上令道人之精修者於此焚香庶乎二仙之神或有所感綸巾羽扇再陟降於山均也翁曰然遂糾族築臺丈許構材鳩工以剏楼高三丈縱四丈橫稱之四簷虛明八牕洞達樹陰周匝溪声潺湲二仙往來固不可測而山川形勝於是乎壯觀多矣名卿大夫騷人墨客探龍洞之奇慕二仙之風而至者登

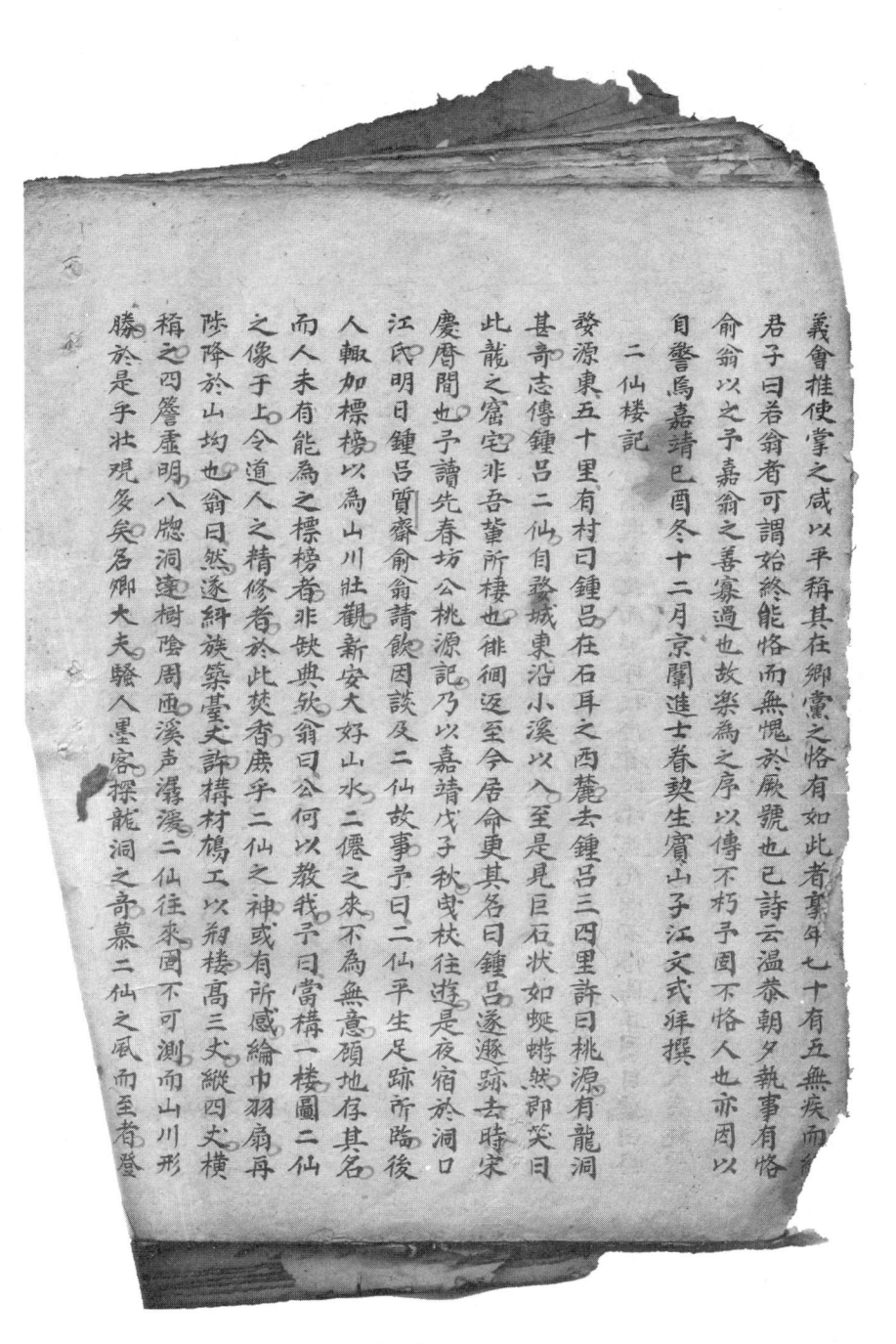

肴由此也俾賢子孫世〻守之匪独為一家之設使人〻淂而覌之傚而行之
於世教大有裨益豈不由今日始倡也歟於戲公家世家世為婺之望族其聯
姻接好皆邑之諸大名家姑舅姨表之親踵〻相承誠有若古之秦晋潘楊者
且率其子弟敦尚礼讓於春叙往來稱謂秩然不紊肃然不踰比有宋晁氏之
風端不少讓豈徒文之譜牒已哉肴夫以世續入守其訓而不越者則在公之
後人矣姑書此以引于端弘治十三年五月端陽日纂修
憲朝實録儒士七十四歲翁春生蘭軒張鑾書

恪齋序

鍾呂俞翁瓚字廷薦松一其行也翁嘗曰夫人所以能自立於無過之地者惟
其恪而已嚴恭寅畏謹慎端莊無傲慢無放肆是之謂恪以此而存心以此而
持身以此而應接事物夫是以能寡過也世之能恪者或寡矣放逸而從康縱
恣而靡節至於潰敗廢弛而不可收拾者比比然凡以不恪焉耳因自號曰恪
齋識志也吾雖未及見翁而獲與翁之仲子希清君游嘗諗翁之爲人矣純厚
質直動遵禮法剛毅一節至老不移於勢利無所屈亦不阿私所好其自處之
恪有如此者事厥父汪祥公克盡孝敬兄弟六人怡〻無間言日與子姪談古
今亹〻不倦其居家之恪有如此者嘗舉為耆民分争辦訟甚得人心族里諸

江湾镇中 [钟] 吕村 2-22 · 族谱

鍾呂俞汪祥孝友士也平居於其祖墓保之尤謹而悵其歷世久遠廹思易懈
乃籍其世次圖其墓形并録其山地之契券界限為一編以示後人蓋自始祖
唐三府君以下凡廿九世為夫祖墓先世体魄所藏如水之源木之本在人為
至重所當保者昔李德裕於祖墓未聞有記乃記其平泉莊曰鬻平泉者非我
子孫可謂不求保其所重而惟知保其所輕矣宜平泉之終不能保也君能保
其所當保如此後世子孫展此編而觀之以考其跡以保其祖墓鎮無窮與李
氏子孫觀平泉莊之記者不侔矧能保其所重則孝友一脉繩繩弗替凡所輕
於平泉者亦無往而不能保矣此編之功不亦大乎余忝姻婭嘉其有此佳典
因題於篇末以歸之弘治乙卯冬十有一月朔

賜進士第奉政大夫江西等處提刑按察司僉事前河南道監察御史春生汪舜

民跋

鍾呂俞氏編集外譜引

予老且多病遯跡槎溪別墅不接人事久矣鍾呂内兄汪祥俞公乃以外譜引
見屬誠盛典也予亦幸登是譜烏可以不文辭哉竊惟今之人雖故家右族於
家乘尚不知修輯其於外譜之作抑何及哉公斯舉也其賢于人遠矣外譜既
作踈遠之親訂于簡冊藹然可見弔賀不失由此也世姻不乏由此也締婚不

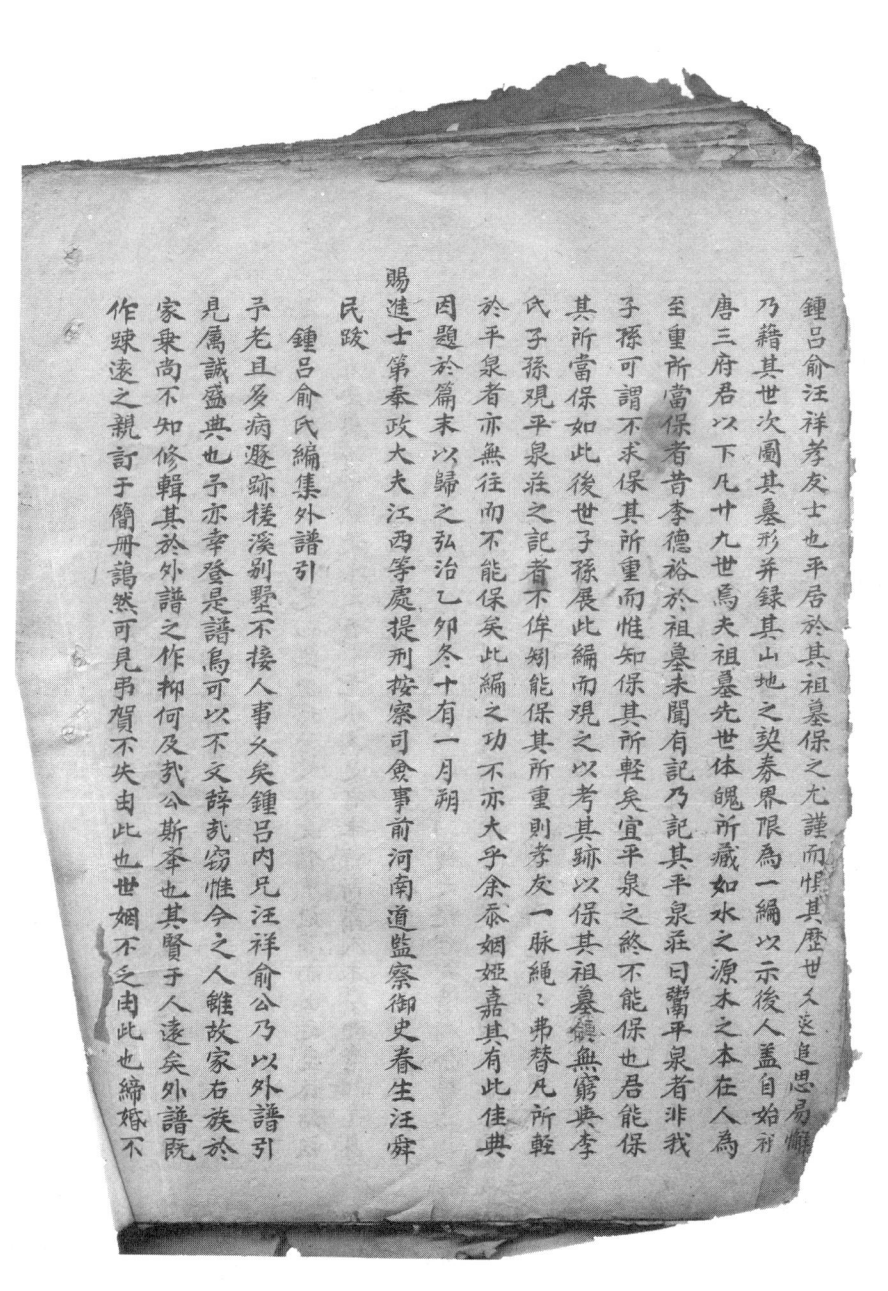

為之婦者主中饋養舅姑勤女紅相夫子弗墜家声庶幾無忝靈於萬物而超出於常人乎是而安居人宅為無愧矣可不鑑哉可不勉哉爰繪人宅圖而為之説如此弘治己未秋仁本堂汪祥書

清明祭掃成規序

夫謂人本乎祖者何也人之始生受形於父父受形乎祖等而上之至於始祖之所自出莫不皆然是人之有祖猶水木之有本源所謂人本乎祖者此也身之生既本乎祖可不思所以報其德乎報之云何亦唯春秋祭祀而已且士庶人之祭止於禰至儒先擴仁人孝子之心始有四親之祀若夫清明祭掃之礼興則自五世以上至于始祖舉得展其墓以寓孝思然子姓蕃夥於祭掃之有常田者則遵而行之否則視丘壠為泛然至有被侵犯而莫之顧者况望其能行祭掃之礼哉今族衆貯田若干存祭掃費每歲於清明前二日輪首率衆去墓展省至日宰牲潔俎設位合祭之奠畢分頒其胙俾得均沾祖先之惠長者宣言某祖墓某處某山向與夫墳域之疆界支派之遠近使幼者耳聞而心熟之庶幾有所識憶而興孝思焉於戲本乎祖而不忘乎祖為人後者有事也吾子孫其勉之哉鍾呂汪祥懋德謹書

統輯世規跋

江湾镇中[钟]吕村 2-24 · 族谱

[illegible]猶應如響噫仙聞勝而至地因仙而名天台武陵之事茲勿論已彼嚴瀨
子陵名闔閭城以吳王名梁溪以伯鸞名黄山以軒轅煉丹名信父老遺言不
妄也弟起曰吾今而後始知鍾吕之名也因請書于世覘之端大明弘治己未
歲季冬朔旦湖廣安鄉縣知縣致仕鈍齋俞璿撰

人宅圖說

夫人生霄壤間禀天地正氣而爲萬物之靈是故生則居於安宅没則歸於窀
穸禮之常也上古巢居野處今乃擇山水之秀地域之佳量力爲之宫室爲富
貴之家高堂廣廈寒素之室環堵衡門要必居宅得所則人物鍾靈而蕃衍所
謂地靈人傑是已惟吾先人卜居鍾吕勤劳刻苦營宅棲遲以士農工商四業
垂訓子孫有可為士而入仕者為上業有弗堪學而力農者為之次或工或商
流於衆技者亦不失乎資身之計又其次也古人朝耕夜讀山樵水漁亦事事
也曷嘗有無業而徒生者哉於四者之業當各治其一毋致游蕩淫泆自暴自
棄而不得一試竟致失所破蕩祖業貽笑于人此子孫所當深戒者余雅愛晦
庵不自棄文有曰爲人孫者當思祖德之勤劳為人子者當念父功之刻苦士
其業者必至於登名農其業者必致于積粟工其業者必致於作巧商其業者
必致於盈貲至哉言乎凡吾之子孫能熟誦斯文而以是四者志其志業其業

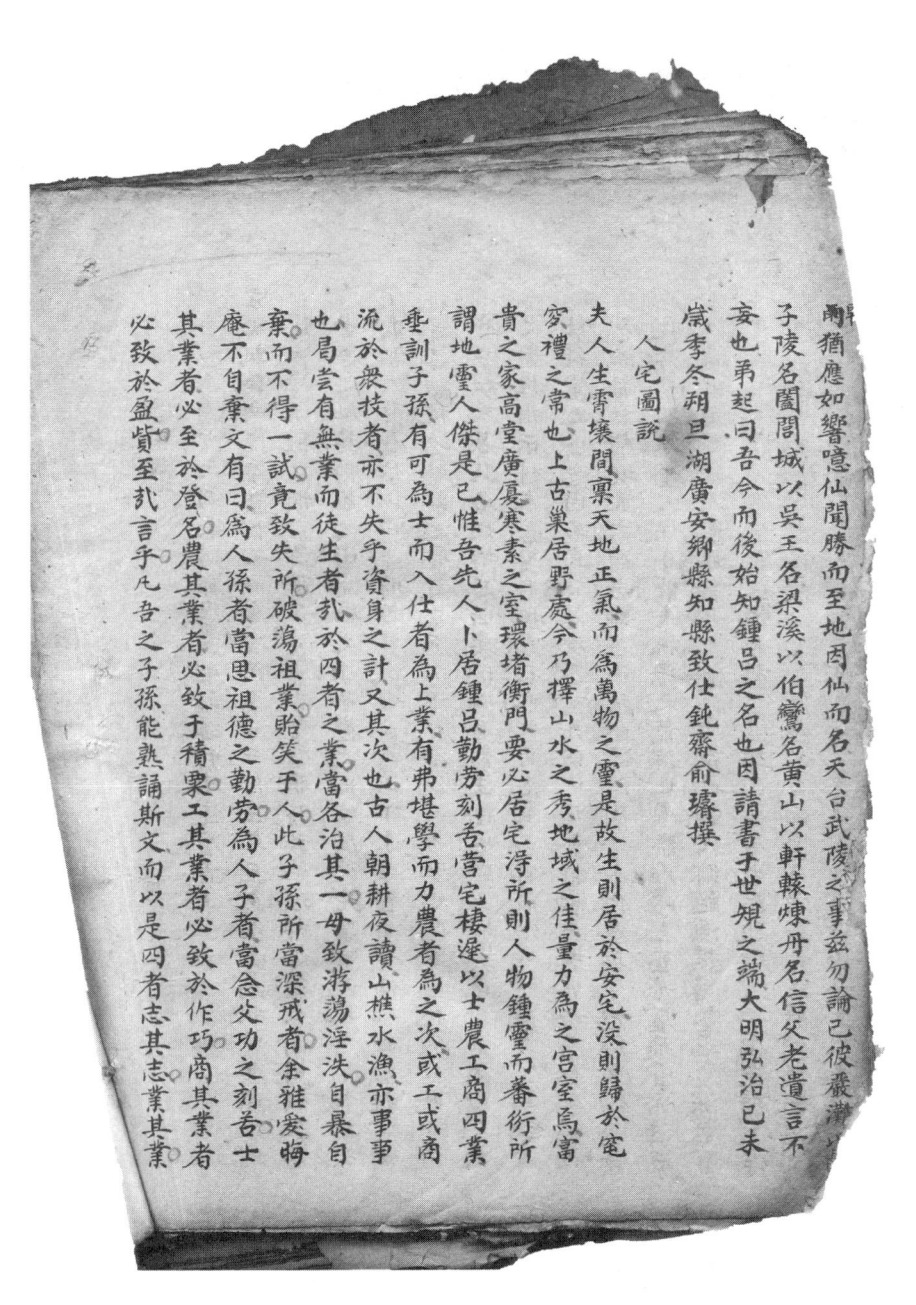

鍾呂得名序

予幼承義方之訓長遊郡庠業麟經屢科未遂膺貢上
京廷試發南雍卒業擢知湖廣安鄉縣事在任三年旦夕劬劳萬狀今年春奉例
致仕歸休秋暮抵家鄉隣親族皆喜趍賀暇時族弟汪祥懋德來問曰我鍾呂
世居之地其得名之由兄知之乎予應之曰嘗聞父老遺言此地舊名楓木坦
我祖大府君依山構居時名其山曰俞翁山下宋慶曆間有仙人鍾離推呂洞
賓尋訪桃源發跡之勝自邑下小港口沿流而入味水蹻異至桃源口見中流
有石如天棊狀名蜒蝣石云裏面必有龍王衛遂返止宿於此府君因以礼欵
之盤桓指示村末棊盤形地諭曰此地可名鍾呂自後爐火不絕二室所立之
社經業之保悉因名焉府君沒葬前所四山環聚前案飛揚後分居休寧溪西
兩派孫枝均與並秀如吾鍾呂山環水遶陰固清虛代產英賢冠纓文物綸命
犹存豈非地靈人傑乎若夫桃源之龍洞也層巒疊嶂翠壁丹崖飛雪而洒石
矼瀑布而飄碎玉嘉林繁蔭鳥道羊腸声無雞犬跡絕漁樵轉壑幽邃深數百
尺雖大暑臨游清氣逼人恍若別一堪輿也龍居古名桃源大衛宋元時嵗旱
禱雨甚應元墰李玉麟鍊師上章封號黃岡都雷司宋歙先正羅頤修新安郡
志叙其事甚詳　国朝左春坊仲魯汪先生歸休游詠詩章膾炙人口至今青

江徐瀓書

江湾镇中［钟］吕村 2-26 · 族谱

積慶堂記

是歲正統戊辰冬十二月既望予方履仕公暇刑曹俞名宗氏持積慶堂三大字請記蓋奉議大夫長史司長史胡公永興為書者也按俞氏自先迄今衣冠仕跡蟬聯不輟有隱德弗耀者徐保燕佚却老引年積慶之深遠自唐以來始居星源從今鍾呂之地山環水繞霹靂黄岡諸峯凝秀斯堂俞氏世居家族蕃衍子孫挺秀所積若山之累高水之益深世積有本積慶名堂宜矣然慶者善之謂福之謂德之謂福善在天德由已積易曰積善之家必有餘慶俞氏先代之積固知之矣而名宗者從事刑曹刀筆案牘未必如先代之積予詰僚屬咸曰名宗在郡任曹幾六年訟者無一人之怨無一財非義之取見善是從聞義則服見賢思齊有能效（思）競競惟恐累先德而損已修有歉前哲嘗以退思補過進思盡忠為念噫名宗如是益可嘉矣於積慶有自來矣既能仰沐休聲不已復能脩進修之德將見登庸仕藉冠蓋簪纓不輟前代登登仕途源源積慶則覩斯堂者咸莫不興起其好善之心而俞氏之遠大山高水深嗣續繁盛無涯涘矣予因名宗之請遂聞其慶乃嘉其賢美其才述其事而為之記俾遺他日積慶張本云正統十有四年正月上元前三日直隸徽州府同知盱江徐澂書

江湾镇中［钟］吕村 2-27 · 族谱

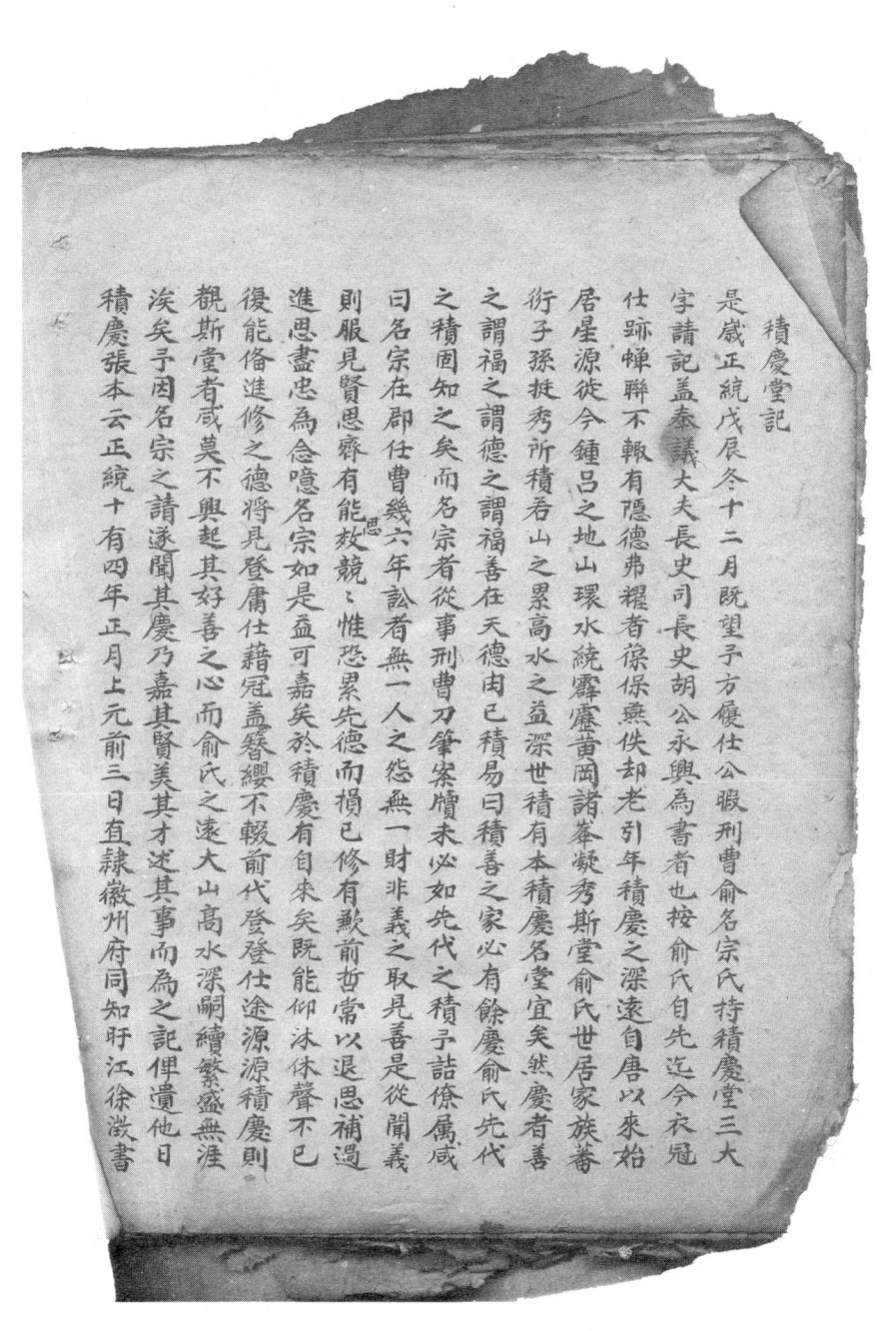

國朝河南府丹用中陝西都事仲祥翁後之熾昌翁先之鬚望皆不可泯[illegible]

之

賜進士出身中憲大夫雲南等處提刑按察司副使前翰林院庶吉士春家生方

塘汪思拜撰

江湾镇中［钟］吕村 2-28 · 族谱

弱但隨力濟之力未及亦未嘗有漫視者見其為宗族為親戚為朋友而已不見其貧困可棄孤弱可欺也予曰人仁哉是宜表又曰鍾吕之村僻居東隅吾坑嶺阻隘故無治者行人艰步先君砌級之旃坑嶺崩久不治先君復其故嶺有洌泉可食坎而注之亭之曰憩飲於是行道大宜之其從兄鈍齋大尹記以昭之盖捐貲若干不惜也先代墳墓自始祖而下咸立誌石繪墓圖用示後人編家乘徵文録作外譜各序而説之又編統輯世覌余中丞静軒汪公實跋之予曰雖翁之細亦皆是宜表哉由吾少所識翁似有道者由今所聞翁固非尋常流也翁其可使與草木同腐遂泯而不聞耶翁不可泯而不聞斯翁之墓又可使埋翳於灌莽陵夷於蓬顆狐兎穴而樵牧歌耶於是乎遂次而書之俾刻石於墓道翁諱汪祥字懋德行洋五仁本其號也娶游氏濟川以文處士女有賢聲生六男一女以卒繼江氏亦稱賢湔溪元旦處士姊也男長瓒次即璧今年八十有三求表先德甚勤又次珍次瑗次琢次玖孫男十有六人女七人其一嫁予從弟鄉貢進士廉翁考名宗甫吏績成不就禄而歸享眉壽卒膺冠服之榮先大父僉憲栁齋府君實表其墓祖考晚成甫曾祖考同仁甫俱有隱德俞之先出晉征西大將軍縱南來新安唐三府君由歙黄墩遷邑之長田宋大府君居鍾吕世為名族宋礼部進士元方元鄉貢進士本三松江府判師曾

江湾镇中［钟］吕村 2-29 · 族谱

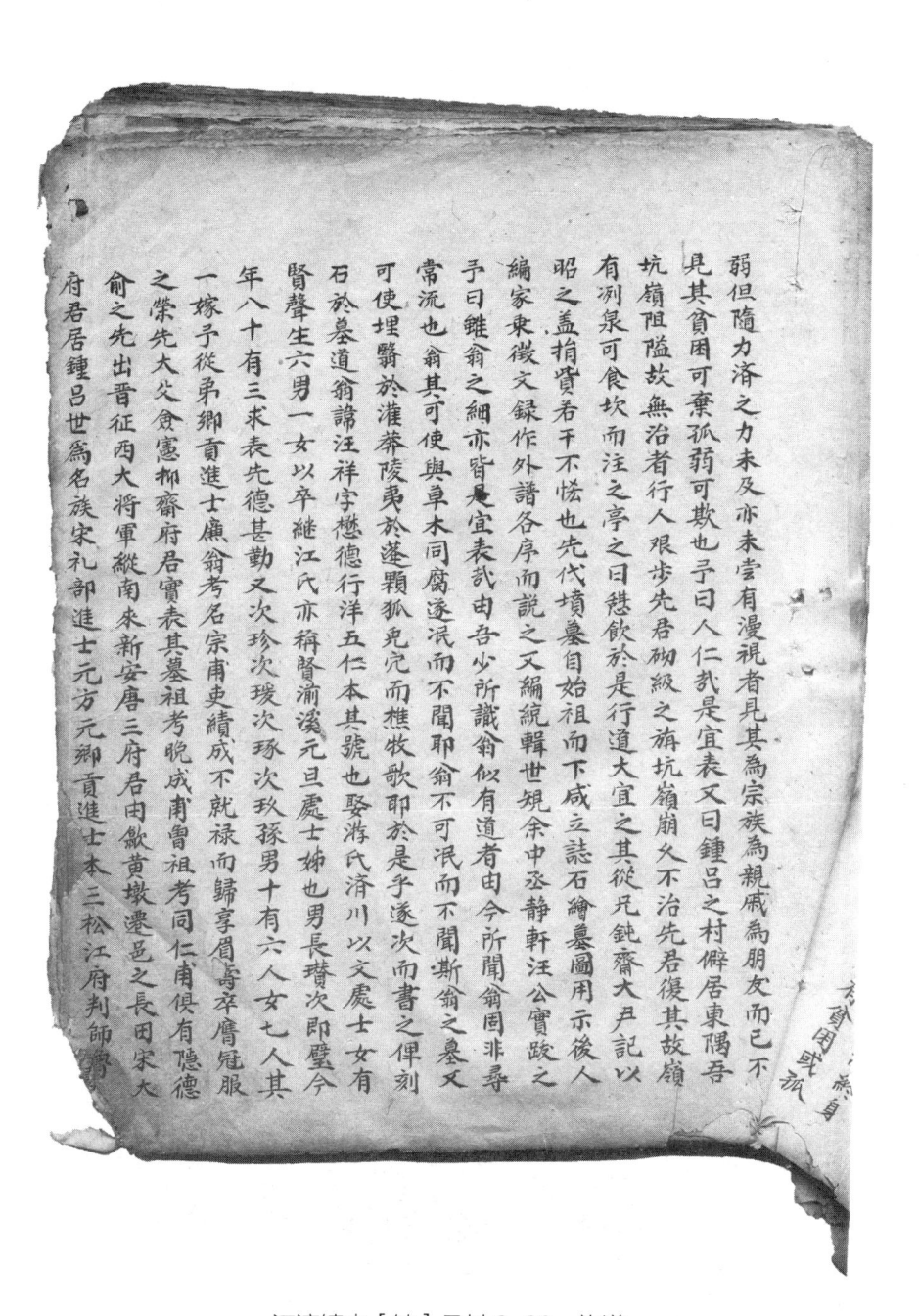

日合塟四都善株樹嶺即蛇嶺之原癸山丁向其地盖公子汪祥滑之俞兆
者右畔即兆保瑩也嗚呼若公者歷孤苦于早歲起事業于中年而享福壽于
桑榆之景如此豈非德足以自立才足以自拔者哉予故詳表其墓百世之後
有高車而過者得不肅然式之曰此俞壽官之墓也夫弘治丁巳歲冬臘月既
望　誥封奉政大夫江西等處提刑按察司僉事同邑姻家大坂抑齋汪魁擢

明故仁本堂俞翁墓表

予少嘗識洋五俞翁予先伯母鄣倅夫人之兄也嘗以翁樸不斷淳厚不鑿優
游卒歲而熾欲奠灼其無懷氏之民歟其葛天氏之民歟後翁年七十有八以
正德辛未九月十七日辰時没盖生正統己未二月十七日酉時墓先在里之
王村小金杓今以嘉靖丁未十月十四日遷合弟添祥公葬四都善株樹嶺壬
山丙向其子壁等來謁表且爲予言先君嘗有言人生世間不欲馳鶩當時流
芳百世但仰不愧俯不怍斯其爲庶幾矣乎予曰大哉言乎是宜表又曰先君
事父母孝大父吏于府先君且幼勞于家供爲子職不敢少怠其事死也尤竭
力焉盖有常情所不能逮者予曰子子哉是宜表又曰有一叔父諱添祥晚生
大父患之先君友愛至篤不少私妻子大父悦而祝曰天其祐汝大父没終身
和樂不衰予曰兄兄哉是宜表又曰先君睦宗族敬親戚信朋友有貧困或孤

江湾镇中[钟]吕村 2-30 · 族谱

穢濁多所寬恤嘗有坐賊抵死者三人公得其实乃執牘稟堂力為出之後餽
溪螺數斗來謝公受之謂僕曰我所活三人而反傷此多命急命置之河其樂
為善率多類此在郡數年未嘗有過舉郡守福山孫公同知盱江徐公皆器重
之為記積慶堂二考役滿給由赴吏部辦事當膺禄位乃不樂就托疾告歸居
家以勤儉督其子墾田植山築室卜地安厝祖父兩世之喪捐貲率衆鑿石甃
廣濟橋建亭一十八間又于北四廣植松木以庇宅墓事業一新平生性樂易
待人忠直治家嚴而有法教子孫必以礼讓尤愛接賓友凡過其鄉者必訪焉
公隨人款遇之莫不曲盡礼意有姪思安輩孤幼無倚公皆矜恤庇育成立各
為婚娶營居義男錢應撫之尤周至里有貧乏者莫不隨力贍給凡有益于公利
于鄉無巨細咸樂為之雖貲費不恤也成化丁未春壽八十遇
聖天子恩例榮膺冠帶子姓四世慶聚一堂人所至願而不可必得者而公兼之于
此見善積之報矣弘治辛亥正月八日以天年終距生永樂己丑三月十九日
享壽八十有三配江氏有淑行善内助生永樂戊戌五月廿九日先公於弘治
戊申正月十六日卒子男二長汪祥次添祥俱善繼述女二長府琢適城西張
纂修儒士張鑒次泅琢即適子子天民孫男九瓚璧琢瑗珪琢瑛玐玖女三燦
璋適濟溪游文修再璋錦璋未行曾孫六女二俱幼以弘治辛亥十二月十

江湾镇中［钟］吕村 2-31 · 族谱

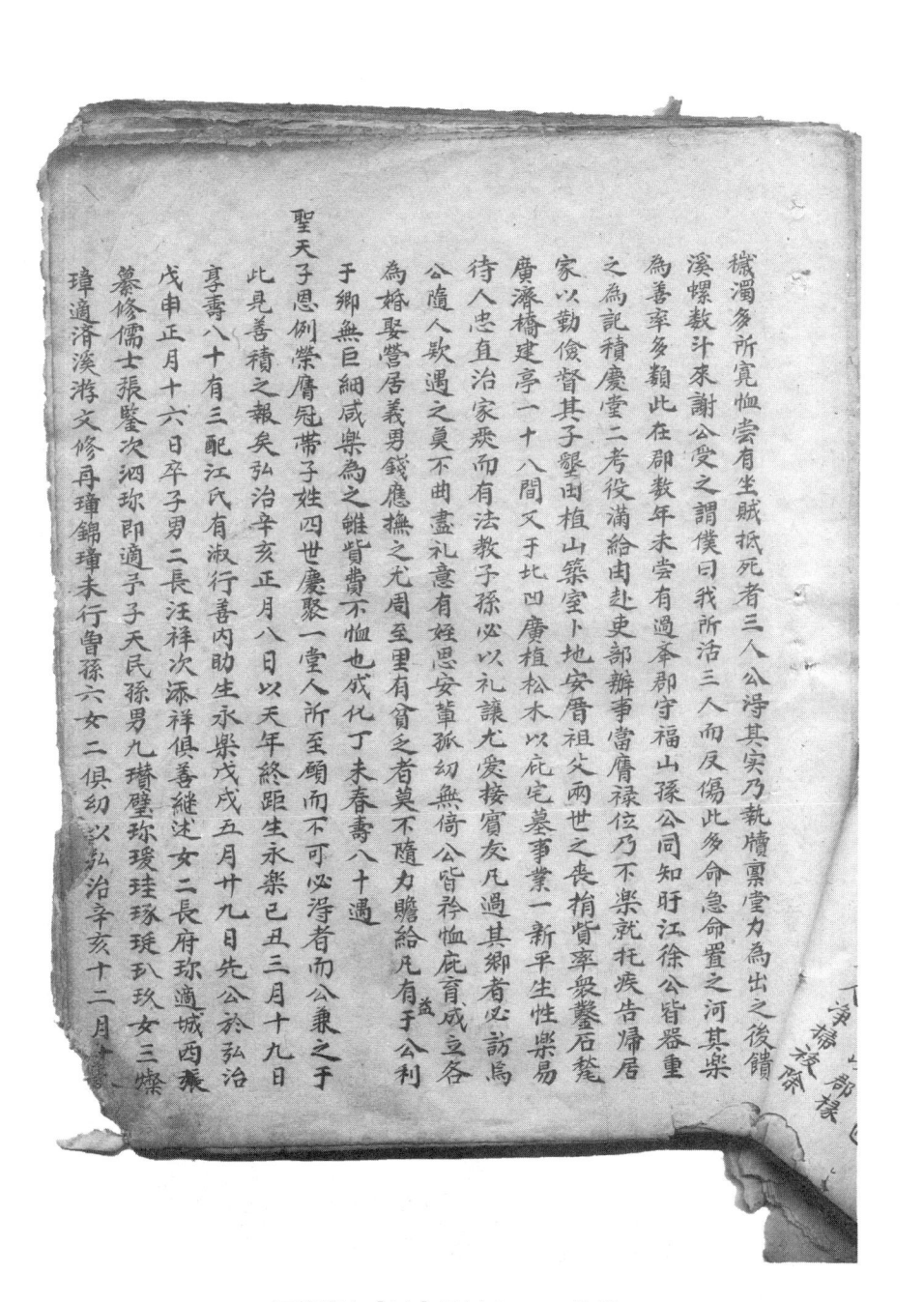

生德義久而易忽含泣為次其狀以竢乞銘於墓石烏先生娶朱氏生二子長即株老次太亨孫男三人福善積善慶善先生生於二月嘗寄詩不肖及諸兄弟有曰拙謀𢡟破硯蝨蠹畫雕戈衡得詩知宦况閱鄉不意遂為永訣之筆也痛哉先生平居藁作甚富自筮仕河南有作者自題曰東遊集藁衡將欲裒公家居所作合為一集以傳後云洪武八年乙卯歲冬臘望日不肖弟衡含淚書于黄岡山房

明故壽官鎮八俞公墓表

公姓俞氏諱名宗字用義行鎮八號積慶堂癸巳七年矣今其子汪祥添祥手具行狀詣予拜且言曰世之不泯其親者率有表著于墓先君遺世既久不肖不能圖於不朽是不孝也謹已召工礱石墓前惟君托姻好之厚知先君為深敢以請蓋予子天民寔公婿也義不當辭按狀俞氏之先自唐三府君昌者始居邑之長田後遷古坑再遷古塘至大府君始遷鍾呂子孫遂蔓延茲土登仕版者後先相望其勲業在郡志文獻可徵也祖同仁公隱德不仕嘗與汪春坊仲魯公以詩章友善父晚成公母湯氏公其遺腹子也值諸兄俱幼弱魚以匠役貽累家產蕩破伶仃孤苦比壯始自克立慨然有元宗之志正統初以郡掾從事先任吏曹競競法守不舞文後轉刑曹出谿究獄遇酷暑令人淨掃祓除

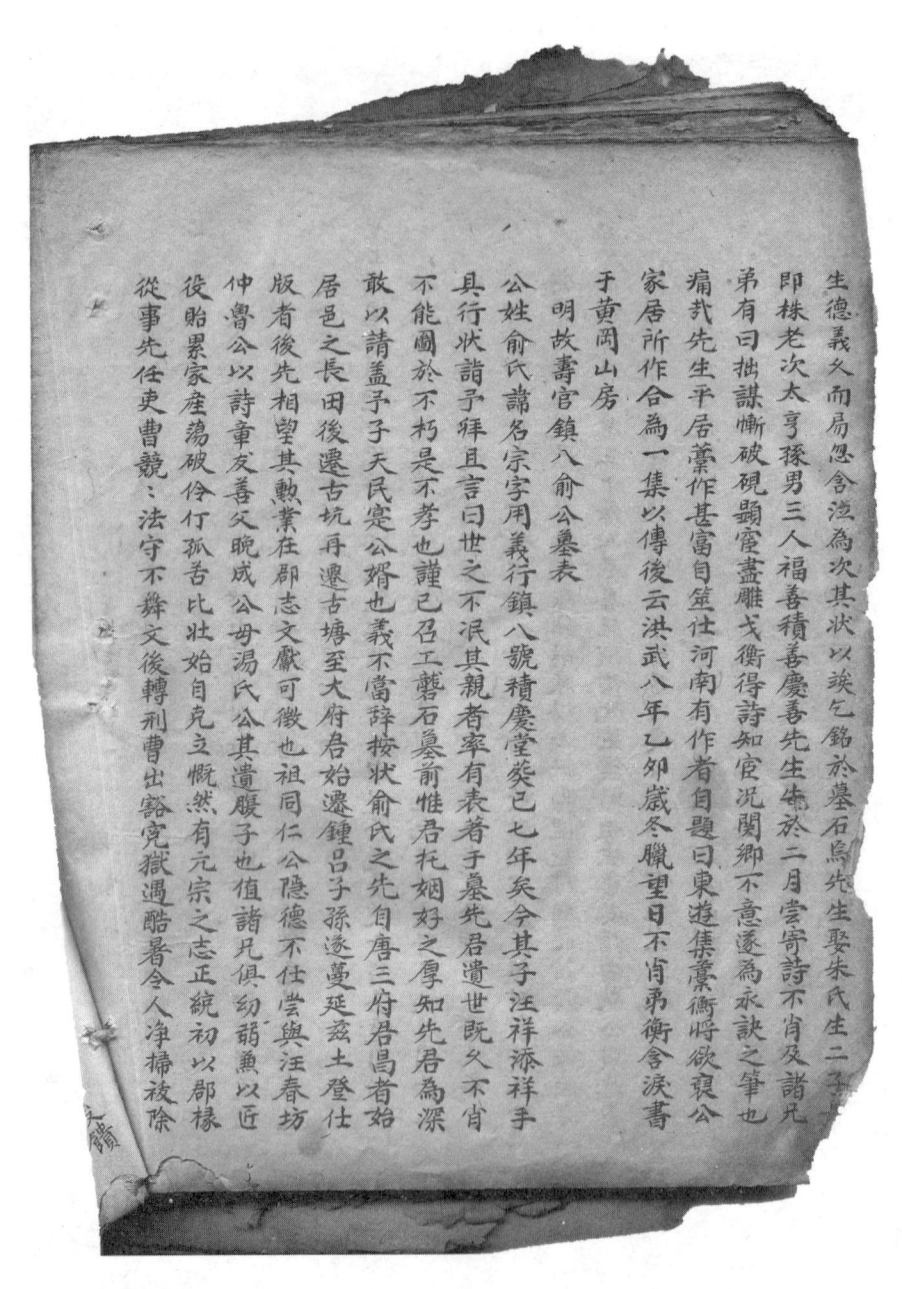

辞弗獲知縣程公以礼幣遣使詣門敦請親族交集奬劝各具供帳祖餞赴京
考最七月
誥命授中順大夫河南府府尹時中原諸郡新平陞驃騎将軍河南都指揮使敦
公英鎮撫河南同以是月赴鎮一見甚相得河南新罹兵革後邑井潚條居民
艱食盗賊充塞先生與敦公文武協心宣布
皇上威德綏緝流亡蹤犇靡滞救災恤患明賞罰申規條繩豪梗去殘忍境内漸安
兵後廪無備糧先生多方積穀又連歲旱蝗荐飢先生閭廬野有流殍困苦之
狀即親出及分遣僚属賑濟日活千萬人生起塵氛中或踰時不暇食民夅手
加額呼謝而去者如雲先生嘗紀詩曰艱時多歉歲撫字最民親对案幾忘食
開倉豈避塵疲民知有頼荒政独难陳帰去斜陽裡荒村烟火新敦公幕佐有
捕得掠舟米者三十餘人尽具死獄移先生案驗先生廉其情白敦公曰此愚
民因見漂舟抵岸而掩取者非素謀掠舟米安得人人當死宜坐先取米者一
人依獄餘悉從末減敦公素仁厚者欣然從之大加奬曰此明達廉愛太守也
益加敬重民訟至庭必深察情僞使其心服而即發遣在任幾四年民甚懷之
忽疾作卒于官敦公親臨弔祭諭僚属親治喪事吏民痛恨如喪考妣時乙卯
四月八日也先生在官惟子株老及二三僕随侍既扶櫬帰衡哀慟無已巫

許先生

江湾镇中［钟］吕村 2-33 · 族谱

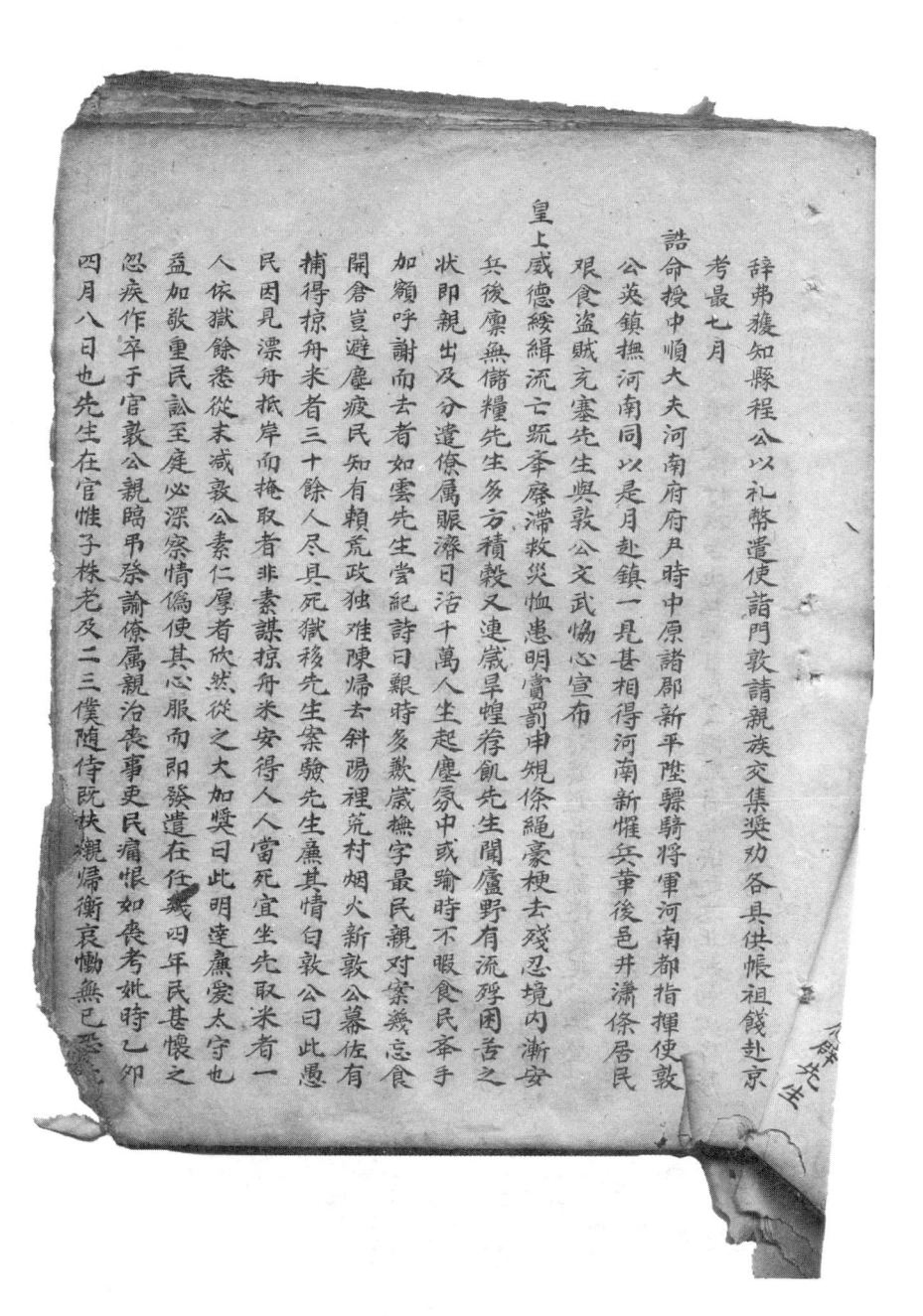

一元方宋礼部進士祖諱雲從以隱德稱鄉里父諱本三魁冠領鄉貢進士福
市舶提舉会宋亡築雲隱山房終身不入城府公娶延陵吳氏女出宦族有賢
德後公若干年卒子六人倚相逢年昌言宜生拜都然明皆能世其家次子逢
年尤為中朝公卿所賓接天曆初因大臣入見文宗皇帝親被顧問將命之官
会上崩今為江西榷茶都轉運司照磨孫男十人女十人諸子以至正四年正
月某日奉公夫人之柩合葬于里中之洞靈源將乞銘當代大賢君子刻諸墓
以存不朽請為狀其梗槩以俟執筆者擇焉禮部員外郎前監察御史翰林院
編修邑人黟南生程文以文撰

先兄中順大夫府尹鍾山先生行狀

先生行濟三諱權字用中一名靈椿號鍾山姓俞氏世居河間唐三府君始居
婺源迄今為廿二世祖也祖富五府君抱德弗仕考宏四府君始生有異相胡
檢察摩其頂曰奇童奇童果卓業以自表于世妣李孺人生先生于元大定丁
卯七月十三日資性穎敏器宇凝重自幼即嗜斈賦詩作文藻思駿發衡同受
學于天台胡伯衡先生時先生奮勵勇進復遊師山鄭先生門独得其歸趣將
有志于世適丁元季紛乱遂韜光自晦日以講斈明道為務
大明龍興洪武四年辛亥四月特詔徵遺賢郡邑以先生及從兄仲祥應辟先生

江湾镇中［钟］吕村 2-34 · 族谱

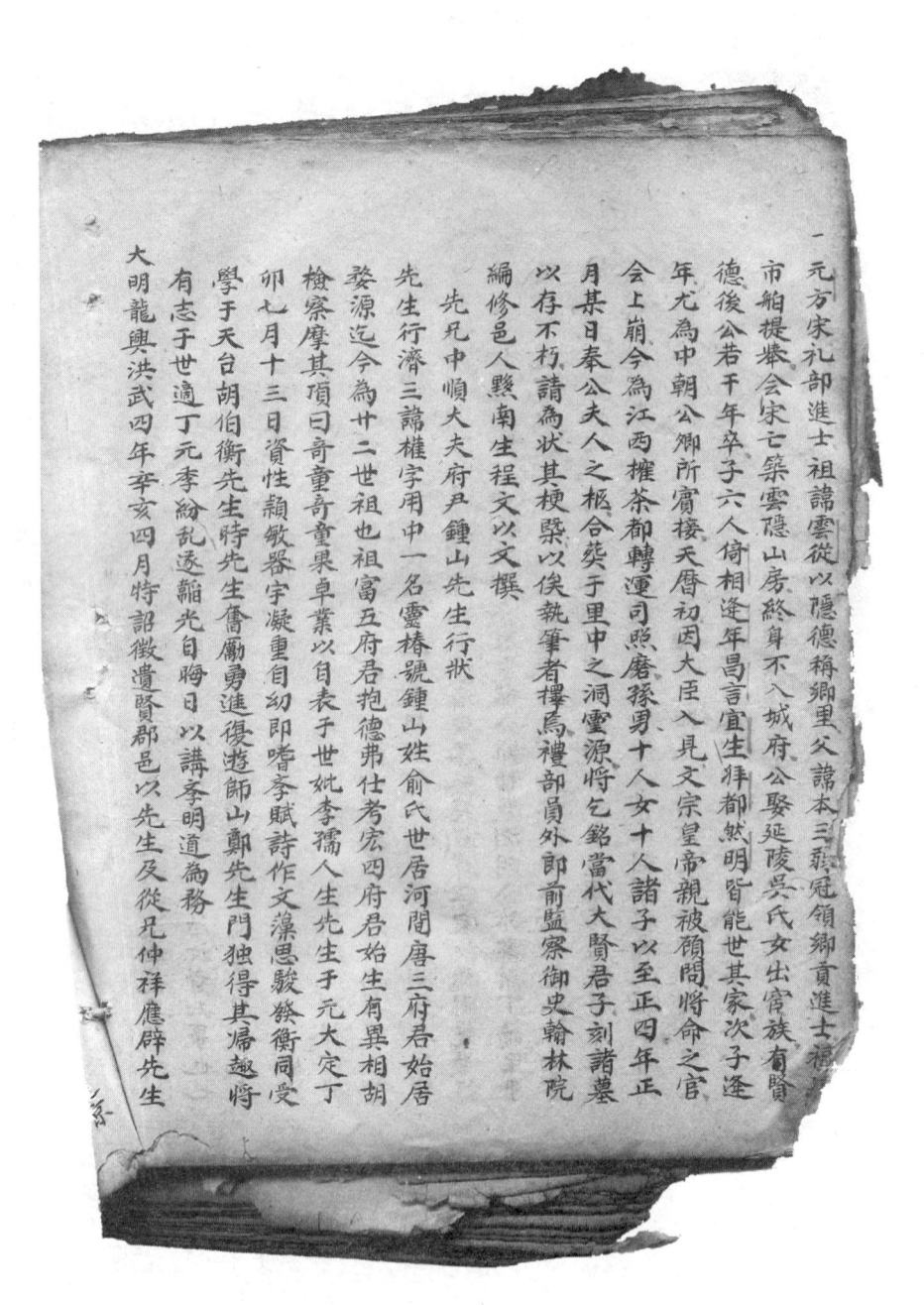

喟然曰我職在案牘前人以死罪遺我、、不能生之是我殺之也抱其牘白部使者尚公恭使者立喚七人詳驗之即為破械出此七人曰活汝者知事也七人號泣羅拜當是時當塗之人無不稱俞知事政績者府中為之歌曰俞公未來按牘分披吏饒而欺俞公既來官僚怡、吏飽而嬉惟其黑情使我心惻公聞笑曰吏尚飽耶吾今使汝飢矣府中事無大小須公一言而決他郡獄不決上省憲者亦交委于公椎强踣奸上下斬、嘗以事怒責屬吏、、急求解公諸子諸子從容從旁切諫公良久引起曰汝胡不坐此諸子惧莫敢復言其矯抗不私如此又明年以疾卒于官公風骨清秀善談笑好賓客家故饒財先世好施無餘貲聚幼師事鄉先生王公太古齋公節初雙湖胡公於書無不讀至于陰陽醫卜亦所通究晚從方總管回李詩文盡得其說方公將死悉取所著書授之故人謂公之李高如王正如齊實如胡傳如方卓詭乃其天性有易春秋註說未脫稿藏于家平居臞然儒者及當官治文書又刻深老奸吏縮手自謂莫及初公之生也父夢皂衣數人擁吳江知縣上謁方延坐語婢子走告曰夫人生男矣遂覺及病迎醫公追占其夢曰吳江即松江知縣即知事也吾必不起比吾死其在生之日乎即以八字戒諸子其六言家事其二言喪葬(公生)宋咸淳己巳十一月廿一日卒皇元至順癸酉十一月廿一日享年六十有五曾祖[illegible]

江湾镇中[钟]吕村 2-35 · 族谱

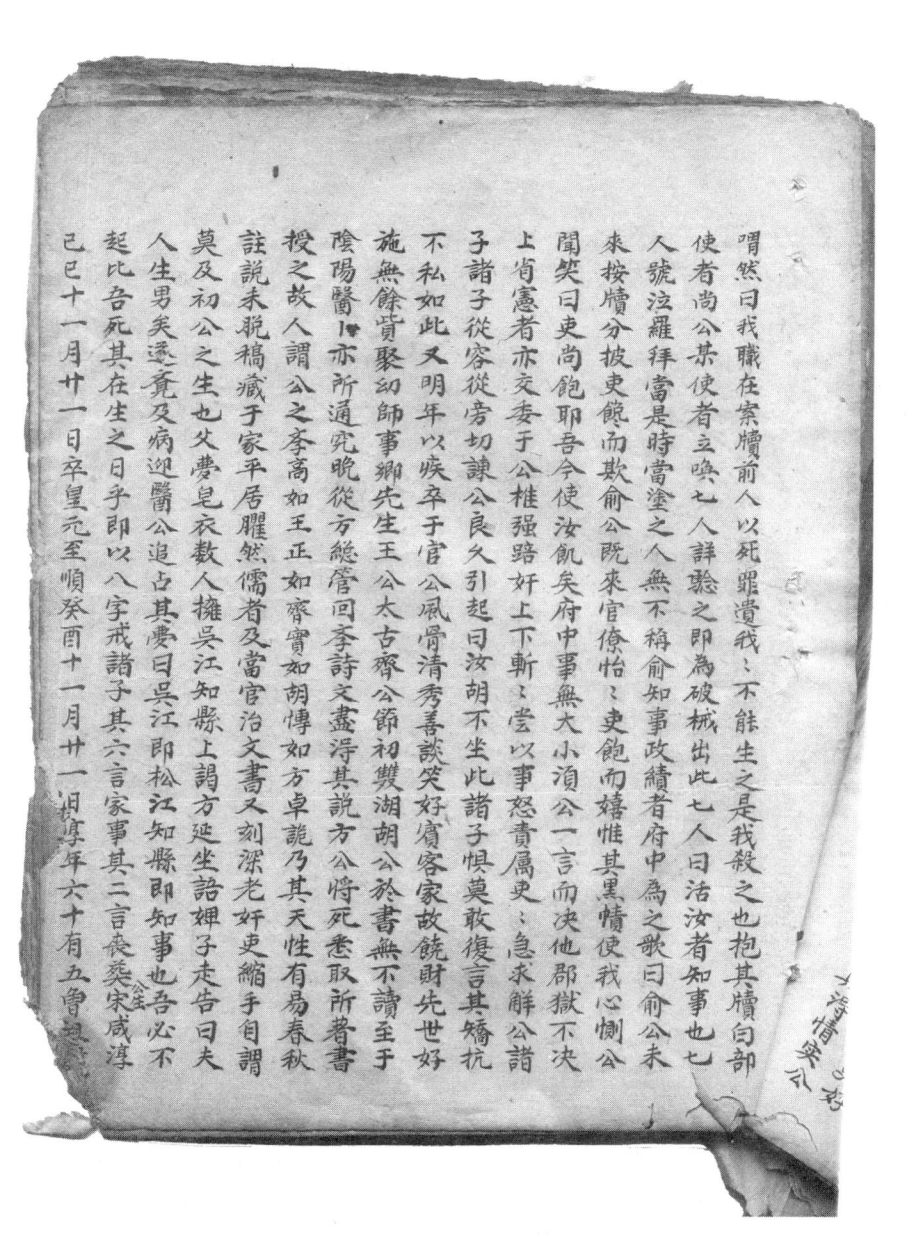

建有已登斗有記而文獻

行省議奉為掾丁外艱服闋家居十年至治中除廣德路儒斈教授奉職如
興召人墾廢地歲增斈糧五十餘石教雅樂置祭器以崇祀典諸儒鑱之石秩
滿赴選有貴人識公姓名即除兩浙鹽運司知事猶以公前張尚書時議鹽法
便故其子力請父且老不勝繁劇改松江府知事松江領華亭上海二縣事夥
如大郡歲賦米以百萬計軍儲海運所須華亭地下水田多白米上海地高米
多赤省掾檄欲一切徵白米府尹山東李公其下令如檄上海民大戚公適至
嘆曰物產異宜李侯誤矣然事急不可以請且令即下乃以便宜擊羊置酒召
三軍帥飲告曰將軍生長平世無一日汗馬之勞而軍士坐受国家贍養恩至厚
矣然所以贍養皆仰諸民今上海之民奉省檄欲一切徵白米罪且及身而白
米卒不可得假令得歲籍為常民將奈何將軍幸而聽某請以上海之入給軍
士華亭之入輸海運為百官之祿則將軍有奉公之忠小民無倒懸之苦所謂
惠而不費者也幸將軍圖之三帥皆聪曰某等武人幸先生具教敢不聽從明
日以文書來收米如他日民間食鹽以口計吏並緣漁獵逮及鰥寡公廉問拘
其籍焚之初富民失火移其貲里中少年林閩保率其徒夜竊取之坐以縱火
劫掠當死四人瘐死七人械繫獄中公閱其牘疑之一日列七人庭下屏吏好
問曰汝等得無冤乎皆俛首泫然流涕曰無冤公益疑反覆詰難具得情實公

江湾镇中［钟］吕村 2-36 · 族谱

者事宜令准此

行實

洪武四年十月　日

松江府判俞公師魯行狀

公諱師魯字唯道姓俞氏其先河間人有諱縱者從晋元帝渡江為征西大將軍遂居于歙至梁安州刺史藥六世孫昌始家婺源子孫或仕或隱世族甚盛宋漣水知軍倫之後有諱猷仲號西郊老人者最為朱文公所推敬公卓悟秀挺三歲能識竒字知讀書日誦数百千言年十二哭母哀絶人不忍聞比壯講學邑庠深自刻勵不讓先輩太學博士遯斎吴公某一見異之時吴公兄有女未字吴公曰向見諸生莫賢於俞某者遂以歸之三十遊江淮間名聲籍籍户部尚書某郡張公彬奉詔整治東南鹽法之不便者以書召公公即為條上方畧請立倉以貯鹽設官以塩運聽商賈詣倉以次交易便張上之朝即日奏可行之由是大為張公所器重大德十年江浙行省薦公行能應茂材異等江東使者涿郡盧公摯亦察公材學可任閣館薦之召試禮部翰林集賢交章辟署史館編修会權貴臣欲鈎致公出己門下公謝不往嚬之章寢公亦以親老求外遂授龍興路儒學教授至籍錢粮選直學之廉謹者掌之斥逐奸蠹鑿泮池新斎舍礼師儒增弟子員士風翕然過者嘆曰此教館洙子鄉人也二年[illegible]

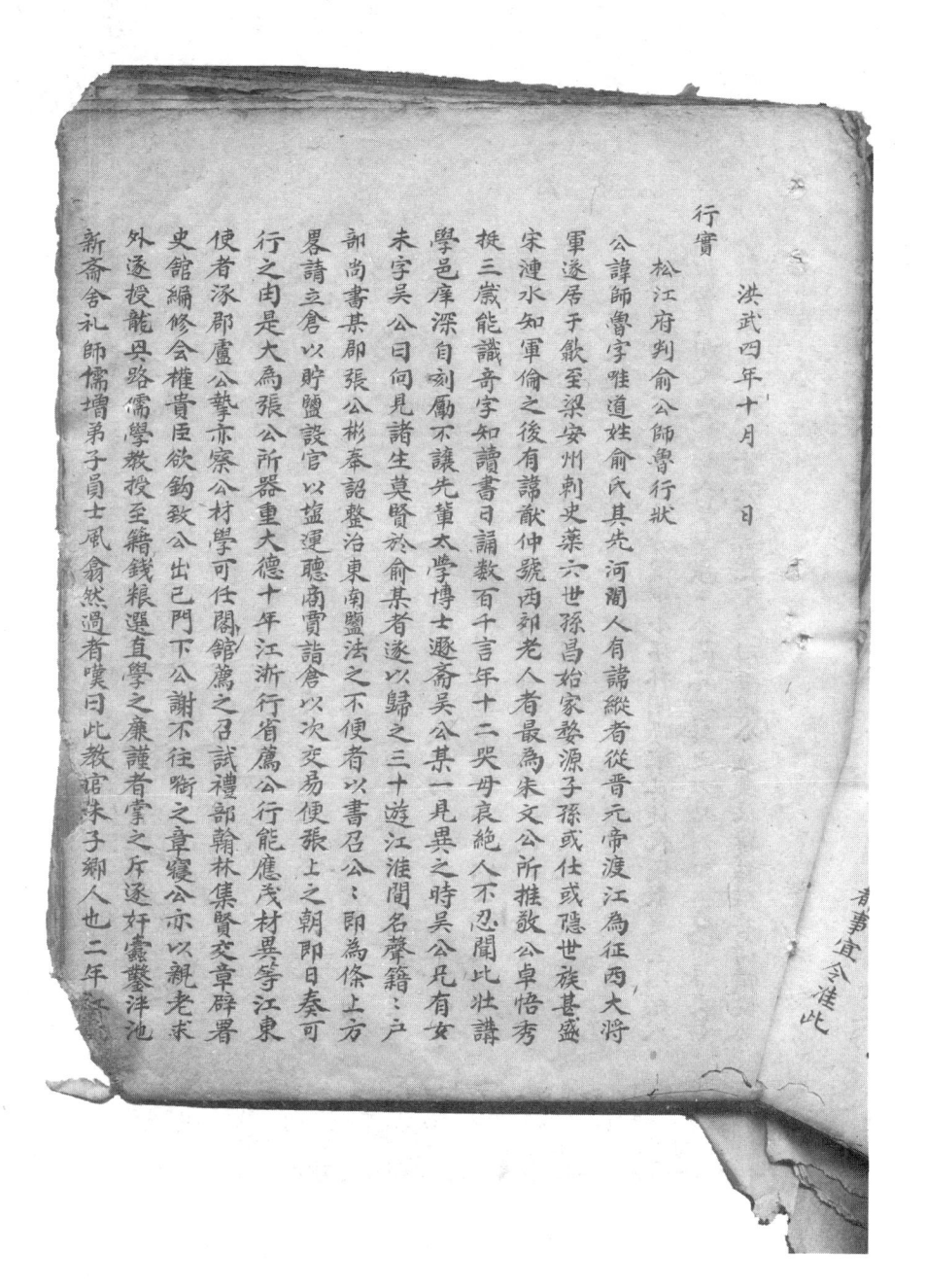

婺源鍾吕派文獻集

鍾吕自大公遷居以來如進士怡軒（元方号）省元雲隱（一民号）府判胥齋（師胥号）副使緑峯（謙亨号）府尹鍾（用中）山都事梅隱（仲祥号）邑博雲山（子恒号）諸公道德文章先後煕耀間與名公碩儒往來詞翰非無可徵但屢遭兵燹僅存什一於千百今以所存誥勑及次第蒐輯者分屬内外以彙編入爰集本派文獻

内集

誥勑

濟三知府誥命

奉

天承運

皇帝聖旨俞用中可授中順大夫河南府知府宜令准此

洪武四年七月　日

尹四都事勑命

奉

天承運

皇帝聖旨俞仲祥可授從仕郎陝西等處中書行省左右司都事宜令准此

江湾镇中［钟］吕村 2-38 · 族谱

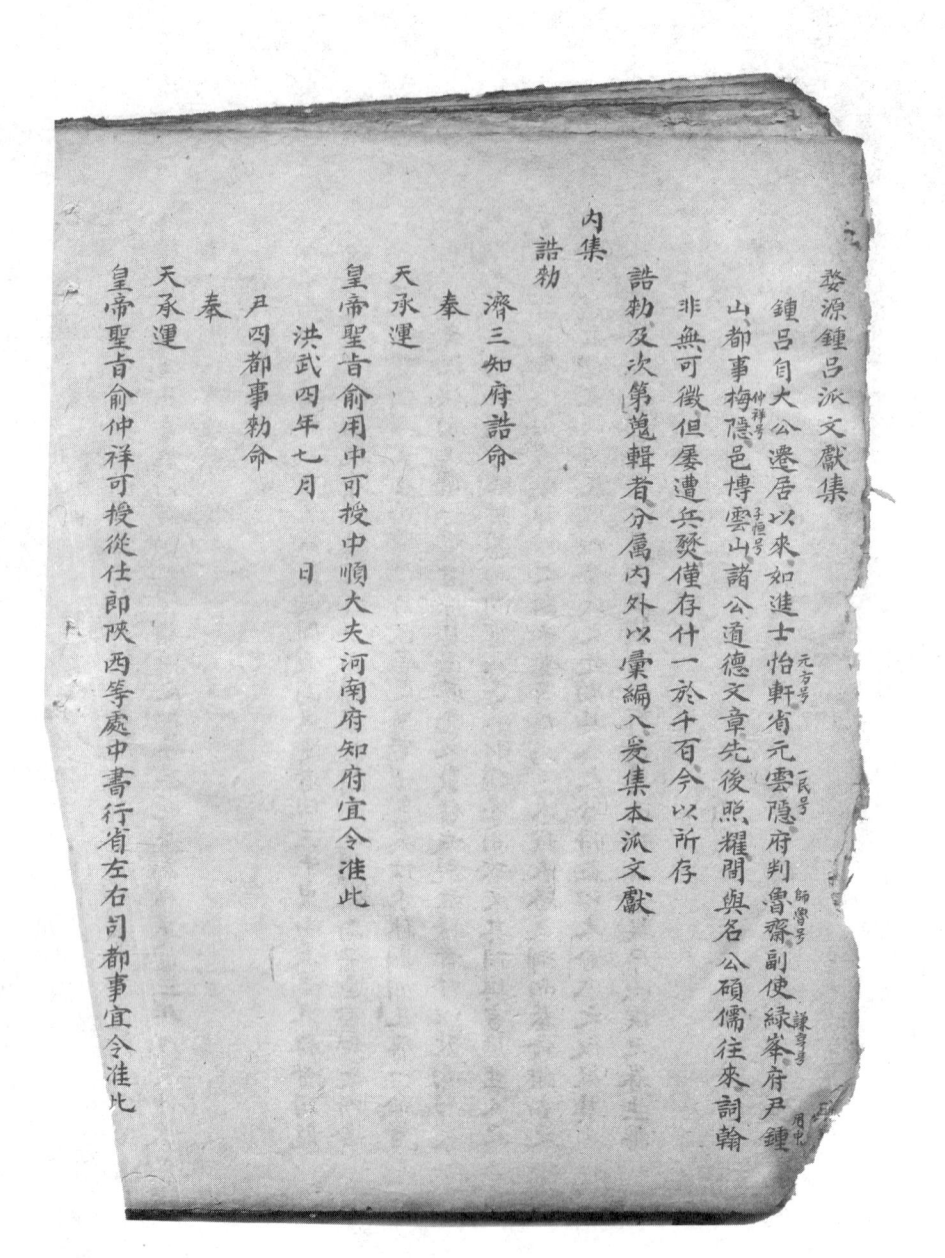

心猶有所未慊者理公以謀壽諸梓倣院判公之所為而望諸後人未有能副其望者汪祥亦不得辭其責蓋將復以此望諸後之能子孫也是為序正德三年戊辰仲秋

二十八世孫汪祥謹識

鍾吕俞氏文徵録序

石耳之西群山蟠糾限隔衢饒嶽之間最高且遠者曰三十里山最幽且勝者曰龍鬚山龍鬚之水出為桃源桃源之水合為鍾吕視諸山之間始為平邑靈秀之所會也二仙之所遊也人文之所闕也俞氏居之今若干世矣仕未休顯而凡膺一命者能其官處有礼教而凡擅一藝者探其微其為文獻舊族覩兹録者可以考而知矣予嘗造其庭見其長者則樂善而尚質其子弟則嗜學而攻文其相與言惟生人之常事故家之遺俗而浮夸邪佞之詞未嘗有接焉蓋太璞未琢之鄉而基命維新之家也予誠敬愛之夫文足以徵俞氏之先而其人之賢將益以大俞氏之後况其山川之秀鬱而未發淳古之道厚而未漓將必有所屬而振焉者矣序以俟之眷生游

震得書

江湾镇中[钟]吕村 2-39 · 族谱

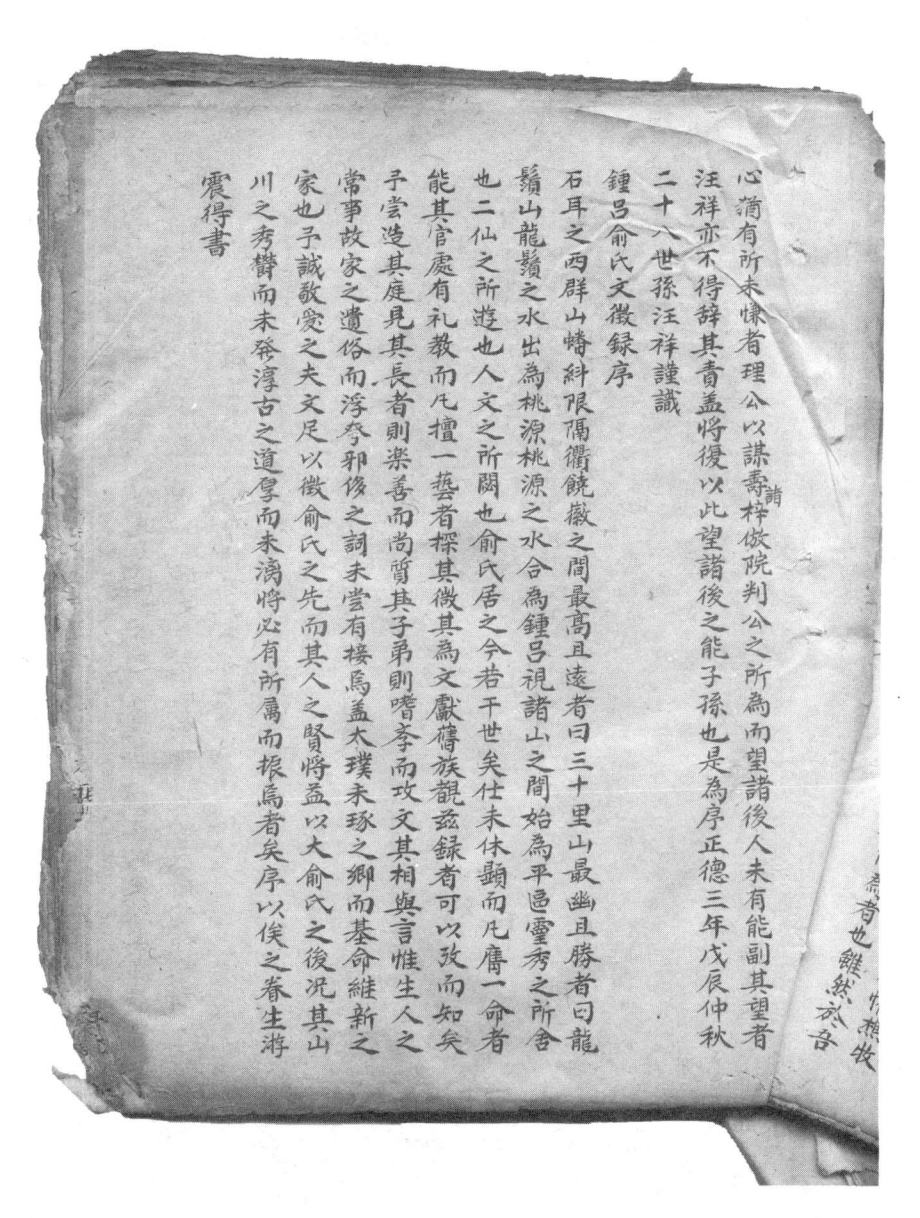

於院判公之規範謀將壽梓夫何天奪吾伯父之速使理不克終所就也爰用
成編俾子孫識其源流而統紀不墜惇叙昭穆而宗法有傳後有能繼述以成
者固理所深望者也宗先有靈默其相之永樂四年丙戌秋八月望日廿六世孫
士儀謹序　理字士儀祚公裔也

續修譜牒序

譜牒之修所以紀源流之詳衍枝派之遠有數世一修者有再世一修者譜牒一修
既戚關爲倫理係爲非細故也俞氏源流之詳枝派之著按世系叙例統紀不一而
足矣理公所為者以院判公特詳其本枝而畧吾鍾呂自出之祖質疑證誤因畧致詳
不得不汲汲於是也汪祥今所為者念吾唐三府君而下莫不各有窀穸但吾族三
徙其居枝派闊遠祖塋之彰人耳目者得而拜掃其未接者竟失所傳漸至漫没而
子孫茫然無知寧不為可恥耶因是皇皇爲考祖尋宗依世編圖自唐三府君至吾
小三助教而下坟塋立石鐫志圖形象具經界詳著於籍題曰統集世規編首繪鍾
呂二仙遺像請從兄令尹鈍齋公序之以彰吾鍾呂土著之由編中繪人宅圖自撰
說以為子孫百世家規之訓裒集先世窀蹟遺文俾文獻有徵題曰文徵録使覽者
興起水木本源之思繼世而叙昭穆庶不犯先祖之諱以時而登丘隴庶不懼樵牧
之羞子孫之責如是其庶幾爾則汪祥之再世又一修未為無所為者也雖然於吾

江湾镇中［钟］吕村 2-40 · 族谱

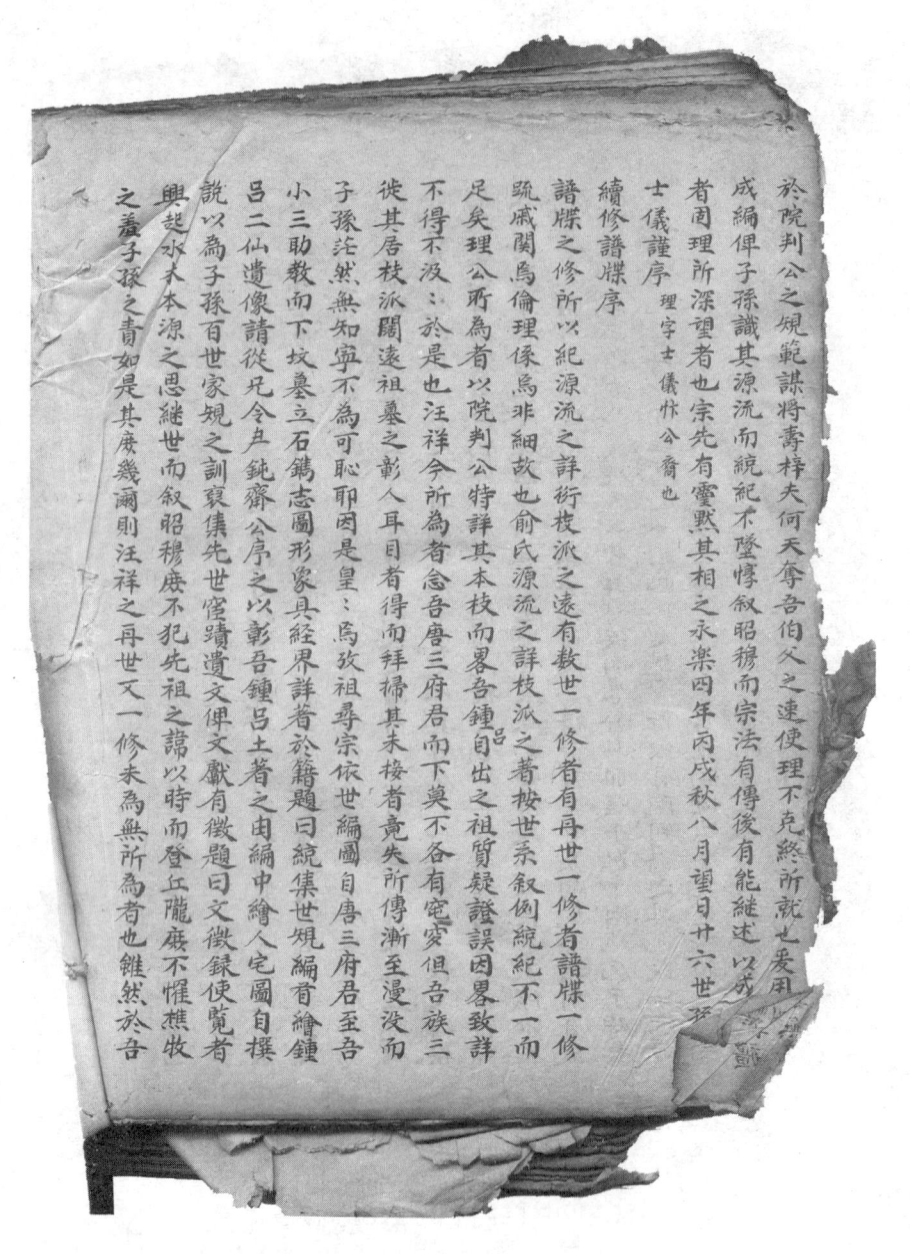

續編世系序

理生未朞伯父教授府君（子恒公）蚤先溘且乏傳伯母胡夫人明經裔孫候官令彥和姊也爲續祀計秉宗牒蒞家政者義摘理往紹既而從伯父公正先生置于霹靂山房師教之間乃揭示本宗世系統紀諭理曰此溪西院判公創爲刊譜散吾宗族使知宗派之所由分昭穆之所由叙傳之於無窮者也余嘗倫覌是譜繇長田至吾鍾呂之祖同所出者靡不詳悉自吾二府君與湶三府君伯仲既分之後但知尊三府君爲溪西祖而詳其近畧吾二府君居鍾呂而未之續所以然者非故有詳畧也盖院判公刊譜于官所在江右之禾川隔故鄉千里之外其自序云得本宗譜一帙又得宗長椿庭公所藏淮西制直公会族譜一幅即此推之吾知其僅得溪西之家藏特詳本宗一處耳亦為其後者独詳其宗意也况當草昧之時得叙其本宗嫡派俾不失傳亦幸矣而何暇旁摟博采以会其全欤何使其得觀諸宗世系而統会之則自流而源當有全編以遺於後矣又豈有詳於彼而畧於此耶嗟乎阻于兩地厄于時勢限於見聞此譜所以有詳畧之分也此後之覌者所以有院判譜之異也故汝高祖吾考君皆有續編之志終齎于爵而莫克遂吾嘗承教逡巡迄今又老不暇及矣家藏遺牒悉以授汝惟篤志而纂集之庶幾得以継吾祖考之志而衍吾族屬于無疆亦見合宗未始無其人也理受命惧弗克勝歷覽是譜因畧致詳增新補舊期無

江湾镇中［钟］吕村 2-41 · 族谱

時墓

妣黄氏助鳳 出嫁江灣

殁嘉慶

子世

世墳 名旺發行湘 止 昌廣長子生乾隆

時墓詹家坦路边

世場 名順發行湘 昌廣次子

墓詹家坦

全編

江湾镇中[钟]吕村 2-42 · 族谱

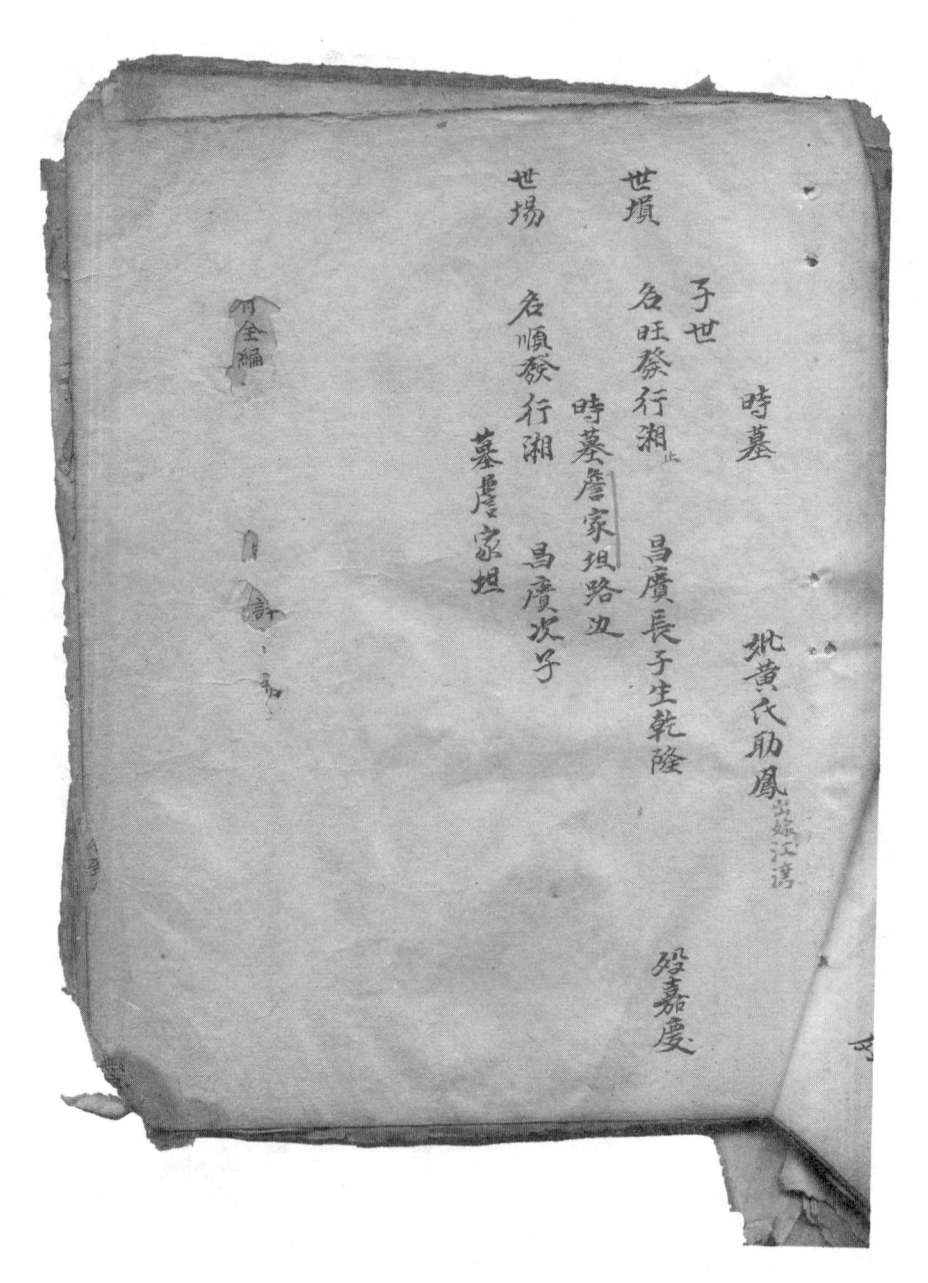

丁酉八月二十二未時歿　　時墓　　生

子長世坤次世塏女長興弟適　　次金玉女

昌立

適

字季堅行鉅　　兆涵次子生乾隆辛巳十月十七丑時歿于

道光苹　　時墓　　妣程氏榮鳳生乾隆甲午十二月

十九辰時歿　　時墓　　生子一

長世堤　　女乖弟適

昌序

字景成行鉅　　兆涵三子生乾隆乙酉正月二十二辰時歿

時墓　　妣李氏淂鳳生乾隆乙酉三月十

九丑時歿乾隆　　時墓　　生子二人

長世壕次世塌

昌齊

名永興行鉅　　兆涵五子生乾隆丙申四月十一戌時歿

江湾镇中［钟］吕村 2-43 · 族谱

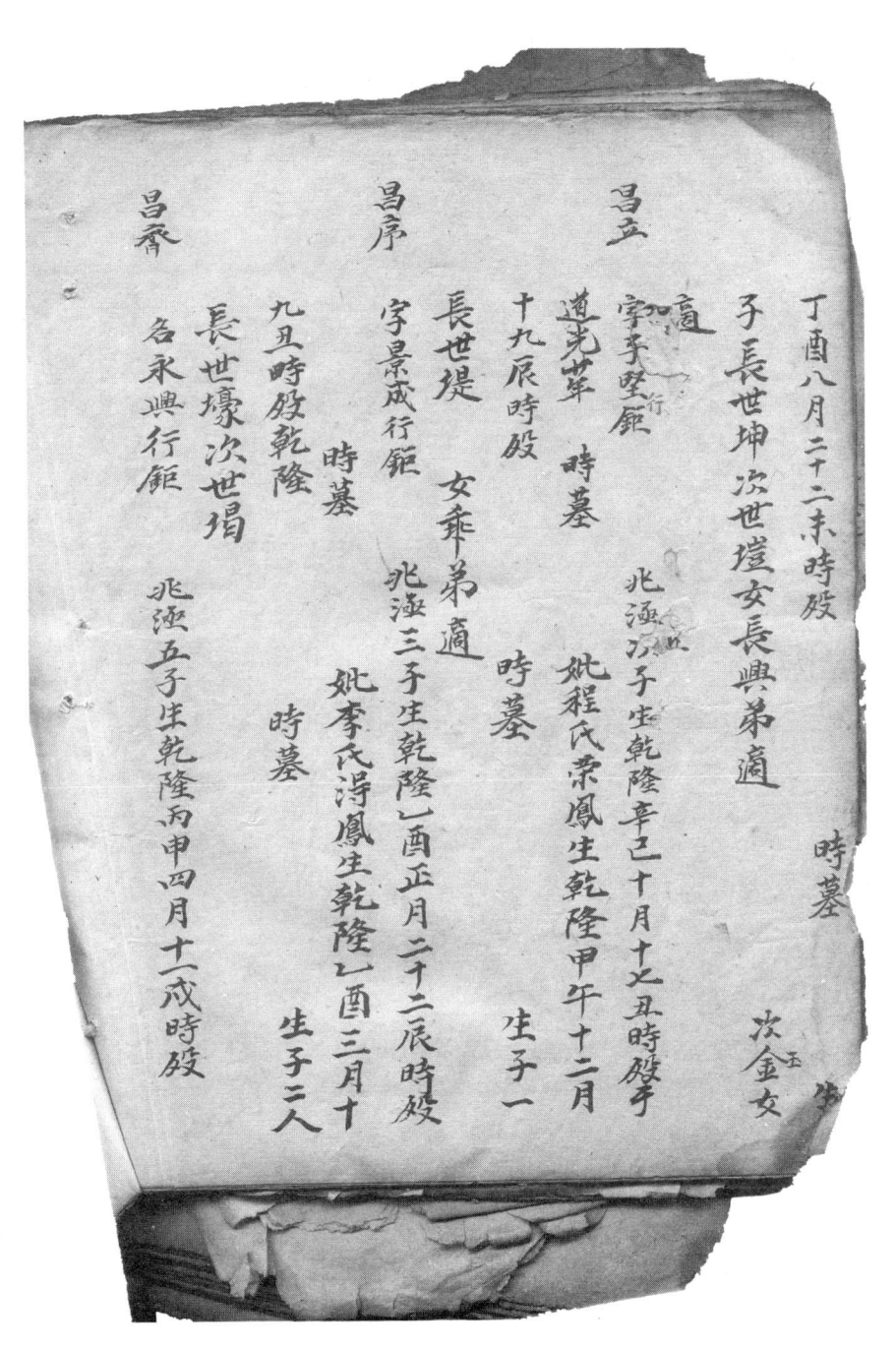

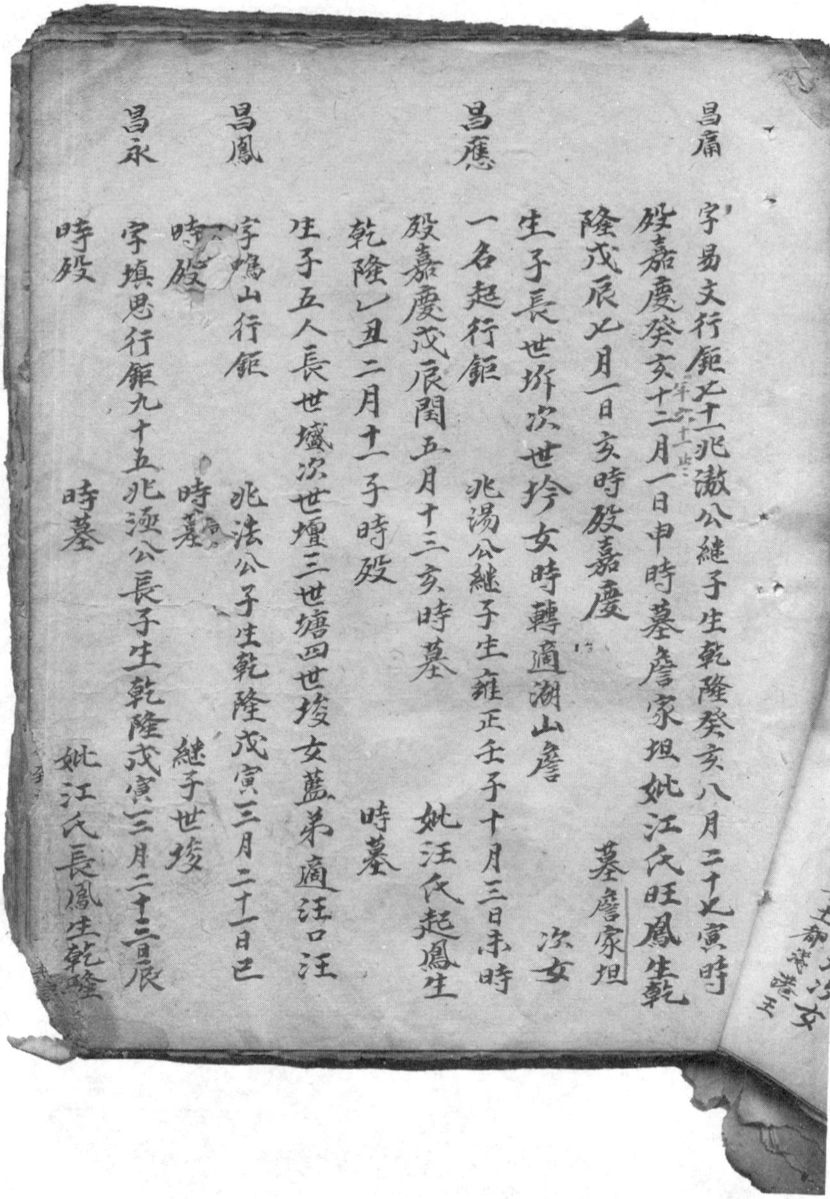

昌甫　字易文行鉅七十一兆澂公繼子生乾隆癸亥八月二十七寅時
歿嘉慶癸亥十二月一日申時年六十一歲葬詹家坦　妣江氏旺鳳生乾
隆戊辰七月一日亥時歿嘉慶　葬詹家坦
生子長世埛次世玲女時轉適湖山詹　次女
昌應　一名起行鉅　兆湯公繼子生雍正壬子十月三日未時
歿嘉慶戊辰閏五月十三亥時葬　妣汪氏起鳳生
乾隆乙丑二月十一子時歿　時葬
生子五人長世壤次世壇三世塘四世埈女藍弟適汪口汪
昌鳳　字嶋山行鉅　兆法公子生乾隆戊寅三月二十一日巳
時歿　時葬　繼子世埈
昌永　字填思行鉅九十五兆涇公長子生乾隆戊寅三月二十二日辰
時歿　時葬　妣江氏長鳳生乾隆

江湾镇中［钟］吕村 2-44 · 族谱

昌摩 字鼎文行鉅八十三兆漢公次子生乾隆己巳七月二十四子時殁

道光壬午三月五日巳時（年七十四歲）墓碑塘口癸山丁向 妣大坂汪氏

双鳳生乾隆丙戌九月二十九丑時殁道光[illegible]巳時墓

（北坞黄牛出栏形）碑塘口[illegible]生子世標 女長迎弟 次轉弟適

巖坑

昌店 字焕文行鉅百零三號光斗兆漢公三子集家譜誌祖墓興

瓚湘二公清明並立規條給丁餅又重興貢公清明給丁

餅又興立貢公吳胡二氏孺人並士爍公清明永遠祭掃

生乾隆癸未八月十七子時殁 時墓古塘

裡部鍋形妣四都王坦孫氏綉鳳生乾隆甲午六月三日辰時

殁 時墓[illegible]生子四人長世瑢次世堆

三世摒四世址女長浮弟適七都張村汪元三子兆瑞次女

勸弟適四都王坦孫硯音長子三女嬌娥適德興十都港王

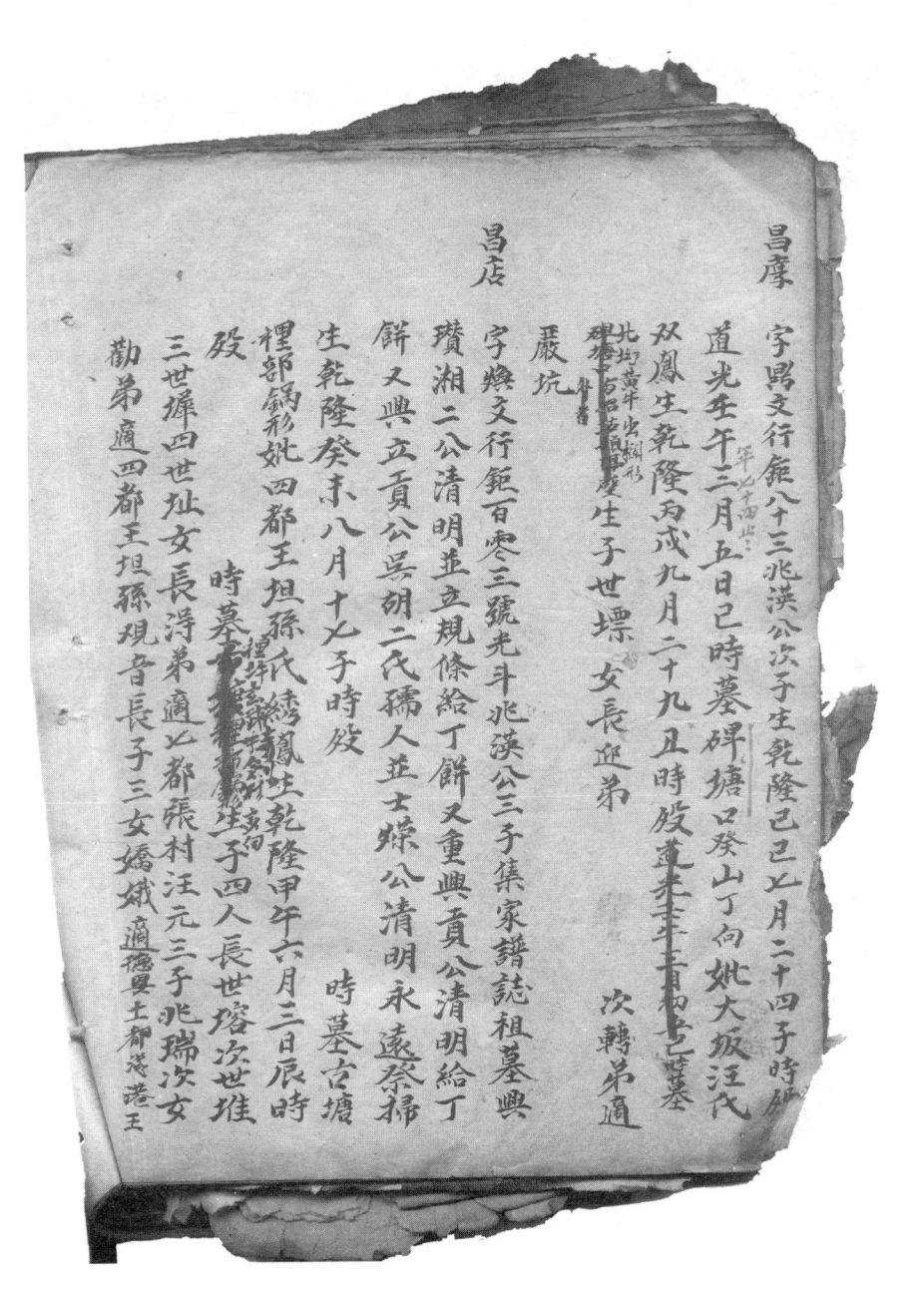

昌庚

字英文行鉅六十五兆漆次子生乾隆辛酉五月八日午時殁
乾隆乙未七月十三（年卅五岁）未時墓詹家坦

昌府

字英聚行鉅四十三兆涯公子復塋貢公重興清明修造積
慶後鄖剅子侄人稱古君子也生雍正辛亥九月念六日
午時殁乾隆甲寅三月十八（年六十四岁）巳時妣江氏勝鳳生雍正癸
丑十月十六丑時殁乾隆己亥十二月八日未時墓
生子長世塔次世埏三世堈四世增女時愛適山

昌鄜

茶江
字宇文行鉅四十七兆渼公長子生乾隆甲子十一月二十九未
時殁嘉慶戊辰四月二十五（年六十五岁）子時妣大坂汪氏新鳳生乾隆
中段源
己卯七月二十二未時殁嘉慶丁卯六月十二（年四十九岁）未時墓胡山
生子一人世境女招弟適濟溪潛　不應
出嫁剃刀割項卒于家中稱烈女之行生乾隆辛丑十
二月初一酉時殁嘉慶壬戌五月九日辰時（年廿二岁）墓碑塘口癸
山丁向

江湾镇中［钟］吕村 2-46 · 族谱

占家坦子長世堦

昌亮　字有明行鉅十七兆澄次子生康熙癸巳二月二十一寅時殁乾隆壬
寅七月十九戌時墓象形（年六十九歲）　何妣王氏順鳳生康熙五十五十
二月八日子時殁乾隆戊戌六月十二未時墓占家坦庵墙背後
生子二人長世墉次世姚

昌庠　字養奇行鉅十兆洲子生康熙戊子十一月初四酉時殁乾隆
十二月三日亥時墓占家坦角頭路上妣江氏祥珍生康熙乙未
八月二十五申時殁　時墓詹家坦子長世坊次世垣

昌蔭　字克公行鉅五十九兆潽長子生雍正乙卯九月三十酉時殁乾
隆　時墓詹家坦子長世埰次世嫏
妣王氏貴風出嫁南坑殁後撇回墓占家坦与昌慶隔壁

昌塵　字　行鉅　兆潽次子生　殁
時墓

昌唐　字有餘行鉅五十四兆添長子生雍正甲寅十月九日戌時殁
乾隆庚子十二月七日戌時墓占家坦（年四十七歲）

江湾镇中［钟］吕村 2-47 · 族谱

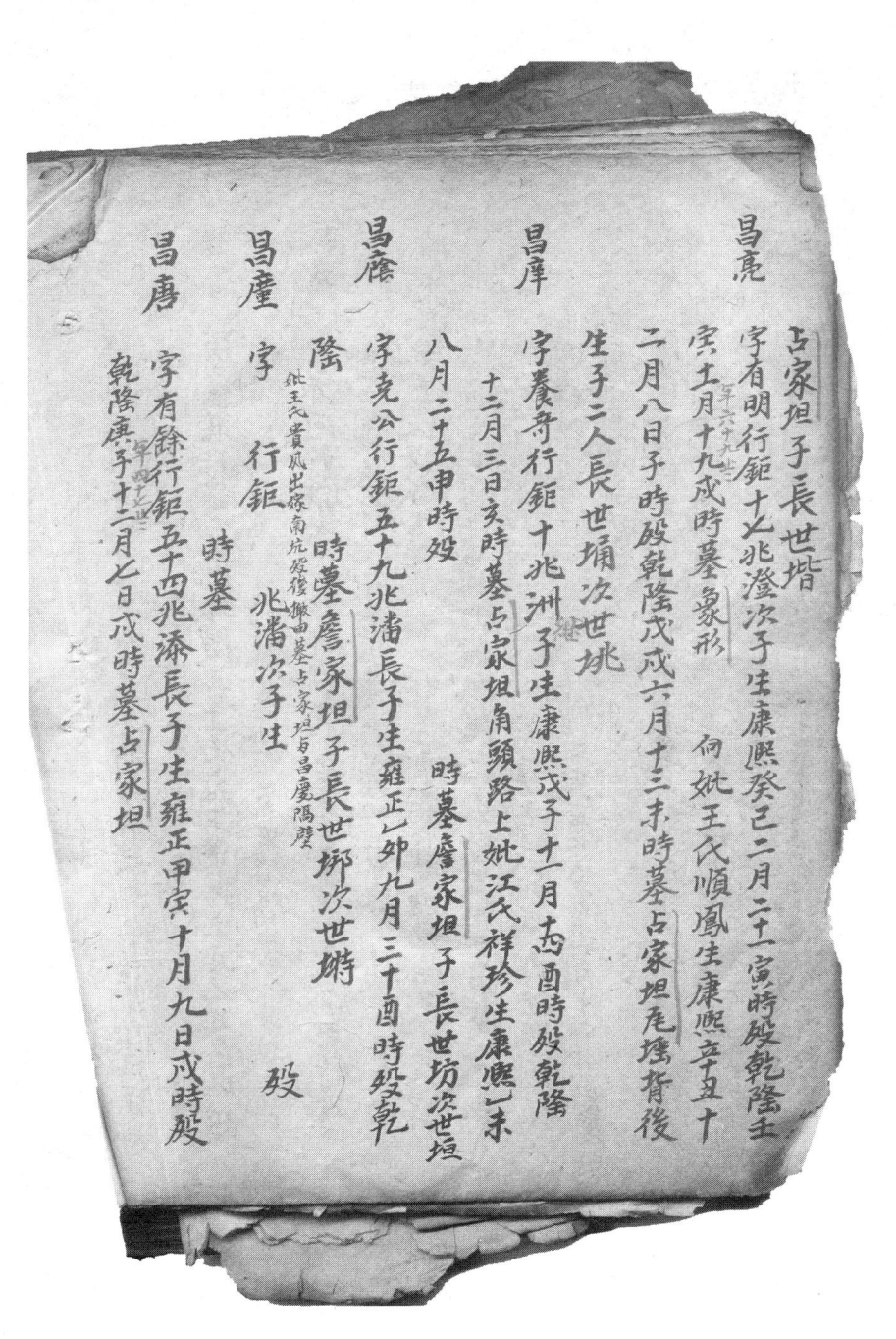

接鳳生雍正丙午十二月二十四子時殁乾隆丙申三月九日辰時
墓占家坦子世填孫出

昌善

字天其行鉅三十七兆溥三子生雍正甲寅十一月七日巳時殁
乾隆　時墓占家坦与世堵陽壁

昌兗

字濟河行鉅六十六兆溥四子生乾隆辛酉五月三十未時殁
嘉慶戊辰七月八日未時（年六十八歲）墓詹家坦与朱氏陽壁相連穴
妣戴氏與鳳生乾隆乙亥七月二十五辰時殁乾隆庚子
　時墓占家坦繼妣汪氏美鳳生乾隆甲戌八月十
四戌時殁乾隆　時墓占家坦角　再繼妣朱氏
接枝生乾隆　時殁嘉慶戊辰十一月十二卯時墓
与公連穴子世埒殁辛汪氏入繼

昌慶

字有善行鉅十一兆澄長子生康熙癸丑五月十一寅時殁乾隆辛
丑九月十二申時墓占家坦妣江氏喜珍生康熙癸巳五月八日
卯時殁　時墓占家坦与公仝穴繼妣江氏
寶珍生康熙甲午十二月五日未時殁　時墓

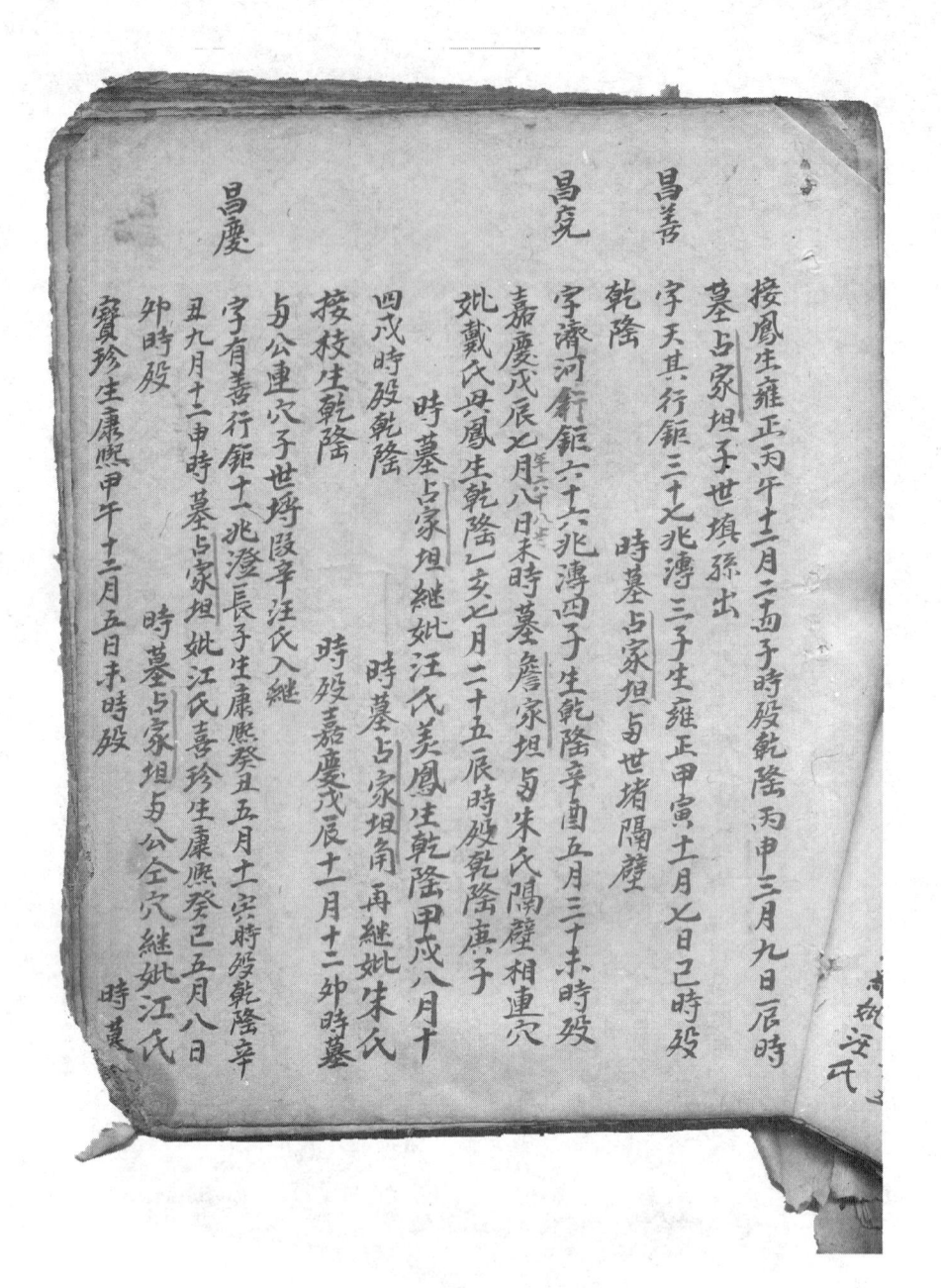

時歿乾隆　四月廿卯時墓大林内子長世坦次世

昌番（昌亩）

字叙維行鉅　兆浩嚴坑畢氏入繼子生乾隆戊午三月十五　時歿
乾隆己巳（年四十二歲）三月十二辰時墓詹家坦　妣方氏吳旺生乾隆癸亥八
月十五亥時歿嘉慶戊辰三月十二酉時　墓古塘裡郜鍋形裡子生（遷葬古塘李岸圳下癸山丁向）
子長世均次世坪三世埬

昌庭

字圣恭行鉅二十四兆藩子生康熙辛丑閏六月十九未時歿乾隆
庚寅八月一日戌時墓詹家坦妣江氏秀珍生康熙丁酉九
月初十未時墓湲頭坦与有璋孺人全穴癸山丁向子長世
垅次世垠三世埋四世城

昌吉

字天佑行鉅四十二兆溥長子生康熙庚子正月七日寅時歿乾
隆辛巳（年四十二歲）十月二十九子時墓占家坦子（長）世堵次世圯

昌和

字思美行鉅二十九兆溥次子生雍正癸卯十月二十六巳時歿乾
隆　時墓　妣孫氏金鳳生雍正癸丑
七月　日寅時歿乾隆甲申六月二十酉時墓占家坦繼妣汪氏

江湾镇中［钟］吕村 2-49 · 族谱

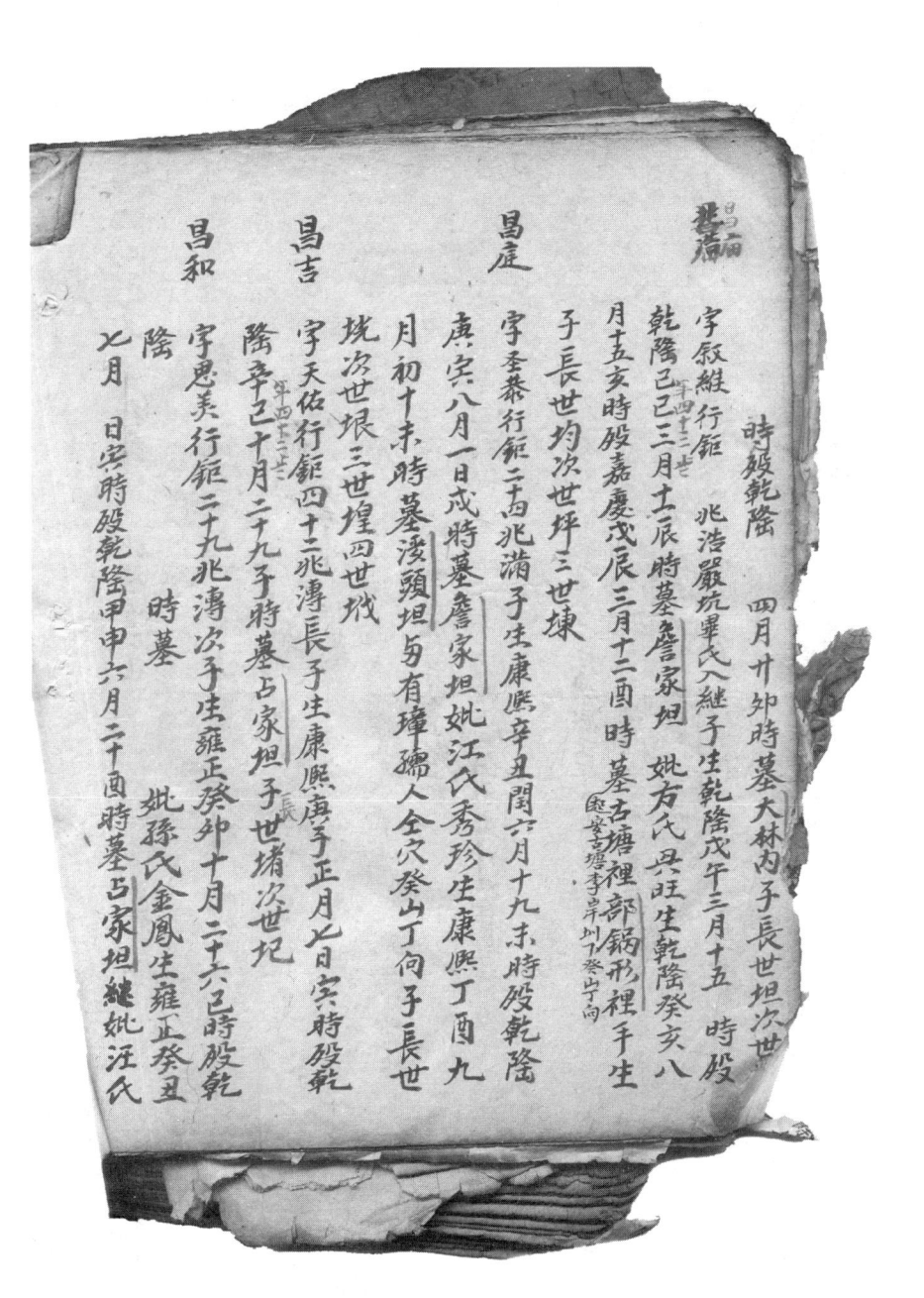

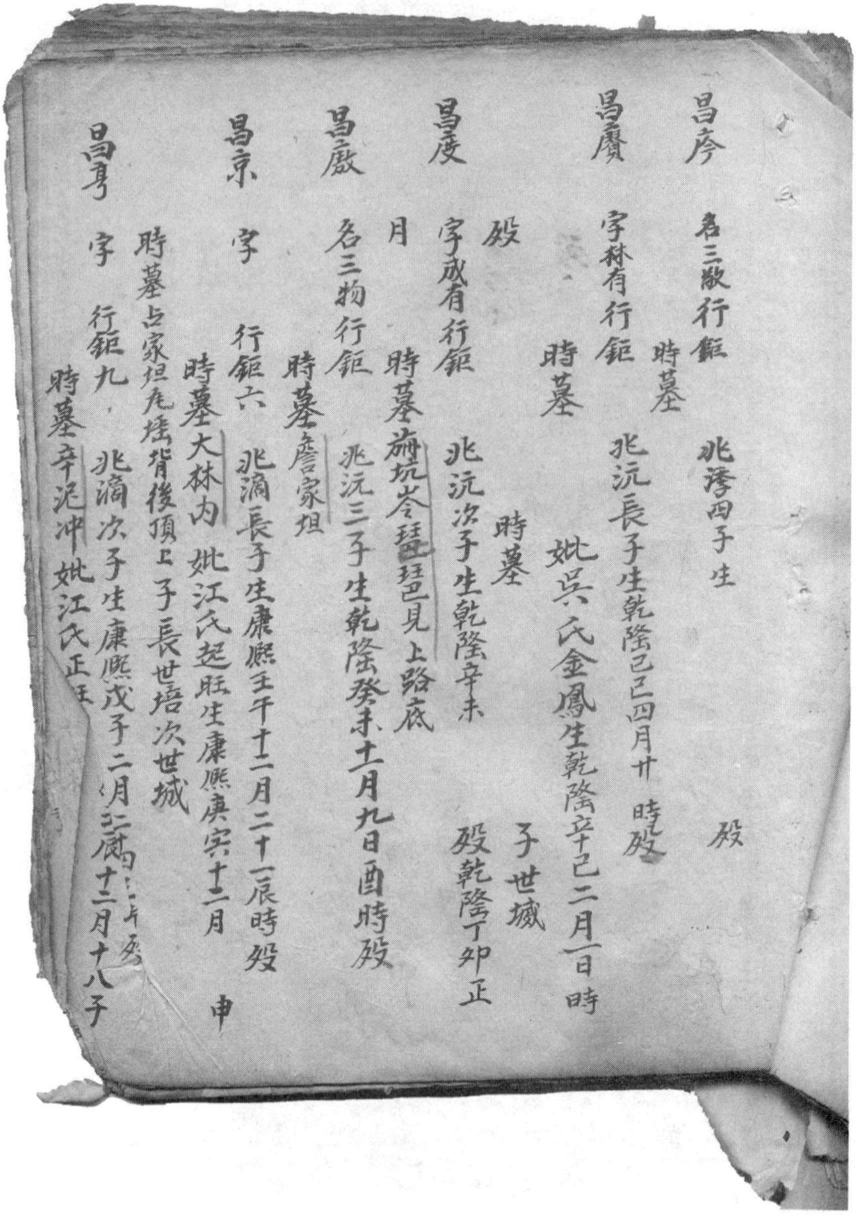
昌彦　名三敬行鉅　兆湾四子生　殁
時墓
昌賡　字春有行鉅　兆沅長子生乾隆己巳四月廿　時殁
時墓　妣吳氏金鳳生乾隆辛巳二月一日時
殁　時墓　子世城
昌度　字成有行鉅　兆沅次子生乾隆辛未　殁乾隆丁卯正
月　時墓揃坑岺琵琶巴見上路底
昌敞　名三物行鉅　兆沅三子生乾隆癸未十一月九日酉時殁
時墓詹家坦
昌京　字　行鉅六　兆滴長子生康熙壬午十二月二十一辰時殁
時墓大林内　妣江氏起旺生康熙庚寅十二月　申
時墓占家坦庵墟背後頂上　子長世培次世城
昌亨　字　行鉅九　兆滴次子生康熙戊子二月二十日時殁
時墓辛泥冲　妣江氏正旺　　十二月十八子

江湾镇中［钟］吕村 2-50 · 族谱

昌廟　字　　行鉅　兆淇次子生　　　殁
　　　　　　時墓
　　　　　　時墓
昌廳　字文彩行鉅　兆淇三子生　　　殁
　　　　　時墓詹家坦
昌廂　字　　行鉅　兆滐長子生　　　殁嘉慶戊辰
　　　三　　時墓
昌廣　一名三桂行鉅　兆滐次子生乾隆己巳四月廿?殁嘉慶戊辰
　　　年六十上?
　　　三月十九卯時墓占家坦妣江氏桂金生乾隆甲戌五月二日酉時
　　　殁嘉慶壬申八月念三酉時墓詹家坦　　　生子四人長世
　　　塤次世堠出繼王村閏五三世場四世墉
昌肩　名三明行鉅　兆滐三子生　　　殁
　　　時墓

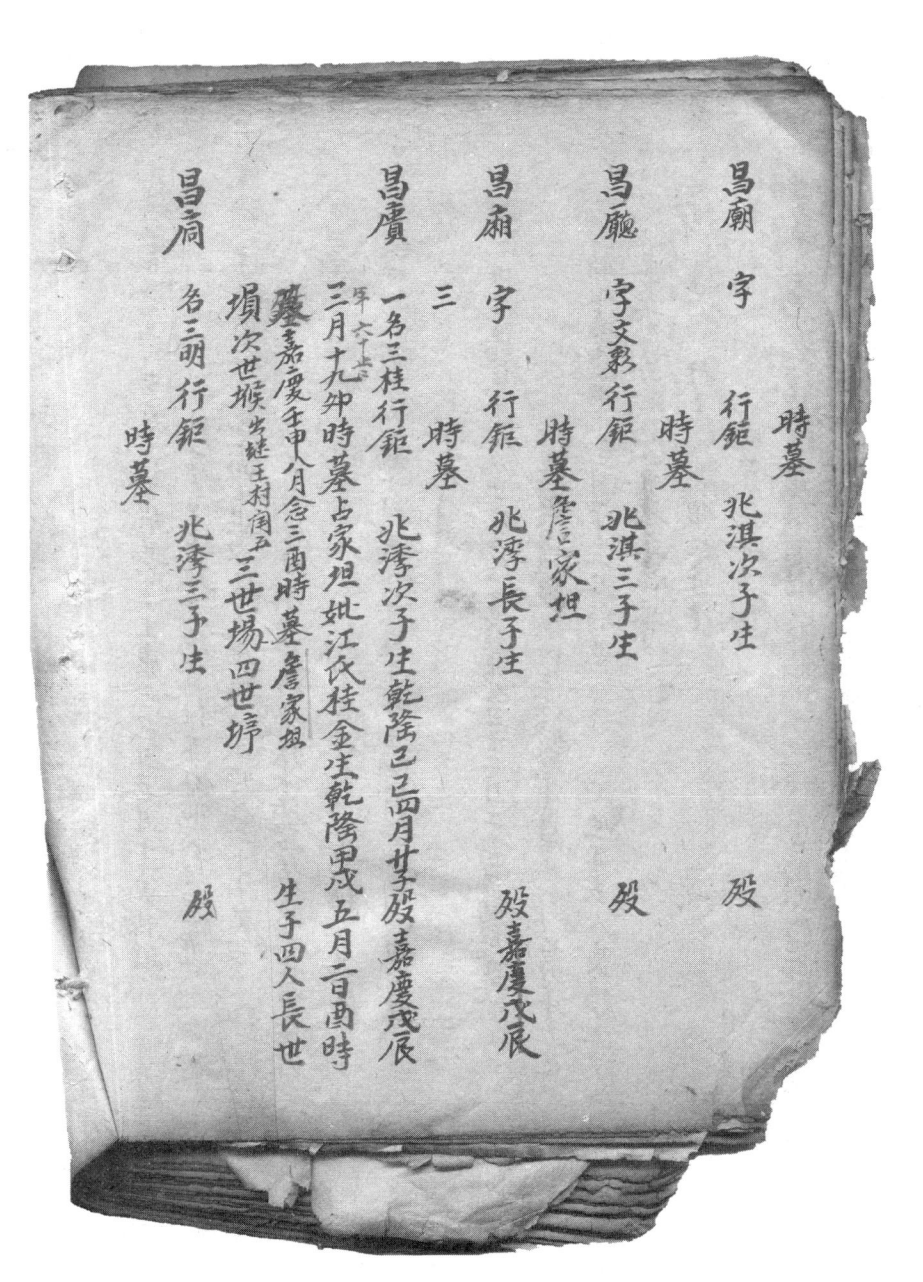

兆湯 字居聖行壹五十七士焜長子生康熙己丑五月十一申時歿
時墓占家坦庇塋背後 子外甥入繼昌應
兆法 字萬有行壹七十四士焜次子生康熙戊戌六月二十未時歿
時墓占家坦庇塋背後 妣張氏法璋生康熙壬寅二月
二十辰時歿 時墓金星水窩 繼子昌鳳
兆沛 字 行圭九十四士烺長子生雍正辛亥七月二十酉時歿乾隆
時墓
兆涇 字華美行壹九十八士烺次子生雍正癸丑十二月二十四戌時歿乾隆
時墓占家坦 妣洪村汪氏時璋生雍正乙卯七月十五巳
時歿嘉慶甲子三月二十三丑時墓 生子五人長昌永次
昌五三昌序四昌意五昌齊
兆江 字 行圭 士烺三子生 歿
時墓
三十八世
昌康 字 行鉅 兆淇長子生 歿
時墓
十

江湾镇中［钟］吕村 2-52 · 族谱

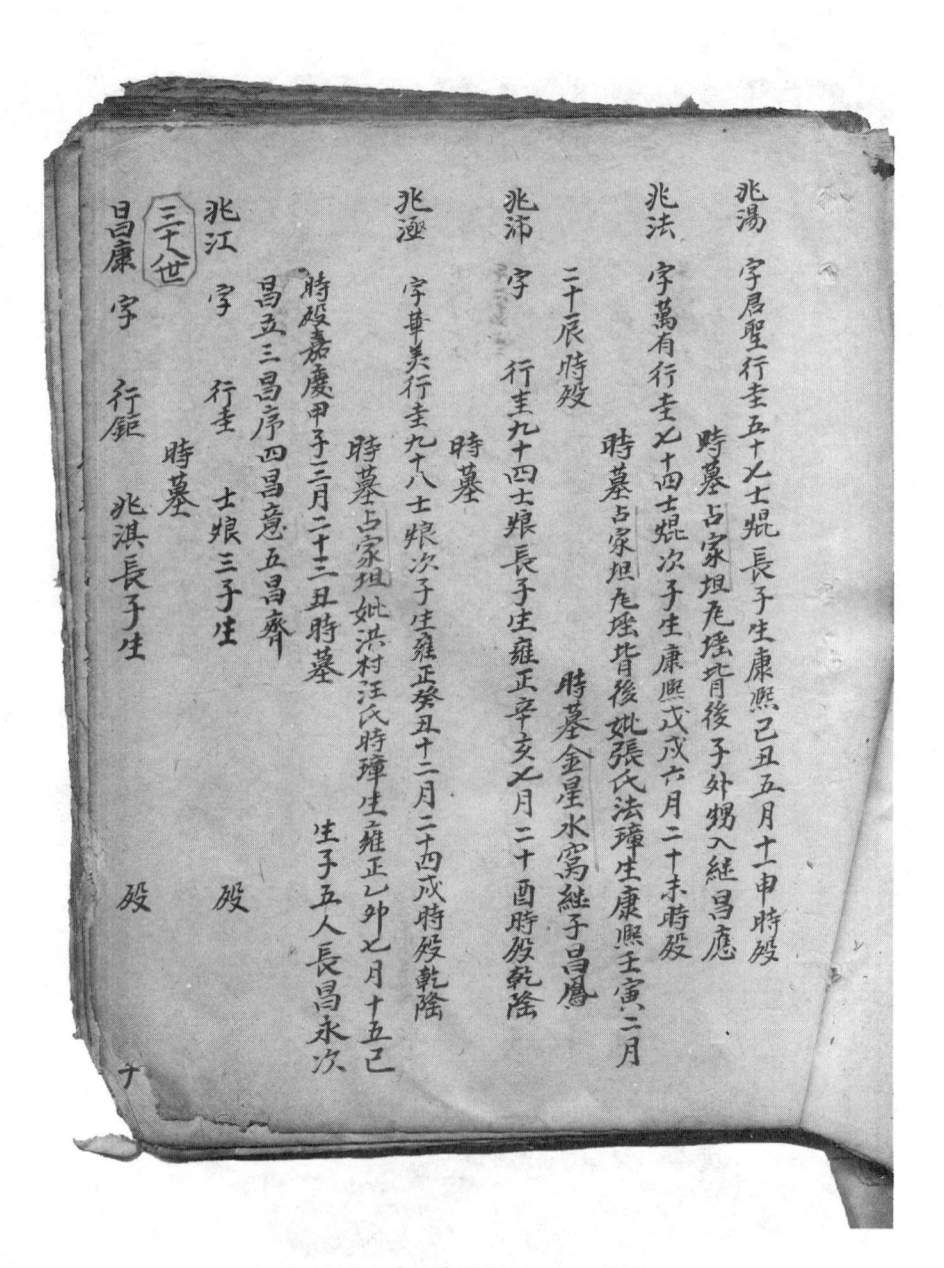

兆添　字廣受行圭五十一士燦公次子生康熙丙戌十月十七辰時歿乾隆甲戌二月
二十七未時（年四十九歲）妣江氏瑞璋生康熙壬午九月三日戌時歿乾隆甲辰三月十六
卯時墓詹家坦庇塆背後路上与公仝穴生子長昌唐次昌庚

兆涯　字垠遠行圭六十二士燦公三子生康熙壬辰十一月五日未時歿乾隆癸
未十二月二十酉時（年五十二歲）墓溪頭坦与兆溥公仝穴妣江氏再璋生康熙壬戌辰
十一月初十　時歿雍正辛亥九月二十六　時墓岺子後金竹塢口癸山丁
向生子昌府

兆渶　字廣占行圭七十二士燦四子生康熙丁酉十一月二十七戌時歿乾隆壬辰十
月六日子時（年五十六歲）妣洪村汪氏茂璋生雍正丙午九月一日辰時歿乾隆壬
子十一月二十二午時（年六十七歲）墓吉塆裡部鍋形甲山庚向与身公仝穴生子三人長昌廓次昌摩
次昌店女長鳳端適旃坑　濟溪游綉五次鳳正適旃坑江榮
大坂汪養中

兆激　字魯濟行圭七十九士燦公五子生康熙己亥九月十二午時歿乾隆壬午
八月初十戌（年四十四歲）妣王氏興璋生康熙甲辰正月五日　時歿乾隆一　正月
二日　時墓松草園降上与公仝穴繼子昌庸

江湾镇中［钟］吕村 2-53 · 族谱

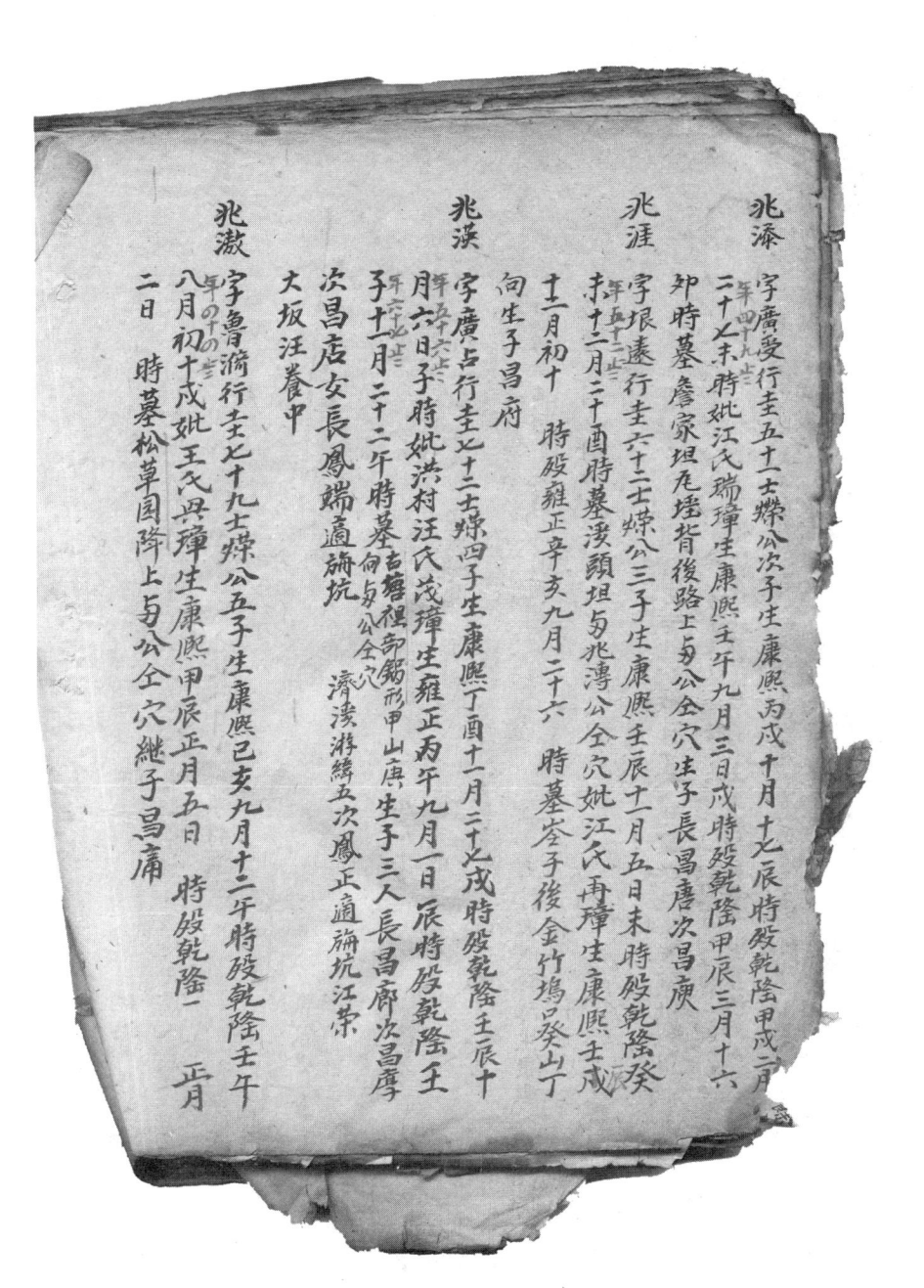

申八月十四未時没　　時　　妣洪氏美

璋生康熙壬申七月廿三没　　墓上前山胡氏接宜孺人墓外

手繼娶桃源江氏聖璋生康熙庚辰八月十九子時没

時　　子長昌庭次

兆溥　字德廣行圭𨿅十九士煥子　　生康熙辛

已九月一日丑時没乾隆戊戌四月十又申時　　江氏福

璋生康熙己卯十月廿四丑時没乾隆二十又年十月初二未時墓蠶坑蝒泥塢凤形占穆宕全穴

子長昌吉次昌和次昌善昌兗　　子長昌慶昌亮

兆澄　字清仲行圭十九士煒長子　　生康熙己巳九月七日戌

時没雍正丙午九月二日戌時墓　　王村王氏有璋生康熙

己巳正月二十丑時

次昌亮

兆洲　字在河行圭四十〇士煒三子性明敏有才學生康熙壬午五月十六巳時

没雍正乙巳八月廿三申時墓詹家坦松阜源口乙向子昌庠張氏入繼

江湾镇中［钟］吕村 2-54 · 族谱

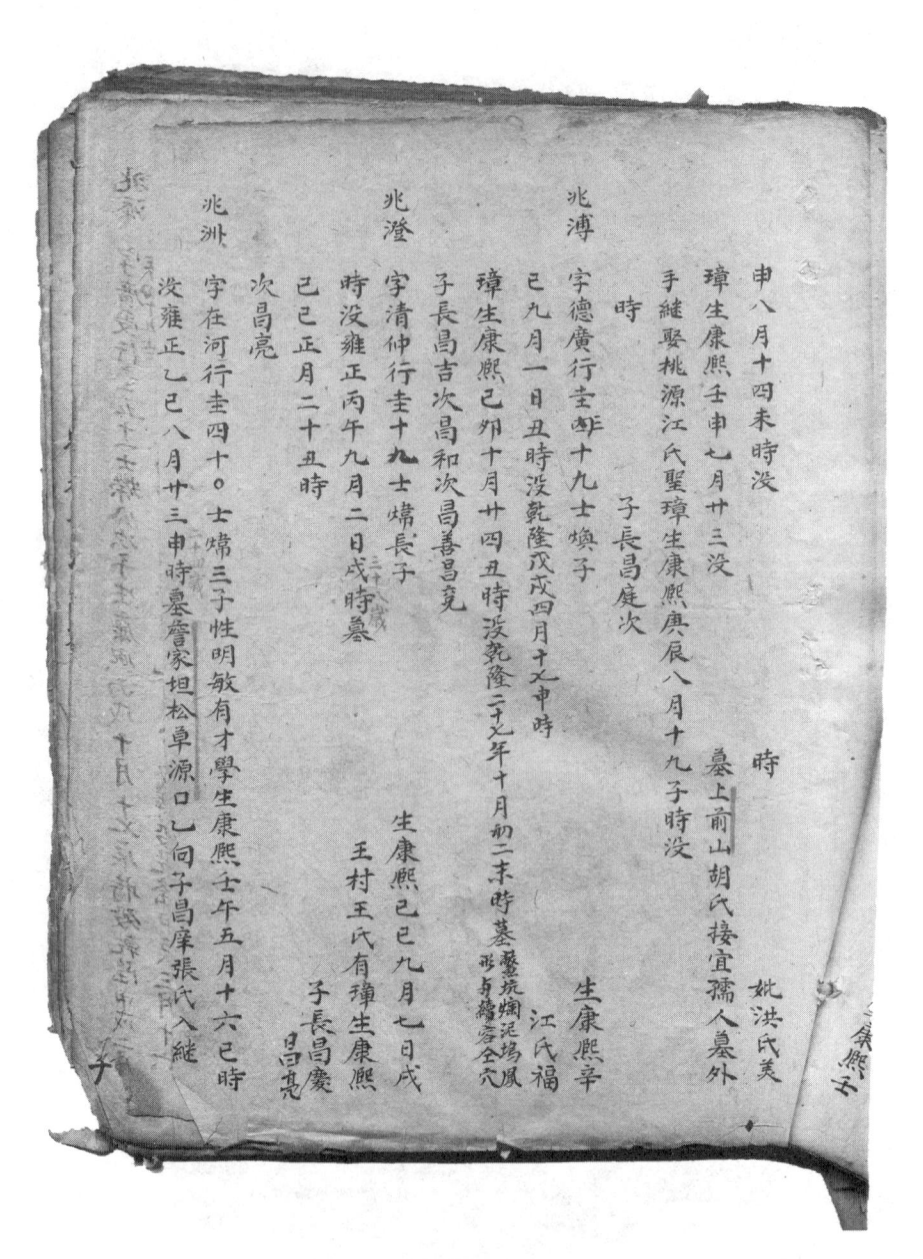

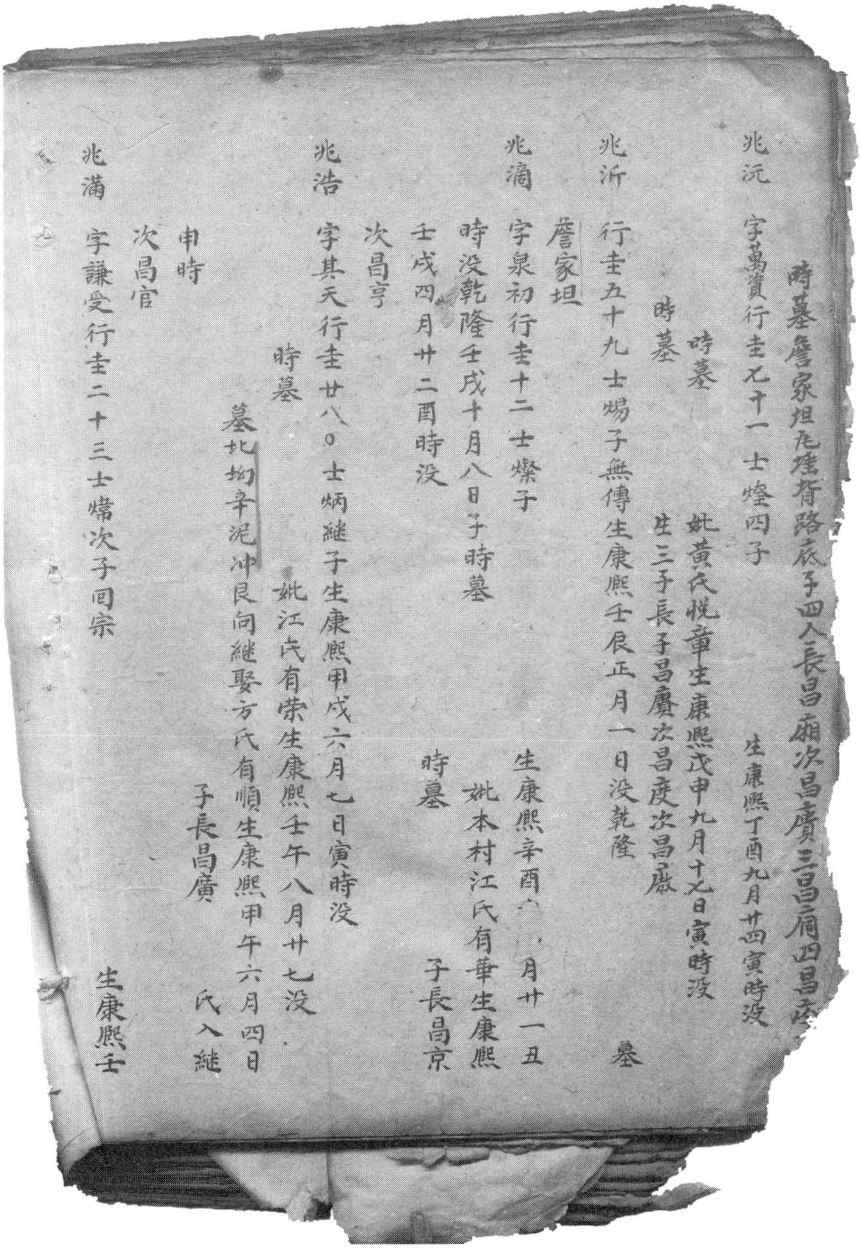
時墓詹家坦庇堘脊路底子四人長昌廟次昌廣三昌扁四昌庥
兆沅　字萬資行圭乙十一士烇四子　生康熙丁酉九月廿四寅時没
時墓　妣黄氏悦章生康熙戊申九月十七日寅時没
時墓　生三子長子昌賡次昌庋次昌廠
兆沂　行圭五十九士煬子無傳生康熙壬辰正月一日没乾隆　墓
詹家坦
兆滴　字泉初行圭十二士爍子　生康熙辛酉六月廿一丑
時没乾隆壬戌十月八日子時墓　妣本村江氏有華生康熙
壬戌四月廿二酉時没　時墓　子長昌京
次昌亨
兆浩　字其天行圭廿八○士炳継子生康熙甲戌六月七日寅時没
時墓　妣江氏有崇生康熙壬午八月廿七没
墓北坳辛泥冲艮向継娶方氏有順生康熙甲午六月四日
子長昌廣　氏入継
申時
次昌官
兆滿　字謙受行圭二十三士熇次子司宗　生康熙壬

江湾镇中［钟］吕村 2-55 · 族谱

士熛　字文高行燦八十二之賛子

士炬　行燦八十三之賓長子生康熙戊寅正月廿三亥時

妣小娘江氏要容生康熙庚辰七月廿五酉時没

墓

士燃　字子輝行燦八十六之賓次子生康熙辛巳七月初一酉時没

三十七世

兆汲　行圭四十四士燈長子生康熙癸未八月八日寅時

兆淇　字　行圭六十〇士燈次子生康熙壬辰三月七日午時

娶方氏華璋生康熙丁酉十月十日卯時戾

時墓仙人捧藪外手子三人長昌康次昌廟三昌廳

兆溥　字清遠行圭六十五士燈三子生　殁

時墓北塝菜塢　妣江氏益璋生康熙丁未正月二十八戌殁

十

江湾镇中［钟］吕村 2-56 · 族谱

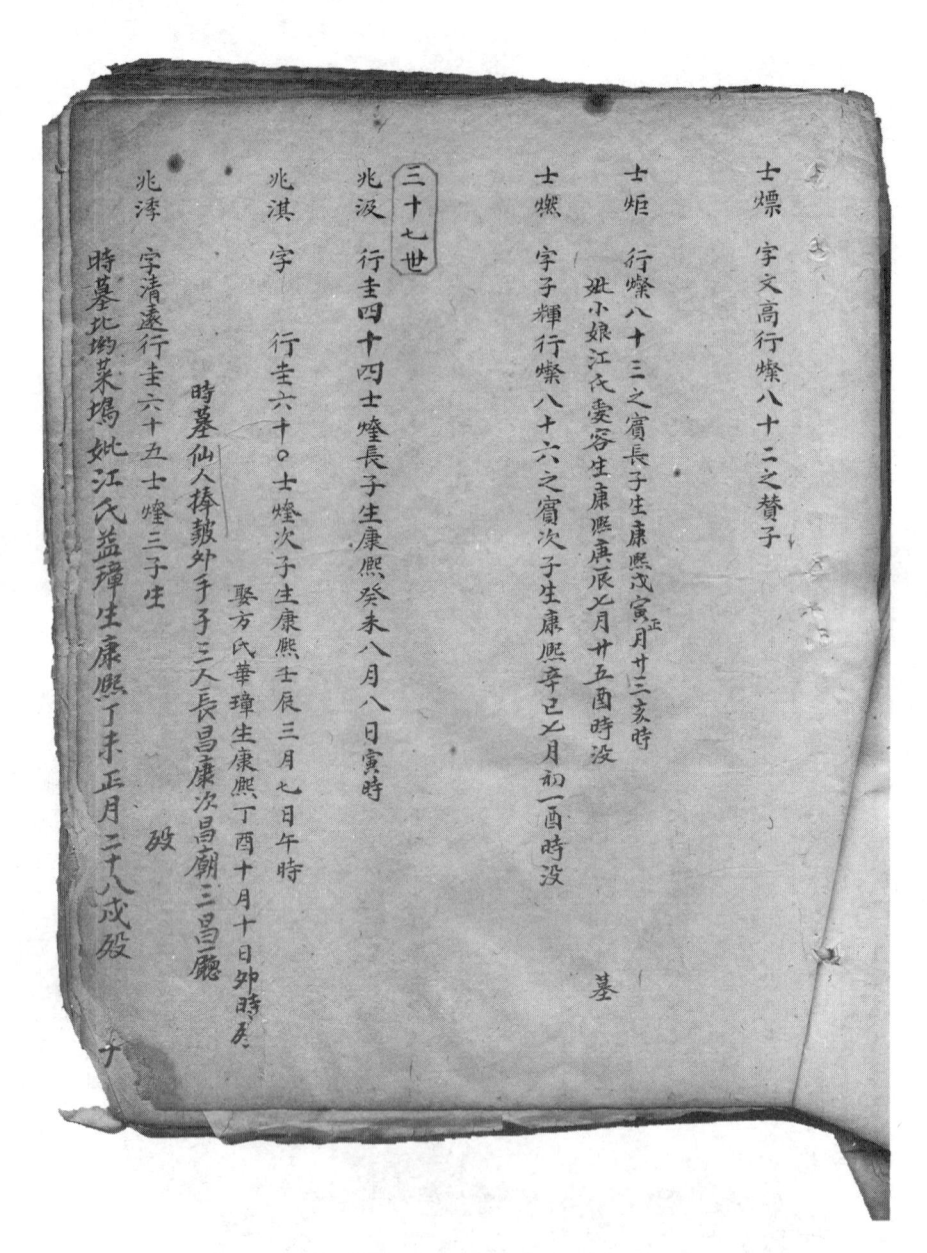

士煜　字允嘉行燦三十四之全長子生[illegible]十日没雍正辛亥[illegible]
墓　妣江氏福容生康熙壬子二月廿九没
墓　子長兆濟次兆泓
士煋　字允章行燦四十五之全次子生康熙壬子六月廿七没
墓　妣江氏壽容生康熙辛亥三月十八没
墓　子
士煇　字文耀行燦五十二之員長子生康熙庚申八月廿九没乾隆丁巳
墓　妣江氏春容生康熙辛未九月廿四没
墓　子長兆汰次兆汝
士爟　字文欽行燦六十三之員次子無傳生康熙甲子五月一日没乾隆丁巳
月五日申墓北坳覌頭山
士熖　行燦七十二之員三子生康熙庚午二月廿五没
墓
士煋　字文魁行燦八十八之員四子生康熙壬午閏六月八日申時

江湾镇中［钟］吕村 2-57 · 族谱

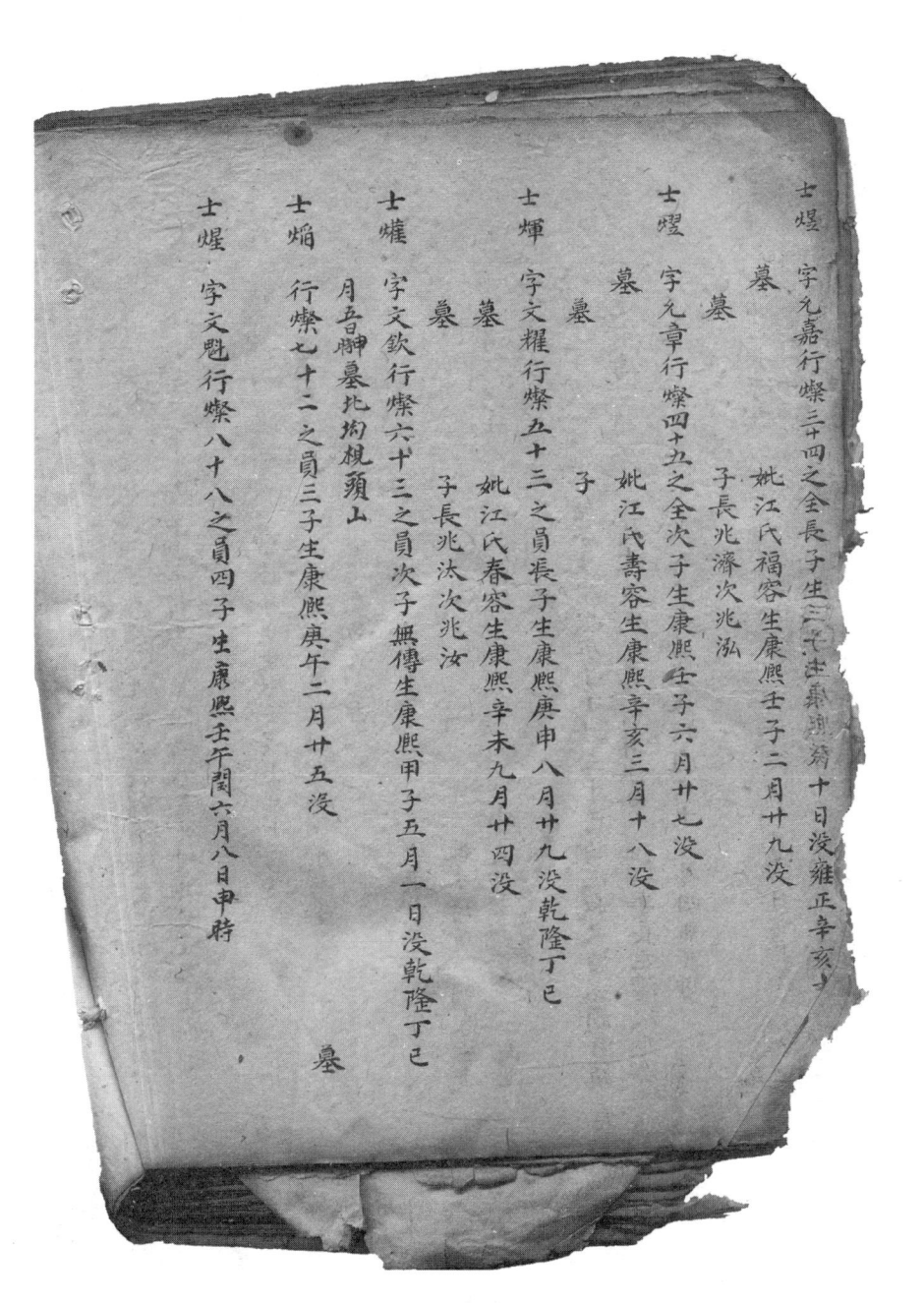

子長兆潘次兆添次兆涯次兆渶次兆漖女長錦弟適大坂汪元寀次鏡弟
適曉鱅曹秀生次錫弟適王村王起鉉次錠弟適洪村洪宏瑆次鍉弟適

士焜　字允乾行爍五十八之貿公子生康熙壬戌十月十七没雍正辛亥
墓占家坦庵瑶背後妣江氏長容生康熙乙丑十一月八日没
墓桿塘口　子長兆湯次兆法

士烺　字有亮行爍八十四之睿公子　生康熙庚辰七月十八
申時　妣本村黃氏明容生康
熙戊子三月十八未時没　時墓占家坦与婆王氏先宜全穴　子長兆
沛次兆涵兆江

士灶　行爍七十六之積公継子生康熙庚午十月三十巳時從叔之債公商遊鎮
江遂家焉娶鎮江臧氏桂容生康熙庚辰六月十四夘時子長兆澧次兆澤

士煉　一名家子行爍八十九之債公長子生康熙丙戌十一月四日亥時

士燏　一名旭子行爍九十一之債公次子生康熙戊子七月六日寅時

士燐　一名龍子行爍九十四之債公三子生康熙癸巳五月四日巳時

江湾镇中［钟］吕村 2-58 · 族谱

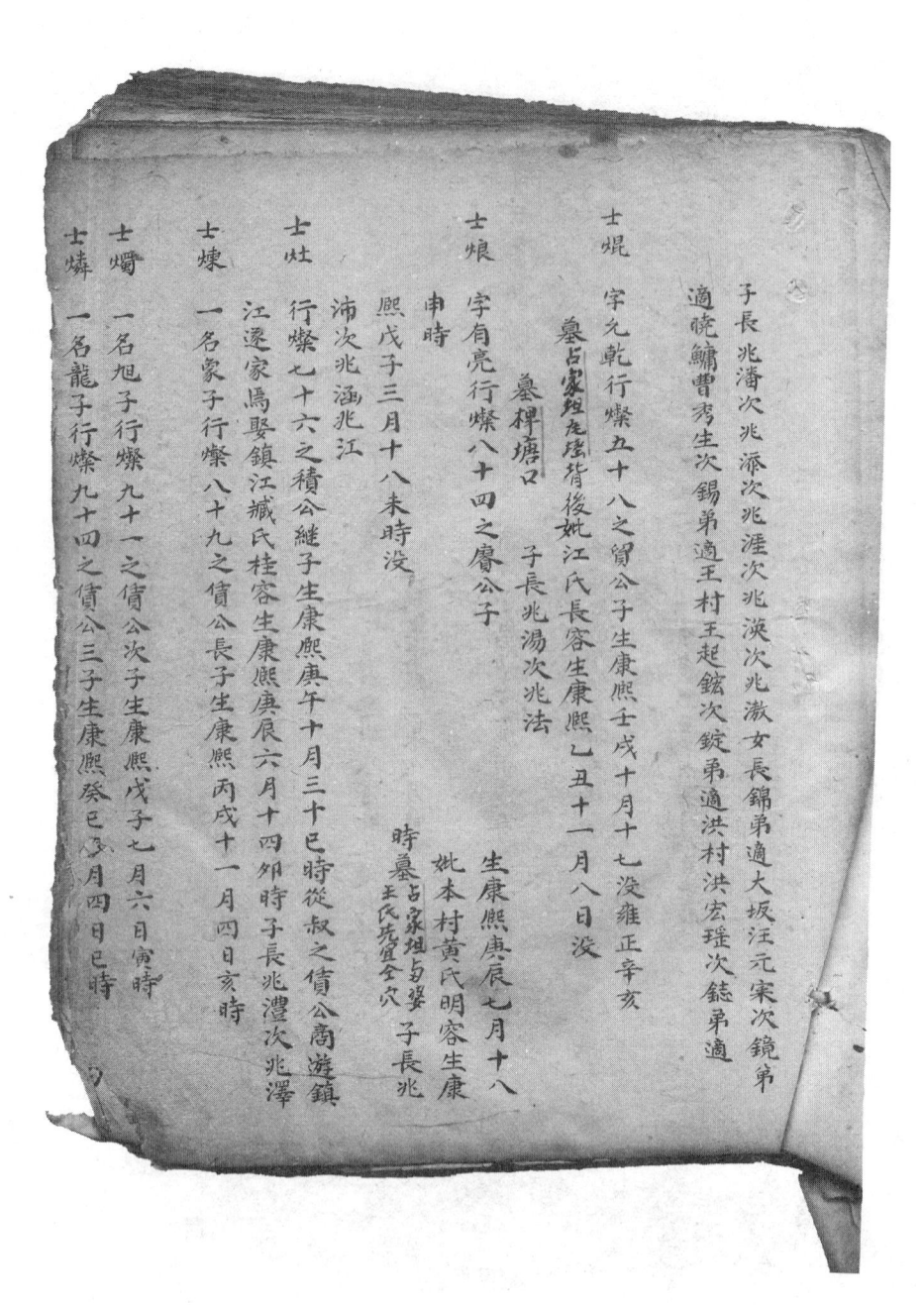

士焕　字允其行燦三十七之貢公長子質粹美富文章彬彬儒雅落落襟期

熙戊申十一月十八卯時没丁亥八月廿一丑時墓鳳落山艮坤向　妣下山

茶江氏續容孺人　生康熙丁未九月十八亥時

没乾隆己巳正月廿三申　時墓鰲坑口爛泥塢上山鳳形壬丙向　子兆溥女長先弟適旃坑江爾

性次育弟適上山茶江懋稅次福弟適井塢孫恩汶

士煒　字咸吉行燦四十〇之貢公次子之賢公三子入繼性明敏有才幹生康熙

庚戌三月五日寅時没己丑二月五日寅時墓　妣德與大詹

曹汪氏禎容孺人　生康熙甲寅正月五日亥時没丁亥

十一月十七申時墓本里塘塢與吳氏爰宜孺人同穴子長兆澄次兆滿

宗次兆洲女長嘉弟適旃坑江有分次保弟適王村王起焜

士爍　字爍華行燦六十四號世德之貢公三子敦孝友睦宗族教子姪以正交朋

友以誠解紛排難綽有父風嘗倡首重建二仙樓併興會置田以圖修理不

朽復名宗公四都墓祠設仁本公冬至祭禮又置振宗祀田積慶堂公備田

為時推重生康熙甲子十月十八未時没雍正乙卯三月三十申時墓燕窩

旃坑江氏慶瑞公女諱三容孺人

生康熙癸亥九月一日申時

未時没　　時墓　　妣本村黄氏諱圭容生
康熙丁巳三月廿八巳時没戊子正月十九　時墓北坳　頭山與黄氏茂
姬孺人同穴繼妣曹氏高容生康熙癸亥十二月二十亥時没乾隆壬戌十月
十九　時墓　　子長兆没黄出次兆淇次兆浡次兆沅俱曹出女
長招弟黄出適大坂汪　次全弟曹出適旃坑庠生江

士煬

字畋英行燦五十九之禄公次子生康熙壬戌十二月十三未時没雍正丁
未十一月廿一申時墓　　妣江氏隨容墓高升山継妣系氏榮
容生康熙己巳十月十三没雍正　　墓　　子兆沂女
長心弟適桃源李　次　弟適井塢孫

士燦

字允光行燦二十四之賢公長子　生順治辛丑十月二
十五時没康熙己卯十月廿八戌時墓　妣王氏先容生順治
庚子七月二十未時没康熙丙子七月廿五午卯時墓北坳辛泥冲丁向子兆
滴

士炳

字允若行燦二十八之賢公次子生康熙甲辰八月廿五没辛巳五月一日
墓北坳辛泥冲與叔之寶公同穴妣江氏姮容生康熙丁未三月六日没乾
隆戊午六月廿六墓北坳辛泥冲艮向子兆浩嚴坑畢氏入繼

江湾镇中［钟］吕村 2-60 · 族谱

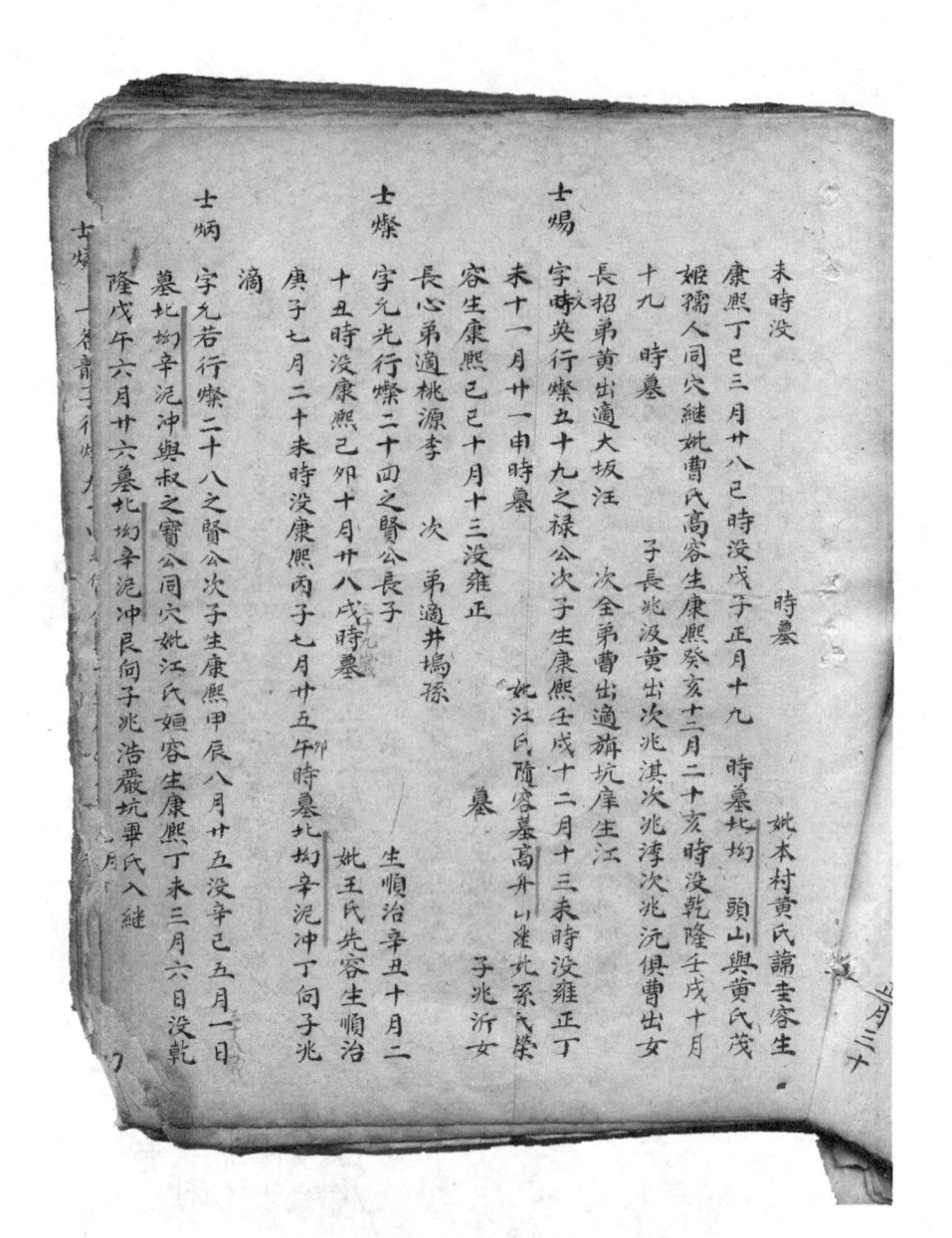

之全　行懋四十四　衍評子生崇禎乙亥八月四日未時没康熙壬申二月十

時墓　　姒江氏社宜生崇禎己卯二月六日辰時没康熙

時墓　　子士煋士熤

之員　字爾福行懋七十〇衍記長子好學多能生順治乙未五月二日辰時没（弟之贊之賓同穴應隆公墓明堂底）

康熙己丑正月十五未時墓古塘裡庚向與姒旃坑江氏秀宜生順治丙申

閏五月十一申時没康熙（雍正）丁未九月十四酉時墓　　子長士燀次

士熣次士焰次士煋

之贊　字仲可行懋八十三衍記次子剛毅尚氣節生康熙壬寅十月廿一巳時没

康熙戊戌六月（三十）酉時墓古塘裡與兄之姒（員弟之賓同穴）旃坑江氏轉宜生康熙丙午十月

十一辰時没戊寅伍月十九午時墓　　繼姒江氏祥宜生康熙乙

巳四月廿八子時没　　時墓　　子士熛

之賓　字尔全行懋九十一衍記三子（員之贊同穴）生康熙庚戌閏二月七日辰時没壬辰九月

初五酉時墓古塘裡與兄之姒汪氏美宜生康熙甲寅二月十八辰時没雍

正癸卯七月（初六）辰時墓詹家坦　　子長士炬次士燃

三十六世

士燧　字文朗行燦五十二之禄公長子性剛直敦義輕財生康熙庚申正月三十

江湾镇中［钟］吕村 2-61 · 族谱

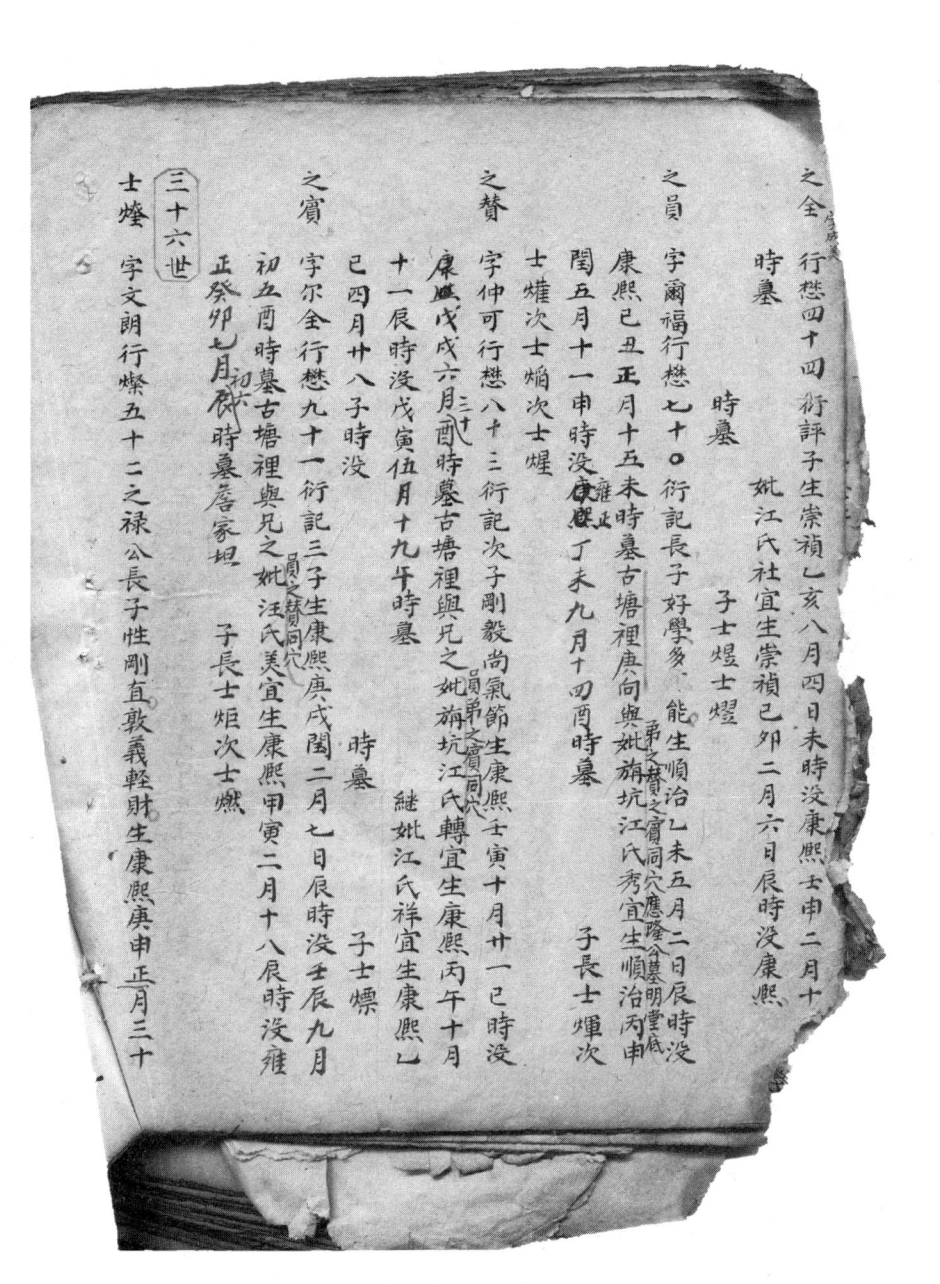

向子長士煥吴出次士熇之賢三子入継次士燦吴出
之寶　行懋六十七衍譔公三子無傳生順治辛卯五月五日丑時没康熙庚戌二
月十八巳時墓北坳辛泥冲梁上掛鐘形地艮向與姪士炳同穴
之貿　字公易行懋六十九衍譔公四子生順治甲午二月七日辰時没康熙丙申
九月十七午時墓古塘裡　妣孫氏壽宜生順治甲午九月廿八未時
没康熙　時墓詹家垻花塢背後　子士焜女初圭適旃坑江
之賡　行懋六十五衍謚公長子守分樂業生順治丙戌十一月廿八丑時没康熙
丙申十一月三十酉時墓占家坦　妣王氏先宜生順治庚子二月十
一巳時没雍正庚戌二月十七巳時墓占家坦与媳黄氏明客仝穴　子士烺內長
之賫　行懋七十五衍謚公次子無傳墓高舟山娶滕氏錦宜墓旃坑嶺
之精　行懋八十。衍謚三子墓高舟山子士灶曉鏞曹氏入継
之債　一名子字子祥行懋八十七衍謚公四子生康熙丁未四月十九亥時商遊
鎮江排安娶汪氏旺宜生三子長士煉次士燭次士熾雍正　攜妻子回
家居一載復遊南省而卒其後三子亦往南省而居之

江湾镇中［钟］吕村 2-62 · 族谱

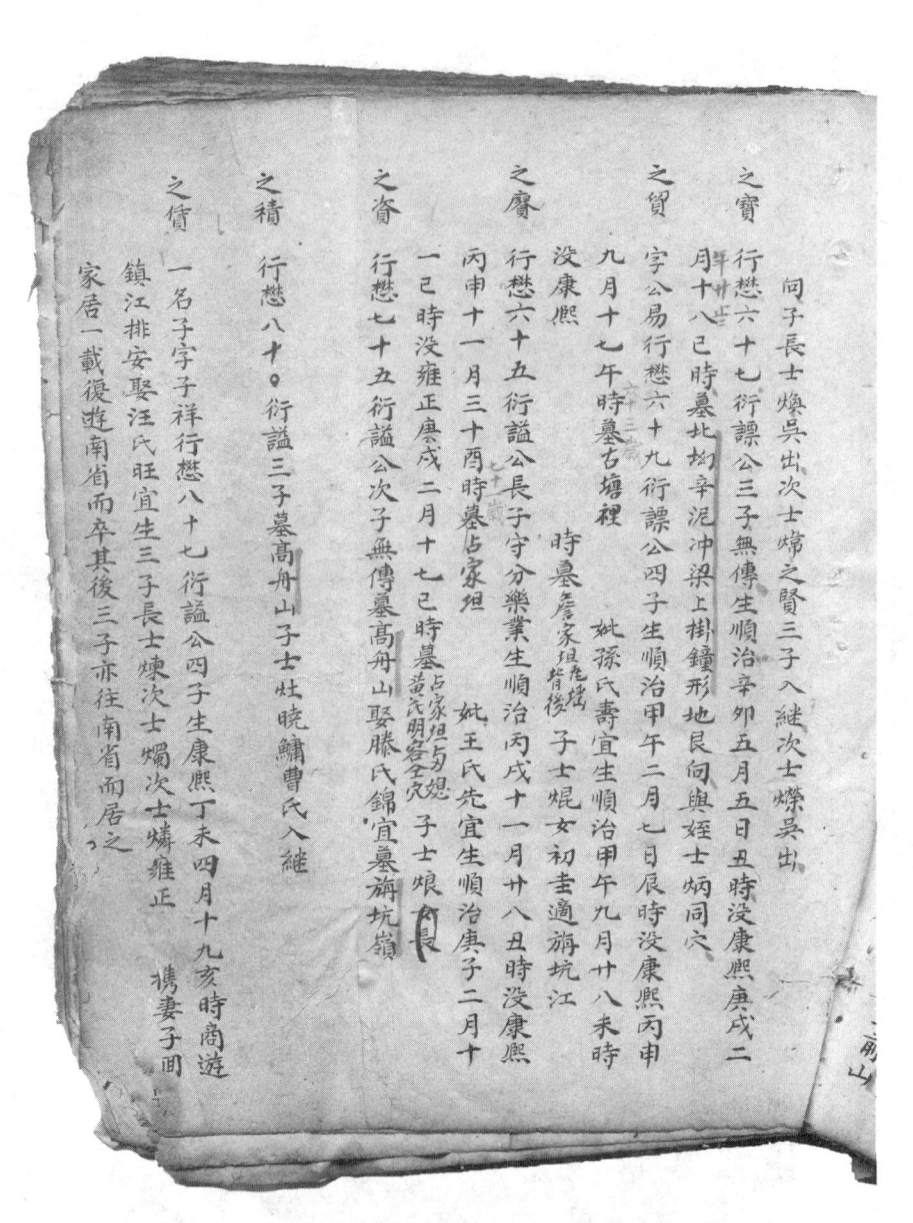

三十五世

之禄　字其中行樧六十三行譁公子性質朴安分樂善生順治丙戌五月廿二辰
時没康熙丁卯五月　　時墓江田路上坤向妣江氏福宜有賢德生崇
禎乙酉閏六月一日卯時没康熙戊戌九月九日卯時墓上前山乚山辛向
子長士烇次士煬女長旻璋適本村黄　　次定弟　　次宜弟

之賢　字時英行樧五十五行譚公長子和柔温厚勤儉樂業生崇禎庚辰八月七
日午時没康熙丙寅七月廿五午時墓占家坦𡋯墪背後妣黄氏淑宜生崇禎
戊寅八月十日亥時没康熙辛卯五月十九戌時墓塘塢裡手　子長士爔
次士炳次士焯出繼貢

之貢　字賓臣行樧六十一行譚公次子才識卓越孝友無間勤苦拓基業隆師課
子孫善繼父志置仁本公祀產二十餘畝扶弱抑强植綱維紀排解高風播
聲鄉邑邑侯蔣公賓公屢請大賓不樂就人稱古君子生崇禎甲申正月廿
五酉時没康熙庚子二月廿二申時墓四都蜈嶺美女含花形妣吴氏諱旻宜孺人
生順治庚寅八月九日卯時没康熙壬申八月廿四午
時墓本里塘塢將軍帶馬形地乾山巽向與媳汪氏禎容同穴繼妣胡氏接
宜孺人生順治庚寅八月六日子時没康熙丙申四月十七申時墓上前山

江湾镇中[钟]吕村 2-63 · 族谱

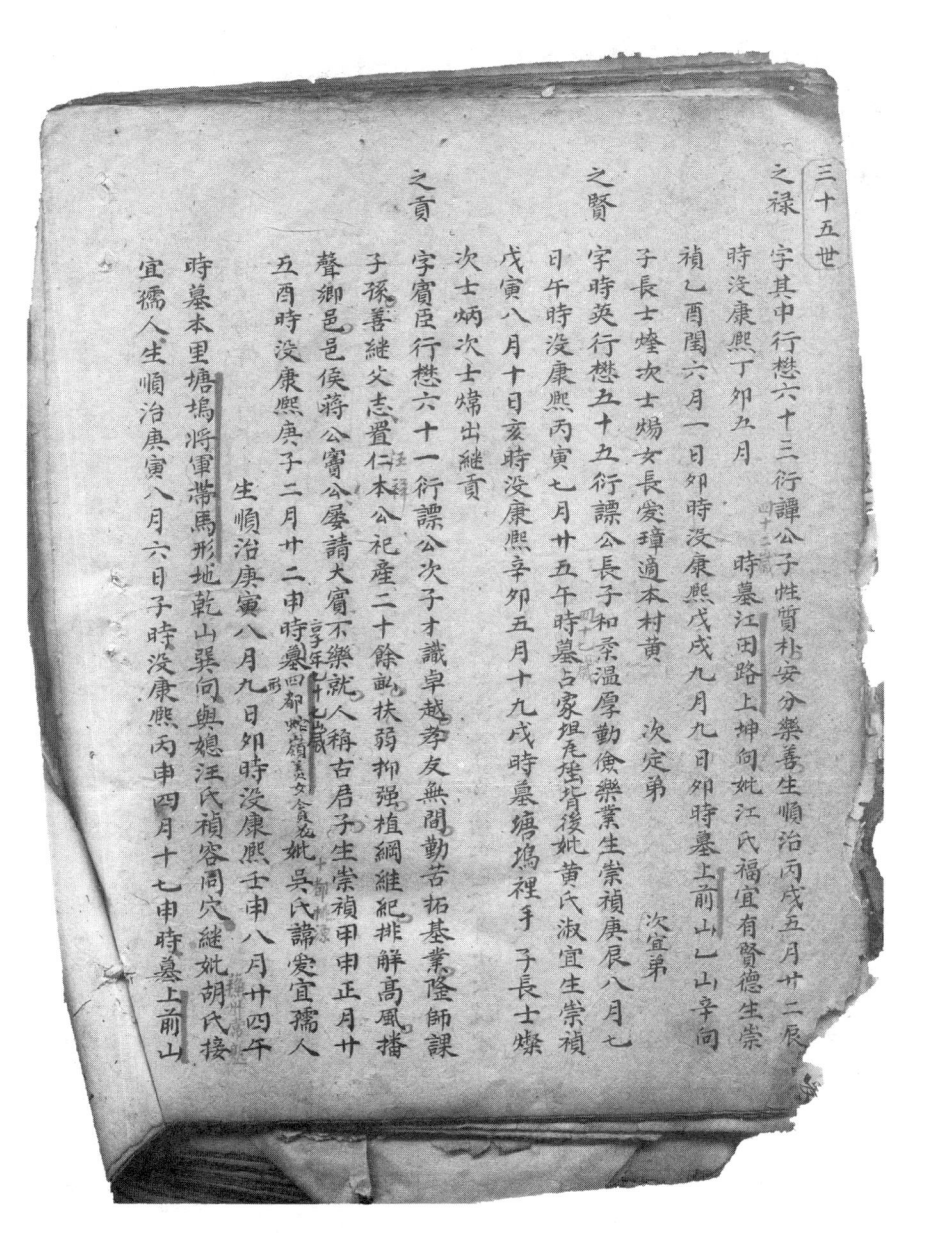

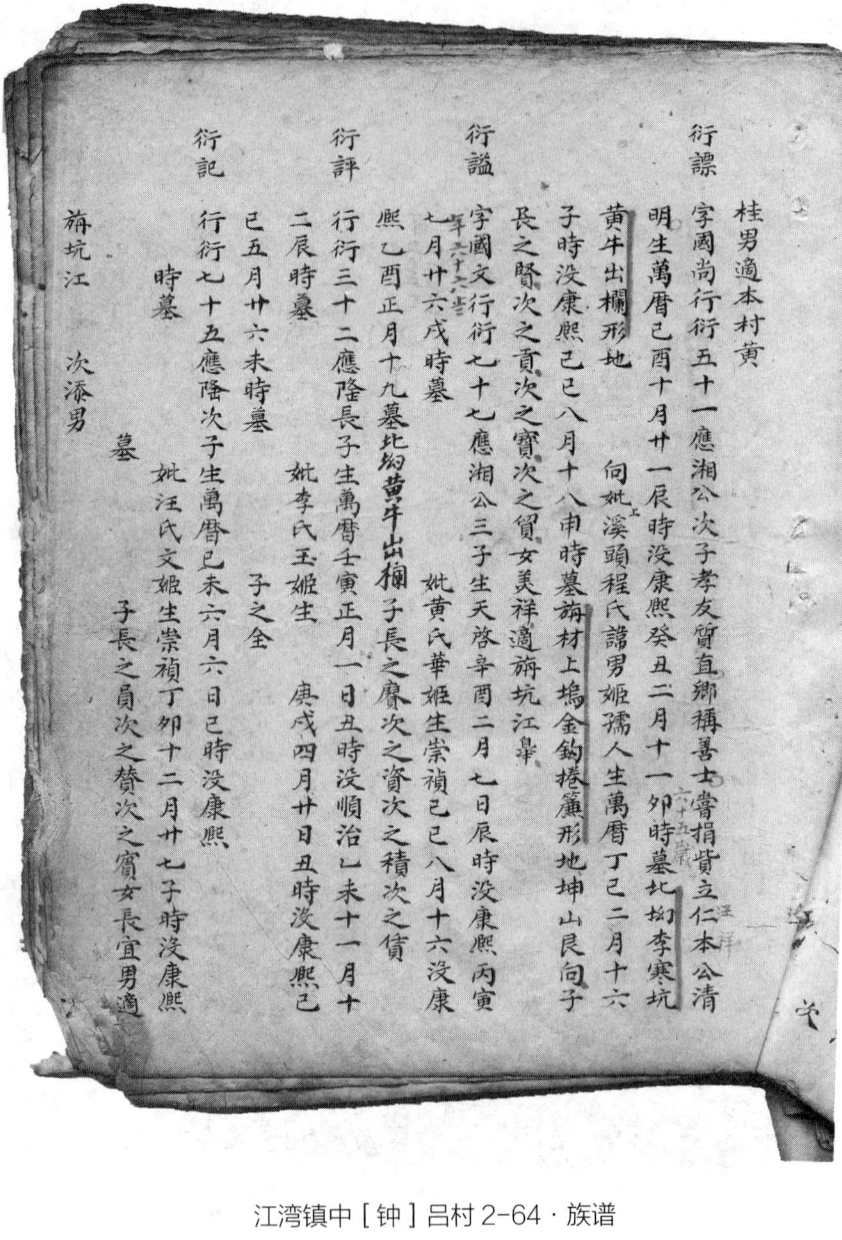

桂男適本村黄

衍譔　字國尚行衍五十一應湘公次子孝友質直鄉稱善士嘗捐貲立仁本公清明生萬曆己酉十月廿一辰時没康熙癸丑二月十一卯時（六十五歲）墓北坳李寒坑（汪洋）黄牛出欄形地　向妣上溪頭程氏諱男姬孺人生萬曆丁巳二月十六子時没康熙己巳八月十八申時墓旃材上塢金鈎捲簾形地坤山艮向子長之賢次之貢次之寶次之貿女美祥適旃坑江皐

衍謐　字國文行衍七十七應湘公三子生天啓辛酉二月七日辰時没康熙丙寅七月廿六戌時（年六十六歲）墓　妣黄氏華姬生崇禎己巳八月十六没康熙乙酉正月十九墓北坳黄牛出欄子長之賡次之資次之積次之債

衍評　行衍三十二應隆長子生萬曆壬寅正月一日丑時没順治乙未十一月十二辰時墓　妣李氏玉姬生　庚戌四月廿日丑時没康熙己巳五月廿六未時墓　子之全

衍記　行衍七十五應隆次子生萬曆己未六月六日巳時没康熙　時墓　妣汪氏文姬生崇禎丁卯十二月廿七子時没康熙　墓　子長之員次之賛次之賓女長宜男適旃坑江　次添男

江湾镇中［钟］吕村 2-64 · 族谱

應望 紹元子

應湘 字德清行鋋五十九號見垣山人泰元公子喜讀書積孝勵行精醫術多積陰功生萬曆辛巳六月九日寅時没崇禎甲申四月廿八申時墓李岸圳上象形 向妣濟溪游氏諱淑嬌孺人生萬曆丙戌十月廿一辰時没萬曆戊午八月二十戌時墓北坳黄雀嶺黄牛出欄形地 向繼妣篁嶺塢曹氏進士鳴遠公妹諱素芝孺人生萬曆癸未九月廿二丑時没順治庚子九月八日卯時墓石塘李岸圳 子長衍譚次衍譔俱游出次衍謐曹出

應隆 一名王祖行鋋四十八繼元公子生隆慶壬申十一月十二子時没崇禎乙亥三月六日 時墓古塘裡庚向・妣戴氏貴英生萬曆己卯十二月廿五没崇禎壬午

三十四世

衍譚 字國言行衍三十八應湘公長子惇朴慎重屹然有古君子風生萬曆癸卯十一月廿日戌時没康熙癸亥十二月廿四酉時墓 妣黄氏茂姬生萬曆戊申九月三十未時没順治甲午十一月五日未時墓北坳頭山與孫媳黄氏圭容同穴繼妣程氏節姬生萬曆壬子九月廿八子時没康熙戊辰八月廿一 時墓高舟山子之禄女長桂祥適汪路嶺 次

江湾镇中［钟］吕村 2-65 · 族谱

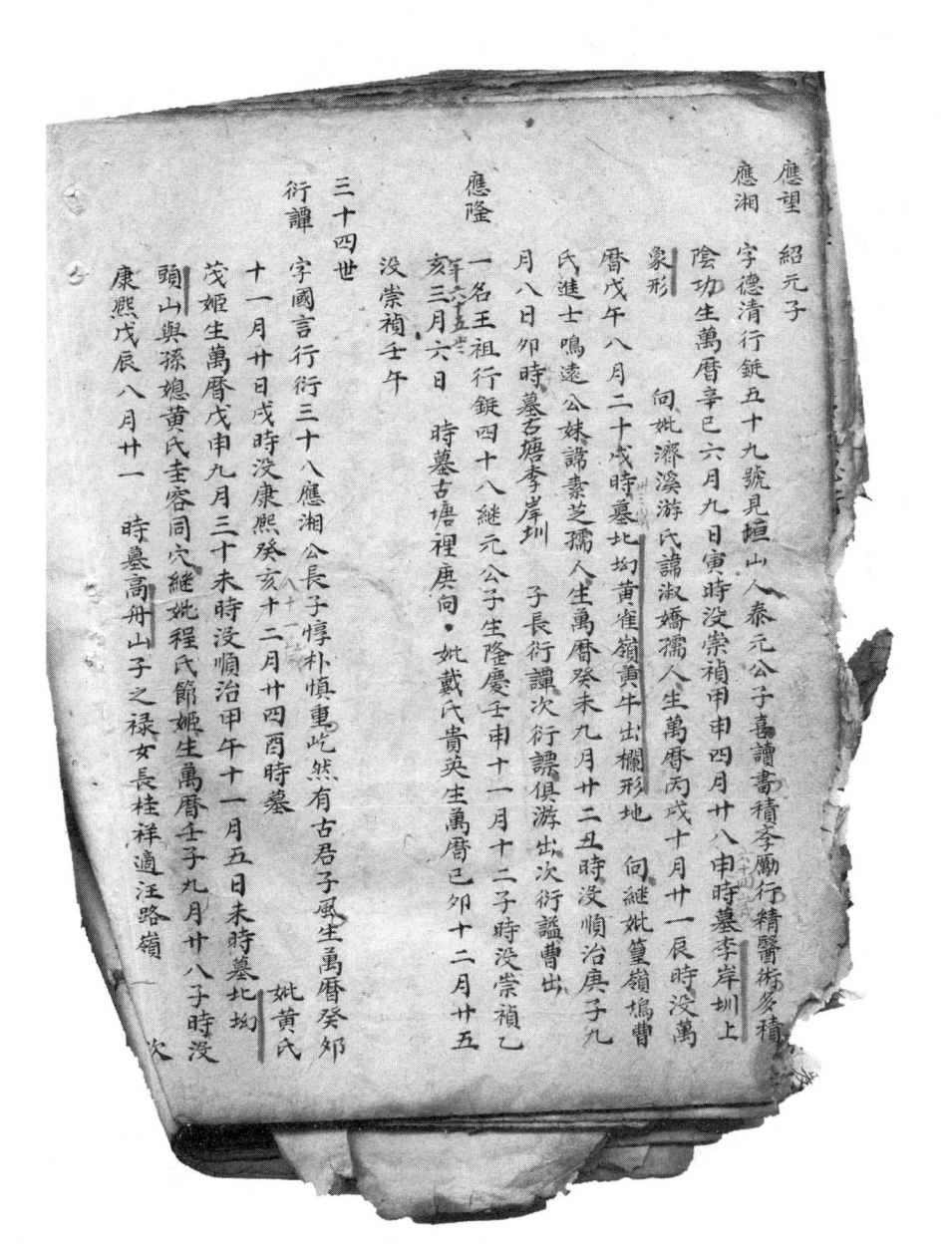

銅　繼銅俱陳出
行十一瓚三子生弘治甲子四月四日没嘉靖癸亥三月十二墓
妣王氏真女生正德丙寅七月十一没隆慶丁卯七月十一墓
子慶元鏡次子入繼繼元王氏入繼

三十二世

紹元　行坤三鋼長子生正德庚辰十二月四日没萬曆癸未三月三日妣戴氏貴
男生嘉靖庚寅三月四日没　戊子五月七日墓　子應望

應元　行坤九鋼次子生嘉靖丁亥十一月廿六

泰元　字玄佑行坤三十赵鏡公長子涖事平直鄉人推服生嘉靖丁未八月十一
午時没萬曆戊午八月十九未時墓孝寒坑黄牛出欄形辛山乙向妣江氏
諱求鳳孺人生嘉靖乙丑三月廿五巳時没崇禎壬午二月　日　時墓同
處子應湘

三十三世

慶元　行𡈼四十三五九銅長子鏡次子入繼生嘉靖庚戌正月一日

繼元　行坤四五銅次子王氏入繼墓　妣滕氏金圭墓

江湾镇中 [钟] 吕村 2-66 · 族谱

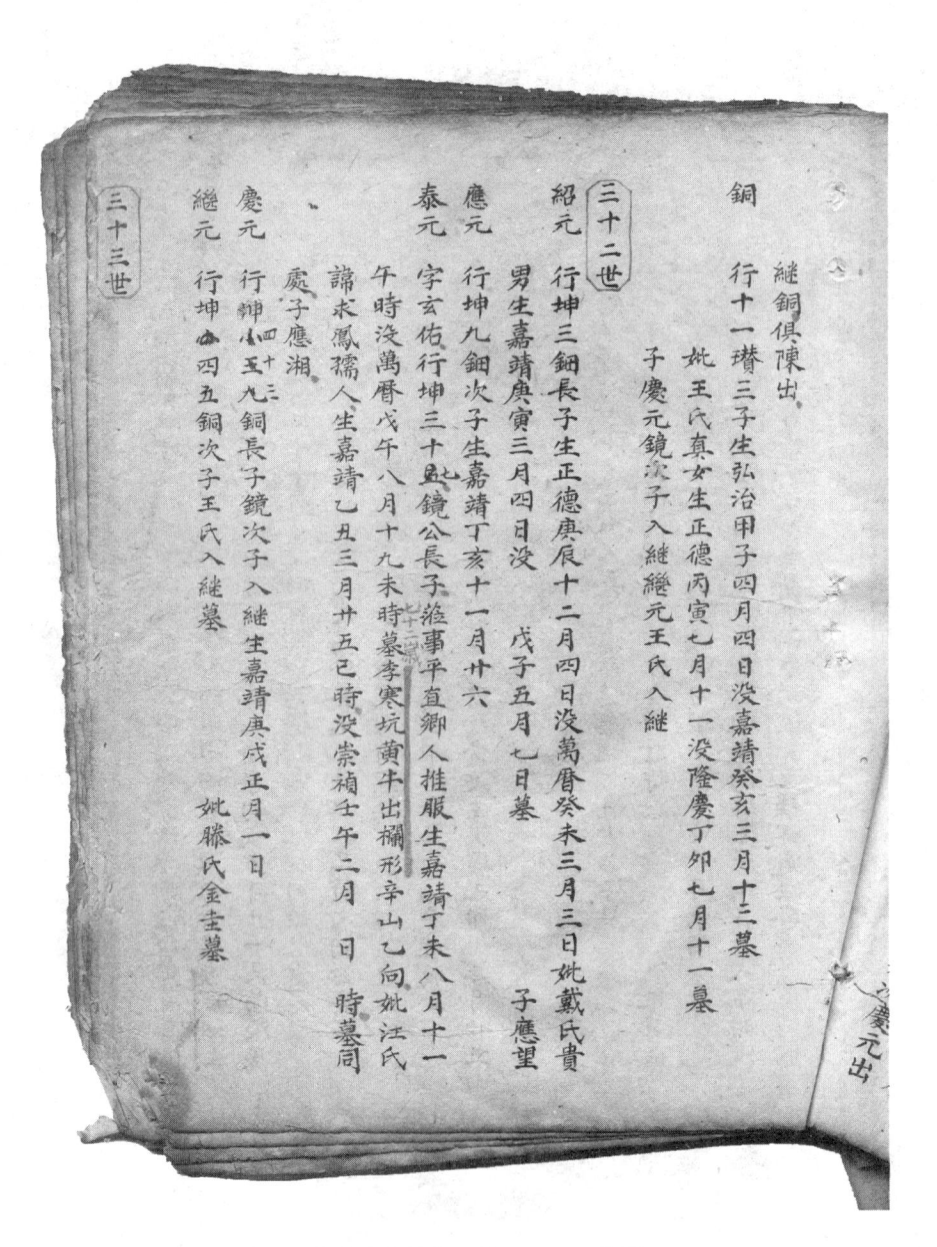

亥三月廿三没己酉十二月廿八子長錫次鑾次鑣次鐘
玐　字廷振行松八添祥公三子坦易和平不規世利生成化己巳二月六日没
嘉靖壬辰五月九日墓　娶濟溪游氏文絨公女名瑗閨生弘
治戊申十二月十二殁嘉靖辛亥七月七日子長鏍次銘女烏玉適大坂汪
金樞
玉　字廷寶行松十添祥公四子質粹美力孝疾而蚤卒生正德丙寅六月九日
没嘉靖戊子二月廿二墓江田金釵形大磚坟

三十一世

鈿　行燧一瓚長子生弘治己酉十一月十八没嘉靖丁亥五月廿五墓
妣葉氏秀生壬子十月十九没壬寅六月廿一墓
子長紹元次應元
鏡　字希清行燧二號澄溪瓚次子生弘治乙卯四月廿八巳時没嘉靖乙丑六
月廿七酉時墓俞公山下（七十一歲）　向與父瓚公同穴妣林氏貴卿生癸丑正月十
三未時没嘉靖辛丑五月三日巳時墓　側程氏金愛生嘉靖
甲申四月十八没　墓　側陳氏鳳生正德癸
酉正月十九没　墓　子長泰元次慶元出

江湾镇中 [钟] 吕村 2-67 · 族谱

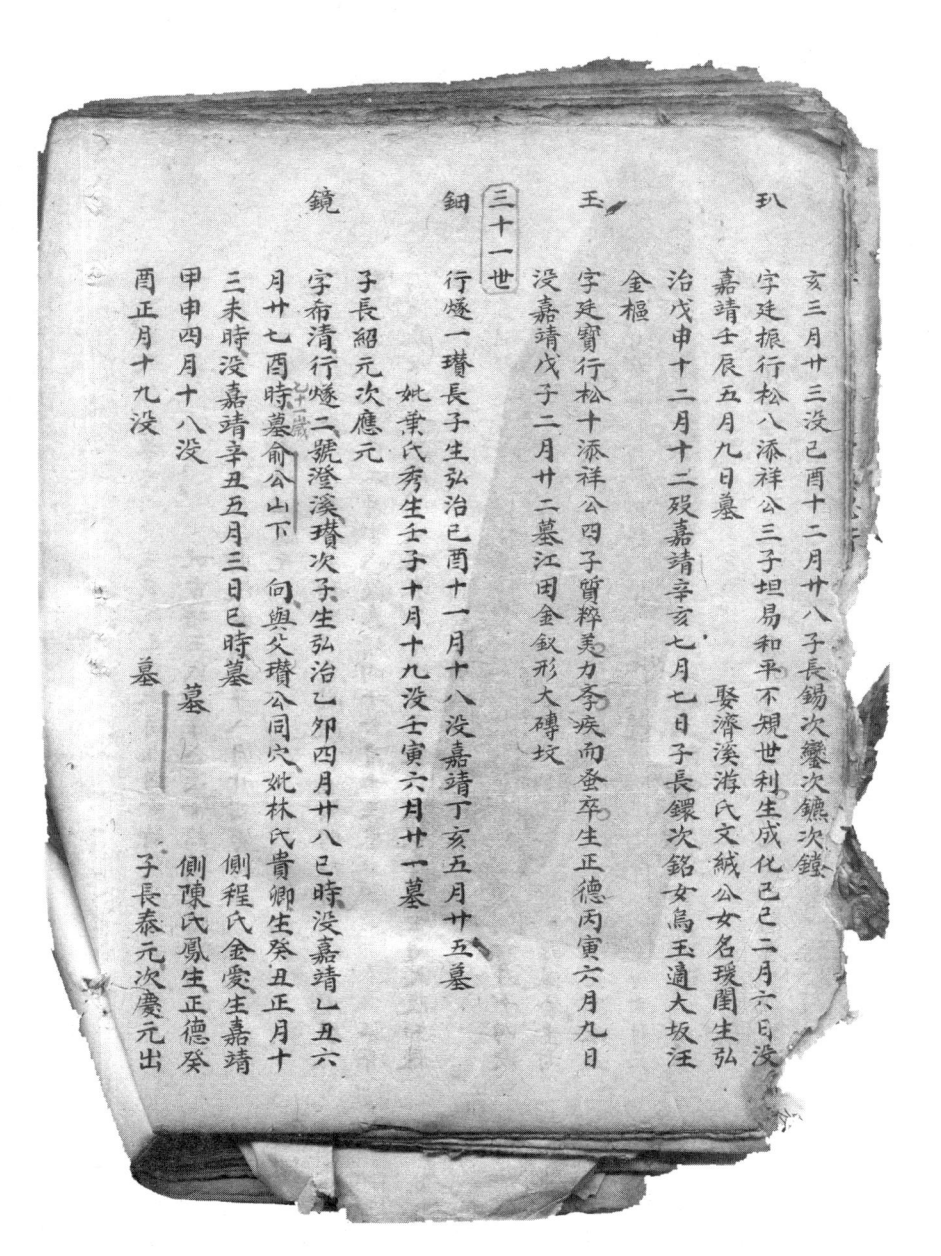

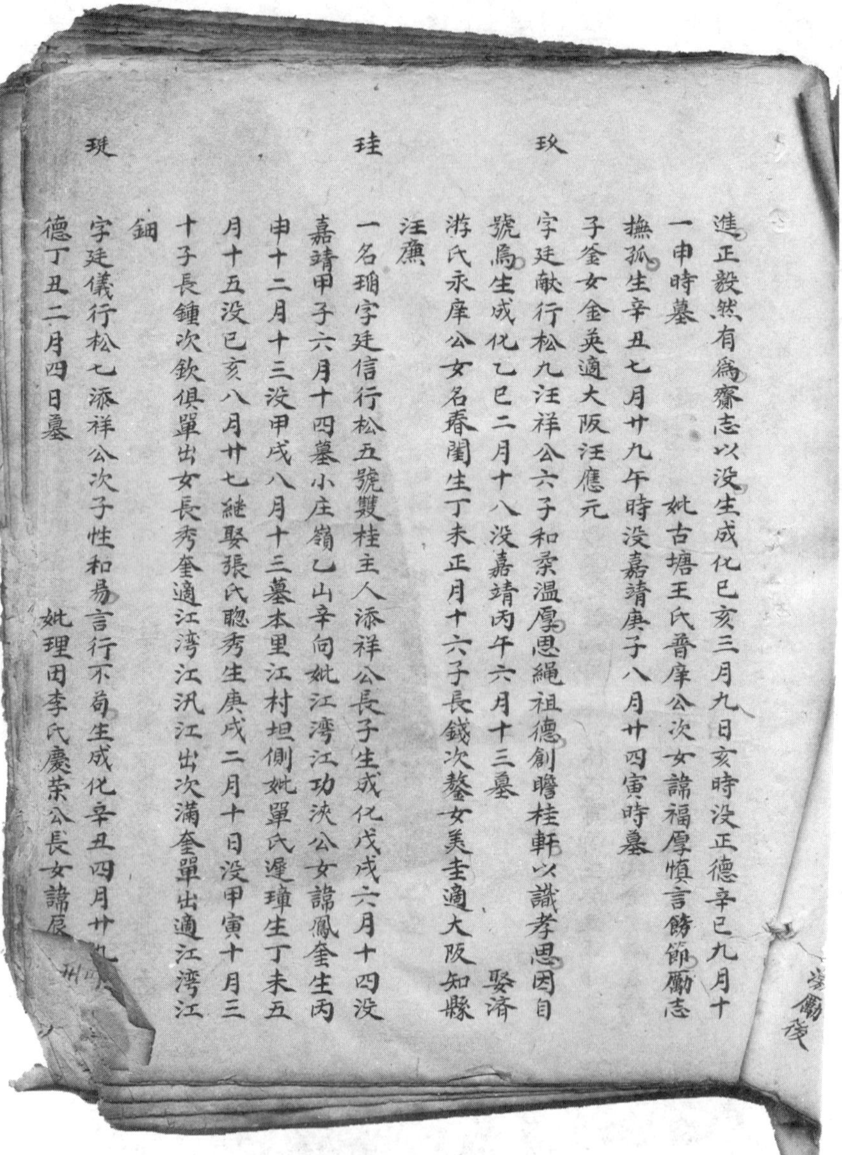
進正毅然有爲齋志以没生成化己亥三月九日亥時没正德辛巳九月十
一申時墓　妣古塘王氏晉庠公次女諱福厚慎言篩節勵志
撫孤生辛丑七月廿九午時没嘉靖庚子八月廿四寅時墓
子釜女金英適大阪汪應元
玖　字廷猷行松九汪祥公六子和柔温厚思繩祖德創瞻桂軒以識孝思因自
號爲生成化乙巳二月十八没嘉靖丙午六月十三墓　娶濟
游氏永庠公女名春蘭生丁未正月十六子長鉞次鏊女美圭適大阪知縣
汪應
珪　一名琱字廷信行松五號雙桂主人添祥公長子生成化戊戌六月十四没
嘉靖甲子六月十四墓小庄嶺乙山辛向妣江湾江功浹公女諱鳳奎生丙
申十二月十三没甲戌八月十三墓本里江村坦側妣單氏暹璋生丁未五
月十五没己亥八月廿七繼娶張氏聰秀生庚戌二月十日没甲寅十月三
十子長鍾次欽俱單出女長秀奎適江湾江汎江出次滿奎單出適江湾江
鈿
琠　字廷儀行松七添祥公次子性和易言行不苟生成化辛丑四月廿九
德丁丑二月四日墓　妣理田李氏慶榮公長女諱辰

江湾镇中 [钟] 吕村 2-68 · 族谱

没戊戌三月十七墓石堂前向子長鈿次鏡次銅女慰圭適大坂

璧

字廷實一諱白行松二號質齋汪祥公次子勤儉致富識大體礼賢
請大賔一時士夫多相友善創二仙樓晚膺冠帶生成化丙戌九月十八没
嘉靖己酉九月廿六墓高舟山脚田内妣大阪汪氏世興公女諱翠員有賢
德生丙戌九月十五没辛卯八月廿四墓龍鬚李深坑辛向繼妣洪氏諱金
側游氏諱巧子鎮女長宝圭適旃坑江坤龍次金璋適大坂汪棣俱汪出次
晚姑適大阪汪自修游出

珎

字廷重行松三號時濟軒汪祥公三子純善和粹業儒通醫投劑輒効不責
報於人鄉稱古居子生成化癸巳三月十二没嘉靖戊申七月十六墓
娶迴峯汪氏泰康公女名勝生壬辰八月廿五没癸亥五月十五
子長鈷次鍵次銀次鈇女員圭適叚莘汪天民
墓

瑗

字廷玉一諱四行松四汪祥公四子質直敦厚不狥勢利生成化乙未正月
十六没嘉靖癸未十二月十九墓　妣濟溪游氏貞祥公次女
諱再璋生丁酉八月五日没癸巳九月廿一墓　子長鋮次鏐
次鍪次鈐次鋼

琢

字廷器行松六號勉齋汪祥公五子楽季善詩尤工琴書耿直剛方激勵後

江湾镇中［钟］吕村 2-69 · 族谱

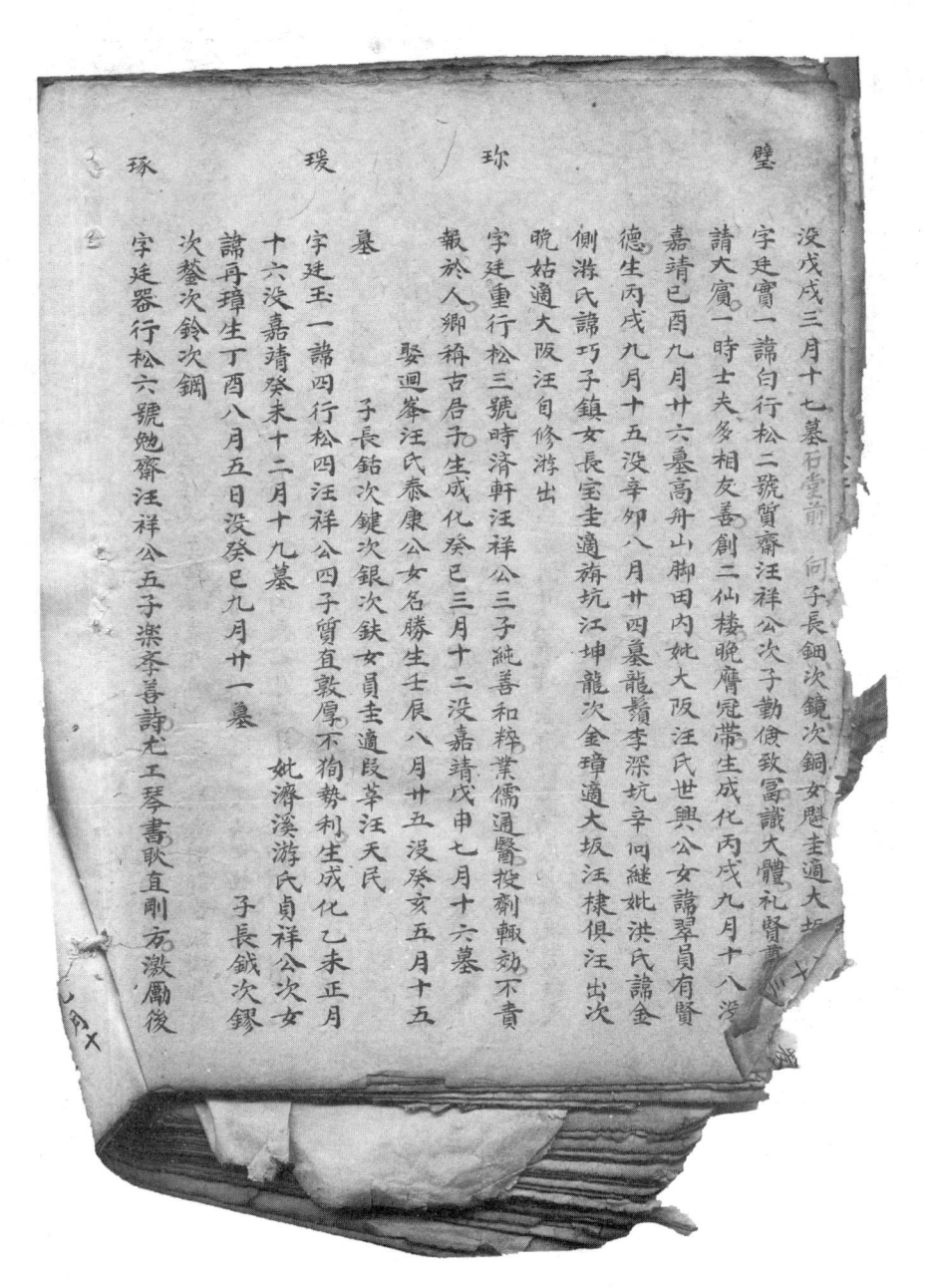

坑嶺創慦飲亭續家乘録文徵誌祖墓作外譜編統輯世覘為當時推重生
正統己未二月十七酉時没正德辛未九月十七辰時墓四都吾株樹嶺丙
向與弟添祥公同穴名宗公墓左臂妣濟溪游氏以文公女勉璋孺人有淑
德生壬戌三月廿二辰時没弘治丙辰七月一日辰時墓旃村上塢艮向妣
江氏貴珎孺人墓石使降丙向與添祥公妣同穴子長瓚次璧次珍次瑗次
琢次玖女燦璋適濟溪游文修

添祥公公字懋功行洋九號懷德名宗公次子修潔惇厚喜怒不形事兄怡然至老
無間生景泰甲戌正月廿九戌時没正德壬申三月五日申時墓四都吾株
樹嶺丙向與兄汪祥公同穴名宗公墓左妣大畈汪氏挠公女妙圭孺人生
甲戌二月廿一辰時没壬戌正月廿八酉時墓旃村上塢艮向継妣游氏文
珎孺人墓石使降與汪祥公妣同穴子長珪次琎次玐次玉女長冉璋適理
田李顯太次錦適大坂汪金美

三十世

瓚公

字廷薦行松一號恪齋汪祥公長子質直罷厚公平剛毅晚年與子姪談古
今亹亹不倦生天順甲申三月二日没嘉靖戊戌三月五日墓俞公山下
向與次子鏡公同穴妣斤竹程氏勇浩公女諱曉珠孺人生乙酉十月

江湾镇中［钟］吕村 2-70 · 族谱

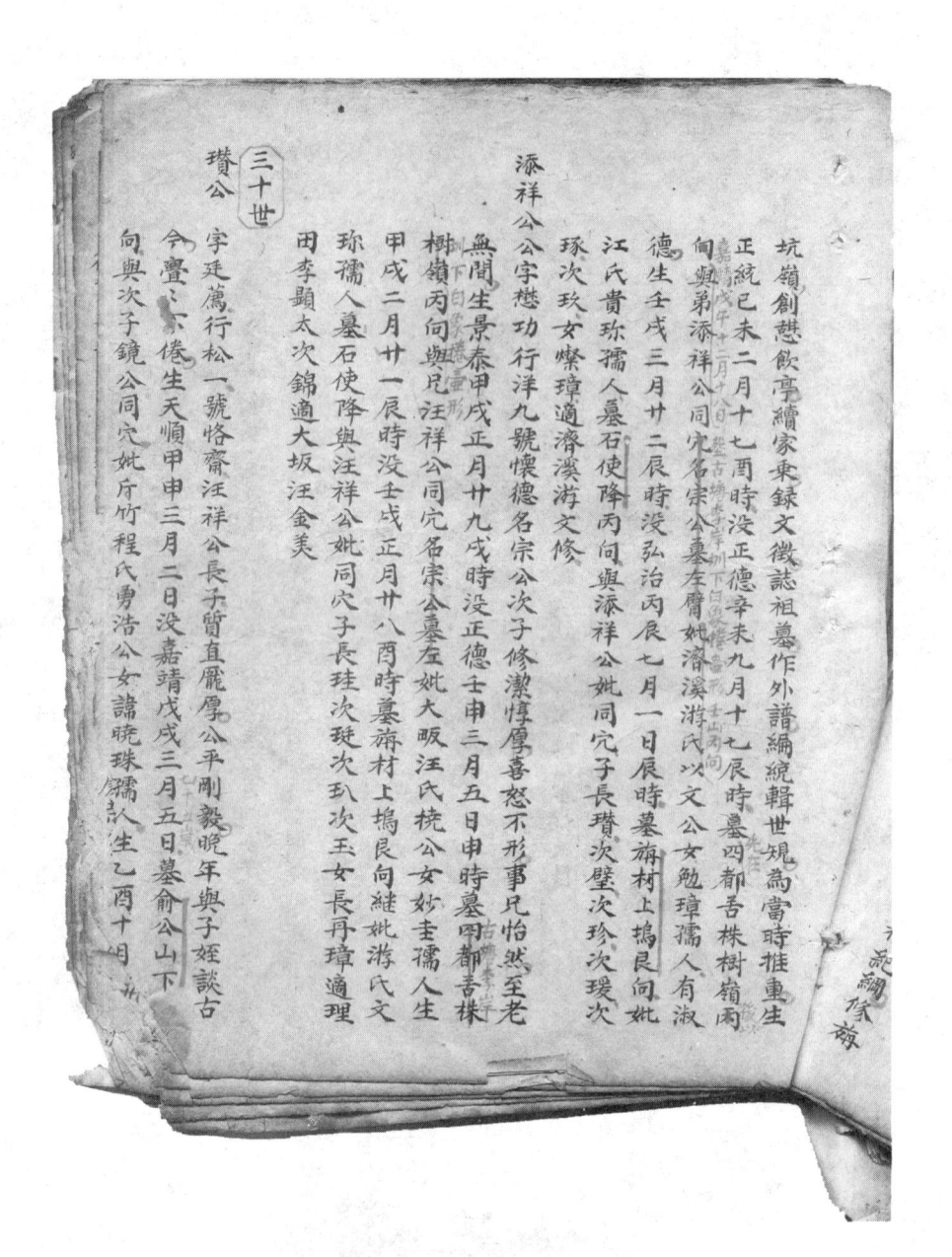

文宗公公字用禮行真三晚成公長子敦礼篤義不忘先訓生洪武乙亥二月十
没景泰壬申八月九日墓俞公山下癸向妣江氏儀鳳孺人生甲戌三月九
日没丙子四月十一墓同處子長思華公次思安公公
友宗公公字用志行真四晚成公次子謹慤質訥不逐時靡墓旃坑嶺下牛軍塢妣
汪氏墓程高塢江田塝上子思寶公
再宗公公字用仁行真六晚成公三子質实惇厚生永樂甲申三月十一没成化乙
酉四月廿一墓俞公山下癸向妣汪氏生戊子没天順甲申八月十一墓同
處子思右公
名宗公公字用義行鎮八號積慶堂晚成公四子遺腹孤弱幼思自拔讀書為善舉
吏材佐郡有陰功甫滿托疾歸勤儉貽謀晚膺冠帶人稱長者生永樂己丑
十月十九寅時没弘治辛亥正月八日巳時墓四都苦株樹嶺出土蜈蚣形地丁
向妣旃坑江氏芳公女節珎孺人有淑行内相稱賢生戊戌五月二十九辰
時没戊申正月十六卯時墓同穴子長汪祥公次添祥公女長府珎娘適城
西纂修儒士張子鑑次泗珎娘適大坂府判汪子天民

二十九世

汪祥公公字懋德行洋五號仁本名宗公長子善承父志孝友義讓振植紀綱修旃

江湾镇中[钟]吕村 2-71 · 族谱

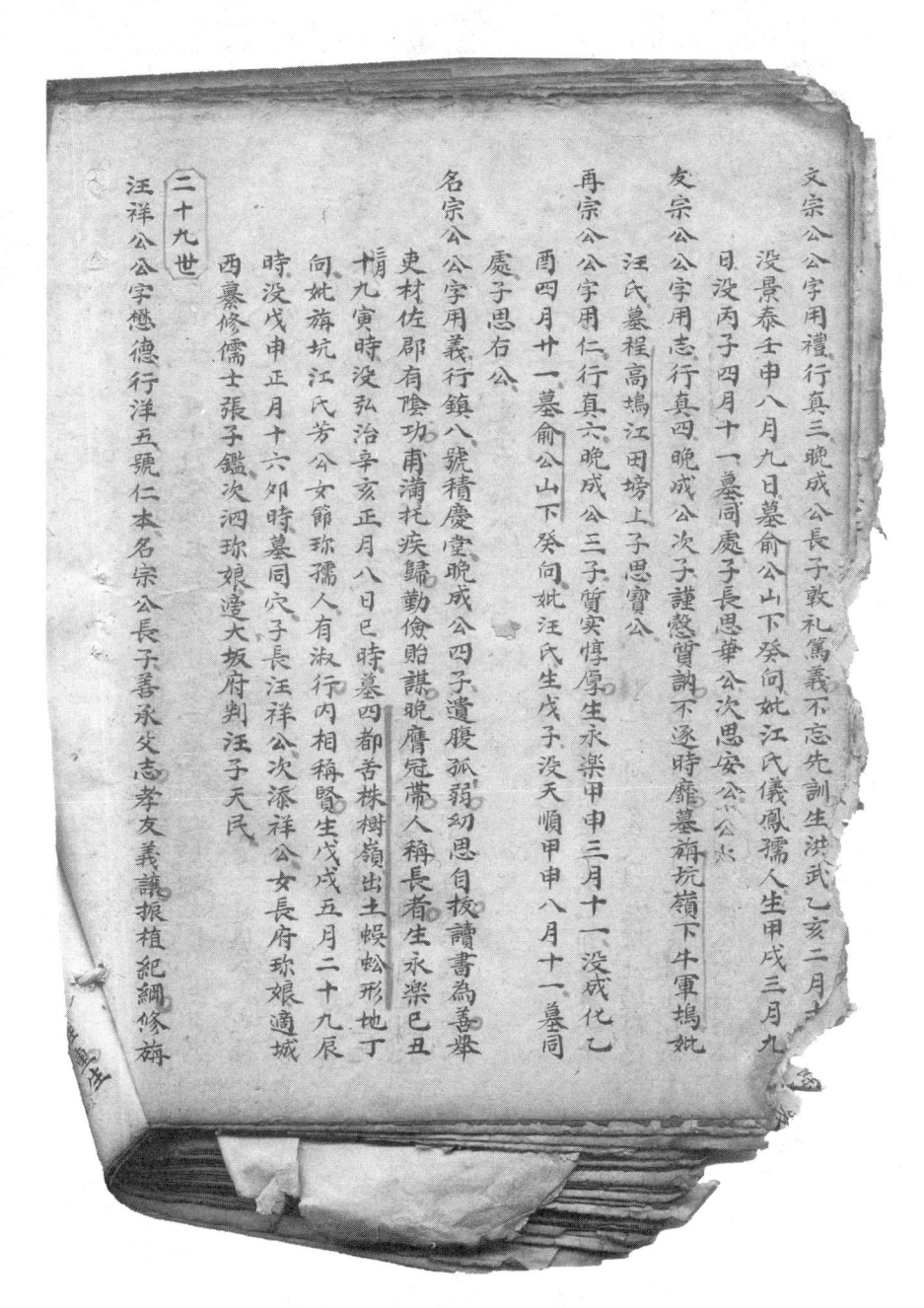

伯衡先生門長從歙鄭師山先生為高第養親不仕築黃崗山房怡情訓子
生元庚午七月十四沒洪武丙子五月十一墓冲潭木裏坑妣詹氏生甲子
九月廿一沒辛未十二月十七墓同處子長達成公無專次道隹公次成孫
公

二十六世

同仁公公一諱豹字子威行安十六號東垣祖昭公長子藝儒精詩以善自淑生元
大定甲子四月十三沒洪武壬申十二月初四墓本里溪頭塘坑嶺龍馬飲
泉形地巳向妣古塘王氏奇圭孺人生至元丙子九月十四沒洪武壬午三
月初四墓同處子晚成公

二十七世

晚成公公字功茂行和十一同仁公子敦厚古朴恬退自如生洪武乙卯正月二十
沒永樂戊子十二月二十墓[illegible]高塢虎形地巳向富五公墳左臂妣湯村湯
氏觀音奴孺人生洪武己未四月二十沒正統戊午十月九日墓旗材上塢
灣坵臼象捲壺又號金鉤掛蕪形地艮向子長文宗公次友宗公次再宗公
次名宗公

二十八世

江湾镇中［钟］吕村 2-72 · 族谱

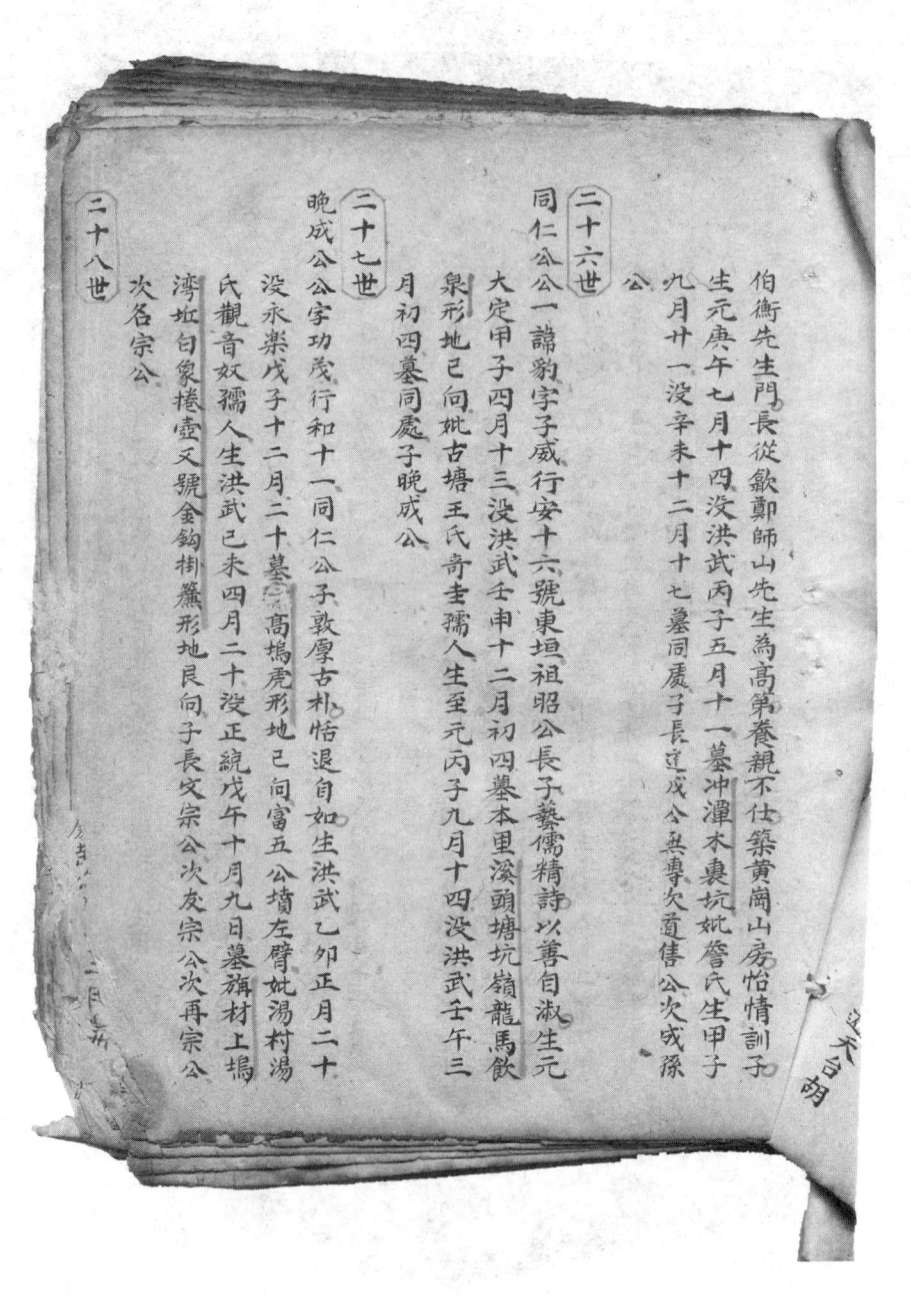

葬龍湫寺字妣李氏祥鳳孺人合葬本里江田程高塢伏壁虎形地巽向子

長鎬公次鑛公次銓公次鉉公次鈺公

二十四世

鎬公 公字尚周行務六號耕讀軒鏽公長子惇孝友肅家政生祥興己卯三月初三沒至正丙戌十一月十九墓古塘李岸圳下臼象捲壺形地丙向妣汪氏生庚辰七月廿一沒己丑八月十四墓同處子長方六公無傳次方十一公次方十七公次方廿一公

二十五世

祖昭公 公行方廿一鎬公四子好樹藝尚德尊士生元大德丁未二月初三沒洪武壬子三月十五墓四都義村仙人撫琴形地坤向妣汪氏生大德乙巳七月十五沒至正壬寅八月十六墓同處子長同仁公次子奇公

權公 公字用中一諱霻椿行濟三號鍾山鉉公長子器宇凝重才思駿發洪武初徵授河南府尹時稱公明廉愛太守所著有東遊諸集生元大定丁夘七月十三沒洪武乙亥四月初八墓冲潭查坑口妣朱氏生甲子三月初一沒癸亥十一月十八墓同處子長株老公次太亨公

衡公 公字允中一諱桂興行濟六號黃崗居士鉉公次子天資穎敏幼遊天台朋

江湾镇中［钟］吕村 2-73 · 族谱

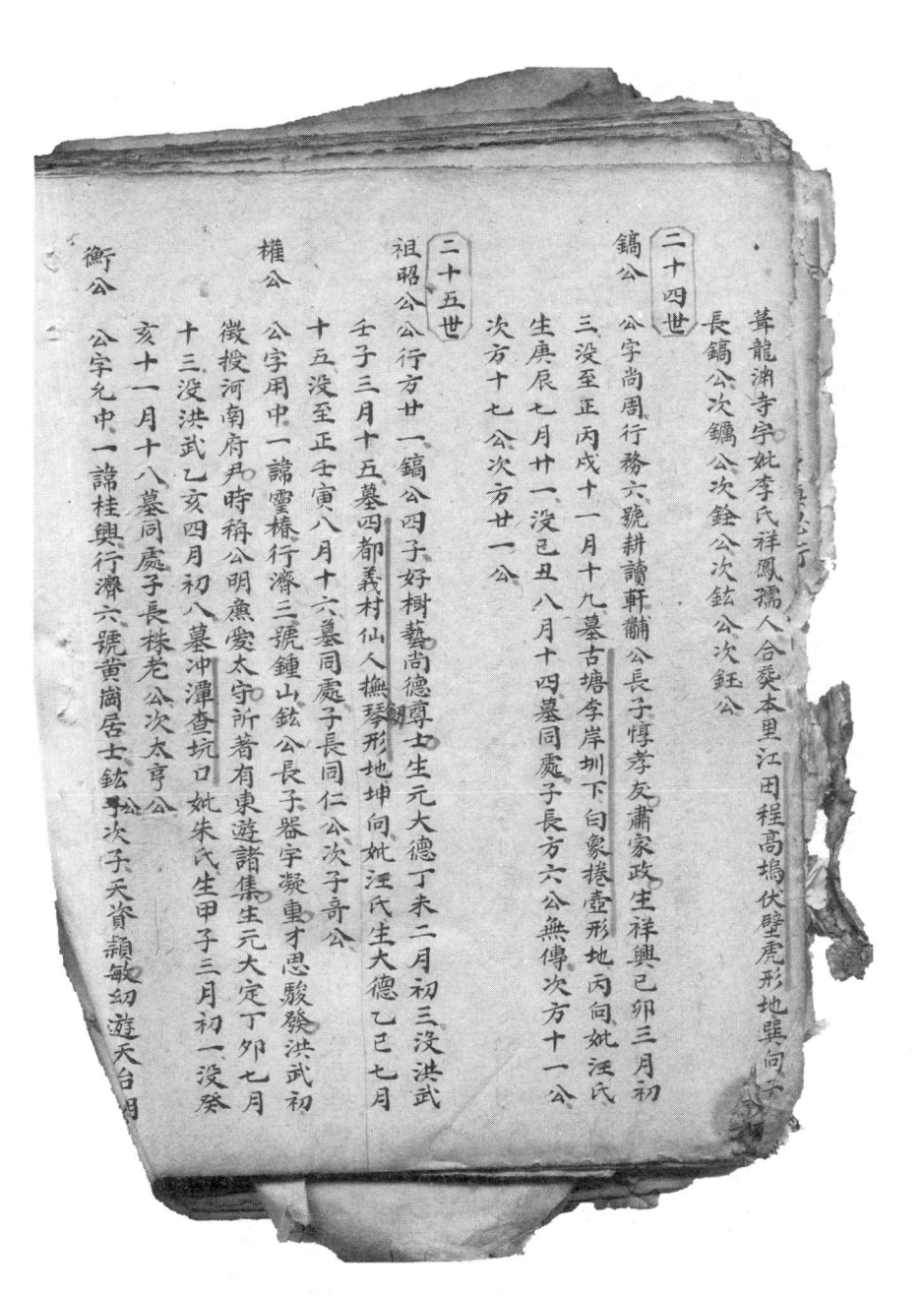

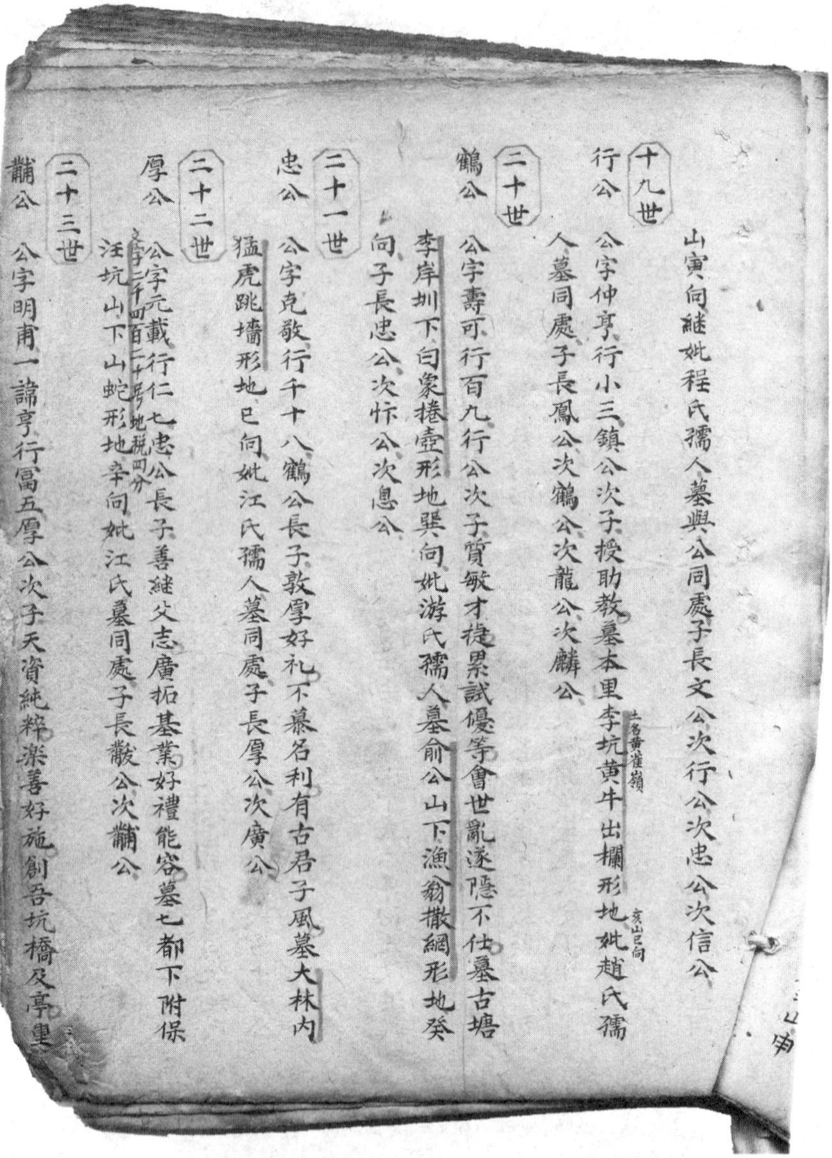

山寅向継妣程氏孺人墓與公同處子長文公次行公次忠公次信公

十九世

行公 公字仲亨行小三鎮公次子授助教墓本里李坑（土名黄雀嶺）黄牛出欄形地（亥山巳向）妣趙氏孺人墓同處子長鳳公次鶴公次龍公次麟公

二十世

鶴公 公字壽可行百九行公次子質敏才捷累試優等會世亂遂隱不仕墓古塘李岸圳下白象捲壺形地巽向妣游氏孺人墓俞公山下漁翁撒網形地癸向子長忠公次忭公次息公

二十一世

忠公 公字克敬行千十八鶴公長子敦學好礼不慕名利有古君子風墓大林内猛虎跳墻形地巳向妣江氏孺人墓同處子長厚公次廣公

二十二世

厚公 公字元載行仁七忠公長子善継父志廣拓基業好禮能容墓七都下附保（又李二千四百二十八號地税四分）汪坑山下山蛇形地辛向妣江氏墓同處子長瀓公次灝公

二十三世

灝公 公字明甫一諱亨行富五厚公次子天資純粹樂善好施創吾坑橋及亭里

江湾镇中［钟］吕村 2-74 · 族谱

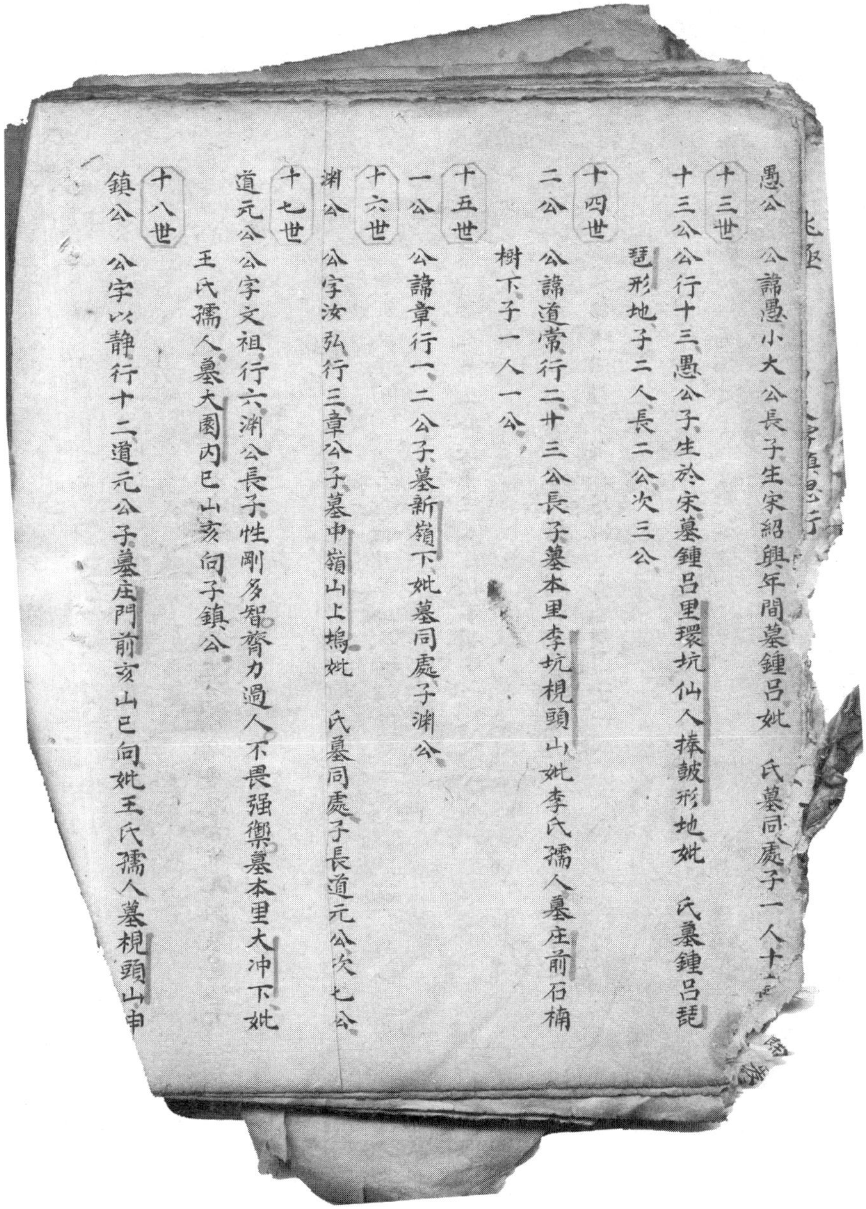

愚公　公諱愚小大公長子生宋紹興年間墓鍾呂妣　氏墓同處子一人十三

十三世

十三公　公行十三愚公子生於宋墓鍾呂里環坑仙人捧皷形地妣　氏墓鍾呂琵
琶形地子二人長二公次三公

十四世

二公　公諱道常行二十三公長子墓本里李坑梘頭山妣李氏孺人墓庄前石楠
樹下子一人一公

十五世

一公　公諱章行一二公子墓新嶺下妣墓同處子淵公

十六世

淵公　公字汝弘行三章公子墓中嶺山上塢妣　氏墓同處子長道元公次七公

十七世

道元公　公字文祖行六淵公長子性剛多智膂力過人不畏强禦墓本里大冲下妣
王氏孺人墓大園内巳山亥向子鎮公

十八世

鎮公　公字以静行十二道元公子墓庄門前亥山巳向妣王氏孺人墓梘頭山申

江湾镇中［钟］吕村 2-75 · 族谱

廿二公公諱承凱行廿二廿五公三子生五代南唐墓古坑子一人十三公

七世

十三公公諱文質又諱文道行十三廿二公子生五代南唐遷古坑九都墓豊洛下塘妣程氏子一人千三公

八世

千三公公行千三十三公子生宋乾德年間遷古塘墓古坑妣王氏合葬古坑椑木塢艮寅山庚甲向子三人長廿五公次廿四三廿二公

九世

廿五公公行廿五千三公長子生宋端拱年間子一人大公

十世

大公 公行大廿五公子生宋天禧年間由古塘遷楓木坦鍾呂二仙尋勝過此因更名其地曰鍾呂墓鍾呂妣 氏墓同處子一人小大公

十一世

小大公公諱道存行小大大公子生宋慶曆間墓鍾呂碁盤形地妣 氏墓同處子三人長愚公次近公次孟公

十二世

江湾镇中 [钟] 吕村 2-76・族谱

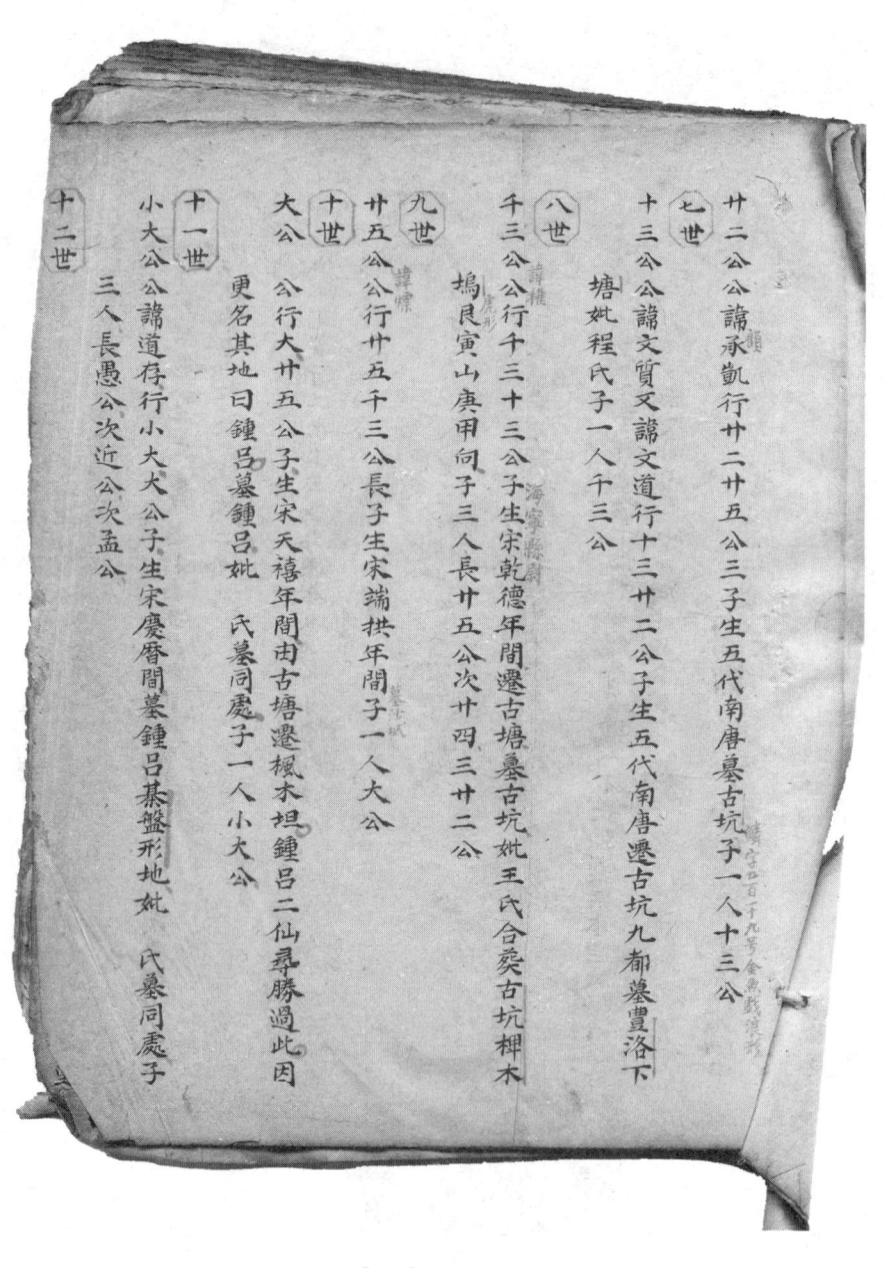

三公
公諱昌一諱致昌行和三十八公次子唐乾符末黃巢寇乱東南所至声
俘掠無遺賦詩有云唐祚山河尽姓黃歙西有黃墩居民以冒黃姓得全廣
明後郡邑彫残公自黃墩適婺源居長田实今新安諸派祖墓符竹西坑口
月形地甲向妣　氏墓長田舊宅後在塢心丙向子二人長二公次六公

三世
六公
公諱茂行六昌三公次子生於唐居長田為婺源大宗墓長田外塢丁向與
母墓連接妣　氏墓符竹系茆坑羊莪塢子四人長十八公次二四公次二
七公次三二公

四世
三二公
公諱天祿行三二六公四子有學德高風惠澤被鄉邦時稱長者墓符竹溪
邊龍行石土名高庄今名上垣離山癸向妣詹氏墓石田詹田双源口丑山
午向子三人十五公十六公廿五公

五世
二五公
公諱延俊行二五三二公三子生五代墓張文坑土名橋木下離山癸向妣
王氏墓符竹茶培塢離山癸向子三人長十九公次廿一公次廿二公

六世

江湾镇中[钟]吕村 2-77 · 族谱

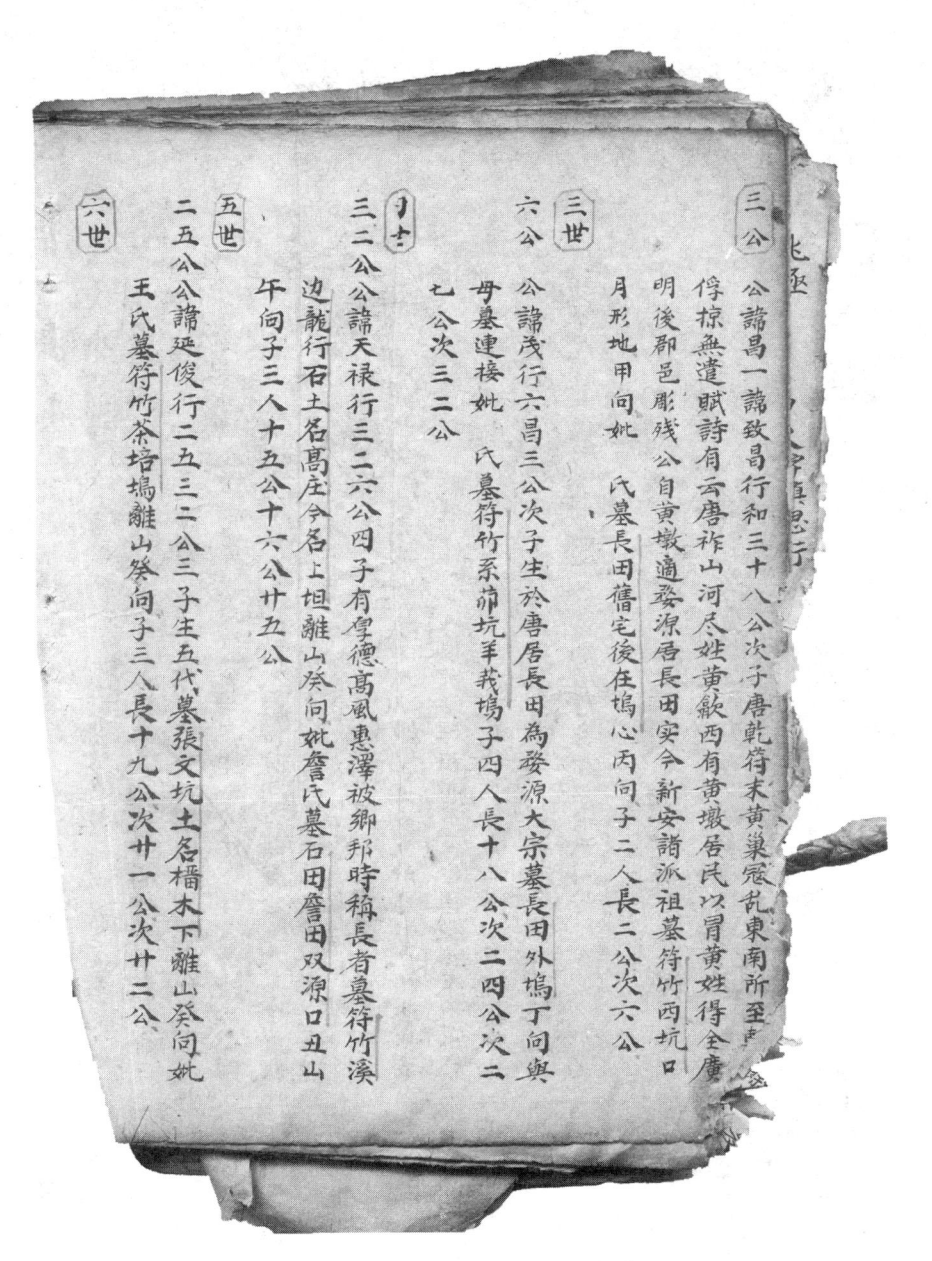

新安俞氏統宗派列傳

新安俞氏始祖縱公先世居河間晋永嘉末從五馬南渡居新安是為新安俞氏

咸和三年公以征西大將軍討蘇峻死于难今有俞將軍廟在旌德縣北五十里

公後侍御史帰公帰公後刺史藥公藥公五世孫十八公十八公次子昌三公由

歙黄墩迁婺源長田实為今新安俞氏諸派祖按院判公譜有俞氏大宗世系叙

傳小序云自唐三府君而上存更経輩譜系莫之能正又云礼曰古之君子論譔

其先祖之美而明著之後世者也其先祖無美而稱之是誣也有善而弗知不明

也知而弗傳不仁也今玆詳記備書新安宗派源流者盖尊所自出也所載坟墓

地段係咸淳経界認稅砧基簿抄具又據目淂姓祖而下至始祖縱公至十八公

世系失傳近雖淂十八公以上三世名諱亦不敢恭入自昌三公而下所載頗具

一本舊文録之而名爵之類見諸他譜可證者亦恭互録入卷今所会諸派則各

以次續編間有無從考覈者亦不敢妄為增損爰著統宗派列傳

一世

十八公公諱彥暉字光甫行十八生唐大曆元年甲寅六月初二登進士仕御史中

二世

丞卒開平五年庚申二月二十一娶馮氏子三人長二公次三公次十公

江湾镇中［钟］吕村 2-78 · 族谱

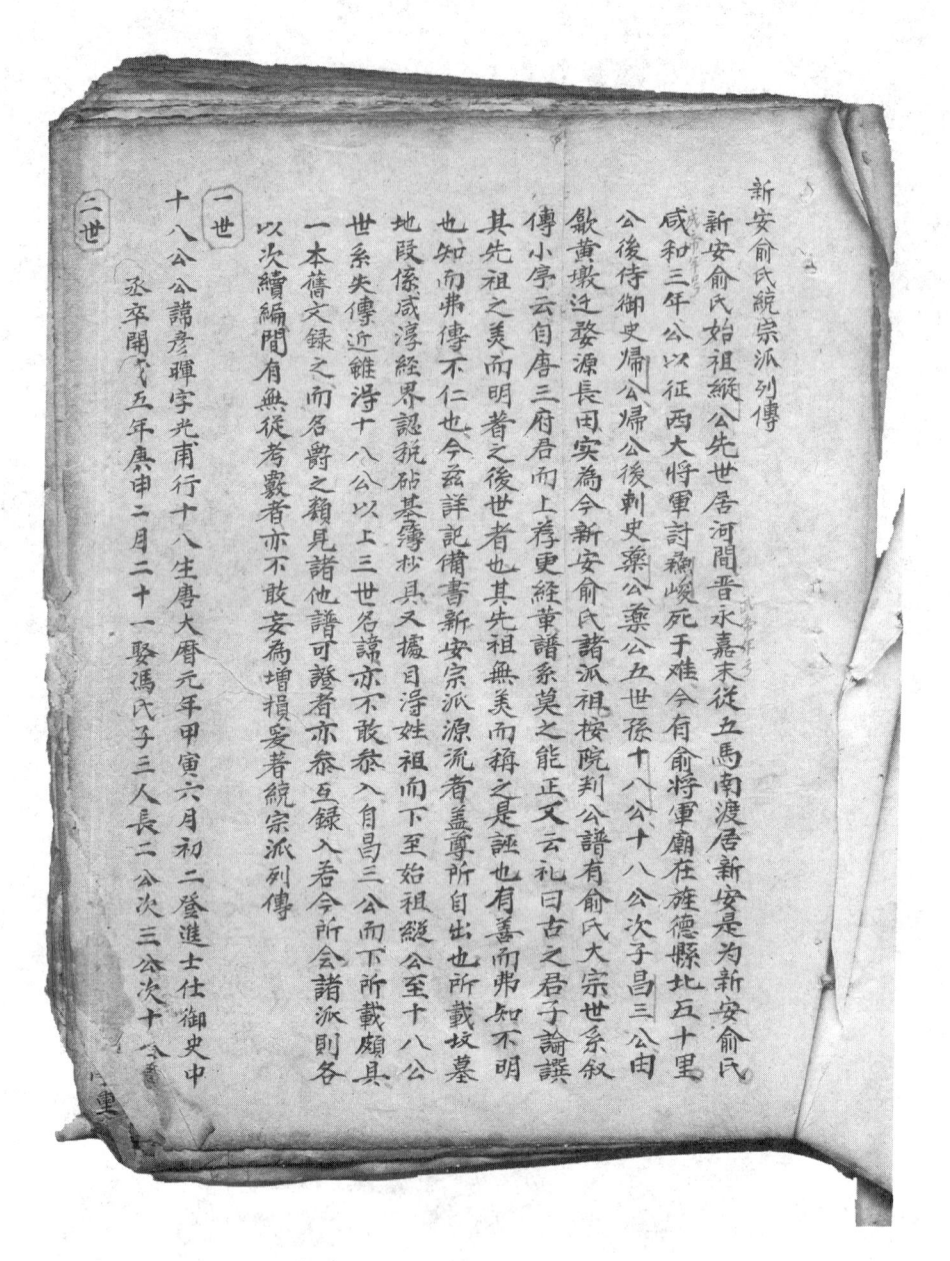

兆涵

昌永 字慎思行 鉅五十八

昌立 字子坚行 鉅

昌序 字 行 鉅 出继汪口田宗

昌意 出继塘村坦

昌齐 字 行 鉅

世坤 世墱 世堤 世壕 世塌 世埥

文枝 文楠 文榛 荣 文檠 文橼 文樞 文根

国汉 文十 国济 国灏 国滨 国澄

正班

江湾镇中［钟］吕村 2-79 · 族谱

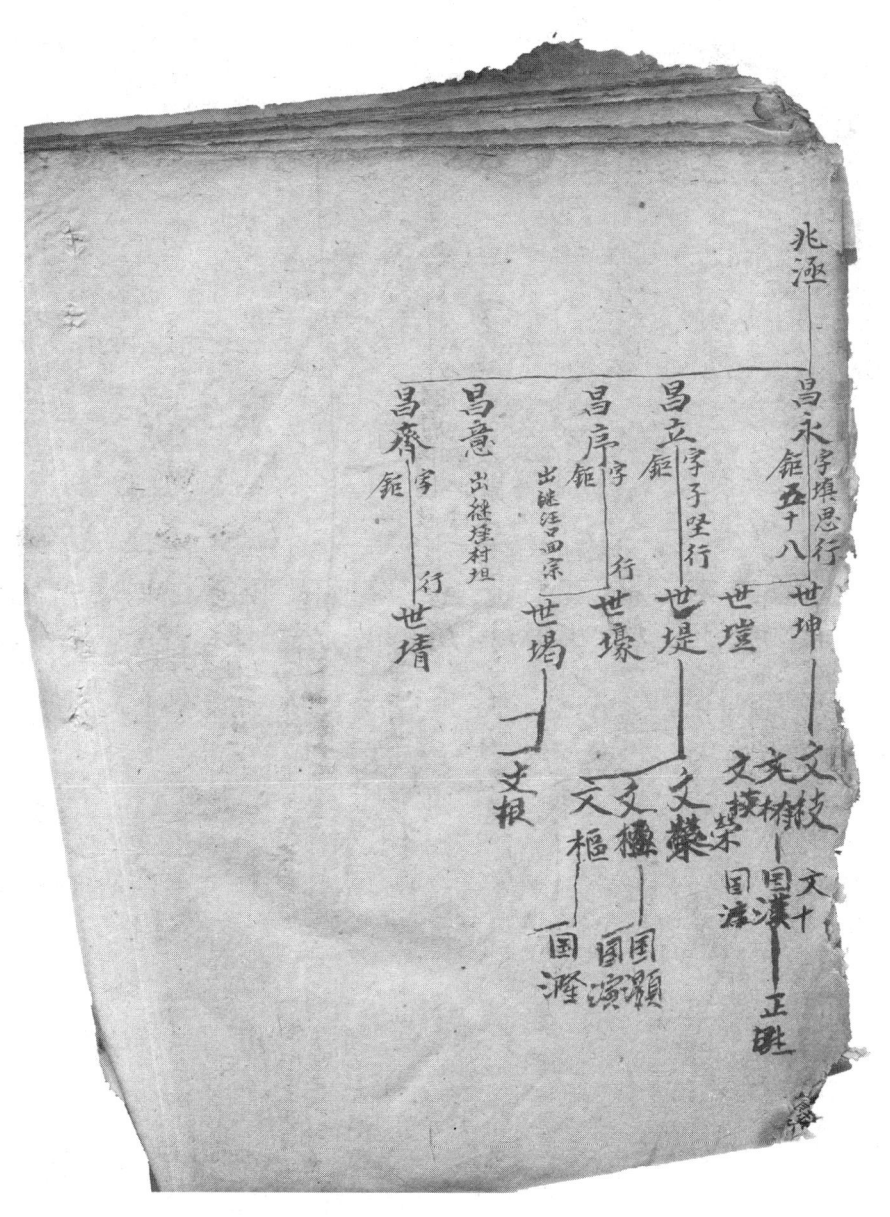

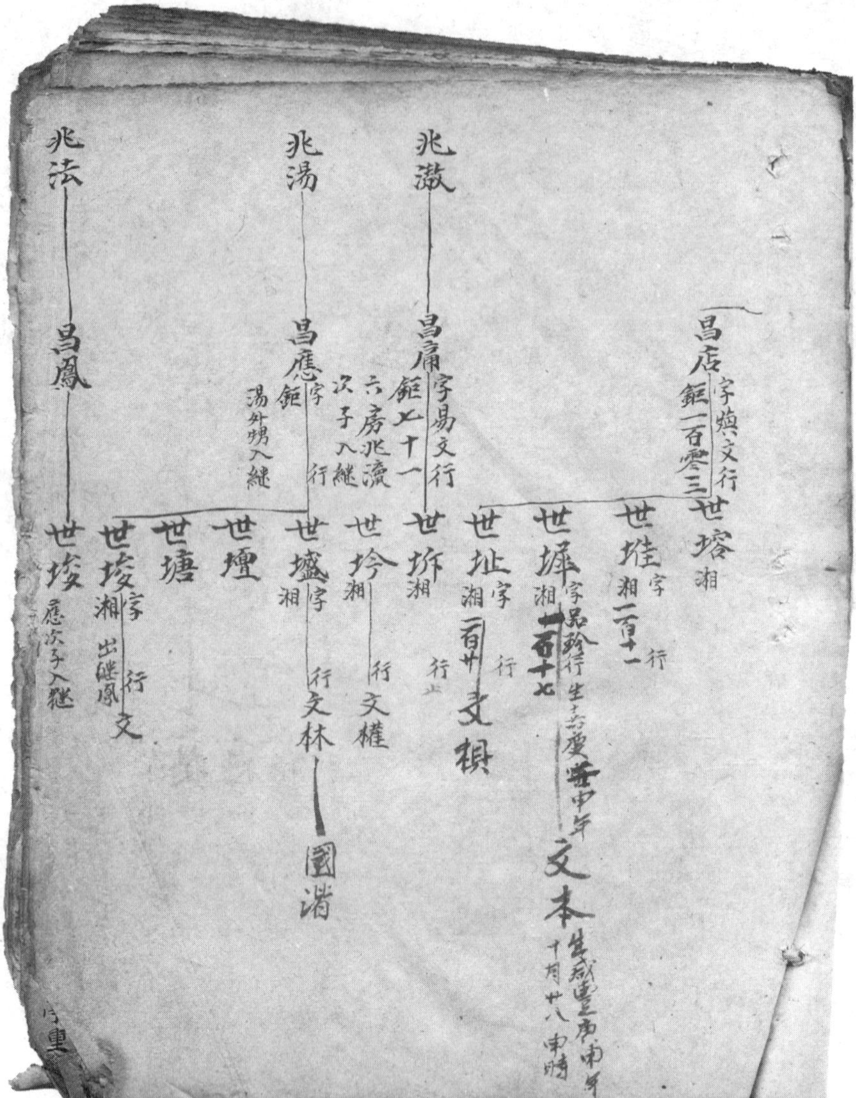
昌店 字煥文行 鉅一百零三
世瑢 湘
世堆 字 湘二百十一 行
世墀 字君聆 湘一百十七 行 生嘉慶壬申年
文本 生咸豐庚申年 十月廿八申時
世址 字 湘一百廿 行
文棋
兆澈
昌扁 字易文行 鉅七十一 六房兆瀼次子入繼
世圻 湘 行止
世玲 湘 行
文權
兆湯
昌應 字 行 鉅 湯外甥入繼
世壧 湘 字 行
文林
國谐
世煙
世塘
世堎 湘 字 行 出繼鳳
文
兆法
昌鳳
世堎 應次子入繼

江湾镇中［钟］吕村 2-80 · 族谱

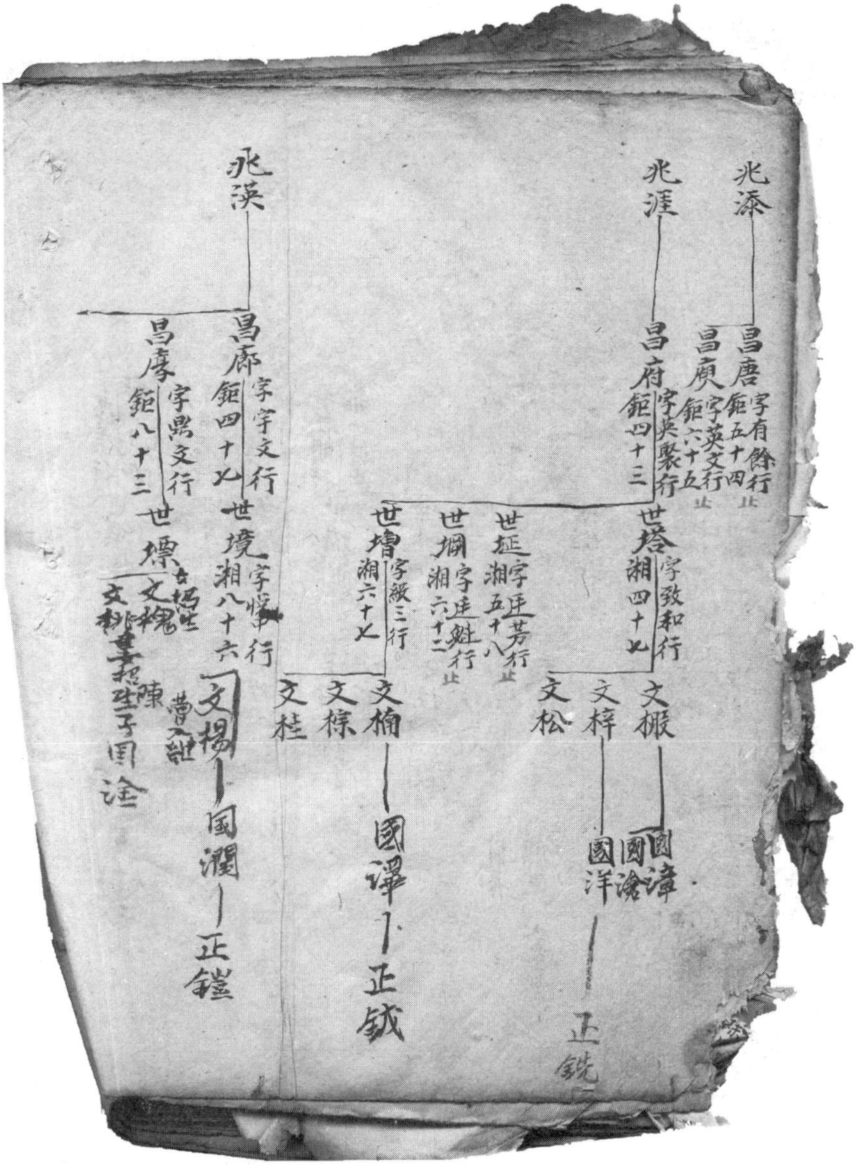
兆添
昌唐 字有餘行 鉅五十四 止
昌庚 字英文行 鉅六十五 止
兆涯
昌府 字英聚行 鉅四十三
世塔 字致和行 湘四十七
世延 字廷芳行 湘五十八 止
世㶷 字廷魁行 湘六十二 止
世增 字級三行 湘六十七
文搬 — 國瑋
文梓 — 國滄
國洋 — 正銑
文松
文楠 — 國澤 — 正鉞
文棕
文桂
兆渼
昌廊 字宇文行 鉅四十七
世境 字愷行 湘八十六
文揚 — 國潤 — 正鍠
昌摩 字鼎文行 鉅八十三
世墂
文槐 去福建
文彬
陳
帶子繼
周達

江湾镇中［钟］吕村 2-81 · 族谱

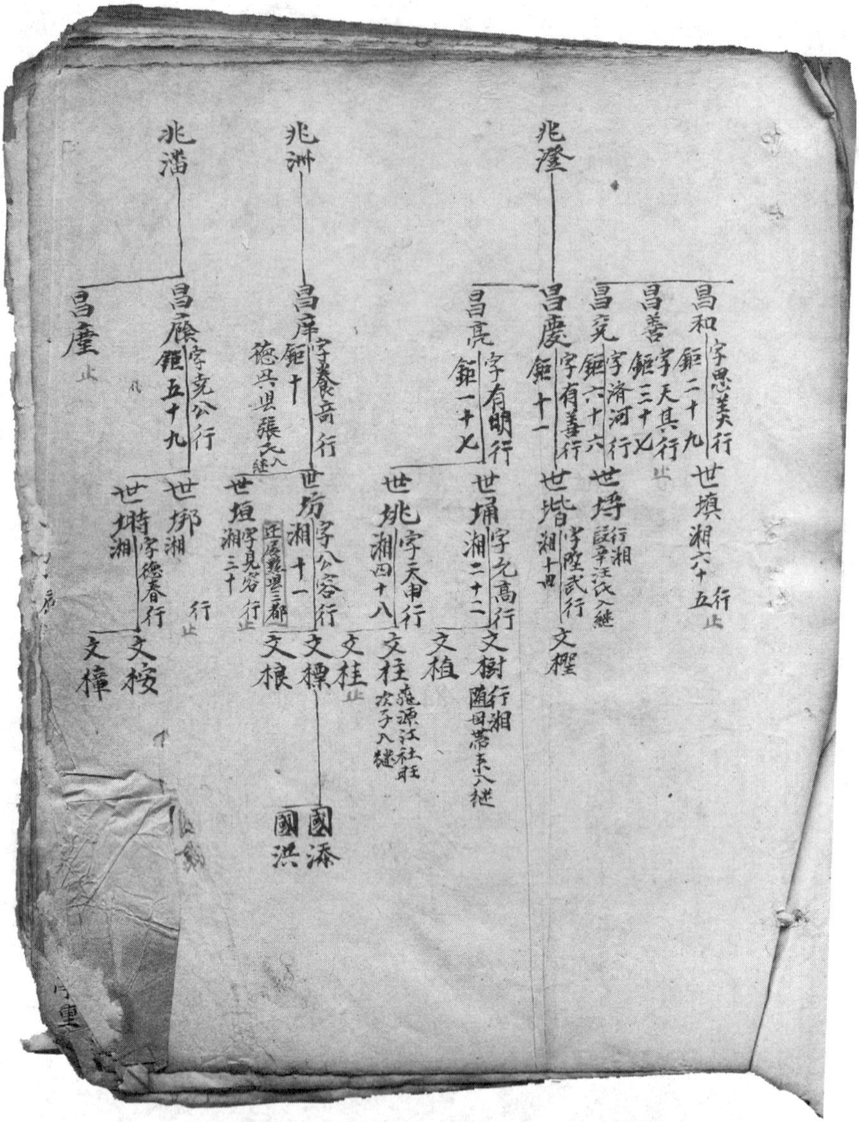

兆澄
昌和 字思美行 鉅二十九
世塡 湘六十五行 止
昌善 字天其行 鉅三十七 止
昌兗 字濟河行 鉅六十六
世埒 行湘 汪氏入繼
昌慶 字有善行 鉅十一
世堦 字陞武行 湘十四
文樫
昌亮 字有明行 鉅一十七
世埇 字允高行 湘二十二
文樹 行湘 隨母帶來入繼
文植
世垗 字天甲行 湘四十八
文柱 婺源江社莊次子入繼
文柱 止
兆洲
昌庠 字養音行 鉅十 德興縣張氏入繼
世房 字公容行 湘十一
文標
國添
國洪
文根
世垣 字見容行 湘三十
兆淄
昌廉 字克公行 鉅五十九
世埗 湘 行 止
世埘 字德春行 湘
文桉
文樟
昌塵 止

江湾镇中［钟］吕村 2-82 · 族谱

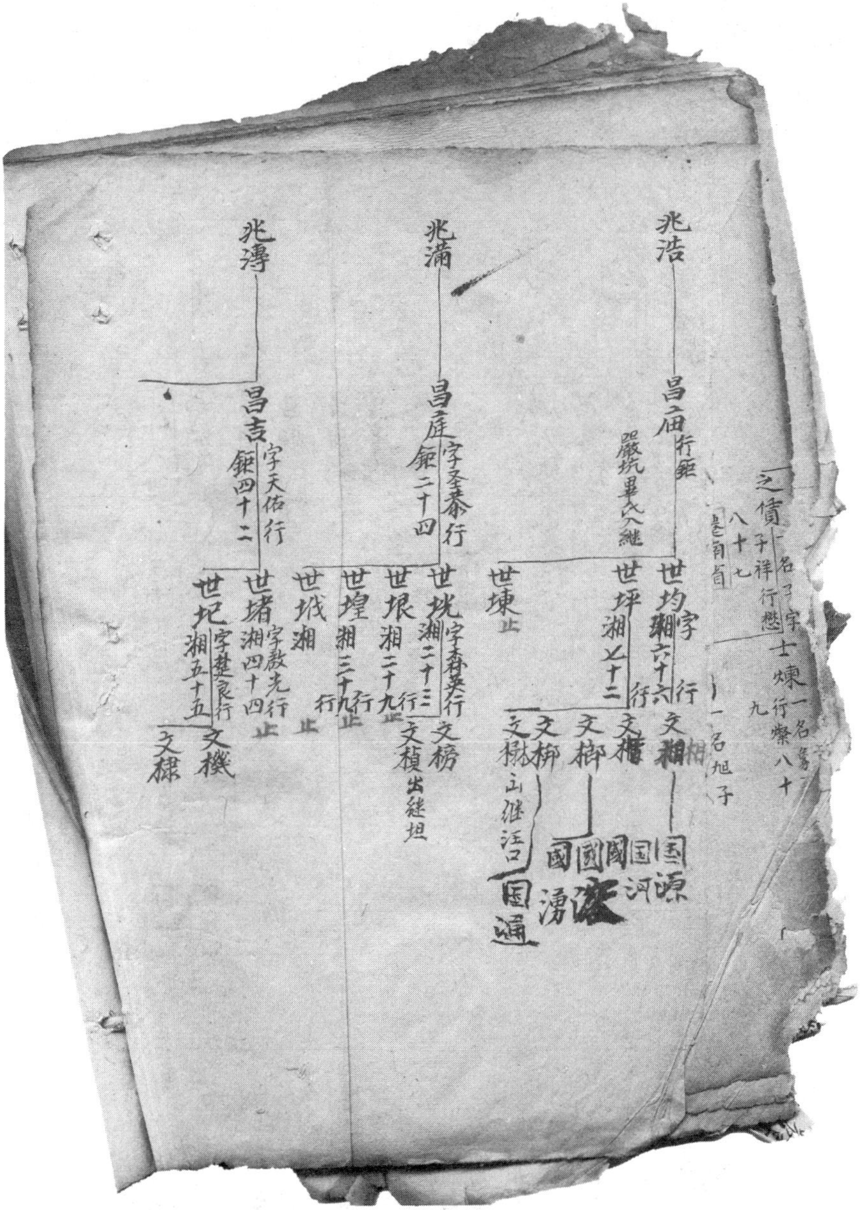

兆浩

昌庙 行鉅 嚴坑畢氏入繼

世均 字湘 行湘六十六

世坪 湘七十二 行

世埬 止

文湘 — 国源

文樻 — 国河

文榔 — 國[illegible] 國湧

文柳

文椒 出继汪口 — 国通

之傎 一名子祥 字 行懋八十七

士煉 一名 行檠八十九

一名旭子

兆满

昌庭 字圣泰 行鉅二十四

世垙 字森英 行湘二十三

文榜

文㮄 出继坦

世垠 湘二十九 行 止

世堭 湘三十九 行 止

世城 湘 止

兆溥

昌吉 字天佑 行鉅四十二

世堵 字啟光 行湘四十四 止

世圯 字楚良 行湘五十五

文檪

文棣

江湾镇中［钟］吕村 2-83 · 族谱

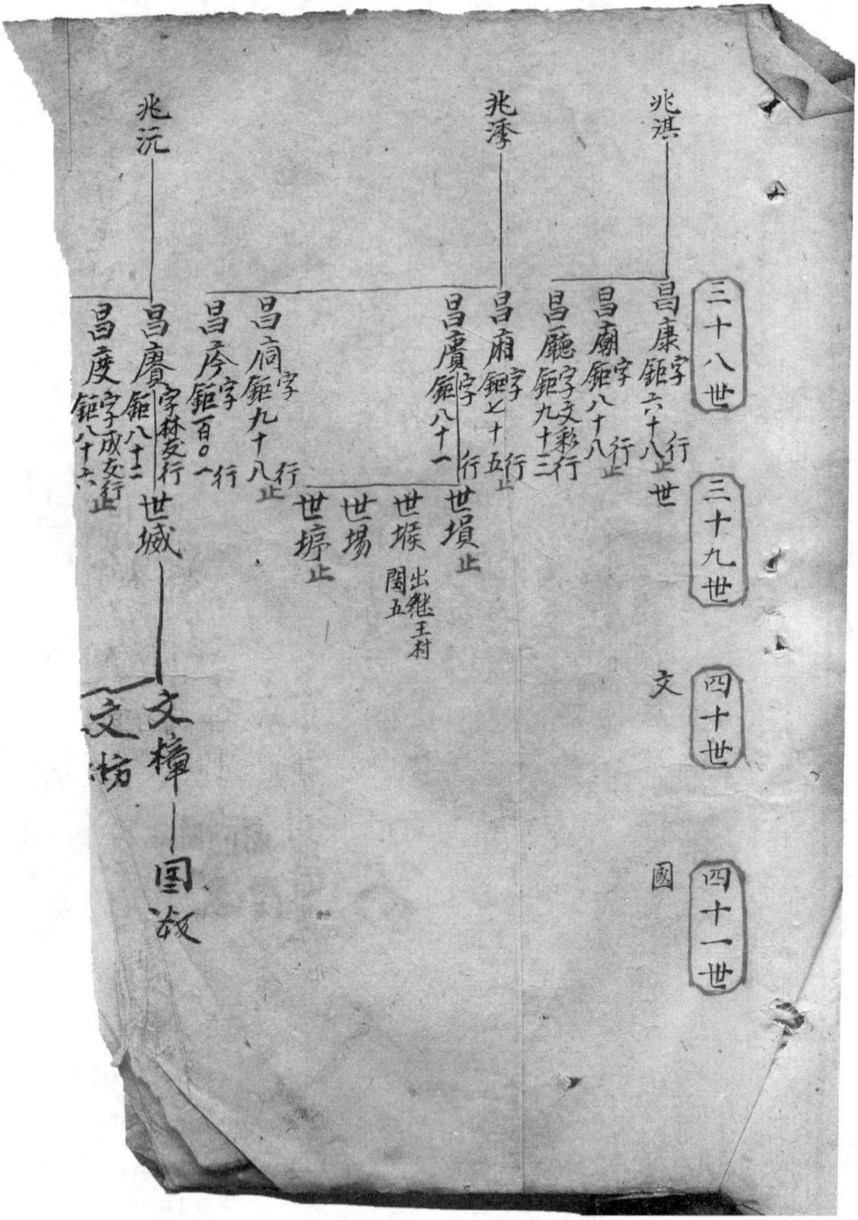

三十八世
三十九世
四十世
四十一世
兆淇
昌康字 鉅六十八止行
世
文
國
昌廟字 鉅八十八行止
昌廳字文彩 鉅九十三行
兆澤
昌甫字 鉅七十五行止
昌賡字 鉅八十一行
世墳止
世堠 出繼王村 閏五
世場
世墉止
昌甸字 鉅九十八行止
昌岑字 鉅百〇一行
兆沅
昌賡字林友 鉅八十二行
世城
文樟
国斌
文枋
昌度字成友 鉅八十六行止

江湾镇中［钟］吕村 2-84 · 族谱

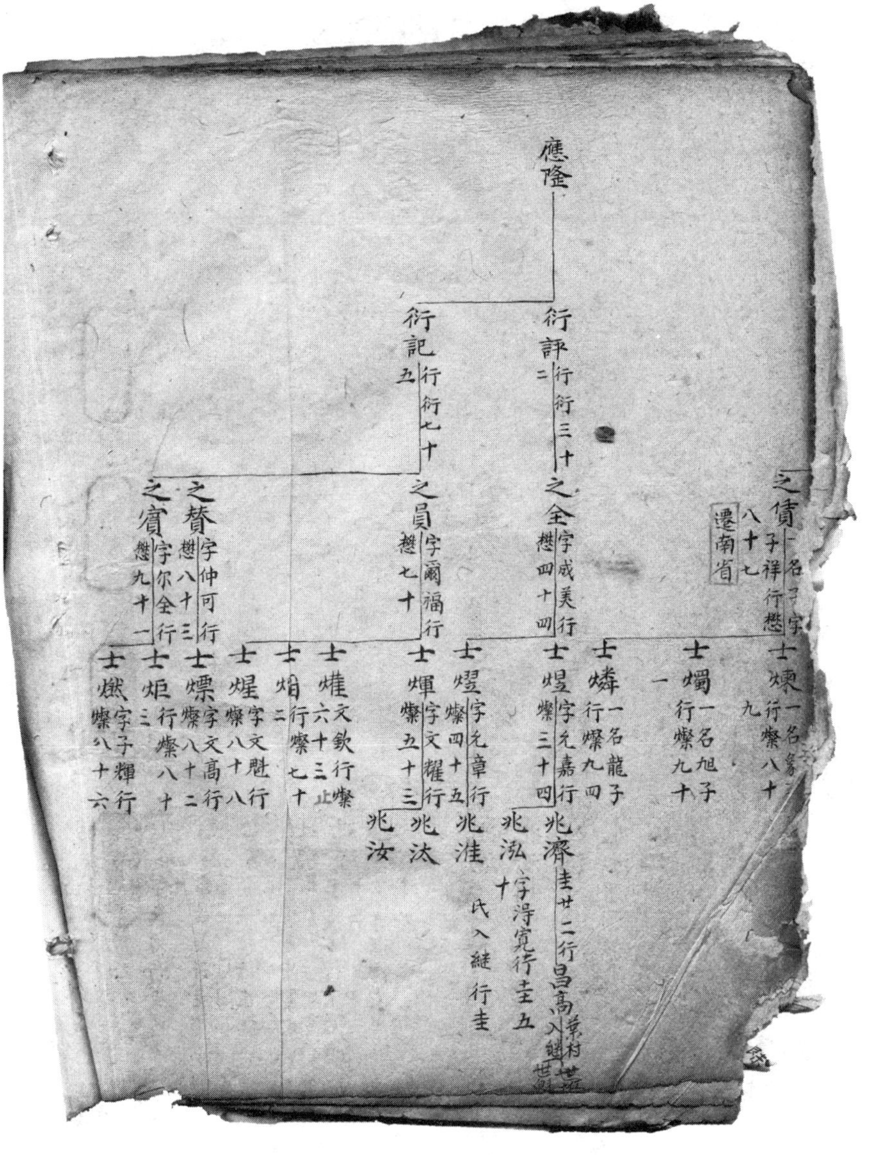
應隆

衍評 二 行衍三十

衍記 五 行衍七十

之僨 一名子宇 字子祥 行懋八十七 遷南省

之全 字成美 行懋四十四

之員 字爾福 行懋七十

之賛 字仲可 行懋八十三

之賓 字尔全 行懋九十一

士煉 一名象 行燦八十九

士燭 一名旭子 行燦九十一

士熢 一名龍子 行燦九十四

士煋 字元嘉 行燦三十四

士熤 字元章 行燦四十五

士煇 字文耀 行燦五十三

士熣 字文欽 行燦六十三 止

士焆 行燦七十二

士焜 字文魁 行燦八十八

士熛 字文高 行燦八十二

士炬 行燦八十三

士燃 字子輝 行燦八十六

兆濟 行圭廿二 昌高入繼

兆泓 字浮寬 行圭五十

兆淮 氏入継 行圭

兆汰

兆汝

江湾镇中［钟］吕村 2-85 · 族谱

燦四十

士爍 字燦華行燦六十四

兆滿 同宗為之賢公孫
兆洲 字在河行圭四十
兆澮 字景旋行圭四十一
兆添 字廣受行圭五十一
兆灘 字根遠行圭六十二
兆渶 字廣占行圭七十二
兆激 字魯濟行圭七十九

衍謐 字國文行衍七十七

之寶 行懋六十七止
之貿 字公易行懋六十九
之賡 行懋六十五
之資 行懋七十五止
之積 行懋八十

士焜 字允乾行燦五十八
士烺 字有亮行燦八十四
士灶 晓鏞曹氏入繼行燦七十六 遷鎮江

兆湯 字君聖行圭
兆法 字萬有行圭
兆沛止
兆涇
兆江止
兆灃
□罼

江湾镇中[钟]吕村 2-86 · 族谱

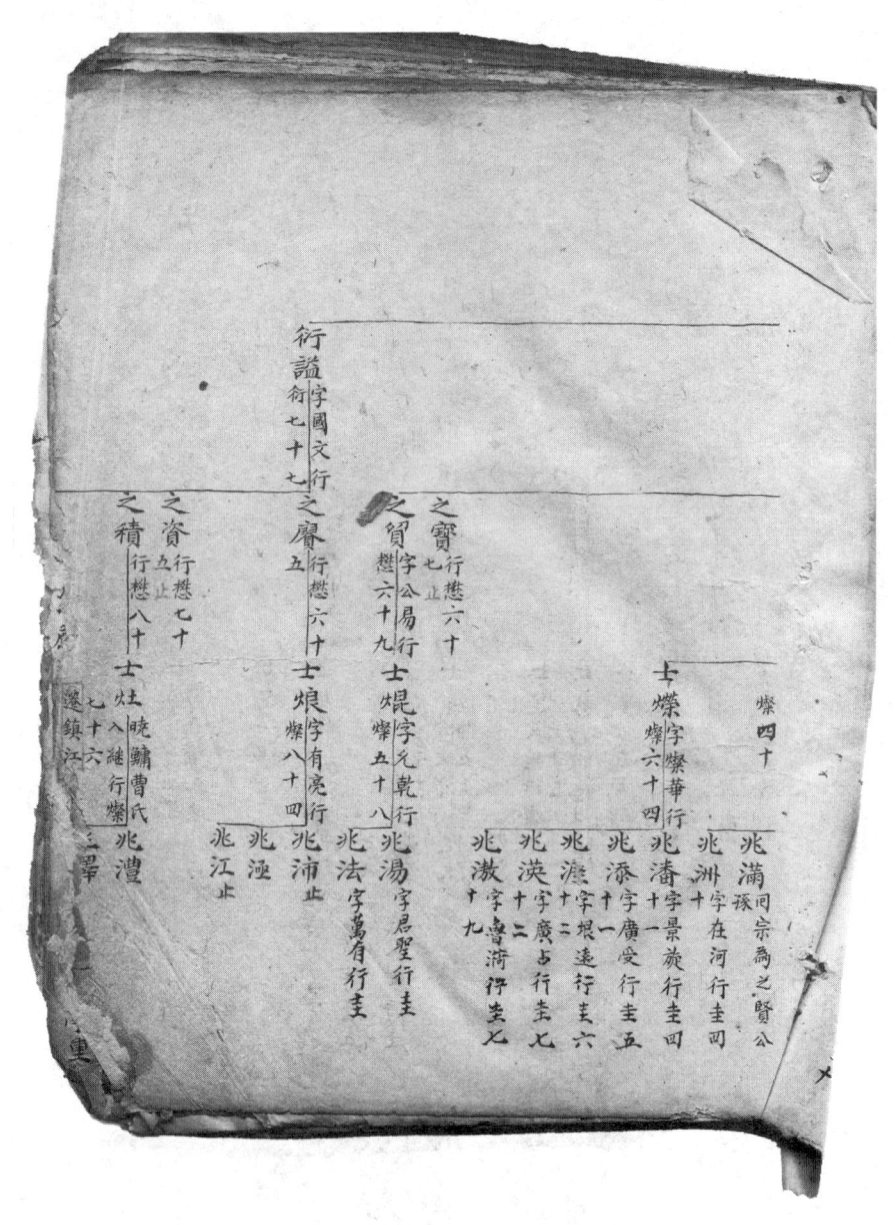

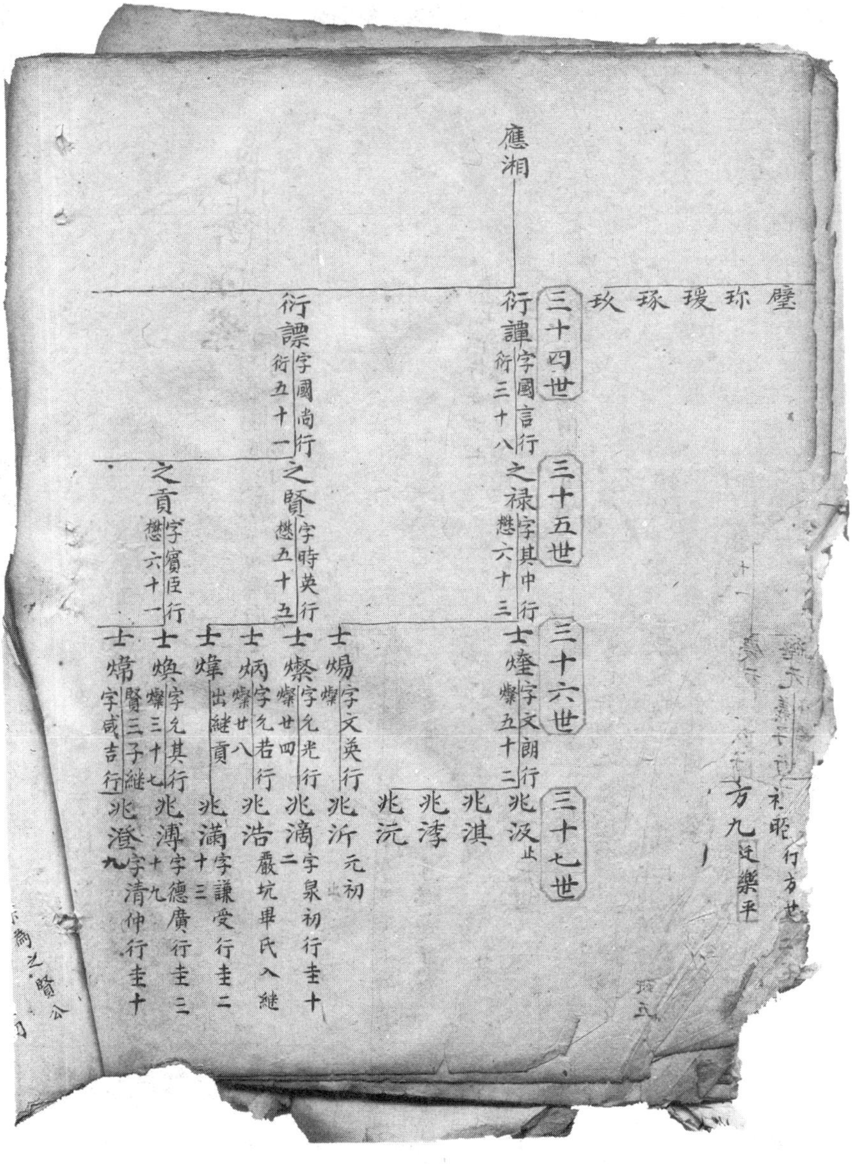

壁珎瑗琢玖

應湘

三十四世

衍譂 字國言 行衍三十八

衍謤 字國尚 行衍五十一

三十五世

之禄 字其中 行懋六十三

之賢 字時英 行懋五十五

之貢 字賓臣 行懋六十一

三十六世

士熢 字文朗 行爕五十三

士煬 字文英 行爕

士燓 字允光 行爕廿四

士炳 字允若 行爕廿八

士焯 出繼貢

士煥 字允其 行爕三十七

士熇 字咸吉 行 賢三子繼

三十七世

兆汲 止

兆淇

兆浡

兆沆

兆沂 元初

兆滴 二 字泉初 行圭十

兆浩 嚴坑畢氏入繼

兆滿 十三 字謙受 行圭二

兆溥 十九 字德廣 行圭三

兆澄 九 字清仲 行圭十

方九 遷樂平

之賢公

江湾镇中 [钟] 吕村 2-87 · 族谱

祖昭

二十六世

同仁 翰 字子威 行安十六

二十七世

晚成 字功懋 行和十一

二十八世

文宗 行真三

友宗 行真四

再宗 行真六

名宗 字用義 行鎮八 ○壽官

二十九世

樟 行方三十 至玄孫無傳

植 行方三二 一子一孫無傳

汪祥 字懋德 行洋五

添祥 字懋功 行洋九

汪祥

三十世

子奇 行安十七 墓磨才嶺背

瓚 字廷薦 行松一

三十一世

鈿 行燧一

鏡 字希清 行燧二

銅 行燧十一

三十二世

紹元 行坤三

應元 行坤九 迁居開化

泰元 字玄佑 行坤三十五

慶元 出繼銅

慶元 鏡次子

繼元 義子 行小四

三十三世

應望 止

應湘 字德清 行鏈五 十九

江湾镇中［钟］吕村 2-88 · 族谱

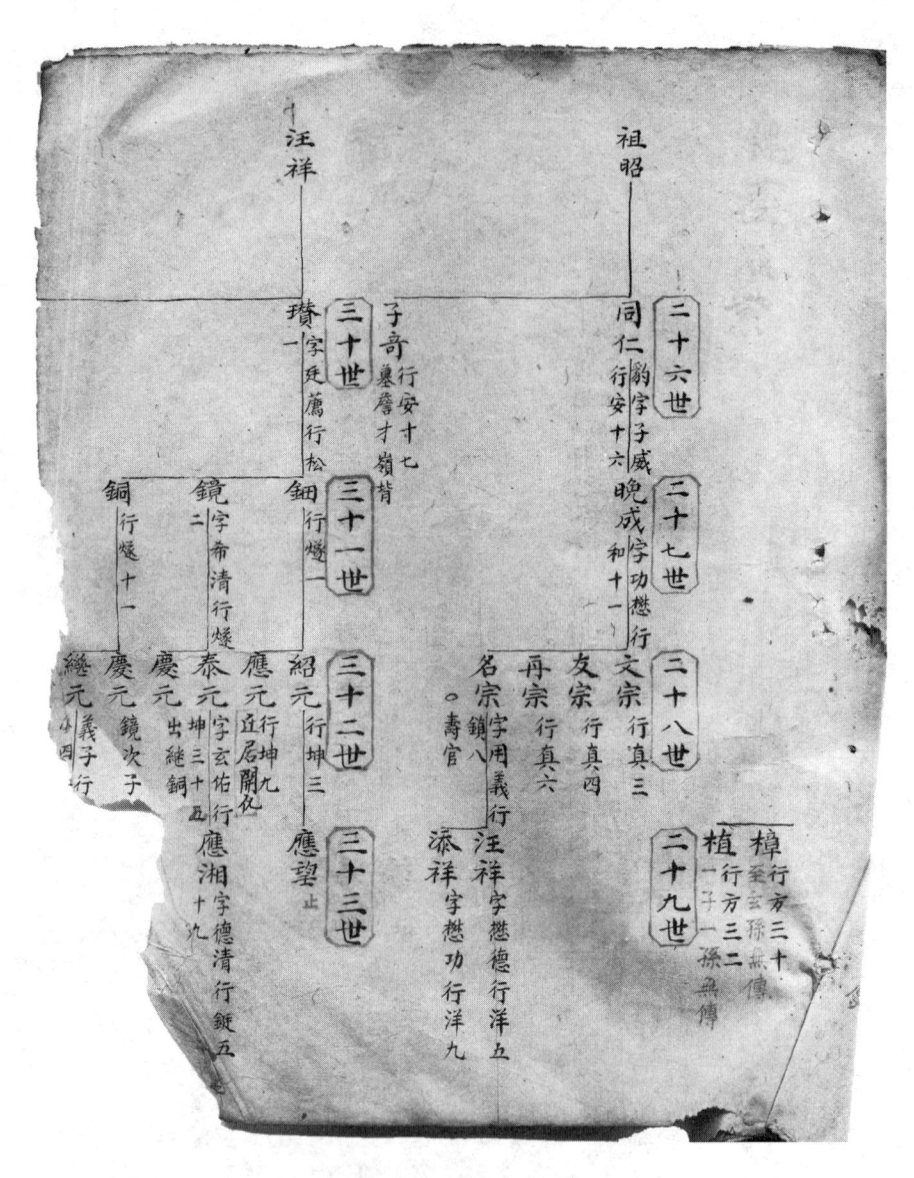

廣 元高行仁十 墓古塘妣陳氏墓同処

震 行富三 止

雱 行富八墓塘坑妣黄氏墓同処

務善 行務十墓下前山妣汪氏墓棗嶺下

鐊 行務八墓前田段

銓 持衡行務十一墓李岸丙向與鐊公同穴

鋐 行宏四墓龍鬚妣葉氏墓同処

鈺 行宏五〇掌儀墓庄門前妣程氏墓同処

聦 行方廿

方九 迁樂平

方十四

記生 行十九

勝祖 一子無傳

裕祖 二子俱無傳

濟 資深一名濟川行濟一

權 用中一名靈椿行濟三〇河南府尹

衡 允中一名桂興行濟六

周冀 行濟二 一子無傳

君成 行濟五 止

君廷 行濟七 迁二十七都

崇 行方十二 至曾孫無傳

棣 伯友行方廿六 至玄孫無傳

桂 行方廿八 一子無傳

江湾镇中［钟］吕村 2-89 · 族谱

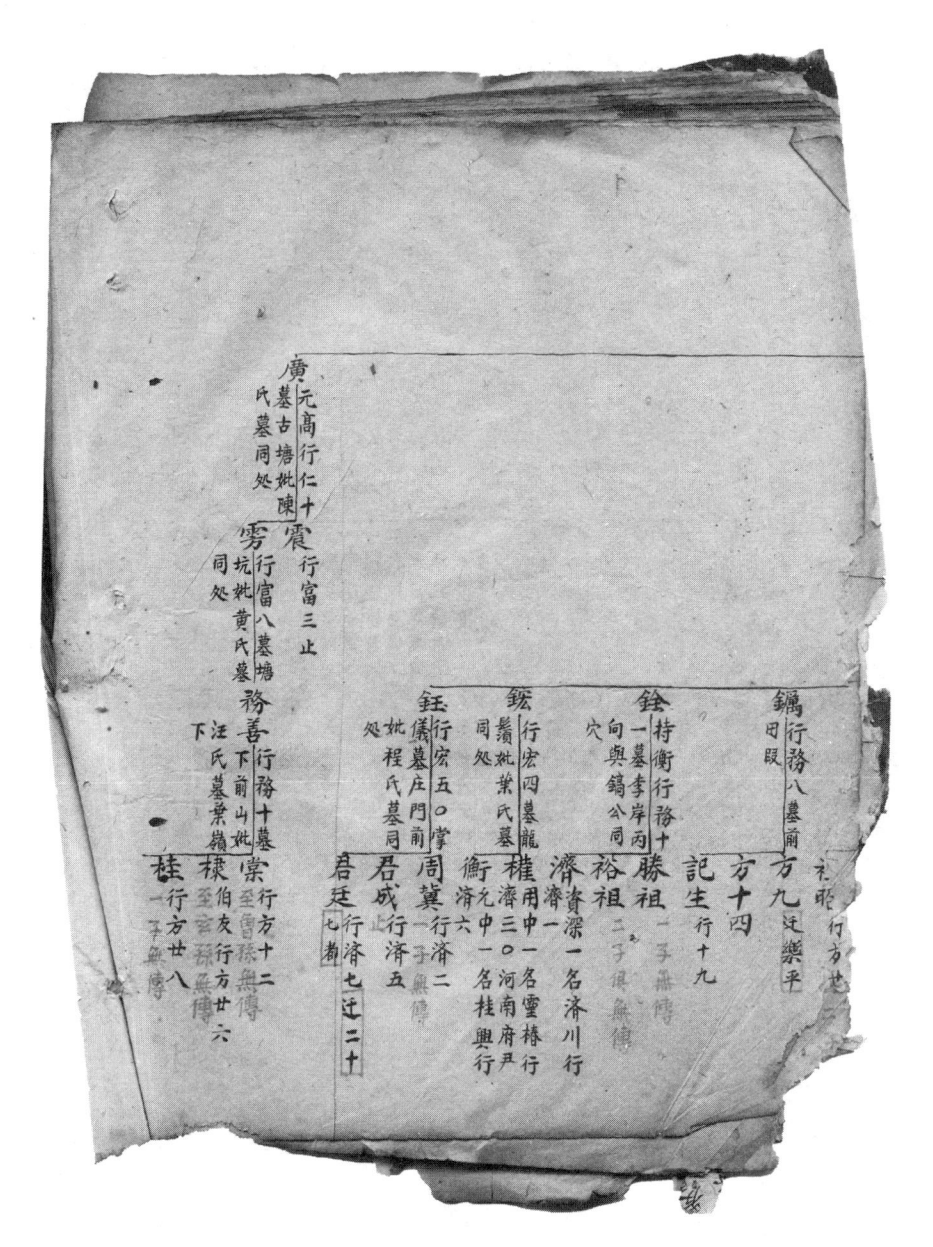

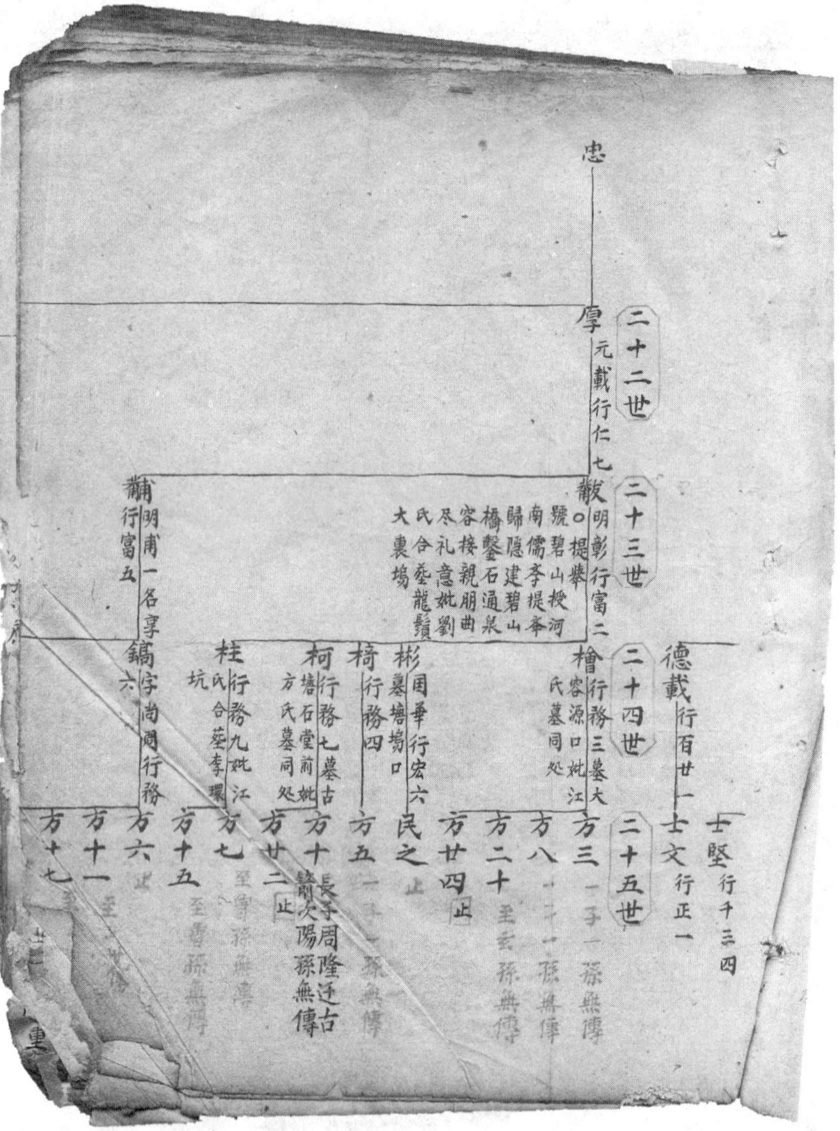

忠

二十二世
厚 元載行仁七

二十三世
敵 明彰行富二 □提舉 號碧山授河南儒李提舉歸隱建碧山橋鑿石通泉容接親朋曲尽礼意妣劉氏合葬龍須大裏塢
黼 明甫一名享行富五

二十四世
德 載行百廿一
檜 行務三墓大容源口妣江氏墓同处
彬 国華行宏六墓塘塢口
椅 行務四
柯 行務七墓古塘石堂前妣方氏墓同处
桂 行務九妣江氏合葬李環坑
鎬 六字尚周行務

二十五世
士堅 行千三四
士文 行正一
方三 一子一孫無傳
方八 一子一孫無傳
方二十 至玄孫無傳
方廿四 止
民之 止
方五 一子一孫無傳
方十 長子周隆迁古歙次陽孫無傳
方廿二 止
方七 至曾孫無傳
方十五 至曾孫無傳
方六 止
方十一 至
方十七 至

江湾镇中［钟］吕村 2-90 · 族谱

小廿七 名信夫 字仲貞 ○上舍
墓汊口双虹飲水形地名山卯向就王氏墓石堂前廣向

禮 字節可 行百八 ○學諭
智 字宏可 行百十一
信 字實可 行百十四
德明 行百十三
德輝 行百十六 ○將仕郎
德霦 行百十七
德廣 行百十九

祐 行千十 生二 [illegible]俱無傳
元方 繼木
祚 行千十一 生二子俱無傳
祺 行千十九 傳五世迁歙
玒 行千廿五 生一子無傳
玘 行千四 二子俱無傳
珍 国用 行千三一 一子無傳
琇 行千三三 一子無傳
宣 行千廿九 二子俱無傳
時 行千三十 一子無傳
士奇 行千四十
士遷 行千廿八 一子無傳
士可 行千三七 一子無傳
士進 行千五四
士熏 行千五八 一子無傳

江湾镇中［钟］吕村 2-91 · 族谱

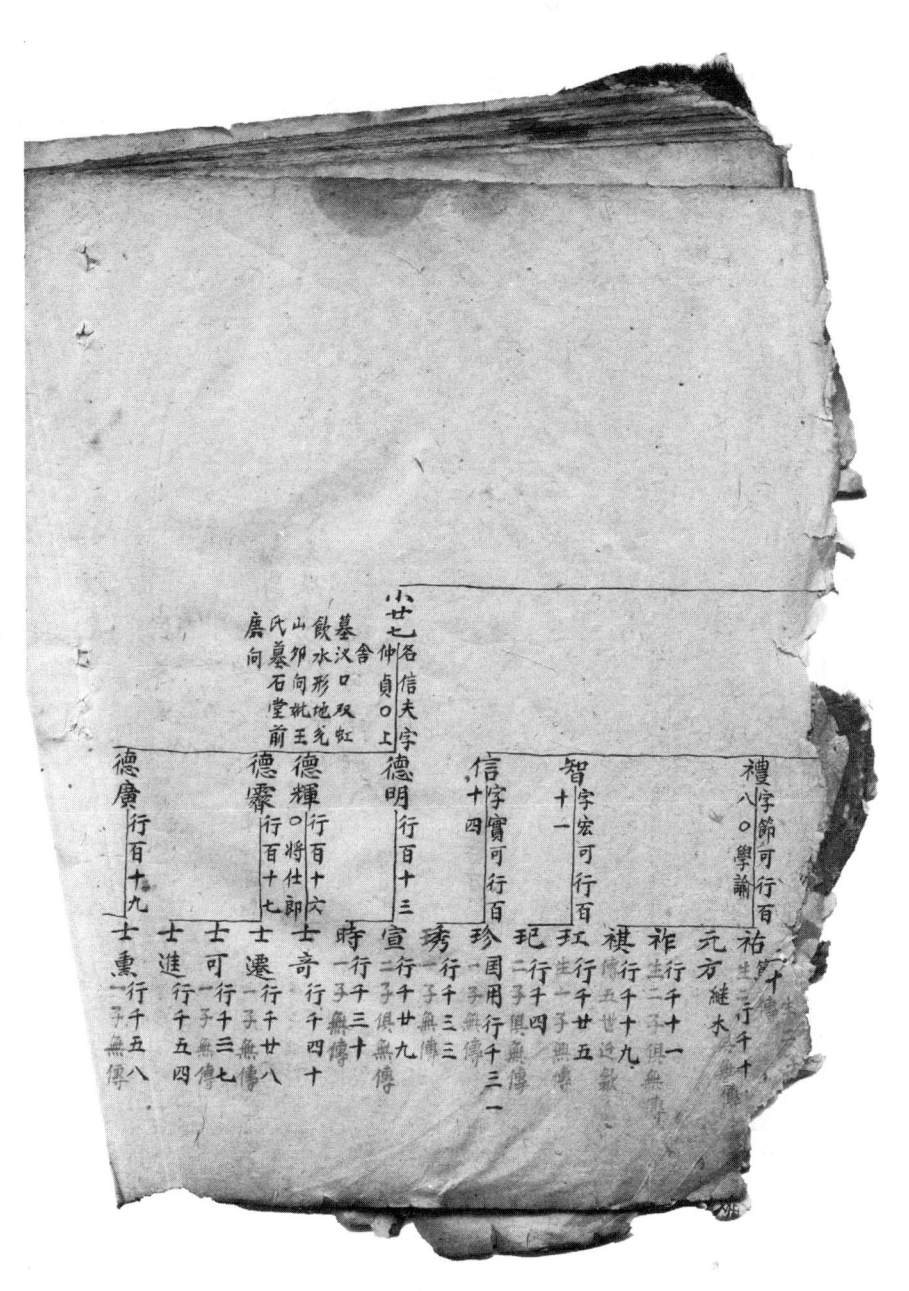

息公墓在文字二千二百八十一号
土名葉家住畔辛山乙向税弍
分柒厘

小三 行字仲亨 ○助教

小八 忠字仲利 ○省元
墓俞翁山下
妣江氏墓同
處

佩德可行百三

鶴壽可行百九

龍騰可行百十二

麟仁可行百廿八

仁字善可行百二

義字宜可行百五

秀 韶光行千十三 全無人

士 懽 文燦行千三五 二子三孫俱無傳

志 行廿一 止

忠 克敬行千十八

怍 行千三二

息 行千五四 生三子俱無傳

道 士安行千廿三 全無人

達 士顯行千三 全無人

烈 行千六 生三子俱無傳

慶 行千十四 二子俱無傳

恒 行千廿二 三子俱無傳

恭 行千廿七 迁蘇州

情 行千一 二子俱無傳

恕 行千七 二子俱無傳

感 行千十二 三子俱無傳

行千十六

江湾镇中［钟］吕村 2-92 · 族谱

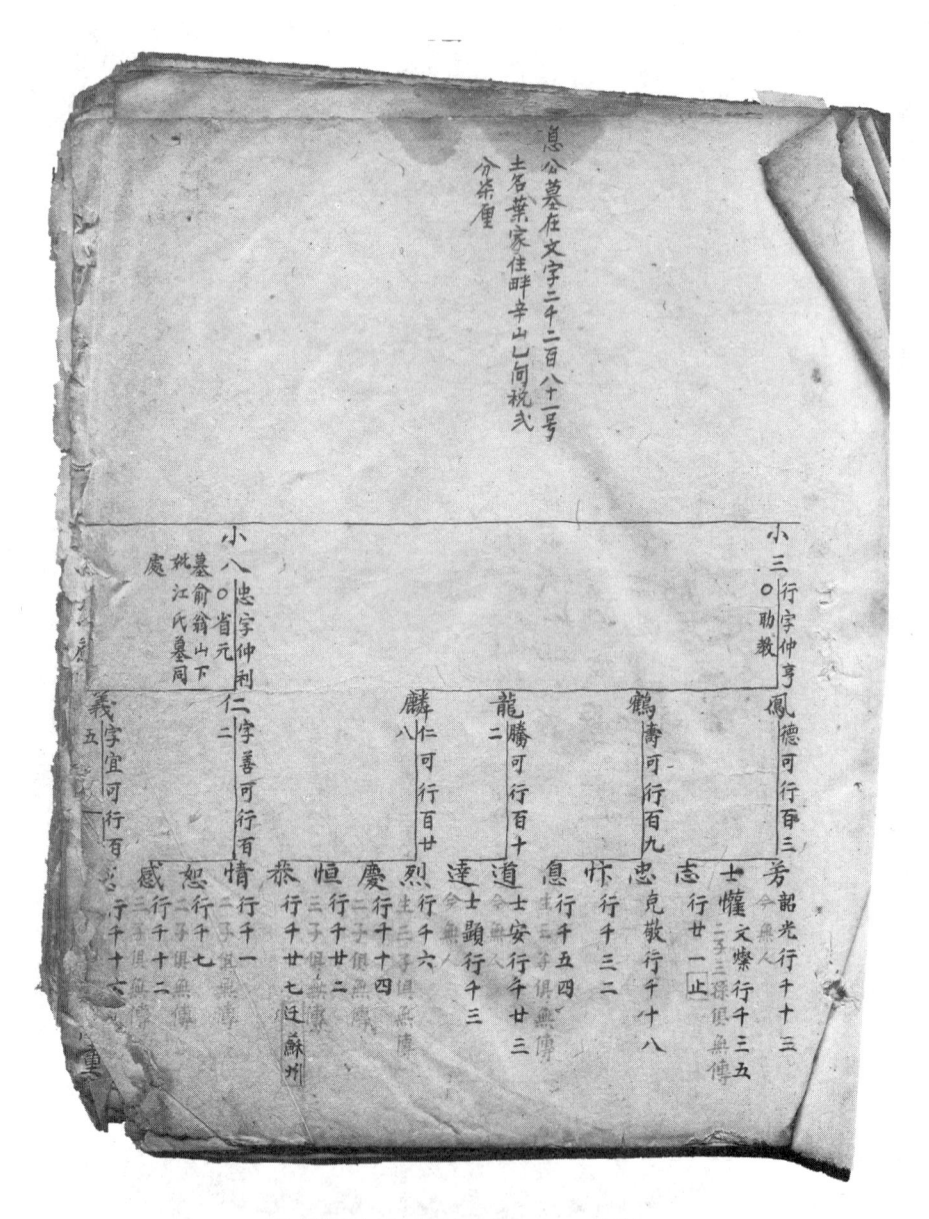

三 墓鍾呂社屋边妣汪氏墓休寧稠抗岑欅樹下大路边掛壁金釵形地巽己向

四 諱齊迁休寧横衝坦墓隱陀株樹下子癸向妣王氏墓沙干己向

五 迁居竹下

二

八 大八

七 止

小 止

五 諱絪

八 絅 迁淮西六安縣派

九 純 迁横衝坦頭派

六

十八世

十二 鎮 字以静

十九世

小一 文 字仲元 從仕 墓坟口双虹飲水形甲向 妣朱氏墓松樹塢飛鳳形地丁向

二十世

剛 字伯張 行百一

毅 字伯直 行百四

木 字伯仁 行百六

訥 字伯行 行百七〇 學録

二十一世

廿 行千二

一名胡保 行千五

行千四

遂 行千三

伯造 一名汝 行千八

元方 行萬五 禮次子 繼宋礼部進士 止

怡 行千十五

順 行千廿六

江湾镇中[钟]吕村 2-93 · 族谱

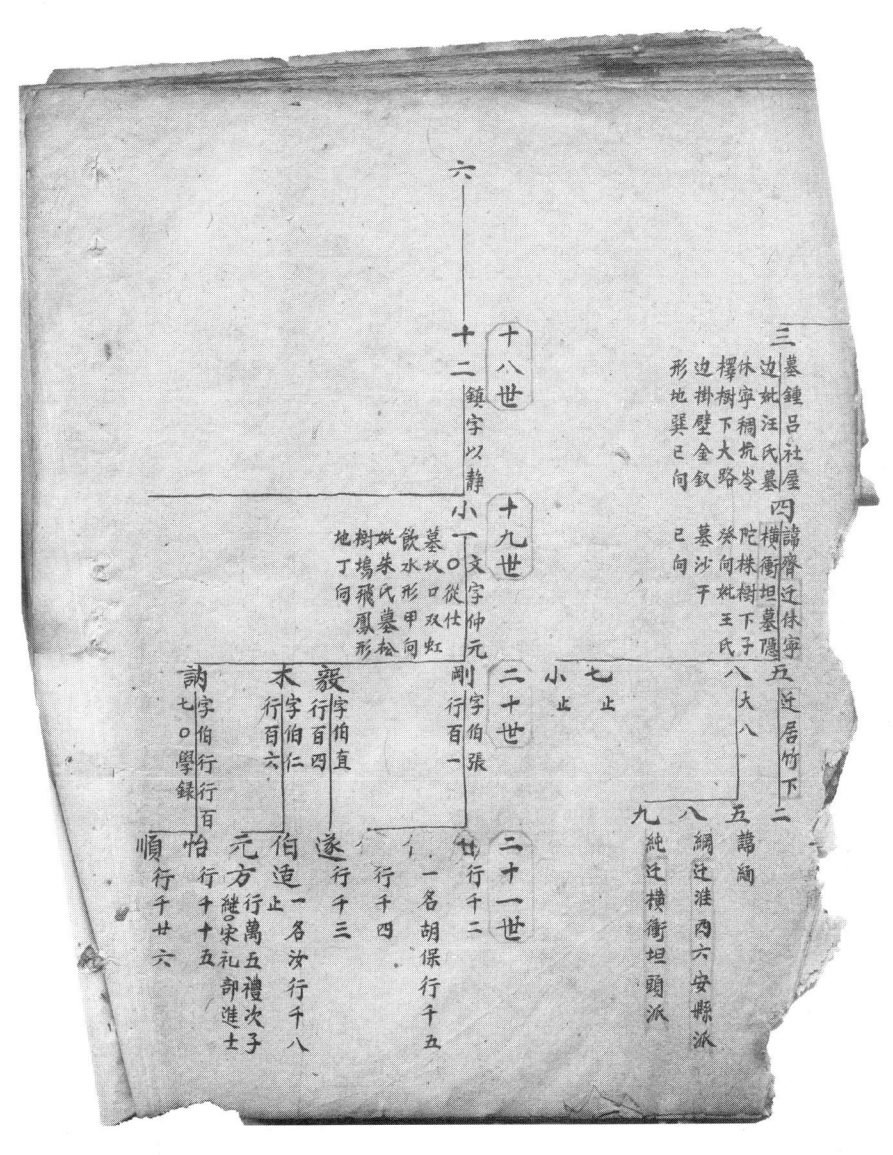

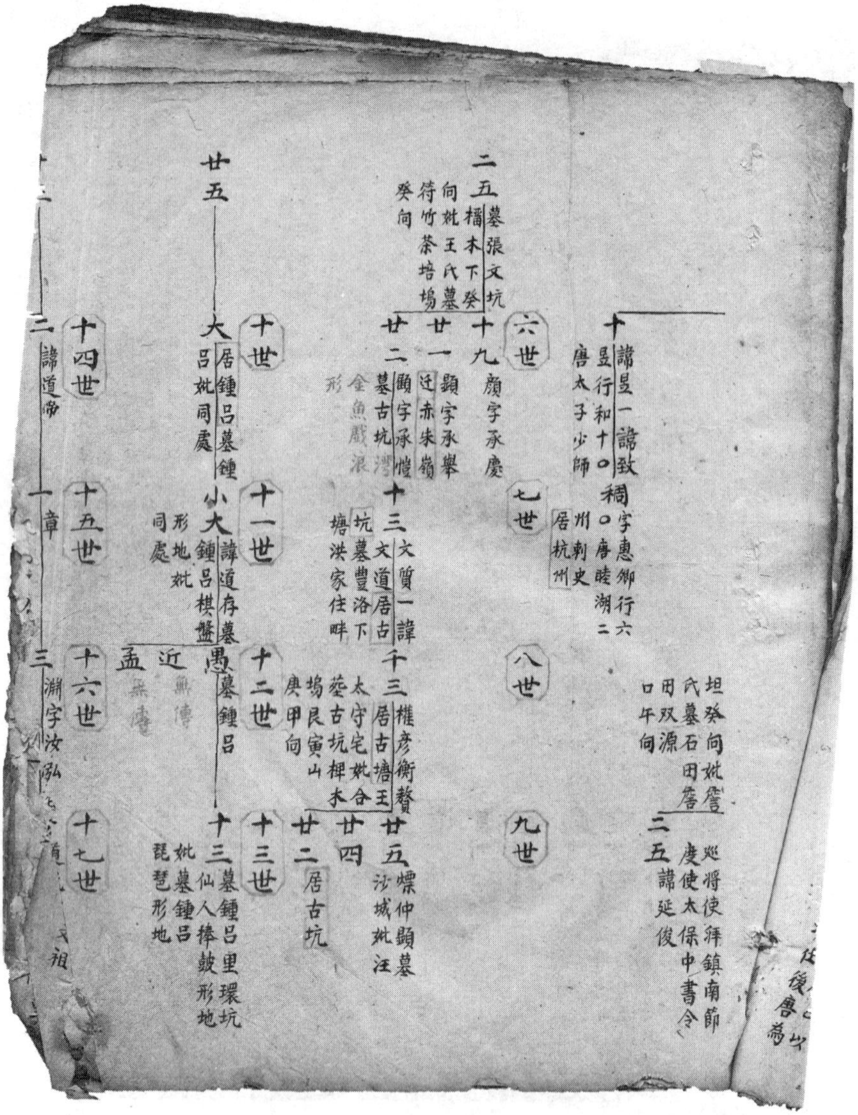

十 諱昱一諱致稠字惠卿行六
昱行和十口 口序睦湖二
唐太子少師 州刺史
居杭州

坦癸向妣詹 氏墓石田詹 田双源 口午向

二五 諱延俊 兆將使拜鎮南節度使太保中書令

六世 七世 八世 九世

二五 墓張文坑檣木下癸向妣王氏墓待竹茶培塢癸向

十九 顏字承慶
廿一 顯字承舉 迁赤朱嶺
廿二 顧字承愷 墓古坑灣 金魚戲浪形

十三 文質一諱文道 居古坑 墓豐洛下塘洪家住畔

三 權彦衡贅居古塘王 太守宅妣合葬古坑榨木塢艮寅山庚甲向

廿五 嫖仲顯墓沙城妣汪
廿四
廿二 居古坑

十世 十一世 十二世 十三世

廿五

大 居鍾吕墓鍾吕妣同處

小大 諱道存墓鍾吕棋盤形地妣同處

愚 墓鍾吕
近 無傳
孟 無傳

十三 墓鍾吕里環坑仙人捧鼓形地 妣墓鍾吕琵琶形地

十四世 十五世 十六世 十七世

二 諱道帝
一 章
三 淵字汝弘 …… 祖

江湾镇中［钟］吕村 2-94 · 族谱

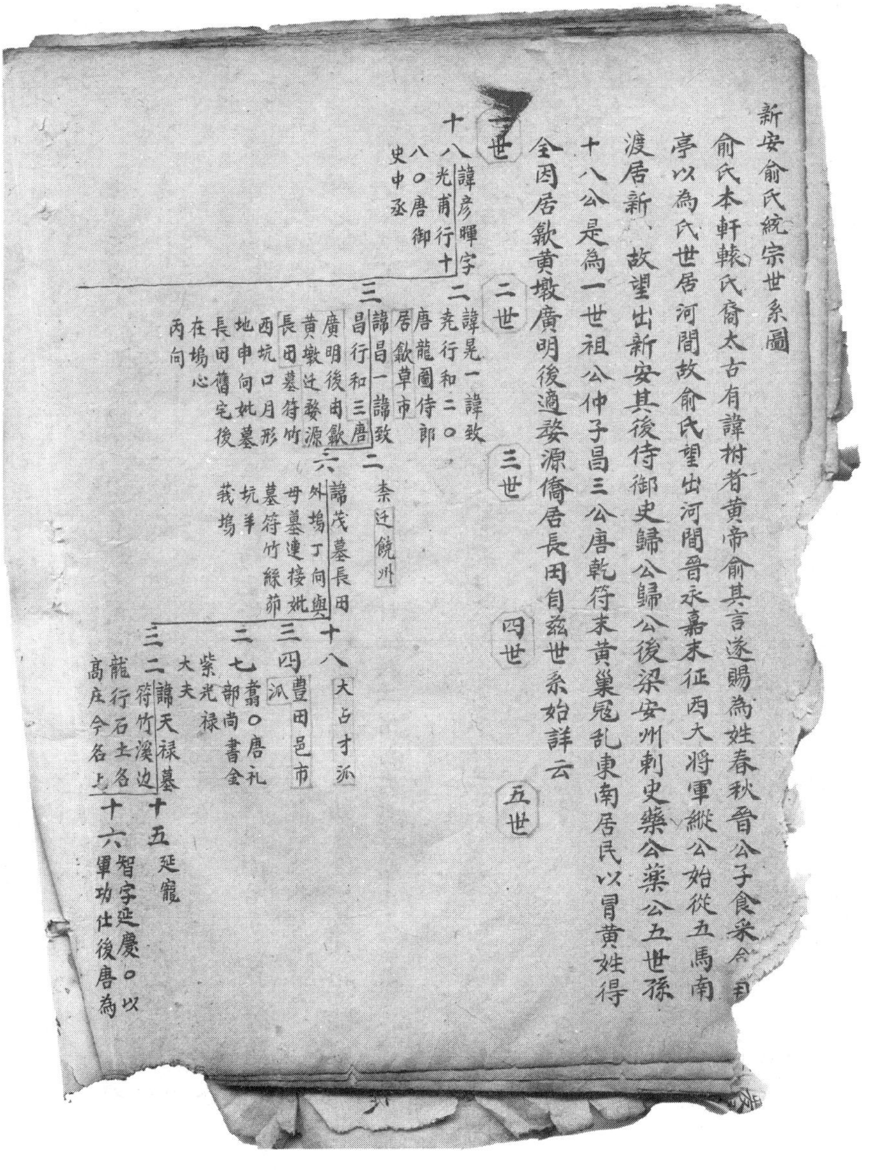

新安俞氏統宗世系圖

俞氏本軒轅氏裔太古有諱柎者黄帝俞其言遂賜為姓春秋晉公子食采令[illegible]
亭以為氏世居河間故俞氏望出河間晉永嘉末征西大將軍縱公始從五馬南
渡居新、故望出新安其後侍御史歸公歸公後梁安州刺史藥公藥公五世孫
十八公是為一世祖公仲子昌三公唐乾符末黄巢冦乱東南居民以冐黄姓得
全因居歙黄墩廣明後適婺源僑居長田自茲世系始詳云

一世
十八 諱彥暉字光甫行十八〇唐御史中丞

二世
二 諱晃一諱致堯行和二〇唐龍圖侍郎 居歙草市
三 諱昌一諱致昌行和三 唐廣明後由歙黄墩迁婺源長田 墓符竹西坑口月形地申向妣墓長田舊宅後在塲心丙向

三世
二 秦 迁饒州
六 諱茂墓長田外塲丁向與母墓連接妣墓符竹綵茆坑羊栽塲

四世
十八 大占才派
三四 豊田邑市 派
二七 翥〇唐礼部尚書金紫光禄大夫
三二 諱天禄墓符竹溪边龍行石土名高庄今名上

五世
十五 延寵
十六 智字延慶〇以軍功仕後唐為

江湾镇中［钟］吕村 2-95 · 族谱

勅封征西大將軍俞縱宣敘二州刺史兼征討大都督

奉

天承運

皇帝聖旨當危難而不負所守臨大節而能舍其身蓋常人之所难而君子之所獨

爾征西大將軍俞縱保障歙宣固守蘭石雖勢窮力蹙而能視死如歸不負桓

彝之知遇無愧於古之殺身成仁者矣弗致褒嘉無以激勸茲命州民尸而祝

之廟食百世光華無窮靈眖益著可特封宣敘二州刺史兼征討大都督奉

勅如右符到奉行

大晉咸和五年五月十五日勅下大司徒兼太尉中書令　王導

尚書員外郎　顧榮

尚書　紀瞻

令史　楊

書吏　劉原

江湾镇中［钟］吕村 2-96 · 族谱

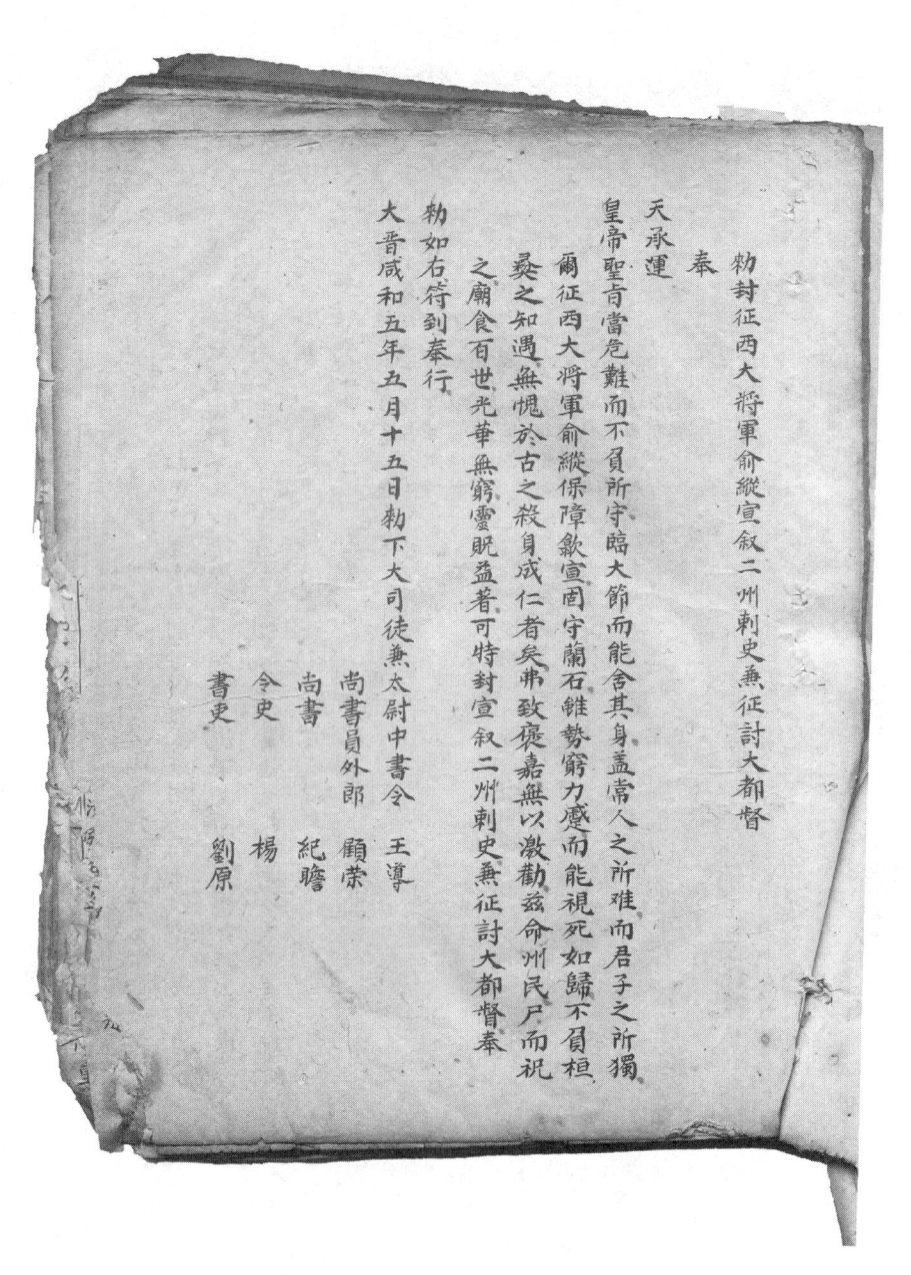

散各派字號之異

所刻統宗譜一應完全者五十二部每派當用一字為記舉世用千文或用

十八宿字面者今只依

國朝千家姓朱奉天運富有萬方聖神文武道合陶唐學弘周孔統紹禹湯溫平

夷狄混一封疆等字用一長條楷字圖書中刋字號派収四字餘用硃筆填六

字挨次散之庶異世之下亦可為真贋之一助云

江湾镇中［钟］吕村 2–97 · 族谱

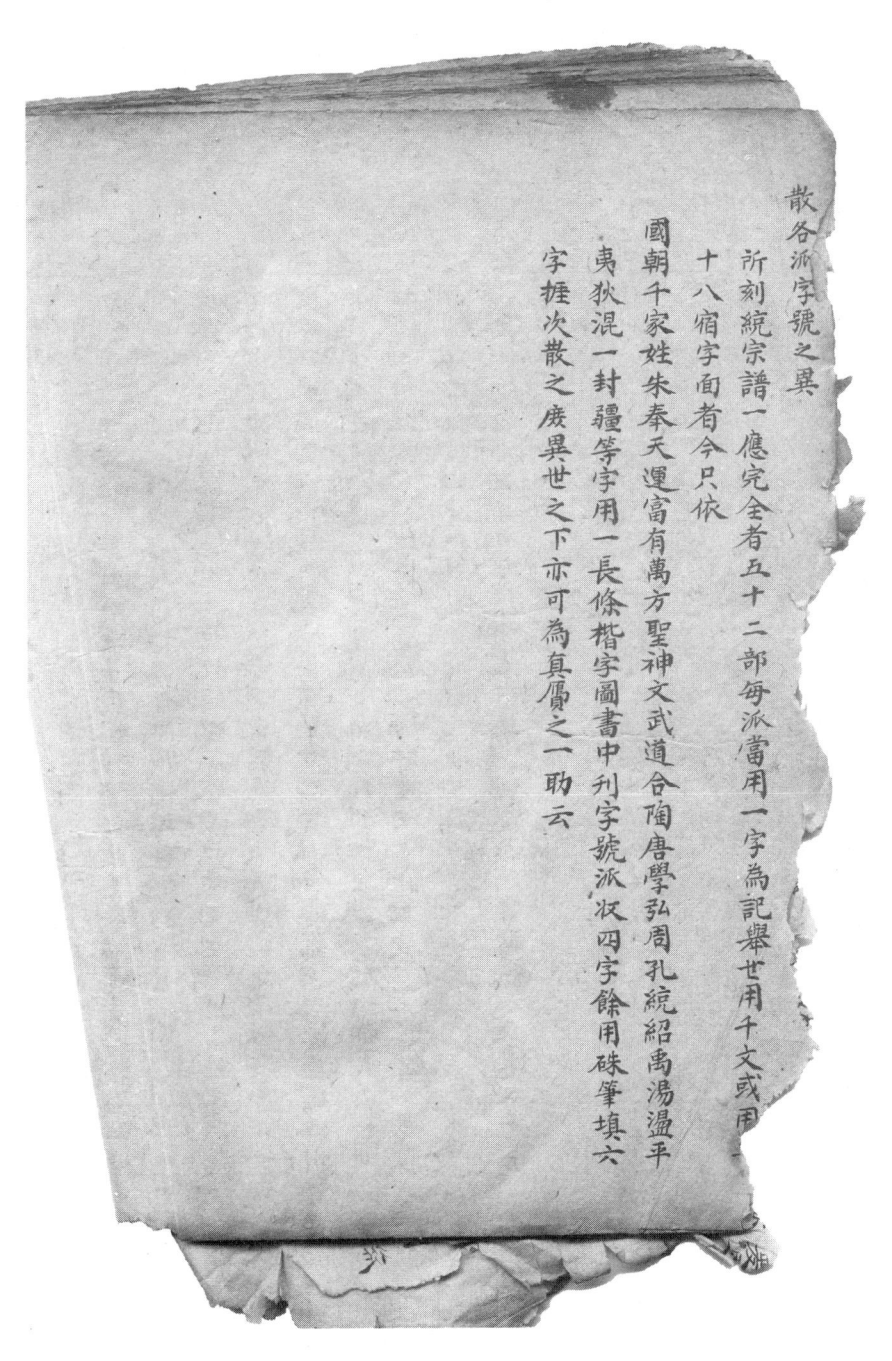

鍾呂祖大府君

府君十八府君十世孫廿五府君之子由古塘遷鍾呂其後二府君世居之詳鍾

呂派下三府君子四府君由鍾呂坦遷休寧橫衝坦詳橫衝派下

擄圖傳有廿世恭遷蕪州廿二世隆三遷小容源口廿四世仲容出繼王氏仲

顯出繼開化十八都方氏廿五世方九遷樂平居廷遷廿七都記生遷浦城廿

六世周隆遷古箭周賓均載奴師俱遷歙廿七世太初遷歙可大遷州城詳州

城派下廿九世肇林遷邑西銀洪祖一居開化卅一世天與居一都大美坑卅

三世應瀛出繼大容源口俞儀為孫仁第出繼汪口俞細女一魁出繼在城王

春德卅四世衍旺出繼汪口

擄州城派圖有卅世積明遷徐州大浮橋義彰遷蕪州專諸巷義全遷太平茶

園

江湾镇中［钟］吕村 2-98 · 族谱

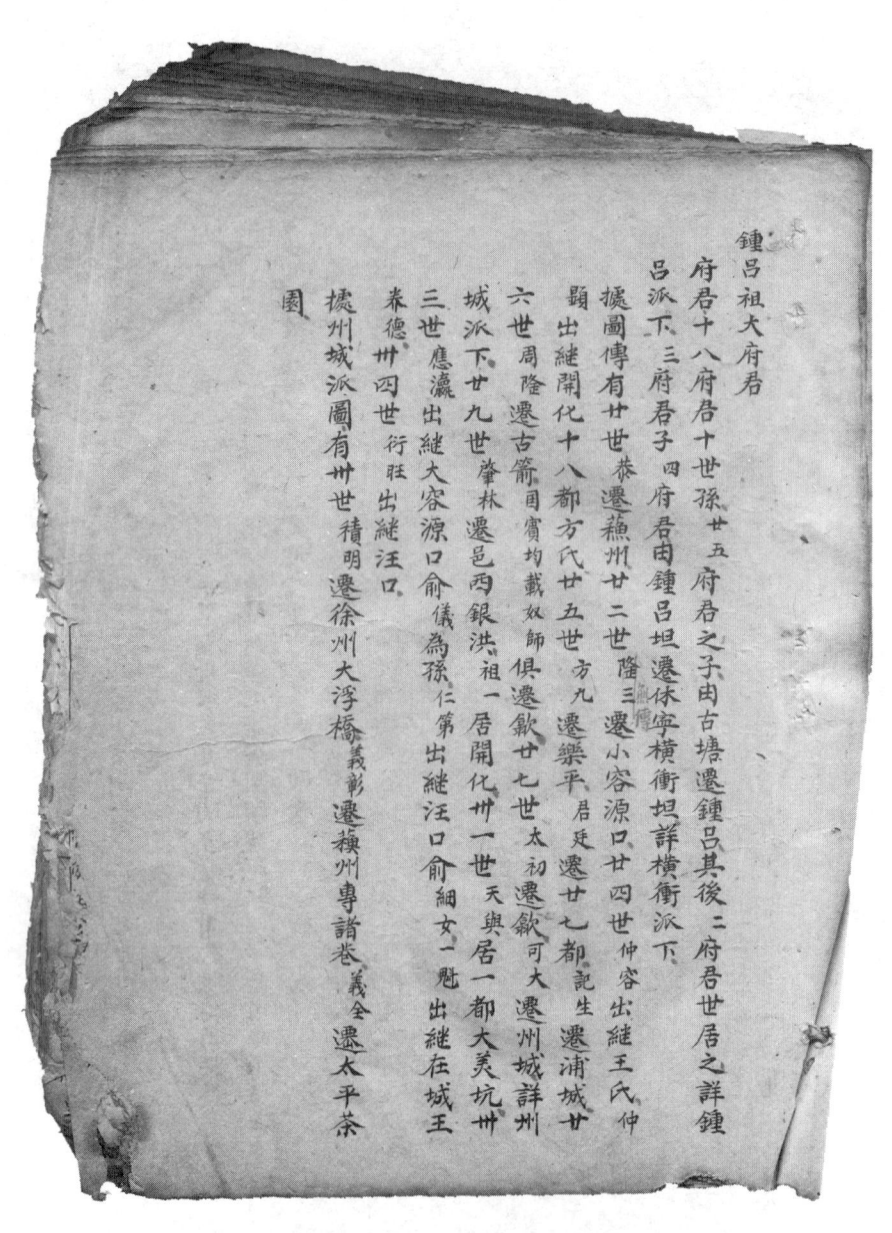

公世居河間仕晉征西大將軍永[illegible]元帝南渡居[illegible]俞

婺源長田祖三府君

府君縱公裔孫鄱陽譜諱昌行三唐十八府君三子新昌譜諱致昌行和三十八

府君次子乾符末黃巢寇亂東南歙西有黃墩居民以冒黃姓得全廣明後郡邑

凋殘廼由黃墩適婺源僑居長田是為婺源俞氏始祖

古坑祖十三府君　古坑一名古汀

府君諱文質古坑譜諱文道十八府君七世孫廿二府君子由長田遷古坑九都

其譜又載府君子千三府君諱權字彥衡贅居古塘六都王太守宅遂家焉生三

子廿五府君諱憬字仲顯號窯雲廿二諱焞字敬仲廿四諱燻又諱煌字仲明號

竹坡居士居古坑祖宅妣王氏生三子六四諱坤字載夫六五諱墦字仁夫任迪

功郎妣李氏小諱壇字敬夫厥後子孫屢經回祿人文丕振今其族曰應元曰世

良曰世明曰文崇曰文積曰良法出其家藏世系支派古圖不能録梓徒扼腕長

嘆云

古塘千三府君

府君十八府君八世孫十三府君子由古坑九都遷古塘六都至大府君遷鍾呂

詳鍾呂大府君下

江湾镇中［钟］吕村 2-99 · 族谱

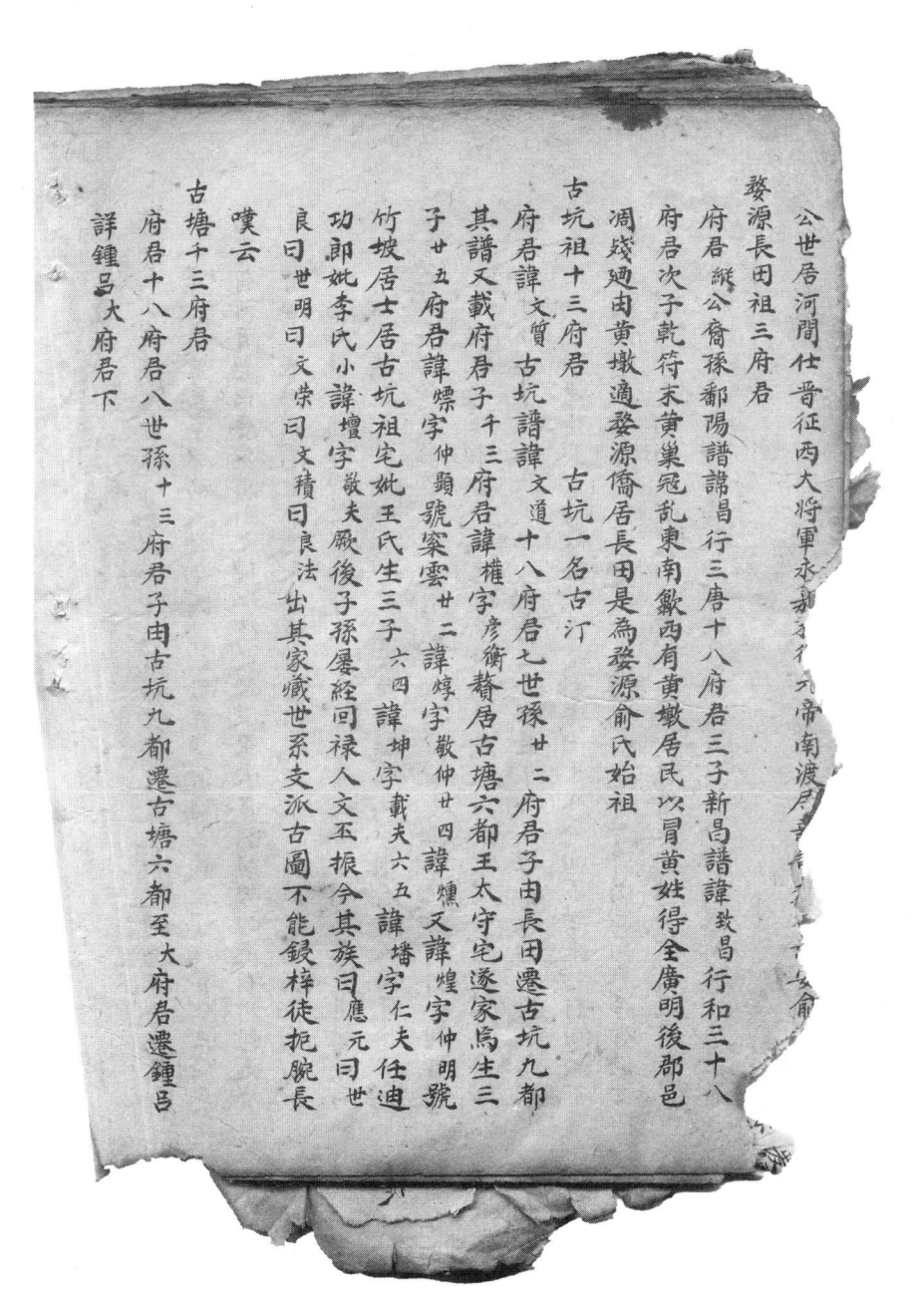

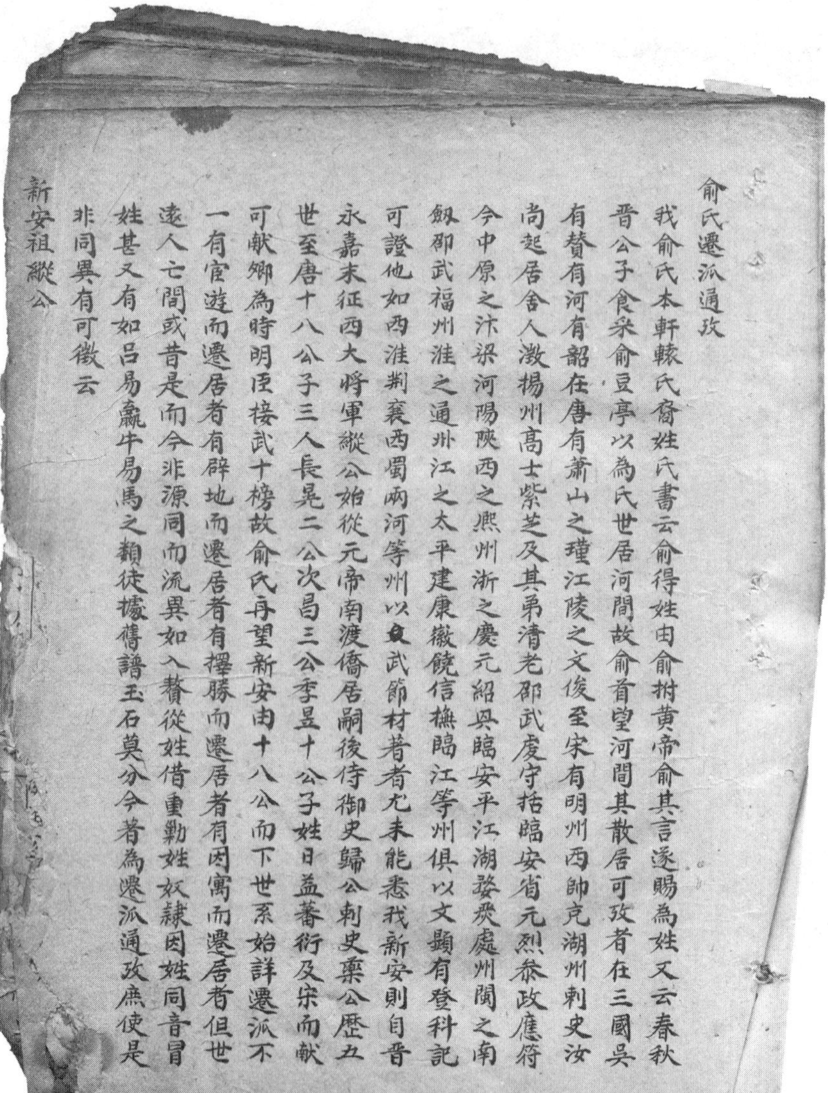

俞氏遷派通攷

我俞氏本軒轅氏裔姓氏書云俞得姓由俞拊黄帝俞其言遂賜為姓又云春秋

晉公子食采俞豆亭以為氏世居河間故俞首望河間其散居可攷者在三國吴

有賛有河有韶在唐有蕭山之瑾江陵之文後至宋有明州西帥亮湖州刺史汝

尚起居舍人澂揚州高士紫芝及其弟清老邵武虔守括臨安省元烈恭政應符

今中原之汴梁河陽陜西之熈州浙之慶元紹興臨安平江湖婺衢處州閩之南

劔邵武福州淮之通州江之太平建康徽饒信撫臨江等州俱以文顯有登科記

可證他如西淮荆襄西蜀兩河等州以文武節材著者尤未能悉我新安則自晉

永嘉末征西大將軍縱公始從元帝南渡僑居嗣後侍御史歸公刺史棄公歴五

世至唐十八公子三人長晃二公次昌三公季昱十公子姓日益蕃衍及宋而獻

可猷卿為時明臣接武十榜故俞氏再望新安由十八公而下世系始詳遷派不

一有宦遊而遷居者有辟地而遷居者有擇勝而遷居者有因寓而遷居者但世

遠人亡間或昔是而今非源同而流異如入贅從姓借重勦姓奴隸因姓同音冒

姓甚又有如吕易嬴牛易馬之類徒據舊譜玉石莫分今著為遷派通攷庶使是

非同異有可徵云

新安祖縱公

江湾镇中［钟］吕村 2-100 · 族谱

婦德　謂懿德賢行節烈之可風於内治者

程氏　鍾呂俞提舉一民之毋箬嶺鄉教授奇峯女弟礼部員外郎黖南姑也一民父雲從授易于奇峯悅其敦龎故以妹妻之既于歸惟相夫教子明經而慕断機和熊之行以是自一民而後三世通顯

俞氏　江氏　俞氏鍾呂璘知縣之女江氏湳源鄉進士一桂之姑為璘子魁之婦女名鄉閨正德壬申江西饒冦生發所過刼掠時璘致仕居家謂魁曰賊勢猖獗宜早避之非特遠害且遠辱也謂女曰賊至萬一不幸奈何女屬聲曰有死而已癸酉二月賊突至大鱅嶺隘有司請璘籌策魁挈家屬匿山中賊時剽掠山林無所得則楮其山魁從間道望警忽山下火起煙烈漲天鄉閨江氏大慟曰吾二人寧死弗出也遂相抱同死于火鄉人憐之稱雙烈王月溪銘其墓

江湾镇中［钟］吕村 2-101 · 族谱

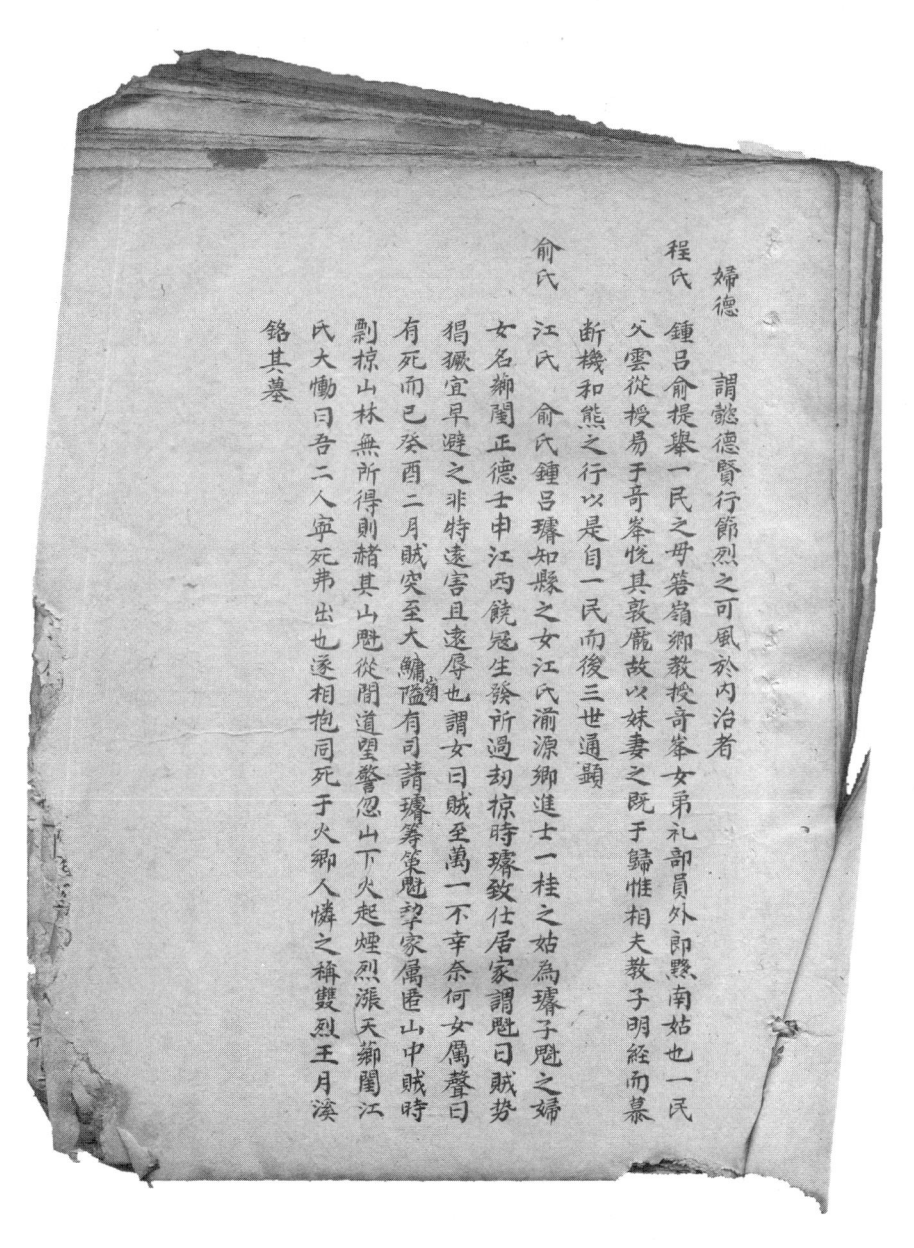

吏材　謂刀筆發身有成績者

宏正　字一之鍾呂人由郡掾授將仕郎提控案牘

得拱　字守善鍾呂人由吏材任平准行用庫提領

名宗　字用義鍾呂人父早亡母湯氏遺腹子舅奪母志携之鞠于江氏伶仃孤苦卓然自立正統間奉吏材多陰德考滿給由疾歸年八十恩例賜壽官八十三卒都憲汪靜軒賛其像士魁表其墓

江湾镇中［钟］吕村 2-102 · 族谱

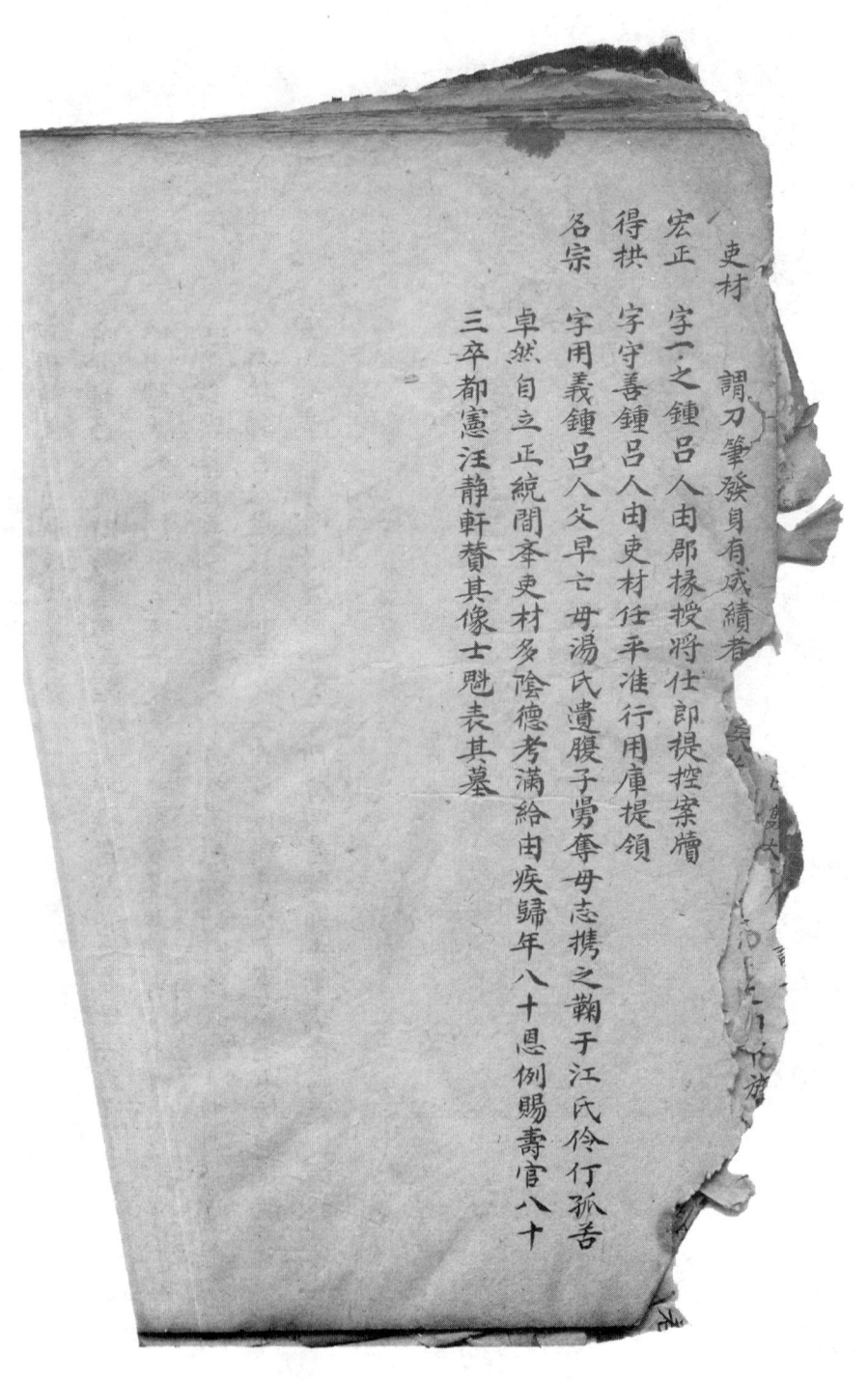

文藝　謂文學六藝通大意者

允中　名衡鍾呂人幼從天台胡伯衡先生游比長講斈于鄭師山先生之鄉通要旨精詩文號黄岡居士

公正　名介鍾呂人通詩易春秋三經常從仲祥宦遊尚友名士洪武庚子邑宰唐侯甫聘于文公祠下主社斈教事（公号霹靂山人仲祥公長子所著有霹靂山房集墓李岸白象捧壷形丙向）

公瑾　名瓊號雲峯公正之弟善詩文著有四書疑節詩經傳註（墓庄门前飛鳳形地丙向）

松　字喬年鍾呂人爽毅狷介守礼好義常捜輯高祖都事公鍾山梅隱稿游濟川為之序又嘗購得曾祖公瑾公所著四書疑節手筆稿表彰之（公号聽泉墓李岸巳向）

江湾镇中[钟]吕村 2-103 · 族谱

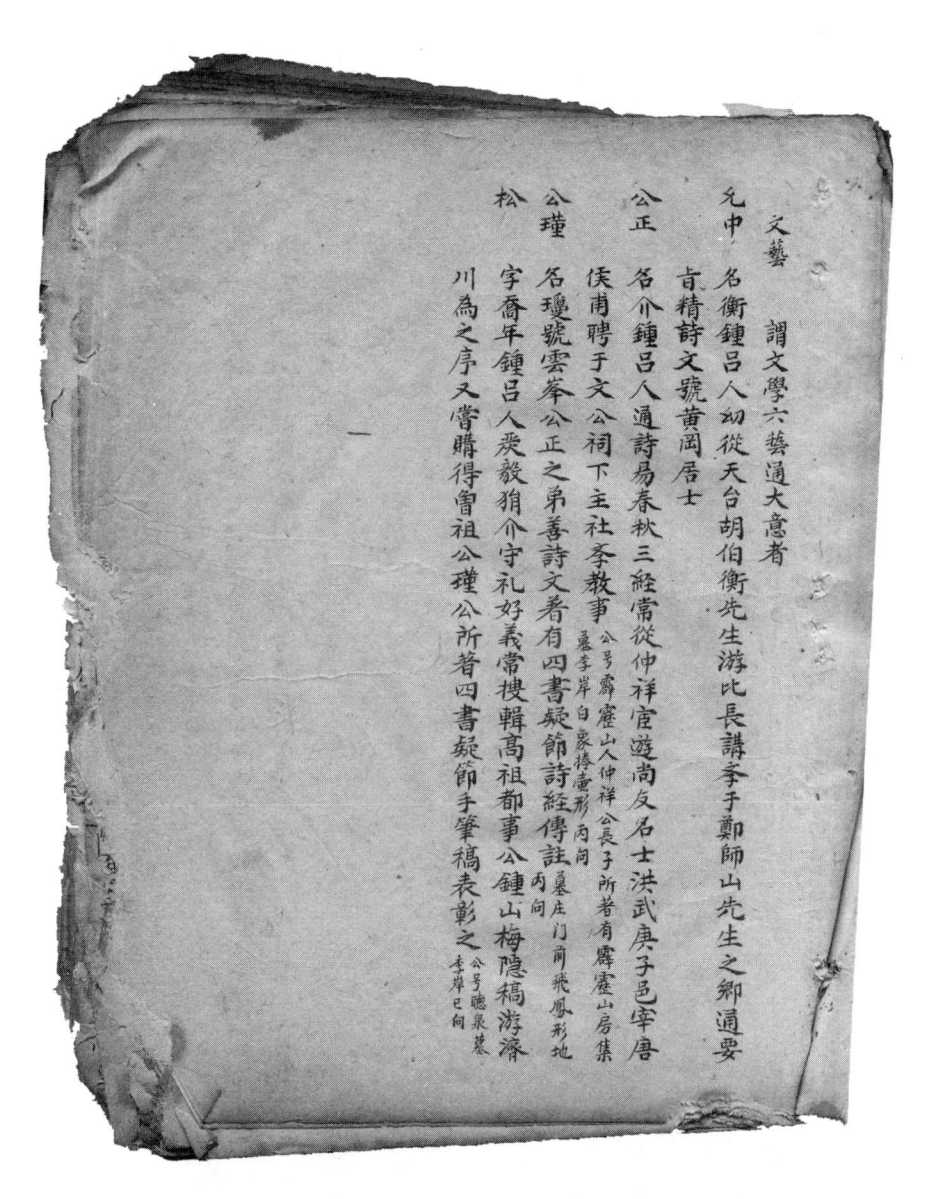

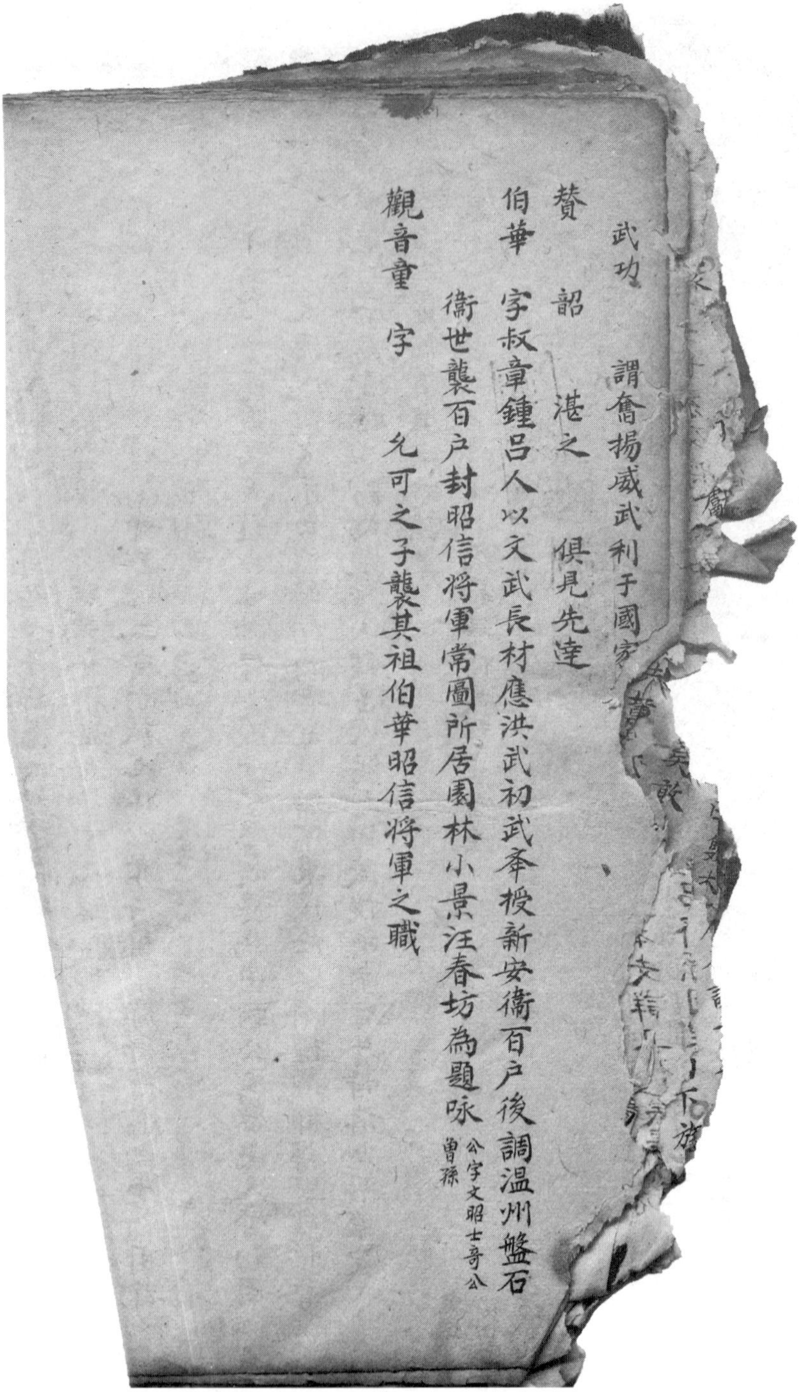

武功　謂奮揚威武利于國家

賛　詔　湛之　俱見先達

伯華　字叔章鍾呂人以文武長材應洪武初武舉授新安衛百戶後調温州盤石衛世襲百戶封昭信將軍常圖所居園林小景汪春坊為題咏公字文昭士奇公曾孫

觀音童　字　允可之子襲其祖伯華昭信將軍之職

江湾镇中［钟］吕村 2-104 · 族谱

宦業　謂從宦政績有可紀者

藥　昆先達

章　字汝達鍾呂人紹興卅二年特奏名授從仕郎與弟高俱明經出身

禮可　字仲節鍾呂人治詩由貢授將仕郎如皐縣丞

一民　字邦本鍾呂人領淳祐壬子鄉薦授福建布船提舉大有政績比宋冔華掛冠而歸築雲隱山房賦詩自樂有九子十九孫（公字汝恭元方公孫師魯公父也墓古坑青降岺猛虎跳墻形）

謙亨　字德甫號綠峯鍾呂人三歲而孤比壯以孝行稱于鄉行省薦之于朝固辭告歸謫授本郡副使（公諱遜怍公孫也墓李岸白象捧壺形已向）

逢年　字允可號友石鍾呂人師魯公次子才季超異為中朝公卿器重天曆初因大臣入覲文宗親被顧問將官之会崩不果後任江西榷茶都轉運司照磨

用中　一諱靈椿又諱榷號鍾山鍾呂人洪武初徵授河南府尹時稱公明康愛太守所著有東遊諸集

宗禮　鍾呂人以詩経中鄉試備榜授路李省差

江湾镇中［钟］吕村 2-105・族谱

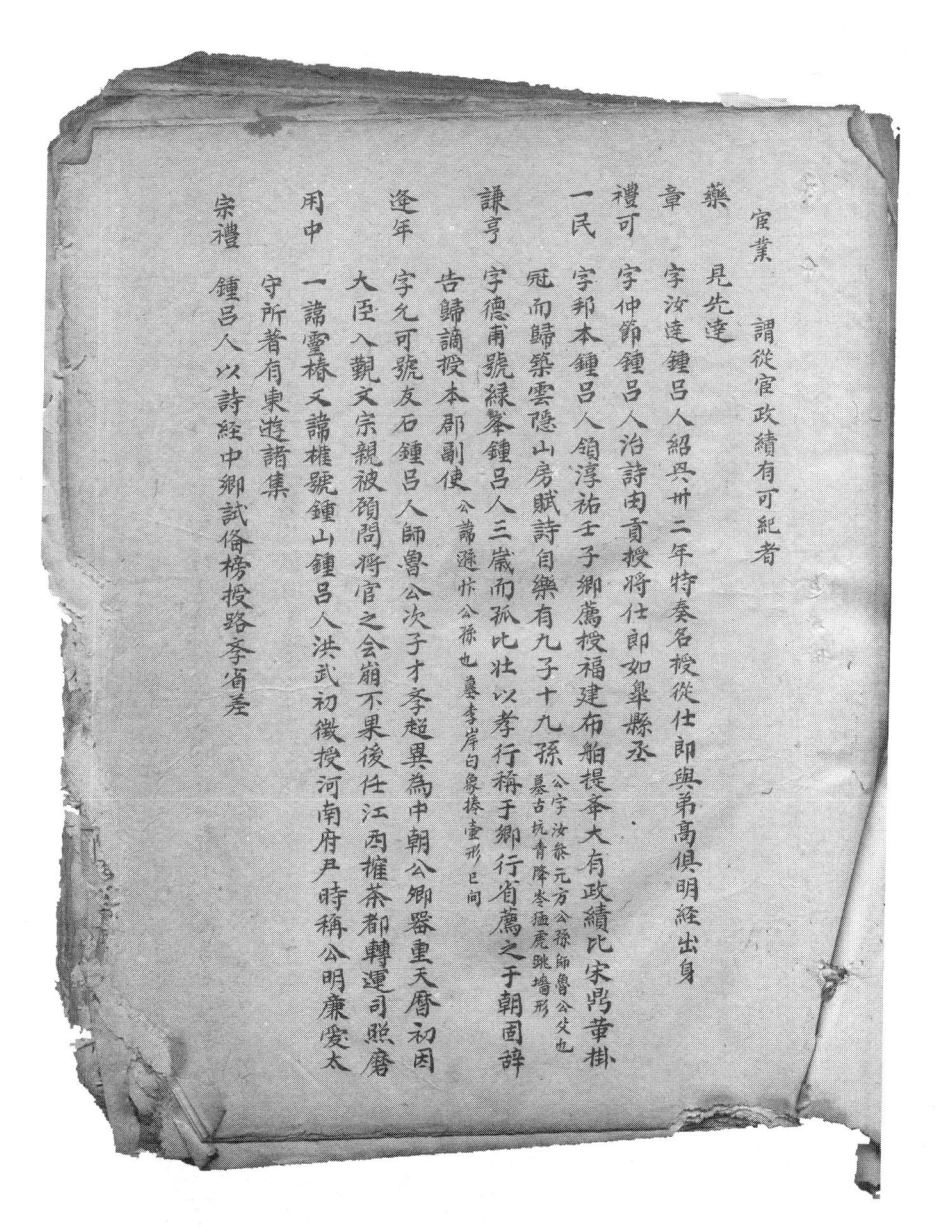

文苑　謂文章政事可並稱者[illegible]

仲祥　字獻吉號鍾山聽松子鍾呂人　國初詔舉遺賢選授陝西等處中書[illegible]左右司都事幼敏慧早孤其祖緑峯訓之曰我家世清白以讀書為業勿惰以辱先人祥夙夜力學著有鍾山梅隱槁聽松子集（公諱禎忭公玄孫也墓李岸圳下白象捧壺形地丙向）

子恒　字公彞鍾呂人幼孤賴從丈仲祥撫訓長遊雲峯之門年十八領江淛鄉薦兵興隱雲山草堂　國初以明經行修授歙學教著雲山草堂集（公号雲山忭公裔墓歙學前山）

震元　號臺西鍾呂人才識卓越學行超群領隆慶丁卯鄉薦所著有石陽山人文集藏于家

江湾镇中［钟］吕村 2-106 · 族谱

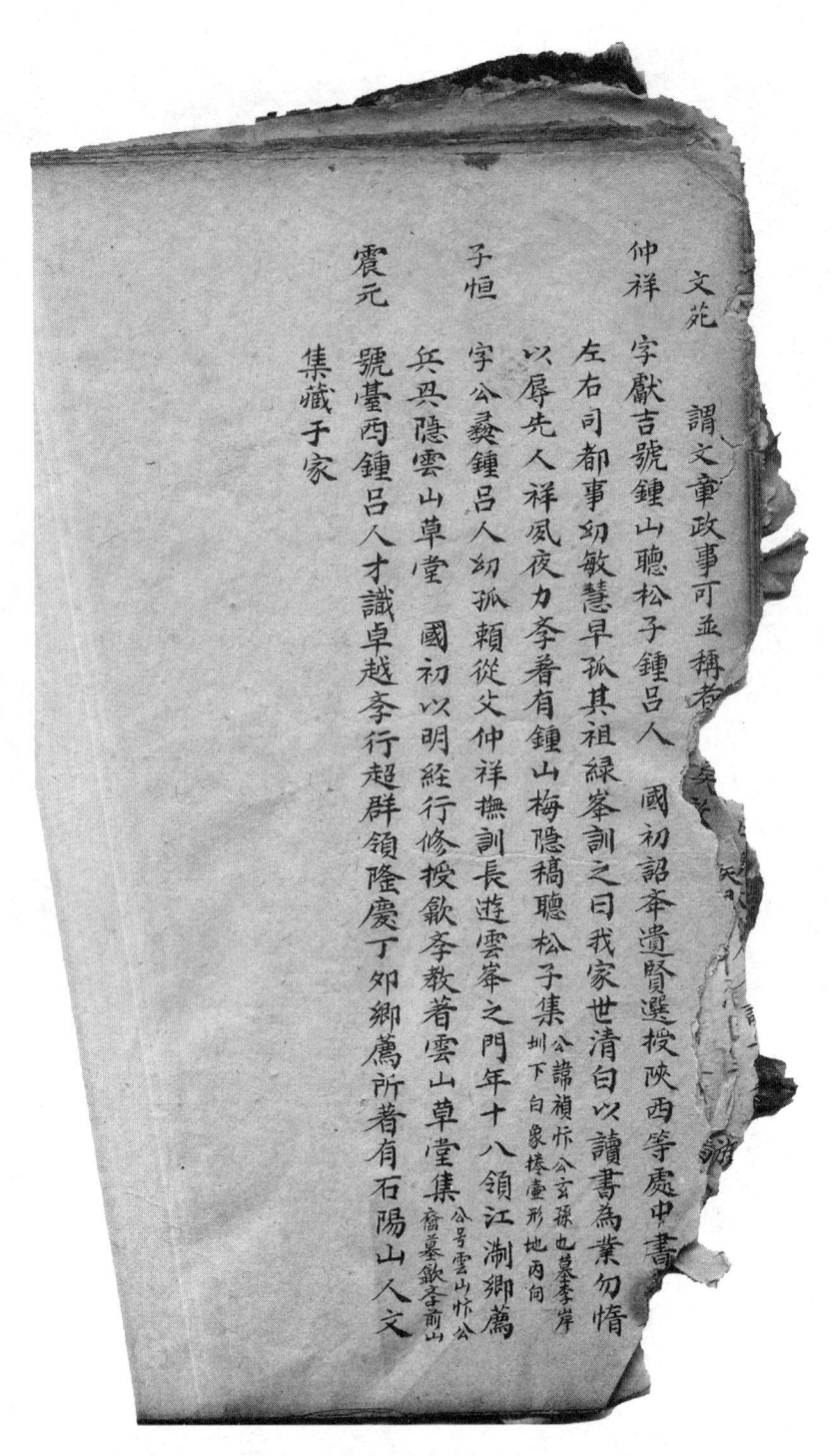

忠義　謂忠臣義士致其身者

縱

見先達

歸

江湾镇中［钟］吕村 2-107 · 族谱

行誼　謂德行名誼孚于鄉邑

天禄　婺源長田人三府君之季子行三二厚德高風為時所尚家累千金急施人多其德而不名惟指其行稱曰三二長者

延俊　天禄之季子其凡延賢為巡将謝仕歸置懺列舞于庭延俊目不視自號習静子嚴重好義崇德樂施綽有父風

汪祥　字懋德號仁本鍾吕人壽官名宗長子善承父志孝友義讓振植紀綱睦族恤貧濟弱扶傾輯世覲績家秉為時推重與弟添祥怡〻祇順至賦役之劳以身先之壽官八十二有瘋疾躬侍湯藥與弟並稱孝友

壁　一諱旬鍾吕人富而好禮士夫交相友善嘗創二仙楼夏桂洲錫之扁

江湾镇中［钟］吕村 2–108 · 族谱

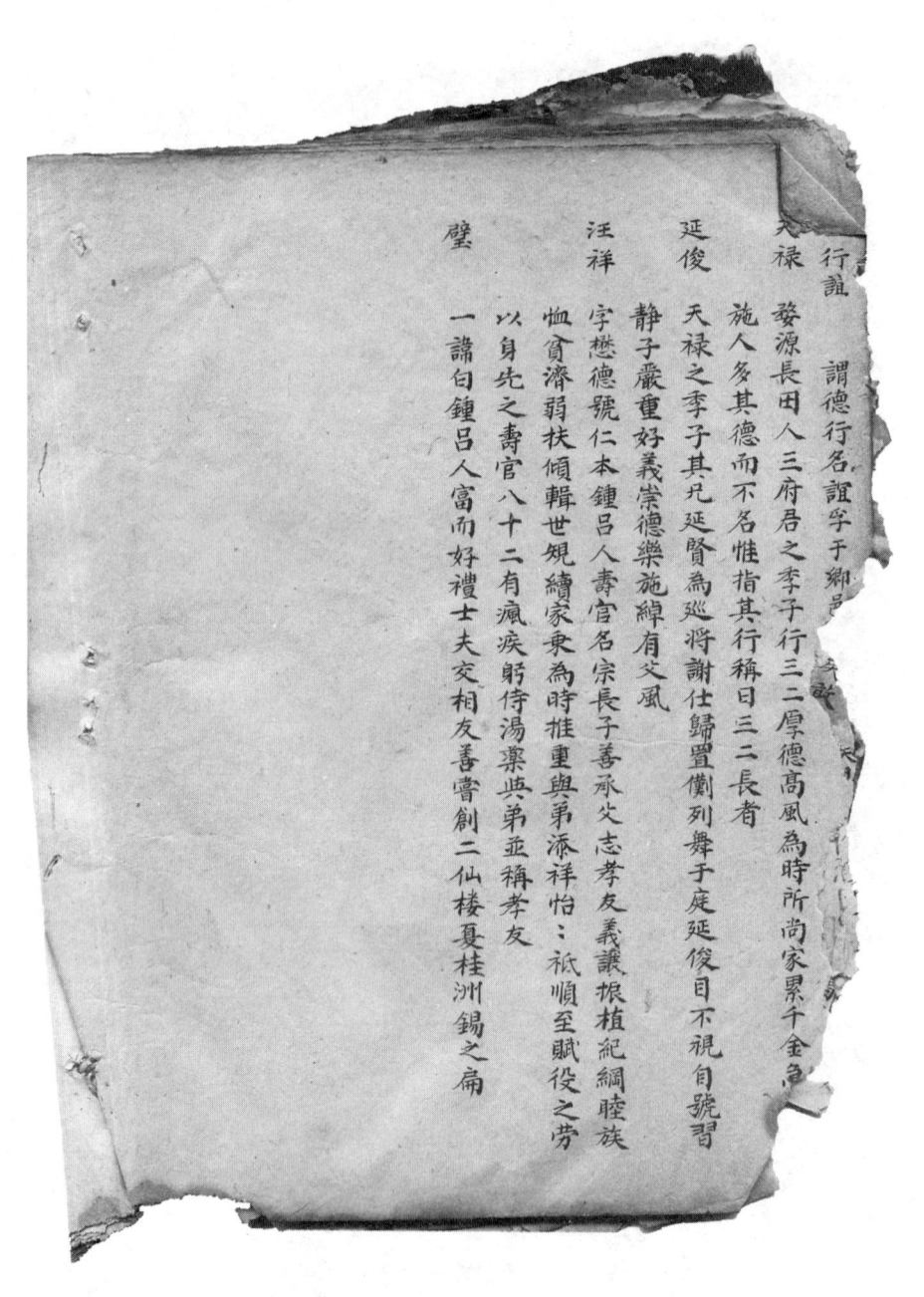

戚畹

謂聯姻玉牒榮耀一家者

江湾镇中［钟］吕村 2-109 · 族谱

璹

谷峯詩文人稱峯高如王[illegible]天下特妙

詵程縣南狀其實見文徵録公号[illegible]斋元方公曾孫墓本里洞灵源即今桃源氏墓同处

字齋政一名肇光號鈍齋鍾呂人幼補郡庠師康永韶先生弱冠補廪七上秋闈倡復文公祠薦貢太學試優等授岳州府安鄉縣尹有政聲致仕十年而卒校點四書句讀校刊春秋胡傳郡學從祀文公祠元方公裔墓黄泥坦杉木塢口虎形地丁向

江湾镇中［钟］吕村 2-110 · 族谱

俞氏歷代人物誌

是册訪郡邑誌書分勳賢鄉賢戚畹忠義文苑宦業武功科貢椽曹封贈孝友
行誼婦德者固以誌前哲於不忘亦以啓後人之景範也其中已見先達傳者
不贅出惟表其名而不紀其实云

勳賢

謂立功言行可法後世者

树

黄帝時為雲師按史記黄帝軒轅氏以人之生也負陰而抱陽食味而被色
寒暑盪之外喜怒攻之内夭凶昏札君民代有乃上窮下際察五氣立五運
洞性命紀陰陽命俞柎岐伯作内經察明堂究脉息巫彭桐君處方餌而人
得永年

藥

見先達

師魯

字唯道婺源鍾吕人卓悟秀挺三歲能識奇字日誦數千言年十二哭母哀
絶比壯講李邑庠太李博士吴遯齋奇之以兄子妻為元大德十年江浙行
省薦其行能應茂才異等江東使者涿郡盧公摯荐之辟署史館編修以親
老求外因授隆興廣德二路儒李教授秩滿授松江府知事多政績民謡曰
俞公未來案牘分披吏饞而欺俞公既来官僚怡怡吏飽而嬉惟其
我心惻以疾卒于官師魯[illegible]古齋[illegible]

江湾镇中［钟］吕村 2-111 · 族谱

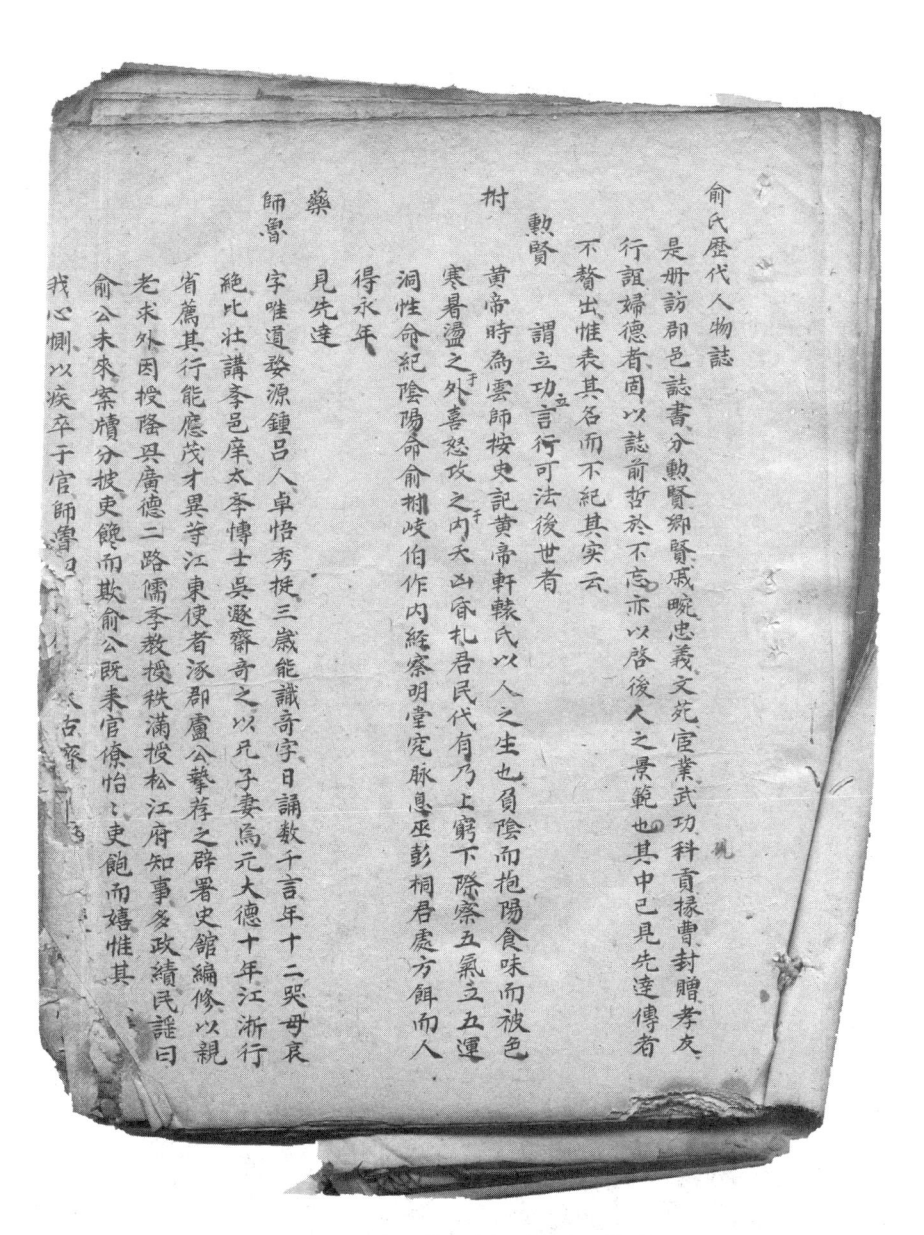

俞氏開國元勳録

麻皖忠義文苑[illegible][illegible]

江湾镇中［钟］吕村 2-112 · 族谱

瑾

唐書孝友傳越州蕭山李渭許伯會戴恭俞瑾皆數世同居者天子皆旌表
門閭賜粟帛州縣存問復賦稅有授以官者

江湾镇中［钟］吕村 2-113 · 族谱

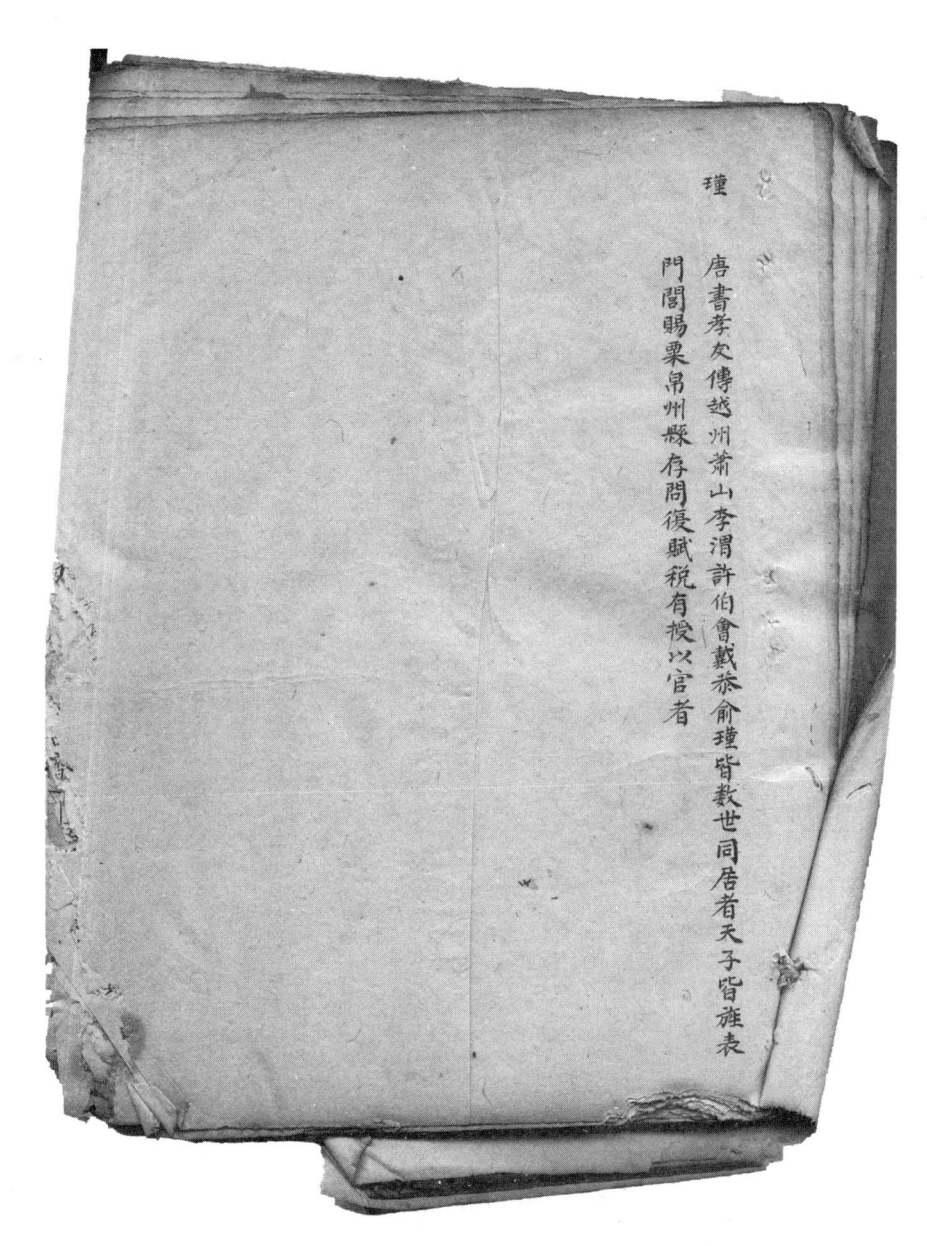

歸

石韓晃攻之左右勸退

猶桓侯之不負國也遂死之

晉穆帝永和三年遣侍御史俞歸使涼州授張重華為涼州刺史西平公重華欲稱涼王未肯受詔使所親私謂歸曰王公奕世為晉忠臣今曾不如鮮卑何也歸曰吾子失言昔三代之王也爵之貴者莫若上公及周之衰吳楚始僭號稱王而諸侯亦不知非蓋以蛮夷畜之也借使齊魯稱王諸侯豈不四面而攻之乎漢高祖封韓彭為王尋皆誅滅蓋權時之宜非厚之也聖上以貴公忠賢故爵以上公任以方伯寵崇極矣豈鮮卑夷狄所可比哉且吾聞之功有大小賞有重輕今貴公始継世而為王若帥河右之衆東平胡羯修復陵廟迎天子返洛陽將何以加之乎重華乃聽命

（梁）藥

南史梁世寒門達者唯陳慶之與俞藥武帝謂曰俞氏無先賢欲改姓喻藥曰當今姓着自於臣歷位雲旗將軍安州刺史

（宋）湛之

宋明帝時大將見南史袁顗傳

（唐）

江湾镇中［钟］吕村 2-114 · 族谱

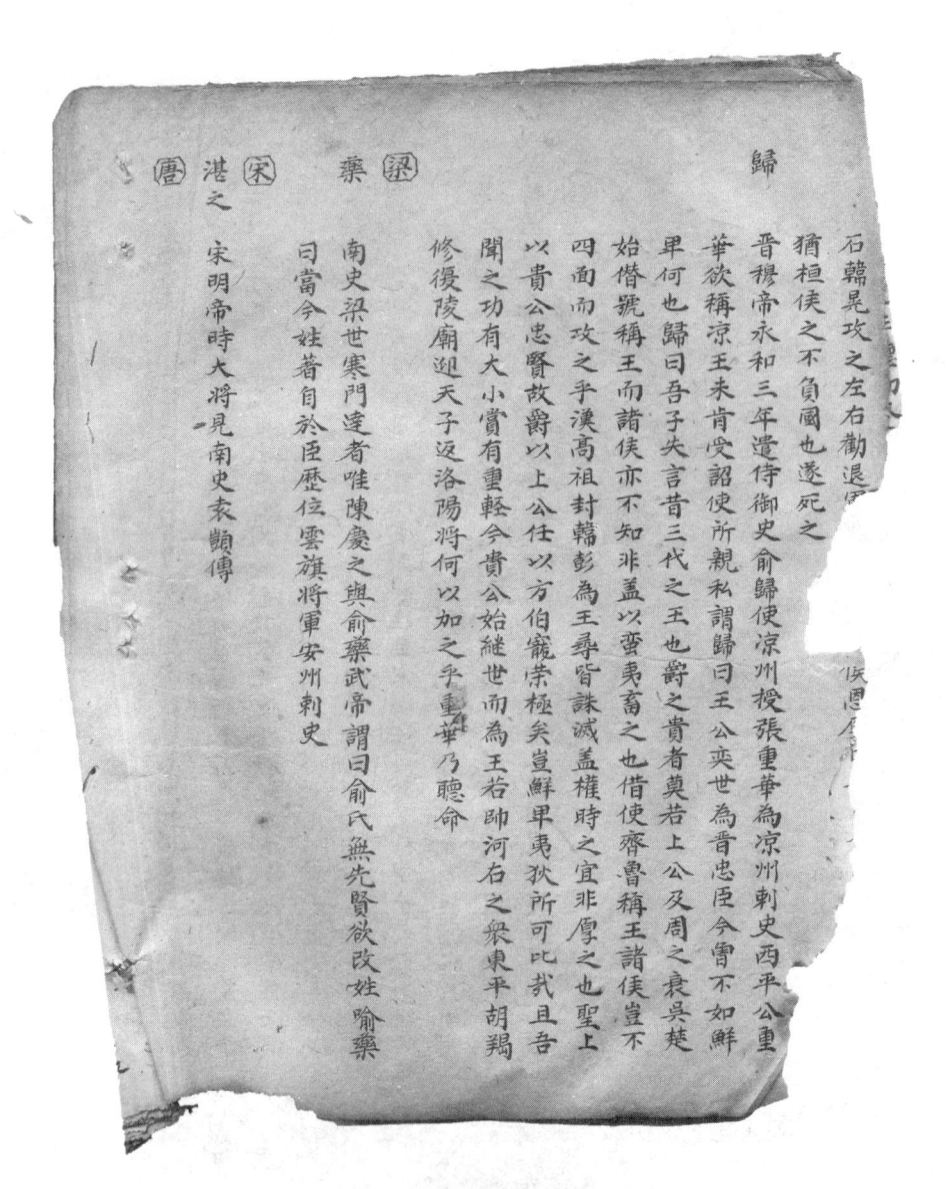

俞氏先達傳

俞氏自得姓望出河間歷漢而唐而宋族益蕃衍散處天下或隱或顯德業文華难以悉考其有傳記可徵者院判公譜搜載先達登科記内先達記小序有云俟考史傳續加修纂今畧具所見于左如劉聰時俞容齊東昏時俞靈韻金臣俞琬等俱不足紀又金國有中書舍人俞憲山東都運俞良裔諫議俞昌世俱未詳登科記小序有云俞氏自東晋以來為著姓至宋而文科武畧相望于史今萃録登科記于左他以功名道德著者自具别録今欲因而續之恐至有汗漫之繁因而畧之恐失公命記之意謹據二記合為一篇曰先達傳餘若宋丞相俞端禮

國朝號國公俞通海等及諸登第入仕者後先相望雖具載簡册不復編入也

太古

拊　黃帝臣

漢

替　三国時吳都督

韶　三国志孫韶本姓俞孫策為易其姓仕至征北将軍為吳名臣

晋

縱　東晋成帝咸和三年宣[illegible]六討[illegible]

江湾镇中［钟］吕村 2-115 · 族谱

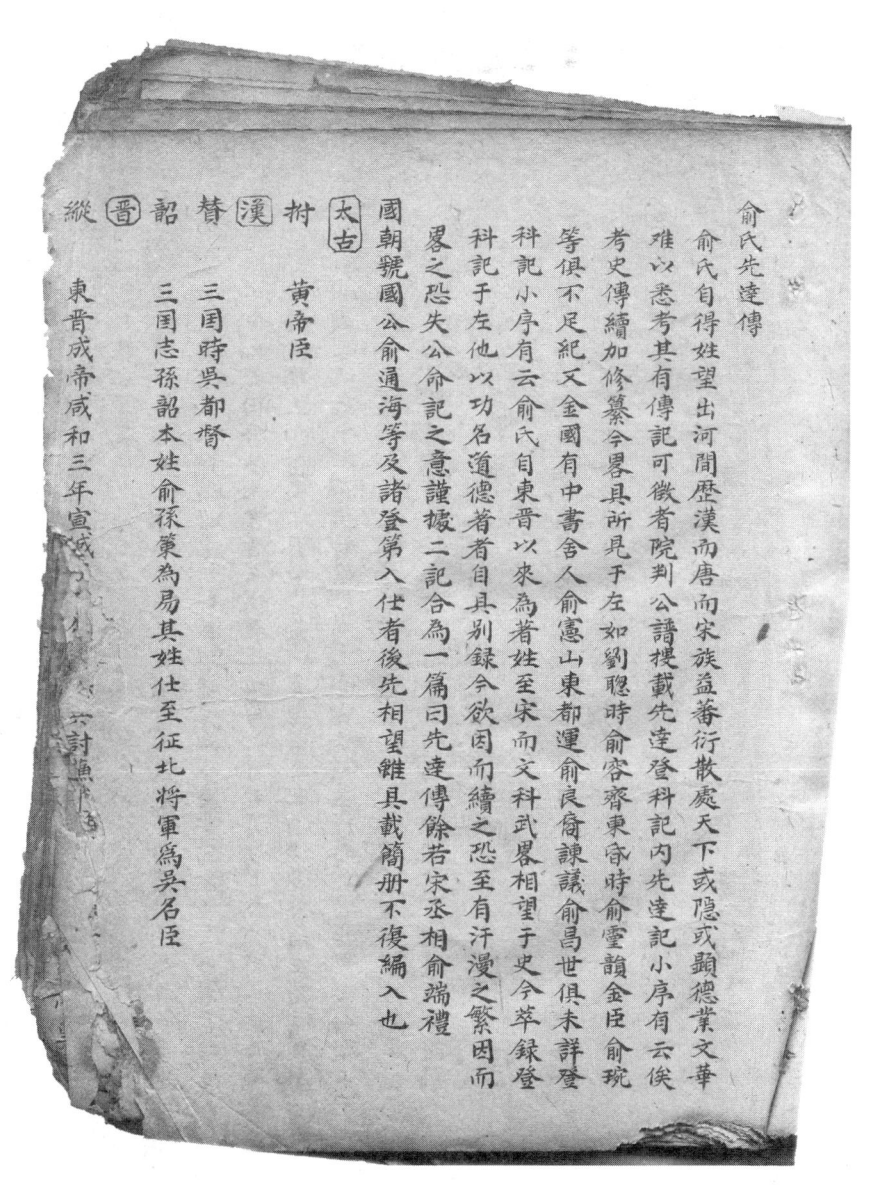

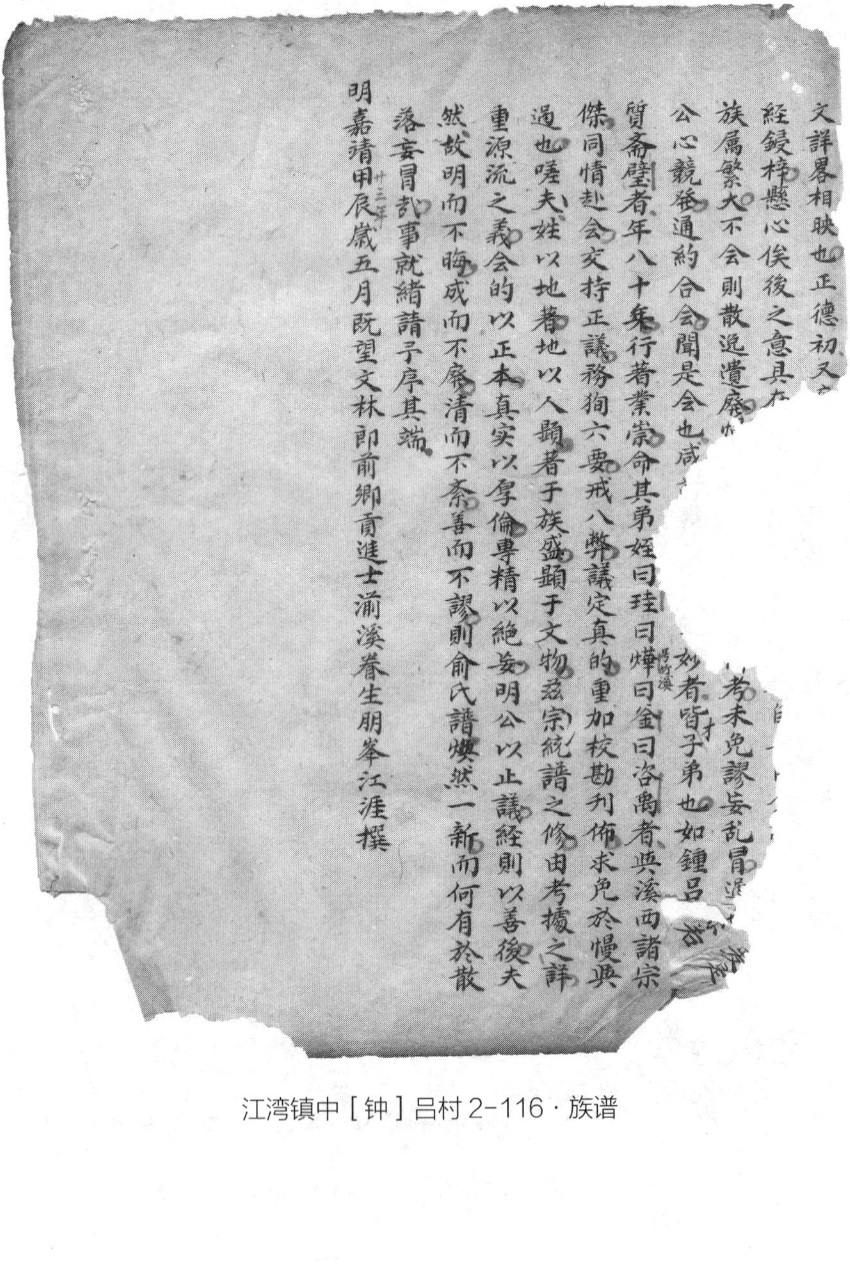
文詳畧相映也正德初又
經鋟梓懸心俟後之意具
族屬繁大不会則散迻遺廢 考未免謬妄乱冒
公心競發通約合会聞是会也咸 妙者皆子弟也如鍾呂
質斎璧者年八十矣行著業崇命其弟姪曰珪曰熚曰金曰洛禺者與溪西諸宗
傑同情赴会交持正議務狥六要戒八弊議定真的重加校勘刊佈求免於慢與
過也嗟夫姓以地著地以人顯著于族盛顯于文物兹宗統譜之修由考據之詳
重源流之義会的以正本真实以厚倫專精以絶妄明公以止議經則以善後夫
然故明而不晦成而不廢清而不紊善而不謬則俞氏譜煥然一新而何有於散
落妄冒哉事就緒請予序其端
明嘉靖甲辰廿三年歲五月既望文林郎前鄉貢進士湔溪眷生朋峯江涯撰

江湾镇中［钟］吕村 2-116 · 族谱

新安俞氏會修譜序

夫譜者正本辨殊别嫌明微叙倫合族六者譜之要也不慮乎不明惟散逸可
則晦不慮乎不成惟無整失修則廢不慮乎不清惟妄冒不稽則紊不慮乎不善
惟踈畧不經則謬八者譜之弊也六要不慎八弊不戒則譜何取於修葺新安大
家推称着姓俞氏其一也按俞氏世居河間自晋南渡始居新安唐乾符末黄巢
冦亂約遇黄不殺歛有黄墩地是以人争趨黄墩以全生也賊勢南流不止惟婺
源山更深路尤險兵馬不得度於是多奔婺源以全族也俞氏唐三府君諱昌者
乃從黄墩遷婺源之長田居焉故新安之俞由是而分者皆着而文質公自長田
居古坑至千三公復遷古塘刺史王公重其賢以女妻之後大公迺擇居鍾呂環
聚之地而其孫二府君與三府君兄弟也凡之裔世居婺之鍾呂弟之裔遷居休
之溪西嗣是本派相承子孫蕃碩文獻丕著以文章顯者華簪纓以道德高者晦
林莽以武畧起者耀冠胄以吟釣自逸者并泉石以耕讀自便者愛鄉落皆不墜
庸凡而足以光顯其宗者也溪西[illegible]子茂公以院判武畧奉
命平江西一道冦虜暇時請[illegible]譜牒本支詳且備矣[illegible]
遷宗支刋為圖本散於族[illegible]將不[illegible]
楽中續編本支世系及將[illegible]

江湾镇中［钟］吕村 2-117 · 族谱

達有記登科有記而文獻
録以示不乱也棣萼有説……
異有辨以示衆也其自唐三……與窮稽自是而下方
派例具任其名行婚宦生卒日時……不書不知則缺幾二十
集成信者詳而不厭疑者畧而不嫌不以貴盛而强收不以衰賤而輕棄遠者……
而不作無敢過為揄揚近者輿論具在無敢昵而軒輕前者質諸史傳而有徵後
者證之各宗而有據倘亦庶幾乎傳信之書也柰何脫稾未就而一時同事俱已
後先物化愚復衰老無能畢其志矣所望後之人寓目是編動水木本源之思以
無忘前人考採訂編次之勞就正有道刊而布之豈非仁人孝子事乎
萬曆八年歲次庚辰孟春谷旦昌公支孫永川文紀書

江湾镇中［钟］吕村 2-118 · 族谱

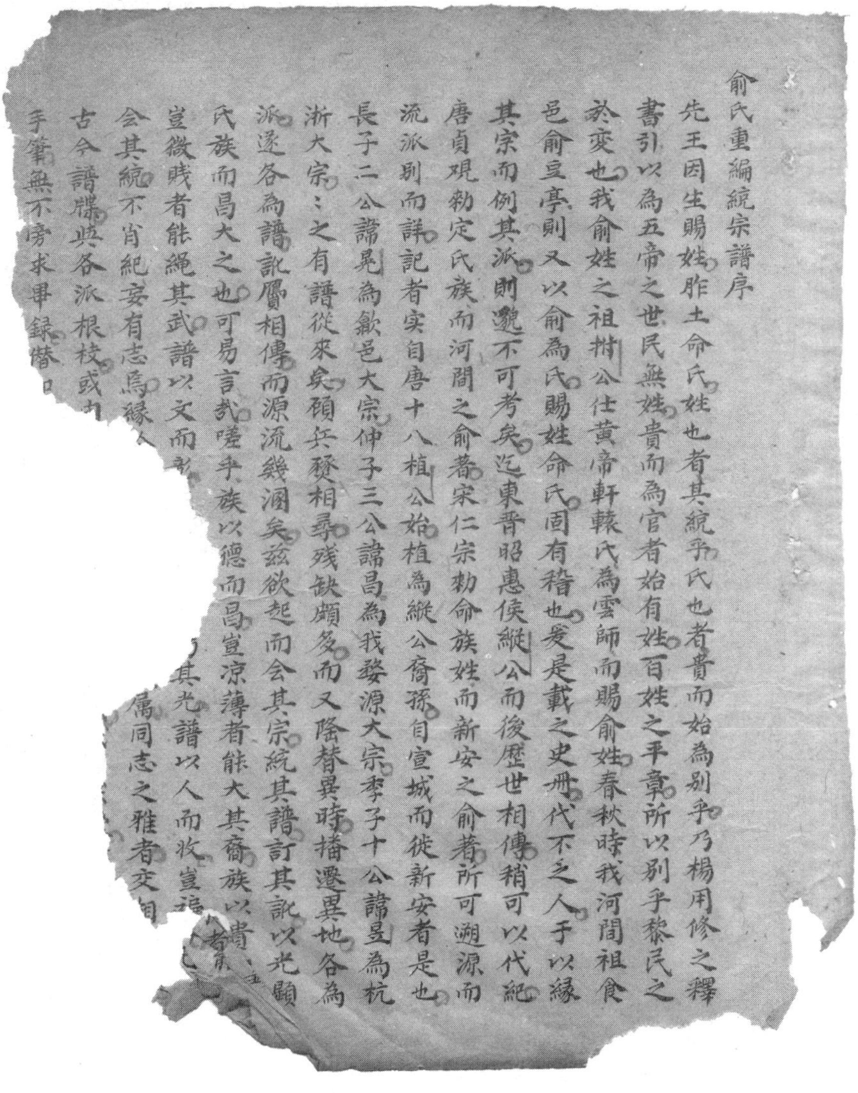
俞氏重編統宗譜序
先王因生賜姓胙土命氏姓也者其統乎氏也者貴而始為别乎乃楊用修之釋
書引以為五帝之世民無姓貴而為官者始有姓百姓之平章所以别乎黎民之
於变也我俞姓之祖拊公仕黃帝軒轅氏為雲師而賜俞姓春秋時我河間祖食
邑俞豆亭則又以俞為氏賜姓命氏固有稽也爰是載之史册代不乏人于以緣
其宗而例其派則邈不可考矣迄東晋昭惠侯縱公而後歷世相傳稍可以代紀
唐貞觀勅定氏族而河間之俞著宋仁宗勅命族姓而新安之俞著所可溯源而
流派别而詳記者实自唐十八植公始植為縱公裔孫自宣城而徙新安者是也
長子二公諱晃為歙邑大宗仲子三公諱昌為我婺源大宗季子十公諱昱為杭
浙大宗〻之有譜從來矣頓兵燹相尋残缺頗多而又隆替異時播遷異地各為
派遂各為譜訛譌相傳而源流幾溷矣兹欲起而会其宗統其譜訂其訛以光顯
氏族而昌大之也可易言哉嗟乎族以德而昌宣涼薄者能大其裔族以貴[illegible]
宣微賤者能繩其武譜以文而[illegible]其光譜以人而收宣[illegible]
会其統不肖紀妄有志焉緣[illegible]屬同志之雅者交相
古今譜牒與各派根枝或[illegible]
手筆無不旁求畢録㬅[illegible]

江湾镇中［钟］吕村 2-119 · 族谱

因成世族圖一本和庚幾

戊戌重和元年十月既望

江湾镇中［钟］吕村 2-120 · 族谱

俞氏世族圖叙

俞氏世居千秋里長田其遠不可紀其傳由東晋征西大将軍縱之裔孫十八府君者由宣城始家新安仲子昌字宗大称三府君避黄墩徙家婺源之長田有二子彔行二遷饒茂行六生四子長天祉徙大占才其孫七遷休寧山口八遷建康次天祐徙縣市三天福四天禄世家長田天禄字伯新称三二長者家累千金厚德高風為時所尚人称長者而不名即吾七世祖也有子三人孟延寵一子四孫皆析而居文遠居縣市文韶居大源塢文逵居亭子嶺文春未遷仲延賢仕後唐為廵将一子五孫文榮居占才墩上文顯居園塢文富居黄家塘文貴文全乏傳季延俊称二五府君吾六世祖也以隱德推鄉里三子八孫長曰顔字承慶即吾高祖十九府君也次曰顕字承奉行廿一季曰顧字承愷行廿二皆高叔祖也廿一有子二文嗣文宝居赤株嶺下廿二惟一子文道遷古坑裔今居鍾吕宅祖有五子亦皆析居一文渘居張文坑三文明五文价居豐洛四文績……曽祖十二府君諱文會其第二……德累仁恱礼義惇寺……積德百餘年而始發於吾……子吾独……白寒素輙不自逸以辱先……土著如鉄爐歩耳……

江湾镇中［钟］吕村 2-121 · 族谱

沛[illegible]派令之昉[illegible]

其無徵不信也而龍騰育[illegible]

告遺也而溪口獨認之故無[illegible]之任在〻有[illegible]

自不相牴牾剞劂之費總理之[illegible]迻相孚自不至疑責[illegible]

不可行奉動皆周滿难乎其有成矣若夫執簡而御煩提綱而奉目操

有其方毋過於羨毋傷於直此又統其会者事也責也俞氏其有人哉余故[illegible]

序之以風俞之後來者至如簪纓雲仍人文照映赫然為氏族称望也無不具載

斯譜中余何容贅

萬曆丙辰冬仲月之吉解元眷生龍田江文明撰

江湾镇中［钟］吕村 2-122 · 族谱

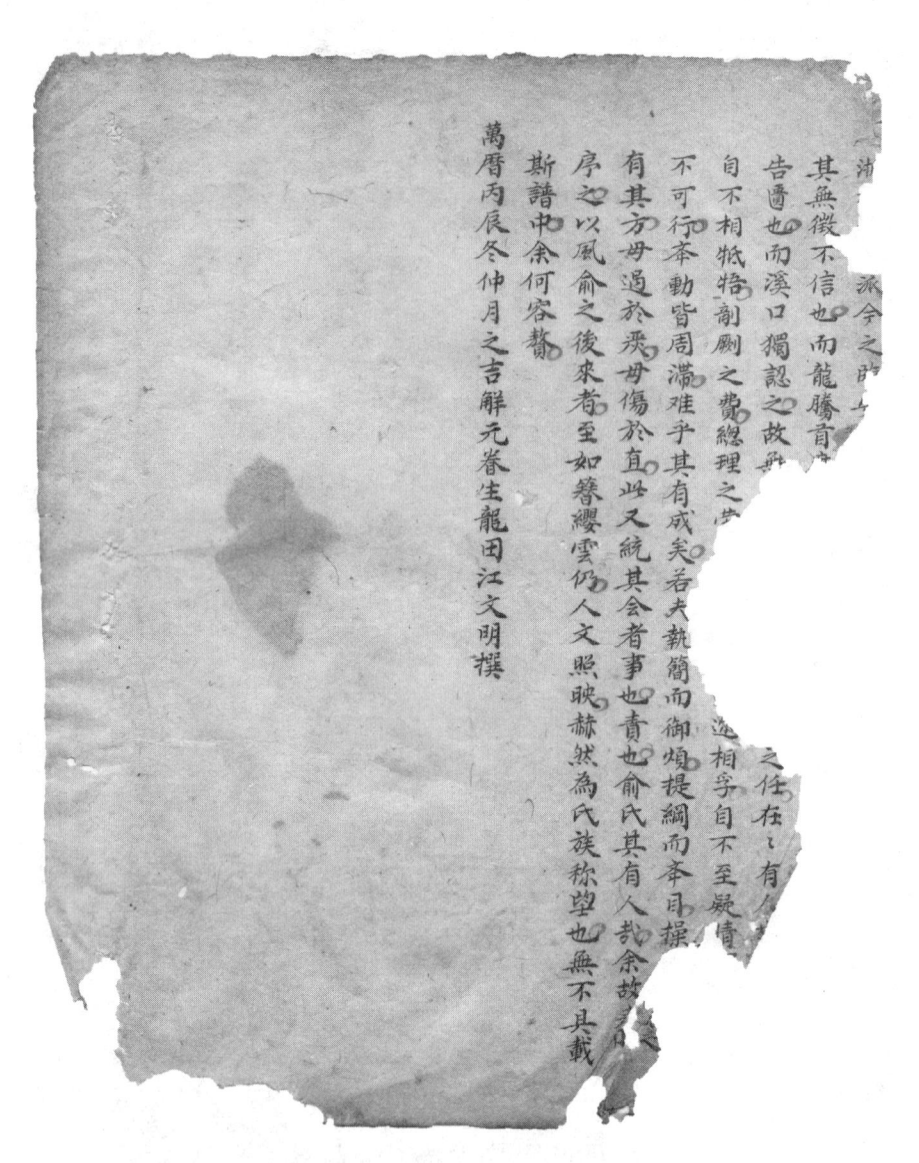

新安俞氏統宗族譜序

修譜為氏族盛事，犹修史為國家大典也。史如左、胡、班、馬，代有其人；譜則歐、蘇、司馬独称焉。族非譜不傳，譜非人不重，譜可易言哉！俞氏之称名族於新安也，陳定宇先生紀之矣。迺其統譜相傳，則永川派之家藏為詳焉。其故老如北屏文紀先生編集之，而鄉先達敬齋文進、靜斋文選、蒲石一貫諸公相與校閱、玫證之。所從來者久矣。兹溪西派肇光者，究心譜學，年踰七十，壯心未已。執渠族樞判梓譜及鄱陽新昌諸譜，諧永川。永川士瞻者，欣然出厥考所集譜，交相較勘，第各有詳畧，差小異耳。爰是遂行会通，鋟梓之夆。譜成，謁余請序其端。余閱古姓氏書，軒轅時俞由雲師柎公賜姓。春秋時俞由晋公子㕘食邑命氏也，居河間。其後東晋時昭惠侯縱公始居江南，晋穆帝時御史歸公、梁武帝時安州史刺藥公、陳武帝[illegible]州刺史中公，中雖金陵派，亦縱公裔也。至唐憲宗時，有沅一，諱智元，續遷廣[illegible]植一，諱彥暉，行十八，仕唐御史中丞，生三子：孟曰晃，居歙草市沙園，後有[illegible]凱及畝可畝鄉，諸公父子祖孫[illegible]由黃墩遷婺源長田，其後有[illegible]十人文科甲，畹戚勲賢，即[illegible]唐[illegible]少師，鄱陽譜[illegible]

江湾镇中［钟］吕村 2-123 · 族谱

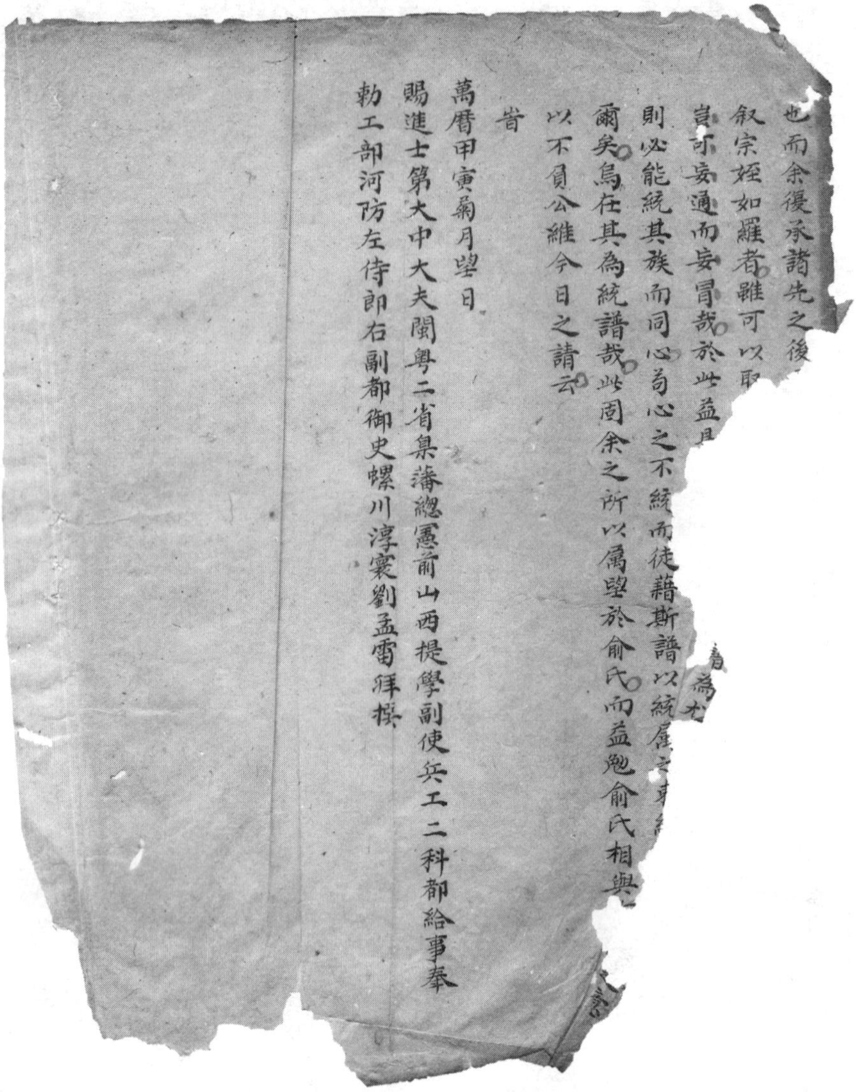

也而余復承諸先之後
敘宗姪如羅者雖可以取
豈可妄通而妄冒哉於此益見……書為大
則必能統其族而同心苟心之不統而徒藉斯譜以統居之東……
爾矣烏在其為統譜哉此固余之所以屬望於俞氏而益勉俞氏相與……
以不負公維今日之請云
旹
萬曆甲寅菊月望日
賜進士第大中大夫閩粵二省臬藩總憲前山西提學副使兵工二科都給事奉
敕工部河防左侍郎右副都御史螺川淳寰劉孟雷拜撰

江湾镇中［钟］吕村 2-124 · 族谱

新安俞氏續修統宗譜敘

統宗譜者所以統會一姓之宗而為譜也使同宗而無譜以統之則不知其所從
出使有譜而不本於一祖則各祖各宗亦非所以言統譜也惟合諸宗而歸於一
統〻諸宗而同夫一譜斯可以言統宗譜與俞氏為新安著姓若文氏之望吾吉
安廬陵之望吾廬陵然習嘗閱前朝勅書及新安郡誌諸書而已知之矣俞君正
綱字公維者倜儻士也老於湖海所至必携宗譜以隨今年秋商遊吾郡與吾犹
子北禮儒禹昂有通家雅一日屬昂為先容具礼幣出宗譜來謁余若有所請焉
者余閱之終篇知休寧溪口俞氏自宋坦然公始其所由來遠矣傳五世曰盈[illegible]
熙朝天造之初有二子思義思禮相與振拓所以啟佑之者大矣復為之遡[illegible]
所謂萬派一源千枝一幹者也此不惟可以譜其譜而於統譜也何自[illegible]古唐古坑[illegible]
請曰綱不敏有志重修統譜而未遑家弟正洪正[illegible]延溪西宗已[illegible]
之時婺源曰汪口曰鵠溪曰豊洛曰豊田曰龍騰曰新源曰陀川曰[illegible]
曰石門曰小港口休寧曰沙園曰[illegible]曰雙木閣[illegible]曰巖[illegible]
前山曰倚村各派諸宗辟然知[illegible]矣敢丐一[illegible]
雖而統譜尤徙諭覌吾省郡[illegible]編[illegible]

江湾镇中［钟］吕村 2-125 · 族谱

洪武元年戊申

建文

重和元年戊戌

永乐

正統元年

景泰元年

天順元年

成化元年

弘治元年

正德元年

嘉靖元年壬午

隆慶元年丁卯

万曆元年癸酉

泰昌元年庚申

天啓元年辛酉

崇禎元年戊辰

洪熙

宣德

弘光乙酉

順治元年甲申

江湾镇中［钟］吕村 2-126 · 族谱

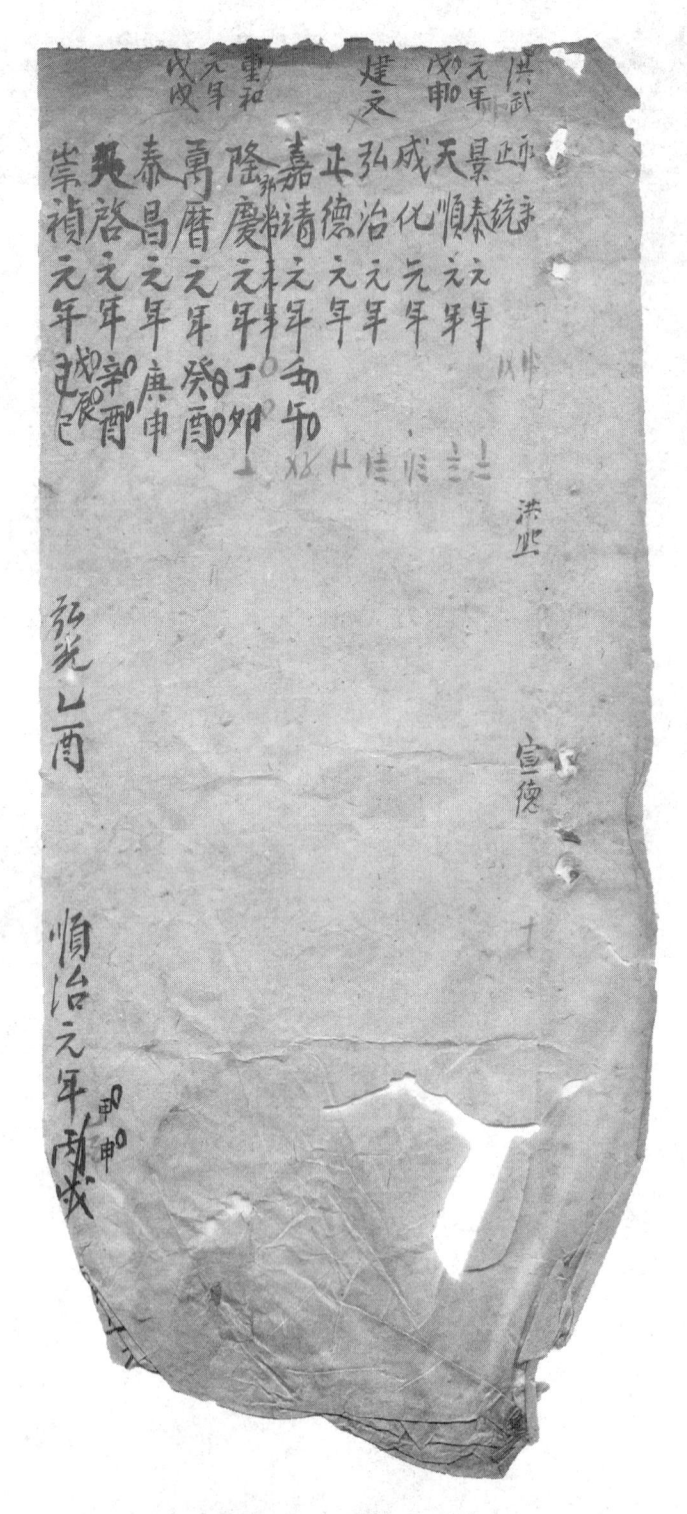

積慶堂

土名租額

一土名旃坑嶺　旱租叁秤　原額伍秤　佃人程互

一土名坑頭路　私租叁秤拾捌觔硬　原額伍秤　佃人王欽

一土名欄杆坵　私租陸秤硬　佃人余元

一土名猪[土太]　私租拾壹秤半硬　原額貳畝　佃人范桂

一土名九秤裡　晚租玖秤硬　佃人江新

一土名裡小塢田皮　晚租壹秤

一土名外小塢　私租壹秤硬　係黄于賢典租　佃人黄鳳

一土名李家門前桃源　晚租貳拾觔硬　係地肆基　乾隆叁年九月十七日李孟秋立約承種

江湾镇中［钟］吕村 9-1 · 乾隆三年 · 积庆堂公储账簿

一土名北坳口田皮晚租壹秤

一土名石橋頭　晚租壹秤半硬乾隆六年七月新置　佃人江三

一土名汪敬段　晚租肆秤硬乾隆六年新置　佃人汪玄

一土名小塘塢　晚租叁秤硬乾隆六年新置　佃人王元

一土名琵琶劍　私租肆秤硬乾隆七年新置　佃人余福

一土名尾塝坦　私租叁秤硬乾隆八年新置　佃程旺生

一土名倉背后　早租壹秤硬乾隆八年新置　佃余三你

一土名前田段　晚租壹秤零貳觔乾隆八年新置　佃俞瑞生

一土名

一土名

江湾镇中［钟］吕村 9-2 · 乾隆三年 · 积庆堂公储账簿

公舉經理

一門長二人　歷練老成行事穩當也公舉年高知事者任之

一祠正二人　公平正直清理帳籍也公舉瓚玑公房兆潘士定任之

一祠掌二人　掌管銀錢出納無私也公舉琢珪公房兆鏡士珙任之

一祠首二人　經管壹年各項衆事也議定照房分輪流充之

已上八人六係公舉二係輪流各宜體念　祖宗門户產業

務要同心協力循例秉公經理毋得狥私託辭推遜

公議規例

一祠祖議定早秈晚共陸秤多則拾秤扒付祠首两家均囤至

結長

江湾镇中［钟］吕村 9-3 · 乾隆三年 · 积庆堂公储账簿

田[illegible]

一祖穀緊行不賒俱要先將九七色銀付定議定祠衆于八月十四日公酌穀價出帖門首通知至十六日上午齊入積慶堂中將銀定穀先儘田少者囤如無現銀及過午刻不到則聽現銀者囤祠衆收銀隨上號發票候收租時祠首照票發穀

一穀銀當日同衆合包稱定總数門長封號交付祠掌收貯隨筆登帳明白倘遇公用必知會祠衆眼同開封為某事出支銀若干須于帳上記清免滋吻議如恃祠掌銀落伊握不相知會擅自拆封定照每月加叁利還出仍公罰銀叁錢以懲

江湾镇中［钟］吕村 9–4 · 乾隆三年 · 积庆堂公储账簿

私獘

一衆銀務要存貯置田不圖生息如有必欲借者須實田典押
每銀壹两遞年交晚租貳秤半足折利挑至門上斛两不致
少欠限定三年取贖如過期及欠利租不清聽衆過稅管業
毋得異說

一修葺積慶堂祠宇及四都庄屋保守墳山產業雖是祠首事
然而春秋責俻賢者祠衆烏能坐視

一收租發租催取外欠帳目俱是值年祠首承當毋得推諉倘
遇虎佃吞租恃强負債不還必要聞　官究追祠衆亦不得
坐視

江湾镇中［钟］吕村 9-5 · 乾隆三年 · 积庆堂公储账簿

一土名[illegible]

于春二月朔日出帖門首插牌山口嚴禁春笋至冬十一月
朔日出帖嚴禁冬笋如被横徒入山挖笋搽柴或經捉獲或
經訪聞務要知會祠衆相嘀理論如祠首息事不出禁牌禁
帖及被人侵害文粧瞎粧聾默默而不之言定行公計害去
之數罰祠首二人賠償

一繼子上丁有同姓異姓之分繼異姓紊宗者議定上添丁銀
壹两貳錢少則不許入姓氏曖昧者决不許入若繼本姓則
只上銀陸錢凡有繼入者必先上添丁銀隨辦豊隆酒席請
衆然後許入其銀酒二件缺一定不許入併不許入伯九祠

江湾镇中［钟］吕村 9-6 · 乾隆三年 · 积庆堂公储账簿

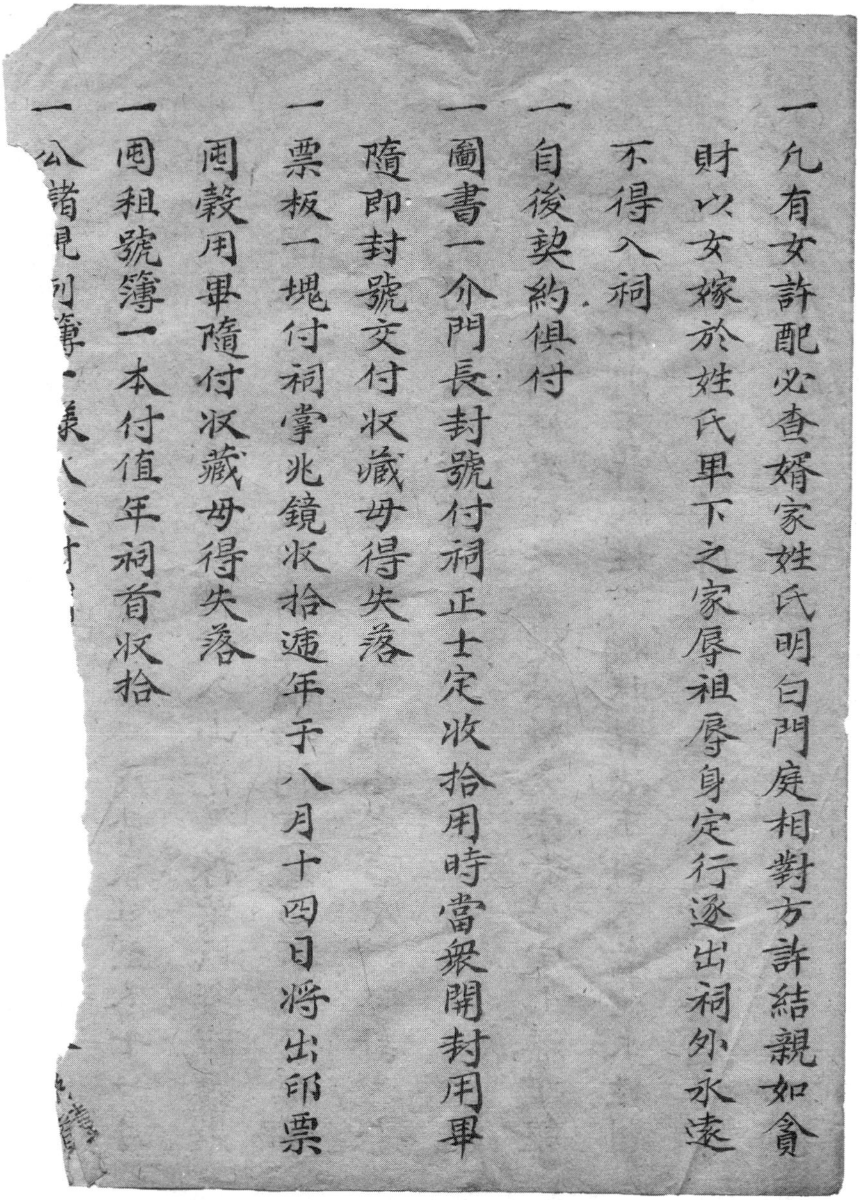

一凡有女許配必查婿家姓氏明白門庭相對方許結親如貪
財以女嫁於姓氏卑下之家辱祖辱身定行逐出祠外永遠
不得入祠
一自後契約俱付
一圖書一介門長封號付祠正士定收拾用時當衆開封用畢
隨即封號交付收藏毋得失落
一票板一塊付祠掌兆鏡收拾遞年于八月十四日將出印票
囤穀用畢隨付收藏毋得失落
一囤租號簿一本付值年祠首收拾
一公諸見例簿一集入入付[illegible]

江湾镇中［钟］吕村 9-7 · 乾隆三年 · 积庆堂公储账簿

本毋得損壞分落

一支收帳簿二本付祠正二人收執于結帳日将出筭記

一祠首收執公儲規例簿二本囤祖號簿一本遞年于結帳日将出過付來年祠首二人收執無辭

一結帳定于十二月全猪福次日門長祠正祠掌祠首八人率來年祠首二人共十人齊入積慶堂中将出納帳從頭徹尾逐一公筭公記明白是日本年祠首辦亥酒麵共計費銀叁錢陸分來年祠首二人烹治候結帳畢十人同用若歲杪事忙無暇飲酒不如将銀買亥作十股均派可也

江湾镇中［钟］吕村 9-8 · 乾隆三年 · 积庆堂公储账簿

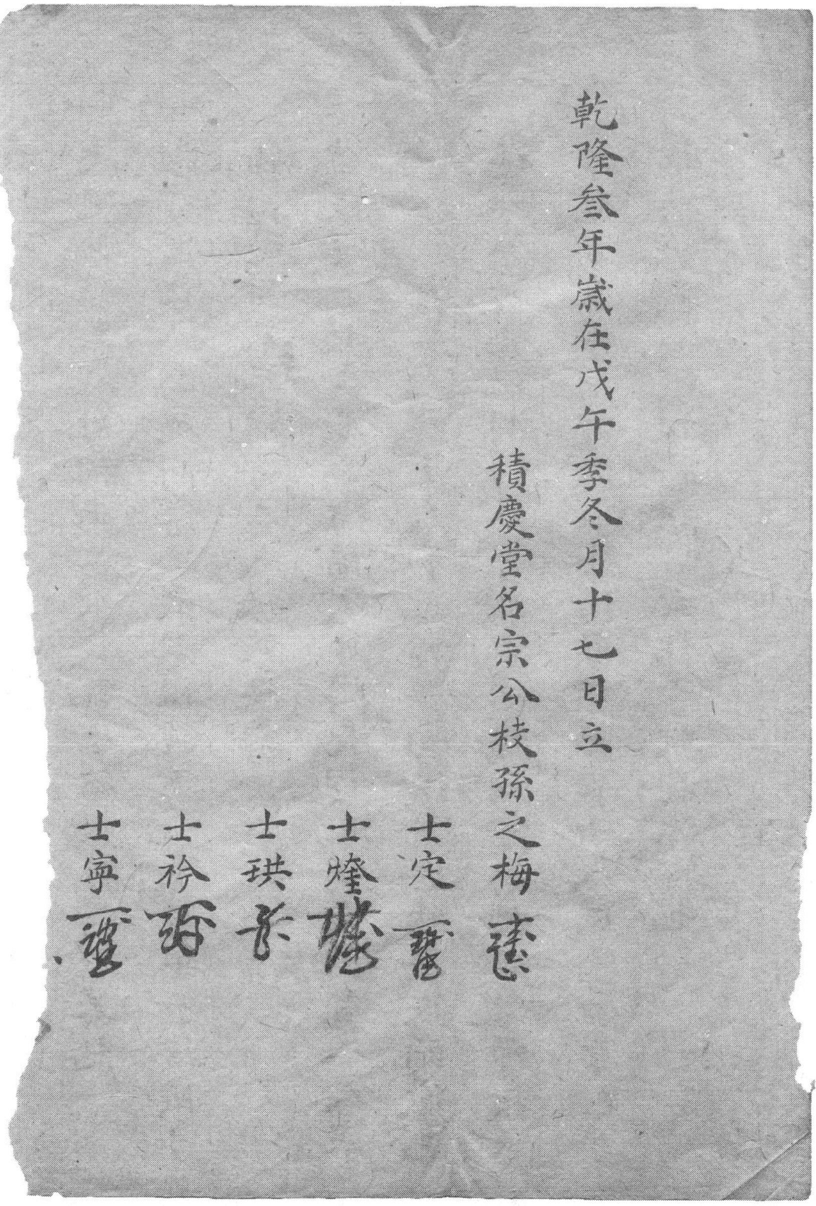
乾隆叁年歲在戊午季冬月十七日立
積慶堂名宗公枝孫之梅
士定
士烽
士珙
士衿
士寧

江湾镇中 [钟] 吕村 9-9 · 乾隆三年 · 积庆堂公储账簿

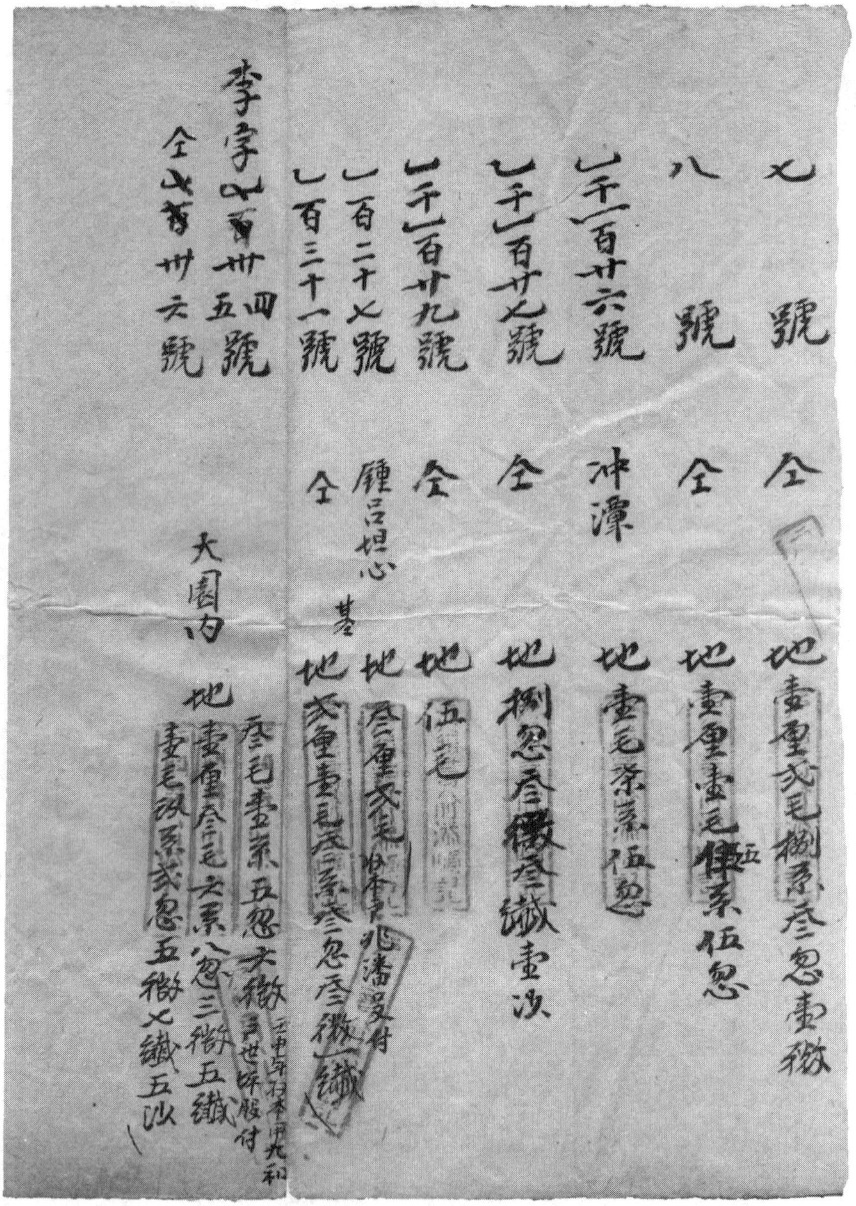
七號 仝 地壹畝弍毛捌厘叁忽壹微
八號 仝 地壹畝壹毛肆厘伍忽
一千一百廿六號 冲潭 地壹毛柒厘伍忽
一千一百廿七號 仝 地捌忽叁微叁纖壹沙
一千一百廿九號 仝 地伍毛
一百二十七號 鍾呂坦心 地叁畝弍毛
一百三十一號 仝 墓 地弍畝壹毛叁厘叁忽叁微一纖
李字七百卅四五號 大園內 地叁毛壹厘五忽六微
仝七百卅六號 地壹畝叁毛六厘八忽三微五纖
壹毛玖厘弍忽五微七纖五沙

江湾镇中［钟］吕村 34 · 土地税单

地弐乙三又六八八五

山叁六又五弐又六九

地拆則二乙八五弐八

地拆則八厘乙五九一

田乙叙乙弐九三

叙拆則九五三乙弐九

揽共平六八五又三

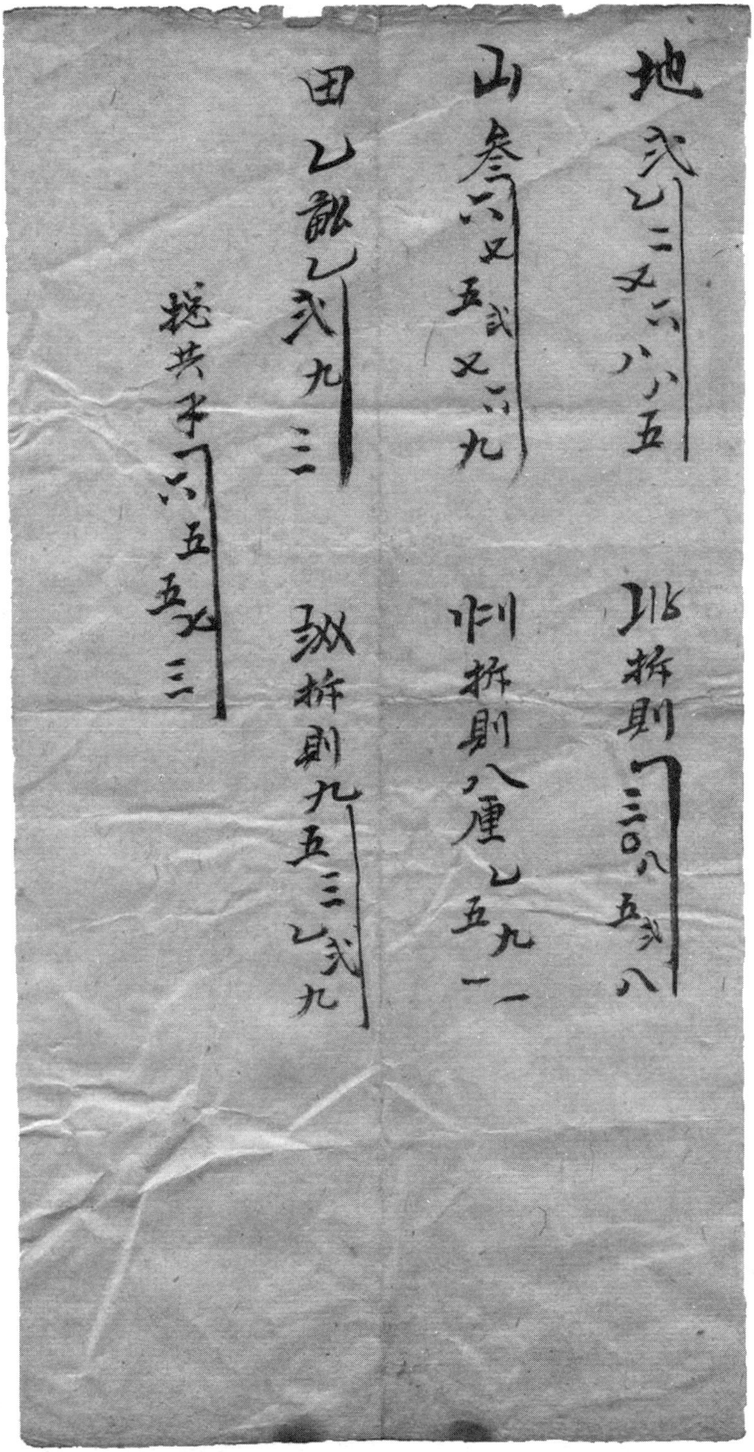

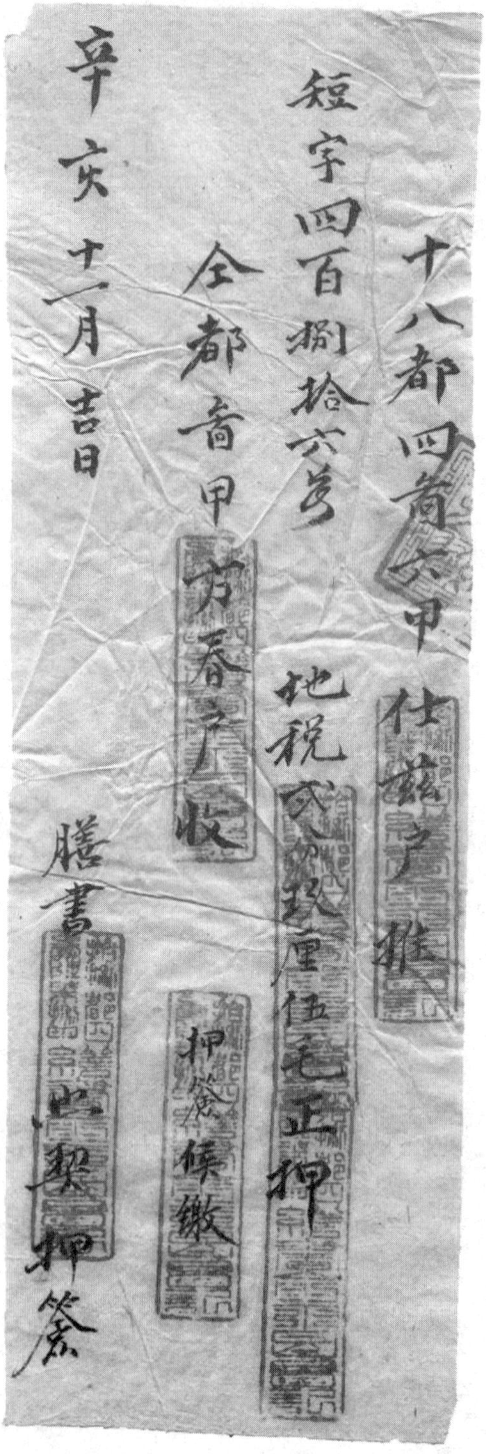

十八都四啚六甲仕兹户推
短字四百捌拾六号 地税贰分玖厘伍毛正押
全都啚甲方春户收
押签候缴
辛亥十一月吉日 謄書 出契押签

58　江湾镇中［钟］吕村 36 · 推单 · 仕兹户推与方春户